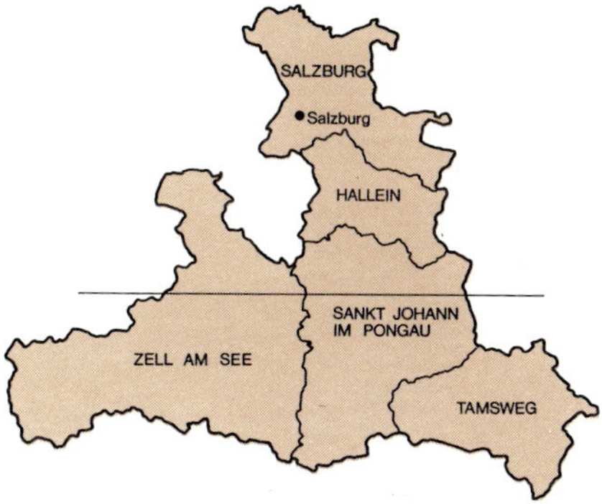
SALZBURG
Salzburg
HALLEIN
SANKT JOHANN IM PONGAU
ZELL AM SEE
TAMSWEG

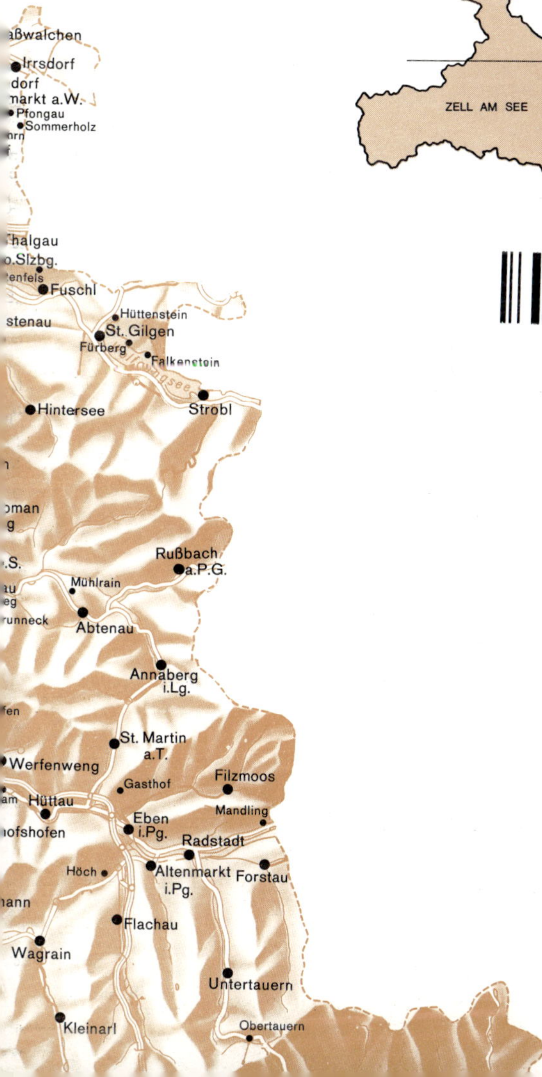
Irrsdorf
Pfongau
Sommerholz
Fuschl
Hüttenstein
St. Gilgen
Fürberg
Falkenstein
Hintersee
Strobl
Rußbach a.P.G.
Mühlrain
Abtenau
Annaberg i.Lg.
St. Martin a.T.
Werfenweng
Gasthof
Filzmoos
Hüttau
Mandling
Eben i.Pg.
Radstadt
Höch
Altenmarkt i.Pg.
Forstau
Flachau
Wagrain
Untertauern
Kleinarl
Obertauern

DEHIO-HANDBUCH

SALZBURG

DEHIO-HANDBUCH
DIE KUNSTDENKMÄLER ÖSTERREICHS

Topographisches Denkmälerinventar
herausgegeben vom Bundesdenkmalamt

Redigiert und bearbeitet in der
Abteilung für Denkmalforschung, früher:
Institut für österreichische Kunstforschung

VERLAG ANTON SCHROLL & CO · WIEN

DIE KUNSTDENKMÄLER ÖSTERREICHS

SALZBURG

Stadt und Land

Bearbeitet von
BERND EULER, RONALD GOBIET, HORST R. HUBER,
ROSWITHA JUFFINGER

mit Beiträgen von
ROTRAUT ACKER-SUTTER, KURT CONRAD, HANS GSCHNITZER,
NORBERT HEGER, ELFRIEDE LUKAS, MICHAEL MARTISCHNIG,
HERLINDE MENARDI, FRITZ MOOSLEITNER,
WALTER SCHLEGEL, HARALD STARKE

VERLAG ANTON SCHROLL & CO · WIEN

Mit 29 farbigen Ortsplänen und 174 Plänen und Grundrissen

Der Herausgeber des Dehio-Handbuches ist sich bewußt, daß bei aller Sorgfalt der Bearbeitung und Herstellung die Fehlerfreiheit eines solchen Bandes ein utopisches Ziel bleiben muß.
Die Benützer werden daher gebeten, Beobachtungen, die zur Richtigstellung dienen und in einer künftigen Auflage berücksichtigt werden können, der Dehio-Redaktion im BUNDESDENKMALAMT, ABTEILUNG FÜR DENKMALFORSCHUNG, A-1010 WIEN, HOFBURG, SÄULENSTIEGE, *mitzuteilen.*

Hersteller: Agens-Werk Geyer + Reisser, 1050 Wien
ISBN 3-7031-0599-2

INHALTSVERZEICHNIS

ALLGEMEINES ABKÜRZUNGSVERZEICHNIS

A.	Anfang
Bar., bar.	Barock, barock
beg.	begonnen
Bez., bez.	Bezeichnung, bezeichnet
bmkw.	bemerkenswert
bzw.	beziehungsweise
Dat., dat.	Datierung, datiert
dzt.	derzeit
E.	Ende
Eb.	Erzbischof
ehem.	ehemalig, ehemals
erb.	erbaut
evang.	evangelisch
geb.	geboren
gegr.	gegründet
gest.	gestorben
gew.	geweiht
Got., got.	Gotik, gotisch
H.	Hälfte
Hl., Hll., hl.	Heilige(r), Heilige, heilige(r)
Inschr., inschr.	Inschrift, inschriftlich
Jh., Jhs.	Jahrhundert, Jahrhunderts
li.	links
lt.	laut
M.	Mitte
N, nördl.	Norden, nördlich
neobar.	neobarock
neogot., neugot.	neogotisch, neugotisch
neorom., neurom.	neoromanisch, neuromanisch
O, östl.	Osten, östlich
Polit. Bez.	Politischer Bezirk
quadrat.	quadratisch
re.	rechts
Renov., renov.	Renovierung, renoviert
Rest., rest.	Restaurierung, restauriert
Rom., rom.	Romanik, romanisch
SMCA	Salzburger Museum Carolino Augusteum
seitl.	seitlich
Sel., sel.	Selige(r), Selige, selige(r)
sogen.	sogenannt
S, südl.	Süden, südlich
urk.	urkundlich
urspr.	ursprünglich
V.	Viertel
W, westl.	Westen, westlich
wahrsch.	wahrscheinlich
z. T.	zum Teil

VORWORT

Mit dem „Dehio Salzburg“ liegt nun der 7. Band des neuen topographischen Denkmälerhandbuches vor. Damit ist bereits für einen großen Teil des österreichischen Bundesgebietes der Denkmälerbestand in einem aktuellen Kurzinventar erfaßt, und man kann aufgrund der bisherigen Erfahrungen sagen, daß sich das Konzept des neuen Dehio-Handbuchs, das in dieser Form allein für Österreich gültig ist, durchaus bewährt hat. Die im Auftrag von Denkmalschutz und Denkmalpflege – ein Auftrag, der Forschung und Erhaltung gleichermaßen umfaßt – enthaltene Voraussetzung eines allgemeinen Basis-Inventars, das in übersichtlicher Form einen aktuellen Überblick über den Denkmälerbestand eines Landes gibt, ist damit gewährleistet. Von der für die Aufnahme in diesem Zusammenhang maßgebenden Ebene historischer, künstlerischer oder sonstiger kultureller Bedeutung ausgehend, kann hier der Filterungsprozeß für das öffentliche Interesse des Denkmalschutzes seinen Ausgang nehmen, eng verknüpft mit der wissenschaftlichen Erforschung des historischen Erbes, für die ebenso wie für die darauf aufbauenden Aktivitäten der Denkmalpflege der hier ausgebreitete Gesamtüberblick die Grundlage bildet.
So gesehen, rechtfertigt das Ergebnis fraglos den Aufwand dieses wissenschaftlichen Unternehmens, umso mehr, als einer solchen Neubearbeitung, die auf einer systematischen Bestandsaufnahme in situ aufbaut, ein immenser Quellenwert zukommt, sowohl für die weitere Spezialforschung in den verschiedenen Bereichen von Kunstwissenschaft, Architekturgeschichte, Technik- und Wirtschaftsgeschichte, Volkskunde usw. als auch für die vielfältige davon ausgehende amtliche Auswertung, die dieses topographische Denkmälerhandbuch ermöglicht und zur Grundlage hat.
Auch wenn das neue Dehio-Handbuch ein Maximum an Information bietet, die sich augenfällig in der Umfangsteigerung ausdrückt (der Band Salzburg der alten Serie von 1963 umfaßte 135 Seiten, der jetzt vorliegende enthält 740 Seiten), bleiben naturgemäß Wünsche offen, die ein derartiges Kurzinventar nicht erfüllen kann. Dazu gehört etwa die Darstellung des historischen und des topographischen Kontextes, der für die Charakterisierung der Bedeutung eines Monuments ebenso wichtig ist wie für dessen Einordnung in den größeren Zusammenhang übergeordneter Gestalteinheiten, deren Spannweite vom unmittelbaren Existenzraum des Denkmals über das Ensemble, das Orts- oder Stadtdenkmal bis zur Kulturlandschaft reicht, Aspekte, die sich im Rahmen eines Kurzinventars grundsätzlich kaum vermitteln lassen. Dazu gehört auch die Unanschaulichkeit, die notwendige Einschränkung der Abbildungen auf Grundrisse, was bei einem Denkmälerinventar, dessen wissenschaftliche Kriterien zur Darstellung der Materie immer auch der erläuternden Illustration bedürfen, besonders ins Gewicht fällt.
Dennoch und dessenungeachtet ist diese Form eines topographischen Denkmälerhandbuches im Rahmen der traditionellen Dehio-Serie, die seit vielen Jahrzehnten im europäischen Raum sowohl der Fachwelt als auch einer breiten Öffentlichkeit ein Begriff ist (und die auch dazu beigetragen hat, daß die bisher erschienenen Bände in hoher Auflage Verbreitung fanden), für die österreichische Denkmalpflege derzeit der einzig mögliche und gangbare Weg, eine aktuelle Bestandsaufnahme des Denkmalbesitzes in absehbarer Zeit vorzulegen und laufend zu revidieren.

Auch ein Blick über die Grenzen läßt hier keine bessere und praktikablere Alternative erkennen, was auch das Ergebnis eines vor einigen Jahren abgehaltenen Colloquiums über die wissenschaftliche Inventarisation in Europa bestätigte. (Siehe „Actes du Colloque sur les Inventaires des Biens Culturels en Europe", Paris 1984.) Die Tatsache, daß das ausführliche wissenschaftliche Inventar, die „Kunsttopographie", im Hinblick auf den dafür notwendigen Aufwand, die eingeschränkte topographische Breite, die langen Bearbeitungszeiten usw. die Ansprüche an ein aktuelles Denkmälerinventar grundsätzlich nicht zu erfüllen vermag, hat in vielen Ländern dazu geführt, administrative (insbesondere durch neue Denkmalschutzgesetze festgelegte) Denkmälerlisten als Ersatz für Basisinventare in den Vordergrund zu stellen. Abgesehen davon, daß damit der Auslesemechanismus von vornherein eingeengt wird, daß eine solche Denkmälerliste nur aus einem breiteren Fundament herausgefiltert werden kann als ein ständig sich veränderndes Ergebnis eines nie abreißenden historischen Prozesses, wird damit die wissenschaftliche Basis für die Erforschung des kulturellen Erbes, die für verbindliche Kriterien für Denkmalschutz und Denkmalpflege unerläßlich ist, in Frage gestellt. Die fortschrittsgläubige Zukunftsvision, die in der Zusammenfassung des oben zitierten Colloquiums postuliert wird (S. 526), daß das „Modell des alten Dehio" heute überholt sei, weil wir „die Photographie und die elektronische Datenverarbeitung besitzen", vermag die darein gesetzten Hoffnungen vorderhand noch keineswegs zu erfüllen. Nicht deshalb, weil man es bisher nicht versucht und verstanden hätte, die Möglichkeiten der EDV für die Denkmalforschung zu nutzen, sondern vor allem deshalb, weil der Stellenwert dieser – grundsätzlich selbstverständlichen und für die Zukunft unerläßlichen – Hilfe unzulässig überschätzt und falsch gewichtet wird. Das was dem Computer eingegeben werden kann, muß vorerst wissenschaftlich erarbeitet und aufbereitet werden, und hier liegt derzeit noch das Manko solcher Möglichkeiten für die kunsttopographische Inventarisation. Im weiteren geht es auch nicht darum, die wissenschaftliche Bestandsaufnahme auf die Ebene einer einfachen statistischen Datenbank zu reduzieren; das Desideratum besteht darin, EDV-Programme zu entwickeln, die den wissenschaftlichen Ansprüchen einer kunsttopographischen Inventarisation voll Rechnung tragen, und dafür sind derzeit erst bescheidene Ansätze vorhanden.

Die weitere Bearbeitung des topographischen Denkmälerhandbuches in der vorliegenden Form, als eine erste aktuelle Übersicht, die sowohl die quantitativen Perspektiven und Dimensionen umreißt, als auch den wissenschaftlichen Kriterien der Erfassung und Darstellung Rechnung trägt, wird jedenfalls eine wichtige Voraussetzung für die Erreichung dieses Fernzieles sein. Da für Österreich noch die Bände Niederösterreich (dessen erster Teil, der Bereich nördlich der Donau, 1986 abgeschlossen wird), Wien (derzeit in Bearbeitung) und Oberösterreich ausständig sind, steht für die Diskussion künftiger Erweiterungen und Ergänzungen dieses Basis-Inventars (Abbildungsbände, Literaturübersicht, Adaption für EDV-Verarbeitung usw.) noch ein ausreichender zeitlicher Spielraum zur Verfügung, der es ermöglichen wird, mit der allgemeinen Entwicklung der kunsttopographischen Inventarisation in Europa Schritt zu halten und die positiven wie auch die negativen Erfahrungen in diesem Bereich in die weitere Konzeption miteinzubeziehen.

Ein so großflächig angelegtes Inventarisationsunternehmen wie das der neuen Dehio-Serie verursacht trotz reicher Erfahrungen stets neue Probleme – sowohl der Bearbeitung als auch der Organisation –, deren Zahl und Lösungen von vornherein nicht immer abzuschätzen sind. So reicht denn auch der Beginn der Arbeiten am nunmehr vorliegenden Salzburg-Band in das Jahr 1978 zurück. Unter dem damaligen Institutsvorstand Hofrat Univ.-Prof. Dr. Eva Frodl-Kraft wurden die Konzepte für die Bearbeitung erstellt, die in der Folge vor allem im Bereich der Bauernhäuser und Siedlungsstrukturen den neuen Erkenntnissen entsprechend mehrfach modifiziert werden mußten, was naturgemäß Änderungen mit sich brachte, die sowohl die wissenschaftliche als auch die redaktionelle Betreuung vor Probleme stellte. Dadurch, durch die Drucklegung des Dehio Steiermark (1982) und durch das Vorziehen der Drucklegung des Dehio Vorarlberg (1983) sowie schließlich auch durch die infolge des Todes von Dr. Wolfgang Steinitz bis zuletzt aufgeschobene Bearbeitung der Stadt Salzburg ergaben sich zwangsläufig Verzögerungen, die ein Erscheinen des Dehio Salzburg trotz intensivster Bemühungen doch erst zum jetzigen Zeitpunkt ermöglichten.

Der Dank für den nunmehr erfolgten Abschluß des Unternehmens muß in erster Linie den Autoren gelten, die, vielfach trotz beruflicher Belastungen, bereit waren, den schwierigen Anforderungen gerecht zu werden. Hier sind zunächst die beiden kunsthistorischen Hauptautoren zu nennen: Dr. Roswitha Juffinger bearbeitete von Beginn an den Pinzgau, den Tennengau, Teile des Flachgaus sowie das Stift Nonnberg und den Kapuzinerberg in Salzburg-Stadt und Dr. Ronald Gobiet – neben seiner Tätigkeit am Landeskonservatorat – den Lungau und den Pongau; Horst Richard Huber oblag schließlich die Bearbeitung der Stadt Salzburg, Dr. Bernd Euler die von Teilen des Flachgaus, für die er zuletzt sozusagen in die Bresche sprang. Besonders erwähnenswert in diesem Zusammenhang ist aber auch, daß das Landeskonservatorat über die organisatorische Hilfe hinaus unmittelbar an der Bestandsaufnahme mitwirkte. Neben Dr. Ronald Gobiet stellte sich der Landeskonservator, Dipl.-Ing. Walter Schlegel, trotz voller Beanspruchung im Amte in den Dienst der Sache und übernahm selbst die Bearbeitung der Burgen, Ansitze, festen Plätze und Sperren sowie die der technik- und wirtschaftsgeschichtlichen Denkmäler.

Durch die erst schrittweise Entwicklung der Inventarisierungskonzepte im Bereich der bäuerlichen Architektur und der Siedlungsstruktur gestaltete sich die Arbeit in diesem Rahmen besonders kompliziert, was auch durch das Mitwirken von letztlich sieben Autoren zum Ausdruck kommt. Ihnen gilt es nicht minder Dank abzustatten für die Mühe und für das Fachwissen, das sie in diese Arbeit eingebracht haben: Dr. Rotraut Acker-Sutter oblagen Teile des Flachgaus, Dr. Elfriede Lukas bearbeitete den gesamten Pongau, Ing. Dr. Harald Starke den Tennengau, weitere Teile des Flachgaus und die bäuerliche Architektur im Bereich der Stadt Salzburg, Dipl.-Ing. Michael Martischnig Teile des Lungaus. Darüber hinaus konnte aber auch das schon bei früheren Dehio-Unternehmungen bewährte Team herangezogen werden: So übernahm Dr. Hans Gschnitzer, Direktor des Tiroler Volkskunstmuseums, Teile des Pinzgaus, Dr. Herlinde Menardi vom Tiroler Volkskunstmuseum andere Bereiche des Pinzgaus, des Lungaus und des Flachgaus. Schließlich stellte Hofrat Dr. Kurt Conrad vom Salzburger Freilichtmuseum das einleitende Kapitel über die bäuerliche Architektur zur Verfügung.

Für die prähistorischen Funde bzw. Grabungsstätten hat Dr. Friedrich Moosleitner vom Salzburger Museum Carolino Augusteum die Texte geliefert. Ihm ist für diese Arbeit gleichermaßen zu danken wie Univ.-Doz. Dr. Norbert Heger vom Institut für Alte Geschichte und Altertumskunde der Universität Salzburg, der die römerzeitlichen Fundstätten bearbeitete und auch den Überblick über diese Epoche verfaßte.
Die wissenschaftliche Betreuung des Unternehmens seitens der Abteilung für Denkmalforschung des Bundesdenkmalamtes war von Beginn an Horst Richard Huber anvertraut, der durch seine langjährige Erfahrung als Dehio-Autor dafür besonders geeignet ist. Es versteht sich aber auch von selbst, daß eine sich über so viele Jahre erstreckende Arbeit die redaktionelle Organisation vor besondere Probleme stellte. Daß diese erfolgreich gemeistert werden konnten, ist Dr. Elisabeth Oberhaidacher zu danken, die vor allem auch in der Endphase durch unermüdlichen Einsatz an der Fertigstellung wesentlich beteiligt war. Dank gilt im besonderen auch dem Landeskonservator für Salzburg, Dipl.-Ing. Walter Schlegel, der die Manuskripte im Hinblick auf den aktuellen Stand bis zuletzt überprüfte, und seinem Mitarbeiter Dr. Ronald Gobiet sowie Olga Muhr und Christine Stangassinger, die bei der Fertigstellung der Manuskripte behilflich waren.
Bei der Endredaktion standen auch Dr. Theodor Brückler und Dr. Wolfgang Czerny hilfreich zur Seite, sowie für Schreibarbeiten Adolf Graf und Regina Binkau.
Die dem Band beigegebenen Pläne zeichneten Friedrich Öttl, Helga Potucek und Ursula Wackenreuther, die Planredaktion lag in den Händen von Horst Richard Huber und Dr. Andreas Lehne. Die Register verfaßten Beatrix Hajós und Dr. Ingrid Kastel.
Fachliche Unterstützung leistete Dr. Gerhard Walterskirchen vom Institut für Musikwissenschaft der Universität Salzburg, der die Angaben in den von Hans Heiling erstellten und von Prof. Dr. Karl Schütz redigierten Listen der historischen Orgeln überprüfte. Angaben zur Architektur des 20. Jahrhunderts wurden z. T. dem Werk von Friedrich Achleitner „Österreichiche Architektur im 20. Jahrhundert“, Bd. I, Salzburg – Wien 1980, entnommen, die zu den historischen Glocken dem Werk von Andreas Weissenbäck/Josef Pfundner, „Tönendes Erz“, Graz – Köln 1961.

Zu danken ist darüber hinaus auch noch all jenen Institutionen und Personen, die durch ihre Unterstützung die Bearbeitung wesentlich förderten: dem Bundesamt für Eich- und Vermessungswesen, Katastralmappenarchiv, für die Genehmigung der Planeinsichtnahme und des Fotografierens, dem Institut für Volkskunde der Universität Wien für die Zustimmung zur Publikation der Bauernhauspläne von Adalbert Klaar sowie dem kirchlichen Bauamt Salzburg, weiters dem Bibliothekar der Erzabtei St. Peter, Dr. Adolf Hahnl, und Dr. Johannes Graf Moy. Desgleichen muß aber auch allen Pfarrherren, Stiftsvorstehungen und Gemeinden sowie allen Burg-, Schloß- und Hausbesitzern für ihre freundliche Hilfsbereitschaft bei der Bestandsaufnahme Dank abgestattet werden.
Zuletzt sei noch dem Verlag Schroll, insbesondere Frau Erika Neumann, Frau Dr. Gisela Türk und Herrn Friedrich Weisert, gedankt, durch deren Einsatz, trotz zahlreicher Verzögerungen, die Drucklegung des Bandes abgeschlossen werden konnte.

Es ist dem Bundesdenkmalamt eine besondere Freude, dem Bundesland Salzburg zum Anlaß des nun zu Ende gehenden „Salzburg-Jahres“ einen neuen Dehio Salzburg zu präsentieren, ein Handbuch, das die historische, künstlerische und kulturelle Bedeutung dieses Landes in der umfassenden Darstellung seines vielschichtigen und vielfältigen kulturhistorischen Erbes eindrucksvoll offenlegt.

Wien, im November 1985

Dr. Eckart Vancsa
Leiter der Abteilung für
Denkmalforschung

Univ.-Doz. Dr. Ernst Bacher
Generalkonservator

NACHWEIS DER PLANVORLAGEN

Die Umzeichnungen für die Plan- und Grundrißabbildungen erfolgten, mit Ausnahme der im folgenden genannten nach Plänen aus dem Planarchiv des Bundesdenkmalamtes Wien, z. T. veröffentlicht in der Österreichischen Kunsttopographie Bd. VII (1911), IX (1912), X (1913), XI (1916), XII (1913), XIII (1914), XX (1927), XXII (1929), XXV (1934).

Bundesamt für Eich- und Vermessungswesen Wien, Katastralmappenarchiv S. 1, 44, 54, 113, 119, 196, 211, 220, 254, 268, 347, 357, 376, 383, 397, 410, 436, 470. – Bundesdenkmalamt, Landeskonservatorat für Salzburg: 141, 566, 577, 614, 660. – Institut für Volkskunde der Universität Wien: S. XV–XXIII. – Kirchliches Bauamt Salzburg: S. 655. – Salzburger Museum Carolino Augusteum: S. 478, 597, 605. – Burgen in Salzburg (Ausstellungskatalog SMCA), Salzburg 1977: S. 522. – K. Kafka, Wehrkirchen in Oberösterreich, Salzburg, Tirol und Vorarlberg, Wien 1979, S. 269, 427. – Schnell-Steiner, Kunstführer Nr. 660, Michaelbeuern, S. 250. – F. Zaisberger – W. Schlegel, Burgen und Schlösser in Salzburg, Pongau – Pinzgau – Lungau, Wien 1978, S. 103. – 900 Jahre Festung Salzburg (Hg. E. Zwink), Salzburg 1977, S. 520.

BEMERKUNGEN ZUR RÖMISCHEN VERGANGENHEIT SALZBURGS

Kulturdenkmäler der Römerzeit haben sich in Salzburg in größerer Anzahl erhalten, die Geschichte des Landes reicht freilich viel weiter zurück. Die Zweiteilung in einen gebirgigen südlichen und einen flachen nördlichen Landesteil bewirkte während der fünf Jahrtausende umfassenden Geschichte Salzburgs einen mehrmaligen Wechsel des Schwerpunkts der Siedlungs- und Kulturtätigkeit, je nachdem, ob die Landwirtschaft oder der Bergbau als Lebensgrundlage überwog; abgesehen von geringen Spuren menschlicher Anwesenheit um 10.000 v. Chr., sind Menschen erstmals als jungsteinzeitliche Bauern um 3000 v. Chr. im Salzburger Flachland nachweisbar; dieses mußte seine Vorrangstellung allerdings in der Bronzezeit (1800–750 v. Chr.) an den Süden des Landes abgeben, nämlich an die Kupferlagerstätten im Raum von Bischofshofen und im oberen Salzachtal, die für Mitteleuropa von entscheidender Bedeutung waren. Nach Einstellung der Kupfergewinnung in der Eisenzeit (750–15 v. Chr.) verlagerte sich das wirtschaftliche und kulturelle Zentrum wieder etwas weiter nach dem Norden zurück, in den Bereich der Salzvorkommen des Dürrnbergs bei Hallein, der vom 6. bis zum 3. Jahrhundert v. Chr. einen glanzvollen Höhepunkt keltischer Kulturentfaltung erlebte. – Nach der Einbeziehung in ihr Weltreich im Jahr 15 v. Chr. gaben die Römer dem Land eine administrative Struktur, die zum Teil bis heute fortbesteht; die Römer schufen nicht nur jenen politischen, wirtschaftlichen und kulturellen Mittelpunkt, der als Stadt Salzburg an der Stelle weiterlebt, an der er von ihnen bald nach Christi Geburt gegründet wurde, sondern gaben auch dem agrarischen Alpenvorland für lange Zeit das Übergewicht zurück, das es viel früher schon einmal besessen hatte.

Die römische Kultur begann sich in Salzburg ab dem 1. Jahrhundert n. Chr. auf der Grundlage der spätkeltischen Gegebenheiten zu entwickeln, deren Eigenart einerseits durch den Fortbestand der Urbevölkerung gesichert, andererseits aber durch die überlegene römische Weltzivilisation und die unbeschränkte Beweglichkeit von Menschen, Ideen und Sachwerten einer ständigen Veränderung unterworfen war. Verständlicherweise schritt der Kulturwandel in der Stadt, der bereits um die Mitte des 1. Jahrhunderts n. Chr. der Rechtsstand eines römischen Municipiums verliehen worden war, rascher und gründlicher fort als im ländlichen Raum. Die Stadt Iuvavum verwaltete ein Land, dessen Fläche Salzburg (ohne den Lungau), Bayern östlich des Inn sowie Teile von Tirol und Oberösterreich umfaßte und damit fast doppelt so groß war wie das heutige Bundesland Salzburg. Die Verteilung der Siedlungen in diesem Raum zeigt ein sehr unterschiedliches Bild, dem verhältnismäßig dicht besiedelten nördlichen Alpenvorland steht das menschenleere Gebirge gegenüber. Im Alpenvorland und im Salzachtal bis zum Einschnitt des Paß Lueg sind bisher über dreißig römische Gutshöfe bekannt geworden, südlich davon nur drei Ansiedlungen im Pongau, zwei im Pinzgau und zwei im Lungau. Im ganzen Land herrscht die Einzelhofsiedlung vor, Dörfer konnten bisher nur im Anschluß an römische Poststationen festgestellt werden, z. B. Moosham im Lungau (größtenteils ausgegraben) und Kuchl (weitgehend unerforscht). Obwohl von den aufgefundenen Gutshöfen keiner vollständig und nicht einmal ein Dutzend wenigstens teilweise ausgegraben wurde, läßt sich der Zug zur „städtischen“ Ausstattung der

Herrenhäuser bis hin zu palastartigen Anlagen (z. B. Loig bei Salzburg) vor allem im 3. und frühen 4. Jahrhundert n. Chr. gut erkennen.
Die römische Kultur Salzburgs ist einerseits durch ihren zivilen Charakter und die Lage im Inneren von Noricum klar von der „Militärzivilisation" des Donauuferstreifens unterschieden und andererseits durch die Überschneidung von Einflüssen aus dem südnorischen Kernland und Oberitalien mit solchen aus dem gallisch-obergermanischen Westen gekennzeichnet. So kommen in den Werken der Plastik typisch norische Elemente, wie das freistehende Porträtmedaillon, das norische Bogenornament oder Grabaltäre mit Dienerfiguren, ebenso vor wie gallische Motive des täglichen Lebens, etwa die „Verschnürung des Tuchballens" oder Akanthusleisten oder gar Akanthusblattfelder mit diagonalen Bändern, die für den Raum um Trier kennzeichnend sind. Die Reliefs hoher Grabpfeiler richten sich im Süden Salzburgs nach dem norischen Kerngebiet (sehr ähnlich z. B. die Pfeilergrabmäler von Šempeter in Slowenien), im Norden jedoch nach dem gallischen Westen. Im Gegensatz dazu hängt die Mosaikkunst Iuvavums fast ausschließlich von italischen Vorbildern ab, westliche Motive fanden kaum Eingang in den Musterschatz der Salzburger Mosaikwerkstätten. Nirgends in Österreich wurden bisher so viele verschiedene Mosaiken gefunden wie in Salzburg, was für die Leistungsfähigkeit der hier ansässigen, mit einheimischen Gesteinen arbeitenden Mosaikwerkstätten spricht. Obwohl auch die Bildhauerateliers und Steinmetzwerkstätten das gleiche Material – hauptsächlich Marmor vom Untersberg – verwendeten, ist der Bestand an Werken der Plastik im römischen Salzburg geringer als der anderer Kunstlandschaften in Österreich, etwa Kärntens oder der Südsteiermark. Bildhauer und Mosaikkünstler arbeiteten nur zum Teil gleichzeitig im römischen Salzburg. Die Werke der Plastik entstanden im ganzen 2. und 3. Jahrhundert, die Mosaikkunst beginnt erst zu Ende des 2. Jahrhunderts, reicht jedoch durch das 3. bis zum Ende des 4. Jahrhunderts n. Chr.
Reste von Kultbauten konnten erst an zwei Stellen aufgedeckt werden, es handelt sich um einen Tempel in der Kaigasse in Salzburg und ein Mithras-Heiligtum in Moosham im Lungau; darüber hinausgehende Kenntnis des religiösen Lebens erfließt aus Inschriften und Skulpturen. Bis jetzt ist in Salzburg noch kein Kulturdenkmal des frühen Christentums gefunden worden.
Oberirdisch blieb von den Bauwerken der Römer in Salzburg nichts erhalten, doch sind nicht wenige Denkmäler an Kirchen und Privathäusern in zweiter Verwendung eingemauert. Ein annähernd vollständiger Überblick über den Bestand und die Eigenart der römischen Kulturreste kann nur in den Museen gewonnen werden, vor allem im SMCA mit dem angeschlossenen Grabungsmuseum unter dem Domplatz in Salzburg.

Norbert Heger

DIE BÄUERLICHEN HAUSLANDSCHAFTEN SALZBURGS

Die bäuerlichen Haus- und Hofformen zählen trotz des Rückgangs der bäuerlichen Bevölkerung auf nur 10 % der Gesamtbevölkerung noch immer zu den wesentlichen Merkmalen der Salzburger Kulturlandschaft. Unter Verwendung bodenständiger Baustoffe haben sich seit dem Mittelalter aus bajuwarischem Bauerbe auf im Flachgau romanischem, im Lungau slawischem Substrat je nach den wirtschaftlichen Bedürfnissen und klimatischen Gegebenheiten unter wechselnder Einwirkung von Traditionswanderungen aus benachbarten Siedlungsräumen und von obrigkeitlichen Anordnungen Leitgestalten bäuerlichen Bauens entwickelt, die in den Salzburger Gauen in mannigfachen Sonderformen zu Hauslandschaften zusammentreten. Sie verdienen als Zeugen der Volksarchitektur und als Denkmäler der Volkskunst, die durch die Entwicklung des modernen Landwirtschaftsbaues besonders bedroht sind, erhöhte Aufmerksamkeit.

Allgemeines

Die Gehöftformen Salzburgs lassen sich zwei großen, sich vielfach überschneidenden Traditionskreisen, einem Einhofformenkreis und einem Gruppenhofformenkreis, zuordnen. Bei den Einhöfen sind die Hauptfunktionen des bäuerlichen Wirtschaftsbetriebes (Wohnen, Bergen, Einstallen) in einem Gebäude zusammengefaßt, zu dem gelegentlich noch kleinere Nebengebäude (Getreidekasten, Wagenhütte, Backofen, Brechelbad) treten. Bei den Gruppenhöfen sind für die betriebswirtschaftlichen Bedürfnisse getrennte Gebäude vorhanden, wobei insbesondere die Trennung des Wohnhauses von der Stallscheune streng eingehalten wird (Zwiehofsystem). Besteht das Gehöft aus mehreren unregelmäßig auf der Hofstatt verteilten Baulichkeiten, so sprechen wir von einem Haufenhof, reichen zwei Gebäude aus, so handelt es sich um einen Paarhof. Wohn- und Stallbereich des Zwiehofes sind voneinander durch Zäune getrennt, die wie alle anderen in alpinen Viehzüchterlandschaften üblichen Feld- und Weidezäune aus Holz hergestellt waren. Beträchtliche Reste dieser Holzzäune finden sich im Pongau und Pinzgau als Kreuz- und Girschtenzäune, im Lungau als Bänder- und Stempelzäune.

Flachgau

Nördlich des Haunsberges finden sich im „Lamprechtshausener Dreieck“ außeralpine Gruppenhöfe in geregelter Anordnung als Dreiseit- und vereinzelt Vierseithöfe, wo sie die südliche Vorhut des großen Ostbayerischen und Innviertler Vierseithofgebietes bilden. Die freistehenden Gebäude dieser Gehöfte (in der Regel Wohnhaus, Stall und Stadel, vereinzelt auch Speicher, Wagenhütte oder ein weiteres Stallgebäude) sind um einen rechteckigen Hofplatz gebaut und an den Gebäudeecken manchmal durch Tore verbunden. Das stets zweigeschossige, als Längsflur- oder Querflurhaus ausgebildete durchgängige Wohnhaus enthielt zumeist auch den Roßstall und war bis ins 18. Jh. ein reiner Blockbau. Seit dem 19. Jh. tritt im Erdgeschoß der Mauerbau auf, der im 20. Jh. in der Regel auch das Obergeschoß erfaßte und vereinzelt Scherben- oder Schlackenputz zeigt. Der Mischbau (Erdgeschoß Mauerwerk,

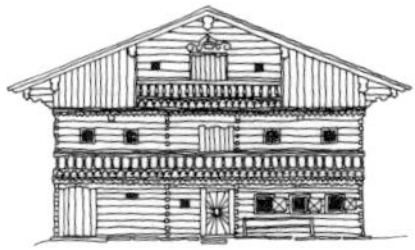

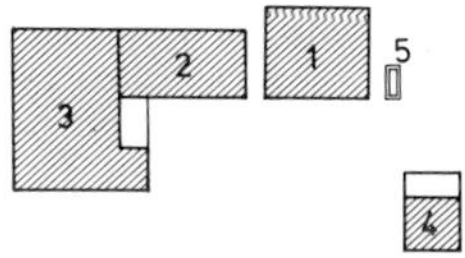

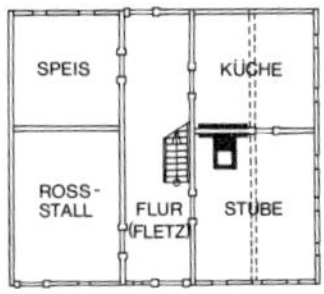

Lageplan 1 Wohnhaus
2 Stall
3 Scheune
4 Ausgedinge
5 Brunnen

Flachgau, außeralpiner Gruppenhof

Obergeschoß Blockbau) ist häufig. Das ursprünglich flachgeneigte, bis zum Ende des 19. Jhs. ausschließlich mit Legschindeln eingedeckte Pfettendach besitzt stets Flugpfetten auf Konsolen und in der Regel auch das für alle salzburgischen Hauslandschaften typische Glockentürmchen mit der Eßglocke. Das Flachdach wurde im 19. Jh. von einem mittelsteilen Schopfdach abgelöst, dem zumeist die Flugpfetten zum Opfer fielen. Die Giebelseite des Hauses zieren Hausgänge (Balkone) mit handwerklich hervorragend gestalteten Balustraden, deren ausgeprägteste Zierformen zu Ende des 18. Jhs. und in der ersten Hälfte des 19. Jhs. auftreten. In den Zwickeln des vom Dachboden aus betretbaren Oberhausganges befinden sich Taubenkobel mit ornamentalen Belüftungsöffnungen. Der Dachboden selbst dient als Getreideschüttboden. Der im rechten Winkel zum Wohnhaus stehende Rinderstall ist im Erdgeschoß stets gemauert und weist seit der Mitte des 19. Jhs. auf Marmorsäulen abgestützte böhmische Kappengewölbe auf. Der über dem Stall befindliche Heuboden ist als Ständerbau mit Außenschalung und Pfettendach ausgebildet und besitzt unter der hofseitigen Traufe einen Gang, an der Außenseite eine Unterfahrt. Der Stadel mit der durchfahrbaren Niedertenne steht dem Wohnhaus gegenüber, ist stets ein Ständerbau und zeigt vereinzelt noch Reste eines außenliegenden Bundwerkes. An der dem Stall gegenüberliegenden Seite des Hofplatzes befindet sich manchmal ein weiteres Stallgebäude für Pferde, Jungrinder oder Schweine oder eine Wagenhütte mit eingebautem Getreidekasten. Abgesetzt vom eigentlichen Gehöft sind häufig kleine, stets zweigeschossige Austraghäuser errichtet, die in ihrem Gefüge den Wohnhäusern der Gruppenhöfe entsprechen, vereinzelt aber auch einen kleinen Stall mit Bergeraum besitzen, so daß sie kleinen Einhöfen ähnlich sind.
Südlich und östlich des Haunsberges beginnt das geschlossene Verbreitungsgebiet der Flachgauer Einhöfe. Sie zeigen im Grundriß eine deutliche Dreiteilung in einen Wohn-, Tennen- und Stallteil (Mittertenn-Einhof). Die Tenne ist stets eine durchfahrbare Niedertenne. Der zweigeschossige Wohnteil ist als Mittelflurhaus ausgebildet, dessen Stube häufig kunstvoll beschnitzte Trambalken als Träger für die hölzerne Riemlingdecke besitzt. Im 19. Jh. wurde unter dem Trambalken häufig eine neue Stubendecke als Blindboden eingezogen und einfach stuckiert. Hinter der Stube befindet sich die Küche mit dem ursprünglich

schliefbaren Kamin, in den auch der Rauch des Stubenofens abzieht. Der Wohnteil zeigt nur noch selten zur Gänze den alten Blockbau. Mischbau und reiner Mauerbau, im Außenputz häufig mit Scherben- oder Schlackenornamenten verziert, herrschen vor. Das ursprünglich flachgeneigte Legschindel-Pfettendach wurde im 19. Jh. zu einem steilen Scharschindel-Schopfdach weiterentwickelt, dessen großartigste Formen im Aberseegebiet zu finden sind.

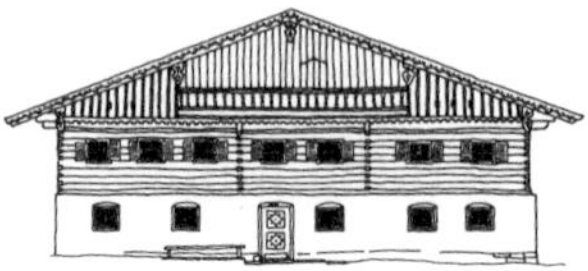

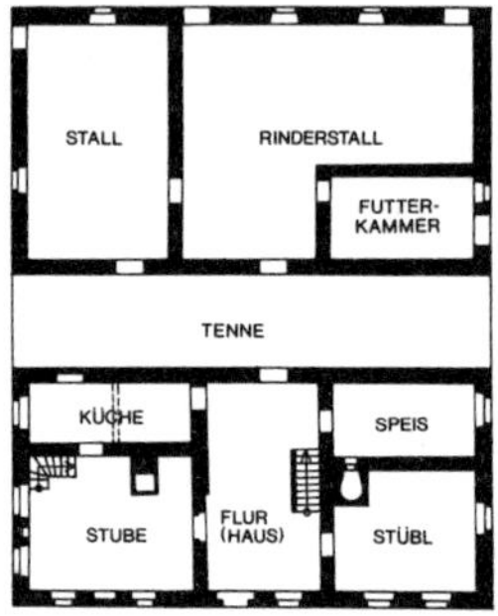

Flachgauer Einhof (Mittertennform)
mit Flachdach

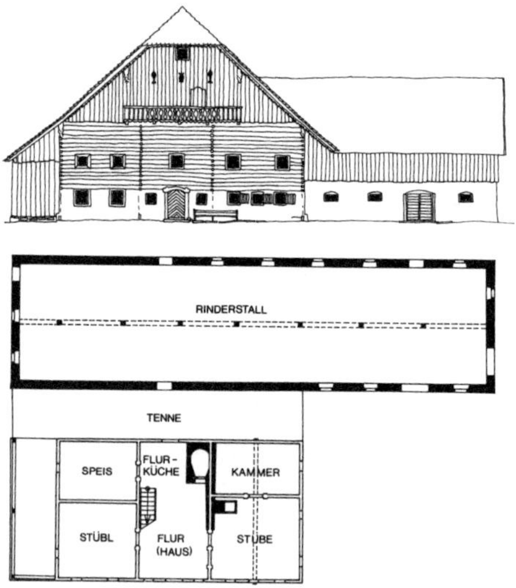

Flachgauer Einhof, Hakenhof mit Schopfdach

Im Giebeldreieck sind stets Hausgänge mit Holzbrüstungen ausgebildet. Die Giebelwand über dem Blockbauobergeschoß ist senkrecht verschalt, wobei in die Schalung Belüftungsöffnungen in traditionellen Ornamenten eingeschnitten sind. Die Fenster besitzen oft kunstvolle Fenstergitter in der Formensprache des 19. Jhs. Der im Erdgeschoß gemauerte Stallteil ist im Obergeschoß als verschalter Ständerbau ausgebildet und an der Wetterseite mit einem Schindel- oder Ladenmantel versehen. Im 19. Jh. wurde der Stall häufig nach einer Seite oder nach beiden Seiten verlängert, so daß im Grundriß ein Hakenhof oder ein T-Hof entstand. An Nebengebäuden finden sich Wagenhütten mit eingebauten ein- oder zweigeschossigen Getreidekästen, mit Wagenhütten kombinierte freistehende Backöfen, vereinzelt Hauskapellen und häufig Austraghäuser. Die entwicklungsgeschichtliche Vorstufe der Flachgauer Einhöfe sind schornsteinlose Rauchhäuser, deren Herde im Flur liegen (Flurküchen), so daß der aufsteigende Rauch zur Nachtrocknung der auf einer Bretterbühne (Rauchboden) über dem Flur gestapelten Getreidegarben dienen konnte. Reste dieser Altformen können auf den das Thalgauer Becken umrahmenden Höhenzügen noch beobachtet werden (Rauchhaus Mühlgrub). Hier und in den südlich anschließenden Kalkvoralpen der Osterhorngruppe finden sich an Kapellen und Bäumen auch noch Totenbretter.

Tennengau

Im Nordteil des Tennengaues stehen die „Tennengauer Einhöfe", die sich vom Flachgauer Einhof dadurch unterscheiden, daß ihr Stallteil unmittelbar an den Wohnteil herantritt. Die Tenne kommt daher als Hochtenne über dem Stall zu liegen und wird über eine Tennbrücke, die in Hanglagen von der Bergseite her zugänglich ist, erreicht. Die Flurküchen dieser Einhöfe sind stets mit gemauerten Schornsteinen ausgestattet. Die Stubendecken werden von einem ornamentierten hölzernen Trambalken getragen, der das Baujahr des Hauses eingeschnitzt

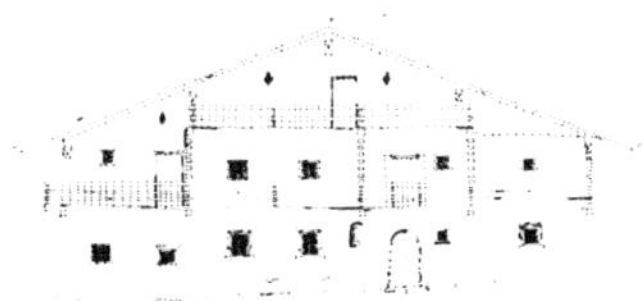

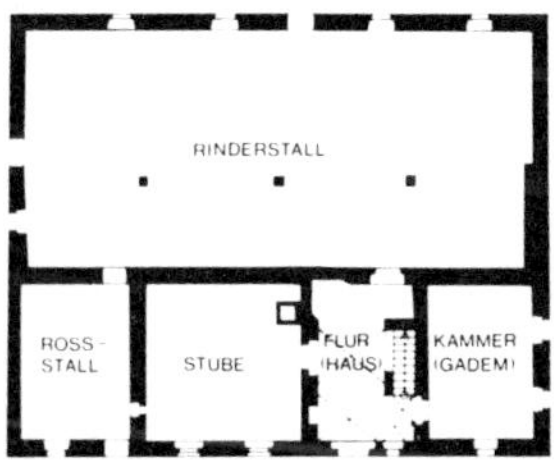

Tennengauer Einhof

trägt. Der breite Giebel der Häuser besitzt einen vom Dachboden (Hochboden) zu betretenden Hausgang, vereinzelt auch einen Hausgang im Obergeschoß. Das Pfettendach weist unter dem Hochfirst häufig einen Afterfirst auf, dessen aus der verschalten Giebelwand vortretendes Ende in der Gestalt eines Tierkopfes ausgearbeitet ist (Katzenfirst). Im Umkreis der Adneter Marmorbrüche sind Tür- und Fenstergewände häufig aus Marmor. Als Nebengebäude treten Backöfen und eingeschossige Getreidekästen in baulicher Verbindung mit Wagenhütten auf.

Im südlichen Tennengau setzt zwischen Kuchl und Golling die Zerlegung der Einhöfe in zwei Gebäude ein, die dann als Paarhöfe in verschiedenen Varianten auch im gesamten Abtenauer Becken vertreten sind.

Pongau

Der Pongau ist der einzige Gau des Landes Salzburg, der in geschlossener Landschaft keine Einhofformen, sondern nur Zwiehöfe in alpinen Gruppenhof- oder Paarhofformen aufweist. Die Gruppenhöfe treten zumeist als Haufenhöfe auf, deren Baulichkeiten ziemlich regellos gruppiert sind. Die „Pongauer

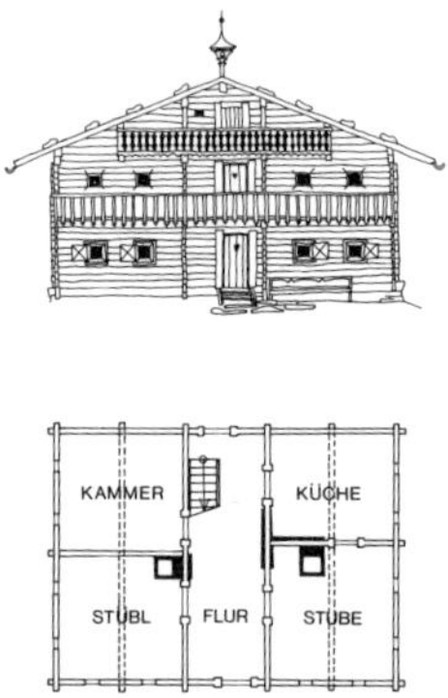

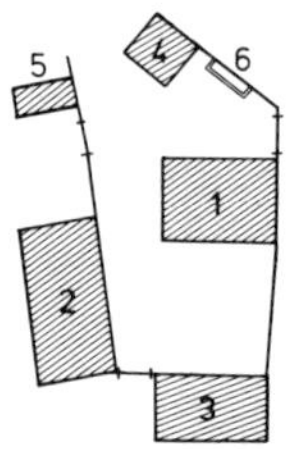

Lageplan
1 Wohnhaus
2 Stall, Scheune
3 Roßstall
4 Kasten
5 Dörrhäusl
6 Brunnen

Pongauer Zwiehof als Gruppenhof mit Längsflurhaus

Paarhöfe“ bestehen aus zwei in der Regel parallel gestellten Gebäuden, einem Wohngebäude und einem Wirtschaftsgebäude. Das stets zweigeschossige Wohngebäude ist vereinzelt ein Eckflur- oder Seitenflur-, zumeist aber ein Mittelflurhaus mit giebel- oder traufseitig angeordnetem Hausgang, wobei die Anordnung des Flures von der Lage der Häuser im Gelände abhängt. In Hanglagen treten stets Querflurhäuser auf. Das große Stall-Scheunengebäude (Zimmer) enthält stets einen Tiefbansen (Tief- oder Erdstadel) für die erdlastige Futterbergung und im Obergeschoß häufig eine Kreuztenne. Bis in die 1. Hälfte des 20. Jhs. herrschte sowohl im Wohn- als auch im Stallbereich ausschließlich der Blockbau vor; die Mittelwände in den Wohnhäusern sind häufig kunstvoll als Zierschrot eingebunden. An Nebengebäuden finden sich holzgezimmerte, zumeist zweigeschossige Getreidekästen, häufig auch Backöfen und nur noch selten Brechelbäder. Sämtliche Gebäude sind mit Pfettendächern ausgestattet, die noch bis zum Zweiten Weltkrieg mit Legschindeln eingedeckt waren. Kennzeichnend für die Wirtschaftsgebäude sind die unter dem giebelseitig und traufseitig weit ausladenden Vordach in Form von Gängen angebrachten Trockengerüste mit Stangengeländern (Laubgang oder Schaubgang).

Im Umkreis der alten Bergbaugebiete im Gasteiner und Großarltal finden sich vereinzelt auch kleine Bergmannssölden, deren kleiner Wohnteil mit einem Stall für zwei bis drei Rinder und einem Heuboden einhofartig unter einem First zusammengefaßt ist.

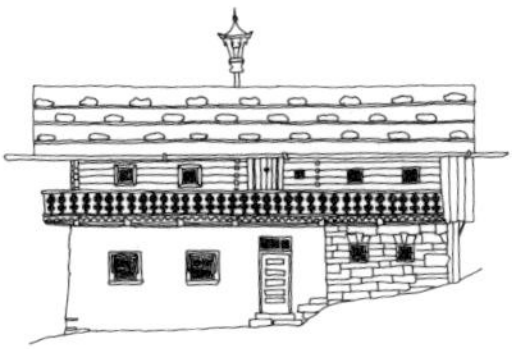

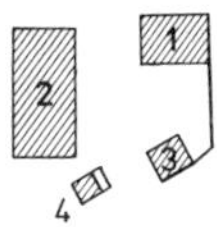

Lageplan 1 Wohnhaus
2 Stall, Scheune
3 Kasten
4 Dörrhäusl

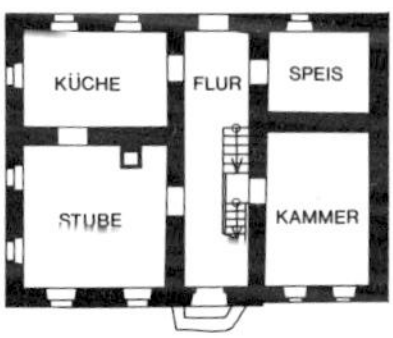

Pongauer Zwiehof als Paarhof mit Querflurhaus

Pinzgau

Der Ober- und Unterpinzgau sowie der südlich des Saalfeldner Beckens gelegene Teil des Mitterpinzgaues sind alpines Zwiehofgebiet mit der Hauptform des „Pinzgauer Paarhofes", dessen zweigeschossiges Wohngebäude als Wohn-Speicher-Haus entweder giebelseitig oder traufseitig aufgeschlossen und im Erdgeschoß zumeist gemauert ist. Das Obergeschoß ist in Blockbau errichtet und besitzt einen über die gesamte Giebelbreite reichenden Hausgang, dem im Dachgeschoß ein kurzer Giebelgang aufgesetzt ist. Die Stube und auch die im Wohnhaus untergebrachten Getreidespeicherräume (Kasten) sind vielfach vertäfelt und besitzen Holzbalkendecken auf Unterzügen. Die Tür- und Fensterumrahmungen sind oft aus Serpentin, die Haustürgewände in Kielbogenform gestaltet. Die Stallscheunen (Brücken) sind ähnlich gestaltet wie die Wirtschaftsgebäude des Pongaues. Die Trockengerüste unter den Vordächern sind jedoch kunstvoller ausgebildet und nach außen mit schrägstehenden Stangen, im Oberpinzgau mit einer dichten Bretterschalung abgeschlossen. Die Dachform ist wiederum das alpine flachgeneigte, vereinzelt noch mit Legschindeln gedeckte Pfettendach, dessen Glockentürmchen auf keinem Wohnhaus fehlt. Außer Paarhöfen finden sich auch „Pinzgauer Haufenhöfe" mit mehreren Wirtschaftsgebäuden, vor allem mit Stallungen für Pferde, Jungrinder und Ziegen.

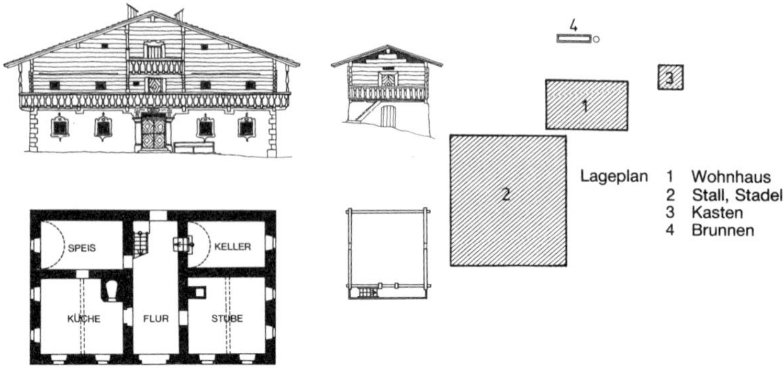

Pinzgauer Zwiehof als Paarhof mit Längsflurhaus

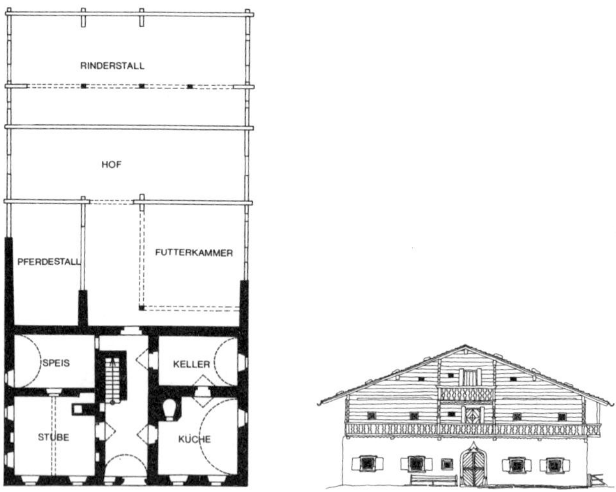

Mitterpinzgauer Einhof

Der Mitterpinzgau vom Saalfeldner Becken nach Norden ist geschlossenes Verbreitungsgebiet des „Mitterpinzgauer Einhofes“, der sich sekundär aus der Zusammenschiebung ursprünglich getrennt stehender Wohn- und Wirtschaftsbauten entwickelt hat. Die Übergangsstufen zum Einhof lassen sich an der manchmal verschiedenen Firsthöhe oder der seitlichen Firstverschiebung der zusammengerückten Bauten erkennen, die auch im Zwiehofgebiet manchmal so eng gestellt sind, daß sie durch einen Gang im Obergeschoß verbunden werden können. Der Wohnteil dieses Einhofes ist ein (im Erdgeschoß stets gemauertes) Mittelflurhaus und zeigt unter tirolischem und oberbayerischem Einfluß vereinzelt Lüftlmalerei. Die Giebelseite dieser Einhöfe ist gleich gestaltet wie die der Wohnhäuser der Paarhöfe, die Traufseiten besitzen jedoch keine Hausgänge, wohl aber Stangengerüste, auf denen Brennholz zum Trocknen aufgezäunt wird. Der unter dem Pfettendach mit dem Wohnbau verbundene Stallscheunenteil (Rehm) ist im Obergeschoß aus baumwälzig belassenen Rundstämmen gezimmert. An Nebengebäuden finden sich Backöfen, Brechelbäder und im Loferer Becken freistehende Tennen mit eingebauten Körnerspeichern (Troadtenn).
Das Mitterpinzgauer Einhofgebiet ist auch Verbreitungsraum der Totenbretter (Leichladen), die besonders in den Gemeinden Leogang, Weißbach, Lofer und Unken sowohl an Kapellen als auch an Hütten und Heustadeln angenagelt wurden. – Wie im Pongau kam es auch in den Pinzgauer Bergbaugebieten zur Ausbildung von Knappenhäusern und kleinen Bergmannssölden, die sich besonders in Dienten und Umgebung erhalten haben.

Lungau

Der Lungau zeigt in allen kulturlandschaftlichen Merkmalen und daher auch in seinen Haus- und Hofformen eine enge Verwandtschaft mit dem innerösterreichischen Raum, insbesondere mit den Bauernhäusern des Kärntner Nockgebietes und des steirischen Murtales, deren Rauchstuben einst auch im Lungau verbreitet waren. Der auffälligste Unterschied zu den salzburgischen Hausformen nördlich des Alpenhauptkammes liegt im Dachgerüst, das im Lungau aus einem mit Brettschindeln eingedeckten, steilen, zumeist abgeschopften und von einem stehenden Stuhl unterstützten Scherbalkengefüge besteht, dessen knapper Dachsaum nur wenig über die Giebelflucht vortritt. Einhöfe und Zwiehöfe halten sich die Waage, wobei die älteren Zwiehöfe als „Lungauer Haufenhöfe“ oder „Lungauer Paarhöfe“ aus einem zumeist giebelseitig, seltener traufseitig aufgeschlossenen Mittelflurhaus, das im Erdgeschoß gemauert ist und häufig kein voll ausgebautes, sondern nur als Kniestock abgezimmertes Obergeschoß aufweist, und aus einem großen, blockgezimmerten Stallscheunengebäude (Stadel) bestehen, dessen Giebeldreiecke stets mit Brettern verschalt sind, in denen Belüftungsöffnungen in Vierpaß- oder Rundbogenformen eingeschnitten sind. Die „Lungauer Einhöfe“ sind, ähnlich wie die Mitterpinzgauer Einhöfe, zumeist aus der Verbindung ehemals getrennt stehender Wohn- und Stadelbauten entstanden, zeigen vereinzelt quadratischen Grundriß, in der Regel aber Streckhofformen und häufig reduzierte altartige Kleinformen (Keuschen), die in den bis ins 19. Jh. blühenden Lungauer Bergbaugebieten das Bild der

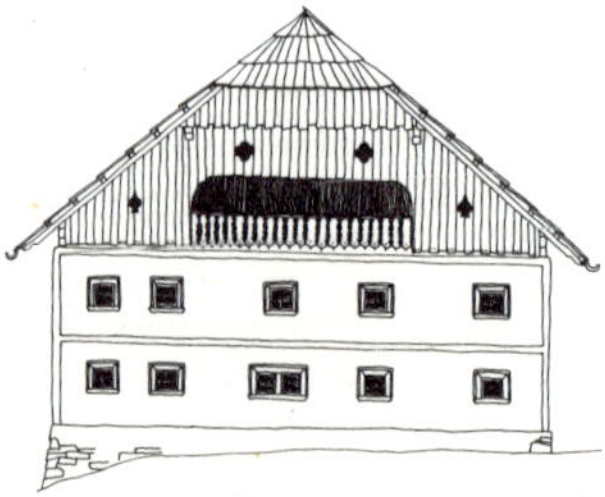

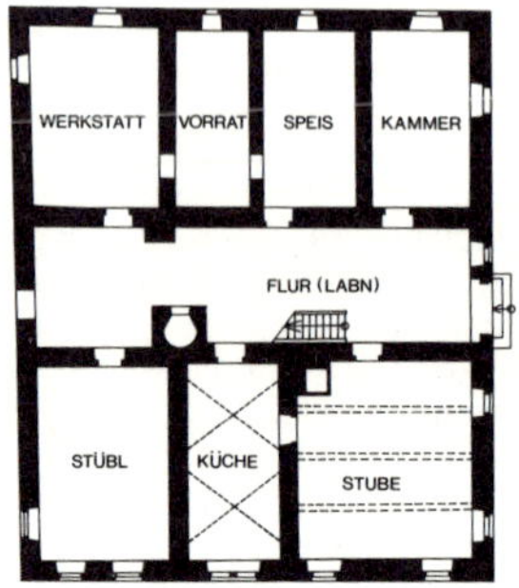

Lungauer Querflurhaus
eines Gruppenhofes

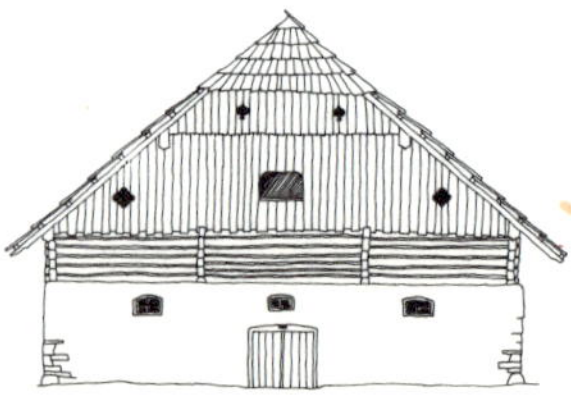

Lungau, Stadel eines Gruppenhofes

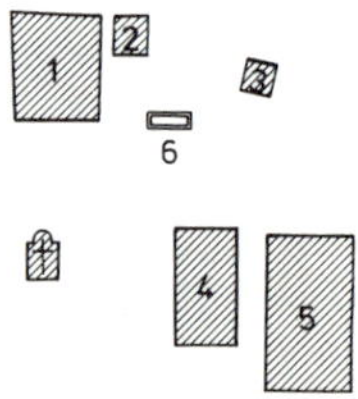

Lageplan
1 Wohnhaus
2 Schmiede, Backhaus
3 Kasten
4 Stall
5 Scheune
6 Brunnen

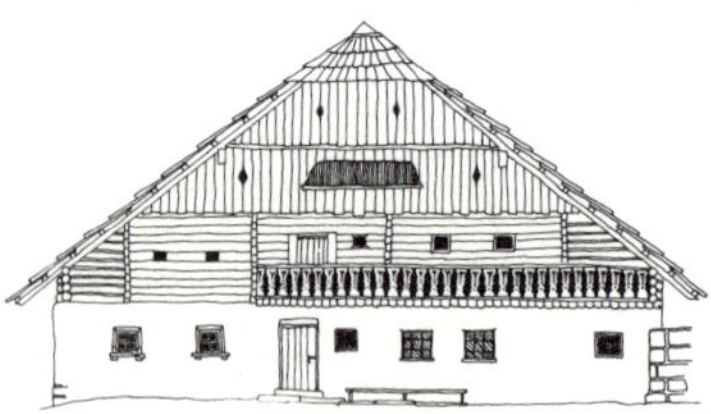

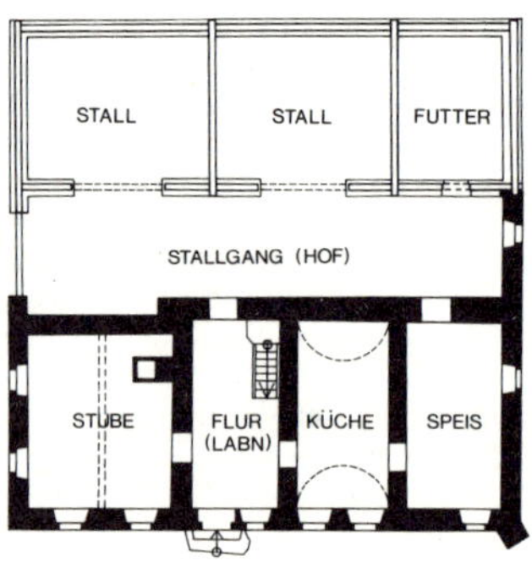

Lungauer Einhof mit Längsflurhaus

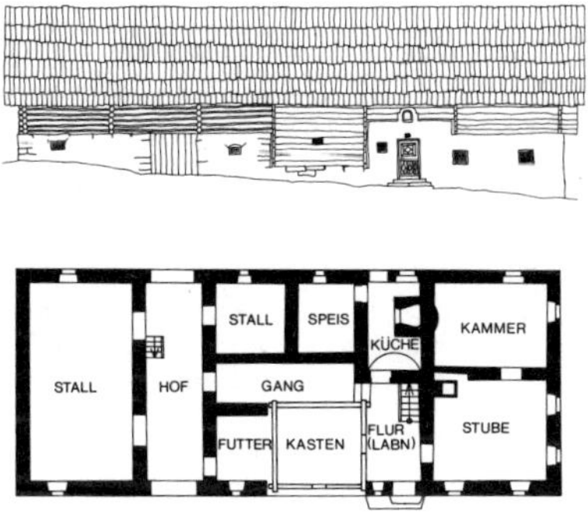

Lungauer Einhof mit Querflurhaus, Streckhofform

Hauslandschaft wesentlich mitbestimmen. Charakteristisch für alle Lungauer Gehöfte sind die freistehenden Getreidekästen, die ursprünglich durchwegs blockgezimmert waren, seit dem 17. Jh. aber zumeist gemauert und mit Freskomalereien und traditionellen Ornamenten geschmückt sind, so daß der Lungau heute das dichteste Verbreitungsgebiet der bemalten Mauerspeicher im gesamten Alpenraum darstellt.

Kurt Conrad

HINWEISE FÜR DEN BENÜTZER

Ortsnamen

Maßgebend für die Schreibweise der Gemeinde- und Ortsnamen war das vom Österreichischen Statistischen Zentralamt herausgegebene Ortsverzeichnis von Österreich, Heft Salzburg, Stand 1. Jänner 1975. Der Denkmälerbestand ist topographisch, in der Regel nach Gemeinden erfaßt; einige als selbständige historische Einheiten erscheinende Ortschaften sind davon ausgenommen und unter ihrem Namen in die Abfolge der Stichworte eingereiht, in diesen Fällen ist bei der zuständigen Gemeinde darauf verwiesen. Umgekehrt sind unter traditionell mit einem bestimmten Denkmal oder mehreren Denkmälern verbundenen Ortsnamen Verweise auf die Gemeinde bzw. auf das Stichwort, unter dem diese Orte zu finden sind, angebracht. Die Namen der einzelnen Gemeinden als Stichworte und die Ortsnamen folgen in alphabetischer Reihung, wobei die Umlaute ä, ö, ü wie a, o, u behandelt sind.

Die Gliederung der Stadt Salzburg folgt im inneren Stadtbereich mit den Altstadtteilen beiderseits der Salzach, mit der Neustadt und den beiden historischen Vororten Mülln und Nonntal im wesentlichen den Angaben der Publikation: Franz Martin, Salzburger Straßen, 3. Aufl. Salzburg 1978. In der Abgrenzung und Unterteilung des äußeren Stadtbereiches folgt die Grenzziehung nicht exakt historischen Gemeindegrenzen, sondern Grenzlinien der gegenwärtig gültigen Zählbezirke, z. T. sind mehrere Katastralgemeinden zusammengefaßt.

Ordnungssystem

Reihenfolge innerhalb der Gemeinden: 1. Angaben zur Siedlungsform bzw. -struktur, zur Geschichte und zu den Haus- und Hofformen; gegebenenfalls archäologische Fundstätten, Befestigungsanlagen. 2. Pfarrkirche bzw. Hauptkirchen mit zugehörigen Objekten, die weiteren Sakraldenkmäler in alphabetischer Reihung nach Orten, falls nicht sachliche Gründe eine andere Reihung nahelegen. In Städten erleichtern die Planlegenden das Auffinden der Objekte im Text. 3. Profane Monumentalbauten, soweit nicht den allgemeinen Profanbauten eingegliedert, die weiteren Profanbauten nach Straßen bzw. Orten in alphabetischer Reihung und (oder allein) nach Hausnummern.

Karten, Pläne und Grundrisse

Die Übersichtskarten des Landes im Vorsatz und am Ende des Bandes zeigen die Gliederung nach politischen Bezirken und die geographische Lage der im Text als Stichwort aufscheinenden Orte. Stichworte, denen Verweise folgen, sind in den Karten kleingedruckt.

Die Hervorhebung einzelner Denkmäler in den Stadt- und Ortsplänen durch Farbton und Legende dient der Orientierung und beinhaltet keine Wertung.

Ortsgrundrisse nach Katasterplänen von 1829/30 dienen der Verdeutlichung der historischen Siedlungsstruktur.

Der Verkleinerungsmaßstab der Grundrisse und der Lagepläne ist nicht einheitlich; angestrebt ist eine grobe Relation zu den tatsächlichen Größenunterschieden der Objekte.

ABTENAU. Polit. Bez. Hallein

MARKT im Lammertal, am Nordostabfall des Tennengebirges. Urk. 977; ehem. Kirchweiler, 1507 durch Eb. Leonhard von Keutschach zum Markt erhoben. – Durch Fremdenverkehr geprägt. Ortskern mit langgestrecktem Platz westl. der Pfarrkirche. Im N geschlossene Verbauung durch giebelständige Häuser, Fassaden durchwegs erneuert.
Siehe auch ABTENAUER BECKEN

Historischer Ortsplan nach Kataster von 1829/30

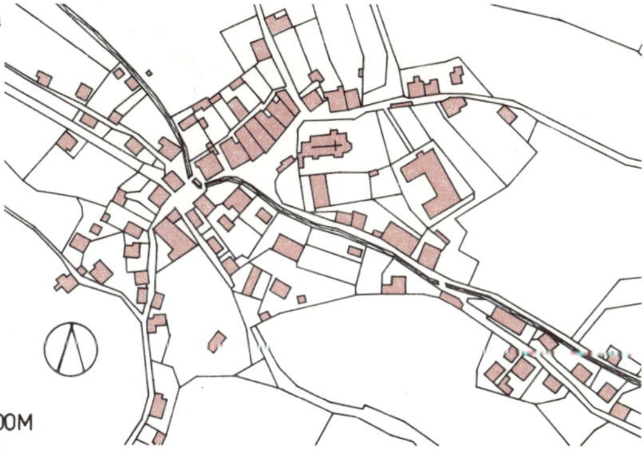

PFARRKIRCHE hl. Blasius in der Ortsmitte. Spätgot. Wandpfeilerkirche mit markantem hohem W-Turm, W-Fassade zum Marktplatz ausgerichtet, Schiff und Chor vom Friedhof mit hoher Umfriedungsmauer umgeben. – Urk. 1124, Weihedaten 1313, 1501 und 1511. 1191 mit allen Pfarrechten dem Stift St. Peter übergeben (oder bestätigt). Seit 1533 dem Stift St. Peter inkorporiert (gegen Abtretung der Pfarre Hallein). Brand 1525. 1646 Bau der Sakristei; 1659 Erweiterung der Anna-Kapelle im N zu nördl. Seitenschiff.
Spätgot. Langhaus mit Giebelfassade, 2 Strebepfeiler im S, im NW und SW übereck gestellt, Schindelsatteldach. Spätgot. eingezogener Chor mit polygonalem Schluß. Nördl. Seitenschiff vom 2. Joch des Langhauses bis zum Chorschluß reichend, mit gerader Abschlußwand. Fenster durchwegs spitzbogig, das Achsenfenster des Chores verkürzt, rundbogig. Im S 2geschossige Sakristei. Vor der Giebelfassade im W spätgot. ungegliederter Turm mit Biforenfenstern und Spitzgiebelhelm. Im N und S des Turmes pultdachgedeckte bar. Anbauten; Turmerdgeschoß mit Sternrippengewölbe auf Konsolen (Rippen abgeschlagen), rundbogiges Eingangsportal im W, im N und S rundbogige Öffnungen zu den Anbauten mit flacher Decke. Im 5. Joch des Seitenschiffes kleiner Anbau mit Satteldach. An der südl. Langhauswand Aufgang zur Empore.
Langhaus 3jochig mit Vierrautensterngewölbe auf mächtigen, weit in den Raum stehenden Rundpfeilern aufruhend; gekehlter, spitzbogiger Triumphbogen;

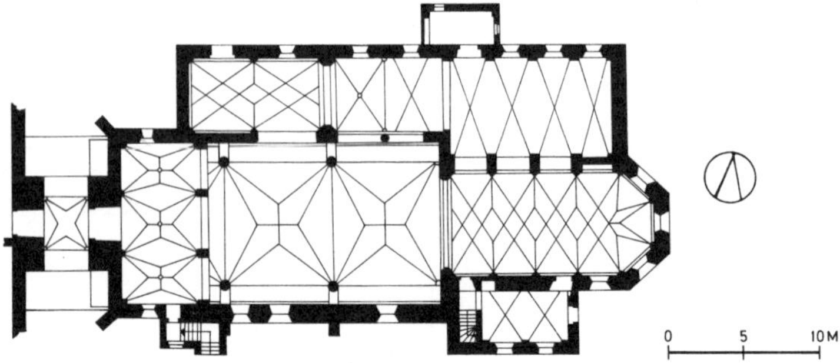

Abtenau, Pfarrkirche hl. Blasius

eingezogener 4jochiger Chor mit 3/8-Schluß. Zweiparallelrippengewölbe auf Runddiensten mit Basis und Kapitell. Im 3. südl. Joch Oratorienfenster, darüber der obere Teil eines spitzbogigen spätgot. vermauerten Fenstergewändes.
Seitenschiff mit sogen. „kleiner Kirche“ (von 1313?) im W, 2jochig, mit Zweiparallelrippengewölbe auf Runddiensten mit Basis und Rundkapitell; das 3. Joch (ehem. Chor der Kapelle) kreuzrippengewölbt mit got. Schlußstein Hand Gottes. Daran anschließend 5 bar. Joche, kreuzgratgewölbt bzw. Segmentbogentonne mit Stichkappen. Unterhalb des got. Seitenschiffes Krypta (nicht zugänglich).
Doppelgeschossige W-Empore, die untere bis knapp zum 1. Joch vorreichende spätgot., 3jochig, mit Vierrautensterngewölbe und runden Schlußsteinen, auf 2 mittleren Pfeilern aufruhend. Zum Schiff gekehlte spitzbogige Öffnungen. Auf der Empore rundbogige Tür zum Turm. 1667 bis in die Mitte des 2. Joches verlängert, die obere Empore ebenfalls von 1667.
Wandmalerei. Mittelschiff, im 2. Joch David und Propheten-Medaillons, im 3. Joch Salomonisches Urteil und Werke der Barmherzigkeit, 2. H. 16. Jh., bez. 1939 (Rest.); an der Chor-N-Wand Fragment eines Sakramentshäuschens, spätes 15. Jh. (?).
Hochaltar mit Wappen und Inschr. des Stifters Eb. Max Gandolph 1684. Tischlerarbeit von *Christoph Stern*, Bildhauerarbeit von *Simeon Fries.* Mittelnische rekonstruiert 1939, mit Figuren Hll. Rupert, Blasius, Maximilian sowie Maria mit Kind (letztere 1. H. 17. Jh.), seitl. Konsolfiguren Hll. Benedikt und Scholastika, im Aufsatz Gnadenstuhl flankiert von Figuren Hll. Petrus und Paulus. Tabernakel 18. Jh.
Li. Seitenaltar, Altarblatt Skapulier-Madonna und Verzückung der hl. Theresia, von *Johann Friedrich Pereth,* um 1685, Seitenkonsolfiguren Hll. Michael und Raphael von *Simeon Fries,* 1705. – Re. Seitenaltar, Altarblatt Hl. Familie, 2. H. 17. Jh., Seitenkonsolfiguren hl. Gabriel und Schutzengel von *Simeon Fries,* 1702. – Im Seitenschiff Anna-Altar, 1966 zusammengestellt, Bild Hl. Sippe, mit Ansicht von Abtenau, von 1684, 2 Putti von *Hans Waldburger,* A. 17. Jh., Konsolfiguren Hll. Stephan und Laurentius (ehem. am re. Seitenaltar) von *Simeon Fries,* 1702.

Kanzel von 1674, Figuren hl. Bernhard und die 4 Kirchenväter. – Konsolfiguren Hll. Florian und Georg von *Andreas Lackner,* vom ehem. Hochaltar 1518 (Hauptfiguren Hll. Blasius, Rupert und Virgil seit 1953 in der Österr. Galerie/Wien, Schreinflügelreliefs Anbetung der Könige und Auferstehung Christi, Predellenflügel hl. Elisabeth und Anna selbdritt in der Erzabtei St. Peter, Schreinflügelrelief Pfingsten im SMCA). Segnendes Christuskind um 1625, hl. Petrus spätes 17. Jh.; Hll. Barbara und Katharina von *Simeon Fries* 1705 (ehem. auf dem li. Seitenaltar); Immaculata, hl. Livinus (?) und Nischenfigur Ecce Homo 18. Jh. – Kreuzigungsgruppe von 1677.
Bilder. Schutzengel, hl. Gabriel, hl. Joseph und Rundschild hl. Wolfgang, 2. H. 17. Jh.; mehrere Darstellungen aus der Leidensgeschichte Christi 18. Jh.; Albertus-Tafel um 1800. – Taufstein und Weihwasserbecken von 1631.
In der Vorhalle Hl. Grab mit Malerei von *Johann Löxhaller* 1785.
Grabplatten. Wappengrabsteine, Christoph Grimming, gest. 1562; Catharina von Mendoza, gest. 1655; Christoph Mayrr, Gerichtsschreiber, gest. 1678; Doppelwappensteine, Abraham Zappler, St. Peter Urbar-Amtmann, gest. 1613, und Jacob Friedrich Ritz zu Grub, 1. H. 17. Jh.; Relief Christus fällt unterm Kreuz mit Inschr. und Wappen, bez. 1697. – Mehrere Epitaphien von Ordensgeistlichen des Stiftes St. Peter aus dem 18. und 19. Jh.

Friedhofskapelle. Urk. 17. Jh., erb. um 1800. Rechteckiger Bau mit Satteldach und Dachreiter mit Zeltdach. Derzeit kein Inventar. Altarblatt Trinität, Maria und Johannes sowie Seelen im Fegefeuer, spätes 18. Jh., in der Pfarrkirche.

Aufbahrungshalle mit Glasfenstern, bez. *A(lbert) Birkle 1972.*

Pfarrhof. Erb. 1749/50, Inschrifttafel bez. 1751, Relief Doppelwappen St. Peter/Abt Gottfried Kröll. Großer 2geschossiger Bau mit abgewalmtem Satteldach. Portraitsammlung von Äbten des Stiftes St. Peter, 18. und 19. Jh.

Ökonomiegebäude, nach Plänen *Wolfgang Hagenauers* erb. 1798–1806. Mächtiger 2geschossiger Baukörper mit 2 Seitenflügeln, einfache vertikale Putzlisenengliederung. Inschr.-Tafel mit geritztem Wappen St. Peter/Abt Dominikus. Im Erdgeschoß ehem. Stallungen, Gewölbe Stichkappentonnen auf Säulen.

Verwalterhaus von St. Peter, Nr. 5. Freistehender 2geschossiger Bau, im Kern 16. Jh., mit abgewalmtem Satteldach und umlaufender Hohlkehle; abgefastes Segmentbogenportal bez. 1559. Fassade 1953 erneuert.

FILIALKIRCHE hl. Maria, in M ü h l r a i n. Einschiffiger bar. Bau, erb. 1686, Bauherr Achatius Rösch. Einfacher Bau mit polygonalem Schluß, Satteldach und Giebelreiter mit Zeltdach; im W Portal mit geradem Sturz und gesprengtem Giebel sowie Türe aus der Erbauungszeit. Im N Fassade vollständig verschindelt, mit 2geschossiger Sakristei und rundem Treppenturm, zur Kanzel und zum Sakristeiobergeschoß führend, im NW überdachter Treppenaufgang zur W-Empore, mit Pultdach.
Langhaus 2jochig, tonnengewölbt; rundbogiger Triumphbogen; leicht eingezogener Chor, einjochig mit Tonne und halbrundem Schluß. Decke in Langhaus und Chor mit bar. Stuckspiegeln. – Sakristei, Erdgeschoß kreuzgratgewölbt, Obergeschoß mit 2 quadrat. Fensteröffnungen zum Chor, flach gedeckt mit bar. Stuckspiegel.

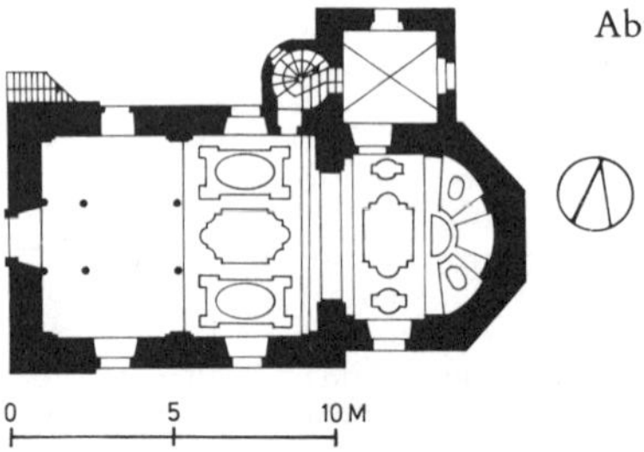

Abtenau-Mühlrain, Filialkirche hl. Maria

Einheitliche Ausstattung aus der Erbauungszeit. Altar mit Altarblatt Maria mit Kind, umgeben von Attributen der Lauretanischen Litanei, von *Johann Friedrich Pereth*, seitl. Konsolfiguren Hll. Joseph und Achatius, Tabernakel mit bekleidetem Christuskind, Predelleninschr. bez. 1686. Kanzel mit Bildern 4 Evangelisten, Christus als Salvator Mundi, unterhalb des letztgenannten kleines Bild Marienkrönung. Rosenkranzmadonna, vom Triumphbogen hängend. – Bilder Hll. Michael, Raphael, spätes 17. Jh.; Kreuzigung, und Szene mit Christus, Maria und Märtyrerinnen, 18. Jh. – Chorgitter von 1686. – Doppelgeschossige W-Empore. – Wappengrabstein des Kirchenstifters Achatius Rösch, gest. 1713. – Glocke von *Andreas Gartner,* 1688.

FILIALKIRCHE hl. Joseph in Rigaus, nördl. der Ortschaft gelegen. Erb. 1960–1962 von *Robert Posch.* Einschiffiger Bau mit Satteldach und Dachreiter mit Zeltdach; im N eingeschossiger Sakristeianbau.
Innenraum mit offener Dachkonstruktion im Schiff und flacher Decke im eingezogenen, gerade geschlossenen Chor. Im W Rundfenster mit Glasmalerei Verkündigung von *Karl Weiser,* 1960.
Altar (ehem. Seitenaltar der Veitskapelle in St. Peter/Salzburg), Aufbau um 1775, Altarblatt Christus unter den Schriftgelehrten, A. 18. Jh., Oberbild hl. Heinrich, 2. H. 18. Jh., seitl. Konsolfiguren Hll. Sebastian und Rochus sowie Tabernakel 2. H. 17. Jh.

KAPELLE zu Markt Nr. 34. Erneuerter Bau mit quadrat. Grundriß und Walmdach. Bar. Figuren Hll. Johannes Nepomuk, Sebastian und Rochus.

HEILIG-BRÜNNEL-KAPELLE, an der Bundesstraße, südl. der Filialkirche Mühlrain. Urk. erb. 1697. Einfacher Bau über rechteckigem Grundriß, mit Satteldach, Innenraum tonnengewölbt. Auf natürlichem Felsen Kruzifix und Figur Johannes, 18. Jh. Relief Maria mit Kind, um 1800 (?). Bild hl. Philippus, spätes 17. Jh.

KAPELLE Hl. Herz Jesu und hl. Leonhard in Stocker. Erb. 1901–1903. Einfacher neugot. Bau, polygonal geschlossen, mit Satteldach und Dachreiter mit Zeltdach; im S 2geschossiger Sakristeianbau. Innenraum mit spitzbogigem Gewölbe und W-Empore. Ausstattung um 1900, sämtliche Bilder von *P. Hildebrand Mayer* um 1960.

BEZIRKSGERICHT, Abtenau Nr. 1. Erb. 1773–1776, rest. 1980. 3geschossiger Bau mit Walmdach; schwach vorspringender Mittelrisalit mit Dreieckgiebel.

GASTHOF Galler, Abtenau Nr. 51. Mittelflurhaus, 2geschossig, flaches Satteldach mit Legschindeldeckung, abgefastes Rundbogenportal.

BAUERNHÖFE. **Rigaus.** Kirchweiler in Hanglage, nördl. der Lammer. – **Nr. 15:** Wiesbachbauer. Paarhof, Mittelflurhaus, Erdgeschoß gemauert, Roßstall, Obergeschoß Blockbau, giebelseitig Zierschrot, Dachgeschoß giebelseitig senkrecht verschalt. – Getreidekasten, 2geschossig, Blockbau. Stallscheune, unten gemauert, oben Ständerbau.
Stocker. Gegen O ansteigendes Gelände zwischen Rigausbach und Lammer. – **Nr. 18:** Gasthof Blauer Enzian. Bildstock von 1959, mit bar. Figur Maria mit Kind.
Waldhof. Streusiedlung südl. der Lammer, entlang des Schwarzenbaches. – **Nr. 19:** Pilgertshof. Paarhofanlage, got. Marmorfenstergewände, bez. 1563, Mittelflurhaus, Erdgeschoß gemauert, Tonnengewölbe; Obergeschoß Blockbau, beidseitig verputzt, Schopfwalmdach scharschindelgedeckt. – Stallgebäude, Erdgeschoß gemauert, Obergeschoß Blockbau, Kopfschrot, Rundstämme.

ABTENAUER BECKEN. Gem. Abtenau. Polit. Bez. Hallein

Weitgestrecktes Gebiet nördl. des Tennengebirges, am oberen Lauf der Lammer und deren Zuflüsse Rußbach, Rigausbach und Aubach. Hauptsächlich vom Paarhof beherrscht; in der stark vom Fremdenverkehr geprägten Landschaft ist er als Streuhof zu finden. Vereinzelt treten auch Einhöfe auf.

BAUERNHÖFE. **Au, Nr. 2:** Kleinschörghof. Paarhof mit Getreidekasten. Wohnhaus im Erdgeschoß gemauert, Seitenflur, der fast die Hälfte des Erdgeschosses einnimmt, Obergeschoß Blockbau, Schopfwalmdach. Stall, Blockbau mit Kopfschrot. Getreidekasten, Blockbau mit Legschindeldach. – **Nr. 3:** Großschörghof. Paarhof, gemauertes Mittelflurwohnhaus, Schopfwalmdach mit Scharschindeln. Getreidekasten in Blockbau. – **Nr. 8:** Hutterer. Wegkapelle, Bau mit Schindelschopfwalmdach bez. 1957; bar. Figuren Christus an der Geißelsäule und hl. Virgil. – **Nr. 9:** Arlerhof (Heimat-Museum). Paarhofensemble, bestehend aus Wohnhaus mit Roßstall, Stallscheune, Getreidekasten und Bienenhütte, Steckenzaun. Wohnhaus, Eckflurhaus, Erdgeschoß gemauert, Tonnengewölbe in Rauchküche, Obergeschoß Blockbau mit Schließschrot, Satteldach mit Legschindeln. Stallscheune, Tiefpansen, rundstämmiger Blockbau, Kopfschrot. Getreidekasten, 2geschossig, Klingschrot. – Mühle mit oberschlächtigem Wasserrad.
Nr. 18: Kohlhof. **Kapelle** mit rechteckigem Grundriß, Schindelsatteldach und Dachreiter mit Zeltdach, rest. 1979; Innenraum mit Segmentbogentonne, Figur Maria mit Kind 1. H. 18. Jh. – **Nr. 22:** Käferbauer. Paarhof mit Getreidekasten, Mühle und Obstdörre. Wohnhaus, Keller gemauert, Erd- und Obergeschoß Blockbau, verputzt, Längsflur, Legschindeldach. Stallscheune, Blockbau, rundstämmig mit Kopfschrot, Legschindeldach. – **Nr. 23:** Oberseetaler. Paarhof mit Getreidekasten. Wohnhaus, Erdgeschoß gemauert, gewölbt, Mittelflur, Obergeschoß Blockbau, verschindelt, Dachgeschoß mit Firstkammer, Schopfwalmdach. Getreidekasten, 2geschossig, Blockbau.
Döllerhof, Nr. 5: Vorderwimm. Paarhof, Wohnhaus, Eckflurhaus, Erdgeschoß gemauert und gewölbt, Obergeschoß und Dachgeschoß Blockbau mit Firstkammer. Getreidekasten, bez. 1836, Blockbau mit Schopfwalmdach. –

Nr. 11: Meingast. Bar. **Kapelle** mit Walmdach; Inventar 2. H. 18. Jh. und um 1830.

Erlfeld, Nr. 3: Bubenhof. Paarhof mit Bienenhütte. Wohnhaus, Erdgeschoß gemauert und gewölbt, bez. 1684, Obergeschoß Blockbau, Satteldach mit Legschindeldeckung. Stallscheune, Blockbau, bez. 165? Bienenhütte, Blockbau. – **Nr. 14:** Obwegbauer. Paarhof. Wohnhaus, Mittelflurhaus bez. 1710, Erdgeschoß gemauert und gewölbt, Obergeschoß Blockbau, innen verputzt, Satteldach mit Scharschindeldeckung. Stallscheune, Erdgeschoß Blockbau und Mauerwerk, Obergeschoß Ständerbau.

Fischbach, Nr. 3: Lederergütl. Tennengauer Einhof; Erdgeschoß gemauert, Obergeschoß Blockbau, Satteldach. – **Nr. 4:** Fischbachedt. Paarhof; Wohnhaus, Erdgeschoß, Wohnteil gemauert, Roßstall Blockbau aus Rundstämmen, Obergeschoß Blockbau, Schopfwalmdach. Stallscheune, Blockbau. – **Nr. 8:** Oberbrandt. Paarhof, Wohnhaus, stark verändert, Erdgeschoß Bruchsteinmauerwerk, am Anbau altes Fensterformat sichtbar. Stallscheune, im urspr. Zustand vorhanden, Blockbau mit Kopfschrot, altes Fensterformat noch sichtbar, Legschindeldach. – **Nr. 19:** Großenhof. Tennengauer Einhof, Mittelflurhaus in Blockbau, z. T. verputzt, Quertenne mit Tennbrücke. Bildstock beim Hof, bez. 1706.

Kehlhof, Nr. 10: Oberegg. Paarhof, Mittelflurwohnhaus, Erdgeschoß gemauert, Obergeschoß Blockbau, verputzt, Schopfwalmdach. Stallscheune, Erdgeschoß gemauert, Obergeschoß rundstämmiger Blockbau. – **Nr. 12:** Heimhof. Paarhof mit Getreidekasten. Wohnhaus gemauert, Erdgeschoß gewölbt, got. Fenstergewände aus Stein. Getreidekasten, 2geschossig, Blockbau, bez. 1749.

Lindenthal, Nr. 1: Schönerbauer. Paarhof mit Getreidekasten und Wagenhütte. Wohnhaus, Mittelflurhaus, Erdgeschoß gemauert, gewölbt, Obergeschoß Blockbau, im Dachgeschoß Firstkammer in Blockbau, innen verputzt, Schopfwalmdach. Stallscheune, Blockbau. Getreidekasten, Blockbau, 2geschossig, bez. 1863. – **Nr. 2:** Kraften. Paarhof; Wohnhaus, Eckflurhaus, Erdgeschoß gemauert, Gewölbe, spätere Anbauten in Ständerbauweise, Schopfwalmdach, Erdgeschoßfenster mit Steingewänden, Obergeschoß Blockbau, verputzt. Stallscheune, Blockbau, Kopfschrot, Rundstämme, Schopfwalmdach, Scharschindeln. – **Nr. 3:** Gutjahr. Paarhof, bez. 1586, mit Austraghaus, Dörrbad und Krautsöldn. Wohnhaus, Mittelflurhaus, Erdgeschoß gemauert, Gewölbe, re. steinernes Fenstergewände, Obergeschoß Blockbau, Giebelseite verschindelt, Satteldach. Austraghaus, Erdgeschoß-Vorderteil gemauert, sonst Blockbau, verputzt, Scharschindeldach. Dörrbad und Krautsöldn scharschindelgedeckt. – **Nr. 7:** Niederhinterlindenthal. Paarhof mit Getreidekasten und Waschhütte. Wohnhaus, Erdgeschoß gemauert und gewölbt, schwarze Kuchl mit außen angebautem Backofenerker, Pferdestall, Obergeschoß Blockbau, verschindelt, Dachgeschoß mit Firstkammer, Schopfwalmdach, Scharschindeln, Glockentürmchen. Stallscheune, Blockbau, Kopfschrot, Ringtenne mit Tennbrücke, bez. 1855. Getreidekasten, 2geschossig, Blockbau, Scharschindeldekkung.

Pichl, Nr. 9: Pichl, ehem. Paarhof, Mittelflurhaus, Erdgeschoß gemauert, Obergeschoß Blockbau, waagrecht verschalt, Firstkammer, Satteldach, Legschindeln, Glockentürmchen. Erkerartiger Backofenanbau noch sichtbar. – Bei **Nr. 9** bar. **Wegkapelle,** polygonal geschlossen, mit Walmdach; Altaraufbau und Oberbild Hll. Leonhard und Jakobus d. Ä., 18. Jh.; Altarblatt Hl. Wandel,

spätes 19. Jh. – **Nr. 17:** Windhofer, Paarhof, Mittelflurhaus, 17. Jh. Erdgeschoß und Obergeschoß Blockbau mit Schließ- und Zierschrot, Erdgeschoß ehem. außen verputzt, teilweise urspr. Fenstergrößen sichtbar, Schopfwalmdach, Scharschindeln, Glockentürmchen. Hausgang im Dachgeschoß neu.
Salfelden, bei **Nr. 3:** Edt, große einfache **Kapelle** mit Schindelsatteldach und Giebelreiter mit Zeltdach. Bar. Altar mit Bild Marienkrönung.
Schorn, Nr. 3: Schweighof. Tennengauer Einhof. Erdgeschoß gemauert, Obergeschoß Blockbau, Schließschrot, Schopfwalmdach. – **Nr. 4:** Neuhaus, Paarhof, Wohnhaus, Erdgeschoß gemauert, Obergeschoß Blockbau, außen verputzt, Schopfwalmdach, Scharschindeln, hinten Roßstall.
Schratten, Nr. 7: Unterwinterstall, Paarhof mit Getreidekasten, Bienenhütte und Dörrbad. Wohnhaus, Mittelflur, Erdgeschoß gemauert, gewölbt, Obergeschoß Blockbau. Stallscheune, Blockbau, Kopfschrot, rundstämmig. Getreidekasten, Blockbau, Scharschindeldach. Dörrbad, gemauert. – Bei **Nr. 7, Winterstall-Kapelle,** erb. 2. H. 19. Jh., vorderer Teil Holzbau, hinterer Teil gemauert, mit Satteldach, Türe bez. 1880. Bekleidete Marienfigur in Glasschrein um 1880. – **Nr. 13:** Kurzhof, Paarhof mit Getreidekasten. Wohnhaus, Erdgeschoß und Obergeschoß Blockbau, Erdgeschoß außen verputzt, Legschindeldach. Stallgebäude, Erdgeschoß gemauert, Obergeschoß Blockbau, Kopfschrot, Schopfwalmdach. Getreidekasten, bez. 187?, Scharschindeldach – **Nr. 14:** Saleitbauer, Paarhofanlage, Erdgeschoß gemauert, gewölbt, Mittelflurhaus, Obergeschoß Blockbau, Schopfwalmdach mit Scharschindeldeckung.
Seetratten, Nr. 4: Oberreit, Paarhof mit Getreidekasten; Wohnhaus, Erdgeschoß und Obergeschoß Blockbau, verputzt, Mittelflurhaus, neue Wände eingezogen (Ziegel), Schopfwalmdach, Scharschindeln. Stallscheune, Erdgeschoß zum Teil gemauert, sonst Blockbau, Kopfschrot, verschalt, Quertenne mit Tennbrücke, bez. 1902, Satteldach mit Scharschindeln. – **Nr. 6:** Pichl, Paarhof mit Getreidekasten; Wohnhaus, Erdgeschoß gemauert, Mittelflurhaus, Roßstall, Obergeschoß Blockbau, Hausgang vom Obergeschoß betretbar, verschindelt, Schopfwalmdach. Getreidekasten, Blockbau. Einzelne alte Stekkenzäune noch vorhanden.
Seydegg. Klausegg-Kapelle, Neubau mit Satteldach von 1978; bar. Figurengruppe Pietà.
Unterberg. Bildstockartiger **Grenzstein** mit Wappen des Stiftes St. Peter, am alten Fußweg von Abtenau nach Scheffau, bez. 1693. – **Nr. 6:** Zwillingbauer, Paarhof mit Getreidekasten und Bienenhütte, Bildstock. Eckflurwohnhaus, bez. 1600, Erdgeschoß gemauert und zum Teil gewölbt, got. Tür- und Fenstergewände. Obergeschoß Blockbau mit Kopfschrot, Legschindeldach mit Glockentürmchen. Getreidekasten und Bienenhütte in Blockbau.

ADNET. Polit. Bez. Hallein

Gemeinde nordöstl. von Hallein, an der Straße ins Wiestal. Haufendorf- und Streusiedlungsgebiet, vornehmlich Einhöfe. Der Ortsname ist keltischen Ursprungs, um 745 erstmals als „ad Adanate" erwähnt. Siedlungsreste aus keltischer Zeit (3.–1. Jh. v. Chr.) traten westl. des Ortes am Seidenauerbühel zutage.
Seit etwa 800 Jahren Abbau des roten Adneter-Marmors, im Mittelalter vor allem für Grabplatten im süddeutschen und österreichischen Raum verwendet.

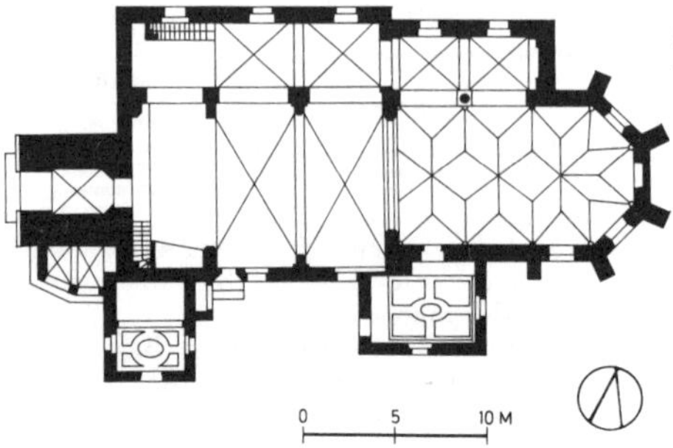

Adnet, Pfarrkirche
Hll. Stephan und Laurentius

PFARRKIRCHE Hll. Stephan und Laurentius, südöstl. des Ortes auf einer Talstufe, vom Friedhof umgeben. Spätgot., A. des 18. Jhs. erweiterter Bau mit W-Turm. Urk. 745. Nördl. Seitenschiff von 1706. 1890 Turm- und Dachstuhlbrand, in der Folge völlige Erneuerung des Inventars. Pfarre seit 1856. Rest.: Außenbau 1977, Innenbau 1972.

Langhaus mit Satteldach, im N Seitenschiffanbau, im S tiefes abgefastes Segmentbogenportal. Chor mit polygonalem Schluß und abgetreppten Strebepfeilern. Ungegliederter spätgot. Turm mit Biforenfenster und Spitzgiebelhelm, bez. 1929, im W abgefastes Spitzbogenportal; Turmhalle kreuzgratgewölbt, spätgot. Innenportal, mehrfach gekehlt, verstäbt, mit geradem Sturz, darüber segmentbogenförmiges Relief Steinigung des hl. Stephanus, spätes 15. Jh., Grabstein Hans Wuest, 16. Jh.

Ölbergkapelle, im S des Turmes, erb. 1693, mit 2 Rundbogenarkaden; innen 2 Kreuzgratgewölbe. Figurengruppe der Ölbergszene, um 1890; Grabstein Thomas Helweger, Steinmetz, 2. H. 17. Jh.

Totenkapelle, im S an das 1. Joch des Langhauses angebaut. Erb. 1718. Satteldach; am Außenbau im O Nische mit Beinkästchen des 19. Jhs.; innen flach gedeckt mit Stuckspiegel. Altar aus der Erbauungszeit mit Bild Sieben Zufluchten und Oberbild Trinität; Priestergrabstein von 1674.

2geschossige bar. Sakristei mit abgewalmtem Dach, im S an das 1. Chorjoch angebaut, Fenstergewände abgefast.

Innenraum. Langhaus 3jochig mit Kreuzgratgewölbe auf polygonalen Pfeilern mit Basis und Kapitell, A. 18. Jh. eingezogen (Spolien des spätgot. Gewölbes 1973 bei Grabung unter dem Kirchenboden gefunden). Rundbogiger abgefaster Chorbogen. Chor vor allem im S eingezogen, 2jochig, mit $^{5}/_{8}$-Schluß, Netzrippengewölbe – 4teiliger Rautenstern auf polygonalen Diensten mit Basis, A. 16. Jh.

Seitenschiffjoche kreuzgratgewölbt, gerader Schluß; die 2 an den Chor anschließenden Joche im N einspringend, mit Pilastergliederung und durchgehendem stark profiliertem Kranzgesims. Zwischen Chor und Seitenschiff breite Rundsäule mit Basis und Kapitell. Im 1. südl. Chorjoch Sakristeiportal um 1700, darüber Portal mit Balkon zur Kanzel. Sakristei flach gedeckt. Eingeschossige Empore von 1972.

Altäre um 1890. Marmor-Hochaltar, Mittelfigur alternierend Guter Hirt, bar. (?) und Auferstandener, um 1890; Seitenfiguren Hll. Stephan und Laurentius. Li. Seitenaltar mit Figuren Hll. Joseph, Rupert und Virgil. Re. Seitenaltar mit Figuren Immaculata, Hll. Barbara und Katharina. – Marmor-Kanzel auf oktogonaler Säule mit Basis und Kapitell, A. 16. Jh.
Bar. Konsolfiguren Pietà. (In Verwahrung bar. Prozessionsmadonna, Figuren Immaculata und hl. Joseph, 18. Jh.) Kreuzwegstationen Reliefs E. 19. Jh. Marmor-Speisgitter M. 18. Jh. Sakristeischrank 17. Jh. – Orgel von *Albert Mauracher,* 1891. – Mehrere Grabsteine des 18. Jhs.
Am Friedhofseingang Portalbau mit abgefastem Rundbogen, im Mittelfeld darüber an der Außenseite Relief Hll. Stephanus und Laurentius, innen Relief Kreuzigung bez. 1520.

Pfarrhof im Kern 17. Jh., Umbau 1970–1972; Wappen Eb. Max Gandolph bez. 1676.

PESTKREUZ, bez. 1626, an der alten Straße von Adnet nach Krispl.

HÄUSER in der Ortsmitte, meist mit älterem Kern, jedoch umgebaut; häufig Marmorportale mit geradem Sturz aus der 2. H. 19. Jh. erhalten: **Nr. 11, Nr. 29, Nr. 40, Nr. 43, Nr. 45.**

BRUNNEN vor dem Gemeindeamt mit Figuren 3 spielende Kinder und Relief mit Szenen der Marmorgewinnung von *Herbert Trapp* 1980.

STRUBKLAMM-KRAFTWERK und Werkssiedlung, in Wimberg. Erb. 1923/24 unter der Bauleitung von *Richard Hildmann.* – **Brücke** über den Wiestalstausee mit Figur hl. Georg von *Hans Pacher* 1949.

FIGUR Hochrad-Fahrer von *Max Rieder* 1969, bei Höhenwarth an der Straßengabelung.

BAUERNHÖFE. **Adnet, Nr. 16:** Miklüller. Im Erdgeschoß gemauerter Einhof, Stubentram bez. 1745, Obergeschoß Blockbau, verputzt. Dachgeschoß mit Balkon, senkrecht verschalt mit Katzenfirst, bez. 1890.
Spumberg. Östl. von Waidach gelegener Hang, der zu Krispl aufsteigt. Streulage mit Einhöfen. – **Nr. 15:** Trautenstadt. Im Erdgeschoß gemauerter Einhof. Stubentram bez. 1697, mit steinernen Fenstergewänden. Obergeschoß Blockbau, verputzt, mit Balkon. Dachgeschoß giebelseitig verschalt. Katzenfirst. – **Nr. 20:** Schwarzenbach. Erdgeschoß gemauerter Einhof. Obergeschoß Blockbau, verputzt, Balkon. Gemauerter Backofen im Hofbereich. – **Nr. 27:** Schweighof. Vollständig gemauerter Einhof, bez. 1862. Fenster mit Putzfaschen. Balkon im Dachgeschoß, verzierte Kopfbänder. Gemauerter Backofen im Hofbereich.
Waidach. Südlich von Adnet, am Sumbach gelegen. Tennengauer Einhöfe in Streulage. – **Nr. 12:** Bonau. Einhof, bez. 1815. Erdgeschoß zum Teil gemauert, zum Teil Blockbau, verputzt, Obergeschoß Blockbau, verputzt. Dachgeschoß giebelseitig verschalt, Katzenfirst. – **Nr. 24:** Tischlerhäusl. Einhof, bez. 1790. Vollständig in Blockbauweise, geweißt. Dachgeschoß giebelseitig verschalt. Balkon. – **Nr. 29:** Sommerau. Im Erdgeschoß gemauerter Einhof, bez. 1781. Marmorne Fenster- und Türgewände. Obergeschoß Blockbau, verputzt. Dachgeschoß giebelseitig verschalt mit Balkon und Katzenfirst. Getreidekasten in Blockbauweise.

Wimberg. Streusiedlung östl. des 1909–1913 errichteten Wiestal-Stausees mit Einhöfen. – **Nr. 9:** Oberwolfgrub. Vollständig gemauerter Einhof mit Marmortür- und -fenstergewänden. Dachgeschoß Balkon. Getreidekasten in Blockbauweise, bez. 1761. Gemauerter Backofen. – **Nr. 21:** Renger. Vollständig gemauerter Einhof, bez. 1895. Im Erdgeschoß Tür- und Fenstergewände in Marmor. Dachgeschoß verschalt, Balkon.

AIGEN, siehe SALZBURG-STADT

ALM, siehe MARIA ALM am Steinernen Meer

ALMDORF, siehe SAALFELDEN

ALTENMARKT im Pongau. Polit. Bez. St. Johann i. P.

MARKT im Ennstal, am Eingang in das Zauchtal; die Streusiedlung Palfen südl. – Der Ort wahrsch. an der Stelle einer römischen Straßenstation, ehem. Bezeichnung Rastat (Radestat) urk. um 1074, nach Gründung der nahegelegenen Stadt Radstadt 1270–1289 nannte man die Ortschaft Altenradstadt (urk. 1334). Die Bezeichnung Altenmarkt urk. 1393, ab der M. des 16. Jhs. gebräuchlich. 1526 Ortsbrand, 1948 Markterhebung. Das Ortsbild heute vom Fremdenverkehr geprägt.
Altbestand an alpinen Paar- und Haufenhöfen. 2geschossige Wohnhäuser mit breitem Mittelflur, überwiegend Querflureinteilung, teils mit gemauertem Erdgeschoß, teils reine Holzbauten. Verzierte Gänge in den Haupt- und Dachgeschossen. Pfettendächer mit schönen Glockentürmen. Die Stallscheunen meist aus Rundlingen; vereinzelt Getreidekästen, vielfach mit steinernem Unterbau.

DEKANATSKIRCHE Unserer Lieben Frau Geburt, dominierend im SO des Marktes. Basilikale Anlage, E. 14. Jh., mit rom. Kern, W-Turm mit bar. Glockengeschoß und Helm, Verbindungsgänge zwischen Kirche und Karner sowie Pfarrhof; von Friedhof umgeben. – Urk. 1074. 1390–1400 Kirchenbau unter Einbeziehung des Vorgängerbaues, 1418 Konsekration; 1502 Anbau der Frauenkapelle, 1526 Brand, 1638 Verlängerung der Seitenschiffe und Sakristeianbau (Krypta zugeschüttet), 1692 bar. Hochaltar. Ab 1753 Dekanat. 1764 Turmaufbau; 1867–1875 Renov. und Regotisierung (Verlängerung der Seitenschiffe und Sakristeibau); Rest. 1954 und 1975 (innen).
Got., 3schiffige Basilika und Chor mit $^5/_8$-Schluß, gegliedert durch gestufte Strebepfeiler (außer im SO), Spitzbogenfenster mit z. T. neugot. Maßwerk. Am südl. Langhaus abgefastes, got. Spitzbogenportal, im N Segmentbogenportal mit Stab und Kehlung. Im W got. Pfeilerhalle (ehem. Totenkapelle, seit 1974 Kriegergedächtnisstätte), 2achsiger Anbau, got. Kreuzrippengewölbe und runde Schlußsteine; östl. rom. Rundbogenportal mit Würfelkapitell. Westturm nicht axial, leicht nach S gerückt; ungegliederter, got. Aufbau, bar. Erhöhung bzw. Glockengeschoß von 1764, Rundbogenschallfenster über Lilienfries, zwischen kannelierten Pilastern mit Kapitellen, stark profiliertes Abschlußgesims, darüber doppelte Schindelkuppel. In der Turmhalle got. Sternrippengewölbe. Sakristei in Fortsetzung des südl. Langhauses, neugot. Anbau von 1867, Spitzbogenportal und Fenster.

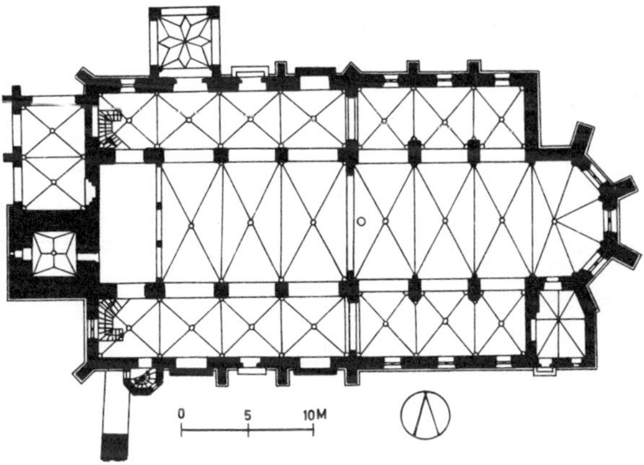

Altenmarkt, Dekanatskirche Unserer Lieben Frau Geburt

Basilikale Anlage, Langhaus 3schiffig, 4jochig, Chor 3jochig, Seitenschiffe zuletzt 1867–1875 auf 7 Joche verlängert. Z. T. got. Kreuzrippengewölbe und Gurtrippen auf Pfeilern mit vorgelagerten Diensten und Kapitellen, in den Seitenschiffen auf Konsolen; runde Schlußsteine. In den Gewölbefeldern ornamentale Malerei 1. H. 17. Jh.; Inschr. und Bez. 1614. 3achsige Pfeilerempore mit abgefasten Spitzbögen zum Mittelschiff, neugot. Brüstungsmaßwerk. Spitzbogige Obergadenfenster; in den Seitenschiffen Spitzbogenfenster mit neugot. Maßwerk, Glasmalerei im östl. Joch von *Ludwig Eßl,* 1954, li. hl. Leonhard, re. Taufe Jesu. Spitzbogiger Chorbogen zwischen 4. und 5. Joch. Chor 3jochig mit 5seitigem Abschluß. Got. Kreuzrippengewölbe und Gurtrippen auf Runddiensten, runde Schlußsteine. Li. Spitzbogenportal zur neugot. Sakristei. Spitzbogenfenster mit neugot. Maßwerk, Glasgemälde von *Josef Widmoser,* 1954, Mittelfenster Mariä Verkündigung, Geburt und Passion Jesu, li. hl. Elisabeth von Thüringen, Armenpflege, Vertreibung aus der Wartburg und Rosenspende, re. hl. Rupert, Taufe Herzog Theodos, Kreuzaufrichtung und Tod.
Hochaltar 1972 nach Entwurf von *Clemens Holzmeister,* Tabernakel von *H.* (?) *Baudisch;* bar. Kreuzigungsgruppe, Kruzifixus von *Sebastian Eberl,* seitl. Hll. Maria und Johannes (ehem. Kitzbühel), um 1760, *Josef Martin Lengauer* zugeordnet. – Neugot. Seitenaltäre 1902 von *Johann Piger* (Bildhauer); li. Muttergottesaltar, zentral die „Altenmarkter Madonna“ (Kopie des in Verwahrung befindlichen got. Originals, um 1393, aus Plänerkalkstein eines der bedeutendsten Beispiele der „Schönen Madonnen“ des weichen Stils); re. Seitenaltar mit neugot. Konsolfigur hl. Joseph.
Neugot. Kanzel, in den Füllfeldern die 4 Kirchenväter, Schalldeckel. Im Langhaus bar. Konsolfiguren von *Sebastian Eberl,* Hll. Katharina, Barbara und Sebastian; hl. Florian, 18. Jh.; Madonna mit Kind in neugot. Glasschrein. Neugot. Kreuzweg. Im Mittelschiff moderne Apostelfiguren von *Martin*

Helminger 1955. Neugot. Kirchenstühle. Beichtstühle 1976 nach Plänen von *C. Holzmeister*. Bar. Speisgitter um 1762. Weihwasserschalen 18. Jh. – 1903 Erweiterung der Orgel von 1846 durch *Albert Mauracher*, neugot. Gehäuse, 1974 Werk von *Dreher und Reinisch*.
Grabsteine in den Seitenschiffen: Caspar Lieb, 1650; Franc. Joseph. Mayr, 1747; Josef Ebner, 1772; Sebastian Vorderecker, 1782; Simon Ernst Mitterwallner, 1810. – Kriegergedächtnisstätte mit Epitaph Christus am Kreuz mit Maria und Johannes, Frauen und Männer mit Spruchbändern, bez. 1576, unterhalb Inschr. Hanns Koldrer 1446 und Katharina 1463. An der Südwand Kopie des got. Vesperbildes, 1974 von *Jakob Adlhart* (Original um 1400 aus Kunststein, zur Zeit in Verwahrung). Soldatenfries, 1959 von *J. Adlhart*.
Verbindungsgang vom 2. Joch der Kirche zur Anna- bzw. Lourdeskapelle, erb. 2. V. 16. Jh. Abgefaste Spitzbögen (gegen O geschlossen), gestufte Strebepfeiler. Gratiges Sterngewölbe auf Diensten. Bmkw. Grabstein, Paullus Khöldrar zu Höch, 1558; Burkhard Khöldrer zu Höch, 15(2)3 und Frau Sophia Aiglin (15)83; Georg Khöldrer, (15)92 und Frau Catharina 1577. Neugot. Relief Geburt Christi.

Annakapelle. 8eckiger, got. Karner nördl. der Pfarrkirche, mit derselben durch 2geschossigen Gang verbunden. – Lt. Ablaßbrief 1395 von Pfarrer Reicher erb., 1525/26 beschädigt, 1949 bzw. 1955–1957 als Taufkapelle gestaltet. Hoher 8eckiger, 2geschossiger Bau von 1395, urspr. freistehend, im SO Altarraum mit $^{5}/_{8}$-Schluß; Holzschindeldächer. Südl. Spitzbogenportal mit Stab und Kehlung, darüber abgefaster Dreieckgiebel und Fischblasenmaßwerk, Tür mit got. Spiralbeschlägen; Spitzbogenfenster.
Achtseitiger Inneraum mit hohen Kappen, Rippen und Rosenschlußstein. Niedriger, spitzbogiger Triumphbogen. Chor in der Breite einer Achteckseite, Rippen auf Konsolen, Schlußstein. Glasgemälde 1954 nach Entwurf von *Ludwine Wildner-Eltz;* Mittelfenster Gottvater und Hl. Geist, li. Muttergottes mit Kind, re. Mutter Anna und Maria. – Zentral der got. Taufstein, 12eckig, im Fuß starke Kehlung, 15. Jh., Taufsteindeckel mit Aufsatzgruppe Taufe Christi, 18. Jh.
Unter der Annakapelle ehem. Beinhaus, 1979 entdeckt und wieder vermauert.

Lourdeskapelle, westl. im Anschluß an die Annakapelle, im Bereich des Verbindungsganges zur Kirche. Erb. 1867. Südl. Spitzbogenportal, Fenster mit Glasmalerei, Mutter Anna, von 1904. Sternrippengewölbe, gegen N Spitzbogen zur Lourdesgrotte. Grabsteine: Johann Rudolf Freiherr von Plaz, 1692; Maria Johanna Gräfin Plaz, 1711.
Verbindungsgang vom Dechanthof zur Kirche, erb. 1867–1875. Quadrat. Pfeiler, im 2. Geschoß quadrat. Fenster.

Pfarrhof südl. der Kirche, mit derselben durch Gang verbunden. Mächtiger, 3geschossiger Bau über Rechteckgrundriß, Walmdach. 1755 unter Dechant Vorderegger erweitert, rest. 1971/72. Obergeschoß mit vertikaler Fassadengliederung, Eckquaderung, bar. Fensterkörbe und Hohlkehlenabschluß. – Im Bischofszimmer Stuckspiegel und Wappen des Eb. Siegmund Christof Graf Schrattenbach, 2. H. 18. Jh.; Kachelofen um 1755 (?). Bilder: Eb. Siegmund Christof Graf Schrattenbach, bez. 1753, in bar. Rahmen; bar. Altarblatt des ehem. Josephsaltars, *Benedikt Werkstätter* zugeschrieben; Ecce Homo, bez. *Fr. Tasil* (?), (1)839; Maria mit Kind, von *Sebastian Stief*.

Aufbahrungshalle in der SO-Ecke des Friedhofes. Erb. 1959 nach Plan von *Otto Prossinger.*

BILDSTÖCKE. **Konsolfigur** hl. Johannes Nepomuk, in der Ortsmitte neben der Zauchbachbrücke. – **Zauchenseekapelle,** westl. des Pfarrhofes. Erb. 1974. Südl. Außenwand, Malerei, Guter Hirte, bez. *Karl Weiser* 1974, innen sogen. Tannenmadonna von *K. Weiser.*

PROFANBAUTEN. 2geschossige bäuerliche Objekte, z. T. gemauert, teils Blockbauten, Satteldächer. **Nr. 1:** Siehe Pfarrhof/Dechantshof. – **Dechanthofstall** südöstl. des Pfarrhofes. Langgestreckter Blockbau über Rechteckgrundriß, z. T. gemauert, First bez. 1734. – **Nr. 3:** Gemeindeamt. First bez. 1788. 5achsiger Bau mit Eckfaschen, horizontaler Fassadengliederung und Fensterfaschen. – **Nr. 4:** Markterwirt. Im Kern 2. V. 16. Jh., Erdgeschoß gemauert, 7achsig, z. T. gewölbt, darüber Blockbau.
Nr. 72: Brunnbauerngut. Haufenhof, das Wohnhaus vorwiegend aus Holz, 17. Jh. (?), Holzwände mit Kopfschrot, Eingang an der Traufseite, darüber giebelartige Dachausformung. Gedrechselte kurze Gänge an Traufseite und Giebelwand. Getreidekasten bez. 1659 mit gemauertem Erdgeschoß und Putzarchitektur an den Ecken. Darüber Blockbau mit Schließschrot, Schindeldach. Mächtige Stallscheune mit Belüftungsstäben im Giebelfeld. – **Nr. 73:** Anichhof. 17. Jh. (?). Fast zur Gänze in Kopfschrot gezimmertes Wohnhaus, mit Eingang und Gang an der Giebelseite. – **Nr. 78: Heimatmuseum,** ehem. Bruderhaus. Urk. 1408, erb. 1754, First bez. 1757. 5achsiger Bau, Erdgeschoß gemauert, z. T. Gewölbe, darüber Blockbau mit Schließ- und Zierschrot; Nische mit Konsolfigur hl. Barbara, um 1700. Bäuerliches Mobiliar und Geräte des 18./19. Jhs., Zeugnisse religiöser Volkskunst, von Brauchtum und von Schützenwesen.
Die Streusiedlung **Palfen** in Tal- und Hanglage südl. von Altenmarkt in Richtung Zauchensee. **Nr. 7:** Kellerbauer. Vom Haufenhof nur Wohnhaus sowie Roß- und Schweinestall erhalten. Firstbalken der früheren Stallscheune bez. 1598. Vordertrakt des giebelseitig erschlossenen Wohnhauses renov., Hinterseite noch in urspr. Form mit Kopfschrotzimmerung, Resten von Rauchlöchern, Fenster mit Klostermaschengitter. – **Nr. 15:** Pallehen oder Pailbauer. An der Römerstraße gelegener Paarhof. Das Wohnhaus in Mischbauweise mit traufseitigem Eingang. Im Mauerwerk des Erdgeschosses Fenster mit schmiedeeisernen Gittern, an der Traufseite Wandmalerei, Szene aus dem Spiel vom Jüngsten Gericht aus Altenmarkt, um 1740–1760, Inschr.; seitl. gemalte Madonna, darüber Spruchband bez. 1835 (weitgehend erneuert, 1974). Hauptgeschoß in Blockbau mit Schwalbenschwanzschrot. Firstpfette bez. 1740, Baukörper älter (?). Wuchtige Stallscheune. – Etwas oberhalb die Gehöfte **Nr. 10:** Lochgrub und **Nr. 17:** Hornbauer. Zwei Paarhöfe, Wohnhäuser in reiner Blockbauweise.
Nr. 38: Großunterberg. Haufendorf, Wohnhaus in Mischbauweise. Urspr. Türen und Fenster, Gänge mit gedrechselten Stützen in Haupt- und Dachgeschoß der Giebelwand. Kasten in Blockbau mit Schwalbenschwanz- und Zierschrot, First bez. 1707. Stallscheune aus mächtigen Rundlingen.
Sinnhub, Nr. 2: Sinnhubbauer. Ehem. Pferdestation. 2geschossiges Paarhofwohnhaus, 17. Jh., gemauertes Erdgeschoß. Obergeschoß z. T. Holz, jedoch verputzt. Segmentbogiges Portal mit Putzfaschen an der Traufseite, Putzfaschen

auch um die etwas vergrößerten Fenster. Giebelseitiger Gang, flaches Dach mit Kniestock, großer Glockenturm.

ALTHOFEN. Gem. Mariapfarr. Polit. Bez. Tamsweg

Kirchweiler, südwestl. von Mariapfarr.

FILIALKIRCHE hl. Laurentius, am Talboden unterhalb von Mariapfarr. Bar. Zentralbau, von Friedhof umgeben. – Urk. siehe Geschichte der Pfarrkirche von Mariapfarr. 1446 Erweiterungsbau und Weihe. 1744 Neubau von *Johann Kleber*, geweiht 1759. Innenrest. 1982.
In der Längsachse leicht gestreckter Vierkonchenbau, an den Konchenübergängen konkave Wandvorlagen, breites Hohlkehlgesims. Dachreiter mit Zwiebelhelm, Holzschindeldeckung. Westportal bez. 1744; im W und O Kreisfenster, im N und S Rundbogenfenster. Östl. niedriger Sakristeianbau.
Im Inneren Flachtonne mit Stichkappen; umlaufendes, verkröpftes und abgestuftes Gesims, durch Fensteröffnungen unterbrochen. Längsgestrecktes, vierpaßförmiges Deckenmedaillon hl. Modestus predigt den Heiden, von *Gregor (IV.) Lederwasch*, M. 18. Jh. Im W einfache Holzempore. Chorbogen mit Chronogramm 754.

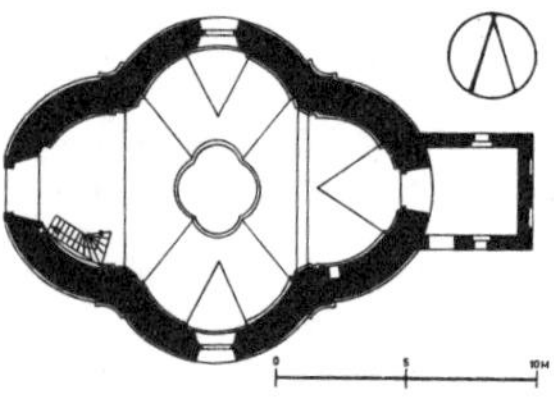

Althofen, Filialkirche hl. Laurentius

Den Altarraum ausfüllender bar. Hochaltar, rückseitig bez. *Johan Gugg*, 1748; Dreisäulenaufbau mit vorgezogener Mittelsäule, abgestuftes und verkröpftes Gebälk, Auszug mit seitl. Voluten, Opfergangsportale. Bar. Altarblatt hl. Laurentius in der Glorie, Statuen Hll. Rupert, Virgil, Paulus (?) und Johannes d. T.; im Auszug hl. Modestus. – Bar. Seitenaltäre M. 18. Jh. Li. Altar Altarbild hl. Joseph mit Jesuskind, bez. *Gregorj Leder Wasch, 1749;* Marienbild in bar. Rahmung, 18. Jh.; Figuren Hll. Johannes Nepomuk und Bernhard von Siena. Re. Seitenaltarblatt hl. Antonius von Padua bez. *Joh. Gregorj Löder Wasch 1749*, Mariahilf-Bild bez. 1699 in Aedikularahmen, Plastiken Hll. Judas Thaddäus und Johannes Ev. Bar. Konsolfiguren der Wetterheiligen Johannes und Paulus. An der Emporenbrüstung bar. Kruzifixus. Holzbrettfigur Auferstandener Heiland. Bar. Schnitzwerke (volkstümlich), hl. Leonhard, Arma Christi (in Verwahrung). Leinwandbild Martyrium des hl. Laurentius, um 1700.

ULNGUT, **Althofen Nr. 46:** 2geschossiges, gemauertes Querflurhaus mit Putzfaschen und Giebelbalkon unter weitem Krüppelwalmdach; über der Tür rundes Medaillon mit Gnadenmuttergottes. Im Flur gemauerter Auf- und Abgang sowie eingebauter Backofen.

ANIF. Polit. Bez. Salzburg-Umgebung

Gemeinde am Südrand der Stadt Salzburg, bestehend aus Anif und Niederalm (siehe dort).
Haufendorf Anif mit Einhöfen vom Flachgauer Typus, durch Fremdenverkehr und neuere Siedlungstätigkeit geprägt. Vor allem nördl. des Ortskerns seit 2. H. 19. Jh. Bebauung durch Villen mit Gartenanlagen (wie Nr. 69/70, 73, 81, 97, Hellbrunner Straße Nr. 16).

PFARRKIRCHE hl. Oswald, in der Ortsmitte auf einer nach O abfallenden Anhöhe. Einschiffiger Bau mit Langhaus des 19. Jhs., Chor im Kern got., N-Turm spätrom., vom Friedhof umgeben. – Urk. 790. Pfarre seit 1191 bzw. 1883. Langhaus von 1840. Renov. 1969 durch *Jakob Adlhart.*
Schlichtes Langhaus mit Satteldach, eingezogener polygonal geschlossener Chor. Mächtiger Konglomerat-Turm, 13.–14. Jh., 3geschossig, zwischen Erdgeschoß und 1. Obergeschoß umlaufendes Gesims, 1. Obergeschoß mit rechteckigen bzw. rundbogiger Fensteröffnung, darüber Triforen, im Glockengeschoß Biforen und steiles Satteldach. Im S des Chores 2geschossiger Sakristeianbau des 19. Jhs. Am W-Giebel Kruzifixus und Evangelistensymbole aus Bronze von *Jakob Adlhart* 1969.
Außen an der Südseite Deckel einer römischen Aschenkiste mit Rest der Inschrift Dis Manibus (Den Totengöttern).
Langhaus mit Tonnengewölbe. Segmentbogiger, abgefaster Triumphbogen. Chor mit Stichkappen eines ehem. Netzrippengewölbes. – 2jochig mit $^3/_8$-Schluß; im 1. Joch Türe zum tonnengewölbten Turmerdgeschoß im N, zur Sakristei im S. Eingeschossige W-Empore, Umgestaltung 1969, Erdgeschoß abgemauert mit Haupteingang in der Mittelachse.
Wandmalerei. Im Langhaus Szenen aus dem Leben Christi und Mariens bez. *Josef Gold* 1896, am Triumphbogen Kreuzigung bez. *Josef Gold* 1887, an der Chor-N-Wand 2 Szenen aus der Oswald-Legende bez. *Josef Gold* 1900.
Hochaltaraufbau von 1840, Altarblatt hl. Oswald bez. *Sebastian Stief* 1866; seitl. Konsolfiguren Hll. Christophorus und Georg, 1. H. 17. Jh. – An der O-Wand des Langhauses Figuren von *Jakob Adlhart* 1969, li. Madonna mit Kind, re. Taufe Christi. In Verwahrung 4 Konsolstatuetten Hll. Petrus und Paulus, Oswald und Sigismund, A. 18. Jh. – Ehem. Seitenaltarbilder Hll. Notburga und Isidor, bez. *Josef Rattensperger* 1843, auf der Empore. Bilder über den Chortüren Hll. Rupert und Virgil, Petrus und Paulus sowie, in Verwahrung, Verkündigung an Maria, alle von *Josef Gold* um 1900. Kreuzwegreliefs von *Jakob Adlhart* 1969.
Wappengrabsteine der Familie Uiberacker; Hans, gest. 1505, Maria Carolina, gest. 1750; Priestergrabstein Jörg Schader, gest. 1515; Wappenstein Johann Paul Waßner, Pfleger zu Glanegg, gest. 1688; Inschriftplatte Nikolaus Mudet, Eremit in Hellbrunn, gest. 1656.

BILDSTOCK zu Uiberackerhof, bei Nr. 26/27, mit Mariahilfbild bez. 1860.

SCHLOSS, südöstl. des Dorfes, von Teich umgeben. Urk. 16. Jh., 1693–1814 Sommersitz der Fürstbischöfe von Chiemsee. 1838–1848 nach englischen Vorbildern (Tudor-Gotik) von *Heinrich Schönauer* neugot. umgebaut. Haupt-

Anif, Schloß, Erdgeschoß

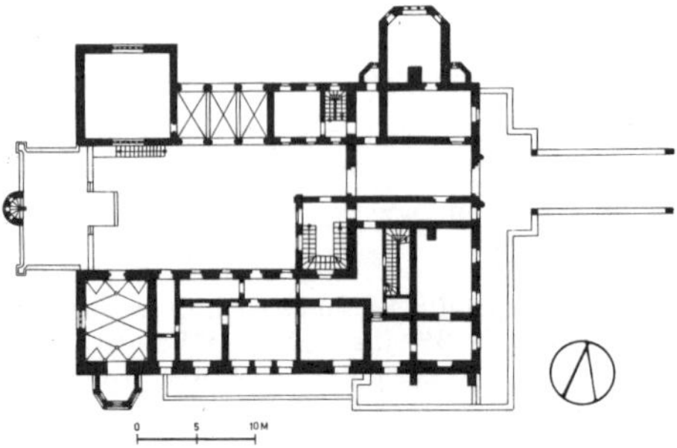

werk der Profanarchitektur aus der Zeit der Romantik in Salzburg. Bedeutender Landschaftsgarten um 1800, Marmorobelisk bez. 1804.
Mittelalterlicher Kern, 16. Jh., im 4geschossigen Hauptgebäude im O sowie im S-Trakt bis zum 1. Obergeschoß und der daran anschließenden Kapelle. Am Hauptbau hofseitig Inschrifttafel mit Wappen Eb. Johann Ernst Thun von 1693, im Erdgeschoßinneren ein spätgot. gekehltes Türgewände mit geradem Sturz, 1. H. 16. Jh., erhalten.
Erweiterungsbauten von 1838 bis 1848: Aufstockung des S-Traktes, Errichtung des Kapellenturmes mit schmalem 2geschossigem Erker im S (Erdgeschoß Kapellenchor, Obergeschoß Erker des Speisesales); nordwestl. des Hauptbaues 3geschossiger Anbau (das 3. Geschoß von 1905). Neugot. Säulenhalle mit Marmorfigur Nymphe von *Ludwig Schwanthaler* um 1840, und eingeschossiger Bildersaal. Dachaufbauten, Portale und Fenstergewände mit neugot. Zierformen.
Einheitliche Innenausstattung von 1838–1848, nach englischem Vorbild. Bedeutende Gemäldesammlung des 18. und 19. Jhs.
Schloßkapelle, nach S gerichtet, gew. 1851. Im N neugot. gekehltes und verstäbtes Eingangsportal, Innenportal mit Dreipaßabschluß. 3jochiges Netzrippengewölbe, Wandgliederung durch Marmorhalbsäulen mit Basis und Kapitell; hölzernes Oratorium im 1. Joch an der O-Wand.
Neugot. Altar mit Relief Marienkrönung, seitl. Figuren Hll. Irene und Aloysius von *Joseph Otto Entres* um 1850. Spätgot. Relief Heimsuchung, um 1480. Bilder hl. Rupert, hl. Erentrudis, beide von *Sebastian Stief,* M. 19. Jh. Marmortaufstein und Bänke um 1850.
Wirtschaftstrakt, an der Straße gelegen. 2geschossiger Bau mit ehem. Stallungen, im Kern 17. Jh.

HÄUSER. **Nr. 21** und **48:** Gruppe 2geschossiger, im Kern wohl bar. Kleinbauten nördl. der Pfarrkirche; **Nr. 21:** Organistenstöckl, Satteldach, nördl. angefügter Quertrakt 19. Jh., renov. 1981; **Nr. 48:** Mesnerhaus, Kern 17. Jh. (?), Krüppelwalmdach. – **Nr. 22:** Schloßwirt, urk. 1607, Pfette bez. 1763 bzw. 1962. 2geschossiger Bau, im Kern 17. Jh., mit Krüppelwalmdach, Rundbogenportal und Fenstergewände der beiden Hauptgeschosse abgefast, biedermeierliches Wirtshausschild. – **Nr. 47:** Gasthaus zum Husaren; 2geschossiger Bau, im Kern 17. Jh., mit Krüppelwalmdach, Rundbogenportal und

Fenstergewände des Erdgeschosses abgefast, Obergeschoß 1. H. 20. Jh. verändert, im Dachgeschoß Balkon im Heimatstil.

Fürstenweg, Haus Helene v. Taussig, nach Plan von *Otto Prossinger,* 1933.

Hellbrunner Straße Nr. 16: Ehem. Villa Swoboda, in einer Parkanlage. Freistehende 2geschossige Villa, erb. 1869 von *Karl Stattler.* Ziegelbau mit historistischem Dekor. Innenausstattung von Vorhalle, Salon und Treppenhaus aus der Erbauungszeit.

BAUERNHÖFE. **Anif, Nr. 1:** Flachgauer Einhof, gänzlich gemauert und verputzt. Im Obergeschoß Originalfensterformate mit einflügeligen Läden. Dachgeschoß giebelseitig verschalt, Balkon. Schopfwalmdach. – **Nr. 22:** Wohnteil eines Einhofes, Erdgeschoß gemauert und verputzt, Konglomeratrundbogengewände bei der Haustür. Obergeschoß in Blockbau, Dachgeschoß senkrechte Giebelschalung und Balkon. Schopfwalmdach mit Scharschindeldeckung. – **Nr. 42:** L-förmiger Flachgauer Einhof, vollkommen gemauert. Sternhaustüre in Marmorrundbogengewände, Fenster mit Rautengitter. Im Dachgeschoß Fresko „Säender Bauer". Satteldach. – **Nr. 49:** Breitgelagerter Wohnteil eines Einhofes, gänzlich gemauert und verputzt. Schopfwalmdach. – **Nr. 54:** Flachgauer Einhof, bez. 1799, im Erdgeschoß z. T. gemauert und verputzt, sonst Blockbau, verputzt. Sternverzierte Haustüre mit Türklopfer in hölzernem Rundbogentürgewände. Schopfwalmdach. – **Nr. 55:** Ehem. Einhof, gänzlich gemauert mit Marmorfenstergewänden und Putzfaschen, rautenförmige Fenstergitter und Haustürverzierung. Dachgeschoß mit Balkon und giebelseitiger Verschalung. Schopfwalmdach.

DENKMAL der historisch überlieferten Thingstätte, vor Haus Nr. 13, Steintisch von 1937.

ANNABERG im Lammertal. Polit. Bez. Hallein

Gemeinde mit dem Dorf Annaberg, dem Kirchweiler Lungötz und den Streusiedlungen Steuer und Gappen. Die Einödstreusiedellandschaft am Oberlauf der Lammer wird im wesentlichen vom Paarhof dominiert, an der Grenze zum Pongau noch Einhöfe.

PFARRKIRCHE hl. Anna, auf schmaler Talstufe in der Ortsmitte gelegen, im S der Friedhof. Einfacher bar. Bau. Erb. 1750–1752 nach Plan *Johann Ernst von Keutschachs.* Dem Stift St. Peter inkorporiert; Pfarre seit 1903. Rest. 1951–1955 bzw. 1968.

Schlichter Baukörper mit Satteldach, eingezogener Apsis und geradem Schluß. Umlaufende Hohlkehle. W-Fassade mit Dreieckgiebel und Giebelreiter mit Zeltdach. Portalvorbau mit Treppenanlage.

3jochiger Saalbau, flach gedeckt mit breiten Stichkappen; Pilastergliederung mit stark profilierten Kämpfern. An der Chor-N-Wand über dem Sakristeiportal Oratoriumsfenster. 2geschossige W-Empore.

Altaraufbauten von *Josef Krimpacher* 1752. Hochaltar von 1752, Altarblatt hl. Anna lehrt Maria Lesen, Oberbild Hl. Dreifaltigkeit von *Franz Xaver König;* Konsolfiguren Hll. Andreas und Jakobus d. Ä., im Aufsatz hl. Petrus von *Johann Georg Hitzl* (?), im Aufsatz re. Figur hl. Paulus, 2. H. 17. Jh.; im Scheitel Wappenkartuschen zweier Äbte von St. Peter, 1758. Am bar. Tabernakel 2 Putti von *Hans Waldburger,* um 1620.

Li. Seitenaltar, Altarblatt Kopie des Gnadenbildes von Mühlrain, von *Franz Xaver König,* 1752; Oberbild hl. Benedikt, M. 18. Jh.; Konsolfiguren Hll. Blasius und Rupert, im Aufsatz Hll. Martin und Wolfgang, M. 18. Jh.; Ovalbilder mit Erzengel Gabriel und Michael, M. 18. Jh.; Marienfigur 19. Jh. – Re. Seitenaltar, Altarblatt hl. Johannes Nepomuk, 2. H. 18. Jh.; Oberbild hl. Joseph von *Franz Xaver König,* 1752. Konsolfiguren Hll. Virgil und Vital, im Aufsatz Hll. Nikolaus und Ulrich, M. 18. Jh.; Ovalbilder mit Schutzengel und Erzengel Raphael. Herz-Jesu-Figur 19. Jh.
Kanzel M. 18. Jh., mit Figur Christus als Guter Hirte um 1780. Konsolfiguren Wetterheilige Johannes und Paul, spätes 18. Jh.; im Langhaus Konsolfiguren hl. Joseph, überarbeitete Figur, spätes 17. Jh., Hll. Margareta und Florian, M. 18. Jh., Vinzenz und Leonhard, spätes 18. Jh. – Orgel von *Johann Nepomuk Mauracher,* 1869, 1951 Umbau durch *Dreher und Reinisch,* auf der Orgel Figuren Hll. Benedikt und Scholastika, M. 18. Jh. – Bild mit Szenen der Passion Christi, 2. H. 18. Jh. In Verwahrung Kopie der Schatzkammermuttergottes von Maria Zell, 18. Jh. Kreuzwegbilder von 1753.

Ehem. Pfarrhof, Annaberg Nr. 1. Im N an die Kirche angebaut. Stilkopie des bar. Pfarrhofes von 1750–1752, erb. 1968.

FILIALKIRCHE Hll. Vinzenz und Josef, in L u n g ö t z, in der Ortsmitte. Erbauung und Inventar von 1964; Architekt *Robert Posch.* – Blockhafter, nach N gerichteter Bau mit Satteldach, im SO Turm mit Zeltdach, im SW Taufkapelle und daran anschließend Marienkapelle.
Wandmalerei im Chor, Christus in der Mandorla und Evangelistensymbole, bez. *Max Spielmann.* Glasfenster von *Albert Birkle.* Reliefs Hll. Florian, Joseph und Vinzenz von *Johann Kals* 1965. Marienaltar mit Schutzmantelmadonna von *Johann Kals* 1965. Taufbecken mit Reliefs Moses schlägt Wasser aus dem Felsen, Durchgang durch das Rote Meer, Taufe des Philippus und Taufe Christi, von *Josef Zenzmaier.*

FRIEDHOFSKAPELLE. Erb. 1783, rest. 1968. Schlichter Bau mit Schindelsatteldach, Dachreiter mit Zeltdach und geradem Chorschluß. Im Inneren Segmentbogentonne, umlaufendes Gesims, in den Ecken Pilaster.
Altaraufbau 1. H. 18. Jh., mit Relief Beweinung Christi und Konsolfiguren Hll. Thomas und Bartholomäus von *Hans Waldburger,* um 1620. Zwei Reliquienschreine M. 17. Jh. – Altaraufsatz (über der Eingangstüre angebracht) mit Oberbild Auferstehung Christi, 1. H. 17. Jh., und Konsolfiguren Hll. Martin und Helena, *Waldburger-Werkstatt,* um 1620. Konsolfiguren Hll. Franz Xaver, Johannes Nepomuk, Sebastian und Maria Magdalena, spätes 18. Jh.

BILDSTOCK, an der Bundesstraße beim Schmiedbach. Erb. 1922, gemauert, mit Satteldach; spätbar. Kruzifixus.

BAUERNHÖFE. **Annaberg Nr. 7:** Mitterzimmerau. Paarhof, steinernes Fenstergewände bez. 1657. Erdgeschoß gemauert, steinernes got. Türgewände, Obergeschoß Blockbau, Hausgang im Obergeschoß, Satteldach. – Stallscheune, Erdgeschoß teilweise gemauert, sonst Blockbau, Obergeschoß Ständerbau, Schopfwalmdach, Scharschindeln. – Getreidekasten, 2geschossig, Blockbau, Satteldach.

Nr. 9: Gerergut. Paarhof, Mittelflurhaus, Erdgeschoß gemauert, gewölbt, Obergeschoß Blockbau, urspr. Fensterformate, Obergeschoß traufseitig verschindelt, Dachgeschoß mit Hausgang, Schopfwalmdach, Scharschindeln. – Stallscheune, Erdgeschoß gemauert, z. T. Obergeschoß Blockbau, Kopfschrot, Satteldach. – Getreidekasten, Blockbau, eingeschossig. – Bienenhütte.
Gappen, Nr. 6: Gappenhof. Paarhof, Querflurhaus, im Erdgeschoß Tonnengewölbe, Stallscheune direkt am Wohnhaus. Wohnhaus, Erdgeschoß gemauert, gewölbt, Stubentram bez. 1565; Obergeschoß Blockbau und Mauer, Satteldach, Glockentürmchen. Stallscheune, Blockbau, Kopfschrot. – **Nr. 14:** Gappenhäusl. Einhof, Wohnteil Erdgeschoß gemauert, sonst Blockbau; Kopfschrot, Legschindeldach.
Steuer Nr. 5: Untergugg. Einhof, Mittelflurhaus, Erdgeschoß gemauert, gewölbt; Obergeschoß Blockbau, Satteldach, teilweise Legschindeln, Obergeschoß giebelseitig Ständerbau. – Getreidekasten, 2geschossig, Blockbau, Satteldach, Scharschindeln. – Backofen, gemauert mit Scharschindeldeckung. – **Nr. 6:** Krummholz. Paarhof, Mittelflurhaus, Erdgeschoß gemauert, steinerne Tür- und Fenstergewände, Obergeschoß Blockbau, verputzt, Dachgeschoß Ständerbau, giebelseitig, Hausgang im Obergeschoß, Schopfwalmdach, Scharschindeln. – Bienenhütte. – **Nr. 10:** Pommerlehen. Paarhof, mit Getreidekasten, eingeschossig, Blockbau. Wohnhaus, Erd- und Obergeschoß gemauert, Kniestock Blockbau, Querflur, Satteldach. – Stallscheune, Blockbau, Kopfschrot, urspr. Fensterformate erkennbar, Scharschindeln, Längstenne. – **Nr. 17:** Feuchtenpoint. Einhof, Dachstuhl bez. 1922, Mittelflurhaus, Erdgeschoß gemauert, Obergeschoß Blockbau, Hausgang im Obergeschoß, Quertenne, Schopfwalmdach. – Getreidekasten, Blockbau, eingeschossig. – **Nr. 19:** Langfeld. Paarhof, bez. 1577, mit Getreidekasten, Bienenhütte, Kapelle (bez. 1762). Wohnhaus, Mittelflurhaus, Erdgeschoß gemauert, Obergeschoß Blockbau, Satteldach, Hausgang im Ober- und Dachgeschoß, Dachgeschoß Blockbau, Glockentürmchen. – Getreidekasten, 2geschossig, Blockbau.

ANTHERING. Polit. Bez. Salzburg-Umgebung

Gemeinde nördl. von Salzburg und östl. der Salzach gelegen; Haufendorf Anthering auf einem Schwemmkegel des Antheringer Baches und Streusiedlungsgebiet mit Weilern im Hügelland des Flachgaus.
Einhöfe des Flachgauer Typus, mit haken- oder T-förmigem Grundriß, Mittelflur, Krüppelwalm- oder Satteldach, vorherrschend Steinbau, z. T. mit Schlackenputzverzierung (Anthering Nr. 64, Trainting Nr. 7) und Sandsteinportalen (Anthering Nr. 27, Trainting Nr. 16 u. a.), auch Marmorportale (Berg Nr. 7 – bez. 1861; Wald Nr. 5 – bez. 1871, Lehen Nr. 2 und 3); Zuhäusln und selbständig neben dem Haus stehende Schuppen – Block- und Mischbauten mit hofseitig weit vorkragenden Traufen.

PFARRKIRCHE Mariae Himmelfahrt, in der Ortsmitte. Einschiffige spätgot. Wandpfeilerkirche, Langhaus und W-Turm im Kern rom.; mit spätgot. Vorhalle im S, von Friedhof umgeben. – Urk. 790. Sakristei 1680 vergrößert, 1775 oberer Teil des Turmes neu erbaut. Pfarre seit 1857. Rest. 1936–1938; Außenbau 1979, innen 1983/84. – Grabung 1983; 3 Vorgängerbauten: Holzkirche des 8. Jhs., karolingische Steinkirche, rom. Kirche, um 1200, mit Turmanbau des 13. Jhs. Langhauswände im Kern rom.; einspringender niedrigerer Chor mit abgetrepp-

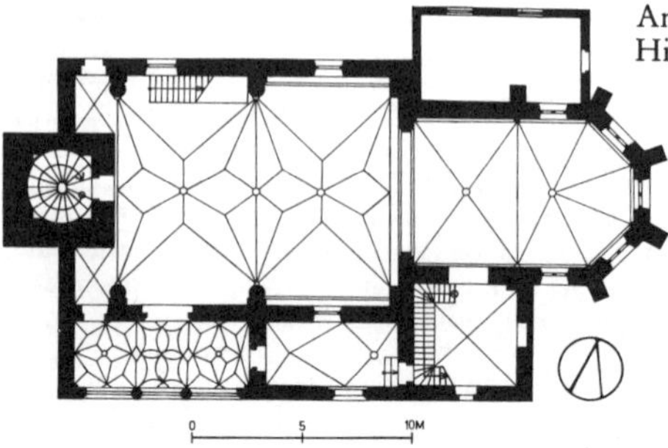

Anthering, Pfarrkirche Mariae Himmelfahrt

ten Strebepfeilern. Spitzbogige Fenster, umlaufender Sockel. Turm aus Konglomeratquadern, zur Hälfte im Langhaus eingebaut, im Erdgeschoß geböscht und unverputzt, 4geschossig, Teilung durch profilierte Gesimse, rundbogige Schallfenster und mehrteiliger bar. Zwiebelhelm. An der O-Seite im Langhaus-Dachstuhlbereich rom. Relieffries und rom. Biforenfenster sichtbar. Steiles Satteldach über Langhaus und südl. Vorhalle, letztere 3schiffig, mit spätgot. Netzrippengewölbe A. 16. Jh., nach S geöffnet, auf zwei 8eckigen Pfeilern aufruhend, die Gewölberippen 1979 großteils erneuert, das westl. Gewölbe dem östl. angeglichen. Spätgot. spitzbogiges gekehltes Eingangsportal im mittleren Vorhallenjoch.

Im O an die Vorhalle anschließend eingeschossige Totenkapelle mit Pultdach, Eingang im O spätgot. mit abgefaster Laibung, im Inneren unregelmäßiges Netzrippengewölbe auf Konsolen. Zugang zur Krypta. Im W Zugang zur ehem. S-Sakristei durch Eisentüre mit Beschlägen, 17. Jh.; die ehem. Sakristei 2geschossig, an das Chorjoch angebaut mit Pultdach. Im N an den Chor angebaut eingeschossige Sakristei von 1936–1938.

Frühgot. Krypta unterhalb der südl. Sakristei, tonnengewölbt, mit tonnengewölbtem schmalem Zugangsraum, der urspr. Aufgang vermauert. Abgefastes spitzbogiges Portal zwischen Zugangs- und Kryptaraum. Römische Spolie an der O-Wand, Aschenkiste, 1.–2. Jh. n. Chr.

Langhaus 2jochig, im W seitl. des Turmes je ½ Joch. Spätgot. Sechsrautensterngewölbe auf Wandpfeilern vorgelagerten Runddiensten. Im südl. 1. Joch zwischen 1. und 2. Empore spätgot. Maßwerkfenster mit Vierpaß zum Dachstuhl der Vorhalle. Triumphbogen gekehlt und spitzbogig, bez. 146. Einjochiger Chor mit ⁵/₈-Schluß. Spätgot. Kreuzrippengewölbe, auf einem unterhalb der Fenster umlaufenden Kaffgesimse aufruhend. Durchbruch zur ehem. S-Sakristei zur Schaffung eines Seitenschiffes und Oratorium im Obergeschoß von 1936 – 1938. Beide Geschosse kreuzgratgewölbt. – 2geschossige, 1983 erneuerte W-Empore. Spätgot. Rankenmalerei in den Gewölbezwickeln sowie spätgot. Apostelkreuze im Langhaus, 1983/84 freigelegt.

Neugot. Hochaltar, Altarblatt Himmelfahrt Mariens, seitl. Figuren Wetterheilige Johannes und Paul, im Gesprenge Figuren Hll. Petrus und Paulus. Tabernakel ebenfalls neugot., E. 19. Jh. – Seitenaltäre, auf den Mensen bar. Tabernakel, li. mit kleinem Bild hl. Johannes Nepomuk, re. hl. Aloysius, und

bar. Reliquienschreine. – Konsolfiguren an der Langhaus-O-Wand, li. Maria mit Kind um 1490, re. hl. Sebastian von 1936.
Neugot. Kanzel mit Reliefs Christus und 4 Evangelisten, Erzengel Michael am Schalldeckel von 1936. – Taufstein von 1651. – Bar. Kreuzigungsgruppe. Bar. Figuren Schmerzensmann, Hll. Anna mit Maria. Neugot. Kreuzwegreliefs. Bild Hll. Dominikus und Franziskus vor Maria mit Kind, 2. H. 17. Jh.
2 Priestergrabsteine, bez. 1492 und mit Relief Priester vor Kruzifix kniend 1563.

KAPELLEN. Berg. Neugot., polygonal geschlossener Bau, 2. H. 19. Jh., mit Giebelreiter; innen Segmentbogentonne. Gleichzeitiger Altar Hl. Familie. – Bergassing (Berg). Barockisierender Bau mit Rundapsis und Giebelreiter; innen Kreuzgratgewölbe, Rocaillealtar 2. H. 18. Jh., volkstümlich bar. Figuren Hll. Florian und Leonhard. – **Gaizenberg** Nr. 6 (Gollacken): Neugot., polygonal geschlossener Bau von 1906. Neugot. Altar mit Figur Pietà 1906. – **Trainting.** Polygonal geschlossener Bau von 1875; innen Segmentbogentonne, Gitter bez. 1875. Gleichzeitiger, neubar. Altar mit Auszug und Altarbildern hl. Maria mit Kind sowie Hl. Dreifaltigkeit.

BAUERNHÖFE. **Acharting, Nr. 2:** Mittelflurhaus, an der Eingangsfassade 3 rundbogige Fresken in Putzprofilrahmen – Auferstehung, Hll. Leonhard und Florian, 19./20. Jh. – **Nr. 23:** Ehem. Zuhäusl. 2geschossiges, traufseitig erschlossenes Haus mit Bruchsteinmauerwerk im Erdgeschoß, gezimmertem Obergeschoß und Giebelgang; das Satteldach kragt auf einer Traufseite außerordentlich weit vor.
Anthering, Nr. 1: Über rechteckigem Grundriß 2geschossiges, gemauertes Mittelflurhaus mit Putzgliederung und geschwungenem Walmdach, Dachvorsprung mit Hohlkehle. – **Nr. 21:** Ehem. Zuhäusl. Traufseitig erschlossener Mischbau mit Giebelgang unter Satteldach, Pfette bez. 1797. – **Nr. 28:** Mächtiger Mittertennhof; breitgelagertes 2geschossiges Mittelflurhaus mit gemauertem Erdgeschoß und Obergeschoß in Blockbau, Giebelbalkon, Satteldach, an den Pfetten die Monogramme Christi und Mariens; im Inneren geschnitzte Türrahmen. – **Nr. 47:** Ehem. Zuhäusl. 2geschossiger Mischbau mit Giebelgang unter Krüppelwalmdach.
Kobl, Nr. 1: Mittelflurhaus, Fensterkörbe bzw. -gitter, 19. Jh. Holzportal mit zweiflügeliger aufgedoppelter Türe.
Schönberg, Nr. 2: Flachgauer Mittertennhof; Bruchsteinmauerwerk mit Scherbenverzierung. Neben dem Haus Schuppen – Ständerbau unter Satteldach mit abgeschleppter Traufseite, überdachter Ziehbrunnen. – **Nr. 5:** Mittertennhof. Mittelflurhaus in Mischbauweise mit Satteldach; Fenstergitter 19. Jh. Daneben überdachter Ziehbrunnen.
Trainting, Nr. 18: Schlackenputzverzierung. – Renov. Einhof. Mittelflurhaus mit 5achsiger Fassade und Putzfaschen, Krüppelwalmdach.
Wurmassing, Nr. 6: Hakenförmiger Mittertennhof. 2geschossiges, gemauertes Mittelflurhaus mit Putzgliederung unter Krüppelwalmdach mit Dachreiter; Portal bez. 1854; über der Tür Rundmedaillon.
Würzenberg, Nr. 17: Buchstätt. Flachgauer Mittertennhof, Mittelflurhaus in Bruchsteinmauerwerk mit Scherbenverzierung, Haustüre 19. Jh. Daneben kleine Schmiede, mit angebauter Esse und Kamin. – **Nr. 21:** Ehem. Zuhäusl (?). 2geschossiger Mischbau mit 4achsiger Fassade und Giebelbalkon unter steilem Satteldach, Dachpfette bez. 1835, Kapelle und diverse Nebengebäude.

ARNSDORF. Gem. Lamprechtshausen. Polit. Bez. Salzburg-Umgebung

Haufendorf Nieder- und Oberarnsdorf südl. von Lamprechtshausen. In der Umgebung Weiler.

KURATBENEFIZIUMS- UND WALLFAHRTSKIRCHE hl. Maria („Maria im Mösel"), in der Ortsmitte von Niederarnsdorf. Einschiffiger, im Kern spätgot. Bau, das Innere im 18. Jh. verändert, mit W-Turm, von Friedhof umgeben. – Urk. 790; seit dem 13. Jh. dem Benediktinerstift Michaelbeuern inkorporiert. 1464–1467 Turmbau durch Meister *Petrus von Laufen,* 1507–1520 Bau von Schiff und Chor, Weihe 1520, Sakristeianbau 1616–1618, 1753 neues Gewölbe eingezogen. Rest. außen 1969, innen 1958 und 1979.

Langhaus mit 3fach gestuften Strebepfeilern im W. Chor mit Bauinschr. bez. 1513, einspringend und polygonal geschlossen, ebenfalls mit Strebepfeilern. Umlaufender Sockel. Fenster von Langhaus und Chor hochrechteckig, rundes Achsfenster im Chor. Ungegliederter spätgot. Turm mit umlaufendem Sockel, Bauinschr. bez. 1464, Glockengeschoß M. 18. Jh., mit Kranzgesims, bar. stuckierten Schallöchern und Eckpilastergliederung sowie bar. mehrteiligem Zwiebelhelm.

Anbauten, im N beim 1. und 2. Langhausjoch eingeschossiger Vorbau mit Pultdach; an das 3. Langhausjoch anschließend nördl. Seitenkapelle (von 1722?); an die 2 Chorjoche angebaut 2geschossige Sakristei mit Pultdach, rundbogigen Fenstern über dem Portal, Relief mit Doppelwappen Michaelbeuern, Abt Ulrich Hofbauer, bez. 1616. – Beinhaus, im S an das 1. Chorjoch angebaut, mit Pultdach, nach S geöffnet, mit hölzernem Abschlußgitter. Südl. Seitenkapelle (von 1722?) an das 3. Langhausjoch anschließend, mit Pultdach und bar. geschwungenem Fenster im O. Bar. Portalvorbau beim 2. Langhausjoch, bis zur Umfassungsmauer des Friedhofes reichend, mit abgewalmtem Satteldach. Im W, O und S profilierte Segmentbogenöffnungen, seitl. neben dem Portal 2 Nischen mit stuckiertem bar. Muschelabschluß.

N- und S-Portal des Langhauses aus dem 2. Jahrzehnt des 16. Jhs., spitzbogig, mehrfach gekehlt und verstäbt, Türen mit got. Beschlägen. Beim N-Portal polygonales Weihwasserbecken bez. 1517, beim S-Portal im Giebelfeld Malerei Gnadenbild von Arnsdorf, 1. H. 17. Jh.

Langhaus 3jochig, Chor 2jochig mit Rundapsis. Langhaus und Chor mit Platzlgewölben sowie Pilastergliederung mit stark profiliertem Kranzgesims; am Triumphbogen stuckiertes Doppelwappen Michaelbeuern Abt Martin Dorner, bez. 1753. – Langhausseitenkapellen tonnengewölbt; in der nördl. ein westl. Eingang zur Sakristei, im Obergeschoß Fenster zur Kapelle mit schmiedeeisernem Gitter von 1616. – Im 1. und 2. nördl. Chorjoch Oratorien, Sakristeiportal im 2. Joch von 1616. Sakristeierdgeschoß im 1. Joch flach gedeckt, im 2. Joch kreuzgratgewölbt bzw. Stichkappentonne, im Kern spätgot. (?). Aufgang zum Obergeschoß von 1958. Zwei Sakristeischränke des späten 17. Jh. – Portal zum Turm spitzbogig mit abgefastem Gewände, spätgot. Türe. Turmerdgeschoß kreuzgratgewölbt, Turmobergeschoß mit bar. Türe. – Bar. 2geschossige hölzerne W-Empore, das 2. Geschoß geschwungen, mit Orgelgehäuse von 1745. Nördl. Langhausvorbau, beim N-Portal Segmentbogentonne, beim 1. Joch flach gedeckt. Seit 1958 Kriegergedächtniskapelle, Bild Maria mit Kind und Rosenkranzbruderschaft, 1. H. 17. Jh.

Hochaltar von 1753, Gnadenbild Figur Maria mit Kind, A. 16. Jh., bar. Kronen und Zepter, M. 18. Jh.; seitl. Konsolfiguren Hll. Katharina und Barbara von *Thomas Schwanthaler* 1677, innere Konsolfiguren Hll. Joachim und Anna und Aufsatzfigur Gottvater mit Weltkugel M. 18. Jh. Freistehender Tabernakel des 18. Jh. mit 2 seitl. stehenden Engeln von *Thomas Schwanthaler;* 4 Standreliquiare M. 18. Jh. – Seitenaltäre im Aufbau gleich, beide M. 18. Jh., li. Altarblatt Tod des hl. Benedikt, Oberbild hl. Scholastika, Konsolfiguren Hll. Martin und Nikolaus; re. Altarblatt Erzengel Michael, Oberbild Schutzengel, Konsolfiguren Wetterheilige Johannes und Paul.
Altäre der Seitenkapellen, Marmorstufen der Altarmensen beide bez. 1722; Figuren von *Georg Itzlfeldner;* nördl. Altarblatt Rosenkranzmadonna, bez. *F. R. Hörbst* 1759, seitl. Figuren 2 Engel; auf der Mensa Figurengruppe Verkündigung; südl. Altar von 1766, Altarblatt Hl. Familie, 2. H. 17. Jh., von *Wilhelm Faistenberger,* bez. 1673 (?); seitl. Figuren Hll. Sebastian und Florian; Tabernakel um 1760.
Kanzel um 1760, auf dem Schalldeckel Figur Guter Hirte. – Got. Sakramentshäuschen A. 16. Jh., auf 6eckiger Säule, Wandtabernakel in Form eines halben Sechseckes, mit schmiedeeisernen Gittern, in der Nische bar. Figur Christus an der Geißelsäule. – Vortragekreuz spätes 17. Jh. In Verwahrung bmkw. liturgisches Gerät.
Bar. Kommunionbank. Abschlußgitter nach dem 2. Langhausjoch bez. 1848, von *Josef Kolbinger.* Bänke mit bar. Wangen von 1724. Weihwasserbecken bez. 1687. Beichtstuhl des frühen 18. Jhs. – Ambo und Volksaltar von *Friedrich Koller* 1980. – Orgel von *Andreas Mitterreiter,* 1745, Disposition von *Ludwig Mooser,* 1839. – Glocke von *Jörg Gloppitscher,* 1463.

KAPELLE Spöcklberg (Niederarnsdorf). Polygonal geschlossener Bau von 1853 mit Rundbogenöffnungen und Krüppelwalmdach; innen gleichzeitiges Apsisgitter und nachbar. Ädikulaaltärchen.

HÄUSER. **Nr. 9: Franz-Xaver-Gruber-Museum.** Neben der Wallfahrtskirche im alten Schulhaus, das 1771 als Mesnerhaus erb. wurde, untergebracht. Dokumentation über den Komponisten des Liedes „Stille Nacht, Heilige Nacht", Mobiliar und Gerätschaft des 19. Jhs., Schulgegenstände. – 2geschossiger Bau mit Satteldach, im Dachgeschoß 3 ovale Luken, Firstpfette bez. 1771. – **Nr. 10:** 2geschossiger Bau mit Walmdach; einfaches Stuckoval über dem Eingang, bez. 1850.
Oberarnsdorf, Nr. 1: Ehem. Pfarrhof. Erb. 1688–1689. 2geschossig mit Krüppelwalmdach, Geschoßteilung durch horizontale Putzfaschen; im O hölzernes Segmentbogenportal und hölzerne Doppelflügeltüre, bez. 1848.

BRUNNEN vor dem Museum, Figur Posaune blasender Engel, bez. *Hans Pacher* 1963.

BAUERNHÖFE. **Niederarnsdorf, Nr. 14** (in Niederreit): Seppenbauer. Wohnhaus mit Flachdach, 17. Jh. Erdgeschoß und Teil des Obergeschosses gemauert, zwei Hausgänge mit Säulenbalustrade. Giebel verschalt mit Taubenkobel, geschnitzte Windläden. Firstpfette mit christlichen Symbolen (Kreuz).
Oberarnsdorf, Nr. 3: Huberbauer. Paarhof mit Zuhaus, Wohnhaus 2geschossig, giebelseitig aufgeschlossen, 19. Jh., mit Flachdach, Erdgeschoß gemauert,

Obergeschoß Blockbau mit sparsamem Zierschrot und Hausgang, Dachgeschoß mit durchlaufendem Gang und Taubenkobeln. Gekehlte Flugpfetten und geschnitzte Windläden. Firstpfette mit Inschr. und christlichen Symbolen. Bemaltes Holzmarterl auf der Traufseite.

AU. Gem. Lofer. Polit. Bez. Zell am See

Kirchweiler auf niederer Talterrasse nordöstl. von Lofer am re. Ufer der Saalach. Bmkw. Ensemble von Einhöfen mit Mittelflurgrundriß, Erdgeschoß gemauert, Obergeschoß und Wirtschaftsgebäude in Blockbau.

FILIALKIRCHE hl. Antonius von Padua, im N des Ortes, mit Umfriedungsmauer. Erb. 1648, Erweiterungen 1709 und 1745; rest. 1950 (Erbauungs- und Rest.-Daten am Triumphbogen). Rest. 1983 außen, 1984 innen. Einfacher bar. Bau, genordet, mit querrechteckigem Schiff, eingezogenem quadrat. Chor und rechteckiger Altarnische. Südl. Giebelfront mit leicht vorspringendem Turm und bar., schindelgedecktem Zwiebelhelm, bez. 1749 (bei Rest. 1950 irrtümlich in 1764 abgeändert).

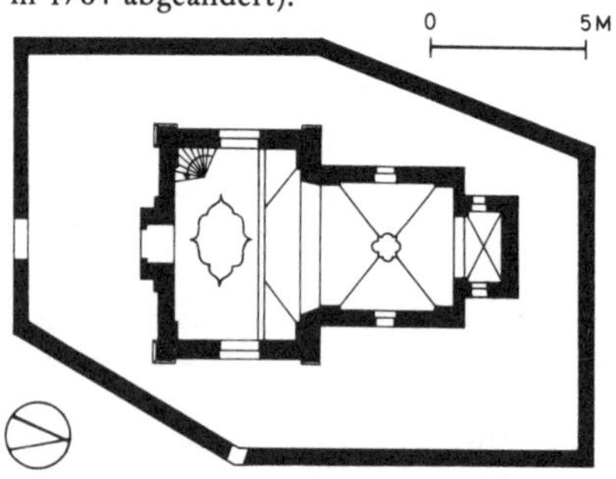

Au, Filialkirche hl. Antonius von Padua

Im Inneren Abfolge von 3 Kreuzgewölbejochen mit bar. Stuckspiegeln; am Bogen über der Chornische bar. Wandmalerei Hl. Dreifaltigkeit. Hölzerne Empore mit Malerei Drei göttliche Personen.
Bar. Hochaltar von 1709; Figuren hl. Antonius von Padua zwischen Hll. Joseph und Johannes Ev.; im Aufsatz Altöttinger Madonna sowie Hll. Leonhard und Georg (letztere M. 18. Jh.). Tabernakel von *Dominicus Grienwald,* 1775. – Seitenaltäre M. 17. Jh., Bilder spätes 18. Jh.; li. Mystische Vermählung der hl. Katharina, re. Kreuzigung Christi mit Maria und Johannes; auf den Giebeln Figuren hl. Nikolaus bzw. hl. Wolfgang, 18. Jh.
Konsolfiguren: Hll. Johannes Nepomuk und Franz von Assisi, E. 18. Jh., Pietà 15. Jh. (?), Hängekruzifix mit Maria, 2. H. 18. Jh. – Bilder, 18. Jh.: Maria von Kirchenthal, Maria mit Kind, hl. Johannes Nepomuk, hl. Antonius; Geißelung Christi von *Primus Findenegg,* 1774; kolorierte Stichserie Sieben Hl. Sakramente, 18. Jh. – Glocke von *Johann Georg Eisenberger,* 1712.

WEGKAPELLE hl. Antonius von Padua, in Hallenstein. Erb. 1755. Nische mit 3-Konchen-Anlage, abgeschlossen durch Spiralgitter. Sich verbreiterndes Vordach, auf je 3 seitl. gestaffelten Säulen, mit segmentbogiger Decke und Malerei, 3 Szenen aus dem Leben des hl. Antonius, von *Primus Findenegg* 1789. Bild hl. Antonius, bez. *Josef Gold* 1889.

WEGKAPELLE, in Hallenstein, Nr. 6, beim Prechler, mit schmiedeeisernem Gitter, 18. Jh. Rest 1975.

KAPELLE in Mayerberg, bei Nr. 3. Erb. 1868. Einfacher Bau mit schindelgedecktem Satteldach und Dachreiter. Altar bez. 1883, Konsolfiguren dornengekrönter Christus und Maria, 19. Jh.

Sogen. PESTSÄULE beim Lenzenbauer, Au Nr. 12; Sockel bez. IHS, Tabernakel mit Kielbogenöffnung, Bild mit Gedenkinschr. der Pest von 1648, erneuert.

BILDSTOCK, an der Straße zwischen Scheffsnoth und Au; in den Fels gehauene Nische, bez. IHS 1653, mit spätbar. Bild Maria von Kirchenthal und hl. Antonius mit Seelen im Fegefeuer.

BAUERNHÖFE. **Au, Nr. 2:** Ensmann. Steinportal bez. 1751, First bez. 1865. – **Nr. 3:** Uhlinger. Abgefastes Steinportal, Obergeschoß verputzt mit Putzrahmen um die Fenster, Firstpfette bez. 1849. – **Nr. 4:** Dietz. Firstpfette bez. 1798, Glockentürmchen. – **Nr. 5:** Müllerbauer. Firstpfette geschnitzt und bemalt, bez. 1783.
Hallenstein. Hofgruppe an der Straße nördl. von Lofer am li. Ufer der Saalach. – **Nr. 1:** Gasthof zum Blanken, spätgot. Spitzbogenportal, im übrigen weitgehend erneuert. – **Nr. 2:** Sehr bmkw. Einhof, Wohnteil mit Mittelflurgrundriß, Erdgeschoß gemauert, Obergeschoß und Stadel in Blockbau; Kranzbaum sowie Pfetten reich mit Ranken und Ornamenten bemalt, Firstpfette bez. 1707; abgefastes Marmorrundbogenportal und aufgedoppelte, 3teilige Haustüre. – **Nr. 7:** „Soderbauer“. Mächtiger 3geschossiger Einhof mit Mittelflurgrundriß; Portal mit abgefastem segmentbogigen Steingewände sowie steinerne Fenstergewände im Erdgeschoß; reiche Fassadenmalerei an der Stirnseite über den Fenstern, von li. oben nach re. unten: Hll. Leonhard, Joseph, Notburga, Maria mit Kind, Johannes, Gertrud, Antonius, Florian, Isidor, Rupert, Georg, Sebastian. Portal bez. 1655; gewölbter Hausgang, in der Stube Balkendecke.

AUFHAUSEN. Gem. Piesendorf. Polit. Bez. Zell am See

Kirchweiler südwestl. von Zell am See, auf Schuttkegel. Urk. 12 Jh. – Paarhöfe.

FILIALKIRCHE hl. Leonhard, nach N orientierter einschiffiger Barockbau am westl. Ortsrand. Urk. 16. Jh.; Bau von 1716–1718 nach Plan von *Oswald Stuelebmer,* Bauleitung *Sebastian Stumpfegger;* 1854 bei Brand oberer Teil des Turmes und Turmhelm zerstört. Rest. 1968–1975.
3jochiges Langhaus mit abgewalmtem Dach, im N und S einspringend halbrunder Schluß mit jeweils eigenem etwas niedrigerem Dach; nördl. eingeschossiger Sakristeianbau, im S Turm. Gliederung des Außenbaues durch umlaufenden Sockel. Putzlisenen, an den Langhausecken verdoppelt, sowie umlaufendem profiliertem Gesims; einheitliche Fensterformen: Rechteckfenster, darüber Ochsenauge. An der Turm-S-Seite Eingangsportal, darüber rundbogiges Fenster, über dem Abschlußgesims Dreieckgiebel; im Turmaufbau von 1854 rundbogige Schallfenster und Spitzhelm.

Homogene Innenraumgestaltung von 1716–1718. Gliederung durch umlaufenden Sockel, Doppelpilaster mit Basis und ionischem Kapitell sowie Gesims. Stark profiliertes Kranzgesims und weiteres, um den unteren Rand der Ochsenaugen geführtes Gesims. Vier in die Ecken eingestellte Säulen am Übergang zu den Apsiden. Im Langhaus durch Gurtbögen unterteiltes Tonnengewölbe mit Stichkappen, in den Apsiden Radialgurten.

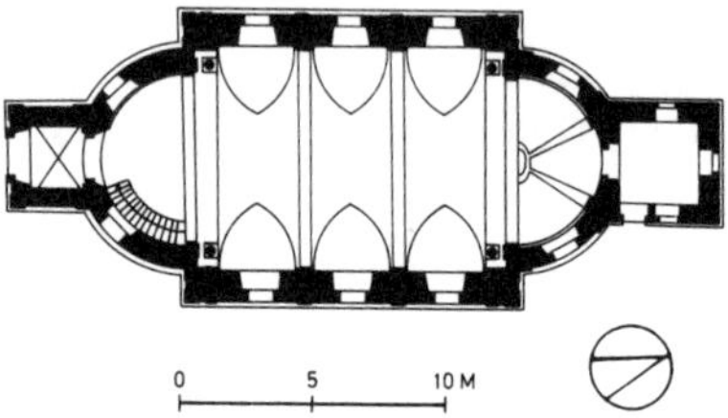

Aufhausen, Filialkirche hl. Leonhard

In der Turmvorhalle Kreuzgratgewölbe, zwischen Vorhalle und Schiff bar. schmiedeeisernes Gitter. S-Empore mit geschwungener Brüstung.
Hochaltar von 1718, Tischler *Georg Mayr,* Mensa und Seitenteile des Tabernakels von 1792; Altarblatt hl. Leonhard, bez. *J(acob) Zanusi* 1718; Oberbild Marienkrönung ebenfalls von *J. Zanusi* 1718; Figuren am Aufsatz Hll. Vitus und Florian, um 1718. – Bar. Kanzel, 2. V. 18. Jh. – Kruzifix 1. H. 18. Jh. – 14 Kreuzwegbilder von 1756. In Verwahrung Geißelung Christi, um 1700. – Über der Sakristeitüre Kartusche mit Baudatum.

BAUERNHÖFE. **Nr. 38:** Moosbach. Haus mit gemauertem Erdgeschoß und gezimmertem Obergeschoß, Kern 16. Jh., First bez. 1856; gekehltes, kielbogiges Portal, Steingewände der Fenster. Stall. – **Nr. 39:** Aufhausner Moar. Traufseitig erschlossenes, 2geschossiges Mittelflurhaus mit segmentbogigem Steinportal; im Inneren Gewölbe in Flur, Küche und Keller; Steingewände der Türen; 16. Jh. 2geschossiger, gezimmerter Kornkasten, First bez. 1660 bzw. 1833. – **Nr. 41:** Matzer. Mehrfach gekehltes, spätgot. Portal, bez. 1582.

BAD FUSCH, siehe FUSCH

BADGASTEIN. Polit. Bez. St. Johann i. P.

Gemeinde im Talschluß des Gasteinertales. Der Ort (ehem. warmes Bad, Bad in der Gastein, Wildbadgastein) urspr. ein Kirchweiler, neuzeitlich überschichtet an den steil abfallenden Talschlußhängen.
Edelmetallbergbau als ältester Wirtschaftszweig mit der Blütezeit in erzstiftlicher Ära von 1460–1560. Heilbadbetrieb urk. seit M. des 14. Jhs., 1333 urk. die Kirche Hll. Primus und Felician, 1401 die Nennung zweier Tafernen, 1412 urk. die Kirche zum hl. Nikolaus, 1456–1462 Errichtung einer dritten Taferne. Ein Höhepunkt im Heilbadbetrieb ist in der 2. H. des 15. Jhs. sowie im 16. Jh. zu verzeichnen, ein weiterer Aufschwung erfolgte seit dem E. des 18. Jhs. (1791–1793 Bau des Badschlosses) und durch den Bau des Hauses Meran (erb. 1828) durch Erzherzog Johann. Ein weiterer Höhepunkt des Kurortes seit der

2. H. des 19. Jhs. und A. 20. Jh.: 1875 Eisenbahn bis zum Taleingang, 1901–1909 Bau der Tauernbahn (1905 bis Badgastein). Der Aufenthalt von führenden politischen Persönlichkeiten machte den Ort gelegentlich zum Schauplatz bedeutender historischer Ereignisse.
Die Kontrastsetzung von alpiner wildromantischer Topographie (Gasteiner Wasserfall) und großstädtischer, durchwegs historistischer Architektur erfolgte um die Jahrhundertwende: z. T. monumentale Kurhotelbauten, 4- bis 5geschossig mit meist ebensovielen Untergeschossen; häufig Erneuerungsarbeiten, Um- und Anbauten bzw. Modernisierungen. Planungen bzw. Ausführungen durch Baufirma *Angelo Comini,* ab 1880 Architekturplanung von *Josef Wessicken* (Hotelbauten Elisabethhof, Austria, Wiesinger, Quisisana usw.), Architekten *Ludwig Tischler* (Gasteinerhof), *Leopold Führer, Alexander Zickler.* Von 1926–1932 Bautätigkeit der Baufirma *Franz Franzmair.* Ab 1965 Revitalisierung des Kurortes (Planungen von Architekt *Gerhard Garstenauer*) durch den Bau des Felsenbades, Parkhaus, Gemeindezentrum (Haus Austria) und Kongreßzentrum sowie Erschließung von Sportgastein.
Zwischen Badgastein und Böckstein sowie in der Ortschaft Remsach noch Altformen alpiner Paarhöfe. Die 2geschossigen Mittelflurhäuser meist in Kopfschrotzimmerung auf kleinem Mauersockel. Senkrechte Verbretterung neben dem Hauseingang und neben der Gangtür im Obergeschoß als Brandvorsorge. Die noch vorhandenen alten Stallscheunen sind sogen. Zimmer. Getreidekasten und Glockentürme selten, desgleichen Datierungen in Firstbalken.
Der Ortsteil Böckstein im SW, siehe auch BÖCKSTEIN

PFARRKIRCHE Hll. Primus und Felizian. Neugot. Kirche, nach N gerichtet, mit Südturm, an der östl. Tallehne mit talseitigen Stützmauern und Unterkellerung. – Urspr. Kapelle angeblich 1122 zur Kirche erweitert (?). Seelsorgkirche 1639, z. T., bedingt durch Hanglage, ständige Bauarbeiten: 1636–1639, 1659, 1673, 1699. Kirchweihe 1706. 1720–1736 Neubau nach Plänen von *Oswald Stuelebmer,* 1858 Sperrung der Kirche, 1866 Grundsteinlegung für Kirchenneubau nach Plan von Bezirksingenieur *Pieschel* (Bauausführung *Jacob Ceconi*), 1876 Weihe. Rest. 1953–1954, 1974.
Steinsichtiger Quaderbau, einschiffiges Langhaus mit vorspringendem Querhaus, Chor mit 5/8-Schluß; Satteldach. Gliederung durch abgestufte Strebepfeiler, umlaufendes Kaffgesims und spitzbogige Maßwerkfenster. Im S Turmfassade mit flankierenden Strebepfeilern, abgefastes Spitzbogenportal. Turm mit 4 durch Gesimse gegliederten Geschossen, spitzbogige Schallfenster mit Maßwerk, darüber Dreieckgiebel und Spitzhelm. Turmhalle kreuzrippengewölbt. Im NO 2geschossiger Sakristeianbau.
Einschiffiges Langhaus, 5jochig; im 5. Joch seichtes Querschiff. Neugot. Kreuzrippengewölbe und Gurtrippen auf Konsolen bzw. Wandvorlagen; 3schiffige Empore mit vorgeblendeter Vierpaßmaßwerkbrüstung. Chor in derselben Breite und Höhe wie das Langhaus, 5/8-Schluß. Re. Sakristeizugang. – 2 Glasgemälde von *Josef Widmoser,* 1953.
Hochaltar 1953 von *Jakob Adlhart;* zentral got. Madonna, um 1450 (ehem. in Maria Bühel) mit Strahlenkranz, seitl. bar. Konsolfiguren Hll. Virgil und Rupert; 2 reliefierte Flügel, 1953 von *J. Adlhart,* Szenen des Martyriums der Hll. Primus und Felizian, li. hl. Primus am Wasserfall, Geißelung, Tod im

Kolosseum, re. hl. Felizian mit Wasserkrug, Entdeckung der Heilquelle durch einen Hirsch, Grabeskirche der Heiligen S. Stefano Rotondo in Rom. Volksaltar mit reliefierter Vorderansicht, 1980 von *J. Adlhart.* – Seitenaltäre, li. Schmerzensmann, um 1710, *Meinrad Guggenbichler* zugeschrieben; re. Konsolfigur hl. Joseph, 1. H. 18. Jh.
Neugot. Kanzel und Orgelgehäuse; Orgel von *Matthäus Mauracher sen.*, 1874. Unter der Empore bar. Figur hl. Judas Thaddäus, 1750. Im Chor neugot. Kreuzigungsgruppe. In der Turmhalle Bild der Ursprungslegende von Badgastein, mit Bez. Kopie von 1846.

FILIALKIRCHE hl. Nikolaus, am nördl. Ortsrand neben der Straße Richtung Badbruck. Got. Kirche erb. um 1400, mit Nordturm in Hanglage, von Friedhof umgeben. – Urk. 1412. Bis 1639 Seelsorgkirche. Renov. 1893, Rest. 1950–1953.
Spätgot. Schiff über quadrat. Grundriß und eingezogener Chor, erb. A. 16. Jh., polygonaler Schluß mit umlaufendem, abgetrepptem Sockel, Spitzbogenfenster und Satteldach. Im S 3fach gekehltes Rundbogenportal mit Stab, im N rundbogiges, zum Rechteck geschlossenes Tor mit Eckkonsolen, Gesimsumrahmung. Am Chor abgestufte, gekehlte Strebepfeiler und Kaffgesims. Ungegliederter Nordturm, südl. und nördl. Biforenfenster, im O und W schmale Rundbogenfenster, darüber abgekappte Giebel und 8eckiger Schindelspitzhelm.
Quadrat. Schiff (Einsäulenraum), von der Mittelsäule aufsteigendes Netzrippengewölbe mit Achtecksternfiguration, an 3 Seiten schlanke, auf einem umlaufendem Kaffgesims ruhende Dienste. Spitzbogiger, gekehlter Triumphbogen. Eingezogener Chor, um 3 Stufen erhöht, spätgot. Netzrippengewölbe mit runden Schlußsteinen auf Diensten, die von Nischen bzw. Konsolen unterbrochen sind. 3seitiger Chorschluß, abgefaste Segmentbogennischen, li. gekehltes Sakristeiportal mit geradem Sturz und Eckkonsolen, spätgot. Eisenplattentür. Rechteckiges, abgefastes Sakramentshäuschen. In der Sakristei Tonnengewölbe mit Stichkappen, Sakristeikasten A. 17. Jh.

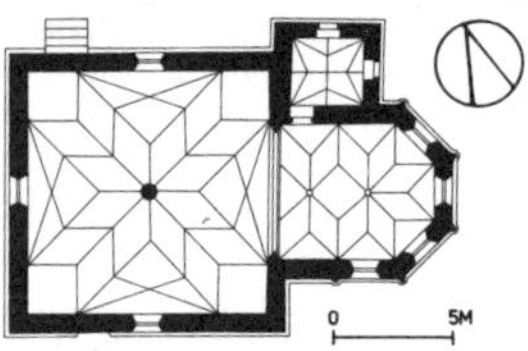

Badgastein, Filialkirche hl. Nikolaus

Spätgot. Wandmalerei. In der SO-Ecke Christus in der Mandorla, 12 Apostel und Jüngstes Gericht, 2. H. 15. Jh.; an der Südwand Wurzel Jesse, Stifterfigur mit dem Wappen der Familie Framynnger, bez. 1517. In der NO-Ecke Fresken um 1470–1480 vom *Meister von Schöder,* z. T. fragmentarisch erhalten, Christus am Ölberg, Geißelung und Dornenkrönung; Christus trägt das Kreuz, li. Kreuzigung; Christus holt Adam und Eva aus der Vorhölle in die Verklärung, seitl. Auferstehung; Himmelfahrt. Spätgot. Fresken im Chor, li. Mannaregen, Schutzmantelmadonna, sowie unterhalb Hll. Sebastian, Petrus und Paulus; re. Darstellungen aus dem Leben des hl. Nikolaus; in den Gewölbefeldern Engel mit Passionswerkzeugen.
Bar. Hochaltar, um 1755; bar. Altarblatt hl. Nikolaus in der Glorie, Oberbild Marienkrönung; bar. Konsolfiguren Hll. Martin und Ulrich. – Ehem. li.

Seitenaltar, Predellainschr. bez. 1659, Altarblatt Christus am Kreuz zwischen Maria und Johannes, Wappen der Bergwerkbruderschaft, Engel. – Re. Altar mit Inschr. und Bez. 1652, Altarblatt hl. Sebastian.
Steinerne Kanzel erhöht an der re. Triumphbogenseite, z. T. mit vorgeblendetem Maßwerk, an der Stirnfront Wappengrabstein der Familie Framynnger, um 1500. – Vesperbild, 17. Jh. Immaculata, 18. Jh. Hängekruzifixus, 18. Jh. Epitaph, Bild der Hll. 3 Könige, mit Inschr., bez. 1648, von Melchior Straubinger errichtet. – Innen mehrere Grabsteine, 16.–19. Jh., außen vorwiegend 19. Jh. – Glocke von *Georg Achthaller,* 1564.

CHRISTOPHORUSKIRCHE, Evang. Kirche. Neugot. Bau von 1868, an der westl. Tallehne, erhöht neben der Hauptstraße. Baubeginn 1868, Ausführung von den Baumeistern *Jacob Ceconi* und *Pecol* (Schladming) nach Entwurf von Oberbaurat *Salzenberg* (Berlin), 1871 vollendet, 1872 Weihe. Renov. 1959, 1981.
Steinsichtiger Quaderbau über Kreuzgrundriß. Dreieckgiebelfassaden, an den Ecken abgestufte Strebepfeiler, Spitzbogenfenster, z. T. mit neugot. Maßwerk. Im O gekehltes Spitzbogenportal, darüber Triforienfenster sowie Spitzbogenschallfenster und Glocke. Zentral das Glockentürmchen mit spitzbogigen Schallfenstern und Spitzhelm.
Zentralraum über Kreuzgrundriß, neugot. Rippengewölbe auf Diensten. – Erhöhter Altarbereich, spitzbogige Nische mit neugot. Christusbild bez. *Binzer,* 1870. Im O Orgelempore. Neugot. Glasfenster aus dem Königlichen Institut für Glasmalerei in Berlin. Emporenbrüstung, Bänke, Predigerstuhl, Tür und Windfang vom Berliner Bildhauer *Wendler.* Orgel in neugot. Gehäuse.

Evang. Pfarrhaus in Verbindung mit der Kirche.

FRIEDHOFSKIRCHE im nördl. von Badgastein gelegenen Ortsteil Badbruck, am Talboden. Neugot. Kirchlein mit vorgelagerter, offener Halle sowie Verbindungsbau; im S und N von Friedhof flankiert. Neugot. Bau über Rechteckgrundriß, 2jochig, nach W gerichtet; Satteldach. Spitzbogenportal und Fenster mit neugot. Maßwerk, abgestufte Strebepfeiler. Der Nordfassade vorgesetzter Turm mit je 2 spitzbogigen Schallfenstern, Dreieckgiebel und Spitzhelm. Westl. eingeschossiger Sakristeianbau. Im N Pfeilervorhalle und neugot. Anbau.

CHRISTOPHORUS-BILDSTOCK in Kötschachtal, nordöstl. von Badgastein. Bau über Rechteckgrundriß, Satteldach, rechteckige Apsis. Rundbogenportal, neugot. Fenster bez. 1888. – Säulenaltärchen mit gesprengtem Giebel, 18. Jh. Appliziertes Bild hl. Christophorus bez. *L. Fleisch.* Bar. Bild Hl. Dreifaltigkeit, Fegefeuerdarstellung.

PROFANBAUTEN

BADBERG. Rosenschlößl, nach Plan von *Otto H. John,* 1927.

BADBERGSTRASSE, an der östl. Tallehne, Richtung N, gegen die Ortschaft Badbruck abfallender Straßenzug. **Badehospiz,** nach Plan von *Paul Geppert d. Ä.* erb. 1928 – 1930. Umbau eines Objektes von 1892 unter Erhaltung repräsentativer Elemente. – **Villa** Jägerhort, erb. 1908, Plan und Ausführung *Angelo Comini.*

BAHNHOFSTRASSE in Verlängerung der nach Norden führenden Kaiser-Franz-Joseph-Straße, Richtung Böckstein; im SW von Badgastein. **Bahnhof** Badgastein, gutes Beispiel der Typologie österreichischer Bahnhöfe, wie sie durch die Planer der k. und k. Staatsbahnen geschaffen wurden. Sezessionistisches Dekor, erb. 1905. – **Felsenbad** nach Entwurf von *Gerhard Garstenauer,* erb. 1967–1968. – **Kurbadehaus** (Nr. 234) nach Entwuf von *Friedrich Walz,* 1930.

BISMARCKSTRASSE, vom Straubingerplatz nach N führender Straßenzug, in den Kirchplatz einmündend. **Naturdunstbad** nach Entwurf von *Paul Geppert d. Ä.*, 1913 –1914. – **Nr. 5:** (Ehem. Schwaigerhaus), Kurhotel Mirabell, Umbau 1852, Fassade mit Pilastergliederung, an der Ecke Gedenktafel in Kartusche an den deutschen Reichskanzler Fürst Bismarck.

BÖCKSTEINER STRASSE, am südl. Ortsende in die Richtung Böckstein verlaufende Straße. **Paracelsushof** nach Entwurf von *Ignatius Deschauer,* erb. 1927–1928. Heimatschutz-Architektur. – **Wohnhaus** Palfnerhof (ehem. Heinrichshof), erb. 1924 nach Plan von *Friedrich Walz.* – **Böcksteinerhof,** nach Plan von *Karl Pirich* erb. von *Angelo Comini* 1907.

ERZHERZOG-JOHANN-PROMENADE am westl. Talhang, vom Ortsbeginn in Richtung N verlaufende Straße. **Kurhaus** Hiss, erb. 1914 nach Entwurf von *Angelo Comini.*

GASTEINER STRASSE, an der westl. Tallehne von Hofgastein bis zum Ortsbeginn Badgasteins führend. **Villa** Hiss, Entwurf von *Paul Geppert d. Ä.*, erb. 1924.

GRAVENEGGSTRASSE am östl. Talhang, vom Kirchplatz in Richtung N verlaufend. **Volksschulanbau,** nach Plan von *Paul Geppert d. Ä.*, erb. 1911, 1951 verändert. – **Hotel** Gasteinerhof (**Nr. 12**), nach Entwurf von *Ludwig Tischler,* erb. 1893 –1898, adaptiert von *L. Fiedler* 1913, Aufbau aus jüngerer Zeit. Lage an Straßenkreuzung und extremer Hanglage, brückenartige Verbindung der beiden Baukörper. Detailreiche und vielfältige Architektur. An der Westseite des neuen Hauses eingemauerter Wappenstein mit Inschr., bez. 1489, darunter Inschriftenstein bez. 1751. – **Ehem. Café** Pavillon (Kaiser-Wilhelm-Promenade) nach Entwurf von *Franz Wagner,* erb. 1905–1906 im Jugendstil, Schild bez. 1906, Schlosserei Josef Janisch; Eisen-Blech-Konstruktion, Vordach 1960 von *W. Ferstl.* – **Villa** Gerke, Entwurf von *Paul Geppert d. Ä.*, erb. 1929.

HAUPTSTRASSE, vom Ortsbeginn an der westl. Hangseite (Mozartplatz) bis in die Ortsmitte zur Wasserfallbrücke führender Straßenzug. **Kur- und Kongreßhaus** Gastein, erb. 1968–1974 nach Plänen von *Gerhard Garstenauer.* Terrassenartige Stahl-Betonkonstruktion am Felshang, gedeckte Passagen, davor platzartige Erweiterung. – **Gemeindeamt,** Kurverwaltung und Heimatmuseum im ehem. Hotel Austria, erb. 1896–1898. 5geschossiger historistischer Bau mit Eck- und Mittelrisalit. Austriasaal. – **Haus** Sponfeldner (**Nr. 145**). – **Hotel** Weismayr, erb. um 1900. – **Haus** Meran, erb. 1828. – **Grand Hotel** de l'Europe. Späthistoristischer Bau nach Plan von Dombaumeister *Matthäus Schlager* 1906–1909; renov. 1982. Im S Jugendstilpavillon der Kunstschlosserei Ferdinand Thilo, Planung durch *Leopold Führer* (?). – **Villa** Solitude (**Nr. 43**), 2geschossige Villa mit spätbiedermeierlicher Fassade. – **Villa** Hubertus und **Villa**

Karlstein, Entwürfe von *Alexander Zickler,* erb. 1907; Fassadendekor. – **Hotel** Mozart, erb. um 1925. – **Kurhaus** Quisisana erb. 1901 nach Entwurf von *Josef Wessicken.* – **Kurhaus** Elisabethpark (ehem. Elisabethhof), nach Plan von *Josef Wessicken* (?) erb. von *Angelo Comini* (?), ab 1885, Zubau 1927–1929 von *Richard Berndl.*

KAISER-FRANZ-JOSEPH-STRASSE am westl. Hang, vom Mozartplatz am Ortsbeginn Richtung S ansteigender Straßenzug. **Alpenhof** Bellevue (ehem. Kurhaus Bellevue) erb. 1926–1929 nach Entwurf von *Richard Berndl* erb. von *Franz Franzmair.* – **Ehem. Hotel** Hindenburg, erb. 1927–1928 nach Plan von *A. Strakosch.*

KAISER-WILHELM-PROMENADE am östl. Talhang, von der Graveneggstraße in nördl. Richtung verlaufender Straßenzug. **Matejcekheim** (ehem. Hotel Astoria) 1913 von *Comini und Co.* erb., mehrere Um- und Zubauten, 1925, 1929, 1936 usw. Typisches Kurhotel. – **Haus** Behrens nach Entwurf von *Walter Norden* erb. 1923–1925, Zubau 1928. – **Hotel** Kaiserhof, Entwurf und Ausführung von *Angelo Comini,* erb. 1899. Beispiel internationaler Kurarchitektur, 1906 und 1925 erweitert. – **Hotel** Germania, erb. 1885, Entwurf und Ausführung *Comini,* Umbau von *Franz Franzmair* 1920. **Kurhaus** Imperial **(Nr. 10).** – **Hotel** Haus Hirt **(Nr. 188),** erb. 1925, Entwurf und Ausführung *August Fondi,* Zubau nach Plan von *Lois Stelzer* 1937. – **Kaiserhof** – Villa Marie, 1889–1891 von *Angelo Comini,* Um- und Zubau 1910–1911. – **Kaiser-Wilhelm-Denkmal** 1889 errichtet.

KARL-HEINRICH-WAGGERL-STRASSE, vom Mozartplatz Richtung S ansteigende Straße. **Parkhotel** Bellevue, Bau 2. H. 19. Jh., ab 1883 Adaptierung, 1910 Terrassenanbau, weitere Umbauten 1912, 1923–1926, 1928, 1939 und nach 1945. **Postwohnhaus (Nr. 32),** erb. 1913–1914 nach Entwurf von *Leopold Führer.* – **Hotel** Savoy, 1913 von *Angelo Comini,* Eingangspartie nach Plan von *Fidelius Schmid,* 1930.

KIRCHPLATZ am östl. Hang. **Hotel** Gruberhaus, erb. 1929, Entwurf und Ausführung *Franz Franzmaier;* Umbauten und Ergänzung der Bogenloggien und Schaffung der Loggien im Dachgeschoß. – **Haus** Oberhummer **(Nr. 15)** erb. um 1900. – **Kurhaus** St. Rupert, Entwurf von *Paul Geppert d. Ä.,* erb. 1924/25, erkerartige Fassadengestaltung.

MERANPLATZ. **Kino** Meran (ehem. Zentralkino), nach Plan von *Carl Witzmann* erb. von *Franz Franzmair,* um 1929.

MOZARTPLATZ am Ortsbeginn an der westl. Talseite. **Feuerwehrzeugstätte,** erb. 1924 nach Plan von *Friedrich Walz.* – **Haus** Wagenbichler, nach Plan von *Erich Pattis,* 1931–1932, Erweiterung 1955. – **Haus** Neff – ehem. Kurhaus Thaler (**Nr. 198**), erb. 1926–1927 nach Entwurf von *Josef Prikryl,* im SO Erker mit Fassadenmalerei und Plastik, um 1927.

STRAUBINGERPLATZ in der Ortsmitte nahe der Wasserfallbrücke. **Badeschloß,** erhöht gelegen mit zweiflügeliger Treppenanlage. Erb. 1791 nach Plänen von *Wolfgang Hagenauer,* Portal nach Entwurf von *Anton Högler.* 1807 öffentliches Kurhaus, 1857 bis zum 1. Stockwerk abgetragen und aufgebaut, 1912 Militärkurhaus. 4geschossiger, 7achsiger Bau über Rechteckgrundriß,

Portal mit Umrahmung und Pilastern, darüber Inschriftentafel von 1794. In der zum Badeschloß führenden, symmetrischen Doppeltreppe ist ein Geschäftslokal, 1924–1925 nach Entwurf von *Hans Prutscher* eingebaut. – **Hotel** Straubinger, erb. 1839 von k. und k. Kreisingenieur *Gehmacher,* 1880 Anbau nach Plan von *Josef Wessicken,* 1893 Gestaltung der Fassaden. – **Post-** und **Telegraphenamt,** erb. 1927.

BAUERNHÖFE. **Ullmanngut.** 16. Jh. 2geschossiger, giebelseitig erschlossener Blockbau mit Kopfschrot, li. mit in Gangbreite vorspringender gemauerter Küche. Im Hauptgeschoß giebelseitiger Gang über die ganze Hausbreite mit z. T. einfacher Verbretterung. Originale Fenster, alte Türen. Flaches Legschindeldach. 4räumiger Grundriß mit sehr breitem Flur. – **Hirschaugut.** Haufenhof am Ortsende von Badgastein. In Kopfschrot gezimmertes Wohnhaus auf gemauertem Erdgeschoß, Querflur, daneben Rauchküche. Aus Rundlingen gezimmerte Stallscheune, gemauerter Roßstall mit Dachaufbau in Blockbau. **Remsach.** Haufenweiler am östl. Talhang mit Altbestand, u. a. **Nr. 3:** Rigg; Haufenhof 17. Jh. (?). Wohnhaus mit leicht vorspringendem gemauerten Erdgeschoß, darüber Blockbau mit Zierschrot. Fenster mit bar. Gitter. Gang über die ganze Hausbreite der Giebelwand, kleiner 2seitiger Stiegenaufgang zur Eingangstür mit verziertem Holzgeländer. Rauchküche, als Selch (Räucherkammer) in Verwendung.

BAD HOFGASTEIN. Polit. Bez. St. Johann i. P.

MARKT in der Mitte des Gasteinertales. Urk. im Codex Hartuuici (991–1023), im 15. Jh. die Ortsbezeichnung Hof in (der) Gastein. Markterhebung im 13. Jh. (?), urk. 1371. Wirtschaftlicher Aufschwung durch Edelmetallbergbau, Blütezeit von 1480–1560. Entwicklung als Kurort durch den Bau der Thermalwasserleitung von Badgastein, 1828–1830, sowie durch den Bau der Tauernbahn von 1901–1909 (1905 Eröffnung der Teilstrecke). Franz-Joseph-Thermalwasserleitung erb. 1908. 1936 erhält der Markt die Bezeichnung Bad Hofgastein. 1951 Neubau der Thermalwasserleitung, 1970–1974 Errichtung des Kurzentrums, am Nordrand des Alpenkurparkes, nach Entwurf der Architekten *Rüdiger Stelzer* und *Walter Hutter.*
Haufendorfartige Marktsiedlung in lockerer Verbauung, geprägt durch den Kurbetrieb bzw. Fremdenverkehr. Vereinzelt Häuser mit im Kern spätmittelalterlicher Bausubstanz. Die got. Pfarrkirche erhöht im östl. Ortsbereich, die evang. Heilskirche nahe der Westeinfahrt. In der Marktmitte Platzanlage des 19. Jhs. und Kaiser-Franz-I.-Denkmal. Das Weitmoserschloß an der Bundesstraße (Umfahrungsstraße), südwestl. des Marktes. Seit der Jahrhundertwende Bautätigkeit nach Plänen der Architekten *Paul Geppert, Eduard Zotter, Fidelius Schmid, Josef Wojtek* sowie Baumeister *Eduard Lindner.*
In den Ortschaften Anger, Breitenberg, Gadaunern, Laderding, Lafen und Wieden noch bmkw. Paar- und Haufenhöfe. Auffallend enger Zusammenbau der Wohn- und Wirtschaftsgebäude, öfters mit Verbindungsgang. Einige der 2geschossigen Wohnhäuser mit Seitenflur, meist jedoch Mittelflurhäuser, Mischbauweise. Stallscheunen mit gemauertem Erdgeschoß.

PFARRKIRCHE Mariae Himmelfahrt. – 3schiffige Staffelkirche von 1498–1507 mit got., 1602 erhöhtem Westturm, im O des Marktes. 1023 urk. als Pfarrkirche unter Eb. Hartwig, 1219 Schenkung an das Domkapitel. 1463 Reparaturen, 1498

Erweiterungsbau, 1502 Brand, 1507 Wiederaufbau, 1596 Brand. 1648 Orgel, 1723 Turmschaden, 1. H. 18. Jh. bar. Ausstattung. Renov. 1873, 1912. Rest. 1958–1962, Außenrest. 1978, innen 1979.
Ungegliederter Außenbau über Rechteckgrundriß, eingezogener Chor mit 3seitigem Abschluß, Satteldach. Langhaus mit Spitzbogenfenstern, gestufte Strebepfeiler, im S und N got. Spitzbogenportale mit Stab und Kehlung, südl. mit sich überschneidenden Stäben. Am 3. Joch des südl. Langhauses gekoppelte Rundbogenarkade, Pfeiler bez. 1573; am 4. Joch Zugang zur Unterkirche. Im W spitzbogiges, zum Rundbogen geschlossenes Portal mit Stab und Kehlung, got. Türbeschläge.
Vortretende Turmfassade, seitl. niedrige Grabarkaden; Turmportal mit Stab und Kehlung. Fünf durch Gesimse getrennte Turmgeschosse, seitl. Eckfaschen; westl. Schutzmantelmadonna, Mosaik von 1967. Im Glockengeschoß gekoppelte Rundbogenschallfenster, Bekrönung der 4 Turmkanten mit nach außen gerichteten Doppeldreiecken und 8seitigem Spitzhelm. Holzschindeldächer. In der Turmhalle got. Sternrippengewölbe auf Konsolen, li. Kriegerdenkmal (1914–1918), Wandmalerei bez. *Fritz Dürnberger 1925*. – Unterkirche (verschlossen), spitzbogig gewölbter Vorraum und tonnengewölbter Hauptraum. – Sakristeien, südl. des Chors, 2geschossig, got. Fenster, östl. Stiegenanbau; im N Spitzbogenfenster; Pultdächer.
Got. Langhaus 3schiffig, 3jochig mit 2 Halbjochen im W. Das höhere Mittelschiff von den Seitenschiffen getrennt durch Gurtbögen auf Säulen, z. T. auf Konsolen. Got. Sternrippengewölbe, Vierzackensternfiguration, im Seitenschiff Netzrippen auf Säulen bzw. auf Diensten mit Kapitellen; in den Halbjochen got. Kreuzrippengewölbe. Runde Schlußsteine. – Got. Empore auf 3 abgefasten Spitzbögen, got. Netzrippengewölbe mit Schlußsteinen. – Abgefaster Triumphbogen. Chor in der Breite des Mittelschiffes, 4jochig, 3seitiger Abschluß; got. Netzrippengewölbe auf Diensten, in den Gewölbefeldern ornamentale got. Malerei. Im 1. Chorjoch abgefaste Spitzbogenportale mit Stab und Kehlung, got. Eisenplattentüren.
Got. Wandmalerei um 1500, Apostelkreuze, Jüngstes Gericht im re. Halbjoch und 14 Nothelfer (nicht freigelegt).
Bar. Säulenhochaltar mit Opfergangsportalen, 1738 von *Josef Andrä Eisl* (Maler) und *Paul Mödlham(m)er;* bar. Tabernakel mit Kreuzigungsgruppe und Statuetten der 4 Kirchenlehrer; spätgot. Schnitzwerk um 1500, hl. Maria mit Kind (Krone ergänzt), umgeben von bar. Putten mit Attributen der Lauretanischen Litanei; seitl. bar. Figuren von 1738, Hll. Dominikus und Katharina von Siena, Hll. Karl Borromäus und Johannes Nepomuk; über den Durchgängen bar. Konsolfiguren Hll. Rupert und Virgil; im Aufsatz Schnitzgruppe Hl. Dreifaltigkeit, seitl. Hll. Isidor und Notburga, Hll. Katharina und Magdalena; Aufsatzfigur hl. Michael, bar. Engel.
Bar. Seitenaltäre im östl. Langhaus. Li. Altar von 1748, zwischen gewundenen Säulen bar. Altarblatt Geburt Christi, Oberbild hl. Konrad, bar. Konsolfiguren Hll. Augustin und Gottfried, darüber Hll. Georg und Florian, Aufsatzfigur hl. Petrus und Engel. – Re. Altar mit Predellainschr. und Bez. 1716, Bilder von *Matth. Pusjäger*, Figuren von *Georg Mayr;* Altarblatt Anbetung des Kindes bez. *M. Pusjäger* 1716, Oberbild Taufe Christi, bar. Statuen der Märtyrer Hll. Paul und Johannes, im Aufsatz Hll. Joseph und Joachim, darüber Gott Vater und Engel.

Bar. Kanzel mit Schalldeckel von Bildhauer *Georg Mayr* um 1716, 8seitiger Kanzelkorb mit bar. Statuetten, Guter Hirte und Evangelisten, Priesterarm und Kruzifixus, Schalldeckel mit Voluten und Engel. – Schnitzwerke. Hängekruzifixus, 17. Jh.; am li. Seitenaltar Christus als Schmerzensmann, 18. Jh.; re. Schmerzensmutter, 18. Jh.; Christus an der Geißelsäule, 18. Jh.; unter der Empore Kruzifixus, 18. Jh.; Hll. Maria und Johannes, um 1700; Johannes vom Kreuz und Katharina von Siena, 18. Jh. – Bilder. Hl. Maria übergibt dem sel. Simon Stock das Skapulier, M. 18. Jh.; 13 Bilder um 1670, Christus und Apostel; Stationsbilder, 2. H. 18. Jh. – Sakristei: Kelchkasten bez. 1657; Kruzifixus um 1700. – Epitaphien, Letztes Abendmahl, Inschr. und 1648; Abschied Jesus' von Maria, 17. Jh. – Taufstein, rundes, halbkugelförmiges Becken (Aufsatzgruppe Taufe Christi, 18. Jh., in Verwahrung). Weihwasserbecken 1. H. 16. Jh. – 3teiliges bar. Orgelgehäuse, erhöhter Mittelteil, Posaunenengel. – Glocke von *Georg Becherer,* 1602.

Grabplatten. Im Inneren Marx Strachner, 1467; Conrad Strochner, 1489; Hanns Strachner, 1492; Platte mit Kelch und Initialen, 18. Jh. (?). An der südl. Außenwand Emerenz von Waltenhofen, 1798; Joseph Lieb von Liebenheim, 1817. In der Arkade Erberg Weiß Jorig Kaimsteter, 1508; Eua Zottin, 1553; Martin Zot, 1554; Ursula Schmirbensatlin, 1568; Virgilius Krünner, 1572; W(B)arbara Krinerin, 1580; Hans Krüner, 1581. Östl. Südwand, Hieronimus Zott, 1538; Cristof Feursinger, 1549; Marx Zott, 1550; Anna Maria Schieslin, 1671. An der Kirchennordwand Johannes Gapler, 1653; Wolfgang Geisler, 1656; Christina Reinthalerin, 1664; Franz Simon Gruber, 1768.

Rundbogige Grabarkaden an der Westfassade, li. Strasser-, re. Weitmosergrabkapelle. Kreuzgewölbe mit ornamentaler Malerei und Deckenbilder, 17. Jh. – **Strasserkapelle.** Kartuschenbilder Adam und Eva, Moses, Daniel und Elias. Marmornes Wandgrabmal, Unterbau mit Schriftplatte, Inschr. im Fries, Segmentgiebel bez. MDLXIII; zwischen Pilaster Hl. Dreifaltigkeit, darunter Landschaft und knieende Männer. Beidseits Bilder, li. Eherne Schlange, unten Martin und Wolfgang Strasser; re. Kreuzigungsszene, unten Anna Strasser. Grabsteine, Christian Geisler, 1656; Alexander Griming, 1674. **Weitmoserkapelle,** Deckenbilder 4 Evangelisten, 17. Jh.; Lünettenbild, Christus am Kreuz und Erhöhung der beiden Schächer. 3teiliges Wandgrabmal, in der M. Inschr.-Tafel, li. und re. Bergleute; Inschr. Christofero Weitmosero, MDLVIII. Re. reliefierte Grabplatte Christof Weitmoser, li. Wolfgangus Frank.

Pfarrhof, nordöstl. der Kirche. – Urk. 1466, 1670 im Besitz der Gewerkenfamilie Geißler, 1700 gegen alten Pfarrhof (Kurhaus Winkler) getauscht. 1967 Um- und Anbau durch *Hermann Rehrl.* Altbau (heute Gästehaus) 2geschossig mit Satteldach; über Rundbogenportal Marmortafel mit Schriftband, bez. 1559 (ehem. an dem 1833 abgebrochenen Pfleggerichtsgebäude, 1874 eingemauert), li. verwitterte reliefierte Grabplatte. Tonnengewölbter Keller, im Flur Kreuz- und Tonnengewölbe; z. T. alte Holztramdecken. Schnitzwerke: Christus am Kreuz und hl. Maria, 17. Jh.; hl. Theresia, 18. Jh.; 2 Apostel, 18. Jh.; hl. Sebastian, 17. Jh.; hl. Joseph, 18. Jh. Bilder: Pfarrer Johann Pernthaler, Wappen, Inschr. und Bez. 1695; 3 Bilder mit Szenen aus Tobias, 17. Jh.; Tod Mariens, umgeben von Aposteln und Frauen, oberhalb Christus, M. 18. Jh.; 2 Landschaftsbilder mit Ruinen, 18. Jh.; Schmerzensmann, E. 18. Jh.; Markt und Burg Werfen, um 1700; Gnadenbild von Maria Plain, A. 18. Jh.

Friedhof, östl. der Pfarrkirche, von Mauer umgeben. 1836 angelegt. **Friedhofskapelle** über ovalem Grundriß mit Schindelkuppel, erb. 1842/43 durch *Michael Margreiter,* 1892 renov. Rechteckportal mit Dreieckgiebel, im O Rundapsis. Innen Pilastergliederung, Gitter bez. 1842, Rundbogennische mit Figur (modern) hl. Konrad, Kruzifixus 19. Jh. – **Friedhofskreuz** mit Konsolfiguren Hll. Maria und Johannes, 1854. – **Aufbahrungshalle** von 1968. – **Kriegergedächtniskapellen** am westl. Friedhofszugang, 1953 von *Josef Wernick.* Segmentbogig geöffnete Bildstöcke mit Zeltdächern, Marmortafeln mit Namen der Gefallenen.

EVANG. HEILSKIRCHE und Gemeindezentrum in der Martin-Lodinger-Straße, nahe der Westeinfahrt. Erb. 1960 durch *Kurt Glondys.* Moderner einschiffiger Kirchenbau über Rechteckgrundriß, Satteldach. Im N rundbogig geöffnete Eingangshalle, vorspringendes Giebeltürmchen; südl. Rundapsis. Glasfenster 1960, im Chor von *Erli Beutel Windischbauer,* Tauffenster von *Rosita Magnus.* Taufstein von Steinmetz *Benno Steller.*

KAPELLEN. **Annakapelle** am nordöstl. Hang oberhalb des Marktes. Ehem. Bildstock von 1746, 1801 Neubau, 1976–1977 renov. Holzbau über Rechteckgrundriß, Walmdach. Innen Holzdecke bez. 1974. Altarnische mit geradem Schluß, überarbeiteter Säulenaltar mit gesprengtem Giebel, Altarblatt hl. Mutter Anna der hl. Maria die Schrift deutend, bez. *nach C. Müller cop. v. J.(oseph) Gold 1889.* Kruzifixus 19. Jh.; neugot. Relief Gottvater, Sohn und Hl. Geist. Übermalter Kupferstich, Gnadenbild und das Kloster Einsiedeln darstellend; bar. Bild hl. Anna selbdritt. – **Kapelle,** im Ortsteil H a r b a c h. Erb. 1980. Bar. Madonnenstatuette. **Kapelle,** neben der Straße Richtung Hofgastein, südwestl. von L a d e r i n g. Schlichter Bau über Rechteckgrundriß. Kleiner Säulenaltar bez. 1639–1714, bar. Altarblatt Kreuzigung und Hll. Maria Magdalena und Johannes, bar. Statuetten Hll. Nikolaus und Martin. **Kapelle** in L a f e n, Bau um 1900 über Rechteckgrundriß mit Rundapsis, Giebeltürmchen. Rundbogenportal und Fenster, umlaufende Hohlkehle. Kassettierte Holzdecke, ornamentale Bemalung.

BILDSTOCK Johannes Nepomuk, in der W a s s e r f a l l g a s s e in Bad Hofgastein. Einfacher Bau mit Zeltdach, renov. 1981. Bar. Figur hl. Johannes Nepomuk bez. 1736, seitl. Engel.

JAGDSCHLÖSSL, W e i n e t s b e r g Nr. 132, oberhalb der Tauernbahntrasse. Weithin sichtbares Landhaus, erb. 1904/05. 2geschossiger Bau, in der SO-Ecke Erker und Figur hl. Florian, um 1910. Nördl. runder Treppenturm. Jugendstilstuckdecken.

WEITMOSERSCHLÖSSL, H u n d s d o r f Nr. 47. Vorgängerbau „Goldekkerhof" 1553 niedergebrannt, heutiger nördl. Teil vom Gasteiner Gewerken Christoph Weitmoser 1554 neu erbaut, Inschr.-Tafel dazu im Hausflur; kurz nach 1604 südöstl. Erweiterungsbau durch Gewerken Georg Leykofer.
Spätgot. Ansitz aus 2 Teilen. Älterer Bau, 3geschossig, mit gewölbtem Mittelflur; jüngerer Anbau mit rundem Eckerker und südl. rundem Treppenturm an der Talseite. Der Anbau vom A. des 17. Jhs. diente als Wohntrakt, im 2. Obergeschoß sogen. „Weitmoserstube" mit Zirbentäfelung und Kassettendecke 1. V. 17. Jh., im 1. Obergeschoß abgetrennter Gangteil als Kapelle,

Freskenausstattung von *Ludwig Lindner* 1628, in Resten erhalten; Kruzifix 18. Jh., urspr. Einrichtung fehlt. – Schloß heute Café-Pension.

PROFANBAUTEN. **Gerichtsgasse, Nr. 2:** Kurhaus Rübezahl, erb. 1907 durch *Eduard Lindner.* – **Nr. 3:** Bezirksgericht Gastein, erb. 1834 als Badevilla für Ladislaus Pyrker, umgebaut und renov., zuletzt 1970. 2geschossiger Bau, gegen S Mittelrisalit und Dreieckgiebel. – **Nr. 8:** Kurhaus Hohe Tauern, nach Entwurf von *Josef Wojtek,* Baubeginn während des Ersten Weltkrieges, vollendet 1924–1927; **Kaiser-Franz-Joseph-I.-Thermalwasserleitung** 1906 bis 1908, hinter dem Haus Nr. 8.

Kaiser-Franz-Platz. Kurhotel Moser zum goldenen Adler, ehem. Haus der Gewerken Strasser, urk. 1447. 4geschossiger Bau in der Marktmitte mit im Kern spätmittelalterlicher Bausubstanz. Bmkw. profiliertes Portal mit Stäben und Kehlen von 1561 (?). Innen Gewölbe, z. T. got. Netzrippen, Gasthausschild um 1820 angebracht; Kaiser-Franz-I.-Denkmal (ehem. Standort des 1833 abgetragenen Pflegegerichtsgebäudes), Rechtecksockel mit Inschr.-Tafel und Bronzebrustbild des Kaisers in Cäsarentracht, 1847 errichtet, von *Josef Glanz* nach einem Modell *Franz von Zauners.*

Kirchplatz Nr. 1: Kurhaus Neue Post, **Nr. 3, Nr. 6:** Gewölbe im Erdgeschoß.

Kurgartenstraße, Nr. 6: Kurhaus Wikingerhof, erb. 1929–1930 durch *Eduard Lindner;* **Nr. 20:** Kurhaus Rheinischer Hof, erb. 1910 durch *E. Lindner.* – **Kurhaus** und **Gemeindeamt** nach Entwurf von *Eduard Zotter* 1914 bzw. 1917–1920 erb., Saalbau mit Pfeilergliederung. – **Kurzentrum** zwischen Marktmitte und Alpenkurpark, erb. 1970–1974 nach Plänen von *Rüdiger Stelzer* und *Walter Hutter.*

Kurplatz, Nr. 2: Café „panorama", von *Eduard Lindner* 1909, Umbau 1929.

Pyrkerstraße, von NW in leichter Krümmung Richtung S verlaufender Straßenzug. Unterschiedliche lockere, meist moderne Verbauung, **Nr. 14** mit Inschr.-Tafel Adolf von Menzel (1872–1874); **Nr. 15:** Kurhaus Luisenhof, Wappenstein und 1559.

Roseggerweg, Nr. 6: Roseggerheim, erb. 1929–1930 von *Hugo Dick.*

Salzburger Straße, Richtung NW verlaufender Straßenzug mit z. T. niedrigen, 2geschossigen, giebelständigen Häusern, **Nr. 11:** Stinner- oder Bothenjörglhaus; **Nr. 14:** Landhaus Herta, im Kern 16. Jh., umgebaut 1950/51; **Nr. 15:** Schubhartwirt, Grüner Baum, urk. 1497.

Tauernstraße, Nr. 26–36: Südtiroler Siedlung, erb. 1941–1943 nach Plänen von *Kurt Pletschacher,* geschlossene Verbauung in Straßendorfcharakter mit flachen Satteldächern.

Wasserfallgasse, Nr. 1: Altes Verweshaus, Ecke Salzburger Straße, Mosergasse. 4geschossiger, im Kern spätmittelalterlicher Bau, im NW Konsolerker, westl. Wappenstein des Eb. Michael von Kuenburg und Bez. 1558, an der Nordfassade Segmentbogenportal mit Stab und Kehlung, abgefaste Fenstergewände, innen z. T. Kreuzgratgewölbe.

Weissgerbergasse, Nr. 11: Kurhaus Hampl, First bez. 1835 und 1848; **Nr. 12, Nr. 14.**

BAUERNHÖFE. **Anger.** Streusiedlung an der westl. Talseite. Entlang der neuen Angertalstraße, an steilem Hang einige bmkw. Höfe. **Nr. 22:** Simmer-Lipp-Gut, Haufenhof, 16./17. Jh. (?), Wohn- und Wirtschaftsgebäude unter einem Dach. Traufseitig erschlossenes Wohnhaus, reiner Blockbau mit Kopfschrot mit traufseitigem Gang, kleinen Fenstern, originalen Türstöcken und flachem Satteldach. Rauchküche. Stallscheune und Roßstall – mit Verbindungsgang zum Wohnhaus – aus mächtigen Rundlingen. – **Nr. 27:** Aselgut, Paarhof, Wohnhaus bez. 1670. Hochtenne des Schrotstadels mit traufseitig erschlossenem Wohnhaus in Blockbau. Über Trauf- sowie Giebelseite reichender Gang. Originale Fenster, z. T. mit Bandeisenstreben oder mit Holzschubern. Stallscheune Heustadel, Backofen.

Breitenberg. Hangweiler mit relativ großem Altbestand an Gehöften oberhalb des Bahnhofes von Dorfgastein. Ensemblewirkung: **Nr. 4:** Ruppinger, Paarhof. – **Nr. 6:** Gastacher. Traufseitig erschlossener, verputzter Blockbau mit gleichfirstig darangebauter Stallscheune.

Gadaunern. Haufendorf auf Schwemmkegel an der Ostseite des Tales zwischen Bad Hofgastein und Badgastein. Gehöfte durchwegs mit dem Giebel ins Tal schauend, meist 3geschossige Mittelflurhäuser mit Querflur. **Nr. 1:** Neureithgut. Paarhof mit Verbindungsgang zwischen den Gebäuden, Gang bez. 1848. – **Nr. 13:** Toferer- oder Königslehen. Paarhof. Wohnhaus in Kopf- und Zierschrotzimmerung mit Rundbogenportal im gemauerten Erdgeschoß, z. T. renoviert. – **Nr. 15:** Schock. Paarhof mit dahinterliegender Stallscheune.

Heißingfelding. Streusiedlung an der östl. Talseite südl. von Hofgastein. **Nr. 1** und **Nr. 7:** Felding und Heißgut. Zwei Haufenhöfe mit Kasten. Nr. 7 mit Gewölbekeller, Tramdecke bez. 1687 und Firstpfette bez. 1742. – **Nr. 3:** Bräumser. Paarhof mit Verbindungsgang zwischen Wohnhaus und Stallscheune.

Laderding. Haufenweiler an der östl. Talseite. Alle Dachfirste in eine Richtung weisend. – **Nr. 4:** Sagschneider, **Nr. 7:** Aschergut.

Lafen (Forderschneeberg). Weiler an der westl. Talseite mit viel Neubestand. Bmkw. Ensemble mit alter Schmelzhütte; **Nr. 10:** Unterduschzen, bergseitig erschlossenes Kleingehöft in Blockbau mit originalen Türformen und Fenstern sowie Schindeldeckung.

Wieden. Siedlung an der westl. Talseite, am Rand lockere Besiedlung mit bäuerlichem Charakter. – **Nr. 9:** Schmaranzgut. Kleingehöft mit altem und jüngerem Wohnhaus, beide durch Gang miteinander verbunden. Älterer Teil mit Seitenflurhaus in Blockbau mit Kopfschrot, traufseitiger Eingang, verzierter traufseitiger Gang, kleine Fenster und gemauerter ehem. Rauchstubenteil. Das neuere Gebäude ein typisches Pongauer Mittelflurhaus mit reichem Zierat an Gangbrettern und Windladen.

BERGHEIM. Polit. Bez. Salzburg-Umgebung

Gemeinde an der nördl. Stadtgrenze von Salzburg, östl. der Salzach gelegen. Aus dem Haufendorf Bergheim am Abhang des Plainberges, dem benachbarten Haufendorf Fischach, dem Haufendorf Lengfelden sowie Weilern und Einzelhofsiedlungen an den Abhängen des Plainberges und des Hochgitzen bestehend. – In einer Schottergrube nordwestl. der Kirche wurde ein ausgedehntes Gräberfeld des frühen Mittelalters aufgefunden (7. Jh. n. Chr.). Bergheim urk. 927, Lengfelden urk. 930. Haufendorf Bergheim aus Kirchweiler hervorgegangen, Lengfelden urspr. Werksweiler der ehem. Brauerei und der Papierfabrik. Neuere Siedlungen.

DEKANATSKIRCHE hl. Georg, auf einer Anhöhe östl. des Ortes. Einschiffiger bar. Bau, got. W-Turm mit Glockengeschoß E. 18. Jh., vom Friedhof umgeben. – Urk. 927. 1695 neu erb.; Glockengeschoß des spätgot. Turmes 1797/98 nach Plan *Wolfgang Hagenauers* errichtet. Rest. 1979/80.
Langhaus mit Satteldach, leicht einspringender Chor mit Rundapsis. Umlaufender Sockel und breites profiliertes Gesims. Im W an der Giebelfassade Turm, 3geschossig mit Gesimsunterteilung der Stockwerke, oktogonales Glockengeschoß, Doppelzwiebelhelm mit eingeschobener Laterne; im S gekehltes spitzbogiges Portalgewände, im N vermauert, Turmerdgeschoß kreuzgratgewölbt. An Langhaus und Chor im N anschließend 3geschossiger Sakristeianbau, das 3. Geschoß und im O eingeschossiger Vorbau zur Sakristei von 1956. Im südl. 3. Joch des Langhauses Portal mit kleinem Vorbau von 1979.
Langhaus 4jochig, mit Stichkappentonne, Chor einjochig, mit Rundapsis. Pilastergliederung. Im Chorjoch im N Sakristei, flach gedeckt, im 1. Obergeschoß seit 1956 Oratorium mit Rundbogenöffnung zum Chor. Im W 2geschossige Empore. Apostelkreuze mit Wandmalerei halbfigurige Aposteldarstellungen von 1894. Türen im W und S sowie Sakristeitüre spätes 17. Jh.
Altäre, Aufbauten von *Lorenz Windpichler*, Figuren von *Simeon Fries;* Hochaltar von 1706, die Seitenaltäre von 1707. – Hochaltar mit Altarblatt hl. Georg, Oberbild Marienkrönung von *Johann Friedrich Pereth*, 1706; seitl. Figuren Hll. Petrus und Rupert, über den Opfergangsportalen Hll. Judas Thaddäus und Johannes Nepomuk, im Aufsatz Hll. Barbara und Katharina, seitl. des Oberbildes Hll. Joseph und Johannes, Aufsatzbekrönung Erzengel Michael. Tabernakel von 1706.
Li. Seitenaltar mit Altarblatt Kreuzigung um 1740, Oberbild Hl. Sippe, *Pereth-Werkstatt;* seitl. Konsolfiguren Hll. Stephanus und Laurentius, im Aufsatz Hll. Apollonia und Agathe, Aufsatzbekrönung Hll. Scholastika und Ottilie, in der Mitte hl. Margarethe. Auf der Mensa Mariahilfbild mit Rahmen, M. 18. Jh. – Re. Seitenaltar mit Altarblatt Taufe Christi, um 1740, Oberbild Hll. Sebastian und Florian, *Pereth-Werkstatt;* seitl. Konsolfiguren Hoher Priester, hl. Anna; im Aufsatz Hll. Franziskus und Antonius, Aufsatzbekrönung Hll. Nepomuk und Aloysius, in der M. hl. Philippus (?).
Kanzel von 1697, mit Nischenfiguren Christus als Salvator Mundi und die 4 Evangelisten, von *Simeon Fries* (?). Konsolfiguren Schmerzensmann und Mater dolorosa, A. 18. Jh., Maria mit Kind 1. H. 18. Jh. Kruzifix 18. Jh. Figur Schmerzensmann, A. 16. Jh. in Verwahrung. Kreuzwegbilder von 1894. – Taufstein bez. 1642. – Orgel M. 19. Jh., Werk 1968 von *Dreher und Reinisch*. – Kelch mit 6paßförmigem Fuß, bez. 1502, mit Wappen Eb. Leonhard von Keutschach, in Verwahrung. – Hohe bar. Sakristeischränke.
Grabplatten. 2 Wappensteine des 15. Jhs.; mehrere Priestergrabsteine, halbfiguriges Relief eines Priesters, Wolfgang Hofer, gest. 1565; Relief Kreuzigung, Wappen und Kniender, Paul Ursprunger zu Ursprung, gest. 1604, Platte bez. 1623; 2 Grabplatten der Familie Rehlingen, 18. Jh.

Laurentiuskapelle. Kleiner spätgot. Bau im Friedhof südl. der Pfarrkirche. Urk. Weihe 1520. Seit 1950 Kriegergedächtnisstätte.
Schlichter Außenbau, polygonaler Schluß mit 2 seitl. spitzbogigen abgefasten

Fenstergewänden. Satteldach, im W abgewalmt, Giebelreiter mit Zeltdach. Portalgewände und schmiedeeiserne Gittertüre des späten 17. Jhs.
Innenraum 2jochig mit 3/8-Schluß, spätgot. Netzrippengewölbe auf Konsolen. – Altar E. 17. Jh.; Altarblatt hl. Laurentius, Oberbild Mariahilfbild. Grabplatten des 17. und 18. Jhs.

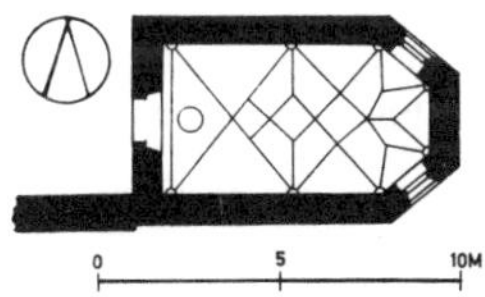

Bergheim, Laurentiuskapelle

Dechanthof. 3geschossiger bar. Bau, östl. der Pfarrkirche. Im Kern 16. Jh., Umbau 1972. 7achsiger Bau mit Walmdach. Das zweite Obergeschoß und Fassadengliederung – Portal und über den 3 mittleren Achsen Dreieckgiebel, im Mittelfeld bar. geschwungene Fensterrahmung – aus der 2. H. 18. Jh. – Der östl. Teil des Erdgeschosses noch spätgot., mit 2 kleinen quadrat. abgefasten Fenstergewänden an der S-Fasssade und großen Stichkappentonnen in 3 Räumen.

WALLFAHRTSKIRCHE Maria Plain, siehe MARIA PLAIN

HOFKAPELLEN. **Bergheim Nr. 52,** Schmiedhuber, große Kapelle mit Rundapsis, Satteldach vorgezogen, auf 2 Säulen ruhend, erb. im 19. Jh.; im Inneren 2 Bilder 1. H. 19. Jh., jeweils mit Szenen des Leidensweges Christi, dazu Gnadenbild von Maria Plain und Heilige sowie hl. Joseph und Heilige. – **Lengfelden Nr. 18,** Kapelle des Missionshauses Maria Sorg, siehe dort. – **Voggenberg Nr. 25,** Hintergitzen, quadrat. Barockbau 18. Jh. mit Satteldach; Altarantependium Bild Fegefeuer 18. Jh. – **Voggenberg Nr. 26,** Korbergut, Kapelle bez. 1830, rechteckiger Bau mit Vordach im O, Walmdach; im Inneren Segmentbogentonne mit Bild hl. Antonius 1. H. 19. Jh.; Tabernakel, 2. H. 18. Jh., aus der Pfarrkirche Bergheim; 12. Apostelbilder 18. Jh.

SCHLOSS Radeck (Radecker Weg Nr. 3), nördl. des Autobahnknotens Salzburg-Nord, auf östl. Ausläufer des Plainberges gelegen. Burg im Besitz der Herren von Radeck, Salzburger Ministerialenfamilie, urk. A. 13. Jh., Radecker verkaufen 1273 Hälfte der Burg an Erzbischof, 1334 auch restlichen Besitz, Burg wird Sitz des Pfleggerichtes Radeck. A. 16. Jh. Verkauf der Burg an Hans Prazl, Sohn des letzten Pflegers; Prazl baut um und erneuert 1516 die Kapelle. 1525 Burg durch Aufständische niedergebrannt. Besitz 1586 an Freiherren v. Rehlingen. 1670 weitgehender Neubau. 1685 an Franz Anton v. Königsegg, Salzburger Domherr, 1713 Burg samt Gütern zur Dotation an Salzburger Universität verkauft. Einsetzender Verfall ab 1808. Zahlreiche, meist bäuerliche Besitzer; Teile der Anlage zur Baumaterialgewinnung abgetragen.
Hügelkuppe ehem. gänzlich überbaut, heute nur noch Kapelle im W mit Resten der Toranlage, östl. davon einfacher Bau, 2 Geschosse mit Walmdach, über Türe Marmorwappen Graf Königsegg; 1972 durch Anbau gegen N Bau verlängert, als Teil der Burg nicht mehr erkennbar.
(Schloß) Kapelle hl. Johannes d. T. Weihe 1516, Bau 1690 erneuert. Renov. 1857, Rest. 1947. – Schlichter Bau über quadrat. Grundriß, im O 3seitiger

Abschluß, abgewalmtes Satteldach; Glockentürmchen mit rundbogigen Schallfenstern. Im S Vorbau, Stiegenaufgang, gemaltes Doppelwappen und Chronogramm, halbrund gemauerter Wendeltreppenaufgang zum Dachreiter. Kapellenraum mit bar. Stichkappentonne, 2. H. 17. Jh., südl. in Flachbogennische Rundbogentür. Empore mit bemalter Brüstung, in der Mitte Wappen mit Inschr. und Bez. 1690, seitl. Wappen der Grafen zu Königsegg, li. hl. Franziskus Seraphin., re. hl. Antonius von Padua. Stumpfer Spitzbogen zum gleichhohen Chor, spätgot. Rippengewölbe, Schlußstein.
Altar 2. H. 17. Jh., Standkruzifix M. 18. Jh., ovales Altarblatt Hl. Familie, seitl. kleine gemalte Wappen und Konsolfiguren Hll. Rupert und Virgil, 17. Jh., im Aufsatz bar. Statuette Gottvater. – Bar. Bild hl. Johannes Nepomuk. – Glocke von 1548.

EHEM. RICHTSTÄTTE auf dem sogen. Galgenbichl, einem kleinen Hügel südl. von Schloß Radeck, an der Mattseer Landesstraße.

HÄUSER. **Bergheim, Nr. 24:** Ehem. Schmiede. 2geschossiges gemauertes Haus mit Arkaden auf Marmorsäulen im Erdgeschoß und Putzgliederung, Krüppelwalmdach, unter dem First bez. 1813 bzw. 1962.
Lengfelden, Nr. 4: Wohnhaus der ehem. Brauerei. 2geschossiger Bau mit Satteldach. Fassadengliederung des späten 18. Jhs.; das Erdgeschoß mit Putzquaderung, horizontale Geschoßteilung durch umlaufende profilierte Gesimse, im 1. Obergeschoß alternierend Stuckpilaster und Fenster mit Stuckumrahmung. – **Nr. 5:** Bräuwirt, bez. 1782, 2geschossiger Bau mit bar. Hohlkehle und Krüppelwalmdach. Rieselputzfassade des 19. Jhs.; im Inneren erneuert. Gegenüberliegender Wirtschaftstrakt mit Krüppelwalmdach und Laubengang des 19. Jhs. – **Nr. 6:** Huf- und Wagenschmiede, an der W-Fassade Wappenstein mit Inschr. erb. 1628 von Florian Ursprunger; A. 19. Jh. Brand des Obergeschosses. 2geschossiger Bau mit Krüppelwalmdach an der SW-Fassade, im Erdgeschoß 3 Arkadenbögen auf 2 quadrat. Säulen, die seitl. Bögen vermauert. Rieselputzfassade des 19. Jhs. Im Inneren im W-Teil Esse des 17. Jhs.
Nr. 18: Missionshaus „Maria Sorg", St. Petrus Claver-Sodalität, nordöstl. der Ortschaft Lengfelden an der Fischach gelegen. Urk. seit dem 16. Jh. Papiermühle, Besitzer seit 1701 Familie Hoffmann, seit 1852 Familie Rauchenbichler, seit 1898 Missionshaus. Hauptgebäude 3geschossig mit Satteldach. Im SW Erdgeschoß, im Kern noch 17. Jh. Vielfach umgebaut und erweitert, zuletzt nach Übernahme durch Sodalität A. 20. Jh.; 1912 Verbreiterung des Hauptgebäudes im SO um eine Fensterachse und Bau des Überganges zwischen Hauptbau und Druckerei. Im NW des Hauptgebäudes 3geschossiger Eckturm; an der SW-Fassade 3geschossiger Uhr- und Glockenturm, dessen kreuzgratgewölbtes Erdgeschoß auf 2 Pfeilern aufruht, im 1. Obergeschoß quadrat. abgefastes Fenstergewände des 17. Jhs., das Glockengeschoß mit Biforenfenstern und Helm um 1900. – Druckerei, Ausbau ebenfalls 1912, im Erdgeschoß doppelseitig behauenes Marmorlavabo des späten 17. Jhs. – **Kapelle,** östl. des Missionshauses an künstlich angelegtem Nebenarm der Fischach. Erb. im 18. Jh.; kleiner Bau mit Rundapsis und Walmdach, Dachreiter mit Zeltdach über hölzernem Vorbau. Im Inneren Rundapsis mit Stuckdekor und Malerei Trinität, Hll. Leonhard und Florian, M. 18. Jh. Altarmensa bez. 1683, darüber Bild Ährenkleidmadonna, E. 17. Jh. – **Nr. 19:** Ehem.

Wirtschaftshof, sogen. Josefshaus. Großer 3geschossiger Bau mit Satteldach, im W anschließend Wirtschaftstrakt. Putzfaschengliederung der Fenster um 1900.

BAUERNHÖFE. Einhöfe, durchwegs Mittertennhöfe, mit Mittelflur und Krüppelwalmdach, vorherrschend Steinbau, z. T. mit Schlackenverzierung (z. B. Bergheim Nr. 23, Lengfelden Nr. 10, Siggerwiesen Nr. 11 und 17, Voggenberg Nr. 4, 8 und 24) und Sandsteinportalen, seltener Mamorportale (z. B. Voggenberg Nr. 17). **Bergheim. Gaglhamerweg, Nr. 35:** T-förmiger Einhof, Mittelflurhaus mit gemauertem Erdgeschoß und Obergeschoß in Blockbau, Giebelbalkon, Satteldach.
Plainfeldweg, Nr. 20: Mittertennhof, breitgelagerter Blockbau mit gemauertem bzw. ummanteltem Erdgeschoß, 7achsige Fassade. Giebelgang, flaches Satteldach. – **Nr. 27:** Mittertennhof, 2geschossiges gemauertes Mittelflurhaus mit Scherbenverzierung im Obergeschoß, zwei Giebelbalkone unter Krüppelwalmdach; Steinportal 2. H. 19. Jh.
Muntigl, Nr. 10: Meindlbauer. 2geschossiges Mittelflurhaus mit Eckquadern, Faschen, geschweiften Fensterumrahmungen mit hängenden Festons und 2 Giebelgängen unter Krüppelwalmdach; Portal bez. 1811.
Voggenberg, Nr. 4: Ehem. Löwenbauer. 2geschossiges Mittelflurhaus in Bruchsteinmauerwerk mit Schlackenverzierung, schmiedeeiserner Ausleger, 19. Jh. – **Nr. 8:** Illingbauer. Einhof, 2geschossiges Mittelflurhaus, im Erdgeschoß z. T. Bruchsteinmauerwerk mit Schlackenputzverzierung, ansonsten in Blockbau, Satteldach. – **Nr. 15:** Reitbach. Mittertennhof, 2geschossiger Blockbau, Mittelflurhaus mit Balkon im verbretterten Giebelfeld, Krüppelwalmdach; urspr. Fensteröffnungen. – **Nr. 18:** Windinggut. Mächtiger 2geschossiger Gasthof mit 6achsiger Fassade unter Krüppelwalmdach; im Erdgeschoß Fenstergitter, rundbogiges Steinportal, abgefaste Steinlaibungen der Fenster.

BRÜCKE über die Fischach in Lengfelden, neu erb. 1964, Wappenstein und Bauinschr. 1635 von Eb. Paris Lodron.

BERNDORF bei Salzburg. Polit. Bez. Salzburg-Umgebung

Gemeinde; Haufendorf und Streusiedlungsgebiet mit Weilern im Alpenvorland, nordwestl. des Obertrumer Sees. Urk. 8. Jh.

PFARRKIRCHE Mariae Himmelfahrt, in der Ortsmitte, vom Friedhof umgeben. 3schiffiger Bau, im Kern rom. (?), Mittel- und südl. Seitenschiff spätgot., nördl. Seitenschiff 1696–1700; W-Turm spätgot. mit bar. Glockengeschoß. Pfarre seit 1130. Rest. außen 1969, innen 1984. Grabung 1984: 3 Vorgängerbauten, 1. Bau karolingisch, bei rom. Bau im S angebaute Taufkapelle. Durch einen Arkadengang mit Kapelle der Hll. Sebastian und Anna verbunden.
Langhaus mit Satteldach, Chor einspringend mit polygonalem Schluß; umlaufender Sockel. Fenster in Chor und südl. Seitenschiff spitzbogig mit Maßwerk und Glasfenstern von 1909, Achsfenster im Chor vermauert. Einfache bar. Fenster beim nördl. Seitenschiff. Erstes Langhausjoch, im N bar. Rundbogenportal, im S spätgot. 3fach gekehltes Portal. Ungegliederter spätgot. Turm im W, mit Sockel und abschließendem profiliertem Gesims; Glockengeschoß spätes 17. Jh., oktogonal, mit rund geschlossenen Schallfenstern, bar.

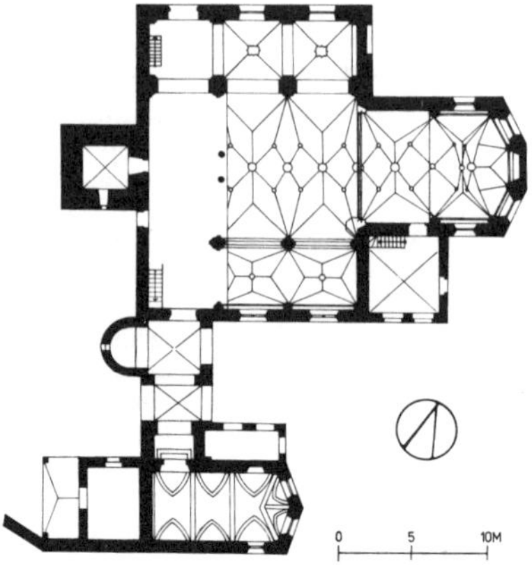

Berndorf,
Pfarrkirche Mariae Himmelfahrt

Zwiebel und abschließender Laterne. – 2geschossige Sakristei, im S an das Chorjoch anschließend, gleich breit und gleich hoch wie das südl. Seitenschiff, im O abgefastes hochrechteckiges Portal, bez. 1671.
3jochiges Langhaus. Mittelschiff erhöht, mit Sechsrautensterngewölbe, südl. Seitenschiff mit Vierrautensterngewölbe auf Runddiensten. Chor eingezogen, einjochig mit Netzrippengewölbe; sämtliche Rippen im spätgot. Bereich 1909 rekonstruiert. Im 1. Joch des südl. Seitenschiffes sind spätgot. Runddienste mit Rippenansatzfragmenten an der S-Wand sowie der untere Teil eines Runddienstes am 1. Mittelschiffpfeiler – von der ehem. spätgot. Empore – erhalten. – Bar. nördl. Seitenschiff kreuzgratgewölbt mit Stuckspiegeln; Gurtbögen über Wandpilaster zwischen den Jochen.
An der W-Wand des Mittelschiffes spitzbogiges abgefastes Portal zum Turm, Turmerdgeschoß kreuzgratgewölbt; Segmentbogenöffnung zum Turmobergeschoß. – Sakristeiportal im S des Chorjoches spätes 17. Jh. – Empore über das 1. Joch sämtlicher Schiffe reichend, von 1984; im südl. Seitenschiff spitzbogiges Portal zum Obergeschoß des Arkadenganges. Im Mittelschiff zusätzlich Orgelempore.
Hochaltar in der Nische des Achsfensters, spätgot. Figur stehende Maria mit Kind, E. 15. Jh., seitl. Konsolfiguren Hll. Joachim und Anna, M. 19. Jh. – Li. Seitenaltar bestehend aus Altarblatt Hl. Wandel. E. 18. Jh., seitl. Konsolfiguren Hll. Florian und Johannes Nepomuk, E. 18. Jh. – An der re. Seitenaltarwand Kreuzigungsgruppe M. 19. Jh.
Kanzel von 1853 mit Reliefs Christus und 4 Evangelisten. – Konsolfiguren Hll. Joseph, Johannes Ev., Sebastian und Leonhard, alle M. 19. Jh. – Kreuzwegbilder von *Sebastian Stief* 1853. – Polygonaler spätgot. Taufstein, 1. H. 16. Jh., mit bar. Taufsteindeckel (Figurengruppe fehlt). Zwei bar. Weihwasserbecken, das südl. von 1686. – Orgel von *Hans Mauracher,* 1892.
Grabplatten. In der Kirche figürliche Ritzplatte Anna Prandsteter 15. Jh.; Reliefwappensteine Clara Hornpeck, gest. 1459, Christian Noppinger, gest. 1515, Wolfgang Noppinger, gest. 1535; Priestergrabplatte von 1464. – Neben

dem äußeren Sakristeiportal Priestergrabplatte von 1483, Reliefwappenstein von Georg Menne, Pfarrer von Berndorf, gest. 1680; beim S-Portal Relief kniender Geistlicher vor Kruzifix, Benedict Schön, gest. 1544.

Kapelle, Hll. Sebastian und Anna, südl. der Kirche. Spätgot. Bau über rechteckigem Grundriß mit flachem 3eckförmigem Chorabschluß; mit umlaufendem Sockel und steilem Satteldach. Nördl. an das 1. Joch anschließender Turm, erb. 1760, Erdgeschoß tonnengewölbt, Glockengeschoß mit bar. Eckpilastergliederung, bar. Schallfenstern, geschwungenem Giebel und Zwiebelhelm. Schmiedeeisernes Portal zur Kapelle M. 17. Jh.; rundbogige Fenster. An den Turm im O anschließend pultdachgedeckter Gang, bis zur Kapellenapsis reichend.
Spätgot. Langhaus 2jochig und wohl ehem. $^3/_8$-Schluß; ehem. spätgot. Netzrippengewölbe (Rippen im Bar. abgeschlagen). Bar. Pilastergliederung und bar. Stuckspiegel an der Decke; darunterliegende Rankenmalerei des 16. Jhs. an der Decke teilweise erkennbar. Nördl. Fenster im Chorjoch vermauert.
Altar von 1656, bez. an der Konsole der Aufsatzfigur; bmkw. Altarblatt Hl. Familie mit hl. Anna, seitl. Konsolfiguren Hll. Sebastian und Rochus, Aufsatzfigur hl. Michael, Predella mit Inschr., ehem. seitl. Stifterwappen Khnafer und Fragt fehlen, jetzt 2 kleine bar. Figuren mit Buch (Evangelisten?). – Bar. Prozessionsmadonna in einfachem Glasschrein. Bar. Figur Ecce Homo, 18. Jh. – Bilder, Schmerzensmutter mit 7 Leidensszenen und Seelen im Fegefeuer, stark übermalt, 2. H. 17. Jh., mit zeitgleichem Rahmen; Schutzengel 18. Jh.; Himmelfahrt Mariens bez. *Sebastian Stief* 1853. – Bar. Abschlußgitter nach dem 2. Joch, M. 17. Jh. – Kniebank mit bar. Wangen, um 1780. – Glocke von 1504.
Grabplatten, Reliefwappensteine. In der Kapelle Platte M. 16. Jh.; im Turmerdgeschoß Friedrich Prantsteter 15. Jh., Anna Duchs, gest. 1496.
Bar. Arkadenverbindungsgang zwischen Kirche und Kapelle, 2jochig, kreuzgratgewölbt, mit umlaufendem Sockel und Satteldach. Im nördl. Joch Ölbergkapelle, mit Rundapsis und Kegeldach. Bar. Ölberggruppe.

Aufbahrungshalle, an das Langhaus der Sebastian- und Anna-Kapelle im W angebaut, umgebaut 1981/82. Einfacher rechteckiger Raum, abgewalmtes Satteldach im W vorspringend.

Alter Pfarrhof. Mächtiger freistehender bar. Bau, 2geschossig mit Krüppelwalmdach, 2 Dachgeschosse und hochrechteckige Speicheröffnung; Segmentbogenportal des frühen 19. Jhs.

Brunnen vor dem Pfarrhof, bez. 1696, rest. 1975, mit Figur wappenhaltender Bär.

HOFKAPELLEN. **Aigen** (Großenegg); neugot. Rechteckbau um 1900. – **Großenegg,** Nr. 69; neugot., polygonal geschlossener Bau um 1900, Giebelreiter mit Giebelspitzhelm; neugot. Altar um 1900.

BAUERNHÖFE. Einhöfe des Flachgauer Typus vorherrschend, z. T. als T-Höfe (besonders im Weiler Maierhof, einheitlich zum Tal ausgerichtet), z. T. Schlackenverzierungen (besonders in und um Schwandt); stattliche, voll gemauerte bzw. verputzte Höfe in Berndorf (wie **Nr. 28:** Löwenbauer, Pfette bez. 1850; **Nr. 31:** Guggenbinder; **Nr. 32:** Maurermeister, Türe bez. 1813); Gruppe von Altbauten im Weiler Gransdorf (wie **Nr. 101, 103**). – **Berndorf,**

Nr. 20: Ritterbauer, Schlackenputz, bez. 1865 in Oval mit IHS. – **Nr. 38:** Einhof, 19. Jh., 2geschossig, mit Flachdach, Blockbau mit gemauertem Küchenteil, urspr. Fenster im Obergeschoß, im Dachgeschoß durchgehender Hausgang mit verschalten Zwickeln und Taubenkobel. – **Nr. 103 (in Gransdorf):** Kaisergut. Gemauerter T-Hof. Dachgeschoß holzverschindelt mit Hausgang, bemalte gedrechselte Geländerstäbe. Putzrahmen um die Fenster, Fenster- und Türgitter, 19. Jh. Steintürgewände bez. 1871. Stallscheune Ständerbau, Wetterseite verschindelt, mit Mittertenne.
'Großenegg, Nr. 40 (in Schallmoos): Hannisenbauer. T-Hof mit weit vorspringendem Steildach und Schopfwalm sowie Glockentürmchen. Wohnteil im Erdgeschoß gemauert, Obergeschoß in Blockbau mit Zierschrot, urspr. Fenster. Dachgeschoß senkrecht verschalt mit kurzem Gang. Stallscheune mit Unterfahrt, Ständerbau, ebenerdig gemauert. Dazugehörig Machlhütte und Zuhaus. – **Nr. 41:** Verputzter Einhof. Blockbau mit Steildach und Schopfwalm, Wirtschaftsteil Ständerbau mit Holznägeln. Hausgangl im Dachgeschoß, Türstock bez. 1735 und 1888. – **Nr. 46 (in Wilhelmsedt):** Beim Hånl. T-Hof, 18./19. Jh., Blockbau mit Schließschrot, Stall gemauert, Steildach mit grätenförmiger Vordachschalung, Dachgeschoß verschalt, kleines Gangl.

BISCHOFSHOFEN. Polit. Bez. St. Johann i. P.

MARKT, im Salzachtal. Im Jahre 1900 zum Markt erhobene Bachufersiedlung, neuzeitlich überschichtet. Ehem. Ortsbezeichnung „Hove", „Cella Maximiliana" und „Pongo" (Pongau); seit dem 15. Jh. Bischofshofen. Von 1216–1807 Kirche, Kloster und die Hofmark in Besitz des Bistums Chiemsee.
Bauliche Entwicklung des Marktes nach 1900 parallel zur Salzach, weitgehend durch Eisenbahnbau, Industrie und Fremdenverkehr geprägt. 2- bis 3geschossige Bauten (Werkswohnanlagen) in z. T. dichter bzw. geschlossener Verbauung entlang der Durchfahrtsstraße. In der Ortsmitte platzartige Erweiterungen (Moßhammer Platz, Oberer Markt) mit geschlossener, meist neuzeitlicher Verbauung, nur vereinzelt Häuser mit historischer Bausubstanz (siehe Pofanbauten). Die Pfarrkirche, Kastenhof und Pfarrhof im südl. Ortsbereich,

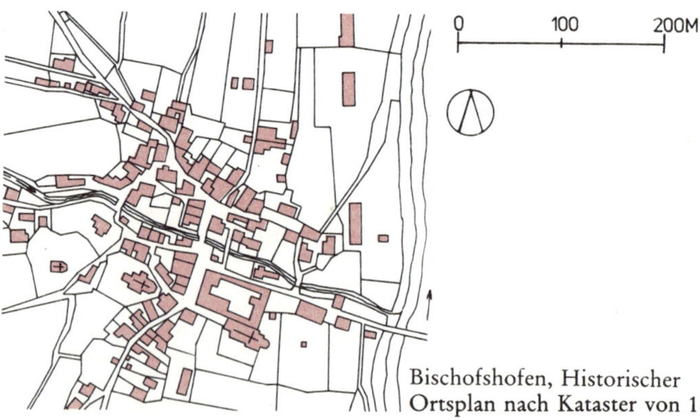

Bischofshofen, Historischer Ortsplan nach Kataster von 1829/30

Frauenkirche und St.-Georgs-Kirchlein am westl. Hang des Heidenberges, in annähernd einer Achse mit der Pfarrkirche gestaffelt. Die Filialkirche Hll. Primus und Felizian auf dem Buchberg sowie das Missionshaus und Kirche St. Rupert auf dem Kreuzberg im NO von Bischofshofen.
Die allseitig steil abfallende Felshöhe des Götschenberges am Eingang des Mühlbachtales von der späten Jungsteinzeit (ca. 2000 v. Chr.) bis in die Hallstattzeit bewohnt. Die Siedlung steht mit dem Bergbau auf Kupfererz in Zusammenhang, sie diente zur Bewachung des Zuganges in das Bergbaurevier. An der Nordseite des Götschenberges sperrt ein doppeltes Wall- und Grabensystem den Zugang zur Anhöhe. Diese Wehranlagen stammen vermutlich aus dem frühen Mittelalter, in dieser Periode hat man die Felshöhe als Fliehburg genutzt.

PFARRKIRCHE hl. Maximilian, im S des Marktes in Verbindung mit dem Kastenhof. Got. Staffelkirche mit Querschiff, im Kern rom., Vierungsturm. – Urspr. Klosterkirche, im 12. und A. 13. Jh. Kollegiatsstiftkirche. 1216–1807 in Besitz des Bistums Chiemsee. Baudaten fehlen. Weihe um 1030, 1327. (Test-)Grabung im Jahre 1953 läßt für die M. des 9. Jhs. eine Kirche mit Querschiff, gerader Ostmauerflucht und Rechtecknischen erkennen. Heutiger Bau im Kern rom. (Querschiff), Chor 14. Jh., Langhausumbau, Gewölbe und Vorhalle M. 15. Jh. (unter Bischof Silvester Pflieger). Rest. außen 1983, innen 1984/85.

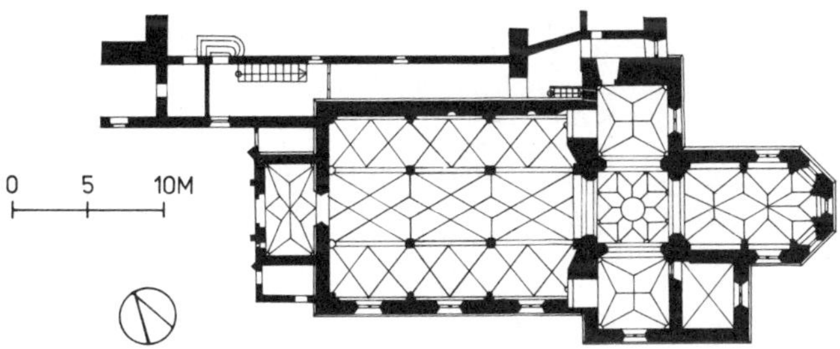

Bischofshofen, Pfarrkirche hl. Maximilian

Ungegliederter Außenbau mit ausspringendem Querschiff und eingezogenem Chor, Spitzbogenfenster, holzschindelgedecktes Satteldach. Im W got. Spitzbogenportal mit Wulst und Kehlung, darüber Kreisfenster und Rundbogenöffnung. Spitzbogig geöffneter Vorhallenbau mit Pultdach, abgestufte Strebepfeiler, Rechteckfenster; got. Sternrippengewölbe auf Konsolen, römisches Reliefbruchstück mit Medusenhaupt (?) und einem Löwen. Nördl. Langhausfront mit vorgesetztem Verbindungsgang zum Kastenhof. Vierungsturm durch Gesimse gegliedert, Schallfenster mit Rundsäulen, Pyramidendach. Sakristei an der Chorsüdseite, 2geschossig, Kreuzrippengewölbe.
Got. Staffelkirche, 3schiffig, 3jochig. Höheres Mittelschiff mit Säulen, darüber got. Zweiparallelrippengewölbe und spitzbogige Gurtrippen zu den Seitenschiffen, kreuzrippengewölbt ohne Jochrippen. 2geschossige Empore von 1984. Got. Sternrippengewölbe (Vierzackensternfiguration) in den Querschiffarmen,

abgefaste Spitzbogenportale, im S Sakristeizugang mit Wulst und Kehlen. Unter der Vierung hohe Spitzbögen auf 8seitigen Pfeilern, oktogonale Kuppel mit 8teiligem Rautensterngewölbe. Got. Chor, 2jochig, Netzrippengewölbe, 3/8-Schluß.

Spätgot. Fresken, um 1500, im nördl. Langhaus, 2. Joch Grablegung, Christus in der Vorhölle, Auferstehung, Kalvarienberg; im 3. Joch Tod Josephs, um 1500, darunter Leidensgeschichte Christi in Art eines Fastentuches, 17. Jh.: Christus vor Pilatus, Geißelung, Dornenkrönung, Verspottung, Pilatus wäscht sich die Hände, Vergleich mit Barabbas, Simon von Cyrene, am Kreuz mit Maria und Johannes, Kreuzabnahme, im Schoß Mariens, Grablegung, Vorhölle, Auferstehung, Himmelfahrt, Pfingsten, Marienkrönung. An der südl. Langhauswand Malerei mit Inschr. und Bez. 1651, Flucht nach Ägypten und Kindermord; re. davon hl. Michael, bez. 1654. Auf nördl. Säule im Mittelschiff hl. Hieronymus, um 1500.

Bar. Säulenhochaltar um 1680, moderner Aufsatz von *Johann Senoner,* 1923; bar. Schnitzwerk, Gnadenstuhl, von Engeln und Heiligen umgeben; seitl. bar. Konsolfiguren, li. Hll. Heinrich und Joseph, re. Hll. Anna selbdritt und Kunigunde; im Aufsatz Schnitzwerk Kirchenpatron hl. Maximilian und Gefährten, 1923 von *Johann Senoner.* Tabernakel bez. 1630 (ehem. Waidring). – Seitenaltäre, ehem. Opfergangsportale aus Thomatal im Lungau, M. 18. Jh., 1951 zu Altären umgestaltet; li. Marienaltar, got. Skulpturen um 1480, hl. Maria mit Kind, seitl. Hll. Barbara und Margaretha; re. Kreuzaltar, bar. Kruzifixus, spätgot. Konsolfiguren Hll. Maria und Johannes, Tabernakel 18. Jh. – Im südl. Querschiff bar. Altar, M. 18. Jh. (bis 1950 in der Georgikirche in Bischofshofen), in der Predella got. Relief um 1500, Christus und die 12 Apostel, im Mittelfeld Figurengruppe Anna selbdritt, um 1515, *Lienhart Astl* zugeordnet, bar. Konsolfiguren, li. hl. Antonius von Padua, re. hl. Johannes Nepomuk; bar. Oberbild hl. Sebastian, seitl. bar. Statuetten Hll. Florian und Notburga.

Schnitzwerke. Bar. Konsolfiguren an den Vierungspfeilern, Hll. Petrus und Paulus, um 1770 (ehem. Zell am See); hl. Florian, 18. Jh.; an der Emporenbrüstung aus dem Lungau stammende Statuetten Hll. Virgil und Rupert; Vortragekreuz um 1700; Kreuzwegreliefs von 1893. – Bilder. Im Chor li. hl. Maria reicht dem hl. Simon Stock das Skapulier, 1703 von *Johann Friedrich Pireth;* re. hl. Veronika reicht Jesus das Schweißtuch, 2. V. 17. Jh.; Marienkrönung, 1693 von *J. Friedrich Pereth* (Oberbild des ehem. Hochaltares); Anbetung der Hl. 3 Könige, 1693 von *J. Friedrich Pereth* (ehem. Hochaltarblatt); Mariahilf, 18. Jh.

Im nördl. Querschiff Marmorhochgrab des Bischofs von Chiemsee Silvester Pflieger mit dessen lebensgroßem Relief, 1453, *Hans Baldauf* zugeschrieben; einziges erhaltenes Beispiel eines mittelalterlichen Hochgrabes im Land Salzburg. Darüber Kopie des Rupertikreuzes (siehe Pfarrhof). – Taufstein A. 16. Jh., bar. Haube mit Statuette Johannes d. T., 1. H. 17. Jh. – Orgel von *Max Dreher,* 1950. – Glocke von *Andreas Wird,* 1675.

Grabsteine. Johannes Schorn, 1488; Matthias Theophilus Fischl, 1755; Leopold Gämbs, 1762; Bartholomäus Kajetan von Grems, 1799; Rollwerkkartusche, Inschr. und Bez. 1632.

Pfarrhof, Franz Moßhammer Platz Nr. 2, westl. der Pfarrkirche. Rest. 1978/79. Im Kern spätmittelalterlicher Bau, 3geschossig, 5achsig, profiliertes Abschluß-

gesimse, Walmdach. Abgefastes Spitzbogenportal, li. davon Steingewände eines vermauerten Fensters. Im Erdgeschoß Stichkappentonne, abgefastes Türgewände, Eisenplattentür. Im Obergeschoß Stuckspiegel.
Rupertikreuz, E. 7./8. Jh. Metallverkleidetes Holzkreuz, 156 cm hoch. An der Vorderseite getriebene Tier- und Blattmotive, Glasflußplättcheneinlagen, Seitenteile mit Bandornament. – Got. Diptychon, verschließbare Wandtafel um 1450. Außen Temperabild hl. Maximilian, kniende Stifterfigur, Pfarrer Heinrich Plähuber; innen 2 in got. Schrift beschriebene Pergamentblätter. – Spätgot. Pietà, in Verwahrung.

FILIALKIRCHE Unsere Liebe Frau (Liebfrauenkirche), erhöht auf einer Geländestufe über dem Markt, westl. der Pfarrkirche. Got. Bau (rom. Vorgängerbau) mit Westturm von 1522, bis 1900 von Friedhof umgeben. – Grabung von 1975 erbrachte den Nachweis einer rom. Saalkirche, erb. um 1000, später Erweiterungsbau nach W. Urk. 1359, heutiger Bau got., Fresko am Strebepfeiler des Chores bez. 1457, Turm 1522. Rest. 1946/47, Krypta 1957 freigelegt, Rest. 1977.

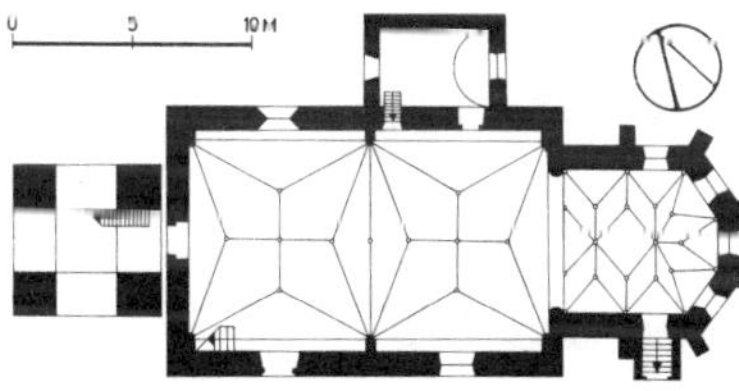

Bischofshofen, Filialkirche
Unsere Liebe Frau

Einschiffiger got. Bau; eingezogener niedrigerer got. Chor mit polygonalem Schluß, abgestufte Strebepfeiler. Spitzbogenfenster mit neugot. Maßwerk. Satteldach. Im W abgefastes Portal, vorgesetzter Turm; re. Freskenfragmente um 1300. Am südl. Strebepfeiler des Chores got. Fresko von 1457, Gregormesse. – Vier durch Gesimse gegliederte Turmgeschosse, zur Turmhalle 3 Spitzbögen, südseitig bez. 1522, Triforenfenster mit je zwei Rundsäulen, darüber Dreieckgiebel und 8eckiger, schlanker Turmspitz. – Eingeschossige Sakristei am nördl. Langhaus, Rechteckfenster, Pultdach; Tonnengewölbe. – Krypta unter dem Chorschluß, Spitzbogenportal, got. Rippengewölbe auf Konsolen.
Langhaus über Rechteckgrundriß, einschiffig, 2jochig. Got. Sternrippengewölbe (Vierzackensternfiguration) auf Diensten und gekehlten Pfeilern; Gurtrippen, reliefierte, got. Schlußsteine. Spitzbogiges Sakristeiportal, Eisenplattentür. 2geschossige Holzempore, z. T. mit got. Schnitzerei. Spitzbogiger Triumphbogen. Eingezogener Chor, 2jochig, 3/8-Schluß. Got. Rippengewölbe mit runden Schlußsteinen auf Diensten.
An der nördl. Langhauswand got. Fresko um 1420, oben thronender Christus, Hll. Katharina, Maria und Johannes; darunter Hll. Sebastian, Bischof, Georg, Dionysius und Erasmus sowie von anderer Hand Schutzmantelmadonna. Freskenfragmente an der Chornordwand, 16. Jh., bar. Umrahmung.
Bar. Hochaltar bez. 1648, bar. Altarblatt Maria mit Kind, von Engeln umgeben, unterhalb Hll. Barbara und Katharina; Oberbild, Weltkugel, die von Maria,

Dominikus und Franz von Assisi vor dem Zorn Gottes beschützt wird. Tabernakel bez. 1618. – Bar. Seitenaltäre; li. im Gebälk bez. 1680, im Sockelbereich Bilder Hll. Petrus, Johannes Ev., Wolfgang und Elisabeth, zwischen kannelierten Säulen bar. Altarblatt Hll. Anna, Maria und Joachim, seitl. Bilder Hll. Paulus und Jakobus, Oberbild Flucht nach Ägypten. Am re. Seitenaltar Predellainschr. und Bez. 1685, Füllungen mit Bildern Hll. Johannes d. T., Elisabeth, Anna selbdritt, Joachim und Zacharias; bar. Altarblatt Tod des hl. Joseph, bez. *Adam Pich(ler) 1685*, Oberbild Gottvater über den Wassern. Kanzel mit Schalldeckel, bez. 1647. Vor dem Triumphbogen Schnitzwerk hl. Maria mit Kind auf Weltkugel, um 1660. In der Sakristei Kelchkasten von 1681. Beichtstuhl M. 17. Jh. Chorgestühl M. 17. Jh. – Epitaphe bez. 1611, 1618, 1639 und 1679.
Grabsteine. Andreas Moser, 1471; 1503; Simon Oberpuchler, 1605; Konrad Kreitzperger, 1557; Jacobus Froschentaler, 1556; Augustin Lang, 1681.

GEORGIKIRCHE (Gedächtniskapelle für Kriegsgefallene). Rom. Kirchlein aus dem 13. Jh., oberhalb der Liebfrauenkirche auf einer Geländestufe im W des Marktes. – Urk. 1403, Rest. 1950/51.

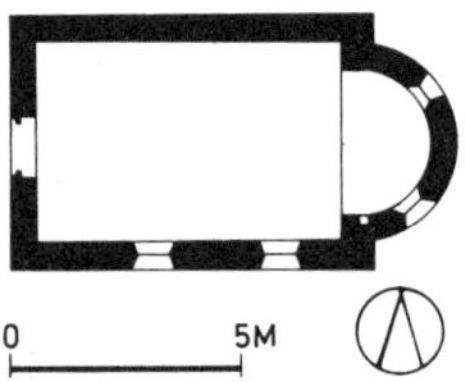

Bischofshofen, Georgikirche

Ungegliederter rom. Bau über Rechteckgrundriß, eingezogene, halbkreisförmige Apsis, Rundbogenfenster, Satteldach mit Dachreiter. Im W frühgot. Spitzbogenportal mit gekehlter Laibung, zu einem Rundbogen geschlossen; darüber kleiner, eine Mitra tragender Kopf, römisch (?).
Schlichter Raum mit Flachdecke, re. vermauertes Portal mit Rundbogenöffnung. Rundbogiger Triumphbogen, halbkreisförmige Apsis.
Rom. Fresken, um 1230. In der Apsis Gottvater und die vier Evangelisten; gekreuzigter Erlöser mit den 12 Aposteln; Maria mit der bekennenden Kirche. Am Chorbogen zwei Propheten, unterhalb Hll. Georg und Margaretha. – Glasgemälde bez. *Albert Birkle*, Krieg und Frieden, 1950. – Glocke von 1627.
Gegenüber der Georgikirche **Ehrenmal** der im Weltkrieg Gefallenen, Friedhofszugang, seitl. gefalteter Mauerzug, gestaltet und bez. *1931 Karl Reisenbichler.*

FILIALKIRCHE Hll. Primus und Felizian, freistehend auf einer Anhöhe des Buchberges im NO von Bischofshofen. Einschiffiger, im Kern rom. Bau mit got. Chor. Urk. 1370, 1643 Fensterausbruch, 1645 Altar, 1750 Sakristeibau, Außenrest. 1979.
Ungegliedertes, im Kern rom. Langhaus über Rechteckgrundriß, im O eingezogener höherer got. Chor mit polygonalem Schluß; Satteldächer. Im W abgefastes frühgot. Spitzbogenportal, Tür mit got. Beschlägen. Südl. rom. Rundbogenportal, Tür mit Spiralbeschlägen. Über dem Portal und von rom. Blindfenster unterbrochen got. Freskenfries, 1. H. 14. Jh., 2 Heilige,

Maria lactans von Hll. Primus und Felizian flankiert, re. Kreuzigung mit Maria und Johannes, seitl. Hll. Katharina und Margaretha. Unterhalb Kreuzigung, um 1300. Am Chor 2fach gestufte Strebepfeiler, Spitzbogenfenster mit z. T. got. Maßwerk. Im N Kreisfenster, gedeckter Turmaufgang. An der Chornordseite Turm, durch Gesimse gegliedert, Glockengeschoß mit Lisenen, Biforen- bzw. Triforenfenster mit Säulen, darüber Schindelpyramide. Sakristei von 1750 an der Chorsüdseite, eingeschossig, Pultdach.
Langhaus über Rechteckgrundriß, ungegliedert; flache Kassettendecke bez. 1641. Holzempore, geschnitzte Brüstungsbalken. Spitzbogiger abgefaster Triumphbogen. Chor eingezogen, einjochig, 5/8-Schluß. Kreuzrippengewölbe mit Gurtbögen, runder Schlußstein; Rippen steigen z. T. von Ringkonsolen auf, li. Kopfkonsole. Li. gekehltes Rundbogenportal, got. Eisenplattentür zum kreuzgratgewölbten Turmerdgeschoß. Re. Segmentbogennische und Durchgang zur Sakristei, Stuckdecke mit Gnadenbild von Maria Plain, von Engelsköpfen umgeben, stuckierte Lavabonische um 1750.

Bischofshofen, Filialkirche
Hll. Primus und Felizian

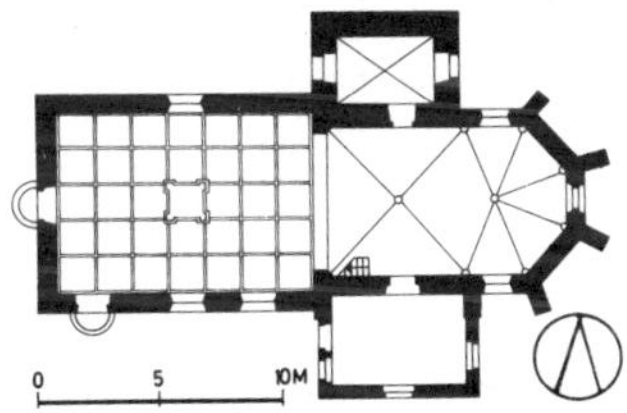

Bar. Säulenaltar, 1645 von *Konrad Schwarz* (Tischler) und *Georg Haim* (Maler); in der Predella Bild, Bethlehemitischer Kindermord, zwischen kannelierten Säulen Altarblatt Hll. Primus und Felician, Oberbild Gottvater. – Kanzel bez. (1)6(42), 8eckig, appliziertes Laubsägeornament.
Schnitzwerke. Bar. Konsolfiguren, Bischöfe (ehem. Pfarrwerfen), Hll. Virgil und Rupert; Konsolfigur hl. Maria mit Kind, spätgot. (überarbeitet); seitl. bar. Konsolfiguren Hll. Franziskus und Antonius; Konsolfiguren Hll. Stephan und Vinzenz (?), bar.; Christus an der Geißelsäule, 18. Jh.; Vesperbild, 16. Jh. (?); Hll. Magdalena und Barbara (ehem. Pfarrwerfen), 18. Jh.; Hll. Sebastian und Leonhard, 18. Jh.; Hängekruzifix, 17. Jh.; Auferstandener, 18. Jh. – Bilder. Epitaph bez. 1616, Grablegung Christi; Krönung Mariens, unterhalb Kartusche bez. 1687; hl. Maria mit Kind, 18. Jh.; hl. Apollonia, 18. Jh.; hl. Dorothea, 18. Jh.; Johann Nepomuk, M. 18. Jh.; 14 Stationsbilder, 2. H. 18. Jh. – In der Sakristei Paramentenkasten, 2türig, bez. 1616, von *Tobias Milpacher*. Kelchkasten bez. 1654, von *Konrad Schwarz*. – Glocke von *Josef Erhart*, 1509.

MISSIONSHAUS St. Rupert, auf einer östl. der Salzach gelegenen Hangstufe, nördl. von Bischofshofen. Weithin sichtbarer Gebäudekomplex. – 1904 gegr., 1906 Grundsteinlegung, 1907 Schulbetrieb, 1914 k. und k. Not-Reserve-Spital, 1925–1929 Kirchenbau, 1939 aufgehoben, 1945 Lazarett, 1946 Wiederaufbau als Schule, Rest. 1964/65 und 1975.
4geschossiger, breitgelagerter Gebäudetrakt mit mehreren Anbauten und Nebengebäuden, in verschiedenen Bauetappen errichtet bzw. erweitert. Hauptgebäude gegen W mit betontem Eckrisalit, zurückgesetzter Mittelfassade

mit gemauertem Giebelaufsatz; gegen N Anbau. Im südl. Trakt neobar. Kirchenanbau von 1925, nach O gerichtet.

Missionshauskirche hl. Rupert am südl. Trakt. – Erste Planung durch Baumeister *Heinrich Fischer* in Anlehnung an Altötting, 1925 Grundsteinlegung für die Kirche zu Ehren der Heiligsten Dreifaltigkeit, der heiligsten Jungfrau und des hl. Rupert, 1927 Vollendung, 1929 Weihe, 1961 Aufbau des Hochaltares, 1950 Orgel, 1975 Rest.

Neobar. Kirchenbau am Südtrakt des Missionshauses, nach O gerichtet. Im S über abgesetztem Sockelgeschoß Wandpfeilergliederung; eingezogener niedrigerer Chor mit polygonalem Schluß. Neobar. Turm mit Eckpilaster, im Glockengeschoß Rundbogenfenster, darüber geschwungenes Abschlußgesimse und Zwiebelhelmaufsatz.

Langhaus über Rechteckgrundriß, 7jochig. Tonnengewölbe mit Gurtbögen auf Pfeilern, zu den kreuzgratgewölbten Seitenkapellen Rundbögen. Darüber rundbogig geöffnetes Emporengeschoß in Verbindung mit der Orgelempore im W. Rundbogiger Triumphbogen; eingezogener erhöhter Chor. Tonnengewölbe auf Pilastern, umlaufendes profiliertes Gesims.

Neobar. Hochaltaraufbau, 1961, Altarblatt von *Wolfram Köberl,* flankiert von 2 Säulen mit profiliertem Gesimse, darüber Hl. Geist in Strahlenkranz, seitl. Engel. – Neobar. Seitenaltäre von 1929 an den abgeschrägten Wänden des Triumphbogens, li. Christkönigsaltar, re. Marienaltar, Konsolfiguren Herz-Jesu und hl. Maria, im Aufsatz Engel. – In den Seitenkapellen z. T. einfache Holzaltäre, teils modern ausgestattet; Altar der Unschuldigen Kinder, Altarblatt von *Philipp Schumacher;* Altar des Verlorenen Sohnes mit Altarblatt Verlorener Sohn, Kopie nach *Pompeo Batoni;* Altar zum hl. Bruder Konrad von Parzham, gemalt von *P. Philipp Schumacher* (einem Sohn des obengenannten Künstlers); Josephsaltar, Schnitzfigur hl. Joseph, von Strahlenkranz umgeben, von *Josef Staud;* Arnold Janssen-Altar, Bild und Entwurf von *Ferdinand Kubitschek,* 1980; Altar der Befreiung des Apostels Petrus aus dem Kerker, Schnitzwerk von *Josef Staud.* – Orgel 1950.

Friedhof, östl. des Missionshauses St. Rupert in einer Waldlichtung, von einer Mauer umgeben. Nach 1910 angelegt. Neugot. Kapellenbau über Rechteckgrundriß, runder Abschluß; Satteldach. Gemauerter Giebel mit Gesimse, seitl. Wand- und Stützpfeiler. Dachreiter.

RAINKAPELLE beim Vorderraingut am Buchberg bei Bischofshofen. Schlichter Bau über Rechteckgrundriß, eingezogene Apsis mit geradem Schluß, Satteldach. Segmentbogenportal und Fenster.

Bar. bäuerliches Inventar, rest. 1974. Hochaltar, Schnitzfigur hl. Maria mit Kind, 18. Jh., flankiert von Konsolfiguren Hll. Petrus und Paulus (barockisiert?), im Aufsatz Hl. Dreifaltigkeit, Baldachin, Wolken und Engel, 18. Jh. Li. Seitenaltar, zwischen Säulen Christuskind (Wachsarbeit), darüber hl. Maria auf Wolken. Re. Altar, Christus als Apotheker, bemalte Mensaverkleidung, Fegefeuer, 18. Jh. Votivbilder, Bild Tod Mariens, 18. Jh., Kruzifix, 18. Jh.

LAIDEREGGKAPELLE bei Haus Nr. 21, am westl. Ortsrand von Bischofshofen. Holzbau mit Zeltdach. Inventar z. T. 18. Jh.

BURGRUINE Bachsfall, etwa in Achse der 3 Kirchen von Bischofshofen, auf steilem Felskopf über dem Wasserfall des Gainfeldbaches. Gründung der Herren

von Pongau, 12. Jh. (?), 1230 Turm im Besitz der Ministerialenfamilie der Herren von Guetrat; spätere Nachrichten fehlen.
Burgplateau ca. 30 × 30 m, Reste der Umfassungsmauer erhalten, innen Fundament Turm (?) 6 × 7 m. 1983–1985 archäologische Untersuchung.

KASTENHOF, unmittelbar an die Pfarrkirche nordwestl. anschließend. Um unregelmäßigen Hof 2geschossige Gebäude, überragt durch mittelalterlichen Wohnturm. Urk. 12. Jh., als Kollegiatstift gegr. Seit 1216 zum Bistum Chiemsee gehörend, mit Säkularisierung Chiemsees 1803 aerarisch, dann privat.
Von rom. Bausubstanz nur Kern der Pfarrkirche und westl. davon 5geschossiger Wohnturm, „Kastenturm“, erhalten. Turm in oberen Geschossen spätrom. Biforenfenster; vorspringender Fundamentsockel aus mächtigen Blöcken in Schichtmauerwerk, Eingang vom Hof durch schmales Rundbogensteingewände. Übrige Hofgebäude 1755 durch Vermurung großteils zerstört, Wiederaufbau 2. H. 18. Jh., in jüngster Zeit wesentlich umgebaut. Heutige Nutzung Geschäftshäuser und Gemeindeamt.

PROFANBAUTEN. **Alte Bundesstraße, Nr. 5** (Oberer Markt): Gasthaus Alte Post. 3geschossiger, 5achsiger Bau, im Kern 17. Jh.; Rundbogenportal, Stichkappentonne, First bez. 1610. – **Nr. 16:** Bauernhaus, First bez. 1711, gemauertes Erdgeschoß, darüber Holzblockbau. – **Nr. 19:** Gutenberghaus. First bez. 1865, 2geschossiger, 5achsiger Bau. – **Nr. 25–39:** erb. 1925–1928 nach Plan von *Paul Geppert d. Ä.* – **Bahnhofstraße, Nr. 26–28:** 1930/31, von *Karl Rosner*. – **Nr. 40:** Tulaya-Haus, ehem. Foto-Atelier, erb. 1933/34 von *Marino Spangaro*. 2geschossiger Baukörper, übereck gestellter Eingangsbereich, konkav geschwungen, charakteristische Atelierfenster mit senkrechter Metallsprossenteilung. – **Bundesstraße, Nr. 8:** 1920/21 von *Emil Brosch*. – **Nr. 14–20:** 1923/24 von *Emil Brosch*. – **Nr. 24–48:** Arbeiterwohnhäuser, 1909–1920. – **Gaisberggasse, Nr. 17:** Saller. Paarhof. Firstpfette bez. 1553. Breiter Blockbau mit Kopfschrot, 2geschossig. Gänge im Hauptgeschoß an 3 Seiten, im Erdgeschoß an der Traufseite über die li. Hälfte der Stirnwand. Kleiner Gang im Dachgeschoß. Stallscheune in Blockbau. – **Gasteiner Straße, Nr. 2:** Wengerwirt. 2geschossiger, 5achsiger Bau, im Kern 17. Jh.; Stichkappentonne. – **Nr. 11** und **13:** 3geschossiger, historistischer Schulbau, Mittelrisalit mit geschwungenem Dachgiebel; Fassadenplastik in Rundbogennische bez. 1924. – **Nr. 16:** Leitenbauer. 2geschossiges Wohnhaus, Pfette bez. 1569; Blockbau mit Zierschrot der Mittelwände. Erdgeschoß verputzt. Gang an der Traufseite und Teil der Giebelwand. Fenster und Türen erneuert. – **Nr. 26, 27:** Erb. 1911. **Nr. 30, Nr. 32:** Altersheim, Entwurf von *Paul Geppert d. Ä.*, erb. 1900–1902, moderner Anbau. – **Hauptschulstraße, Nr. 18:** Hauptschule nach Entwuf von *Paul Geppert d. Ä.*, erb. 1928–1930. – **Hochkönigsgasse, Nr. 4:** Holzblockbau, 18. Jh., 2geschossig, 5achsig. – **Lebzeltergasse, Nr. 3:** Lebzelterhaus, 3geschossiger, 3achsiger Bau über Rechteckgrundriß, lt. Inschr. von 1775, Eckquader, Putzfaschen, Fenster und Türumrahmungen, spätbar. Fenstergitter; Fassadenbild hl. Maria. – **Raiffeisenstraße, Nr. 5:** 3geschossiger, 4achsiger Bau mit Satteldach; abgefastes Rundbogenportal, re. rundbogiges Fenstergewände, Eisenbalken. – **Salzburger Straße, Nr. 2–8:** Wohnhausanlage von 1930/31. – **Nr. 50–64:** Wohnhausanlage, erb. 1930/31; durch Schwibbögen verbundene Baublöcke. – **Südtiroler Platz:** Südtiroler Siedlung, 1940–1956.

BAUERNHÖFE. In den Streusiedlungen Buchberg, Gainfeld und Laideregg alpine Paarhöfe sowie einige Haufenhöfe. Wohnhäuser der Gehöfte mit 2 Geschossen und Mittelflur, vorwiegend Blockbauten mit Kopfschrot, flache Pfettendächer, verzierte Gänge an der Giebel- und zumindest an einer Traufseite, Giebel zum Tal, oft Stiegenaufgänge zum Hauseingang mit kleinem Gang im Erdgeschoß, verzierte Glockentürme, oft kleine Anbauten in Firstrichtung (Kleintierställe, Machelhütten, Futter- bzw. Holzlagen). Stallscheunen aus mächtigen Rundlingen, Getreidekästen oft eingeschossig, meist mit offenem Giebel und Firstsäule. **Buchberg.** Weitgestreute Siedlung auf Hangterrassen östl. der Salzach. – **Nr. 24:** Grub. Haufenhof. Langgestreckter Blockbau, 2 Geschosse, Erdgeschoß verputzt, in Kopfschrot, bez. 1590. Eingang an Traufseite. Umgehender Gang an Giebelseite und Traufwand. Bemalte Schützenscheiben im Giebelfeld und an der Längswand. Stallscheune aus Rundstämmen, bez. 1681. 2geschossiger Kasten mit Stiege und Gang, Zierschrot und offenem Giebel, bez. 1596. Ochsenstall. – **Nr. 25:** Unterbichl. Haufenhof. 2geschossiges Wohnhaus bez. 1762. Küche gemauert, ansonsten in Blockbau mit Klingschrot. Eingang traufseitig, originale Fenster. Keller und Speis gewölbt. 2geschossiger Kasten in Blockbau, bez. 1765 mit Verbindungsgang zur Stallscheune. Roßstall, Bienenhütte, gemauerte Waschküche, Holzhütte. – **Nr. 26:** Oberbichl. Haufenhof. Wohnhaus in Blockbau mit Kopf- und Klingschrot, 2geschossig, bez. 1678. Senkrechte Verbretterung, Gangl mit Stiege vor dem Eingang. Im Obergeschoß Gang über gesamte Giebelbreite. Saustall und sogen. Wassa angebaut. Stallscheune mit angebautem Roßstall. Freistehender Kasten und Backofen. Bienenhütte. – **Nr. 27:** Dorfbauer. Paarhof mit 2geschossigem Wohnhaus in überkämmtem Blockbau, 17. Jh (?), weitausladendes flaches Satteldach. Einfach verbretterte Gänge in allen Geschossen, ebenerdig mit kleinem Stiegenaufgang. Stallscheune aus Rundlingen.

Gainfeld. Ausgedehnte Streusiedlung im W von Bischofshofen, an den steilen Hängen des Gainfeldtales. – **Nr. 5:** Kematen. Paarhof. Wohnhaus mit Almcharakter. Bergseitig im Erdgeschoß gemauert, sonst Blockbau 2 Geschosse. Kleine Fenster mit z. T. diagonaler einfacher Vergitterung. Giebelfeld verschalt. Stallscheune aus Rundlingen. – **Nr. 9:** Oberlehen. Paarhof. Wohnhaus im First bez. 1671. Im bergseitigen Teil gemauertes Erdgeschoß, Flur mit Stichkappengewölbe, sonst in Blockbau, teilweise Zierschrot. Rundbogiger Hauseingang an der Giebelseite, auch Eingänge zu gewölbten Speis- und Kellerräumen mit Rundbogen. Fenster im Mauerwerk vergittert, alle übrigen mit Balken. Umgehender Gang im Hauptgeschoß, kleiner im Dachgeschoß und im Erdgeschoß über die Hälfte der Giebelwand. Großer Glockenturm mit eisernem Hahn. Stallscheune aus Rundlingen, freistehende hölzerne Hauskapelle.

Laideregg. Streuhöfe an den Hängen im W und NW von Bischofshofen. **Nr. 3:** Flachberg. Umgebauter Paarhof, bez. 1728; Blockbau mit Klingschrot, Erdgeschoß um Gangbreite vorspringend. Gang im Obergeschoß, kleiner Gang im Dachgeschoß. Eingangstür mit Schloß, bez. 1855. Eingeschossiger Kasten mit Schindeldach. Stallscheune, bez. 1690, angebauter Roßstall.

BLÜHNBACH. Gem. Werfen. Polit. Bez. St. Johann i. P.

JAGDSCHLOSS Blühnbach (Blühnbach Nr. 24), im Blühnbachtal, westl. von Tenneck. Urk. 1580 ein Herrenhaus aus Holz, Zentrum der erzbischöflichen Jagd in Werfen; 1603–1607 Schloßneubau unter Eb. Wolf Dietrich, seit dem 18. Jh. als Gestüt in Verwendung; Eb. Hieronymus Graf Colloredo läßt im 4. V. des 18. Jhs. den 2. Stock bewohnbar ausbauen; Schloß wird 1816 ärarisch, 1910 an Thronfolger Erzherzog Franz Ferdinand, der die Aufbauten über das bisher einheitliche Dach durchführen läßt (Dombaumeister *Ludwig Simon).*
Langgestreckter Bau mit überhöhtem Mittelteil und je um ein Geschoß höheren Bauteilen an den Enden; Haupteingang Rundbogenportal aus Konglomerat A. 17. Jh., dahinter gewölbte Mittelhalle, von welcher kreuzförmig die langen tonnengewölbten Gänge ausgehen; die Putzgrate der Gewölbe erst um 1910; breite Wendeltreppe seitl. der Halle. Reiche Sammlung an Mobiliar, Gemälden, Jagdtrophäen, kunstgewerblichen Gegenständen sowie historischem Hausrat, großteils Sammlung Franz Ferdinands.

Jägerhaus, im NO des Schlosses. Erb. um 1780 unter Eb. Colloredo, Marmorwappen an der Eingangsseite; 3geschossiger Bau, unten gemauert, Dachgeschoß Holz mit abgewalmtem Satteldach.

Blühnbachkapelle, nordöstl. vom Schloß. Alte Kapelle geostet, wurde durch neugot., nach N gerichteten Erweiterungsanbau zur Seitenkapelle. – Ehem. Patrozinium Unsere Liebe Frau, urk. 1582 (?). Erb. unter Eb. Wolf Dietrich von Raitenau, 1610. Bedeutend höherer neugot. Anbau von 1909–1912, neues Patrozinium Hl. Familie und hl. Rupert.
Neugot. Bau über Rechteckgrundriß, polygonaler Schluß, Dachreiter. Abgestufte neugot. Strebepfeiler, neugot. Maßwerkfenster. Im O Portal bez. 1911 mit geradem Sturz, westl. abgefaste Spitzbogenportale. An der südl. Giebelfassade Bauplastik, Christus am Kreuz, Hll. Maria und Johannes, 1911. – Im O alter Kapellenbau mit rundem Abschluß und hölzernem Dachreiter.
Neugot. Langhaus, einschiffig. Neugot. Kreuzrippengewölbe und Gurtbögen auf kannelierten Säulen. Li. Rechteckportal, re. abgefastes Rundbogenportal der alten Kapelle. Sängerempore, Spitzbögen an der westl. Langhauswand. Chor in der gleichen Höhe wie das Langhaus, 3seitiger Abschluß; Spitzbogennischen. Li. Sakristei und Beichtraum.
Einrichtung von Erzherzog Franz Ferdinand aus dem Handel erworben. Spätgot. Flügelaltar, böhmisch, um 1500; seitl. vom Tabernakel Reliefs, Hll. Barbara und Apollonia; Schrein durch geschnitzte Säulchen geteilt, spätgot. Konsolfiguren hl. Maria mit Kind auf Halbmond, seitl. hl. Barbara und Heilige (?); in den Flügeln Reliefdarstellungen aus der Georgslegende; bemalte Außenflügel, li. Pilger mit Gebetschnur, re. Pilger mit Stab. Im 5teiligen Aufsatz Konsolfigur hl. Rupert, um 1500. – Altar in der alten Kapelle, neugot. Aufbau, 5teilig; in der Mitte auf dem Tabernakel Bild hl. Maria mit Kind, seitl. unter Sprengwerkbaldachinen Konsolfiguren um 1500, Hll. Dominikus (?), Johannes Ev., Andreas und Laurentius. – Holztafel mit Inschr., 18. Jh. – Schnitzwerke. Hl. Johannes d. T.; um 1500; hl. Martin und hl. Nikolaus, um 1470; hl. Bischof, E. 15. Jh.; hl. Laurentius, 1. V. 16. Jh.; hl. Margaretha und hl. Barbara, um 1510–1520; hl. Maria mit Kind, E. 16. Jh.; hl. Johannes d. T., hl. Blasius, A. 16. Jh; hl. Wolfgang, A. 16. Jh.; Reliefs Hll. Barbara und Katharina, um 1500; hl. Elisabeth, um 1500; sitzende hl. Maria mit Kind, E. 15. Jh.; Engel, um 1520;

hl. Dionysius, 1. H. 16. Jh.; Kruzifixus, 15. Jh. – Bilder. 6 Tafelbilder einer Sebastianslegende, um 1500; 4 Altarflügel, Darstellungen aus der Sebastianslegende, 1. H. 16 Jh.; Christophorus, 2. H. 16 Jh.; 4 Bilder E. 15. Jh., Hll. Petrus, Johannes Ev., Cosmas und Damian; Hll. Johannes d. T. und Ev., um 1600; Anbetung der Könige, um 1600; Kreuzigung Christi mit Schächern und Volk, 1. H. 17. Jh.

BAUERNHÖFE siehe WERFEN

BÖCKSTEIN. Gem. Badgastein. Polit. Bez. St. Johann i. P.

Haufendorf im SW von Badgastein. Im westl. Ortsbereich „Altböckstein", planmäßig angelegte bar. Werksanlage, axial die Pfarrkirche am Kirchberg. – Tauerntunnel Böckstein–Mallnitz, erb. 1901–1909.

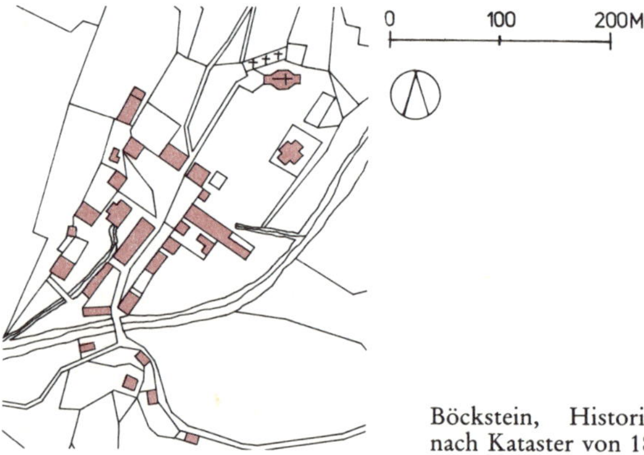

Böckstein, Historischer Ortsplan nach Kataster von 1829/30

Zentrum des Goldbergbaues in den Hohen Tauern, schon 1342 Erste Gasteiner Bergordnung; Abbaugebiete vor allem am Radhausberg und im Naßfeld. Gewerken u. a. Aufner, Decker, Strochner, Zott, Weitmoser, Straßer, Katzpeck, Rosenberger; von 1616–1803 landesfürstlicher Betrieb. Dazwischen Stillstände, 1875–1927 Betrieb unter Badgasteiner Gewerkschaft, letzte Versuche 1938–1944. Seit 1952 Benützung eines Stollens für Therapiezwecke (Heilstollen mit Radonvorkommen).

PFARRKIRCHE hl. Maria, Mutter vom Guten Rat. Frühklassizistischer Zentralbau mit Vorhalle, nördl. der bar. Werksanlage, erhöht auf einem Hügel. – Bau von 1764–1767 nach Plänen des Hofbauverwalters *Wolfgang Hagenauer* durch *Christian Glaner*. 1766 Vikariat, 1767 Kirchweihe, 1891 Pfarre. Renov. 1889, Rest. 1950–1951, 1965, letzte Außenrest. 1979, Innenrest. 1981.
8eckiger Zentralbau mit Rundbogenfestern und umlaufender Hohlkehle. Im W 2geschossiger Vorbau mit geschwungener Giebelfassade, stuckiertes Wappen von Erzbischof Siegmund Christof Graf Schrattenbach; Rechteckportal und Fenster. 8seitiger Kuppelturm und Laterne mit Rechteckschallfenstern bzw. Uhrblättern auf je 4 Seiten, darüber Zeltdach. Im O 2geschossige Sakristei.

Ovalraum mit hohen Rundbogennischen, dazwischen je 2 Pilaster mit Kapitellen, darüber umlaufendes, reich profiliertes Gesims; Westempore. Deckengemälde bez. *Joann Weiß* 1765, Architekturmalerei, Kartuschen und Chronogramme (1764, 1765, 1766 und 1767), in der Kuppel das Gnadenbild von Genazzano, von 2 Engeln getragen, Landschaft und Verehrer des Gnadenbildes. Hochaltar nach Entwurf von *Johann B. Hagenauer;* Altarblatt, Kopie des Gnadenbildes von Genazzano, 1765 von *Rosa Hagenauer*, geborene Barduzzi, in Strahlenkranz, von 2 Engeln getragen; seitl. Vasen mit Wolken und Feuersäule; Tabernakel 19. Jh. – Seitenaltäre von 1776, von *Leopold Hacksteiner* (Tischler), li. Altarblatt Vermählung Mariens, re. Darstellung im Tempel. – Runder Kanzelkorb, Brüstung mit Pilasterunterteilung und Reliefs der 3 Göttlichen Tugenden, Schalldeckel mit Erdkugel und Gesetzestafeln, Evangelistensymbole. – Schnitzwerke, Kruzifixus, 1850 von *Kaspar Bichler;* got. Kruzifixus in Verwahrung. Bilder, Kreuzweg, 18. Jh.; in Verwahrung: Eb. Siegmund Christof Graf Schrattenbach, um 1766; hl. Nikolaus und hl. Barbara, bez. *S.(ebastian) Stief*, 1882. – Orgel von *Hans Mauracher*, 1895. – Gedenksteine, Bartholomäus Zehentmayr, 1784; Wappenstein der Grafen Czernin, 1905 bzw. 1927. – Glocke von *Karl Wolfgang Gugg*, 1766.

TOTENKAPELLE, im ehem. Friedhof, erb. 1851.

BILDSTOCK, am Kirchberg über Rechteckgrundriß mit Pilastergliederung und Zeltdach; in der Rundbogennische Christus als Schmerzensmann, 1851 von *Kaspar Bichler*.

JAGDSCHLÖSSL Czernin, im nördl. Ortsbereich auf kleinem Hügel. Wiederaufbau nach Brand, nach Plan von *Josef Wessiken* erb. von *Angelo Comini*, 1902.

HISTORISCHE BERGWERKSSIEDLUNG, als Ersatz für lawinengefährdete Bergbauobjekte taleinwärts errichtet. Bar. Ensemble, nach Plänen von 1741 und 1745 angelegt, vollendet 1764; Baugruppe nach Stillegung des Bergbaues durch Funktionswandel weitgehend 2. H. 19. Jh. und A. 20. Jh. verändert.
Nr. 1: Ehem. Verwalterhaus, seit 1781 Pfarrhof; Erdgeschoß gemauert, Obergeschoß Blockbau, Schopfdach. – **Nr. 3: Verwalterhaus,** auch Colloredohaus oder Imhof-Stöckl; 2 Geschosse gemauert, unter Walmdach umlaufende Hohlkehle, bar. Fassadengliederung, über dem Eingang Wappenstein Eb. Hieronymus Colloredo bez. 1782, heute Wohnhaus. Südl. Anbau, eingeschossiges Magazin, ehem. Waschkolben, hohes bar. Walmdach mit 2 Reihen Gaupen; an der O-Fassade Wappenstein Eb. Andreas Jakob v. Dietrichstein bez. 1750. – Westl. davon, freistehend, **ehem. Schmiede,** einfacher Schuppen mit Schopfdach. – **Nr. 4: Ehem. Schulhaus,** dann Armenhaus; 2 Geschosse gemauert, weitgehend umgebaut. – Zwischen Nr. 4 und Nr. 5: **Holzschuppen;** Erdgeschoß mächtige Mauerpfeiler, Öffnungen durch diagonales Holzgitter geschlossen, Schopfdach, Sanierung 1980/81. – **Nr. 5: Wascherhaus;** Erdgeschoß Bruchsteinmauer, Obergeschoß Blockbau, heute Wohnhaus; Inschrifttafel neben Eingang bez. 1782, Fassadensanierung 1981. – **Nr. 6: Werkmeisterhaus,** ehem. oberes Pochwerk; 2 Geschosse, steiles Schopfdach, Fassade um 1780, Haustüren 1912; ober dem Eingang Wappenstein Eb. Sigismund v. Schrattenbach, bez. 1758. – **Nr. 91: Direktionsgebäude,** ehem. Pochersalon; erb. vor 1880 als neue Goldmühle, 1912 Aufstockung unter Anhebung des geschweiften bar.

Mansarddaches und Umbau zu Amtshaus, bez. 1912. – Östl. gegenüber von Nr. 91: **Säumerstall,** zur Unterbringung der Saumpferde; Erdgeschoß gemauert, Obergeschoß Holzbau verschalt, steiles Schopfdach.
Berghaus, Arbeiterwohnhaus 1, nach Plan von *Eduard Kramer* (?), 1921. – **Böcksteinerhof,** nach Plan von *Karl Pirich* erb. von *Angelo Comini,* 1907. – **Direktorswohnhaus** der Gewerkschaft Radhausberg, nach Plan von *Eduard Kramer,* 1921. – **Kaffee-Restaurant** Sonnblick, nach Plan von *Paul Geppert d. Ä.,* 1913. – **Haus** Nr. 185, Alters- und Kinderheim der Gemeinde, nach Plan von *Friedrich Walz* erb. von *Franz Franzmair,* 1926/27.
Auf Platz nördl. von Nr. 3, in kleiner Grünanlage **Gußeisenbrunnen** auf vierpaßförmigem Steinsockel in kreisrundem Becken, 3 Schalen übereinander, unterste durch 4 Löwen getragen, um 1900; Rest. 1984. – In der Nähe, auf niedrigem Sockel, zylindrischer **Steintrog** (Bergbaugerät?) mit Wappen Eb. Dietrichstein, bez. 1748.

BAUERNHOF, **Nr. 24, Neufang,** am Ortsende in Richtung Badgastein. Haufenhof, 16. Jh. (?), Mittelflurhaus in Blockbau mit Kopfschrot. Über zwei Drittel des giebelseitigen Hauptgeschosses Gang, originale Fenster, weit ausladendes Satteldach. Breiter Flur und bestehende Rauchküche mit frei im Raum stehender Feuerstätte und essenartigem hölzernem Feuerhut. – Stallscheune aus Rundhölzern, Heustadel, Backofen.

BRAMBERG am Wildkogel. Polit. Bez. Zell am See

Gemeinde westl. von Mittersill. Haufendorf, mehrere Weiler und weit auseinandergezogene Streusiedlung am steilen Sonnberg; auf der Südseite der Weiler Wenns sowie Einzelhöfe und Hofgruppen.
Paarhöfe, das Wohnhaus meist 2geschossig mit Mittelflurgrundriß und Obergeschoß sowie Giebelgang unter Satteldach, das Wirtschaftsgebäude in Blockbau mit Stroh- und Troadgang, Stallgeschoß z. T. gemauert, oft nahe hinten an das Wohnhaus herangerückt. Am Hang Feldstadel – Blockbauten, meist mit Strohgang unter Legschindeldächern.
Siehe auch DORF, MÜHLBACH (mit Bicheln, Mühlberg, Obermühlbach, Schweinegg) und WEYER

PFARRKIRCHE Hll. Laurentius und Bartholomäus, am N-Rand des Ortes. Einschiffige spätgot. Wandpfeilerkirche mit N-Turm, von Friedhof umgeben. – Urk. 1243, Pfarre seit dem Mittelalter. 1505–1511 erb., 1741 Sakristeineubau, 1887–1889 im W verlängert, Sakristei um ein Stockwerk erhöht. Rest. 1929, 1962.
Das urspr. 3jochige Langhaus im W durch 2 weitere Joche verlängert, Westfassade mit gekehlten spitzbogigen Portalen von 1887–1889. Umlaufender Sockel. An N- und S-Wand abgetreppte Strebepfeiler, im W übereck gestellt; 3. Joch im S mit spätgot., mehrfach gekehltem, spitzbogigem Portal. Schindelwalmdach über Langhaus und Chor. Chor mit polygonalem Schluß; in Fensterbankhöhe umlaufendes Gesims; Strebepfeiler nur im S, im SO zweite Stufe des Strebepfeilers übereck gestellt, mit Dreieckgiebel. Gekehltes spitzbogiges Achsenfenster. Ungegliederter got. Turm, im N an den Chor angebaut, mit Biforenfenstern und Spitzgiebelhelm, an der S-Seite bez. 1929. Im Turmerdgeschoß Kreuzrippengewölbe auf Konsolen. An den Turm anschlie-

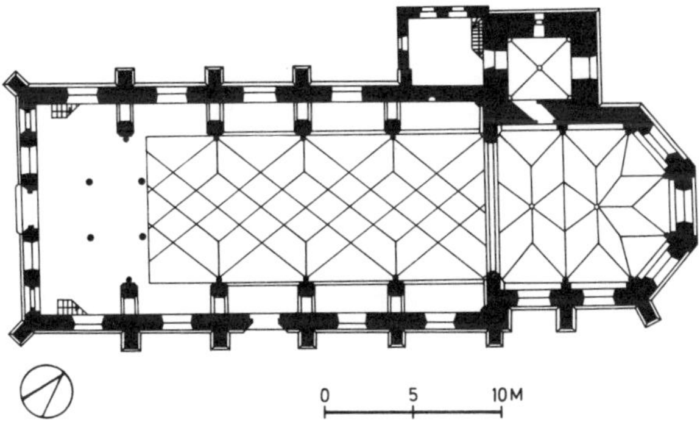

Bramberg, Pfarrkirche Hll. Laurentius und Bartholomäus

ßend bar. 2geschossige Sakristei und bis zum 1. Joch vorreichender Sakristeianbau von 1962.
Wandpfeilerkirche, weit in das Schiff ragende Wandpfeiler – durchbrochen von rundbogigen gekehlten Durchgängen – mit vorgelagerten gewölbetragenden Runddiensten. Im Langhaus Netzrippengewölbe mit Dreiparallelrippenfiguration, in den Rippenschnittpunkten Wappenschilde. W-Empore 2geschossig, von 1889, 1. Geschoß seitl. zwischen den Wandpfeilern als Balkon fortgesetzt, im N bis zum 1., im S bis zum 2. Joch. Spitzbogiger abgefaster Triumphbogen. Leicht eingezogener Chor, einjochig, mit Rautensterngewölbe und 5/8-Schluß.
Hochaltar von 1765; Altarblatt Martyrium des hl. Laurentius von *Max Poosch* 1938 (in Verwahrung Fragment des ehem. Hochaltarbildes Martyrium des hl. Laurentius von *Johann Michael Kreuzer* – durch Brand 1937 beschädigt); Oberbild Martyrium des hl. Bartholomäus von *Johann Michael Kreuzer* 1765; Figuren von *Petrus Schmid* 1765, über den Opfergangsportalen Hll. Petrus und Paulus, Konsolfiguren Hll. Rupert und Virgil, Figuren auf dem Aufsatz Hll. Stephanus und Barbara, Erzengel Michael und Raphael, das Altarbild umrahmend Trinitätsgruppe. Auf dem Tabernakel Figur thronende Madonna mit Kind, A. 16. Jh.
Seitenaltäre von 1781; li. Figur Herz-Jesu, Oberbild hl. Petrus, beide 19. Jh.; re. Kreuzigungsgruppe, spätes 17. Jh., davor Steinguß-Pietà, um 1400. – Kanzel auf Runddienst aufruhend, um 1765; Bilder 3 theologische Tugenden, Rückwand Bild hl. Paulus; auf dem Schalldeckel Figur Christus als Guter Hirt und Evangelistensymbole.
Kruzifix, bez. 1646. Konsolfiguren im Langhaus: 12 Apostel, 1. H. 18. Jh.; hl. Johannes Nepomuk und Mater dolorosa, 18. Jh.; Hll. Barbara und Notburga, 19. Jh. In Verwahrung Figur Schmerzensmann, 18. Jh., 4 Evangelisten 2. H. 18. Jh., 4 Kirchenväter um 1800. – Bilder hl. Antonius von Padua und Kreuztragung, 18. Jh. Votivbild von 1809. In Verwahrung hl. Sebastian 18. Jh. Im Heimatmuseum Bramberg Bilder Kreuzigung und Geißelung Christi, spätes 17. Jh. – Taufbecken mit Täufergruppe von *Franz*

Ofner, 1733. Hinter dem Hochaltar Schrank, 1. H. 18. Jh. – Orgel von *Matthäus Mauracher*, 1892.
Grabstein vor dem li. Seitenaltar, Koloman Strauss, gest. 1487.

Totenkapelle, nordwestl. der Pfarrkirche. Erb. 1720, rest. 1972–1974. Einfacher quadrat. Bau, Giebelreiter mit Zwiebelhelm im S. – Stichkappentonne. Altar 1. H. 18. Jh.; in der M. Kruzifix, Figuren kniende Magdalena und Seele im Fegefeuer; seitl. Figuren Hll. Dismas und Barbara, im Aufsatz hl. Michael, alle 18. Jh. Segmentbogenförmiges Bild über dem Eingangsportal Jüngstes Gericht, 17. Jh.

Pfarrhof erb. 1799. 3geschossiger freistehender Bau mit Krüppelwalmdach und umlaufender Hohlkehle.

MARIENFIGUR von *Franz Ofner* (?), 1. H. 18. Jh., an der Volksschule, Bramberg Nr. 140.

RUINE zu Wenns, Wenns Nr. 1, am westl. Rand der Ortschaft Wenns, südöstl. von Bramberg. Urk. 1229, Sitz der Herren von Wenns. A. 15. Jh. Betrieb einer Siede- und Schmelzhütte, 1445 Sitz und Hüttenbetrieb an Erzbischof, Betrieb an Gewerken zu Lehen vergeben, Sitz zu Wenns dient als Verwaltungsgebäude und Wohnhaus des jeweiligen Gewerken. 1525 Vermurung durch Wennserbach, Erdgeschoß des Sitzes mit Schutt aufgefüllt, wird zum Keller, neuer Eingang in früheres 1. Obergeschoß, Dach und Dachstuhl 1558 erneuert (Firsttram bez. 1558, heute im Heimatmuseum Bramberg).
Hohe 2geschossige Mauerreste mit schweren Gewölben, Fenstergewände abgefast, aus Tuffstein, ehem. Fresko an der Eingangsseite früher bez. 1563, 1653 und 1740.

HEIMATMUSEUM **Bramberg,** Nr. 27, untergebracht im ehem. Wilhelmgut. Bereits 1350 als Viertelkornlehen erwähnt. – Sammelgut Mineralien, prähistorische Funde, Gegenstände der Almwirtschaft und der Bienenzucht, Hinterglasbilder, Möbel, Zeugnisse von Brauchtum, Baderwerkzeug.

GASTHOF Senningerbräu, Nr. 2, ehem. Zehenthof, seit dem 15. Jh. Taverne. Im Kern mittelalterlich. Umbau 1970. 3geschossiger stattlicher Bau mit Satteldach. Mittelflur Stichkappentonne im Erd- sowie im 1. Obergeschoß, im 1. Obergeschoß polygonaler Eckerker. 2. Obergeschoß und Dachgeschoß Blockbau, Firstpfette bez. 1738.

BAUERNHÖFE. **Nr. 4:** Hennhaus. 2geschossiges Kleinbauernhaus in Blockbau mit kleinem Wirtschaftsteil und integriertem gemauertem Kornkasten, Legschindeldach; First bez. 1576. Wohnteil mit Seitenflurgrundriß. – **Nr. 5:** Tanzlehen. 3geschossiges gemauertes Haus, im Kern 16. Jh.; First bez. Ruepp Altenperger Maria Gallerin 1787, Monogramm Christi und Mariens. Am westseitigen Anbau in rundem Rahmen Fresko Immaculata mit Antonius und Leonhard li. und Johannes Nepomuk und Florian re., E. 18. Jh. – **Nr. 8:** Gasthof zum Lederer/Alte Post, mit spätgot. Kielbogenportal und bar. schmiedeeisernem Wirthausschild.
Habach, Nr. 5: Neureith. 2geschossiges, im Obergeschoß an der Giebelseite um Gangbreite zurückspringendes Wohnhaus in Blockbau, Legschindeldach. Zwei Heustadel.

Haslach, nordöstl. von Bramberg am Hang gelegener Paarhof. 2geschossig, im Erdgeschoß gemauert, darüber Blockbau; First bez. 1751, Besitzernamen und Monogramme, älterer Kern; Legschindeldach.

BRUCK an der Großglocknerstraße. Polit. Bez. Zell am See

Haufendorf. Bedeutung als Verkehrsknotenpunkt, Beginn der Großglockner-Hochalpenstraße. Gemeinde bestehend aus der Verkehrssiedlung Bruck, den Kirchweilern Hundsdorf (St. Anton) und St. Georgen, einigen Weilern (Grieß, Haus, Pichl) und ausgedehnten Einzelhofsiedlungen an den Berghängen.
Stattliche, weitgehend erneuerte Paarhöfe. Wohnhäuser mit Mittelflurgrundriß im Erdgeschoß gemauert, das Obergeschoß in Blockbau; flaches, weit ausladendes Satteldach; Wirtschaftsgebäude im Erdgeschoß gemauert, der Stadel in Blockbau aus Rundhölzern.
Siehe auch HUNDSDORF und ST. GEORGEN
Auf Hangstufe (hinter dem Gasthof Lukashansl) reich ausgestatteter Grabfund der Hallstattzeit (6. Jh. v. Chr.), vermutlich einem größeren Friedhof angehörend. Frührömische Brandgräber liegen am talseitigen Rand der Terrasse (1. Jh. n. Chr.). Funde im SMCA.

PFARRKIRCHE hl. Maria. Neugot. Bau in der Ortsmitte. Urk. 1468. Pfarre seit 1858. Kirchenbrand 1867, Neubau 1868/69 durch *Friedrich Schmidt.*
Neugot. 3schiffige Anlage. SW-Turm, im unteren Teil spätgot., ungegliedert, mit spitzbogigen Schallfenstern und Spitzgiebelhelm. Außenbau mit unverputzter Steinquaderung. Eingang vom N über ein Treppenhaus, das entlang des nördl. Seitenschiffes an der W-Fassade angebracht ist und zum höher gelegenen Niveau der Kirche führt. Zwischen Treppenanlage und Turm in der Breite und Höhe des Mittelschiffes ein 2geschossiger, zum Schiff hin offener Raum, unten 2schiffig, darüber Orgelempore. – Südl. des Chores Sakristeianbau.
Langhaus 4jochig, Langhaus und Chor kreuzrippengewölbt, der erhöhte Chor einjochig mit 5/8-Schluß.
Einheitliche neugot. Innenausstattung aus der Erbauungszeit um 1869. – Wandmalerei, an den Seitenschiff-W-Wänden Hll. Florian und Sebastian, im

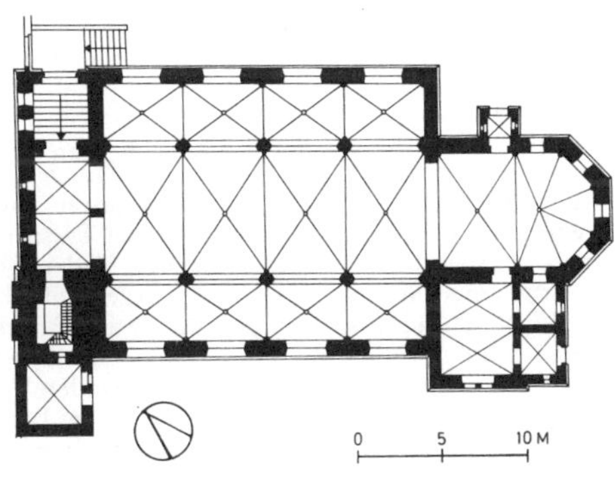

Bruck, Pfarrkirche hl. Maria

Mittelschiff über den Scheidbögen Engel mit Spruchbändern. – Glasfenster, im Chor Hll. Rupert, Katharina und Vital.
Entwurf für Altäre, Kanzel und Taufstein von *Friedrich Schmidt.* Hochaltar, Gnadenbild Figur Maria mit Kind um 1500; die übrigen Figuren neugot., Hll. Sophie, Katharina, Rupert, Karl Borromäus. – Li. Seitenaltar mit Figuren Maria Immaculata, Hll. Joachim und Anna, im Aufsatz hl. Antonius. Re. Seitenaltar mit Figuren Hll. Joseph, Johannes und Petrus sowie 2 weitere Heilige, im Aufsatz Figur hl. Vital. Tabernakeltüre mit Relief Hl. Wandel.
Kanzel bez. *Friedrich Schmidt 1872.* – Neugot. Chorgestühl mit Wappen der Familien Löwenstein und Liechtenstein. – Bar. Vortragekreuz. – Orgel von *Albert Mauracher,* 1891. – In Verwahrung 2 Bilder, Kreuzabnahme und Christus als Guter Hirte, 18. Jh.
Wappengrabsteine von 2 Pflegern aus Fischhorn, Sigmund Amann, gest. 1588, und Jakob Ruedl, gest. 1647.

Friedhof um die Pfarrkirche 1910 aufgelassen, nach Krössenbach verlegt. Kapelle erb. A. 20. Jh. in neurom. Stil.

Kriegerdenkmal mit Relief Gefallener Krieger von *Jakob Adlhart,* 1948.

SCHLOSS Fischhorn, Fischhorn Nr. 1, auf gegen N künstlich abgegrabenem Geländesporn am SO-Rand des Zeller Beckens. Erb. um 1200 von den Herren von Goldegg, 1216 mit zahlreichen Gütern vom Erzbischof an neugegründetes Bistum Chiemsee übergeben, wurde es Zentrum der chiemseeischen Verwaltung im Pinzgau, Sitz von Pflegern. 1526 von aufständischen Bauern niedergebrannt, teilweiser Wiederaufbau; 1602 baufällig, 1675 Renov., Inschrifttafel am O-Flügel bez. 1675, darüber Wappen des Bischofs Johann Franz Graf Preysing; bis zur Säkularisierung 1803 in chiemseeischem Besitz. 1808–1810 leerstehend, dann Sitz des königlich bayerischen Rentamtes, darauf k. k. Oberforstamt, ab 1842 Verfall. 1862 Kauf durch Fürstin Sophie Löwenstein und Fürst Johann II. von Liechtenstein, 1862–1867 Wiederaufbau in neugot. Stil nach Entwurf des Wiener Dombaumeisters *Friedrich Schmidt,* Details von *Josef Wessicken.* 1920 Brand des Ostteiles und aller Dächer; ab 1921 durch Bremer Großkaufmann Heinrich Gildemeister Wiederaufbau, Planung *Karl Wolters* aus Bremen. Privatbesitz.
Erste Bauphase um 1200, wohl nur westl. Teil mit nahezu quadrat. Bergfried im N, daran W- und S-Flügel mit südl. Torbau, an der NO-Ecke der Ringmaueranlage 2., niedrigerer Turm, älteste Bauteile mit Buckelquadern an Gebäudekanten bis über 3 Geschosse. Wiederaufbau nach Bauernkriegen mit neuem Wohntrakt an der Ringmauer zwischen den Türmen. 1862–1867 durchgreifender Ausbau, gesamter Erdgeschoßbereich neu eingewölbt mit Stichkappentonnen zwischen Gewölbegurten und tiefen Gratgewölben; Verbreiterung des Zwischentraktes zwischen Türmen gegen N, an der S-Front in Eisenschließen bez. 1865; Aufstockung beider Türme um ein Geschoß.
Einbau einer **Kapelle** im 2. Obergeschoß des O-Turmes mit neuem Kapellenerker auf mehrfach gestuften Steinkonsolen gegen O. Innenraum mit tiefem Gratgewölbe auf Mittelsäule, in Erker 3 neugot. Glasgemälde, Mittelfenster Maria mit Kind, an den Wänden Vorhangmalerei.
Anbau einer Wendeltreppe an der O-Seite des Bergfrieds anstelle des bisherigen Hauptstiegenhauses, Bergfried innen zu zentralem Stiegenhaus umgebaut;

Neubau der Torturmanlage im S, oberhalb vom Torgewölbe außen 2 flache Wappensteine Löwenstein-Liechtenstein; neuer niedriger Rundturm an der SO-Ecke der Anlage, sämtliche Dächer got. aufgesteilt mit Ecktürmchen am Bergfried und Dachhäuschen am Zwischentrakt. Nach Brand 1920 Rückführung auf früheren Zustand nach Ansichten aus der 1. H. des 19. Jhs., Reduzierung des Bergfrieds um ein Geschoß. Innen Holzdecken und Täfelungen vorherrschend aus neugot. Phase, 1862 – 1867, Wiederherstellung weiter Teile, auch Stuckdekken, im Stil der Zeit von 1921–1925, Wandmalerei in Raum des SO-Turmes, innen oktogonal, begrüntes Spalier von *Rudolf Alexander Schröder,* bez. 1924. Im N zwingerartiger Anbau eines Küchenhofes; sämtliches Steinmauerwerk in unverputzten Quadern.
Südl. des Schlosses **ehem. Meierhaus,** 2 Geschosse gemauert mit Walmdach, neugot. erneuert, an der N-Seite Stiegenaufgang mit Holzverbauung 19. Jh., an der S-Front neben Holzbalkon Marmortafel mit Wappen Chiemsee und Bischof Ulrich v. Plankenfels, bez. 1454.

GUTSHOF Fischhorn, nördl. des Schlosses in einer Talmulde. Erb. 1877/78 nach Plänen von *Josef Wessicken.* Steinbau in breiter Hufeisenform in neugot. Stil, im Verbindungsbau Mittelrisalit mit Spitzgiebel.

PROFANBAUTEN. Dorfbrand von 1867 hat den Althausbestand sehr dezimiert.

Bahnhofstraße. Der Bahntrasse entlang mehrere Gebäude aus der Erbauungszeit der Bahn 1875, **Bahnhof, Nr. 35:** Gasthof zur Post.

Großglockner-Hochalpenstraße. Geschlossene Verbauung durch giebelständige 2- bis 3geschossige Häuser mit Satteldach. **Nr. 8:** Ehem. Piffgut, Abbruch 1977, Stallraum aus got. Zeit mit got. Gratgewölbe auf Natursteinsäulen und altes tonnengewölbtes Kellergeschoß erhalten. – In Heimatstil die Häuser **Nr. 27, 43, 44** und **71.**

Salzburger Straße. Der Salzach entlang geführt, lockere Verbauung durch freistehende Häuser der Jahrhundertwende, **Nr. 27:** Gasthof Linde, **Nr. 42:** Erb. 1898, **Nr. 50, Nr. 52. – Nr. 6:** Gasthof Lukashansl, 3geschossiger Bau, im Kern spätmittelalterlich, mit abgefastem Kielbogenportal und Stichkappentonne im Flur. Firstpfette bez. 1668 und 1792; schmiedeeisernes Wirtshausschild 18. Jh.; Anbau von 1948, in der Fassade dem alten Bau angepaßt.

Grieß. Weiler am Ausgang des Grießer Grabens. **Walcherhof,** Grieß **Nr. 13,** Wohnhaus 3geschossiger Mauerbau unter steilem Krüppelwalmdach mit Glockentürmchen. Über dem Haustor Marmor-Wappen, Eb. Paris Lodron, bez. 1647; unter dem Walm in Kartusche die Jahreszahlen 1390, 1885, 1942, 1970. Mächtiges Wirtschaftsgebäude, Erdgeschoß gemauert, ebenfalls mit Krüppelwalmdach; am Bach ein Tennengebäude in Blockbau mit zwei Kornkammern.

Haus. Stuhlerhof, Hauserdorf Nr. 2. 3geschossiger Mauerbau, Fenster mit Putzfaschen; Kielbogenportal, darüber Mariahilf-Darstellung, Öl auf Blech. Kern 17. Jh., der 2. Stock 1780 aufgesetzt.

Pichl. Weilter südl. von Bruck; Ensemble von weitgehend erneuerten Bauernhöfen.

BRUNNECK, siehe GOLLING

BUCHBERG, siehe BISCHOFSHOFEN

BUCHEBEN. Gem. Rauris. Polit. Bez. Zell am See

Streu- und Einzelhofsiedlungen entlang der Hüttwinkl-Ache bis zu deren Ursprung in Kolm Saigurn. Urk. 14. Jh.

PFARRKIRCHE Hll. Hieronymus und Leonhard, bildet mit Pfarrhof und dazugehörigen Wirtschaftsgebäuden ein Ensemble auf einer Anhöhe östl. der Hüttwinkl-Ache. Spätbar. Kirche, Friedhof östl. davon angelegt. Erb. 1783–1785 von *Jakob Pogensperger.* Pfarre seit 1891. Rest. 1978/79.
Einfacher Außenbau, Turm an der westl. Giebelfassade z. T. vorspringend, umlaufende breite Hohlkehle, am Turm weitergeführt; einspringende polygonale Apsis. Im S zwischen Chor und Langhaus 2geschossiger Sakristeianbau. Langhaus und Chor mit Pilastergliederung und profiliertem umlaufendem Gesims. Chor mit halbrundem Abschluß. Eingeschossige W-Empore. – Malerei an Decke und Emporenunterseite von *Virgil Groder* 1902.
Hochaltar mit Figuren Hll. Hieronymus und Leonhard sowie Figuren der Opfergangsportale Hll. Petrus und Paulus von 1785. Altarblatt Immaculata von *Virgil Groder,* 1902 (?). – Seitenaltar mit Bild Mater dolorosa, 18. Jh. – Zur bar. Einrichtung gehören Vortragekreuz, Kanzel und Kirchenbänke. – Prozessionsmadonna 19. Jh.; Kreuzwegstationen von 1902. – Glocke von *Bartlmä Köttelat,* 1664.

Bar. **Pfarrhof,** erb. 1785 ebenfalls von *Jakob Pogensperger,* rest. 1978. 2geschossig, mit Schindel-Krüppelwalmdach und umlaufender Hohlkehle; bar. Stuck bei Fenster- und Türumrahmung. – Im Dommuseum zu Salzburg Portrait Eb. Hieronymus Colloredo, *Franz Xaver König,* 1772, zugeschrieben.

KIRCHENWIRT, Bucheben Nr. 11. 16. Jh., im Inneren umgestaltet. Freistehender 2geschossiger Bau mit Bruchsteinmauerwerk; Schindel-Krüppelwalmdach, steinerne Fenster- und Türgewände, im Erdgeschoß altes Segmentbogenfenster.

KRÄMERHAUS, Nr. 13. 2geschossig, Erdgeschoß gemauert, darüber Blockbau, First bez. 18. HM . .; unter dem Giebel Schmerzensmann, 19. Jh. Daneben Mühle, kleiner Blockbau mit Legschindeldach. Mit dem Kirchenwirt zusammen Ensemble.

EHEM. TALSIEDLUNG Kolm Saigurn. Goldbergbaugebiet während des Mittelalters. Urk. seit 1292. Gewerken u. a. Gebhart v. Felben, Martin Aufner, ab 1538 bedeutender Aufschwung unter Jakob Mayr, Familien Zott, Strasser, Weitmoser, Katzpeck, Grimming, Voglmayr usw. Letzter Aufschwung unter Ignaz Rojacher ab 1880, Stillegung um 1900. Neben Gastein das bedeutendste Goldbergwerk Salzburgs.

Barbara-Kapelle, Anbau an ehem. Knappenhaus (heute Naturfreundehaus). Bez. erb. 1699, 1707 fertiggestellt. Schlichter Bau mit Satteldach und Dachreiter. – Altar 2. H. 18. Jh. Altarblatt Hll. Anna mit Maria, Aufsatzbild Hl. Dreifaltigkeit aus einer Marienkrönung. Bild hl. Katharina mit Doppeladler, bez. *F. I.,* frühes 19. Jh.

Talort. Knappenhäuser und Reste der Erzlagerungs- u. Werkstättengebäude (Verhüttung in Lend). Von hier ehem. Schrägaufzug, z. T. auf Holzbühne, z. T. Steindamm, Verlauf im oberen Teil im Gelände sichtbar. In ca. 2100 m Höhe **Ruine** Radhaus am Neubau, östl. Giebelwand mit breitem Spitzbogenfenster erhalten, daneben Wandreste der Erzzwischenlagerung. In der Nähe ehem. **Knappenhaus,** umgebaut als Schutzhütte. Bergwärts Weiterführung des Schrägaufzugs, Steindamm bis ca. 2300 m Höhe, oben Reste vom **Bremserhäusl,** von hier nahezu horizontaler Bremsweg zu südl. im Kar gelegener Abbaustätte. **Ruine** Knappenhaus, steingemauert, 2 Geschosse, Außenmauern erhalten. Zugang zu Stollen durch ehem. gedeckte Gänge.

BUNDSCHUH, siehe THOMATAL

BÜRMOOS. Polit. Bez. Salzburg-Umgebung

Gemeinde an der Grenze zu Oberösterreich, östl. von St. Georgen bei Salzburg. Siedlung aus regelmäßig angelegten Häuserzeilen. – Seit 1862 Torfgewinnung im südl. Teil des Bürmooses, von 1871–1929 Glasfabrik, errichtet von Emigranten aus Böhmen.

PFARRKIRCHE hl. Joseph. Erb. 1955/56 von *Franz Windhager,* Pfarre seit 1956. Einfacher Saalbau mit querschiffartig erweitertem Altarraum. Nordturm mit je 3 hohen schmalen Klangarkaden und flachem Zeltdach. An der Altarwand Mosaik hl. Joseph der Arbeiter nach Entwurf von *B. Mayendorff.* Seitenaltäre mit Glasbildern von *Ludwig Eßl.* Kreuzwegreliefs von *Bruno Berger.*

EVANG. LUKASKIRCHE. Erb. 1961/62 von *Hanns Enhuber.*

HÄUSER. Hauptstraße; Zeile einfacher eingeschossiger Arbeiterhäuser der 1871 errichteten ehem. Glasfabrik Benediktenhütte.

BRUNNEN, am Platz der Glasbläser, mit 2 Bronzefiguren, Glasbläser und Torf tragendes Mädchen, von *Josef Magnus* 1968.

DIENTEN am Hochkönig. Polit. Bez. Zell am See

Gemeinde am Fuß des Hochkönigs, bestehend aus dem Straßendorf Dienten am westl. Ufer und einer Reihe von Streusiedlungen (Dienten-Sonnberg und Dienten-Schattberg) an den steilen Berghängen und Hangverflachungen im oberen Talbereich. Urk. 10. Jh. Seit dem Mittelalter bedeutender Eisenbergbau, Bergwerk 1864 aufgelassen. Heute Fremdenverkehrsort.

PFARRKIRCHE hl. Nikolaus, südl. des Ortes auf steilansteigendem Hügel. Nach S gerichtete 2schiffige got. Knappenkirche mit bar. Turm, von Friedhof umgeben (Linde beim Kircheneingang 1506 gepflanzt). – Urk. 1410. Weihe 1506. Pfarre seit 1891. Rest. 1971/72.
Langhaus mit umlaufendem Sockel und steilem Schindelsatteldach. Im N spitzbogiges, innen zu Rundbogen geschlossenes, abgefastes Portal (Windfang von 1971), steiler Dreieckgiebel; im O spitzbogiges abgefastes Fenster, im S in der 1. Achse quadrat., darüber rechteckiges, in der 2. Achse rundes und in der 3. Achse spitzbogiges abgefastes Fenster. Beim Übergang zum Chor massiver

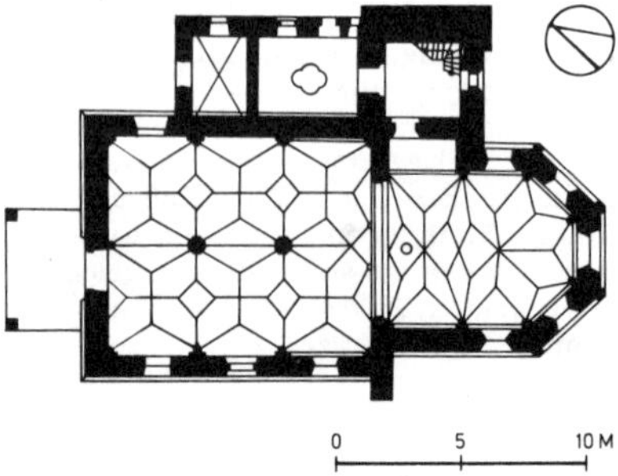

Dienten, Pfarrkirche hl. Nikolaus

Stützpfeiler. Eingezogener Chor mit polygonalem Schluß, umlaufender Hohlkehle und Dreiecklisenen (in der Mitte durch Kaffgesimse unterbrochen); spitzbogige abgefaste Fenster, z. T. mit Maßwerk.
Im O Anbauten von 1663, Totenkapelle mit rundbogigem abgefastem Portal, daran anschließend Sakristei (2geschossig), Portal mit geradem Türsturz, durchgehendes Pultdach. Turm von 1685, ungegliedert, rundbogige Schallfenster, Schindelzwiebelhelm mit abschließendem Zeltdach.
3jochiges Langhaus, durch zwei 8eckige Pfeiler (mit mächtigem Sockel) in zwei Schiffe mit Sternrippengewölbe geteilt; an den Langhauswänden Pilaster mit vorgelagerten Runddiensten. Gekehlter spitzbogiger Triumphbogen. 2jochiger Chor, eingezogen, um 3 Stufen erhöht; Netzrippengewölbe mit $^{5}/_{8}$-Schluß, auf Pilastern mit Runddiensten (einfaches Kapitell) aufruhend. Im 1. Joch li. Wand zurückversetzt, mehrfach gekehltes Rundbogenportal zu Sakristei und Turm, darüber geschwungener Balkon mit Gang zur Kanzel. Westempore bis zum 3. Joch des Langhauses vorgezogen.
Wandmalereien des 17. Jhs., Szenen des Marienlebens und aus Heiligenlegenden sowie Jüngstes Gericht.
Hochaltar, Aufbau von *Benedikt Faistenberger* (gefaßt von *Wilhelm Faistenberger)* 1660; Tabernakel mit Kruzifix von *Michael Eder* (gefaßt von *Johann Kurz*) 1766; in der Mittelnische hl. Nikolaus zwischen Hll. Rupert und Erasmus, um 1505; auf den Seitenkonsolen Hll. Daniel und Barbara (ehem. über den Opfergangsportalen), im Aufsatz Marienkrönungsgruppe von 1660; auf dem Giebel hl. Michael, E. 17. Jh. – Li. Seitenaltar von 1730; Altarnische hl. Petrus (ehem. am Hochaltar), 1660; im Aufsatz Figur hl. Anna selbdritt, Ende 17. Jh. – Re. Seitenaltar, Aufbau von *Georg Jesacher* (gefaßt von *Johann Siegmund Acker),* 1693; Altarnische hl. Paulus (ehem. am Hochaltar), seitl. Figuren Hll. Georg und Florian, um 1520, im Aufsatz hl. Joseph, E. 17. Jh.
Kanzel von *Veit Häusl,* 1773. Taufstein von 1505, Deckel mit Figur hl. Johannes d. Täufer, 1. H. 18. Jh. – Konsolfiguren: Hl. Nikolaus, um 1450; hl. Sebastian (ohne Attribut), 1. H. 18. Jh.; 4 Kirchenväter, um 1700, 4 Evangelisten, 18. Jh.; in 2 rechteckigen Wandnischen des Langhauses Ecce homo und Mater dolorosa, 18. Jh.; in Verwahrung Auferstandener, 1. H. 18. Jh. – Hängekruzifix mit Maria und Johannes von *Hans Schwaiger* (gefaßt von *Siegmund Acker*), 1704. Bar. Prozessionsmadonna mit Kind, Umkreis von *Hans Waldburger,* um 1630, im

SMCA. Bilder: Verkündigung und Heimsuchung, 1. V. 19. Jh.; hl. Nikolaus rettet Schiff aus Meeressturm, 1. V. 17. Jh., Stiftung der Familie Ainkas 1645; Epitaph von 1552, Jüngstes Gericht, Stifterportraits und Wappen der Familie Ainkas; Epitaph von 1619, Adam und Eva, Verkündigung, Kreuzigung, 7 Sakramente, Stifterportraits und Wappen der Familie Zach. Kreuzwegbilder von *Johann Michael Kurz*, 1798. – Orgel von *Mauracher*, 1906.
Inschriftplatte bez. 1434; geritzte Grabplatte eines Mönchs, 1. V. 15. Jh.; Grabplatte Wolfgang Zach, mit Familienwappen, 1556; Grabplatte Wolfgang Zach, mit Familienwappen, 1649. – Glocke von *Martin Frey*, 1597.

Totenkapelle mit Kreuzgewölbe.

Pfarrhof, bez. 1786, rest. 1976, Entwurf von *Wolfgang Hagenauer* 1785. 2geschossiger bar. Bau mit umlaufender Hohlkehle und Krüppelwalmdach. – Pfarrhofkapelle, tonnengewölbter Raum, Kruzifix 2. H. 18. Jh.; Figuren Hll. Vinzenz und Katharina, 1. H. 19. Jh.; in Verwahrung Tabernakel, 1. H. 19. Jh.

SCHOBERGUT-KAPELLE, Sonnberg Nr. 7: Einfacher tonnengewölbter Bau mit Satteldach, Bild Marienkrönung, 18. Jh.

PROFANBAUTEN. An die Bergbausiedlung erinnern die wenigen erhaltenen, aber vielfach veränderten Knappenhäuser, 2geschossige Vierkantblockbauten unter flachem Satteldach, Mittelflur-, seltener Seitenflurgrundriß. Nur in diesem Sinn erwähnenswert die Häuser **Dorf Nr. 6, 14, 15, 19** (Firstpfette bez. 1731). Nordöstl. des Dorfes auf schmaler Terrasse der sehr bmkw. „**Zach-Hof**", Sonnberg Nr. 18, ein spätgot. 2geschossiger Mauerbau mit Steingewänden, Kielbogenportal; bez. in Rechteck„kartusche" (Feld) der Fassade 1578. Ehem. Sitz der Gewerkenfamilie Zach.

DORF. Gem. Bramberg am Wildkogel. Polit. Bez. Zell am See

Kirchweiler auf der li. Seite des Salzachtales. Die bäuerlichen Objekte zusammen mit dem Kirchlein stellen als Gesamtheit ein bmkw. Ensemble dar. Urk. 1407.

KAPELLE Hll. Gregor und Florian, in der Dorfmitte. Urk. erb. 1696. (Bau möglicherweise aus dem 16. Jh., 1696 urk. neues Inventar.) Schlichter Außenbau mit polygonalem Schluß; Schindelwalmdach und Schindeldachreiter mit Spitzhelm. An der S-Wand zwei Fenster. – Tonnengewölbe mit gratigen Stichkappen. Zwischen den spitzbogigen Fenstern breiter Rundbogen, in der Wölbung gekehlt. Wandmalerei Christus am Ölberg, bez. 1698.
Altar und Altarblatt Hll. Gregor und Florian sowie Dreifaltigkeit von 1696; Oberbild hl. Joseph, 20. Jh. Figur hl. Kümmernis, Geiger aus Holz ausgeschnitten, von *Benedikt Faistenberger* (?), 2. H. 17. Jh. Figur hl. Leonhard und Johannesschüssel, beide 18. Jh. – Im Heimatmuseum Bramberg Kreuzwegstationen, Hinterglasmalerei, 2. H. 18. Jh. – Glocke von *Georg Graßmayr*, 1700.

DORFERWIRT, Nr. 13. Mächtiges 3geschossiges Haus, über älterem gemauertem Erdgeschoß im 19. Jh. aufgezimmert; First bez. 1843; Dachreiter. Zierschrot im 1. Obergeschoß (vgl. Hieberg, Rosenthal); breiter stichkappengewölbter Mittelflur.

DORFBEUERN. Polit. Bez. Salzburg-Umgebung

Gemeindegebiet an der oberösterreichischen Landesgrenze; bestehend aus der Klostersiedlung Michaelbeuern (siehe dort) sowie aus zwei durch die Ansiedlung von Stiftsangehörigen entstandenen Ortschaften, dem Zeilendorf Dorfbeuern und dem lockeren Haufendorf Vorau, inmitten eines Streusiedlungsgebietes mit Weilern.
Mischgebiet der bäuerlichen Hofformen von Salzburger Einhof (haken- und T-förmigen Höfen) und oberösterreichischen sowie bayerischen Gruppenhöfen (Dreiseit- und Vierseithöfen). In Vorau kleine Einhöfe. Vereinzelt noch reine Holzbauten erhalten, Wohnhaus durchwegs in Blockbau mit Schließ- und Klingschrot gefertigt, Wirtschaftsgebäude meist Ständerbau. Beherrschend Mischbauten, bei denen das Erdgeschoß aus Mauerwerk, das Obergeschoß aus Holz besteht, auch reine Stein- bzw. Ziegelbauten.

BENEDIKTINERABTEI Michaelbeuern siehe MICHAELBEUERN

PFARRKIRCHE Hll. Nikolaus und Johannes d. T., im SO des Dorfes. Einschiffiger spätgot. Bau mit W-Turm, Langhaus und Turm im Kern romanisch, von Friedhof mit Umfassungsmauer umgeben. – Urk. 790. 1229 Pfarre und dem Kloster Michaelbeuern inkorporiert. Weihe 1506. Rest. 1976–1979.

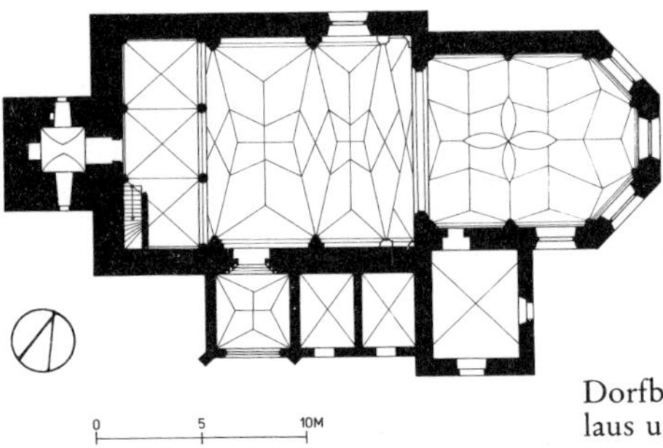

Dorfbeuern, Pfarrkirche Hll. Nikolaus und Johannes d. T.

Langhaus im Kern rom.; gleichhoher, eingezogener spätgot. Chor mit polygonalem Schluß; umlaufender Sockel, Langhaus und Chor mit spitzbogigen Fenstern. Ungegliederter, im Kern rom. Steinquaderturm, im N, O und S abgefaste spitzbogige Schallfenster, im W hochrechteckig, bez. im O 1774; bar., mehrfach gegliederter Zwiebelhelm von *Josef Lindmair* 1774.
Anbauten im S, an den Chor anschließend eingeschossige spätgot. Sakristei mit Pultdach, im W anschließend zwei kreuzgratgewölbte niedrige eingeschossige bar. Räume mit Pultdach, Trennwand zwischen den Räumen nachträglich eingefügt, beide nach S geöffnet; Fragmente von Decken- und Wandmalerei 18. Jh., rest. 1979. Östl. Raum Beinhaus, im westl. bar. Prozessionsmadonna. An diese Räume anschließend spätgot. Portalvorbau, mit zwei übereckgestellten Strebepfeilern, abgewalmtem Satteldach und nach S abgefaster Spitzbogenöffnung. Vorhalle mit Vierrautensterngewölben auf Konsolen. Kruzifix von 1882. –

Langhausportal spätgot., mehrfach gekehlt und spitzbogig, im Tympanonfeld Bild hl. Nikolaus von Bari von 1882. Holztüre mit spätgot. Beschlägen und Schloß von 1799.
Langhaus 3jochig, mit spätgot. Vierrautensterngewölbe des 15. Jhs. auf Diensten mit Basis und Kapitell. Die Kapitelle bestehend aus reliefierten Halbfiguren von Propheten mit Schriftbändern. Im O Verschneidung der Rippen und an den Langhauswänden je eine Nische mit spätgot. Konsole und Fialenbekrönung. Spitzbogiger gekehlter Triumphbogen.
2jochiger Chor mit 3/8-Schluß. Netzrippengewölbe A. 16. Jh., in den mittleren Sternzwickeln zwei reliefierte Halbfiguren mit Spruchbändern; das Gewölbe auf Runddiensten mit Basis und polygonalem Kapitell aufruhend. Im 2. nördl. Chorjoch spätgot. Sakramentsnische (verdeckt). Spätgot. Sakristeiportal im 1. südl. Chorjoch, spitzbogig und 2fach gekehlt, Türe ebenfalls spätgot.; die Sakristei kreuzrippengewölbt (got. Rippen abgeschlagen).
Portal zum Turmerdgeschoß abgefast, spitzbogig; Turmerdgeschoß tonnengewölbt mit Stichkappen, an der Tonne Rankenmalerei, 1. H. 17. Jh., erkennbar. Von der Empore aus gekehltes, verstäbtes spitzbogiges Portal zum Turmobergeschoß. Empore um 1500, 3schiffig, über das 1. Langhausjoch, kreuzrippenunterwölbt, nach O gekehlte Spitzbogenöffnungen, im W und O auf Säulen aufruhend. Emporenbrüstung mit bmkw. architektonischer Malerei, A. 16. Jh. Wandmalerei im 2. nördl. Langhausjoch, hl. Margaretha (Typus der Schutzmantelmadonna) mit Schutzbefohlenen, bez. 1612. – Glasfenster im Chor von 1878, teilweise erneuert 1977.
Hochaltar, Altarblatt und Figuren von 1670; Bild Fürbitte der Hll. Maria, Nikolaus, Felix, Barbara, Margaretha, Benedikt und Michael für die armen Seelen, von *Wilhelm Faistenberger*. Konsolfiguren Hll. Johannes d. T. und Magdalena, von *Veit Pfaffinger;* Konsolen und Bekrönungen von 1967. Tabernakel von *Lorenz Härmbler* 1767. Seitl. vier ovale Standreliquiare, 2. H. 18. Jh. – Zwei Seitenaltäre mit einfachen Mensen, li. Halbfigur Maria mit Kind 17. Jh.
Kanzel von *Georg Schnappinger*, 1868, mit Malerei, Christus, 4 Evangelisten und hl. Nikolaus. – Kruzifix 17. Jh. 2 kniende Leuchterengel auf Tragstangen 2. H. 17. Jh. Konsolfiguren Maria mit Kind, Auferstandener, beide von *Meinrad Guggenbichler* 1693. – In Verwahrung Tabernakel mit Bild hl. Nikolaus von Bari, um 1780, von *Franz Karl Zürcher;* Figuren hl. Margaretha um 1430, hl. Barbara um 1470; 4 Reliquienbüsten vom Hochaltar: Hll. Benedikt, Scholastika, Rupert und Nikolaus, um 1765, von *Johann Georg Krapfer* (?). – Bilder. 7 Bilder mit Szenen aus dem Leben des hl. Nikolaus, 5 Bilder von *Johann Martin Schaumberger* 1686, 2 Bilder von *Thomas Claindienst* 1695; alle in Rahmen des späten 17. Jhs. Maria vom Guten Rath 2. H. 18. Jh., hl. Joseph 18. Jh., hl. Nikolaus von Bari um 1870 von *Markgraf.* In Verwahrung ehemalige Seitenaltarbilder von 1677: Enthauptung der hl. Barbara, bez. *Tobias Schinagl*, und hl. Margaretha von *Wilhelm Faistenberger.* 2 Ovalbilder Hll. Margaretha und Barbara, Hll. Nikolaus und Donatus, 1. H. 18. Jh.
Spätgot. Taufbecken aus der Pfarrkirche Lamprechtshausen, 15. Jh. 2 bar. Beichtstühle. – Inschriftplatte, bez. 1390. – Großer Sakristeischrank von 1628. – Orgel aus ehem. Augustinereremitenkirche hl. Georg (abgebrochen) in Hallein, wesentliche Bestandteile des bar. Ornamentes fehlen, von 1733. – Glocke von *Josef Erhart*, 1500.

KAPELLEN. Immelsberg (Reitsberg), Bau 2. H. 19. Jh. mit Giebelfassade. – Oberlielon (Schönberg), historistischer Bau mit Rundapsis und Giebelreiter 2. H. 19. Jh. – Scherhaslach, barockisierender, polygonal geschlossener Bau mit Walmdach 19. Jh.; Apsisgitter sowie neugot. Altar mit Nischenstatuen 2. H. 19. Jh.

BAUERNHÖFE. **Buchach, Nr. 2:** T-Hof. Neues Steildach. Erdgeschoß gemauert, Kanten und Bodenkante schwarz bemalt. Obergeschoß Blockbau, Giebel Ständerbau. Vor dem Haus gemauertes Marterl, 1972. – **Nr. 3:** T-Hof. Ebenerdig gemauert, Obergeschoß und Giebel Blockbau mit Balkon, im Giebel verschalt. Flachdach. – **Nr. 4:** Poschenauer. Hakenhof mit Flachdach, ebenerdig gemauert, Fenster mit Segmentbögen. Obergeschoß Blockbau. Traufseitiger Balkon, hinter Giebelschalung Gangl. Eingebauter Tennkasten.
Dorfbeuern, Nr. 9: Gruppenhof, Wohnhaus Blockbau, verputzt, rot bemalt, weiße Kanteneinfassungen und Stockwerkabtrennungen, Mittelflur. Re. der Haustüre vorspringend gemauert. Originale Fenstergrößen. Giebelhaube, grätenförmige Schalung der Dachuntersicht, Firstpfette bez. 1888. – **Nr. 11:** Amann. T-Hof, Obergeschoß Blockbau. Mittelflur. Kleiner Balkon im Obergeschoß, breiter Balkon im Giebel mit verschalten Zwickeln. In den Obergeschossen Türen mit geschnittenen Sturzbrettern (Kreuzsymbol). Verzierte Ganglbrüstung. Breite horizontale Schalung des Dachvorsprungs. Firstpfette bez. 1862. – **Nr. 27:** Dreiseithof, Wohnhaus gemauert, neues Steildach, Giebel mit Balkon, Zwickel verschalt. Bez. 1879. – **Nr. 39:** Hakenhof, auffallend lang gezogener Wohnteil, mit rückwärtigem Stall; traufseitig aufgeschlossen. Obergeschoß Blockbau mit Schließschrot. Giebellaube, Zwikkel verschalt.
Reitsberg, Nr. 10, Immelsberg: Vierseithof. Wohnhaus z. T. umgebaut, Traufseite zum Innenhof, traufseitig aufgeschlossen, erhöhter Eingang. Obergeschoß Blockbau mit kleinen Blockfenstern und Resten vom traufseitigen Balkon; Giebelgeschoß.
Scherhaslach, Nr. 2: Holzbau mit Flachdach, giebelseitig aufgeschlossen, Mittelflur. Balkone in beiden Obergeschossen, im Giebel verschalt. Wetterseite verschindelt. Reich verzierte, bar. Ganglbrüstungen. Bmkw. Zierschrot (Axt, Schuh, Herz, Kreuz), Firstpfette bez. 1734. – **Nr. 3:** Hakenhof mit neuem Zubau, Ziegelbau mit Schlackenverzierung, Steildach. Firstpfette bez. 1876. Gemauerte ovale Luftlöcher unter dem Dach. Steinernes Türgewände bez. 1873.
Schönberg, Nr. 2: Feichtlgut. Ehem. Dreiseithof, heute mit Zubau eines Wohntenngebäudes. Firstpfette bez. 1845, gekehlte Pfetten und Pfettenkonsolen. Ebenerdig gemauert, Obergeschoß Blockbau, 1. Obergeschoß auf Giebelseite verputzt. Giebelseitiger und kleiner Balkon über dem traufseitigen erhöhten Eingang. Grätenschalung im Vordach. Z. T. Fenstergitter, schlichte gemalte Fensterrahmung. Vor dem Wohnhaus Backhäuschen mit überdachtem Kamin. – **Nr. 4** (in Unterlielon): Haubinger. Großer Gruppenhof, 2stöckiges Wohnhaus, ebenerdig und 1. Obergeschoß gemauert, 2. Obergeschoß Blockbau, verschalt; verschalte Balkonzwickel, geschnittene Balkonbretter. Steildach aus späterer Zeit, rest. 1949. Traufseitige Nische mit Heiligenfiguren. – **Nr. 7** (in Oberlielon): Stöber. Gruppenhof mit Bienenhaus, Kapelle und Linde. 3geschossiges Wohnhaus mit Flachdach, Blockbau mit Ausnahme der heute gemauerten Küche. Kleiner Balkon im 1. Obergeschoß, im 2.

Obergeschoß Türe erhalten. Alte Fenster an Giebelseite, jetzige Fenster mit einfachen Blendrahmen. Verzierte Pfettenbretter, mehrfache Blockkonsolen. Firstbalken mit christlichen Symbolen, bez. 1741. – **Nr. 8** (in Oberlielon): Stöberfeichtl. Hakenhof, aufgestockt um 1956. Obergeschoß Blockbau, Balkon verkürzt, geschnittene Geländerbretter.
Thalhausen, Nr. 1: Köpfelspringer. Dreiseithof. Wohnhaus ebenerdig gemauert, Schopfwalmdach, traufseitiger Eingang, Obergeschoß Blockbau mit Schließschrot, an der Giebelwand Zierschrot. Südl. Türstock bez. 1758. Doppelpfetten z. T. gekehlt. In der Tenne eingebauter Tennkasten. – **Nr. 4:** Meinoier. Dreiseithof, Wohnhaus freistehend mit Steildach, 2geschossiger Tuffsteinbau, z. T. verputzt, Giebel mit Ziegelmauerwerk, traufseitiger Eingang. – **Nr. 7:** Kasper. Hakenhof mit Steildach, ebenerdig gemauert, Obergeschosse Blockbau mit Schließschrot bzw. Zierschrot. Giebelseitig aufgeschlossen, Mittelflur, Dach 1954 erhöht, von ehem. Balkon breiter Türstock mit verziertem Sturzbrett erhalten. Am alten First bez. 1758. – **Nr. 10:** Oberthalhausen. Vierseithof mit rundbogigem gemauertem Tor (Holz-Sonnentüre). Wohnhaus ebenerdig gemauert, Obergeschoß Blockbau mit traufseitigem Balkon (gedrechselte Geländerstäbe). Dach um 1948 gedreht. Zuhaus mit ehem. Knechtkammer. Tenne mit eingebautem Tennkasten, gewölbte Stallungen mit Marmorsäulen. – **Nr. 11:** Holzmanngut. Vierseithof, Mittelflurwohnhaus, ebenerdig gemauert, Obergeschoß Blockbau mit verschaltem Giebel, Balkone im Ober- und Giebelgeschoß. First bez. 16 . . Dach 1948 erhöht und aufgesteilt. Alte Holzhaustüre mit Oberlichte und Inschr. Im gewölbten Stall Marmorsäulen.

DORFGASTEIN. Polit. Bez. St. Johann i. P.

Gemeinde im nördl. Gasteinertal mit Haufendorf am östl. Hang. Urk. 1342; z. T. bäuerlicher Charakter, durch Fremdenverkehr bzw. Neubauten geprägt.
Bmkw. Gehöfte in den Ortschaften Klammstein, Luggau und Mayerhofen, besonders enger Zusammenbau von Wohnhaus und Stallscheune, teils parallel stehend, oft mit Verbindungsgang. Wohnhäuser 2geschossige Mischbauten mit dem Giebel ins Tal. Pfettendächer mit oft noch urspr. flacher Neigung. Gänge vorwiegend an der Giebelseite. Stallscheunen aus rundbelassenen Stämmen. Selten Getreidekästen.

PFARRKIRCHE Hll. Rupert und Virgil, in der Ortsmitte von Dorfgastein. Frühgot. Kirche mit (im Kern rom.?) Nordturm, nach S gerichtet, gegen O anschließender Friedhofsbereich. – Urk. 1350. 1616 Stützmauern an Turm und Langhaus. 1735 Vikariat. Renov. 1837. Pfarre 1857, Rest. 1926, 1947–1948, 1956 (außen) und 1972 (innen).
Frühgot. einschiffiges Langhaus und eingezogener Chor mit polygonalem Abschluß mit abgeschrägten Stützpfeilern (nach 1616), Spitzbogen-, Rechteck- sowie Kreisfenstern und Satteldach. Im N gekehltes got. Spitzbogenportal und vorgesetzter Turm, durch Zahnfries angedeutete Geschosse, im oberen Rundbogenschallfenster, z. T. mit je 2 Mittelsäulen und Kelchkapitellen, darüber Spitzhelm mit an den Ecken türmchenartigen Aufsätzen. Spitzbogig geöffnete Turmhalle mit flachem Kreuzgratgewölbe. 2geschossige Sakristei an der Chorwestseite, neu erb. und vergrößert 1965.
2jochiges got. Langhaus mit Runddiensten, von denen das Kreuzrippengewölbe

sowie Gurten aufsteigen, runde Schlußsteine. Das nördl. Joch einnehmende Holzempore 1687 von *Wolf Hofler* (Tischler), Apostelbilder an der Brüstung. Spitzbogiger abgefaster Triumphbogen; got. Chor mit 5/8-Schluß und Kreuzrippengewölbe auf Konsolen mit Wülsten. Spitzbogenfenster z. T. mit got. Maßwerkansatz, im S Vierpaßmaßwerk und neugot. Glasgemälde Kopf Christi. Im W abgefastes rundbogiges Sakristeiportal mit Eisenplattentür.
Hochaltar 1948 aus alten Teilen zusammengesetzt, über dem Tabernakel Madonna mit Kind im Strahlenkranz, um 1480, seitl. Konsolfiguren Hll. Elisabeth und Barbara, 17. Jh.; 4 Evangelistenbilder um 1740. Seitenaltäre 1669 von *Michael Pruest* (Tischler) und *Georg Haim* (Maler), li. zwischen kannelierten Säulen Altarblatt Christus am Kreuz mit Hll. Maria und Johannes, bez. 1669, re. hl. Maria unter dem Kreuz (Kopie des Gnadenbildes von Maria Elend).

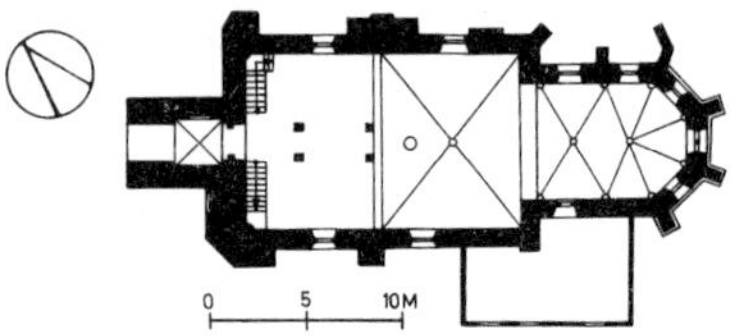

Dorfgastein, Pfarrkirche Hll. Rupert und Virgil

Schnitzwerke 17./18. Jh.: Im Chor Konsolfiguren Hll. Rochus und Sebastian, 17. Jh.; Hll. Virgil und Rupert, 18. Jh.; Kruzifixus 17. Jh.; in Verwahrung Guter Hirte, Auferstandener und Vortragekreuz, 18. Jh. – Bilder: Über dem Sakristeizugang ehem. Hochaltarblatt mit Darstellung des Gnadenbildes von Maria Plain sowie den Hll. Johannes d. T., Johannes Nepomuk, Rupert und Virgil, 1754; im Langhaus Hl. Dreifaltigkeit, Hll. Maria und Rupert, darunter Darstellung der Markus-Prozession, bez. 1702; Bruderschaftsbild mit Hl. Dreifaltigkeit und Immaculata, 18. Jh.; in Verwahrung Oberbild des ehem. Hochaltares, Hl. Dreifaltigkeit von 1754; hl. Maria vom Guten Rat, 2. H. 18. Jh.; Marahilf, 18. Jh. – Neugot. Orgelprospekt bez. 1912, 3teilig mit Zinnenbekrönung, Werk von *Mauracher*. – Glocke von *Georg Achthaller*, 1564.

Friedhof, 1623, im östl. Bereich Kapelle, vergrößert 1974. Rechteckbau mit Rundapsis und steilem Satteldach, westl. abgefastes Spitzbogenportal. – An der Turmostseite **Kriegerdenkmal** bez. *Lois Lidauer.*

Pfarrhof südl. der Kirche, erb. 1735. Im Kern bar. 2geschossiger, 5achsiger Bau. Innen z. T. einfache Stuckleisten.

Mesnerhaus zwischen Pfarrkirche und Pfarrhof, schlichtes 2geschossiges Bauernhaus, im Kern 17. Jh. – Östl. davon **Pfarrsaal,** erb. 1949.

KAPELLEN. **Annakapelle** im nördl. Ortsbereich. Rechteckbau mit Rundapsis und Holzschindeldach. Segmentbogennische mit Holzbaldachin, 18. Jh., Bild hl. Anna von *Anton Posch,* 19. Jh. – **Hubertuskapelle** auf der B r a n d l a l m, erb. um 1965. – **Kapelle** in der Ortsmitte von L u g g a u. Schlichter Bau mit Rundapsis und Satteldach, 19. Jh. Rundbogentonne mit Darstellung der Hl. Dreifaltigkeit, Segmentbogennischengitter bez. 1862. Bild Maria mit Kind sowie Christusfigur 2. H. 19. Jh.; Weinbergbild mit Darstellung des Gerichtsurteiles des Pontius Pilatus bez. 1846; übrige Ausstattung 2. H. 19. Jh. – **Drei Wall(n)er**

Kapelle im NW, am alten Übergang nach Embach. Urk. 1592, ab E. des 16. Jhs. bedeutende Wallfahrt. Holzblockbau mit Dachreiter. Neubau 1969–1973 nach Plänen von *Clemens Holzmeister.* Bar. Altärchen mit Altarblatt Guter Hirte, Oberbild hl. Georg, seitl. Bilder hl. Solangia, re. Mariae Himmelfahrt mit Darstellung der drei Waller, bez. renov. 1839. Spätgot. Kruzifix, Balken bez. 1619.

BILDSTOCK, Sebastiani- oder Klammkapelle, am Beginn des Gasteiner Tales vor dem Klammsteintunnel. Segmentbogig geöffneter Bildstock mit rundem Abschluß und vorkragendem Holzschindeldach, erb. 1976. Bar. Schnitzwerke Hll. Sebastian und Judas Thaddäus, 18. Jh., sowie hl. Antonius 19. Jh.

BURG Klammstein; auf markantem Felsrücken oberhalb des Straßentunnels südl. der Bahnstation Klammpaß. Gründung der Grafen von Siegharding 11. Jh. (?), 1218 gesamtes Gasteiner Tal an Bayernherzog, M. 13. Jh. an Herren von Goldegg; 1327 Landgericht Gastein, Burg und Hofmark Klammstein an den Eb., Burg bleibt bis 1513 Sitz eines Pflegers, 1589 bereits ruinös, seit 1972 etappenweise Sanierung.
Einst große Burganlage mit den Bergrücken umfassender Ringmauer, diese wegen Baufälligkeit und damit Gefährdung der Straße in die Gastein über erzbischöflichen Befehl schon 1589 weitgehend abgetragen. Turm an höchster Stelle, quadrat. Grundriß mit großen Raumhöhen; Altbestand Erd- und 1. Obergeschoß des Turmes sowie Grundmauern des nördl. Anbaues. Heutiges Aussehen mit Holzgeschoß auf Turm und Nebengebäuden entstanden seit 1973, im Turm heute Schauräume mit Dokumentation.

PROFANBAUTEN. Im nördl. Ortsteil, beim ehem. Dorfwirt, spätmittelalterliches Kastengebäude (Getreidespeicher?), 2geschossig mit Holzschindelzeltdach. Abgefaste Rundbogenportale und Fenstergewände, Eisenplattentür. – Volksschule südöstl. der Pfarrkirche, erb. 1927, Anbau 1977. – Weiters im Ortskern bmkw. **Nr. 24,** Bittersam, und **Nr. 26,** Wölflgut.

BAUERNHÖFE. **Klammstein.** Weiler am Eingang des Gasteiner Tales. **Nr. 18:** Rainergut. Besitzer hatte das Recht, durch die Klamm zu begleiten. Paarhof mit großem 3geschossigem Wohnhaus, traufseitig erschlossen über hohem, vorspringendem Mauerwerk, Holzaufbau mit Kopf- und Zierschrot. Traufseitig zwei kleine Gänge, Schopfwalmdach. Im Inneren Gewölbekeller.
Luggau. Weiler an der westlichen Talseite. **Nr. 18/19:** Präaugut. Haufenhof mit aufgestocktem 3geschossigem Wohnhaus, giebelseitig begehbar. Über hohem gemauerten Erdgeschoß zurückspringender Holzbau mit gedecktem Gangl im Hauptgeschoß der bergseitigen Giebelwand. Im Inneren Niveauunterschiede. Gewölbekeller. Daneben breiter, erneuerter Wirtschaftstrakt, Blockbau aus Kanthölzern. 2geschossiger Getreidekasten, Blockbau auf Steinpfeilern, Schindeldach, originale Türstockformen. – **Nr. 19:** Zuhaus, Blockbau mit kleinem Gangl an der Giebelseite.
Mayerhofen. Streusiedlung im engen Redtenbachgraben nördl. von Dorfgastein. Einheitlicher Siedlungsbestand, um 1860. Zwei Gehöftgruppen aus Paarhöfen: **Nr. 24:** Paulbauer, um 1700 erb., **Nr. 25:** Hauserbauer, **Nr. 26:** Lenzbauer und **Nr. 27:** Mitterer. In der Nähe das Blockbauensemble: **Nr. 23:** Rodlberggut, Wohnhaus bez. 1867, mit Zierschrot. **Nr. 22,** Simonbauer, First

bez. 1830, mit Zierschrot und großem Glockenturm. – Höfe in Talnähe: **Nr. 1:** Veitbauer. Bez. 1841, giebelseitig erschlossen, Zierschrot. – **Nr. 3:** Moarhof, Mittelflurhaus mit giebelseitigem Eingang, im ersten Obergeschoß rückspringendes Mauerwerk, Dachausbau aus Holz. – **Nr. 6:** Steinergut. – **Nr. 8:** Hoiserbauer. Einhof mit traufseitigem Eingang und Zierschrot. – **Nr. 10:** Thorbauergut. – **Nr. 11:** Riesergut.

DÜRRNBERG. Gem. Hallein. Polit. Bez. Hallein

Kirchweiler mit Werkhäusern der Saline (Stolleneinfahrt in den Salzberg), auf steilem Abhang, südwestl. von Hallein. Seit dem 14. Jh. Marienwallfahrtsort. Wirtschaftliche Bedeutung seit dem Frühmittelalter durch den Salzabbau. Seit 1954 Kurort.

Die Siedlung auf dem Dürrnberg zählt zu den bedeutendsten Zentren keltischer Kunst und Kultur in Europa. Die Salzgewinnung erfolgt zwar schon in der Jüngeren Steinzeit, der bergmännische Abbau des Salzes erst ab der späten Hallstattperiode, etwa um 600 v. Chr., Höhepunkt in den folgenden Jahrhunderten. In spätkeltischer Periode (2.–1. Jh. v. Chr.) verliert der Bergbau allmählich an Bedeutung, in der Römerzeit kommt er zum Erliegen.

Im Zuge des neuzeitlichen Salzbergbaues stieß man in Tiefen bis zu 120 m auf Spuren des prähistorischen Bergbaues. Im Salzbergwerk einiges Fundmaterial an Ort und Stelle; im Gelände ebenfalls noch zahlreiche Spuren der prähistorischen Siedlung erhalten. Der Abbau erfolgte in prähistorischer Zeit unter dem sogen. Hahnreinkopf, der höchsten Stelle des Dürrnberges. Stollenmündungen und Abraumhalden besonders entlang der Hofgasse, die den Dürrnberg mit dem Grenzübergang Neuhäusl verbindet, noch erkennbar. Die keltische Siedlung erstreckte sich auf den Moserstein, das anschließende Gelände im Bereich des heutigen Ortskernes sowie auf den sogen. Ramsaukopf, östl. des Ortes. Der Ramsaukopf auf Grund seiner Befestigungsanlagen als „Fürstensitz" anzusprechen. Auf der Anhöhe zahlreiche künstlich angelegte Podien erkennbar, auf denen einst die in Blockbauweise errichteten Wohnbauten standen.

Reste der in Trockenmauertechnik errichteten Befestigungen vor allem am Nordrand des Plateaus sowie an der Südseite erkennbar. Im kleinen Ramsautal vorwiegend Werksgelände für die Versiedung von Salzsole.

Siedlungs- und Werksgelände von Begräbnisstätten umgeben, diese prähistorischen Friedhöfe nehmen eine Fläche von rund 1 km² ein. Im Gelände noch rund 500 Grabhügel sichtbar. Das reiche Fundmaterial im Keltenmuseum Hallein und im SMCA verwahrt.

PFARR- UND WALLFAHRTSKIRCHE Mariae Himmelfahrt. Einschiffiger Renaissancebau mit campanileartigem Turm, zur Gänze aus an Ort und Stelle gebrochenen rötlichen Marmorquadern, nach SO gerichtet, im S durch nahe Bergwand, sonst von Umfriedungsmauer begrenzt. – Urk. 1347. Bau von 1594–1612, Weihe 1614; durch Senkung des Baugrundes bereits in der 2. H. des 17. Jhs. Bauschäden, Umbau 1729–1732, Steingewölbe durch hölzernes Schalgewölbe ersetzt. Von 1650–1814 den Augustiner Eremiten/Hallein inkorporiert. Pfarre seit 1857. Rest. 1902, 1949.

Langhaus mit Giebelfassade und steilem Satteldach, einspringender Chor mit geradem Schluß; eingeschossige Sakristei und 3geschossiger Turm im S an den

Chor angebaut. Außenbaugliederung aller Bauteile nach einheitlichem Konzept; Fassaden aus glattgefügten Marmorblöcken, umlaufender breiter Sockel; Eckpilaster, unterteilt durch zwei profilierte Gesimse, am Langhaus in Höhe der unteren und oberen Fensterkante geführt, das untere Gesims an der W-Fassade ausgesetzt; breites umlaufendes Abschlußgesims. Hochrechteckige Fenster mit geradem profiliertem Sturz; an der W-Fassade und an der Chorwand zwei in der Mitte angeordnete, über dem zweiten umlaufenden Gesims gelegene Fenster, umrahmt von marmornen gedrehten Seilen, an den Enden überkreuzt, in der Mitte kunstvoll geknotet. W-Portal mit seitl. Pilastern, Triglyphenzone und gebrochenem Giebel sowie lateinischer Inschrifttafel erb. von Eb. Wolf Dietrich, fertiggestellt und ausgestattet von Eb. Markus Sittikus, bez. 1612; Wappenkartusche Eb. Wolf Dietrich 2. H. 17. Jh. (?), Holztüre von 1732 (?); im Giebelfeld der W-Fassade zwei querovale Fenster. Turm ebenfalls durch Eckpilaster und breite Gesimse gegliedert. Glockengeschoß mit rundbogigen Schallfenstern und Balustraden; Pyramidendach. Sakristei mit Pultdach.

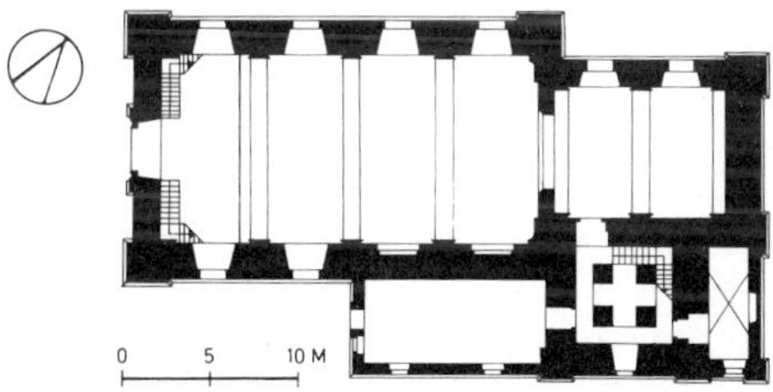

Dürrnberg, Pfarr- und Wallfahrtskirche Mariae Himmelfahrt

Langhaus 4jochig, Chor 2jochig, jeweils tonnengewölbt. An der nördl. und südl. Langhauswand Pilastergliederung und breites, stark profiliertes Abschlußgesims, im Chor fortgesetzt, von 1732. Im 1. südl. Chorjoch Turmportal mit Türe von 1612, darüber zwei Oratorienfenster, M. 17. Jh. Turmtreppe an der Innenwand entlang geführt, um vier freistehende, bis zum Glockengeschoß reichende, mächtige Pfeiler aus Marmorquadern. Zugang zur Sakristei, aus der Bauzeit, durch das Turmerdgeschoß, Portal von 1612, Raum mit Stichkappentonne. Eingeschossige W-Empore von 1732.

Deckenmalerei des Langhauses bez. *Josef Gold 1902;* Stuckarbeit im Chor von *Hans Konrad Schaffer* 1732.

Hochaltar von 1749–1751; Aufbau von *Leopold Fux;* in der M. Gnadenbild Figur Maria mit Kind von 1612, Figuren über den Opfergangsportalen Hll. Joachim und Anna mit Maria, in der Aufsatzmitte Figur Gottvater und Hl. Geist sowie Tabernakel M. 18. Jh.; Mensa-Antependium von *Johann Matthias Schmid* 1777. – Seitenaltäre von 1730. Li. Altarblatt Verkündigung, seitl. Konsolfiguren Hll. Clara und Rita, Oberbild Hl. Sippe, seitl. Figuren Hll. Barbara und Katharina, Aufsatzbekrönung Figur hl. Rupert. Re. Altarblatt Kreuzigung, seitl. Figuren Hll. Johannes Facundo (?) und Nikolaus da Tolentino, Oberbild Geburt Christi, seitl. Figuren hl. Michael und Schutzengel, Aufsatzbekrönung Figur hl. Virgil.

Kanzel von *Dominik Plasisganik* 1764; Kanzelkorb mit Reliefs Christus als Guter Hirt, seine Herde schützend, Evangelistensymbole, Hll. Ambrosius und

Hieronymus; an der Rückwand Relief hl. Gregor, auf dem Schalldeckel Figur hl. Augustinus. – Figuren, stehende Maria mit Kind von 1627; Halbfiguren der 12 Apostel auf Konsolen, 1. H. 17. Jh.; aus der 1. H. 18. Jh. hl. Rupert, umgeben von 6 Bergknappen, Hll. Augustinus, Joseph, Johannes Nepomuk, zwei Kruzifixe, Prozessionsmadonna (in Verwahrung kleine Figur hl. Rupert). M. 18. Jh. Hll. Johannes d. T. und Ev. (Aufsatzfiguren des Hochaltares). Kreuzwegbilder von 1741. (In Verwahrung Votivbilder des 18. und 19. Jhs.) Hll. Cäcilia und David um 1900. – Knappenfahne bez. 1750, gestiftet von Eb. Andreas Jakob Dietrichstein, Vorderseite Eb.-Wappen, Hll. Rupert und Virgil, Rückseite Gnadenbild, Bergmannsarbeit und Schwerttanz. (In Verwahrung Zunftkreuz, 2. H. 18. Jh.) – Taufstein mit hölzernem Deckel von 1618. Opferstock mit Relief-Wappen von Eb. Guidobald Thun, bez. 1664. – Orgel von *Johann Nepomuk Mauracher,* 1860, unter Verwendung von Pfeifen einer Pfeilerorgel aus dem Salzburger Dom. – Glocke von *Jörg Gloppitscher,* 15. Jh. Umfassungsmauer mit drei Kapellen an den Ecken, erb. 1618, im NW Kriegergedächtniskapelle mit Kruzifix von *Jakob Adlhart,* 1958. Im W freistehendes Eingangsportal in Form eines Triumphbogens, beidseitig mit Wappen Eb. Markus Sittikus und bez. 1619. Li. daneben Kriegerdenkmal von 1924.

Pfarrhof im Kern 17. Jh., Umbau 1730, 1979. 2geschossiger Bau mit abgewalmtem Satteldach, Fassade erneuert; Portal bez. 1730. Ovalbilder Hll. Nikolaus von Tolentino, Wilhelm, Augustinus, um 1730.

Friedhof im NW, errichtet 1845, Kapelle mit Holzkruzifix um 1850.

BILDSTOCK an der Dürrnbergstraße mit Reliefplatte von einer ehem. Stolleneinfahrt, Doppelwappen Salzburg/Eb. Johann Jakob Kuen-Belasi, bez. 1564, Relief Hll. Johannes Ev. und Jakobus.

„LIEBFRAUENBRÜNDL", westl. der Pfarrkirche. Marmorbecken um 1685, Brunnensäule mit Wappen Eb. Matthäus Lang/Salzburg/Hallein/Bergknappen, um 1530; Figur Maria mit Kind bez. 1963.

HOCHRELIEF, Rupertusplatz Nr. 5, hl. Florian von *Bernhard Prähauser* bez. 1958.

DENKMÄLER im Salzberg für Eb. Leopold Anton Firmian von *Josef Anton Pfaffinger* 1731, Eb. Jakob Liechtenstein 1746, Eb. Siegmund Schrattenbach von *Johann B. Hagenauer* 1766, u. a.

PROFANBAUTEN. **Hellstraße, Nr. 1:** Kuranstalt St. Josef. Kapelle erb. 1954, Chor nach W gerichtet, nördl. der Apsis Glockenturm mit Satteldach. Innenraum Halle mit eingezogenem Chor, gerader Chorschluß; eingeschossige Empore. Glasfenster mit Szenen aus dem Leben Christi bez. *Karl Weiser 1960.* Am Hochaltar Figuren Kruzifix und 6 Engel von *Jakob Adlhart* 1961. Seitenaltäre mit Figuren Hll. Maria und Joseph von 1960. Ambo und Adventsleuchte von *Bernhard Prähauser* 1970. Seitenkapelle, Bild Mater dolorosa mit Rahmen um 1810. Vorhalle mit Wandmalerei von *Karl Weiser.* **Riesenschmiedstraße, Nr. 5:** Wolf-Dietrich-Berghaus. Erb. E. 16. Jh., 2geschossig mit Krüppelwalmdach, im Erdgeschoß Segmentbogenfenster und abgefaste Türe mit geradem Sturz, Obergeschoß mit gekehlten Fenstergewän-

den. Seitl. nur eine Achse noch vom E. 16. Jh.; der hintere Gebäudeteil erneuert. Unmittelbar neben dem Wolf-Dietrich-Stollen von 1596 gelegen.
Lettenbühel, Nr. 10 und **Ramsaustraße, Nr. 3:** Einfache 2geschossige Häuser des 18. Jhs.; vor Ramsaustraße, Nr. 3, ehem. bar. Gartenanlage.
Rupertusplatz, Nr. 3: Volksschule. Mächtiger Bau mit straßenseitig geböschtem Erdgeschoß, im Kern wohl 16. Jh., Fassadengliederung spätes 19. Jh.

BAUERNHÖFE. Tennengauer Einhöfe. **Blaikstraße, Nr. 3:** Thannerlehen. Wohnhaus eines Einhofes, Blockbau, teilweise Kleinverschindelung, traufseitiger Balkon. Dachgeschoß verschalt. – **Nr. 5,** Lacknergut. Einhof in Blockbauweise mit Querflur. Erd- und Obergeschoß mit Kleinverschindelung. Dachgeschoß senkrecht verschalt. Quertenne.
Hühnerleiten, Nr. 2: Kurzenbauer. Einhof, gemauert, verputzt; First bez. 1756. Erdgeschoß gemauert, verputzt, z. T. Marmorgewände an den Fenstern. Obergeschoß mit Balkon. Dachgeschoß Blockbau, verputzt, im Giebeldreieck Balkon. Schopfwalmdach. Haustür mit Sternmuster. Hochtenne als Quertenne.
Mosersteinstraße, Nr. 1: Mosergut. Einhof, bez. 1891. Erd- und Obergeschoß gemauert, Bruchsteinmauerwerk mit Schlackenverzierung. Obergeschoß senkrecht verschalt, verputzt, ebenfalls mit Schlackenverzierung, Fensterstürze aus Ziegelmauerwerk. Schopfwalmdach. Im Stall z. T. Marmorfenstergewände, Bruchsteinmauerwerk.
Oberblaikweg, Nr. 2: Lechnerlehen. Einhof, bez. 1614. Erdgeschoß gemauert. Obergeschoß Blockbau, Hirnschrot. Dachgeschoß Blockbau, Kopfschrot mit Firstsäulenrudiment.
Teuffenbachweg, Nr. 1: Oberegglgut. Einhof mit Querflur. Erdgeschoß gemauert, Obergeschoß Blockbau, verputzt. Dachgeschoß giebelseitig senkrecht verschalt, Balkon. Quertenne. – **Nr. 3:** Wallinggut. Einhof, Erd- und Obergeschoß Blockbau auf gemauertem Sockel, kleinverschindelt. Balkon im Obergeschoß. Dachgeschoß senkrecht verschalt, an Pfetten teilweise geschnitzte Kopfbänder. – **Winterstallstraße, Nr. 6:** Ehem. Einhof, Blockbau, verputzt. Dachgeschoß giebelseitig senkrecht verschalt, Balkon. – **Nr. 11:** Keilgut. Einhof, Querflur. Erdgeschoß in verputztem Mauerbau, Obergeschoß Blockbau, verputzt. Fenster mit Marmorgewände neben der Haustür. Dachgeschoß giebelseitig verschalt mit Balkon.

EBEN im Pongau. Polit. Bez. St. Johann i. P.

Gemeinde nordwestl. von Altenmarkt. Straßendorf, vorwiegend mit Verbauung des 19. und 20. Jhs. Kirche auf kleiner Anhöhe. Bauernhäuser, Pongauer Paarhöfe, Mittelflurhäuser mit Pfettendächern, Gängen und Glockentürmen.

PFARRKIRCHE hl. Maria, am westl. Ortsrand etwas erhöht. Saalkirche nach Plänen von *Viktor Winkler* 1948–1951, vom Friedhof umgeben. – 1951 gew., 1954 Pfarre.
Schlichter Außenbau mit holzschindelgedecktem Satteldach. Im W Eingangsportal; am ungegliederten Langhaus nördl. Kriegergedächtnisnische mit Wandbild hl. Michael, bez. *Karl Weiser* 1959, südl. Turm mit Luken und Zeltdach. Im O ausspringende Sakristeibauten und runde Apsis.
Saalkirche mit flachgedecktem Innenraum, im Mittelschiff bis in den Chor

reichende, vertiefte Holzdeckenverschalung. Re. Durchgang zur Taufkapelle (Turmhalle); mächtige Westempore auf Pfeilern mit seitl. Aufgängen. Um drei Stufen erhöhter Chorraum, li. und re. Sakristeizugänge sowie kleine Apsidennische mit Glasgemälden von *Josef Staud.*
Einrichtung von *J. Staud,* um 1960. In der Apsis Kruzifixus um 1870 (ehem. in Salzburg, St.-Andrä-Kirche). Tabernakel im Chor und Reliefs der Seitenaltäre von *J. Staud,* li. hl. Maria mit Kind, re. hl. Joseph und Figurenrelief (Berufsstände). – Kreuzwegstationen (Tonreliefs) von *Josef Kahls* um 1960. Orgel von *Bruno Riedl* 1977.
Taufkapelle in der Turmhalle mit reliefiertem Taufstein und Glasgemälden von *J. Staud.*

Totenkapelle, in der NO-Ecke des Friedhofes. Rundbau mit Kegeldach von 1948–1951.

Pfarrhof westl. der Kirche, erb. nach Plänen von *V. Winkler* 1954, erweitert und renov. 1980. 2geschossiger 4achsiger Bau mit Walmdach.

KAPELLE bei der Ploimühle, nordöstl. von Eben im Fritzbachtal. Kapellenversetzung 1979. Rechteckbau mit Holzschindelsatteldach und Dachreiter. Innen tonnengewölbt, Bild Hl. Familie bez. *Cop. Karl Koch 1937.*

BILDSTOCK nahe Kanzleiten, erb. 1952. Bild Madonna mit Kind bez. *S. Strobl. 1952.*

PROFANBAUTEN. Im Ortskern **Nr. 1,** ehem. Gasthof Ebnerwirt. Kern 16. Jh., 2geschossiger Steinbau mit 2geschossigem Dachausbau, 18. Jh. Spätgot. Rundbogenportal mit abgeschrägter Laibung. Gang an Giebelwand im 1. Dachgeschoß. – **Eben Nr. 24:** Pöttler. Paarhof, Stallscheune bez. 1718 im erneuerten Firstbalken; traufseitig begehbares Wohnhaus mit vorspringendem Steinunterbau. Darüber jüngerer Blockbau mit Kopfschrot in Ober- und aufgestocktem Dachgeschoß.
Gasthof. Terrassensiedlung am re. Ufer des Fritzbaches. **Nr. 18:** Ellmau. Aus Rundlingen gezimmertes Paarhofwohnhaus, 17. Jh., z. T. originale Fenster, Gangl an Giebel- und Traufseite. – Ensemble Ober- und Unterreiter: Paarhöfe. **Nr. 19:** Wohnhaus bez. 1601: Traufseitig erschlossener Holzbau mit Legschindeldach; Gangl über Giebel- und Traufseite. Stallfirst bez. 1882. Dörrhäusel, Backofen, eingeschossiger Kasten mit Klingschrot. **Nr. 20:** Wohnhaus bez. 1630. Blockbau, ausgenommen gemauerte Vorratskammer. Neuere Gänge an Giebel- und Traufseite. Gabelförmiger Glockenturm mit Hahn.
Nr. 23: Gasthofgut. Ehem. Zentrum der Pongauer Besitzungen des Stiftes Admont, urk. 1074; 1575 Verkauf an Salzburger Erzbischof, ab 1695 bäuerlich; 1983–1985 Umbau zum Rasthaus der südl. vorbeiführenden Tauernautobahn. Langgestreckter gemauerter Baukörper, 2 Geschosse, 2geschossiger Dachaufbau, Satteldach mit Glockenturm; NW-Ecke vorspringend, im Erdgeschoß gewölbter Vorratsraum mit hochrechteckigen Fensterschlitzen; breiter Mittelflur flachgedeckt, korbbogiges Trichterportal, Holztor und Fassadenputzgliederung 2. H. 19. Jh. – Zehentspeicher, westl. des Haupthauses, erb. 1557; 3 Geschosse mit abgeschopftem Satteldach, sämtliche Wandöffnungen spätgot. Steingewände, z. T. vergittert; Sockelgeschoß ehem. Fleischbank mit seitl.

Ladenfenster in Bogenform. Im Inneren Balkendecken mit schwerem Unterzug auf Holzsäulen (ehem. Schüttböden). Ostfassade mit Fresken: Sonnenuhr mit Wappen Schernberg und Kuenburg, bez. 1557, daneben großes Wappenfresko (über älterer Schichte) Eb. Hieronymus Colloredo bez. 1772; schräg darunter Reste von Rötelzeichnungen, figürliche Einzeldarstellungen, Männchen; an der N-Fassade neben schmalem Rundbogenportal mit schwerer Eisentüre rechteckige Rötelzeichnung Stadtansicht Radstadt (?). Im Zehentspeicher Unterbringung eines Tauernstraßenmuseums geplant.

EBENAU. Polit. Bez. Salzburg-Umgebung

Gemeinde östl. von Salzburg; Kirch- und Werksweiler mit Streusiedlungsgebiet. Urk. 1182. 1585 Messinghütte und Hammerwerk durch Handelsfamilie Stainhauser errichtet, 1622 erzbischöflich, nachfolgend Ausbau, 1844 Messinghütte und 1875 Kupfer- und Eisenhammerwerk aufgelassen.
Gestrecktes Haufendorf entlang des Schwarzaubachs, aus ehem. Werksweiler hervorgegangen, im Ortskern überwiegend 2geschossige Verbauung vom 17. bis zum frühen 20. Jh. Ortserweiterung im 20. Jh. Im Ebenauer Becken und den anschließenden Tälern Einhöfe vom Tennengauer Typus.

PFARRKIRCHE hl. Florian, über dem Ort an der östl. Berglehne dominierend gelegen. Genordete bar. Saalkirche mit Chordachreiter, von Friedhof mit Mauer umgeben. – Nach Aufschwung der Werkssiedlung 1699–1702 erb., gew. 1704. 1857 Pfarrerhebung, Renov. und Inneneinrichtung. Rest. außen 1968, innen 1959, 1978.
Außenbau. Hoch proportioniertes, 3jochiges Langhaus und eingezogener, halbkreisförmig schließender Chor sowie östl. 2geschossiger Sakristei- und Oratoriumsanbau durch mächtige umlaufende Gesimskehle zusammengefaßt. Hohe Rechteckfenster, quadrat. am Anbau. Schopfwalmgiebelfassade, architraviertes Rechteckportal unter Gebälk mit Kraggesims von 1699, zwischen Rundbogenfenster und Ovalluke marmorne Wappenkartusche Eb. Johann Ernst Graf Thun urk. 1699 von *Andreas Götzinger.* Turmartige Überhöhung der Apsis durch schindelverkleideten Glockenhelm und Zwiebellaterne, zwischen Apsis und Sakristei eingebundenes Treppenrundtürmchen durch glockigen Schindelhelm angeschmiegt. Genageltes beschlagenes Sakristeiportal.
Inneres. Tonnenwölbungen mit Stichkappen, im Langhaus kreuzgratförmig ausgeprägt; einheitliche Gliederung durch Gurtbögen auf Pilastern über mannshohen Sockeln (in den Schiffsecken geknickt). Im Westjoch Doppelempore über Flachdecken. Eingezogener Triumphbogen. Kurzes Chorjoch und Dreiseitschluß, re. Oratorienfenster in historistischer Holzrahmung. Rotmarmorplattenboden. Sakristei- und Oratoriumstüren mit Schlössern und Beschlägen aus der Bauzeit, Oratorienstiege. – Glasmalerei, Medaillonfiguren Hll. Petrus und Paulus, bez. 1910.
Einrichtung einheitlich frühhistoristisch von 1857, marmoriert. Hochaltar im Rundbogenstil, über hoher Staffel mit Tabernakelvorbau Triumphbogenarchitektur, Altarblatt hl. Florian, neogot. Seitenfiguren Hll. Rupert und Virgil, Nischenaufsatz mit Statuetten Christus zwischen Hll. Barbara und Katharina. – Seitenaltäre, in spitzgiebeligen Säulenädikulen rundbogige Altarblätter von *Sebastian Stief,* li. Maria Immaculata, re. hl. Joseph; li. Tabernakel, re. Staffelrelief Herz Jesu.

Polygonale Kanzel, am Korb in Rundbogengliederung Bilder Christus und Evangelisten im Stil 3. V. 18. Jh. (vielleicht sekundär). – Orgel, von *Ludwig Moser*, 1850, mit barockisierendem Brüstungspositiv. – Kreuzigungsgruppe, spätbar. Schnitzfiguren Kruzifix, hll. Maria, Johannes Ev. frühes 18. Jh. Konsolstatue hl. Florian 2. H. 19. Jh. Vortragekruzifix 1. H. 18. Jh. Kreuzwegbilder 2. H. 19. Jh. Vorhallengitter um 1680, um 1702 aus Salzburg (St. Johann am Imberg) übertragen, mit Bruderschaftsopferstock. Sakristeischrank im Knorpelwerkstil wahrsch. aus der Bauzeit. – Rotmarmorne Inschriftgrabsteine 18. Jh.

Friedhof. Friedhofsmauer talseitig als Böschung des Kirchhofs, bez. 1703, 1749, Pfeilerportale. Erweiterung 1979.

Totenkapelle südl. der Kirche. Quadrat. Barockbau mit Pyramidenschindeldach und Holzvorlaube, in Segmentbogenöffnung Gitter um 1700; innen Kreuzgratgewölbe. Antependienbild Arme Seelen, im 20. Jh. zumindest übermalt. Schnitzstatue Christus an der Geißelsäule 2./3. V. 18. Jh. Historistische Kielbogenädikula mit Bild Auferstehung Christi, 2. H. 19. Jh.

HOFKAPELLEN. H a s l a u, Hinterebenau Nr. 6, barockisierender Bau (19. Jh.?) mit Kragschindelwalmdach. – S c h i n d l a u, Vorderschroffenau Nr. 5, breit gelagerter Spätbarockbau mit eingezogener Halbkreisapsis, Segmentbogenfenstern und Schindelwalmdach; innen Flachtonne und Marmorplattenboden; barockisierendes Säulenaltärchen mit Volutenauszug, 2./3. V. 19. Jh., Bild Himmelfahrt Mariä, Auszugsbild hl. Joseph; bar. Gestühl, Holzgitter vor der Apsis.

HÄUSER. **Pfarrhof,** südl. der Kirche an der Berglehne. Erb. 1701/02, 1973/74 innerer Umbau. 2geschossig unter Walmdach, Eckquaderung in Putz, bmkw. Holzportal aus der Bauzeit; 6 Ölbilder Leben Christi um 1800. – **Gemeindehaus,** ehem. Schmelzhütte und Verweserbau. Erb. um 1634, 1958 Umbau, 1973 Rest. – Anschließend gleichzeitiges **Fürstenstöckl,** urspr. Logierquartier der Landesfürsten, 1953 Rest., dzt. Heimatmuseum. Langgestreckter 2geschossiger Haupttrakt unter Schopfwalmdach, marmorne Wappenkartusche Eb. Paris Lodron, bez. 1634, Dachspeicheröffnungen, im Erdgeschoß Kreuzgratgewölbe; Fürstenstöckl durch kreuzgratunterwölbten Brückengang angeschlossen, abgefastes Rundbogenportal, bar. Oberlichtgitter und Fensterkörbe, Pyramidendach. Heimatmuseum, Geschichte des Hammerwerks (2 Eisenhämmer, einer bez. 1848), bäuerliche Kultur. – Umliegend späthistoristische Gruppe (**Nr. 1:** Ehem. Gasthof, Fassade um 1900. **Nr. 31:** Villentypus um 1900).

WASCHLMÜHLE, im Ortsgebiet an der Umfahrungsstraße. Doppelmühle mit zwei oberschlächtigen Mühlrädern und zwei Werken; gemauertes Erdgeschoß, Obergeschoß in Blockbau, Dachgeschoß senkrecht verschalt, schindelgedecktes Schopfwalmdach mit seitl. Abschleppung über Rädern; ostseitig drei Totenbretter. 1975/76 saniert.

MÜHLEN in der P l ö t z, am mittleren Rettenbach. Schluchtartiger Kessel mit fünf in Blockbau erb. Hausmühlen, oberschlächtige Räder, nicht mehr in Betrieb.

MÜHLE des Pertillbauern in U n t e r b e r g. Erdgeschoß gemauert und z. T. verputzt, Obergeschoß in Blockbau mit Zierschrot. Zwei oberschlächtige

Mühlräder hinter senkrechter Schalung. Schopfwalmdach mit Scharschindeldeckung.

BAUERNHÖFE. Tennengauer Einhöfe. **Ebenau, Nr. 22:** Wohnteil, bez. 1852, Erdgeschoß gemauert, verputzt, Obergeschoß in Blockbau, Dachgeschoß mit Balkon, Giebel senkrecht verschalt, Schopfwalmdach. – **Nr. 23:** Hofbauer. Gemauerter und verputzter Wohnteil, bez. 1893, Giebelfront mit Schlackenverzierung, teilweise Putzfaschen um die Fenster. Dachgeschoß mit verputzter Schalung; Schopfwalmdach.
Unterberg, Nr. 12: Wohnteil, bez. 1731; Erdgeschoß gemauert und verputzt. Zurückgesetztes Obergeschoß in Blockbau, verputzt. Dachgeschoß Putz auf Schalung, Schopfwalmdach. – **Nr. 15:** Bernhofer. Wohnteil, bez. 1846; gemauert mit Schlackenverzierung. Marmortürgewände, darüber Nische mit Jesusstatuette. Reste von Putzfaschen bei den Fenstern. Dachgeschoß mit Putz auf Schalung und Darstellung „Auge Gottes". – **Nr. 17:** Wohnhaus bez. 1908. Erdgeschoß gemauert und verputzt, Obergeschoß verputzter Blockbau; Dachgeschoß mit Putz auf Schalung mit verziertem Lüftungsausschnitt. Satteldach.
Vorderschroffenau, Nr. 5: Gollacknerbauer. Wohnteil gemauert, bez. 1847, Dachgeschoß mit Balkon und Schalung mit Zierausschnitten. Glockentürmchen auf Schopfwalmdach. Gemauerter Backofen mit Scharschindeldeckung. – **Nr. 6:** Kühleitner. Wohnteil gemauert, bez. 1823. Natursteinmauerwerk. Dachgeschoß senkrecht verschalt, Glockentürmchen auf Satteldach. Gemauerte Kapelle. – **Nr. 7:** Zaglaubauer. Wohnteil gemauert und verputzt, mit Faschen. Dachgeschoß mit Balkon, Putz auf Schalung. Glockentürmchen. – **Nr. 12:** Geiersbichl. Wohnteil, bez. 1859, gemauert und verputzt. Dachgeschoß mit Balkon, Giebel verschalt und verputzt, mit sternförmigem Zierausschnitt, Satteldach.

EINÖDBERG, siehe MITTERSILL

ELIXHAUSEN. Polit. Bez. Salzburg-Umgebung

Gemeinde nördl. von Salzburg im Hügelland des Flachgaus, Haufendorf und Streusiedlungsgebiet unter Einschluß der jungen Siedlungen Moosham und Sachsenheim. Von den urspr., den Kirchweiler prägenden Bauten der 1. H. des 19. Jhs. der Pfarrhof, Gasthof Gmachl (siehe: Häuser) und Haus Nr. 31 mit anschließendem Kramerhaus erhalten; überdies Hof Nr. 38 (bez. 1865). Sachsenheim, rasterförmig um 1950 angelegte Genossenschaftssiedlung von Siebenbürger Sachsen. – Einhöfe des Flachgauer Typus über haken- oder T-förmigem Grundriß, vorherrschend Stein- und Mauerbau, z. T. mit Schlackenverzierung.

PFARRKIRCHE Hll. Bartholomäus und Vitus, in der Ortsmitte erhöht gelegen. Nachbarocke Saalkirche mit got. Westturm, von Friedhof mit Mauer umgeben. Urk. 1173 eine Weihe. Rom. Apsis ergraben. Urk. 1516 Weihe des spätgot. Baues. 1798 Vikariat. 1823 Neubau, 1824 gew. 1891 Pfarrerhebung. Rest. 1952, 1956 innen, 1970/71, 1980.
Außenbau. Spätgot. 3geschossiger Westturm, um 1516, mit gedrückt spitzbogigen, gekehlten Schallöffnungen, bar. Uhrengesims und Zwiebelhelm von 1796.

In der NW-Ecke Totenkapelle (z. T. spätgot.?) mit abgefastem Rechteckportal, innen bar. Flachtonne. Schlichtes Langhaus und eingezogener, 3seitig schließender Chor mit Rechteckfenstern von 1823. Südl. Türflügel aus Bauzeit. Am Chor südseitig doppelgeschossiger Sakristei- und Oratoriumsanbau, abgefastes Rundbogenportal vom spätgot. Kern. Friedhofskruzifix 2. H. 19. Jh.

Inneres. 3jochiger Saalraum über wenig eingezogenem Triumphbogen (bez. 1823) in einjochigen Chor mit Dreiseitschluß übergehend; Tonnenwölbungen über Gurten auf Pilastern, im Langhaus Stichkappen. Im Westjoch doppelgeschossige Empore auf Säulen- und Pilasterständern, die obere zurückgestaffelt und modern erweitert; got. spitzbogiges Turmportal. Im Chor rundbogig abgefastes Sakristeiportal vom Vorgängerbau. Rotmarmorplattenboden.

Einrichtung. Hochaltar; freistehende Mensa, neobar. Tabernakelaufbau mit spätbar. Statuetten Hll. Gregor, Augustinus: sekundäre, bar. Aufsatzstatuetten Gottvater, Hll. Anna, Joachim, Zacharias, Elisabeth 1. H. 18. Jh.; Altarretabel von 1626, 1769 aus Stift Nonnberg übertragen, Schwarz-Gold-Fassung, Säulenportaltypus und Auszugsarkade, Altarblatt hl. Bartholomäus und Auszugsbild Gottvater von *Josef Rattensperger* 1850. – Seitenaltäre, klassizierende Pilasterretabel mit Volutenauszügen, re. 1823, li. wohl M. 19. Jh. angeglichen; Altarblätter von *Josef Rattensperger* 1851; li. Altarblatt hl. Maria mit Kind (bez.), Auszugsbild hl. Erentrudis, Seitenfiguren Hll. Katharina, Barbara, bez. *Webersperger,* um 1851, Altarleuchter; re. Altarblatt Kruzifix 18. Jh., Auszugsbild hl. Veit 1851, Seitenfiguren Hll. Rupert, Virgil 3. V. 18. Jh. Polygonale Kanzel 2. V. 19. Jh. Nachbarocke Orgel um 1820, 1828 erworben. – Spätgot. Statuetten Hll. Erentrudis, Nikolaus um 1490. Bar. Schnitzfiguren hl. Maria mit Kind, 2./3. V. 17. Jh., hl. Michael um 1720/30. Fronbogenkruzifix in volkstümlich-spätbar. Stil. Bar. Reliefs Evangelistensymbole sekundär an der Emporenbrüstung. Ölbild Pietà in Biedermeierrahmung 2. V. 19. Jh. Stifterbild mit Kircheninnenansicht, wohl M. 19. Jh., 1951 erneuert. Rotmarmortaufstein um 1823. Kreuzwegbilder 2./3. V. 19. Jh. Ampel 2. V. 19. Jh. Nachbarocke Sakristeischränke. Inschriftgrabstein 1815. – Glocke 1838, von *Franz Oberascher.*

Totenkapelle, Altärchen um 1670/80, Säulenädikula, Bild Pietà über Armen Seelen, seitl. spätbar. Statuetten Hll. Blasius und Nikolaus.

Pfarrhof, südöstl. der Kirche, 1846 erb., 1980 rest.; 2geschossiger Bau mit Mansardendach.

EVANGELISCHE KIRCHE in der Siedlung Sachsenheim, 1961 gew., erb. von *Kurt Glondys.* Schlichter Saalbau mit Apsis und Eckturm, innen bretterverschalte Tonne auf Holzpfeilern.

BILDSTÖCKE. **Rotmarmorsäule,** im S von Elixhausen, mit Bildquaderaufsatz, bez. 1659. – Bar. **Kapelle** in Girling, mit vorkragendem Schindelpyramidendach. – **3-Brüder-Kapelle** in Ursprung, bar., gemauerter Dreiseitpfeiler mit Schindelpyramidendach über Gesims, an zwei Seiten in kleinen Nischen Blechbilder, Heilige, Gnadenbild Maria Plain, Leben Christi 2. H. 18. Jh. Rest. 1951/52.

SCHLOSS Ursprung (Ursprung Nr. 1), nordwestl. von Elixhausen. – Gut Ursprung urk. 1122. 1670 Schloß erb. von Augustin Freiherrn v. Hegi; 1692 Familie v. Rehlingen, knapp vor 1700 Brand, 1707 Neubau in heutiger Gestalt, seit 1825 zahlreiche Besitzer, meist Bierbrauer (benachbartes Brauereigebäude

1977 abgebrochen); heute Wohnungen für Lehrpersonen der seit 1960 etappenweise erb. landwirtschaftlichen Schule Ursprung.
Rechteckiger Grundriß, zwei Vollgeschosse über großteils gewölbtem Sockelgeschoß, Hauptzugang über doppelläufige Freitreppe mit Schmiedeeisengeländer, Türe rechteckig, darüber Marmorwappen Rehlingen-Ginger mit Engelskopf und Krone darüber, bez. 1707; Faschengliederung der Fassade A. 18. Jh., an der SW-Kante übereck zwei bar. Sonnenuhren, über Hohlkehle Walmdach, mittig geschwungener Giebelaufbau mit Doppelfenster und Dreieckgiebel. Innen bmkw. Stuckdecken und Öfen, A. 18. Jh.; an der NO-Ecke kleiner Raum im Obergeschoß, Tapetenbespannung bemalt mit Rokokodekoration, an der Decke Stuckrahmen mit Wappen Rehlingen-Geböck.

GASTHOF Gmachl, erb. 1844. Stattlicher 2geschossiger Bau, Schopfwalmdach, klassizierende Putzfensterrahmungen, Steinportal bez. 1891. Im Anbau von 1970 sekundär verwendetes Marmorportal, bez. 1819 GG und klassizistischer Türflügel. Stallgebäude, 1. H. 19. Jh., rotmarmornes Rundbogenportal, 3schiffige Halle mit Platzlgewölben auf Rotmarmorpfeilern.

EHEM. MÜHLE (**Elixhausen, Nr. 9**), bez. 1766. Erdgeschoß gemauert und verputzt, Obergeschoß in Blockbau, z. T. Fenster aus dem 18. Jh. Dachgeschoß mit Balkon und senkrechter Schalung. Schopfwalmdach.

BAUERNHÖFE. **Elixhausen, Nr. 10:** Oberragging, Feldinger. L-förmiger Einhof, bez. 1880 an Sandsteintürgewände. Wohnteil gemauert und verputzt. Fenstergewände mit Gittern. Dachgeschoß mit senkrechter Schalung, Schopfwalmdach mit Glockentürmchen. – **Nr. 19:** Gschaid, Niedergschaid. T-förmiger Einhof, bez. 1881, Wohnteil gemauert mit Schlackenverzierung. – **Nr. 23:** Obergirling, Girlingbauer. T-förmiger Einhof, bez. 1892, Wohnhaus gemauert mit Schlackenverzierung. Dachgeschoß mit Balkon, Giebel senkrecht verschalt. Glockentürmchen. Gemauertes Waschhaus mit Schlackenputz. – **Nr. 29:** Einhof, Wohnteil gemauert und verputzt. Fensterfaschen und Putzarchitektur an den Hauskanten. Fenster z. T. mit Rauten-, z. T. mit Korbgittern. Tafelbild über der Haustür, Mutter Gottes über vier Heiligen. Dachgeschoß mit zwei Balkonen, Giebel senkrecht verschalt. Schopfwalmdach mit Glockentürmchen. – **Nr. 31:** Einhof (Wohnhaus), Erdgeschoß gemauert, verputzt, Obergeschoß verputzter Blockbau. Über Haustür Medaillon Mutter Gottes mit Kind. Dachgeschoß mit Balkon, Giebelseite verschalt. Schopfwalmdach. – **Nr. 41:** T-förmiger Einhof, bez. 1800, gemauertes Wohnhaus, über der Haustür Bildnis hl. Florian. Fensterformate Ende 19. Jh. Dachgeschoß senkrecht verschalt mit Balkon. Schopfwalmdach.

ELSBETHEN. Polit. Bez. Salzburg-Umgebung

Gemeinde am südöstl. Rand der Stadt Salzburg am re. Salzachufer; Straßendorf Elsbethen und nördl. benachbartes Haufendorf Glasenbach mit Siedlungstätigkeit, nach 1945, im östl. anschließenden Streusiedlungsgebiet mit Weilern, hauptsächlich Einhöfe vom Tennengauer Typus.
„Zigeunerloch", geräumige Halbhöhle in Felsrücken nahe der Rainerkaserne, Siedlungsspuren aller vorgeschichtlicher Perioden von der Mittleren Steinzeit bis zur Römerzeit.

„Felshöhe des Grillberges“, rund einen Kilometer südl. von Elsbethen, bedeutende Siedlung der Jungsteinzeit, der Bronzezeit und der nachfolgenden Eisenzeit. Grillberg bis auf geringen Rest durch Steinbruch zerstört. – Im NO des Schlosses Goldenstein im Wiesengelände römischer Gutshof. Im Gemeindeamt römische Grabinschrift für den Sklaven Dacus. – Elsbethen urk. 930.

PFARRKIRCHE hl. Elisabeth, im N des Ortes. Einschiffige, im Kern got., im 18. Jh. bar. umgebaute Kirche, von Friedhof umgeben. Urk. 1373, Bau des 15. Jhs. wurde 1699 umgebaut, der Turm 1781 nach Entwurf *Wolfgang Hagenauers* neu erb. Seit 1953 Pfarre. Rest. 1978.
Langhaus und Chor mit Rundapsis bilden einen einheitlichen langgestreckten Baukörper, mit Satteldach, im östl. Teil im N und S Anbauten mit Walmdach, an der Apsis niedriger Anbau mit Pultdach. Im W an der Giebelfassade 3geschossiger Turm, Unterteilung durch Gesimse, rundbogige Schallfenster und Zwiebelhelm mit aufgesetztem Zeltdach. Rundbogenportal im W, bez. 1781, Turmerdgeschoß kreuzgratgewölbt, im N Treppenaufgang zur Empore.
Im Inneren Segmentbogentonne; an der Apsis vier Portale, die beiden mittleren zum Rundgang östl. der Apsis, das nördl. zum Oratorium im 1. Obergeschoß, das südl. zur 2geschossigen Sakristei, ebenfalls mit Oratorium, in den Parapetfeldern Nischen mit Figurengruppen. Im N zweite rechteckige Fensteröffnung vom Oratorium zum Langhaus. – Pilastergliederung und umlaufendes profiliertes Gesims; Stukkaturen mit schönen Kartuschen von *Johann Bernhard Fischer von Erlach* beeinflußt, A. 18. Jh.; im W eingeschossige Empore, an der Brüstung polychromierter Stuck, hl. Cäcilie und musizierende Engel, A. 18. Jh..
Deckenmalerei Krönung Mariens, hl. Elisabeth pflegt einen Kranken, verteilt an Arme, wird von der Burg vertrieben, von *Josef Rattensperger,* 2. H. 19. Jh. Altäre frühes 18. Jh. Hochaltar mit Figurengruppe Maria mit Kind, re. unten kniend hl. Elisabeth, li. davon Halbfigur Bettler; seitl. Konsolfiguren Hll. Ulrich und Ägidius, im Aufsatz Hll. Leonhard und Placidus, in der Aufsatzmitte Halbfigur Gottvater, alle A. 18. Jh.; Tabernakel von 1761. Bar. Speisgitter. Li. Seitenaltar, Altarblatt Stigmatisation des hl. Franziskus, Oberbild hl. Raimund, beide von *Matthias Siller* 1771; seitl. Konsolfiguren Hll. Achatius und Florian, A. 18. Jh. – Re. Seitenaltar, Altarblatt hl. Antonius von Padua bez. *Matthias Siller 1771,* Oberbild Stigmatisation der hl. Katharina von Siena von *M. Siller;* seitl. Konsolfiguren Hll. Sebastian und Rochus, A. 18. Jh., Mensabild hl. Joseph 2. H. 18. Jh.
Kanzel mit Stuckverzierung, um 1700. – Kreuzigungsgruppe mit Maria, Johannes und Magdalena um 1620. Vortragekreuz und Figur Christus an der Geißelsäule in bar. Gehäuse, beide 18. Jh. Kleine bar. Figurengruppen Beweinung und Hl. Sippe. Kreuzwegbilder mit zusätzlichem Bild hl. Elisabeth, von *Franz Christoph Mayrhofer* 1736. – Orgel von *Ludwig Moser,* 1844. – Glocke von *Caspar Immendorfer,* 1782.

Grabplatten. Wappenstein mit Doppelwappen Haunsperg (?), 15. Jh.; Wappenstein Sebastian Pflügel zu Goldenstein, gest. 1562. Inschriftplattenfragmente des 16. Jhs.

KLOSTER hl. Ursula in Glasenbach. Erb. 1956/57, Entwurf von *Guido Gnilsen* und *Erich Eisenhofer.* Langgestreckter 3geschossiger Gebäudekomplex mit quadrat. Innenhöfen, Kloster mit Klosterkapelle, Filialkirche, Schule und Pensionat umfassend.

Hauskapelle hl. Ursula, nach SW gerichtet; Saal mit flacher Decke und eingeschossiger Empore im NO. Bronzekruzifix von *Josef Zenzmaier*, 1969/70. Figur stehende Madonna mit Kind, M. 14. Jh., beide Köpfe, die Arme Mariens und die li. Hand Christi ergänzt. Prozessionsmadonna 18. Jh. – In Verwahrung Figur sitzende Madonna mit Kind, *Michael Pacher* zugeschrieben, gegen 1498. Im Dommuseum zu Salzburg zwei Bilder Christus bei Nikodemus und 12jähriger Jesus im Tempel, bez. *Paul Troger* 1739.
Im Schultrakt Bild Martyrium der hl. Ursula, 1. H. 16. Jh., Bild thronende Madonna mit Kind und ehem. Klosterkirche St. Markus, 1. H. 18. Jh.
Im südl. Innenhof drei Marmorplatten: Grabstein mit Relief Kniender und hl. Petrus vor Maria mit Kind, bez. 1502; Relief Maria mit Kind, 16. Jh.; Doppelwappenstein bez. Hans Khren, Anna Riesin 1609.

Filialkirche, sogen. „Fatimakirche", nach NW gerichtet, an der südwestl. Fassade hoher Glockenturm. Saal mit flacher Decke, Glasverbindungswand zum Altarraum der Klosterhauskapelle.

KAPELLE Erentrudisalm in Gfalls. Erb. 1925, Umbau 1981. 2geschossiger Bau mit Satteldach und hölzernem Dachreiter. Innenraum mit flacher Decke, 1981 nach NW erweitert; hölzerne Empore im S und entlang der O-Wand des Raumes.
Spitzbogige Fenster mit Glasmalerei, hl. Erentrudis bez. *Paul Lütz Konstanz 1925* mit Doppelwappen Nonnberg/Äbtissin Maria Virgilia Lütz; hl. Regintrudis bez. *P. L. (Lütz) 1926* mit Doppelwappen Reichlin von Meldegg/Guttenberg. – Altar um 1600, aus der alten Universität in Salzburg stammend, Altarbild hl. Erentrudis urspr. nicht dazugehörig, 1. H. 17. Jh., Flügel mit Bildern Hll. Benedikt und Scholastika. Tabernakel um 1725. Bar. Kruzifix. Bänke von 1925.

„MARIENHEIM", ehem. Stanzinghof, in Glasenbach, Raiffeisenstraße, Nr. 1; Wirtschaftshof des Klosters St. Ursula. Urk. 1334 dem Stift Nonnberg gehörig, 1412–1520 Familie Prähauser, 1575–1592 Familie Stanzing. 1790 Erweiterung des Hauses.
3geschossiger mächtiger Bau südl. des Klosters, mit Krüppelwalmdach. Im N und S Marmorportale mit querovalen Oberlichtfenstern bez. 1790 und 1791.

SCHLOSS Goldenstein. Dominierender Baukörper auf einer Anhöhe nordwestl. der Pfarrkirche Elsbethen. – Erb. 14. Jh. (?) durch Herren von Haunsperg, 1491 an Bürgerfamilie Knoll, 1580 Ludwig Alt, 1586 durch Heirat an Freiherrn von Rehlingen, 1649 Familie Kurz von Goldenstein, 1710 Stift St. Peter, 1877 an Kongregation der Augustiner Chorfrauen. Seit 1878 Schul- und Internatsbetrieb. Laufende Adaptierungsarbeiten.
Außenbau. Erste Anlage und Kern des Hauptbaus 14. Jh. (?), heutige Gestalt 15. Jh. Nahezu quadrat. Grundriß, fünf Vollgeschosse sowie drei weitere unter dem steilen Schopfwalmdach mit kleinem Dachreiter. Nördl. 4geschossiger Anbau mit polygonalen Ecktürmchen, 16. Jh. Südl. anschließend kleiner rechteckiger Innenhof, gebildet aus zwei bar., 2geschossigen Flügelbauten des 17. Jhs., in der heutigen Form mit Erweiterungen von 1882, sowie aus einem abschließenden Kapellenbau von 1926/27. Zwei Brunnen, einer bez. 1598. Kapellenbau unter

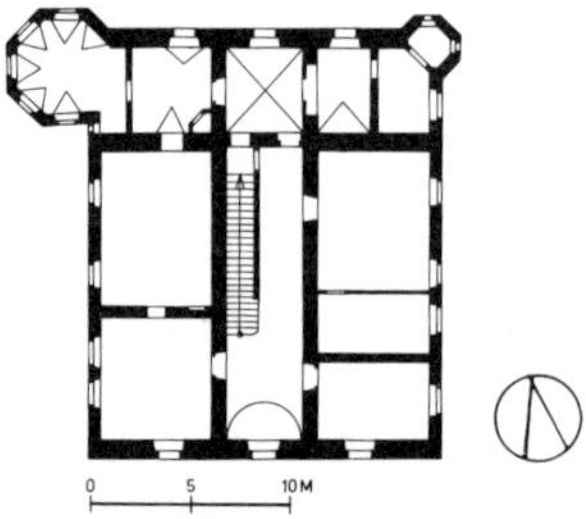

Elsbethen, Schloß Goldenstein, 2. Obergeschoß

Satteldach und Giebelreiter mit eingezogenem Rechteckchor. Im O sogen. Josefshaus, erb. 1902, 2geschossig, einfache Fassadengliederung der Jahrhundertwende.

Inneres. Hauptbau, Erdgeschoß gewölbt, Mittelflur in vier Geschossen mit breiten Stichkappentonnen. Erdgeschoß, Flur mit Trennwand beim Treppenbeginn, aus dem frühen 18. Jh., li. Stiegenaufgang, im Mittelpfeiler Nische mit bar. Figur Maria mit Kind, seitl. Bilder Hll. Joseph und Benedikt, Nische und Bilder mit Stuckrahmen, re. Holztüre mit Malerei Treppenanlage mit Putto. Im SO ehem. Kapelle, jetzt Teil des Refektoriums; Stichkappentonne, an der W- und O-Wand Pilastergliederung mit Stuck, frühes 18. Jh.

1. Obergeschoß, im Flur Marmorlavabo mit Stuckumrahmung 2. H. 17. Jh.; im SW sogen. Grünes Zimmer, mit Holzkassettendecke, Türstöcken und Türen E. 16. Jh. – Bmkw. Bildersammlung des 15.–19. Jhs. – Im nördl. Anbau z. T. Kassettendecken und Türe A. 17. Jh.

Kapelle Herz-Jesu, nach S gerichtet. Flach gedeckter Saal mit eingezogenem Chor. Eingeschossige Empore im N. Tabernakel von 1877. Chorgestühl aus der ehem. Augustiner-Eremitenkirche hl. Georg in Hallein, 1. H. 18. Jh. Ambo mit Relief vier Betende von *Leo von Moos* 1926. – Figur hl. Wolfgang, spätes 15. Jh. Bilder. Sechs Szenen aus dem Leben des hl. Benedikt, Bozzetti zur Bilderserie von St. Peter, von *Franz Xaver König* 1757, zehn weitere Bozzetti der Bilderserie in Verwahrung. Vier Bilder aus dem Kloster St. Mergen/ Schwarzwald: Hll. Augustinus, Dominikus, Petrus Forerius, Guarinus, M. 18. Jh.; Immaculata bez. *Johann Wolfgang Hauwiller 1771;* hl. Bernhard von Baden und hl. Aloysius, beide um 1770. – Sakristeischränke M. 17. Jh.

ERZHERZOG RAINER-KASERNE, nördl. von Elsbethen. Langgestreckte 2geschossige Bauten von 1939/40. Trakt südl. der Einfahrt mit Wandmalerei, Aufbruch Barbarossas und Fahnenträger, von *Albert Birkle* 1940. **Soldatenkirche,** hl. Rupertus, erb. 1969–1971, in den Mitteltrakt eines bestehendes Objektes von 1940 eingefügt, 2geschossige Fassade, im Erdgeschoß Vorhalle mit Arkadengang; Satteldach, Glockenturm. Im Inneren Volksaltar im Zentrum, Beleuchtungskranz von *Katzgraber.*

ZIEGLAU-BRÜCKE in Elsbethen. Erb. 1957 mit Figur hl. Elisabeth.

GLASENBACHBRÜCKE, Pfeilermal am Brückenkopf mit Relief Hl. Wandel um 1960.

GRENZSTEIN in Elsbethen, gegenüber von Goldensteinstraße Nr. 4, mit Wappen von St. Peter, bez. 1745.

BAUERNHÖFE. **Elsbethen, Halleiner Landesstraße Nr. 5:** Jansengut. Einhof, bez. 1870, gemauert mit Putzfaschen um die Fenster und Eckquaderung. Giebelfeld des Dachgeschosses mit verputzter Schalung, Schopfwalmdach. – **Steinerweg, Nr. 8:** Steinbauer. Einhof. Erdgeschoß verputzter Mauerbau, Obergeschoß Blockbau, traufseitig verputzt. Dachgeschoß, verschaltes Giebelfeld mit Balkon. Firstpfetten mit Strebe, beides mit Kerbschnittverzierung und Bemalung. Flaches Satteldach. In Höhe des Obergeschosses angebauter Getreidekasten in Blockbau.

Gfalls, Weiler am Ostabhang des Fagers. – **Nr. 4:** Einhof. Erdgeschoß gemauert, Obergeschoß in Blockbau, verputzt mit Eckquaderung, über der Haustür Figurennische, hl. Maria. Giebelfeld im Dachgeschoß senkrecht verschalt mit Balkon, Schopfwalmdach.

Hinterwinkl, in der Talfurche des Klausenbaches. **Nr. 28:** Haslau. Einhof. Erdgeschoß gemauert, verputzt, Obergeschoß Blockbau, z. T. verputzt. Dachgeschoß im Giebelfeld senkrecht verschalt, Balkon. Schopfwalmdach. Wagenhütte mit eingebautem Getreidekasten, bez. 1766, Blockbau.

Höhenwald, Weiler südl. des Klausbaches am Abhang des Mühlsteines. **Nr. 9:** Sonnbauer. Einhof, Marmortafel über der Haustür bez. 1639 und 1855. Erd- und Obergeschoß gemauert und verputzt. Marmortürgewände, Fenster mit Putzfaschen. Flurküche mit Feuerhut noch z. T. erhalten. Giebelfeld senkrecht verschalt. Balkon, Schopfwalmdach mit Fischgrätuntersicht.

Oberwinkl, an der Südostabdachung des Gaisberges. **Nr. 16.** Loidramgut. Einhof, bez. 1876. Wohnteil gemauert mit Schlackenverzierung, über den Fenstern Segmentbögen. Dachgeschoß mit senkrechter Giebelschalung. Schopfwalmdach mit Glockentürmchen. – **Nr. 45:** Unterbranau. Einhof, bez. 1899. Gemauerter Wohnteil mit Schlackenverzierung, Segmentbögen über den Fenstern. Über der Haustür Nische mit Jesusstatuette. Dachgeschoß mit Balkon, senkrechte Giebelschalung, Schopfwalmdach. Wagenhütte mit eingebautem Getreidekasten in Blockbau.

Vorderfager, am Südostabhang des Gaisberges. **Nr. 2:** Fagerer. Einhof, bez. 1847. Gemauertes verputztes Erdgeschoß, Obergeschoß in verputztem Blockbau stark zurückgesetzt. Giebelfeld mit senkrechter Schalung und zwei Balkonen, Schopfwalmdach mit Fischgrätuntersicht und Glockentürmchen. Stubentram bez. 1687. – **Nr. 18:** Mitterwies. Einhof, bez. 1750 am Stubentram, 1848 an Mittelpfette. Erd- und Obergeschoß gemauert und verputzt. Dachgeschoß giebelseitig senkrecht verschalt mit zwei Balkonen; Schopfwalmdach. Über der Haustüre Figurennische mit hl. Maria. – **Nr. 29:** Fagerreit. Einhof. Gemauert und verputztes Erdgeschoß. Obergeschoß in Blockbau mit Balkon. Dachgeschoß im Giebel senkrecht verschalt. Bemalte Pfettenvorköpfe, Katzenfirst und geschnitzte Strebe unter Firstpfette, Balkon. Satteldach. – **Nr. 31:** Oberberg. Einhof. Verputzter Blockbau, Dachgeschoß im Giebelfeld senkrecht verschalt. Satteldach, First und Mittelpfette durch verzierte Streben gestützt. Pfettenvorköpfe mit Hopfenmuster bemalt.

EMBACH. Gem. Lend. Polit. Bez. Zell am See

Kirchweiler und Streusiedlung, urk. 1. H. 14. Jh., historischer Weg in das Rauriser Tal.

PFARRKIRCHE hl. Laurentius, auf einer Anhöhe südl. des Dorfes. Einschiffiger, im Kern got. Bau mit got. N-Turm und klassizistischer Fassade, von Friedhof umgeben. Urk. 1344, Weihe 1508; 1784–1786 Vergrößerung der Kirche und Errichtung der W-Fassade durch *Louis Grenier.* Pfarre seit 1813; Rest. Außenbau 1968.

4jochiges Langhaus mit Walmdach, im N und S umlaufender Sockel, 2fach gestufte got. Strebepfeiler, im 2. Joch je ein Rundbogenportal des 18. Jhs.; im nördl. 4. Joch Kapellenanbau mit Segmentbogenöffnung. – Fenster in Langhaus und Chor rundbogig; Chor mit polygonalem Schluß. Anbauten am Chorjoch: im N got. Turm mit horizontaler Putzbändergliederung, rundbogigem Schallfenster und Spitzgiebelhelm; im S 2geschossige Sakristei.

Im W klassizistische, dem Langhaus vorgeblendete Fassade. Über der Sockelzone Doppelpilasterordnung mit Triglyphenfries, darüber vorgeblendeter Dreieckgiebel, Fassade darüber hinaus fortgeführt mit erhöhtem Mittelteil und bekrönendem Kreuz. Zwischen den Pilastern vertiefte Felder; Rundbogenportal in der Mitte.

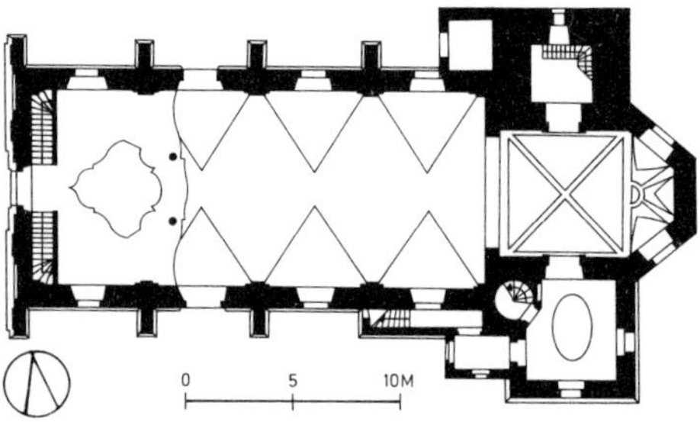

Embach, Pfarrkirche hl. Laurentius

Langhaus mit flachbogiger Stichkappentonne. Doppelpilastergliederung; rundbogiger Triumphbogen, eingezogene Apsis; Chorjoch kreuzgratgewölbt, über den seitl. Türen Bilder Anbetung der Könige und Geburt Christi, 18. Jh.; im S rundbogiges Oratorienfenster; Sakristei mit bar. Stuckspiegeln. Doppelgeschossige W-Empore mit geschwungener bar. Brüstung. – Deckenmalerei Szenen aus dem Marienleben, Heiligendarstellungen und vier Kirchenväter von *Virgil Groder* 1903.

Hochaltar von 1903; Altarblatt Gnadenbild von Maria Ellend (1785 aus Maria Ellend übertragen), 18. Jh.; im Aufsatz Figurengruppe Hl. Dreifaltigkeit (vom ehem. Hochaltar), 2. H. 18. Jh.; Figuren Hll. Franz Xaver und Stephanus, 1903. – Seitenaltäre, beide spätes 18. Jh. Li. Altarblatt hl. Laurentius, von *Franz Streicher* 1785; Konsolfiguren Hll. Nikolaus und Martin, E. 18. Jh. Re. Altarblatt hl. Magdalena, bez. *Johann Hueber 1861;* Konsolfiguren Hll. Georg und Florian, E. 18. Jh.

Kanzel von 1785. – Konsolfiguren: hl. Michael, spätes 17. Jh.; bar. Figuren vier Evangelisten; Hll. Franziskus und Antonius von Padua, um 1800. Figur hl. Petrus um 1760, im Dommuseum. Kruzifix 19. Jh. Bilder: 15 Kreuzwegstationen von *Franz Xaver Kurz,* 1785. Hl. Joseph, Maria vom Guten Rath, Maria hilft den armen Seelen, Maria und hl. Simon Stock, alle um 1800. – Orgel von *Albert Mauracher,* 1887.

Pfarrhof, im Kern bar., Umbau 1913/14. 2geschossig mit Krüppelwalmdach. Relief hl. Johannes Ev., um 1510, im Dommuseum.
Kriegerdenkmal neben der Friedhofsmauer, erb. 1951.
Wirtschaftsgebäude, gegenüber dem Pfarrhof, Obergeschoß Blockbau mit Kopfstrick, Pfette bez. 1798.

WALLFAHRTSKAPELLE Maria Ellend, in W i n k l, auf einer Geländestufe südwestl. von Embach. Wallfahrt seit dem 16. Jh. Erb. 1552, mehrmals erweitert, 1783 demoliert. Neubau 1842, Chor 1847 erweitert.
Rundbau mit langem, halbrund geschlossenem Chor. Umlaufende Hohlkehle. Im W vorgeblendete spätklassizistische Fassade, Dreieckgiebel auf seitl. Pilastern aufruhend. Auf der Dachkuppel Laterne mit Zeltdach.

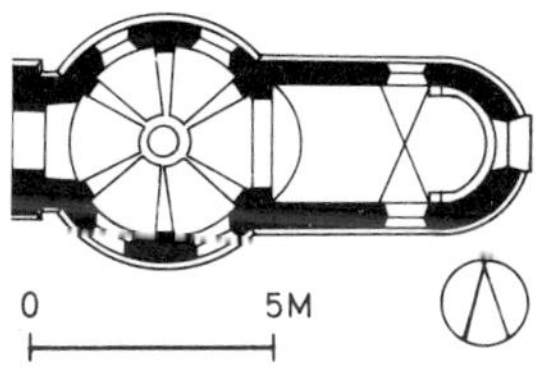

Embach-Winkl, Wallfahrtskapelle
Maria Ellend

Innenraum mit Pilastergliederung, im Rundbau profiliertes Gesims am Gewölbeansatz. Chor tonnen- und kreuzgratgewölbt. – Altar mit bar. Figurengruppe Pietà, 18. Jh. Figuren Hll. Laurentius und Stephanus, um 1520, im Dommuseum. Zahlreiche Votivtafeln des 18. und 19. Jhs. Wappengrabstein von Ursula Penninger, 2. H. 16. Jh.

Ursprungskapelle, unterhalb der Wallfahrtskapelle, mit Rundapsis und Zeltdach, erb. 1755.

ÖLBERGKAPELLE, auf dem Fußweg von Maria Ellend nach Embach, mit Walmdach und halbrunder Apsisnische. Figur Christus an der Geißelsäule, um 1840.

PROFANBAUTEN. Neben Neubauten und umgebauten Bauernhöfen und Handwerkerhäuschen ansprechendes Ensemble am Fuß des Kirchhügels, bestehend aus dem **Gasthaus Oberwirt** (im Kern 18. Jh.) mit Stadel und naher Mühle, dem Bauernhof **Nr. 3** sowie den Handwerkerhäusern **Nr. 8, Nr. 9** und **Nr. 10. Nr. 3:** Sekundärer Einhof, Mischbauweise, Wohnteil mit Längsflur, Zierschrot, Firstpfette bez. 1783; Wirtschaftsteil mit Querfirst bez. 1836. – **Nr. 5:** Paarhof, Wohnteil in Mischbauweise, hohes gemauertes Erdgeschoß 16. Jh., Querflur mit Stichkappentonnengewölbe; Stallscheune mit Legschindeldach bez. 1891, daneben Roßstall 1909 und Machhütte. – **Nr. 6:** Paarhof, Wohnteil gemauert, Firstpfette bez. 1794, Stallscheune bez. 1689; daneben Machhütte, Blockbau bez. 1819, Waschhaus und Mühle mit oberschlächtigem Wasserrad. Beide Höfe benachbart, außerhalb des Dorfes am Hang. – **Nr. 8:** Schmiedhaus, Blockbau mit Mittelflur und mit Zierschrot, Firstpfette mit Rokokobemalung bez. 1825.

ERENTRUDISALPE, siehe ELSBETHEN

ESCHENAU. Gem. Taxenbach. Polit. Bez. Zell am See

Kirchweiler, urk. 1133.

PFARRKIRCHE hl. Margaretha, auf steil ansteigendem Hügel im O des Ortes. Einschiffiger got. Bau, von Friedhof umgeben. Urk. 1394. Pfarre seit 1891. Schlichter Außenbau; Langhaus mit Satteldach, im W Giebelfassade, gekehltes, spitzbogiges, zum Rundbogen geschlossenes Portal, darüber spitzbogiges Fenster. Die untere Fensterreihe des Langhauses mit bar. Fenstergewände. Einspringender Chor mit polygonalem Schluß, spitzbogige Fenster, in der Achse vermauert. Im N 2geschossiger Sakristeianbau; im S got. Turm, ungegliedert, oberstes Geschoß mit Eckquaderung und Gesims, Biforenfenster und Satteldach.

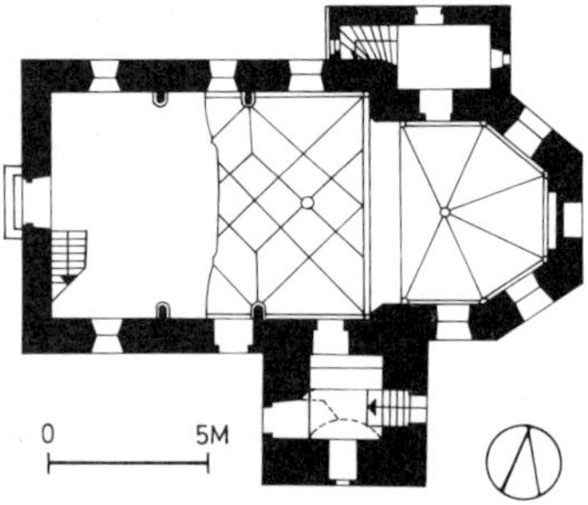

Eschenau, Pfarrkirche hl. Margaretha

3jochiges Langhaus, durch das Freskenfragment an der N-Wand datierbar 2. H. 14. Jh.; Zweiparallelrippengewölbe auf gekehlten Diensten, 2. H. 15. Jh.; im S spitzbogiges abgefastes Portal zum Turm. Spitzbogiger Triumphbogen, Chor mit $^5/_8$-Schluß auf Konsolen; im N spitzbogiges abgefastes Portal zur Sakristei. Bar. W-Empore. Got. Wandmalerei, 2. H. 14. Jh., Freilegung 1982. Umfangreiche Reste einer Ausmalung des Chorgewölbes und der Chorwände: Weltgericht, Marientod, Anbetung der Könige, Verkündigung und Heilige. Am nördl. Langhaus Reste einer Margarethenlegende, 2. H. 14. Jh. Im 2. Joch Dekorationsmalerei in der Stichkappe, 17. Jh. Apostelkreuze 14. und 15. Jh. An der Chorbogennordseite hl. Florian, 1830. – Glasfenster Hll. Rupert, Virgil, Antonius von Padua, bez. *Georg Boos 1897.*
Hochaltar aus verschiedenen Teilen zusammengesetzt; Mariahilf-Bild 19. Jh., Oberbild hl. Barbara, spätes 18. Jh., Konsolfiguren Hll. Magaretha und Barbara, A. 18. Jh. – Kanzel um 1790, auf dem Schalldeckel Figuren vier Evangelisten. Bar. Kruzifix. Frühbar. Konsolfigur hl. Leonhard. Bilder in Verwahrung: Jüngstes Gericht, M. 18. Jh.; Geburt Christi, um 1800. – Orgel von *Mauracher,* 1850. – Glocke von *Caspar Immendorfer,* 1754.

Friedhofskapelle, erb. 1977, mit bar. Kruzifix, 18. Jh.

Pfarrhof. Bar. Bau, 2geschossig mit umlaufender Hohlkehle und Krüppelwalmdach. Rest. 1978/79.

Bründling-Kapelle, nordöstl. der Pfarrkirche. Wegkapelle mit Satteldach, spätbar. Kreuzigungsgruppe.

EUGENDORF. Polit. Bez. Salzburg-Umgebung

Gemeinde im Hügelland des mittleren Flachgaus nordöstl. von Salzburg. Haufendorf und Streusiedlungsgebiet mit den Kirchweilern Kirchberg, Mühlberg und Unzing. Eugendorf urk. um 730, Mühlberg urk. 1. H. 12. Jh. Haufendorf aus Kirchweiler hervorgegangen, siedlungsmäßige Erweiterung 20. Jh. Umland von Weilern bestimmt.
Einhöfe vom Flachgauer Typus, über haken- und T-förmigen Grundrissen, Steinbau vorherrschend, z. T. unverputzt, z. T. Schlackenverzierungen und häufig reiche Sandsteinportale mit Bez. zwischen 1840 und 1880 (wie Eugendorf Nr. 65, Reitberg Nr. 16, Schaming Nr. 19, Schwaighofen Nr. 14, 15, 18), gleichzeitige Fenstergitter. Z. T. Nebengebäude.

PFARRKIRCHE hl. Martin, in der Ortsmitte, von Friedhof und Mauer mit kugelbekröntem Barockpfeilerportal umgeben. Im Kern z. T. got., spätbar. Saalkirche mit got., bar. erhöhtem Westturm. – Urk. um 790 eine Kirche. 1736/37 Neubau nach Plänen des Hofmaurermeisters *Tobias Kendler,* gew. 1763. 1857 Pfarrerhebung. Renov. 1852–1856, Rest. 1926, innen 1957/58, 1983, außen 1974.
Außenbau. Vorgestellter Westturm, got. Turmbau in Quadermauerwerk, durch Kaffgesimse 5geschossig, Westportal und Schallöffnungen gedrückt spitzbogig und abgefast, bar. Türschloßbeschlag; bar. Achteckaufsatz von 1692 und Zwiebelhelm; seitl. symmetrische Anbauten (Aufbahrungshallen), südl. got. Kapelle mit barockisierenden Fenstern, nördl. bar. Anbau. – Einheitlicher Bau von 1736/37, vom Vorgängerbau z. T. westl. und südl. Schiffsmauer. An Langhaus und geringfügig eingezogener Flachbogenapsis umlaufende Gesimskehle; hohe Rundbogenfenster, die westl. über Glockenfenstern; seitl. Rundbogenportale in gesimsverdachten Rechteckgewänden mit gedoppelten Türflügeln (Schlösser). Südl. doppelgeschossiger Sakristeianbau, im Kern vom Vorgängerbau, Oberlichtportal unter Verwendung eines got. Sturzes, got. Türbeschlag (?), bar. Gesimskehle. Schnitzkruzifix im Stil des 17. Jhs.
Inneres. In der Turmhalle gedrückte Hängekuppel, durch Rippenspitzbögen Schildkappen ausgegrenzt. – Durchgehender weiter Saalraum von 1736/37. Gedrückte Stichkappentonne des 4jochigen Schiffs sowie Apsiskonche über Gurten auf ionischen Pilastern mit mächtigen Gebälkköpfen, Gebälk in Apsis durchlaufend. Im östl. Joch durch Pilasterrücklagen und Stufenerhöhung Chorbildung, in der Mitte einspringende hölzerne Kommunionbrüstung, urk. 1737, mit gemaltem Volutengitter, horizontal gewellt. Steinplattenboden. Im

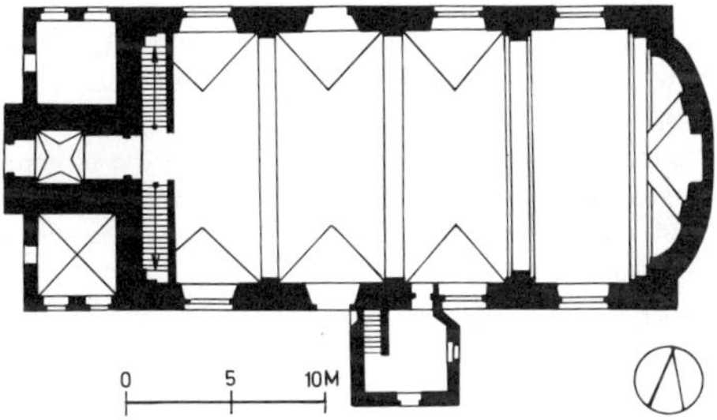

Eugendorf, Pfarrkirche
hl. Martin

Westjoch Doppelempore, untere am Pfeiler bez. 1763, obere von 1847, putzgegliederte Brüstungen (geschwungen). Südseitig Sakristeiportal vom Vorgängerbau in Art einer Architravierung profiliert, in spätbar. Stuckleistenrahmung, spätgot. beschlagene Türe, darüber Oratorienbalkon; in der Sakristei bar. Flachdecken mit Stuckrahmen. Sakristeiumbau 1983.
Einrichtung. Einheitliche hochbar. Altarausstattung von Tischler *Wolf Schmidt,* 1682–1685 im Knorpelwerkstil, in Schwarz-Gold-Fassung mit Säulenmarmorierung, 1856 Neufassung. Hochaltar bez. 1683 und 1856, freistehend, säulengegliedertes Hauptgeschoß in abgewandelter Triumphbogenanordnung, Sitzfigur hl. Maria mit Kind 1856 übergangen, barockisierende Seitenfiguren Hll. Martin und Rupert von 1856; im quadrat. Auszug Vierpaßbild Mantelspende des hl. Martin von 1856, Figuren Hll. Michael und Wetterherren Johannes und Paulus von *Adam Hartmann* 1683. Tabernakel mit Aufsatzgruppe Hl. Dreifaltigkeit um 1740. Reliquienständer in Altärchenform um 1683.
Seitenaltäre urk. 1685, vor den Chorpilastern, Sprenggiebelsäulenädikulen mit ornamental gerahmten Auszugstondi; li. Altarblatt Hl. Familie um 1856 wohl von *Josef Rattensperger,* seitl. spätgot. Statuetten Hll. Sebastian und Georg, um 1500, Auszugsbild hl. Katharina von *Adam Pirckmann* 1685; re. Altarblatt hl. Antonius von Padua und Auszugsbild hl. Barbara von *Adam Pirckmann* 1685, Altarblatt wohl M. 19. Jh. übermalt, seitl. kniender hl. Johannes Nepomuk und Engel mit Schweigegestus, 1. H. 18. Jh., Tabernakel 2. V. 18. Jh., darauf Kastenrahmen mit Statuette hl. Johannes Nepomuk in Klosterarbeit, wohl gleichzeitig.
Spätbar., stuckierte Rundkanzel urk. *Christoph Fenninger* 1737 (Originalpolychromie), glockenförmiger Ablauf und Schalldeckel, Brüstungsreliefs Kirchenväter. – Orgel von *Matthäus Mauracher,* 1911, mit neobar. Pilasterprospekt. – Mächtige Kreuzigungsgruppe, Konsolen urk. 1702, *Werkstatt Meinrad Guggenbichlers,* Kruzifix mit Kelche tragenden Putti zwischen Hll. Maria und Johannes Ev., Fassung 19. Jh., Schnitzfiguren hl. Maria mit Kind in Rosenkranzgehänge, Auferstandener um 1720. Nischenfigur Christus im Kerker 1. H. 18. Jh. Schnitzgruppe Gnadenstuhl 1. H. 19. Jh. Statuen Hll. Anna und Maria A. 20. Jh. – Neorom. Marmortaufstein von 1857 mit Aufsatzfigur hl. Johannes d. T. Portalgitter urk. *Wolf Haas,* 1737. Bar. Gestühl. Kreuzwegbilder von *Josef Rattensperger,* 1856. Vortragekreuz 18. Jh.

Aufbahrungskapelle, got. Kreuzrippengewölbe. Geschwungen konturiertes Altarretabel, 3. V. 18. Jh., mit gemalten Volutenstützen; vorgeblendete Schnitzfiguren, in Predellenzone Fegefeuer zwischen Kriegerstatuetten, Kruzifix zwischen fürbittender hl. Maria und Arme Seele befreiendem Engel, oben Gottvater; am Kreuzfuß Kartuschenbild Hl. Messe und Fegefeuer. Rotmarmorgrabstein 1621 und 1637 mit Wappen, Inschr. und Tonreliefszene Auferwekkung des Lazarus.

Pfarrhof, östl. der Kirche. Erb. 1787 weitgehend nach Entwurf *Wolfgang Hagenauers,* rest. 1979. 2geschossiger faschengegliederter Bau mit Traufkehle unter Walmdach.

FILIALKIRCHE hl. Georg, in der Streusiedlung K i r c h b e r g, weithin sichtbar auf einem Hügel. Einschiffiger spätgot. Bau mit bar. W-Turm, auf einem Hügel nördl. eines Bauernhofes. Urk. 1390. 1698/99 Dachstuhl erneuert, Erbauung des Turmes. Rest. 1979/80.

Langhaus im Kern rom., im W Sockel, an der S-Fassade zwei spätgot. gekehlte spitzbogige Fenster, spätgot. spitzbogiges gekehltes W-Portal. Satteldach. Einspringender spätgot. Chor, polygonal geschlossen, mit umlaufendem Sockel, im N und S je ein spitzbogiges Fenster, das gekehlte spitzbogige Achsfenster vermauert. Turm in der westl. Giebelfassade eingebunden, im Giebelfeld vorspringend, quadrat., darauf oktogonaler Aufsatz und Pyramidendach von 1911. Südl. des Chores eingeschossige spätgot. Sakristei mit umlaufendem Sockel und Pultdach. Am Chor eingemauerte Reliefplatte, Bruchstück eines römischen Grabsteines mit Portrait einer Frau in norischer Tracht.

Langhaus 1699 flach gedeckt, mit einfachem bar. Stuckspiegel; im W Turmerdgeschoß, tonnengewölbt. Gekehlter spitzbogiger Triumphbogen. Chor mit Zweiparallelrippengewölbe auf Runddiensten mit Basis und Kapitell, 3/8-Schluß; im S 2fach gekehltes spitzbogiges Portal zur kreuzgratgewölbten Sakristei. Eingeschossige hölzerne W-Empore.

Hochaltar von *Meinrad Guggenbichler* 1707; Mittelnische mit Figur hl. Georg, seitl. Konsolfiguren Hll. Sigismund und Florian. Im Aufsatz Rundbild hl. Laurentius A. 18. Jh.; auf der Mensa Figur Maria mit Kind, A. 16. Jh. Seitenaltar bez. 1691, Altarblatt Gnadenbild umgeben von vier kleinen Rundbildern Hll. Donatus, Benedikt, Achatius und Zeno. Aufsatzfigur hl. Laurentius, A. 16. Jh.

Kanzel spätes 17. Jh. Kruzifix A. 16. Jh. Bilder, an der Emporenbrüstung sechs Szenen aus dem Leben des hl. Georg, bez. 1640; sieben Zufluchten bez. 1721, mehrere Bilder des 18. Jhs. Spätgot. eiserner Opferstock.

FILIALKIRCHE hl. Leonhard, im Kirchweiler M ü h l b e r g nördl. von Eugendorf. Einschiffiger spätgot. Bau des 15. Jhs. mit W-Turm, auf einem Hügel östl. der Fischach, im N ehem. Pfarrhof. Urk. 1345, 1509. Sakristei erb. 1690, Turm 1697 und 1773 im oberen Teil neu erb. Rest. 1984/85.

Schlichter Außenbau, Langhaus mit Satteldach, polygonal geschlossener Chor. Umlaufender Sockel. N-Portal, das Gewände mit abgefastem geradem Sturz. Im 1. Joch spitzbogiges Fenstergewände; die Fenster im Chor gekehlt, spitzbogig, Chorachsfenster vermauert. 3geschossiger Turm mit Sockel, Geschoßteilung durch profilierte Gesimse, das dritte Geschoß oktogonal mit rundbogigen Schallfenstern, mehrteiliger bar. Zwiebelhelm. Im N und S abgefastes spätgot. Spitzbogenportal, im S vermauert. Turmerdgeschoß sternrippengewölbt, Schlußstein mit Relief Antlitz Christi.

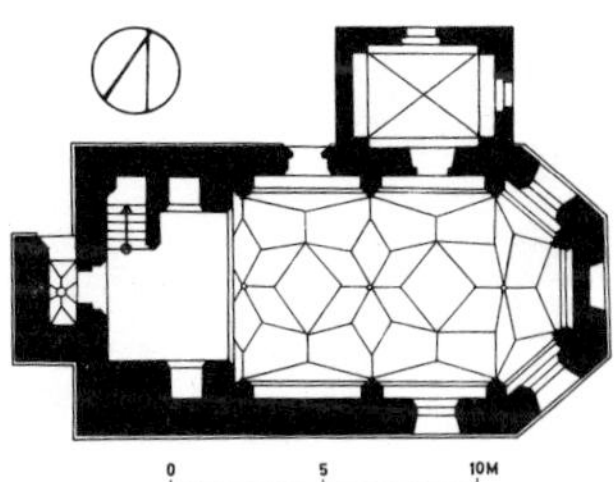

Eugendorf-Mühlberg, Filialkirche hl. Leonhard

3jochiges Langhaus, Chor mit ⅜-Schluß; spätgot. Sechsrautensterngewölbe. Im W über das 1. Joch reichend gemauerte Empore mit Segmentbogentonne. W-Portal zum Turm spitzbogig, abgefast. Sakristei kreuzgratgewölbt.
Hochaltar 2. H. 17. Jh., Altarblatt Hl. Sippe, Oberbild Hll. Leonhard und Rupert, bekrönende Aufsatzfigur hl. Michael. Mensa-Antependium mit Malerei Maria mit Kind. Kanzel auf einem Mauerpostament ruhend, um 1680, mit Bildern 4 Evangelisten. – Spätgot. Figuren Hll. Rupert, Gisilar und Chuniald, gegen 1440, aus dem mittelalterlichen Salzburger Dom, heute im Stiftsmuseum Seekirchen, die Postamente von 1632 mit Rest.-Dat. 1842 erhalten. Im 3. nördl. Joch kleiner hölzerner Altaraufbau mit Kruzifix, Speer und Schwammstab, M. 17. Jh. An der Emporenbrüstung 8 Bilder mit Szenen aus dem Leben der hl. Anna, spätes 17. Jh. Bild hl. Leonhard 18. Jh.
Grabsteine. Relief Kniender vor Kruzifix, Hans Sicherer, gest. 1636; am Boden eingelassene Inschr.-Platte Virgil Sicherer, Pfarrer von Seekirchen, gest. 1642.

FILIALKIRCHE hl. Jakobus d. Ä., im Kirchweiler U n z i n g östl. von Eugendorf. Rest. 1948. – Schlichter, im Mauerkern mittelalterlicher Saalbau mit abgefastem, erneuertem Spitzbogenportal; im Kern wohl got. Fünfseitchor mit Segmentbogenfenstern, späterer Sakristeianbau; Giebelreiter mit Zwiebelhelm. Spätbar. gekehlte Flachdecke mit Stuckrahmen. In der Südmauer mittelalterliches Schlitzfenstergewände. Tiefe Holzempore. Flachbogiger Triumphbogen; spätbar. Chorflachtonne mit Stichkappen. Bar., gedoppeltes Sakristeiportal mit Schloß. Rotmarmorplattenboden.
Wandmalerei, an der Südwand spätgot., erneuertes Fragment einer Schutzmantelmadonna.
Altar urspr. bez. 1668, freistehende Sprenggiebelsäulenädikula, Predellenbild Mariä Verkündigung, Altarblatt hl. Jakobus d. Ä. bez. *Franz Moßer 1845* (wahrsch. in Anlage bar.), Aufsatzbild Gottvater. – Kanzelkorb von 1765. Schnitzkruzifix A. 16. Jh. Kreuzwegbilder von 1843. Bar. Gestühl.

KAPELLEN. **Weilerkapellen.** Bauten mit Halbkreisapsiden und Segmentbogenöffnungen unter Walmdächern. N e u h o f e n, 2. H. 19. Jh., Vorlaube. S c h w ö l l e r n (bei Schwaighofen Nr. 14), bez. 1855, Gitterportal, barockisierende Mensa.
Hofkapellen. E u g e n b a c h Nr. 20, bez. 1916, 5seitig geschlossener, putzgegliederter Bau mit Rundbogenportal, Schopfwalmdach mit Zierschnitt über Vorlaube. – K i r c h b e r g, Eiblkapelle, neogot. Bau von 1898 mit Flachbogenapsis, Kragwalmdach mit Dachreiter; innen Tonne, von neogot. Altärchen Flügel mit Hll. Florian und Sebastian. – N e u h o f e n Nr. 27, Untergasbach, bez. 1892, Apsis, Kragsatteldach.
Wegkapellen. E u g e n b a c h (bei Nr. 5), quadrat. Bau 19. Jh. mit Flachbogenöffnungen. – L o i h a r t i n g, südl. des Weilers, barockisierender Bau, A. 19. Jh., mit Halbkreisapsis, Rundbogenöffnungen und Pilastergliederung unter Kragsatteldach, Votivbild; innen Kreuzgratgewölbe.

BILDSTOCK bei der Pfarrkirche, Pestsäule von 1393, spätgot. Achteckpfeiler mit Tabernakelaufsatz.

„FRANZOSENKREUZE" an der Bundesstraße 1 (alte Abzweigung Thalgau), drei niedrige Steinkreuze (Konglomerat), seit um 1970 in Betonsockel, lt. Tradition Erinnerung an gefallene napoleonische Soldaten.

BURGSTALL Hofkalham. Bewaldeter Kopf östl. des Gutes Hofkalham. Salzburger Ministerialengeschlecht von Kalham seit 1123 urk., alter Sitz (Alten-) Kalham westl. des heutigen Standortes; um 1260 Neubau der Burg, Kalhamer wegen Raubrittertums in Ungnade, Burg 1275 vom Erzbischof erobert und zerstört.
Bei archäologischer Untersuchung 1973 Grundriß weitgehend erfaßt, Fundamentreste einer Ringmauer und Objekte erkennbar.

BAUERNHÖFE. **Eugendorf, Nr. 40:** Paarhof auf dem Kirchhügel von Mühlberg. Urk. 1370, erb. als Pfarrhof von Seekirchen, Instandsetzung 1681, 1739–1777 dem Stift Seekirchen gehörig. – Mächtiges gemauertes 2geschossiges Mittelflurhaus unter Krüppelwalmdach mit Dachreiter; im Kern noch mittelalterlich. Wirtschaftsgebäude in Mischbauweise mit Krüppelwalmdach, Sonnenuhr. An beiden Gebäuden einfache, bar. Putzgliederungen.
Knutzing, Nr. 9: Zenzenbauer. Einhof; gemauertes Mittelflurhaus mit Schlacken- und Scherbenverzierung, Sandsteinportal bez. 1871.
Neuhofen, Nr. 26: Flachgauer Mittertennhof, 2geschossiges, in Bruchsteinmauerwerk erbautes Mittelflurhaus mit Schlacken- und Scherbenverzierung, Putzrahmung der Fenster, weit vorkragendes Krüppelwalmdach mit Dachreiter.

FAISTENAU. Polit. Bez. Salzburg-Umgebung

Gemeinde in den Kalkvoralpen des südl. Flachgaus, östl. von Salzburg, Kirchweiler und Streusiedlungsgebiet, urk. 1182. Ortskern auf hügeliger Anhöhe, kleiner Dorfplatz mit 2geschossigen Altbauten unter Schopfwalmdächern (Gasthof Post mit Marmorportal bez. 1865) um „1000jährige" Dorflinde, dem Chor der Pfarrkirche vorgelagert. Siedlungserweiterung 20. Jh. – Einzelhöfe und Weiler im Faistenauer Becken und den anschließenden Tälern; Einhöfe des Tennengauer Typs.

PFARRKIRCHE hl. Jakobus d. Ä., im W des Kirchweilers, Westturm den Hügelabfall dominant überragend. Spätgot. Saalkirche mit bar. verändertem Chor und got., bar. erhöhtem Westturm, von Friedhof mit Mauer umgeben. – Urk. 1324 Bestätigung von Stiftung und Bau einer Kirche, ehem. Patrozinium Unsere Liebe Frau und hl. Jakob, 1873 Pfarre. Rest. 1913, innen 1949, 1980/81.
Außenbau. Vorgestellter Westturm, wohl um 1324 mit nachwirkenden rom. Formen erb., Erhöhung 1707/08, Rest. 1914, 1975, Helmerneuerung 1979;

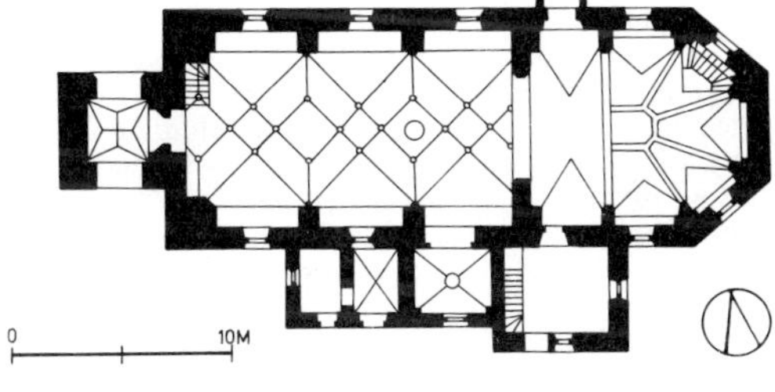

Faistenau, Pfarrkirche hl. Jakobus d. Ä.

mittelalterlicher Turmbau durch Kaffgesimse 4geschossig, spätrom. Gliederung durch Lisenen sowie Zahnschnitt- und Bogenfriese, letztere z. T. als got. Maßwerk- und Lilienfriese ausgeformt, nord- und südseitig gering profilierte Spitzbogenportale, im ehem. Klanggeschoß Dreiergruppen von gekuppelten rundbogigen Säulenarkaden (z. T. vermauert), bar. Abschlußgebälk mit Uhrengiebel; am bar. Achteckaufsatz alternierend Rundbogenschallfenster und Pilaster, ausladendes Gebälk, Doppelzwiebelhelm. Einsegnungs- und Aufbahrungshalle im Zwickel zwischen Turm und Langhaus 1966 angefügt.
Schlichtes Langhaus im Kern um 1324 (?), 2. H. 15./A. 16. Jh. verändert; in 3seitig geschlossenen, im Kern got. (?), 1694 neu gestalteten Chor übergehend; gedrückte Spitzbogenfenster; in der Langhausmitte vermauertes Südportal; nördl. Chorportal E. 17. Jh. mit architraviertem Marmorgewände, Weihwassermuschel und genageltem Tor, 1980 erneuerter Portalvorbau. Schindeldächer. – An der Langhaussüdseite bar. Anbau unter Pultdach, innen zweigeteilt, re. Beinkammer durch vergittertes Rechteckfenster kapellenartig geöffnet, Weihwasserstein, innen Kreuzgratgewölbe, barockisierende Maltafeln (Arme Seelen, Türbild Tod); Kapellenanbau von 1625 unter Schleppdach, Rotmarmorgrabplatte mit Relief zwei Kinder 1604. Am Chor südl. 2geschossiger Sakristei- und Oratoriumsanbau, E. 17. Jh.
Inneres. Turmhalle um 1324, an drei Seiten von profilierten Spitzbogenarkaden eingenommen, in die östl. mehrfach profiliertes Spitzbogenportal zum Schiff eingefügt; Sternrippenwölbung auf Konsolen aus der Zeit der Langhauswölbung. – Langhaus, 3jochige Wandpfeilergliederung 2. H. 15./A. 16. Jh.; die spitzbogigen, umlaufend profilierten Einsatznischen durch Stichkappen in die Tonnenwölbung übergeleitet, Netzrippengewölbe mit Kreuzungsscheiben auf Konsolen, gedrückt spitzbogiger Triumphbogen geringfügig eingezogen; Rotmarmorplattenboden. Tiefe Holzempore, 2. V./M. 17. Jh., die westl. Schiffshälfte einnehmend, Kassettendecke auf drei Ständerpaaren, säulchengegliederte Brüstung mit eingelassenen Apostelbildern (2. H. 19. Jh.). – Südl. Kapelle, am Stufenaufgang bez. 1625, gotisierende Säulenarkade mit profiliertem Spitzbogen in Rotmarmor, Stuckrippengewölbe mit Sprengring auf Eckpfeilern.
Weiträumiger Chor in Schiffshöhe und -breite, Einjochigkeit mit ⅝-Schluß vom got. Bau, bar. Stichkappentonne durch Gurt- und Rippenbänder gegliedert, bez. 1694, eingezogene Streben mit Pilastervorlagen; an der Nordflanke Empore von 1707 mit geschwungener putzgegliederter Brüstung; südseitig marmorierter Oratorienbalkon und Übergang zur Kanzel mit eingelassenen Evangelistenbildern um 1700. Abgefastes Sakristeirundbogenportal mit beschlagener Tür, Sakristei E. 17. Jh., an der Flachdecke Stuckfelderrahmen, im Oratorium Kreuzgratgewölbe.
Wandmalerei in Laibungen der nordseitigen östl. Einsatznischen; 1949 freigelegt; die erste bez. 1517, Figuren in Renaissancearchitekturen, Hll. Rupert und Virgil, Gabriel und hl. Maria (Verkündigung); die zweite etwa gleichzeitig, Christus vor Kaiphas und Händewaschung des Pilatus, Fußwaschung und Gefangennahme Christi.
Einrichtung. Hochaltar urk. 1716, freistehend, marmoriertes Säulenretabel mit schrägen Pilasterflanken, Volutenauszug, gesamter Aufbau von einem freien Bogen aus 15 aneinandergeknüpften Rosenmedaillons mit eingelassenen Bildern der Rosenkranzgeheimnisse umrahmt; Altarblatt hl. Maria mit Kind, Rosen-

kränze an Mitglieder einer Bruderschaft verteilend, Seitenfiguren Hll. Johannes d. T. und Ev., Auszugsfigur hl. Jakobus d. Ä., Adorationsengel von *Paul Mödlhammer* 1721; Rokokotabernakel um 1760.
Seitenaltäre 1687–1690, schwarz gefaßte Spiralsäulenretabel mit Auszugstondi, Rokokoamphorenleuchter; li. Altar 1687 urk. von Tischler *Wolf Reitlechner* und Maler *Matthias Wichlhamer;* re. 1689/90 von Tischler *Wolf Hauser* und Maler *Christof Scheen;* Altarblätter li. Hl. Familie, re. Unterricht Mariä, Auszugsbilder li. Gottvater, re. hl. Leonhard, Vorsatzbilder li. Mariahilf in Rahmen um 1730–1740, re. hl. Anna selbdritt 2. H. 18. Jh. – Kapellenaltar urk. 1720, marmorierter Wandaufbau mit geschwungenem Giebel, Tabernakel, barockisierendes Altarblatt Nothelfer bez. *Hinterholzer* 1887.
Rokokokanzel von 1768. – Bar. Schnitzfiguren: Triumphbogenkruzifix 2. H. 17. Jh. Schmerzensmann und Schmerzhafte Muttergottes urk. 1702 von *Meinrad Guggenbichler* (wahrsch. Werkstatt). Hl. Maria mit Kind in Rosenkranz, Maria Immaculata, A. 18. Jh., Werkstatt *Meinrad Guggenbichlers.* Christusstatue mit Kreuz und Kelch 1. H. 18. Jh. Verschiedenartige Statuetten, hl. Barbara 2. V. 17. Jh., Hll. Rochus und Sebastian im Stil 2. V. 17. Jh., barockisierender hl. Diakon. Auferstandener, Kruzifix 18. Jh. Bekleidete hl. Maria mit Kind in Rokokoglasschrein, um 1760 (in Verwahrung). – Ölbilder Verkündigung, Beschneidung 2. H. 18. Jh. – Neogot. Taufbecken. – Kreuzwegbilder 19. Jh. – Zwei Rokokoreliquienpyramiden. Zwei Tragstangen mit Leuchterengeln frühes 18. Jh. Ampel M. 18. Jh. Bar. Gestühl. Orgel von *Karl Mauracher,* 1825. – Glocke 1486, von *Josef Erhart.*

Friedhof. Nordseitig hölzerne Gruftlaube, 19. Jh., mit Pultdach. – Kriegerdenkmal, Entwurf *K. Pirich* 1920, Lichtsäule.

KAPELLEN. **Weilerkapelle** in V o r d e r s e e, spätes 19./frühes 20. Jh., im Putz gegliederter Rechteckbau mit vorkragendem Schopfwalmdach und Dachreiter, Rundbogenportal und Rechteckfenster, innen Tonne.
Hofkapellen. Schlichte Rechteckbauten mit Tonnenwölbungen unter vorkragenden Dächern. A n g e r Nr. 18, Lohbauer, frühes 20. Jh. – H a m o s a u (Vordersee), 2. H. 19. Jh., Schindelwalmdach, wellenbogige Öffnungen und Putzgliederung. – K e f l a u (Tiefbrunnau), neogot. Bau spätes 19./frühes 20. Jh.; neogot. Wimpergaltärchen mit Statuen. – S c h a f f e r e r (Wald), 1. H. 20. Jh. – Z e n s e n b a u e r (Tiefbrunnau), Barockbau mit Halbkreisapsis unter Kragschindeldach, innen Flachtonne.
Wegkapellen. Vorkragende Walmdächer. F a i s t e n a u, nördl. der Pfarrkirche, 19. Jh., erneuert. – F i s c h l e h e n (Ramsau), 1. H. 20. Jh., Rechteckbau mit Okuli, innen Tonne.

BILDSTÖCKE. B r u n n m ü h l e (Vordersee), spätes 19./frühes 20. Jh., Ölbild Kruzifix. – Westl. von Faistenau gemauerter **Bildnischenpfeiler** unter Schindelpyramidendach. – T i e f b r u n n a u, **Mariahilfbildstock** an Straße zum Laimerwirt, bez. 1883, Bildpfeiler. – Teuflbauer, 19. Jh., Kragdach mit Zierschnittleiste. – T i e f b r u n n a u, barockisierend, bez. 1948.

BAUERNHÖFE. **Alm,** hügeliger Talboden nördl. der Saraischarte. **Nr. 6:** Hahnetal. Einhof, bez. 1846, Erdgeschoß gemauert, verputzt, Obergeschoß z. T. gemauert, z. T. Blockbau, verputzt, Dachgeschoß Ständerkonstruktion, senkrecht verschalt mit Zierausschnitten, Satteldach. Freistehender Backofen. –

Nr. 7: Hahnetal. Einhof, bez. 18 . ., Erdgeschoß gemauert, Obergeschoß Blockbau, Quertenne mit Tennbrücke, originale Fensterformate, Dachgeschoß Ständerbau, senkrecht verschalt, mit Balkon, Satteldach. – **Nr. 10:** Almbauer. Einhof, bez. 1814, gemauert, Putzarchitektur, Fensterfaschen, Dachgeschoß Ständerbau, senkrecht verschalt, Balkon mit Zierausschnitten.
Anger, Streusiedlung im Faistenauer Becken. **Nr. 5:** Tothbauer. Einhof, Erdgeschoß gemauert, verputzt, Obergeschoß Blockbau, Dachgeschoß Ständerbau, senkrecht verschalt, Balkon, Schopfwalmdach, schindelgedeckt. Wagenhütte mit eingebautem Getreidekasten. – **Nr. 18:** Einhof, bez. 1852, gemauert und verputzt, Dachgeschoß Ständerbau, senkrecht verschalt mit Balkon, in Balkonbrüstung und Verschalung Zierausschnitte mit Tiergestalten, Schopfwalmdach. Im Hof Kapelle, Getreidekasten in Holzhütte eingebaut, Blockbau.
Vordersee, Weiler südl. von Faistenau. **Nr. 32:** Einhof, bez. 1884, gemauert, verputzt, mit Putzarchitektur, Dachgeschoß mit Balkon, in Brüstung, bez. 1897, und Dachgeschoßschalung, ausgeschnittene Zierformen, Satteldach schindelgedeckt, Getreidekasten, Blockbau. – **Nr. 38:** Einhof, bez. 1823, Erdgeschoß gemauert und verputzt, Obergeschoß giebelseitig verputzt, traufseitig verschindelt, Dachgeschoß Ständerbau, verputzt, mit Balkon, Schopfwalmdach mit Glockentürmchen, Dachuntersicht mit Fischgrätmuster.
Wald, im Tal des Schmiedbaches nördl. von Faistenau. **Nr. 10:** Klaushof. Einhof, bez. 1886, gemauert, mit Schlackenverzierung, ober der Haustüre Kruzifix.

FALKENSTEIN, siehe ST. GILGEN

FELBEN. Gem. Mittersill. Polit. Bez. Zell am See

Kirchweiler am Ausgang des Felbertales. Die Kirche und der mittelalterliche Wohnturm zusammen mit einigen bäuerlichen Objekten stellen ein bmkw. Ensemble dar.

FILIALKIRCHE hl. Nikolaus, in der Dorfmitte, westl. des Felberturmes. Spätgot. Wandpfeilerkirche, im Kern rom. Urk. 1497; Innenrest. 1970, Außenrest. 1976.
Langhaus im Kern rom., 12. Jh.; an der N-Wand zwei Kragsteine – geben urspr. Länge des rom. Baues an – und zwei rom. Rundbogenfenstergewände sichtbar. Spätgot. Erweiterung des Baues bis zum Turm im 15. Jh.; im S vermauertes, spitzbogiges, gekehltes Portal. Turm von 1522, ungegliedert, mit drei spitzbogigen Eingängen, Biforenfenster und Spitzgiebelhelm. Chor einspringend, mit polygonalem Schluß; got. Maßwerkfenster. Im S 2geschossiger spätgot. Sakristeianbau.
2jochiges Langhaus; spätgot. Netzrippengewölbe (regelmäßiger Achteckstern), in den Schnittpunkten Wappenschilde des Erzstiftes und verschiedener Salzburger Ministerialen, auf breiten Wandpfeilern mit Runddiensten. W-Wand mit got. Rundfenster, anläßlich des Turmbaues vermauert, 1970 freigelegt. Spitzbogiger, gekehlter Triumphbogen mit Inschr. erb. 1497, erneuert 1781. Chor einjochig mit 5/8-Schluß (?), ehem. Netzrippengewölbe 2. H. 18. Jh.

Felben, Filialkirche hl. Nikolaus

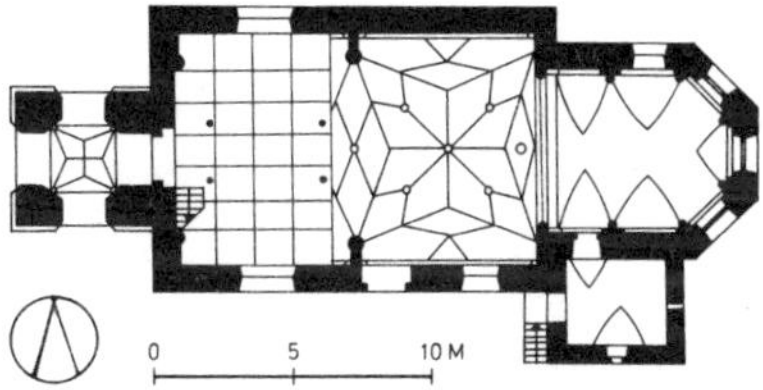

abgeschlagen, Pfeiler mit Runddiensten erhalten. An der südl. Chorjochwand Orgelempore um 1700, mit Bildern der 12 Apostel.
Turmerdgeschoß mit Sternrippengewölbe auf Konsolen; spitzbogiges inneres Portal, mit drei Stufen zum tiefer liegenden Niveau des Langhauses. W-Empore über das erste Joch, 2. H. 17. Jh., mit Bildern hl. Nikolaus und 14 Nothelfer.
Wandmalerei. Im Chorjoch unterhalb der Orgelempore Szene Samer, den Felbertauern überquerend (?), bez. 1476; aus der 2. H. 18. Jh.; an der Langhaus-N-Wand 7 Zufluchten, Chordecke Hl. Dreifaltigkeit, Maria und hl. Nikolaus; an der nördl. Chorwand 14 Nothelfer.
Hochaltar, Aufbau von *Ruep Niederfilzer* 1631, 1781 mit bar. Ornamentik versehen; Figuren 14 Nothelfer und hl. Nikolaus (Hll. Achatius und Eustachius 1957 gestohlen), stilistisch uneinheitlich, von 1440–1490; über dem Aufsatz Rundbild Gottvater und Hl. Geist, 2. H. 18. Jh.; Seitenkonsolfiguren Hll. Johannes Evangelist und Wolfgang, um 1630. Tabernakel 19. Jh. mit Figur Madonna mit Kind, um 1630. (In Verwahrung spätgot. Figuren Hll. Rupert und Virgil.) – Seitenaltäre 2. H. 18. Jh. Li. Altarblatt Hl. Wandel, Oberbild hl. Magdalena, Figuren Hll. Johannes Nepomuk und Antonius von Padua; Mensabild hl. Petrus. Re. Altarblatt hl. Martin vor Maria mit Kind, Oberbild hl. Barbara, Konsolfiguren Hll. Jakobus d. Ä. und Florian; Mensabild hl. Paulus. Kanzel mit Bildern Hl. 3 Könige, Geburt Christi und Kindermord, um 1630; Mariahilf-Bild 18. Jh. – Figuren, hl. Georg mit Drachen, Kruzifix, spätes 17. Jh.; Maria und Johannes, 18. Jh. (in Verwahrung Auferstandener, 18. Jh.). – Bilder, Kupferstich Salzburger Wunderbaumgnadenbild von 1687, Rahmen bez. 1710; hl. Aloysius, 18. Jh.; zehn Kreuzwegbilder, 18. Jh.; Vera Imago Christi, bez. 1841; Votivtafeln 14 Nothelfer, 19. Jh. – Kirchenbänke, Vorderseite spätes 17. Jh., Wangen 1704. – Bar. Orgel. – Wappengrabstein Franz Carl Ainkhäs, gest. 1747. – Glocke von *Josef Graßmayr* 1755.

WALLFAHRTSKAPELLE Maria am Anger, Wallfahrt seit der 2. H. des 18. Jh.; erb. um 1875, nach S gerichtet, am Felberbach gelegen. Schlichter Bau mit hohem Sockel, Satteldach und Giebelreiter; polygonale Apsis. Gnadenbild Figur Madonna mit Kind, 18. Jh., 1972 gestohlen, durch Kopie ersetzt. Acht Bilder mit Szenen aus dem Marienleben von *Josef Gold* 1919. Drei Votivtafeln, E. 19. Jh. Museum Felberturm: Votivtafeln des 18. und 19. Jhs.

FELBERTURM, östl. der Filialkirche Felben. Familie der Herren von Felben urk. 1147, Turm urk. 1332, 1442 an Erzbischof, M. 15. Jh. zu Getreidespeicher umgebaut, 1647 privat, 1936 Gemeinde Mittersill, heute Heimatmuseum. Quadr. Grundriß, etwa 16,0 × 16,0 m, drei Geschosse, z. T. in Fischgrätenmauerwerk, Bestand von ca. 1. H. 12. Jh. (?), vor Adaptierung zu Heimatmuseum ab

1963 ohne Dach und Zwischendecken, Ruine, früher von trapezförmiger Mauer umgeben.
Bauernhaus unmittelbar hinter dem Felberturm, 2geschossiges Mittelflurhaus mit Obergeschoß- und Giebelgang. Für museale Zwecke aus Kaprun (Häuselgut) nach Felben übertragen. Heimatmuseum mit reicher Sammlung, sakrale, volkskundliche, mineralogische Abteilungen.

PROFANBAUTEN. **Felben Nr. 8, 9:** 2geschossige, in Blockbau mit Kopfstrickverband bzw. mit Schließschrot errichtete Mittelflurhäuser.
Oberfelben. Streusiedlung; im Mittelalter 1300 – 1550 wichtiger Übergang über die Tauern – Handelsweg nach Italien. Felbertauernstraße, erb. 1963–1967. **Nr. 4:** Vordergugg, Blockbau mit umlaufendem Obergeschoßgangl und Giebelgangl unter schindelgedecktem Pfettendach mit Dachreiter. First bez. 1721 und Monogramme; Fenster mit geschweiften Holzrahmen und Eisenkreuz. – **Nr. 14:** Schößwend, ehem. Tauernhaus, urk. 1329. **Kapelle,** urk. erb. 1682. Kleiner Bau mit polygonaler Apsis, Schindelwalmdach; tonnengewölbt mit Gratnetz; Bild 7 Zufluchten, 18. Jh. – **Tauernhaus** Spital, urk. um 1350; 1543 Schankrecht. Bau des 16. Jhs. Erdgeschoß gemauert, mit abgefasten Segmentbogenportalen; Obergeschoß Blockbau; Mittelflur, im Obergeschoß originale Türstöcke.

FILZMOOS. Polit. Bez. St. Johann i. P.

Gemeinde, nordöstl. von Radstadt. Vom Fremdenverkehr geprägtes Haufendorf am Fuße des Dachsteins. Ort urk. 1273, Wallfahrt A. 16. Jh.
Im Gemeindegebiet bmkw. Paarhöfe, häufig giebelseitig erschlossene Einfirstanlagen. Mittelflurhäuser mit steilen Dächern, z. T. verzierte Fluggespärre, häufig Legschindeldeckung. Große Glockentürme mit Hahn oder Patriarchenkreuz. Blockwandgefüge der vorwiegend in Mischbauweise errichteten Wohnhäuser mit Kopf-, Kling- und Zierschrot. Scheunen urspr. aus Rundhölzern gezimmert mit gemauerten Stallunterbauten.

PFARRKIRCHE Hll. Petrus und Paulus, erhöht im westl. Ortsteil. Got. Kirche mit Westturm von 1546, von Friedhof umgeben. – Urk. 1453, Konsekration 1474, Friedhofsweihe 1515, Turm 1546, Vikariat 1679, Pfarre 1858, Renov. 1703, 1887–1889, 1931/32, 1959–1963 und 1976.
Ungegliederter Außenbau, 1. H. 15. Jh., mit Spitzbogenfenstern und Holzschindeldach. Am einschiffigen Langhaus abgestufte Eckstrebepfeiler, im W gekehltes Spitzbogenportal (Birnstab), im S Rundbogenportal und niedriger 2jochiger Anbau. Eingezogener, got. Chor mit 3seitigem Abschluß. Ungegliederter Westturm mit Rundbogenschallfenstern und 8seitigem Schindelspitz-

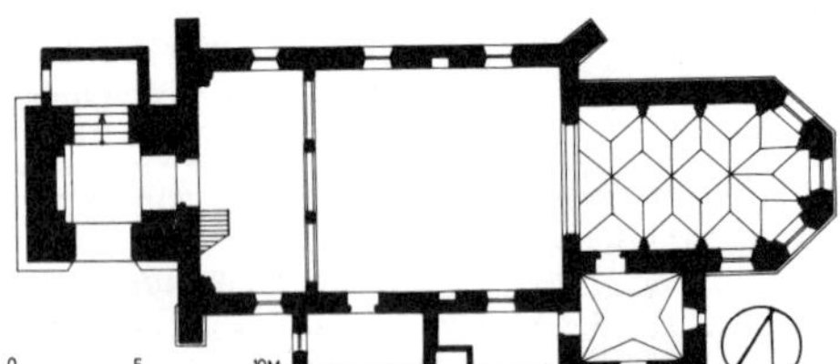

Filzmoos, Pfarrkirche Hll. Petrus und Paulus

helm. Im N und S abgefaste Spitzbogenportale zur Turmhalle, südl. mit Inschr. und Dat. 1546, nördl. Kriegergedächtniskapellenanbau von 1953 mit Kruzifixus von *Jakob Adlhart*. An der Chorsüdseite eingeschossige, got. Sakristei mit Stichkappentonne.
3jochiges Langhaus mit Balkendecke und gemaltem spätgot. Blattband. An der nördl. Langhauswand Fresken um 1515, Christus als Salvator und 12 Apostel, z. T. durch Fensterausbruch beschädigt. Zum Langhaus rundbogig geöffnete, 3jochige, 2geschossige Pfeilerempore (obere Empore von 1888), gemauerte Brüstung mit Orgelbalkon. Abgefaster spitzbogiger Triumphbogen, z. T. gekehlt. 3jochiger Chor mit Wandpfeilern und vorgelagerten Runddiensten sowie got. Rautensternnetzrippengewölbe. $^{3}/_{8}$-Schluß mit Sgraffiti von *J. Adlhart* 1960 und Glasfenstern von *J. Widmoser*. Got. Sakristeiportal mit Konsolsturz.
Hochaltarraum 1960 neu gestaltet. Hängender Glasschrein mit Filzmooser Gnadenbild (bekleidetes Jesuskind) E. 15. Jh., von Strahlenkranz umgeben. – Seitenaltäre mit Skulpturen von *J. Adlhart* 1960, li. Maria Immaculata, re. hl. Joseph. – Skulpturen. Im Chor bar. Konsolfiguren Hll. Petrus und Paulus, 1703, vom ehem. Hochaltar; im Langhaus Kruzifixus A. 16. Jh. (?) (ehem. Kalvarienberg). – In Verwahrung Pietà 16. Jh., Schmerzensmann 17. Jh.; bar. Statuetten Hll. Franz Xaver, Johannes Nepomuk, Antonius von Padua, Judas Thaddäus und Auferstandener sowie Teile der ehem. neugot. Ausstattung. – Bilder. Hl. Jakob d. Ä., 18. Jh.; Stationsbilder um 1800; in der Sakristei Hll. Maria und Antonius, Christus am Ölberg, beide um 1780. Votivbilder z. T. in Verwahrung, z. T. in den Museen von Goldegg und Haus im Ennstal. – Neugot. Orgel von *Matthäus Mauracher d. Ä.*, 1859. – Grabsteine. Im Chor Casparus Millpacher, 1770; an der Außenmauer Johann Hausbacher, 1862.

Pfarrhof südl. der Kirche. Erb. 1969/70 nach Plänen von *Jakob Adlhart* und *Hanns Wiser*.

HUBERTUS-KAPELLE am nördl. Ortsrand, erb. 1967.

BILDSTÖCKE. **Kalvarienberg** (Kreuzkapelle), nördl. der Kirche bez. 1952, Kruzifixus 18. Jh. – **Ursprungskapelle** östl. der Kirche in der Ortsmitte; 1976 errichteter Nischenbildstock, innen Filzmooser Gnadenbild, gemalt von Vikar *Mathias Resch*, 1855.

BAUERNHÖFE. **Filzmoos, Nr. 7:** Redteneggbauer, am Oberberg, bez. 1590. Um Gangbreite vorspringendes Erdgeschoß, gemauert, Blockwände mit Kopfschrot. Segmentbogiger Eingang mit geschnitztem und bemaltem Türblatt. Fenster im Erdgeschoß vergittert, Gang im Hauptgeschoß über gesamte Giebelbreite, kleines Gangl im Dachgeschoß. – **Nr. 8:** Pilzhof, Einfirstanlage, ähnlich dem benachbarten Haus Nr. 7 erb., ohne Dachgeschoßgangl. Rundbogiges Portal und Fluggespärre. – **Nr. 14:** Ahornegg. Unmittelbar hintereinandergeschalteter Paarhof. Wohnhaus, First bez. 1663. Küche gemauert, übrige Wände in Blockbau mit Kopfschrot, Gang über gesamte Giebelfront, Legschindeldach. Kleiner Blockbauanbau. – **Nr. 19:** Weitenhaus. Paarhof bez. 1679 mit gedecktem Verbindungsgang zwischen Scheune aus Rundhölzern und Wohnhaus. Gemauerte Vorratskammer, sonst Blockbau, z. T. mit senkrechter Verbretterung. Glockenturm und Hahn. Kleines Gangl über dem Eingang. – **Nr. 20:** Gasthaus Bischofsmütze. Rundbogiges Portal, bez.

1689. Wuchtiger 3geschossiger Mischbau mit großem Zwerchgiebel; bmkw. Zierschrot an den Mittelwänden. Einige Fenster mit Vergitterung. Dach mit durchbrochenem Fluggespärre. Zwei Gänge an der Giebelwand, ein kleiner im Kreuzgiebelfeld. – **Nr. 23:** Vierthaler (Mandlinghof). Paarhof. Wohnhaus vorwiegend urspr. Bausubstanz in Mischbauweise mit Klingschrot im Obergeschoß. Hoher Dachausbau mit Fluggespärre, Kreuzgiebel, Glockenturm mit Patriarchenkreuz, traufseitiger Gang. Gezimmerte Scheune mit gemauertem Stall und flachem Schopfwalmdach. – Ensemble **Nr. 34/35:** Ober- und Unterhof – an der Hauptstraße Richtung Eben; zwei Paarhöfe mit aufgestockten Wohnhäusern, großen Glockentürmen. **Nr. 34** mit Patriarchenkreuz, **Nr. 35** mit Hahn. Z. T. erneuerte Stallscheunen. Alle Gebäude in Mischbauweise.
Neuberg. Streusiedlungsgebiet nördl. und nordöstl. von Filzmoos. **Nr. 12:** Vierthalgut. Paarhof. First bez. 1894. Älteres Untergeschoß gemauert, schmaler segmentbogiger Eingang, Obergeschoß Blockbau. Gänge an Stirn- und Hinterfront. Aufgesteiltes Pfettendach mit Glockenturm. Mächtige Stallscheune, z. T. untermauert. Freistehender Backofen. – **Nr. 13:** Knabe. Mächtige Einfirstanlage, Dach über erneuertem Scheunenteil flacher. Wohnhaus in Blockbau, gemauerte Vorratskammer. Giebelseitiger Eingang, Gänge an Trauf- und Giebelseite. Quadrat. Glockenturm. – **Nr. 30:** Krahlehen. First bez. 1681, Stallscheunen bez. 1682. Wohnhaus in Mischbauweise, mit zwei Gängen an der Giebelwand. Glockenturm mit Hahn. – **Nr. 31:** Schwaighof. Paarhof. Wohnhaus bez. 1778, erneuerte Stallscheune mit Wohnhaus durch gedeckten und untermauerten Holzgang verbunden. Wohnhaus als Mischbau mit überkämmten Blockwänden. An der Giebelseite zwei Gänge. Originale Fenster, Legschindeldach, Glockenturm mit Feuerhahn.

FINSTERGRÜN, Burgruine, siehe RAMINGSTEIN

FISCHHORN, Schloß, siehe BRUCK a. d. Großglocknerstraße

FLACHAU. Polit. Bez. St. Johann i. P.

Gemeinde im obersten Ennstal, südwestl. von Altenmarkt mit am Hang gelegenem Haufendorf und weitausgedehnter Streusiedlung. Der Ort urk. 1074. Vom Mittelalter bis 1866 Eisenabbau und -verarbeitung. Gewerken u. a. Feuersenger, Weitmoser, Steinhauser, ab 1647 erzbischöflicher Betrieb. – Altes Siedlungsgebiet der Ortschaften Feuersang, Höch und Reitdorf, ehem. Besitz des Stiftes Admont.
Die Wohnhäuser der Paar- und Haufenhöfe sind Mittelflurhäuser, vorwiegend Blockbauten über beide Geschosse mit Gängen über die gesamte Stirnseite. Die Hauseingänge vielfach nicht in der Mitte der Giebelwand. Z. T. in den Giebelfeldern Schützenscheiben, die an das Jubiläumsfestschießen 1888 (50 Jahre Wiedervereinigung Salzburgs mit Österreich) erinnern. Die mit dem ehem. Eisenabbau zusammenhängenden Höfe zeigen Mauerwerk, rundbogige Eingänge, Stichkappengewölbe in den Räumen des Erdgeschosses und in den Kellern, in der Küche Mittelsäule, abgewalmte Pfettendächer. Guter Bestand an Stallscheunen aus Rundlingen. Wenige gemauerte und gezimmerte Getreidekästen.

PFARRKIRCHE Unbefleckte Empfängnis Mariä. Einschiffige Barockkirche, erhöht am östl. Talhang, von Friedhof umgeben. – 1719–1721 Kirchenbau unter Hofbaumeister *Sebastian Stumpfegger*, 1722 Weihe und Vikariat. 1858 Pfarre. Renov. 1879, 1913 und 1960/61.
Schmaler, hoher Barockbau mit Sockelzone und umlaufendem profiliertem Gesims. Langhaus und eingezogener Chor mit gemalter Pilastergliederung, marmorgerahmten Fenstern und blinden Ochsenaugen. Im W Giebelturmfassade mit breitem, leicht vorspringendem Risalit. Bar. Marmorportal mit Rustikarahmung, im gesprengten Giebel Wappen Eb. Franz Anton Fürst von Harrach, sowie Inschr. mit Chronogramm 1720, darüber Ovalfenster mit Keilstein bez. 1721. Am Risalit aufsitzender 2geschossiger Giebelturm mit Rundbogenschallfenstern und Zwiebelhelmaufsatz. 2geschossige bar. Sakristei an der Chorostseite.

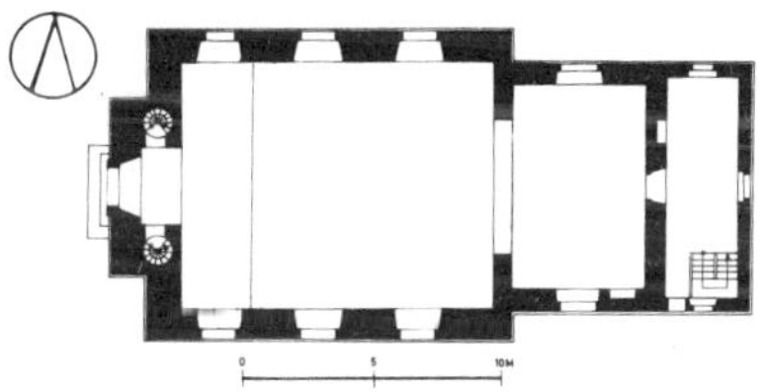

Flachau, Pfarrkirche Unbefleckte Empfängnis Mariä

3jochige Saalkirche und erhöhter einjochiger Chorraum mit umlaufendem abgestuften Gesims und Tonnengewölbe mit ornamentaler Malerei. Westempore mit beidseitigen Wendeltreppenaufgängen, obere Empore E. 19. Jh. Eingezogener Triumphbogen.
Bar. Marmorhochaltar von 1722; marmorner Tabernakel mit Pilaster und Volutenkapitellen; zwischen Pfeilern Altarblatt Immaculata bez. *(Johann Michael) Rottmayr de Rosenbrunn 1722*, Oberbild Gottvater, *Rottmayr* zugeschrieben; seitl. bar. Konsolfiguren Hll. Franziskus von Assisi und Antonius von Padua. – Seitenaltäre von 1879. Li. Altarblatt hl. Anna und hl. Joachim, um 1740; Oberbild hl. Barbara M. 18. Jh.; Konsolfiguren Hll. Sebastian und Michael, 1919. Re. Altarblatt hl. Joseph, bez. *Johann Antony Pötschnigg* 1740, Oberbild hl. Eustachius M. 18. Jh., Figuren Hll. Leonhard und Florian von 1919.
Einfache Holzkanzel mit Schalldeckel und Kruzifixus, 18. Jh. Schnitzwerke, im Langhaus bar. Kreuzigungsgruppe, 18. Jh.; am Triumphbogen bar. Konsolfiguren Schmerzhafte Mutter Gottes und Schmerzensmann, 18. Jh. – Bilder, 15 Stationsbilder (Flachauer Kreuzweg) 1. H. 18. Jh.; Jüngstes Gericht und Mariä Verkündigung, volkstümlich 18. Jh. – Weihbrunnschale, Opferstock und Taufbecken aus Marmor um 1720. – Orgel von *Matthäus Mauracher d. Ä.*, 1868. Grabsteine. Am Triumphbogen Johannes Franziskus de Kranach, 1744; Maria Elisabetha Riedmayerin, 1761; an der Westfassade mehrere Gedenksteine, 18.–20. Jh. – Glocken von *Andreas Zachenhueber,* 1730, und von *Franz Xaver Gugg,* 1819.

Pfarrhof (Nr. 2) südl. der Kirche. Erb. 1722, An- bzw. Umbauten 1976/77. 2geschossiger, 5achsiger Bau mit Krüppelwalmdach; über dem Portal Wappen

Erzb. Franz Anton Fürst von Harrach sowie Inschr. mit Chronogramm 1722. Innen z. T. gewölbt, Bilder 18. Jh., Geburt Christi, Hl. Familie und Schmerzensmann.

Aufbahrungshalle im südl. Friedhofsbereich. Erb. 1979 durch *Georg Aigner.*

Kriegergedächtnisstätte südl. der Kirche, erb. 1958. Holzrelief einer Kriegerfamilie von *Jakob Adlhart.*

KAPELLEN. **Scharfettkapelle** in Feuersang. Erb. durch *Leonhard Buchsteiner* 1872, eingeweiht 1876, renov. 1930. 2jochiger Bau mit Rundapsis und holzschindelgedecktem Satteldach. Tonnengewölbe, Wandpilaster mit Kapitellen und eingezogenem Triumphbogen. Kleiner Holzaltar mit Tabernakel, zentrale Lourdesfigur, sowie seitl. Herz-Jesu- und Maria-Statue von 1872. – **Herz-Jesu-Kirchlein** auf der Hafeichtalm. Einschiffiger 2jochiger Holzblockbau bez. 1926, eingezogener Chor; Satteldach mit Dachreiter und Helmaufsatz. – **Jägerbauernkapelle** im südl. Ortsbereich. Schlichter Bau mit Rundapsis, 19. Jh.; innen tonnengewölbt, kleiner Säulenaltar mit Bild Maria vom Guten Rat, 18. Jh. – **Unterpichlkapelle** nördl. von Reitdorf. Verputzter Holzblockbau, 2. H. 19. Jh., mit Schindelsatteldach, Segmentbogentür und -fenster. Tonnengewölbter Raum mit einfachem Holzaltar und Altarblatt hl. Maria mit Jesuskind, bez. 1760.

BILDSTÖCKE. Bei Haus Nr. 16, nördl. der Kirche. Bar. Bau mit umlaufender Hohlkehle und Schindelzeltdach, Segmentbogen bzw. Nische mit Bild Maria vom Guten Rat, bez. 1744, seitl. bar. Bilder Hll. Johannes Nepomuk und Schutzengel, bar. Statuetten Hll. Virgil und Rupert, 18. Jh. – **Pestkapelle** südl. des Ortes. Kleiner, rundbogig geöffneter Nischenbildstock mit Schindelzeltdach. – **Brechtlkapelle** nördl. von Reitdorf. Quadrat. Bildstock mit Zeltdach und Rundbogenöffnung; Kruzifixus 19. Jh., seitl. bar. Konsolfiguren 1649 von *Jakob Gerold,* Hll. Dominikus und Katharina von Siena.

SCHLOSS Höch, Reitdorf-Höch Nr. 1, auf geneigter Hangterrasse westl. von Reitdorf an altem Verbindungsweg Altenmarkt–Wagrain. Urk. 1209 Herren von Höch, 1392–1608 im Besitz der Kölderer, dann der Jocher, Gewerken im Lungau und in Kärnten, seit 1657 Besitz der Grafen Plaz.
Hufeisenförmige Doppelanlage eines Ansitzes mit je zwei Aufsatztürmchen an den Ecken der Flügelbauten. Westl. Teil im Kern A. 15. Jh., auf älterer Substanz aufgebaut (?). Im Erdgeschoß ehem. Eingangshalle mit rundbogigem Tonnengewölbe, got. Türgewände mit umlaufendem Rundstab in Rundbogenform als Verbindung zu südl. Eckraum mit schalungssichtigem Kreuzgratgewölbe vom A. des 15. Jhs. Im 1. Obergeschoß teilweise Täfelung und hölzerne Raumtrennung, um 1500. Um 1615 Umbau und Erweiterung durch östl. Teil, hier zahlreiche Wand- und Deckentäfelungen, auch Kachelöfen um 1610–1620. Im Verbindungstrakt im 1. Obergeschoß durchgehende Halle mit Gratgewölbe, 2schiffig, auf zwei Mittelsäulen, 1. V. 17. Jh., Zugang zu Seitentrakten jeweils durch reich geschnitzte Portale, bez. 1656, mit Allianzwappen der Jocher und Grimming im Aufsatz. Um 1880–1893 Modernisierung mit Anbau eines Erkers und neuen Stiegenhauses im Westen sowie Anbau einer Terrasse auf Arkaden an Ostteil.

Schloßkapelle im 2. Obergeschoß des östl. Traktes. Rechteckiger Raum mit

Kreuzgratgewölbe und rundem Schlußstein; Butzenscheibenfenster mit je zwei Wappenscheiben des Eb. Johann Jakob von Kuen-Belasi, bez. 1562 bzw. 1564. Altar mit gemalter Mensaverkleidung, Predella mit Inschr. und Bez. 1649, Altarblatt Jesus im Schoße Mariens von Engeln umgeben, mit Doppelwappen der Jocher-Grimming und bez. mit mehreren Buchstaben. Zwei Reliquiare M. 17. Jh. – Figuren Hl. Johannes Nepomuk, 18. Jh.; hl. Anna selbdritt, 17. Jh.; über dem Eingang Kruzifixus, 2. H. 17. Jh.

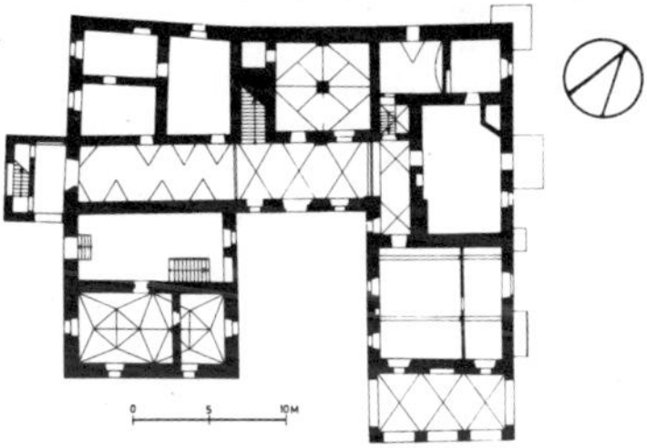

Flachau, Schloß Höch, Erdgeschoß

PROFANBAUTEN. **Flachau, Nr. 1:** Ehem. Verweserhaus. Bar. Bau über Rechteckgrundriß, 2geschossig, 5achsig, umlaufende Hohlkehle und Mansarddach. Segmentbogenportal mit Stuckumrahmung, darüber Fassadenbild. – **Nr. 111:** In Verbindung mit Haus Nr. 1 (südöstl.), spätmittelalterlicher Bau, zwei gemauerte Geschosse, z. T. Fenstergewände, darüber Blockbau und Satteldach.

BAUERNHÖFE. **Nr. 3:** Jagerbauer. Einhof. Wohnhaus bez. 1795, Steinbau. Segmentbogiger Eingang mit Stuckrahmen, darüber in Vignette bez. 1795. Mittelfenster im Hauptgeschoß mit schmiedeeisernem Gitterkorb und Kreuzzeichen. Stallscheune aus Rundhölzern mit Schindeldach. Bei traufseitigem Eingang Holzbild Maria mit Kind, bez. 1871, und runde Schützenscheibe. Ensemble mit **Nr. 4:** Mesnerhaus. Blockbau mit Kopfschrot. – **Nr. 9:** Ennshof. Ehem. Eisenhammerhaus. Firstpfette bez. 1550, seit 1929 Gasthof. Gemauertes Erdgeschoß mit breitem Steinportal, darüber Blockbau mit bmkw. Zierschrot. Angebauter Erker im Jugendstil. Gemaltes Familienwappen an der Traufwand. – **Nr. 22:** Griesbachhof. Haufenhof. Unverputztes steingemauertes Wohnhaus, 2 Geschosse, hölzerner Dachausbau. First bez. 1780. Fenster z. T. mit Klostermaschengitter, Mittelfenster mit Gitterkorb. Stallscheune, Zuhäusel und Holzschuppen mit Schindeldächern. – **Nr. 29:** Unterkohlmeishof. Haufenhof. Wohnhaus, First bez. 1777, Blockbau mit Kopfschrot über kleinem Steinsockel. Gang mit einfacher Verbretterung über die gesamte Giebelwand im Obergeschoß, kleines Gangl im Dachgeschoß. Stallscheune mit Schindeldach, eingeschossiger Kasten mit offenem Giebel und Firstsäule, freistehender Backofen. – **Nr. 34:** Stümpfl. Paarhof. Wohnhaus in Blockbau, an einer Ecke mit Zierschrot. Originale Fenster und Türen. Hauseingang im re. Wandteil, darüber kleines verziertes Gangl. Stallscheune aus Rundlingen. – **Nr. 48:** Jagerhaus, erb. 1648; ursprünglich erzbischöfliches Jägerhaus. Holzbau. Im Hauptgeschoß verziertes Gangl.

Feuersang. Streusiedlung, am Eingang ins Flachautal. **Nr. 2:** Scharfetthof. Haufenhof, urk. 2. H. 12. Jh. 2geschossiger Wohnbau mit Schopfwalmdach. Reste eines ma. Wehrturmes, zuletzt als Getreidekasten genützt, miteinbezogen. Teile des Obergeschosses in Blockbau. Segmentbogiges Portal an der Giebelseite. Im Dachgeschoß Gang über die volle Stirnwand. Gemauerter Kasten und Roßstall angebaut. – **Nr. 3:** Steinbachgut. Paarhof, Wohnhaus im Kern 16. Jh. Über gemauertem Erdgeschoß verputzter Holzbau. Breites rundbogiges Portal an der Traufseite, darüber erkerartiger Anbau aus Holz. Stichkappengewölbe in Flur, in Küche, Gewölbe mit Mittelsäule. Steinportal als Abgang in den gewölbten Keller. An Stallscheune Schützenscheiben (Gemse, Hirsch und Rundscheibe). – **Nr. 8:** Garrenhof. Wohnhaus, Rest einer Einfirstanlage, heute Paarhof mit Nebengebäuden. Über vorspringendem gemauertem Erdgeschoß seit 1900 Ziegelmauerwerk. Mittelflurhaus. – **Nr. 9/10:** Thurnhof. Urk. vor 1539 bestehendes Gehöft, 1956 weitgehend erneuert. Paarhof; 2geschossiger Mischbau mit breitem segmentbogigem Eingang an der Traufseite. Bergwärts noch einige urspr. Fenster mit Steingewänden und Vergitterung; ehem. Rauchküche mit Stichkappengewölbe auf steinerner Mittelsäule. – **Bildstock** erb. 1980, Kruzifixus um 1890. – Südl. des Hofes urspr. Wehrturm, von Wassergraben umgeben. Gründung der Herren von Flachau (?), um 1300 an die aus Südtirol stammende Familie Gärr, nach 1580 Michael Klinglmoser, Stadtrichter zu Radstadt, der Turm wird dem benachbarten Thurnhofbauern zur Nutzung überlassen. 3geschossiger Turm, abgewalmtes Satteldach. Gegen E. 19. Jh. ruinös, um 1900 Instandsetzung, Reste der Fassadengliederung, M. 17. Jh., erkennbar; sämtliche Zwischenwände aus Holz.

Urspr. Gehöftgruppe **Nr. 16** und **17, Nr. 16:** Schrempf, bez. 1601, Wohnhaus in Mischbauweise. **Nr. 17:** Gaferhell. Wohnhaus, in First bez. 1616. Holzbau mit originalen Fenstern und Türen. An der Stirnwand Gänge in Haupt- und Dachgeschoß. – **Nr. 20:** Moarbauer. Ehem. Haufenhof. Stattliches Wohnhaus, First bez. 1720; überkämmte Blockbauweise; einflügelige Holztür mit Sonnenmotiv, z. T. originale Fenster und Türen. 2geschossiger jüngerer Kasten.

Höch. Zur Flachau gehörige Streusiedlung, siehe dort. **Nr. 14:** Oberausberg. Paarhof. Wohnhaus, First bez. 1587. 2geschossiger Blockbau mit Kopfschrot. Z. T. originale Fenster und Türstöcke. Im Giebelfeld Schützenscheiben (Gemse und Hirsch).

Reitdorf. Weiler mit Straßendorfcharakter und Einzelgehöften in Streulage zwischen Altenmarkt und der Flachau. **Nr. 1:** Reitdorfer Taverne. Gasthof, Mauerbau mit zwei Geschossen, segmentbogiges abgeschrägtes Portal, darüber in Stuck bez. 1451. Fresko Jünger von Emmaus von 1634, erneuert 1852. Vor den Fenstern Korbgitter 18./19. Jh. Fensterumrahmungen mit Rosetten. Zunftzeichen Widder im Rollwerkrahmen. – **Nr. 2:** Ennslehen. 1923 renov., Mischbau, Kern 16./17. Jh., im Obergeschoß Blockbau. Gemauerter 2geschossiger Speicher mit Schopfwalmdach und rundbogiger beschlagener Eisentür. Im Giebelfeld Reste von Rusticaornamenten sowie Inschr. und Bez. 1760. – **Nr. 15:** Reitlehen oder Rabeingut. Zur Reitdorfer Taverne gehöriger Paarhof. Originales 2geschossiges Wohnhaus. Rechte Hälfte des Erdgeschosses gemauert mit rundbogigem Eingang, alles übrige in Blockbau. Im li. Holzteil kleine Fenster, z. T. mit Holzschuber, im Mauerwerk solche mit Klostermaschengitter. An der Giebelwand im Obergeschoß große rechteckige Öffnung – Vorläufer des späteren Gangels. Im Giebel sechs Schützenscheiben (drei Rundscheiben, zwei Gemsen, ein Hirsch). Roßstall, First bez. 1778; kleine Stallscheune mit Längstenne, jüngerer eingeschossiger Kasten. – **Nr. 27:** Phuell-Hof. Haufenhof.

Ober der Haustür bez. 1796. Umgebaut 1912, Mischbau mit weit vorspringendem gemauertem Erdgeschoß, darüber Blockbau. Angebauter Roßstall aus Rundstämmen, freistehender Backofen mit Waschküchenzubau, Schweinestall.

FORSTAU. Polit. Bez. St. Johann i. P.

Gemeinde südöstl. von Radstadt, im gleichnamigen Tal. Kleines Haufendorf auf einer Talstufe und Streusiedlung. Ort urk. 1299.
Großer Bestand an alpinen Haufen- und Paarhöfen, meist nach den Bauernkriegen 1525/26 entstanden, z. T. wenig verändert. In der Regel 2geschossige Wohnhäuser mit Mittelflur, Blockbauten auf kleinem Sockel aus Trockenmauerwerk. Auffallend die senkrechte Verbretterung an der Wetterseite und angebaute, ebenfalls verbretterte, über beide Geschosse reichende Klozubauten mit kleinem Balkon als Zugang.

PFARRKIRCHE hl. Leonhard, an einem Hang im nördl. Ortsbereich. 1909 wiedererrichtete Dorfkirche (unter Benützung der bar. Mauern). 1742 Vorgängerbau durch *Johann Kleber,* 1744 Vikariat, 1745 Kirchweihe. 1891 Pfarre. 1909 Brand und Wiederaufbau bei Gewölbeerhöhung und Turmbau, 1972 und 1979 renov.
Ungegliederter einschiffiger Bau mit umlaufendem Hohlkehlgesims, eingezogenem Chor mit abgerundeten Ecken und geradem Abschluß. Im W Rechteckportal und Windfang, darüber Ovalfenster. Giebelturm mit rundbogigen Schallfenstern und Zwiebelhelmaufsatz. An der Chorsüdseite Pfarrhofanbau (Sakristei). 3jochiges Langhaus und Chor mit umlaufendem abgestuften Gesims und Flachtonne (Muldengewölbe). Im Langhaus Deckenbild Himmlisches Hochzeitsmahl bez. *Leonh.(ard) Thoma 1918,* in Stuckrahmen sowie eingebunden in ornamentaler Malerei; Kartuschenbilder Hll. Notburga und Isidor von *Josef Gold* 1910. Um eine Stufe erhöhter Chorraum mit Deckenbild Gnadenquelle von *J. Gold* 1910, über der Sakristeitür Bild Guter Hirte von *L. Thoma* 1918, in Stuckrahmen.
Einfacher Säulenhochaltar mit Opfergangsportalen; Tabernakel M. 18. Jh. von der bar. Ausstattung; Aufbau von 1909; Altarblatt hl. Leonhard in der Glorie mit Ansicht von Forstau, bez. *J. Gold* 1910, z. T. übermalt von *L. Thoma* 1918; Oberbild Gottvater bez. *J. Gold* 1910; über den Durchgängen bar. Figuren der Landespatrone Hll. Rupert und Virgil, 17. Jh. (ehem. Hollersbach); im Aufsatz zwei stehende Engel (ehem. Henndorf), sowie Engel mit Lämmern (ehem. Stuhlfelden), 18. Jh. – Seitenaltäre um 1740 (ehem. Kaprun), seitl. Konsolfiguren vom bar. Inventar. Li. Vesperbild von *J. Gold* 1910, Oberbild hl. Antonius von Padua; Plastiken Hll. Sebastian und Florian M. 18. Jh., im Aufsatz Statuetten Hll. Katharina und Barbara, 18. Jh. Re. Altarblatt Hl. Familie bez. *Jacob Mayr 1852,* Oberbild Johannes von Nepomuk; bar. Figuren Hll. Franziskus und Antonius M. 18. Jh., am Aufsatz zwei sitzende Engel 18. Jh.
Viereckige Kanzel mit geschwungener Brüstung und Schalldeckel sowie Rocaillenornamentik, 1758 von Bildhauer *Franz Stöckl* und Maler *Johann Georg Mösle* (ehem. Zellhof bei Mattsee). – Im Langhaus bar. Figur hl. Maria auf Wolken mit Strahlenkranz, 17. Jh. (ehem. Adnet). 14 Kreuzwegstationen E. 18. Jh. Rokokokredenztisch aus der Pfarrkirche Untertauern. Moderner Taufstein um 1960. – Orgel von *Johann Mertel,* 1910.
Grabsteine. Matheus Gracher, 1757; Iacobus Schrugmayer, 1772 und andere.

Pfarrhof an der Südseite der Kirche. 2geschossiger Bau von 1909 mit gemauertem Erdgeschoß, darüber Blockbau.

KAPELLEN. **Forsthauskapelle** östl. des Ortes; einfacher Bau mit holzschindelgedecktem Satteldach; Tonnengewölbe, Vesperbild 17. Jh. – **Lourdeskapelle** unterhalb der Kirche am Forstaubach; 2jochiger Bau mit eingezogenem niedrigerem Chor und rundem Abschluß E. 19. Jh.; Eingangsfassade mit Rechteckportal, Kreis- sowie Rundbogenfenster im Dreieckgiebel; Türmchen mit spitzbogigen Schallfenstern und Spitzhelm. Einheitlich neugot. Ausstattung, im Langhaus kassettierte Flachdecke, an der Triumphbogenwand gemalte Engel. Erhöhter Chor (gewölbte Steingrotte) mit neugot. Altaraufbau, dahinter Lourdesfigur E. 19. Jh. Bilder: Evangelist Johannes, hl. Joseph, Mariae Heimsuchung und Verkündigung bez. *(Friedrich) Zeller (1)893/94.*

PROFANBAUTEN. **Nr. 3:** Vögei. Wohnhaus. 2geschossiger Bau, über hohem vorspringendem Mauerwerk im Erdgeschoß Blockbau. An der Giebelseite breites Portal, darüber steinernes Kreuzzeichen. Gewölbeflur. Dachstuhl bez. 1888. – **Nr. 4:** Lehenbauer. Paarhof. 2geschossiges Wohnhaus in Blockbau. Breiter giebelseitiger Eingang, darüber Gang im Haupt- und Dachgeschoß. – **Nr. 20:** Kühpalfen. Paarhof mit Nebengebäuden. Wohnhaus in Blockbau mit Kopfschrot, zwei Geschosse. Der eingeschossige Kasten bez. 1602, heute im Salzburger Freilichtmuseum. Mächtige Stallscheune, Machelhütte. – **Nr. 24:** Berger. Haufenhof. Wohnhaus, Holzbau mit Verbretterung an der Wetterseite und Klozubau. Originale Fenster. Eingeschossiger Kasten bez. 1718. Große Stallscheune aus Rundlingen, Schweinestall, Bienenhütte. – **Nr. 32:** Untersteiner. Paarhof. Wohnhaus in Blockbau mit Kopfschrot über kleinem Steinsockel. Originale Türen mit hoher Türschwelle, breiter Flur mit Eßecke, zwei verzierte Gänge an der Giebelseite. – **Nr. 34:** Gleiminger. Paarhof, Wohnhaus in Blockbau, Brettschindeldach. Originale Fenster, an der Talseite noch mit Holzschuber, originale Türen; bmkw. Zierschrot, im Hauptgeschoß offene Feuerstätte im Flur. Verbretterter Klozubau, bmkw. Gangverbretterungen. – **Nr. 40:** Weitgasser. Paarhof; Wohnhaus, 16. Jh., mit angebautem Roßstall sowie Stiege und Verbindungsgang zwischen beiden, Blockbau über vorspringendem steingemauertem Erdgeschoß. Fenster mit Gitterstreben. Bergseitige Giebelwand bez. 1589 mit Inschr.

FRIEDBURG, Ruine, siehe NEUKIRCHEN

FRIEDENSBACH, siehe PIESENDORF

FÜRBERG, siehe SANKT GILGEN

FÜRSTENBRUNN, siehe GRÖDIG

FUSCH an der Großglocknerstraße. Polit. Bez. Zell am See

Gemeinde bestehend aus dem schmalen Haufendorf Fusch am li. Ufer der Fuscher Ache sowie Hofgruppen und Einzelhöfen in Hanglage zu beiden Seiten der Ache.
Paarhöfe mit Nebengebäuden; Wohnhäuser mit Mittelflurgrundriß, Erdgeschoß gemauert, Obergeschoß in Blockbau; z. T. steinerne Fenster- und Türgewände. Wirtschaftsgebäude durchwegs in Blockbau, nur der Stall gemauert. Flache Satteldächer.
Von großer Bedeutung die 1930–1935 von *Franz Wallack* erb. **Großglocknerstraße.**

PFARRKIRCHE Hll. Ägydius und Martin, in der Ortsmitte, von Friedhof umgeben. Urk. 1344. Pfarre seit 1862. Neubau von *Fidelius Schmid,* 1971/72, unter Einbeziehung des got. Turmes und des im Kern got. Chores vom Vorgängerbau.
Rechteckiger Kirchenraum, N-S gerichtet, mit Zeltdach. Im S li. Eingangsraum mit Rundfenster und eigenem Zeltdach, re. ungegliederter got. Turm, mit Triforenfenstern, Satteldach und Treppengiebel; dazwischen offenes Vordach. Ehem. Chor mit polygonalem Abschluß im O an den Turm anschließend. Nordwand durch vorspringende Nische gegliedert. Barockisierendes Holzkruzifix an der W-Wand des Eingangsraumes.
Schlichter Innenraum. Im O Sakristei mit darüberliegendem Balkon, daran anschließend die um sieben Stufen tiefer liegende, auf urspr. Fußbodenniveau belassene, ehem. Apsis (Marienkapelle) mit flachbogigem Gewölbe und seitl. Rundbogenfenstern.
Hinter dem Volksaltar Kruzifix, 17. Jh.; li. und re. Statuen auf Konsolen Hll. Sebastian und Florian von *Josef Mayer,* 1780 (ehem. auf Opfergangsportalen des Hochaltares).
Marienkapelle. Altar von 1780, Altarbild Kopie des Gnadenbildes in der Augustinerkirche von Konstanz, Wappen Eb. Markus Sittikus, bez. *G. Sterer* 1619 (aus der Wolfgang-Kapelle, Bad Fusch); Aufsatzbild 7 Zufluchten, 1780; Statuen Hll. Ägydius und Martin von *Josef Mayer,* 1780 (Attribute neu). Konsolfiguren 2 kniende Engel vom ehem. li. Seitenaltar, 1722; hl. Sebastian von *Franz Offer,* 18. Jh. (?); sitzende Maria mit Kind von *Josef Bachlechner,* um 1910.
Bilder hl. Wolfgang und Stifter, bez. 1705 (aus der Wolfgang-Kapelle, Bad Fusch); Heimsuchung, um 1700; Brustbilder Christus und 12 Apostel sowie Kreuzwegbilder 18. Jh. In Verwahrung ehem. Hochaltarbild der Wolfgang-Kapelle, Bad Fusch, hl. Wolfgang vor Maria mit Kind kniend, M. 19. Jh.; ehem. li. Seitenaltarbild hl. Antonius, bez. 1717, rest. 1853, 1904, und Oberbild hl. Katharina 18. Jh., bez. rest. 1853; ehem. re. Seitenaltarbild hl. Joseph mit Kind, 1. H. 18. Jh. bez. rest. 1904; Mariahilf-Bild, bez. 1736 (aus Ferleiten-Kapelle); Maria mit Kind, bez. *J.(ohann) Thomas,* 1. H. 19. Jh. In Verwahrung: Votivbilder Mitte 19. Jh. – Im Eingangsraum bar. Engel auf Konsolen (aus der Ferleiten-Kapelle). Orgel von *Mauracher,* 1907. Vortragekreuz um 1430 (in Verwahrung). – Glocke von *Caspar Immendorfer,* 1775.
Vor dem Kircheneingang Figur hl. Wolfgang, *Toni Schneider-Manzell,* 1946.

Kriegergedächtnis-Kapelle, erb. 1978, Relief hl. Sebastian und klagende Frauen, *Toni Schneider-Manzell,* 1947.

KAPELLE hl. Katharina in F e r l e i t e n, an der Großglocknerstraße. Kleine bar. Kapelle mit steilem schindelgedecktem Walmdach und Dachreiter. Erb. um 1630, rest. 1967. – Kreuzgewölbe mit polygonalem Schluß und bar. Stuckspiegel.
Altar, Tischlerarbeit von *Josef Egger,* 1744, Altarblatt hl. Katharina, Aufsatzbild hl. Wendelin, beide M. 18. Jh. Holzkruzifix, 19. Jh. Bänke mit einfachen bar. Wangen (aus der Wolfgang-Kapelle, Bad Fusch).

BAD FUSCH. Bis Anfang des 20. Jhs. Kurort, heute vollständig aufgelassen. **Kapelle** hl. Wolfgang. Urk. 15. Jh. (?). Bau von 1705, rest. 1853, heute in Verfall. Inventar siehe Ferleiten-Kapelle bzw. Fusch a. d. G., Pfarrkirche.

BAUERNHÖFE. **Embachgut,** Wohnhaus mit abgefastem Segmentbogenportal; bmkw. Roßstall, bez. 1839 und das Zuhäusl mit den Knechtkammern, aus einem Kornkasten hervorgegangen. **Embachkapelle,** erb. 1863. Einfacher Bau mit polygonaler Apsis und Schindelsatteldach. Altar M. 19. Jh., Altarbild hl. Leonhard, Aufsatzbild hl. Susanna.
Rieger, Paarhof, Wohnhaus im Erdgeschoß gemauert, Kielbogenportal an der Südfassade, abgefastes Rundbogenportal an der Nordseite; im Obergeschoß Zierschrot; Erdgeschoß 16., Obergeschoß 17. Jh.
Mühle beim Schnablerbauern, Blockbau mit flachem Satteldach, Firstpfette bez. 1873; das oberschlächtige Wasserrad seit Rest. (1978 im Innern bez.) unter verschaltem Anbau mit Pultdach. Gerinne der Mühle aus halbierten ausgehackten Baumstämmen, die auf Holzstehern aufliegen.
Waldlechen, Erdgeschoß gemauert, Obergeschoß in Blockbau 18. Jh. **Volksschule,** Fusch **Z 125,** Relief Mädchen mit Wasserkrügen von *Toni Schneider-Manzell,* 1947.

FUSCHL am See. Polit. Bez. Salzburg-Umgebung

Gemeinde in den Kalkvoralpen des südl. Flachgaus östl. von Salzburg. Haufendorf und Streusiedlungsgebiet am Ostende des Fuschlsees. Urk. um 790. Urspr. zwischen Seeufer und Kirche gelegener Straßenweiler, nach Aufstieg zum Fremdenverkehrsort um 1900 zum Dorf entwickelt. Einhöfe des Flachgauer und Tennengauer Typs.

PFARRKIRCHE hl. Erasmus, im O des Ortes. Schlichte nachbar. Saalkirche mit Ostturm, von Friedhof mit Mauer umgeben. – Urspr. Erasmuskapelle in Brunn von 1668. Kirche 1804–1806 erb., Planzeichner *Johann Anton Zillner,* 1837 gew., nach Brand 1880 Erneuerungen. 1891 Pfarrerhebung. Rest. 1909. 1951, 1962/63 innen, 1967 außen.
Langhaus und wenig eingezogener Rechteckchor durch einheitliche Gesimskehle zusammengefaßt, Rundbogenfenster, seitl. gesimsverdachte Rotmarmorrundbogenportale. Im Chorscheitel Ostturm aus 2geschossigem Sakristeianbau aufwachsend, Pyramidenhelm von 1855.
Einheitliche Pilastergliederung und Tonnenwölbungen mit Stichkappen im 4jochigen Langhaus von 1880, eingezogener Triumphbogen, Rotmarmorplattenboden. Zurückgestaffelte Doppelempore auf Ständern, 2. H. 19. Jh., an oberer Brüstung moderne Bilder David, Engel, hl. Cäcilia. – Deckenmalerei, geschwungenes Bildfeld Himmelfahrt Mariens, bez. *Wolfram Köberl 1952.*

Einheitliche nachbar. marmorierte Einrichtung von 1849/50, 1910 Neufassung. Hochaltar von 1849, freistehend, breit gelagerter Aufbau mit durchlässigen Säulenflügeln, Volutenauszug, Altarblatt hl. Erasmus, Seitenfiguren Hll. Rupert und Virgil, Auszugsmedaillon Hl. Dreifaltigkeit, Tabernakel. – Seitenaltäre, Säulenportaltypus mit Volutenauszügen, statt ehem. Altarblätter seit 1880 Statuen Schmerzhafte Muttergottes 1. H. 19. Jh. und hl. Georg nach 1880, Auszugsmedaillons li. hl. Joseph, re. Johannes d. T. – Rechteckkanzel.
Statuetten Hll. Wolfgang, Leonhard, Sebastian, Florian 2./3. V. 18. Jh. (vielleicht von urspr. Seitenaltären aus St. Wolfgang); Evangelisten 18. Jh. Konsolfiguren Hll. Barbara und Johannes d. T., 18. Jh., Christus an der Geißelsäule 1. H. 19. Jh. Kruzifix und Herz-Jesu-Statue 2. H. 19. Jh. Kreuzwegbilder 1. H. 19. Jh. – Neogot. Gestühl. – Barockisierendes Abschlußgitter bez. 1849. – Orgel von *Ludwig Moser,* 1856.
Aufbahrungshalle wohl um 1800.

KAPELLEN. **Wegkapellen.** Am östl. Ortsausgang übergiebelter Bau von 1862/1863 mit eingezogener Halbkreisapsis, von Linden flankiert, Rieselputzgliederung, Spitzbogenfenster, Marmorrundbogenportal bez. 1862/63; innen Tonne, Trenngitter bez. 1868, barockisierendes Pilasteraltärchen mit Auszug und Seitenfiguren Hll. Rupert und Virgil aus Bauzeit. – Nördl. des Ortes am Schoberabhang Bau des 19. Jhs. mit Halbkreisapsis, Satteldach über Vorlaube. – **Kapellenlaube** an der Bundesstraße, Steinskulptur Pietà bez. *M. Rieder 1967.*
Schlichte **Hofkapellen** des 19. Jhs. wie bei Ellmau Nr. 17, Steinbach Nr. 2, Nr. 11 (bez. 1894).

BILDSTOCK. Kreuzsäule auf der Hochlacken, an der Gemeindegrenze zu St. Gilgen, in Bildstock von 1977 eingefügter got. Inschriftstein bez. 1463 von der Martersäule auf der Kühleiten, urspr. Bez. der Grenze zwischen Hüttensteiner und Wartenfelser Gericht, urk. 16. Jh.

SCHLOSS Fuschl, siehe Gemeinde HOF bei Salzburg

BAUERNHÖFE. **Brunn,** Uferzone an der Ostspitze des Fuschlsees. **Nr. 3:** Schoberbauer. Einhof, bez. 1867, Erd- und Obergeschoß gemauert, Putz mit Steinstückchen und Scherbenverzierung, Dachgeschoß Schopfwalmdach, bez. 1861, mit Glockentürmchen. Freistehend Getreidekasten in Blockbau. – **Nr. 5:** Schöfbaumgut. Austraghaus. Einhof, bez. 18 . .?, Erdgeschoß gemauert, verputzt, mit Schlackenputz, jedoch übermalt, Obergeschoß teilweise Blockbau, teilweise Mauer, verschalt, traufseitige Unterfahrt mit Flugpfette, Quertenne im Erdgeschoß, Schopfwalmdach. – **Nr. 6:** Schöfbaumgut. Einhof, bez. 1872, Erd- und Obergeschoß gemauert, Tenne im Erdgeschoß, Dachgeschoß mit Balkon, senkrecht verschalt, Schopfwalmdach, Dachuntersicht mit Fischgrätmuster, Glockentürmchen mit Kreuz. – **Nr. 14:** Unfriedinghof. Einhof, bez. 1886, Blockbau, verputzt, im Obergeschoß bei den Fußpfetten Vorköpfe sichtbar, Quertenne im Erdgeschoß, Schopfwalmdach, Dachgeschoß Ständerbau, senkrecht verschalt. Im Hofbereich **Kapelle,** teilweise gemauert, schindelgedeckt.
Ellmau, Talsenke des Ellmaubachs vom Hochlacken zum Ostende des Fuschlsees. **Nr. 1:** Mathiesengut. Hakenförmiger Einhof, bez. 1902, gemauert, bmkw. Schlackenverzierung, Satteldach. Daneben Getreidekasten, Blockbau

mit Hirnschrot. – **Nr. 15:** Perfallhof. Einhof, bez. 1850, Erdgeschoß gemauert, verputzt, Obergeschoß Blockbau mit Zierschrot, z. T. originale Fensterformate. Quertenne mit Tennbrücke, Dachgeschoß senkrecht verschalt mit Balkon, Schopfwalmdach mit Glockentürmchen. – **Nr. 16:** Pamerbichlhof. Einhof, Mauerbau, Obergeschoß mit Quertenne und Tennbrücke, Dachgeschoß mit Balkon, Schopfwalmdach mit Glockentürmchen. – **Nr. 17:** Sommerau. Einhof, bez. 1787, gemauert, Quertenne im Erdgeschoß, Dachgeschoß mit Balkon und Schopfwalmdach, lebensbaumähnliche Verzierung der Fensterläden. Im Hofbereich gemauerte Kapelle mit schindelgedecktem Dach.

GAISSAU, siehe KRISPL

GARTENAU, Schloß, siehe HALLEIN

GARTENAU–ST. LEONHARD, siehe GRÖDIG

GASTHOF, siehe EBEN im Pongau

GEORGENBERG. Gem. Kuchl. Polit. Bez. Hallein

Nordöstl. von Kuchl gelegener, markanter Felsrücken. Übergangsgebiet vom Tennengauer Einhof zum Pongauer Paarhof.
Der Georgenberg zählt zu den bedeutendsten prähistorischen Siedlungen des Landes Salzburg. Die Anhöhe war auf Grund der natürlichen Schutzlage von der Jungsteinzeit bis in die späte Eisenzeit und wieder in der spätrömischen Epoche bewohnt.

FILIALKIRCHE hl. Georg, auf dem G e o r g e n b e r g. Einschiffiger spätgot. Bau mit W-Turm. Zwei Vorgängerbauten, frühchristliche Kirche des hier vermuteten spätantiken Kastells Cucullis und ottonischer Bau 10./11. Jh. (Grabung 1966). – Urk. 1243. Turm 1682 neu erb.

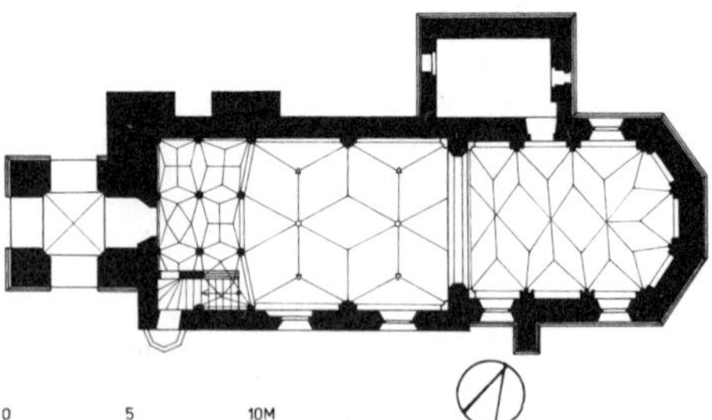

Georgenberg,
Filialkirche hl. Georg

Schlichter Außenbau mit umlaufendem Sockel, umlaufender got. Hohlkehle, Schindelsatteldach. An der Langhaus-N-Wand zwei breite schindelverkleidete Stützpfeiler. Chor aus unverputzten Konglomeratquadern, leicht einspringend, polygonal geschlossen. An der S-Wand ein abgetreppter Strebepfeiler. Hochrechteckige Fenster, am Langhaus nur im S. Im SW freigelegtes spätgot. spitzbogiges Maßwerkfenstergewände. Abgefastes Rundbogenportal, Holztüre 17. Jh. und Marmoraußenkanzel auf zwei Konsolen, von 1649, mit Schindelschutzdach an der südl. Langhauswand.
Konglomeratturm der Giebelfassade vorgebaut, ungegliedert, im Erdgeschoß drei Rundbogenöffnungen, rundbogige Schallfenster, Schindelspitzhelm, über die abgeschrägten Ecken des Turmes herabgezogen. Im N eingeschossiger Sakristeianbau 2. H. 17. Jh., mit Pultdach.
3jochiges, im Kern rom. Langhaus; spätgot. Vierrautensterngewölbe auf Wandpfeilern sowie vorgelagerten Runddiensten mit Basis und Rundkapitell; schildförmige Schlußsteine. Spitzbogiger abgefaster Triumphbogen. Spätgot. 2jochiger Chor mit 5/8-Schluß, Gewölbefiguration wie im Langhaus, bez. 1676. Im 2. nördl. Chorjoch Sakristeiportal und Türe 2. H. 17. Jh., Sakristei flach gedeckt mit Treppe zur Kanzel. Turmerdgeschoß kreuzgratgewölbt.
Spätgot. 3schiffige, 2jochige W-Empore, über das 1. Langhausjoch. Sternrippengewölbe auf vier freistehenden Marmorsäulen bzw. auf Halbsäulen an den Langhauswänden, mit Basis und Kapitell. Schöne Maßwerkbrüstung aus Kunststein. Im S Aufgang zur Empore und Zugang durch Rundbogenportal zur Außenkanzel; auf der Empore rechteckiges abgefastes Turmportal.
Hochaltar von 1716; Aufbau von *Johann Pfister,* Figuren Hll. Georg, Rupert und Virgil von *Johann Georg Mohr,* Oberbild hl. Michael von *Simon Jakob Lamberti.* Mensa mit ornamental verziertem Lederantependium. – Seitenaltäre, Aufbauten von *Johann Pfister* 1719, Aufsatzbilder Wetterheilige Johannes und Paul von *Simon Jakob Lamberti* 1719. Mensa-Antependien mit Darstellungen Marientod und hl. Georg von *Tobias Köpl* 1704. Li. Seitenaltar, in den Altaraufbau eingebunden spätgot. Relief Marientod, um 1500 (im Dommuseum zu Salzburg). Re. Seitenaltar, spätgot. Figuren Hll. Rupert und Virgil, um 1500 (in Verwahrung).
Kanzel, polygonaler Marmorkanzelkorb auf 6seitiger Säule mit Basis und Ringkapitellen, 17. Jh.; Schalldeckel von *Johann Pfister* 1698. – Spätgot. Kreuzigungsgruppe um 1500, Kruzifix bez. 1834; Figuren Maria und Johannes in Verwahrung. Bilder, hl. Georg, 17. Jh.; Einzeldarstellung der 14 Nothelfer, Hll. Rupert, Virgil, alle 1. H. 18. Jh.; Kreuzwegbilder von 1848. – Opferstock mit Blechbild hl. Georg von 1703. Bänke um 1719. Orgel von *Adam Müller,* 1837.

Bar. BILDSTOCK mit Zeltdach, bei Haus Nr. 22, Figur kniender Schmerzensmann, 18. Jh.

BAUERNHÖFE. **Georgenberg Nr. 8:** Oberzacherl. Paarhof, Wohnhaus bez. 1616. Mittelflurgrundriß mit gewölbtem Flur, Haustür mit got. Kielbogengewände, an Roßstall Backhäuschen angebaut, Obergeschoß in Blockbau, an First- und Westseite verputzt. Im Giebel Gangl, Pfettenköpfe verziert. – **Nr. 9:** Unterzacherl. Einhof, bez. 1665. Gemauertes Erdgeschoß, Mittelflur, Obergeschoß verputzter Blockbau, Dachgeschoß mit Hausgang, bmkw. Katzenfirst. – **Nr. 40:** Brucker. Einhof mit Mittelflur. Erdgeschoß gewölbt, außen verputzt, Marmorgewände bei Fenster und Tür; Obergeschoß Blockbau, verputzt. – **Nr. 57:** Brüller. Einhof, Stubentram bez. 1718; gemauert und verputzt, Dachgeschoß mit Balkon. Über der Haustür Fresko Maria mit Kind.

GERLING. Gem. Saalfelden am Steinernen Meer. Polit. Bez. Zell am See

Kirchweiler, urk. um 1330, südöstl. von Saalfelden.

FILIALKIRCHE hl. Gotthard, in der Ortsmitte. Spätgot., nach NO gerichteter Bau mit südöstl. Turm. Urk. 1500. 1760 Barockisierung, 1766 Sakristeianbau. 2. H. 19. Jh. Renov. des Inventars durch *Josef Gold* und *Jakob Mayr.* Rest. 1970/71.
Einschiffiges spätgot. Langhaus mit umlaufendem Sockel und Satteldach; breite Stützpfeiler an Langhaus und Chor, im W übereck gestellt; abgefaste spitzbogige Fenster, abgefastes Rundfenster an der SW-Fassade bzw. im Achsfenster des Chores. SW-Fassade mit Dreieckgiebel, im Giebelfeld bar. Wandmalerei hl. Christophorus; mehrfach gekehltes spätgot. Kielbogenportal. Chor nur südöstl. einspringend, mit polygonalem Schluß; im SO bar. Sakristeianbau. Zwischen Langhaus und Chor spätgot. Turm, ungegliedert, mit Triforienfenster, Bekrönung der vier Turmkanten durch Dreieckaufsätze, Spitzhelm.
3jochiges Langhaus und 2jochiger Chor durch Pilaster gegliedert; Langhaus vom Chor durch rundbogigen Triumphbogen getrennt, li. vorspringender Wandpfeiler, re. Langhauswand eingezogen. Im 1. Chorjoch im SO abgefaste rundbogige Türe zum Turm, kreuzgratgewölbtes Turmerdgeschoß. Die urspr. got. Gewölbeform in Langhaus und Chor durch Barockisierung verunklärt. Stuckrocaille und Deckenmalerei in bar. Stuckspiegeln, Szenen aus dem Leben des hl. Gotthard von *Josef Gold* 1876. Im Chor Wandmalereifragment hl. Erasmus, bez. *(Josef) Gold 1878.*

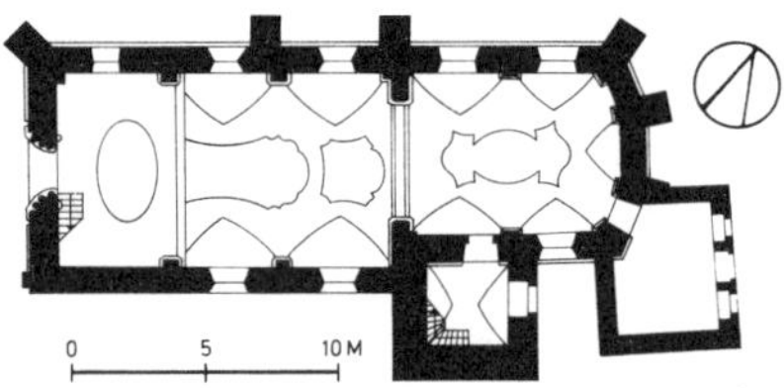

Gerling, Filialkirche hl. Gotthard

Hochaltar von 1760; Altarblatt Aufnahme des hl. Gotthard in den Himmel von *Josef Gold* 1876; Aufsatzbild hl. Michael von 1760; bar. Seitenkonsolfiguren Hll. Gotthard und Erasmus. – Seitenaltäre 1. H. 18. Jh.; li. verschmälert, Kruzifix um 1500 und bar. Konsolfiguren Maria und Johannes, Oberbild Gottvater und Konsolfigur hl. Michael bar.; re. Nischenfigur Madonna mit Kind, spätes 17. Jh., Oberbild Heimsuchung von *Josef Gold,* Konsolfigur bar. Engel.
Bar. Kanzel, 18. Jh. – Konsolfiguren Hll. Stephanus und Laurentius, 1. H. 18. Jh., hl. Florian 18. Jh., hl. Joseph 19. Jh. In Verwahrung vier Kirchenlehrer, spätes 18. Jh. – Bilder Maria vom Guten Rat, hl. Antonius von Padua, 2. H. 18. Jh. – Empore mit bar. Bildern 8 Seligkeiten; darunter Spiralgitter, 18. Jh.

GLANEGG, siehe GRÖDIG

GLASENBACH, siehe ELSBETHEN

GOIS, siehe WALS

GOLDEGG. Polit. Bez. St. Johann i. P.

Gemeinde; Haufendorf am Goldeggersee auf einer Terrasse nördl. über dem Salzachtal. Geschichte des Dorfes eng mit dem Schloß Goldegg verbunden. Der Ortsname im 13. und 14. Jh. houa, hofa, seit dem 16. Jh. Goldegg üblich. Im Mittelalter Straßenverlauf zwischen Schwarzach und Lend über Goldegg.

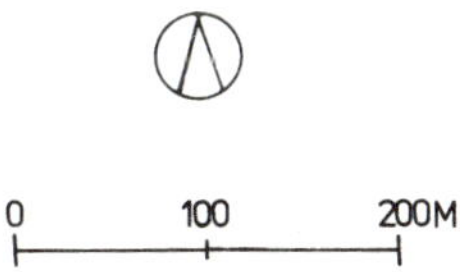

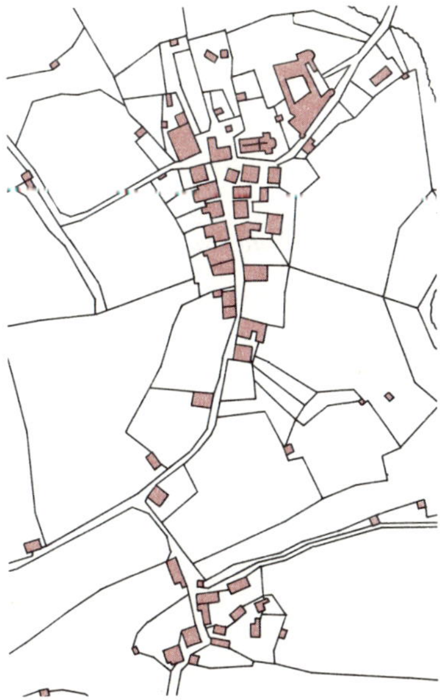

Goldegg, Historischer Ortsplan nach Kataster von 1829/30

Schloß und Pfarrkirche erhöht am nordöstl. Ortsrand. Lockere, großteils dörfliche Verbauung entlang der N-S in leichter Krümmung verlaufenden Straße, gegen N 3eckiger Platzabschluß. 2geschossige, giebelständige Häuser, meist mit gemauertem Erdgeschoß und Holzblockbau, großteils erneuert M. 18. Jh. (Ortsbrand 1747). In Ortschaften Altenhof, Enkerbichl, Maierhof, March, Mitterstein, Oberhof, Schattau und Weng noch reicher Bestand an originalen alpinen Einzelhöfen. An den Wetterseiten meist senkrechte Verbretterung. Bmkw. die breiten ein- und 2flügeligen Haustüren. Umlaufende Gänge an mehreren Hausseiten, Dachuntersicht vielfach grätenförmig verschalt, große Glockentürme, Wirtschaftsgebäude; Backofen und Waschküche meist zusammengebaut.

PFARRKIRCHE hl. Georg, erhöht am nordöstl. Ortseingang. Einschiffige, im Kern frühgot. Kirche mit Südturm, von Friedhof umgeben. – Urk. 1339. 1502 Südturm, 1516 Weihe. 1747 Brand, 1770 Umbauten, 1787 neuer Hochaltar. 1857 Pfarre. 1884 Kirchenerneuerung (Reromanisierung), renov. 1914, rest. 1965/66. Ungegliedertes got. Langhaus über schräg gestelltem Rechteckgrundriß, eingezogener got. Chor mit polygonalem Abschluß und gestuften Strebepfeilern, Satteldach. Im W bis zum Straßenniveau reichende turmartige Anbauten von 1884. Rechteckige Langhausportale, Rundbogenfenster. An der Chornordseite 2geschossige Sakristei, innen bar. Stuckspiegel. Südturm bez. 1502, vier durch Putzbänder angedeutete Geschosse, z. T. mit Lilienfries, Rundbogenschallfenster mit je zwei Säulen und Kelchkapitellen, darüber Dreieckgiebel und Spitzhelm.
Einschiffiges Langhaus mit offener Dachstuhlkonstruktion; im W neurom. 2geschossige Säulenempore und Segmentbogen zum Beichtraum, Kruzifixus von 1868. – Eingezogener, rundbogiger Triumphbogen flankiert von Wandpfeilern mit profiliertem Abschluß. Chor mit 3seitigem Schluß, schmale Wandvorlagen und umlaufendes, profiliertes Gesims. Tonnengewölbe mit bar. Deckengemälde Mariä Krönung E. 18. Jh. Li. Sakristei-, re. Turmzugang, darüber Bild Emmausdarstellung bez. *J.(osef) Gold 1895.*
Frühgot. Kreuzigungsfresko um 1330, an der nördl. Triumphbogenwand, Christus am Kreuz mit Leidenssymbolen, Maria, Kopf des Longinus, Judaskuß, li. Stifterfigur, re. Apostel Andreas, darüber fragmentarisch erhaltener Streifen, drei Heilige. – Ornamentale neurom. Glasfenster.
Klassizistischer Marmorhochaltar nach Entwurf von *Wolfgang Hagenauer,* bez. *1790, renovatum 1884 L. M., A. Gollackner;* freistehende Mensa mit Tabernakel, 1790 von *Franz Hitzl* (Bildhauer), seitl. Engel 18. Jh.; Säulenhochaltar 1790 von *Johann Högler* (Steinmetz), rundbogiges Altarblatt Himmelfahrt Christi, bez. *F.(ranz) (Nikolaus) Streicher 1789.* – Li. Seitenaltar mit bar. Konsolfigur hl. Sebastian, 18. Jh.; re. Seitenaltar mit Tabernakel und Engel, 18. Jh., darüber Bild Immaculata bez. 1717 (Wappen mit Buchstaben C. A. P.). An der nördl. und südl. Langhauswand Bilder, bez. *J.(osef) Gold 1895,* li. Anbetung der Könige, re. Pfingsten. – Schnitzwerke. Im Chor Kreuzigungsgruppe (ehem. Triumphbogenkreuz), Hll. Maria und Johannes 17./18. Jh.; bar. Konsolfiguren Hll. Benedikt um 1700, Laurentius 2. H. 19. Jh., Hll. Rupert und Virgil (z. T. ergänzt) 18. Jh.; im Langhaus Auferstandener, Hll. Georg, Michael, Joachim und Joseph (ehem. Großarl), alle 18. Jh. – In Verwahrung Figur hl. Florian, 1748; spätgot. Altarflügel um 1520, Hll. Nikolaus, Augustinus, Gabriel und Maria. – Taufschüssel bez. 1725, Taufstein um 1890. Stationsbilder aus Ton, an der Emporenbrüstung Tonreliefs Fußwaschung und Vermählung, bez. *I.(ohannes) Piger 1894.* – Orgel von *Matthäus Mauracher,* 1885.
Grabsteine. An der Sakristeiaußenwand Johann Paul Treiber, 1779; Maria Anna Regina Schiferin, 1784; Aegid Martin Kienberger, 1788. Innen Simon Thaddä

Helminger, 1763; Anna Maria Weixlbaumerin, 1781; Johann Georg Schifer, 1784; Mathias Koller, 1786; Leopold Holtzer, 1801.

Friedhof, 1703. Schmiedeeiserne Grabkreuze 17.–18. Jh. Friedhofskreuz mit Konsolfigur Schmerzhafte Mutter Gottes, 2. H. 19. Jh. Im nördl. Bereich Bildstock der Grafen Galen mit Relief Auferstandener erscheint hl. Magdalena, 2. H. 19. Jh. Im NO Aufbahrungshalle von 1962, bar. Kruzifixus.

Pfarrhof, westl. der Kirche, erb. 1979 von *Georg Aigner.*

FILIALKIRCHE hl. Anna. Got. Kirchlein in W e n g, nordwestl. von Goldegg. – Urk. 1528, Renov. 1893 und 1943/44, Brand 1956, Rest. 1957, Außenrest. 1976.

Got. Bau mit 3seitigem Chor, Spitzbogenfenster und Satteldach. Ungegliederter Südturm mit Biforenfenster und Mittelsäule, Zeltdach. Im W abgefastes Spitzbogenportal, Kreisfenster und Fassadenbild hl. Anna selbdritt, bez. *N.(ikolaus) Meyendorff* 1957; gemauerter Windfang mit römerzeitlicher Grabinschr. für die einheimischen Kelten Ottus und Bouda.

Langhaus einschiffig, 5jochig mit Stichkappentonne, von Konsolen aufsteigende, seichte Rippen; im W Holzempore. Re. einspringender Chor mit 3seitigem Abschluß, südl. abgefaster, rundbogiger Sakristeizugang – Sakristei im Turmerdgeschoß, kreuzgratgewölbt –, darüber abgefastes got. Kanzelportal mit Eckkonsolen. Spitzbogenfenster mit Glasmalerei Hll. Leonhard, Michael, Georg und Sebastian, bez. 1944 *(Tiroler Glasmalerei).*

Säulenhochaltar, im Fries bez. 1686, zwischen kannelierten Säulen Rundbogennische mit got. Schnitzgruppe hl. Anna selbdritt, um 1520, seitl. got. Statuetten Hll. Barbara und Katharina, um 1500; im Aufsatz Segmentbogengiebel mit Auge Gottes, darüber Wolken mit Kreuz, Engel. – Seitenaltar an der nördl. Chorwand, got. Relief der Kreuzauffindung, um 1500.

Schlichte Kanzel, 1893. Schnitzwerke, Kruzifixus 17. Jh., Konsolfiguren hl. Joseph 1893, hl. Florian von *Franz Kreuzer* 1958. Bilder, Geißelung Christi und Dornenkrönung, 18. Jh.; 14 Stationsbilder um 1800; Ovalbild der Wetterheiligen Petrus und Paulus, 19. Jh.; Madonnenbild von *Michael Lackner.* Orgelkasten mit geschwungenen Giebelansätzen, um 1700. – Im gemauerten Eingangsvorbau neugot. Lourdesstatue.

KAPELLEN. In A l t e n h o f, einfacher Bau mit Holzschindeldach. Bild hl. Sebastian, bez. *K. Eiccho (19)52.* – In H i n t e r b i c h l, bar. Bau über Rechteckgrundriß mit Rundapsis und holzschindelgedecktem Satteldach. Tonnengewölbe, spätbar. Säulenaltar mit Altarblatt Maria Verkündigung, Oberbild Gottvater, 18. Jh.

BILDSTÖCKE. Südöstl. von G o l d e g g bei Haus Nr. 33, Segmentbogennische mit Bild Marienkrönung, E. 19. Jh. – Bei Pfarrkirche G o l d e g g, in Kirchenumfassungsmauer, Rundbogennische mit Figur hl. Nepomuk, 19. Jh. – In M a r c h bei Zweiling, mächtiger Bau mit Segmentbogen, tonnengewölbte Nische, Kreuzigungsgruppe, 19. Jh. – Im Ortsteil M i t t e r s t e i n in Trog, bei Haus Nr. 4, Segmentbogennische mit Kruzifixus, 18. Jh. – In W e n g, Oberwengkapelle. Erb. 1876, segmentbogiger Nischenbildstock, Kreuzigungsgruppe, 2. H. 19. Jh.

SCHLOSS Goldegg, Hofmark Nr. 20, im NO der Pfarrkirche auf niedrigem Felsrücken. Urk. 1323 vom Ministerialengeschlecht der Herren von Goldegg neu erb., nachdem der Erzbischof die ehem. Stammburg der Goldegger in Althofen, ca. 1 km westl. von Goldegg, 1322 zerstört hatte. Burg kommt nach Erbstreitigkeiten 1455 an Erzbischof, der sie 1481 an Wilhelm Graf, Pfleger zu Radstadt, und den Gasteiner Gewerken Conrad Strochner verkauft; Christoph Graf erhält 1527 als Dank für seine Treue im Bauernkrieg 1525/26 das Pfleg- und Urbaramt Goldegg verliehen; 1612 Burg wieder an Erzbischof, bis 1854 Sitz des Pfleggerichtes; 1874–1959 Besitz der Grafen Galen, dann Erzdiözese Salzburg, seit 1973 Gemeinde Goldegg.

4flügelige Anlage um kleinen Innenhof, im Kern 2. V. 14. Jh., im O und S schmale Zwinger mit Ecktürmchen vorgelagert. Im Schloßhof Abguß eines kreisförmigen römischen Grabmedaillons mit Darstellung eines Ehepaares, 2. Jh. n. Chr. (Original im SMCA). **Nordtrakt** Palas des 14. Jhs., 3geschossig mit ehem. Zinnenkranz, Aufbau mit spätgot. Dachstuhl samt umlaufendem, hölzernem Wehrgang und zwei kleinen, auf Holzbalken aufgesetzten Ecktürmchen, um 1500. Erdgeschoß Wirtschaftsräume, SO-Ecke eingetiefter Keller mit schalungssichtigem Gewölbe; im 1. Obergeschoß durchgehende, hohe Halle mit mächtigem Unterzug auf zwei Holzsäulen, im östl. Teil niedrige Raumeinheiten, etwa 1,5 m Luftraum bis Geschoßdecke; Wände und Decken der Einbauten aus starken Bohlen, in Säulen und Schwellenhölzer eingenutet; südl. Raum 14. Jh., Täfelung mit halbrunden Säulchen und einfachen Kapitellen, Decke ähnlich ausgeführt, in der Mittelachse Scheibenmotive; zwei nördl. Räume um 1500 verändert, Eckraum davon mit überhöhter Balkendecke, Türen einfache Formen von ungewöhnlicher Schwere; in der S-Wand des Palas schmale, geradläufige Verbindungstreppe zwischen 1. und 2. Obergeschoß.

Im 2. Obergeschoß **Rittersaal**, Raumtrennung zu zwei „Sattelkammern“ durch Holzwand mit Gliederung aus Halbsäulen, um 1500, verkleidet mit in Tempera bemalten Holztafeln, großteils biblische Szenen über Ornamentfeldern; an östl. Ende Ölbild, Anbetung der Hl. 3 Könige mit Ansicht von Goldegg, 17. Jh.; Verbindungstüren zu Nebenräumen auf Sims bez. 1536. An drei übrigen Wänden Fresken um 1536: O-Wand Wappen Reich, Erzstift, Erzbischöfe Leonhard v. Keutschach und Matthäus Lang v. Wellenburg sowie Familienwappen Schernberg-Goldegg, darunter in Fensternischen Holzvertäfelung mit Grisaillemalerei, allegorische Darstellungen; an der S-Wand Fresken Jagdszenen, Musikantengruppe, Bathseba im Bade; an der W-Wand David und Goliath, hl. Christophorus, in Fensternischen Einzelfiguren Judith, Lukrezia u. a., Sockelzone Vorhangmotive. Holzdecke des Saales in Felder eingeteilt und in breiter Hohlkehle insgesamt 137 Wappen nach der sogen. Quaternionentheorie, am Rand Wappen des Salzburger Adels; im westl. Teil Wappen der Grafen zu Schernberg mit Inschr. und Bez. 1536. Restaurierung des Saales 1979 abgeschlossen, bedeutendste einheitliche Ausstattung dieser Zeit in Salzburg. Südtrakt, an beiden Ecken je ein Turm, 14. Jh., verändert 3. V. 19. Jh., an der S-Fassade kleiner Mittelerker auf 3fach gestuften Steinkonsolen; Verbindungstrakte wohl 16. Jh., der westl. davon im Erdgeschoß ehem. offene Arkaden, heute verglast, Schloßcafé, darin alte Zisterne. Westtrakt aufgestockt 3. V. 19. Jh.

In S- und W-Trakt seit 1975 **Pongauer Heimatmuseum** mit Sammlung von Mobiliar, Hausrat und Volkskultur. Seit 1978 Adaptierung der Gesamtanlage zu

Kulturzentrum, Umbauten, neues Stiegenhaus in der NW-Ecke des Hofes von 1979, Sanierung des Palas mit Hoffassaden 1980/81.

JUDENHOF Nr. 1, nördl. von Goldegg an der Straße nach Goldegg-Weng, weithin sichtbar gelegen. Urk. 1441 Konrad Pründlinger, ab 1529 Familie Aman, 1598 Veit Stöckl, berchtesgadnischer Propst auf dem Heuberg, ab 1632 zahlreiche, meist bäuerliche Besitzer.
Ansitzähnlicher Bau 2. H. 16. Jh., nahezu quadrat. Grundriß mit Mittelflur, an den Ecken der S-Fassade zwei runde Erker ab dem ersten Obergeschoß, seit Brand 1878 ohne eigene Dachaufbauten, enden unter Vordach des hohen, abgewalmten Satteldaches. Im Erdgeschoß tonnengewölbte Mittelhalle mit Stichkappen; Raum in der SO-Ecke gewölbt mit schlanker Mittelsäule; Fenster großteils mit abgefasten Steingewänden; Erdgeschoß an der Südseite mit überdachtem, balkonartigem Holzvorbau 19. Jh. (?).

HÄUSER. Hofmark: Im Kern meist 17./18. Jh., z. T. verändert. **Nr. 4:** First bez. Georg Eger und Maria Aicher. **Nr. 7:** Holzblockbau von 1876. **Nr. 11:** First bez. 1762 Joseph Posch, Maria Waylingerlin. **Nr. 13:** First bez. 1880. **Nr. 14:** Spätbar. Bilder Hll. Florian und Georg. **Nr. 15:** Gemeindehaus. Holzblockbau, First bez. 1755. **Nr. 16:** Post. First bez. 1750. **Nr. 17:** Ehem. Pfarrhof. Spätbar. Fassadengliederung, innen z. T. Gewölbe sowie Stuckspiegel.

Brunnengehäuse vor Haus Nr. 16 mit Statuette hl. Florian.

BAUERNHÖFE. **Altenhof.** Weitverzweigte Streusiedlung mit weilerartigem Kern westl. der Hofmark. **Nr. 4:** Rohrmoos. Paarhof. Bemalte Pfette bez. 1535. 3geschossiges Wohnhaus, zwei untere Geschosse gemauert, das Ober- und Dachgeschoß in neuem Blockbau. 2flügeliger giebelseitiger Eingang mit breitem segmentbogigem abgefastem Steinportal. Darüber Christusfigur in ovaler Wandnische. Schmiedeeiserne Gitterkörbe vor den Fenstern im Erdgeschoß sowie vor dem Mittelfenster im Hauptgeschoß. Küche und Keller gewölbt. Mächtige Stallscheune, giebelseitig an das Wohnhaus angrenzende Stallungen und kleine Laube; schindelgedeckte Baugruppe. – **Nr. 12:** Reitmair. Paarhof. 2geschossiger Blockbau, z. T. verputzt, traufseitige Haustüre, Schindeldekkung. Giebelseitig im Haupt- und Dachgeschoß verzierte Gänge. 2geschossiger Kasten, Blockbau mit Kopfschrot, gespundeten Türen, offenem Giebel und Schindeldach. – **Nr. 14:** Großrohrer. Paarhof. 2geschossiges Wohnhaus, traufseitig begehbar. Erdgeschoß nur Küche gemauert, ansonsten Blockbau. An der Wetterseite über zwei Geschosse Verbretterung, im Giebelfeld darüber Zierschrot, Schopfwalmdach. Giebelseitiges Gangl an der Talseite.
Maierhof. Streusiedlung südwestl. des Hauptortes. **Nr. 1:** Großmeierhof. Paarhof. Wohnspeicherhaus, im Türstock bez. 1582, z. T. über beide Geschosse gemauert, z. T. Blockbau mit Kopfschrot. An der Wetterseite fast gesamte Giebelwand senkrecht Verbretterung. Im vermutlich ältesten Teil an der östl. Traufseite rundbogiges Portal. An gegenüberliegender Traufwand gemauerter Speicher. Darüber in Blockwand vier spitzbogige Öffnungen, mit Holzklappen verschlossen. Gang an der westl. Traufwand. Gangl im Dachgeschoß an der Wetterseite.

March, Nr. 2: Großvoithof. Einfirstanlage mit erneuertem Wirtschaftstrakt. 2geschossiges Wohnhaus in Mischbau. Gänge über 3 Seiten im Hauptgeschoß. Senkrechte Verbretterung und Gangl im Giebelfeld. – **Nr. 4:** Zweiling. Paarhof, Wohnhaus z. T. 17. Jh., in Blockbau. Buchstabenschrot an Traufwand über gemauertem Untergeschoß, rundbogiges 2flügeliges Portal. Gang an 3 Seiten, Verbindungsgang zu 2geschossigem, baufälligem Nebengebäude (Kasten ?) mit vergitterten kleinen Fenstern und Schindeldach. Stallscheune bez. 1768. – **Nr. 13:** Berndlau. Paarhof, Wohnhaus, First bez. 1667, Blockbau aus überkämmten Balken. Flachdach, urspr. Fenster und Türen, verzierter Gang über Giebelfront sowie Teile der Traufseiten. Angebauter Schweinestall. Stallscheune bez. 1719.

Mitterstein. Siedlungsgebiet mit Paarhöfen in Streulage zwischen Goldegg und Böndlsee. **Nr. 4:** Troger. Paarhof. 2geschossiger Steinbau mit schindelgedecktem Schopfwalmdach und rundbogigem Eingang an der Giebelseite, darüber Mittelfenster mit Korbgitter. – **Nr. 7:** Irrstein. Paarhof. Wohnhaus bez. 1793 nach Dachstuhlbrand. Mischbau, im Hauptgeschoß Blockbau mit Zierschrot. Eingang an der Traufseite im unverputzten Mauerwerk, überdachter Gang im Erdgeschoß. Verzierter Gang an 3 Seiten im Obergeschoß und Gangl im Dachgeschoß. Stichkappengewölbe in Küche, Keller und Flur. Gemauerter Stiegenaufgang, rundbogige Kellertür. Angebauter neuer Wirtschaftstrakt.

Oberhof. Südl. von Goldegg, Streusiedlungsgebiet mit Einzelhöfen. **Nr. 1:** Oberberghof. 3geschossiger Steinbau in Parkanlage. Giebelseitiges Portal mit breiter Laibung. Fenster im Erdgeschoß vergittert, an der Parkseite mit Rundbogen, Fenster der Hauskapelle mit Natursteinlaibung. Kurze Gänge in beiden Hauptgeschossen der Stirnwand, parkseitig Gang ober Eingang, von zwei kleinen, buntbemalten Reliefs (Hll. Florian und Georg) flankiert. Wirtschaftshaus mit Wagenschuppen, gemauertes Erdgeschoß, Obergeschoß aus Rundlingen, Flachdach mit Legschindeldach. – **Nr. 5:** Untertaxbach. Paarhof. Gemauertes Wohnhaus, li. Drittel vorspringend, rundbogige, 2flügelige Haustüre. Gang über die rückspringende Giebelbreite im 1. Stock und im vorkragenden Giebelfeld, Dachausbau, bez. 1947. 2geschossiger Kasten mit Stiege bez. 1552 in Blockbau mit rundbogigen Türbeschlägen und Schloß im re. gespundeten Türstock. Backofen und Waschküche zusammengebaut. – **Nr. 13:** Unterhof. Haufenhof. Wohnhaus mit bemalter Firstpfette bez. 1723, erneuerter Dachstuhl. Gemauertes Erdgeschoß, darüber überkämmter Blockbau und verbretterter Dachausbau. Breites 2flügeliges Portal mit Rundbogen und 2seitigem Aufgang, darüber Initialen in Stuckrahmen. Vergitterte Fenster im Erdgeschoß. 2geschossiger Kasten, bez. 1579, Blockbau mit Schindeldach und offenem Giebel. Holzhütte, Backofen, Waschküche, Heuhütte. – **Nr. 14:** Oberhof. Paarhof, Wohnhaus, in Pfette bez. 1673. Erdgeschoß gemauert, Obergeschoß verputzter Blockbau, Schindeldach. Gang im Hauptgeschoß. Fenster vergittert, z. T. mit Klostermaschengitter.

Schattau. Ortsteil mit Einzelhöfen in Streulage im O des Hauptortes. Bmkw. **Nr. 8:** Grünstein. Haufenhof. Wohnhaus, 16./17. Jh., 2stöckiger gedrungener Bau mit vorspringendem, gemauertem Erdgeschoß. Darüber Blockbau. Segmentbogiges 2flügeliges Tor an der Giebelseite. Vergitterte Fenster im Erdgeschoß, Gang an der Stirnseite im Hauptgeschoß. Kleiner Stallscheunenanbau. Gewölbe in Küche, Flur und Keller. 2geschossiger Kasten, Blockbau mit rundbogiger, blechbeschlagener Tür, offenes Giebelfeld. Machelhütte bez. 1876 mit Stiege, offener Giebel, Firstsäule mit Kopfbändern. Backofen.

Weng (Goldeggweng). In einer Talsenke gelegener Kirchweiler nördl. des Hauptortes Goldegg. Im Ortskern urspr. Ensemble der Häuser Nr. 1, 2, 4, davon bmkw. **Nr. 2:** Moar. Paarhof, 3geschossiges Wohnhaus, 2 untere Geschosse gemauert mit Anlauf, beide Dachgeschosse in Blockbau mit Querverbretterung. 2flügeliger Eingang mit rundbogigem, abgefastem Steinportal. Im 2. Stock verzierter Gang. Küche, Keller und Flur mit Stichkappengewölben, Kellerabgang mit abgefastem Portal. Stallscheune aus Rundlingen, Roßstall. – **Nr. 5:** Roßbach. Paarhof mit Nebengebäuden, vorwiegend 17. Jh. Das Wohnhaus 2geschossig, im Erdgeschoß nur Küche gemauert, alles übrige Blockbau mit Zierschrot. Gespundete Türstöcke, urspr. Fenster mit diagonalen Eisenstreben. Giebelseitig verzierter Gang. An der Traufseite eingeschossiger Holzanbau mit Pultdach. Stallscheune aus mächtigen Rundlingen. Eingeschossiger Kasten, Blockbau auf Mauersockel, Lochpfette bez. 1790, einseitiger Stiegenaufgang.

Mühle an der Straße von Schwarzach. Eingeschossiger Blockbau mit Satteldach, oberschlächtiges Rad, Bestand 19. Jh.

GOLDEGGWENG, siehe GOLDEGG

GOLDENSTEIN, Schloß, siehe ELSBETHEN

GOLLING an der Salzach. Polit. Bez. Hallein

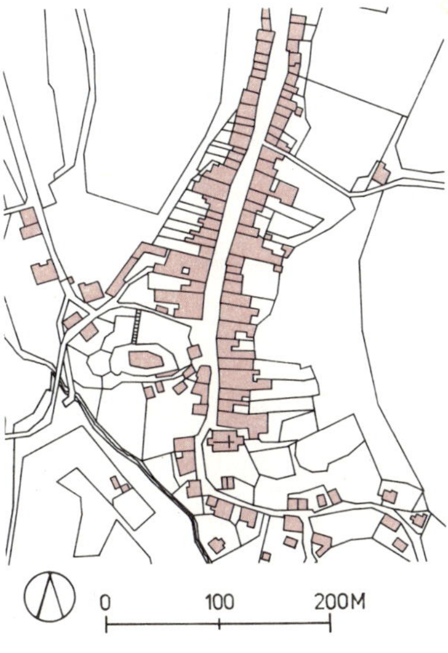

Golling, Historischer Ortsplan nach Kataster von 1829/30

MARKT und Gemeinde. Urk. 1241. Markt urk. seit 1390. Bedeutung durch seine Lage am Hauptverkehrsweg im Salzachtal und am Unterlauf der Lammer. Siehe auch TORREN
Ortskern Burgsiedlung mit gegen N anschließendem planmäßigem Straßenmarkt. Häuser vorwiegend mit spätmittelalterlichem Kern, Fassaden durchwegs erneuert. Häuserzeilen 2- bis 3geschossig, meist giebelständig.
Die Felshöhe des Rabensteins östl. von Golling trug eine Siedlung der Bronzezeit. Siedlungsspuren dieser Epoche wurden auch auf dem nördl. davon gelegenen Karlstein sowie am Kendlerpalven an der Lammer aufgefunden.
Eine Halbhöhle auf dem Paß Lueg, am Fußweg zu den Salzachöfen, diente als Raststation mittelsteinzeitlicher Jäger (ca. 8.–7. Jt. v. Chr.). Dieses Felsdach wurde auch in späterer Zeit immer wieder aufgesucht. Spuren einer Geleisestraße im Bereich der Paßhöhe stammen aus dem späten Mittelalter.

PFARRKIRCHE Hll. Johannes d. T. und Ev., im S des Ortes erhöht gelegen, der Friedhof im S und O auf steil ansteigendem Terrain. Got. Bau mit W-Turm, Seitenschiffanbauten von 1688. Urk. 1384. 1856 Pfarre. Rest. 1959/60.
Außenbau bildet geschlossenen Baukörper. Im W Giebelfassade; bar. Seitenschiffe bis an den Chor, mit geradem Schluß, die Fenster hochrechteckig, an der O-Wand rechteckige Fenster in bar. querovale Fensteröffnungen eingemauert. Chor polygonal geschlossen, Fenster spitzbogig, im O 2geschossiger Sakristeianbau von 1688.

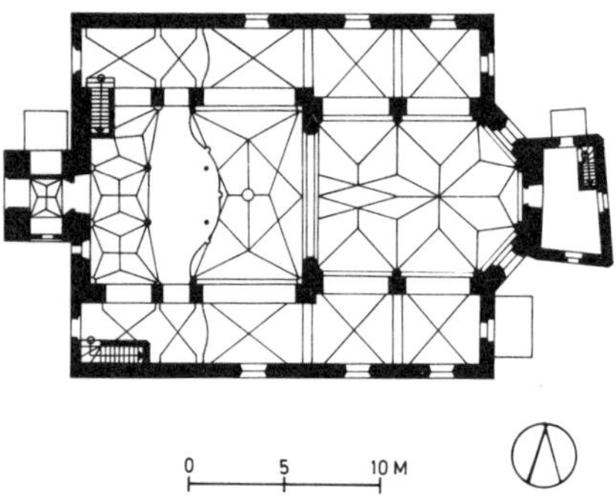

Golling, Pfarrkirche
Hll. Johannes d. T. und Ev.

An der Giebelfassade spätgot. N-Portal, rundbogig, 2fach gekehlt; Eingang zum nördl. Seitenschiff rundbogig, abgefast, bez. 1928. Turm bis zum Glockengeschoß got., Glockengeschoß von 1685, Spitzgiebelhelm im N bez. 1890; ungegliedert, mit Eckquaderung und rundbogigen Schallfenstern; im N Nische mit Pultvordach und bar. Ölberggruppe; im östl. Giebelfeld Figur Madonna mit Kind von *Josef Zenzmaier* 1960. Turmhalle mit Sternrippengewölbe auf Konsolen; W-Portal mit geritzten Szenen des Alten und Neuen Testaments, von 1960, und Holzkruzifix in der Turmhalle, bez. 1961, beides von *Josef Zenzmaier.*

Inneres. 2jochiges Mittelschiff mit spätgot. Netzrippengewölbe (Rautenstern; figuraler Schlußstein im 2. Joch) auf Runddiensten mit Kapitellen; Mittelschiffgewölberippen an der W-Wand und beim Triumphbogen auf Konsolen mit Doppelwappen. Spitzbogiger abgefaster Triumphbogen. Chor leicht eingezogen, einjochig mit 5/8-Schluß. Netzrippengewölbe („fließender Rautenstern") auf Runddiensten mit Basis und Kapitell.
Bar. Seitenschiffe kreuzgratgewölbt. Im Mittelschiff spätgot. 3schiffige Empore, gegen die Mitte zu leicht geknickt, netzrippenunterwölbt, Vierrautensterngewölbe auf zwei Säulen mit Basis und Kapitell sowie auf Konsolen mit Wappen bzw. Gesichtern. Um 1710 Verlängerung der Empore bis zum Mittelschiffpfeiler des 1. Joches, bar. geschwungene Brüstung, und Erweiterung über die beiden Seitenschiffe, diese jeweils von zwei Kreuzgratgewölben unterwölbt. Zweite Empore im Mittelschiff von 1710.
Glasmalerei hl. Judas Thaddäus, Christus mit Kindern, Christus mit Kranken, Hll. Barbara, Heinrich, Johannes Ev., bez. *H. W.* 1928.
Hochaltar, Wandaufbau von 1707, im Sockelgeschoß seitl. eingebaute Beichtstühle; Altarblatt Krönung Mariens, Wetterheilige Johannes und Paul und hl. Joseph, von *Josef Rattensberger* 1859; seitl. Konsolfiguren Hll. Leonhard, Johannes d. T. und Ev., Franziskus, in der Aufsatzmitte Figur Gottvater und Hl. Geist. Seitl. Figuren des Aufsatzes Hll. Ferdinand und Sigismund im Heimatmuseum Golling. Figuren alle frühes 18. Jh.; Tabernakelaufbau von 1757. – Seitenaltaraufbauten M. 18. Jh. Li. Altarblatt hl. Kajetan vor Madonna mit Kind kniend, von *Simon Lamberti* 1717; Konsolfiguren Hll. Aloysius und Johannes Nepomuk, im Aufsatz Figuren Hll. Barbara und Katharina, alle 1. H. 18. Jh.; Tabernakel mit Figur Christus an der Geißelsäule, M. 18. Jh. – Re. Seitenaltar, Altarblatt Hll. Joachim, Anna und Maria, bez. *A(nton) Eggl* 1860; Konsolfiguren Hll. Antonius von Padua und Franz Xaver, im Aufsatz Figuren Hll. Margaretha und Ursula (?), alle 1. H. 18. Jh.
Kanzel mit Evangelistensymbolen und Relief Kruzifixus am Strebepfeiler von *Josef Zenzmaier* 1959. – Spätgot. Kruzifix, A. 16. Jh. Kruzifix 18. Jh. Zahlreiche bar. Konsolfiguren: Ecce Homo und Mater dolorosa (auf Pelikankonsolen von *Josef Zenzmaier* 1959), Hll. Leonhard, Notburga, Isidor, Florian, Sebastian, Judas Thaddäus, Michael und Schutzengel; Konsolfiguren des späten 19. Jhs.: Christus als Guter Hirt, hl. Joseph; Figuren Mondsichelmadonna und Herz Jesu von *Jakob Adlhart* 1928. Prozessionsmadonna von 1735. (Im Heimatmuseum Golling Figur hl. Erasmus, 18. Jh.) Bild Trinität, hl. Joseph und Seelen im Fegefeuer, bez. *J(osef) Strubreiter 1881* (Kopie nach Bild im Pfarrhof Abtenau). Spätbar. Kreuzweg. – Taufstein bez. 1881, Taufsteindeckel mit Szenen Arche Noah, Jonas, Heimsuchung, Geburt und Taufe Christi von *Annelise Zenzmaier* 1959. – Orgel von *Mauracher,* 1870. – Speisgitter und Beichtstühle 18. Jh.

Pfarrhof mit Wappen Eb. Max Gandolph 1672; im 19. Jh. von Steinmetz *Pietro Sabadelli* umgestaltet; Innenrest. 1976. Gekehltes Segmentbogenportal 19. Jh., Figur Lourdesmadonna von *P. Sabadelli* 1888. Begrenzung des Pfarrhofes durch Mauer mit neugot. Fialen von *P. Sabadelli* 1894.

Kapelle östl. der Pfarrkirche in Naturpark, errichtet 1871, bez. 1907, Blockbau mit Satteldach, Giebelreiter mit Zeltdach; neugot. Altar von 1907.

„Löwenpfeiler", nördl. der Pfarrkirche, von *Josef Zenzmaier* 1960.

FILIALKIRCHE Maria Brunneck. Bar. Wallfahrtskirche, am Paß Lueg. Urk. 1715, erb. 1764–1766, rest. 1964.

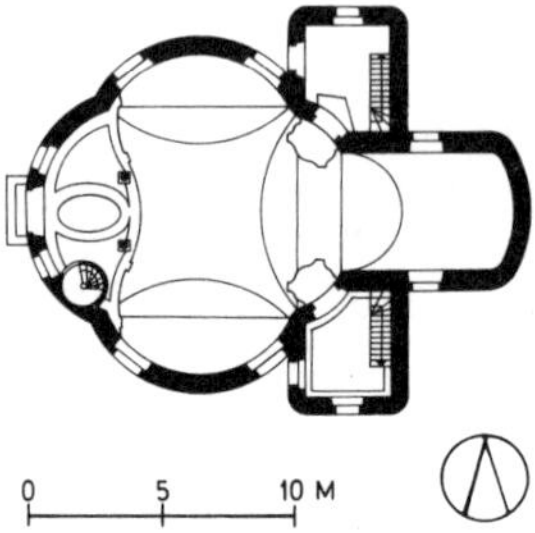

Golling – Paß Lueg,
Filialkirche Maria Brunneck

Über kleeblattförmigem Grundriß erb., mit langgestrecktem, flachbogig geschlossenem Chor und 2geschossigen Sakristeianbauten im N und S. Umlaufende Hohlkehle. Dachreiter mit Zwiebelhelm über dem Chorschluß. W-Portal bez. 1763 mit Bronzetüre von *Josef* und *Annelise Zenzmaier,* 1964. Innenraum mit flachem Kreuzgewölbe bzw. Segmentbogentonne im Chor. Umlaufendes stark profiliertes Kranzgesims. Zwischen Schiff und Chor Türen zu den Sakristeianbauten, darüber symmetrisch gleichgestaltet Kanzel und verglastes Oratorium. Im W bar. geschwungene doppelgeschossige Empore, mit Wendeltreppe im SW. Stuck von *Benedikt Zöpf* 1765.
Hochaltar um 1765, Altarblatt Ruhe auf der Flucht, bez. *Josef Strubreiter* 1903; seitl. Figuren Hll. Ferdinand und Barbara, 2. H. 18. Jh., Statuetten 4 Evangelisten um 1800. – Bilder: Hl. Familie bez. 1730; Ecce Homo, Hl. 3 Könige, Hll. Peregrinus und Aloysius, alle 2. H. 18. Jh.; aus der Pfarrkirche Golling; Votivbilder des 18. und 19. Jhs.; in Verwahrung Immaculata, Ährenkleidmadonna, beide 18. Jh. – Kanonenkugel der Franzosenkriege von 1809.

SÜHNEKREUZ, an der nördl. Ortseinfahrt von Golling (Steinkreuz), daneben bar. PESTSÄULE mit Gnadenbild von Maria Plain.

KRIEGERDENKMAL mit Relief von *Jakob Adlhart* um 1950.

SCHLOSS Golling, nordwestl. der Pfarrkirche auf gegen drei Seiten steil abfallendem Fels. Urk. 700 (?), bis A. 14. Jh. Herren von Guetrat, dann von Kuchl, 2. H. 14. Jh. schrittweise an Erzbischof übergegangen, von 1438 bis 1923 Sitz des Pfleg-, später Bezirksgerichtes; ab 1923 z. T. Wohnungen, ab 1971 auch Heimatmuseum.
Älteste Teile O-Turm; nördl. Verbindungsbau und westl. Wohnteil, im Kern wohl noch 13. Jh.; Erweiterungen und Umbauten 2. H. 15. Jh.; Verstärkung nach Plünderung in den Bauernkriegen 1526, z. B. Pechnasen im Torbereich, durchgreifende Instandsetzung und Aufstockung des ruinösen S-Traktes 1846 für Arrestanten.
Geschlossener, 2- bis 4geschossiger Gebäudering um unregelmäßigen Innenhof, wenig überragt durch ehem. Bergfried im O; Zufahrt über früheren Graben und Zugbrücke von N durch Rundbogentor, darüber drei Erker unmittelbar

nebeneinander auf je drei geschweiften Kragsteinen; Fenster- und Türgewände außen und im Hof großteils Konglomerat; östl. der Toreinfahrt Kapelle; in Obergeschossen Reste von Raumausstattung, Stuck und Malerei von etwa 1730.

Schloßkapelle hl. Florian. Urk. 1380. Gekehltes Rundbogenportal. Kleiner spätmittelalterlicher tonnengewölbter Raum mit Stuckrippenstern; Gewölbe bez. renoviert 1826. Wandmalerei, Wappen und Inschr. Ferdinand von Pichl (Stifter des Altares), Chronogramm 1752; Wappen des Pflegers Christian Bauernfeind 1823, über den Wappen der Familien Waltenhofen und Fröhlich von Frölichsburg.
Altar von 1752; Altarblatt hl. Florian und Hl. Familie, seitl. Konsolfiguren Hll. Ferdinand und Sigismund, auf dem geschwungenen Giebel Figuren hl. Johannes Nepomuk, Gottvater und Hl. Geist und hl. Franz Xaver (?). Weitere seitl. Konsolfiguren Hll. Heinrich und Sebastian, Figur hl. Nikolaus, frühes 18. Jh., ein Altarblatt und 15 Kreuzwegbilder um 1752 im Heimatmuseum Golling.

HÄUSER. Volksschule, nach Plan von *Paul Geppert d. Ä.*, 1908/09. – **Nr. 25:** Kleiner 2geschossiger Bau mit Satteldach; segmentbogenförmige Türumrahmung und Ladenfenster mit Marmorsohlbank, frühes 19. Jh. – **Nr. 48:** Gasthof Goldener Ochs, Fassadengestaltung um 1900 teilweise erhalten; breites abgefastes spätgot. Segmentbogenportal; Wirtshausschild um 1900. – **Nr. 60:** 2geschossig, mit Satteldach, Stuckumrahmung der Eingangstüre und der Fenster spätes 19. Jh.

BAUERNHÖFE. **Golling Markt, Nr. 72:** Einhof, gemauert, mit Seitenflur, bez. 1711. – **Nr. 75:** Ramsl. Einhof; gemauert, Mittelflur, Schopfwalmdach mit bemalter Untersicht, giebelseitig Marterl aus Blech, E. 19. Jh. – **Nr. 83:** An der Fassade bar. Bild Trinität. – **Nr. 85:** In der Giebelzone Figur Immaculata, um 1900. – **Nr. 140–144:** „Südtiroler Siedlung", giebelständige, einheitliche Häuserzeile um 1930. – An der südl. Ortsausfahrt mehrere freistehende Häuser des späten 19. Jhs., mit Kreuzgiebeldach, z. B. **Nr. 71:** Gasthof Grüner Baum, mit kleinem Gartenpavillon, um 1900.
Obergäu. Umfaßt den Bereich um den Paß Lueg sowie das von Salzach, Lammer und Rabenstein umschlossene Talbecken. Typische Streusiedlung, im Übergangsgebiet vom Tennengauer Einhof zum Pongauer Paarhof.
Nr. 8: Hundskarer. Paarhof bez. 1799, Erdgeschoß gemauert, Obergeschoß verputzter Blockbau, Gangl im Dachgeschoß. – **Nr. 11:** Lenzenbauer. Einhof mit Mittelflurgrundriß, Erdgeschoß gemauert mit Marmortürgewände, Obergeschoß verputzter Blockbau. – **Nr. 12:** Lindenbauer. Einhof mit Mittelflurgrundriß, bez. 1919, gemauert, Hausmarterl in Giebelwand. – **Nr. 18:** Gasthof Paß Lueg, Rundbogenportal bez. 1861. Am re. Salzachufer dazugehörig bar. **Bildstock** mit vorgezogenem Schindelwalmdach. Figur hl. Johannes Nepomuk, 18. Jh., Bilder Hll. Georg und Sebastian von *Anton Eggl*, 2. H. 19. Jh. – **Nr. 30:** Reitbauer. Paarhof, Mittelflurwohnhaus, gemauert, zwei Hausgänge im Dachgeschoß. – **Nr. 31:** Brunngut. Paarhof mit Mittelflurwohnhaus, gemauert, Schopfwalmdach bez. 1895. – **Nr. 36:** Hackerhof (ehem. Ansitz Straßhof), urk. 1524, freistehender Bau, im Kern 16. Jh., 3geschossig mit Krüppelwalmdach und umlaufender Hohlkehle; im Erdgeschoß Eckquaderung, zwischen Erdgeschoß und 1. Obergeschoß umlaufendes Gesims. Im Dachgeschoß bar. querovaler Stuckrahmen mit Malerei Verklärung Christi bez. *renoviert J. A.*

Eckl 1863, rest. 1955. Torbogen mit Inschriftplatte und Wappen von Johann Christoph und Esaias Weitmoser, bez. 1565. – **Nr. 37:** Techlbauer. Einhof mit T-förmigem Mittelgrundriß, Erdgeschoß gemauert, Obergeschoß nur teilweise, sonst verputzter Blockbau.

PASS-STRASSE auf den Paß Lueg, für die N-S-Verbindung zwischen Salzburg und den Gebirgsgauen von großer Bedeutung. Wappentafel Eb. Johann Jakob Kuen Belasi mit Inschr., aufgestellt aus Anlaß der Errichtung der ersten Fahrstraße über den Paß 1578, derzeit ausgestellt im Heimatmuseum Golling.

PASSBEFESTIGUNG, südl. der Paßhöhe oberhalb kurzem Straßentunnel gelegen, kaum begehbar. Anfänge der Befestigungsanlage vor 1300, 1560–1575 verstärkt, 1620 unter Erzbischof Paris Lodron Blockhaus gemauert, 1647 Erweiterung, in napoleonischen Kriegen 1800, 1805 und 1809 schwer umkämpft, 1809 Teile gesprengt, 1834–1836 durchgreifende Instandsetzung, durch moderne Straßenerweiterungen seit 1939 vor allem Torbau an Straße mit Stiegenanlage zu Blockhäusern demoliert.
Ehem. bedeutendste Paßsperre Salzburgs. Blockhausruine, ca. 40 m oberhalb der Straße, unregelmäßiger Grundriß um kleinen Hof, ehem. Haupteingang von N durch starke, mehrfach geknickte Wehrmauer mit schräg übereinandersitzenden Doppelscharten; bergseitig, z. T. in Felsen eingearbeitet drei Keller und Magazinräume, Tonnengewölbe und Dach eingestürzt; talseitig Blockhaus, trapezförmiger Grundriß, drei Mannschaftsräume, Dach und Gewölbe verstürzt; vom Hof gegen S Ausgang auf steinerne Verbindungsstiege zu ehem. unterem Torbau, Stiege durch Brustmauer mit eng sitzenden Rechteckscharten gedeckt. Alle Außenmauern in exaktem Quaderverband 1834–1836 gemauert, im Inneren Kern 1. H. 17. Jh. und älter (?) sichtbar. Darüber unzugängliche Reste des zweiten Blockhauses mit Schießerker gegen N.
An der gegenüberliegenden Seite der Salzachschlucht unzugängliche „Kroatenhöhle", langgezogene Naturhöhle durch ca. 1,8 m dicke Wehrmauer mit Rechteckscharten befestigt; Name von hier 1742 stationierter Kroatentruppe unter Feldmarschall-Leutnant Graf Herberstein; unter tiefem Felsdach lebensgroßes Kruzifix 1. H. 17. Jh.

DENKMAL für Josef Struber 1809, von *Hubert Spannring* 1898.

DENKMAL des Turnerbundes von 1922.

GÖMING. Polit. Bez. Salzburg-Umgebung

Gemeinde nordöstl. von Oberndorf, Kirchweiler Kirchengöming und Streuweiler. Urk. 1090.
Mischformen von Salzburger Einhöfen und Dreiseit- bzw. Vierseithöfen aus dem Innviertel und aus Bayern, wobei die Gruppenhöfe überwiegen.

FILIALKIRCHE hl. Maximilian, in der Mitte des Weilers. Kleiner Bau mit got. Chor und bar. Langhaus mit Giebelreiter. Urk. 1347. Rest. 1965.
Schlichter Bau mit Satteldach, Giebelreiter mit Spitzgiebelhelm; Chor mit Sockel, polygonal geschlossen. Fenster im Chor spätgot., spitzbogig mit Dreipaßmaßwerk, im Langhaus hochrechteckig. Im W Eingangstüre und vorgezogenes Schutzdach mit abgewalmtem Satteldach von 1965. An der

Langhaus-S-Fassade spätgot. rundbogiges abgefastes Portal, vermauert; im O daran anschließend spätgot. Sakristei, pultdachgedeckt, mit Sockel.
Langhaus des 17. Jhs. mit Segmentbogentonne, Langhauswände im Kern wohl spätgot.; spitzbogiger abgefaster Triumphbogen, Chor des 15. Jhs., einjochig mit 5/8-Schluß, Vierrautensterngewölbe auf Runddiensten mit Basis. Im S des Chorjoches rundbogiges abgefastes Sakristeiportal, Türe mit spätgot. Beschlägen, Sakristei kreuzgratgewölbt.
Altaraufbau A. 18. Jh., Altarblatt hl. Maximilian 2. H. 18. Jh. – Kruzifix spätes 17. Jh. Konsolfiguren hl. Nikolaus, A. 16. Jh., überarbeitet, Immaculata M. 18. Jh. Votivbild von 1802. In Verwahrung spätgot. Kelch des 15. Jhs. – Glocke von *Jörg Gloppitscher*, 15. Jh.

MÜHLE, **Dreimühlen, Nr. 1:** Obermühl. Heute Sägewerk. 2geschossiges, gemauertes Wohnhaus, senkrecht verschaltes Dachgeschoß mit Gangl. Steildach mit Schopfwalm und Glockentürmchen, breites Vordach mit Sternschalung. Pfetten mit Inschr. und bez. 1936. Geschnitzte, bemalte Türe, bez. 1858. Mühle dient heute der Stromerzeugung.

BAUERNHÖFE. **Gunsering, Nr. 4:** Maxl. Gemauerter Einhof, 2. H. 19. Jh., bmkw. breite Haustüre mit Sternmotiv und Holzgewände, z. T. urspr. Fenster.
Kemating, Nr. 1: Langerbauer. Gruppenhof, sich dem Vierseithof nähernd, 2geschossiges Wohnhaus, gemauert, mit Schlackenverzierung, traufseitig aufgeschlossen, kleiner Giebel im Dachgeschoß. Erhöhter Eingang mit bmkw. geschnitzer Türe; in den vier Feldern Bäuerin, Bauer, Feldfrüchte/Arbeitsgeräte und Bienenzuchtobjekte. Steintürgewände bez. 1878. Roß- und Ochsenstall mit Marmorsäulen, Stall bez. 1864. – **Nr. 6:** Hauerbauer. Gruppenhof. Wohnhaus First bez. 1797 mit Querflur, Erdgeschoß gemauert mit Schlackenverzierung, Obergeschoß Blockbau mit originalen Fenstern. Flachdach mit gekehlten Flugpfetten, im Giebeldreieck durchlaufender Gang, Taubenkobel mit Drehkreuzen verziert. Stallscheune mit Unterfahrt. Pferdestall mit Gewölbe auf Marmorsäulen. Getreidestadel, Waschhütte, gemauertes Brechlbad mit Garage, neues Stallgebäude.
Mittergöming, Nr. 5: Hellbauer. T-Hof mit Nebengebäuden. Wohnhaus Blockbau 18. Jh., z. T. urspr. Fenster, giebelseitig aufgeschlossen mit zwei Hausgängen, Dach aufgesteilt. Stallscheune Ständerbau.

GÖRIACH. Polit. Bez. Tamsweg

Gemeinde nordwestl. von St. Andrä, mit dem Dorf Wassering am Talboden und den Weilern Vorder- und Hintergöriach am östl. Hang. Streusiedlung auf beiden Talseiten des Göriachbaches mit Einzelhöfen.
Ein-, Paar- und Gruppenhöfe des Lungauer Typus in Blockbau oder Mischbauweise, 2geschossig bzw. mit Kniestock; durchwegs mit verbrettertem Giebelfeld und Krüppelwalmdach. Charakteristisch die freistehenden, meist gemauerten Kornkästen.

FILIALKIRCHE hl. Nikolaus von der Flüe, am westl. Talhang in Wassering. Beton-Holz-Bau von *Sepp Weissenberger* und *Walter Ratschenberger*, 1973. – Orgel von 1880.

BILDSTÖCKE. Im Gemeindegebiet mehrere gemauerte Nischenbildstöcke, meist erb. um 1900, quadrat. Grundrisse, geschweifte Zeltdächer, Holzschindeldeckung. – Bei Haus Nr. 1, Kruzifixus E. 18. Jh.

BAUERNHÄUSER. **Wassering, Nr. 19: Zechnergut,** Gruppenhof. Haus erb. 1980, zirbenholzvertäfelte Stube, aus dem Vorgängerbau übertragen: Portal mit Pilaster und Giebel, bez. 1572 und 1584, Kassettendecke. Ausstattung 16.–18. Jh., zwei bmkw. Bilder *Paul Troger* zugeschrieben; bar. Altar aus dem ehem. Kapuzinerkloster in Tamsweg: Unterbau mit Kartusche und Akanthusornamentik, Nischenfigur hl. Maria mit Kind, li. und re. geschnitzte Engel, um 1700; gemalter Stammbaum der Familie Lankmayer seit 1466. Daneben 2geschossiger, gemauerter Speicherbau. Zwei Kornkästen, einer in Blockbau mit Schwalbenschwanzverbindung und ein gemauerter mit Medaillon hl. Florian ober der Eisentür. Gemauerter Bildstock, holzschindelgedecktes Zeltdach; Nische mit Andachtsbild der 7 Zufluchten 18. Jh., li. und re. Heiligenbilder, eines davon bez. 1886 (?). – **Nr. 26:** Nagei. Querflurhaus mit gemauertem Erdgeschoß, darüber Blockbau mit Balkon.
Hintergöriach, Nr. 36: Neumann. Wirtschaftsgebäude, darüber Blockbau mit Krüppelwalmdach; gezimmerter Kornkasten; 2geschossiger, gemauerter Kornkasten mit Spuren von Bemalung, wohl 18. Jh.; davor bildstockartige Kapelle. – **Arma-Christi-Kreuz** oberhalb Nr. 39, Abraham. **Nr. 44:** Piendlhof, rest. 1981. 2geschossiges Mittelflurhaus, bar. Fassadengliederung durch Putzbänder, Putzpilaster, Umrahmung von Fenstern und Portal, bez. 1714. Sternförmig aufgedoppelte Tür mit bmkw. Beschlägen. Tonnengewölbte Rauchküche; Balkendippeldecken, bez. 1714.
Vordergöriach, Nr. 9: Bachbauer. Gemauerter Kornkasten mit bunter Fassadenbemalung, rest. 1964. Eckquadern, laufender Hund, Fenster-, Türumrahmung, seitl. der Tür je ein Türwächter, über der Tür gemalte Kartusche mit Jahreszahl 1794 und Monogrammen Christi und Mariens, im Obergeschoß die Hll. Georg und Florian, im Giebeldreieck Marienbild mit flankierenden Engeln; traufseitig Jagdszene bzw. Türke mit Tanzbär. – **Nr. 12:** Schöberl, Einhof. Wohnhaus mit Mittelflur, 2geschossig, Küche gemauert, sonst Blockbau, brettschindelgedecktes Krüppelwalmdach. – **Nr. 18:** Polz. Paarhof, 2geschossig, Mischbauweise, Querflurhaus; 2geschossiger Kornkasten Blockbau mit mehrfacher Verzinkung; Wirtschaftsgebäude.
Im Weiler Vordergöriach mehrere gezimmerte Kornkästen in Blockbau, z. T. Schwalbenschwanzschrot oder mehrfache Verzinkung.

GRÖBENDORF, siehe MARIAPFARR

GRÖDIG. Polit. Bez. Salzburg-Umgebung

Marktgemeinde zwischen südl. Stadtrand von Salzburg und Untersberg, bestehend aus dem Haufendorf Grödig, dem Kirchweiler St. Leonhard, dem Straßendorf Glanegg am Südende der Moosstraße und aus Weilern in einem Streusiedlungsgebiet. – Wirtschaftliche Bedeutung durch die Untersberger Marmorbrüche, besonders beim Weiler Fürstenbrunn, Marmorgewinnung bereits in keltischer Zeit, seit dem Spätmittelalter in größerem Umfang. Grödig urk. 790, 1968 Markterhebung.

Einhöfe vom Flachgauer Typus; in Grödig auch Verbauung des späten 19./frühen 20. Jhs. (**Hauptstraße Nr. 36, 46, Marktplatz Nr. 5, Wehrstraße Nr. 1**).
Im Wiesengelände nördl. der Kirche fünf Hügelgräber der Bronzezeit mit z. T. reichen Beigaben, im Gelände als flache Erhebungen erkennbar. Bei der Leichenhalle im Bereich des Friedhofes Grödig wurde 1965 ein Reihengräberfeld des 7. Jhs. n. Chr. angeschnitten. Funde im SMCA.

PFARRKIRCHE Maria Verkündigung, am NW-Rand des Dorfes. Langhaus und Turm im Kern rom.; got. Chor, mit Veränderungen des 19. Jhs., nach NO gerichtet; von Friedhof umgeben. Urk. 790, dem Stift St. Peter inkorporiert, Pfarre seit 1625 bzw. 1883. – Chor 1513 erweitert, Weihe 1523; Turm erhöht 1686 und 1872, 1944 durch Bomben beschädigt, 1949 wiederhergestellt. Kirchenbrand 1805, Wiederaufbau und Anbau des Seitenschiffes 1805–1807; um 1880 Errichtung der neugot. Vorhalle in der Achse des Hauptschiffes. Rest. 1967/68.
Langhaus im Kern rom., mit Schindelsatteldach; im SW Giebelfassade mit Wandpfeilervorlage, weitere Wandpfeiler an den Ecken der NW-Fassade des Langhauses. Spätgot. Chor A. 16. Jh., polygonal geschlossen, mit umlaufendem gekehltem Sockel und Hohlkehle mit Kaffgesims. 3fach gestufte Strebepfeiler und Hohlkehlgesims unter den Fenstern. Achsfenster vermauert. Turm im SO, im Kern rom.; über quadrat. Grundriß, im 3. Geschoß rom. Biforenfenster, darüber neorom. Biforenfenster; Glockengeschoß abgesetzt, oktogonal mit Spitzhelm. Nördl. anschließend 2geschossiger Sakristeianbau des 19. Jhs., mit Pultdach. Vorbau im SW dreigeteilt, li. Lourdesgrotte. Äußeres Portal von *J. Gegenhuber* 1968, innen schmiedeeisernes Gitter, 17. Jh.

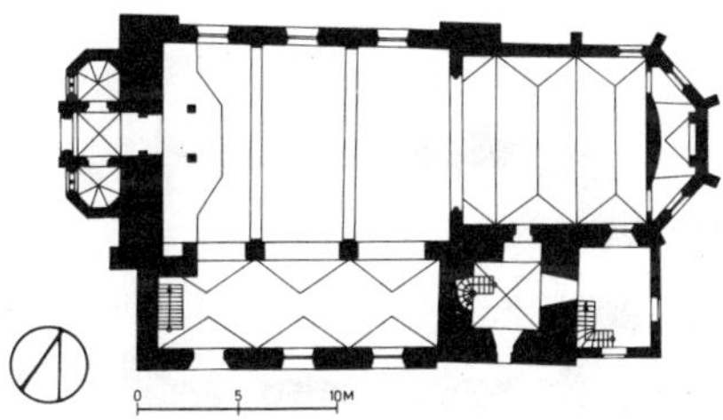

Grödig, Pfarrkirche
Maria Verkündigung

Hauptschiff mit Segmentbogentonne, 1806 eingezogen; Gliederung durch ionische Pilaster und reich profiliertes Gesims. Seitenschiff mit Stichkappentonne, zum Hauptschiff durch drei abgefaste Rundbögen geöffnet. Profilierter rundbogiger Triumphbogen mit Wappen St. Peter/Abt Dominikus Hagenauer, bez. 1808; Chor eingezogen, eineinhalbjochig mit 5/8-Schluß. Im SO abgefastes Rundbogenportal zum kreuzgratgewölbten Turmerdgeschoß; im 1. Obergeschoß Rundbogenportal zum Kanzelgang von 1808. Eingeschossige W-Empore. Stukkaturen des Hauptschiffes, der Kanzel, der Empore, sowie des Chores von *Peter Pflauder* 1808, mit Reliefs der Evangelisten und Kirchenväter.
Marmorhochaltar und Seitenaltaraufbauten von *Anton Högler* bez. 1809. Hochaltar, Altarblatt Verkündigung, bez. *Andreas Nesselthaler* 1808; Konsol-

figuren Hll. Anna und Joachim A. 18. Jh.; Opfergangsfiguren 2 Engel von *Andreas Pernegger* 1617, Tabernakel von *Anton Grammer* 1807; seitl. Wappen St. Peter/Abt Dominikus Hagenauer. – Seitenaltäre, li. Altarblatt hl. Joseph von *Franz Nikolaus Streicher,* 1808; re. Altarblatt hl. Florian, Art des *Kremser Schmidt,* um 1780.
Bilder, Tod des hl. Benedikt, Art des *Sylvester Paur,* spätes 17. Jh.; Kreuzigung bez. *Daniel Miller 1627;* Kreuztragung M. 17. Jh.; Ölberg und Geißelung von *Jakob Zanusi* 1. H. 18. Jh.; Dornenkrönung von *Franz Xaver Hornöck* 1808. – Orgel von 1840.
In der Friedhofsmauer römischer **Weihealtar** des Turbonius Fuscinus für Jupiter und alle Götter und Göttinnen (202 oder 255 n. Chr.).

Pfarrhof, im Kern 16. Jh., Obergeschoß von 1625; rest. 1969. 2geschossiger Bau mit Krüppelwalmdach.

FILIALKIRCHE und WALLFAHRTSKIRCHE hl. Leonhard, in G a r t e n a u / S t. L e o n h a r d, in der Ortsmitte auf einem Hügel. Einschiffiger spätgot. Bau mit W-Turm, M. 17. Jh., von Friedhof umgeben. Urk. 1407; bis 1803 zur Fürstprobstei Berchtesgaden, seit 1816 zu Grödig gehörig; seit 1915 dem Stift St. Peter inkorporiert. Turmbau 1643/44, Sakristeianbau 1678; Rest. 1948.
Schlichtes spätgot. Langhaus mit Satteldach, im S einfaches spätgot. Portal mit geradem Sturz, eingezogene Apsis. Im W 4geschossiger Turm, Erdgeschoß kreuzgratgewölbt, im 2. Geschoß Wappen Propst Ferdinand von Berchtesgaden, bez. 1644, rundbogige Schallfenster, Doppelzwiebel von 1738. Sakristeianbau 3geschossig, im N am Langhaus. Segmentbogenförmige Nische mit Pultdach an der W-Fassade südl. des Turmes, mit bar. Ölberggruppe und schmiedeeisernem Gitter, 1. H. 17. Jh.

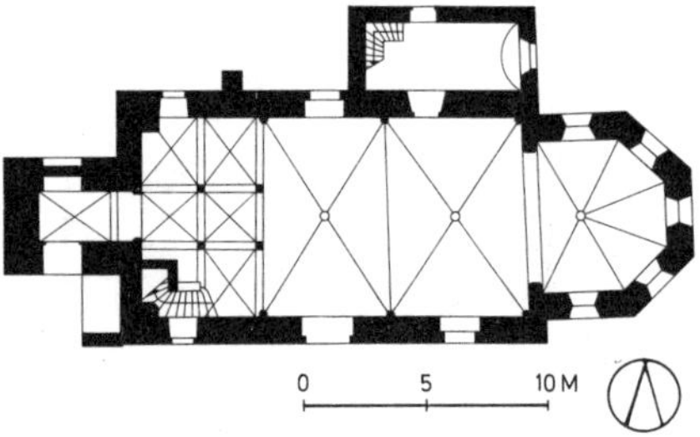

Grödig-Gartenau, Filial- und Wallfahrtskirche hl. Leonhard

Langhaus 3jochig, Kreuzrippengewölbe mit runden Schlußsteinen, auf Wandpfeilern; im 3. nördl. Joch Sakristeiportal spätes 17. Jh.; spitzbogiger abgefaster Triumphbogen, einspringender Chor mit $^{5}/_{8}$-Schluß. Im Chor Deckenmalerei Medaillons mit Darstellung der 12 Apostel, A. 17. Jh. (freigelegt 1948). W-Empore über das 1. Langhausjoch, bez. 1663, 3schiffig, 2jochig, kreuzgratunterwölbt.
Marmorhochaltar und -seitenaltäre von *Josef Haslauer* 1850; Hochaltarblatt hl. Leonhard als Fürbitter vor Maria mit Kind, li. Seitenaltarblatt Beweinung Christi, re. Seitenaltarblatt Hl. Familie, alle von *Johann Wolf Hofler (?),* 1692;

Opfergangsportale des Hochaltares mit Figuren Hll. Georg und Martin von 1692. Tabernakel von *Toni Schneider-Manzell* 1970.
Kanzel von 1692, got. Wandpfeiler in den architektonischen Aufbau einbezogen, mit Statuetten der 4 Kirchenväter und des hl. Bonaventura, von *Andreas Stangassinger* und *Bartholomäus Pertiller*, 1695. – Kruzifixus frühes 18. Jh. Bilder, Schutzmantelmadonna M. 17. Jh., Heimsuchung 2. H. 17. Jh.; Votivtafeln des 18. und 19. Jhs.; Kreuzwegbilder spätes 17. Jh. – Orgel von 1850. – Einige Grabplatten des frühen 16. Jhs.

KAPELLEN. Grödig, Drachenlochstraße Nr. 4, neugot., polygonal geschlossener Bau, frühes 20. Jh., mit Spitzbogenöffnungen und Dachreiter; innen Kreuzrippengewölbe, Figur Ecce Homo, frühes 20. Jh. – Fürstenbrunn, beim Kalkofen, historisierender, polygonal geschlossener Bau von 1885 mit Holzgiebelreiter. – Fürstenbrunn, Kieferbruch Nr. 1, neugot. Bau spätes 19. Jh., mit Schindelwalmdach und Dachreiter; Altarblatt hl. Maria mit Kind und Heilige über Marmorbruch, spätes 19. Jh.

KLEINDENKMÄLER. Grödig: **Brunnenfigur** hl. Christophorus am Marktplatz von *Bernhard Prähauser* 1968. – **Nischenbildstock** bei Kapellenweg Nr. 29, urk. 1400 beim Pestfriedhof erb., Neubau von 1909, gemauert. – St. Leonhard: **Statue** hl. Johannes Nepomuk, vor Mitterweg Nr. 2, 18. Jh., in Bildstock von 1964. **Brunnenfigur** Putto mit Ähren, gegenüber St.-Leonhard-Straße Nr. 1, von *Andreas Stangassinger* 1711, aus Schloßpark Anif.

SCHLOSS Glanegg, westl. des Ortsteiles Glanegg, auf bewaldetem Hügel weithin sichtbar gelegen. Urk. 1350 als erzbischöflicher Besitz, Sitz des Pfleggerichtes. Umbauten um 1500, um 1615 und unter Erzbischof Paris Lodron 1620 mit Talsperre („Paß") verbunden. 1804 an Kurfürst Ferdinand v. Bayern, 1812 Dr. Franz de Paula Storch, erbaute 1828 die Kapelle, 1849 Alois Graf Arco, nach weiterem Wechsel 1896 Familie Freiherrn Mayr von Melnhof. Zubauten und Adaptierungsarbeiten 1920–1923.
Charakteristische Form der Salzburger Schlösser des 16./17. Jhs. Rechteckiger, dreigeteilter Grundriß vom Typus her 14. Jh. Urspr. drei Geschosse mit steilem Walmdach, bei Umbau ab 1920 Dachgeschoßausbau, seither beidseits breiter Schopf, an der W-Seite Anbau eines turmartigen Mittelrisalites mit Doppelbogenfenstern. Erdgeschoß gewölbt, innere Aufschließung durch Wendeltreppe. Seit 1923 westl. vorgelagerter Hof durch 2geschossige Nebengebäude geschlossen, Gartenterrassen gegen S.

Meierhof, südl. des Schlosses. Großer rechteckiger, durch Gebäude und hohe Steinmauer eingefriedeter Bereich. W- und N-Trakt im Kern z. T. bis ins 16. Jh. zurückreichend, mehrfach umgebaut. Im N-Trakt Wappen Eb. Johann Jakob Kuen-Belasy, bez. 1571. Torturm im NW, kreuzgratunterwölbt, im Kern wohl 17. Jh. mit Wappen Eb. Leopold Anton Firmian. Ausbau zu symmetrischer Anlage 1923; am nordöstl. Torturm Kuenburg-Wappen, in der Durchfahrt Figurengruppe hl. Michael und Luzifer, 2. H. 17. Jh.; an der S-Fassade der Wirtschaftstrakte Wappen li. Thun, re. Eb. Markus Sittikus. Torbogen im S von 1923 mit Wappen Eb. Max Gandolph Kuenburg, bez. 1669.
Im Innenhof Brunnen mit Figur hl. Rupertus, bez. 1924.

Schloßkapelle, östl. des Meierhofes, erb. 1920.

PASS Glanegg, erb. 1620 durch Erzbischof Paris Lodron. Vom SW-Eck des Meiereihofes nach S in Resten erkennbare Wallgrabenanlage bis zum Fuß des Untersberges, hier etwa 20 m oberhalb der Talsohle turmartiger Bau, zwei Geschosse, im Erdgeschoß Schießluke, bergseits Mauerrest bis zu Felsaufschwung. Bauwerke heute ruinös.

HÄUSER. **Grödig, Nr. 1:** Ehem. „Taverne am Salzgang" und Mautstation; 3geschossig, Kern 16. Jh., mit Tonnengewölben, 1. und 2. Obergeschoß 18. Jh.; Erker im 2. Obergeschoß Heimatstil. Im W ehem. Brauereigebäude, zu Nr. 1 integriert, ebenfalls mit Heimatstilerker.
Schützenstraße, Nr. 12: 2geschossiges Haus mit Krüppelwalmdach, Kern 17. Jh., Pfette bez. 18. Jh.; Fenstergewände abgefast, gerader Türsturz bez. 1830.
Wehrstraße, Nr. 1: Gasthaus zum Hangendenstein, Holzumrahmung bei Türe und Fenstern, holzverschaltes Dachgeschoß, Satteldach.

BAUERNHÖFE. **Grödig, Hauptstraße, Nr. 26:** Einhof. Wohnteil gemauert, Putzfaschen an den Fenstern, Haustür mit Rundbogengewände. Ständerbau im Giebel ausgemauert und verputzt. Schopfwalmdach. – **Nr. 38:** Einhof, Wohnteil gemauert und verputzt; über der Haustüre Nische mit Mutter Gottes. Dachgeschoß mit Gangl, Giebelfeld, Ständerbau unter Schalung. Schopfwalmdach.
Kaiser-Karl-Straße, Nr. 3: Einhof, gemauert, verputzt, Putzfaschen. Im Obergeschoß zwei Medaillons auf Blechtafeln Hll. Leonhard und Florian. Dachgeschoß mit verputzter Schalung und Gangl. Schopfwalmdach. – **Nr. 9:** Einhof. Dachgeschoß mit Putz auf verputzter Schalung, Balkon. Schopfwalmdach.
Kellergasse, Nr. 6: L-förmiger Einhof, bez. 1797. Erdgeschoß gemauert, verputzt, z. T. originale Fensterformate mit Eisengittern. Giebelfeld im Dachgeschoß ausgemauerter Ständerbau, verputzt. Schopfwalmdach. – **Nr. 9:** Einhof in L-Form, bez. 1935 (neuer Dachstuhl). Gemauertes und verputztes Erdgeschoß, Obergeschoß verputzter Blockbau. Dachgeschoß mit senkrechter Schalung, Gangl, Satteldach. – **Nr. 14:** Wohnteil eines Einhofes, Erd- und Obergeschoß in verputztem Blockbau. Dachgeschoß mit Balkon mit eingebautem Taubenschlag, bmkw. Katzenfirst.
Mooseggweg, Nr. 6: L-förmiger Einhof, bez. 1841, traufseitig erschlossen. Erd- und Obergeschoß gemauert und verputzt. Giebelfeld verschalt. Schopfwalmdach.
Pflegerstraße, Nr. 12: L-förmiger Einhof, bez. 1865; Wohnteil gemauert und verputzt, Putzfaschen um die Fenster. Über dem Eingang Marmortafel mit IHS-Monogramm, bez. 1835, darüber Emailtafel mit Kreuzabnahme Christi. Giebel im Dachgeschoß verschalt; Balkon mit Taubenschlag. Schopfwalmdach mit Glockentürmchen und Wetterhahn. Gemauertes Backhäuschen mit beschlagener Eisentüre und Brunnentrog, bez. 1856. Austraghaus.
Waldeggerweg, Nr. 2: Einhof, gemauert und verputzt. Dachgeschoß mit Balkon, Giebelfeld verschalt. Schopfwalmdach.

Grödig, Nr. 58: Rosenlehen. Einhof; bez. 1823. Erdgeschoß gemauert, verputzt mit Marmortürgewände, 1823. Obergeschoß in verputztem Blockbau. Dachgeschoß mit Balkon und verschaltem Giebel. Schopfwalmdach.
Eichet, Nr. 4: Einhof, Erd- und Obergeschoß in Blockbau, Giebelfeld senkrecht verschalt. Schopfwalmdach mit verzierter Untersicht. – **Nr. 7**

(Prötschhofstraße Nr. 6): Einhof, bez. 1839; gemauert und verputzt. Dachgeschoß mit Balkon, Giebelfeld verschalt und verputzt. Schopfwalmdach. **Glanegg, Jagabauernweg, Nr. 17:** L-förmiger Einhof, Erdgeschoß gemauert und verputzt. Obergeschoß Blockbau, verputzt. Giebel verschalt und verputzt, Schopfwalmdach.

St. Leonhard, Mitterweg, Nr. 4: Einhof, gemauerter Wohnteil. Putzarchitektur 19. Jh. Über der Haustüre Nische mit Statuette Mutter Gottes. Dachgeschoß mit Balkon, Giebelfeld mit verputzter Schalung. Satteldach. – **St. Leonhard, Nr. 13:** Einhof bez. 1807 (Stubentram) und 1867 (Dach). Blockbau verputzt, nur Küche gemauert. Dachgeschoß mit Balkon, Giebel senkrecht verschalt. Schopfwalmdach. – **Gartenauerstraße, Nr. 9:** L-förmiger Einhof, bez. 1870. Wohnteil gemauert und verputzt, Marmorhaustürgewände bez. 1870, darüber im Obergeschoß Nische mit Statuette Mutter Gottes mit Kind. Schopfwalmdach mit Fischgrätuntersicht.

MARMORBRÜCHE, beim Weiler Fürstenbrunn, an den N-Hängen des Untersberges. Gewinnung des hellrosa bis gelben Untersberger Marmors. „Fürsten- und Hofbruch" oberhalb Fürstenbrunn, Abbau seit spätem Mittelalter, in der Nähe jüngere Brüche, beginnend 2. H. 19. Jh.

GROSSARL. Polit. Bez. St. Johann i. P.

Gemeinde im gleichnamigen Tal mit Haufendorf, am Eingang in das Ellmautal. Ort seit 1399 Markt, seit 1672 Sitz eines Landgerichtes. Heute vom Fremdenverkehr geprägt.
Bmkw. Paarhöfe in Au, Bach, Eben und Schied. Haupttypus des Wohnhauses das 2geschossige Wohnspeicherhaus in der für das Tal üblichen Bauweise, meist auf einem Sockel aus Trockenmauerwerk, reine Blockbauten mit Kopfschrot. Wohnhaus und Speicher unter gemeinsamem Satteldach. Die Paarhofwohnhäuser sind 2geschossige Mittelflurhäuser mit kleinen Fenstern, hohen Drischbeln (Türschwellen), gespundeten Türstöcken; vielfach noch Schindeldächer. Über gemauerten Ställen in Blockbau errichtete Scheunen und wenige ein- und 2geschossige Getreidekästen. Vereinzelt Roßställe. Häufig Verbindungsgänge zwischen Wohnhaus und Wirtschaftsbauten. Firstdatierungen innerhalb der Blockwände.

PFARRKIRCHE Hll. Martin und Ulrich, auf einer Hangstufe im östl. Ortsbereich. Spätbar. Saalkirche, von Friedhof umgeben. – Urk. 1399. 1768/69 Neubau nach Plänen von *Wolfgang Hagenauer* und *Christian Glaner* sowie Turmerhöhung. Pfarre 1806. Kirchweihe 1857. Renov. 1841–1857. Rest. 1931, 1948 und 1963.
Ungegliederter Außenbau mit Rundbogenfenstern, Hohlkehle und Satteldach. Im W vorgelagerter Risalit mit Pilastergliederung; im S und W Rundbogenportal. Eingezogener Chor mit ellipsenförmigem Abschluß. Am südl. Langhaus 2geschossige Sakristei, Stuckspiegel; rundbogig geöffnete Eingangshalle mit Kriegergedächtnisstätte, Inschriftentafeln sowie graviertem Stein, bez. 1951. Nordturm mit Rundbogenschallfenstern, über Giebel Zwiebelhelm und Laternenaufsatz mit geschweiftem Zeltdach, bez. Renov. 1948.
3jochige Saalkirche mit Wandpfeilern, Doppelpilaster mit Kapitellen und doppelte Gurtbögen; Gewölbe aus böhmischen Kappen. In den Gewölbefeldern

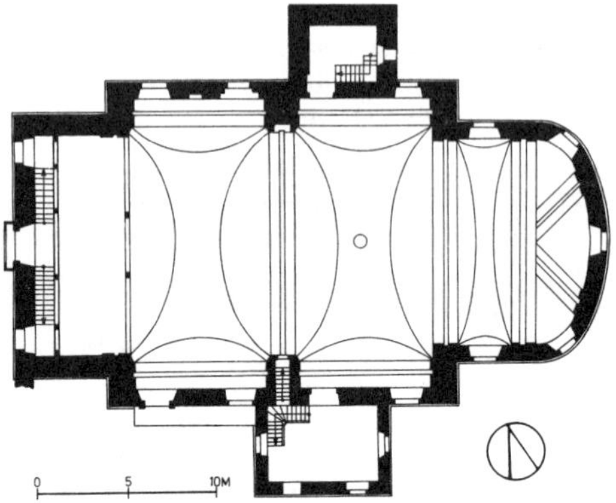

Großarl, Pfarrkirche
Hll. Martin und Ulrich

stuckumrahmte Bilder Maria und Christus, nebst anderen Heiligen, bez. *Jos.(ef) Haun 1931.* 2geschossige Westempore. Im 3. Joch li. Turm-, re. Sakristeizugang. Einjochiger Chor mit rundem Abschluß, Doppelpilaster mit Gewölbe aus böhmischen Kappen, Stichkappen.
Altäre 1770 von *Dominikus Plasisganig.* Säulenhochaltar mit Opfergangsportalen, Altarblatt Hll. Maria mit Kind, Ulrich und Martin, Oberbild Hl. Dreifaltigkeit, beide von *D. Plasisganig;* Konsolfiguren von 1770, Hll. Ferdinand, Rupert, Petrus, Paulus, Virgil und Siegmund; im Aufsatz Engel. – Li. Seitenaltar, Vesperbild, Altarblatt 14 Nothelfer, 1778 von *Johann Löxhaller;* re. über Tabernakel Kruzifixus, 18. Jh.
Kanzel 1770 von *D. Plasisganig,* geschwungener Korb mit Evangelistensymbolen, auf dem Schalldeckel Engel mit Posaune. – Konsolfiguren 18. Jh.: im Chor hl. Michael, Guter Hirte, Immaculata und hl. Florian; im Langhaus Hll. Johannes Nepomuk, Leonhard, Schmerzensmutter und Schmerzensmann; unter der Empore Herz Jesu und Maria mit Kind, 19. Jh. – Bild hl. Anna, 1778 von *J. Löxhaller.* – Orgel dreiteilig, um 1770, Werk von *Johann Mertel.*
Grabsteine. Lucas Dietrich Schenauer, 1700; Christian Glaner, 1769; Thomas Schwertl, 1779; Rupert Moßhammer, 1807; Ignatius Rieder, 1934 (außen).

Pfarrhof, südl. der Kirche. Erb. 1770, rest. 1976. 2geschossiger Bau mit leicht vorspringendem Mittelrisalit, Dreieckgiebel; westl. Marmorportal. Z. T. gewölbt sowie Stuckspiegel in den Zimmern.

KAPELLEN. **Laireitkapelle** in Eben. Bau M. 19. Jh., kleine Rundapsis, Dachreiter. Spitzbogentonne, Nischenfigur Maria mit Kind, M. 17. Jh. – **Pichlkapelle** in Untereben; Rechteckbau mit Rundapsis, vorgesetzter Turm mit Zeltdach. Innen Tonnengewölbe, Nischengitter bez. 1854, kleiner Säulenaltar mit bar. Altarblatt Maria mit Kind, 18. Jh. Glocke von *Isaak Lechner,* 1639. – **Kriegerkapelle,** im Ortsteil Schied. Schlichter Bau mit Holzschindelsatteldach, Gitter bez. 1930, Soldatenbild bez. *Josef Steinlechner 1931.* – **Maurachkapelle** bei Haus Nr. 23, erb. 1978, Giebeltürmchen. – **Johanneskapelle** in Unterberg, erb. 1959, Nischenfigur hl. Johannes Nepomuk,

2. H. 18. Jh. – **Kapelle** am Großrodlberg, Rechteckbau mit Rundapsis, abgewalmtes Holzschindelsatteldach.

PROFANBAUTEN. **Großarl Nr. 84:** Reschenberggut. Paarhof, vermutlich 17. Jh., aufgestockt 1866. 3geschossiges Wohnhaus mit traufseitig begehbarem Mittelflur. Originale Fenster, gespundete und gekerbte Türstöcke, im Obergeschoß, rundbogig. Gang an Giebel- und Traufseite. Verbindungsgang zum Roßstall in Mischbauweise. Stallscheune, Blockbau mit 1878 erneuertem Dachstuhl.

Au. Ausgedehntes Streusiedlungsgebiet nördl. des Hauptortes. **Nr. 12:** Unterer Heugat. Paarhof. Wohnhaus und Stall bez. 1669. Wohnhaus, Blockbau mit giebelseitigem Außenkamin. Traufseitig begehbares durchgängiges Mittelflurhaus mit zwei Geschossen. Im Erdgeschoß in Traufrichtung vorspringende Holzwände als spätere Erweiterung zweier Räume – auf einer Seite durch Gangl, auf der anderen durch kleines Schindeldach abgedeckt. Gang auch über halbe Giebelbreite. Stallscheune in Mischbauweise. – Ensemble **Nr. 39/41:** Braun und Egg – die „Eggriedler Bauern“. **Nr. 39:** Paarhof. Wohnhaus bez. 1700, Stallscheune 1799. 2geschossiges Wohnspeicherhaus in Blockbau mit Zierschrot; z. T. originale Fenster. Gangl an Trauf- und Giebelseite. Flaches Satteldach mit Legschindeldeckung. Mischbauscheune. 2geschossiger Kasten, Blockbau mit Stiege; Waschküche. **Nr. 41:** Paarhof. Wohnspeicherhaus bez. 1672, Blockbau mit traufseitigem Eingang. Gang über giebelseitigem Haustrakt und an der Traufseite. Neuerer Gang auch im Erdgeschoß neben dem Hauseingang. Asymmetrisches Satteldach. Stallscheune, Blockbau mit bergseitiger Tenneinfahrt. 2geschossiger Kasten mit Zwingerbrett; freistehender Backofen.

Bach. Streusiedlung. **Nr. 7:** Heigl am Bach. Paarhof mit großem Wohnspeicherhaus bez. 1890. 2geschossiger Bau über hohem Kellergeschoß. Hauseingang traufseitig, Zugang zum Speichertrakt von der Giebelseite. Stallscheune in Mischbauweise. 2geschossiger Kasten bez. 1879 mit angebautem Kleinstall, freistehender Backofen.

Eben. Ortsteil südl. von Großarl mit Streusiedlungsgebiet. **Nr. 32:** Kössler Häusel (Denkmalhof). Ehem. Bergknappenhaus, um 1600 erbaut, First bez. 1751. Kleines Wohnspeicherhaus, Blockbau. Originale Fenster und Türen. Gangl mit horizontalen runden Stangen als Geländer. Holzkamin der Rauchküche bis in Ganglhöhe. Legschindeldach. Stallanbau aus Rundhölzern mit schindelgedecktem Pultdach.

Schied. Talauswärts gelegenes Streusiedlungsgebiet westl. des Baches an den Hängen. **Nr. 15:** Mordgrub. Paarhof mit Wohnspeicherhaus bez. 1656, Blockbau auf hohem Sockel, z. T. bmkw. Mischform von Kling- mit Kopfschrot (ehem. Mittelwand?). Fenster und Türstöcke z. T. original. Gangl an Eingangsseite im Hauptgeschoß und an Traufseite auch im Erdgeschoß. Reidstangen und Zwingerbretter. – **Nr. 20:** Oberviehhaus. Paarhof, Wohnhaus bez. 1631. Blockbau auf unterschiedlich hohem Steinsockel, 2geschossiges Mittelflurhaus mit originalen Fenstern, gespundeten Türstöcken, hoher Türschwelle und Gangl an Giebelwand und Teil der Traufseite. Satteldach mit Glockenturm.

ALTE WACHT in Au, siehe S. 506

GROSSGMAIN. Polit. Bez. Salzburg-Umgebung

Gemeinde an der Landesgrenze zu Bayern südwestl. der Stadt Salzburg. Aus Kirchweiler hervorgegangenes Haufendorf am Fuße des Untersberges mit Streusiedlungsgebiet. Urk. 8. Jh., seit dem Mittelalter Marienwallfahrtsort. – Einhöfe des Flachgauer Typus. Im Ortskern meist 2geschossige Häuser mit Heimatstildekor von 1920–1935 (wie **Nr. 58, Nr. 61:** „Im Hollergrund", **Nr. 113, 169, 175**). Vom Fremdenverkehr geprägt.

PFARRKIRCHE hl. Maria, in der Dorfmitte. Einschiffiger im Kern spätgot., 1731 barockisierter Bau mit spätgot. W-Turm, von Friedhof umgeben. Urk. 1144–1803 dem Stift St. Zeno/Reichenhall inkorporiert. Im späten 15. Jh. neu erb., Weihe 1520. 1674 Bau der Sakristei. 1731 Umbau der spätgot. Hallenkirche zu Saalbau und Errichtung des Oratoriums durch *Tobias Kendler.* Pfarre seit 1807. Rest. 1960–1971.

Schlichter Außenbau mit Satteldach und polygonalem Chorschluß. Langhaus und Chor im Kern spätgot., umlaufender Sockel und Hohlkehle. An der Langhaus-N-Wand mehrfach gekehltes, spätgot. Portal. – Ungegliederter spätgot. Turm, im Erdgeschoß Sternrippengewölbe auf Konsolen, im N und S spitzbogige abgefaste Portale, ohne Zugang zum Kircheninneren; Glockengeschoß mit Maßwerkgesims, gekehlte spitzbogige Schallfenster; bar. Doppelzwiebelhelm von 1751. – Im S des Langhauses 2geschossige Sakristei mit im W einbezogener spätgot. Vorhalle zum S-Portal, äußeres Portal gekehlt, die Vorhalle kreuzgratgewölbt mit bar. Stuck, das S-Portal spätgot., mehrfach gekehlt und verstäbt.

Langhaus 4jochig, mit flacher Stichkappentonne, Raumgliederung durch Pilaster und stark profilierte Gesimse. Im 1. südl. Joch Sakristeiportal von 1675. Sakristeierdgeschoß kreuzgratgewölbt; Sakristeischränke von 1675. – Im südl. 2. und 3. Joch Oratorien von 1734. 2geschossige bar. W-Empore.

Deckenstuck sowie Stuckierung der Vorhalle und Empore von *Michael Vierthaler* 1734. Deckenbilder hl. Cäcilia bez. *Innozenz Warāthi* 1733, Maria mit Kind zwischen Hll. Anna und Sebastian, Wallfahrtsbild mit Hll. Rupert und Augustinus, Marienkrönung.

Hochaltar, Aufbau von *Johann Georg Langmayr* 1739; in der Mittelnische Gnadenbild Figur Maria mit Kind, E. 14. Jh., aus Gußstein; seitl. Figuren Hll. Rupert und Augustinus von 1739, Engel von *Johann Schwaiger* 1728; im Aufsatz Figurengruppe Marienkrönung vom ehem. spätgot. Hochaltar, um 1495, aus dem Umkreis *Michael Pachers.* Tabernakel um 1740. – An der Chorabschlußwand Marmoraltar von *Georg Doppler,* bez. 1712; Altarblatt hl. Leonhard von *Peter Paul Perwanger* 1750, seitl. Figuren Hll. Rupert und Augustinus von *Johann Schwaiger* 1711. Tabernakel M. 18. Jh., in Verwahrung. – Marmorseitenaltäre, Aufbauten von *Georg Doppler* 1734; Altarblätter von *Jakob Zanusi* 1734; li. hl. Sebastian bez. *Jakob Zanusi,* Oberbild Schutzengel; re. hl. Anna mit Maria, Oberbild hl. Joseph.

Kanzel von *Johann Georg Langmayr* 1737, die Reliefs von *Johann Georg Hitzl,* am Kanzelkorb thronender Papst mit Kirchenvätern und Evangelistensymbolen, li. Sämann und Teufel, re. Prophet Jeremias mit Totengerippen, Türe mit Relief des Guten Hirten. – Figuren, hl. Johannes Nepomuk auf Konsole mit Relief des Brückensturzes 1. H. 18. Jh.; Immaculata, M. 18. Jh.; Kruzifix um 1735; bar. Prozessionsmadonna. In Verwahrung vier versilberte Metallreliefs

Hll. Scholastika und Benedikt sowie zwei Mönche, im bar. Rahmen, M. 18. Jh. Tafelbilder vom *Meister von Großgmain,* 1499; vier Tafeln vom ehem. spätgot. Flügelaltar, Pfingsten, Marientod, Darstellung im Tempel bez. 1499, Jesus unter den Schriftgelehrten; zwei schmale Tafelbilder Maria mit Kind und Salvator; in Verwahrung die abgetrennten Rückseiten mit Fragmenten folgender Szenen, Beschneidung (gestohlen), Anbetung der Könige, Heimsuchung. – Große Votivtafel mit Wappen Eb. Leonhard von Keutschach, A. 16. Jh. Kreuzigung mit Maria und Johannes sowie zwei Propheten bez. 1609. Große Votivtafel des 18. Jhs. Kreuzwegbilder M. 19. Jh. In Verwahrung: Votivtafeln des 18. Jhs.; Maria mit Kind und Mitglieder der Skapulierbruderschaft, M. 18. Jh.; zwei Bilder Hll. Sebastian und Anna, 1. H. 19. Jh.
Speisgitter von *Georg Doppler* 1716. Beichtstuhl um 1735 mit Bild Maria Magdalena A. 20. Jh. Schmiedeeisernes Abschlußgitter von *Johann Georg Hölger* 1734. Orgel von *Ludwig Moser,* 1845.
Wappengrabsteine. Nußdorfer, 15. Jh.; Brigita Sonderndorf, gest. 1519; Rochus Freymon, gest. 1583; Andreas Obernhausen, gest. 1612.

Kriegerdenkmal, Kapelle mit Zeltdach, im Friedhof an der Umfriedungsmauer. Kreuzgratgewölbe, Abschlußgitter des 17. Jhs., Pietà von *Jakob Adlhart* 1948.

KAPELLEN. Schlichte Kleinbauten des 19. Jhs. Zu **Nr. 65** (Kerschbaumergut), neogot. Bau sowie Altar mit Kruzifix, 2. H. 19. Jh. – Zu **Nr. 105,** neogot. Bau mit Dachreiter 2. H. 19. Jh.

WEGKREUZE mit Kruzifixen. Zu **Nr. 37,** mit Relief Fegefeuer, bez. 1762. – Zu **Nr. 52,** 2. H. 18. Jh.

RUINE Plainburg, volkstümlich auch „Salzbüchsl" genannt, weithin sichtbar auf bewaldeter, freistehender Kuppe im NO des Ortes. Stammburg des bedeutenden urspr. bayrischen, später salzburgischen Ministerialengeschlechtes der Grafen von Plain; Burg urk. 1140, nach Aussterben der Plainer ab 1275 erzbischöflicher Besitz, wird Sitz von Burggrafen oder Pflegern, größere Instandsetzungen um 1475 und 1577/78, Gericht 1594 nach Stauffeneck verlegt; A. 17. Jh. bereits einsetzender Verfall, 1674 wieder bewohnbar gemacht, seit 18. Jh. Ruine, 1968–1970 Absicherungsmaßnahmen.
Anlage mit äußerem Mauergürtel, an der NO-Ecke ehem. Zugbrücke über Graben zu Torgebäude mit anschließendem Torturm, Turm 1910 z. T. eingestürzt, um 1969 teilweise abgetragen, 1982/83 saniert; heutiger Eingang durch niedere Teile der Mauer von SO. Zugang in innere Burg durch spitzbogiges Torgewände in ringsum ca. 8–10 m hohe innere Ringmauer, ober dem Tor Marmorwappen Eb. Max Gandolf von Kuenburg, bez. 1674. Innengebäude völlig verstürzt, an der N-Seite ehem. „alter Stock" (Palas), gegen O Kapellenfenster. Urspr. Burgtypus ähnlich Burg Stauffeneck, Gem. Piding, heute Oberbayern.

BAUERNHÖFE. **Großgmain, Nr. 6:** Buchbauer. Einhof, bez. 1775. Wohnhaus Blockbau, großteils verputzt, Haustür mit Sonnensymbol und Bez. 1775. Z. T. originale Fenster mit Gittern. Satteldach mit Schindeldeckung, Giebelfeld senkrecht verschalt mit Balkon. – **Nr. 9:** Einhof, bez. 1696. Wohnhaus gemauert und verputzt. Marmorgewände bei Haustür und Fenstern. Satteldach mit bemalten Pfettenvorköpfen und Kopfbändern. – **Nr. 10:**

Buchegger. Einhof, bez. 1802. Wohnhaus gemauert und verputzt. Hölzernes Haustürgewände. Freistehender Backofen. – **Nr. 13:** Weißbacher. Einhof, bez. 1838. Wohnteil gemauert und verputzt. Steinernes Rundbogengewände bei der Haustür, aufgedoppelte Haustüre mit Sonnenmotiv, darüber Fresko Krönung Mariens. Schopfwalmdach mit Rautenuntersicht und Glockentürmchen. – **Nr. 19:** Hinterstanger. Einhof, Wohnhaus gemauert und verputzt. Z. T. originale Fenster mit Steingewänden und Gittern. Flaches Satteldach mit Katzenfirst ohne Kopf, statt dessen Bretterkreuz. Im Giebelfeld Balkon. – **Nr. 20:** Grabnerbauer. Einhof, Mischbau verputzt; aufgedoppelte Haustür mit Sonnensymbol, z. T. originale Fensterformate mit Gittern und Läden. Flaches Satteldach, Pfettenvorköpfe, Streben und Katzenfirst bemalt. **Nr. 45:** Waldher. Einhof, Wohnteil gemauert und verputzt. Marmorfenstergewände mit Gittern und Läden. Rundbogengewände bei der Haustür. Flaches Satteldach. – **Nr. 50:** Braunsbichl. Einhof, bez. 1688. Wohnteil gemauert und verputzt. Marmorgewände an Haustüre und vergitterten Fenstern, über der Haustüre Fresko Hl. Dreifaltigkeit, Fassade mit bmkw. Lüftlmalerei. Flaches Satteldach mit Glockentürmchen. Afterfirst mit Roßkopf. Giebelfeld senkrecht verschalt mit Balkon. Pfettenvorköpfe bemalt. – **Nr. 88:** Reindlbauer. Einhof, bez. 1862. Über dem Eingang Putzmedaillon Mutter Gottes mit Kind. Flaches Satteldach mit Glockentürmchen. Pfettenvorköpfe geschnitzt und bemalt. Afterfirst mit Roßkopf. – **Nr. 89:** Einhof. Wohnteil gemauert und verputzt. Fenster mit Läden z. T. vergittert. Schopfwalmdach mit Glockentürmchen. Giebelfeld senkrecht verschalt mit Balkon. Freistehender Backofen. – **Nr. 90:** Einhof, Wohnteil gemauert und verputzt. Marmorgewände an Fenstern und Tür. – **Nr. 93:** Schmuckerbauer. Einhof, bez. 1860. Wohnteil in Mischbau verputzt. Erdgeschoß marmorne Fenster- und Türgewände. Satteldach.

BRUNNEN am Kirchenplatz, Marmor, errichtet 1646, mittlere Doppelfigur Mariens von *Johann Schwaiger* 1693.

STEINFIGUR im W o l f s g r a b e n, Sitzender, von *Max Rieder* 1955.

VEITLBRUCH, am Fuße des Untersberges, Richtung Fürstenbrunn-Grödig gelegen. Marmorabbau seit der Römerzeit. Neben der Kapelle Gedenkstein für Fund von 83 römischen Münzen im Jahr 1855.

STEINBRÜCKE über den Kühlbach, östl. des Veitlbruches; aus Quadern gefügt, Rundbogendurchlaß, Brüstungen z. T. verändert; Bau des frühen 17. Jhs., als „Römerbrücke" bezeichnet.

GUGGENTHAL. Gem. Koppl. Polit. Bez. Salzburg-Umgebung

Gemeinde Koppl am östl. Stadtrand von Salzburg am östl. Fuße des Gaisberges. Streusiedlungsgebiet mit dem Kirchweiler Koppl, dem Werks- und Kirchweiler Guggenthal sowie weiteren Weilern. – Guggenthal urk. 1400, 2. H. 19. Jh. Errichtung der Brauerei (Betrieb eingestellt).
Einhöfe vom Flachgauer Typus, Krüppelwalmdächer, vorherrschend Stein- und Mauerbau, z. T. mit Schlackenverzierung (z. B. **Winkl Nr. 1** und **4, Heuberg Nr. 12, Ladau Nr. 7**).

PFARRKIRCHE hl. Jakobus d. Ä., in Koppl, in der Ortsmitte auf steilabfallendem Hügel. Einschiffiger Bau mit N-Turm, im Kern frühes 16. Jh., von Friedhof umgeben. Urk. 1511. 1816 Brand, bis 1820 Wiederaufbau. Pfarre seit 1859. Rest. 1970/71.
Langhaus und Chorwände noch A. 16. Jh., mit abschließendem Kaffgesims; Langhaus mit Giebelfassade im W, Chor polygonal geschlossen, mit vermauertem spitzbogigen Achsfenster, die übrigen Fenster der Kirche bar. – Im N des Chores ungegliederter Turm des 16. Jhs., mit bar. oktogonalem Aufsatz und Spitzhelm, östl. anschließend 2geschossige Sakristei. Im S am Langhaus eingeschossiger Anbau, Portal bez. 1929. Das im Inneren in die Kirche führende S-Portal vermauert, im W Priestergrabkapelle mit Kreuzgratgewölbe, im O Rundnische mit bar. Figur dornengekrönter Christus.
Langhaus mit Tonnengewölbe um 1820, eingezogener Chor, ehem. wohl einjochig mit 5/8-Schluß, Rippen fehlen.
Altaraufbauten alle um 1820. Hochaltarblatt Immaculata bez. *Franz Xaver Hornöck 1820,* Aufsatzbild Gottvater und Christus ebenfalls von *Hornöck;* seitl. Konsolfiguren Hll. Andreas und Thomas, im Aufsatz hl. Jakobus d. Ä., alle von 1726. – Li. Seitenaltar, Bild Kreuzigung um 1820, seitl. Figuren Hll. Johannes Nepomuk und Leonhard von 1726. Re. Seitenaltar, Bild Hl. Wandel um 1820, seitl. Figuren Hll. Florian und Georg von 1726.
Kanzel M. 19. Jh., am Schalldeckel Figur hl. Michael frühes 19. Jh. – Marmorsakramentshäuschen auf kannelierter, gedrehter Säule, bez. 1518. – Figur hl. Johannes d. Täufer, A. 16. Jh., aus der abgebrochenen Schnurnkapelle, in Verwahrung. Bilder, Hl. Familie, Kreuzigung, Maria Dorfen (aus der abgebrochenen Schnurnkapelle), alle 1. H. 18. Jh.; Mariahilf-Bild und Kreuzweg 19. Jh. – Wappengrabstein Rudolf Morij, Verweser in Ebenau, gest. 1656. – Orgelgehäuse 18. Jh. – Glocke bez. 1801, aus der Au-Kapelle.

FILIALKIRCHE Hl. Kreuz, in Guggenthal. Erb. 1863/64 für Georg Weickl, Baumeister *Jacob Ceconi.* Neugot. Bau mit einheitlicher Innenausstattung aus der Bauzeit. Rest. außen 1980, innen 1964.
Einschiffiger neugot. Bau mit einspringendem polygonal geschlossenem Chor, an Langhaus und Chor 2fach gestufte Strebepfeiler, umlaufender Sockel. An der Giebelfassade im W 3geschossiger Turm mit Spitzgiebelhelm. An der Langhaus-W-Wand Nischen mit Figuren Hll. Petrus und Paulus aus der Erbauungszeit. Südl. des Chores 2geschossige Sakristei. 4jochiges Langhaus; spitzbogiger gekehlter Triumphbogen, einjochiger Chor. Netzrippengewölbe, im Turmerdgeschoß auf Konsolen, in Langhaus und Chor auf Rundpfeilern. Südl. im Chor gekehltes Sakristeiportal, darüber Oratoriumsfenster. Hölzerne W-Empore. Neugot. Hochaltar mit Figuren der Kreuzigung, darüber Figur hl. Elisabeth. – Li. Seitenaltar neugot., mit Figur Immaculata. – Marmorkanzel auf gedrehter Säule, bez. 1512, aus dem rom. Dom von Salzburg. – Wandgrabdenkmal Georg und Elise Weickl, spätes 19. Jh. – In der Sakristei gußeiserne Wendeltreppe zum Obergeschoß, Sakristeischrank 2. H. 19. Jh.

HOFKAPELLE Aubauer, Winkl Nr. 5, siehe dort

NISCHENBILDSTÖCKE mit abgewalmten Kragdächern. Gaisbergau, in bar. Form. – Gruberfeldsiedlung, bez. 1674 und 1934, Schmiedeeisengitter von 1674. – Unterkoppl, 2. H. 19. Jh.

EHEM. JAGDSCHLOSS, Guggenthal Nr. 24. Erb. um 1640, von 1642–1670 den Bischöfen von Chiemsee gehörig, 1670 von Franz Carl Polito erworben, 1861 Kauf durch Georg Weickl.
2geschossiger Bau über quadrat. Grundriß, im NW 2geschossiger Turmanbau, Walmdach. Mittelflur mit westl. und östl. Rundbogenportal, im O Wappenkartusche Franz Virgil Graf Spaur, Bischof von Chiemsee.

BRAUGASTHOF, Guggenthal Nr. 2. Im Kern 17. Jh., Erweiterung M. 19. Jh. 2geschossiger mächtiger Bau mit zwei Dachgeschossen und Krüppelwalmdach. Im Erdgeschoß der li. Gebäudeteil mit abgefasten Fenstergewänden des 17. Jhs., re. offener auf drei Säulen ruhender Gang des 19. Jhs.; im Dachgeschoß durchgehender Balkon und Aufzugsbalken, 19. Jh.

HAUS Nr. 28. Weitläufiger Gebäudekomplex, erb. durch Georg Weickl nach 1861, auf ansteigendem Gelände. In der Umfassungsmauer zwei Segmentbogenportale, li. zum Treppenaufgang führend, bez. 1863, re. mit schmiedeeisernem Gitter, 2. H. 17. Jh. Östl. Gartenportal mit schmiedeeisernem Gitter bez. 1733.

BAUERNHÖFE. **Habach, Nr. 21:** Mittertennhof. 2geschossiges Mittelflurhaus mit Putzfaschen und Giebelbalkon unter Krüppelwalmdach mit Dachreiter.
Winkl, Nr. 5: Aubauer, in der Gaisbergau gelegener Mittertennhof. Mittelflurhaus unter Krüppelwalmdach mit Dachreiter; Fenster im Giebelfeld mit Beichtstuhlgitter. Stuckdecke bez. 1776. Der Hof bildet ein bmkw. Ensemble mit **Hofkapelle,** erb. 1875, polygonal geschlossen, mit Satteldach, im N quadrat. Turm mit Spitzgiebelhelm und Eisentüre, frühes 17. Jh.

HALLEIN. Polit. Bez. Hallein

STADT mit Kern zwischen W-Ufer der Salzach und Dürrnberg. Seit dem Mittelalter wirtschaftliche Bedeutung der Stadt für das Erzbistum in der Verarbeitung des am Dürrnberg abgebauten Salzes und im Salzhandel; Salztransport auf der Salzach. – Urk. 1198, Erhebung zur Stadt zwischen 1218 und 1232. Stadtbrand 1325.
Gewachsene Stadtsiedlung. Ältester Stadtteil die Siedlung um die Pfarrkirche sowie im Anschluß daran die zwischen Koth- und Antlesbach gelegene, heute städtisch überschichtete Bachufersiedlung mit dem Kern Molnarplatz, ehem. Dreiecksplatz bestehend aus Molnar- und Florianiplatz, durch spätere Einbauten geteilt. – Älteste N-S-Verkehrsverbindung Hoher Weg – Khuenburggasse – Oberhofgasse; Schöndorferplatz innerhalb dieses Straßenzuges als verbreiterter Straßenplatz A. des 13. Jhs. angelegt.

---

1 Stadtbefestigung, S. 140
2 Dekanatskirche hl. Antonius, S. 141 f.
3 Peterskapelle, S. 143 f.
4 Totenkapelle, S. 144
5 Mittelalterliche Badeanstalt, S. 150
6 Rathaus, S. 146
7 Ehem. Amtshof des Stiftes St. Peter, S. 152
8 Ehem. Kinderbewahranstalt, S. 148
9 Unteres Griestor, S. 151
10 Bürgerspital, S. 147
11 Colloredo Sudhaus, S. 152
12 Ehem. Salinenverwaltung, S. 146
13 Salinenkapelle, S. 144 f.
14 Ehem. Waisenhaus, S. 148
a Bildstock, S. 153
b, c Brunnen, S. 154
d Kriegerdenkmal, S. 153
e Zeiserl-Brunnen, S. 154
f, g Johann-Nepomuk-Statue, S. 153

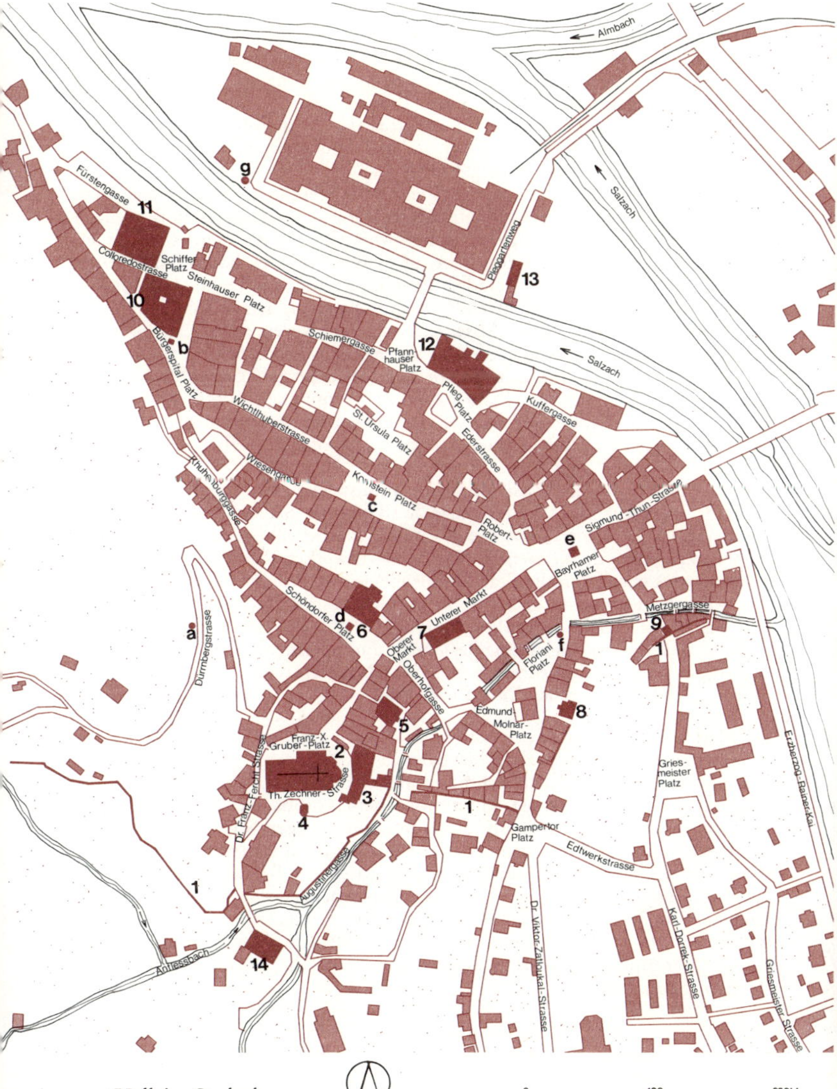

Hallein, Stadtplan

Stadtmauer, errichtet vor 1300, mit spätmittelalterlichen Erweiterungen.
Ab dem Spätmittelalter, durch Erweiterung der Stadt auf der unteren Salzach-Terrasse, dominierend zwischen Bürger- und Handwerkshäusern die Manipulations- und Lagerhäuser für die Salzverarbeitung. Gleichzeitig Verlagerung der Hauptverkehrsstraße von N–S über Bräuerstraße – Bürgerspitalplatz – Wichtelhuberstraße – Robertplatz zu Griestorgasse. Mittelpunkt der rechteckige Kornsteinplatz, ehem. Getreidemarkt. – Ausdehnung des Stadtrechtes auf das östl. Salzachufer, Stadtteil Burgfried 1556.
Spätmittelalterliche Bürgerhäuser, großteils 3- bis 4geschossig, entsprechen dem Inn-Salzach-Bürgerhaustypus in einfacher Form; im Dachgeschoß vielfach Speicher, häufig mit rundbogigen Speicheröffnungen und Aufzugsbalken an der Giebelwand. Meist Grabendächer – bei größeren Objekten häufig hinter einer mit Hohlkehle versehenen geraden Abschlußwand versteckt, bei kleinen Objekten Graben- oder Satteldächer, oft mit ausmittig sitzenden Firsten und entsprechend tiefer einseitiger Abschleppung. Nur vereinzelt Arkadenhöfe. – Vorwiegend im östl. Zentrumsbereich Einkehrgasthöfe und Salzmanipulationsobjekte des 16. und 17. Jhs. mit breiten Rundbogenportalen zur Durchfahrt in den Innenhof. – Charakteristisch im Stadtkern die tonnengewölbten öffentlichen Hausdurchgänge: Gollingertorgasse, Pangrazgasse, Schützinggasse; je ein Durchgang von der Oberen Badgasse zu Oberhofgasse, Oberer Markt und Pfarrgasse.
Seit der 2. H. des 19. Jhs. Ansiedlung von Industriebetrieben und Ausdehnung der Stadt vorwiegend östl. der Salzach. Bahnlinie Salzburg–Hallein 1871, Giselabahn 1875 eröffnet. Errichtung von Industriebetrieben, seit M. des 19. Jhs. Zementerzeugung in Gartenau, 1870 Tabakwerke, 1891 Zellulosefabrik. Verlegung des ehem. um die Pfarrkirche angelegten Friedhofes nach Burgfried 1880. – Nach Hochwasserkatastrophe am Griesrechen (Holzauffanganlage am westl. Salzachufer) Salzachregulierung 1927–1930, Denkmal am Neumayrplatz um 1930; anschließend Bebauung des Areals durch Reihenhäuser, Talstation der Salzbergbahn auf den Dürrnberg erb. 1952. – Neue Dürrnbergstraße ausgehend von Salzachtal-Bundesstraße Nord erb. 1980–1982.

STADTMAUER errichtet noch vor 1300, im Spätmittelalter unter Einbeziehung des nördl. Siedlungsraumes zwischen Salzach und Bannwald erweitert; Verlauf, von der Salzach nahe der Kothbachmündung über Griestor – ehem. Gampertor – Goldgasse – Kothbach – ehem. Hafnertor – dem Kothbach entlang zum ehem. Färbertor, in westl. Richtung zum ehem. Röckturm, gegen NW zum Fuchsturm und bis zur Ruine Thürndl, dann nach O verlaufend zum ehem. Salzburger Tor und zur Salzach abfallend. Mauer nur z. T. erhalten, die Tore mit Ausnahme des Griestores um die M. des 19. Jhs. abgebrochen. Unmittelbar an die mittelalterliche Stadtmauer angebaut die Häuser Schanzplatz Nr. 1 und 2, Molnarplatz Nr. 1–6, Goldgasse Nr. 1, 3, 5–7. Dem Kothbach entlang und am Hallfahrtufer (mit vermauerten Schlüsselscharten) ebenfalls Teile der Stadtbefestigung erhalten.

Ruine Thürndl, alter Name Schozzries, auf schmalem Bergkamm südl. der Barmsteine gelegen. – Erb. wohl als Eckpunkt der Stadtbefestigung Halleins, 3. V. 14. Jh., früher mit Salzburger Tor nahe der Salzach durch Mauer verbunden. Ehem. Turmanlage mit Umfassungsmauer, Turm ca. 9 × 10 m, N- und O-Wand weitgehend erhalten, früher 4 Geschosse, Zinnenbekrönung. Mauerreste noch ca. 18 m hoch, Reste der Umfassungsmauer im Gelände sichtbar.

DEKANATSKIRCHE hl. Antonius Eremit, im W des Stadtzentrums erhöht gelegen. Einschiffiger klassizistischer Saalbau mit got. Apsis, N-Turm. Sitz des Dekanats seit 1618. – Urk. 1347; vom mittelalterlichen Bau stammt der got. Chor. Bis 1533 dem Stift St. Peter inkorporiert. Langhaus 1769–1775 nach Entwurf *Wolfgang Hagenauers* neu erb., Weihe 1800. Brand 1943, Rest. 1953/54. Ehem. im Kern rom. Turm nach Brand 1943 im Jahr 1945 eingestürzt, Neubau von *Jakob Adlhart* 1965.
Bau über rechteckigem Grundriß, im O die Ecken abgeschrägt, die Apsis vorspringend und polygonal geschlossen. Sockel und Hohlkehle umlaufend, Satteldach nach O und W abgewalmt. Außenbaugliederung durch Doppelreihe rundbogiger Fenster, deren profilierte Rahmung mit geradem Sturz; über der 2. Fensterreihe umlaufendes Gesims. Im W die 3 mittleren Achsen leicht vorgezogen, die seitl. Achsen mit Doppelreihe Rundbogennischen, Portal mit Dreieckgiebel. Durch Lisenen im N und S des Langhauses Innenbaugliederung angedeutet, nämlich die Eingrenzung der beiden hintereinanderliegenden, gekuppelten Räume. – Chor spätgot., vermauertes spitzbogiges Achsfenster mit Maßwerk, an den Ecken Runddienste. – Turm ungegliedert mit Zeltdach, über dem Portal Relief thronender Christus, Symbole der 4 Evangelisten und der Hll. Antonius Eremit sowie Hieronymus, von *Jakob Adlhart* 1969. Gewände des inneren N-Portales mit rom. bzw. spätgot. Fragmenten. – Eingeschossiger Sakristeianbau im N von 1965.
Innenraum. Durch 2 rechteckige Pfeilereinbauten in der Höhe des N- und S-Portales Teilung des Langhauses in 2 kuppelgewölbte Räume; im W und O ähnliche Pfeilereinbauten; über den durch die Pfeiler gebildeten Seitenräumen Quertonnen. Der eingezogene Chor mit rundbogigem Triumphbogen, einjochig mit Platzlgewölbe und halbrundem Schluß. Im Erdgeschoß der östl. Pfeiler flachgedeckte Chorkapellen mit schmiedeeisernen Abschlußgittern, 2. H. 18. Jh. Im W einachsige Musikempore an den Pfeiler anschließend, auf 2 Säulen aufruhend, mit symmetrisch angelegten seitl. Treppentürmen.

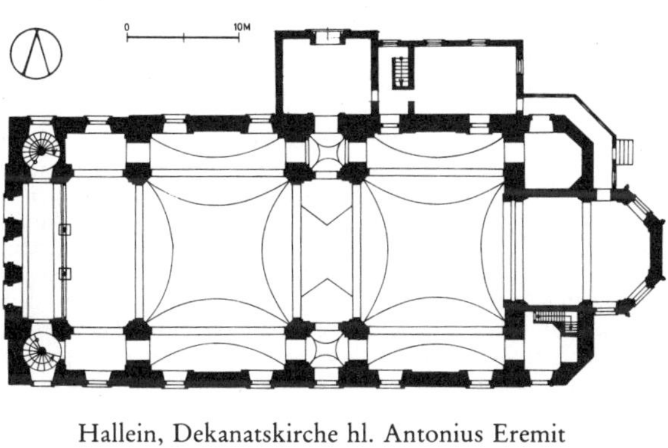

Hallein, Dekanatskirche hl. Antonius Eremit

Pfeilergliederung durchwegs einheitlich; 3geschossig, Rundbogenarkaden, Zwischengeschoß mit Fenster bzw. im mittleren Pfeiler je einem Balkon sowie Obergeschoß mit das gesamte Langhaus umziehender Emporengalerie. Gliederung durch Pilaster mit ionischen Kapitellen, Pfeiler und Chor zusätzlich durch stark verkröpftes Kranzgesims gegliedert. An der nördl. Langhauswand im O 2 Rundbogennischen; verdeckte Rundbogennischen hinter sämtlichen Wandaltären.

Hochaltar von 1799; Marmoraufbau bez. *Johann Anton Högler,* Altarblatt Anbetung der Hirten bez. *Andreas Nesselthaler;* seitl. Konsolfiguren Hll. Antonius Eremit und Hieronymus von *Franz Xaver Nißl.* Tabernakel von 1880. – Seitenaltäre, Marmoraufbauten von *Johann Doppler,* um 1790. Li. Altarblatt hl. Rupert und Salzarbeiter von *Johann Baptist Durach* (?), Oberbild hl. Helena, seitl. Figuren Hll. Laurentius und Florian, um 1790, im Aufsatz Figuren Glaube und Hoffnung, M. 18. Jh.; Bild Herz Jesu mit Rahmen, 2. H. 18. Jh. Re. Altarblatt Hl. Dreifaltigkeit und 14 Nothelfer, 1. H. 18. Jh., Oberbild Guter Hirt, 2. H. 18. Jh.; seitl. Figuren Hll. Virgil und Vitalis, im Aufsatz Figuren Caritas und Justitia, alle M. 18. Jh.; Mariahilf-Bild mit Rahmen, 1. H. 18. Jh.

Altäre an den Langhauswänden. Im N li. Altar, errichtet 1798, bez. 1864, Altarblatt Christus zwischen Hll. Sebastian und Karl Borromäus, darunter Pestkranke; seitl. Konsolfiguren Hll. Josef und Jakobus d. Ä. – Re. Altar, bez. 1799 (1864, 1955), Altarblatt 1945 zerstört, Kruzifix 19. Jh.; Oberbild Maria mit Kind von *Johann Löxhaller,* 1798; seitl. Konsolfiguren Hll. Petrus und Paulus. – Im S li. Altar von 1799, Altarblatt Letztes Abendmahl, Aufsatzbild Christus und Jünger in Emmaus, beide von *Franz Nikolaus Streicher:* seitl. Konsolfiguren Hll. Matthäus und Johannes, im Aufsatz Hll. Lukas und Markus, M. 18. Jh.; Tabernakel von 1780. – Re. Altar von 1799, Altarblatt Tempelgang Mariens von *Franz Nikolaus Streicher;* seitl. Konsolfiguren Hll. Franziskus und Antonius von Padua, auf dem Giebel Figuren Hll. Barbara und Katharina.

Nördl. Chorkapelle. Altar von 1780, Figurengruppe Pietà, M. 17. Jh. (?); seitl. Figuren Hll. Petrus und Paulus, Aufsatzfigur hl. Andreas, alle um 1780. Im Keltenmuseum Pestbild von *Franz Christoph Mayrhofer,* 1735. – Südl. Chorkapelle. Altaraufbau M. 18. Jh., Altarblatt Hll. Anna mit Maria, bez. *Sebastian Stief 1866,* Oberbild hl. Joachim, M. 18. Jh. An der N-Wand ehem. Altar der Peterskapelle, Altaraufbau teilweise von 1622; Altarbild Christus wandelt auf dem Wasser, bez. *Georg Petzold,* Oberbilder Trinität, Hll. Petrus und Paulus ebenfalls von *G. Petzold,* 1876.

Figuren Hll. Rupert und Virgil, 1. H. 18. Jh.; Kreuzigungsgruppe, A. 18. Jh. – Bilder, Kreuzabnahme, Grablegung Christi, beide von *Franz Nikolaus Streicher* (?), renov. 1836, 1881. Kreuzwegbilder von 1777. – Spätgot. Taufstein, bez. 1481. – Orgel 18. Jh., 1865 erneuert, mit Rundbild hl. Cäcilia und Engel, M. 19. Jh.

Grabsteine. Im Kircheninneren Epitaph mit Relief Auferstehung Christi, Familie Toiner-Hölzl, M. 17. Jh.; Epitaph mit Relief Verkündigung für Ludwig Hochpichler, errichtet 1668. – An der Apsisaußenwand Wappenstein Christian Diether von Urstein, gest. 1515; Fragment der Platte für Ehrnreich Schneeweiß von Arnoldstein, gest. 1629; Relief Gekreuzigter, darunter Familie, für Michael Saiger, gest. 1617; Relief Geharnischter kniend vor Kruzifix, Jörg Christoph Rorwolff, gest. 1566; Relief Kreuzigung, darunter Familie, Wenzel Harder zu Kalsperg, gest. 1547; Rekonstruktion aus Fragmenten des Epitaphs für Michael Friedrich Wasserlieb, Chronogramm 1684.

Weitere Grabplatten im ehem. Friedhofsbereich. Pfarrgasse Nr. 8: Relief Kruzifix, darunter Familie, Andreas Spatzenegger, gest. 1669; Pfarrgasse Nr. 11: Fragment Doppelwappen Adam Stöckl von Judendorf, gest. 1679; geritzter Schild, Caspar Ebngang, gest. 1483; mehrere Platten des 18. und 19. Jhs.; Gruberplatz Nr. 1: Wappenstein Georg Scheiblhueber, gest. 1686.

Dechanthof, östl. der Dekanatskirche. 3geschossiger Bau, im Kern mittelalterlich; mehrfach umgebaut. Fenstergliederung des 19. Jhs., im 1. Obergeschoß mittelalterlicher Erker, im S als Zugang zum Obergeschoß der Peterskapelle. Hauptportal mit gekapptem Kielbogen, gekehlt, bez. 1882, darüber Wappen Eb. Markus Sitticus, bez. 1616. Nördl. Portal mit geradem Sturz, bez. 1477, unmittelbar daneben mittelalterlicher Spion. Im Inneren Wandbrunnen, bez. 1586. Serie von 7 Dechant-Portraits des 18. und 19. Jhs. in klassizistischen Rahmen. – Im SMCA rom. Portallöwe, A. 13. Jh., aus der ehem. Dechanthofkapelle.

Peterskapelle, kleiner got. Bau südöstl. der Pfarrkirche, an den Pfarrhof angebaut. Urk. 1384. Renov. 1876 von *Georg Petzolt;* Rest. Außenbau 1975, Innenraum 1977.

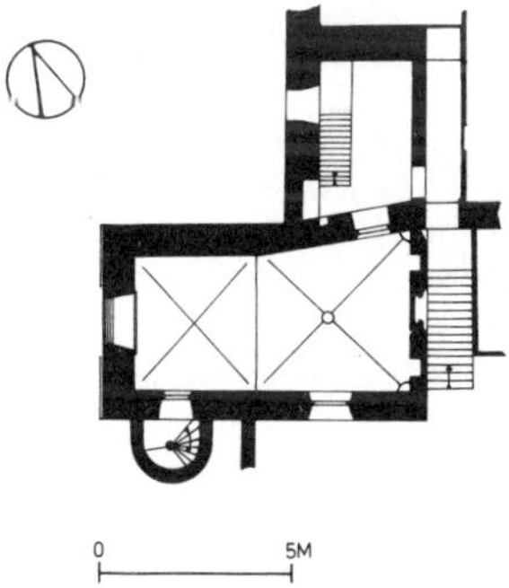

Hallein, Peterskapelle

Schlichter Außenbau, südl. Treppenturm zum Obergeschoß mit Kegeldach; steiles Satteldach, Giebelreiter mit Zeltdach; das Giebelfeld verschindelt, mit anschließendem Pultvordach. Gekehltes spätgot. Kielbogenportal, unterteilt durch geraden Türsturz, darüber Bild hl. Michael von *Josef Eggl* 1876; spätgot. hölzerne Türe. 8eckiges Weihwasserbecken, 15. Jh. Wappengrabstein Lienhart Polhamer, gest. 1568; Inschriftplatte einer Meßstiftung von 1670.
Innenraum 2jochig, mit Kreuzrippengewölbe auf Konsolen. Im 1. Joch rundbogiges gekehltes Portal im S zum Treppenturm, im 2. Joch abgefastes Portal mit geradem Sturz, bez. 1876, im N. An der Stirnwand got. Maßwerkfenster, im S rundbogiges Glasfenster Christus zwischen Maria und Johannes nach Entwurf von *Georg Petzolt* 1876.
Mensasockel Grabsteinfragment mit Relief Putto mit Sanduhr, Spruchband memento mori, 1. H. 17. Jh. – Ehem. Altar in der südl. Chorkapelle der Pfarrkirche; Figuren des von Christoph Pernegger 1622 gestifteten Altares, Hll. Christophorus und Margareta, im Dommuseum zu Salzburg. Großes Epitaph

mit Reliefs, in der M. Auferstehung Christi, darüber Jonasszene, im Giebel Gottvater, spätes 16. Jh., seitl. Konsolstatuetten der 4 Evangelisten, spätes 19. Jh., für Raphael Geizkofler, gest. 1587. Grabplatte mit Relief Kniender vor einem Kruzifix, für Christoph Pernegger, Bürgermeister von Hallein, gest. 1641. Wappengrabstein Bartholomäus Scherckhofer, von 1621. – Im Keltenmuseum Wappengrabsteine Magdalene Prüferin, Achaz Hotrar und Georg Nigl, alle 15. Jh.; Inschriftplatte Maria Katharina Kernin, gest. 1729.

Totenkapelle, südl. der Pfarrkirche. Erb. 1777, seit 1953 Kriegergedächtniskapelle. Nach S gerichtet, mit Rundapsis, bar. Stuckumrahmung der Fenster und Walmdach. Im Inneren Platzlgewölbe; schmiedeeisernes Abschlußgitter im N, 2. H. 18. Jh.

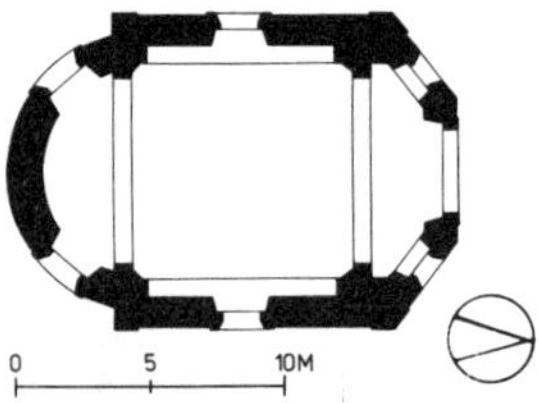

Hallein, Totenkapelle

EVANG. SCHAITBERGKIRCHE, am re. Salzachufer, Davisstraße Nr. 38. Erb. von *Jakob Adlhart* 1968/69. Schmuckloser kubischer Baukörper mit hohem Turm über quadrat. Grundriß. – Im Inneren an der Chorwand Kruzifixus von *Jakob Adlhart,* 1968.

BÜRGERSPITALSKAPELLE Hl. Kreuz, im NO des Bürgerspital-Gebäudekomplexes eingebaut, nach S gerichtet. Urk. 1386, 1708 erweitert. Profiliertes Marmorportal im N, spätes 17. Jh.; Glockenturm mit Zwiebelhelm von 1798. – Innenraum 2jochig mit Kreuzgratgewölben.
Kapellenausstattung im Keltenmuseum, Kreuzigungsgruppe und Aufsatzgruppe Gottvater und Hl. Geist sowie Figuren über den Opfergangsportalen Hll. Andreas und Elisabeth, um 1708, von *Johann Georg Mohr.* Orgel von 1836.

SALINEN-KAPELLE, Pflegkapelle zum Hl. Geist, auf der Pernerinsel, an der südwestl. Abgrenzung des Pfleggartens, nach NO gerichtet. Urk. 1355. Bau A. 17. Jh. (?); Sakristeianbau im N 1903.
Schlichter Außenbau mit hochrechteckigen Fenstern, Satteldach und Giebelreiter mit Laterne und abschließendem Zwiebelhelm. An den Bau im S anschließend ehem. Mesnerwohnhaus, das Erdgeschoß ist ein offener Vorraum zur Kapelle, mit 3 Arkadenbögen im W, flachgedeckt.
Innenraum mit Stichkappentonne, rundbogigem Triumphbogen, Chorraum mit Quertonne und geradem Schluß. – Eingeschossige Empore 18. Jh., mit Portal zur ehem. Mesnerwohnung, 2. H. 17. Jh.
Altar aus der 1893 abgebrochenen St.-Ursula-Kapelle, M. 18. Jh.; Altarblatt hl. Ursula (Kopie nach *Johann Martin Schaumberger* in der St.-Markus-Kirche Salzburg, 1705), Oberbild Hl. Dreifaltigkeit; Wappen Eb. Sigmund Schrattenbach. – Thronende Madonna mit Kind um 1450; Kreuzigungsgruppe spätes 15. Jh.; Grablegungsrelief von *Hans Waldburger,* A. 17. Jh.; Konsolfiguren Hll.

Vital und Christophorus 2. H. 17. Jh., Hll. Barbara und Katharina M. 18. Jh., 4 Kirchenväter spätes 18. Jh.; Hochreliefs auf Konsolen Hll. Petrus und Paulus um 1800. – Bar. Bilder Hll. Ignatius von Loyola und Franz Xaver, Maria Erwartung, Ecce Homo; Maria Schnee, 19. Jh. – Im SMCA Flügelaltar um 1480, *Meister der Virgo inter Virgines,* Mitteltafel mit Epiphanie und Anbetung der Hirten, Flügel mit Szenen des Marienlebens. Erweiterte Kreuzigungsgruppe mit Magdalena, Hauptmann und Kriegsknecht, um 1500–1510. – Chorgitter und Bänke 2. H. 17. Jh.

FRIEDHOFSKAPELLE in Burgfried, J.-Döttl-Straße. Friedhofsgründung 1880. Neugot. Ziegelbau errichtet 1895. Langhaus mit abgetreppten Strebepfeilern, Chor mit gerader Abschlußwand und im O angebauter, polygonal geschlossener Sakristei. Im W hoher 3geschossiger Turm mit Spitzhelm, südl. Treppenturm – durch das Turmerdgeschoß betretbar, nördl. des Turmes Arkade mit Gedenkstein für Josef Schöndorfer.
Einschiffiger Innenraum mit hölzerner Deckenkonstruktion, gekehlter spitzbogiger Triumphbogen. – Glasfenster bez. 1895, Hll. Augustinus, Georg, Benedikt, Elisabeth, Josef, Otto, Johannes d. T., Felix, an der W-Wand Kaiser Franz Joseph vor Maria mit Kind kniend, bez. 1898.
Neugot. Altar errichtet 1899, Figuren Auferstandener, Hll. Matthias und Theresia, Predellenreliefs Heilung der Blutflüssigen (?) und Auferweckung des Lazarus, bez. *J. Piger.* Bänke von 1895.
An der äußeren Langhauswand im S sezessionistisches Monumentalgrab für Dr. Carl Kellner, bez. 1906, von *Wilhelm Hejda.*

EHEM. KLOSTERKIRCHE hl. Georg (Augustiner-Eremiten), Schützengasse Nr. 3; heute Standort des Bundesgymnasiums, südwestl. der Stadt auf steil abfallendem Terrain. Erb. 1700. Brand 1943. Beim Abbruch 1960 im Apsismauerwerk Spolienfunde (von Vorgängerbauten?), rom. Kapitell A. 13. Jh., got. Basis, aufbewahrt in Dürrnbergstraße Nr. 2.
Erhaltenes Inventar der Kirche im Stift und Stiftsmuseum Michaelbeuern. Aus der Josephskapelle Altarblatt Tod Josephs und Figuren Hll. Johannes d. T. und Ev., von 1774; aus der Marienkapelle Altarblatt Maria mit Kind und Heilige, Figuren Hll. Gelasius und Thomas von Villanova; Figuren Maria, Johannes, um 1720. Bilderserie Hll. Augustinus, Monika, Nikolaus von Tolentino, Johannes Facundo, 1. H. 18. Jh.; Serie von 8 Ovalbildern, M. 18. Jh. Bruderschaftsurkunde mit bar. Rahmen, bez. 1734. – Glocke 1735 von *Ernst Gotschner.*

LEPROSENHAUSKAPELLE hl. Martin, ehem. hl. Petrus, in Kaltenhausen. Kleiner spätgot. Bau in Hanglage, unmittelbar an der Bundesstraße zwischen Hallein und Kaltenhausen. Rest. 1976–1978.
Außenbau mit Giebelfassade im W, ungegliedertem Langhaus und polygonal geschlossenem Chor. Tonnengewölbter, nicht zugänglicher Unterbau. Steiles Schindelsatteldach, im W abgewalmt, Dachreiter mit Glockenhelm. Spitzbogiges abgefastes W-Portal; das Bodenniveau der Kapelle erheblich tiefer als das derzeitige Straßenniveau.
Langhaus 2jochig mit 5/8-Schluß. Spätgot. Vierrautensterngewölbe auf Rundsäulen mit profiliertem Kapitell, umlaufender niedriger Sockel. Belichtung im Chor durch spitzbogiges Achsfenster und 2 Fenster mit kielbogenförmiger Laibung, im 2. nördl. Joch querrechteckiges abgefastes Fenster.

Im 1. nördl. Joch Schriftfragmente, bez. 1447; an der südl. Chorwand Rötelzeichnung hl. Wolfgang, 15. Jh., und Schriftzug Godfredus. Zwickelfelder des Rippengewölbes im N und S sowie W-Wand mit Malerei, 1. H. 17. Jh.; im W Jüngstes Gericht; Taufe Christi (?); Jonasszene, Schiffbruch des hl. Paulus, Sturm auf dem See Genezareth, Christus wandelt auf dem Wasser, Vorlage der 4 letztgenannten Darstellungen ist die 1625–1627 publizierte Matthäus-Merian-Bibel; Kreuzannagelung Christi. Am unteren Rand der Szenen Stifterfiguren – im südl. Chorjoch Christoph Pernegger – und Inschr.-Fragmente. Dazugehörige Bemalung der Netzrippen in weiß mit schwarzer Ornamentierung, Fragmente an den nördl. Chorrippen erhalten.

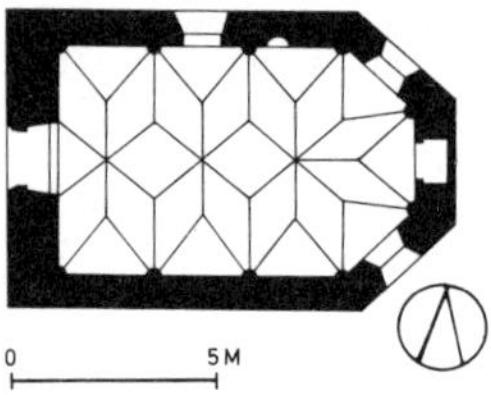

Hallein-Kaltenhausen,
Leprosenhauskapelle hl. Martin

Flügelaltar um 1440, seit 1856 im SMCA; Mitteltafel Anbetung der Könige, Flügelinnenseiten Hll. Martin und Johannes d. T., Außenseiten Verkündigung, seitl. Tafeln Hll. Barbara und Katharina. – 8eckiges Weihwasserbecken 15. Jh.

KELTENMUSEUM, Pfleger-Platz Nr. 5. Ehem. Salinenverwaltung mit anschließendem Wohnhaus des Salinenverwalters im S, erb. 1654. Mächtiger Baukomplex am Salzachufer; seit 1970 Museum, Dachgeschoßausbau 1980. – 4geschossiger Bau, Fassade im Erdgeschoß leicht geböscht, zum Pfleger-Platz breites Trichterportal, darüber Wappen Eb. Guidobald Thun, bez. 1656.
Im 2. Obergeschoß gegen N 3 Fürstenzimmer, das erste mit Stuckwappen Eb. Siegmund Schrattenbachs an der Decke; an den Wänden in bar. Hängung angeordnet 72 Darstellungen aus dem Salinenbetrieb, in gemalten Rahmen, sowie einem Portrait des Auftraggebers Eb. Siegmund Schrattenbach, von *Benedikt Werkstätter* 1757, rest. 1949–1951.

RATHAUS, Schöndorfer-Platz Nr. 14. 3geschossiger Bau, die mittleren 3 Achsen um ein Geschoß erhöht, abschließende Hohlkehle. Im Kern wohl 16. Jh., Brand 1607; Turm von 1836, Fassadenrenov. 1929 bzw. 1980, Innenumbau 1939. An der Fassade Wandmalerei Salzschiffahrt bez. *nach Theodor Kern.* – Eingangshalle mit 4 Kreuzgratgewölben auf Mittelpfeiler; Wappen Eb. Max Gandolph.
Im 2. Obergeschoß Sitzungssaal mit Ausstattung aus der 2. H. des 19. Jhs., Landschaftsbilder von Hallein und Umgebung von *Anton Eggl;* Bürgermeister-Portraitserie; einige Bilder von *Ferdinand Mühlbacher* bez. 1903.

HÄUSER IM STADTZENTRUM WESTL. DER SALZACH

AUGUSTINER-GASSE. Schmale Gasse entlang des Kothbaches, nur im nördl. Teil verbaut; nach Nr. 4 hohe zum Pfarrhof gehörige Umfriedungsmauer des 15. Jhs., mit hohem Segmentbogenportal, re. davon Inschr.-Tafel von 1738 und

Wappenstein der Familie Stern bez. 1477. Schräg gegenüber die über den Kothbach geführte Stadtmauer, deren Fortsetzung im südl. Gassenbereich dem Kothbach entlang erhalten ist.
Nr. 7: Ehem. Mühle des Stiftes Nonnberg, urk. 1378. Freistehender 3geschossiger Bau, im Kern mittelalterlich, mit Krüppelwalmdach, Traufpfetten bez. 1378, 1873, 1910; abgefastes spätmittelalterliches Rundbogenportal, aufgesetzter gekehlter Rundbogen mit Schlußstein, bez. 1873. Im Inneren einfache Stuckdecken des 18. Jhs. Wirtschaftsgebäude mit Satteldach im O, bez. 1658. Wirtschaftsgebäude beim Bach mit Wassermarke von 1825.

BAYRHAMER-PLATZ. Ehem. Viehmarkt, annähernd quadrat. Platz im östl. Stadkern. Im SO und W Neubauten, Häuserzeile im NW im Kern durchwegs 16. Jh. – **Nr. 3:** Mit übertragenem Rundbogenportal, Schlußstein bez. 1638. – **Nr. 8:** Mit dominierender Fassade, bar. geschwungener abgesetzter Giebel, im Giebelfeld ehem. bar. Bild Gnadenstuhl, 1980 erneuert; abgefastes spätmittelalterliches Rundbogenportal. Im 1. Obergeschoß Balkendecke bez. 1527, im 2. Obergeschoß Marmorportal bez. 1615 und 1754. – **Nr. 10:** Gasthof Stadtkrug, mit Fensterumrahmung des frühen 19. Jhs.

BRÄUER-STRASSE. Enge Hauptverkehrsstraße in Richtung Kaltenhausen, bergseitig geschlossene Verbauung durch meist 4geschossige Lagerhäuser mit spätmittelalterlichem Kern; flußseitig lockere Verbauung.
Nr. 10 und **Nr. 12:** Freistehende mächtige Häuser mit Krüppelwalmdach; **Nr. 10:** Rundbogenportal des frühen 18. Jhs.; **Nr. 12:** Geböschtes Erdgeschoß, im Kern noch 16. Jh., im N und W späthistoristische Fassaden, E. 19. Jh.

BRUCKHÄUSER-PLATZ. Kleiner Platz nördl. des Kothbaches. **Nr. 1** und **Nr. 2:** 3geschossige Häuser mit Grabendach, im Kern 15. Jh., ehem. Sitz der Salzhandelsgenossenschaft der Bürger (von Eb. Wolf Dietrich aufgehoben). Erdgeschoßniveau der Häuser um 3 Stufen tiefer als der Platz. Abgefaste spätmittelalterliche Rundbogenportale und re. ein abgefastes Rundfenster.

BÜRGERSPITAL-PLATZ, am Beginn der Bräuer-Straße. Dominierend im NO **Nr. 6:** Ehem. Bürgerspital, Gebäudekomplex aus mehreren Bauphasen, im Kern spätmittelalterlich; die im N gegen den Lindorfer-Platz eingebaute Kapelle 18. Jh. (siehe Bürgerspitals-Kapelle).

DÜRRNBERG-STRASSE. Steil ansteigende, an der Ferchl-Straße beginnende alte Straße zum Dürrnberg. – **Nr. 6:** Ehem. Fuchsturm, erb. 1600 als Teil einer jüngeren Wehranlage, 2geschossig, im Erdgeschoß Rundbogenportal. – **Nr. 27:** Einhof, gemauert und verputzt. Dachgeschoß giebelseitig verschalt mit Balkon.

FÄRBERTOR-GASSE. Schmale Gasse am li. steilabfallenden Ufer des Antlesbaches, bergseitig die mittelalterliche Stadtmauer. – **Nr. 1:** Färberhaus, ehem. Stiftsmühle von St. Peter. Im Kern 15. Jh., z. T. Marmor-Fenstergewände und -Sohlbänke in den Obergeschossen und ein spätmittelalterliches Türgewände mit geradem Sturz erhalten.

FERCHL-STRASSE. Enger Straßenzug von der unteren Pfarr-Gasse bis zum Georgenberg. Li. Häuserzeile Schulgebäude der Halleiner Schulschwestern (Bauten des 20. Jhs.), dazwischen tieferliegende W-Fassade der Pfarrkirche; re. Häuserzeile großteils 3geschossige Häuser mit spätmittelalterlichem Kern.

Nr. 1: Fachschule für wirtschaftliche Frauenberufe; großer Gebäudekomplex erb. 1913. Im 2. Obergeschoß **Kapelle,** tonnengewölbter Raum mit eingezogener Rundapsis, eingeschossige W-Empore. Wandmalerei von *Theodor Kern* bez. 1926, in der Apsis Maria mit Kind, in seitl. Lünetten und an der Decke Szenen mit den Hll. Franziskus und Klara. – **Nr. 6:** Langgestreckter 2geschossiger Bau des 19. Jhs., traufständig, im Obergeschoß z. T. Fachwerkbau; re. turmartig um ein Geschoß erhöht, giebelständig. – **Nr. 8:** Eckhaus, Fassade zur Dürrnberg-Straße mit 2 eingemauerten Mühlsteinen in der Sockelzone und kleinem Bildstock mit Satteldach; zur Ferchl-Straße Eingangsportal mit geradem Sturz bez. 1786. – **Nr. 12:** 1758–1814 Waisenhaus, 1832–1894 Dienstbotenspital. 4geschossiger Bau mit Hohlkehlenabschluß, im Erdgeschoß und 1. Obergeschoß Marmorgewände des 18. Jhs.; Gedenktafel für Dr. Franz Ferchl 1832. – **Nr. 14:** Hohlkehle, bez. 1781 und 1825. – **Nr. 16:** Adams- oder Chorregentenhaus, erb. im 16. Jh. 3geschossiger Bau mit abschließender Hohlkehle, vorspringender re. Gebäudeteil, im 1. Obergeschoß aus dem 16. Jh. Arkadengang und Erker auf 2fach gestuften Konsolen, mit Rundbogenfenster und Marmorsohlbank. Fensterumrahmung A. 19. Jh. – **Nr. 22** und **Nr. 24:** 2 aneinandergebaute 3geschossige Häuser jeweils mit Pultdach, im Kern spätmittelalterlich. – **Nr. 28:** Ehem. Mühle am Antlesbach, seit 1894 Spital, 1980 Umbau zu Volksschule. Großer 3geschossiger Bau mit Firstgrabendach, im Kern 16. Jh.; breites abgefastes Segmentbogenportal. – **Nr. 30:** Volksschule, Neubau 1979 von *Jakob Adlhart.*

FLORIANI-PLATZ. Zusammen mit Molnar-Platz ehem. mittelalterlicher Dreiecksplatz im südöstl. Stadtbereich; getrennt durch **Nr. 7,** 2geschossiger Bau aus der 2. H. des 19. Jhs., mit einfachen späthistoristischen Fensterumrahmungen und doppelflügeligem Portal, und **Nr. 8,** einem 3geschossigen erneuerten Bau, im Kern wohl noch bar., mit Krüppelwalmdach. – **Nr. 3–5:** 3- bis 4geschossige giebelständige Häuser, im Kern 16. Jh. – **Nr. 6:** Ehem. Kleinkinderbewahranstalt, erb. 1846; eingeschossiger Pavillon über quadrat. Grundriß mit Walmdach. – **Nr. 9:** Aus 2 Gebäudeteilen, li. 2geschossig vorspringend, wohl 19. Jh., re. 3geschossig spätmittelalterliche Bausubstanz mit Grabendach und abgefastem Rundbogenportal.

GOLD-GASSE. Schmales Gäßchen vom Molnar-Platz zur Augustiner-Gasse; die li. Häuserzeile unmittelbar an die mittelalterliche Stadtmauer angebaut. Kleine 2geschossige Häuser, im Kern 16.–17. Jh., meist giebelständig.

GRUBER-PLATZ, nördl. der Pfarrkirche. **Nr. 1:** Langgestrecktes traufständiges Gebäude mit 2 Portalen, li. Teil im Erdgeschoß geböscht, ehem. Wohnhaus von Franz Xaver Gruber, Portraitrelief von *Hans Baier* 1936.

HOHER WEG. Im Mittelalter Hauptverkehrsweg nach N, heute Sackgasse, nur hangseitig verbaut durch giebelständige meist 3geschossige Häuser, im Kern spätmittelalterlich.

KHUENBURG-GASSE. Spätmittelalterlicher Hauptverkehrsweg, in den Schöndorfer-Platz mündend. Geschlossene Häuserzeilen bestehend aus größtenteils giebelständigen, im Kern spätmittelalterlichen Häusern.

KLEIZER-GASSE. Kurze enge Verbindungsgasse von der Thun-Straße zur Kuffer-Gasse. **Nr. 5:** 3geschossig mit Hohlkehlenabschluß, bez. 1757; Erdgeschoß erneuert, Fensterumrahmung der Obergeschosse, 2. H. 18. Jh.

KORNSTEIN-PLATZ. Rechteckiger, ehem. mittelalterlicher Getreidemarkt. Im S geschlossene Verbauung durch meist 4geschossige Häuser mit horizontalem Abschlußgesims, im Kern spätmittelalterlich; gegen NW, den Platz abschließend 3geschossiger dominierender Bau (Nr. 7), im Kern 16. Jh.; im N mittelalterliche Häuser mit erneuerten Fassaden, meist 4- bis 5geschossig. – **Nr. 4:** Stuckumrahmung der Fenster, 2. H. 18. Jh. – **Nr. 7:** Bar. geschwungener Giebel, Bild Trinität von 1979 in bar. Stuckrahmen. – **Nr. 11:** In den einzelnen Geschossen noch spätmittelalterliche Türgewände erhalten.

KRAUT-GASSE, beginnend beim ehem. Hafnertor, in die Schützen-Gasse mündend. Lockere Verbauung, gegen S an Gärten mit hohen Umfriedungsmauern entlangführend. – **Nr. 9:** Sogen. Benedikt-Schlössel. 2geschossiger Bau über halbkreisförmigem Grundriß, im Kern 16. Jh., im 17. Jh. erweitert. Im Inneren Wandmalerei Schäferszenen 2. H. 18. Jh. – **Nr. 14:** Sogen. Wimmer-Schlössel. Großer am Abhang zum Kothbach liegender 3geschossiger Bau, im Kern 15. Jh., im 1. Obergeschoß ehem. Kapelle. 1943 Brand.

KUFFER-GASSE. Parallel zur Salzach geführte Gasse; die flußseitig gelegenen mittelalterlichen Salinengebäude im 19. Jh. abgebrochen. Li.-seitig freistehende Häuser mit geböschtem Erdgeschoß, im Kern 15.–16. Jh. – **Nr. 7:** Urk. 1348, 16. Jh. größere Umbauten, Aufstockung 1. H. 18. Jh. 4geschossig mit Satteldach, an der Seitenfassade zur Schützing-Gasse in allen Stockwerken noch mittelalterliche quadrat. abgefaste Fenstergewände und Sohlbänke. – **Nr. 9** und **Nr. 11:** Langgoller- und Neubauhaus; spätgot. Häuser mit Kufferwerkstätten und Einrichtungen zur Salzlagerung; 1979/80 zu Wohnzwecken adaptiert und mit 4geschossigem Arkadenhof versehen.

LINDORFER-PLATZ. Rechteckiger langgestreckter Platz mit großen freistehenden 3geschossigen Gebäudekomplexen, im NW der Stadt nahe der Salzach, am ehem. Areal von spätmittelalterlichen Salinengebäuden gelegen. Im N späthistoristischer Bau, im S ehem. Salzmanipulationshäuser, im Kern 16. Jh.; im SO Bau mit Kern aus dem 17. Jh. – **Nr. 5:** Großscheiblhuber-Haus; erb. um 1500, von 1725–1900 Schule für Knappenkinder, 1981 Umbau zu Wohnzwekken. – **Nr. 7:** Hauptschule, erb. 1892–1898. – **Nr. 8:** Gasthof Sandwirt, über dem Portal Inschr.-Tafel bez. 1636. Dazugehörig hölzerner Gartenpavillon mit Kegelbahn, 2. H. 19. Jh.

MOLNAR-PLATZ, zusammen mit Floriani-Platz ehem. mittelalterlicher Dreieckplatz im südöstl. Stadtbereich – Trennung durch Floriani-Platz Nr. 7 und 8). Die Häuser im O (Nr. 1–6) an die mittelalterliche Stadtmauer angebaut; im SW Teilstück der Stadtmauer im Bereich des abgebrochenen Gampertores sichtbar, anschließend kleine 2geschossige mittelalterliche Häuser (Nr. 8–12), meist mit Pultdach, sowie drei größere Häuser des 15.–16. Jhs. (Nr. 13–15). – **Nr. 1–4:** 3geschossig und giebelständig, im Kern 16. Jh. – **Nr. 9** und **Nr. 12:** Mit seitl. abgefastem mittelalterlichen Rundbogenportal, bei Nr. 9 im Erdgeschoß kleine mittelalterliche quadrat. Fenstergewände mit Sohlbänken. – **Nr. 13** und **Nr. 15** mit Satteldach. – **Nr. 14:** Typisches Bürgerhaus mit Grabendach und vorgeblendeter Hohlkehle; breites Segmentbogenportal und spätmittelalterliche Fenstergewände mit Sohlbänken.

NIEDERTOR-PLATZ, zwischen Bürgerspital-Platz und Khuenburg-Gasse. **Nr. 1:** Ehem. Standort des Pfannhauses Khuenburg, erb. 1670, 1840/41 bis auf die Umfassungsmauer mit Inschr.-Tafel von Eb. Max Gandolph Khuenburg abgetragen.

OBERE BAD-GASSE, winkeliges Gäßchen zwischen Pfarr- und Augustiner-Gasse, um 3 Seiten der mittelalterlichen Badeanstalt (Nr. 1) führend, gegenüber die 4- bzw. 5geschossigen spätmittelalterlichen Rückfassaden der Oberhofgasse Nr. 2 und 4. – **Nr. 1:** Mittelalterliche Badeanstalt, urk. 1486 und 1682. Aus 2 Gebäudeteilen; westl. Teil 2geschossig mit Pultdach, im W und N je ein abgefastes Rundbogenportal und kleines quadrat. Flurfenster, im W über dem Portal bar. Bild Marienkrönung, östl. Teil 3geschossig mit Satteldach; in der Augustinergasse mittlerer 3geschossiger Turmvorbau mit eigenem Pultdach.

OBERHOF-GASSE. Verbindung zwischen Oberem Markt und Molnar-Platz die S-seitig liegenden Häuser Nr. 2–10 alle mit mittelalterlicher Bausubstanz. – **Nr. 4:** Unterholzerbräu. Hohlkehle bez. 1370–1975; schmiedeeisernes Wirtshausschild spätes 18. Jh.

OBERER MARKT. Straßenerweiterung am Schnittpunkt von Schöndorfer-Platz, Unterem Markt und Oberhof-Gasse. **Nr. 3:** Im Kern spätmittelalterlich, 3geschossig mit abschließender Hohlkehle. Fassadengliederung 2. H. 19. Jh.; Erdgeschoß mit Sockel, Putzfaschen und Putzfeldern, abschließendes profiliertes Gesims auf Konsolen; im 1. Obergeschoß Rundbogenfenster mit Balustern in den Parapetfeldern.

PFANNHAUSER-PLATZ. Quadrat. Platz an der Salzach, mit Salinengebäuden des 15. und 16. Jhs., im O Keltenmuseum, im S (Nr. 1 und 2) 4geschossige Häuser mit glatter Fassade und abschließender Hohlkehle. **Nr. 1:** Saigerhaus, erb. um 1600. **Nr. 2:** Hundshaus, erb. im 15. Jh.; bei beiden Häusern die ehem. hohen Trichterportale 1968 reduziert.

PFARR-GASSE. Enge Verbindung zwischen Schöndorfer-Platz und Pfarrkirche. Großteils 4geschossige Verbauung mit Grabendach und vorgeblendeter Hohlkehlenstirnwand. – **Nr. 2:** Relief-Wappentafel Ludwig Mundigler, erb. das Haus 1617. – **Nr. 4:** Eckhaus zur Ferchl-Straße mit Stützbogen zur Pfarr-Gasse Nr. 2, bez. 1748; im 1. Obergeschoß Fenster mit Marmorgewänden, die Fensterstürze bez. 1749, 1747, 1750; bar. Bild Maria mit Kind in einfachem Stuckrahmen. – **Nr. 5:** Mit sichtbarem Grabendach. – **Nr. 8:** Don Bosco Heim, Umbau 1960. Wandmalerei von *Rudolf Scherrer* 1969.

PFLEGER-PLATZ. Quadrat. Platz südöstl. vom Pfannhauser-Platz, im S und W übereck stehender, mächtiger 3geschossiger Gebäudekomplex der Saline, mit glatter Fassade und abschließender Hohlkehle (Nr. 1–4), im NO Keltenmuseum. **Nr. 1–4:** Sogen. Albrechtshaus, erb. 1574; im SO Pflegturm, erb. 1621, 1855 verkleinert.

POST-GASSE. Enges Gäßchen zwischen Kornstein- und Robert-Platz. **Nr. 1:** 3geschossiger Bau, um 1920.

ROBERT-PLATZ, zwischen Kornstein- und Bayrhamer-Platz. **Nr. 1:** Ehem. Standort des Sudhauses Ruprecht, erb. unter Wolf Dietrich, in Funktion bis 1811, von 1821–1860 Dörrhaus. Wohnhausneubau 1863, Fassade zum Robert-Platz mit Wappen Eb. Guidobald Thun, bez. 1659, und Inschr.-Tafel; Fassade zum Unteren Markt mit Wappen Eb. Max Gandolph und Portal mit geradem Sturz, bez. 1863.

SALZACHTAL-BUNDESSTRASSE NORD. Parallel zur Salzach geführte, an die Bräuer-Straße anschließende Verbindung nach Kaltenhausen, nur bergseitig verbaut durch Abfolge von 2geschossigen Lagerhäusern, im Kern wohl 18. Jh. (Nr. 3, 5 und 7), sowie in den Berg gebauten Bierkellern des 19. Jhs. Charakteristisch für diese Lagerhäuser und Bierkeller das mittlere große Portal und li. und re. davon quadrat. kleine Fenster.
Nr. 1: Über dem Portal Kartusche mit Inschr., bez. 1725. – **Nr. 3:** Mit Firstgrabendach, Fassade erneuert. – **Nr. 5** und **Nr. 7:** 2geschossige Lagerhäuser des frühen 19. Jhs. mit Krüppelwalmdach, **Nr. 7** mit Segmentbogenportal, bez. 1821. – **Nr. 9, Nr. 11** und **Nr. 13** mit ebenerdigen Anbauten, **Nr. 9:** Segmentbogenportal bez. 1843, **Nr. 11:** Rundbogenportal bez. 1820, **Nr. 13:** Rundbogenportal bez. 1820, mit Pultdach. – **Nr. 19:** Fassade z. T. erneuert, Segmentbogenportal bez. 1875. – **Nr. 23** und **Nr. 25:** Kleine 2geschossige Lagerhäuser des 19. Jhs. – **Nr. 33:** Eingeschossiges Lagerhaus, Segmentbogenportal bez. 1800, unterhalb des heutigen Straßenniveaus, im Giebelfeld Speichertüre, Satteldach.

SALZ-GASSE. Enges Gäßchen zwischen Robert-Platz und Kuffer-Gasse, mit hohen, meist 3geschossigen, der Salzlagerung und Salzmanipulation dienenden Häusern des 15. und 16. Jhs. – **Nr. 3:** Im 1. Obergeschoß hölzerner Balkonvorbau mit hölzernen Stützstreben und gemauerter Verbindungsgang zu **Nr. 4:** Lagerhaus mit sichtbarem Bruchsteinmauerwerk. – **Nr. 5:** Im Erdgeschoß seitl. abgefastes Rundbogenportal mit Schlußstein, daneben 2 Doppelfenster. Hölzerner Dachaufbau mit Aufzugsbalken, Grabendach.

SCHANZ-PLATZ. Kleiner Platz zwischen verbauter Stadtmauer und Kothbach. **Unteres Griestor,** erb. im 14. Jh., 3geschossiger Turm mit Satteldach, tonnenunterwölbter Durchgang mit Rundbogenportalen. – **Nr. 1** und **Nr. 2** an das Griestor angebaut, S-Wand bildet die Stadtmauer. **Nr. 1:** Neubau, an der Stadtmauer mittelalterlicher Erker auf Konsolen im 1. Obergeschoß. **Nr. 2:** Mit erneuerter Fassade, traufständig, im Kern mittelalterlich, im 2. Obergeschoß noch mittelalterliche Fenstergewände erhalten. Wandmalerei von *Hans Baier* 1953; im Erdgeschoß Tonnengewölbe in der Längsachse des Hauses.

SCHIEMER-STRASSE. Enge Straßenverbindung vom Pfannhauser- zum Lindorfer-Platz, beidseitige Verbauung durch Salinengebäude des 16. und 17. Jhs., 3- bis 5geschossig mit glatten Fassaden, horizontal abschließenden Stirnwänden und Grabendächern. Hohe Segmentbogenportale, im Erdgeschoß große tonnengewölbte ehem. Lagerräume. – **Nr. 1:** An der Seitenfassade Niederhofgasse Nr. 6 Portal mit geradem Sturz, bez. 1755. – **Nr. 2:** Ehem. Stampfl-Bräu, bis 1682 Salzmagazin, Brauhaus urk. 1732. Großer Gebäudekomplex an der Salzach mit polygonalen Eckerkern; hohes abgefastes Rundbogenportal. Umbau 1974 und Aufstockung 1980. – **Nr. 4** und **Nr. 6:** An der Fassade Wappen Eb. Max Gandolph.

SCHIFFER-PLATZ, nordwestl. an den Lindorfer-Platz anschließend. Platzbestimmend **Nr. 3:** Sogen. Colloredo-Sudhaus, klassizistischer Bau von 1798, 1802 als Sudhaus bereits wieder aufgelassen. Breitgelagerter 2geschossiger Bau über quadrat. Grundriß, an der O- und W-Fassade die Mittelachse durch Dreieckgiebel betont, im O Wappen Eb. Hieronymus Colloredo, im W Inschr.-Tafel bez. 1798. Im W 2 Ecktürme über quadrat. Grundriß mit Mansardendächern.

SCHÖNDORFER-PLATZ. Langgestreckter Straßenplatz mit geschlossener, im Kern mittelalterlicher Verbauung. Ältester Marktplatz, A. 13. Jh. angelegt, zwischen Khuenburg-Gasse und Oberem Markt. Die südl. Hauszeile 3- bis 4geschossig mit Hohlkehlenabschluß, im N die **Nr. 9, 10** und **Nr. 15** mit Graben- bzw. Satteldach, jeweils 2geschossige kleinere spätmittelalterliche Objekte; die übrigen Häuser 3- bis 4geschossig mit Hohlkehle.
Nr. 3: Löwenbräu, ehem. Bräuhaus. Urk. 1490. Aus 2 Gebäudeteilen bestehend, li. 4geschossig mit spätmittelalterlichem Kern, re. vorspringender 3geschossiger bar. Anbau. Fassade mit Segmentbogenportal, Stuckumrahmung der Fenster und schmiedeeisernem Wirtshausschild, M. 18. Jh.; an der Rückfassade Ferchl-Straße Nr. 2 im re. Gebäudeteil spätmittelalterliche Fenstergewände, im Dachgeschoß Speichertüre mit Aufzugsbalken und Grabendach sichtbar. (Im SMCA Relief Gastmahl im Haus Simons, spätes 16. Jh.) – **Nr. 7:** An der Hoffassade bar. Wandmalerei pfeifenrauchender Türke. – **Nr. 12:** Abgefastes Segmentbogenportal bez. 1559, im 2. Obergeschoß mittlerer Erker aus dem 19. Jh.

THUN-STRASSE. Enge Verbindung vom Bayrhamer-Platz zur Salzachbrücke. Geschlossene Verbauung durch 3- bis 4geschossige Häuser mit mittelalterlichem Kern, Fassaden durchwegs erneuert. – **Nr. 1:** Marmorportal mit Oberlichtfenster, bez. 1773. – **Nr. 5:** Im Erdgeschoß Kreuzgratgewölbe und Stichkappentonne auf mittlerer Säule aufruhend, im 1. Obergeschoß 2 Arkadenbögen des 16. Jhs. – **Nr. 7:** Fassade mit kleinem bar. Bild Hl. Wandel, erneuert. – **Nr. 8:** Marmorportal mit Oberlichtfenster, bez. 1762; Seitenfassade im O, ab dem 1. Obergeschoß 2geschossiger Erker auf 3fach gestuften Konsolen.

UNTERER MARKT. Enge Verbindungsstraße vom Bayrhamer-Platz zum Oberen Markt, geschlossene im Kern spätmittelalterliche Verbauung. – **Nr. 4:** 2geschossig, im Obergeschoß Ziegelbau, Abschlußgesims mit Zahnschnitt, Fassadengliederung 2. H. 19. Jh. – **Nr. 8:** Umbau 1968; Bronzeschild von *Josef Zenzmaier* 1972; Gedenktafel für Gotthard Guggenmoos. – **Nr. 12:** Fassade erneuert, im 1. Obergeschoß mittelalterlicher Spion. Im Flur des Erdgeschosses Stichkappentonne und vermauertes abgefastes Rundbogenportal, Ofenplatte mit Doppelwappen Dückher/Spindler, bez. 1666. Im Innenhof am 4geschossigen östl. Gebäudeteil Arkadengänge des 16. Jhs. und großer bar. Brunnen. – **Nr. 13:** Im Hof am östl. 4geschossigen Gebäudetrakt Arkadengänge des 16. Jhs., Säulengang des Erdgeschosses in Geschäft integriert. – **Nr. 15:** Ehem. Amtshof des Stiftes St. Peter, urk, 1338–1345, 1704 umgebaut. Zwei Portale mit Quaderung, spätes 17. Jh., li. Oberlichtgitter mit bar. Wappen des Stiftes St. Peter, re. um 1930 verändert. Im Hof 2geschossiger Bau mit Walmdach, Wappen Eb. Max Gandolph, bez. 1681.

WICHTELHUBER-STRASSE. Verbindungsstraße zwischen Kornstein- und Bürgerspital-Platz. Charakteristisch die großen spätmittelalterlichen Trichterportale der großen vorwiegend 3geschossigen Häuser. – **Nr. 3:** Einfache Stuckumrahmung von Portal und Fenstern um 1800. – **Nr. 12:** Ehem. Einkehrgasthof Grüner Baum, mit tonnengewölbter Durchfahrt in den Innenhof.

WIESEN-GASSE, parallel zur Wichtelhuber-Gasse. **Nr. 6–10** Rückfassaden der spätmittelalterlichen Häuser Wichtelhuber-Straße Nr. 3–9. Im S ebenfalls mittelalterliche Bausubstanz. – **Nr. 3:** Ehem. Kupferschmied, über dem Segmentbogenportal Rundbild Mondsichelmadonna, 2. H. 18. Jh., in einfachem Stuckrahmen, neben dem Portal altes Rundbogenfenster mit Sohlbank. – **Nr. 13:** Einfache Stuckumrahmung von Portal und Fenstern bez. 1807.

SALINENGEBÄUDE auf der Pernerinsel. Sudpfannentrakt, nach Auflassung der historischen Pfannhäuser im Altstadtgebiet 1854–1862 neu erbaut. Einheitlicher, 2geschossiger, langgestreckter Baukörper, spätklassizistischer Fassadendekor mit Rund- und Segmentbogenfenstern, flaches Satteldach. Erdgeschoß Feuerungsanlage, Obergeschoß Pfanne, ca. 10 × 20 m aus Eisenblechtafeln zusammengefügt, auf gußeisernen Stehern ruhend; daneben Pfanndörre, ebenfalls aus Blechtafeln. Dahinter Esse und Salzmagazin, 5schiffige, 2geschossige Halle mit Holzbalken und Holzstehern in 4 Reihen. Östl. davon moderne Thermokompressionsanlage.
Südl. davon freistehend Salinenkapelle mit Mesnerstöckl, siehe S. 144f.

KLEINDENKMÄLER. **Figur** Lesendes Kind von *Rudolf Scherrer* 1965, in der Döttl-Straße Nr. 18. – Großer **bar. Bildstock,** alte Dürrnbergstraße; in der Giebelzone Malerei Gnadenstuhl von *Arthur Sühs* 1966; Kreuzigungsgruppe Figuren Kruzifixus und Maria 18. Jh., Johannes von *Franz Budig* 1966. – **Holz-Kruzifix,** spätes 17. Jh., in der Goldgasse Nr. 6. – **Nischenfigur** Immaculata, 1. H. 18. Jh., in der Kleizergasse Nr. 2. – **Figuren** Salzträger und Salzschiffer von *Bernhard Prähauser,* bez. 1965, auf der Neumayrbrücke. – **Figur** hl. Johannes Nepomuk, A. 18. Jh., auf der Pernerinsel, gegenüber vom Schifferplatz. – **Kirchenpranger,** in der Pfarrgasse Nr. 4. – **Nischenfigur** hl. Augustinus von *Johann Fraporti* 1922, in der Pfarrgasse Nr. 11. – **Bar. Figur** hl. Johannes Nepomuk, in der Raitenaustraße Nr. 4. – **Gedenkstein** mit Wasserstandsmarke von 1508, an der Salzachtal-Bundesstraße-Süd; Inschr. und Relief mit Figuren hl. Rupert und Eb. Leonhard von Keutschach. – **Bar. Bildstock** in der Schützengasse, an der ehem. Treppenanlage zum Augustiner-Eremitenkloster; am 1. Treppenabsatz Bildstock mit Rundapsis 18. Jh., Kegeldach mit vorgeblendetem Dreieckgiebel, 19. Jh., 2faches bar. schmiedeeisernes Gitter. – **Bildstock** mit Figur hl. Augustinus von *Hans Baier* 1965. – **Denkmal** für Josef Schöndorfer, im Stadtpark (gegründet 1886); Büste E. 19. Jh., aufgestellt 1960. – **Nischenfigur** Ährenkleid-Madonna, 18. Jh., in der Thunstraße Nr. 5. – **Spätgot. Bildstock,** an der Wiestal-Landesstraße; Tabernakel bez. 1506, auf Rundsäule. – **Rechen-Kapelle,** in der Zatloukalstraße, erb. 1863, 1980 neu errichtet; Figur kniender Schmerzensmann, 18. Jh.; schmiedeeisernes Türgitter, 2. H. 17. Jh. – **Figurengruppe** 2 verschüttete Bergleute, bez. *Jakob Gruber* 1898. – Am Schöndorferplatz **Kriegerdenkmal** mit Figurengruppe von *Matthias Bechthold* 1926.

BRUNNEN. **Zeiserl-Brunnen,** am Bayrhamerplatz, von *Jakob Adlhart* 1968, 8eckiges Becken mit Reliefs über die Schiffer- und Salinenarbeit und das Schließen der Stadttore. – Am Bürgerspitalplatz quadrat. Becken, bez. 1657 und 1807, mit Figur hl. Elisabeth von *Christoph Lusime* 1659. – Am Kornsteinplatz großes quadrat. Becken bez. 1629, rest. 1980; in der M. Löwe mit Stadtwappen, vom ehem. Brunnen am Schöndorferplatz, 17. Jh. – Am Pfannhauserplatz bar. Wandbrunnen, bez. 1770.

BURGFRIED – NEUALM

Stadtteil Burgfried östl. der Salzach. Große Industrieanlagen; Landsitze mit Wirtschaftsgebäuden, Einhöfe in Streulage. Nördl. davon Stadtteil Neualm mit Schloß Wiespach.

SCHLOSS Wiespach, nördl. des Stadtkernes, nahe der Gemeindegrenze zu Oberalm. Bau erstmals urk. 1434, kommt als Lehen an Veit Aschacher, 1476 an Gewerkenfamilie Kölderer von Höch, ab 1555 zahlreiche erzbischöfliche Beamte, seit 1816 bürgerlicher Besitz, 1878 an die Familie der Grafen Esterházy, seit 1957 Jugendherberge der Stadt Hallein.
Wehrhafter Turm der Herren von Wiespach erb. um 1300 (?) als Vorgängerbau. 4. V. 15. Jh. Um- oder Neubau durch Georg Kölderer in Ansitzform. Quadrat. Grundriß, 4 Geschosse, Walmdach, an der W- und O-Seite je ein angebautes Türmchen mit 5 Geschossen, Zeltdach. Eingang im Erdgeschoß Segmentbogenportal unter Freitreppe. Halle mit gedrücktem Tonnengewölbe mit Stichkappen; SO-Ecke 2schiffiger Raum, Kreuzgratgewölbe auf 3 Mittelpfeilern aus Konglomerat, ehem. Stallung (?). – 1. Obergeschoß mit östl. Haupteingang über 2flügelige Freitreppe, 1957 erneuert; flachbogiges Steinportal mit Oberlichtgitter, A. 18. Jh., darüber Halleiner Stadtwappen in Marmor. Eingangshalle mit spätgot. Kreuzgratgewölbe, darauf frühbar. Stuckleisten. – 2. Obergeschoß teilweise Deckenstuck, spätes 18. Jh.

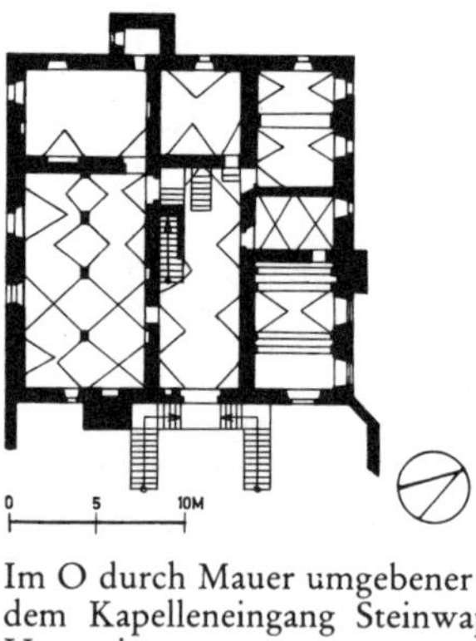

Hallein, Schloß Wiespach

Im O durch Mauer umgebener Hof, Gestaltung 1959, an der NO-Ecke neben dem Kapelleneingang Steinwappen Esterházy bez. 1878, früher über dem Haupteingang.
Kapelle, im Erdgeschoß, in der NO-Ecke des Hauptbaues. Urk. 1607, seit 1735 Meßlizenz. 2jochig, Stichkappentonne mit Gurtbögen, Doppelpilastergliede-

rung des späten 18. Jhs.; eingeschossige Empore. Altaraufbau 1. H. 18. Jh.; Altarblatt Mystische Darstellung des Blutes Christi, Oberbild hl. Dionysius, beide 18. Jh.; Tabernakel spätes 18. Jh.; Konsolfiguren Hll. Barbara und Katharina 1. H. 18. Jh.

LANDSITZE von Halleiner Bürgern in Burgfried. Gemauerte, ansitzartige Gebäude des 17. Jhs., über rechteckigem Grundriß, 2- bis 3geschossig, mit Krüppelwalmdach und Wirtschaftsgebäuden.
Buchhammerweg, Nr. 2: Lassamerhof. Kapelle über quadrat. Grundriß, Zeltdach; kreuzgratgewölbt mit bar. Stuckspiegeln. Holzkruzifix um 1800. – **Bürgermeister-Straße, Nr. 15:** Annahof. Erdgeschoß 17. Jh., mit Marmor-Portal und -Fenstergewänden; Obergeschoß bar.; im N 4geschossiger Turm mit Zeltdach, um 1900. – **Nr. 23:** Bürgermeisterbauer, Walmdach, Obergeschoß umgebaut, im Erdgeschoß Fenstergewände des 17. Jhs. erhalten. – **Davis-Straße, Nr. 13:** Guglhof. Portal mit Inschr. erb. von Christoph Eder, bez. 1641; Wirtschaftstrakt parallel an das Wohnhaus angebaut, gemauerter Stall mit Quertenne. Kapelle (gegenüber von Davis-Straße Nr. 32), kleiner bar. Bau mit Walmdach. – **Kletzlhofweg, Nr. 2:** Kletzlhof. Erdgeschoß teilweise geböscht, 3geschossige Türme im N und S, abschließende Hohlkehle, Walmdach. Marmor-Portal 2. H. 17. Jh. – **Sikorastraße, Nr. 3:** Döllerer. Krüppelwalmdach mit Glockentürmchen. Im Hofbereich bar. Kapelle mit Walmdach, mit Backofen zusammengebaut. – **Tschusi-Schmidthoffen-Straße, Nr. 16:** Umgebaut, noch erhalten Toranlage bez. 1632, über dem ehem. Hauptportal Wappentafel Martin Wider bez. 1614. – **Wolfgrubweg, Nr. 1:** Bergergut. Rundbogenportal, darüber Wappen und Inschr., erb. von Ludwig Hochpichler 1643. Abgefaste Steingewände des 17. Jhs. erhalten. Im N in Dachgeschoß große Speichertüre.

HÄUSER

AHAUSERWEG, **Nr. 3:** Moldan. Einhof, bez. 1927, vollständig gemauert und verputzt. Marmorgewände an Tür und Fenstern.

BURGFRIED, **Nr. 70:** Einhof.

BURGFRIED-STRASSE, **Nr. 1:** Ehem. Cordon-Haus. Im 19. Jh. Spital, 1909 Umbau, 1927 Brand. Freistehendes spätmittelalterliches 4geschossiges Gebäude mit Krüppelwalmdach. Spätmittelalterliches Rundbogenportal tiefer liegend als das heutige Vorplatzniveau. Bis zum 3. Obergeschoß spätmittelalterliche Marmor-Fenstergewände erhalten. Über dem Eingangsportal Balkonvorbau, im 3. Obergeschoß in der Mittelachse Fachwerkerker von 1927. Zwischen 1. und 2. Obergeschoß in der SW-Ecke Konsole für Nischenfigur hl. Georg, 1909, *Werkstatt Jakob Adlhart sen.*

BRECHMÜHLWEG, **Nr. 2:** Ziegler. Einhof, bez. 1876, vollständig gemauert und verputzt, Dachgeschoß firstseitig mit Balkon.

DAVIS-STRASSE. **Nr. 5:** Höhere technische Bundeslehranstalt, ehem. Kaiser-Franz-Joseph-Jubiläumsfachschule für Holz und Stein. Erb. 1908, Anbauten 1955–1957; gegenüberliegend Neubau der Schule von *Franz Huber* 1980. – **Nr. 7:** Ehem. Tabakwerke; erb. 1870. 3geschossiger, 17achsiger Bau, die mittleren 5 Achsen mit gemauerter Blende. – **Nr. 34:** Ehem. Pestspital, erb. 1606 unter Eb.

Wolf Dietrich neben dem ehem. Pestfriedhof. 1943 bombenbeschädigt. 3geschossig mit hohem steilem Satteldach, Mittelflurhaus mit Stichkappentonne im Flur von Erdgeschoß und 1. Obergeschoß. Z. T. noch Fenstergewände des frühen 17. Jhs.

LACKNERWEG, **Nr. 6:** 2geschossiger Bau mit abgefastem Rundbogenportal, Satteldach, Firstpfette bez. 1593.

SALZACHTAL-BUNDESSTRASSE SÜD. **Nr. 88:** Zellulose und Papierfabrik; errichtet 1889–1893. Von der urspr. Anlage nur mehr Teile erhalten. Sogen. Rote Villa, Backsteinbau, erb. E. 19. Jh. – Arbeiterwohnhäuser der Zellulosefabrik (**Nr. 78–82**), erb. um 1900.

WOLFGRUBWEG, **Nr. 14:** Neureitbauer. Einhof, bez. 1658, Erdgeschoß gemauert und verputzt, Obergeschoß Blockbauweise, verputzt. Z. T. Marmorfenstergewände. Giebelseitig verschaltes Dachgeschoß mit Balkon.

ADNETER RIEDL

Hügelkette östl. von Burgfried.
Almmeisterweg, Nr. 1: Almmeisterei. 3geschossiger mächtiger Bau. Erb. 1300; 1975 Umbau, 1960 Abbruch des Wirtschaftstraktes und Verlängerung des Wohntraktes im NO. Ehem. Firstgrabendach, seit 1961 Krüppelwalmdach.
Altendorf-Straße, Nr. 1: Schloßbauer. 4geschossiger stattlicher Bau, im Kern 16. Jh., mit Krüppelwalmdach. An der W-Fassade spätgot. gekehltes Portal mit geradem Sturz; an sämtlichen Fassaden z. T. noch spätgot. gekehlte oder abgefaste Fenstergewände. S-Fassade mit hochrechteckiger Speichertüre im Dachgeschoß.
Riedlweg, Nr. 12: Lastenhubgut. Ehem. Einhof, vollständig gemauert und verputzt; im Dachgeschoß an der Giebelseite durchlaufender Balkon. Bar. Wandmalerei hl. Petrus, Kreuzigung, hl. Georg sowie hl. Florian, Maria mit Kind, hl. Sebastian. Tür und Fenstergewände aus Marmor. Stubentram bez. 1740, am Dachgebälk bez. 1704.

GUTRATBERG, KALTENHAUSEN, TAXACH

Ortsteile nördl. der Stadt, am li. Salzachufer.

LEPROSENHAUSKAPELLE, siehe S. 145f. An der Straße südl. der Kapelle großer BILDSTOCK mit Kreuzigungsgruppe (3 Kreuze) von *Bernhard Prähauser* 1980.

RUINE Guetrat, nördl. der Barmsteine auf steilem Felskegel. Erb. A. 13. Jh. durch Herren von Guetrat, Salzburger Ministerialen; seit A. des 14. Jhs. erzbischöflich, seit dem 16. Jh. (?) Verfall. – Steiler Zugang von SO, Grundmauerreste eines Turmbaues, dahinter schmaler Zwinger mit Rest des Rundbogentores in Hauptbau; NW-Wand noch ca. 12 m hoch mit Fensteransätzen, andere Mauerteile weitgehend abgestürzt.

SCHLOSS Gartenau, Gutratbergweg Nr. 8, am W-Hang des Götschenberges, südl. der Ortschaft St. Leonhard/Grödig gelegen. Alter Name Grafengaden; Gegend Gartenau im Besitz der Grafen von Plain, dann der Herren von Gutrat. 1339 urk. als Hof zu Gartenau; um 1390 an Rudolf Trauner, Salzburger Ritter,

Pfleger zu Glanegg, er ließ einen Wohnturm anstelle einer älteren Anlage (?) errichten; um 1430 an Familie Scheller „von Gartenau"; nach 1518 Aham, ab 1532 Panichner von Wolkersdorf; 1568 an Kuen von Belasi, nach 1618 an Ritz zu Ramseiden, Grub und Bürgelstein, 1681 durch Heirat an Freiherren von Rehlingen; ab 1718 rascher Wechsel bürgerlicher Besitzer; um 1845 an Freiin von Hammer-Purgstall, verehelicht mit Adolf von Berndt, ab 1848 grundlegende Sanierung der Gebäude, zugleich Beginn der Zementgewinnung am Götschenberg; 1864 erwirbt Dr. Gustav Leube Schloß, Steinbrüche und Fabrik; 1886 Innenumbauten, 1908 weitgehende Adaptierungen, Veränderungen der Hofgebäude; Privatbesitz.
N–S gerichtete Anlage, im W mittelalterlicher Wohnbau, gegen N, O und S hufeisenförmig ehem. Wirtschaftsgebäude um etwa rechteckigen Hof. Zugang ehem. durch je eine vorgelagerte Toranlage im N und S zwecks Überwachung des Verkehrsweges nach Berchtesgaden (Salztransporte); nördl. Tor mit Konglomeratgewände erhalten, seitl. je ein niedriger Rundturm mit bar. Dach (Gartenpavillon), Mauer und Türme mit Schlüsselscharten. Umfassungsmauern der alten Anlage durch Zementgewinnung und Verarbeitung unmittelbar neben dem Schloß sehr verändert.
Schloßbau, Zugang von O, überwölbte Durchfahrt durch 2geschossiges ehem. Wirtschaftsgebäude mit Gasthaus, Stall und Remisen, oberhalb des abgefasten Konglomeratportales in einer Nische kleine sitzende Madonna mit Kind, A. 18. Jh.; an der nördl. Fassade Marmorwappen Panichner, bez. 1495, 1908 hierher versetzt; an der südl. Schmalseite breiter Erker im Obergeschoß auf 3 Konsolen, unter Fenster Steinwappen Eb. Markus Sittikus, bei Bau des Erkers um 1930–1935 aus der Stadt Salzburg hierhergebracht. Hofseitig im S Freitreppe zum Obergeschoß, Laubengang in Fachwerk-Art, E. 19. Jh. W-Seite des Hofes langgestreckter, 4geschossiger Schloßbau mit Schopfdach, südl. älterer Teil kräftig rückspringend; Fenster großteils Konglomeratgewände, abgefast, teilweise ergänzt; an der SO-Ecke Aufsatztürmchen mit breiten Rundbogenöffnungen, ehem. Kapellentürmchen (?); im Übergang zu jüngerem nördl. Teil Stiegenhaus, daneben Schloßeingang, flachbogiges Konglomeratgewände, darüber gegiebelte Marmorplatte mit Rollwerk, Bauinschr. und Allianzwappen Kuen von Belasi und Tannhausen, bez. 1570; am N-Ende der W-Fassade quadrat. Erkeranbau über alle Geschosse, urspr. nur über die 2 unteren Geschosse reichend, runde Marmorsäulen an den Ecken, die Bogenfelder verglast, im Erdgeschoß 2fache Bogenstellung in die N-Fassade übergreifend. An der SW-Ecke des 2. Obergeschosses je ein Spitzbogenfenster der ehem. Kapelle, Gewände, Mittelteilung und Maßwerk aus Adneter Marmor. An der S-Fassade im Rücksprung zwischen Schloß und Wirtschaftsgebäude 2bogiger Laubengang, sogen. Trompetergang, erb. 1908, verglast, Mittelstütze rotmarmorne Rundsäule mit Blattkapitell, Unterbau ähnlich Erkerfuß mit stützender weiblicher Halbfigur, Taube in der Hand, Betonguß (?), alles von 1908.
Im Inneren Erdgeschoß zur Gänze gewölbt, meist Tonnengewölbe mit Konglomerat-Gurtbögen, dazwischen Stichkappen; in der Eingangshalle übermauerter Abgang zum ebenfalls gewölbten Keller; Hauptstiege einfach gewendelt, gegen den Hof je Geschoß zwei schräggestellte Fenster; im 1. Obergeschoß im älteren Teil Tonnengewölbe mit Stichkappen mit Putzgraten, sonst Flachdecken; Details von 1908 stammend. Im Gang zum Trompetergang zwei kleine abgenommene Freskenfragmente hinter Glas, Königskopf und

weibliche Halbfigur (Dienerin?), Reste einer Wandmalerei, 1. H. 15. Jh., aus dem nördl. großen Saal mit Erker im 2. Obergeschoß stammend. Im 2. Obergeschoß flache Decken, nur in der SW-Ecke ehem. Kapellenraum mit got. Netzrippengewölbe und 2 Maßwerkfenstern; Raum ohne sakrale Einrichtung, Altar 1886 auf den Dürrnberg/Hallein verkauft. – Dachgeschoß erst jüngst für Wohnzwecke ausgebaut, dabei Vergrößerung der Dachbodenluken unter der Traufe zu Fenstern; an der Hofseite im S-Trakt Konglomeratgewände einer früheren Speicheröffnung.
Nördl. des Torbaues neben der Zufahrtstraße ein nur wenig verfallener Schachtofen, erb. um 1880. Steinbrüche und Zementerzeugung bis zum A. des 20. Jhs. unmittelbar rund um das Schloß situiert.

SCHLOSS Rif, südl. der Einmündung der Königseeache in die Salzach. Hof urk. 1250, Besitz der Herren von Guetrat; 1539 an Christoph Perner; 1560 erzbischöflich, diente als Sommersitz, ausgestaltet als Lustort mit Wasserwerken, seit 1586 als erzbischöflicher Gestüt- und Meierhof; seit 1860 Privatbesitz. Schloß durch Christoph Perner um 1540 erb., Umbauten 1560, um 1615, um 1660 und 1715; Brand 1831, südl. Trakt nicht wieder aufgebaut; seit 1977/78 etappenweise Sanierung. Urspr. geschlossene Anlage um Rechteckshof, von abgebranntem S-Trakt nur Kellergewölbe erhalten, an der N-Fassade mit Haupteingang Ecken turmartig vorspringend mit eigenem Zeltdach, in der Mittelachse segmentbogiges Trichterportal, Fenster großteils mit abgefastem Steingewände; westl. Trakt ehem. durchgehende Erdgeschoßhalle, gewölbt auf schlanken Mittelpfeilern, Keller mit mächtigem Tonnengewölbe. An der Außenfassade Wappensteine, Eb. Markus Sittikus von Hohenems, Eb. Guidobald von Thun, 2 Wappen Eb. Franz Anton Fürst Harrach, bez. 1715. (Wappen Thun und Harrach stammen aus Kaltenhausen.)
Ehem. Schloßbesitz durch heute verfallende Mauer, M. 16. Jh., umgeben, nordwestl. des Schlosses am Ende einer Allee einfache Toranlage mit anschließendem Pförtnerstöckl.

PROFANBAUTEN. **Leprosenhaus,** Salzachtal-Bundesstraße Nord Nr. 4, unmittelbar nördl. der Kapelle. Urk. 1520, mehrfach umgebaut. – **Brauerei** Kaltenhausen. Urk. 1475, erbaut von Herren v. Elsenheim, von 1498–1815 landesfürstlich. Am modernisierten Gebäude Marmorwappen und Inschr. von Eb. Johann Jakob Kuen-Belasi 1568, Eb. Markus Sittikus 1612, Eb. Franz Anton Harrach 1712 sowie von Eb. Maximilian Graf Thun. Im Innenhof Marmorportal mit Wappen und Inschr.-Tafel von Eb. Matthäus Lang. – Nördl. der Brauerei **Kapelle** mit Walmdach, Altar mit 2 Altarbildern, li. Maria de sanguine, re. Mariahilf-Bild, Oberbild Gottvater und Hl. Geist, um 1717.
Salzachtal-Bundesstraße Nord, Nr. 16: Köllerergut. Freistehender 2geschossiger Bau des 17. Jhs. Tonnengewölbter Mittelflur, Krüppelwalmdach. Abgefaste Marmor-Fenstergewände in beiden Geschossen, über der Türe mit querrechteckigem Oberlichtfenster Inschr.-Tafel, erb. 1634–1637 von Thomas Weienperger. – **Nr. 32:** Pichlerbauer. Gemauerter Einhof mit marmornen Türgewänden, bez. 1880. Dachgeschoß Ständerkonstruktion, verputzt. Schopfwalmdach. Z. T. noch alte Fensterformate. – **Hagerauweg, Nr. 1:** Moisllehen. Einhof, gemauert. Dachgeschoß senkrecht verschalt mit Balkon und Schopfwalmdach.

DÜRRNBERG, siehe S. 72ff.

HALLENSTEIN, siehe AU, Gem. Lofer

HALLWANG, Polit. Bez. Salzburg-Umgebung

Gemeinde am Nordostrand der Stadt Salzburg, im Hügelland des Flachgaus. Aus einem Kirchweiler hervorgegangenes Haufendorf mit umgebendem Streusiedlungsgebiet, Weiler z. T. planmäßig angelegt wie Zilling, Döbring; Gutsweiler Söllheim mit einheitlich E. 17. Jh. angelegter Baugruppe von Schloß, Wallfahrtskapelle sowie Wirtschaftstrakten und Mesnerhaus; moderne Siedlungen Esch-Mayrwies und Oberesch. – Hallwang urk. um 1000.
Einhöfe vom Flachgauer Typus über haken- oder T-förmigem Grundriß, vorherrschend Stein- und Mauerbau, z. T. mit Schlackenverzierung (z. B. **Hallwang Nr. 16, Berg Nr. 10, Esch Nr. 18** – Stallteil) und Sandsteinportalen 2. H. 19. Jh. (z. B. **Hallwang Nr. 10, Oberesch Nr. 22, Zilling Nr. 2, 4** u. a.).

PFARRKIRCHE hl. Martin, auf ansteigendem Terrain in der Ortsmitte. Einschiffiger bar., im Kern rom. Bau mit W-Turm, von Friedhof umgeben. – 1974 Grabung: Römischer Gutshof (Bad) 1.–2. Jh. n. Chr.; darüber älteste Kirche, ein Saalbau des 9.–10. Jhs.; Neubau der Romanik, Chor und W-Turm gehen auf diese Zeit zurück. – Urk. 1430. Got. Bau 1687–1694 von *Gaspare Zuccalli* 3schiffig erweitert, 1787 wieder auf ein Schiff reduziert. Got. (im Kern rom.) Turm mit Helm von 1763 nach Entwurf *Wolfgang Hagenauers.* Pfarre seit 1858. – Rest. Außenbau 1971, Innenraum 1974.
Langhaus und Chor mit umlaufendem Sockel, das 4. Langhausjoch im S geböscht. Eingezogene Rundapsis. Turm an der Giebelfassade im W, 3geschossig, Geschoßunterteilung durch Kaffgesimse, 4. Geschoß oktogonaler bar. Aufsatz, bar. Schindelzwiebelhelm mit Laterne (bez. 1849 und 1927); W-Portal spätgot., mit geradem Sturz, gekehlt und verstäbt. Turmerdgeschoß kreuzrippengewölbt mit rundem Schlußstein, im O bez. 1320. Südl. des Turmes eingeschossiger Anbau, ehem. Totenkapelle. Grabplatte Rupert Prätzl, Pfleger zu Radeck, gest. 1480. Südl. am Chor 2geschossige Sakristei.
Im 4jochigen Langhaus Segmentbogentonne mit Stichkappen; drei gurtbogentragende Wandpilaster. Rundbogiger Triumphbogen. Rund geschlossener einjochiger Chor, im S spätgot. Portal mit geradem Sturz, gekehlt und verstäbt; darüber Oratoriumsfenster, erneuert. 2geschossige W-Empore, M. 19. Jh.
Glasfenster von 1933/34, Hll. Bernadette, Theresia, Josef, Conrad de Paola, Stephan.
Hochaltar, bar. Aufbau 2. H. 18. Jh., M. 19. Jh. verändert; Altarblatt hl. Martin bez. *Johann Endfelder 1849,* seitl. Konsolfiguren Hll. Rupert und Ulrich, 2. H. 18. Jh.; Aufsatzbild Hl. Dreifaltigkeit von *Sebastian Stief* 1858. – Seitenaltäre, Aufbauten von 1713/14, überarbeitet M. 19. Jh. Li. Altarblatt Maria mit Kind bez. *Sebastian Stief 1860,* Aufsatzbild Hll. Sebastian und Florian, ebenfalls von *Sebastian Stief;* seitl. Figuren Hll. Anna und Joachim, Aufsatzbekrönung hl. Judas Thaddäus, alle von *Simeon Fries* 1714. Re. Altarblatt Herz Jesu bez. *Josef Gold 1879.* Aufsatzbild Hll. Leonhard und Ägidius, von 1714, übermalt (?); seitl. Figuren Hll. Rupert und Virgil, Aufsatzbekrönung hl. Johannes Nepomuk, alle von *Simeon Fries* 1714.
Kanzel mit Reliefs der 4 Evangelisten, von 1858; Kanzelportal spätgot., gekehlt und verstäbt. Figuren, hl. Margaretha und Kruzifix, frühes 18. Jh.; Hll.

Leonhard, Florian, Antonius von Padua, Hochrelief Arme Seelen im Fegefeuer, alle 2. H. 18. Jh. – Orgel von *Ludwig Moser*, 1842. – Römische (Grab-)Platte, 1. Jh. n. Chr. für Quintus Sabinius Euprepes und Sabinia Tertulla. – In Verwahrung: Vortragekreuz um 1600, Kruzifixus und vier Reliefs Evangelisten, Rückseite eherne Schlange und Flachreliefs Gottvater und Moses. – Glocke von 1481 im SMCA.

Pfarrhof, erb. 1788, nach Entwurf *Wolfgang Hagenauers*, rest. 1979. Einfacher 2geschossiger Bau mit abschließender Hohlkehle und Walmdach.

FILIALKIRCHE hl. Antonius von Padua, Wallfahrtskapelle beim Schloß Söllheim. Freistehender Kuppelbau über ovalem Grundriß, nach N gerichtet, erb. 1685/86 nach Entwurf von *Gaspare Zugalli* (?), rest. 1980/81.

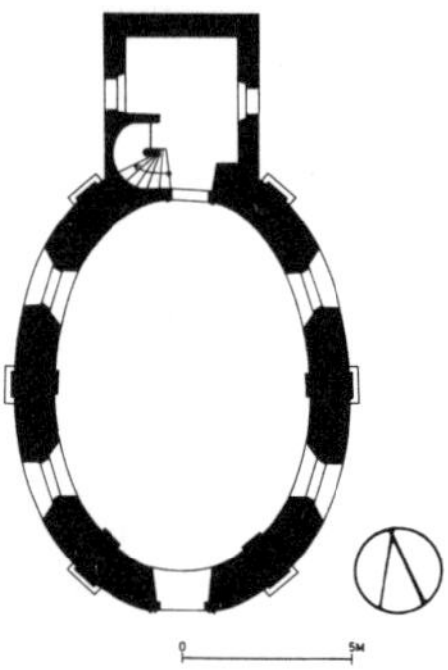

Hallwang, Filialkirche
hl. Antonius von Padua

Längsovaler Bau mit umlaufendem Sockel, Pilastergliederung, Architrav mit Triglyphenfries und abschließendem Kranzgesims. Schindelkuppel mit oktogonaler Laterne. Eingangsportal bez. 1686, mit Wappenkartusche Hans Kaufmanns. Im NO kleiner 2geschossiger Sakristeianbau mit Walmdach und Portal aus der Erbauungszeit im SO.
Innenraum mit Pilastergliederung und abschließendem Kranzgesims; Kuppel durch Stukkatur in Mittel- und sechs seitl. Felder geteilt; polychromierter Stuck von der *Brenno-Werkstatt* (?), Fresken in den Feldern mit Szenen aus dem Leben des hl. Antonius von Padua, Fischpredigt, Teufelsaustreibung, hl. Antonius besänftigt die Wogen des Meeres, befreit Gefangene, weissagt einem Krieger den Sieg, erweckt einen Toten; in der Mitte Marienkrönung und hl. Antonius in der Glorie.
Marmorhochaltar von 1686, mit Altarblatt hl. Antonius von Padua, von *Johann Friedrich Pereth* (?), Oberbild Gnadenbild von Maria Plain, beide von 1686; Tabernakel 1. H. 18. Jh.; Altarmensa von 1959, mit Reliquiar des römischen Märtyrers Nicolinus, 2. H. 18. Jh.; seitl. Sockelzone des Altaraufbaues mit Wappen Hans Kaufmanns, bez. 1686. An der Hochaltarrückseite kleine Empore mit Orgel aus der Erbauungszeit. – Kreuzweg, kolorierte Stichserie von *Johann Michael Probst*.
Wappengrabsteine. Johann Kaufmann, gest. 1711; Johann Christoph Cajetan von Eyß, gest. 1759.

Sakristeierdgeschoß flachgedeckt mit Mariahilf-Bild des 18. Jhs. An der NO-Wand ehem. Seitenaltar von 1775, Altarblatt hl. Johannes Nepomuk von *Johann Michael Greiter*, seitl. Figuren Hll. Virgil und Rupert, von 1775; Tabernakel frühes 19. Jh.; Marmorlavabo spätes 17. Jh. – Im Sakristeiobergeschoß Bild hl. Antonius von Padua, 18. Jh., im Schnittpunkt des Rippengewölbes. Sakristeischrank von 1687. – Glocke von *Melchior Immendorfer*, bez. 1746.

Ehem. Mesnerhaus, Berg Nr. 24, neben der Antoniuskirche; 2geschossig mit Walmdach, erb. um 1690. Kleiner Uhrturm mit Zeltdach von 1964.

KAPELLEN. Hallwang, Nr. 30 (Tiefenbacher), Bau mit Spitzbogenfenstern und Kragwalmdach, 2. H. 19. Jh.; neogot. Altar mit Flügelfiguren Hll. Florian und Sebastian. – Zilling Nr. 14 (Reicherting), bar. Bau mit Apsis.

BILDSTOCK. Söllheim, Steinfigur hl. Johannes Nepomuk vor der Antoniuskirche, 1727, *Josef Anton Pfaffinger.*

SCHLOSS Söllheim, urk. 12. Jh., im Besitz von Adelheid de Saldersheime, 15. Jh. Friedrich Gawchsperger, 1455 Hans Prazl, 1538 Jakob Strasser, 1576 Eb. Johann Jakob Kuen-Belasy; 1684 Johann Kaufmann, Erbauer von Schloß, Wirtschaftsgebäuden und Filialkirche, 1711 Johann Christoph Kajetan Pauernfeind von Eys, 1838 Georg Weikl, seit 1843 Familie Thun-Hohenstein.

3geschossiger Bau über rechteckigem Grundriß, mit Mansarddach, erb. zwischen 1684 und 1699, im westl. Teil Baukern des 16. Jhs.; in der südl. Mittelachse Marmorportal des späten 17. Jhs. – Im 1. Obergeschoß im NW-Teil eine Stuckdecke aus der Erbauungszeit (Werkstatt der Filialkirche).

Beim Schloß Marmorwappen Eb. Johann Ernst Thun und Inschriftplatte, bez. 1704, beide vom 1894 abgebrochenen äußeren Linzer Tor in Salzburg.

Ehem. Wirtschaftsgebäude (Berg 25); im N bar. Wandmalerei Anbetung der Hirten, im S Anbetung der Könige, Rekonstruktion von 1960.

BAUERNHÖFE. **Hallwang, Nr. 12:** Einhof neben der Kirche; 2geschossiges Mittelflurhaus mit gemalten Fensterumrahmungen. – **Nr. 21:** Mittertennhof; 2geschossiges Mittelflurhaus mit Putzgliederung und verputztem Giebelfeld unter Krüppelwalmdach.

Berg, Nr. 12: Mittelflurhaus in Mischbau mit zwei Giebelbalkonen unter Krüppelwalmdach; über der Eingangstüre Kruzifix, 2. H. 18. Jh. – **Nr. 16:** Mittertennhof in freier Lage, Bruchsteinmauer mit Scherbenverzierung.

Esch, Nr. 25: Mittertennhof, 2geschossiges Mittelflurhaus mit Putzgliederung, hohes Krüppelwalmdach. – **Nr. 26:** Reindlmühle; 2geschossiges Mittelflurhaus mit Putzgliederung und rundbogigem Portal, Krüppelwalmdach mit Dachreiter.

Zilling, Nr. 1: Fichtlmühle. 2geschossiger Mauerbau, am Mühlenteil originale Fensteröffnungen erhalten. – **Nr. 16:** Einhof, Mittelflurhaus mit Bruchsteinmauerwerk und Sandsteinportal.

HELLBRUNN, siehe SALZBURG-STADT

HENNDORF am Wallersee. Polit. Bez. Salzburg-Umgebung

Gemeinde mit Haufendorf und Streusiedlungsgebiet im Hügelland des mittleren Flachgaus nordöstl. von Salzburg, an der S-Flanke des Wallersees gelegen. Urk.

um 730. Langgestrecktes Haufendorf in Bachgraben, entlang der Grabensohle und der Durchfahrtsstraße am Ostabhang entwickelt, siedlungsmäßige Erweiterung 3. V. 20. Jh.; Umland von Weilern bestimmt.
Einhöfe vom Flachgauer Typus über haken- und T-förmigen Grundrissen; Steinbau vorherrschend, z. T. mit Schlackenverzierung (wie **Berg Nr. 17, 18, Henndorf Nr. 24, Ölling Nr. 1**), Sandsteinportale mit Bez. 2. H. 19. Jh. (wie **Berg Nr. 4, Hatting Nr. 3, Henndorf Nr. 24, Wankham Nr. 5**), Wirtschaftsteile meist verschindelt. Gasthöfe, Kleinhäuser und Villen (z. T. spätes 19./frühes 20. Jh. **Glaserhaus** erb. von *Fidelius Schmid* 1929), Söllnerhäuser.

PFARRKIRCHE hl. Vitus, im W erhöht über dem Ort auf der Geländeschulter des Bachgrabens gelegen, von Friedhof mit Mauer umgeben. Im Kern z. T. got., nachbar. Saalkirche mit got. Westturm. – Vorgängerbauten 1976 ergraben, 1. Holzkirche einer wahrsch. bajuwarischen Siedlung, 2. rom. Saalkirche, 3. got., urk. 2schiffige Kirche mit erhaltenem Westturm. – 1792–1797 weitgehender Neubau der Kirche über got. Fundamenten, Riß von Hofmaurermeister *Johann Georg Laschenzky*, gew. 1825. 1867 Pfarre. Rest. innen 1946/47, 1960, 1976, außen 1969/70, 1982.

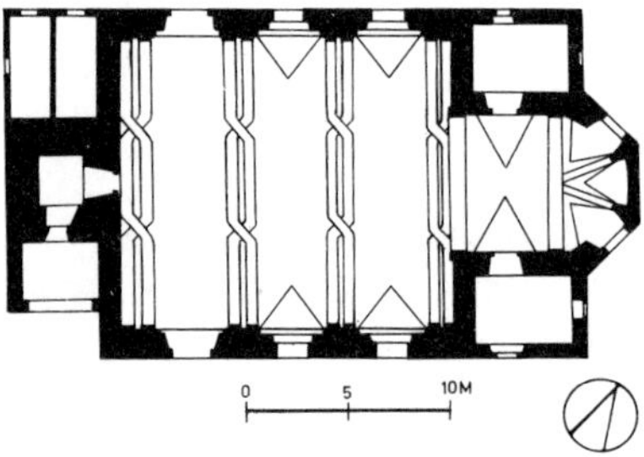

Henndorf,
Pfarrkirche hl. Vitus

Außenbau. Vorgestellter Westturm, got. Turmbau über rom. Fundamenten, durch Kaffgesimse 4geschossig, im Glockengeschoß unterschiedliche, abgefaste Schallfenster; bar. Uhrengeschoßaufsatz von 1717/18 mit Kranzgesims, Pyramidenhelm von 1852 zwischen Eckpyramiden; wohl urspr. außen geschlossenes Erdgeschoß durch späteres Portal mit bar. platzlgewölbtem Vorbau geöffnet, nördl. Gerätekammer 19. Jh.
Einheitlicher Bau von 1792–1797, vom got. Vorgänger nördl. Westmauer mit ehem. Portaleinsatz und Schiffsnordmauer. Langhausflanken durch 2geschossige Sakristei- und Oratoriumsanbauten seitl. des stark eingezogenen Chores fortgesetzt, im südl. got. Spitzbogenportal mit beschlagener Tür vom alten Kern, 3seitiger Chorschluß im O herausragend. An Schiff und Chor gefaschte Rundbogenfenster und umlaufende Traufkehle. Abgefaste Rechteckportale am Langhaus seitl. im W, vom got. Kern, Türflügel mit Schloßbeschlägen um 1797. Im Chorscheitel in Stuckrahmenfeld Schnitzkruzifix von 1873. Grabstein 1806.
Inneres. Turmhalle tonnengewölbt. Weiter, breit proportionierter Saalraum mit wesentlich kleinerem Choransatz. Im 3jochigen Langhaus und einjochigen Chor mit Halbkreisapsis Stichkappentonnen über Gurtbändern auf Pilastern; im

Schiff an stark gedrückter Tonne Doppelgurte einander schleifenförmig überkreuzend und durch gekuppelte Pilaster vor wandpfeilerartigen Rücklagen fortgesetzt; am stark eingezogenen Triumphbogen pfeilerartige Pilasterstellung, bez. 1794. Im W got., spitzbogiges, abgefastes Turmportal. Rotmarmorplattenboden. Doppelempore im Westjoch, untere auf toskanischen Steinsäulen und stuckrahmengezierter Flachdecke, in Brüstungsmedaillons alttestamentarische Szenen (um 1870–1880), zurückgestaffeltes Obergeschoß auf Balusterpfeilerchen. Im Chor Sakristeiportale in Stuckprofil, Plattenstiltüren, darüber Oratorienbalkone. – Deckenmalerei um 1870–1880, in Mittelfeldern Taufe Christi, Guter Hirte, Abendmahl, Herz Jesu; in Stichkappen Kirchenväter, Apostelfürsten, Evangelisten.

Einrichtung marmoriert. Hochaltar von 1816/17, freistehende Mensa und Rückwand mit Tabernakelnische und eingefügten Opfergangsportalen die Apsis abriegelnd; im Apsisscheitel Doppelsäulenädikula mit Segmentbogengesims, attikaförmiger Volutenauszug, Altarblatt hl. Veit von *Josef Gold* 1872, Seitenfiguren Hll. Maria Magdalena, Johannes Ev. frühes 18. Jh., Altarleuchter um 1825. – Seitenaltäre, re. großteils E. 17. Jh., aus der ehem. Filialkirche hl. Ulrich in Fenning 1809 übertragen, li. um 1809 angeglichen. Säulenretabel mit Gebälk, aufgesetzte Pilastersprenggiebelädikulen, bar. Seitenfiguren im Stil unterschiedlich. Li. Altarblatt Kreuzigung Christi von *Josef Rattensperger* 1854, Auszugbild hl. Brigida E. 17./A. 18 Jh., Statuen Hll. Rupert, Florian spätes 17./frühes 18. Jh.; re. Altarblatt Maria Immaculata 2. V. 18. Jh., Auszugbild hl. Ulrich E. 17. Jh., Statuen Hll. Joseph, Barbara frühes 18. Jh. Tabernakel 1. H. 18. Jh.

Runde Kanzel von 1797, Steilvoluten- und Plattengliederung. – Bar. Schnitzfiguren Hll. Sebastian und Anna mit Maria frühes 18. Jh., Triumphbogenkruzifix 1. H. 18. Jh., Nischenstatuen Schmerzensmann und Schmerzhafte Muttergottes 2. H. 18. Jh., Statuette Auferstandener 18. Jh. Spätbar. Kulissenfiguren Ölbergszene. Neorom. Marmortaufstein 2. H. 19. Jh. Weihwassermuscheln. Kreuzwegbilder 3. V. 19. Jh. Barockisierende Kommunionbalustrade 2. H. 19. Jh. Chorgestühl aus der Bauzeit. Orgel von *Mauracher*, 1870. Neobar. Beichtstühle 1963. Osterleuchter um 1800. Krippe um 1800. Inschriftgrabsteine 1743, 1784, 1796. – Glocke 1500, von *Josef Erhart.*

Heilig-Grab-Kapelle außerhalb der Friedhofsmauer im W. Erb. 1721 im Typus der bar., formelhaften Nachbildungen des Grabes Christi in Jerusalem. Stiftung des Johann Entzinger, Modell erhalten. 5seitig geschlossener Bau; im Vorbau Rechteckportal mit Inschr. 1722, Eckfaschen und Schlitzfenster; Grabteil von historisierenden Spitzbogenblendarkaden auf toskanischen Säulen umzogen, auf dem First rotundenartiger Achtecktambour mit Kuppelhelm. Tonnengewölbter Vorraum apsidial geschlossen mit niedriger Scheiteltür, platzlgewölbter Grabraum, Marmorplattenboden. In Grabnische Liegefigur Christi 18. Jh., Nischenfigur kniender Schmerzensmann 1. H. 18. Jh.

Aufbahrungshalle um 1950.

Friedhofskruzifixe 2. H. 19. Jh.

FILIALKIRCHE hl. Brigida, in B r a y e r n, östl. des Weilers Oelling, alleinstehend in erhöhter Lage. Spätgot. Saalkirche mit Giebelreiter. Der ehem. Bez. eines Schlußsteins zufolge um 1449 erb. Rest. 1960/61 innen, 1979/80 außen.

3seitig geschlossener, einheitlicher Bau mit gekehlten Spitzbogenfenstern (Dreipaßstege um 1900); am Schiff flachbogiges Westportal und abgefastes Spitzbogenportal im N. Am Chor südseitig gleichzeitiger Sakristeianbau mit abgefastem, vergittertem Fenster, Schleppdach. 8seitiger, verschindelter Giebelreiter mit spitzbogig verblendeten Schallöffnungen und Pyramidenhelm.
Langhaus und Chor durch den gering eingezogenen, gekehlten, spitzbogigen Triumphbogen nur wenig getrennt. Im 3jochigen Schiff sowie einjochigen Chor mit 5/8-Schluß Tonnenwölbungen mit Stichkappen über tiefen, durchlaufend gekehlten Schildbögen, Rippennetz sowie Rippenstern im Chorschluß auf Rundstäben vor den wandpfeilerförmigen Schildbogenstreben, am Triumphbogen auf Konsolen. Holzempore im Westjoch, am 8seitigen Ständer des Quertrams bez. 1670, darüber Längstrame und Flachdecke, Brüstungsgliederung durch Pilaster, Gebälk und Ornamentfelder mit Intarsienmalerei. An der Chorsüdseite abgefastes Sakristeiportal, Türbeschlag; in der Sakristei Sternrippengewölbe auf Konsolen.

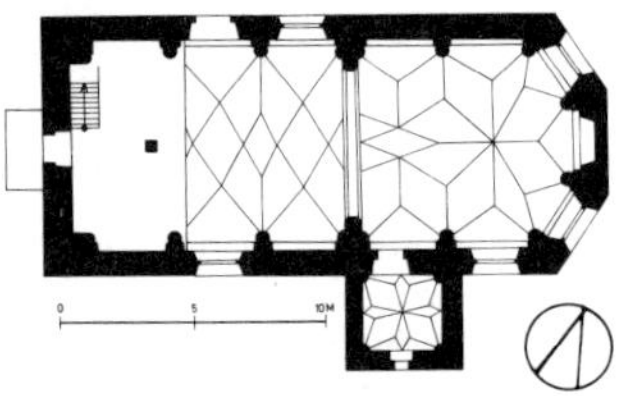

Henndorf-Brayern, Filialkirche hl. Brigida

Hochaltar urspr. bez. 1715, freistehend, got. Steinmensa, hochbar. Säulenädikula mit Sprenggiebel von Pilasterschrägen flankiert, Volutenauszug; Altarblatt hl. Brigida von Irland, Auszugbild Gott-Vater-Pietà, Seitenfiguren Hll. Franziskus, Antonius von Padua, Tabernakel. – Seitenaltäre, got. Steinmensen, Aufsatzfiguren Hll. Rupert und Virgil, um M. 17. Jh., auf Rokokosockeln (in Verwahrung).
Schnitzkruzifix 1./2. Drittel 18. Jh. Barockgestühl an der Vorderfront bez. 1641. Kreuzwegbilder von 1805. Reliquientafeln, Votivbilder. In der Sakristei Kruzifix in bar. Stil, Glasschrein mit Christus an der Geißelsäule, Apostelbilder 1. H. 19. Jh. (ehem. Sekundärschmuck der Empore).

KAPELLEN. **Weilerkapelle** in Hankham, mit Halbkreisapsis, Schopfwalmdach über Vorlaube, Apsisgitter bez. 1921. – **Hofkapelle** Sagmühle, Enzing Nr. 6, quadrat. Bau mit vergitterter Flachbogenöffnung bez. 1875. **Wegkapellen.** Kapellenstraße, quadrat. Barockbau mit Flachbogenöffnung und Außennischen unter Pyramidendach, barockisierendes Gnadenbild Maria Kirchental. – Fenningstraße, barockisierender, quadrat. Bau wahrsch. 2./3. V. 19. Jh. mit vergitterter Flachbogenöffnung unter Schindelpyramidendach, im Inneren Malfelder in Stuckprofilen. – Kirchfenning, Spätbarockbau mit Eckpfeilern und Flachbogenöffnung, Giebelstuckrelief Auge Gottes in Rahmen- und Ornamenteinfassung um 1730–1740, Bez. 1882 wohl nachträglich.

BURGRUINE Lichtentann, auf steilem bewaldetem Sporn östl. von Henndorf, oberhalb des Jägerhauses. Erb. M. 13. Jh. von Herren von Tann, 1314 auf Befehl

des Erzbischofs Erweiterungsbauten eingestellt, Burg 1362 an Erzbischof, Pfleggericht 1394 an Familie Uiberacker übertragen, 1607 mit Altentann vereinigt, neuer Amtssitz des Gerichtes in Neumarkt, Burg verfällt.
Von Umfassungsmauer, äußerer Hof, nur an N-Seite etwa 3 m hohes Stück, von innerer Burg ca. 25 m langes, etwa 7 m hohes, 1,5 m dickes Mauerstück mit Verbindungstor nahe dem westl. Ende erhalten, Verlauf der verstürzten Mauern im Gelände deutlich sichtbar.

BURGSTELLE Altentann, etwa 1,5 km südöstl. von Henndorf. Geringe Reste, von nahezu kreisförmigem Wassergraben umgeben. Erb. vor 1244 vom Ministerialengeschlecht von Tann, Pfleggericht nach Aussterben der Tanner 1418 an Familie Grafen Uiberacker, seit 1444 zu Erbrecht, 1607 Pfleggericht mit Lichtentann vereinigt, Burg 1680 abgebrannt, Sitz des Pflegers nach Neumarkt verlegt. Verfallende Burg zur Gewinnung von Baumaterial herangezogen.

HÄUSER. Gruppe von **Brauereigebäuden** an der Hauptstraße. **Nr. 55:** Ehem. erzbischöfliches Bräumeisterhaus. Langgestreckter, 2geschossiger Barockbau von 1712, historistische Fassade und Verandenvorbau um 1900, marmorne Wappenkartusche Franz Anton von Harrach und Inschr. 1712. Im Erdgeschoß Kreuzgratgewölbe. – **Nr. 57:** 2geschossiges Stöckl mit barockisierender Faschengliederung. – **Nr. 59:** Ehem. erzbischöfliches Bräuhaus; mächtiger, 3geschossiger, verputzter Bruchsteinbau unter flachem Walmdach, urspr. durch marmorne Wappenkartusche Johann Ernst von Thun und Inschr. 1699 bez. (derzeit am Bräugasthof), im 1. und 3. Geschoß Breitfenster, Oberlichtportal mit Gesimsverdachung und Inschriftfeld, in der Nische Schnitzfigur hl. Florian um 1700. Im Erdgeschoß straßenseitig urspr. Malztenne in kreuzgratgewölbter Pfeilerhalle, tonnengewölbte Gänge, 2. Pfeilerhalle. – **Bräugasthof** anschließend, im Kern wohl 1. H. 19. Jh. (ein Türstock bez. 1837), um 1890 erneuert, Vorderhausfassade reduziert. – **Nr. 62:** Zugehörige Villa um 1900.
Gasthöfe. Hauptstraße, Nr. 30: Neuwirt, am Portal bez. 1872. – **Römerweg, Nr. 1:** Römerstein, angeblich urspr. Gerichtssitz; mächtiger, 3- bis 4geschossiger Polygonbau mit Gesimskehle unter Walmdach, an Rundbogenportal bez. 1808, im Kern wohl älter. – **Franz-Stelzhamer-Straße, Nr. 8:** 2geschossig, barockisierende Faschengliederung erneuert, Hauszeichen Legende vom Gnadenbild Maria vom guten Rat. – **Nr. 10:** Geburtshaus des Dichters Johann Freumbichler. – **Hauptstraße, Nr. 24:** Frühbar. Hauskruzifix. – **Nr. 25:** Barockisierendes Bäckerhauszeichen Gnadenbild Maria Plain.

BAUERNHÖFE. **Berg, Nr. 10:** Zuhäusl; 2geschossiger Blockbau mit verschindelter Wetterseite unter Krüppelwalmdach. – **Nr. 12:** Friembichl. Mittertennhof, 2geschossiges Mittelflurhaus mit Putzgliederung, Sandsteinportal und verbrettertem Giebelfeld unter Krüppelwalmdach. – **Nr. 17/18:** Etwas abseits stehend, ehem. Brechelhütte.
Fenning, Nr. 23: Mitterfenning. Mittertennhof, 2geschossiger Mischbau mit vorspringendem, verbrettertem Giebelfeld und Krüppelwalmdach.
Hatting, Nr. 4: 2geschossiges Haus, gemauert, Krüppelwalmdach, das auf der einen Traufseite weit vorkragt.
Henndorf. Dorfgasse, Nr. 3: 2geschossiger, senkrecht verschalter Blockbau mit Satteldach. – **Kirchenstraße, Nr. 5:** 2geschossiges Haus, in Bruchstein gemauert mit Schlackenverzierung und Sandsteinportal, flaches Walmdach.

Hof, Nr. 18: Greischbergbauer. Einhof; Mittelflurhaus in Bruchsteinmauerwerk mit Krüppelwalmdach.

HEUBERG, Schloß, siehe ST. GEORGEN im Pinzgau

HIEBURG, Ruine, siehe NEUKIRCHEN

HINTERSEE. Polit. Bez. Salzburg-Umgebung

Gemeinde mit Kirchweiler und Streusiedlung im Tal des Lämmer- und Tauglbachs, im südöstl. Flachgau. Kleiner Ortskern um Pfarrkirche (Gasthof bez. 1876) durch siedlungsartige Verbauung, 3. V. 20. Jh., erweitert. Einhöfe vom Tennengauer Typus.

PFARRKIRCHE Hll. Leonhard und Georg, etwas erhöht gelegen. Spätbar. Saalkirche mit Westturm, von Friedhof mit Mauer und Pfeilertor umgeben. 1785 Vikariat und Baubeginn der Kirche, gew. 1838. 1891 Pfarrerhebung. Renov. 1951/52, 1965 außen.
Schlichter Bau mit wenig eingezogenem Rechteckchor, im N doppelgeschossige Sakristei; Rechteckfenster und umlaufende Traufkehle. Vorgesetzter Fassadenturm, Oberteil mit spitzbogigen Schallfenstern und Pyramidenhelm, 20. Jh. erneuert; Portalvorbau 1963, Portalkupferverkleidung 1973.
Gekehlte Flachdecke mit Stuckrahmen, eingezogener segmentbogiger Triumphbogen, Empore auf Holzsäulen.
Hochaltar um 1785, von Bildhauer *Andrä Altmann,* freistehende Mensa mit spätbar. Tabernakelaufbau zwischen Figuren Hll. Leonhard und Georg. An der Chorrückwand Bildrahmenretabel mit Segmentgiebel, Altarblatt Gekreuzigter mit hl. Maria Magdalena von *Franz Streicher,* auf der Giebelspitze Halbfigur Gottvater. – Seitenaltar, spätbar. Tabernakel 18. Jh., Rahmenaufbau aus bar. Fragmenten um Marienfigur 19./20. Jh. Kanzelkorb um 1785. Orgel von 1844. Kruzifix in bar. Stil. Neogot. Taufbecken mit Aufsatzgruppe, spätes 19. Jh. Kreuzwegbilder 2. H. 19. Jh. Barockisierendes Vortragekreuz.

Aufbahrungshalle um 1975.

Pfarrhof. 2geschossiger Bau südl. der Kirche, im Kern um 1785.

EHEM. JAGDSCHLOSS in Langreith (Hintersee Nr. 16), am Grießbach gelegen. Erzbischöfliches Herrenhaus erb. wohl A. 16. Jh., im Bauernkrieg 1525 abgebrannt, anschließend Wiederaufbau, diente auch als Wohnung für den Unterwaldmeister; 1762 Nebengebäude abgetragen, Wohnung verbessert, seit 1803 Privatbesitz.
Stattliches Gebäude, gemauert, zwei Geschosse mit ausgebautem Dachgeschoß, steiles Satteldach mit Schopf, z. T. steinerne Fenstergewände, Erdgeschoß großteils gewölbt, breite durchgehende Halle.
Holzbildstock, an der Auffahrt, spätbar., mit Tabernakelaufsatz und Farbresten. Holzkruzifix 2. H. 19. Jh.

MÜHLE in Königstatt am Grießbach; bez. 1833, Blockbau.

BAUERNHÖFE. **Hintersee, Nr. 2:** Einhof, Mischbau verputzt, mächtiges Dachgeschoß, Schopfwalmdach, Stallteil Ständerkonstruktion, senkrecht verschalt mit Zierausschnitten, Balkon. Obergeschoß Quertenne mit Tennbrücke. – **Nr. 11:** Einhof, bez. 1862, gemauert, Giebelfeld, Malereireste sowie Mutter Gottes mit Kind in einer Nische, Schopfwalmdach, Reste von Fischgrätschalung im Vordach, Obergeschoß mit Tennbrücke, Glockentürmchen.
Lämmerbach. Streusiedlung im Talschluß des Lämmerbachtals. **Nr. 5:** Einhof, bez. 1837, Mischbau, verputzt, mit Putzgliederung, Scheunenwände verschindelt, Dachgeschoß mit Balkon, Ständerbau, senkrecht verschalt, Schopfwalmdach. – **Nr. 9:** Einhof, bez. 1804, Erdgeschoß gemauert, verputzt, Obergeschoß Blockbau, Quertenne mit Tennbrücke, Dachgeschoß Ständerkonstruktion, senkrecht verschalt mit Zierausschnitten, Schopfwalmdach. – **Nr. 11:** Einhof, First bez. 1852, Haustür bez. 1907, Mauerbau; Obergeschoß Quertenne mit Tennbrücke, Dachgeschoß mit Balkon, sonst Ständerbau, senkrecht verschalt mit Zierausschnitten, Balkonbrüstung mit ausgesägten Tiergestalten, Schopfwalmdach. Traufseitig im Obergeschoß Fesko, Hl. Dreifaltigkeit. Freistehend Brechelbadhütte, Blockbau, mit gemauertem Ofen. – **Nr. 13:** Einhof, bez. 1895, Mischbau, verputzt, Quertenne im Obergeschoß mit Tennbrücke, Dachgeschoß Ständerbau, verschalt, verputzt mit zwei Fensterreihen, im Giebelfeld Sonnenraute, Schopfwalmdach. – **Nr. 18:** Einhof, Blockbau, First bez. 1827, Obergeschoß mit Balkon, originale Fenster, flaches Satteldach, Giebelfeld senkrecht verschalt mit Vierpaßausschnitten, Pfettendachstuhl. – **Nr. 19:** Einhof, Mischbau, originale Fenster und Türen, Dachgeschoß mit Balkon und Satteldach.

HINTERTHAL. Gem. Maria Alm am Steinernen Meer. Polit. Bez. Zell am See

Streusiedlung in Talkessel südl. des Steinernen Meeres.

PFARRKIRCHE Hl. Dreifaltigkeit. Einfacher bar. Bau mit Giebelreiter, nach N gerichtet, Friedhof im W an die Kirche anschließend. 1610 erb., 1678 gemauert und 1740 erweitert. Pfarre seit 1891. Rest. 1961.
Schlichter Außenbau mit polygonalem Schluß, umlaufender Sockel. Schindeldach und hölzerner Giebelreiter mit Zeltdach. Im S Vorbau in der Breite des Schiffes, im N Sakristeianbau. Langhaus ungegliedert, flache Decke mit Stuckspiegel. Hölzerne S-Empore.
Hochaltar von 1739, Altarblatt Marienkrönung, Aufsatzbild hl. Joseph; Seitenkonsolfiguren Wetterheilige Johannes und Paul, im Aufsatz Hll. Isidor und Notburga, alle um 1740; kleine Figuren Hll. Petrus und Paulus, spätes 18. Jh. – In Verwahrung bar. Kanzel und Seitenaltar von 1839. – Wandmalerei Kreuzwegstationen von *Wilhelm Kaufmann* 1961/62.

Bar. **Pfarrhof.** Erb. um 1730, 2geschossig mit Krüppelwalmdach und umlaufender Hohlkehle.

HIRSCHBÜHEL, siehe WEISSBACH bei Lofer

HÖCH, Schloß, siehe FLACHAU

HOF. Polit. Bez. Salzburg-Umgebung

Gemeinde mit Haufendorf und Streusiedlungsgebiet im südl. Flachgau, östl. von Salzburg, im Endmoränengelände westl. des Fuschlsees. Name 15. Jh. nach Gutshof. – Frühmittelalterliche Siedlungsfunde im Randbereich des Fuschlsees (bei Moorsiedlung), Packwerkbau 5. Jh./um 500, urspr. künstliche Insel aus Pfählen und Astwerk, Palisadenumzäunung, heute verlandet.
Haufendorf auf einer Hochebene durch siedlungsartige Verbauung im 3. V. des 20. Jhs. aus Kirchweiler hervorgegangen. – Einhöfe vom Flachgauer Typus, über haken- und T-förmigen Grundrissen; Stein- und Mauerbau vorherrschend, z. T. mit Schlackenverzierung (wie **Elsenwang Nr. 5, Vorderelsenwang Nr. 35);** häufig Krüppelwalmdächer und Glockentürmchen (wie in **Hinterschroffenau).**

PFARRKIRCHE hl. Sebastian, in der Ortsmitte, dominierend über Steilabhang zur Fuschler Ache gelegen. Im Kern spätgot., nach 1859 weitgehend neugot. erneuerte Saalkirche mit got., bar. erhöhtem Südturm, von Friedhof mit Mauer umgeben. – Urk. 1502, ehem. got. Hochaltar bez. 1502. 1858 Pfarrerhebung. Nach Brand 1859 neugot. Wiederaufbau, gew. 1878. Rest. 1950 und 1967/68, 1954 und 1978/79 innen.

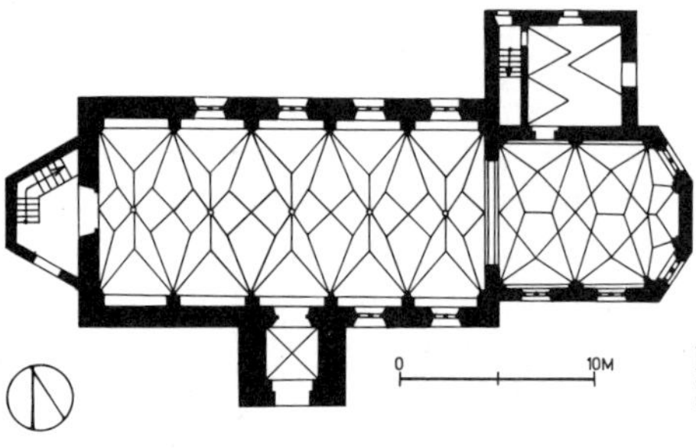

Hof, Pfarrkirche
hl. Sebastian

Am Langhaus und eingezogenen, 3seitig geschlossenen Chor Spitzbogenfenster vom spätgot. Bau, Traufkehlen. Westl. Langhaushälfte verschindelt. Westfassade mit Lanzett- und Kreisfenstern, polygonaler Portalvorbau mit Spitzbogenportal von 1972 vor dem neugot. Spitzbogenportal mit Holztor. Südturm, im got. Unterteil Quadermauerwerk, erneuertes Spitzbogenportal, bar. Achteckaufsatz von 1730 mit gedrückt spitzbogigen Schallfenstern und Schindelpyramidenhelm, 19. Jh. Nördl. Sakristeianbau.
In der Turmhalle wohl neugot. Kreuzrippengewölbe; mehrfach profiliertes, spitzbogiges Trichterportal aus Rotmarmor mit kielbogiger Türöffnung, Tympanonrelief Hll. Sebastian, Leonhard, Barbara und Wappen Kirchpüchler, bez. 1506; neugot. Holztor. – Im 5jochigen, nach W verlängerten Langhaus und im 2jochigen Chor gedrückte Stichkappentonnen mit Netzrippen über spitzbogigen Wandpfeilernischen mit Dienstvorlagen. Eingezogener, gekehlter spitzbogiger Triumphbogen. Im Westjoch Holzempore auf Holzsäulen. Verstäbtes Sakristeiportal. In der Sakristei Stichkappentonne.

Einrichtung um 1870, neugot., bmkw. einheitlich. Hochaltar, Rechteckschrein mit Wimpergarkaden und Gesprenge zwischen seitl. Ziborientürmchen, Statuen hl. Sebastian und attributhaltende Engel, seitl. übereinander li. Hll. Georg und Leonhard, re. Hll. Florian und Rochus, oben Herz Jesu zwischen Hll. Maria und Joseph, Tabernakelaufbau. – Seitenaltäre, Ziboriumstürme von Figurenbaldachinen bzw. Wimpergarkaden flankiert, Statuen li. Maria Immaculata, hl. Bischof und hl. Elisabeth von Thüringen, re. Hll. Joseph, Petrus, Paulus, Antonius von Padua.

Polygonale Kanzel, Korbreliefs Evangelisten, im Schalldeckelziborium Statue Christus. Orgel mit Brüstungspositiv, von *Dreher und Reinisch* 1881. Baldachinstatuen Hll. Anna mit Maria, Aloysius, Franz Xaver. Kreuzigungsgruppe, Schnitzfiguren Kruzifix, Hll. Maria, Johannes Ev. Polygonaler Marmortaufstein mit Aufsatzstatuette hl. Johannes d. T., bez. 1878. Kastenchorgestühl, Kommunionbank. Kreuzwegreliefs in neugot. Rahmungen 1870. Spätbar. Schnitzfigur hl. Barbara 1. H. 18. Jh., Gegenstück hl. Cäcilie 3. V. 20. Jh. Vortragekreuz um M. 18. Jh. – Turmuhr in gemalter Wimpergrahmung.

Aufbahrungshalle von 1952, 1965 umgebaut.

KAPELLEN. **Hofkapellen.** Hinterschroffenau Nr. 1, Rechteckbau um 1900. Eckstreben unter Kragwalmdach; innen Tonne, neorom. Altärchen. – Hinterschroffenau, Rettenbach, Bau um 1900, Faschengliederung. – Hof, Ramsauer Kapelle, um 1900, 1928 renov., späthistoristischer Bau mit Dreiseitschluß, Spitzbogenöffnungen mit Maßwerkstegen; neugot. Wimpergaltärchen mit Schwarzer Muttergottes. – Vorderelsenwang Nr. 8, Achleiten, größerer Barockbau, spätes 18. Jh., mit verschindeltem Fünfseitschluß unter Kragsatteldach, an der Giebelfassade Figurennische und Rundbogenfelder; gekehlte Flachdecke. – Vorderelsenwang Nr. 88, nachbar. Kapellenstock; Mariahilf-Bild bez. 1827.

Wegkapellen. Gitzen, bei Lebach, Kapellenstock 18./1. H. 19. Jh., Tonnennische, zwei Reliquienpyramiden M./3. V. 18. Jh. – Hinterschroffenau, bei Nr. 90, 3seitig geschlossener, putzgegliederter Bau um 1900. – Hof, westl. des Ortes, Rechteckbau im Typus 19. Jh. mit Rundbogenöffnungen unter Kragsatteldach; innen Tonne. – Schroffenau (Hinterschroffenau), spätbar. Bau 18. Jh. mit Halbkreisapsis, Rechtecköffnungen, Schopfwalmdach; innen gekehlte Flachdecke, spätbar. Säulenaltärchen mit Volutenbaldachinauszug 3. V. 18. Jh., Gnadenstatuette hl. Maria mit Kind in Holzkegelgewand; Konsolstatuetten heilige Priester.

STATUE hl. Christophorus an der Brücke über den Nesselgraben, um 1960.

SCHLOSS Fuschl, im O des Gemeindegebietes am SW-Ufer des Fuschlsees erhöht gelegen. Ehem. erzbischöfliches Jagdhaus, als Schloß urk. erstmals 1555 anläßlich Dachneudeckung; diente auch als Behausung des erzbischöflichen Jägers und Unterwaldmeisters. Seit 1864 Privatbesitz, wesentliche Umbauten 1864/65, Anfang der fünfziger Jahre des 20. Jhs. Adaptierung zu Schloßhotel, nördl. Anbau.

Nahezu quadrat. Grundriß, 3 Geschosse mit hohem Walmdach, an der W-, S- und O-Seite im 1. Obergeschoß je ein Erker auf mehrfach gekehlten Kragsteinen. Im Keller Tonnengewölbe 16. Jh., Erdgeschoßeingangshalle gotisierend mit gedrehter Mittelsäule und Gratstuck 2. H. 19. Jh., Obergeschosse historisierend ausgestattet. Möbel und Gemälde großteils um 1900 zugekauft.

JAGDHOF, westl. von Fuschl an der Bundesstraße. 2geschossiger, bar., stark veränderter Bau unter Schopfwalmdach; Jagdmuseum.

GASTHOF Baderluck, an der Abzweigung des Baderbachtals (Faistenauer Graben). Marmorportal bez. 1804, Putzgliederung von Renov. 1919.

BAUERNHÖFE. **Elsenwang, Nr. 8:** Mittertennhof, 2geschossiges Mittelflurhaus, gemauert mit Scherbenverzierung und Putzrahmung der Fenster, Fenstergitter 19. Jh., das Satteldach über der Tenneneinfahrt abgeschleppt.
Obergitzen, Nr. 4: Mittertennhof, 2geschossiges, gemauertes Mittelflurhaus mit Putzgliederung, Satteldach.
Vorderelsenwang, Nr. 7: Rauchhaus Mühlgrub, urk. nach 1460, seit 1965 Denkmalhof; bis 1983 noch bewohntes Rauchhaus. Einhof, Blockbau mit Schwalbenschwanzstrick, flaches Satteldach, geschweifte Pfettenköpfe mit ornamentaler Bemalung, bez. 1880; Flurküche mit offenem Herd. – Wagenhütte (Ständerbau) mit eingebautem, blockgezimmertem Getreidekasten; überdachtes Brunnhäusl vor dem Eingang; Holzkreuz mit Totenbrettern.

MÜHLEN. **Schwarzmühle,** an der Fuschler Ache gelegene Sägemühle mit unterschlächtigem Mühlrad; Ständerbau mit Satteldach. – **Waldachmühle,** Vorderelsenwang, an Fuschler Ache gelegene Hausgruppe; Hauptgebäude 2geschossig gemauert, an der Wasserseite unterschlächtiges Mühlrad, daneben verschalter Holzständerbau über Mauersockel, ebenfalls Mühlrad; gegenüber, jenseits der alten Straße zwei Wirtschaftsgebäude, eines davon gemauert mit breitem Einfahrtstor, Walmdach, Substanz wohl insgesamt 18. Jh.

HOFGASTEIN, siehe BAD HOFGASTEIN

HOFMARK, siehe GOLDEGG

HOHENWERFEN, Burg, siehe WERFEN

HOLLERSBACH im Pinzgau. Polit. Bez. Zell am See

Gemeinde westl. von Mittersill. Auf Schwemmkegel gelegenes Haufendorf auf der re. Seite des Salzachtales. Auf der Sonnseite Hofgruppen, Paar- und Haufenhöfe, Wohnhaus meist mit Mittelflurgrundriß, Obergeschoßgang und flachem Satteldach. Bmkw. sind die sogen. Pinzgauer Zäune – Schrankzäune.

PFARRKIRCHE hl. Vitus, neurom. Bau in der Dorfmitte, von Friedhof umgeben. Urk. 1348. Pfarre seit 1891. 1892/93 Neubau nach Plan von *Ferdinand Ranggetiner,* Weihe 1894, N-Turm von 1900. Rest. 1938.
Schlichter einschiffiger Bau mit eingezogenem Chor und polygonalem Schluß. Turm mit Biforenfenstern und Spitzgiebelhelm. Einheitliche Innenraumausstattung aus der Erbauungszeit 1894.

Hochaltar, Bild Herz Jesu, bez. *F. Walker,* Figuren Hll. Vitus und Augustinus. – Li. Seitenaltar; Bild Maria mit Kind und Armen Seelen, bez. *F. Walker,* Figuren Hll. Monika und Elisabeth. Re. Seitenaltar, Bild Hl. Familie, bez. *B. Waltl,* Figuren Hll. Michael und Raffael. – Im Langhaus Figurengruppen Pietà und Maria mit Kind. – 2geschossige W-Empore. Orgel von *Matthäus Mauracher,* 1900. – Glocke von *Hans Christof Löffler,* 1571.

Friedhofskapelle, erb. um 1894, ebenfalls neuromanisch.

Kriegerdenkmal an der Friedhofsmauer, mit Kruzifix von *Gustav Resatz,* 1954.

HEIMATMUSEUM, im Gemeindeamt. Erhaltenes Inventar der 1892 abgebrochenen Kirche: Tabernakel, 2. H. 18. Jh.; Bilder Hll. Dionysius, Andreas und Heinrich, 18. Jh.; Erzengel Michael, bez. 1713; Votivtafeln 17. und 18. Jh.; weitere Bilder des 18. Jhs. – Bäuerlicher Schmuck. – Mineralien.

BAUERNHÖFE. **Nr. 13: Klausengut,** breitgelagertes, 2geschossiges Haus 16. Jh.; Erdgeschoß in unverputztem Bruchsteinmauerwerk, darüber Blockbau, First bez. 1753. Umlaufender Balkon. Im Erdgeschoß mächtige Tonnengewölbe mit Stichkappen. – **Nr. 23:** Scharrer, neben dem 1923 renov. Wohnhaus mit Kern 16. Jh., die beiden Wirtschaftsgebäude Rinderstall und Pferdestall um runden Steinbrunnen mit neuer Georgstatue gruppiert; am Pferdestall Stadelluck mit paarig gegenüberstehenden, ausgesägten Pferdeköpfen.
Grubing, Nr. 4: Wimmerbauer, 3geschossiges Wohnhaus mit gemauertem Erdgeschoß, Obergeschosse Blockbau, bmkw. Zierschrot, Dachreiter. Seitl. der Haustüre runde Medaillons mit Hll. Florian und Sebastian.
Arndorf, Nr. 3: Wieser, Kleinbauernhaus; 2geschossiger Blockbau mit traufseitig erschlossenem Eckflur; Giebel bez. 1783.

HOLZHAUSEN, siehe ST. GEORGEN bei Salzburg

HUMMERSDORF, siehe PIESENDORF

HUNDSDORF. Gem. Bruck a. d. Großglocknerstraße. Polit. Bez. Zell am See

Weiler an der nördl. Seite des Salzachtales, mit kleinem Ensemble aus Kirche, Kloster, ansitzartigem ehem. Wirtshaus und Bauernhäusern. Caritas-Kinderheim St. Anton gegründet 1921.

FRANZISKANERKIRCHE hl. Antonius von Padua. Bettelordenskirche, nach Plan des Franziskanerpaters *Benedikt Baur.* 1736 erb., Weihe 1741. Schlichter Außenbau, Langhaus im W an das Kloster angebaut, Dachreiter mit Rundbogenfenstern und Zeltdach. Einspringender Chor mit Wandmalerei hl. Franziskus, 19. Jh.; unterhalb des Chores Priestergruft, 3schiffig, in der Mitte Kreuzgratgewölbe, seitl. Stichkappentonnen. Im S 2geschossiger Sakristeianbau zwischen Langhaus und Chor.

Langhaus 4jochig, segmentbogiger Triumphbogen, Chor mit 2 ganzen und 2 halben Jochen. Flaches Tonnengewölbe, Pilastergliederung; hölzerne W-Empore und in die Langhauswände eingelassene bar. Beichtstühle.
Ornamentale Decken- und Wandmalerei von *August Wagner,* 1925. Altaraufbauten, Kanzel und Beichtstühle von 1737. Hochaltar, Mensa mit Bild Eselswunder des hl. Antonius, Altarblatt Jesus erscheint dem hl. Antonius, bez. *Jakob Zanusi 1737;* Aufsatzbild Hl. Dreifaltigkeit, von *Jakob Zanusi;* Tabernakel im 19. Jh. überarbeitet, mit 2 Engeln von *Augustin Scharmer,* um 1865; Konsolfiguren Hll. Petrus von Alkantara und Bernhard von Siena, 19. Jh. – Li. Seitenaltar, Mensabild bar., Heimsuchung, Altarblatt Verkündigung an Maria, M. 19. Jh., bar. Aufsatzbild Schutzengel. – Re. Seitenaltar, bar. Mensabild Papst Nikolaus V. am Grab des hl. Franziskus, Altarblatt Gewährung des Portiunkulaablasses, bez. *Johann Hueber 1855,* Aufsatzbild hl. Johann Nepomuk von *Jakob Zanusi* um 1737. – Im 2. Chorjoch Altarnischen mit Bildern Hll. Joseph und Aloysius, 18. Jh.
Figur hl. Franziskus von *Jakob Adlhart,* 1947. 3 bar. Wappenschilde. Bar. Bilder, 18. Jh., Immaculata, hl. Joseph; 14 Kreuzwegbilder, 3 Bilder mit Marterszenen hl. Franziskaner. – Orgel von *Matthäus Mauracher,* 1892. Sakristeikasten mit bar. Bildern Hll. Joachim und Anna, Jakobus und Franziskus.

Ehem. Kloster, westl. der Kirche. Umbau 1972. Wandmalerei am Außenbau hl. Franziskus bez. *K(arl) W(eiser) 1972.* Bar. Ovalbilder des 18. Jhs., Mariahilf, Maria, Johannes Ev., Hll. Ludovicus und Bonaventura, sowie 3 Ordensheilige, hl. Elisabeth; Portrait Eb. Jakob Ernst Liechtenstein, M. 18. Jh.

WEGKAPELLE, an der Straße westl. des Traunergutes, mit Kreuzigungsgruppe, 2. H. 18. Jh.

HAUS Nr. 4, ehem. Verwaltungszentrum des Stiftes Michaelbeuern im Pinzgau, im 17./18. Jh. Traunerwirtshaus. Stattlicher 3geschossiger Mauerbau mit Schopfwalmdach. Rundbogenportal und Flurfenster abgefast; Erdgeschoß und 1. Obergeschoß spätmittelalterlich, mit Tonnengewölben im Flur. Im 1. Obergeschoß bar. Stuckdecken. – Kanzlei im Erdgeschoß ehem. Taverne, Vertäfelung mit eingeritzten Trinksprüchen und Zeichnungen, 18. Jh.; Bild Stigmatisation des hl. Franziskus von *C. Mayrhoffer,* 1733. – Sgraffito am Außenbau, hl. Antonius, von *Karl Reisenbichler* 1931.

BAUERNHÖFE. **Nr. 6:** Moserhaus. Erdgeschoß gemauert, Obergeschoß verputzter Blockbau. **Nr. 21:** Armenhaus. Kleiner Blockbau mit traufseitigem Eingang.

HÜTTAU. Polit. Bez. St. Johann i. P.

Gemeinde; Straßendorf im Fritztal, östl. von Bischofshofen an der Katschberg-Bundesstraße (z. T. im Bereich der alten Römerstraße). Der Ort urk. 1325; ehem. Hüttenwerke und Bergbau urk. um 1549 bis 3. V. 19. Jh. 1875 Eröffnung der Kaiserin-Elisabeth-Bahn (Bischofshofen–Selzthal).
Altbestand an Bauernhöfen in Streusiedlungen an den steilen Hängen des Haupttales und der Seitentäler, so u. a. in der Bairau, in Iglsbach und der

Ortschaft Sonnberg. Pongauer Paar- und Haufenhöfe; Wohnhäuser meist 2geschossige Mittelflurhäuser mit verzierten Gängen, Pfettendächern und vielfach Glockentürmen, Stallscheunen und bmkw. Bestand an 2geschossigen Getreidekästen.

PFARRKIRCHE hl. Leonhard. 3schiffige got. Kirche mit vorgelagertem Westturm parallel zwischen dem Fritzbach und der Durchzugsstraße in der Ortsmitte. – Um 1450 Grundschenkung, 1472–1492 Kirchenbau, 1612 Chorneubau, 1619 neue Altäre. 1689 Vikariat, 1856 Pfarre. Renov. 1846/47, 1877, 1922 und 1955.

Hüttau,
Pfarrkirche hl. Leonhard

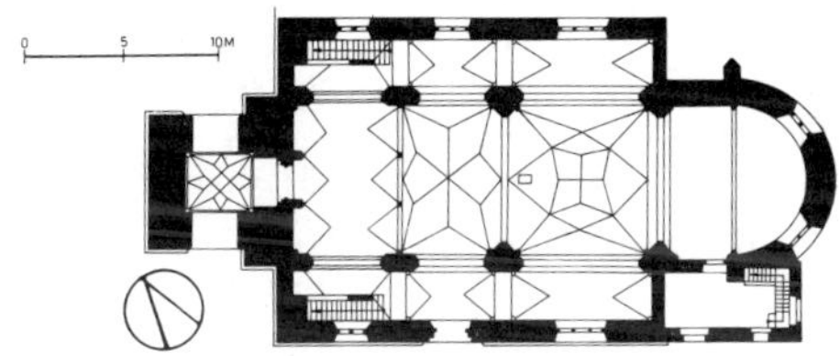

Ungegliederter Außenbau, in der SW-Ecke bez. 1472, got. Maßwerkfenster und Satteldach. 3jochiges Langhaus, im S gekehltes Spitzbogenportal mit Tympanon, im W zwischen zwei hohen, abgestuften Strebepfeilern Segmentbogenportal mit Kehlung und Wulst. Am halbkreisförmigen Chor abgestufte Strebepfeiler, Wappen- und Inschriftenstein bez. Markus Sittikus 1613. Westturm von 1492, Turmhalle mit Spitzbögen, südl. gekehlt mit Stabwerk; 4 durch Gesimse angedeutete Geschosse, südl. Luken, im Glockengeschoß Triforenfenster mit Doppelsäulen, darüber Dreieckgiebel und Spitzhelm. Südl. des Chores 2geschossige Sakristei von 1612 (ehem. Bau eingeschossig). Turmhalle, got. Sternrippengewölbe auf runden Konsolen; Kruzifixus 4. V. 19. Jh.
3schiffiges, got. Langhaus mit ungleichen Jochen, in den Seitenschiffen durch Spitzbögen unterteilt. Im Mittelschiff Sternrippen von 1955 auf Pfeilern und runden Diensten, in den Gewölbefeldern got. Rankenmalerei. Hohe, abgefaste Spitzbögen zu den niedrigeren, ehem. rippengewölbten Seitenschiffen. 5achsige, got. Westempore auf abgefasten Spitzbögen (zum Mittelschiff auf Säulen), Brüstung mit vorgeblendetem Maßwerk; in der Mitte abgefaster Turmzugang, darüber Orgelempore. Spitzbogiger Triumphbogen. Eingezogener Chor mit halbkreisförmigem Schluß, Dienste mit Gurtbogen und Tonnengewölbe von 1612; Wappenstein des Erzbischofes Markus Sittikus Graf Hohenems bez. 1612, re. Sakristeiportal mit got. Eisenplattentür.
Altäre von *Arsenio Mascagni* (Schule?) und *Augustin Klaner* (Tischler) von 1619; 1639 Weihe des Hauptaltares, Hochaltar lt. Inschr. (Chronogramm) renov. 1847; Wappen des Eb. Markus Sittikus; zwischen kannelierten Säulen Altarblatt hl. Leonhard von 1619, Oberbild Maria mit Kind und hl. Dominikus, darüber Aufsatzfigur hl. Michael, 18. Jh. – Auf den Seitenaltären moderne Figuren von 1979, Hll. Maria mit Kind und Joseph. Altarblätter zwischen kannelierten

Pilastern, li. hl. Thomas von Canterbury empfängt von einem Engel Palmenzweig und Kranz, re. hl. Thomas von Canterbury wird enthauptet. Kanzel mit Schalldeckel 1626 von *August Klaner*, in den Füllfeldern Bilder der 4 Evangelisten. – Skulpturen. Pietà auf Konsole, 17. Jh.; Triumphbogenkreuz 18. Jh.; Maria mit Kind in Glasschrein 17. Jh. Im Chor Konsolfiguren Hll. Sebastian und Florian, 18. Jh.; am Mittelschiffpfeiler Hll. Anna, Wolfgang, Joachim, Blasius und Leonhard 17./18. Jh., hl. Antonius E. 19. Jh. – Bilder. An der Orgelemporenbrüstung zwei Heiligenbilder 18. Jh.; 14 Kreuzwegstationen 1738; Schutzengel (ehem. Kanzeltür) M. 18. Jh. in Verwahrung. – Neugot. Taufstein, bez. 1857. – Neugot. Gestühl (ehem. Altenmarkt). Orgel von *Albert Mauracher*, 1895. Sakristeischrank bez. 1673, in Privatbesitz (Mariapfarr). Beichtstühle 1955.

Grabsteine. Li. roter Marmor (unleserlich), re. Andreas Huber 1839, Josef Pausch 1792.

Friedhof südwestl. der Kirche; im SO Aufbahrungshalle von 1963; nördl. Perweinkapelle, Portal bez. 1951, Kruzifixus von *Jakob Adlhart.*

PROFANBAUTEN. **Nr. 4:** Mühlhaus. – **Nr. 29:** Gasthof Post, im 16./17. Jh. Sitz der Edlen von Feuerseng. Erb. 1598, 2geschossiger, 6achsiger Bau, Fassade 19. Jh.

BAUERNHÖFE. **Bairau.** Streusiedlung an der südl. Talseite des Fritzbaches, Name Beirau erinnert an Landnahme durch die Baiern. **Nr. 4:** Wies. Paarhof bez. 1626, giebelseitig erschlossenes Wohnhaus in Blockbau. – **Nr. 5:** Forst. Haufenhof. Wohnhaus traufseitig erschlossener Blockbau über gemauertem Erdgeschoß. Bmkw. Stallscheune aus dem 18. Jh. und Getreidekasten bez. 1762, 2geschossiger Blockbau mit Außenstiege, kleinem Balkon, Schopfwalmdach. Geschwungener Türsturz bez. 1773. Nebengebäude mit geschwungenem Zierbrett, bez. 1762 vor der Firstsäule des offenen Giebelfeldes.

Iglsbach. Einzelgehöfte in Streulage an den Abhängen des Iglsbachgrabens. **Nr. 8:** Hinterschwaig. Paarhof, 3geschossiges Wohnhaus mit breitem Flur und traufseitigem Eingang, First bez. 1757, Kern älter, z. T. originale Fenster und Türen. Backofen. – **Nr. 18:** Beham. Paarhof. Wohnhaus, First bez. 1676. Auf niederem Steinsockel Blockbau, 2geschossiges Mittelflurhaus mit giebelseitigem Eingang; Erdgeschoß z. T. verputzt.

Sonnberg. Nördl. von Hüttau gelegene Streusiedlung jenseits der Autobahn. **Nr. 56:** Weyerbauer. Gemauertes Paarhofwohnhaus, 18. Jh., Schopfwalmdach. – **Nr. 65:** Stuppbauer. Paarhof, Wohnhaus bez. 1689. 2geschossiger Kasten bez. 1792. Wohnhaus, 2geschossiger Blockbau auf gemauertem Untergeschoß mit Gewölbekeller. Kopfschrotverbände, Fenstergitter, Glokkenturm in Gabelform auf Pfettendach. Im Giebelfeld Geweih und Christophorus-Statue.

RÖMISCHE MEILENSTEINE, neben dem Gemeindeamt aufgestellt; ca. 1,5 km westl. des Ortes in Sonnhalb gefunden.

HÜTTEN. Gem. Leogang. Polit. Bez. Zell am See

Knappensiedlung an der Leoganger Ache, mit einem vom 16. bis ins 19. Jh. betriebenen Schmelzwerk (Silbergewinnung).

KNAPPENKAPELLE hl. Anna, erb. 1770, rest. 1983. Nach W orientierter einfacher Bau mit eingezogener, polygonaler Apsis, Giebelreiter und Zwiebelhelm. – 2jochiger, tonnengewölbter Raum, im 1. Joch Holzempore, in der Apsis Stuckwappen Sigmund Schrattenbachs.
Einrichtung von 1770. Altarbild Immaculata, Hll. Barbara, Katharina, Florian, Sebastian, Johann Nepomuk und Daniel. Figuren auf Seitenkonsolen Hll. Bonaventura und Leonhard von Porto Maurizio. Kreuzwegbilder. Bild hl. Anna, Maria lehrend. Holzkruzifix.

EHEM. BERGBAUSIEDLUNG, mit großteils heute umgebauten, urspr. vollständig in Blockbau errichteten kleinen Knappenhäusern. **Nr. 10:** Erdgeschoß gemauert, traufseitiger Eingang mit Steinportal bez. 1593, stark verändert. – **Nr. 12:** Verputzter Blockbau, 18. Jh. – In der Ortsmitte 2geschossiger Mauerbau, im Kern 16. oder 17. Jh., im 19. Jh. verändert, heute verfallend.

HÜTTENSTEIN, Schloß, siehe SANKT GILGEN

HÜTTSCHLAG. Polit. Bez. St. Johann i. P.

Gemeinde, einer der beiden Hauptorte des Großarltales, aus Bergbau- und Hüttensiedlung des seit dem Mittelalter betriebenen Kupfer- und Schwefelbergbaues hervorgegangen; Blütezeit 17./18. Jh., aufgelassen in Etappen, um 1865. Betriebsobjekte abgetragen, einige Knappenhäuser im Gemeindeteil Wolfau erhalten.
Großteils Paarhöfe, z. T. Wohnspeicherhäuser; meist 2geschossige Blockbauten mit Mittelflur, Zugang giebel- oder traufseitig, Gänge an Giebel- oder Traufseite, flache Pfettendächer mit Glockentürmchen. Stallscheunen unten gemauert, darauf Blockbau aus Rundhölzern. Häufig Verbindungsgänge zwischen den Objekten. Getreidekästen in reinem Blockbau oder auf gemauertem Untergeschoß.

PFARRKIRCHE hl. Joseph, erhöht am südöstl. Ortsrand. Barockbau mit Westturm, von Friedhof umgeben. – Urk. 1675 Kapelle (bei den Schmelzhütten in Großarl), 1679 Kirchenbau und Vikariat, seit 1787 Friedhof, 1891 Pfarre. Renov. 1858, 1901, rest. 1956, 1961 und 1979.
Einschiffiges Langhaus mit Pilastern, eingezogener Chor mit polygonalem Schluß; Satteldach. Im W vorgesetzter Turm, Portal mit Giebelaufsatz, darüber Wappen des Eb. Max Gandolf Graf Kuenburg, im Glockengeschoß Rundbogen-

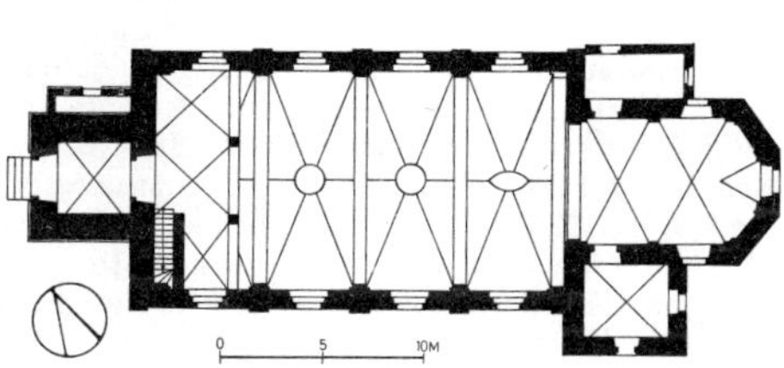

Hüttschlag, Pfarrkirche hl. Joseph

schallfenster und geschweiftes Zeltdach. Turmhalle kreuzgewölbt; in der NW-Ecke Ölberg mit spätbar. Figuren Christus und Jünger. 2geschossige bar. Sakristei an der Chorsüdseite, nördl. eingeschossiger Anbau.
4jochiger Barockbau mit Pilastergliederung, breiten Gurtbögen. Kreuzgewölbe und Stuckmedaillons von 1679. 2geschossige, 3achsige Pfeilerempore von 1794, zum Langhaus Rundbögen. Eingezogener, rundbogiger Triumphbogen. 2jochiger Chor mit 3seitigem Abschluß, Pilaster und Kreuzgewölbe; li. Kammer-, re. Sakristeizugang.
Bar. Säulenhochaltar von 1679, Altarblatt Geburt Christi 17. Jh., rückseitig bez. *Franc N.(ikolaus) Streicher 16(7)80,* Oberbild Gottvater und Hl. Geist M. 19. Jh.; seitl. Konsolfiguren, li. hl. Johannes Nepomuk 18. Jh., re. Papst Pius X. bez. *Franz Kreuzer 1956.* Am Altar zeitweise vier Statuetten M. 19. Jh., am Aufsatz Engel, 18. Jh.; hinter dem Altar Herz-Jesu- und Marienfigur von *Ignaz Huber* um 1960. – Seitenaltäre um 1700; li. bar. Tabernakel und Vesperbild, 18. Jh., im Aufsatz Bild Immaculata, 19. Jh.; re. Tabernakel um 1620, Figur hl. Joseph 18. Jh.
Kanzel M. 18. Jh. (ehem. Andräkirche in Salzburg), geschwungener Korb mit Relief Moses mit Gesetzestafeln, von geschnitztem Tuch z. T. verdeckt; Engelsköpfe; stark profilierter Schalldeckel, im Aufsatz Engel mit Posaune. – Schnitzwerke 18. Jh., im Langhaus Hll. Michael, Antonius von Padua, Immaculata, Christuskind im Strahlenkranz, unter der Empore Hl. Familie, am Fronbogen Kruzifixus, Maria und Johannes; im Chor Tragstange mit Figur Maria mit Kind (Kopie, Original in Verwahrung); Kruzifix 19. Jh. – Bilder, im Chor Maria mit Dreifaltigkeit und Ansicht von Hüttschlag, 19. Jh.; re. Tod des hl. Joseph, 19. Jh.; 14 Stationsbilder um 1900. – Beidseits des Hochaltares Inschriftentafeln mit Rollwerkrahmen, re. bez. 1679. Taufstein von 1953. – Orgel von *Mauracher,* 1833.
Grabsteine. In der Turmhalle Johann Georg Auer, 1788; Philipp Jakob Reger, 1788; Joseph Anton Gasper, 1789; Johann Baptist Kendlbacher, 1808; Franz Anton Harl, 1830 u. a.

Pfarrhof westl. der Kirche. 2geschossiger Holzblockbau von 1677, z. T. einfache Stuckspiegel.

Kriegergedächtnisstätte im Friedhof, erb. 1953. Schnitzwerk Soldat von *Rudolf Seer.* – Im W **Aufbahrungshalle,** erb. um 1966.

KAPELLEN. Christophoruskapelle in W o l f a u. Erb. 1977–1979. 2jochiger Bau mit Satteldach, 8eckigem Glockenturm mit Rundbogenschallfenstern; innen Tonnengewölbe. – Mariahilfkapelle in S c h a p p a c h. Schlichter Bau mit Rechteckportal, Spitzfenster und Satteldach; Mariahilf-Bild und Figuren Hll. Rupert und Virgil, 18. Jh. – Zu Unserer Lieben Frau in M a u r a c h. Erb. 1954. Rechteckbau mit 3seitigem Schluß und Satteldach; vorgesetzter Turm mit Zeltdach. 2jochiger, tonnengewölbter Innenraum, Altarblatt hl. Maria mit Kind, 18. Jh., volkstümliche Halbfiguren Hll. Martha und Magdalena, bäuerlicher Kruzifixus, Lourdes- und Herz-Jesu-Statue. – Neuhofkapelle in O b e r n e u - h o f. Bez. 1880, Rechteckbau mit kleiner Rundapsis, Holzschindelsatteldach. Bild Maria mit Kind und hl. Aloysius, 18. Jh. – Kapelle in K a r t e i s, Holzbau mit Schindelsatteldach, Rechteckportal und Fenster; Tonnengewölbe. Volkstümlicher Kruzifixus.

PROFANBAUTEN. **Nr. 10a/b:** Sackzieherhaus. Langgestreckter Steinbau mit Satteldach und zwei traufseitigen Eingängen. – **Nr. 19:** Gemeindeamt. Steinbau mit flach gewölbtem Portal an der Giebelseite und Schopfwalmdach. – **Nr. 20:** Gasthaus Lederer. Traufseitig begehbarer Steinbau mit segmentbogigem Eingang. Schopfwalmdach. – **Nr. 21:** Gegenschreiberhaus. Ehem. Wohnsitz des Bergbaukontrollors. Mischbau, verputzt, giebelseitiger Eingang. – **Nr. 40:** Traufseitig begehbarer Mischbau, 1980 renov.

Wolfau. Südl. Ortsteil mit ehem. Knappenhäusern. **Nr. 46:** Kendlbacher. Wohnspeicherhaus in Mischbauweise, etwa 17. Jh., seit E. 18. Jh. Gasthaus. Im Giebelfeld Holzstatue hl. Vinzenz. – **Nr. 51:** Oberzitrau. Bez. 1513. 2geschossiger Blockbau über gemauertem Kellergeschoß. Der über ein Gangl im Erdgeschoß erreichbare Querflur zeigt eine Hinterflurküche mit offener Feuerstätte. Weitere alte Knappenhäuser sind **Nr. 42:** Kräuterer. – **Nr. 43:** Schwefelläuterer, **Nr. 50:** Kernhäuser.

Karteis. Streusiedlungsgebiet und Weiler am re. Ufer des Großarlbaches und an den Hängen des Karteiser Grabens. **Nr. 1:** Unter Neuhof. Paarhof. Leerstehendes, 2geschossiges Wohnhaus, First bez. 1801. Blockbau mit giebelseitigem Eingang, durchgängigem Mittelflur, originalen Fenstern und Türen und Gangl an Trauf- und Giebelseite. Satteldach mit Brettschindeln. – **Nr. 4:** Asthütten. Paarhof mit Verbindungsgang zwischen den Gebäuden, 16./17. Jh. Wohnhaus in Blockbau, um die Breite des erdgeschossigen Gangls vorspringender Mauersockel. Darunter großer Keller. Traufseitiger Eingang mit gespundetem und gekerbtem Türstock. Originale Fenster, einfach verbretterte Gänge an der Traufseite im Erd- und Hauptgeschoß. Getäfelte Stube mit flurbefeuertem Kachelofen, Sommerküche im Flur. 2geschossiger Kasten mit offenem Giebel, Blockbau. – **Nr. 8:** Niederkarteis. Paarhof, Wohnhausfirst bez. 1752. Wohnhaus in Blockbau mit giebelseitig erschlossenem Mittelflur, großer Gang in Haupt- und Dachgeschoß. – **Nr. 14:** Mitterkarteis. 2geschossiges Wohnspeicherhaus, 1. H. 17. Jh. Gehöft mit gemauertem Untergeschoß und rundbogigem breitem Eingang an der Traufseite. Haupt- und Dachgeschoß in Blockbau, in Traufrichtung angefügter Speicherbau. Gang über Trauf- und Giebelseite, Außenkamin, Gewölbekeller. Einseitig abgeschlepptes flaches Satteldach mit Glockenturm. An der Traufwand Holzfigur hl. Florian. Stallscheune aus Rundlingen, Kasten bez. 1778 und ehem. Mühle bez. 1850, beide in Blockbau.

See. Streusiedlung im Talschluß mit Einzelgehöften. **Nr. 2/3:** Weilersiedlung Kree mit den Höfen Vorder- und Mitterkree. Beide Wohnhäuser 2geschossig, Blockbau, Mittelflur und Schindeldächer. **Nr. 2:** Vorderkree. Haufenhof, Wohnhaus bez. 1610, Zubau 1866. Giebelseitig begehbar, z. T. originale Fenster und gespundete Türstöcke, Gang an Trauf- und Giebelwand. Stallscheune bez. 1882; 2geschossiger Kasten bez. 18 . ., Pferdestall, Waschküche, Holzlage. **Nr. 3:** Mitterkree. Paarhof. Wohnhaus bez. 1610, „Stallscheune" bez. 1882. Wohnhaus mit traufseitigem Eingang und Gang, originale Türen und Fenster. – **Nr. 5:** Stockham, Paarhof. Wohnhaus und Stallscheune bez. 1696, durch Gang miteinander verbunden. Ältester bewohnter Hof der Gemeinde. 2geschossiges Wohnhaus, überkämmter Blockbau. Eingang und kleiner Gang an der Traufseite. Originale Fenster, Türen und Dachneigung; Scheune Blockbau über Stall aus Trockenmauerwerk. – **Nr. 8:** See. Paarhof, First bez. 1625. Über hohem Mauersockel 2geschossiges traufseitig begehbares Mittelflurhaus in Blockbau.

Originale Fenster und Türen, offene Feuerstätte. Gang an Giebel- und Traufseite, Schindeldach. Stall in Trockenmauerwerk, darüber Scheune aus Rundhölzern; angebautes doppelsitziges Fallklo. – **Nr. 11:** Pertil. Paarhof, Renov. Wohnhaus, urspr. 17./18. Jh., traufseitig begehbarer Mischbau. Blockbau, Scheune mit Schindeldach, Schweinestall aus Rundlingen, eingeschossiger Kasten bez. 1755. – **Nr. 13:** Haustein, Paarhof. Rauchstuben-Wohnspeicherhaus, First bez. 1723. Traufseitig erschlossener Blockbau mit originalen Fenstern und Türen, umgehender Gang an Giebel- und Traufseite. Speichertrakt um Gangbreite vorgezogen. Rauchstube mit offener Feuerstätte. Stallscheune aus Rundhölzern. – **Nr. 22:** Maurach. Haufenhof, 18. Jh. (?). 2geschossiges Wohnhaus mit Mittelflur. Blockbau, nur Küchenteil gemauert. Neueres Satteldach und Glockenturm. Gemauerter Stall mit gezimmerter Scheune. Eingeschossiger Kasten, Waschküche, Kleintierstall, Geräteschuppen mit offenem Giebel.

IRRSDORF. Gem. Straßwalchen. Polit. Bez. Salzburg-Umgebung

Gassengruppendorf im nordöstl. Flachgau, südöstl. von Straßwalchen. – Urk. 8. Jh. Wahrsch. um 1200 planmäßige Anlage des Ortes.
Einhöfe vom Flachgauer Typus, überwiegend Stein- und Mauerbauten, daneben Blockbauweise.

FILIALKIRCHE Mariä Himmelfahrt, am südöstl. Rand der Ortschaft. Spätgot. Saalkirche mit Westturm, von Friedhof mit Mauer umgeben. – Urk. 10. Jh. 1408 Weihe des Neubaus, mit Portal samt Inschr. und Wandmalerei im Chor übereinstimmend, jedoch innerer Ausbau und Wölbungen vom späten 15. Jh. geprägt. Ab 1682 einheitliche Ausstattung. Rest. 1928/29, zwischen 1948–1957, außen 1975, innen ab 1984.

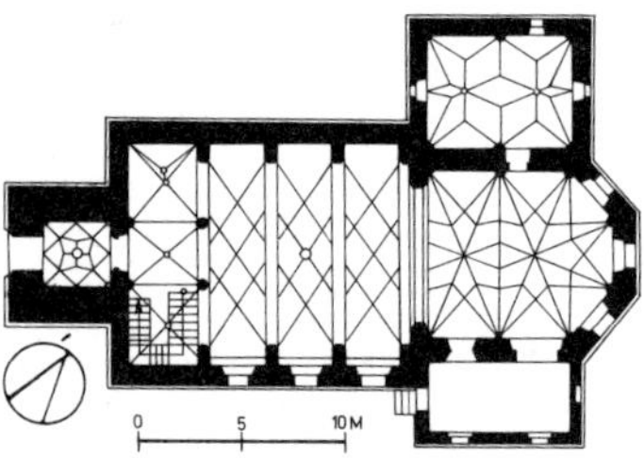

Irrsdorf, Filialkirche Mariä Himmelfahrt

Außenbau. Got. Westturm von 1408, durch Gesimse 4geschossig, Portal sowie Schallfenster abgefast spitzbogig, das kleinere östl. mit 2bahniger Maßwerkfüllung, romanisierende Konsolköpfe 15. Jh.; bar. Achteckattika von 1696 und verschindelter Doppelzwiebelhelm von 1749. – Am Langhaus und wenig eingezogenen, 3seitig geschlossenen Chor um 1408 got. Kaff- und Traufgesimse sowie bar. Rundbogenfenster nach 1682. Im Chorscheitel ehem. Figurennische. Am Chor nordseitig im Kern got. Sakristeianbau; südseitig bar., rechteckige Leonhardskapelle von 1714 mit Putzgliederung.
Inneres. Turmhalle mit Netzrippengewölbe wohl gegen 1500. Breites Rotmarmorportal durch Inschr. am Sturz bez. 1408, profiliertes Schulterbogengewände

in giebelförmiges Dreiecktympanon übergehend, darin Halbfigurenrelief hl. Maria mit Kind und Stifter; bmkw. got. Türflügel mit Hochrelieffiguren Hll. Maria und Elisabeth in der Hoffnung (Heimsuchung) über Telamonen und Stifter, um 1408. Marmorgrabstein des Bauherrn Pfarrer Berchtold von Straßwalchen 1410, Nischenfigur des Knienden in Hochrelief.

Innenraum vom Ausbau des späten 15. Jhs. bestimmt. 4jochiges, durch Wandpfeiler gegliedertes Langhaus in geringfügig eingezogenen, über Stufen erhöhten, einjochigen Chor mit 5/8-Schluß übergehend. Tonnengewölbe mit Stichkappen. Rotmarmorplattenboden urk. 1674. – Im Langhaus Netzrippengewölbe, um 1500, über tiefen Schildbögen auf got. Wandpfeilern, diese 1834 bei Einfügung der Gurtbögen verstärkt, in den Westecken die urspr. Polygonalpfeiler und vorspringenden Konsolauflager der Rippen sichtbar. Im Westjoch 3achsige, kreuzrippenunterwölbte Empore, um 1500, auf spitzbogigen Säulenarkaden mit romanisierenden Kämpferkapitellen (Gesichtsmasken), an der Front Bemalungsreste; auf der Empore verstäbtes und schulterbogig gefülltes Turmportal; 2. Emporengeschoß aus Holz, von 1649. Spitzbogiger, abgefaster Triumphbogen. – Im Chor Sternrippengewölbe (gegen 1500 eingezogen) auf Rund- und Polygonalstäben bzw. Konsolen. Sakristei, Türe mit got. Beschlägen, innen 2jochiges Sternrippengewölbe auf Konsolen mit Rankenmalerei um 1500, 1970/71 Erneuerungen. – Leonhardskapelle von 1714, Türen mit bar. Schlössern und Beschlägen, innen gekehlte Flachdecke über Gebälk und Pilastern.

Wandmalerei im Chorschildbogen, A. 15. Jh., 1956 freigelegt, figurenreiche Kreuzigung Christi mit Ecclesia in Scheinarchitektur.

Einrichtung urk. begonnen 1682 von *Meinrad Guggenbichler* und seiner *Werkstatt;* Altarblätter von *Johann Friedrich Pereth.* Einheitliche Schwarz-Gold-Fassungen, organische Belebung der traditionellen Aufbauten durch bewegte Einzelformen (Spiralsäulen, Sprenggiebel), vegetabile Elemente sowie Figuren. – Hochaltar, den Chorschluß einnehmend; im Kern got. Mensa mit rückseitigen rundstäbigen Altarstützen; Aufbau bez. 1684, eigenhändige Plastiken *Guggenbichlers,* 1876 renov.; in durchgehender Sockelzone seitl. Opfergangsportale mit Türbildern (Engel), säulengegliederter Tabernakelaufbau mit seitl. Nischenfiguren Hll. Maria und Jakobus d. Ä.; 3achsiges Hauptgeschoß mit Säulen und Gebälkabschluß, Altarblatt Himmelfahrt Mariä, vor seitl. Nischenachsen Statuen Hll. Martin, Wolfgang, außen Hll. Georg, Florian; Auszugsädikula mit Dreifaltigkeitsbild und Seitenfiguren Hll. Johannes d. T. und Ev. von 5 Engeln mit Symbolen aus Lauretanischer Litanei umgeben; spätgot. Schnitzfigur hl. Maria mit Kind, um 1515 (vielleicht mit Reliefs des *Meisters von Irrsdorf* im SMCA Teil des ehem. Hochaltars).

Seitenaltäre urk. 1689–1691, Portaltypus mit Seitenfiguren in Säulenstellung, *Werkstatt Guggenbichlers,* Auszugsädikulen. Li. Altarblatt Tod des hl. Joseph, Seitenfiguren Hll. Benedikt, Scholastika, Auszugsmedaillon Gottvater zwischen Statuen Hll. Apollonia, Maria Magdalena; Tabernakel von 1764. Re. Altarblatt Wunderheilung des hl. Antonius von Padua, Seitenfiguren Hll. Franziskus, Klara, Auszugsmedaillon hl. Felix von Cantalice zwischen Statuen Hll. Elisabeth, Ursula. – Polygonale Kanzel urk. 1690, am Korb und Zugangsbalkon Statuetten der Kirchenväter, auf dem Schalldeckel hl. Paulus. – Üppiger Rahmen des nördl. Oratorienfensters, urk. 1691. – Barockisierende Orgel 2. H. 19. Jh., Werk urk. 1769 repariert.

Im Presbyterium Reliefblock von einem großen römischen Grabdenkmal mit Darstellung eines berittenen Soldaten mit Reitknecht (3. Jh. n. Chr.).
Spätgot. Kalksandsteinstatue hl. Maria mit Kind, um 1380. Schnitzfiguren hl. Maria und Gabriel (Verkündigung) um 1460. Kruzifix 2. H. 15. Jh. Bar. Schnitzfiguren hl. Sebastian E. 17. Jh.; Schmerzensmann und hl. Maria um 1700, *Werkstatt Meinrad Guggenbichlers;* Pietà urk. 1703 von *Meinrad Guggenbichler* auf Konsole um 1710–1720 vor gemaltem Baldachin; kniender hl. Johannes Nepomuk unter Baldachin um 1730, auf Konsole E. 17. Jh. – Gestühl z. T. von 1754, Chorstuhl mit Intarsien 1. H. 18. Jh. – Votivbilder hl. Leonhard 1740, 1752, 1761. Bar. Holzopferstock. Sakristeischränke um 1680. Spätbar. Krippe.
Leonhardskapelle. Leonhardsaltar 1714–1716 von *Meinrad Guggenbichler;* vielgliedrig untektonisches Retabel in Schwarz-Gold-Fassung, Mittelstatue hl. Leonhard, Seitenfiguren in Säulenstellung Hll. Sebastian, Pantaleon, auf Gebälkverdachung Gottvater; Antependiumsbild Grabchristus um 1720 vom Kreuzigungsbild; Statuetten Hll. Rupert, Ambrosius vom Hochaltar. Zwei Engelsfiguren urspr. seitl. des Altars. Kreuzigungsbild mit plastischem Kruzifix um 1700/1. V. 18. Jh.

Bar. **Kapellenstock** an der Friedhofsmauer.

HAUS **Nr. 39**, Kunstmühle und Schwarzbäckerei. Mächtiger, 2geschossiger Bau des 18. Jhs. mit profilierter Putzgliederung, im Giebelfeld Fresko Gnadenmuttergottes mit Hll. Florian und Bischof.

JEDL, siehe MUHR

KALHAM, Burgruine, siehe EUGENDORF

KALTENHAUSEN, siehe HALLEIN

KAPRUN. Polit. Bez. Zell am See

Gemeinde und ehem. Kirchweiler, südwestl. von Zell am See. Urk. 931. Neuzeitliche Verbauung entlang der Kapruner Ache und an der Straße zum Schloß Kaprun. Von größter wirtschaftlicher Bedeutung der Bau des **Kraftwerkes** Kaprun, etappenweise erb. von 1938 bis 1955; in direktem Zusammenhang damit die Erschließung des gesamten Gebietes für alpine Sportarten – vor allem für den Wintersport (Kitzsteinhorn). **Werksiedlung** der Tauernkraftwerke südl. des Dorfes zwischen 1946 und 1950 errichtet. 1948 westl. der Pfarrkirche neuer Friedhof angelegt.
Auf dem Schwemmkegel des Imbaches mehrere Weiler und Einzelhöfe, heute ebenso wie die südl. gelegene Werksiedlung mit dem Kirchdorf zusammengewachsen. Am Schaufelberg Einzelhöfe. Paar- und Haufenhöfe, das Wohnhaus meist mit Mittelflurgrundriß und Obergeschoßgang unter Satteldach, Wirt-

schaftsgebäude Blockbauten, teilweise mit gemauertem Stallgeschoß, Stroh bzw. Troadgang.
Auf der Anhöhe Burg südl. des Ortes Spuren einer keltischen Höhensiedlung (2.–1. Jh. v. Chr.). Die Reste einer noch im Gelände erkennbaren Befestigung des Gipfelplateaus scheinen ebenfalls noch aus keltischer Zeit zu stammen.

PFARRKIRCHE hl. Margarethe, westl. der Kapruner Ache auf steil abfallendem Hügel. Einfacher Bau, im Kern noch got. (?), 1898 weitgehend umgestaltet, von Friedhof umgeben. Urk. 1409. 1722 Kirchturm erb., im 18. Jh. vollständig barockisiert; 1898 Romanisierung. Pfarre seit 1862. Rest. Außenbau 1971, Innenraum 1978.
Schlichtes Langhaus; aus der westl. Giebelfassade herausragender Turm mit Biforenfenstern und Spitzgiebelhelm (des 19. Jhs.); einspringende Apsis mit polygonalem Schluß. Im N 2geschossige Sakristei. Umlaufende Hohlkehle, über den Turm als Gesims fortgeführt.
Innenraum 3jochig mit Kreuzrippengewölbe von 1898. Chor mit Radialrippen. Kreuzgratgewölbe in der Turmvorhalle. – Glasfenster im Chor, Hll. Margarethe, Katharina und Barbara, von 1898.
Neugot. Hochaltar mit Reliefs Verkündigung, 4 Evangelisten und Pelikan mit seinen Jungen. – Seitenaltäre mit bar. Figuren, li. Mater dolorosa, re. hl. Joseph mit Kind, 18. Jh. – Bar. Figurengruppe Aufnahme Mariens in den Himmel (aus der Schloßkapelle hl. Jakob, Kaprun), M. 18. Jh. Bar. Kruzifix, 1. H. 18. Jh. – Kreuzwegbilder und W-Empore mit Bildern 14 Nothelfer, E. 19. Jh. Bild Heilung der blutflüssigen Frau, bez. 1630, in Verwahrung. – Im N unter der Sakristei Lourdesgrotte mit spätbar. Figur Schmerzensmann. – Orgel von *Franz Mauracher*, 1892. – Glocke von *Karl Wolfgang Gugg*, 1746.

Pfarrhof, ehem. Schule, erb. 1856.

BARBARA-KAPELLE, in der Werksiedlung. Erb. 1953/54 von *Fidelius Schmid*. Schlichter Außenbau mit Satteldach und Dachreiter; einspringende polygonale Apsis. Innenraum einschiffig. – Hochaltarbild hl. Barbara und Arbeiter beim Stollenbau, bez. *(Erwin) Exner 1955*. Hölzerne W-Empore mit Kreuzwegtafeln von *Erwin Exner* 1955.

BURGRUINE Kaprun, auf steilem Hügel östl. des Ortes. Im 12. Jh. Besitz der oberbayerischen Grafen von Falkenstein (?), 1. H. 13. Jh. „Turm zu Kaprun" an Erzbischof, je zur Hälfte an Herren von Walchen und Herren von Felben verliehen. 1480 bis A. 17. Jh. Verwaltungssitz des Pfleggerichtes Kaprun-Zell am See. Seit 18. Jh. Verfall, 1945 letzte Dächer entfernt, seit 1976 Absicherungsmaßnahmen.
Etwa rechteckige Gesamtanlage durch hohe Mauer, früher mit Holzwehrgang, umgeben; östl. Teil mit 6geschossigem, in vier Geschossen rom. Bergfried, Ecken z. T. Buckelquader, urspr. Eingang im 3. Stock, im 6. Stock gegen O got. Biforenfenster. Nördl. daran Wohngebäude mit Fischgrätmauerwerk. Westl. Teil erhöht liegend, heutige Gestalt nach Brandschatzung im Bauernkrieg 1526 aus der 2. H. des 16. Jhs.; „Palas" mit flachen Erkern gegen S, im Inneren zwei Geschosse mit Gewölben 16. Jh., vom nördl. Verbindungstrakt Außenmauern z. T. abgestürzt, im Erdgeschoß ehem. Küche, im 1. Obergeschoß ehem. Kapelle mit kleiner Rundapsis gegen O in den Hof; an der Südseite Burgtor, bez. 1574, vorgelagert kleiner Zwinger mit künstlichem Graben (Teich).

Schloßkapelle hl. Jakob, am Abhang westl. der Burgruine. Einfacher spätgot. Bau, im 2. V. des 18. Jhs. vollständig barockisiert. Urk. 1562, wohl erst im 16. Jh. erb.; 1943 Inventar schwer beschädigt, 1960 Instandsetzung.
Schlichtes Langhaus, im W Giebelreiter mit rundbogigen Schallfenstern und Zeltdach; einspringender polygonaler Chor, im N Sakristeianbau. Spätgot. Portal, gekehlt und rundbogig, im S.

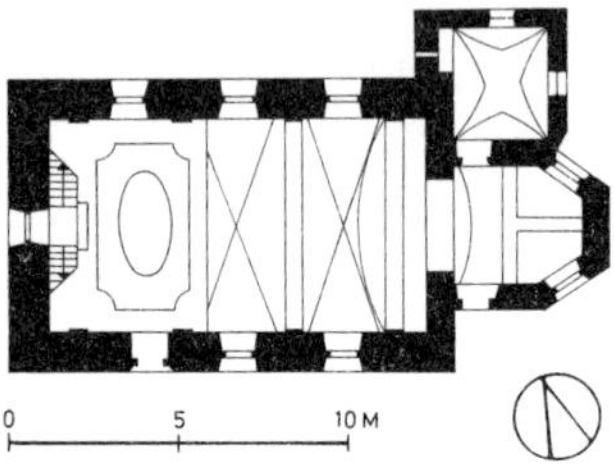

Kaprun, Schloßkapelle hl. Jakob

3jochiges Langhaus mit flacher Tonne. Gliederung von Langhaus und Chor durch Gurtbögen und Pilaster; im Chor halbrunder Abschluß, mit seitl. Zwickelfeldern. Hölzerne W-Empore.
Hochaltar von 1736, Tischler *Georg Perweg*, gefaßt von *Franz Xaver Kurz;* seitl. Chorfenster in den architektonischen Aufbau einbezogen; Altarblatt hl. Jakob und Maria mit Kind von *Franz Xaver Kurz* (?), 1736, Oberbild Trinität, M. 18. Jh. In Verwahrung zwei spätgot. Figuren Hll. Katharina und Barbara, um 1500, Tabernakel, 2. H. 18. Jh., sowie zwei Ovalbilder Hll. Florian und Johannes Nepomuk, um 1775. – Seitenaltäre 2. V. 18. Jh., urspr. Altarblätter gestohlen; li. Seitenaltar, Predella bez. 1710, Altarblatt (aus der Pfarrkirche Kaprun) 14 Nothelfer, 2. V. 18. Jh.
Bar. Kanzel. Bilder hl. Margarethe, bez. *renoviert Jacob Mayr,* 2. V. 18. Jh., Christus vor Pilatus, 17. Jh., beide aus der Pfarrkirche Kaprun. In Verwahrung bar. Bild hl. Helena. – Wappengrabstein mit Inschr. für Caspar Diether von Schedling, gest. 1563, und Balthasar Diether von Schedling, gest. 1586.

HEIMATMUSEUM, in der ehem. Machlhütte des Häuslbauern in Kaprun, Gebäude wurde übertragen. Sammelgut, Dokumentation über das Hüttenwesen.

GASTHOF Mittereger, Nr. 13; spätgot. gekehltes Kielbogenportal, im Flur des Erdgeschosses Spitzkappentonne.

BAHNHOF Fürth-Kaprun. Erb. um 1900; eingeschossiger Grundtypus der Bahnhöfe der Pinzgauer Lokalbahn, über T-förmigem Grundriß.

BAUERNHÖFE. **Nr. 45:** Steiner. 3geschossiger Blockbau, Mittelflur; First bez. 1843. Daneben **Nr. 68:** Meixner. Breitgelagerter, 2geschossiger Blockbau; mit Kopfstrick, unter dem Giebel Kruzifix. Beide Objekte zusammen mit der nahegelegenen Kirche bmkw. Ensemble. – **Nr. 15:** 2geschossiger Blockbau, mit Kopfstrick Eckflur, Küchenteil gemauert; First bez. 1840 und Monogramme; Legschindeldach.

Hauserdorf, Nr. 30, Hauserbauer, und **Nr. 31,** Kellnerbauer. Zwei 2geschossige Kornkästen in Blockbau; First bzw. Türsturz bez. 1776.
Winkldörfl, Nr. 35: Lederer. 2geschossiges Wohnhaus in Blockbau mit Kopfstrick, Küche gemauert.
Schaufelberg, Nr. 58: Hinterweißstein. Haufenhof in steiler Hanglage, bestehend aus Wohnhaus, Stallscheune, Roßstall und etwas oberhalb gelegenem Futterstall. 2geschossiges Wohnhaus in Blockbau, mit Kopfstrick, Querflur, im Obergeschoß überdachter Verbindungsgang in den Roßstall. – **Nr. 62:** Strohhofbauer. Paarhof in steiler Hanglage; 2geschossiges Wohnhaus in Blockbau auf hohem Bruchsteinmauersockel; Querflur; First bez. 1800, Besitzernamen und Monogramme; Legschindeldach. Wirtschaftsgebäude mit weit vorkragendem Legschindeldach, First bez. 1836.
Im Kapruner Tal südl. des Bürgkogels Hofgruppe.

FIGUR Ikarus, auf der Salzachbrücke, von *Max Rieder* 1979/80.

KELLAU, siehe KUCHL

KENDLBRUCK, siehe RAMINGSTEIN

KIRCHBERG, siehe EUGENDORF

KIRCHENTHAL. Gem. St. Martin bei Lofer. Polit. Bez. Zell am See

Wallfahrtsort in einem Talkessel südwestl. von St. Martin bei Lofer.

WALLFAHRTSKIRCHE hl. Maria. Bar. Bau über kreuzförmigem Grundriß, nach W gerichtet. Erb. 1694–1701 nach Plänen *Johann Bernhard Fischers von Erlach,* Baumeister *Stefan Millinger.* Rest. 1958/59.
Doppeltürmige 2geschossige O-Fassade; über dem 2. Geschoß ein breites, den gesamten Baukörper umlaufendes Kranzgesims. Die Türme leicht vorspringend, durch Pilaster gegliedert, mit großen rundbogigen Schallfenstern, abschließendem segmentbogigem Gesims und querovalen Blechlaternen. Im Fassadenmittelteil das um vier Stufen erhöhte Portal mit Wappen des Bauherrn Eb. Johann Ernst Thun und segmentbogigem Aufsatz mit Vierpaßfenster und Wandmalerei Maria von Kirchenthal. – Querschiff nur wenig vorspringend, durch Doppelpilaster begrenzt. Querschiff und Rundapsis überhöht, mit Fensterzone über dem umlaufenden Kranzgesims. Symmetrisch angeordnete, 2geschossige Sakristeianbauten im W an das Querschiff anschließend.
Vierung mit Kreuzgewölbe. Haupt- und Querschiff eingezogen und tonnengewölbt. Gliederung durch Pilaster mit korinthischen Kapitellen sowie Gurtbögen in der Gewölbezone und durch ein breites umlaufendes Kranzgesims. Weitere Gliederung der Haupt- und Querschiffwände durch symmetrisch angeordnete Portale, im Erdgeschoß Zugänge zu Sakristeien bzw. Turmtreppenhäuser, im Obergeschoß Balkonzugänge.

Hochaltar mehrfach umgestaltet; got. Gnadenbild, Holzskulptur thronende Maria mit Kind, 1. H. 15. Jh., Kronen des 18. Jhs.; umgeben von fünf bar. Engeln; Konsolfiguren Hll. Johannes d. T. und Ev. von *Josef Andrä Eisl* 1744; Figurengruppe Marienkrönung von *Johann Scheidl* 1857. – Li. und re. Seitenaltar im Aufbau gleich, um 1700, mit übereck gestellten kannelierten Seitenelementen und Wappen in der Gebälkzone, li. Thun/Harrach, re. Thun/Lodron/Liechtenstein/Preysing; Altarblätter, li. Hl. Sippe bez. *Jakob Zanusi 1719*, re. Heimsuchung um 1700.
Kanzel von *Franz Lamber* 1707, Figuren 4 Evangelisten von *Georg Mayr* 1709, am Schalldeckel Engel mit Attributen der Lauretanischen Litanei. – Nischenfigur Ecce Homo, *Guggenbichler-Werkstatt,* A. 18. Jh. Kreuzigungsgruppe und Figur hl. Johannes Nepomuk 1. H. 18. Jh. Bar. Bild Marienkrönung. – Hölzerne Orgelempore. Orgel von *Mauracher*, 1858. – Bänke mit bar. Wangen, M. 18. Jh. Nördl. Sakristei, bmkw. Sammlung von Votivbildern E. 17.–M. 19. Jh. Hausaltar um 1770 mit Bild Anbetung der Hl. Drei Könige. – Südl. Sakristei, Wandbrunnen um 1700, zwei Sakristeischränke von *Veit Häusl* 1768.

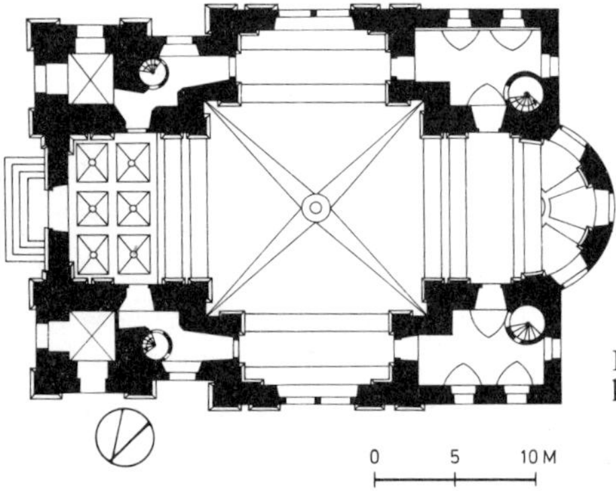

Kirchenthal, Wallfahrtskirche hl. Maria

ÖLBERGKAPELLE, auf dem Weg von St. Martin nach Kirchenthal. Oktogonaler bar. Bau mit Schindeldach, rundbogiger Eingang mit seitl. vorgeblendeten Pilastern. Figurengruppe Christus am Ölberg und schlafende Jünger, 18. Jh.

ST. GEORGS-KAPELLE im Mühlgraben, **Wildenthal, Nr. 17.** Erb. 1688, rest. 1953. Schlichter bar. Bau mit polygonalem Schluß, Satteldach und Giebelreiter mit Zeltdach. 2jochiger, kreuzgewölbter Raum. Altar 1. H. 18. Jh., Altarblatt hl. Georg bez. *Josef Kurz 1822, renov. M. Schmid 1881.*

KAPELLE, **Wildenthal, Nr. 7.** Kleiner Bau mit Schopfwalmdach, Dachreiter und Kreuzgewölbe. Altar mit Figuren Maria und Joseph, spätes 19. Jh.

KAPELLE, **Strohwolln, Nr. 4.** Fensterloser Bau mit Schopfwalmdach von 1649; über der Türe Kruzifix, E. 19. Jh. Inventar großteils gestohlen. Kleiner bar. Altar, 1. V. 18. Jh., noch erhalten Figur Christi aus der Marienkrönung, Aufsatzbild hl. Georg.

PROFANBAUTEN. Ensemble freistehender 2geschossiger bar. Gebäude mit Krüppelwalmdach, in lockerer Verbauung entlang der zur Wallfahrtskirche führenden Straße. **Kirchenthal, Nr. 1:** Regenshaus, erb. 1691–1693, umgebaut 1962. Flur im Erdgeschoß Stichkappentonne; im Erdgeschoß und 1. Obergeschoß bar. Stuckdecken. Sammlung bar. Bilder. – **Nr. 2:** Mesnerhaus, bez. 1751. Bar. Stuckumrahmung der Fenster und des Portales. – **Nr. 3:** Wirtshaus, Firstpfette bez. 1711, renov. 1977/78. Wandmalerei Baum mit Szene hl. Martin und Bettler sowie Maria von Kirchenthal, Hll. Sebastian und Florian, 18. Jh. Im Erdgeschoß Stichkappentonne, in der Gaststube bar. Figur hl. Sebastian, 18. Jh. – **Nr. 5:** Stuckdekor der Fensterumrahmung 1. H. 19. Jh.
Strohwolln (Wildenthal). Ensemble von z. T. stark erneuerten Höfen: **Nr. 1, 2, 3, 4.**

KIRCHGÖMING, siehe GÖMING

KLAMMSTEIN, Burgruine, siehe DORFGASTEIN

KLAUSEGG, siehe SEETAL

KLEINARL. Polit. Bez. St. Johann i. P.

Gemeinde südl. von Wagrain mit den Ortsteilen Mitter- und Hinterkleinarl. Ehem. Kirchweiler, jetzt aufstrebendes Wintersportzentrum; im Talschluß alpine Paarhöfe in Streulage; Mittelflurhäuser in Holz- oder Mischbauweise mit Gängen an Giebel- und Traufseite. Talauswärts einige Wohnspeicherhäuser, ähnlich Großarl und Hüttschlag (siehe dort).

PFARRKIRCHE hl. Laurentius, am östl. Ortsrand. Moderner Kirchenbau unter Einbeziehung von zwei spätgot. Jochen der alten Pfarrkirche, z. T. von Friedhof umgeben. – Weihe 1443, Vikariat 1739, ehem. bar. Erweiterung 1775/76, Pfarre 1891. Renov. 1884, 1905; Rest. 1952. 1984/85 Abbruch des bar. Erweiterungsbaues und Neubau nach Plänen von *Heinz Tesar*.
Moderner Außenbau, Zentralraum mit querliegender Tonne über annähernd kreuzförmigem Grundriß; am Kreuzungspunkt turmartiger Aufsatz. Im W gekehltes got. Spitzbogenportal und zwei Joche vom got. Bau mit Wandpfeilervorlagen, spitzbogigem Kreuzrippengewölbe, runden Schlußsteinen und Gurtrippen, als Haupteingangsbereich umfunktioniert. Anschließend ausspringender Erweiterungsbau über rechteckigem Grundriß, im O eingezogener Altarbereich und Sakristeien.
Spätbar. Säulenhochaltar, 1908 überarbeitet; breiter Tabernakel mit Kreuzigungsbild von *Josef Gold* 1884, Altarblatt Hll. Laurentius und Maria von *Josef Schwarz* 1775, Oberbild Gottvater und Hl. Geist von *Virgil Groder* 1908; Konsolfiguren Hll. Petrus, Ulrich, Leonhard und Paulus von 1775. – Bar. Konsolfigur hl. Sebastian E. 17. Jh.; Kruzifixus. – Volkstümliche Stationsbilder, rest. 1980. Orgel von *Dreher und Flamm*, 1937. – Grabsteine 19./20. Jh.

Pfarrhof westl. der Kirche, erb. 1748 durch Hofbauverwalter *Johann Kleber*, rest. 1953. 2geschossiger Barockbau mit Krüppelwalmdach, Marmorportal, sowie vom Putz ausgesparte Fensterfaschen und Säulengliederung. Im Inneren z. T. bar. Stuckspiegel.

VIEHHOFKAPELLE nördl. des Ortes. Schlichter Bau bez. 1900. Kleiner Altar mit Bild Letztes Abendmahl, um 1900.

BAUERNHÖFE. **Mitterkleinarl.** Ortskern sowie nördl. Talbereich. **Nr. 5:** Niederviehhof. Paarhof im Zentrum des Ortes. 3geschossiges Wohnhaus, First bez. 1727, Blockbau mit Kopfstrickeckverband sowie Kling- und Zierschrot. Giebelseitig begehbares Mittelflurhaus. Über dem Eingang geschweiftes Sturzbrett mit Tierköpfen. Darüber Gang in Haupt- und Dachgeschoß, bemalte Firstpfette mit geschnitztem Tierkopf und Inschriften. Gemauerter Stall, Scheunenaufbau aus Rundhölzern. Freistehender Backofen und Roßstall. – **Nr. 34:** Hintermitterau. 2geschossiges Wohnspeicherhaus mit Mittelflur, 17. Jh.; vorspringendes Mauerwerk im Erdgeschoß, traufseitig begehbarer Wohnteil. Obergeschoß sowie in Firstrichtung angebauter Speichertrakt in Blockbau mit Kopfstrick, z. T. mit Schindeln verkleidet. Gang an der Traufseite und im Giebelfeld, Glockenturm. Freistehender Backofen und 2geschossiger Kasten, bez. 1750 mit offenem Giebel und bar. geschweiftem Säulenbrett.
Hinterkleinarl. Streusiedlungsgebiet zwischen Hauptort und Talschluß. **Nr. 3:** Grehsel. Paarhof. Mittelflurhaus, 17./18. Jh. (?). 2geschossiger Blockbau, bergseitig ein gemauerter Raum. Traufseitiger Eingang, an beiden Traufseiten je ein Gangl. Schützenscheibe im Giebelfeld. Fenster z. T. original, Stallscheune in Blockbau, Stall z. T. untermauert. – **Nr. 4:** Täubel. Paarhof. Wohnhaus 2geschossiges Mittelflurhaus in Mischbau, 17./18. Jh. Giebelseitiger Eingang asymmetrisch. Durchgehender Gang an Giebelseite und Teil der Traufwand. Stallscheune in Blockbau, daneben kastenartiges Nebengebäude.

KLESSHEIM, Schloß, siehe SIEZENHEIM

KNIEPASS, siehe UNKEN

KOLM SAIGURN, siehe BUCHEBEN

KOPPL, siehe GUGGENTHAL

KÖSTENDORF. Polit. Bez. Salzburg-Umgebung

Gemeinde mit Haufendorf und Streusiedlungsgebiet und den Kirchweilern Dödtleinsdorf und Weng im Hügelland des nördl. Flachgaus nordöstl. von Salzburg. – Im Bereich des Weilers Tannham Reste eines großen römischen Gutshofs. – Köstendorf urk. 8. Jh.

Haufendorf in Mulde um zentralen Rechteckplatz gruppiert, im Kern z. T. Altbauten (wie **Nr. 5:** Kramerhaus. **Nr. 38:** 2geschossiger Bau mit schmaler Giebelfassade und traufseitigem Rundbogenportal, bez. 1851, Fenstergitter), siedlungsmäßige Erweiterung 20. Jh. Umland von Weilern bestimmt. Kirchweiler Dödtleinsdorf zwischen Seekirchen und Köstendorf; urk. 934, urspr. ein Meierhof; im 16. Jh. regelmäßige Entwicklung. Weng, zwischen Seekirchen und Köstendorf, um die Spitze einer hügeligen Erhebung angeordnet, vom Gleiskörper der Westbahn angeschnitten; urk. 8. Jh.
Einhöfe vom Flachgauer Typus; über haken- und T-förmigen Grundrissen. Stein- und Mauerbauten, z. T. steinsichtig, z. T. mit Schlackenverzierung (wie **Oberried Nr. 23**), vielfach an Portalgewänden bez., meist zwischen 1840 und 1880; z. T. Blockbauten. Wirtschaftsteile im Stallbereich gemauert, sonst Ständerbauweise. An Wetterseite verschindelt. Häufig Nebengebäude. Söllner- und Kleinhäuser.

DEKANATSKIRCHE Unserer Lieben Frau Geburt, im NO des Ortes erhöht gelegen. Im Kern got., barockisierte Saalkirche mit Kapellenanbauten, seitenschiffartig bar. erweitertem Chor, bar. Scheitelsakristei und got., bar. erhöhtem Nordturm, von Friedhof mit Mauer umgeben, Stiegenaufgang zum Hauptportal. – Urk. 1203 Pfarre. Got. Bau, Turm von 1536/37. 1712 Barockisierung (Langhausdachboden bez. 1689). 1723 Erneuerung der Überacker Gruftkapelle. 1727–1734 Erneuerungen an Kirche (Langhausdachstuhl bez. 1733), Chorerweiterung, Sakristeianbau. Renov. 1880–1882, innen 1929. Rest. um 1950, 1982–1984, außen 1966, 1980.
Außenbau. Westfassade; übergiebelter, innen kreuzgratgewölbter Portalvorbau 2. H. 19. Jh.; spätgot., mehrfach profiliertes Spitzbogenportal spätes 15. Jh. (Gewände durch spätere Erweiterung reduziert). Am schlichten Langhaus und Chor Wellenbogenfenster und Traufkehlen. – Got. Nordturm am Langhaus, lt. Bez. von 1536/37, Aufsatz von 1693–1696, nach Brand 1739/40 erneuert, 1951, 1965 rest.; got. Turmbau durch Kaffgesimse 4geschossig, abgefastes Spitzbogenportal, gedrückt spitzbogige Schallfenster, bar. Kugeleckaufsätze; bar. Achteckgeschoß mit rundbogigen Schallöffnungen, Doppelzwiebelhelm, 1740, 1771 erneuert. – Langhaussüdseite flankiert von bar., seitenschiffartigem Kapellenanbau mit Pilaster- und Gesimsgliederung; anschließende, erhöhte, 1723 erneuerte, einachsige Gruftkapelle der Überacker in Chorseitenschiff übergehend. – Chor, Dreiseitschluß zwischen niedrigeren, bar. Erweiterungs-

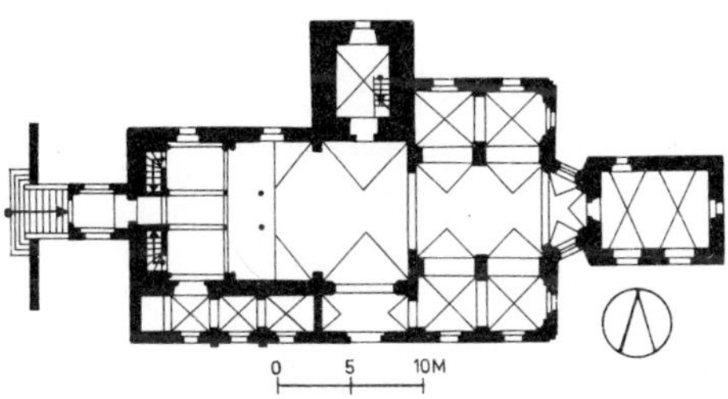

Köstendorf, Dekanatskirche Unserer Lieben Frau Geburt

bauten mit gerundeten Ecken (um 1730 – 1733) herausragend. Doppelgeschossiger, stöcklförmiger Sakristeianbau um 1731/32 im Chorscheitel, Rechteckfenster und Traufkehle.
Grabsteine 1823, 1829. Schnitzkruzifix 2. Drittel 17. Jh.
Inneres. Im Kern got. Saalkirche mit beherrschend tiefer Empore durch Triumphbogen vom Langchor mit bar. Seitenschiffen getrennt, Einheitlichkeit durch Wölbungen und Stucküberzug von der Barockisierung. Im 3jochigen Schiff und 2jochigen Chor Stichkappentonnen auf Wandpfeilern mit stuckierten Pilastervorlagen, im Chor als Steilvolutenabläufe reduziert. – Langhaus. Vom got. Kern Rundstabvorlagen an westl. Wandpfeilern, Rippen- und Schildbogenanläufe in westl. Raumecken, im 3. Joch südseitig abgeschrägte Spitzbogenarkade zur Gruftkapelle, eingezogener und hoher spitzbogiger Triumphbogen, beide bar. ausgerundet. Empore, im Westjoch spätgot. Abschnitt über drei ausgerundeten, profilierten Arkaden auf mittleren Achteckmarmorpfeilern und Polygonvorlagen an Wandpfeilern, von ehem. Kreuzrippengewölbe die Wölbeform und Ecksäulenvorlagen, in westl. Abmauerung der symmetrischen Emporenstiegen abgefaste Spitzbogenöffnungen; bar. Emporenerweiterung A. 18. Jh. (vielleicht erst 1727–1733) auf angeglichenen Achteckpfeilern und Flachdecke, gerade Brüstung; Emporenobergeschoß von 1983.
Südl. Anräume. Bar., jetzige Heilig-Grab-Kapelle; tiefer gelegene, gangförmige, 3jochige Rechteckkapelle mit Kreuzgratgewölbe auf Lisenen. – Gruftkapelle der Überacker auf Sighartstein im Kern got., lt. Marmorinschr. an der Arkade 1723 erneuert (von Wappen und Putto mit Weihwassermuschel von *Matthias W. Weißenkirchner* begleitet), schmaler Raum in Jochlänge, bar. Stichkappenquertonne auf spätgot. Konsolen bzw. stuckierten Pilasterabläufen, Flachbogenöffnung von 1880 zum Chorseitenschiff. – In der Turmhalle Stichkappentonne.
Chor, vom einjochigen got. Bau mit 5/8-Schluß, im Chorscheitel Schildbogenanläufe erkennbar; Rundbogenarkaden zu seitenschiffartigen Erweiterungen von 1729–1733, diese 2jochig und gerade schließend mit Eckausrundungen, Kreuzgratgewölbe über Gurten auf Pilastern, im NW Fragment hochgelegener, urspr. spitzbogiger, abgefaster Turmtür. – Sakristei von 1731 im Chorscheitel anschließend, im 2jochigen Erdgeschoß Stichkappentonne, im Obergeschoß Vorraum mit Stuckrahmenflachdecke, Rundbogenportal zu platzlgewölbtem Archivraum (ehem. Registratur) mit eisernen Fensterläden und Türflügel.
Einheitliche Stuckierung 1712, im Akanthusstil, in der Gruftkapelle 1723 angeglichen, an den Tonnenwölbungen sowie unterhalb der Empore geschwungene Bildrahmen umfassend, an der Langhausnordwand Kreuzigungsgruppe mit Hintergrundbild einfassend (frühes 18. Jh.), an der Emporenbrüstung etwa gleichzeitige, quadrat. Ölbilder, Rosenkranzgeheimnisse (von *Peter Paul Perwanger?*) rahmend, am Triumphbogenscheitel gemaltes Wappen des Pfarrers Thomas Hirschalbmer, bez. 1712. An Chorwänden und Seitenschiffwölbungen symbolische Motive, 2. H. 19. Jh.
Deckenmalerei, Ölbilder bez. *Joseph Gold* 1881/82, in den Wölbungen Marienleben, in den Stichkappen alttestamentarische Bezüge, in den Chorlünetten Evangelisten. Im 1. Chorjoch bar. Deckenbild, Anbetung des Allerheiligsten, um 1712.
Einrichtung. Hochaltar, urk. 1766–1769, Entwurf der Brüder *Wolfgang* und *Johann Hagenauer* (Architekt und Bildhauer); streng architektonisch unter

bewußtem Verzicht auf Ornamentüberzug; freistehender, offener Marmoraufbau mit zwischen den Chorflanken durchlaufendem Gebälk, die Apsis einnehmend und abriegelnd; einschwingende Mittelnische in orthogonal gestellten Seitenachsen fortgesetzt, aus Säulen und im Scheitel aus Pfeilern gebildet; Volutenauszug durch Baldachinkuppel abgeschlossen; Mittelfigur hl. Maria mit Kind von *Joseph Bachlechner* 1910, von bar. Putti mit Mariensymbolen umgeben, Seitenfiguren über Opfergangsportalen Hll. Virgil und Rupert von *Johann Hagenauer*, Auszugsgruppe Gottvater-Pietà zwischen Aufsatzengeln mit Leidenswerkzeugen; zugehöriger Tabernakel; Rokokoleuchter; Antependium mit Relief Emmausmahl.
Seitenaltäre neben dem Triumphbogen von 1729 (?), um 1770 zumindest verändert, Pilastermarmorädikulen, li. Schnitzgruppe Arme Seelen vom Heilig-Grab und hl. Michael, re. Statue hl. Barbara 3. V. 18. Jh., li. klassizistisches Messingtabernakel, Leuchter. – Kanzel urk. von *Johann Georg Hitzl* 1751; geschwungener, reich gezierter, marmorierter Rokokoaufbau; Korbreliefs Predigt des hl. Johannes d. T., Sämann und Schnitter; auf dem Schalldeckel Sitzfiguren göttliche Tugenden; Zugangsbalkon. – Barockisierende Orgel, 1896, von *Albert Mauracher.* – Heilig-Grab-Gehäuse in Altarform um 1750–1760, barockisierende Liegefigur Christi.
Schnitzfiguren Hll. Petrus und Paulus 2. H. 17. Jh., vielleicht vom urspr. Hochaltar von *Jakob Gerold* 1664 (davon zwei heilige Bischöfe derzeit Salzburg/Residenzgalerie). Konsolstatuen im Langhaus Hll. Rochus und Sebastian frühes 18. Jh. Kruzifix über Schmerzhafter Muttergottes frühes 18. Jh. (*Paul Mödlhammer* um 1727 zugeschrieben), hl. Maria mit späteren Stilmerkmalen. Altarartige Schnitzgruppen 2. V. 18. Jh. (vielleicht um 1728), li. Pietà und Gottvater (urspr. über Bruderschaftsaltar von 1728), re. Ölberg. Kolossalstatue Guter Hirte auf Triumphbogenkonsole, urk. von *Paul Mödlhammer* 1729. Kniender Schmerzensmann 1. H. 18. Jh. Hll. Franziskus, Maria Magdalena, Unterricht Mariä, Auferstandener 2./3. V. 18. Jh. Statuen hl. Joseph, Herz Jesu um 1900/A. 20. Jh., hl. Leonhard von 1957. In Verwahrung Statue hl. Maria, urspr. Hochaltarfigur, spätgot. Rumpf, Kopf anläßlich Bekleidung im 18. Jh. ergänzt; Sitzfigur gegeißelter Christus 18. Jh.; Kruzifix 1. H. 18. Jh.
Spätgot. Rotmarmortaufbecken, Polygon mit einschwingenden Seiten auf Kelchfuß in spätbar., ornamentierter Holzhaube von 1727 fortgesetzt, szenische Aufsatzgruppe Taufe Christi urk. *Paul Mödlhammer.* – Kommunionbank, Marmorbalustrade urk. *Johann Högler* 1733. Rokokogitter im Westeingang von *Philipp Hinterseer* 1776. Gestühl von 1733 in der Gruftkapelle, mit Frontwappen Überacker und Aufsatz. Neobar. Beichtstühle um 1955. Kreuzwegbilder von 1735, angeblich von *Peter Paul Perwanger.* Aussetzungstempietto M./3. V. 18. Jh.; barockisierende Aussetzungsnische. Geschnitzte Totenschilde Überacker 1533, 1666 in Gruftkapelle. Zwei Vortragekreuze 3. V. 18. Jh. Ampel M. 18. Jh. Osterleuchter. Sakristeischränke, ein geschwungener mit Intarsienmalerei, 1733.
Grabsteine. Rotmarmorplatten. Mit Relief und Inschr.: Georgius Erlbach, Messe des hl. Gregor, um 1510–1515; Relieffiguren in Renaissancearkaden, Michael Schallichaymer 1558, Halbfigur eines Priesters; Virgil Uberackher 1568, Halbfigur; Hannß Albrecht Uberäckher 1574, betender Ritter und Auferstandener; Erasmus Grärockh 1618, Auferstehung Christi, betender Priester. Inschr. und Wappen: Rosina von Preising 1521, Hanns Sebastian Uberäckher 1591,

Sebastian Eisenhuet 1650. Marmorplatten, Inschr. und Wappen 1745, Inschr. 1742, 1769, 1796.

Aufbahrungshalle um 1950–1960, barockisierend. – Friedhofspfeilertor mit Gitterportal, im Stil um 1760–1770, 1958 eingesetzt.

Pfarrhof, Gruppe nördl. der Kirche. 2geschossiger Barockbau wohl A. 18. Jh. mit Putzgliederung und Traufkehle unter Walmdach. Im Obergeschoß Stuckdecken A. 18. Jh. Bar. Dechantenporträts. – Kooperatorstöckl östl., 1718 erb., 2geschossiger Bau mit Traufkehle unter Zeltdach. – Nördl. Abschluß durch Maierhof (Nr. 3). Quadrat., bar. Brunnenbecken mit Kleeblattausbuchtungen im Hof, urspr. in Dompropstei Salzburg, Wappen und Bez. 1812 von der Übertragung, Brunnenfigur Putto mit Delphinen. 1983 rest.

FILIALKIRCHE hl. Johannes d. T. (St. Johann am Berge), östl. von Köstendorf in abgeschiedener Lage auf einer Anhöhe dominierend gelegen. Urspr. Stiegenaufgang. Im Kern spätgot., bar. Saalkirche mit got., bar. erhöhtem Westturm. Urk. 1477. Um 1738 (urk.) Wölbung und 1772 Umbau. 1949 Rest.

Vorgestellter Westturm durch got. Gesimse 3geschossig, got. Schlitzfenster, bar. Achteckaufsatz mit Rundbogenschallfenstern und Traufkehle, 1772 erneuert, Schindeldoppelzwiebelhelm. Am Langhaus und eingezogenen Chor mit Dreiseitschluß umlaufende Traufkehle und Wellenbogenfenster, am Langhaus Rechteckportale mit spätgot., abgefasten Gewänden, nördl. gut erhalten mit spätgot. Türbeschlag. Im Chorscheitel 2geschossiger Sakristeianbau um 1738 mit Eckabschrägungen, Traufkehle und Pyramidendach.

3jochiges Langhaus durch eingezogenen, hohen Triumphbogen mit etwas schmälerem, einjochigem Chor verbunden; gedrückte Stichkappentonnen über Gurten auf Pilastern; Apsiskonche 3seitig. In der Langhauswestwand Rundbogenöffnung zur Turmstiege, im Westjoch bar. Holzempore über Ständern und Flachdecke. Im Chor Empore in halber Höhe vollständig umlaufend, an den Ecken erweitert, li. als polygonaler Kanzelkorb, an pilastergegliederten Brüstungen geschwungene Stuckrahmenfelder. Rotmarmorplattenboden urk. 1704, Gruftplatte 1668. Schablonenausmalung um 1900. – Sakristei, in den beiden flachgedeckten Geschossen Eckabschrägungen; Marmorlavabo A. 18. Jh. Sakristeischrank bez. 1737.

Einrichtung A. 18. Jh., mit Akanthus geziert. Hochaltar bez. 1712, freistehend, Spiralsäulenretabel im Portaltypus, Auszugstondo in Wolkenglorie mit Bild Marienkrönung, mittlere Schnitzgruppe Taufe Christi sowie Seitenfiguren Hll. Johannes Ev. und Rupert in Verwahrung, *Paul Mödlhamer* zugeschrieben. – Seitenaltäre urk. 1705, Sprenggiebelretabel mit Auszugstondi in Akanthusumfassung, Altarblätter li. hl. Florian, re. hl. Erasmus, Aufsatzbilder li. hl. Katharina, re. hl. Barbara.

FILIALKIRCHE hl. Margaretha in Dödtleinsdorf. Im Kern got., barockisierte Saalkirche mit Dachreiter. Um 1738 Umbau (urk. Wölbung). Renov. 1863, 1902; Rest. 1980/81.

Einheitliches 3seitig geschlossenes Kirchlein mit umlaufender Traufkehle und Wellenbogenfenstern. Verschindelte Fassade; spätgot., abgefastes Spitzbogenportal; auf Walmschopf 8eckiger Schindeldachreiter von 1737–1739 mit

Doppelzwiebelhelm, 1797 und 1902 erneuert. Im Chorscheitel Sakristeianbau von 1738 mit Eckschrägen und Traufkehle.
Einheitsraum aus zwei Hauptjochen, seichterem Chorjoch und Dreiseitschluß. Gedrückte Tonnenwölbung mit z. T. aneinanderstoßenden Stichkappen auf Pilastervorlagen. In Westecken Rundstabvorlagen vom got. Vorgängerbau. Im Westjoch Holzempore auf Flachdecke. Im Chorscheitel doppelgeschossige Sakristeiportale.
Hochaltar bez. 1657, 1720 von Filialkirche St. Johann am Berge übertragen, Altarblätter von *Josef Eisl;* freistehend, Schwarz-Gold Fassung, Säulenretabel im Portaltypus, ornamental gerahmter Arkadenauszug, Altarblatt hl. Margarethe, Seitenfiguren Hll. Leonhard, Antonius Eremita (?), Auszugsbild Marienkrönung, Statuetten Hll. Rupert, Virgil, Michael, Tabernakel. – Schnitzkruzifix 18. Jh. Gnadenbild hl. Maria vom Guten Rat in Rokokorahmen M. 18. Jh. Kreuzwegbilder von 1789. Ampel von 1759.

FILIALKIRCHE hl. Leonhard in W e n g, erhöht in der Weilermitte. Im Kern got., 1. H. 18. Jh. barockisierte Saalkirche mit Giebelreiter. Urk. 8./9. Jh. eine Kirche. Umbau wohl um 1725 (1726–1728 Erweiterung der Fenster).
Einheitliches, 3seitig geschlossenes Kirchlein mit umlaufender Traufkehle und Flachbogenfenstern. Got., abgefastes Spitzbogenportal. Auf Walmschopf verschindelter Dachreiter mit Doppelzwiebelhelm, erneuert 1836, 1892. Südseitig got. Sakristeianbau mit abgefastem Fenster.
Innen. Drei querrechteckige Joche, über unbedeutende Einziehung und Stufenerhöhung in tieferes Chorjoch übergehend. Gedrückte Tonnenwölbungen mit z. T. aneinanderstoßenden Stichkappen über Gurten auf Pilastern, 3seitige Apsiskonche, 1. H. 18. Jh. Im Westjoch Holzempore auf Flachdecke. Im Chor vom got. Kern abgefastes, rundbogiges Sakristeiportal und Türflügel, im Scheitel gedrückt spitzbogiges Fenstergewände (1726–1728 vermauert). Rotmarmorplattenboden urk. 1705. In Sakristei gratiges Kreuzgewölbe.
Hochaltar urk. 1687–1689, Entwurf wohl von *Simeon Frieß*, freistehend, Schwarz-Gold-Fassung, Pilasterretabel im Portaltypus mit Sprenggiebel, giebelverdachter Auszug, Altarblatt hl. Leonhard (übermalt), Seitenfiguren Hll. Bartholomäus und Wolfgang urk. von *Simeon Frieß,* Auszugsmedaillonbild Marienkrönung, Rokokotabernakelaufbau um 1750 mit Türbild Kreuzigung. – Schnitzkruzifix um 1700. Ölbild Hirtenanbetung 17. Jh. Mariengnadenbild in Spätbarockrahmen, um 1740–1750. Kreuzwegbilder bez. *Math. Schauer 1799.* Gestühl 1727. Weihwasserbecken ehem. Fackellöschstein.

KAPELLEN. **Altersheimkapelle** Unserer Lieben Frau 7 Schmerzen in K ö s t e n d o r f, statt ehem. Schwabkapelle an Altersheim 1963/64 angebaut. Altarblatt Pietà bez. *Peter Anton Lorenzoni 1776,* aus ehem. Schwabkapelle (urspr. Seitenaltarblatt der Filialkirche Pfongau); Schnitzbüsten Hll. Johannes Ev., Andreas auf Rokokopostamenten, wohl von *Johann Georg Hitzl* 1750; spätbar. Tabernakel.

WEILERKAPELLEN. **Fischachmühle,** bei H e l m i n g Nr. 21 (bez. 1878). Größerer Bau um 1920, mit Halbkreisapsis und Rundbogenöffnungen unter Kragschopfwalmdach mit Glockentürmchen. Rokokoaltaraufbau 3. V. 18. Jh., urspr. Vorsatzbildständer, auf Tabernakelfuß Rocaillemedaillonrahmen mit Reliquieneinschlüssen, Herz-Jesu-Bild 2. H. 19. Jh., Statuetten Hll. Maria und

Johannes Ev. 3. V. 18. Jh. von einer Kreuzigung, Rokokoreliquienständer. **Anzingerkapelle** in Helming, 1887, 1953 erneuert; 3seitig geschlossener Bau, im Inneren Ausmalung.

HOFKAPELLEN. **Glückerkapelle,** Enharting Nr. 7, 1920; putzgegliederter Rechteckbau mit Schopfwalmdach; innen Tonne. Herz-Jesu-Altar mit Kriegergedächtnisfiguren, spätbar. Mariengnadenbild. – Helming Nr. 18, Reischberg, (Hof 1876), Bau des frühen 20. Jhs. mit spitzgiebeligen Fenstern.

WEGKAPELLE Enharting. Nachbar. Rechteckbau bez. 1828, innen Stichkappentonne.

BILDSTOCK am westl. Ortsausgang von Köstendorf, barockisierender, übergiebelter Kapellenstock.

BRUNNEN am Dorfplatz, Figurenpfeiler bez. 1852, 1962, Marmorstatuette Maria Immaculata um 1962 im Stil des frühen 18. Jhs.

BAUERNHÖFE. **Dödtleinsdorf, Nr. 6:** Flachgauer Einhof; 2geschossiges, im Erdgeschoß gemauertes, im Obergeschoß in Blockbau gezimmertes Mittelflurhaus unter Satteldach. – **Nr. 7:** Ehem. Zuhäusl. Mittertennhof, im Erdgeschoß gemauerter, im Obergeschoß in Blockbau gezimmerter Wohnteil mit Giebelgang unter flachem Satteldach. – **Nr. 11:** 2geschossiger Blockbau mit eingebauter Kornkammer im Obergeschoß, über äußere Treppe zu erreichen; Giebelbalkon mit gedrechselten Säulchen, leicht geschwungenes Satteldach.
Großköstendorf, Nr. 3: Pfarrerbauer, Hofanlage beim Pfarrhof; Wirtschaftsgebäude mit Putzgliederung, Ziegelgitter. – **Nr. 23:** Mittertennhof; 2geschossiger Blockbau, zum Großteil verschindelt, flaches Satteldach.
Helming, Nr. 2: 2geschossiger Blockbau, Giebelbalkon mit balusterartiger Brüstung, 18./19. Jh., weit vorkragendes Satteldach. – **Nr. 4:** Einhof; Erdgeschoß gemauert, Obergeschoß Blockbau, Mittelflurhaus mit Giebelgang und Zierausschnitten im verbretterten Giebelfeld; stark vorkragendes Krüppelwalmdach; Wirtschaftsteil mit verschindelter Hinterseite. – **Nr. 18:** Fischach. Mittertennhof, Mittelflurhaus in Bruchsteinmauerwerk mit Sandsteinportal; Hofkapelle.
Kleinköstendorf, Nr. 12: Mächtiger Mittertennhof, 2geschossiges Mittelflurhaus mit profilierter Putzgliederung unter flachem Satteldach. Daneben Zugebäude. **Nr. 13:** 2geschossiger Mauerbau mit profilierter Putzgliederung und Krüppelwalmdach.
Tannham, Nr. 8: Mittertennhof; 2geschossiger Wohnteil in Blockbau mit eingebautem Kornkasten und Giebelgang unter flachem Satteldach. – **Nr. 11:** 2geschossiger Blockbau, Giebelbalkon mit balusterartiger Brüstung 18./19. Jh.

KRIMML. Polit. Bez. Zell am See

Gemeinde im Talschluß des Salzachtales mit im Talkessel gelegenem Haufendorf. Urk. 1224; Besiedlung seit dem Mittelalter. Bedeutende Station am Verbindungsweg Salzachtal – Krimmler Tauern – Tirol/Zillertal (heute Gerlos-Paßstraße). Endpunkt der Krimmler Bahn von Zell am See nach Krimml.

Durch Fremdenverkehr geprägter Ort, umgeben von Weilern und Einzelhöfen in Streulage. Meist Paarhöfe, das Wohnhaus mit Mittelflurgrundriß, zumeist 2geschossig mit Obergeschoß- sowie Giebelgang unter Satteldach mit Dachreiter (Eßglocke); Wirtschaftsgebäude mit gemauertem oder in engverfugtem Blockbau gezimmertem Stallgeschoß und dem Stadelaufbau in Blockbau aus luftig verlegten Hölzern mit Stroh- bzw. Troadgang und flachem Satteldach. Landschaftsbestimmend die sogen. Pinzgauer Schrankzäune.
Auf der Felshöhe des Falkensteines ehem. bronzezeitliche Höhensiedlung.

PFARRKIRCHE hl. Jakobus d. Ä., in der Ortsmitte. Geostete got. Kirche mit Westturm, von Friedhof umgeben. Urk. 1244; bauliche Veränderungen 1835. Pfarre seit 1891. Rest. des Innenraums und Freskenfreilegung 1957, Außenbau 1960.
Einschiffiges, 4jochiges Langhaus; im S got. Portal, gekehlt und spitzbogig, mit eingeschriebenem Zweipaß und got. Nase. Schlichter got. W-Turm mit Sockel, rundbogigen Biforenfenstern und Spitzgiebelhelm; im N und S spitzbogige, abgefaste Einlässe, im Erdgeschoß Sternrippengewölbe auf runden Konsolen, zum Langhaus zu um vier Stufen tiefer gelegenes spitzbogiges Portal mit mehrfach gekehltem Gewände. Stark eingezogener Chor, nach S verschoben, mit geradem Schluß. An den Chor seitl. angrenzend: im N 2geschossige Sakristei, im S Totenkapelle.

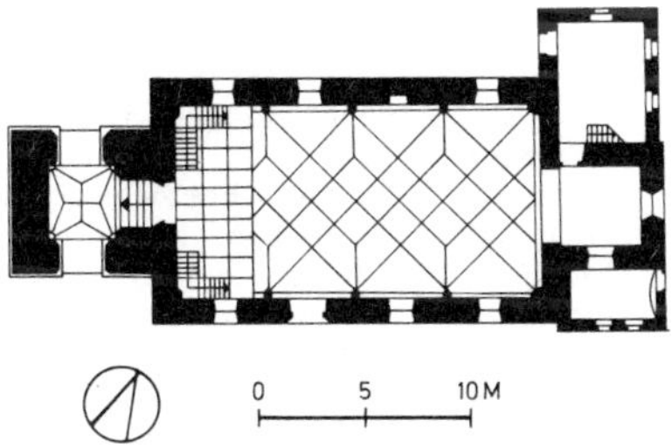

Krimml, Pfarrkirche
hl. Jakobus d. Ä.

Langhaus mit Netzrippengewölbe (Rippen 1835 abgeschlagen) und 2seitig zugespitzten Wanddiensten. Im 1. Joch rechteckige, darüber spitzbogige Fenster, sonst rechteckige Fenster, Glasmalerei mit eucharistischen Themen, bez. 1912. Im 2. Joch re. alte, der Portalform angepaßte Holztüre, im 3. Joch li. rundbogige Nische. Rundbogiger abgefaster Triumphbogen. Im Chor Kreuzgewölbe (verunklärt), gerader Abschluß mit spitzbogigem Fenster; an der S-Wand rundbogiges Glasfenster Hll. Helena und Martin, bez. 1927. Hölzerne, doppelgeschossige W-Empore.
Wandmalereien. Am Triumphbogen Jüngstes Gericht, M. 17. Jh.; 2. Joch N-Wand Gottvater, Hll. Cristianus, Nikolaus, Maria Magdalena und Ursula, 14 Nothelfer und Maria mit Kind, bez. 1652, Inschr. mit Stifternamen Christian Unterberger und Nikolaus Pinter.
Hochaltar, M. 18. Jh., 1820 überarbeitet; got. Figur stehende Madonna mit Kind, um 1480, rest. 1934 (Engelflügel und Sockel ergänzt); Oberbild hl. Ursula

und Seitenkonsolfiguren Hll. Jakobus d. Ä. und d. Jüngere, M. 18. Jh. – Li. Seitenaltar, M. 18. Jh., rest. 1957. Altarblatt Kreuzigung mit Maria und Johannes, Oberbild hl. Antonius. – Re. Seitenaltar von 1835; Altarblatt Hll. Rochus und Sebastian, Oberbild hl. Christophorus; Holz-Pietà, 19. Jh.
Kanzel um 1720, mit Holzreliefs der Kirchenväter und Bild Christus als Guter Hirte. – Konsolfiguren Hll. Johannes Nepomuk und Johannes d. Täufer, heilige Bischöfe (ohne Attribute), stehender Schmerzensmann, 18. Jh. Hängekruzifix von *Helmut Zobl,* 1974. An der W-Empore, Bilder Christus und 12 Apostel, David und hl. Cäcilia, bez. 1675. – Orgel von *Johann Mertel,* 1912. – Glocken von *Heinrich Reinhart,* 1615, und *Alexander Löffler,* 1537.

Totenkapelle von 1750. Altar von 1750, Altarblatt Aufnahme Mariens in den Himmel.

Pfarrhof, 2. H. 18. Jh., rest. 1973. 2geschossiger, 5achsiger Bau mit Krüppelwalmdach.

KRIMMLER TAUERNHAUS, Oberkrimml Nr. 27. Urk. 1436, 1906–1913 vergrößert und umgebaut. Alte getäfelte Stube bez. 1436.
Tauernhaus-Kapelle, erb. 1932, mit bar. Schmerzensmann bez. 1706.

BAHNHOF, erb. um 1900, Endstation der Pinzgauer Lokalbahn Zell am See–Krimml, erb. 1896–1898. – **Gasthof** Bahnhof, aus der Erbauungszeit der Bahn.

BAUERNHÖFE. **Oberkrimml, Nr. 6:** Lindlbauer: Paarhof. Blockbau, First bez. 1577. Wirtschaftsgebäude. – **Nr. 8:** Hinterlehen; Anton Wallners Geburtshaus (Freiheitskämpfer 1809). Wohl 16./17. Jh. Küchenteil gemauert, sonst Blockbau.
Unterkrimml, Nr. 4: Edenlehen. Breitgelagert, Erdgeschoß gemauert, Obergeschoß in Blockbau. First bez. 1527. Mächtiges Rundbogenportal, Putzfaschen, im Obergeschoß geschweifte Fensterrahmen, Legschindeldach; Vorhaus und Küche mit mächtiger Stichkappentonne. – **Nr. 6:** Untersöllhof. Paarhof mit Nebengebäuden, wohl 16./17. Jh. Breit gelagert, Erdgeschoß gemauert, Obergeschoß in Blockbau; geschweifte Pfettenköpfe.
Nothdorf, Nr. 19: Kornkasten beim Veitenbauer aus dem 17. Jh.; 2geschossiger Blockbau mit steiler Außenstiege zum Obergeschoß und Legschindeldach; Firstpfette mit ornamentaler Bemalung.

ANTON-WALLNER-DENKMAL, Figur von *Jakob Gruber,* 1910. Brunnen, Figur hl. Florian von *Helmut Zobl,* 1965.

KRISPL. Polit. Bez. Hallein

Gemeinde mit dem Kirchweiler Krispl, auf einer Bergkuppe, urk. 1393, und der Streusiedlung Gaißau, urk. 13. Jh. Tenngauer Einhöfe.

PFARRKIRCHE Hll. Petrus und Paulus. Einschiffiger bar. Bau mit W-Turm, von Friedhof umgeben. Urk. 1568. Erb. im 17. Jh., Erweiterung des Baues nach Osten 1759; Pfarre seit 1859. Rest. und Umbau an der W-Fassade 1968. Schlichter Bau mit Satteldach, im O abgewalmt, Chor flachbogig geschlossen.

Turm von 1731, schindelverkleidet, mit rundbogigem Eingangsportal und bar. Zwiebelhelm, bez. 1896 und 1962; der W-Fassade vorgeblendet, seitl. Anbauten, im N Totenkapelle, im S Emporenaufgang. Turmhalle kreuzgratgewölbt, im S spitzbogiges abgefastes Portal zum Stiegenaufgang der Empore, erb. 1968.

4jochiger Saal mit Segmentbogentonne. Deckenmalerei Schlüsselübergabe an Petrus, Hl. Wandel. Marienkrönung, bez. 1831 und renov. 1866 von *Eggl.* Sakristeitüre im N von 1713. – Eingeschossige W-Empore.

Hochaltar, Marmoraufbau bez. 1884, Entwurf von *Paul Lange;* Holzkruzifix, im Aufsatz Figuren Gottvater, Hll. Petrus und Paulus, spätes 17. Jh. – Seitenaltäre, Aufbau von *Johann Pfister* 1721, Aufsatzfiguren 1968 gestohlen; Ornamentik um die großen Altarblätter spätes 18. Jh., Bilder von *Johann Löxhaller,* spätes 18. Jh., li. hl. Sebastian, im Aufsatz hl. Martin, re. hl. Anna, im Aufsatz hl. Nikolaus.

Kanzel 18. Jh., mit Bildern Christus und 4 Evangelisten, 2. H. 19. Jh. Konsolfigur hl. Joseph, 18. Jh. Kruzifix am Emporenaufgang spätes 17. Jh. In Verwahrung Figurengruppe Hl. Wandel von 1735; Bruderschaftskreuz von 1789 und bar. Prozessionsmadonna. Kreuzwegstationen 2. H. 19. Jh.

EHEM. ANGER-KAPELLE, Abbruch 1964; im Priesterseminar in Salzburg Figur stehende Madonna mit Kind, 3. V. 14. Jh.

BILDSTOCK mit Zeltdach an der westl. Ortseinfahrt. Erb. 1976/77 mit Figur hl. Leonhard von *Bernhard Prähauser,* Malerei Hll. Rupert und Virgil sowie Maria mit Kind von *Leonhard Stemeseder.*

HAUS Nr. 18: Schlichter Bau mit Krüppelwalmdach, 19. Jh.; Kruzifix, 18. Jh., an der Fassade.

BAUERNHÖFE. **Krispl – Winkl.** Südl. der Ortschaft Krispl am Spumberg gelegen. Streusiedelgebiet, überwiegend Einhöfe. **Nr. 1:** Loimer. Einhofensemble, Wohnhaus am Stubentram bez. 1652, Erdgeschoß gemauert, Obergeschoß Blockbau mit Balkon, Dachgeschoß mit Balkon, Katzenfirst, bez. 1879. Getreidekasten Blockbau, bez. 1781. Gemauerter Backofen, bez. 1781. Austragshaus, bez. 1772, Erdgeschoß gemauert, Obergeschoß Blockbau.

Gaißau. Talfurche in nordöstl. Richtung, entlang dem Mörtelbach. Einhöfe in Streusiedelgebiet. **Nr. 31:** Obergrünwegbauer. Einhof, Erdgeschoß gemauert, Obergeschoß Blockbau mit Kleinverschindelung, Balkon giebel- und traufseitig, Schopfwalmdach mit Glockentürmchen, gemauerter Backofen; Getreidekasten, Erdgeschoß Natursteinmauer, Obergeschoß Blockbau. – **Nr. 71:** Oisbauer. Einhof, bez. 1677. Erdgeschoß gemauert, Marmortürgewände, bez. 1806. Reste von Fresken an Erdgeschoßfassade, Obergeschoß Blockbau, an der Giebelseite verputzt, Getreidekasten auf gemauertem Kellergeschoß, Blockbau, bez. 1957, gemauerter Backofen. Austraghaus, Erdgeschoß gemauert, Obergeschoß Blockbau verputzt, Scharschindeldeckung. – **Nr. 90:** Göllner. Einhofensemble, Wohnhaus am Stubentram bez. 1653, Erdgeschoß teils gemauert, teils Blockbau verputzt, Obergeschoß Blockbau verputzt, originale Türkonstruktion, Dachgeschoß mit Katzenfirst, bez. 1869. Getreidekasten, bez. 1860, Blockbau, Schopfwalmdach mit Scharschindeldeckung. Zuhaus mit eingebautem Backofen, bez. 1867, gemauert; Bienenhütte.

KUCHL. Polit. Bez. Hallein

MARKT, im Salzachtal nördl. von Golling, re. der Salzach der Markt Kuchl und die Streusiedlungen Garnei, Jadorf, Weißenbach, Unterlangenberg, im W der Hohe Göll, am Hang Streusiedlung Gasteig. – Zum Markt erhoben unter Eb. Pilgrim, 2. H. 14. Jh., mit planmäßig gegründetem rechteckigem Straßenplatz (1 :8); der Pfarrhof an der südwestl. Stirnseite.
Siehe auch GEORGENBERG

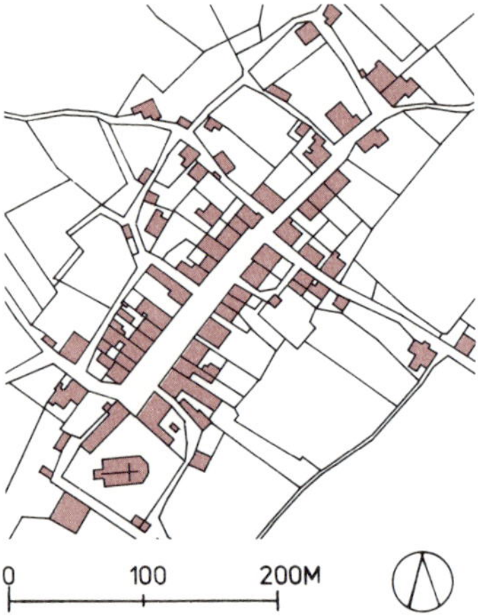

Kuchl, Historischer Ortsplan nach Kataster von 1829/30

PFARRKIRCHE Hll. Maria und Pankraz, im SW des Ortes. 3schiffige, spätgot. Staffelkirche mit W-Turm, von Friedhof umgeben. Urk. um 470. Die Pfarre urk. 1244 dem Domkapitel geschenkt. Grabung 1977, 2 rom. Vorgängerbauten, 11. Jh. und Neubau nach Brand A. 13. Jh. Rest. 1955 (außen), 1977 (innen).

Spätgot. 3schiffige Anlage; Langhaus übergehend in gleichbreiten Chor mit polygonalem Schluß, mit Satteldach und umlaufender Hohlkehle, Seitenschiffe mit abgeschrägter O-Wand und Pultdach. Strebepfeiler der Seitenschiffe 2fach gestuft, im NW und SW übereck gestellt, im Chor 3fach gestuft. Im N und S im 2. Joch mehrfach gekehltes spitzbogiges spätgot. Portal. Fenster spitzbogig, Maßwerk 19. Jh. Im S zwischen 2. und 3. Joch eingeschossiger Anbau mit Pultdach (Krypta-Abgang).

Giebelfassade im W mit vorgebautem Turm; der untere Teil des Turmes A. 13. Jh.; der obere Teil bar.; unterhalb des Glockengeschosses umlaufendes Gesims, rundbogige Schallfenster, abschließendes Gesims, darüber kurzer 8eckiger Aufsatz, auf dem der Glockenhelm mit 8seitiger Laterne von 1789 aufruht. – Turmhalle kreuzgratgewölbt, im O rom. gekehltes Portal um 1200, am Rundbogen Fragmente von rom. ornamentaler und figuraler Malerei.

Langhaus 3jochig, mit spätgot. Vierrautensterngewölbe auf Runddiensten bzw. Konsolen aufruhend; Chor 2jochig mit 3/8-Schluß und spätgot. Sechsrauten-

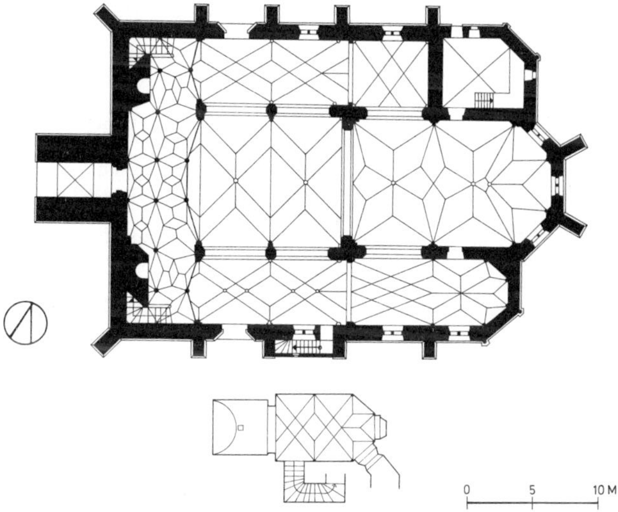

Kuchl, Pfarrkirche Hll. Maria und Pankraz mit Krypta

sterngewölbe auf Runddiensten. Nördl. Seitenschiff 4jochig, mit Zweiparallelrippengewölbe, im Chorjoch um 90° gedreht. Südl. Seitenschiff 4jochig mit $^{5}/_{8}$-Schluß, 3 Joche mit Zweiparallelrippengewölbe, im Chor fließende Rautenfiguration. – Im N an das 4. Joch anschließend 2geschossige spätgot. Sakristei; in beiden Geschossen gratiges Sterngewölbe, beim Aufgang zum Obergeschoß spätgot. Portal, mit geradem Sturz und seitl. Konsolen.
Spätgot. Krypta, M. 19. Jh. freigelegt, seit 1955 Zugang im südl. Seitenschiff; 2jochiger Raum mit $^{3}/_{8}$-Schluß, Sternrippengewölbe auf Runddiensten mit Basen, im W anschließend tonnengewölbter Raum. – Altarmensa von *Josef Zenzmaier* 1980, mit Reliquie des hl. Marcellinus. Inschriftplatte Notar vom Bischof von Chiemsee, gest. 1471. Bänke M. 19. Jh.
W-Empore bez. *Rosengartt 1492;* 7achsige, 2jochige Empore, über das 1. Joch von Mittel- und Seitenschiffen, Sternrippengewölbe auf zehn freistehenden Marmorsäulen und entsprechenden Halbsäulen an den Schiffwänden, jeweils mit Sockel und Ringkapitell, mit glattem oder gedreht kanneliertem Schaft. Bmkw. geknickte Maßwerkbrüstung aus Kunststein. Wandmalerei an der Langhauswand des südl. Seitenschiffes Hll. Petrus, Judas Thaddäus und Simon, 18. Jh.
Glasfenster bez. *Josef Widmoser 1955;* Verkündigung, Geburt Christi, Taufe durch hl. Severin; Marientod, Marienkrönung; Hochzeit von Kana, Kreuzigung, Schutzmantelmadonna.
Hochaltar Figur Maria mit Kind, Konsolfiguren Hll. Cäcilia und Ambrosius, alle 1. H. 18. Jh. Barockisierender Tabernakel von 1955 mit Figuren Hll.

Jakobus d. Ä. (?), Bartholomäus, Judas Thaddäus, Andreas, 18. Jh., aus der Filialkirche Obertauern; an der nördl. und südl. Chorwand Dreifaltigkeitsgruppe um 1730 aus Maria Kirchenthal. – Li. Seitenaltar aus der ehem. Bürglsteinkapelle des Schlosses Arenberg, Salzburg (erb. 1627, Abbruch 1951); Aufbau von 1627 (bez. 1641); Altarblatt Himmelfahrt Mariens, 18. Jh., seitl. Konsolfiguren Hll. Franziskus und Klara von 1627; Aufsatzfigur auferstandener Christus, 18. Jh.; Tabernakel um 1800. – Re. Seitenaltar aus der ehem. Klosterkirche Suben, OÖ.; Altaraufbau 2. H. 18. Jh., Altarblatt hl. Antonius von Padua von *Johann Jakob Zeiller* um 1770, seitl. Konsolfiguren Hll. Rochus und Barbara um 1770; Tabernakel spätes 17. Jh.

Kanzel bez. 1520, am Handlauf des Treppenaufganges romanisierender Löwe, Stufen zum Teil aus got. Grabplattenbruchstücken, Marmorkanzelkorb auf Säule mit Diamantquaderung; Reliefs hl. Johannes Ev., Maria mit Kind, hl. Matthäus. – Konsolfiguren Salvator Mundi, um 1500; Hll. Martin, Wolfgang, 18. Jh.; Hll. Petrus, Paulus, barockisierend, A. 20. Jh. (?); Kruzifix, spätes 17. Jh.; bar. Prozessionsmadonna; vielfigurige Krippe, 1. H. 19. Jh. In Verwahrung Mater dolorosa, spätes 17. Jh., kniende hl. Magdalena, spätes 18. Jh. Ecce Homo, Mater dolorosa, Immaculata, 19. Jh. – Bilder, Enthauptung des hl. Jakobus d. Ä., 18. Jh.; Predigt des hl. Severin, *Sebastian Stief* 1863. Kreuzwegbilder aus der ehem. Klosterkirche Suben, OÖ., 18. Jh. Spätgot. Taufstein, Deckel mit Reliefs Szenen aus dem Alten und Neuen Testament von *Jakob Adlhart* 1955. – Ambo mit Evangelistensymbolen von *Johann Kals* 1970. – Orgel von *Franz Mauracher*, 1902.

Grabplatten. Am Außenbau, beim N-Portal, am Boden abgetretener Stein mit Panichner-Wappen, 15. Jh.; am Strebepfeiler li. vom Portal Inschriftplatte Diemundis von Kuchl, gest. 1299; am übereck gestellten Strebepfeiler figürliche Reliefplatte von 1470. An der Turm-S-Wand Doppelwappenstein Felicitas Helfendorfer, gest. 1495. – In der Turmhalle Reliefplatte mit Rankenwerk, Putten usw., Pfarrer Sebastian Härtl, gest. 1691; Relief Auferstehung Christi, Michael Fischer, Nonnberger Verwalter in Vigaun, gest. 1671, darunter Inschriftplatte mit seitl. Wappen Barbara Lürtz(erin), Michael Fischers 2. Frau, gest. 1665; Reliefwappen Paul Leopolder, gest. 1694; Figürliche Reliefplatte Wolfgang Panichner, gest. 1507; Doppelwappenstein Heinrich von Rantzau, gest. 1632; Platte re. unten beim äußeren Eingangsportal: bez. Godescalcus, frühes 13. Jh.

Im Kircheninneren Relief Kreuzigung, darunter kniender Ritter und Wappen, für Wolfgang Panichner, *Hans Valkenauer* zugeschrieben, um 1500; Relief Kruzifix, Maria und kniender Verstorbener, umgeben von großen Putten, Pfarrer Martin Sartorius, um 1710. – Weitere Grabplatten in Georgenberg Nr. 58, beim Doser als Pflasterung, Inschriftplatte Heinrich von Kuchl, gest. 1299; Wappengrabstein von Wilhelm Panichner, 15. Jh.

Totenkapelle im S des Friedhofes, erb. 1790. Einfacher rechteckiger Bau mit abgewalmtem Satteldach und Giebelreiter mit bar. zweigeteiltem Helm. Im N und S je ein vierpaßförmiges Fenster. 2jochig, kreuzgratgewölbt, mit bar. Stuckspiegeln. Altar mit Kruzifix und neugot. Figuren Hll. Rupert und Virgil.

Ölbergkapelle, erb. 1861. Neugot., rechteckiger Bau mit Satteldach. Innenraum 2jochiges Kreuzgratgewölbe auf Konsolen. Ausstattung aus der Erbauungszeit, Wandmalerei von *Josef Rattensberger*, Ölberggruppe.

Kruzifix gegenüber vom W-Turm 19. Jh. – An der Friedhofsmauer östl. der Totenkapelle schmiedeeiserne Gittertüre von *Hans Thomas* 1694, aus der Pfarrkirche Siezenheim; an der Außenmauer Relief Kruzifixus, bez. *Michael Fischer 1645*.

Pfarrhof, im Kern von 1565, mehrfach umgebaut. 3geschossig mit Walmdach; breites spätgot. Segmentbogenportal. Wandmalerei Maria mit Kind, Christus mit Wundmalen, bez. *Karl Weiser 1980*. Im Erdgeschoß Flur mit Stichkappentonne. Portraitserie einiger Pfarrer von Kuchl, 17. und 18. Jh.

WEGKAPELLE in Unterlangenberg Nr. 34, mit Walmdach; bar. bekleidetes Jesuskind.

ÖLBERGKAPELLE, in Unterlangenberg Nr. 42, bar. Bau mit auf 2 Säulen aufruhendem Tonnengewölbe und geschlossener Rundapsis; umlaufender Sockel. Dach abgewalmt mit aufgesetztem Zeltdach. Schmiedeeisernes Gitter A. 18. Jh.; Figurengruppe Ölberg in eigener Nische, unterhalb der Hauptszene Figuren Seelen im Fegefeuer.

BAR. KRUZIFIX an der Hauptstraße, 18. Jh.

RELIEF Predigt des hl. Severin, an der Salzachbrücke, von *Josef Zenzmaier* 1960.

FIGUR hl. Severin von *Hans Pacher* 1954, auf der Taugl-Brücke.

FIGUR Hirte von *Max Rieder* 1973, an der Straße nach St. Koloman.

HÄUSER. Straßenplatz mit 2- bis 3geschossiger Verbauung durch giebelständige Häuser, im Kern meist 16./17. Jh., die Fassaden durchwegs erneuert. **Nr. 2:** Gasthof Römischer Keller, mit breitem spätgot. abgefasten Segmentbogenportal, Flur mit Stichkappentonne und einfachem spätgot. Gratnetz. – **Nr. 3:** Mesnerhaus, 2geschossig mit Krüppelwalmdach, spätgot., Rundbogenportal und Fenstergewände abgefast. – **Nr. 30:** Schulmeisterhof, gekehltes Portal mit geradem Sturz, spätes 16. Jh. – **Nr. 54:** Volksschule, erb. um 1900. 3geschossig mit Satteldach, barockisierender Putzdekor in den Obergeschossen, im 1. Obergeschoß mittlerer Erker. An der O-Seite Wappen des Salzburger Domkapitels in bar. Kartusche. – **Nr. 63:** Gasthof zur goldenen Stiege, Reliefwappen auf Inschrifttafel, erb. 1606 von Michael Pürckel.

MARKTBRUNNEN vor dem Gemeindeamt, von *Josef Zenzmaier* 1979.

BAUERNHÖFE. **Garnei, Nr. 6:** Dorlipper. Einhof mit Mittelflur, gemauertem Erdgeschoß, z. T. Marmorfenstergewände, bez. 1633, und Stube bez. 1720. Obergeschoß aus Blockbau mit Quertenne. Balkon vor giebelseitigem Dachgeschoß. Selch mit Backofen angebaut. – **Nr. 7:** Hoisen. Vollkommen gemauerter und verputzter Einhof, bez. 1819. Dachgeschoß giebelseitig verschalt mit Balkon, Schopfwalmdach. – **Nr. 30:** Seeleiten. Paarhof, Wohnhaus Bruchsteinbau, verputzt. Konglomeratfenstergewände, breites steinernes Rundbogengewände bei der Haustüre. Dachgeschoß giebelseitig verschalt, Balkon mit verziertem Geländer. Stallscheune im Erdgeschoß Natursteinmauerwerk, sonst Ständerbau, senkrecht verschalt. – **Nr. 33:** Hofergut. Einhof, Erdgeschoß gemauert, verputzt. Obergeschoß verputzter Blockbau. Dachgeschoß giebelseitig verschalt mit Balkon; flaches Satteldach.

Gasteig, Nr. 3: Stauder. Einhof, Erdgeschoß gemauert, verputzt, Türgewände und Fenster z. T. aus Marmor. Obergeschoß Blockbau, verputzt. Dachgeschoß Balkon. Über Haustür Blechtafel mit hl. Florian. – **Nr. 6:** Oberkielberg. Paarhof, Wohnhaus Erdgeschoß gemauert und verputzt. Schwarze Küche noch vorhanden. Obergeschoß Blockbau, verputzt. Fresko hl. Florian an der Außenmauer. Dachgeschoß mit Balkon. – **Nr. 16:** Bergergut. Paarhof, bez. 1718. Sonst wie Gasteig Nr. 6.
Jadorf, Nr. 2: Brettsteiner. Mittelflureinhof, Erdgeschoß gemauert und verputzt, Obergeschoß Blockbau, verputzt. – **Nr. 10:** Metzgerbauer. Mittelflureinhof mit Quertenne, gemauert und verputzt. Fenstergewände teils aus Stein, 4 Ausschnitte in Schalung an Giebelseite. – **Nr. 20:** Meisl. Einhof, gemauert, Naturstein, z. T. Blockbau, verputzt. Dachgeschoß mit Balkon.
Kellau. Östl. vom Rabenstein gelegenes Streusiedeltal. Übergangsgebiet vom Tennengauer Einhof zum Pongauer Paarhof. **Nr. 11:** Staudinger. Paarhof, gemauertes Wohnhaus mit Tonnengewölbe im Mittelflur, z. T. steinerne Fenstergewände, Glockentürmchen auf Satteldach, Andachtsbilder auf Blechtafel, 19. Jh. – **Nr. 31:** Vorderrußegg. Paarhof mit Kasten, gemauertes Mittelflurwohnhaus, Dachgeschoß mit Hausgangl und Glockentürmchen, Giebelfassade mit waagrechter schwarz-weißer Bandverzierung und Fresko Filzmoser Kindl, steinernes Türgewände aus 17. Jh. 2geschossiger Blockbaukasten bez. 1666. **Nr. 33:** Kainzbauer. Paarhof mit Hauskapelle, bez. 1881, gemauertes Wohnhaus, bez. 1690 und 1857, Fenstergewände z. T. 17. Jh., Dachgeschoß mit Hausgangl und Eßglocke unter der Firstpfette. Stallscheune im Erdgeschoß Natursteinmauerwerk, Obergeschoß Ständerbau mit senkrechter Schalung.
Unterlangenberg, Nr. 8: Kainzengut. Paarhof bez. 1838, Erdgeschoß gemauert, gewölbt. Fenster und Türen mit Steingewänden. Obergeschoß gemauert und verputzt. Balkon im Dachgeschoß. Dachvorsprung unten mit Verschalung. An der Fassade Fresko Mantelmadonna mit Kind.
Weißenbach, Nr. 27: Gschwandtner. Paarhof, Stubentram bez. 1854. Wohnhaus Eckflurgrundriß, Erdgeschoß gemauert, verputzt. Über der Haustür Tafelbild Hl. Familie. Obergeschoß teilweise gemauert, teilweise Blockbau, verputzt. Dachgeschoß mit Balkon, z. T. verschindelt. Getreidekasten in Blockbau, Scharschindeldeckung. – **Nr. 29:** Vorderstocker. Einhof mit Eckflurgrundriß, Erdgeschoß gemauert und gewölbt, Obergeschoß Blockbau, verputzt. Dachgeschoß mit Balkon. – **Nr. 32:** Unterstocker. Paarhof, Wohnhaus Erdgeschoß gemauert, verputzt, Obergeschoß Blockbau, verputzt, Dachgeschoß mit Balkon. Über der Haustür Fresko Mantelmadonna mit Kind.

GRENZSTEIN am Ecker-Sattel zwischen Roßfeld und Hohem Göll bez. Nr. CXXIX, 1818, KBG (Königlich Bayerische Grenze) und KKOEG (Kaiserl.-königl. Österr. Grenze).

LAMPRECHTSHAUSEN. Polit. Bez. Salzburg-Umgebung

Gemeinde an der oberösterreichischen Landesgrenze; bestehend aus dem Haufendorf Lamprechtshausen, dem Haufendorf Nieder- und Oberarnsdorf (siehe ARNSDORF), dem Kirchweiler St. Alban sowie weiteren Weilern in Streulage; auffallend große Weiler, z. B. Schwerting, Stockham, Innerfürth,

Außerfürth und Maxdorf. Mischzone von Ein- und Gruppenhöfen, meist große Hofanlagen, Dreiseithöfe, von Obstgärten umgeben; Blockgewannflur, altbairisches Siedlungsgebiet. Lamprechtshausen urk. 768.

PFARRKIRCHE hl. Martin, in der Ortsmitte. Einschiffiger Bau von 1905 mit spätgot. Chor und rom. O-Turm, von Friedhof umgeben. Urk. seit 1229 Pfarre, 1241 dem Stift Michaelbeuern inkorporiert. Spätgot. Neubau 1538–1541. Langhaus 1905 nach Entwurf von *Karl Pirich* umgebaut. Rest. 1971.
4jochiges Langhaus mit mehrfach gestuften Strebepfeilern an der N- und S-Fassade. Das 3. und 4. Joch im N und S zu Seitenschiffen erweitert, im O gerade geschlossen, ebenfalls mit Strebepfeilern abgestützt. Abgewalmtes Satteldach über dem Langhaus. – Der niedrigere spätgot. Chor 2jochig, einspringend. Daran anschließend rom. Turm, unverputzter Quaderbau des 13. Jhs., Turmerdgeschoß leicht vorspringend, mit Kaffgesims, die Obergeschosse ungegliedert mit Triforienfenstern und Treppengiebel. Zugang durch überdachte Treppenanlage im S, angebaut an die 2geschossige Sakristei südl. des Chores. Langhaus mit offener Dachstuhlkonstruktion, die Seitenschiffe flach gedeckt. Im W eingeschossige Empore. Fenster des Langhauses neugot., im W Rundfenster mit Dreipaß, Glasmalerei hl. Cäcilia um 1910. Spätgot. spitzbogiger abgefaster Triumphbogen. Chor mit Sechsrautensterngewölbe. Turmerdgeschoß dient als Altarraum, mit Kreuzrippengewölbe auf Konsolen. Zwischen Chor und Turm abgefaster Spitzbogen. Fenster im Chor und Turmerdgeschoß spitzbogig. Im 1. südl. Chorjoch spätgot. gekehltes Portal mit geradem Sturz, zu Sakristeivorraum führend, mit Eisentüre der 1. H. des 16. Jhs. Sakristeigeschosse beide kreuzgratgewölbt.
Neugot. Hochaltar, Aufbau von *Vinzenz Pezzei* 1909, Schreinfiguren Herz Jesu und Engel (1910) und Aufsatzfigur hl. Martin (1913) von *Josef Bachlechner;* Innenflügel mit Malerei Magdalena salbt Christus die Füße und Blindenheilung durch Christus von *Andreas Doser* (?), 1909; Außenflügel mit Malerei Ölbergszene von *Josef Gold.*
Tabernakel mit Reliefs der Evangelistensymbole von *Karl Paradeiser* 1950. – Neugot. li. Seitenaltar von 1913; Figuren Maria mit Kind und Engeln,

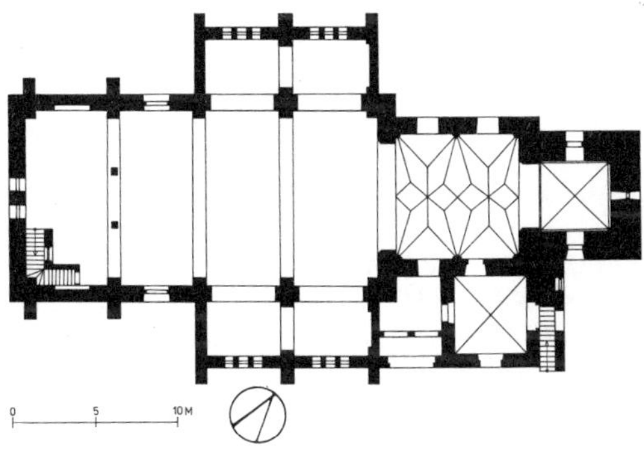

Lamprechtshausen, Pfarrkirche hl. Martin

Bachlechner-Werkstatt; Flügel mit Malerei Hll. Margaretha und Agnes bez. *Josef Gold 1920.* – Neugot. re. Seitenaltar um 1920; Figur hl. Joseph, Flügel mit Malerei Hll. Rochus und Florian bez. *Josef Gold* 1920.
Kruzifix 1. H. 16. Jh. In Verwahrung Figur Auferstandener, 2. H. 17. Jh. Konsolfiguren Hll. Judas Thaddäus und Antonius von Padua von *Josef Bachlechner* 1913. Kreuzwegreliefs von 1914, Werkstatt *Jakob Adlhart d. Ä.* Taufbecken und Ambo von *Friedrich Koller* 1978. – Orgel 1936 von *Dreher u. Flamm.*

Sogen. Pfarrerstöckl, südl. der Pfarrkirche. 2geschossig mit Satteldach, im Kern 15. Jh.; im Erdgeschoß Durchgang zum Friedhof durch rundbogiges Portal. Putzquaderung an den Hausecken und beim Portal.

FILIALKIRCHE hl. Alban. Einschiffiger got. Bau, freistehend im N des kleinen Weilers St. Alban. Urk. Weihe 1397. Rest. 1963, Freskenfreilegung 1975.
Langhaus frühes 14. Jh. (?), mit Satteldach und 6eckigem Schindeldachreiter mit Pyramidenhelm. An der Giebelfassade im O einspringender, etwas niedrigerer Chor, im Verlauf des 14. Jhs. hinzugefügt, gerade geschlossen, mit Satteldach. Nördl. des Chores eingeschossige spätgot. Sakristei mit Pultdach. – Fenster von Langhaus und Chor hochrechteckig. Am Langhaus im W abgefastes Rundbogenportal; im S abgefastes spitzbogiges Türgewände und Türe mit spätgot. Beschlägen.
Langhaus flach gedeckt; gekehlter spitzbogiger Triumphbogen. Chor kreuzrippengewölbt mit rundem Schlußstein, auf Runddiensten bzw. in die Wand verlaufend; im N rundbogiges abgefastes Sakristeiportal und hohe rundbogige Nische (1975 freigelegt). Sakristei mit quadrat. Grundriß, spätgot. Sternrippengewölbe. – Hölzerne W-Empore des 17. Jhs.
Wandmalerei an der Triumphbogenwand 2. H. 14. Jh., li. Kreuzigung zwischen hl. Heinrich (?), und hl. Bischof; darüber Fragment Erzengel Michael, Ölbergszene; re. Kreuzigung zwischen hl. Bischof und hl. Leonhard; darüber Fragment Verkündigung, hl. Georg. An der Chor-O-Wand seitl. des Fensters hl. Alban und hl. Elisabeth (?), 1. H. 15. Jh.
Hochaltar 1. H. 17. Jh.; Figur hl. Alban von *Simeon Fries* 1687, seitl. Konsolfiguren Hll. Martin und Johannes d. T. 1. H. 17. Jh.; Tabernakel spätes 17. Jh. – Seitenaltaraufbauten in Verwahrung 1. H. 17. Jh.; Altarblätter hl. Wolfgang, hl. Leonhard, beide übermalt, 1. H. 17. Jh.
Bilder, an der Emporenbrüstung 4 Bilder mit Szenen aus dem Leben des hl. Alban und Bild 14 Nothelfer, spätes 17. Jh.; hl. Antonius um 1700. Im Stiftsmuseum Michaelbeuern Bild Hl. Sippe frühes 17. Jh. und 7 bar. Votivbilder.

KURATBENEFIZIUMS- und WALLFAHRTSKIRCHE hl. Maria in Niederarnsdorf, siehe ARNSDORF

KAPELLE in Schwerting. Schindelverkleideter Holzbau mit Dachreiter, 2. H. 19. Jh./A. 20. Jh.

KAPELLE in Wildmann (Stockham). Tafelbild Maria mit Kind, 2. H. 18. Jh., in reichem Rahmen; 2 Bilder Hll. Martin und Georg, bäuerlich; in Altartischnische Leichnam Christi.

HAUS in Lamprechtshausen, Nebengebäude zu Hauptstraße Nr. 12: Ehem. Schlachthaus, langgestreckter 2geschossiger Bau, errichtet 1911, mit Krüppelwalmdach und zwei Treppengiebeln an der O-Fassade, darunter Speicheröffnungen.

BAUERNHÖFE. **Maxdorf, Nr. 1:** Schuster. Kleiner Hakenhof, 19. Jh., im Wohnteil Erdgeschoß Ziegelmauerwerk, sonst Blockbau, aufgestockt, Dach aufgesteilt. Vordach mit Grätenschalung. Holzportal mit geschnitzter Holztafel, Initialen und Bez. 1861. Stallscheune Ständerbau mit Unterfahrt.
Nopping, Nr. 3: Lenzbauer. Vierseithof, erb. 1906. Wohnhaus gemauert, im Erdgeschoß Natursteine, traufseitig aufgeschlossen, Schopfdach mit Glockentürmchen, Fenstergewände aus Stein, Eingangstüre unter laubenartigem Balkon. Im Dachgeschoß Gangl, seitlich verschalte, ausgesägte Taubenkobel. Stallscheune im Erdgeschoß Ziegelmauerwerk mit durchwegs rundbogigen Türen.
Weidenthal, Nr. 1: Weidenthaler. Dreiseithof. Wohnhaus traufseitig vom Innenhof aufgeschlossen, Erdgeschoß gemauert, Obergeschoß Blockbau mit traufseitigem Gang, Giebelseite verputzt. Räume im Obergeschoß unverputzter Blockbau. Im Dachgeschoß Schüttboden für Getreide. Stallscheune und Wagenremise Ständerbau mit Unterfahrt. First bez. 1844.
Weidenthal, Nr. 5 (in Haid): Haiderbauer. Gruppenhof; Wohnhaus Blockbau mit Flachdach, nur rückwärtiger Teil im Erdgeschoß gemauert. Zwei übereinanderliegende Hausgänge, der im Dachgeschoß durchlaufend. Gekehlte Doppelpfetten, z. T. originale Fenster. First doppelt bez. 1864 und christliche Symbole. Stallscheune, Backofen und Kapelle.
Willenberg, Nr. 8: Peterbauer. Dreiseithof, bestehend aus Wohnhaus, Rinderstall und einem Stallneubau. 2geschossiges Wohnhaus, Mischbau, Obergeschoß auf der Wetterseite verschindelt, durchgängiges Längsflurhaus, Dach 1838 aufgesteilt, Schopfwalm und Glockentürmchen. Zwei reich geschmückte Hausgänge mit kunstvoller Verbretterung, Schwellriegel mit Rundbogenfries und Zahnleisten, beide bunt bemalt. Im Dachgeschoß verschalte Zwickel; im Giebel bemalte Uhr mit hölzernem Zifferblatt und Schlagwerk, bez. 1843, mit Initialen. Reich verzierte Türstöcke in Ober- und Dachgeschoß. Ehem. Pferdestall im Erdgeschoß gemauert, auf Marmorsäulen abgestützte Gewölbe. Abseits stehend Brechlstube.

LAUTERBACH, siehe NUSSDORF am Haunsberg

LEND. Polit. Bez. Zell am See

Gemeinde im Salzachtal an der Mündung der Gasteiner Ache. Kirchweiler, bedeutender Industrieort (Aluminiumerzeugung). Von der 1. H. des 16. Jhs. bis 1862 Schmelzofen für Gold und Silber aus Gastein und Rauris. 1898/99 Errichtung der ersten Aluminiumfabrik der österr.-ungar. Monarchie. Im 19. Jh. bedeutende Poststation; Straßenknotenpunkt, Abzweigung der Straße ins Gasteiner Tal. Neubau des Klamm-Tunnels 1974 und Knoten „Gigerach“ mit Stahlbetonbrücke über die Schlucht der Gasteiner Ache 1976–1979.
Siehe auch EMBACH mit Maria Ellend

Paarhöfe, die Wohnhäuser mit Mittelflurgrundriß wie auch die Wirtschaftsgebäude im Erdgeschoß gemauert, Obergeschoß in Blockbau, flaches Satteldach mit Glockentürmchen.

PFARRKIRCHE hl. Rupert, auf einer Geländestufe. Einschiffiger nach N gerichteter Bau von 1674; nördl. Friedhof und Soldatenfriedhof des 2. Weltkrieges. – Urk. 1621. 1674 durch Eb. Max Gandolph neu errichteter, 1760 umgeänderter Bau. Pfarre seit 1891. Rest. 1949–1955, außen 1984.
Schlichter Außenbau mit Satteldach und umlaufender Hohlkehle. Apsis einspringend, mit polygonalem Schluß. In der Chorachse Kriegerdenkmal von *Gustav Resatz* 1950, Figurengruppe hl. Michael stürzt Luzifer. S-Fassade mit Dreieckgiebel und mittlerem Turm mit rundbogigen Schallfenstern und Zeltdach. Gliederung durch seitl. und mittlere Putzlisenen; horizontale Giebelfeldbegrenzung durch profiliertes Gesims. Bar. Portalumrahmung mit Dreieckgiebel; Wappen Eb. Max Gandolphs. Im O und W 2geschossige Anbauten zwischen Langhaus und Chor.
Langhaus mit flachem Tonnengewölbe von 1760. Pilastergliederung und umlaufendes profiliertes Gesims. Im S 3schiffige (Turmpfeiler) kreuzgratunterwölbte Empore mit bar. schmiedeeisernem Gitter, Wappen Eb. A. J. Dietrichstein. Tonnengewölbte Rundapsis; beiderseits Sakristeitüren und Oratorienfenster.
Deckenmalerei Maria Himmelfahrt und Ankunft des hl. Rupert in Iuvavum von *Virgil Groder* 1907. – Apsisfenster mit Glasmalerei von 1903.
Hochaltar von 1760 (im 19. Jh. durch neugot. ersetzt, 1907 wieder aufgestellt), Altarblatt hl. Rupert, übermalt, 1674, von *Frans de Neve* (?); Tabernakel von 1785; Marmorinschrifttafel an der Mensarückwand bez. Max Gandolph 1674. – Seitenaltäre von *Petrus Schmid* 1761, 1907 überarbeitet (?); li. Altarblatt Kreuzigung 2. H. 17. Jh., davor ovales Standbild Maria mit Kind, Gnadenbild der Gürtelbruderschaft von Mülln, um 1770; re. Altarblatt Hll. Sebastian, Nikolaus und Florian M. 18. Jh.; in einer Wandnische an der Langhauswand Reliquienostensorium, 15. Jh., mit neugot. Fuß.
Kanzel von *Petrus Schmid* 1761. Konsolfiguren Hll. Rupert und Virgil von 1760. Reliefs mit Kreuzwegstationen von *Lois Lidauer* 1954. Bilder Maria vom Guten Rat, hl. Aloysius, beide 2. H. 18. Jh., in Verwahrung. Bar. Figur Christus an der Geißelsäule, 18. Jh. Gnadenbild Maria Ellend, 2. H. 18. Jh. Wangen der Kirchenbänke, Krippenbaum und Osterleuchter von *Gustav Resatz*, 1949–1955. – Orgel von *Albert Mauracher*. Priester-Grabsteine des 17. und 18. Jhs.
Familienkapelle, Anbau im O, 2jochig mit Kreuzgratgewölbe und gratigen Stichkappen. Altar von *Petrus Schmid* 1761; Altarblatt Hl. Familie; Seitenkonsolfiguren Hll. Joachim und Anna.
Wandmalerei an der **Friedhofsmauer** im W, Wand der Barmherzigkeit von *Leonhard Stemeseder* 1954.

Pfarrhof, lt. Inschr. mit Wappen erb. 1671 durch Eb. Max Gandolph; Umbau 1950–1956, 1984. 2geschossiger Bau mit abgefastem Segmentbogenportal. Tonnengewölbter Flur. Bilder Abendmahl, Maria Erwartung, beide 2. H. 17. Jh.

ARZHOF-KAPELLE, an der Bundesstraße Lend-Taxenbach, Wegkapelle mit Rundapsis und Satteldach, 1898 an diese Stelle übertragen; Bild Maria vom Guten Rat, 19. Jh.

VERWESSCHLOSS, Nr. 41, an kleinem Dorfplatz, südwestlich der Pfarrkirche. Um 1600 als Wohn- und Amtssitz des erzbischöflichen Berg- und Hüttenverwalters am Gold- und Silberschmelzwerk Lend erbaut, später Berghauptmannschaft, Oberverweser, 1867 Forstverwaltung, seit 1980 Gemeindeamt.
Kleiner Ansitz mit zwei schräggestellten Eckerkern an der Hauptfassade, über der Mittelachse kleiner Ziergiebel, die Fassadengliederung von 1748. Rest. 1979/80.

GASTHAUS Handlwirt, Nr. 43, im Kern 17. Jh.; 3geschossig mit Satteldach; Erdgeschoß gemauert, Obergeschosse in Blockbau mit Zierschrot; Firstpfette bez. 1781.

HAUPTSCHULE, Nr. 32; erb. 1929 von *Ludwig Hillinger.*

BRUNNEN vor der Pfarrkirche, mit Figur Metallarbeiter von *Rudolf Reinhart,* 1963.

LENGFELDEN, siehe BERGHEIM

LENZING. Gem. Saalfelden am Steinernen Meer. Polit. Bez. Zell am See

Kirchweiler, im NW von Saalfelden. Urk. 1222.

FILIALKIRCHE hl. Benno, im NW des Ortes. Bau im Kern mittelalterlich, rom. (?) Vorgängerbau, etwas kürzer, bei Grabung 1975 festgestellt. Rest. seit 1973.
Langhaus mit Satteldach und polygonaler Apsis, an diese im O Sakristei mit rechteckigen got. abgefasten Fenstern anschließend. Im W Vorbau mit abgefastem Rundbogenportal und Dachreiter (mit Zwiebelhelm und Laterne von 1948).
Flachgedeckter Raum mit segmentbogiger Öffnung zum westl. Vorbau. Fragmente von got. und bar. Wandmalerei, im W bar. Jüngstes Gericht.
Hochaltar von *Wilhelm* und *Benedikt Faistenberger,* bez. 1668; Altarblatt Ruhe auf der Flucht, Aufsatzbild Gottvater; Konsolfiguren Hll. Benno und Laurentius. – Kleiner Seitenaltar, 1. H. 17. Jh., Figur Maria mit Kind, 16. Jh. (?), Aufsatzbild Hl. Dreifaltigkeit, Bilder auf Säulensockeln Hll. Johannes Nepomuk und Leonhard. – Figuren hl. Benno, 16. Jh.; Hll. Erasmus, Augustinus, Benno und Stephanus, spätbar. Votivbild von 1673. – Im Heimatmuseum Saalfelden Kelchkasten, bez. 1684, und Beichtstuhl, 17. Jh. – Bänke mit bar. Wangen.

FILIALKIRCHE Hll. Laurentius und Benno, neben der Filialkirche hl. Benno. Genordeter Bau, errichtet 1974–1976 von *Georg Aigner.*
Reliefs Taufe Christi, Emmaus-Szene und Auferstehung von *Klaus Moroder;* Kreuzweg von *Leo Gans.*

BAUERNHÖFE. **Nr. 1:** Paarhof „Unterbiebing", Küche gemauert, alles übrige Blockbau, 18. Jh. – **Nr. 6:** Fuchsbauer. Spätgot. Steinportal und Steingewände an den Fenstern des Erdgeschosses.

LEOGANG. Polit. Bez. Zell am See

Gemeinde westl. von Saalfelden. Haufendorf auf niedriger Talterrasse am re. Ufer der Leoganger Ache. Urk. um 930. Bergbaugebiet vom frühen 15. bis ins 19. Jh. – In Grießen und Sonnberg am Südabhang der Leoganger Steinberge sind ausgedehnte Einzelhofsiedlungen (Ortschaften Ecking, Grießen, Sinning, Sonnberg). Siehe auch HÜTTEN

Meist nach O gerichtete Einhöfe mit gemauertem Erdgeschoß und Steingewänden an Türen und Fenstern, das Obergeschoß in Blockbau. Flaches, weit ausladendes Satteldach mit Glockentürmchen, Mittelflurgrundriß.

PFARRKIRCHE hl. Leonhard, bar. Kirche auf einer Hangstufe in der Dorfmitte. Urk. 1323. 1745 Kirchenneubau von *Jakob Singer* unter Beibehaltung des got. Turmes; Weihe 1754. Pfarre seit 1858. Rest. 1956, 1973.

Schlichtes Langhaus mit Rundbogenfenstern; leicht eingezogene Rundapsis. Im N 2geschossiger Sakristeianbau, im S got., 6geschossiger Turm mit doppelspitzbogigen Schallfenstern und schindelgedecktem Spitzgiebelhelm. Umlaufender, am Sakristeianbau nur gemalter Sockel. Schindelsatteldach. Um Langhaus und Turm eiserne Kette, 2. H. 18. Jh., Kettenring und Schloß an der schindelverkleideten, 1801 bez. Westfassade (hl. Leonhard!). Zwischen Turm und Langhaus Kapelle mit Lourdesgrotte, 20. Jh.

Langhaus 4jochig, Chor um drei Stufen erhöht, einjochig, mit halbrundem Abschluß. Gliederung durch Wandpfeiler mit Sockeln und Kapitellen. Tonnengewölbe mit Stichkappen. Bar. Stukkaturen von *Kassian Singer.* Deckenfresken von *Christof Anton Mayr,* 1755, im Langhaus Szenen aus dem Leben des hl. Leonhard, im Chor Szenen aus dem Alten Testament mit eucharistischer Thematik, Mittelbild Hll. Ägyd und Leonhard als Fürbitter mit Chronogramm 1745. Am Chorbogen Kartusche bez. 1323, 1745, 1956, 1973. Im 4. Joch Holzbalkone, im W Doppelempore.

Hochaltar, Tischlerarbeit von *Veit Häusl,* 1754; Gnadenbild Maria vom Guten Rat 1764 vom li. Seitenaltar auf Hochaltar übertragen (urspr. Hochaltarbild 7 Zufluchten, im Dommuseum Salzburg), Oberbild, Hl. Dreifaltigkeit, 1754; Gnadenbildumrahmung und Figuren Hll. Leonhard und Ägyd von *Daniel*

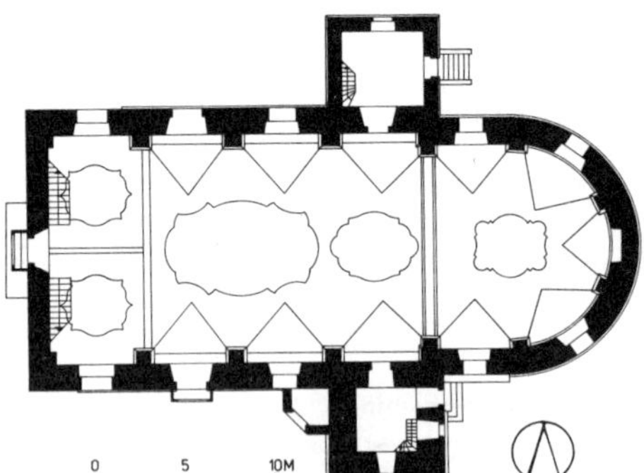

Leogang, Pfarrkirche hl. Leonhard

Mayr, 1764; Figuren über den Opfergangsportalen Hll. Sigismund und Christophorus, 1754. Tabernakel von 1901. – Seitenaltäre M. 18. Jh., Tischlerarbeit *Veit Häusl* (?); li. Figur hl. Barbara *(Daniel Mayr?)*, Konsolfiguren Hll. Joachim und Anna, Wappen Gewerkschaft und Bayern; Tabernakeltüre bar. Bild Flucht nach Ägypten; re. Figur hl. Johann Nepomuk *(Daniel Mayr?)*, Konsolfiguren Hll. Sebastian und Florian, Wappen Gewerkschaft und Eb. Hieronymus Colloredo.
Bar. Kanzel, M. 18. Jh., mit Halbfiguren der 4 Evangelisten und bar. Bild hl. Paulus. – 14 Kreuzwegbilder, 2. H. 18. Jh. Holz-Kruzifix, A. 16. Jh. Figuren hl. Laurentius, 17. Jh.; zwei Leuchterengel, Schutzengelgruppe, hl. Antonius von Padua 2. H. 18. Jh. Votivbild von 1726 und Bild Maria von Wessobrunn, 2. H. 18. Jh., in Verwahrung.
Taufstein aus rotem Marmor, 16. Jh., Deckel mit Figur Johannes des Täufers, um 1785 (in Verwahrung). – Orgel von *Albert Mauracher,* 1886. – Grabstein Christian Geysler, 1627. – Glocke von *Josef Erhart,* 1486.

Pfarrhof, erb. 1965 von *Christoph Herzog.*

KAPELLE Ecking Nr. 5 (Großstrodling). Erb. 1965, Altar 19. Jh., Altarbild hl. Johannes Ev., Figuren Hll. Ursula und Barbara, E. 18. Jh.

BILDSTOCK unterhalb der Kirche in Leogang. Errichtet 1709, mit hohem, schindelgedecktem Zeltdach und barockisierendem Bild Maria vom Guten Rat zwischen Hll. Leonhard und Ägyd.

BILDSTOCK bei Leogang Nr. 3: hohes Zeltdach, Holzpietà von *Klaus Moroder* 1976.

BILDSTOCK bei Grießen Nr. 40: Nische mit Kreuzgewölbe. Bilder Hll. Wendelin, Isidor, Maria vom Guten Rat zwischen Leonhard und Ägyd, 19. Jh.

PROFANBAUTEN. Kleines Ensemble im Ortszentrum von Leogang, um den Kirchenwirt. **Nr. 3:** Kirchenwirt, 3geschossiger Mauerbau mit kielbogigem Steinportal, Baukern 16. Jh., First bez. 1777. Erdgeschoßhalle Tonnengewölbe mit Putzgraten. Südl. davon zwei parallel zum Gasthof stehende Wirtschaftsgebäude, mittlerer Bau ehem. Samerstall, Erdgeschoß gemauert, mittlerer Stallteil 3schiffige Halle mit 4 Jochen, Kreuzgewölbe mit Putzgraten, auf Konglomeratsäulen, im rückwärtigen Teil kleine Wendeltreppe zum Heuboden; südl. anschließende Räume Tonnengewölbe mit Stichkappen. Im Obergeschoß von durchlaufendem Balkon aus begehbare kleine Kammern in Blockbau mit Zierschrot, Unterkünfte für die Samerknechte; darüber 2. Balkon in ganzer Breite, First bez. 1616. Südl. davon kleineres Wirtschaftsgebäude, Erdgeschoß gemauert, Obergeschoß Blockbau, First bez. 1786.
Wolfganggut, Grießen Nr. 3 Steingewände im Erdgeschoß, aufgedoppelte Haustüre, Pfetten drachenförmig auslaufend, First bez. 1879, Baukern wohl 17. Jh. An der Straßenseite des Stadels einige Totenbretter.

BAUERNHÖFE. **Sinning, Nr. 8:** Madlbauer, Blockbau mit Zierschrot, die Küche gemauert, Firstpfette bez. 1796.
Sonnberg, Nr. 2: Brandstatthof, Einhof mit Hauskapelle und kleineren Nebengebäuden. Erdgeschoß gemauert, über dem Haustor zwei Freskenmedaillons, li. Auge Gottes, Hll. Georg und Florian, re. Maria mit dem Kind, Hll. Leonhard und Antonius. Inschriftkartusche über der Tür bez. 1966 und 1872.

Bundtram und Pfetten blau-weiß bemalt, Firstpfette bez. 1769. Balkendecke in der Stube am Unterzug bez. 1764.

LESSACH. Polit. Bez. Tamsweg

Gemeinde im Lessachtal, mit dem Kirchdorf Lessach, bestehend aus dem um die Kirche erhöht am westl. Talhang gelegenen Oberdorf und dem am Fluß liegenden Unterdorf. Ausgedehnte Streusiedlungen.
Ein-, Paar- und Gruppenhöfe des Lungauer Typus. Häuser in Blockbau oder Mischbauweise, 2geschossig bzw. mit Kniestock, durchwegs mit verbrettertem Giebel und Krüppelwalm; die Wirtschaftsgebäude mit gemauertem Stallgeschoß und gezimmertem Stadelaufbau. Charakteristisch die freistehenden, meist gemauerten Getreidekästen.

PFARRKIRCHE hl. Paulus. Neugot. Bau von 1909/10 unter Beibehaltung älterer Mauerteile, am westl. Talhang in Lessach-Oberdorf, von Friedhof umgeben. – Urk. 1523, 1618 Kuratie, 1763 Neubau (mit Ausnahme des Presbyteriums), 1813 Pfarre, 1857 und 1908 Brände, 1910 Neubau und Konsekration, Außenrest. 1951, Rest. 1967.
Einschiffiges Langhaus, Spitzbogenfenster, abgewalmtes Satteldach; Süd- und Nordportal mit Vorbauten, gekehlte Spitzbögen; eingezogener, niedrigerer Chor, polygonaler Abschluß; seitl. 2geschossige Sakristeibauten, Kreis- und Spitzbogenfenster, im S Rundbogenportal, unter nördl. Anbau Beinhaus mit kleinem Vorbau, 2 bar. Deckenbilder; Westseite mit gestreckten Spitzbogenfenstern, z. T. in die Fassade eingezogener Turm, gekoppeltes Rundbogen- und Spitzbogenfenster, spitzbogige Doppelschallfenster, Giebelspitzhelm. Am nördl. Langhaus Kriegergedächtniskapelle, Spitzbogenöffnung.
3jochiges Langhaus, 2geschossige Westempore, darunter erhöhtes Turmerdgeschoß, kreuzgratgewölbt, rundbogig geöffnet, seitl. Emporenaufgänge; Mittelschiff mit Flachdecke, an Chorbogen und Langhauswänden Malereien 2. V. 20. Jh., Marienkrönung, Kreuzigung und Auferstehung Christi; abgefaster Triumphbogen, einjochiger Chor, beidseits Sakristeizugänge, darüber spitzbogige Presbyteriumsfenster, 5/8-Schluß, Kreuzrippengewölbe auf Konsolen von 1909.
Drei neugot. Flügelaltäre von *Vinzenz Pezzei* 1910, Tafelbilder bez. *J(osef) Gold* 1920 bzw. 1921; Hochaltar mit Skulpturen Hll. Petrus, Paulus und Christkönig von *V. Pezzei*, bar. Leuchterengel 2. H. 18. Jh.; neugot. Seitenaltäre von *V. Pezzei* mit je einer bar. Heiligenfigur, Hll. Katharina und Margaretha, li. Marienstatue, re. Holzrelief Hl. Familie, beide *Schule Bachlechner*.
Bar. Konsolfiguren, im Chor Hll. Matthäus und Johannes, im Langhaus Hll. Florian und Georg, hl. Joseph, 18. Jh.; an der Emporenbrüstung Schnitzgruppe Hl. Dreifaltigkeit 2. H. 18. Jh., darüber überarbeitetes bar. Kruzifix; im Turmgeschoß Pietà um 1800, hl. Nepomuk 2. H. 18. Jh. – Bar. Kreuzwegbilder (ehem. in Elixhausen) bez. renov. 1842. – Orgel von *Mauracher*, 1910.

Friedhof mit bmkw. Grabstätten, Grabhügel eingefaßt mit bemalten Holzbrettern, teils mit Sprüchen verziert; gußeiserne Grabkreuze 19. Jh.

Pfarrhof westl. der Kirche. Urspr. Bau von 1720, 2geschossig mit Krüppelwalmdach, Fassadengliederung von 1910.

KAPELLEN. In Lessach Oberdorf, unterhalb der Pfarrkirche, bez. 1852, Heiligenfiguren Madonna, Anna und Joseph, 19. Jh. – Im hinteren Lessachtal bez. 1871, Mariahilfbild. – Kapelle Zum gekrönten Haupt Christi, in Zoitzach Nr. 12, anstelle des Baues von 1753 Neubau lt. Inschr. 1903, Rechteckgrundriß und eingezogene Rundapsis; Rundbogenfenster, Dachreiter. Ausmalung aus der Erbauungszeit, barockisierender Altar mit von 2 Engeln gehaltenem Ecce-Homo-Bild, bez. 1747, Reliquienvitrinen bez. 1683, Leinwandbilder 18. Jh., Christus als Guter Hirte, Immaculata E. 18. Jh., 3 Votivbilder 18. Jh., eines bez. 1755.

BILDSTÖCKE. In Lessach Nr. 23 beim Knapp, nordwestl. des Dorfes. Nischenbildstock mit Vordach und Säulen; Kreuzigungsgruppe, volkstümliche Arbeit. – Nördl. von Lessach Oberdorf, mit bar. Bildern, Marienkrönung und Evangelisten. – In Zoitzach Nr. 1, beim Karnergut, am westl. Talhang. Quadrat. Grundriß, Holzschindelzeltdach; 3 Ölbilder 19. Jh., Marienkrönung, Hll. Petrus und Paulus, Hll. Jakob und Leonhard bez. *Andrä Moser 1874.*

RUINE Thurnschall, auf steilem Hügel am Nordende der Schlucht am Eingang zum Lessachtal. – A. 13. Jh. urk. castrum Lessach als Besitz des Wilhelm v. Heunberg, 1239 an Grafen v. Ortenburg, 1242 Kauf durch Eb. Eberhard II. Burg innerhalb des erzbischöflichen Hoheitsgebietes liegend, als Wehranlage bedeutungslos, schon im 14. Jh. (?) dem Verfall preisgegeben.
Polygonale Umfassungsmauern im Gelände erkennbar, an der Westecke 8 m hohe Reste eines Turmes, an der Ostseite ca. 18 m langer, geknickter Mauerrest, etwa 7 m hoch, Schichtenmauerwerk, Reste des Wohnbaues (?).

BAUERNHÄUSER. **Oberdorf, Nr. 1:** Schwaiger. Mehrgeschossiger, gemauerter Kornkasten, wohl 18. Jh., mit gemalten Eckquadern und Ochsenauge im Giebel, Satteldach über Hohlkehle. – **Nr. 22:** Greis, Paarhof in steiler Hanglage auf hohem Bruchsteinmauerfundament; Wohnhaus Blockbau mit Obergeschoßbalkon. – **Nr. 27:** Tromört, mit gemauertem Kornkasten.
Unterdorf, Nr. 37: Lex, Einhof. 2geschossiges Mittelflurhaus, Erdgeschoß gemauert, Obergeschoß in Blockbau, überwiegend verbrettertes, nur im Firstbereich offenes Giebelfeld. – **Nr. 55:** Platzer, Einhof. Ehem. Rauchstubenhaus, Haus eines bäuerlichen Handwerkers; wohl 17. Jh. Hohes Bruchsteinfundament, darüber Blockbau, ein Teil in Bruchsteinmauerwerk, eingeschossiger, 2achsiger Anbau mit Pultdach an der Giebelseite, Obergeschoßbalkon und Vierpaßöffnungen im verbretterten Giebeldreieck; Scherbalkendach mit Brettschindeldeckung. – **Nr. 59:** Straß, Einhof. Erdgeschoß gemauert, Obergeschoß Blockbau, Mittelflurhaus, Fenster mit tiefen, schrägen Laibungen, Obergeschoßbalkon und Zierausschnitte im verbretterten Giebelfeld, brettschindelgedecktes Krüppelwalmdach. Daneben gemauerter Kornkasten mit Bretterdach. – **Nr. 60:** Larer, 2geschossiger, gemauerter Getreidekasten 18. Jh., mit gemalten Eckquadern und laufendem Hund, über der Tür rundbogige Nische, Bild hl. Michael.
Zoitzach, Nr. 1: Ehemaliges Karnergut. Wohl 17. Jh. 2geschossig, Erdgeschoß gemauert, Obergeschoß in Blockbau, Querflur, Obergeschoßbalkon, überwiegend verbrettertes, nur im Firstbereich offenes Giebelfeld, Scherbalkenkrüppelwalmdach. Breiter Flur, Vorratsraum im Erdgeschoß sowie Kammern im

Obergeschoß eingezimmert. 2geschossiger, gemauerter Getreidekasten mit gemalten Eckquadern und laufendem Hund, über der Tür bez. C 1725 P, in Nische Bild hl. Georg, 20. Jh.; brettschindelgedecktes Satteldach. **Nr. 4:** Laßhofer. Getreidekasten in Blockbau gezimmert, 2geschossig, bez. 1806. – **Nr. 7:** Purggcr, gemauerter Getreidekasten. – **Nr. 12:** Gambs, ehem. Zehenthof, später Gasthof. Mächtiger, am ostseitigen Hang gelegener Gruppenhof, bestehend aus dem Wohnhaus, zwei alten und einem neuen Wirtschaftsgebäude, Kornkasten, Schmiede, Kapelle und Brunnen; im wesentlichen 17. Jh. Wohnhaus 2geschossig, gemauert, mit schrägen Fensterlaibungen, Krüppelwalmdach mit Dachreiter. Im Obergeschoß an der Giebelseite Nische mit Holztafel hl. Florian und Marienkrönung, an der Traufseite Rundbogennische mit Statuette hl. Jakobus; breiter, durchgehener Querflur mit Backofen, Küche mit Stichkappengewölbe, im Obergeschoß große Stube mit bmkw. geschnitzter Holzdecke sowie kleinere getäfelte Zirbenstube. Zwei Wirtschaftsgebäude mit gemauertem Stallgeschoß, darüber Blockbau mit bergseitiger Tenneneinfahrt mit Pultdach; Ladwand mit Kerbschnitzereien – bäuerliche Szenen, Sinnbilder. Rechts vom Wohnhaus ehem. Schmiede – 2geschossiger, gemauerter Baukörper mit Stützpfeiler und gemalter Eckquaderung, Krüppelwalmdach; innen Tonnengewölbe und Esse; angebauter Backofen. 2geschossiger, gemauerter Kornkasten mit gemalten Eckquadern und laufendem Hund, bez. 1744. – **Nr. 13:** Lerchner. Paarhof am ostseitigen Talhang. Wohnhaus Mischbau, 2geschossig, Querflurhaus, nach der Eingangstüre mit zwei Achsen etwas vorspringend; erneuerte Fassadenbemalung mit Eckquadern und Fensterumrahmung; im hinteren Teil des Hauses integrierter Speicher; brettergedecktes Krüppelwalmdach mit Dachreiter; an der Traufseite bildstockartige Kapelle angebaut. Mächtiges, gemauertes Wirtschaftsgebäude mit rundbogigen Belüftungsöffnungen und Ziegelgitter. Gemauerter, 2geschossiger Kornkasten mit gemalten Eckquadern und Fenstereinfassung, Satteldach über Hohlkehle, in Kartusche bez. 1879 mit Initialen.

LOFER. Polit. Bez. Zell am See

MARKT und Gemeinde im pinzgauischen Saalachtal zwischen Kniepaß und den Loferer Steinbergen. – Markt seit dem 15. Jh.; ab 1615 Amtssitz des Pflegers von Paß Luftenstein. Brand 1731. Fremdenverkehr seit dem späten 19. Jh. Der Marktort an der Gabelung der Saalachtalstraße und der Straße nach Tirol. Diese bilden die Hauptachsen im dicht verbauten Ortskern am li. Ufer des Lofer Baches, mit kleinen platzartigen Erweiterungen vor der am Ostrand gelegenen Pfarrkirche und vor dem Rathaus im Zentrum. Die freistehenden Häuser im Kern durchwegs 16.–17. Jh., überwiegend 2- bis 3geschossig, mit Satteldächern, z. T. abgewalmt.

Bauernhöfe im Gemeindegebiet, Einhöfe, die Wohnteile meist gemauert mit Mittelflur, Wirtschaftsteil meist in Blockbau mit leicht behauenen Rundhölzern. Siehe auch AU (mit Hallenstein)

PFARRKIRCHE Hll. Maria und Leonhard, in der Ortsmitte. Got., bar. erweiterter Bau, mit Nordturm. Erb. 1315–1338 (?), urk. erstmals 1417; Seitenschiffanbauten von 1678, Turm nach Brand von 1731 von *Tobias Kendler* wieder aufgebaut. Pfarre seit 1955. Rest. 1954.

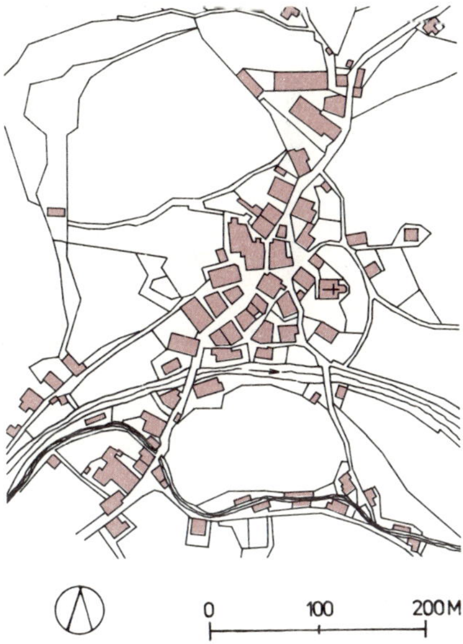

Lofer, Historischer Ortsplan nach Kataster von 1829/30

Schlichter Außenbau, rundbogige Seitenschiffenster, einspringende Apsis mit polygonalem Schluß und spitzbogigen got. Fenstern. Im N an das li. Seitenschiff anschließend ungegliederter Turm, Schallfenster mit bar. Umrahmung, Doppelzwiebelhelm bez. 1732. Im S an das re. Seitenschiff anschließend 2geschossige Sakristei. Schindelsatteldach. Einfache Westfassade, Portale 17. Jh., Mittelportal mit Wappen Eb. Max Gandolfs, bez. 1678. Wandmalerei Schutzmantelmadonna, bez. *K(arl) W(eiser) 1954.*

3schiffiges Langhaus. Mittelschiff 4jochig, Netzrippengewölbe mit Kurvaturen (Rippen 1897 erneuert) auf halbrunden Diensten mit einfachen Kapitellen; 4. Joch um vier Stufen erhöht, Seitenschiffe 3jochig, mit bar. Kreuzgratgewölbe und Stuckspiegeln. Spitzbogiger Triumphbogen. Chor mit $^{5}/_{8}$-Schluß; Achsenfenster im Chor vermauert, got. Maßwerk erhalten. Abgefaste Türumrahmungen mit geradem Sturz, im N zum Turm, im S zur Sakristei führend, über dem Sakristeiportal Oratorienfenster.

Got. Wandmalereien, re. neben Turmportal Hll. Crescentia, Vitus und Modestus, 1. V. 15. Jh.; im Chorgewölbe Evangelistensymbole und Maria mit Kind, 2. H. 15. Jh. – Ornamentale Glasfenster bez. *Ph(ilipp) Aichinger 1872.*

Neugot. Hochaltar von *Vinzenz Pezzei,* 1901; Figuren aus der *Werkstatt Josef Bachlechners,* Flügelbilder bez. *Josef Gold 1905.* – Seitenaltäre um 1730; Säulenädikula mit geradem Gebälk und geschweiftem Auszug; li. Figur Maria Immaculata, Aufsatzbild hl. Antonius; Seitenfiguren weibliche Heilige und hl. Anna, überarbeitete got. Figuren (?); re. Kreuzigungsgruppe mit kniender Maria

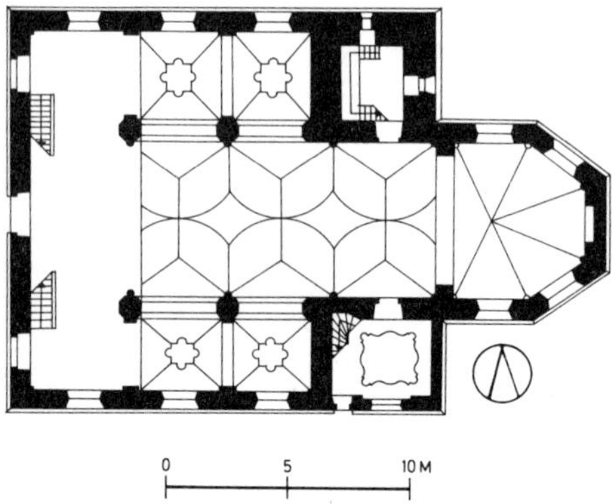

Lofer, Pfarrkirche Hll. Maria und Leonhard

Magdalena und, auf Seitenkonsolen, Maria und Johannes; im Aufsatz Figur Gottvater. Tabernakel um 1730 mit Figur hl. Helena (gestohlen). Li. und re. je zwei Statuetten der Kirchenväter, von *Michael Bissl*, um 1800.
Kanzel von 1715, Tischlerarbeit von *Adam Warmbminger;* Figuren von *Franz Pertiller,* hl. Alanus (gestohlen), Maria mit Kind, hl. Katharina von Siena und hl. Dominikus. – Konsolfiguren Hll. Judas Thaddäus und Jakobus d. J., Georg und Florian (vom ehem. bar. Hochaltar), von *Daniel Mayr,* 1740; hl. Leonhard, M. 18. Jh.; Kruzifix 19. Jh. Vortragefiguren Hll. Sebastian und Rochus urk. 1715. In Chornischen spätgot. (?) Figuren Hll. Barbara und Katharina. – Bilder Maria vom Guten Rat, M. 18. Jh.; Schutzengel, 2. H. 18. Jh. Kreuzwegbilder 19. Jh. – Orgel von *Albert Mauracher,* 1892. – Weihwasserbecken und Opferstock, aus rotem Marmor, 2. H. 17. Jh. Neugot. Kirchengestühl.

Pfarrhof erb. 1951/52 von *Ernst Stainer.*

Friedhofskapelle, erb. 1977/78. Glasfenster Auferstehung Christi, Salbung und 3 Marien am Grabe, von *Albert Birkle* 1978.

KALVARIENBERGKAPELLE, westl. von Lofer auf einer Anhöhe. Einfacher rechteckiger Bau, 2. H. 18. Jh., mit zwei Fensterachsen, einspringender Rundapsis sowie schindelgedecktem Satteldach. – Altarbild Tod des hl. Joseph, 2. H. 18. Jh.; zwei spätbar. Halbfiguren Hll. Johannes Nepomuk und Johann Regis; Kupferstichserie 12 Apostel, nach *Giovanni Lanfranco,* 18. Jh.

KAPELLE in Faistau (Nr. 3), nördl. von Lofer. Einfacher Bau mit Rundapsis, Satteldach mit Giebelreiter. Ikonographisch bmkw. bar. Bilder Jüngstes Gericht, Leidensweg Christi, Genreszene Geburt Christi, A. 18. Jh.

KAPELLE in Scheffsnoth (Nr. 11), Zassbauer. Erb. 1899, rechteckiger Grundriß mit eingezogener Rundapsis. Einheitliche Ausstattung aus der Erbauungszeit. Altarbild Maria mit Kind, 14 Kreuzwegbilder. Spätbar. Konsolfiguren Ecce Homo und klagende Maria.

PESTSÄULE gegenüber von Haus Nr. 108. Säulenschaft bez. 1648, Tabernakel bez. 1564 mit bekrönendem Kruzifix; in den Nischen Figuren Hl. Familie, Mater dolorosa und Christus an der Martersäule, Hll. Petrus und Paulus, 18. Jh.

PROFANBAUTEN. Fassaden zum großen Teil 19. Jh., mit Putzfaschengliederung und bemalten Fensterumrahmungen: **Nr. 2, 3, 16, 17** („Fronfeste" – ehem. Zollamtsgebäude), **Nr. 18** (Firstpfette bez. 1847; Gnadenbild), **Nr. 53, 52.**
Nr. 1: Postamt, ehem. Pfleg- und Gerichtshaus, erb. durch Eb. Leopold Firmian. Wappenkartusche mit Chronogramm 1735 über dem Rundbogenportal. Krüppelwalmdach mit breiter umlaufender Hohlkehle; bar. Fensterumrahmungen. – **Nr. 4:** Ehem. erzbischöfliches Bräuhaus, Vordertrakt 2geschossig mit abgefastem Rundbogenportal, bez. 1667; Firstpfette bez. 1670. Gemaltes Wappen Kurfürst Ferdinand von Toskana, um 1805, Inschr. 1753; Fenster mit erneuerter bar. Stuckumrahmung. Rückwärtiger Trakt mit neugot. Giebelfassade und Blendfenstern.
Nr. 22: Café Schopper, erb. 1583 als Bürgerspital; wurde 1677 unter Eb. Max Gandolf Sitz der Rosenkranzbruderschaft. Umbau und Fassade um 1900. – **Nr. 24:** Metzgerwirt, urk. 1529; schmiedeeisernes Hausschild mit hl. Florian, A. 18. Jh. – **Nr. 25: Rathaus** (ehem. Schmiedhaus), im Ortszentrum. Im Kern 16. Jh., zwei Runderker mit Zinnenkranz. Abgefastes Rundbogenportal. Gnadenbild Maria vom Guten Rat, Hll. Martin und Florian. Im Erdgeschoß Tonnengewölbe mit Stichkappen.
Nr. 28: Hotel Bräu. Großes 4geschossiges Gebäude mit Fassade des späten 19. Jhs.; Wappenkartusche Eb. Paris Lodron mit Inschriftstein von 1639 (vom Paß Luftenstein), darüber schmiedeeisernes, biedermeierliches Hausschild bez. 1639. Bräusaal erb. 1929 von *Clemens Holzmeister,* Wandmalerei Darstellung Loferer Sagen bez. *Franz von Zülow,* 1929. Bmkw. Portraitsammlung 18.–20. Jh., u. a. von *Franz Xaver Spann* 1760 und *Johann Michael Sattler.*
Nr. 37: Sägewerk. Einhof, Wohnhaus gemauert, abgefastes Rundbogenportal, die Fensterbänke im Obergeschoß aus Marmor, Pfettenköpfe und Balkonaufleger geschnitzt und bemalt, Firstpfette bez. 1846, im Kern 16./17. Jh. – **Nr. 44:** Gasthof zum Schweizer. Im Kern 17. Jh., 3geschossig, abgefastes Rundbogenportal und abgefaste Fenstergewände; im Flur Stichkappentonne; im Giebelfeld bez. 1614–1936, wesentliche Veränderungen im 18. und 20. Jh. – **Nr. 45:** Ehem. Schmiedhaus, Rundbogenportal bez. 1648, mit Schmiedehandwerkszeichen. – **Nr. 46:** Rundbogenportal bez. 1674. – **Nr. 48:** Steinerwirt, Fassade, Portal und Türe M. 19. Jh.; schmiedeeisernes Hausschild bez. 1606. Kreuzgratgewölbter Flur mit abgefastem marmornen Rundbogenportal. – **Nr. 54:** „Kashaus". Flur mit Stichkappentonne. Reste von Fassadenmalereien. – **Nr. 55:** Gasthof zur Post, schmiedeeisernes Hausschild von 1790 an der Fassade, 1720 im Flur.

MARKTBRUNNEN vor dem Rathaus, 1908, Statue hl. Maria von 1772.

GEDENKSTEIN an die Kämpfe gegen die Franzosen 1800, errichtet 1900.

SCHOBERWEISSBACH-KLAUSE, siehe S. 506

PASS STRUB, Grenzbefestigung gegen Tirol; mittelalterlicher Kern, 1621 unter Eb. Paris Lodron verstärkt, Anlage 1809 gesprengt. Von Bauten aus 1621 nur noch **Wachthaus** und Reste der **Sperrmauern.** Steinwappen Eb. Paris Lodron, bez. 1646, urspr. am Torbau. Freilegung und Rest. 1983/84.

Wegkapelle am P a ß S t r u b. Erb. 1934 von *Ernst Stainer*. – **Grenzstein** mit halbkugelförmigem Abschluß, Wappen von Salzburg und Tirol, bez. 1606.

LUNGÖTZ, siehe ANNABERG i. L.

MAISHOFEN. Polit. Bez. Zell am See

Gemeinde bestehend aus dem Haufendorf Maishofen in Talmitte nördl. des Zeller Sees und einer Reihe von Weilern und Einzelhöfen im Talboden und am Rande desselben sowie am Berghang am Ausgang des Vorderglemmtales, gegliedert in die Ortschaften Atzing, Maishofen und Mitterhofen.
Stattliche Paarhöfe, die Wohnhäuser mit Mittelflurgrundriß, Erdgeschoß gemauert, oft Steingewände bei Türen und Fenstern. Obergeschoß wie auch die Wirtschaftsgebäude und kleinere Nebengebäude in Blockbau. Flache, weitausladende Satteldächer mit Glockentürmchen. Balkon im Obergeschoß meist über mehrere Seiten.
Siehe auch PRIELAU, Schloß und Kirche

PFARRKIRCHE hl. Maria, in der Dorfmitte. Einfache Kirche mit W-Turm. Erb. 1863, Pfarre seit 1894; rest. 1965. – Einschiffiger Bau mit eingezogenem, polygonalem Chor, W-Turm mit rundbogigen Schallfenstern und Spitzgiebelhelm. Eingeschossige Sakristei im N an Chor und Langhaus angefügt. Offener Dachstuhl, renov. 1929. W-Empore.
Hochaltar (aus Schloß Kammer) von 1713; 1766 und 1863 überarbeitet; Figur Maria mit Kind, Oberbild Hll. Anna und Maria, bez. 1713. Tabernakel von 1863. – Bilder. Hll. Isidor und Notburga, M. 18. Jh. (aus Schloß Kammer); Herz Jesu von *Friedrich Dworschak*, 1929; hl. Joseph, 18. Jh.; einige Votivbilder und 14 Kreuzwegbilder, 19. Jh. – Konsolfiguren. Hll. Rupert und Virgil, spätes 17. Jh.; Hll. Sebastian und Leonhard von *Jakob Adlhardt*, 1929; Hängekruzifix, 18. Jh. – In Verwahrung vergoldetes Vortragekreuz um 1600 mit got. Figuren Maria und Johannes. – Orgel von *Albert Mauracher*, 1887.

STABLBERGKAPELLE, in V o r d e r g l e m m Nr. 38. Bau mit Rundapsis, Satteldach und Giebelreiter. Wandmalereien 4 Evangelisten und anbetende Engel von *Anton Faistauer*, um 1908/09.

KRIEGERDENKMAL mit Kruzifix von *Max Rieder*, 1951.

SCHLOSS Saalhof, siehe S. 506

SCHLOSS Kammer, Kammer Nr. 22, östl. von Maishofen am Fuße der Berglehne gelegen. Herren von Kammer seit 1276 urk., Hof zu Kammer urk. um 1466 Grundherrschaft der Herren Hundt; um 1610–1614 Kauf durch Dietrich Kuen von Belasi, Schloßneubau, 1722 bis 1811 im Besitz der Bischöfe von Chiemsee, dann Familie Neumayr.
Schloß samt Neben- und Wirtschaftsgebäuden durch Mauer mit Türmchen und Zinnen in nachempfundenem Wehrcharakter umgeben; 1711 Brand des Schlosses, bei Wiederaufbau ab 1812 Mitverwendung des spätgot. Erdgeschosses, im südl. Teil zwei Gratgewölbe mit je einer Mittelsäule 1. V. 17. Jh., an der Südfront schmales Treppentürmchen erhalten. Breite Vorhalle im 1. Obergeschoß als Mittelflur, Vorraum zu östl. unmittelbar angebauter

Kapelle, 1617 Weihe, 1711 Brand, 1713 Neubau; ab 1807 bis zum Kirchenbau in Maishofen 1860 als Vikariatskirche in Verwendung. Erdgeschoß außen durch Rundgang mit Fensteröffnungen und Pultdach umgeben; steiles Kapellendach, an Verbindungsstelle Schloß–Kapelle hölzerner Dachreiter mit spitzem Zeltdach. 2geschossiger Kapellenraum mit Rundapsis, am Westabschluß schmale eingeschossige Empore, aus dem 2. Obergeschoß des Schlosses zugänglich. Flachdecke mit einfachem Stuckrahmen, barockisierend, A. 19. Jh. Kreuzgratgewölbte Sakristei. – Altaraufbau und Mittelfigur. Kopie von 1875 des urspr. Hochaltares, seit 1860 in der Pfarrkirche Maishofen, Oberbild Maria Heimsuchung. – Kreuzweglithographien, 2. H. 18. Jh.; zwei Votivtafeln, frühes 19. Jh.
Bmkw. spätgot. Einfahrtstor durch Ringmauer, südl. daran anschließend kleiner runder Basteivorbau, an die nördl. Mauer angesetzter spätgot. Stall, im Erdgeschoß zwei Reihen abgefaster Säulen, die ein 3schiffiges, spitzbogiges Gratgewölbe tragen, 1. V. 17. Jh.

PROFANBAUTEN. **Maishofen, Gemeindeamt,** Sitzungssaal: Totenschild von Dietrich Kuen-Belasy, mit umlaufender Inschr. und Wappen, 1604. – **Nr. 1:** Gasthof Post, Portraitsammlung von *Anton Faistauer.* – **Nr. 12:** Stiegerschlößl. Der Name von hier 1700 bis 1818 ansässiger Familie Stieger. Spätgot. Bau mit Kielbogenportal an der W-Seite. Im Erdgeschoß ehem. Kapelle mit Tonnengewölbe und Stichkappen, bescheidene Freskenreste um 1620, Rankenmalerei, in der Fensternische zwei Heilige, an der Wand gegenüber Kreuzigung. 1839 Umbau und neue Fassade mit Fächerpalmetten und Stuckgiebeln bei den Fenstern, Erker an der O-Seite bez. 18.P.E-N.39, steiles Satteldach mit Krüppelwalm. – **Nr. 229:** Neubau mit spätgot. Kielbogenportal und Fenster mit abgefastem Gewände (vom ehem. Pfarrhof übertragen).
Atzing. Streusiedlung. **Gadenstätt:** Paarhof in Hanglage am Eingang des Vorderglemmtales, 18. Jh.
Dechantshofen. Hofgruppe am Ostrand des Talbodens. **Nr. 33:** Gorigut; Kielbogenportal 16.–17. Jh., das Haus erneuert. – **Nr. 34:** Jackllehen; Kielbogenportal und Fenstersteingewände, das Obergeschoß in Blockbau, 16.–17. Jh.
Dorf, Nr. 7: Abrahamgut; ehem. Bauernhaus, rundbogiges Steinportal und steinerne Fenstergewände; der Anbau an der Nordseite ehem. Kornkasten (?); im Kern 16.–17. Jh., weitgehend erneuert.
Kammer. Baugruppe am Ostrand des Talbodens. **Nr. 23:** Bauernhaus. Kielbogiges Steinportal, Steingewände bei den Fenstern, Obergeschoß in Blockbau, 16.–17. Jh.
Zwischen **Maishofen** und **Kirchham** an der Brücke über die Saalach das Schneiderhäusl, Eckflurhaus, reiner Blockbau, über alle Seiten führender Balkon im Obergeschoß, 16.–17. Jh.
Mayrhofen. Weiler am Ostrand des Talbodens; Ensemble von Bauernhäusern, dominiert von **Nr. 29,** Walchgut, einem stattlichen erneuerten Mittelflurhaus in erhöhter Lage, davor Kornkasten. Neben dem Pallgut ein Bauernhaus mit traufseitigem Eingang im Erdgeschoß und rundbogiger Tür auf den Balkon im Obergeschoß.
Mitterhofen. Locker verbauter Weiler mitten im Talboden nördl. von Maishofen. Ensemble von drei Bauernhäusern mit ihren Wirtschaftsgebäuden.

Nr. 43: Stefflgut; gemauerter Bildstock mit Schindelwalmdach, erb. 1886. Kruzifix um 1886. – **Nr. 45:** Zehentnerbauer; segmentbogiges Steinportal, steinerne Fenstergewände, Obergeschoß wie auch das Wirtschaftsgebäude in Blockbau, 17. Jh. – **Nr. 46:** Stoffengut; Wohnhaus gemauert, Steingewände an Türen und Fenstern, First bez. 1590, daneben das zum Gut gehörende Auerhaus, **Nr. 48:** Küche gemauert, sonst Blockbau, First bez. 1730. – **Stoffenkapelle,** erb. 1762, rest. 1977. Einfacher Bau mit Satteldach und rundbogigen Tür- und Fensteröffnungen. In der Apsis Lourdesgrotte; bar. Figuren hl. Joseph mit Kind, Schutzengelgruppe, hl. Michael, Christus einer Ölbergszene. Kreuzwegbilder, kolorierte Stichserie von *Josef Führich*, M. 19. Jh.

Oberhaus, Nr. 16: Landhaus, bäuerliches Ensemble nordöstl. von Maishofen am Rande des Talbodens, bestehend aus dem gemauerten Wohnhaus, gemauertem Gesindehaus mit dem Roßstall, Kornkasten, daneben Kleinbauernhaus sowie Wirtschaftsgebäude. Wohnhaus, segmentbogiges Marmorportal, darüber Fresko Krönung Mariens, E. 18. Jh., li. und re. davon zwei Tafeln, Öl auf Holz mit den Hll. Sebastian und Florian, A. 19. Jh. Das 2½geschossige Haus mit steilem Krüppelwalmdach im Kern aus dem 16. Jh., Ende 18. Jh. verändert und jüngst erneuert. Gesindehaus, 2½geschossig mit steilem Satteldach; in der Fassade eingemauerte Marmortafel mit Hausspruch, bez. 1876. Das weitgehend in Blockbau aufgezimmerte Kleinbauernhaus und der Kornkasten 17./18. Jh.

Oberreit. Weiler am Westrand des Talbodens südwestl. von Maishofen. Bmkw. Ensemble von Bauernhäusern, **Nr. 4:** Schusterhaus, 18. Jh., **Nr. 5:** Lackenhof, mit Serpentingewänden, 16.–17. Jh., und **Nr. 10:** Im Kern 17. Jh., erneuert.

Point. Weiler in Talbodenmitte südl. von Maishofen. **Nr. 42:** Neuhäusl. Vollständiger Blockbau, 17.–18. Jh. – **Nr. 44:** Dabauer; Kielbogenportal, Steingewände an den Fenstern im Erdgeschoß, 16.–17. Jh.

MANDLING, siehe RADSTADT

MARIA ALM am Steinernen Meer. Polit. Bez. Zell am See

Gemeinde bestehend aus dem vom Fremdenverkehr geprägten Haufendorf Alm und den ausgedehnten Streusiedlungen auf den Hängen entlang des Grießbachs, Krallerbachs und Urslaubachs. Alm urk. 13. Jh.; seit dem Mittelalter Marienwallfahrtsort.

Überwiegend Paarhöfe, das Wohnhaus mit Mittelflurgrundriß im Erdgeschoß gemauert, häufig steinerne Fenster- und Türgewände, das Obergeschoß mit dem über mehrere Seiten führenden Balkon in Blockbau, flaches Satteldach mit Glockentürmchen. Der Stall des Wirtschaftsgebäudes gemauert, der Stadel mit leicht behauenen Rundhölzern in Blockbau.

Siehe auch HINTERTHAL

PFARRKIRCHE hl. Maria, südöstl. des Ortes. Spätgot. Hallenkirche mit Westturm und einschiffigem Chor, von Friedhof umgeben, Friedhofsmauer bez. 1541. – Urk. 1374; erb. um 1500, 1508 Weihe; südl. Sakristei erb. 1698, Vorhalle am Turm 1709 erneuert. Pfarre seit 1858. Rest. 1931–1933.

Maria Alm,
Pfarrkirche hl. Maria

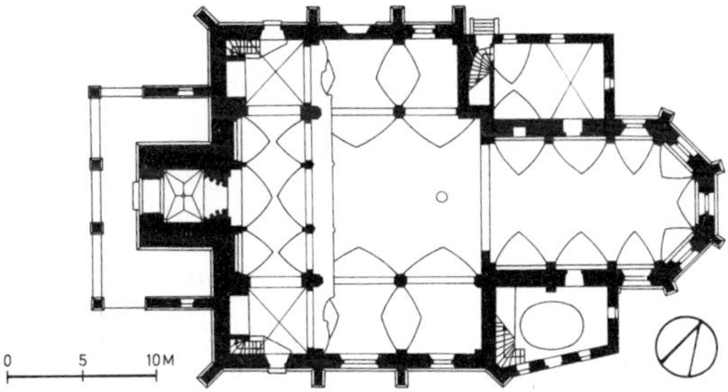

Giebelfassade im W mit 5geschossigem Turm, im 3. Geschoß Wandmalerei Gnadenbild, im 4. sechs Wappenschilde, das 5. Geschoß bez. 1518 bzw. 1905 mit Triforenfenster, abschließendem Maßwerkfries und Spitzgiebelhelm. Eingeschossige Turmvorhalle mit drei spitzbogigen Arkaden im W, je einer im N und S. – Langhaus mit mehrfach abgetreppten Strebepfeilern, an der W-Fassade und im SO übereck gestellt; nördl. im 2. Joch vermauertes, rechteckig eingefaßtes got. Portal, mehrfach gekehlt; spitzbogige Fenster und steiles Satteldach. – Chor mit polygonalem Schluß; die Strebepfeiler des Chores 3fach gestuft, 2. Stufe übereck gestellt; profilierte spitzbogige Fenster, das Achsenfenster vermauert. 2geschossige Sakristeianbauten im N und S, die nördl. Sakristei spätgot. mit abgefasten Fenstergewänden.
Turmhalle um zwei Stufen abgesenkt, mit Sternrippengewölbe auf Konsolen; spitzbogiges Hauptportal, mehrfach gekehlt, im Tympanon Bild Leiden Christi, 17. Jh. – Die got. Gewölbeform der 3schiffigen, 3jochigen Halle durch Barockisierung im 18. Jh. verunklärt, Langhauspfeiler mit bar. Pilastern auf hohem Sockeln, Kompositkapitellen und Gebälk, an den Langhauswänden korrespondierende Wandpfeilervorlagen. – Spitzbogiger Triumphbogen; eingezogener Chor; 2jochig mit 5/8-Schluß. Wandpfeilergliederung wie im Langhaus, am Achsenfester got. Dienste erhalten. Im 1. Joch Oratorienfenster, im 2. um drei Stufen erhöhten Joch segmentbogige Sakristeiportale. – Spätgot. Westempore mit drei Spitzbogenarkaden im Mittelschiff, bar. Brüstung über das 1. Joch vorgezogen.
Wandmalerei in Langhaus und Chor von *Christoph Anton Mayr,* 1757; Szenen des Marienlebens, in den Zwickelfeldern des Mittelschiffes Apostelдarstellungen; im Chor Marienkrönung, in den Zwickelfeldern Rebecca, Jahel, Judith und Rahel.
Hochaltar von 1753, Altaraufbau von *Veit Häusl;* got. Figur Maria mit Kind, um 1470–1480 (Kronen 18. Jh.); Figuren Hll. Katharina und Barbara, über den Opfergangsportalen Hll. Simon Stock und Theresia von *Daniel Mayr* und Oberbild Gottvater von *Georg Kreuzer* 1753. Tabernakel von 1782. Mensa mit Marienbild, 2. H. 18. Jh. – Li. Seitenaltar um 1720, 2. H. 18. Jh. überarbeitet; Altarblatt hl. Georg bez. *J. Mayer 1863,* Oberbild Marienkrönung, Konsolfiguren Hll. Sebastian und Florian, 18. Jh. – Re. Seitenaltar von 1685, Aufbau von *Georg Jesacher;* Bild Anna selbdritt und Oberbild hl. Erasmus von *Veit Rabl;* Konsolfiguren Hll. Joseph und Joachim sowie Giebelfiguren Erzengel Michael und Gabriel von *Benedikt Faistenberger.*

Altäre an den Langhauswänden. Li. Bild Geburt Christi von *Franz Anton Ebner* 1744, Figur hl. Johannes Nepomuk, um 1760, aus dem Bildstock beim Almerwirt (im Dommuseum Salzburg hl. Johannes Nepomuk von *Daniel Mayr*, um 1760); Mensa mit Bild Marienkrönung, 18. Jh. – Re. Kreuzigungsgruppe von *Daniel Mayr* (?), um 1760, Figuren über den Opfergangsportalen Hll. Franziskus und Antonius, um 1800; Tabernakel von 1738. – An der nördl. Chorwand kleiner Altar 2. H. 17. Jh., mit Gnadenbild von Alm, im Aufsatz hl. Joseph.
Bar. Kanzel, 2. H. 18. Jh. Taufstein 16. Jh., mit bar. Deckel. Bar. schmiedeeisernes Gitter zwischen Langhaus und Chor, bez. 1850. Bar. Prozessionsmadonna im Wandschrein. Bilder. Gnadenbild von Alm, 17. Jh., Akanthusrahmen bez. 1710. Kreuzwegbilder von *Christoph Anton Mayr*, 1761. In Verwahrung: Letztes Abendmahl bez. 1708, Maria vom Guten Rat und Maria von Wessobrunn, 2. H. 18. Jh. Im Heimatmuseum Saalfelden Votivtafelsammlung, Krippenfiguren von *Josef Mayr* 1770; Fastenkrippe von *Christoph Anton Mayr* (?), um 1760. – Mehrere bar. Sakristeischränke des 17. und 18. Jhs. – Orgel von *Matthäus Mauracher d. Ä.*, 1872.
Wappengrabsteine. Wolfgang von der Alm, gest. 1481, und Magdalena von der Alm, 2. H. 15. Jh.; Grabstein Ursula Maria Kuen, gest. 1604 (dazugehöriger Totenschild in Maishofen, im Gemeindeamt). Zahlreiche Priestergrabsteine des 17. und 18. Jhs.
Vorhalle. Li. bar. Ölbergkapelle mit Schnitzgruppe, re. Nische mit Figur Christus an der Geißelsäule, 18. Jh.

Friedhof. Grabkreuz des 16. Jhs. sowie mehrere bar. schmiedeeiserne Grabkreuze. – **Friedhofskapelle,** westl. der Kirche an der Friedhofsmauer. Got. Wegkapelle mit Schindelzeltdach und spitzbogiger Nische. Wandmalerei bez. renoviert 1638, bar. Kreuzigungsgruppe, 18. Jh.

Palästina-Kapelle. Neugot. Bau von 1872, im W an den Friedhof anschließend. Oktogon mit Schindeldach und gemauertem Dachreiter. Wandmalerei aus der Erbauungszeit, Szenen aus dem Alten und Neuen Testament an Wänden und Decke. Inventar im Heimatmuseum Saalfelden.

Pfarrhof, im Kern 16. Jh., im 18. Jh. umgestaltet, rest. 1981. 3geschossiger Bau mit steilem Krüppelwalmdach und umlaufender Hohlkehle.

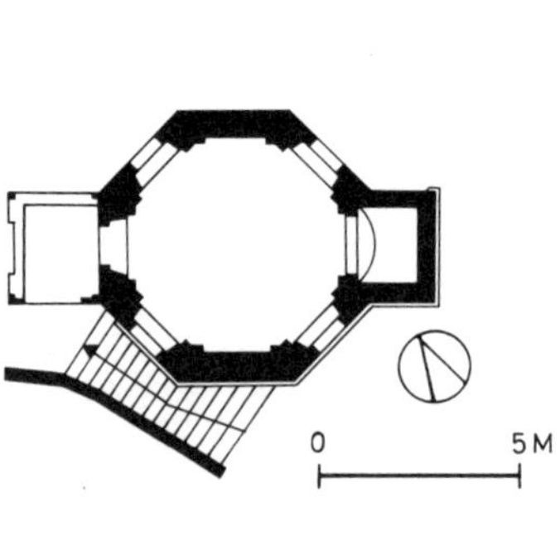

Maria Alm, Gastegkapelle

GASTEGKAPELLE, an der alten Straße nach Saalfelden, nördl. des Dorfes Alm. Urk. 1545, erb. E. 17. Jh. Oktogon mit rechteckigem Choranbau, geostet; hölzerner Vorbau und hölzerner Turm mit Zeltdach.
Im Oktogon Pilastergliederung und flache Decke mit Stuckdekor. Umlaufendes profiliertes Gesims. Altarnische mit Tonnengewölbe. – Altar 2. H. 18. Jh. (Holz-Pietà, 14. Jh. im Dommuseum zu Salzburg). Medaillons mit Reliefs 5 Geheimnisse des schmerzhaften Rosenkranzes von *Franz Xaver Nißl* (?), A. 19. Jh.; bar. Kreuzigungsgruppe. Votivtafelsammlung des 19. Jhs. an der W-Wand. Schmiedeeisernes Chorabschlußgitter 18. Jh.

PROFANBAUTEN. **Alm, Nr. 2:** Mesnerhaus; ehem. Bauernhaus, Balkontüre und Firstpfette bez. 1675. – **Nr. 16:** Ehem. Bauernhaus, Pfetten und Rafenenden ornamental in Schwarz, Rot und Weiß verziert, Firstpfette bez. 1787. – **Nr. 23:** Almerwirt, im Kern 16. Jh.; Fassade erneuert; abgefastes Kielbogenportal, bez. 1556, sowie z. T. noch abgefaste Fenstergewände; aufgedoppelte Haustür um 1800, darüber in Kartusche Fresko Maria mit Kind 18. Jh. sowie in Schriftzug die Nennung des Hauses als Taferne zu Albm 1469 und Rest. Bez. 1968. Mittelpfette bez. 1801.

BAUERNHÖFE. **Enterwinkl, Nr. 2:** Paarhof „Letten", im Kern 17. Jh., stark erneuert.
Grießbachwinkl. Auf dem Bildstock beim Forsthof 4 Leichladen. – **Nr. 2:** Gschwentner; Paarhof mit Nebengebäuden wie ehem. Mühle und Brennhütte, Wohnhaus im Kern 16. Jh., First bez. 1727, stark erneuert, Wirtschaftsgebäude 17. Jh. Im Giebeldreieck des Wohnhauses Kreuzigungsgruppe 17.–18. Jh. – **Viehleithof** und **Pfeffergut:** Gruppe von zwei Paarhöfen, im Kern 16. Jh., stark erneuert. – **Nr. 8:** Untergrießbach; Einhof, Blockbau, auf den Pfettenenden rot-weiße Rosetten, 17. Jh., auf einem Schuppen daneben zahlreiche Leichladen. – **Nr. 12:** Stablern; First des erneuerten Wohnhauses bez. 1698, rot-weiße Rosetten an den Pfettenenden, Wirtschaftsgebäude in Blockbau 18. Jh.
Krallerwinkl, Nr. 1: Buchauhof; spätgot. Steingewände an Fenstern und der später verkleinerten Haustür, A. 16. Jh. – **Nr. 3:** Lehen; Steingewände an Fenstern und Türen, die Pfetten mit rot-weißen Rosetten bemalt, First bez. 1696, im Kern aber 16. Jh.
Schattberg, Nr. 5: Hinterjetzbachhof; segmentbogiges Steinportal, darüber Fresko Mariahilf, Firstpfette mit Rosetten und Ranken in Rot-Schwarz, bez. 1779 und 1966 (Renov.).

MARIA BÜHEL (Mariabichl), Wallfahrtskirche, siehe OBERNDORF

MARIA BRUNNECK, siehe GOLLING

MARIA ELLEND, Wallfahrtskapelle, siehe EMBACH

MARIA HOLLENSTEIN, siehe RAMINGSTEIN

MARIAPFARR. Polit. Bez. Tamsweg

Gemeinde mit Kirchsiedlung (Wallfahrtsort) am nördl. Hang des Taurachtales und weilerartigen Siedlungen Bruckdorf, Fanning, Seitling am Ausgang des Weißpriachtales, sowie an der Taurach gelegenen Weilern Gröbendorf, Stranach und Pichl. Im Lignitztal nördl. von Mariapfarr die Weiler und Einzelhofsiedlungen Örmoos, Zankwarn, Grabendorf, Tscharra und Kraischaberg. – Siehe auch ALTHOFEN

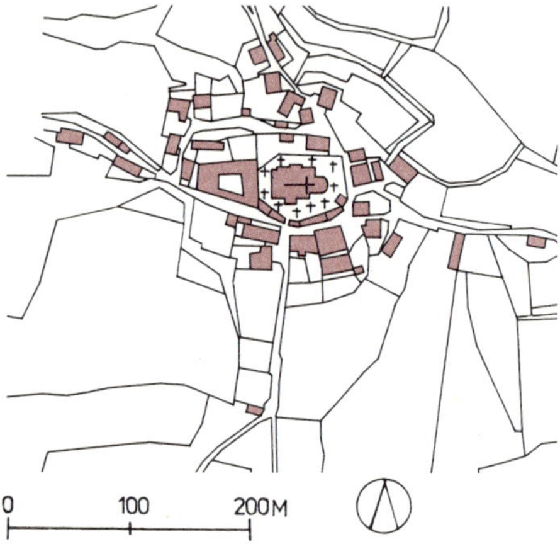

Mariapfarr, Historischer Ortsplan nach Kataster von 1829/30

Ein-, Paar- und Gruppenhöfe des Lungauer Typus; das Wohnhaus vorherrschend in Blockbau oder Mischbauweise, 2geschossig bzw. mit Kniestock, durchwegs mit verbrettertem Giebeldreieck und Krüppelwalmdach; Wirtschaftsgebäude mit gemauertem Stallgeschoß, darüber Blockbau, seltener mit Verbretterung zwischen Mauerpfeilern. Die Kornkästen vorherrschend gemauert und mit Ornamenten und Fresken bemalt.
Ortskern bestehend aus Pfarrkirche, Pfarrhof und Friedhofbereich. Kirchhügel umgeben von 2geschossigen Häusern, im Kern großteils bar., vorwiegend mit Schopfwalmdächern. Nördl. unregelmäßige, lockere Verbauung, z. T. bäuerliche Objekte. Im S Häuser traufseitig zur Straße (Thomalwirt und Örglwirt) und ein- bis 2geschossige Ladenbauten entlang der Friedhofsmauer. Westl. Ausfallstraße mit 2geschossigen, traufständigen Häusern.

PFARRKIRCHE Unsere Liebe Frau (Mariä Himmelfahrt), inmitten des Ortes auf leicht abfallendem Gelände. Got. Bau mit basilikalem Langhaus, rom. Kern und Chorturm, umgeben von hoher Friedhofsmauer. Urpfarre des Lungaues. Urk. 923 eine „ecclesia ad Lungouue", 1153–1807 dem Salzburger Domkapitel inkorporiert. Auf dem Kirchhügel urspr. wahrsch. eine Burg und Burgkapelle St. Georg (1121 urk. ein Dietmar von Lungau, 1217 Konrad von Pfarr). Urk. 1231 Pfarre hl. Maria. 1446 Langhausweihe. 1854 Brand (Kirche, Pfarrhof und 28 Wohngebäude in Mitleidenschaft gezogen), 1857 gotisierender Turmaufbau;

Mariapfarr, Pfarrkirche
Unsere Liebe Frau

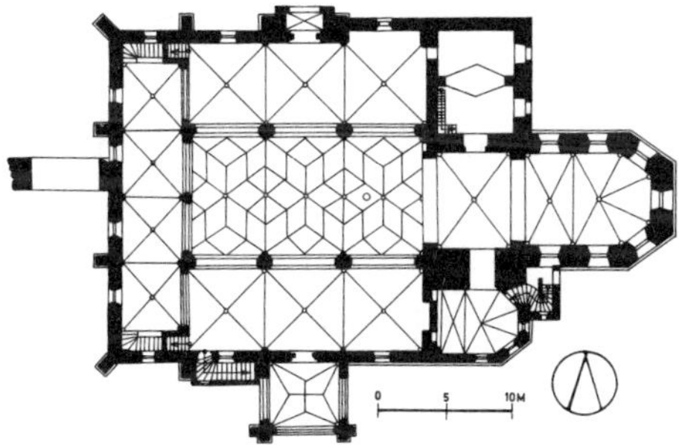

1946 Innenrest. und Freilegung der Fresken im Chorbereich und in der Georgskapelle. 1954/55 Außenrest. und Kryptagestaltung.
Außenbau. Basilikales, spätgot. Langhaus; erhöhtes Mittelschiff ungegliedert, an den Seitenschiffen und an der W-Wand abgestufte Strebepfeiler. Westl. got. Verbindungsgang zum Pfarrhof. Südseitig 2geschossige Portalvorhalle mit Eckstreben, an drei Seiten in abgefasten Spitzbogenarkaden geöffnet. Giebelfront im Obergeschoß mit Kreisfenster, Satteldach. Sternrippengewölbte Vorhalle zum erhöhten, reich gekehlten Spitzbogenportal, flankiert von bar. Konsolfiguren, Hll. Joachim und Anna, im Scheitel thronende Madonna mit Kind, 2. H. 17. Jh. Westl. gedeckte Treppe. An der N-Seite des Langhauses seichter, kreuzgratgewölbter Vorbau mit 2fach gekehltem Portal.
Eingezogener Chor mit polygonaler Apsis, M. 14. Jh. – Querrechteckiger, rom. Chorturm; Glockengeschoß 1857 erneuert, gekuppelte Spitzbogenfenster, Spitzgiebelhelm mit Eckfialen. Südl. got. Georgskapelle, 1. Drittel 15. Jh., und Abgang in die Krypta, Spitzbogenportal mit Rundstabprofil. Nördl. 3geschossige, spätgot. Sakristei mit abgefastem Portal und Rechteckfenster.
Inneres. 3schiffig, 4jochig; die niedrigeren Seitenschiffe in abgefasten Spitzbogenarkaden geöffnet. Im Mittelschiff flache Wandvorlagen mit halbrunden Diensten und Kapitellen. Sternrippengewölbe. Kleine Spitzbogenfenster knapp unter dem Schildbogenscheitel. In den quadrat. Seitenschiffjochen Kreuzrippengewölbe auf polygonalen Diensten bzw. Konsolen, z. T. verkürzte Spitzbogenfenster. Spätgot. Westempore, 4achsig; zum Langhaus niedrige, abgefaste Spitzbögen; Kreuzrippengewölbe vom Boden aufsteigend. Emporenbrüstung mit gekehltem Gesimsabschluß, im 2. Geschoß moderne Orgelempore. In der W-Wand Kreis- und querovale Fenster.
Spitzbogiger Triumphbogen in das etwas erhöhte, kreuzrippengewölbte Turmjoch. Chor einjochig mit 5/8-Schluß; Kreuzrippengewölbe M. 14. Jh. auf z. T. figuralen Kopfkonsolen. Einfache Spitzbogenfenster. In der Apsiswand spätgot. Sakramentsnische. Südl. spitzbogiger, abgefaster Durchgang zur Georgskapelle: einjochiger Bau mit 5/8-Schluß, Kreuzgratgewölbe. Spitzbogig, gekehltes Kryptaportal, Tür mit got. Beschlägen. Im Turmjoch nördl. spätgot. Portal mit gekehltem Rechteckgewände zur 2jochigen, tonnengewölbten Sakristei.
Wandmalerei. Im Chorturm Fragmente der spätrom. Ausmalung, um 1220: Geburt Christi und Anbetung, gegenüber Einzug in Jerusalem und Abendmahl.

Zweite Ausstattung 3. V. 14. Jh., im Chorturm, nördl. Bogenfeld, Engel und Fragment Christus in der Mandorla. Im Chor Malereien um 1360, nördl. (durch Ausbruch von drei Fenstern fragmentarisch) Zug der Hl. 3 Könige, hl. Joseph von der Anbetung, darüber Hll. Martin und Georg; südl. ikonographisch interessante Darstellung Schutzmantelmadonna mit Schmerzensmann am Arm und Stiftern sowie hl. Katharina. Malereien der Georgskapelle um 1430 von den Meistern *Friedrich* und *Johannes von Villach:* Im nördl. Spitzbogenfeld Drachenkampf des hl. Georg, darüber Darstellungen aus dem Martyrium des Heiligen; an der Nordostschräge Schmerzensmann zwischen Maria und Johannes, Arma Christi, darüber Taufe durch den Hl. Geist, thronender Gottvater mit Schriftband und Erläuterung der Imago Pietatis; in den Gewölbefeldern Evangelistensymbole, Kirchenväter und Engel. – An der re. Triumphbogenwand Anbetung der Könige mit Inschr. bez. 1632. Am südöstl. Langhauspfeiler Schmerzensmann um 1500. An der unteren Emporenbrüstung des Mittelschiffes Apostelreihe (beschädigt und ergänzt) 17. Jh. (?).

Hochaltar; im neugot. Aufbau von 1897 Teile eines bedeutenden spätgot. Flügelaltares um 1500, im Schrein spätgot. Schnitzfigur, Madonna; Tafelbilder li. Maria Verkündigung, Anbetung der Könige, re. Tod Mariens und Marienkrönung; rückseitig (ehem. Werktagsseite) Begegnung an der goldenen Pforte, Geburt Mariens, Tempelgang und Vermählung. – Seitenaltäre von *Gregor Sapser,* um 1700. Li. Altar, Schnitzgruppe hl. Anna selbdritt, darüber hl. Jakobus, Konsolfiguren Erzengel Raphael und Gabriel, 4. V. 17. Jh. Re. bar. Altarblatt hl. Georg um 1700, Oberbild hl. Notburga M. 18. Jh.; Skulpturen Hll. Sebastian und Fabian (?), im Auszug Apostelfiguren Hll. Joseph und Paulus, alle von *Johann Georg Mohr,* um 1700. – In der Georgskapelle Altar mit geschnitzter Kreuzigungsgruppe; spätgot. Kruzifix um 1420, Hll. Maria, Johannes und Magdalena 18. Jh.

Kanzel mit Statuetten der 4 Evangelisten von *Gregor Sapser* und *Gregor (IV.) Lederwasch,* urk. 1711. – An der Triumphbogenwand spätgot. Kruzifix sowie sechs bar. Heiligenfiguren von *Josef Anton Pfaffinger.* – Leinwandbilder. An der Triumphbogenwand Taufe Christi und hl. Joseph, beide um 1770; an der Mittelschiffwand Bilder 12 Apostel, Jesus und Maria, aus der Barbaraspitalskirche in Tamsweg, M. 17. Jh.; über dem nördl. Portal Letztes Abendmahl, gegenüber Tempelaustreibung, beide *Gregor (IV.) Lederwasch* zugeschrieben; hl. Paulus, 3. V. 18. Jh. 15 Kreuzwegbilder von *Gregor (IV.) Lederwasch,* bez. 1769. 12 bemalte Holzmedaillons, Anrufung aus der Lauretanischen Litanei. Mehrere Votivbilder M. 18. Jh.

Im nördl. Seitenschiff Taufstein mit geschnitztem Aufsatz, E. 17. Jh. In der Georgskapelle zwei Wappengrabsteine: Konrad Tannhauser 1483, Martin Gschürr 1458; Totenschild Tannhausers. – Im Durchgang zum Turmgeviert Grabstein des Wolfgang aus der Maur, 1536, mit Relief Christus am Ölberg. Im Langhaus Inschriftengrabsteine 1694, 1750 und 1779. – Im 4. Langhausjoch schmiedeeisernes Rankengitter von *Matheus Huber,* bez. 1731. – Bar. Kirchengestühl. – Orgel von *Max Dreher* und *Rudolf Novak.* – Glocken von *Hans Christoff Löffler,* 1572, und von *Andreas Gartner,* 1696.

Krypta unter dem Chor, einjochig mit halbrundem Abschluß und Kreuzgratgewölbe. Pestkreuz 17. Jh. (?). Bar. Leinwandbild Pietà. Glasfenster von *Albert Birkle* 1955.

Friedhof. In der Umfassungsmauer 15 innenseitig eingefügte Kreuzwegstationen (Bilder von *Anton Pierer,* 1866), von Pilastern flankiert, profilierter Gesimsabschluß mit Zeltdach.
Friedhofskapelle. Bau von 1861 mit Dachreiter, Spitzbogenfenster und gotisierendem Portal. Innen tonnengewölbt.
Pfarrhof, westl. der Kirche mit Verbindungsgang. – Urk. 1217 von Konrad von Pfarr der Kirche vermacht. Seit 2. H. 13. Jh. Pfarrhof (?). 1557 und 1699 Neubauten, 1854 z. T. durch Brand zerstört. – Mächtiger 2geschossiger Bau (Westseite 3geschossig) mit Putzfaschen und Hohlkehle. Innenhof mit südseitigem Arkadengang.
Kirchenschatz der Pfarrkirche: Vorwiegend liturgisches Gerät, 16.–18. Jh.; besonders bmkw. Mariapfarrer Silberaltärchen bez. 1443, bedeutende Goldschmiedearbeit, Mittelschrein mit Kreuzigungsgruppe, Flügelreliefs mit Szenen aus dem Marienleben; gravierte Rückseite mit Heiligenfiguren.

KAPELLE, im Weiler F a n n i n g, nordwestl. von Mariapfarr. Schlichter Bau mit Rundbogenportal, seitl. Stützpfeiler und Rundbogenfenster. Satteldach mit Dachreiter, Holzschindeldeckung. Innen Flachdecke. Kleiner neugot. Flügelaltar E. 19. Jh., Figur hl. Joseph, li. Bilder Marienkrönung und hl. Sebastian, re. Hl. Familie und hl. Rochus. Gedenktafeln der Familie Grimming.

KAPELLE, am K i r c h b i c h l, östl. von Mariapfarr, neben der Straße nach St. Andrä. Bau 2. H. 18. Jh. mit Rundbogen, hochgezogenem, geschwungenem Giebel und polygonalem Abschluß. Von *Gregor (IV.) Lederwasch* freskierte Fassade, bez. *Restauriert 1932 E. Rhein.* Neben dem Eingang Engel mit Leidenswerkzeugen, darüber Rocaillenkartusche; im Giebel Eherne Schlange. Tonnengewölbter Innenraum mit Wandmalereien von *Gregor (IV.) Lederwasch,* Engel mit Schweißtuch, Gottvater auf der Weltkugel und Hl. Geist. Am Altar bar. Kreuzigungsgruppe.

KAPELLE, beim Suppangut in P i c h l. Neubau von 1966 mit barockisierender Fassade und geschweiftem Giebel. Glockenförmiges Fenster; Portalumrahmung (Säulen und Gebälk) bez. 1670; halbkreisförmige Apsis; Dachreiter. Innen Tonnengewölbe. Ausstattung z. T. von den ehem. Seitenaltären der Pfarrkirche Mariapfarr von 1670 bzw. 1710. Tabernakel mit reichverzierten Schnitzereien. Skulpturen: Immaculata, im Auszug Hl. Dreifaltigkeit; seitl. Nischenfiguren Hll. Johannes d. T. und Johannes Ev., darüber Engel, 18. Jh. Konsolfigur hl. Rupertus M. 18. Jh. Seitl. vom Eingang lebensgroße Darstellungen auf Holz, Pietàs und Justitia, bez. 1654. Drei Kreuzwegbilderzyklen 19. Jh. Bar. Gestühlwangen.

KAPELLE, in Z a n k w a r n (Zechnerbauerkreuz), nördl. von Mariapfarr. Bar. Bau 2. H. 18. Jh. mit polygonaler Apsis und abgewalmtem Satteldach, Holzschindeldeckung. An der Fassade Renov.-Dat. 1889; drei stark verwitterte Bilder in stuckierter Rahmung. Seitl. Kreisfenster. Innen Tonnengewölbe.
Kastenkreuz, neben der Kapelle, mit bar. Corpus.

WEGKAPELLEN. Im westl. Ortsbereich von M a r i a p f a r r, gotisierender Bau um 1900. – In S t r a n a c h, südöstl. des Ortes, erb. 1889. – Im Weiler T s c h a r r a, schlichter Bau mit Rundapsis und Satteldach, Spitzbogentonne.

SCHLOSS Niederrain, N i e d e r r a i n Nr. 38. Ansitz, auf flacher Wiesenkuppe nordwestl. von Mariapfarr. 1536 Bau durch Kaspar Grimming, Gewerke im Lungau und domkapitlischer Pfleger zu Mauterndorf, und seinen Schwiegersohn Christoph Horner, domkapitlischer Pfleger zu Mauterndorf. Weitgehend unverändert erhaltener, einfacher, kubischer Bau, 2geschossig; gewölbter Mittelflur. Dachgeschoß mit „Turmzimmer" in der Mittelachse; Dachstuhl mit umlaufendem Holzkniestock in der Art eines Wehrganges. Im Segmentbogenportal Wappen der Familie Horner, bez. 1539, darüber Freskenrest Marienkrönung.

RUINE Pichl, P i c h l Nr. 10, auf vorspringendem Geländesporn nördl. des Suppangutes gelegen. Urk. 1123 Herren von Pichl, um 1360 Besitz der Waldecker, 1466 an Konrad Thannhauser, salzburgischer Rat und Pfleger zu Moosham, 1630 an den Lungauer Gewerken Karl Jocher, seit ca. 1700 Verfall. Teilweise noch 3geschossige Mauerreste der ehem. rechteckigen Turmanlage in Schichtenmauerwek, 13. Jh. Im 19. Jh. Keller und Getreidekasten eingebaut, neben dem südl. Eingang zwei Wandnischen mit lebensgroßen Figuren Hll. Georg und Florian (um 1900 aus Stadl an der Mur, Steiermark, angekauft).

RUINE des Ansitzes Gröbendorf, zum Pilzgut, G r ö b e n d o r f Nr. 21 gehörig. Urk. 1074 Stift Admontischer Besitz, 1344 erstmals Sitz genannt, 1548 Kauf durch Christoph Horner, Pfleger zu Mauterndorf, dann Herren von Grimming. – 1548 zu spätgot. Ansitz umgebaut. Seit ca. 1800 Verfall, 1850 teilweiser Abbruch.
Heute noch Reste, 3geschossig mit Pultdach. Im 1. Obergeschoß Reste einfacher Deckentäfelung, 2. H. 16. Jh. Schmale Rundbogenhaustür, abgefaste Fenstergewände, z. T. einfache Gitter. Zuletzt als Getreidekasten, neuerdings als Garage in Verwendung.

HÄUSER. **Mariapfarr, Gasthof Post.** Gemauertes Gartenhäuschen mit quadrat. Grundriß und scharschindelgedecktem Zeltdach über Hohlkehle. – **Amtsgebäude,** am östl. Ortsrand von Mariapfarr. 2geschossiger Bau, um 1900, mit leicht vorspringendem Mittelrisalit und Dreieckgiebel. – **Volksschule,** nach Plan von *Paul Geppert d. Ä.* erb. von *Josef Feichter* und *Viktor Essl,* 1930. – Mariapfarr, **Nr. 24:** Bez. 1772.

Bruckdorf, Nr. 66: Obermüller, Mühle; Paarhof. 2geschossiges, gemauertes Querflurhaus mit Putzgliederung unter bretterschindelgedecktem Krüppelwalmdach, Dach über Hohlkehle; über der Segmentbogentür ehem. Fresko in Putzprofilrahmen. Im angebauten Mühlenteil Mahlgang mit Trichter, Mahlsteinen, Rüttelkasten usw. Mächtiger, 3geschossiger, gemauerter Kornkasten mit Satteldach.

Fanning, Nr. 104: Gemauerter Kornkasten mit bunter Fassadenmalerei, Eckquadern, laufender Hund, Fenster-, Türumrahmung, über dem Obergeschoßfenster bez. 1737. – **Nr. 105:** Ernst. 2geschossiger, gemauerter Kornkasten mit bunter Fassadenbemalung, Eckquadern, laufender Hund, Fenster- und Türumrahmung, traufseitig Sonnenuhr; über der Tür Bez. 1737.

Weiler **Miesdorf,** an der Gemeindegrenze zu St. Andrä. **Nr. 2:** Gastgut. Paarhof. Wirtschaftsgebäude mit gemauertem Stallgeschoß, darüber Verbretterung zwischen Mauerpfeilern. Mächtiger, gemauerter Kornkasten mit gemalten Faschen und Doppelrundbogen im Giebelfeld. – **Nr. 179:** Ehem. Hanserl.

Einhof. 2geschossiges Mittelflurhaus in Mischbauweise, kleiner Giebelbalkon im verbretterten Giebeldreieck.
Örmoos, Nr. 35: Schmied; Paarhof. 2geschossiges, gemauertes Querflurhaus mit Putzgliederung unter bretterschindelgedecktem Krüppelwalmdach über Hohlkehle.
Pichl, Nr. 6: Einhof. 2geschossiges, gemauertes Längsflurhaus, Fassade mit Eckquadern, profiliertem Gesimse, Fenster-, Türumrahmung. – **Nr. 10:** Suppangut, bei der Burgruine Pichl gelegener Gruppenhof.
Pichl, Gröbendorf, Nr. 17: Ernst. Gemauerter Kornkasten, 18. Jh., mit Resten von Bemalung, laufender Hund, Eckquadern, im Giebelfeld Hll. Leonhard und Georg.
Pichl, Stranach, Nr. 29: Scharglkeusche, nördl. der Ortschaft Stranach, nahe der Taurach. Einfacher, eingeschossiger Bau, z. T. in Blockbauweise. Elternhaus von Josef Mohr („Stille Nacht, Heilige Nacht"). – **Nr. 37:** 2geschossiger, gemauerter Kornkasten 18. Jh. (?), mit Putzgliederung, Faschen, Einfassung der Öffnungen und Fresken in Putzprofilrahmen; Krüppelwalmdach.
Zankwarn, Nr. 4: Zechnergut. Lungauer Gruppenhof mit zwei Kornkästen: der eine 2geschossig, in Blockbau, gezimmert, mit mehrfach verzinkter Eckverbindung, der zweite 3geschossiger Mauerbau mit reicher Fassadenbemalung, Eckquadern, laufender Hund, Fenster-, Türumrahmung, Rosetten und Blumensträuße, seitl. und oberhalb des oberen Fensters der N- und S-Seite in Putzprofilrahmen Fresken – Auferstehung, Gnadenmuttergottes, z. T. unkenntlich, im Giebel bez. A 1742 P; Satteldach scharschindelgedeckt. – **Nr. 8:** Galli. 2geschossiger, gemauerter Kornkasten mit Fassadenbemalung, Eckquadern, laufender Hund, Portal-, Fenstereinfassung, Blumensträußchen, bez. 1758. – **Nr. 9:** Schlickwirt. 2geschossiger, gemauerter Kornkasten mit bunter Fassadenbemalung, Eckquadern, laufender Hund, Tür-, Fenstereinfassung, Blumensträußchen, im Giebel bez. 1799.
Zankwarn/Kraischaberg, Nr. 45: Greinmeister, Paarhof. Am 2geschossigen Wohnhaus giebelseitig angebaute, offene Hauskapelle. 2geschossiger, gemauerter Kornkasten mit bunter Fassadenmalerei, Eckquadern, laufender Hund, Fenster-, Türumrahmung, über der Tür bez. 1704 (?).

MARIA PLAIN. Gem. Bergheim. Polit. Bez. Salzburg-Umgebung

Die am Plainberg nördl. der Stadt Salzburg gelegene bar. Wallfahrtskirche bildet mit den umliegenden Gebäuden und Kapellen ein geschlossenes bar. Ensemble.

WALLFAHRTSKIRCHE Maria Himmelfahrt. Erb. 1671–1674 von *Giovanni Antonio Dario*. Bis 1810 zur Universität, seit 1824 zum Stift St. Peter gehörig. Rest. 1974.
Nach N gerichteter einschiffiger Bau mit Seitenkapellen, einspringender Chor mit polygonalem Schluß. Auf dem Schiff steiles Satteldach, der Chor mit eigenem laternenbekröntem niedrigerem Dach, die seitl. Kapellen niedriger als das Schiff, mit Pultdach. Seitl. an den Chor und an das nördl. Langhaus anschließend 3- bzw. 2geschossige Sakristeianbauten im W und O.
Im S doppeltürmige, 3geschossige 5achsige Fassade. Vertikalgliederung durch Pilaster, in der Mittelachse verdoppelt. Horizontal gegliedert durch breiten

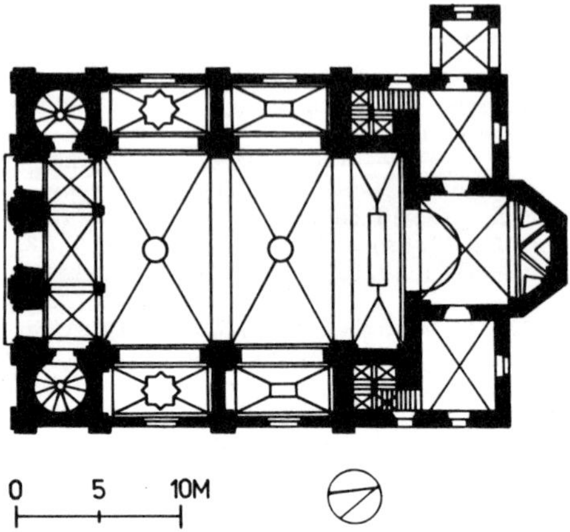

Maria Plain, Wallfahrtskirche Maria Himmelfahrt

Sockel und breite stark profilierte Gesimse zwischen den Geschossen. Das abschließende 2. Obergeschoß bestehend aus Glockengeschossen der Türme, mit Glockenhelm und aufgesetzter oktogonaler Laterne, und dem mittleren Giebelfeld mit Doppelfenster und bekrönendem Dreieckgiebel. An den Türmen wird die Gliederung im W und O weitergeführt, die übrigen Fassaden mit umlaufendem Sockel, ohne Geschoßteilung, mit durchgehenden Doppelpilastern.
An der S-Fassade in der 2. und 4. Achse von Erdgeschoß und 1. Obergeschoß halbrund geschlossene Nischen mit Figuren der 4 Evangelisten von 1673. Wappen des Erbauers Eb. Max Gandolph Kuenburg im gesprengten Giebel des Mittelportals, darüber Relief Maria mit Kind von 1673. Die Seitenportale mit Dreieckgiebeln.
Im W an die Sakristei anschließend Verbindungsgang zum Superioratsgebäude im 1. und 2. Obergeschoß, im Erdgeschoß kreuzgratgewölbte Durchfahrt.
Innenraum. Langhaus mit zwei ganzen und je einem Halbjoch im N und S. Rundbogiger Triumphbogen, einjochiger Chor mit $^{3}/_{8}$-Schluß. Im W und O des Langhauses je zwei Seitenkapellen zwischen Türmen im S und Treppenanlage der Sakristeien im N. Langhaus, Chor und Seitenkapellen kreuzgratgewölbt, mit Stuckspiegeln. Pilastergliederung mit abschließendem, stark vorkragendem Hauptgesims. Stuckdekor über dem Gurtbogen von 1947. – Chorjoch, im W Sakristeiportal, darüber Weihe-Inschr. und zwei übereinanderliegende Oratorien, im O Sakristeiportal mit Inschriftplatte, bez. 1674, und einem darüberliegenden Oratorium. Sakristeierdgeschosse kreuzgratgewölbt.
Das Halbjoch im S des Langhauses mit seitl. Eingängen zu den Turmwendeltreppen, 2geschossige gemauerte Empore über die Gesamtbreite des Joches, 3schiffig, kreuzgratunterwölbt, mit Rundbogen- bzw. Segmentbogenöffnungen zum Schiff. Zwischen Erdgeschoß und 1. Emporenobergeschoß profiliertes Gesims.

Das 2. Emporengeschoß mit seitl. auf Konsolen ruhenden Balkonen entlang des 1. Langhausjoches, die hölzerne Balustrade bez. 1682, mit Wappen Eb. Max Gandolph. Balkone auch im 2. Langhausjoch über den Kapellen. Im S eine weitere hölzerne Empore. – Turmtüren mit bar. Malerei, li. Stiftung der Ursprungskapelle, re. Brand im Markt Regen, Übergabe des Gnadenbildes. Hochaltar von 1674, gestiftet von Eb. Max Gandolph; Altarblatt Maria Himmelfahrt und Oberbild Hl. Dreifaltigkeit, von *Frans de Neve;* seitl. Konsolfiguren über den Opfergangsportalen Hll. Vital und Maximilian und im Aufsatz Hll. Rupert und Virgil, vom Meister der Salvatorstatue der Domfassade; unterhalb des Rundbildes Wappen Eb. Max Gandolph. – Vor dem Altarblatt Gnadenbild von Maria Plain, Bild des frühen 17. Jhs., 1751 mit Kronen versehen, Rahmen von 1679 wurde 1732 mit Strahlenkranz, 1751 mit Rocaillen verziert. Unter dem Bild silbergetriebenes Wappen Eb. Max Gandolph. Tabernakel M. 18. Jh.
Seitenaltäre im Aufbau einander ähnlich, von seitl. Engeln gehaltenes Altarblatt, im Aufsatz von Putti gehaltenes Rundbild. Li. Seitenaltar, 1674 von Polykarp Kuenburg, Bischof von Gurk, gestiftet. Aufbau von 1674, Altarblatt Kreuzigung Christi bez. *François von Roethiers 1724,* Rundbild Himmelfahrt Christi 1. H. 18. Jh. Re. Seitenaltar, 1673 von Abt Edmund Sinhuber von St. Peter gestiftet, Aufbau und Engelsfiguren von *Thomas Schwanthaler,* Altarblatt Vermählung Mariens und Rundbild Flucht nach Ägypten, von *Frans de Neve.* – Auf den Mensen beider Seitenaltäre große Reliquienschreine mit Katakombenheiligen Dionysius und Christina, aufgestellt 1733; darauf Statuetten Vier Kirchenväter, li. Gregor und Augustinus, re. Hieronymus und Ambrosius, von *Johann Georg Hitzl* 1733.
Altäre der Seitenkapellen. 1. Altar 1676/77 gestiftet von der Stadt Salzburg; Aufbau von *Gervasius P. Storch;* Altarblatt Hl. Familie mit Gottvater und Hl. Geist, Rundbild im Aufsatz Christuskind als Bezwinger der Schlange und des Todes von *Johann Franz Pereth* 1677; seitl. Konsolfiguren Hll. Johannes d. T. und Ev. von *Simeon Fries;* in der Sockelzone Wappen Kuenburg/Stadt Salzburg. Mensabild hl. Antonius von Padua, 1. H. 18. Jh.
2. Altar 1676 gestiftet von Abt Ehrenbert Schreyvogel von Kremsmünster; Altarblatt Hl. Familie mit Hll. Benedikt und Scholastika (Kopie nach *Michael Coxie* 1540 im Stift Kremsmünster), Oberbild Vision des hl. Benedikt, beide spätes 17. Jh.; seitl. Konsolfiguren Hll. Maurus und Placidus sowie Engel auf dem Gebälk von *Thomas Schwanthaler;* Aufsatzbekrönung Wappen von Abt Schreyvogel. Tabernakel mit Relief Kreuzigung von *Johann Georg Hitzl,* 1736.
3. Altar, im Aufbau wie 2. Altar, 1676 gestiftet von Abt Placidus Hieber von Lambach; Altarblatt Hl. Sippe und Oberbild Gottvater bez. *J. Miller 1676*; seitl. Konsolfiguren Hll. Kilian und Wolfgang sowie im Aufsatz Hll. Meinrad und Benedikt von *Thomas Schwanthaler;* Aufsatzbekrönung Wappen Abt Placidus von Lambach. Auf der Mensa Mariahilfbild bez. 1878.
4. Altar, im Aufbau wie 1. Altar, 1679 fertiggestellt, gestiftet von Gräfin Justine Lamberg; Altarblatt 14 Nothelfer von *Frans de Neve,* Oberbild Maria mit ihren Eltern; seitl. Konsolfiguren Hll. Petrus und Paulus von *Wolf Weissenkirchner* 1673. Mensabild hl. Walburga 1. H. 18. Jh.
Kanzel 1682 gestiftet von Abt Anselm Angerer von Garsten; am Kanzelkorb Malerei Brand im Markt Regen, Wallfahrt nach Maria Plain, Ursprungskapelle und Moses, Wasser aus dem Felsen schlagend; an der Rückwand Wappen des

Abtes Angerer; am Treppenaufgang die 3 Kardinaltugenden. – Konsolfiguren: Immaculata von *Simeon Fries* (?), um 1680; Schmerzensmann und Mater Dolorosa, Hll. Gertrud von Nivelles und Johannes Nepomuk, A. 18. Jh.; Figur Rosenkranzmadonna um 1675. Relief mit Leidenswerkzeugen von *Christoph Lusime* bez. *1675*, lt. Inschr. auf dem Rahmen 1677 gestiftet. – Bilder: Acht Gemälde vom *Kremser Schmidt* um 1765; hl. Leonhard tröstet Gefangene (bez. *Johann Martin Schmidt 1765)*, hl. Maurus, hl. Benedikt bei hl. Scholastika, Weinwunder des hl. Benedikt, hl. Wolfgang, hl. Placidus, Maria und Johannes aus einer Kreuzigung. Kreuzwegbilder 2. H. 18. Jh. Bar. Votivbilder in Verwahrung.
Vier Beichtstühle von *Simon T. Baldauf*, mit Rocailleschnitzerei von *Johann Georg Hitzl*, M. 18. Jh. – Große Orgel mit Chronogramm 1682 und Wappen des Stifters Abt Alfons von Weingarten von *Christoph Egedacher*. – Presbyteriumgitter von *Johann Thomas* 1685, mit Wappen Eb. Max Gandolph. – Kommunionbank von *Johann Högler* 1790 (aus St. Peter 1817 übertragen). – Bänke mit bar. Wangen. – Zwei Weihwasserbecken um 1675. – Mehrere Grabplatten des 18. Jhs. – Sakristeischränke um 1675. – Glocke von *Johann Nußpirker*, 1680, und sechs Glocken von 1959.

Säule auf hohem Sockel, vor dem Hauptportal der Kirche, Figur hl. Benedikt bez. 1709, gestiftet von Abt Placidus Mayrhauser von St. Peter.

Superioratsgebäude, westl. an den Chor der Wallfahrtskirche anschließend. Erb. um 1675. Langgestreckter 3geschossiger Bau, in allen Geschossen der Gang im N, Zimmerflucht im S. Im Erdgeschoß ehem. Rauchküche mit großem, offenem Kamin; im 1. und 2. Obergeschoß im W zwei die gesamte Breite des Baues einnehmende Säle, im 1. Obergeschoß Portal bez. 1675, im Saal Kassettendecke und blauer Kachelofen der *Strobl-Werkstatt*, von 1675. Saal und Gang des 2. Obergeschosses mit Stuckdekor der Erbauungszeit. Östl. an diesen Gang anschließend Zugang zum oberen westl. Oratorium der Kirche, als Hauskapelle dienend. Einfacher Raum, flach gedeckt, im S Altar mit Altarblatt Gnadenbild Maria Einsiedeln, mit Trinität und Hll. Benedikt und Vital, um 1700.
Bedeutende Schatzkammer. Kopie des Gnadenbildes von Maria Plain von *Christian Zach* 1657. Gebetbuch mit Prunkeinband, nach 1672, im Dommuseum zu Salzburg.

Ursprungs-Kapelle, östl. der Wallfahrtskirche. Urk. hölzerne Kapelle seit 1652; erb. 1710. Kleiner rechteckiger Bau mit einspringender Rundapsis, umlaufender Hohlkehle und Schopfwalmdach mit oktogonalem Giebelreiter; auf vier Holzpfeilern ruhendes abgewalmtes Vordach. An der W-Fassade bez. 1710.
Im Inneren Segmentbogentonne mit Stichkappen. Deckenmalerei Gottvater auf Wolken thronend und Hl. Geist, Eremit (Rudolf von Grimming) vor dem Gnadenbild betend, von *Andrä Langwieder* (?), 2. H. 18. Jh.
Altar mit Kopie des Gnadenbildes von Maria Plain, von *Johann Friedrich Pereth* um 1650; Kronen von 1751; seitl. Putti E. 17. Jh., Mensa-Antependium mit Malerei Eremit vor dem Gnadenbild kniend, M. 18. Jh. – Konsolfiguren Hll. Rochus und Sebastian (ohne Attribut), 2 Engel mit Füllhörnern, alle 2. H. 17. Jh. Schmiedeeisernes bar. Abschlußgitter.

Hl.-Grab-Kapelle, südöstl. der Wallfahrtskirche. Nach W gerichtet, über dem Eingangsportal Inschr. „Erb. 1692 durch Karl Franz und Caspar Albert von Lerchenfeld." – Kleiner langgestreckter fensterloser Bau mit flachem Satteldach, über dem polygonalen Schluß 6eckige Laterne. Umlaufender Sockel, darauf spitzbogentragende Säulen.
Innenraum Nachbildung des Hl. Grabes in Jerusalem. 2geteilter Vorraum mit kleinen quadrat. Fenstern im N und S, Hauptraum mit Kreuzgratgewölbe, im N durch Gitter (der untere Teil von 1692) abgetrennte Nische. Figur Christus im Grab, E. 17. Jh., in Verwahrung.

Kalvarienberg, errichtet im späten 17. Jh.; vier am Südhang des Plainberges erb. Kapellen mit Figurengruppen der Leidensgeschichte, abschließend Kreuzigungsgruppe, die Figuren alle spätes 17. Jh.
1. Kapelle, Christus am Ölberg, erb. 1686, gestiftet von Eb. Johann Ernst Thun (?); mit quadrat. Grundriß und Walmdach. – 2. Kapelle, Geißelung Christi, erb. 1686, gestiftet von Dr. Franz Kimpflern; Rundbau, im S vorgeblendete Pilasterfassade mit abschließendem Segmentgiebel, Kegeldach; schmiedeeisernes Abschlußgitter bez. 1686. – 3. Kapelle, Dornenkrönung, erb. 1692, über dem Portal Doppelwappen St. Peter, Abt Edmund Sinhuber; Rundbau, verkröpftes Glockendach. Innenraum oktogonal. – 4. Kapelle, Kreuztragung, erb. 1690, gestiftet von Abt Anselm Angerer von Garsten; Queroval, mit Glockendach. – Fassadengliederung der Kapellen durch Pilaster (bei der 4. Kapelle Lisenen) und breites abschließendes Gesims. Hochrechteckige Portale mit schmiedeeisernen Gittern des späten 17. Jhs.; die Innenräume mit Pilastergliederung, darüber umlaufendes profiliertes Gesims.
Kreuzigungsgruppe 1685 gestiftet von Eb. Max Gandolph; offene Kapelle, auf vier Pilastern aufruhendes, nach S gerichtetes Giebeldach.

Schmerzens-Kapelle, erb. 1724–1734, gestiftet von Abt Rupert II. Freysauff von Gleink. Rundbau, im S vorgeblendete Fassade mit seitl. Pilastern, Triglyphenfries und bekrönendem Dreieckgiebel mit Doppelwappen Stift Gleink, Abt Freysauff. Gliederung des Baues durch Pilaster und abschließendes Gesims. Über dem Portal auf seitl. Konsolen aufruhendes Gesims, Mittelfeld mit bar. Stuckornament. Im Inneren Figurengruppe Pietà von *Franz Schwanthaler,* 1730.

Alter Wallfahrtsweg, mit 15 Bildstöcken von 1705, bar. Bilder fehlen, beginnend bei Elisabethstraße Nr. 1, nur mehr im letzten Stück ab Plainbrücke im urspr. Verlauf erhalten. – Auf der Plainbrücke **Figur** hl. Johannes Nepomuk bez. *Johann Anton Pfaffinger 1733.* – An der Straßengabelung Plainbergweg – Grabenbauernweg **Bildstock** mit erneuertem Maria-Plain-Bild, an der Rückseite Inschr. bez. 1738.

GASTHOF Maria Plain, Plainbergweg Nr. 33, südwestl. der Ursprungs-Kapelle. Urk. 2. H. 17. Jh., im Kern bar., mehrfach umgebaut, Anbau im W von 1980.
3geschossiger langgestreckter Bau mit Satteldach. An der O-Fassade mittleres Segmentbogenportal, Oberlichte mit schmiedeeisernem Gitter um 1680. Erdgeschoß, N-Trakt, Mittelflur und Räume im O kreuzgratgewölbt, S-Trakt mit bar. Stichkappentonnen.

MATTSEE. Polit. Bez. Salzburg-Umgebung

MARKT und Gemeinde, Streusiedlungsgebiet im Hügelland des nördl. Flachgaus zwischen Obertrumersee, Mattsee und Eglsee gelegen.
Auf dem Plateau des Schloßberges befand sich eine bedeutende Höhensiedlung der Jüngeren Steinzeit. – Auf dem Gipfel des Buchberges südl des Ortes wurden Reste einer bronze- und hallstattzeitlichen Höhensiedlung aufgefunden. Eine Reihe großer Grabhügel der Hallstattperiode liegt auf einem Höhenrücken westl. des Gipfelplateaus. Funde im SMCA. – Von röm. Besiedlung Gutshöfe (in Obernberg, Schalkham und Mölkham) festgestellt. Seit dem Mittelalter Bedeutung durch Kollegiatstift. Ab 3. V. 19. Jh. Fremdenverkehr. 1935 Markterhebung.
Mattsee auf einer Landzunge zwischen Obertrumer- und Mattsee gelegen. Gassengruppendorf. Historischer Ortskern zwischen Schloßberg, den auslaufenden Mattseebuchten sowie dem Wartstein eingebettet; die repräsentativen Altbauten zwei verschiedenen Herrschaftsbereichen zugeordnet. Am Fuße des Schloßbergs Zone der ehem. salzburgischen Pflegherrschaft, ehem. Pfleggericht und Bräugasthof (Nr. 3–5). Im Bereich des Kollegiatsstifts in der Ortsmitte ehem. Kanonikerhäuser (E. 18. Jh. urk. zehn Chorherrenhäuser), Altbestand an Bürgerhäusern und Gasthöfen (Nr. 6, 11, 12, 15, 35, 36, 39). Seepromenade; am nördl. Ende Strandbad von *Paul Geppert d. Ä.* 1927/28. Einhöfe des Flachgauer Typus und ehem. Söldnerhäuser. Umfangreiche moderne Siedlungsverbauung seit dem frühen 20. Jh.

KOLLEGIATSTIFT, in der Mitte des Ortes. Frühgot., barockisierte Stiftskirche mit nördl. anschließender, bar. Propstei um Kreuzgang. – Urk. um 770, 783/84. Überlieferung der Gründung durch Herzog Tassilo II. 777 nicht zutreffend. Urk. 817 Reichsabtei, 907 an Bistum Passau. Urspr. Benediktinerabtei, wahrsch. M. 11. Jh. Umwandlung in weltpriesterliches Kollegiatstift.
Stifts- und Pfarrkirche hl. Michael. Frühgot., barockisierte Querschiffbasilika

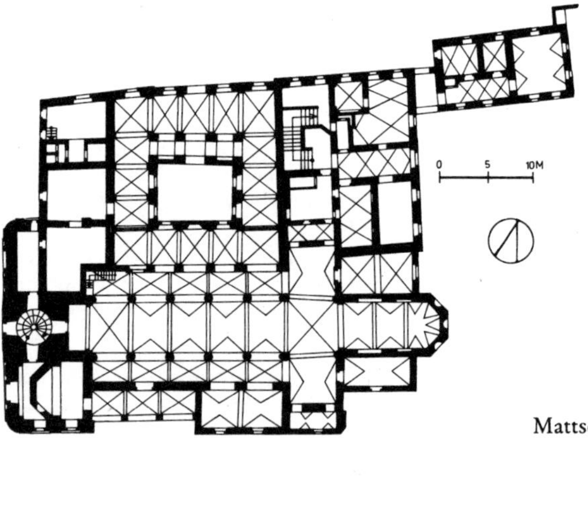

Mattsee, Kollegiatstift

13. Jh. mit im Kern got. Südkapelle und Sakristeianbauten sowie mächtiger, spätbar.-frühklassizistischer Westanlage mit Einturm. Südl. und östl. vom Friedhof unter Einschluß der urspr. Pfarrkirche hl. Laurentius umgeben. Westl. Vorpark mit barockisierendem Brunnen bez. 1881, Achteckpfeiler in Ovalschale.

Vorgängerbauten (1978 ergraben): 1. 3schiffige Holzpfostenkirche wahrsch. 9. Jh.; 2. Saalbau in Stein 10./11. Jh.; 3. 3schiffiger Querschiffbau 12. Jh. in den Ausmaßen des got. Nachfolgebaus. – Urk. 1276 Brand. Wahrsch. anschließend frühgot. Bau des späten 13. Jhs. Bar. Raumdekoration inschr. von 1700. 1766/67 Turmanlage. Renov. 1907–1909. Seit 1926 Pfarrkirche statt Laurentiuskirche. Rest. 1946/47, 1960/61 außen, 1976–1979 innen.

Außenbau. Spätbar.-frühklassizistische Westanlage urk. 1766/67 von *Wolfgang Hagenauer;* hoch aufragender, sich verjüngender Mittelturm im Erdgeschoß in ausladende Flügelbauten übergehend. 5geschossiger Turm in historisierender Art steinsichtig und portallos, Gliederungen durch klassizistische Eckquaderungen, Pilaster und Dreieckgiebel, in Ädikulanische Steinstatue hl. Michael von *Conrad Dorn* 1952, in oberen Geschossen rundbogige Schallöffnungen, Abschlußgeschosse durch Abschrägungen in Volutenanläufe des Pyramidenhelms übergehend. Flankenbauten mit Eckabschrägungen durch Riesenpilaster gegliedert, gebälkverdachte Rundbogenportale; innen li. urspr. Stiftskanzlei, seit 1908 Bibliothek, re. urspr. Paramentenkammer (Platzlgewölbe), im tonnengewölbten Obergeschoß Archiv und Schatzkammer.

Frühgot. Mittelschiff, Querhaus mit Giebelfronten sowie 3seitig geschlossener Chor, 13. Jh., in gleicher Höhe; got. Traufkehlen und einheitlich bar. ausgerundete Fenster; an der Ostflanke des südl. Querschiffs Nachbildung des got. Kaffgesimses des 19. Jh.; am Chorschluß Rundbogennischen um M. 17. Jh. – Anbauten, am südl. Seitenschiff. Im Westabschnitt bar., kreuzgratgewölbte Portalvorhalle durch drei Rundbogenarkaden geöffnet; Kirchenportal mit Rotmarmorgewände und Nischenaufsatz, Torflügel um M. 17. Jh.; ostseitig got., profiliertes Spitzbogenportal der ehem. Kreuzkapelle freigelegt. Anschließend im Kern got. Frühmeßkapelle (Kreuzkapelle), 2. H. 14. Jh. als Marienkapelle gestiftet, mit bar. Umgang des Querschiffs fluchtend. An den Chorflanken Sakristeianbauten, am südl. (seit 1908 Antonius- bzw. Taufkapelle) in got. Kielbogenrahmung eingelassener Wappengedenkstein für angenommenen Gründer Herzog Tassilo (777), 15. Jh.

Inneres. Frühgot. Querhausbasilika mit Langchor durch bar. Pfeilerummantelungen und Stuckierung einheitlich ausgekleidet. Schiffsarkaden, Vierungsbögen und Emporenunterzüge in got., gedrückt spitzbogigen Formen mit Kehlungen und Abfasungen erhalten. Im 5jochigen Mittelschiff, in den drei gleich hohen Querhausjochen und im 2jochigen Chor mit strukturell erhaltenem $^5/_8$-Schluß Stichkappentonnen, in Substanz vielleicht von einem spätgot. Gewölbe; in den Seitenschiffen Kreuzgratgewölbe (am südl. Westende Rippenanläufe auf Trichterkonsolen erhalten, ein bar. Kapitell im S bez. 1708); Gliederung durch bar. Gurte. Im Chor urspr. got. Fensterbahn mit bar. Abmauerung. Gedrungene Langhaus- und Vierungspfeiler, wohl um M. 17. Jh. marmoriert ummantelt, rund bzw. das östl. Schiffspfeilerpaar 8eckig, Achteckkämpfer. Rotmarmorplattenboden.

Langhaus, im Westjoch got. Orgelempore, 1908 kreuzgratunterwölbt, mit bar., trapezoid vorschwingender Erweiterung; Brüstungsbilder Chöre der Engel in

Akanthusumrahmungen um 1710; im nördl. Seitenschiff got. Stiegenaufgang entlang got. Entlastungsbögen. Nördl. Seitenschiff 1908 durch Einbeziehung des anschließenden Kreuzgangflügels verdoppelt; durch ehem., bar. Kreuzgangsportal und vier, z. T. erst 1908 geöffnete Rundbogenarkaden verbunden; bar. Kreuzgratgewölbe über Gurten auf Pilastern durch neobar. Stuckierung 1908 angeglichen.

Got. Frühmeßkapelle (Kreuzkapelle), 2. H. 14. Jh. als Marienkapelle gestiftet, an die zwei Ostjoche des südl. Seitenschiffs angefügt; durch got., gedrückt rundbogige, profilierte Arkaden geöffnet; im östl. abschließenden Schildbogen (ehem. Arkade) abgefaste Hängelisene erhalten; 2jochige Stichkappentonne. – Choranräume, im Querschiff geschnitzte Portale M. 17. Jh.; südl. ehem. Sakristei, seit 1908 Antoniuskapelle (Taufkapelle), längsgerichtete Stichkappentonne auf got. Rippenanläufen und Konsolen; in der nördl. Sakristei 2jochiges Kreuzgratgewölbe.

Stuck; Laubwerk in der Basilika, der Kreuz- und der Antoniuskapelle sowie in der Sakristei lt. Inschr. von 1700 (unter der Empore und im Kreuzgangflügel 1908 angeglichen), Bildrahmungen und Kartuschen an Wänden und Wölbungen, Gewölbekämpfer stützende Putti, Inschriftkartuschen (Gründungsjahr 777, Ausschmückung 1700), bayrisches Wappen.

Spätgot. Fresko im nördl. Seitenschiff hl. Christophorus um 1500. – Deckenmalereizyklus, in der Mittelschifftonne um 1700 (im 19. Jh. übergangen), die übrigen Felder 1848 von *Josef Rattensperger* z. T. sicher in der urspr. Ikonographie neu gemalt. An den Wölbungen im Mittelschiff Epiphanie, Passion, Auferstehung, in der Vierung Himmelfahrt Mariens, im Querschiff Verkündigung, alttestamentarische Szenen, im Chor Letztes Abendmahl, hl. Michael, Stiftsgründung, Evangelisten; in der Kreuzkapelle Stunde des Kreuzestodes, Probe des wahren Kreuzes, Sündenfall, Brudermord; in der Antoniuskapelle Wunderheilung durch hl. Antonius von Padua, von *Josef Gold* 1909, freigelegte Kartuschenbilder Wunder des hl. Antonius von Padua um 1700. Wandbilder Apostel, im Querhaus re. Hll. Rupert, Leopold (1908 übermalt), li. bar. Ölbilder Hll. Augustinus, Monika; in den Chornischen alttestamentarische Grisailleszenen von 1848.

Einrichtung. Hochaltar urk. 1733, nach Vorbild der Salzburger Mirabellkapelle, den Chorschluß einnehmender Marmoraufbau mit einschwingenden Säulen- und Pfeilerflanken sowie Attikaabschluß, von Gitterwerk bekrönt; Altarblatt hl. Michael vor Hl. Dreifaltigkeit bez. *Jacopo Zanusi* 1733, Seitenfiguren 4 Erzengel von *Paul Mödlhammer;* neobar. Tabernakel.

Querschiffaltäre. Spiegelbildliche Verkleidung der Querhausstirnen durch hochbar., altarförmig strukturierte Wandaufbauten aus Rotmarmor. Li. Gürtel-Mariens-Bruderschaftsaltar, um 1700, re. Cölestinaltar um 1704 (urk. 1704 zwei Figuren gefaßt); Bildhauerarbeiten Werkstatt *Meinrad Guggenbichlers;* durchgehende Sockelzonen mit seitl. Opfergangstüren zu anschließendem, tonnengewölbtem Umgang, eingezogene Retabelgeschosse mit Volutenpilastern und Gesimsabschlüssen; Altarbilder von Engeln gestützt, flankierende Statuen über dem Opfergang; Aufsatzmedaillons; Querschiffenster durch Arkade auszugartig einbezogen; Akanthus und Fruchtgehänge. Li. Staffelnischenfigur hl. Joseph 1. V. 18. Jh., Altarblatt Bruderschaftsbild Maria Trost, Seitenfiguren Hll. Petrus, Paulus, Auszugbild hl. Nikolaus von Tolentino. Re. in Staffelschrein Reliquien des Märtyrers Cölestin, Altarblatt Cölestin über Mattsee M. 19. Jh.,

Seitenfiguren Hll. Stephanus, Laurentius, Auszugbild Marienkrönung. – Antoniuskapelle, neobar. Altarretabel von 1908 mit Relief Vision des hl. Antonius von Padua von *Joseph Bachlechner*.
Kanzel um 1710, von *Ferdinand Oxner*, monochrome Bilder in Akanthusrahmungen Wunder Christi, Aussendung der Apostel, Schalldeckel mit Volutenbaldachin. – Orgel, 3achsiger Prospekt mit Akanthusornament, Bez. 1710, 1972; urk. 1710/11 von *Johann Christoph Egedacher*, 1887 von *Matthäus Maurachers Söhne*, 1972 neues Werk. – Schnitzstatuen Hll. Rochus, Sebastian um 1685 von *Michael Zürn d. J.*, von ehem. Pestaltar. Kreuzigungsgruppe 1. H. 18. Jh., Assistenzfiguren Hll. Maria, Johannes Ev. in der Nachfolge *Meinrad Guggenbichlers*. Kruzifix 1. H. 18. Jh. Hl. Johannes Nepomuk um 1730. – Chorgestühl um 1650, dunkel gebeizt, ornamentalisierte Architekturgliederung mit Nischenfiguren der Apostel (Originale im Stiftsmuseum) in Dorsalen. Manieristisch gegliederte Sakristeischränke mit Ädikulatürchen bez. 1649, urk. von *Matthäus Steinle* (Mattsee). – Polygonaler Taufstein 15. Jh. aus Rotmarmor mit Kelchfuß. Kommunionbalustrade aus Marmor, urk. um 1733 von *Johann Högler*. Gestühlwangen um 1820. – Glocke von *Josef Erhart*, 1497.
Grabsteine aus Rotmarmor, überwiegend für Stiftskanoniker und salzburgische Pfleger. Figural: Johann Khuen, gest. 1603, Gnadenstuhl in Renaissancearkade und betender Kanoniker; Albrecht Volkhamer, gest. 1608, wappenhaltender Engel; Augustinus Khössler, gest. 1618, Halbfigur des Kanonikers; Maria Anna Volkhamer, gest. 1618, Beterin; Melchior Krieg, gest. 1624, weißes Marmoreinsatzrelief Auferstehung Christi; Joh. Humel, gest. 1631, Kreuzigung Christi; Joannes Gangl, gest. 1657, vor dem Altar kniend; Sebastian Wiesinger, gest. 1713, vor Marienvision; Johannes B. Ölperl, gest. 1721, vor Vision der Dreifaltigkeit; Franz Ferdinand Zeller, gest. 1731, vor Vision Michaels. Am Choreingang gleichgestaltete Volutenaufbauten aus weißem Marmor mit gemalten Medaillonbildnissen und Wappenaufsätzen, li. Dekan Franz S. Wiesinger, gest. 1774, re. Dekan Andreas H. Moser, gest. 1780. Wappengrabsteine: Christian Gold von Passau, gest. 1388; Kanoniker 1626, 1635, 1658, 1666, 1668, 1675, 1680, 1691, 1717, 1782; Pfleger 1483, 1568, 1573–1583, 1624, 1644, 1687, 1694, 1742.
Propstei (Nr. 10, Seestraße), an die Nordflanke der Stiftskirche angefügt, bar. Baugruppe. – Ehem. Wohnsitz des Propstes. Urk. 1567 Bautätigkeit an der Dechantei, wahrsch. um 1700 weitreichender Neubau, um 1775 umfangreiche Erneuerung unter Beteiligung *Wolfgang Hagenauers* (besonders im westl. Obergeschoß), 1778/79 Innenausstattung. Kreuzgang urk. 1368, 2. V. 17. Jh. Erneuerungen, wahrsch. um 1700 bar. Neubau. Propstei 1972 zu Stiftsmuseum umgewandelt. 1975–1977 Rest.
2geschossiger, den Kreuzgang (mit Rundbogenfenstern) einschließender Dreiflügelbau, gegen O durch einen weiteren Komplex um einen kleinen Hof ergänzt (Marmorrundbogenportal); an der Nordostecke angefügter Saaltrakt wahrsch. um 1700; Mansardwalmdächer. Im Kreuzganghof Rundbogenarkaden; dem Kreuzgangnordflügel wahrsch. um 1775 ein platzlgewölbter Gang als Unterbau des Propsteikorridors vorgelegt; an den Obergeschossen der Propstei Gliederung im Plattenstil. – Kreuzgang, Südflügel 1908 als Kirchenseitenschiff abgetrennt, Kreuzgratgewölbe über Gurten auf Pilastern.
Grabsteine überwiegend aus Rotmarmor; figural: Andreas Penzenberger, gest. 1576, Kreuzigung; Walthasar Lehenauer und Frau, gest. 1592/1597, betende

Familie und Einsatzrelief Auferstehung Christi; Wolfgang und Franciscus Ager, gest. 1643, Kinderrelief; Frantz Diernhamber, gest. 1759, Familie; ganzfigurige Kanoniker: Wolfgang Krientz, gest. 1510; Sigismund Penzenperger, gest. 1577; Kanonikerhalbfiguren in Arkadenrahmungen: 1544, 1547, 1560, 16. Jh., 1604, 1623. Wappengrabsteine: spätgot., 1400, 1479; Kanoniker 1483, 1524, 1544, 1615, 1653, 1675, 1687, 1698, 1752; Pfleger und Gerichtsschreiber: 1593, 1639, 1643, 1649–1651.

Marienkapelle und Kanonikergruft, im ehem. Mostkeller am Kreuzgangwestflügel, Tonnenwölbung; Steinstatue hl. Maria bez. *H. Mayer 1960,* Betbänke M. 17. Jh., frühmittelalterlicher Baumsarg 8./9. Jh.; figurale Rotmarmorgrabsteine: 1403 Ritzzeichnung Kanoniker, Kanonikerhalbfiguren 1565 und 1610.

Propstei innen. Im Erdgeschoß kreuzgratartige Stichkappentonnen. 3läufiges Stiegenhaus mit frühklassizistischen Holzbalustraden und Vasenaufsätzen 1778/79. Im Obergeschoß gekehlte Flachdecken. Portale und Ofen 1778/79, Empireofen um 1800. – Kleiner Kapitelsaal im Osttrakt, an gekehlter Flachdecke Bandlwerkstuck um 1730 in Art des *Michael Vierthaler* mit Mittelrelief hl. Michael und Eckmedaillons Jahreszeiten; Mariengnadenbild (Lukasbild) bez. 1708, Ölbild Kruzifix und hl. Maria Magdalena 1. H. 18. Jh. – Großer Kapitelsaal (Speisesaal) im Annex, 1951 rest., in Felder geteilte Akanthusstuckdecke um 1700 mit mittlerem Ölbild Gastmahl des Herodes und Eckfresken Jahreszeiten; Kachelofen mit Jahreszeitenreliefs 2. H. 17. Jh., aus dem ehem. Pfarrhof Obertrum, Porträt Herzog Tassilo II., um 1700. – Bibliothek im nördl. Fassadenflügel der Stiftskirche, neobar. Regalverbauung von 1908. – Stiftsmuseum. Sakrale Kunstwerke großteils aus dem Stift, Porträtsammlung, Möbel, astronomische Uhr 1704; aus der Wartsteinkapelle Sitzfiguren hl. Maria mit Kind um 1490 und Schmerzensmann 1. H. 18. Jh., Auferstandener spätes 17. Jh.; aus der Zellhofkapelle Votivbilder.

EHEM. PFARRKIRCHE hl. Laurentius, Aufbahrungskirche, in der SO-Ecke des Friedhofs. Frühklassizistischer Saalbau. – Urk. 1143 Pfarre, 1319 Inkorporation in das Stift Mattsee bestätigt. 1777–1779 Neubau nach Entwurf *Wolfgang Hagenauers.* 1910 Renov. 1926 durch Einsturz Verlust des Fassadenturms und Verkürzung des Langhauses um ein Joch, 1930 Wiederherstellung als Aufbahrungshalle. Rest. 1980–1982.

Einheitliche Plattenstilgliederung und Rundbogenfenster unter Okuli, Walmdach; nach 1926 stilistisch angeglichene Fassade mit Giebelrisalit; am eingezogenen Chor querschiffartig ausgebildete, doppelgeschossige Sakristei- und Oratoriumsanbauten; herausragender Dreiseitschluß.

Auf zwei Joche verkürztes Langhaus, eingezogener Triumphbogen und einjochiger Chor durch Plattenstilelemente, umlaufendes Gebälk und Gurtbögen über Triglyphenpilastern zusammengeschlossen. Im Langhaus Eckausrundungen 1930 auch im W angeglichen, Stichkappenflachtonne über Doppelgurten. Im Chorjoch queroblonges Platzlgewölbe, seitl. Oratorienbögen in die Wölbung reichend. In der Apsis Stichkappenwölbung. Rotmarmorplattenboden.

Altäre nachbar., marmorierte Säulenretabel mit konkaven Flanken von 1846/47. Hochaltar, Altarblatt Martyrium des hl. Laurentius 1. V. 18. Jh. in Art des *Johann Michael Rottmayr,* freistehende Mensa von 1779 und Tabernakel.

Seitenaltäre in den östl. Langhauskehlen, Altarblätter li. Kreuzigung, re. Maria Immaculata. – Glocke von 1414.

Friedhof. Neogot. Tabernakellichtpfeiler, 2. H. 19. Jh.

FILIALKIRCHE Mutter Gottes in Zellhof, Kapelle des Gutshofes von Stift Mattsee, nordwestl. des Marktes am Grabensee. – Zellhof urk. 1458, urspr. Edelsitz, 1602 an Eb. Wolf Dietrich von Raitenau, zeitweise Besitz der Dompröpste, 1789 an Stift Mattsee. – Bar. Saalkirche mit im Kern got. (?) Chor. Urk. 1458 eine Weihe, urspr. Patrozinium hl. Georg. Ab 1697/98 Wallfahrtskapelle. 1849 Brand. Renov. 1911. Rest. 1974/75.
Schlichtes Langhaus 17. Jh. zu Chor und Apsis zurückgestaffelt. Dachreiter mit Giebelspitzhelm von 1850. Über dem Westportal in bar. Formen Giebelfeld mit (sekundärer) Inschrifttafel Eb. Paris Graf Lodron 1620. Am Langhaus südseitig Oratoriumsstiegenturm, am Chor Sakristeianbau.
Eingangshalle unter dem Oratorium segmentbogig geöffnet. Gestreckt proportionierter Saalraum, 17. Jh., mit 1758 eingezogener Flachtonne, durch eingezogenen Triumphbogen vom niedrigeren Chor mit Rundtonne und Apsisnische getrennt. Einheitliche Stuckierung, urk. 1758 von *Christoph Fenninger,* 1910 zumindest stark ergänzt, an Wänden und Wölbungen Bilder von Stuckrahmen umfaßt, Zyklus des Marienlebens bez. *Joseph Gold* 1910. Rotmarmorplattenboden. Sakristei, Barockportal, Kreuzgratgewölbe.
Altar von 1850; die Apsisnische ausfüllendes, marmoriertes, einschwingendes Säulenretabel mit Gitterbaldachin; Gnadenstatue hl. Maria von Altötting, Aufsatzmedaillon hl. Georg von *Josef Rattensperger,* Rokokotabernakel. Gestühl urk. 1860. Nachbarocker Beichtstuhl, im Stil frühes 19. Jh. Votivbilder im Stiftsmuseum Mattsee.
Umliegend Gruppe der stiftischen **Meierhofgebäude.** 2geschossiges ehem. Wirtschaftsgebäude (Mattsee Nr. 81), vom bar. Kern Putzportalverdachung und Flurtonne, Fassadierung um 1900.

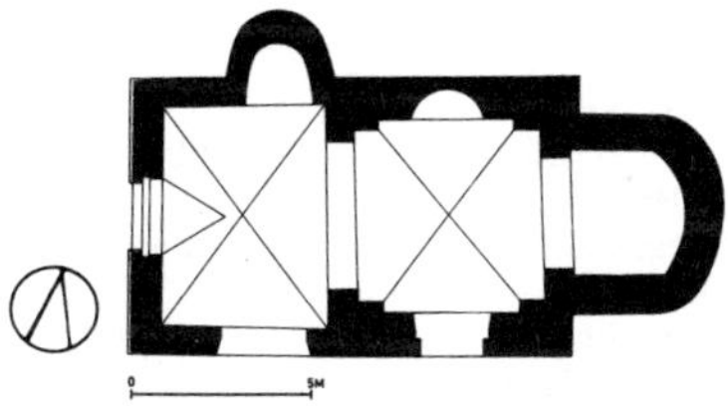

Mattsee, Wartsteinkapelle

WARTSTEINKAPELLE, westl. des Marktes, auf der Spitze der in den Obertrumersee vorgeschobenen Felsnase des Wartsteins dominierend über dem See gelegen. Urspr. Einsiedelei. Schindelgedeckter Barockbau mit eingezogener Apsis und verschindeltem Giebelreiter, Segmentbogenöffnungen.
Kreuzgratgewölbe, Betraum mit Nischenanbau durch vergitterte Arkade vom Hauptjoch getrennt, eingezogene Apsis mit Tonnengewölbe. – Altarkruzifix 18. Jh. Kleine Ädikulenständer in Seitenaltarstellung, wahrsch. 1. H. 18. Jh., Bilder li. hl. Augustinus, re. hl. Monika. Spätbar. Grabchristus. Volkstümlich bar. Nischenfigur hl. Stephanus. Im Stiftsmuseum Mattsee: Sitzfiguren hl. Maria mit Kind um 1490 und Schmerzensmann 1. H. 18. Jh., Auferstandener spätes 17. Jh.

KAPELLEN. 3seitig geschlossene **Weilerkapellen** des späten 19./frühen 20. Jhs. in Aug (mit Dachreiter) und Saulach (Obernberg). **Hofkapelle** Hieb (Hof), Nischenaltärchen von 1897.
Wegkapellen. Buchberg (Mitterhof), bei Nr. 12, 1900 erb.; historistisch gegliederter Bau mit Rundschluß und Rundbogenöffnungen, innen Tonne, Neorenaissancealtärchen mit Reliefgnadenbild Maria Trost. – Mattsee, am südl. Ortsausgang, Rechteckbau 18. Jh. mit vergitterter Flachbogenöffnung unter vorkragendem Schopfwalmdach. – Mattsee, am Überfluß zwischen Mattsee und Obertrumer See, Rundbau mit Statue hl. Johannes Nepomuk 18. Jh. – Mitterhof, bei der Bundesstraße, Johannes-Nepomuk-Kapelle, um 1720; breiter, seichter Halbrundbau; an der weiten Segmentbogenarkade und in der anschließenden Konche Laubwerkstuck um 1720 mit vollständig erneuerten (renov. 1947) Kartuschenmalereien Leben des hl. Johannes Nepomuk; Schnitzstatue hl. Johannes Nepomuk, um 1720.

BILDSTÖCKE. Feichten Nr. 4 (Mitterhof), 1745 errichtet, Votivbild von Renov. 1858. – Guglmoos (Obernberg), 19. Jh. – Lehen (Obernberg), wohl bar., Wellenbogenöffnung unter Kragwalmdach, innen Konglomeratkreuz, Sühnekreuz vom „Mordgraben", ehem. vor der Kapelle stehend.

SCHLOSS, auf dem Schloßberg, östl. des Stiftes (früher zur Gänze von Wasser umgeben). Gründung durch Bischof von Passau als Verwaltungszentrum der passauischen Besitzungen, urk. 1189; seit 1398 salzburgisch, Sitz von Pflegern, M. 16. Jh. z. T. Neubau, um 1600 Teile baufällig, kaum bewohnt, seit M. 17. Jh. Verfall; seit Verkauf an Privatpersonen A. 19. Jh. fortlaufend Abbrüche, z. T. zur Gewinnung von Baumaterial.
Heutiger Baubestand Rest des südl. Traktes, zwei Geschosse, beide gewölbt, darüber Walmdach, M. 16. Jh.; beherbergt das Mattseer Heimatmuseum. Sammlungen zu Fischereiwesen und Geschichte des Ortes. Große Wagenremise.

ZELLHOF, Stiftsgutshof, siehe Filialkirche Mutter Gottes

HÄUSER. Volksschule und Gemeindeamt nach Plan von *Paul Geppert d. Ä.*, 1927–1928. – **Nr. 3** (Schloßbergweg): Bis 1811 salzburgisches Pfleggericht, 1819–1923 Bezirksgericht, zwischen Schloßberg und Bräugasthof eingefügt. 2geschossiger Bau 1. H. 18. Jh. mit Traufkehle unter Mansardwalmdach, neben Bräugasthof Durchgang mit Stichkappentonne. Im Erdgeschoß Kreuzgratgewölbe; im Obergeschoß gekehlte Flachdecken, Stuckrahmen 1. H. 18. Jh., im dzt. unterteilten Saal Rokokostukkaturen um 1770 von *Benedikt Zöpf*, Rokokotüren. – **Nr. 4** (Schloßbergweg): Bräugasthof, ehem. Hoftaverne, am Fuße des Schloßbergs. 3geschossiger, kubischer Bau 16./17. Jh. unter Mansarddach mit Schopfwalm, an der SW-Ecke Hofeinfahrtsturm mit kreuzgratgewölbter Durchfahrt, bez. durch Wappentafel Eb. Michael von Kuenburg 1558; am Hauptbau Inschrifttafel über Ankauf 1712, in Nische Schnitzstatue hl. Florian, 1. H. 18. Jh. Innen Stichkappentonne, im Turmobergeschoß Stuckrahmen 1. H. 18. Jh. – **Nr. 5** (Schloßbergweg): Urspr. Gefangenenhaus, beim ehem. Gericht, bez. 1898; 2geschossiger, stöcklförmiger Trakt.
Im Stiftsbereich ehem. **Kanonikatshäuser** und andere, meist bar., 2geschossige und annähernd quadrat. Altbauten. **Nr. 6** (Seestraße): E. 18./frühes 19. Jh.,

Mansardwalmdach. – **Nr. 10** (Seestraße): Propstei, siehe Kollegiatstift. – **Nr. 11** (Seestraße): Ehem. Choralistenhaus des Stiftes, 18. Jh., Geburtshaus des Komponisten Anton Diabelli. – **Nr. 12** (Stiftsplatz): Gasthof Post, Schopfwalmdach. – **Nr. 15** (Seestraße): Um M. 19. Jh., Putzgliederung. – **Nr. 35** (Stiftsplatz): Ehem. Kanonikerhaus, 18. Jh., Mansarddach mit Schopfwalm; Stuckdecke 18. Jh. – **Nr. 36** (Stiftsplatz): Ehem. Stiftstaverne, 1970 bei Einrichtung als Pfarrhof erneuert. – **Nr. 38** (Tassiloweg): Neue Propstei, 1967/68 erb.; Barockportal vom Borromäum in Salzburg, in der Kapelle Mariahilf-Bild in Rahmung um 1730. – **Nr. 39** (Passauer Straße): Putzgliederung 2. H. 19. Jh.

BAUERNHÖFE. **Mattsee, Nr. 43** (Passauer Straße): Rothenbauer, 2geschossiger Einhof mit ausgebautem Dachgeschoß, 19./20. Jh., Steildach mit Schopfwalm, Grätenverschalung. Erdgeschoß gemauert, Obergeschoß und Dachgeschoß Blockbau mit Schließ- und Zierschrot. Im Dachgeschoß kleiner Gang mit Säulenbalustrade, Zwickel und Giebel verschalt. Gekehlte Blockkonsolen und Flugpfetten. – **Nr. 44** (Passauer Straße): Fischer Hiasl. Einhof mit Flachdach, Mittertennhof, giebelseitig aufgeschlossen. Erdgeschoß verputzt, Obergeschoß Blockbau mit Schließ- und reichem Zierschrot, gekehlte Pfetten, Firstpfette bez. 1817. Dachgeschoß senkrecht verschalt mit durchlaufendem Gang, gedrechselte Geländersäulen, verschalte Zwickel. – **Nr. 51:** Fisching. Mesnerbauer, T-Hof, nur Wohnteil alt, Steildach mit Schopfwalm, Erdgeschoß gemauert, Obergeschoß Blockbau mit Schließschrot und Zierschrot. Im Dachgeschoß zwei übereinanderliegende, durchgehende Gänge mit gedrechselten Geländerstäben und Zähnchenleisten.

Mitterhof, Nr. 17: Lofererbauer. Einhof mit Steildach und Schopfwalm. 2geschossig, Erdgeschoß gemauert, Obergeschoß Blockbau, hier mit originalen Fenstern. Im Dachgeschoß durchgehender Gang mit verschalten Zwickeln und Taubenkobeln, ausgesägte Balkonbretter und Wellenleisten. – **Nr. 18:** Hoferbauer. T-Hof, 2geschossig, mit Steildach und Schopfwalm, kleines Glockentürmchen aus Kupfer. Erdgeschoß gemauert, Obergeschoß Blockbau, im Dachgeschoß zwei durchgehende Gänge, der untere mit verschalten Zwickeln. Beide mit ausgesägten Geländerbrettern und Zähnchenleisten. – **Nr. 25:** Sturmbauer. T-Hof. Wohnteil mit Flachdach, Erdgeschoß gemauert, Fenster in rundbogigen Nischen, Obergeschoß Blockbau mit Schließschrot und originalen Fenstern. Dachgeschoß senkrecht verschalt mit durchlaufendem Hausgang, gedrechselte Geländerstäbe und Zähnchenleiste. Ausgesägte Windläden. Firstpfette bez. 1793. Hofkapelle gegenüber.

Obernberg, Nr. 24 (Schalkham). Altenberger. Hakenhof mit Steildach. Wohnteil Blockbau, Dachgeschoß senkrecht verschalt, hier durchgehender Gang mit ausgesägten Brettern. Am gemauerten Stall Schlackenputz. – **Nr. 25** (Schalkham). Iringbauer. T-Hof mit Steildach, Erdgeschoß gemauert, Obergeschoß mit Schließschrot und originalen Fenstern, Wetterseite verschindelt, Dachgeschoß senkrecht verschalt. – **Nr. 36:** Obermayrhof, Hansenbauer. T-Hof, Wohnteil Steildach mit Schopfwalm, Grätenverschalung. Giebelseite im Erdgeschoß verputzt, sonst Blockbau mit reichem Zierschrot. Dachgeschoß verschalt mit kleinem Gang, gedrechselte Säulchen. Stall gemauert, Scheune Ständerbau mit Unterfahrt. Pfette mit Initialen, bez. 1952. – **Nr. 44:** Zuhaus zu Guglmoos. Kleiner Einhof, Blockbau mit Flachdach, Dachgeschoß senkrecht verschalt mit durchgehendem Gang. Firstpfette mit Initialen, bez. 1778. –

Nr. 47: Zuhaus zu Paltingmoos Nr. 46, Michlbauer. Mittertennhof, giebelseitig aufgeschlossen, Steildach. Erdgeschoß im Wohnteil gemauert, Obergeschoß Blockbau, im Dachgeschoß Gang mit Geländersäulchen.

MAUTERNDORF. Polit. Bez. Tamsweg

MARKT und Gemeinde im NW des Lungauer Beckens, an der vom N einmündenden Tauernpaßstraße; nordwestl. der Ortsteil Hammer. Die Streusiedlung Faningberg am Süd- und Osthang des gleichnamigen Bergrückens im NO von Mauterndorf, Neuseß südl. des Marktes am alten Römerweg, sowie das Haufendorf Steindorf am Südfuß des Faningberges.
Mauterndorf urk. 1144. Verwaltungsmittelpunkt der lungauischen Besitzungen des Salzburger Domkapitels und älteste bekannte Zollstätte innerhalb der Ostalpen. 1217 Einwilligung zur Errichtung eines Marktes durch König Friedrich II., 1253 die päpstliche Erlaubnis zum Burgenbau, wohl auf Mauterndorf zu beziehen (siehe Burg). Im 16. und 17. Jh. Sitz mehrerer Gewerken.
Die Marktsiedlung Mauterndorf an der vom Burghügel im N nach S verlaufenden, die Taurach überquerenden ehem. Durchzugstraße. Südl. planmäßige, dreieckförmige Platzanlage mit der in der Mitte stehenden Pfarrkirche; Straßengabelung Richtung W und O. Reicher Bestand an spätmittelalterlicher Bausubstanz, die Häuser mit für Salzburg ungewöhnlichen Treppengiebeln. Südwestl. die Filialkirche St. Wolfgang, außerhalb des Ortes im O St. Gertrauden.

PFARRKIRCHE hl. Bartholomäus, im S des Marktplatzes von Mauterndorf. Kirche mit got. Kern (Turmuntergeschoß, Emporenjoch) und Erweiterungen des 17. und 18. Jhs. – 1394 urk. Erwähnung einer Kapellenstiftung. Kirchenbau 14. Jh., Erweiterung 1640–1646, Turmerhöhung 1746, Seitenschifferweiterung 1795. Pfarre 1813. Rest. 1926, 1953 und 1961.
Bar. Langhaus mit seitl. Erweiterungsbauten von 1795, Rundbogenfenster und umlaufende Hohlkehle. Halbrunder Chor mit Kreis- und Rundbogenfenstern; Kriegerdenkmal (1914–1918) mit je einem Kreuzigungsrelief, darüber rote Marmortafel 1647. Im W niedrigeres got. Emporenjoch (in derselben Breite wie das Mittelschiff) mit Rundbogenfenster und Satteldach; westl. Christophorusbild bez. *A.(nton) Kenner* von 1934.
Vorgesetzter got. Westturm, 1746 erhöht, mit abgefastem Spitzbogenportal und Holzvorbau. Der schlanke Turm mit Luken, Glockengeschoß abgesetzt; Biforenfenster mit Mittelsäule, darüber rundbogige Schallfenster mit Keilstein; profiliertes Abschlußgesims, Helm mit Laterne und Zwiebelaufsatz. In der SW-Ecke got. Anbau mit Rechtecktür, südl. Kielbogenportal. – Got. Turmerdgeschoß kreuzgratgewölbt, seitl. abgefaste Bögen; zum westl. Langhaus Spitzbogenportal mit Kehlung.
Langhaus mit got., kreuzrippengewölbtem Emporenjoch, gekehlte Rippen und Schlußstein. Einschiffiger Erweiterungsbau und Chor von 1640–1646, durch Einbeziehung ehem. Kapellen 1795 seitenschiffartig erweitert. Mittelschiff mit Flachkuppel, seitl. Gurtbögen, gegen den Chor Spitzbogen. Seitenschiffe mit geradem Schluß, Flachtonne über Pilastern und profiliertem Gesims. Erhöhter,

Mauterndorf, Ortsplan

1 Pfarrkirche, S. 238f.
2 Ehem. Pfleghof, S. 246
3 Ehem. Pfarrhof, S. 246
4 Amtshaus, S. 246
5 Filialkirche hl. Wolfgang, S. 241f.
6 Burg, S. 243f.
7 Filialkirche hl. Gertraud, S. 240f.

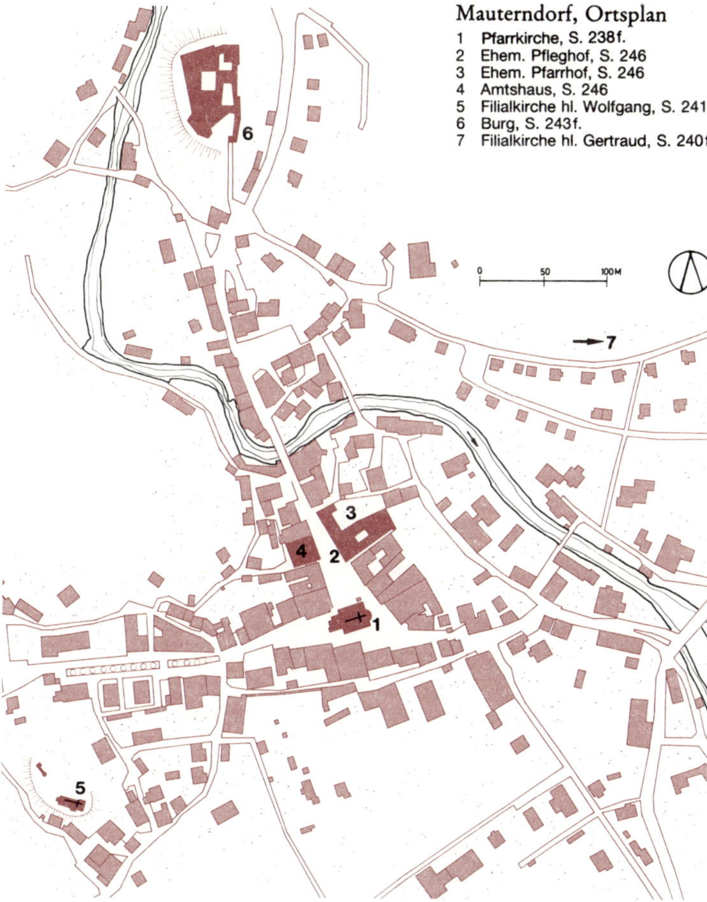

einjochiger Chor mit halbkreisförmigem Schluß und Kreuzgratgewölbe; li. Durchgang, re. Sakristeitür, darüber Rundbögen. Glasgemälde von 1926. Inventar z. T. aus der Barbaraspitalskirche in Tamsweg 1961 übertragen. Bar. Hochaltar von *Gregor Sapser* 1702 (ehem. in der Pfarrkirche Tamsweg); Altarblatt hl. Bartholomäus von *Johann Friedrich Pereth* 1686; seitl. bar. Skulpturen, li. hl. Theresia, re. Heilige mit Lilie und Herz, im Auszug Gottvater auf Wolken, li. hl. Virgil, re. hl. Rupert. – Seitenaltäre von 1667. Am li. Altar bar. Altarblatt hl. Notburga, bez. *G(regor) Lederwasch;* seitl. spätgot. Flachreliefs

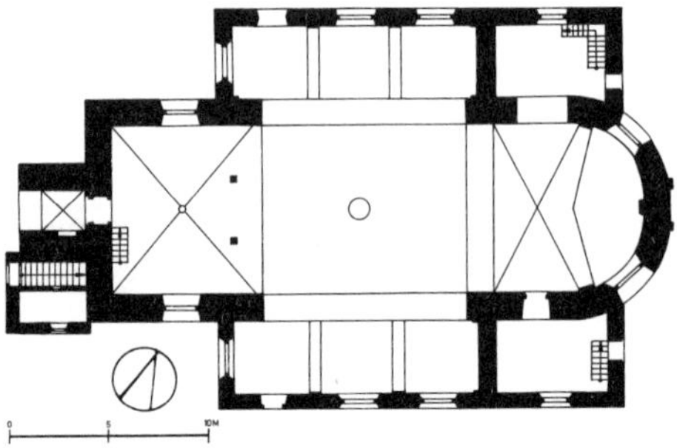

Mauterndorf, Pfarrkirche hl. Bartholomäus

um 1520, li. hl. Apollonia, re. hl. Ursula; bar. Aufsatzfigur hl. Notburga. Am re. Altar bar. Altarbild hl. Walpurgis; seitl. spätgot. Figuren, um 1500, Hll. Florian und Sebastian; Aufsatzfigur hl. Anna; am Altar Immaculata von *J. Scheidl*, 1856.
Am Triumphbogenpfeiler bar. Konsolfiguren des ehem. li. Seitenaltares, li. hl. Virgil, re. hl. Rupert von 1732. Im westl. Langhaus neugot. Halbfigur Herz Jesu (Strahlenkranz). Im Chor Kruzifixus E. 19. Jh. und sechs Ovalbilder 2. H. 18. Jh. Christus an der Geißelsäule E. 18. Jh.; Mariahilf, Rahmen bez. 1865; Marienbild, 2. H. 18. Jh. 14 Stationsbilder E. 18. Jh. – Runder Taufstein mit Aufsatzstatuette hl. Johannes, 18. Jh. – Orgel 1868, von *Matthäus Mauracher*. – Gedenksteine unter der Empore: 1708, 1766, 1786, 1795. Li. vom Chor abgetretener Grabstein aus weißem Marmor um 1720.

FILIALKIRCHE hl. Gertraud, im Weiler St. Gertrauden, am Fuße des Faningberges, östl. von Mauterndorf. Rom. Kirche mit geringfügigen got. und bar. Umbauten, von Friedhof umgeben. – Urk. 1513. 1627 Turmbau und Ambthoferkapelle. 1926 rest.
Schlichtes Langhaus mit Satteldach. Im W Flachbogentür und Kreisfenster. Südl. flachbogiger Haupteingang und got. Kreuzigungsfresko mit hl. Johannes, 15. Jh., z. T. durch Türausbruch von 1627 zerstört; Rundbogenfenster. Eingezogener niedrigerer Chor, südl. Rundbogenfenster, Satteldach. Niedrigerere halbkreisförmige Apsis mit Rundbogenfenster. Sakristei nördl. vom Chor, kleines Rechteckfenster, Pultdach. Am südl. Langhaus Turm mit Luken und Biforenfenster, über profiliertem Abschlußgesims Zwiebelhelm; Holzschindeldächer. Am Südturm Ambthoferkapelle von 1627, Kreis- und Rundbogenfenster.
Einschiffiges, rom. Langhaus mit flacher Holzdecke 16. Jh.; li. rom. Blindfenster. Bemalte Holzempore, bez. 1513, Unterseite kassettiert. Rundbogiger Triumphbogen; um drei Stufen erhöhter, einjochiger Chor mit bar. Kreuzgratgewölbe, li. abgefastes Sakristeiportal (Sakristei tonnengewölbt). Um zwei Stufen erhöhte, rom. Apsis mit halbrundem Schluß; Apsisbogen auf Pfeilern und Kapitellen.
Bar. Hochaltar mit Opfergangsportalen M. 18. Jh., Skulpturen von *Johann Pult*. Bar. Altarblatt hl. Maria mit Kind und Hll. Gertraud und Katharina; bar. Figuren Hll. Franz Xaver, Franz Seraph., Hll. Antonius und Johannes Nepomuk, seitl. hl. Mönche; im Aufsatz Marienkrönung. Am Tabernakel Figur Guter Hirte 18. Jh. – Seitenaltäre A. 17. Jh., frühbar. Holzaltäre; li. Altar mit

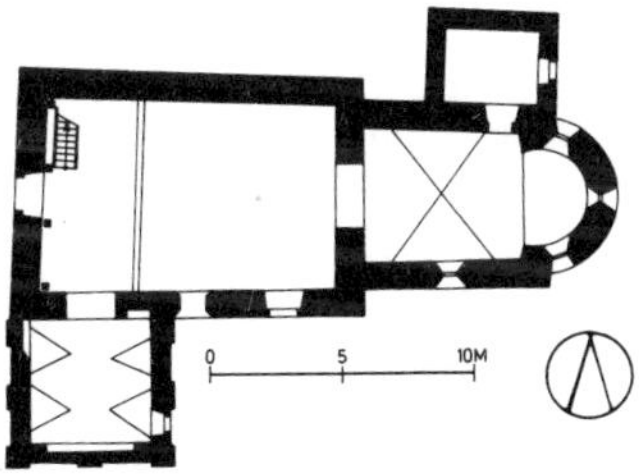

Mauterndorf – St. Gertrauden, Filialkirche hl. Gertraud

Inschr. bez. 1601, Altarblatt Geburt Christi, fixierte Flügelbilder li. hl. Christoph, re. hl. Anna, Oberbild Maria Verkündigung, am Altar ovales Standbild hl. Leonhard 2. H. 18. Jh.; re. Altar mit Inschr. bez. 1607, Altarbild Anbetung der Hl. Drei Könige, li. Flügel hl. Jakob, re. hl. Regina, Oberbild Beschneidung Christi, am Altar Ovalbild hl. Richardus, 2. H. 18. Jh. – 8eckige Kanzel 17. Jh., Schalldeckel 18. Jh. Orgel 17. Jh. Triumphbogenkreuz von *Johann Georg Mohr*, 1703. Gestühl von *Paul Wieland* (Tischler), urk. 1653.
Epitaphien, 17. Jh. Im Chor Epitaph Carl Jocher, bez. *Matheus Pinnet* 1626, Darstellung der Propheten und Hl. Dreifaltigkeit. Li. Langhauswand Epitaph Grimming, Auferstehung Christi, seitlich Hll. Veronika und Juliana, Oberbild Gottvater und Hl. Geist, unten Stifterfamilie und Inschriftentafel bez. 1619. – Epitaph Michael Lipp, Frauen am Grab Christi, darunter Stifterfamilie, Inschr. bez. 1610. – Epitaph Welsperg, Mariae Himmelfahrt, Inschr. bez. 1629. – Im Chor gravierte Zinnplatte von 1684, bez. *J. Bartenschlager*.
Bilder 17./18. Jh. Im Langhaus hl. Maria, bez. *Georg Reither*, 17. Jh. Jesuskind (Filzmooser Gnadenbild). Hl. Virgil 17. Jh. 14 Stationsbilder, 2. H. 18. Jh.
Grabsteine. An der westl. Chorwand Cristoff und Paulus Jocher 1593, südl. Cristof Jocher 1594, im Chorboden Carl Jocher 1645. Im Langhausboden Casper Griming 1513, Walthasar Griming 1533; 1612. Im nördl. Langhaus 1662; Johann Pabinger 1724, Anna Barbara Pabinger 1731 und Clara Seninger 1758. An der südl. Langhausaußenwand Rueprecht Rei(n)perg(er) 1569 und Regina Empacher 1571. – Glocke von *Andreas Zachenhueber*, 1740.

Ambthoferkapelle, an der SW-Ecke des Langhauses (ehem. Kircheneingang). Bau urk. 1627. Rechteckiger Raum mit Stichkappentonne, zum rom. Schiff flachbogig geöffnet, li. darüber Tympanon des ehem. rom. Portals mit freskiertem Osterlamm, 12. Jh., 1926 aufgedeckt. – Altar mit Predelleninschr. 1642, Gebälk bez. 1629; bar. Altarblatt Hll. Maria und Elisabeth, rundbogige Flügelbilder li. hl. Georg, re. hl. Christoph, Oberbild hl. Maria mit Kind. Statuetten der 14 Nothelfer, M. 18. Jh. Konsolfigur hl. Joseph 18. Jh. Zwei Chorstühle M. 17. Jh.

Friedhof. In der SO-Ecke schlichter Bau; neben dem südl. Eingang weißer Grabstein Horner-Grimming, 1562. Im S Friedhof der unschuldigen Kinder, einziges Beispiel im Land Salzburg.

FILIALKIRCHE hl. Wolfgang, auf einem Hügel im SW von Mauterndorf. Kleine Barockkirche mit Westturm. Baubeginn 1642, Weihe 1647, Kalvarienberg urk. 1776. Rest. 1952/53.

Schlichtes Langhaus mit Rundbogenfenstern, leicht eingezogener Chor, halbkreisförmiger Schluß. Im W abgefastes Rechteckportal, Wappenstein von 1642; vorgesetzter ungegliederter Turm, kreuzgratgewölbtes Turmerdgeschoß rundbogig geöffnet, seitl. Rundbogennischen. Rundbogige Schallfenster und Zeltdach. Im S Sakristei mit Tonnengewölbe, östl. Rechteckfenster. Im O am Chor Kalvarienbergnische, Kreuzigungsgruppe mit Hll. Maria und Johannes.
Einschiffiges, 2jochiges Langhaus, bar. Kreuzgratgewölbe mit vierpaßförmigen Bildern aus der Wolfgangslegende. An der Emporenbrüstung gemalte Engel mit Leidenswerkzeugen. Leicht eingezogener Triumphbogen. Einjochiger, kreuzgratgewölbter Chor mit rundem Abschluß, re. abgefaste Sakristeitür.
Frühbar. Hochaltar mit Predelleninschr. von 1642; bar. Altarblatt Hll. Wolfgang und Elisabeth; fixierte Flügelbilder, li. hl. Franziskus, re. hl. Antonius, Oberbild Mariahilf; neurom. Tabernakel. An der li. Langhauswand Altärchen mit Inschr. von 1653, Bild Maria Trost, darüber Christus am Kreuz. – Skulpturen: im Chor die zwölf Apostel, 17. Jh.; Chorbogenkruzifix 17. Jh. (?); im Langhaus Haupt Johannes d. T. von 1666. Orgel von *Ludwig Moser*, 1847. Altes Gestühl. Unter der Empore eintüriger Schrank, bez. 1721. – Grabsteine. Li. im Langhaus 1733, 1669, re. 1677 und 1711. – Glocke von *Hans Christof(f) Löffler*, 1571.

WEGKAPELLEN. **Kapelle** nordwestl. von Mauterndorf. Rechteckiger Bau mit Treppengiebelfassade, Holzschindeldach; Flachbogennische kreuzgratgewölbt. – **Pöllnkreuz**, östl. von Mauterndorf, nahe dem Weiler St. Gertrauden. Neugot. Bau mit 3seitigem Schluß, Spitzbogenportal, darüber Hohlkehle und Dreieckgiebel, seitl. Spitzbogenfenster, Holzschindeldach. Spitzbogennische mit neugot. Altärchen Mariahilf, E. 19. Jh.; Votivbild bez. 1882. – **Kernkreuz** (sogen. Totenrastkapelle, ehem. Durchgang), westl. von St. Gertrauden. Erb. 1698 über quadrat. Grundriß; Segmentbogen und Schindelzeltdach. Innen Kreuzgratgewölbe, Lourdesmadonna. Rückseitig durch Holzverschlag versperrte Segmentbogenöffnung. – **Guggkreuz**, in Mauterndorf bei Haus Nr. 69, unterhalb der Filialkirche hl. Wolfgang. Neugot. Bau mit seitl. Pilastern, profiliertem Gesims und Dreieckgiebel; Holzschindelsatteldach. Spitzbogennische mit nazarenischer Figurengruppe Hll. Maria, Joseph und Christusknabe. – **Samerkreuz**, am Faningberg bei Haus Nr. 8. Erb. 1881. Schlichter Bau mit profiliertem Gesims, im Dreieckgiebel runder Stuckrahmen, Holzschindeldach. Segmentbogennische mit Gitter bez. 1881, Bilder Mariahilf, li. Hll. Leonhard und Georg, re. Hl. Familie, E. 19. Jh. – **Tschitschanerkreuz**, in Neuseß, an der Bundesstraße nach St. Michael. Got. Bau mit Spitzbogen und Holzschindelsatteldach; Kreuzgratgewölbe, Flachbogennische und Reste alter Bemalung. – **Petzlkreuz**, südl. von Mauterndorf. Bau von 1862, über quadrat. Grundriß Flachbogen, bez. 1914, Kehle und Holzschindelzeltdach. Bilder 2. H. 19. Jh., Schmerzhafte Mutter Gottes, hl. Johannes, Pietà, Votivbild bez. 1862. – **Graggaberkreuz**, südl. von Begöriach. Bez. 1908; Rundbogen, abgewalmtes Satteldach. Rundbogennische mit bez. Bild Kreuzesabnahme Christi A. 20. Jh. – **Gspandlkreuz**, nördl. von Begöriach. Erb. 1936, Figurenrelief Hl. Familie. – **Kapelle**, südl. von Steindorf neben der Hauptstraße Richtung Tamsweg. Neugot. Bau mit Spitzbogen, seitl. Pilaster, Dreieckgiebel mit obeliskartigen Aufsätzen, Holzschindeldach. Innen kreuzgratgewölbt, Spitzbogennische mit Bild der 7 Zufluchten, 19. Jh.

BILDSTÖCKE. **Antonikreuz,** nordwestl. von Mauterndorf, neben der Tauernstraße. Pfeilerbildstock mit quadrat. Sockel, im breiten Tabernakel verwittertes Bild hl. Antonius 18. Jh., renov. 1862. – **Ölbergkapelle,** in Mauterndorf bei der Filialkirche hl. Wolfgang. 8eckiger Bau von 1824, seitl. Kreisfenster und modernes Marktwappen von 1953, holzschindelgedecktes Pyramidendach. Flachbogenöffnung, volkstümliche Ölbergszene. – **Neuwirtkreuz,** in Mauterndorf, Bilder von *Anton Pierer* 1885, Kreuzesabnahme, Hll. Antonius und Franziskus. – **Krameterkreuz,** am Faningberg. Kleiner, quadrat. Bau, bez. 1718, Holzschindelzeltdach und Holzvorbau; gemalte Eckquaderung und Faschen, Segmentbogennische mit Bildern 2. H. 19. Jh., hl. Maria mit Kind, li. Hll. Leonhard und Georg, re. Hl. Familie. 15 volkstümliche Stationsbilder. – **Veitlerkreuz,** am Faningberg bei Haus Nr. 10. Kleiner quadrat. Bau mit Zeltdach und Vorbau, Segmentbogennische. – **Radauerkreuz,** am Faningberg. Erb. 1954. Über quadrat. Grundriß Holzschindelzeltdach, Vorbau. Neuzeitliche Figur hl. Anna. – **Steffner-Wallner-Kreuz,** in Neuseß; südl. von Mauterndorf, an der Bundesstraße. Quadrat. Bildstock mit Gesims und Holzschindelzeltdach. Kreuzgratgewölbte Segmentbogennische, Bilder Christus am Kreuz bez. *Anton Pierer* (?) *pinxit, G. H. 1665,* renov. 1955; li. Auferstehung, re. Geburt Christi bez. 1665, renov. 1864. – **Bildstock,** südl. von Steindorf neben der Wegkapelle. Quadrat. Nischenbildstock mit Schindelzeltdach und Holzvorbau. Vergitterte Segmentbogennische mit nazarenischen Figuren Herz Jesu und hl. Maria. – **Kerschatlkreuz,** in Steindorf. Quadrat. Bau mit Holzschindelzeltdach, Vorbau; rechteckige Nische mit volkstümlichen Bildern, 19. Jh. – Schlichter **Nischenbildstock,** westl. von Steindorf. Erb. 1962; Bild Hl. Familie bez. *Spitz.*

KRIEGERGEDÄCHTNISSTÄTTE, in Mauterndorf, westl. der Filialkirche hl. Wolfgang. Erb. 1953. Offene Kapelle mit vorgelagerten Pfeilern, Schindelzeltdach. Monumentale Figurengruppe, bez. *(Emil) Claessen.* Verbindungsmauer zur Ölbergkapelle mit Gedenktafeln.

PFARRHOF, am westl. Ortsrand. Erb. 1968/69 von *Sepp Weissenberger.* Bar. Bilder in Verwahrung.

BURG, nordöstl. des Ortes auf markantem Hügel, den Eingang zum Taurachtal beherrschend.

Urk. 1253 vom Salzburger Domkapitel erb., bis zur Säkularisierung des Domkapitels 1806 in seinem Besitz, dann rascher Wechsel, 1894 Dr. Hermann Epenstein „von Mauternburg", seit 1968 Land Salzburg.

Bauphasen. Erb. 1253, etwa rechteckige Ringmaueranlage, darin im N freistehender Bergfried, fünf Geschosse, darunter gewölbtes Verlies, oberstes Geschoß mit Holzeinbau, Türmerzimmer, Aufbau um 1480. Südl. Abschluß O-W-gerichteter Palas, 3geschossig, im 2. Obergeschoß Rittersaal mit Biforenfenstern an der Hofseite, Triforen mit erhöhter Mittelöffnung an der O-Seite, z. T. Kelchkapitelle original, Säulchen E. 19. Jh.

Erste Erweiterung im 14. Jh., Palas im W aufgestockt, Ausbruch eines Küchenfensters im 1. Obergeschoß, flache Spitzbogennische mit stark abgefasten Rundöffnungen. Fresko hl. Christophorus in der Höhe des 1. Stocks, in der SW-Ecke des Hofes mit Wappen Dompropstei und Dompropst Gregor Schenk von Osterwitz (1385–1396). Östl. 2. Ringmauer parallel vorgesetzt, damit Tauernstraße (Maut) sperrbar, der Weg führte nun durch einen Teil der

Burg. Überbauung des Weges durch Kapelle, Weihe 1339, an der Ostseite schmaler polygonaler Chorerker mit gemauertem, spitzem Erkerfuß.
2. H. 15. bis 1. V. 16. Jh. Erweiterung des Palas gegen S mit Anbau eines kleinen Wohnturmes, Vollendung der äußeren Ringmauer an N-, O- und S-Seite, hier Vorbau eines kleinen Zwingers. Aufstockung der Kapelle, Einbau der „Keutschacherzimmer" mit Holztäfelung, z. T. originale Rankenbemalung bez. 1513. Ausgestaltung des Palas durch Wandmalerei: Ranken um 1460 und Bez. 1494, großflächig ergänzt E. 19. Jh. An der Südwand des Bergfrieds großes Fresko hl. Christophorus um 1500, mit Wappen Erzstift li. oben in Rötel und Keutschacher Wappen (Rübe) re. oben, insgesamt oft übermalt.
Ab 2. V. 16. Jh. Anbau einer Sakristei nördl. der Kapelle, 2geschossig, jeweils mit Mittelsäule, im Obergeschoß Kreuzgewölbe; Einbau des Schüttbodengebäudes an der westl. Ringmauer; neuer Zugang zum Palas an der O-Seite des inneren Hofes über rundbogigen, 2geschossigen Arkadengang mit Säulchen, 1557, erb. von *Wilhelm Pongartner*, Steinmetz aus Murau; teilweise Aufstockung des Palas, neue Räume in der SO-Ecke mit Holztäfelung E. 16. Jh.; Anbau des Tor- und Torwarthauses sowie äußeres Burgtor im S, Zinnenbekrönung der Außenmauern erst E. 19. Jh.
Seit 1806 Verfall der Burg. 1894 bis 1901 Wiederherstellung und Restaurierung nach Plänen von *Vitus Berger;* weitgehende Neubauten: Schüttkasten bez. 1895, mit hölzernem Verbindungsgang zu got. abgefaster Tür im 1. Obergeschoß des Bergfrieds; Ergänzung fehlender Teile im N der Ringmauer. Hölzerne Wehrgänge mit „Bienenkörben" an den Ecken, auf innerer und äußerer Ringmauer großteils erneuert; Wandbrunnen im Hof um 1900. Seit 1977 in den oberen Stockwerken des Palas „Lungauer Landschaftsmuseum". 1979–1982 Umbau des Schüttbodentraktes für Kulturzentrum mit Veranstaltungssaal.

Schloßkapelle Unsere Liebe Frau (ehem. Hll. Heinrich, Kunigunde und Virgil), im östl. Trakt. – Weihe 1339. 1458 eigener Kaplan. 1827 wegen Baufälligkeit

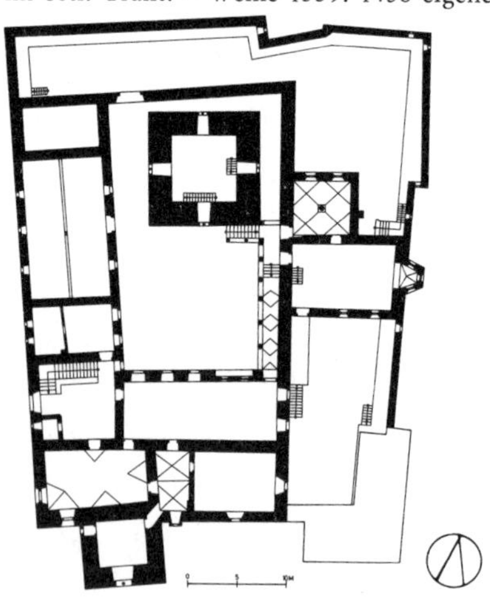

Mauterndorf, Burg

gesperrt, 1855 wiederhergestellt, Weihe 1861 (Patrozinium Unsere Liebe Frau). 1901 Rest. der Fresken.
Langhaus über Rechteckgrundriß, Balkendecke mit Bändermalerei sowie Ornamentfries; Spitzbogenfenster. Holzempore mit vorkragendem Balkon, hölzerner Wandaufbau, in der Mitte flachbogig, seitl. drei spitzbogige Öffnungen, darüber Rechteckfelder mit Gitterwerk. Spitzbogiger Triumphbogen mit Konsolen an der Innenseite. Eingezogener got. Chor und 3seitiger Abschluß (Kapellenerker). Got. Rippengewölbe und Schlußstein (Rose), Spitzbogenfenster.
Got. Wandmalerei. In der Apsis 2. V. 14. Jh., im mittleren Gewölbefeld Brustbild segnender Erlöser; li. Abel, das Lamm opfernd, unterhalb die Opferung Isaaks durch Abraham, seitl. Johannes d. T.; re. Kain, Ähren opfernd, unterhalb Abraham und Melchisedech, seitl. Johannes Ev. Fresken an der Triumphbogenwand um M. 14. Jh. Krönung Mariens auf dem Thron Salomos mit den Tugenden und Löwen auf den Stufen, in Medaillons Heilige mit Namensbezeichnungen, li. Salomo, re. David; gemalte Draperie.
Got. Flügelaltar um 1455, neugot. Gesprenge. Predellamalerei, seitl. die Wappen von Dompropstei und Weißpriach; in der Mitte hl. Anna selbdritt, flankiert von Hll. Elisabeth und Kunigunde, Hll. Maria Magdalena und Helena. Im Schrein drei Maßwerkarkaden und got. Skulpturen hl. Maria mit Kind, li. hl. Katharina, auf dem Kaiser Maxentius stehend, re. hl. Barbara, auf ihrem Vater Dioscuros stehend. Innenseiten der Flügeltafeln, li. hl. Erasmus und hl. Johannes d. T., vor dem hl. Erasmus kniet der Stifter in bischöflichem Ornat; re. Hll. Rupert und Virgil (Hll. Thiemo und Wolfgang?). Gemalte Flügelaußenseiten, Szene Maria Verkündigung. Malereien an den Schreinflanken, li. Hll. Dorothea und Margaretha, re. Hll. Ursula und Agnes. Im neugot. Gesprenge vier Löwen auf Postamenten, unter Baldachin Figur des hl. Heinrich (Original im SMCA). An der Schreinrückwand Rankenmalerei.
Seitenaltar, Tabernakel mit Rocaillen und Statuette des Auferstandenen, zwei Leuchterengel und zwei Reliquiare von 1763, zwei bar. Statuetten Hll. Kunigunde und Helene, M. 18. Jh. Darüber Triptychon, *Otto van Veen* zugeschrieben, 1. Drittel 17. Jh., in der Mitte Hl. Familie und Engel, li. hl. Cäcilia, re. Heilige (?). – Schnitzwerke: Säulenaltärchen, 2. H. 17. Jh.; Konsolfigur hl. Maria mit Kind, bez. *Martin Vinazer* 1712; Kruzifixus 16. Jh.; zwei Barockengel, 1. H. 18. Jh.; vier Altarleuchter mit Rocaillen, 3. V. 18. Jh. – Bilder: Gemaltes Fastentuch, rückseitig bez. 1770; zwei Szenen aus dem Alten Testament in Grisaille, 2. H. 18. Jh.

RUINENreste des ehem. Hammerwerkes und Drahtzuges, im Ortsteil Hammer, nördl. der Burg am Taleingang nach Tweng. Diente der Verarbeitung des Eisens aus Bundschuh. Urk. 1554; Gewerken u. a. Jocher, Grimming, Amthofer, Rexeisen, Löcker; 1837 neuer Aufschwung unter Gewerken Franz Xaver Neuper und Josef Pesendorfer; 1880 stillgelegt, seither Verfall, z. T. als Wohnhäuser adaptiert.
Nördl. davon Gebäudegruppe um historischen **Gasthof** Hammerkeller, modernisiert. Daneben ehem. Werksgebäude.

KALKOFEN an der Straße gegen Tweng, gut erhalten, mit hohem, rundem Schlot.

HÄUSER. **Mauterndorf.** Am Marktplatz und an der nach N führenden Hauptstraße 2- bis 3geschossige Verbauung, teils vorspringende bzw. zurückversetzte Häuerfronten, z. T. traufständig. Am Marktplatz je zwei gegenüberliegende mächtige Treppengiebelhäuser. **Nr. 1:** Ehem. Pfleghof (Verwaltung des Domkapitels); 16.–17. Jh., abgefastes Segmentbogenportal, tonnengewölbte Halle, Säulenarkaden im Hof. **Nr. 2:** Ehem. Pfarrhof (urspr. Gewerkenhaus), 16.–17. Jh., Segmentbogenportal bez. 1619, Fassadenbild in stuckierter Rahmung, bez. 1839, gemalte Eckquaderung und Fensterumrahmung (erneuert), Halle. **Nr. 52:** Amtshaus, im Kern 16. Jh., Rundbogenportal, Halle mit Stichkappentonne. **Nr. 51:** Erb. 1939, dem Nachbarhaus durch Treppengiebel angeglichen. – Südl. an Nr. 1 anschließend 2- bis 3geschossige traufseitige Verbauung, im Kern 16. Jh. Fassaden 2. H. 19. Jh. (**Nr. 88, Nr. 89**) bzw. erneuert (**Nr. 90**). – An der Westseite **Nr. 53:** Platzbräu, 16. Jh., 3geschossiger Bau, erneuertes Krüppelwalmdach, abgeschrägtes Segmentbogenportal, Stichkappentonne; am Stöcklgebäude im Hof Reste von Fassadenmalerei. **Nr. 54:** Im Kern 16. Jh., Fassade E. 19. Jh. Südl. Platzabschluß **Nr. 86:** Im Kern 16. Jh., Gesimse bez. 1650. Hauptstraße vom Marktplatz nach N mit 2- bis 3geschossigen Häusern, teils in offener, teils in Zeilenverbauung, im Kern größtenteils 16. Jh. **Nr. 3:** Mit erneuerter Portalumrahmung von 1979, Stichkappentonne mit Netzgraten. **Nr. 9, Nr. 42** bilden den südl. Brückenkopf der Fleischbrücke, erb. 1836, **Nr. 42:** Putzhaus, got. Kielbogenportal mit Krabben und Fialenbekrönung in Stuckrelief, Fensterlaibung bez. 1516; Bruchstück eines römischen Meilensteins mit Basisplatte. **Nr. 41:** Ehem. Mühle mit got. 2geschossigem Unterbau, darüber 2geschossiger Blockbau in Verbindung mit längsgestrecktem spätgot. Haus **Nr. 40. Nr. 39:** Neuwirt, mit got. 3geschossigem Anbau, 14.–15. Jh., gegenüber bar. Speicherbau mit Walmdach, Eckquaderung und horizontale Gliederung. **Nr. 37, Nr. 22** und **Nr. 23** Schopfwalmdächer. **Nr. 36:** E. 15. Jh., Rundbogenportal, abgefaste Fenstergewände, zwei Flacherker auf Konsolen. **Nr. 33:** Schloßmayrhaus, Umbau um 1900; Torwartkeusche (bis 1885 Mautzahlstelle), Blockbau mit gemauertem Mittelteil.

Straße vom Marktplatz nach W (Neumarkt) in der Achse der Pfarrkirche, lockere 2geschossige Verbauung, nördl. Häuser vorwiegend traufständig. Im S Haus **Nr. 85:** Hotel Post. 3geschossiger, traufständiger Bau, im Kern 15.–16. Jh., Fassade erneuert. **Nr. 56:** Mesnerhaus mit benachbartem Stockgebäude, Kern 16.–17. Jh., Schopfwalmgiebel 18. Jh. **Nr. 55, Nr. 61,** südl. mit Schopfwalmgiebel zur Straße **Nr. 80, Nr. 81** und **Nr. 83.**

Straße vom Marktplatz Richtung O in mehreren Windungen zur Taurach, lockere Verbauung, z. T. Giebelhäuser im Kern 16. Jh. mit Fassaden 18. Jh., bzw. erneuert, **Nr. 93, Nr. 95** (Eckerker), **Nr. 96.** Häuser des 19. Jhs. **Nr. 94, Nr. 107, Nr. 108** und **Nr. 110.**

Nr. 136: Flattner, ehem. Zehentspeicher. Zur Gänze steingemauerter, verputzter Einhof mit zwei Geschossen. Tonnengewölbe in Querflur und Rauchküche. Im Giebelfeld vier Schießscharten und Fenster mit Steingewände. Holzschindelgedecktes Schopfdach.

Wallner-Kasten (Getreidespeicher), Bau um 1700 mit bar. Portaleinfassung.

Faningberg. Streusiedlungsgebiet. Am sonnseitigen Süd- und Osthang des ebenso genannten Höhenrückens. Zwischen modernen Fremdenverkehrsbetrieben meist erneuerte Wohn- und Wirtschaftsgebäude, Ein- und Paarhöfe mit zahlreichen Nebenbauten wie 2geschossigem Austraghaus in Mischbau, gemauertem oder gezimmertem Getreidekasten, Wagen-, Wasch- und Holzhütte in Ständerbau, gemauertem Backofen und Bildnische.

Nr. 2: Hainerer. Haufenhof, gemauertes Wohnhaus und gezimmertes Stall-Scheunen-Gebäude. Freistehender Backofen mit Satteldach. Gemauerter Getreidekasten mit Tonnengewölbe im Obergeschoß, über der Tür Medaillon mit drei Heiligen, 19. Jh. – **Nr. 3:** Krameter. Einhof, freistehender Pferde- und Schafstall mit gemauertem Erdgeschoß, darüber Blockbau. Daneben verputzter Getreidekasten mit tonnengewölbtem Obergeschoß; Malerei bei der Eckquaderung, Faschen zur Stockwerksgliederung, Tür- und Fensterumrahmung sowie Scheinschießscheiben und -fenster an der W-Seite, bez. 1752 mit Erbauermonogramm. – **Nr. 4:** Moser. Haufenhof, Wohnhaus mit Querflur, eingebauter Getreidekasten, firstparallel dazu im Erdgeschoß gemauertes Wirtschaftsgebäude, im verschalten Giebelfeld floral geformte Lüftungsausschnitte und Pfettenbretter, bez. 1849 mit Erbauermonogramm; an der Rückwand Blitzschlagmarterl, um 1900; Getreidespeicher in Blockbau; gemauerter Schafstall mit Mauerpfeilern im Obergeschoß; diverse Nebengebäude in Ständerbau. – **Nr. 8:** Samer. Erneuertes Gehöft mit Nebengebäuden: 2geschossiger, gemauerter Getreidekasten mit Tonnengewölbe, schießschartenförmiger Giebelluke und Resten von schwarz-weißer ornamentaler Bemalung bez. 1702; Hausmühle; Holz- und Wagenhütten; gemauerter Backofen mit Satteldach. – **Nr. 9:** Zechner. Einhof, Dachstuhlsäule bez. 1798; Getreidekasten Blockbau mit Klingschrot und vorkragendem Obergeschoß; Schmiede in verbrettertem Ständerbau; gemauerter Backofen.

Neuseß. Am alten Römerweg südl. des Marktes Mauterndorf. Die Weiler Begöriach und Neuseß geschlossene bäuerliche Siedlungen, in Begöriach Brandkatastrophe A. des 19. Jhs., alle hölzernen Gebäude erst danach zu datieren (außer Nr. 10). 2geschossige Einhöfe in Mischbau mit trauf- oder giebelseitigem Mittelflur. An den lotrecht verschalten Giebelfeldern Hausgang. Schindelgedecktes Schopfdach mit Glockentürmchen. Tenne mit Hocheinfahrt. Bei jedem Gehöft freistehender 2geschossiger Getreidekasten, gemauert, mit tonnengewölbtem Obergeschoß und holzschindelgedecktem Satteldach; teils unterkellert (**Nr. 9**); daran mit Pultdach angebaut Backofen (**Nr. 6**, bez. 1863; **Nr. 13**), Backofen mit Schmiede (**Nr. 7**, bez. 1845; **Nr. 9**) oder Backofen, Schmiede und Mühle (**Nr. 10**, bez. 1708).

Nr. 9: Hias. 2geschossiger gemauerter Einhof mit verschalten Giebelfeldern, traufseitig durch Seitenflur aufgeschlossen. Stuckdecken bez. 1866 mit Erbauermonogramm. Über der Tür des gemauerten Kastens Isidor-Legendentafel, 19. Jh. – **Nr. 10:** Rest. Einhof mit quergestelltem Wohnhaus, gemauertem Erd- und gezimmertem Obergeschoß mit Kopfschrot; Mittelflur, verschaltes Giebelfeld über den zurückgesetzten Balkon vorgezogen; Dacherker mit Uhr; Schopfdach mit Holzschindeldeckung. Steingemauerter Pferdestall mit Kniestock in Blockbau; Stuhlsäule bez. 1735. – **Nr. 13:** Stocker. Einhof mit Querflur, Mischbau mit zwei Geschossen; neben dem Eingang Medaillon hl. Florian, 19. Jh. Gemauerter Getreidespeicher mit Seccomalerei Aufnahme Mariens in den Himmel, 19. Jh. – **Nr. 16:** Genser. 2geschossiges Wohnhaus, Querflur, gewölbte Rauchküche, Rauchfang bez. 1867; in Nische an der Giebelfront hl. Florian, 19. Jh. 2geschossiger Getreidespeicher, gemauert, unterkellert, schießschartenförmige Giebelluke; bemalte Ecken, Fenster- und Türumrahmung,

Geschoßfaschen, bez. 1783 mit Erbauermonogramm. – **Nr. 17:** Grillhofer. Gemauerter Getreidespeicher mit Tonnengewölbe im Obergeschoß, schießschartenförmiger Dachluke und Scherbalkendach in Doppeldeckung, bemalte Eckquader, Geschoßfaschen, Tür- und Fensterumrahmung, bez. 1727 mit Erbauermonogramm. – **Nr. 19:** Zicker. Von neuerem Gebäude umbauter gemauerter Getreidespeicher, bez. 1696 mit schwarzer ornamentaler Bemalung.
Steindorf. Im Becken der mittleren Taurach am Südfuß des Faningberges gelegene Ortschaft, bestehend aus dem Haufendorf Steindorf und dem Weiler Am Moos an der Nordseite des Mitterberges. Bauerngehöfte als 2geschossige Ein- oder Paarhöfe. Erdgeschoß entweder gemauert oder in Blockbau mit vorgesetzter Mantelmauer. Getreidespeicher selten in Blockbau (Nr. 14, 21), meist gemauert.
Nr. 3: Gstan. Einhof in Blockbau mit verputztem Erdgeschoß. Traufseitig erschlossener Seitenflur mit ehem. Flurküche, Balkon über gesamte Giebelbreite, verbrettertes Giebelfeld, sekundär erhöhtes Dachgeschoß mit Holzschindeldeckung und Schopf. Unweit ehem. Brechelhütte, die mit Blockbau geschlossen nun Backofen und Altenteil beinhaltet. – **Nr. 10:** Staudinger. Hof der 1682 wegen Zauberei zum Tode verurteilten Christine Staudinger. In der Mauer des Wirtschaftsteiles Bez. 1759 und 1860, an der NW-Ecke Halbsäulen eines Tempels aus der Römerzeit eingebaut. Getreidespeicher in Blockbau mit Klingschrot und vorkragendem Obergeschoß. – **Nr. 12:** Moar. Paarhof. Außer Küche und Keller gesamtes Wohnhaus in Blockbau mit Kopfschrot; verbrettertes Giebelfeld mit Balkon; im Obergeschoß Stubentram bez. 1731 und Kerbverzierung. Getreidespeicher in Blockbau mit vorkragendem Obergeschoß. – **Nr. 17:** Mühlhauser. Geteilter Paarhof mit tonnengewölbter Küche. 2geschossiger Getreidespeicher, Mauerbau mit Stützpfeiler in der S-Ecke; holzschindelgedecktes Schopfdach. – **Nr. 18:** Moosrader. Einhof mit gemauertem Erdgeschoß und an den Traufseiten des 1. Stockes verputztem Vierkantblockbau. An der Giebelseite über zwei Lauben vorgezogene Verbretterung. An der O-Wand Seccomalerei Maria mit Kind, 19. Jh.

MICHAELBEUERN. Gem. Dorfbeuern. Polit. Bez. Salzburg-Umgebung

Klostersiedlung am S-Abhang des Lielonberges; Kloster und Stiftskirche bilden einen langgestreckten Gebäudekomplex nördl. des Dorfes; westl. des Stiftshaupteinganges dreieckiger Platz.

BENEDIKTINERABTEI. Ob 767 in Otting (Oberbayern) gegr. fraglich, urk. 817 bzw. 977 bereits in Michaelbeuern.

Stiftskirche hl. Michael, in den südl. Klostertrakt eingebunden, davor im S Friedhof mit hoher Einfassungsmauer. Weihe 1072; von den beiden an den O-Enden der Seitenschiffe geplanten rom. Türmen nur der südl. ausgeführt. Brand 1364. Chor spätgot., im 17. Jh. die gesamte Kirche barockisiert. 1938 Reromanisierung begonnen, 1941 die bar. Stichkappentonnen des 17. Jhs. von Mittel- und Seitenschiffen abgebrochen und durch flache Holzdecken ersetzt. 1946–1950 diverse Umbauten, Eingang der Stiftskirche verlegt. Neuweihe 1950. Rom. Pfeilerbasilika ohne Querschiff. Ungegliederter rom. Turm mit Triforenfenstern und Satteldach mit Treppengiebel. Im W an Mittel- und

Seitenschiffe angrenzend zwei bar. Kapellen, in der Achse von Mittel- und südl. Seitenschiff daran anschließend innere und äußere Vorhalle. Äußere Vorhalle von 1946–1950, das Dach der südl. Kapelle wird fortgesetzt und nach W, auf Pfeilern aufruhend, abgewalmt. Rom. Portal (ehem. im 1. südl. Seitenschiffjoch) aus der M. des 13. Jhs., dem lombardisch-salzburgischen Typus angehörend, 2fach gestuft, mit runden bzw. 8eckigen Säulen, deren Kapitelle Reliefs mit menschlichen Köpfen aufweisen. Die Kapitelle des rom. Portals aus römischen Steinen zeigen an der Rückseite eine Inschr. und ein Relief. Im Tympanonfeld Relief Lamm Gottes von *Hilde Heger* 1950.

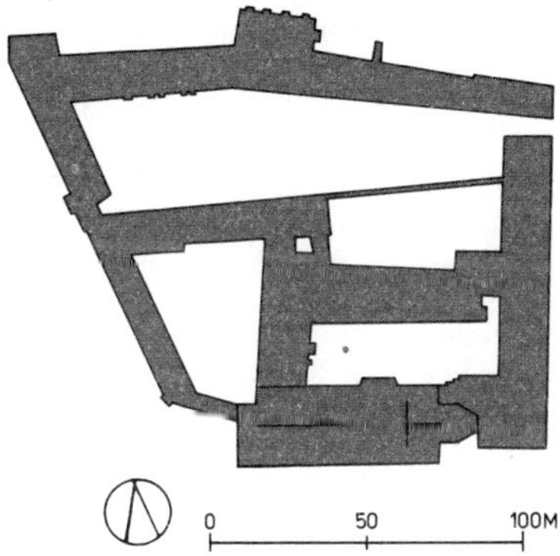

Michaelbeuern, Benediktinerabtei, Gesamtanlage (nach Planaufnahme von 1920)

3schiffiges 7jochiges Langhaus, rundbogige Lichtgadenfenster des Mittelschiffes nur im S. Das 8. Joch erhöht, die Seitenschiffe kreuzgratgewölbt, mit rundbogigen Nischen in der O-Wand, beim südl. Seitenschiff Turmerdgeschoß mit rom. Apsis, im N Nische von 1950. Rundbogiger Triumphbogen bez. 1622. Apsis des Mittelschiffes kreuzgratgewölbt, mit polygonalem (im Kern spätgot.) Schluß und Deckenstuck von 1622.
An das 5. und 6. nördl. Seitenschiffjoch angebaut tieferliegende sogen. Mezgergruftkapelle. Im Obergeschoß des Seitenschiffes liegt über den beiden Jochen der „Winterchor", zum Mittelschiff durch Triforenfenster geöffnet. Im 7. nördl. Seitenschiffjoch Portal; über eine nördl. angebaute Treppenanlage zu Marienkapelle, Sakristei und Chorkapelle führend. – Im W an das Mittelschiff anschließend ehem. Prälatengruftkapelle, an das südl. Seitenschiff anschließend ehem. Konventualengruftkapelle, jetzt Abtgruft.
Bedeutender Hochaltar von 1691; Figuren und Tabernakel von *Meinrad Guggenbichler,* Gemälde von *Johann Michael Rottmayr;* Altarblatt Auferstehung Christi, bez. und dat. 1691, Oberbild hl. Michael; Figuren über den Opfergangsportalen Hll. Rupert und Ulrich, in der Giebelzone Figuren Hll. Benedikt und Scholastika; Tabernakel mit Kreuzigungsgruppe; Tischlerarbeit des Altaraufbaues von *Georg Wendtner* und *Matthias Steindl.* – Li. Seitenaltar, Ausstattung stammt aus der ehem. Augustinereremitenkirche hl. Georg in Hallein; Bild Maria vom Guten Rat mit reich verziertem Rahmen und Tabernakel von 1774. – Re. Seitenaltar mit Reliquienschrein hl. Felix, von 1671,

vor 1950 in der Prälatengruftkapelle aufgestellt; Handreliquiar des hl. Nikolaus von Tolentino, M. 18. Jh., aus der Halleiner Augustinereremitenkirche.
Kanzelkorb um 1730, Deckel um 1850. – Figuren im Mittelschiff, auf erhaltenen rom. Pfeilern: Verkündigungs- und Schutzengelgruppe von *Meinrad Guggenbichler*, um 1690. Kruzifix um 1440 in Verwahrung. Hochrelief Christus fällt unterm Kreuz, A. 17. Jh. Bilder, Kreuzigung, 2. H. 17. Jh.; Einzelbilder der 4 Evangelisten von *Wilhelm Faistenberger* 1676. – Spätgot. polygonaler Taufstein. – Abschlußgitter im W aus der Halleiner Augustinereremitenkirche, um 1770, adaptiert.
Orgelempore über dem 1. Mittelschiffjoch. Orgel 1894 von *Matthäus Maurachers Söhne*. – Glocke von *Benedikt Eisenberger*, 1712.
G r a b s t e i n e. An der S-Wand des südl. Seitenschiffes, Wappengrabsteine der Familien Haunsperg und Nußdorfer, 14.–17. Jh. Außerdem Wappenstein Abt Konrad, gest. 1355; Inschrifttafel von 1536, darunter Wappenstein für Hans Paur, gest. 1608 (gesetzt von seiner Frau Magdalena Täverin). Inschr.-Kartusche Franz Xaver Lyrzer, gest. 1777; Wappenstein der Überacker, gesetzt 1551, für Albrecht Überacker, gest. 1322.
Abtgruft, an das südl. Seitenschiff im W anschließend; Reihenfolge beginnend an der S-Wand li.; Relief mit Pastorale, Abt Erasmus, gest. 1506; Relief mit Pastorale, Abt Bernhard, gest. 1517; figürliche Reliefplatte Abt Benedikt, gest. 1483; figürliche Reliefplatte Abt Nikolaus, gest. 1406; doppelt beschriebener Grabstein: Abt Ulrich Slipfinger und Abt Albert Herzog, gest. 1475 bzw. 1476; Ritzplatte mit senkrechtem Kreuzschaft, Abt Georg, gest. 1472; Wappengrabstein des 15. Jhs. für Gräfin Ita Plain-Schaumberg, gest. 1098; geritztes Kreuz, Abt Werigand, gest. 1100, Platte des 15. Jhs.; figürliche Reliefplatte Abt Tybold Aufhaimer, gest. 1418; figürliche Reliefplatte Abt Ulrich von Haunsperg, gest. 1440; figürliche Reliefplatte Abt Jakob Feuchtinger, gest. 1497; Relief Kruzifix, Doppelwappen, Abt Emmeran Mayrhofer, gest. 1566; Wappenstein Abt Wolfgang Nagel, gest. 1551; Inschriftplatte Abt Heinrich, gest. 1392.
Ehem. Prälatengruftkapelle, figürliche Reliefplatte Abt Petrus Haban, gest. 1477, Wappengrabstein Abt Maurus, gest. 1541.
Innere Vorhalle, figürliche Reliefplatte Abt Ulrich Hofbauer bez. 1619 (ehem. am Boden der Prälatengruftkapelle); darüber polychromiertes hölzernes Wappen von Abt Ulrich Hofbauer, um 1620. – Inschriftplatten des 18. Jhs.
Mezgergruftkapelle, zwei Wappengrabsteine Johann Christoph und Maria Elisabeth Mezger, gest. 1658 bzw. 1671.

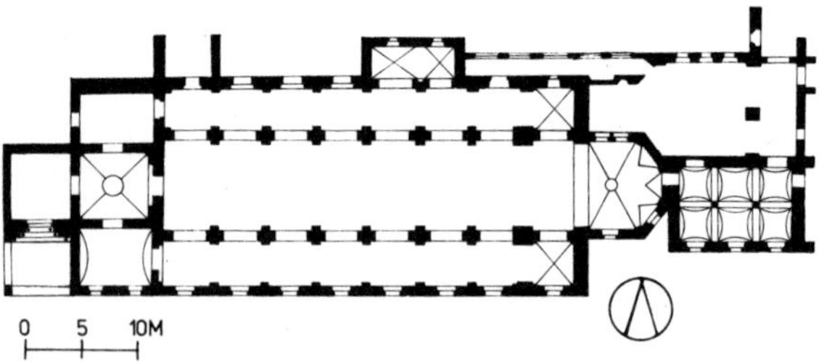

Michaelbeuern, Stiftskirche

Mezgergruftkapelle, mit Stichkappentonne, im N zwei rundbogige Fenster mit Glasmalerei von *Karl Paradeiser* um 1950. Deckenmalerei Engel und Namen Jesu, Wandmalerei Medaillons mit 4 Evangelisten, von *Sylvester Bauer* 1639. – Marmoraltar bez. 1654, von *Vitus Pfaffinger,* mit Relief Beweinung Christi.
Ehem. Prälatengruftkapelle, kreuzgratgewölbter Vorraum zum Mittelschiff. Durchbrüche, im N zu flachgedecktem Raum mit adaptiertem Gitter um 1770 aus der Halleiner Augustinereremitenkirche; im S zur Abtgruft. Deckenstuck mit Wappen des Abtes Ulrich Hofbauer bez. 1619. Im N und S Stuckrahmen 2. H. 17. Jh., mit Bildern li. Abt Lambert Pichler kniet vor Altar mit hl. Helena, 1637; re. Jüngstes Gericht, Auftraggeber Abt Michael Trometer 1676. Im Stiftsmuseum Kreuzigungsgruppe vom ehem. Altar, mit Maria Magdalena, A. 17. Jh.
Abtgruft, mit Segmentbogentonne. Marmoraltar mit Oberbild 2 Augustiner-Eremiten, M. 18. Jh., ehem. li. Seitenaltar der Halleiner Augustinereremitenkirche; Figur hl. Joseph von 1950. Bild stehender Christus mit Weltkugel von *Wilhelm Faistenberger* 1676. Im Stiftsmuseum Altarblatt vom ehem. Altar, hl. Benedikt vor der Madonna kniend, von *Sylvester Bauer* 1666.
Innere Vorhalle mit flacher Holzdecke; zwei Weihwasserbecken des 18. Jhs. aus der Halleiner Augustinereremitenkirche.
Marienkapelle, 1947 neu gestaltet. Altar an der W-Wand, ehem. Felix-Altar, Aufbau und Altarblatt Mariahilf-Bild M. 17. Jh.
Chorkapelle, 1948 neu gestaltet. Altar an der W-Wand von 1609, ehem. in der Katharinenkapelle; Altaraufbau mit Wappen Eb. Wolf-Dietrich in der Giebelzone, Altarblatt Vermählung der hl. Katharina von *Urban Ostendorfer* (?), seitliche Konsolfiguren nicht zum Altar gehörig, Hll. Benedikt und Scholastika, von 1609 (?). Im Stiftsmuseum Tabernakel mit Malerei hl. Helena, um 1780. – Bar. Kreuzigungsgruppe. – Bmkw. Chorgestühl und Türe M. 17. Jh., aus dem ehem. Sommerchor, Abtstuhl mit Reliefwappen Michaelbeuern/Abt Michael Trometer.
Sakristei östl. vom Chor der Stiftskirche, mit auf zwei quadrat. Pfeilern aufruhenden Platzlgewölben. Schränke mit Bemalung von *Franz Karl Zürcher* 1782, erneuert 1937.
Winterchor, mit Stichkappentonne. Decken und Wandmalerei Verherrlichung des Namen Jesu, Verklärung, Heiligendarstellungen, von *Sylvester Bauer* 1639. Bedeutende Schatzkammer.
Marmorsakramentshäuschen an der Treppenanlage vor dem Hauptportal der Stiftskirche; an zwei Seiten spitzbogige 2fach gekehlte Öffnungen, die Dachflächen abgeschrägt, mit bekrönender Konsole (Figur fehlt), A. 16. Jh.

Stiftsmuseum. Reichhaltige Sammlung von Figuren und Gemälden, vorwiegend aus dem 18. Jh.; Figuren Christus in der Rast, um 1520; Immaculata, 1. H. 18. Jh. Bild Hl. Sippe, M. 17. Jh. – Inventar der ehem. Augustinereremitenkirche hl. Georg in Hallein, vorwiegend aus dem 18. Jh. – Ehem. Seitenaltäre der Stiftskirche (1946–1950 entfernt), li. und re. Seitenaltar von 1670, Altarblätter Vergiftungsversuch an hl. Johannes, hl. Veit wird zum Martyrium geführt; Figuren zwei hl. Nonnen, hl. Virgil und hl. Leonhard. – Zwei Altäre mit Aufbauten von 1840, Altarblätter zwei hl. Benediktineräbte, E. 17. Jh. – Sammlung von Hinterglasbildern, Rosenkränzen, Mobiliar, Uhren und Modeln.

Klostergebäude. Unregelmäßige Anlage aus verschiedenen Bauphasen, mit vier Innenhöfen. Im W quadrat. Torturm, 5geschossig, mit mehrteiligem bar. Helm. Rundbogiges Portal mit hölzerner Türe, Schlußstein der Steinquaderumrahmung mit Wappen Abt Ulrich Hofbauer, bez. 1617. O-Fassade des Turmes bez. 1976. – Nördl. an den Turm anschließend 2geschossiges „Mezger-Stöckl", ehem. Taverne, um 1630 umgebaut. An der O-Fassade fünf auf Säulen aufruhende Arkadenbögen. – Südl. an den Turm anschließend 2geschossiger Trakt.

N-Trakt. Wirtschaftsgebäude aus verschiedenen Bauphasen. Über der Toreinfahrt bez. Abt Martin II. 1734, darüber rundbogige Nische; got. ornamentaler Fries des 15. Jhs., got. Fensterlaibung bez. 1543, freigelegt 1981/82; daran gegen O anschließend Neubau von 1980.

O-Trakt (Konventtrakt), im SO anschließend Bibliothekstrakt, erb. unter Abt Anton Moser 1768–1779, von *Franz Alois Mayer;* unverputzte Sandsteinbauten. – O-Trakt 2geschossig, O-Fassade 15achsig mit Segmentbogenportal und Wappenkartusche von *Johann Georg Hitzl,* bez. Abt Antonius 1778, N-Fassade mit Blindtüren und -fenstern sowie einem westl. Fenster im 1. Obergeschoß, W-Fassade unterteilt durch Trennmauer der Innenhöfe, das nördl. Portal vom ehem. Augustinereremitenkloster Hallein, 2. H. 18. Jh.; das südl. urspr. der Haupteingang der Fassade, mit Segmentbogenportal von 1778.

Bibliothekstrakt, übereck geführt, Hauptfassade im S, 3geschossig, mit Walmdach; im S 5achsig, im O 3achsig. Erdgeschoßzone rustiziert, mit Segmentbogenfenstern, im 1. Obergeschoß hochrechteckige Fenster mit bar. Steinreliefbekrönung, das 2. Obergeschoß mit bar. geschwungenen Fenstern; umlaufendes Gesims zwischen Erdgeschoß und 1. Obergeschoß; beide Obergeschosse mit zusammenfassender Doppelpilastergliederung, darüber vorspringendes profiliertes Abschlußgesims. – Innerhalb dieser Anlage zwei Quertrakte, westl. die ehem. „Prälatur", 2geschossig, mit abgewalmtem Satteldach, 15achsig, westl. Marmorportal des 19. Jhs., Wappen des Abtes Anton Moser bez. 1775, östl. Marmorportal aus dem ehem. Augustinereremitenkloster Hallein, 2. H. 18. Jh. – Verbindungstrakt zwischen Stiftskirche, Prälatur und O-Trakt; im Kern rom. Kapitelsaal, Refektorium und Kreuzgang als jetziges Kellergeschoß erhalten; im O anschließend Bibliotheksneubau von 1978/79.

Ehem. Prälatur. Im Erdgeschoß Vorraum mit 1976 eingebautem rom. Pfeiler mit Basis und Knospenkapitell, an der W-Wand zwei intarsierte Holzportale, im Giebelfeld Malerei Verkündigung, 2. H. 18. Jh., aus dem ehem. Augustinereremitenkloster Hallein. – Im 1. Obergeschoß Abteisaal, mit ornamentalem Deckenstuck um 1720 und Decken- bzw. Wandmalerei, Abraham bewirtet die drei Engel, Allegorien und Landschaften, von *Franz Nikolaus Streicher* 1771. Rom. Trakt. Erdgeschoß mit Kreuzgratgewölbe, auf mächtigen Säulen mit Basis und Kapitell aufruhend; im 1. Obergeschoß Refektorium, die Decke von einer Säule, bez. 1628, gestützt. Deckenstuck von 1727. Marmorner Wandbrunnen mit Wappen des Abtes Ulrich Hofbauer, bez. 1625, von *Christof Gottsreiter.* Großer Eisenofen des 17. Jhs.

Mezger-Stöckl. Im 1. Obergeschoß über den Türen ovale Stuckrahmen mit Wandmalerei Hll. Benedikt, Michael, Scholastika, von *Franz Nikolaus Streicher,* um 1770.

Bibliothek. Über zwei Geschosse reichend, mit einfacher bar. Stuckdecke. Eingezogene Galerie in Höhe des 2. Obergeschosses, mit Holzbalustrade. Bücherschränke der Bauzeit. Bedeutende Buchbestände, sogen. Walther-Bibel, 2. V. 12. Jh.
Innenhoftrennmauer mit bar. Brunnenschale; an der Mauer Hochrelief Mariahilf, 18. Jh.
Östl. der Klosteranlage ehem. bar. Gartenanlage; 8eckiger Brunnen erhalten.

Stiftskellerei, Nr. 2: Freistehender 2geschossiger bar. Bau mit Krüppelwalmdach, zwei hölzerne Dachgeschosse mit Balkon des 19. Jhs.; bar. Wirtschaftsgebäude.

Ehem. Stiftsgasthof, Nr. 45: 2geschossiger Steinquaderbau über quadrat. Grundriß, mit Mansarddach; umlaufender Sockel, abschließende Hohlkehle. Straßenseitig Segmentbogenportal, im Segmentbogenfeld Gitter bez. 1788, gartenseitig doppelarmige Treppe zum Erdgeschoß.

BAUERNHÖFE. **Michaelbeuern, Nr. 5:** Hakenhof mit Schopfwalmdach; ebenerdig gemauert, traufseitiger Eingang, Obergeschoß Blockbau. Schrotfiguren (Axt, Herz, Hufeisen, Hammer), Giebelwand bez. 1734. Verschalter Balkon im Giebel. – **Nr. 13:** Hakenhof, Holzbau, mit Ausnahme des ebenerdig gemauerten Stalles. Neues Steildach. Beidseitig breite Blockkonsolen. Balkon im Giebelgeschoß, Türe mit verziertem Sturzbrett. Traufseite der Scheune mit offenem Ständerbau. – **Nr. 17:** Einhof, Holzbau, giebelseitig aufgeschlossen, Mittelflur, nachträglich aufgestockt. Renov. 1922. Kleine, originale Fenster an der Stirnseite. Ehem. Balkontüre mit gekehltem Sturzbrett. – **Nr. 22:** Gabelmacher. Kleiner T-Hof, bez. 1724. Erdgeschoß gemauert. Traufseitiger Eingang, Obergeschoß Blockbau, Flachdach. Marmortafel mit Inschr.: Johann Brüs, Pfarr und Urbahr Richter zu Michael Beyern. 1724. – **Nr. 28:** Umgebauter Bauernhof inmitten des Ortes. An der beidseitigen Untersicht des Schopfwalmdaches jeweils Bemalung mit Inschr. und Bez. 1838. – **Nr. 42:** Hakenhof, gemauert, Eingang traufseitig mit breitem Marmorgewände. Marmortafel neben der Türe mit Initialen und Bez. 1872. Fenster im Obergeschoß und Giebel mit Putzrahmen.

MITTERKLEINARL, siehe KLEINARL

MITTERSILL. Polit. Bez. Zell am See

MARKT, Hauptort des Mitterpinzgaues. Urk. 1357. Bedeutung seit dem Mittelalter als Schnittpunkt wichtiger Verkehrswege (Felbertauern, Paß Thurn, Salzachtal) und als Warenumschlagplatz. Siedlung südl. der Salzach; Verbauung hauptsächlich entlang der Hauptverkehrswege. Quadrat. Marktplatz im Ortszentrum.
Siehe auch FELBEN (mit Oberfelben)
Durch häufige Überschwemmungen (Salzach und Felberbach) und Großbrände (1746, 1898, 1909) mittelalterlicher Häuserbestand vernichtet. Häuser im Ortskern durchwegs 18.–20. Jh. Charakteristisch die Treppenaufgänge zum erhöhten Erdgeschoß der älteren Häuser (Hochwasserschutz).

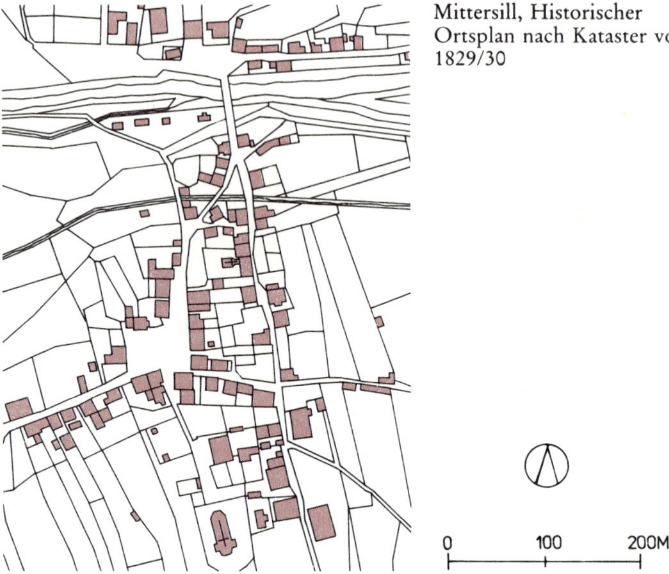

Mittersill, Historischer Ortsplan nach Kataster von 1829/30

PFARRKIRCHE hl. Leonhard, im S des Ortes. Einschiffiger bar. Bau, nach S gerichtet, von Friedhof umgeben. Urk. 13. Jh. (?). Dekanat 1812–1820 und seit 1936. Pfarre seit 1813. Nach dem Kirchenbrand von 1746 an der heutigen Stelle 1747–1749 neu erb.; Entwurf von *Johann Kleber,* Bauausführung *Philipp Maurer.* Rest. 1885, 1923, außen 1981/82.

Langhaus mit Putzsockel, umlaufender Hohlkehle und Schindelsatteldach; nördl. Giebelfassade mit bar. Turm, 3geschossig, Hohlkehle des Langhauses als Gesims weitergeführt; rundbogige Schallfenster, Zwiebelturm. – Chor einspringend, mit Rundapsis; im W und O an das Chorjoch angebaut 2geschossige Sakristeien mit Walmdach. Seitl. des Turmes zwei Kapellen von 1766, im O Kriegerkapelle, im W Ecce-Homo-Kapelle.

4jochiges Langhaus mit flacher Tonne. Eingezogenes Chorjoch durch zwei rundbogige Triumphbögen begrenzt, mit seitl. Emporen; eingezogener Chor. Gliederung durch Doppelpilaster und stark profiliertes Gesims. – Bar. Stuckdekor an der Decke, am 1. Triumphbogen Chronogramm 1749. – Turmerdgeschoß tonnengewölbt, abgeschlossen durch bar. Spiralgitter. Doppelempore, das 2. Geschoß von 1774.

Glasmalerei von *Johann Hauer* und *Franz Streißenberger,* bez. 1840, Geburt Christi, Hll. Rupert und Virgil, Sebastian und Johannes Nepomuk, Leonhard und Joseph, Petrus und Paulus, Barbara und Katharina, Darstellung eines got. Altars mit Stifter Ignaz von Kürsinger und eines Mariahilfaltars.

Hochaltar von 1756, 1834 überarbeitet; Altarblatt hl. Leonhard befreit Gefangene, von *Donato Mascagni* um 1618, Rückseite hl. Florian, bez. 1655;

Figuren Hll. Petrus und Paulus, Konsolfiguren Hll. Heinrich und Florian, um 1760. Tabernakel in der 1. H. des 19. Jhs. überarbeitet; Engel von *Petrus Schmid* 2. H. 18. Jh.
Seitenaltäre spätes 18. Jh. Li. Figuren hl. Joseph, Konsolfiguren Hll. Andreas und Johannes Nepomuk; im Aufsatz hl. Sebastian, seitl. Hll. Barbara und Katharina, darüber Kruzifixus. Bar. Tabernakel mit Bild Maria vom Guten Rat. – Re. Figuren von *Katharina Schmid,* 1792, bekleidete Madonna mit Kind, Konsolfiguren Hll. Johannes und Paul, im Aufsatz hl. Michael, seitl. Hll. Franziskus und Antonius von Padua, darüber Hl. Dreifaltigkeit. Bar. Tabernakel mit Bild Ecce Homo.
Kanzel von *Petrus Schmid,* 1765, Figur hl. Paulus und Evangelistensymbole, auf dem Schalldeckel Moses, Petrus, Gesetzestafeln. – Figuren. Hl. Leonhard, frühes 15. Jh.; Kreuzigungsgruppe bez. 1750; Ecce Homo, Mater dolorosa; Schutzengelgruppe, alle 18. Jh. – Bilder. Taufe Christi, 2. H. 17. Jh.; Tod des hl. Joseph, hl. Aloysius, hl. Johannes Cantius, 2. H. 18. Jh. Kreuzwegbilder um 1750. – Kirchenbänke um 1750. Bar. Orgel, Werk von *Matthäus Maurachers Söhne,* 1888. – Grabsteine 2. H. 18. bis 1. H. 19. Jh. – Zwei Glocken von *Karl Wolfgang Gugg,* 1758 und 1764.
Kriegerkapelle. Gratiges Fächergewölbe mit Deckenmalerei von *Virgil Groder* 1921. Altar mit Bild Kreuzigung, Oberbild Anbetung der Könige, 19. Jh.
Ecce-Homo-Kapelle. Gratiges Fächergewölbe mit Deckenmalerei Szenen aus der Leidensgeschichte Christi und Auferstehung Christi, von *Virgil Groder* (?); Figur Christus an der Geißelsäule, 18. Jh. – Bilder. Ährenmadonna, kolorierter Kupferstich, 18. Jh.; Votivtafeln des 18. und 19. Jhs. Votivtafeln des 18. und 19. Jhs. im Museum Felberturm.

Pfarrhof, erb. 1754, rest. 1977. 2geschossiger bar. Bau mit abgewalmtem Satteldach; Anbau gegen W.

ANNAKIRCHE, in der Ortsmitte, ehem. Standort der Pfarrkirche. Kleiner bar. Bau mit O-Turm.
Erb. 1751 von *Jakob Singer,* rest. 1962–1965.
Einschiffiges Langhaus mit umlaufendem Sockel und Satteldach. W-Fassade mit bar. geschwungenem Giebel, in der Fassadenmitte Figurennische mit Christus als Guter Hirte von *Anton Zenzmaier* 1962. Im N und S je zwei Rechteckfenster, darüber Ochsenaugen; profiliertes Gesims, übereck an der W-Fassade als Ecklisenenbekrönung fortgeführt. – Chor polygonal geschlossen, Turm in der Achse, über quadrat. Grundriß mit oktogonalem Glockengeschoß und Zwiebelhelm.

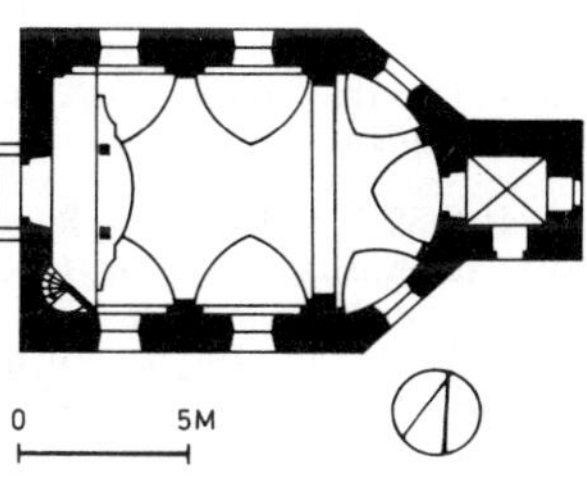

Mittersill, Annakirche

Innenraum 2jochig, mit Stichkappentonne und halbrundem Schluß. Pilastergliederung, im Schiff Doppelpilaster und umlaufendes stark profiliertes Gesims. Deckenmalerei von *Christoph Anton Mayr,* 1753, Tempelgang Mariens, Hl. Familie mit Joachim und Anna, Gebet der hl. Anna, Tod der hl. Anna, Immaculata mit Joachim und Anna, Geburt Mariens. Im Chor Aufnahme der hl. Anna in den Himmel.
Hochaltar um 1755, Altarblatt hl. Anna mit Maria und Joachim, Oberbild Hl. Dreifaltigkeit; Figuren Hll. Zacharias und Elisabeth, auf den Konsolen Hll. Johannes d. T. und Johannes Ev. – Figurengruppe Anna selbdritt von *Benedikt Faistenberger,* 1671, im Dommuseum in Salzburg. – Figur Ecce Homo, 18. Jh.; Bild Vera Imago Christi, 17. Jh. (?) im Museum Felberturm. – Glocke von *Johann Georg Leschinger,* 1759.

SCHLOSS, Nr. 1, weithin sichtbar nördl. des Marktes auf einem Geländesporn. Urk. 1180 Grafen von Lechsgemünd, seit 1180 auch „von Mittersill", 1228 erzbischöflich, als Sitz des Pfleggerichtes bis 1880, dann privat.
Nach S nur durch Wehrmauer geschlossene, hufeisenförmige Anlage, Zugang im SO durch Torbau, bez. 1537, steil ansteigend in den Schloßhof, in der SW-Ecke runder „Hexenturm", nach N anschließend Gerichtshaus, in der NW-Ecke ebenfalls Rundturm, anschließend gegen O niedriger Wirtschaftstrakt, erb. 19./20. Jh., östl. Hofabschluß Palas, 2geschossig, N-S-gerichtetes abgewalmtes Satteldach. Historisierender Charakter der Burg durch zahlreiche Umbauten entstanden.
Erster Bau (?) um 1180, in den Bauernkriegen 1525/26 niedergebrannt, Wiederaufbau beginnend 1537, Brände auch 1555 und 1597, Instandsetzungsarbeiten ab 1606, Renov. 1773/74; 1800 Zugbrücke entfernt, ab 1882 zeitgemäße Rest. durch *Gangolf Kaiser,* beseitigt mittelalterlichen Charakter der Anlage; ab 1919 romantische Umgestaltung, 1938 Brand, dann Wiederaufbau „in alter Form".
Schloßkapelle, im Obergeschoß des „Hexenturmes". Spätgot. Kapelle im SW; schlichter Außenbau mit polygonalem Schluß, im NO 2fach gestufter Strebepfeiler und zwei spitzbogige Fenster mit spätgot. Maßwerk. Über dem gekehlten verstäbten Portal mit geradem Sturz (teilweise erneuert), Wappen Eb. Matthäus Lang.
Innenraum mit Netzrippengewölbe auf Konsolen, 3/8-Schluß, Doppelwappen Eb. Matthäus Lang, bez. 1533; im O und S kleine quadrat. Fenster zu Verteidigungszwecken. – Spätgot. Flügelaltar M. 15. Jh., nur Flügelbilder vom Meister des Ausseer Altares erhalten, Hll. Georg, Bartholomäus, Johannes Ev. und Andreas sowie Predella mit Schweißtuch Christi. Spätgot. Figurengruppe Ölberg, 16. Jh. Bild Hl. Dreifaltigkeit, spätes 17. Jh. Gestühl z. T. 2. H. 17. Jh., sonst 19. Jh. Marmorweihwasserbecken mit Baldachin, Taube und zwei Engelsköpfen, 1. H. 18. Jh.

SCHLOSS Einödberg, in Rettenbach, westl. von Mittersill, nördl. der Salzach. Ansitz, 1427 bis 1630 im Besitz der Herren Hunt zu Dorf und Einödberg, dann Herren von Welsperg, Welser, Lasser von Zollheim und Waltenhofen, ab 1796 bäuerlich.
Kleine Schloßanlage mit Wehrturm, im Kern 1. H. 13. Jh.; 2. H. 15. Jh. Erweiterung gegen W und Aufbau von urspr. vier Ecktürmchen; östl. Anbau,

Wohnteil, und einfache Deckentäfelung im 1. Obergeschoß des ehem. Turmes 1. H. 17. Jh.

PROFANBAUTEN. **Marktplatz,** im Zentrum Marktbrunnen mit Figur Kind mit Gans von *Josef Gratz* 1960. Verbauung durch 2- bis 3geschossige giebelständige Häuser mit Satteldach. **Nr. 33:** Gasthaus Meilinger, erb. 2. H. 18. Jh., 2geschossig, mit bar. geschwungenem Giebel, umlaufender Hohlkehle, horizontaler Putzbändergliederung und Eckpilaster. Fensterumrahmung mit Stuckornamentik 2. H. 18. Jh.
Straße vom Marktplatz zur Pfarrkirche. **Nr. 3:** Gasthof Bräurup, im Kern 18. Jh.; Fassade erneuert; Stuben mit Vertäfelung des 19. Jhs. – **Nr. 5:** Gasthof Oberbräu, 3geschossig, Firstpfette bez. 1751. Fassadenstuck erneuert, im Dachgeschoß frühes 19. Jh. (?); Mittelflur mit Stichkappentonne. – **Nr. 70:** Bezirksgericht, 2geschossiger Bau mit Eckquaderung und umlaufenden Gesimsen, erb. um 1880.
Straße an der Rückseite des Gasthofes Bräurup in Richtung N (Salzach). **Nr. 38:** Stieglerwirt; Brand 1810. 2geschossig, Firstpfette bez. 1868 und 1962, Rundbogenportal bez. 1855. Stuckierte Fensterumrahmungen und umlaufendes Gesims im 1. Obergeschoß, 2. H. 19. Jh. – **Nr. 45:** Niedriger Bau neben der Annakirche, 2geschossig, im Kern 18. Jh., Firstpfette bez. 1747. – **Nr. 104:** Erb. 1931 im Heimatstil.
Westl. der Pfarrkirche. **Nr. 142:** Volksschule. Erb. 1939/40 und Siedlung „Alpenländische Heimstatt", **Nr. 121–125:** Erb. 1938/39, geschlossene Verbauung durch giebelständige 2geschossige Häuser.
Gerlospaß-Bundesstraße, Nr. 55: Gasthof Post, im Kern mittelalterlicher freistehender 2geschossiger Bau, im Erdgeschoß zwei Runderker; spätgot. mehrfach gekehltes Kielbogenportal und Flur mit Stichkappentonne; Saalanbau spätes 19. Jh. – **Kapelle** zu Gasthof Post, südl. der Paß-Thurn-Bundesstraße. Erb. um 1900, einfacher Bau mit Satteldach, Giebelfassade im Mittelteil überhöht; neugot. Altar mit Mariahilf-Bild.
Östl. vom Gasthof Post in Richtung Stuhlfelden **Siedlung** mit Häusern im Heimatstil, erb. um 1930. **Nr. 101:** Erb. 1934, Anton-von-Webern-Gedächtnisstätte, gest. 1945; Gedenktafel-Inschr., magisches Quadrat in Latein.

Altersheim, Burk Nr. 2, ehem. Stiftung der Sebastiani-Bruderschaft von Stuhlfelden, 1572; Bau 19. Jh.; im 1. Obergeschoß Herz-Jesu-Kapelle, erb. 1909, Einrichtung aus der Erbauungszeit; Altar mit Bildern der 4 Evangelisten.

Griesschmiede, Markt Nr. 62. Werkstättengebäude, über der Tür in Putzlorbeerrahmen Handwerkszeichen, Initialen und Jahreszahl 1849; am Dach Wetterfahne mit Handwerkszeichen; altes Inventar mit Esse, Amboß, Feuerzangen usw.

BAUERNHÖFE. **Feldstein, Nr. 8:** Brandleiten, Paarhof, am Ausgang des Felbertales, 2geschossiges Wohnhaus in Blockbau.
Mittersiller Sonnberg (Thalbach, Loferstein, Mayrhofen, Spielbichl), Einzelhofsiedlung auf nach S wellig abfallendem Hang. Paar- und Haufenhöfe; die Wohnhäuser in der Regel mit Mittelflurgrundriß und Obergeschoß- sowie Giebelgang unter Satteldach; die Wirtschaftsgebäude mit Troad- bzw. Strohgängen und weit vorkragendem Satteldach; teilweise hinten nahe an das

Wohnhaus herangerückt, das vorkragende Dach schützt den Durchgang zwischen den beiden Baukörpern, Annäherung an Einhof.

Loferstein, Nr. 2: Harland, mit der etwas unterhalb gelegenen Kapelle bmkw. Ensemble. 3geschossiges Wohnhaus, im Erd- und 1. Obergeschoß gemauert, darüber Blockbau; Gänge mit gedrechselten Balustraden, First bez. 1821. Über der Eingangstür Fresko mit Hll. Georg und Florian (19. Jh.). Im Inneren Stichkappengewölbe; im 1. Obergeschoß sogen. Rittersaal, Stichkappentonne mit Wandmalerei, Rankenwerk mit Blüten und Früchten, an der Nordseite zwei Fresken in rechteckigem Rahmen, Adam und Eva bzw. Anna selbdritt, über dem ebenfalls ornamental bemalten Wandkästchen bez. 1655 MJ, die Fresken an der Südseite nicht mehr erkennbar; im Obergeschoßflur Türsturz bez. 1649 und Monogramm Christi sowie Initialen. Ehem. Kornkasten, 2geschossiger Blockbau, First bez. 1627. – **Kapelle,** frühbar. Bau. Oktogon mit Schindelzeltdach, Fenster im Osten. An der Decke Malerei Jüngstes Gericht, Gnadenstuhl u. a., 19. Jh.; Prozessionsmadonna 19. Jh.; Bild Maria als Himmelskönigin, 17. Jh.

Mayrhofen, Nr. 6: Hochrain, auf sanfter Kuppe gelegenes Hofensemble; bmkw. die Badstube, Blockbau mit gemauertem Ofenteil und flachem Legschindeldach, 2geschossiger Kornkasten in Blockbau, First bez. 1749 EO. – **Nr. 8:** Klucken, Paarhof, Wohnhaus und Wirtschaftsgebäude hintereinandergestellt. Mittelflur in Blockbau; First bez. 1620, Monogramm Christi und Initialen. Ehem. eingeschossiger, gezimmerter Kornkasten mit Legschindeldach.

Spielbichl, Nr. 1: Schachernhof, **Kapelle** mit Rundapsis und Satteldach; bar. Kruzifix an der Außenwand. Altar aus mehreren Teilen zusammengesetzt, frühes 19. Jh., mit Bildern Mariahilf 19. Jh., Verkündigung und 7 Zufluchten, 18. Jh.

Thalbach, Nr. 5: Grundner-Bauer, ehem. Landrichterhaus, im Kern 16. Jh., Brand 1620, 2geschossig, mit umlaufender Hohlkehle und Scharschindelkrüppelwalmdach. Am Außenbau im O und W breite Strebepfeiler über beide Geschosse. Im Erdgeschoß traufseitig erschlossener Mittelflur mit Stichkappentonne, Küche auch tonnengewölbt, im 1. Obergeschoß bar. Stuckdecken. – **Nr. 9:** Gasthof Neidhäusl, erb. 1793; 2geschossig mit Satteldach. Spätbar. Stuckumrahmung der Fenster, horizontale Putzbändergliederung und Putzlisenen an den Ecken. Wandmalerei in bar. Stuckrahmen, hl. Florian, um 1800.

MOOSHAM, Schloß, siehe UNTERNBERG

MORZG, siehe SALZBURG STADT

MÜHLBACH. Gem. Bramberg am Wildkogel. Polit. Bez. Zell am See

Weiler östl. von Bramberg, am Schwemmkegel des Mühlbaches, von zwei aus der Bergwerkszeit stammenden Gebäuden dominiert. Seit dem Mittelalter Bergbaugebiet (Kupfer, Schwefel); Erzeugung von Kupfervitriol; 1638 von Eb. Paris Lodron erworben; 1864 aufgelassen.

Am Sonnberg darüber (Bicheln, Mühlberg, Obermühlbach, Schweinegg) Einzelhöfe in Streulage. Paarhöfe, das Wirtschaftsgebäude oft hinten nahe an das Wohnhaus herangerückt, Annäherung an Einhof. Mittelflurhäuser.

KAPELLE zu Nr. 23, Herrenmühle. Bau mit Schopfwalmdach und Dachreiter, Glocke von *Jakob Lidel,* 1641; tonnengewölbter Raum mit Altar A. 19. Jh., Mariahilf-Bild.

KAPELLE in B i c h e l n, westl. des Ortes, erb. 1928, mit Krüppelwalmdach und eingezogener Rundapsis. Bar. Votivbild mit Hl. Dreifaltigkeit.

PROFANBAUTEN. **Nr. 1:** Ehem. Verweserhaus, im Kern mittelalterlich, Umbau zu Forstamtsgebäude 1974–1976. 2geschossiger Bau mit Krüppelwalmdach, im Flur Stichkappentonne. – **Nr. 2:** Ehem. Verwalterwirt, im Kern mittelalterlich. 2geschossiger Bau mit steilem Krüppelwalmdach mit Scharschindeldeckung und zwei Dachgeschossen; abgefastes Segmentbogenportal, abgefaste Fenstergewände. Fassade mit horizontaler Putzbändergliederung. Flur und Küche tonnengewölbt; gemauerter Aufgang. – **Nr. 43:** Ehem. Getreidekasten, Neubau urk. 1625, Erdgeschoß tonnengewölbt, abgefastes Rundbogenportal im 1. Obergeschoß. – **Bahnhofsgebäude** der Pinzgauer Lokalbahn, gemauerter Grundtypus über T-förmigem Grundriß, von 1898.

DENKMAL für Hans Panzl, Freiheitskämpfer von 1809, beim Eingang von Nr. 1, Figur von *Leo von Moos,* 1913.

BAUERNHÖFE. **Mühlberg, Nr. 2:** Törlstein, Paarhof. 2geschossiges, gemauertes Wohnhaus mit Resten von Fassadenbemalung von 1814 in Anlehnung an ältere Bemalung; Obergeschoßgang über drei Seiten, über der Gangtür bez. 1815; First bez. 1814 (Brand). – **Nr. 10:** Mühlbergbauer, Paarhof. 2geschossig, Küche gemauert, ansonsten Blockbau mit giebelseitigen Gängen. Wirtschaftsgebäude, das Stallgeschoß Blockbau aus Kanthölzern, Stadelaufbau aus Rundhölzern, Legschindeldach. Kornkasten.
Obermühlbach, Nr. 9: Schellenberg. Giebelseitig erschlossenes Mittelflurhaus, Blockbau; Wirtschaftsgebäude hinten an das Wohnhaus herangerückt; ein zweites Wirtschaftsgebäude parallel zu diesem.
Schweinegg, Nr. 5: Buchenlaub, Hofensemble bestehend aus Wohnhaus in Blockbau; mächtigem Wirtschaftsgebäude in Blockbau mit Legschindeldach, ehem. Kornkasten, Backofen und kleiner Holzkapelle. – **Nr. 9:** Sticklwimm, Paarhof; auf talseitig hohem Bruchsteinfundament 2geschossiges Wohnhaus in Blockbau. Kapelle, Blockbau mit Satteldach, drei Bilder von *Sebastian Herold* 1870, Mord an einem Kind. Kreuzwegstichserie, 19. Jh., im Heimatmuseum Bramberg.

MÜHLBACH am Hochkönig. Polit. Bez. St. Johann i. P.

Gemeinde mit Dorf und ehem. Bergwerksiedlung im Mühlbachtal, am Fuß des Hochkönigs, sowie Einzelhöfen in Streulage. Ort urk. M. 14. Jh.
Das Gebiet von Mühlbach war in prähistorischer Zeit ein Zentrum des Bergbaues auf Kupfererz. Abbau bereits in einer späten Phase der Jungsteinzeit (ca. 2000 v. Chr.), bis in die späte Urnenfelderperiode (ca. um 800 v. Chr.).

Spuren des Bergbaues vor allem am Mitterberg, aber auch an den Osthängen des Hochkeils sowie im Bereich des Einödberges. Besonders eindrucksvoll die Überreste des Bergbaues im Gebiet des Arthurhauses am Mitterberg sowie auf der Hochfläche des Troibodens. Durch den Versturz der von den prähistorischen Bergleuten ausgehauenen Hohlräume tiefe Gräben und Trichter, sogenannte Pingen. Beiderseits der Pingenzüge das Scheidematerial in großen Halden aufgehäuft. Verhüttung des Kupfers in kleinen Schachtöfen. Die verstreut liegenden Schmelzplätze durch Schlackenhalden angezeigt; rund 200 solcher Schmelzplätze im Gebiet von Mühlbach und Bischofshofen. – 1829 Bergbau wieder aufgenommen, 1908 ausgebaut, 1976 eingestellt.
Das Dorf aus mehreren Gehöftgruppen, Knappenhäusern und ehem. Werksanlagen, heute von Fremdenverkehr geprägt. Im westl. Ortsteil Werksiedlung, erb. 1951–1960. – Pongauer Paarhöfe, selten Getreidespeicher; bei älteren Wohnhäusern dünne senkrechte Verbretterung neben den Eingängen im Haupt- und Erdgeschoß (im Brandfall leicht nach außen zu drücken).

PFARRKIRCHE hl. Sebastian, an einem Abhang in der Ortsmitte. Spätgot. Bau, 2. H. 19. Jh. erweitert, von Friedhof umgeben. – 1519 urk. Bau der Sebastianskapelle, 1637 Fertigstellung, 1678 Vikariat, 1700 Kirchweihe, 1859 Pfarre, 1883 Kirchenerweiterung und Turmbau, rest. 1936 und 1965 (Turmrenov. 1978).
Einschiffiges spätgot. Langhaus, 1883 nach W um ein Joch erweitert, spätgot. Chor mit polygonalem Abschluß; Holzschindelsatteldach. Langhaus mit Spitzbogenfenstern, im S und W abgestufte Strebepfeiler, spätgot. Spitzbogenportale mit Stabwerk (an der Westseite übertragen). W-Turm von 1883 mit Spitzbögen, Gesims und spitzbogigen Fenstern, 8eckiger Aufsatz mit Spitzbogenschallfenstern und profiliertem Abschlußgesims, darüber Dreieckgiebelkranz und holzschindelgedeckter Spitzhelm. An der Chornordseite einjochige, kreuzgratgewölbte Sakristei.
3jochiges Langhaus mit 8eckigen Wanddiensten und hölzerner Flachdeckenkonstruktion, Pfeilerempore; Glasfenster von 1884. Spitzbogiger Triumphbogen. Eingezogener, gleich hoher, einjochiger Chor mit 3seitigem Abschluß; Runddienste und Flachdecke. Li. rundbogiges Sakristeiportal mit Eisenplattentür; Glasgemälde bez. *Karl Weiser* 1969, eines von 1884.
Im Chor an den Runddiensten bar. Konsolfiguren Hll. Maria, Joseph, Antonius von Padua (19. Jh.?), Schmerzensmann und hl. Michael, 18. Jh. – Über dem li. Seitenaltar Konsolfigur hl. Maria mit Kind E. 17. Jh.; re. ehem. Hochaltarbild hl. Sebastian 2. V. 17. Jh., monogrammiert *G. H.* – Triumphbogenkreuz bez. 1689 und 1885. 14 Stationsbilder E. 19. Jh. Ehem. Ausstattungsstücke z. T. in Verwahrung. – Sakristeikasten bez. 1678.
Grabsteine. Ferdinand Mathaeus Fritsch, 1748; Johann Ev. Krauk, 1860; Johann Weyrer, 1862; Franz v. Lidl, 1889.

Pfarrhof nordwestl. der Kirche, erb. 1969 von *Hanns Wiser* und *Jakob Adlhart.*

Aufbahrungshalle westl. der Kirche an der Straße, erb. 1975.

KAPELLEN. Beim Kreuzbergbauer in Mitterberg, auf freiem Feld 10eckiger Bau mit Rechtecktür, Holzschindeldach; Kuppelgewölbe, neugot. Inventar. – Beim Elmaubauer nordwestl. von Mühlbach, schlichter Bau mit Rundbogenportal, Rechteckfenster und abgewalmtem Holzschindelsatteldach;

Stichkappentonne, Bild Kreuzigung 18. Jh. – **Kriegergedächtniskapelle** in der Ortsmitte von Mühlbach an der Friedhofsmauer, erb. 1954, Glasfenster von *Karl Weiser*. – **Wegscheidkapelle** westl. von Mühlbach, erb. 1979, Bilder Maria und Christus, 18. Jh.

BIRGKARHAUS (Weinmann), von *Pfisterer*, 1932.

BAUERNHÖFE. Im Ort zwei traufseitig erschlossene Blockbauten mit Kopfschrot über gemauertem Erdgeschoß; **Nr. 6:** Oberwirt, Zierschrot an Traufwänden, Rauchlochspuren an der Giebelwand. – **Nr. 9:** Kasstecher, reich verzierte Gangbretter.
Nr. 17: Artzegg. Paarhof, traufseitig erschlossenes Wohnhaus 17. Jh. (?), in Blockbau mit Kopfschrot. Verbretterung neben den Türen, an talseitiger Giebelwand originale Fenster. Gang an der Traufwand im Obergeschoß. Bergseitig kleiner gemauerter Teil mit angebautem Kamin. Flachdach. Große Stallscheune. – **Nr. 22:** Unterdrillwaggen. Stallscheune und Wohnhaus nebeneinander unter breitem gemeinsamen Flachdach, im Erdgeschoß durch die sogen. Wassa getrennt. Blockbau über kleinem Mauersockel. Giebelseitiger Eingang, originale Fenster und Türen.
Nr. 36: Burgau. Paarhof, First bez. 1696. Blockbau mit Kopfschrot, Flachdach mit Glockenturm, kurze giebelseitige Gänge beider Geschosse überdacht. Gang an Traufseite und hinterer Giebelwand, bergseitig abgeschleppter Anbau an hinterer Giebelwand. Backofen, kleine Kapelle. – **Nr. 47:** Molterau. Paarhof, Flachdach erneuert, alte Firstpfette bez. 1716. Über gemauertem Sockel Blockbau mit Kopfschrot. Im Inneren originale Stube mit kompletter Einrichtung A. 18. Jh. Kleine Fenster, urspr. Türen. Angebauter Roßstall mit kleiner Längstenne mit Zierschrot. Stallscheune aus gewaltigen Rundlingen.
Nr. 48: Brandgut. Haufenhof, traufseitig erschlossener Blockbau, über Türe bez. 1538. Originale Fenster und Türen, umgehender Gang an Traufseite und Giebelwand. Senkrechte Bretterwand neben den beiden traufseitigen Eingängen im Haupt- und Erdgeschoß, darin im 1. Stock zwei kleine rundbogige Fenster. Flaches Satteldach und Glockenturm. Im Inneren Tramdecken, eine bez. 1538. Angebauter Schweine- und Schafstall, darüber Heustadel und Machelstube. Verbindungsgang zur Stallscheune aus Rundhölzern. Kleiner eingeschossiger Kasten mit Schindeldach bez. 1704. Backofen. – **Nr. 55:** Oberpöll. Paarhof mit Verbindungsgang zwischen den Gebäuden. Rauchküche als Räucherkammer erhalten. Urspr. Türstöcke und Fenster. An den Außenwänden Reidstangen. – **Nr. 56:** Kleinhals. Paarhof mit traufseitig erschlossenem Wohnhaus in Blockbau. First des späteren Daches bez. 1718. Kleine Fenster, gespundete Türstöcke, Glockenturm. Talseitig neben den Stubenfenstern erkerartiger Vorbau aus Holz mit drei rundbogenförmigen Öffnungen.

MÜHLBERG, siehe EUGENDORF

MÜHLRAIN, siehe ABTENAU

MUHR. Polit. Bez. Tamsweg

Gemeinde an der südwestl. Landesgrenze, Kirchdorf mit Haufendorfcharakter im gleichnamigen Quelltal der Mur, wo steile Hänge nur wenig Siedlungsraum bieten.
Einhöfe mit kleinen Nebengebäuden, großteils sekundäre Mischbauten mit Längsflur, der li. den Zugang zu Stube und dahinterliegender Küche, re. zu Kammer und Keller öffnet; im Obergeschoß ebenso 4teilige Anordnung. Im Dachgeschoß Giebelgang. Scherbalkendach unterstützt von stehendem Stuhl. Schopfdach mit Glockentürmchen. Der firstgleich verbundene Stall-Scheunen-Teil mit Hochtenne optisch abgehoben durch Holzzimmerung oder Holzverschalung. Daneben 2geschossige Kleinbauernhäuser aus der Zeit des ehem. Bergbaues mit Querflur und Resten gewölbter Rauchküchen.
Der Ortsteil Hintermuhr, im hintersten Murtal, Einzelhofsiedlungsraum mit Gehöftgruppen an den Talhängen. Zugehörig die Rotten Jedl und Unterm Fall sowie die ehem. Bergbau- und Hüttensiedlung Rotgülden. Großteils geprägt von neu errichteten Landwirtschafts- und Fremdenverkehrsbetrieben. – Schellgaden im südöstl. Gemeindegebiet, ehem. Berg- und Hüttensiedlung (Bergbau urk. 1354).

PFARRKIRCHE hl. Rupert, am südl. Talhang, oberhalb der Ortschaft Muhr. Bar. Dorfkirche mit W-Turm, im S und N von Friedhof flankiert. – Urk. 1523. 1732 Erweiterung des Langhauses, 1790 Turmerhöhung. Seit 1813 Pfarre. Renov. 1875/76; Rest. 1926–1928 und 1976/77.
Vom spätgot. Bau Teile des Turmes und des westl. Langhauses erhalten. W-Fassade mit eingezogenem vorgesetztem Turm, nördl. Zugang, Eckquaderung, südl. und nördl. Luken, je zwei rundbogige Schallfenster, Dreieckgiebel, Giebelspitzhelm. Langhaus mit talseitigem Sockel, Rechteck-, Rundbogen- und Spitzbogenfenster; im N flachbogiger Eingang mit Holzvorbau. Halbkreisförmiger Chorschluß mit Rundbogenfenstern, östl. Verbindungsgang zum Pfarrhof; Satteldach, Holzschindeldeckung. Am Langhaus südl. Sakristeianbau. Langgestreckter Saalraum, ab der Mitte leicht verbreitert (Erweiterungsbau von 1732), re. rundbogiger Sakristeieingang. Chor um zwei Stufen erhöht, halbrunder Abschluß. Holzempore. Fensterlaibungen mit ornamentaler Bemalung, Flachdecke mit leichter Kehlung. Stuckrahmung und Malerei 2. Drittel 18. Jh., Hl. Familie, Hll. Leonhard und Barbara mit Renov.-Dat. 1928; in der Mitte Darstellung der 4 Evangelisten; im Chorbereich Himmelfahrt Christi bez. *Josef Haun pinxit 1928,* eingebunden in Stuckrahmung.
Bar. Säulenhochaltar von 1732, 1765 überarbeitet; seitl. Opfergangsportale; bar. Statuen li. Hll. Johannes d. T., Joseph, re. Hll. Johannes Nepomuk und Nikolaus; darüber wechselweise bar. Figur hl. Rupertus oder neugefaßte überarbeitete Figur Madonna mit Kind von 1876; nach hinten versetztes Bild hl. Rupert mit Maria von Altötting, bez. *Jos. Rattensperger 1866,* darüber Schnitzgruppe Hl. Dreifaltigkeit M. 18. Jh. – Bar. Seitenaltäre 2. H. 17. Jh., 1739 überarbeitet. Li. Altarblatt Maria und Joseph mit Jesuskind 19. Jh., im Auszug bar. Bild hl. Antonius von Padua; bar. Statuen Hll. Joachim und Anna. Re. bar. Seitenaltarbild Hll. Sebastian und Rochus, bar. Oberbild hl. Franz von Assisi; in der Altarmitte moderne Herz-Jesu-Figur von *Staud,* li. bar. Figur hl. Georg, re. hl. Florian.

Kanzel von *Josef Andrä Eisl,* urk. 1741, Schalldeckel mit Engel und Engelsköpfen. Konsolfiguren: im Chorraum li. Schmerzensmann, re. Mater dolorosa, 18. Jh.; an der Langhauswand Hll. Leonhard und Barbara, 18. Jh.; Nischenfigur Maria mit Kind 19. Jh.; Tragkruzifix 18. Jh. – Im Mittelschiff ovale Apostelbilder, um 1765, stark erneuert; 13 Kreuzwegbilder um 1760; an der Emporenbrüstung Porträt Eb. Max Gandolph Kardinal von Kuenburg (1668–1687); unter der Empore Bilder 19. Jh., Schmerzenmutter und dornengekröntes Haupt. – Orgel von *Albert Mauracher,* 1890. – Im Sommer (vom 29. 6. bis 15. 8.) sind in der Kirche Prangerstangen aufgestellt.

Pfarrhof, in einer Achse mit der Kirche gelegen, im W Verbindungsgang mit dem Kirchenschiff. Bar. 2geschossiger, 5achsiger Bau, Eckquaderung, steiles Walmdach, Holzschindeldeckung. Im Inneren tonnengewölbte Gänge mit Stichkappen; Bischofzimmer rest. 1969/70, Flachdecke mit Hohlkehle und Stuckleisten, in der Mitte ovales Medaillon bez. *L(eonhard) P(ertl) 1822.*

KAPELLEN. **Mesnerwirtkreuz** beim Mesnerwirt, im Dorf M u h r, unterhalb der Pfarrkirche, am Talboden gelegen. Erb. 1903, Sockelzone, Rundbogenportal mit Umrahmung, darüber Inschriftentafel, gemauerter Giebel mit querovalem Bild hl. Rupert bez. *F. Gruber 1969;* seitl. je zwei Rundbogenfenster durch Architekturgliederung gekoppelt, umlaufende Hohlkehle, Rundapsis; abgewalmtes Satteldach, verputzter Dachreiter mit Zeltdach, Holzschindeldeckung. – Innen Flachdecke, Lourdesmadonna. – **Roanerkreuz,** in M u h r, am südl. Talhang oberhalb der Pfarrkirche; bez. 1856, flachbogiges Portal, Hohlkehle, geschweiftes niedriges Zeltdach, Holzschindeldeckung. Innen Kreuzgratgewölbe, Nische mit Gitter, Bild Madonna mit Kind. – **Ullnkapelle,** östl. vor der Ortschaft M u h r; bez. 1904, Sockelzone, gekehltes Spitzbogenportal, seitl. vom Verputz abgehobene Pilaster, Kapitelle; profilierter, gesprengter Giebel; li. und re. Stützpfeiler, über das Satteldach kragend, Konsolen mit kleinen obeliskartigen Aufsätzen, Holzschindeldach. Innen Kreuzgratgewölbe, Spitzbogennische kreuzgratgewölbt. – Beim Maierhof in V o r d e r m u h r; erb. um 1943, große flachbogige Öffnung, holzschindelgedecktes Satteldach. Spitzbogentonne, großes Kruzifix bez. 1897, dahinter Malerei Schächer und Jerusalem. – **Moritzenkapelle** (St.-Hubertus-Kirchlein), nordöstl. der M o r i t z e n a l m e n auf einem Hang. Bau von 1884, Westseite mit Spitzbogenportal, hölzernes Vordach, Glockengiebel; an den Ecken abgeschrägte Stützpfeiler; eingezogene polygonale Apsis, Spitzbogenfenster; Holzschindeldach. Innen Spitzbogentonne mit Stichkappen, spitzbogiger Triumphbogen. Altarblatt hl. Hubertus. – Im Weiler R e i t, erb. 1890. Schlichter Bau mit Flachbogenöffnung, über dem Eingang kleine Nische, hochgezogener Giebel, Satteldach, Holzschindeldekkung; innen Tonnengewölbe, Nische mit Kruzifix, 19. Jh..

BILDSTÖCKE. **Müllerkreuz,** am westl. Ortsrand von M u h r. Erb. um 1966; gemauerte Bildnische über quadrat. Grundriß, geschweiftes Zeltdach, Holzschindeldeckung; Bilder: Marienkrönung bez. *A. Mayer;* 14 Nothelfer bez. 1730; Verabschiedung Christi von hl. Anna, bez. *Jakob Radtschopf* 1730. – Im Weiler J e d l, kleine an einen Getreidespeicher angemauerte Bildnische, am östl. Ortseingang; Holzschindeldach, schmiedeeisernes Gitter bez. 1849; Mariahilf-Bild. – In Ö l l s c h ü t z e n, taleinwärts neben der Straße, gemauerte Bildnische über quadrat. Grundriß, Holzschindeldach, schmiedeeisernes Gitter bez. 1865; innen volkstümliches Bild Pietà.

BAUERNHÖFE. **Vordermuhr, Nr. 10:** Jaga. Kleinhof mit unverputztem Erdgeschoß mit Steinmauerung, gewölbte Rauchküche. Aufhaus Blockbau mit Kopfschrot und im Tennenteil Mauerpfeiler. Satteldach mit Schopf, im Giebelfeld Gang. – **Nr. 29:** Pfeifenberger. Getreidespeicher mit Gewölbe im Obergeschoß, Schopfdach. Bunte Bemalung mit Eckquaderung und geometrischem Ornament, 18. Jh. – **Nr. 31:** Altwirt. Gemauerter, verputzter Getreidespeicher mit farbiger Fassadenmalerei, bez. 1726, in Nische hl. Florian. – Freistehende Getreidespeicher in 2geschossiger Mauerung, teilweise mit Verputz, Satteldach und Bretterdeckung (**Nr. 11, 36, 59, 67**).
Hintermuhr, Nr. 4: Ruap. Getreidespeicher aus Kantholz mit Kopfschrot. Vorkragendes Obergeschoß, Vordach über Eingang und Türsturz mit Erbauerinschr., bez. 1703. – **Nr. 6:** Obergaunitscher. Gemauerter Getreidespeicher mit Resten farbiger Bemalung. In Türlaibung bez. 1760 und Erbauermonogramm. S-seitig angebaute Bildnische. – **Nr. 13:** Blasner. Teils erneuerter Haufenhof. Ochsenstall in Blockbau mit Kopfschrot, lotrecht verbrettertem Giebelfeld, Lichtluken und Schindeleindeckung. Verputzter Getreidespeicher mit zwei Geschossen, Bemalungsresten und ehem. Sonnenuhr. – **Nr. 14:** Lipp. 2geschossiger Getreidespeicher in Steinbau mit Bemalungsresten auf dem Türsturz. – **Nr. 15:** Gfrerer. Gemauerter Getreidespeicher mit schießschartenartigen Öffnungen im Giebeldreieck und tiefer Nische oberhalb des Eingangs. – **Nr. 16:** Jackl. Durch Stiegenaufgang erreichbarer gemauerter Getreidespeicher mit Gewölbe im 1. Stock und Bretterdeckung. Farbige Bemalung als Eckquaderung, säulenartige Umrahmung von Tür und Luke sowie Fasche als Geschoßteilung. In Nische hl. Nepomuk, 18. Jh. – **Nr. 17:** Schneider. 2geschossiges Wohnhaus, gemauertes, verputztes Erdgeschoß mit Bemalungsresten, Aufhaus in Blockbau mit Kopfschrot. Durchgängiger Querflur, von hier Zugang zur gewölbten Rauchküche. Türstürze sowie Unterzüge in Stube und Kammern bez. 1789, 1790 mit eingekerbten Erbauerinitialen, Segenszeichen und Ornamenten. Abseits gemauerter Getreidespeicher, 18. Jh. – **Nr. 20:** Uhrmacher. Am östl. Ortseingang von **Jedl** an Mühle angebauter gemauerter Getreidespeicher. Nische an S-Seite und Gewölbe im Obergeschoß. 1. H. 19. Jh.
Schellgaden, Nr. 15: Aigner. Haufenhof des 18. Jhs. Durchgängiges Längsflurhaus in verputztem Steinbau, 2stöckig, Schopfdach, an der Rückseite Balkon im Giebelfeld; Rauchküche mit Tonnengewölbe. 2geschossiger Getreidespeicher in Steinbau mit Satteldach; schwarze Bemalung, Eckquaderung und Fensterfaschen. – **Nr. 48:** Mayer. Gemauerter Gruppenhof: an der W-Seite holzverschindeltes Wohnhaus mit breitem Querflur; Veranda mit Blumengirlandenmalerei; im 1. Stock „Schöne Stube“ mit Wandmalerei in Art eines Jahreszeitenzimmers (E. 19. Jh.). Roßstall sowie Rinderstall- und Tennengebäude mit Mauerpfeilern. Wagenhütte in Ständerbau. Nischenbildstock. Straßenabgewandt Schweinestall, Backofen und 2geschossiger Getreidekasten mit Bretterdeckung und Resten von Ritzbemalung. – **Nr. 49:** Meier-Zuhäusl: Querflurhaus in Mischbau mit Giebelgang und tonnengewölbter Rauchküche; Satteldach.
Im Waldgraben einige **Wassermühlen,** u. a. Jaga, bez. 1837.

EHEM. ARSENIKBERGWERK mit Verhüttung, am Rotgüldenbach. Ältester und am längsten bestehender Bergbau im Lungau. Urk. 2. H. 14. Jh.;

Gewerken u. a. 1463 Konrad v. Thannhausen, 1548 Otto v. Lichtenstein, 1621 Karl Jocher, E. 17. Jh. Herren v. Grimming, dann Allesch, 1730 Robinig, 1842 Volderauer; 1884 Stillegung. – Oberhalb der Einmündung des Rotgüldenbaches Reste der Schmelzhütte, Brennöfen, Giftturm usw.

EHEM. BERGWERKS- UND HÜTTENSIEDLUNG in Schellgaden. Goldverhüttung urk. seit 1354, zwischenzeitliche Stillstände, Aufschwünge 16. und M. 18. Jh., eingestellt 1818. Gewerken u. a. v. Thurn, Plaphard, v. Zoltenstein, später landesfürstlicher Betrieb. Baureste großteils aus Erweiterungsphase 1755.
Nr. 3: Ruine der Röstanlage, nahe der Mur; Hauptwand mit Feuerungsöffnungen in Bogennischen erhalten. – **Nr. 7:** Verwaltungsgebäude, um 1940 bis auf Erdgeschoß demoliert, Bausubstanz im Kern 2. H. 16. Jh. – **Pulverturm,** etwa 150 m westl. im Wald; kreisrunder, eingeschossiger Steinbau mit schmalen Fensterschlitzen, ehem. Kegeldach verstürzt. – **Pocher-** und **Brechmühlengebäude,** oberhalb einer Waldkuppe südl. des Talortes, 2geschossige, steingemauerte Ruine.

NEUFAHRN, siehe NEUMARKT am Wallersee

NEUKIRCHEN am Großvenediger. Polit. Bez. Zell am See

Marktgemeinde im Oberpinzgau. Aus einem Kirchweiler hervorgegangenes, straßendorfartiges Haufendorf. 1190 erstmals erwähnt, seit 1929 Markt. Durch den Fremdenverkehr weitgehend geprägt; an den Berghängen verstreute Einzelhöfe. Durchwegs Paarhöfe, das Wohnhaus mit Mittelflurgrundriß und Balkonen (Gängen) unter flachgeneigtem Satteldach, das Wirtschaftsgebäude mit Trockengängen (Stroh- und Troadgang).

PFARRKIRCHE hl. Johannes d. Täufer, in der Dorfmitte. Einschiffige got. Wandpfeilerkirche mit got. N-Turm, im Inneren bar.; von Friedhof umgeben. Urk. 1243. Pfarre seit 1859. Rest. 1955.
Langhaus mit Walmdach, an der SO-Ecke breiter Strebepfeiler; zwei spätgot., mehrfach gekehlte Kielbogenportale im W und S. An der südl. Langhauswand Grabsteine von zwei kuenburgischen Verwaltern, Tobias Jud, gest. 1740, und Johann Reisigl, gest. 1781; Priestergrabstein von 1775. – Chor mit umlaufendem Sockel und polygonalem Schluß. Got. Turm, im Kern 14. Jh., nördl. an den Chor anschließend, mit umlaufendem Sockel, ungegliedert, mit hochrechteckigen und kielbogenförmigen abgefasten Fenstern sowie segmentbogigen Schallfenstern, Giebelspitzhelm. Im Erdgeschoß Tonnengewölbe. Portalvorbau von 1979. Daneben Ölbergkapelle, errichtet 1979, mit Figurengruppe, 18. Jh.; 2geschossige Sakristei westl. an den Turm anschließend, 1757 erweitert.
3jochiges Langhaus, spätes 14. Jh.; Netzrippengewölbe (Rippen 1781 abgeschlagen) um 1500 unter Beibehaltung der seitl. Mauern über breite Innenpfeiler mit vorgelegten Runddiensten eingezogen. Spitzbogiger Triumphbogen; eingezogener 2jochiger Chor mit 3/8-Schluß. Netzrippengewölbe (Rippen 1781 abgeschlagen) auf Runddiensten mit Kapitell. Spitzbogiges, zum Rundbogen geschlossenes Portal zum Turm, dahinter li. Treppenaufgang zu Eckbalkon im nördl. 1. Chorjoch bzw. zum Turm.

Deckenmalerei Maria Himmelfahrt von *Wolfram Köberl* 1955. – Glasfenster von 1911, Hll. Elisabeth, Antonius von Padua, Aloysius, Agnes, Wendelin, Notburga, Rupert, Hubertus.
Hochaltar, Entwurf von *Johann Michael Greiter* 1781, Bildhauer *Josef Mayr;* Figur Madonna mit Kind, gegen 1500; Oberbild hl. Johannes d. T. in der Wüste, darüber Dreifaltigkeitsgruppe und Figuren Hll. Dominikus und Katharina von Siena; Figuren über den Opfergangsportalen Hll. Georg und Florian, um 1780. – Seitenaltäre und Tabernakel um 1780. Li. Altarblatt hl. Anna, bez. *Joseph Ramsperger 1783,* Oberbild hl. Joseph von *Joseph Ramsperger;* Konsolfiguren Hll. Margareta und Barbara, 19. Jh. Re. Altarblatt Hll. Sebastian, Jakob und Leonhard, und Oberbild hl. Antonius von Padua, um 1780; Seitenkonsolfiguren Hll. Thomas und Johannes Nepomuk, 19. Jh.; Johannes-Schüssel, 16. Jh.
Kanzel von 1767, Figuren von *Josef Mayr,* Vier Kirchenväter, auf dem Schalldeckel Evangelistensymbole, Drei Theologische Tugenden und hl. Petrus, Bild hl. Paulus, 2. H. 18. Jh. – Kruzifix, 18. Jh. Konsolfigur hl. Vital 18. Jh. – In Verwahrung Verkündigungsgruppe und Auferstandener, 18. Jh.; vier Evangelisten und vier Kirchenväter, um 1800. – 14 Kreuzwegbilder, um 1780. – Im W Doppelempore, auf der unteren Empore 12 Bilder, Christus, Maria und 10 Apostel, 17. Jh., z. T. erneuert hl. Simon. – Orgel von 1920, *Gebr. Mauracher.* – Sakristeischrank bez. 1677.
Grabstein, figürliche Reliefplatte Georg von Neukirchen, gest. 1547.

Totenkapelle, mit Satteldach, rest. 1979/80; Nische mit Figur Mater dolorosa, 18. Jh.; Marmorwappengrabstein Georg Neukircher und Anna Hauspeck, gest. 1549.

Pfarrhof, erb. 1734.

KAPELLE am Weg zum Schloß Hochneukirchen; quadrat. Bau mit Satteldach; Figur Christus an der Geißelsäule, 18. Jh.

SCHLOSS Hochneukirchen, Nr. 1, am N-Rand der Ortschaft. Stammsitz der Herren von Neukirchen, 1. Nennung 1126, Burg M. 13. Jh., Neukircher 1547 ausgestorben, Besitz bis 1850 an Herren von Kuen von Belasi, 1958 an Gemeinde Neukirchen, heute Spital und Altersheim. – Früher größere Anlage, aber Schloß durch Lage an Wisbachschlucht oft beschädigt: 1534 wird ein Teil der Burg weggerissen, 1761, 1764 und 1865.
Quadrat. Grundriß mit zwei schmalen Seitenflügeln, 3geschossig, Eingang an der Südseite über hoher Stützmauer, heute kleine Freitreppe vorgelagert, darüber Rechteckerker auf Konsolen; im Inneren weitgehend umgebaut. – Kapelle hl. Antonius, tonnengewölbter Raum im Erdgeschoß, eingerichtet 1907, renov. 1944.
Ehem. Torbau, westl. des Schlosses, völlig modernisiert.

RUINE Hieburg, in beherrschender Lage oberhalb des Ortes Rosenthal. Besitz der Grafen von Frontenhausen, urk. 1292 Besitz der Herren von Felben, 1409 Herren von Alben, 1599 an Herren von Kuenburg.
Gesamtanlage unregelmäßiges Fünfeck auf steilem Hügel, im N Zugang über künstlichen Graben, unmittelbar neben dem ehem. Burgtor an der NW-Ecke 15 m hoher Bergfried, Grundriß etwa 8 × 12 m, fünf Geschosse, an den Ecken des Bergfrieds und der anschließenden Ringmauer z. T. Buckelquader. – Turm und Ringmauer vor 1297 erhöht, 1544 Brand und Wiederaufbau, 1661 wieder

Brand, dem Verfall überlassen; heute von Wohnteil in SW-Ecke der in Resten noch 8 bis 12 m hohen Ringmauer nur noch Ansätze erkennbar.

RUINE Sulzau (Friedburg), auf steilem bewaldetem Grat des Rabenkopfes am Eingang des Obersulzbachtales. Um 1183 Konrad von Sulzau, sonst von Frontenhausen genannt, nach 1228 an Herren von Felben, Felber müssen Burg nach Fertigstellung der Hieburg (siehe dort) 1297 an Erzbischof übergeben, ab 1297 erzbischöfliche Beamte auf der Burg, nach Brand 1551 Verfall.
Bis zu 5 m hohe und ca. 18 m lange Mauerreste der kleinen, urspr. polygonalen Anlage, in der N-Mauer Rundbogendurchgang.

GEMEINDEAMT. Theatervorhang von *Virgil Groder,* frühes 20. Jh.

HAUS Nr. 94: Erb. um 1900, in Grundriß und Ausgestaltung eigenwilliger Baukörper.

BAUERNHÖFE. Etwas östl. der Kirche mehrgeschossiger gemauerter Kornkasten, wohl 17. Jh.
Mitterhohenbramberg, Nr. 3: Vorstadlbauer. Östl. des Marktes in Straßennähe; 2geschossiges Haus in Blockbau; große neue Fenster. – **Nr. 15:** Oberwartbichl. Östl. des Marktes in Straßennähe; gut proportioniertes, 2geschossiges Haus, wohl 16. Jh., Bruchsteinmauer, im Erdgeschoß an der Schauseite verputzt; bmkw. z. T. originale Fensterlaibungen; Legschindeldach.
Rosenthal. Weiler am Fuß der Ruine Hieburg auf der li. Seite des oberen Salzachtales. Paarhöfe. – Kapelle zu **Nr. 17,** Neubau von 1973, mit spätbar. Prozessionsmadonna. – **Nr. 31:** Hieberg; Paarhof, urspr. Meierei der benachbarten Hieburg, bmkw. Ensemble; 2geschossiges Wohnhaus mit gemauertem Erdgeschoß, darüber Blockbau; im Obergeschoß allseitiger Gang mit ausgesägten Schalbrettern (19. Jh.); bmkw. Zierschrot im Obergeschoß seitl. der Gangtüre (vgl. Dorferwirt, Dorf i. Pinzgau); Rankenmalerei am Kranzbalken und an den geschweiften Pfettenköpfen, bez. 1806. 2geschossiges gemauertes Nebengebäude. – Bildstock bei **Nr. 86,** gemauerte Nische mit Satteldach, bar. Figur hl. Johannes Nepomuk.
Sulzau. Weilerartige Streusiedlung auf breitgefächertem Schwemmkegel am Ausgang des Obersulzbachtales; Paarhöfe, meist 2geschossige Wohnhäuser mit Obergeschoß- und Giebelgang und flachem Satteldach. – **Nr. 12:** Urbanhof, First bez. 1563; durch neue Fenster verändert. – **Nr. 19:** Paarhof mit Kapelle, Wohnhaus, Erdgeschoß verputzter Blockbau; Dachreiter. – Kapelle zu **Nr. 63,** Gasthof Siggen, Blockbau mit Satteldach, 19. Jh.; Kreuzigungsgruppe mit Stifter, 19. Jh.; Bilder Pietà und 14 Nothelfer, A. 19. Jh.; Votivtafeln um 1850.

KLEINDENKMÄLER in Neukirchen. **Marktbrunnen** errichtet 1817, mit Kuenburg-Wappen. – **Kaiser-Franz-Josef-Büste** anläßlich des Regierungsjubiläums 1908 aufgestellt. – **Kriegerdenkmal** mit zwei Bronzefiguren, 1927. – **Figurengruppe** Mutter mit zwei Kindern von *Josef Magnus,* 1966.

NEUMARKT am Wallersee. Polit. Bez. Salzburg-Umgebung

MARKT und Gemeinde mit Streusiedlungsgebiet und dem Doppelstraßendorf Pfongau, den Kirchweilern Neufahrn und Sommerholz sowie dem

Gutsweiler Sighartstein im Hügelland des nördl. Flachgaus. – Neumarkt a. W., im 13. Jh. von den Erzbischöfen angelegter langgestreckter Markt entlang der Linzer Straße, urk. 1284 novum forum, Verkehrs- und Handelsbedeutung; die wenigen außerhalb liegenden Altbauten des 18. und frühen 19. Jhs. in eine umfangreiche Siedlungserweiterung seit A. 20. Jh. eingeschlossen. Umliegendes Streusiedlungsgebiet von Weilern bestimmt. 1879 Ortsbrand. – Neufahrn urk. um 790. – Pfongau urk. um 770 und 834, wohl um 1200 planmäßige Anlage als Gassengruppendorf mit zeiliger Anordnung der Gehöfte und reichem Altbaubestand.
Einhöfe des Flachgauer Typus; Krüppelwalmdächer, auch Satteldächer. Sowohl Stein- als auch Blockbauweise; an Steinbauten z. T. Schlackenverzierung (wie Haslach Nr. 30, Maierhof Nr. 3).

PFARRKIRCHE hl. Nikolaus, in der Achse des Straßenplatzes, an dessen Nordende (durch 2geschossigen Schulbau von 1912 abgeriegelt, Hauptstraße Nr. 57), gegen N über Bachsenke dominierend; von bmkw. Erdwallanlage von 1638/39 mit eingefügtem frühbar. Torturm sowie dem 1784 innerhalb angelegten

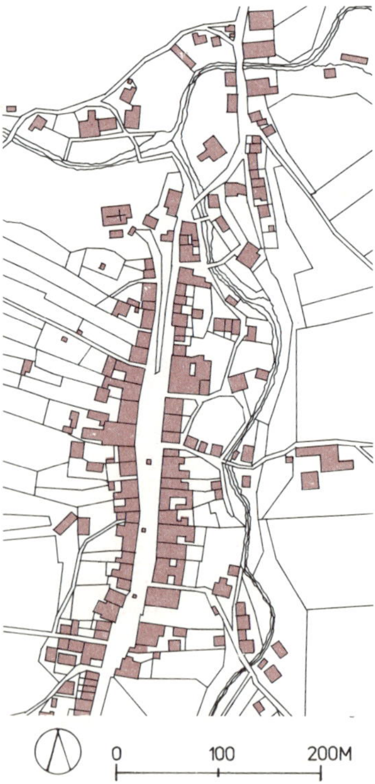

Neumarkt, Historischer Ortsplan nach Kataster von 1829/30

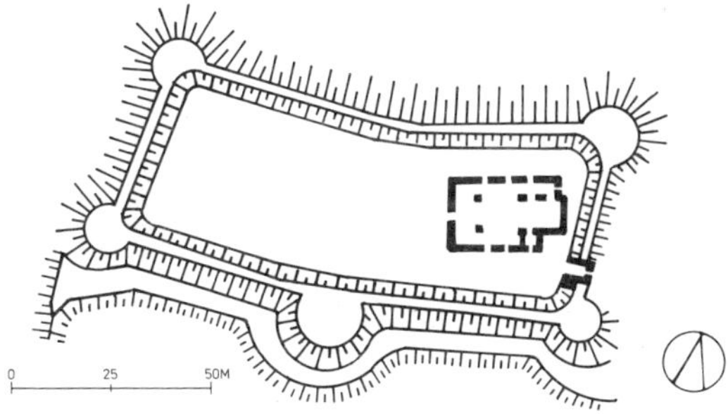

Neumarkt, Pfarrkirche hl. Nikolaus mit Wallanlage

Friedhof umgeben. Historistische Hallenkirche mit bar. Südturm. – Urk. 1389 Kirche, 1725–1728 weitgehender Neubau. 1859 Pfarrerhebung. Nach Brand 1887 Neubau auf den Grundmauern des Barockbaus, gew. 1888. Rest. 1946, 1971 innen.
Kubisch proportioniertes Langhaus von 1887/88 unter Schopfwalmdach und eingezogener, gerade schließender Chor mit z. T. historistisch gerahmten Rundbogenfenstern. Portalvorbauten von 1971. An der Chorsüdflanke steinsichtiger Barockturm mit rundbogigen Schallfenstern, Uhrgiebeln und Pyramidenhelm. An der Nordflanke Sakristei- und Oratoriumsanbau in der Flucht des Langhauses. Eingemauerter Stein bez. S. A. 1651.
Langhaus im annähernd quadrat. Hauptteil durch muldenförmige Wölbung auf Riesenpilastern zentralisiert, im westl. Emporenjoch ehem. Dreischiffigkeit durch Pfeilerstützen und Wölbungen fortgeführt. Im Chor Stichkappentonne über Doppelpilastern, an der Oratoriumsflachdecke bar. Stuckrahmen.
Neorenaissancealtäre von 1888, Säulenädikulen mit Auszügen. Hochaltar 3achsig, Altarblatt hl. Nikolaus, Seitenfiguren Hll. Laurentius, Katharina, Auszugsbild Marienkrönung, Tabernakelaufbau. Seitenaltäre; li. Altarblatt hl. Maria Rosenkranzkönigin, Seitenfiguren Hll. Florian, Sebastian; re. Kruzifix, Seitenfiguren Hll. Maria und Johannes Ev. – Schnitzfiguren Schmerzensmann frühes 18. Jh., Nachfolge *Meinrad Guggenbichlers;* hl. Leonhard um 1960. Historistische Ampel. Orgel von *Albert Mauracher,* 1888.

Schanze und **Wachthaus,** grenzen den alten Friedhof um die Pfarrkirche ein; erb. 1638/39 unter Eb. Paris Lodron nach Planung von *Santino Solari.* Im Schnitt 2,5–3,0 m hohe beidseits abgeböschte Wallanlage mit fünf vorspringenden Rondellen, gegen N und O steil gegen den Wallerbach abfallend. – Wachthaus, Torbau der Anlage an der SO-Seite, heute Friedhofs- und Kirchenzugang, hakenförmiger Bau mit tonnengewölbter Durchfahrt, zwei Geschosse gemauert, oberhalb Durchfahrt ehem. Wohnung für Offizier; 2. Obergeschoß (heute eternitverschindelter) Holzbau, Aufbau des 19. Jhs.; Rundbogentor mit rechteckiger Quadereinfassung aus Konglomerat, Marmorschlußstein mit Wappen Eb. Paris Lodron, darüber Erinnerungstafel an Marktbrand 1879, seitl. je eine kleine Schießluke; Kämpfersteine ebenfalls Marmor, Inschr. Paris Lodron bez. 1638.

FILIALKIRCHE hl. Maria Magdalena in N e u f a h r n. Kleiner einschiffiger spätgot. Bau am N-Rand des Dorfes. Urk. 1336. Rest. 1979–1981.
Schlichter spätgot. Bau, polygonal geschlossen, mit Satteldach und hölzernem bar. Giebelreiter mit Zwiebelhelm. Umlaufender Sockel und got. Traufgesims. Im S eingeschossiger bar. Sakristeianbau mit abgewalmtem Dach. Spätgot. S-Portal, spitzbogig, abgefast, mit hölzernem Vorbau von 1901.
Langhaus 2jochig, spitzbogiger abgefaster Triumphbogen, gleichbreiter einjochiger Chor mit 5/8-Schluß. Spätgot. Netzrippengewölbe im 18. Jh. abgeschlagen. Bar. Pilastergliederung in Langhaus und Chor. Bar. Stichbogenfenster, im S Stifterscheibe des 16. Jhs. – Hölzerne W-Empore 2. H. 17. Jh. – Sakristei kreuzgratgewölbt, mit Sakristeischrank 2. H. 17. Jh.

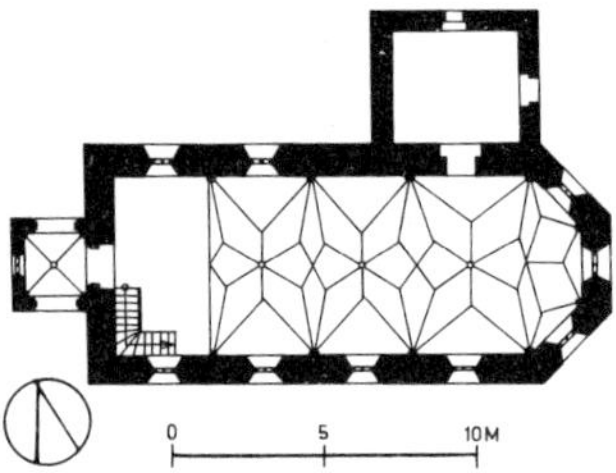

Neumarkt-Neufahrn, Filialkirche hl. Maria Magdalena

Hochaltar von 1645, Altarblatt Verkündigung, Oberbild hl. Maria Magdalena, seitl. Konsolfiguren Hll. Johannes d. T. und Franz von Assisi, im Aufsatz zwei stehende Engel. Tabernakel M. 18. Jh. – Seitenaltar von 1731; Aufbau von *Veit Mödlhammer;* Altarblatt Gottvater und die Wetterheiligen Johannes und Paul. Aufsatzbild hl. Gallus. – Kruzifix um 1900. – Bilder, 7 Zufluchten, 1. H. 18. Jh.; hl. Sebastian bez. 1710; hl. Florian, E. 18. Jh.; hl. Vinzenz bez. *Josef Jaud 1863.*

FILIALKIRCHE hl. Martin in P f o n g a u, im S des Ortes. Spätgot. Saalkirche mit neogot. Dachreiter. – Rest. 1931, 1960 außen. 1984 bei Grabung vier Vorgängerbauten festgestellt, davon der erste Holzkirche aus dem 8. Jh.
3seitig geschlossener Bau mit 2bahnigen, erneuerten Maßwerkfenstern. Neugot. Portalvorbau vor spätgot. Westportal, gekappter Kielbogen mit Profilierung und Verstabung, neugot. Holztor. Neugot. 8seitiger Giebelreiter auf Kragsteinen. An der Nordflanke doppelgeschossiger Sakristei- und Oratoriumsanbau von 1675. – An der Außenseite Bruchstück eines römischen Reliefs mit männlicher Gestalt.
4jochig mit 3/8-Schluß, Netzrippengewölbe auf Konsolen, verstäbtes Sakristeiportal, Rotmarmorplattenboden. Ausmalung 1909. Ornamentale Glasmalerei bez. *1862 Gebrüder Darèe München.* – Neugot. Ausstattung; Hochaltar mit Statue hl. Martin in Arkade, Kanzel, Orgel auf flacher Holzempore (Werk von *Albert Mauracher*), Gestühl. – Schnitzrelief Marienkrönung frühes 17. Jh., Art *Hans Waldburgers,* rest. 1962. Schnitzfigur hl. Michael um 1700.

FILIALKIRCHE hl. Georg in S o m m e r h o l z, dominierend auf einem Höhenrücken inmitten der Streusiedlung Sommerholz. Spätgot., barockisiertes Saalkirchlein mit Westturm. – Urk. 1475; urspr. Wallfahrtskirche. Nach Brand 1948 Erneuerung der Dächer, Rest. 1950 innen, 1975–1977.

Westturm urk. von 1740, Zwiebelhelm von 1958. Schlichter, 3seitig geschlossener Bau mit got. Traufkehle und bar. Flachbogenfenstern; spätgot. Portale gedrückt spitzbogig sowie ein abgefast rundbogiges in Rotmarmor, beschlagene und genagelte Tore. Südl. im Kern got. Sakristeianbau.
2jochiges Langhaus über geringfügig eingezogenen, abgefasten spitzbogigen Triumphbogen in gleich breiten und hohen, einjochigen Chor mit ehem. $^{5}/_{8}$-Schluß übergehend. Spätgot. Stichkappentonnen mit Spuren des ehem. Rippennetzes auf bar. Kämpfern über den got. Rundstäben vor schwachen Wandpfeilervorlagen sowie über Konsolen. Rotmarmorplattenboden von 1701. Im Westjoch bar., flache Empore auf erneuerten Holzsäulen. Im Chor Spuren der spätgot. Schildbögen; an der Südflanke spitzbogiges, abgefastes Sakristeiportal; im Scheitel vermauertes Spitzbogenfenster.
Hochaltar, urk. 1673–1675 von *Jakob Gerold,* urspr. bez. 1675, Säulenädikula mit Sprenggiebel und Ädikulaauszug in Schwarz-Gold-Fassung mit Knorpelwerk; Altarblatt hl. Georg und Auszugsbild Marienkrönung urk. von *Matthias Wichlhamer,* Seitenfiguren Hll. Christophorus, Jakobus d. Ä. und bekrönende Christusstatue von *Jakob Gerold;* spätbar. Tabernakel 2. V. 18. Jh., Rokokoleuchter. Hinter dem Altar bar., vergitterter Schaukasten. – Quadrat. Kanzel und Zugangsbalkon urk. 1723 von *Paul* und *Veit Mödlhamer,* am Korb Figur Guter Hirte. – Statuetten Wetterherren Hll. Johannes und Paulus 2. V. 18. Jh. Bar. Gestühl von 1723. Empireampel. Bar. Opferstock. Weihwasserschale bez. 1732.

KAPELLEN. **Gerichtskapelle** in Neumarkt a. W., um 1740, 1956 rest.; Halbrundbau in der Gartenmauer des Bezirksgerichts, Flachbogenöffnung mit gleichzeitigem Schmiedeeisengitter, im gestaffelten Inneren Bandlwerkstuck, Schnitzstatuen Hll. Johannes Nepomuk, Sebastian, Rochus. – **Schloßkapelle** hl. Sigmund in Sighartstein, siehe Schloß Sighartstein.
Weiler-, Hof- und Wegkapellen. Schlichte, 3seitig geschlossene, innen meist tonnengewölbte Bauten 2. H. 19./frühes 20. Jh. Holzmann (Wertheim), um 1900, Putzgliederung, Spitzbogenöffnungen, Schopfwalmdach. Meierhof, frühes 20. Jh., Schopfwalmdach. – Roid (Lengroid), 1868 erb.; barockisierendes Säulenaltärchen mit Volutenauszug um 1868, Seitenfiguren Hll. Leonhard, Florian, Auszugsbild Hl. Dreifaltigkeit. – Sendlberg (Neufahrn), 1893, Dachreiter. – Wies (Lengroid), 1860 erb.; barockisierendes Säulenaltärchen mit Volutenauszug um 1860, Mariengnadenbild, Auszugsbild Hl. Dreifaltigkeit. – Wallester (Sommerholz), lt. Bez. 1716 erb., 1883 erneuert; quadrat. Bau unter Pyramidendach, volkstümlich bar. Marienfigur 1872 erworben.

BILDSTÖCKE. Bar. Kapellenstöcke mit Vorlauben unter Pyramidendächern. **Hagernkapelle** (Wimmer, Lengroid), Votivbau von 1744; Pilastergliederung, Nischengitter; volkstümliche bar. Bilder, 3. V. 19. Jh. erneuert, Gnadenbild Maria Dorfen über Armen Seelen, 7 Zufluchten, Wetterherren Hll. Johannes und Paulus. – Neumarkt a. W., östl. des Ortes über dem Steinbach, Mariahilf-Bild bez. 1818. – Neumarkt a. W., Moserkellergasse, Votivbau von 1860, mit Halbsäulenvorlagen, Marienbild. – Pfongau, mit Putzgliederung. – Sighartstein, westl. des Gutsweilers, Votivbau um 1700; mächtige Pilastergliederung, in vergitterter Nische Gnadenbild Maria Dorfen 2. H. 18. Jh. in nachbar. Rahmen.

SCHLOSS Pfongau, Barockschlößl im NO des Ortes. Urspr. Öder, 1441 Jakob Rainer von Pfongau, 1610–1873 Überacker. – 2geschossiger Rechtecktrakt der 1. H. des 18. Jhs. mit ziegelgedecktem Mansardwalmdach über Traufkehle, an der Hauptfront angedeuteter Mittelrisalit mit gequadertem und verdachtem Rundbogenportal, Fensterputzleisten.
Inneres. Im Obergeschoß gekehlte Flachdecken mit geschwungenen Stuckrahmen, im Ostteil mit Bandlwerkstuck um 1740, im NO-Zimmer um Stuckwappen Überacker, im SO-Raum um Freskobild Auffindung des Mosesknaben. An Türen Intarsienmalerei und Schlösser um 1740. Im SO-Zimmer Rokokowandbemalung um 1770, in drei Feldern mythologische Szenen mit Diana und Endymion.
Ehem. Schloßtaverne gegenüberliegend, urk. 1596, 2geschossiger Barockbau mit Traufkehle.

SCHLOSS Sighartstein, östl. von Neumarkt a. W., auf einem Geländerücken erhöht über dem Gutsweiler. Spätbar., im Kern spätgot. Haupttrakt mit Anbauten gegen S. Schloßkapelle und Wirtschaftsflügel. – 1442 das Gut an Virgil Überacker, urk. 1456 Burg als neu erb., 1714 durchgreifende Erneuerung.
3geschossiger Rechtecktrakt mit beherrschendem Mansardwalmdach über Traufgesims. Im N und W erneuerte Ringmauern, im S künstlicher Wehrgraben mit Zugbrücke. An der südl. Schmalseite Torrisalit mit Doppelwappen Überacker – O'Donnell, um 1720–1730, im Rundbogenportal beschlagenes Barocktor. Anschließend 2geschossiger Verbindungsgang zur Kapelle 3. V. 18. Jh.
Im Keller Tonnenwölbung mit Schalbretterabdrücken vom mittelalterlichen Baukern. Überwiegend 3hüftige Raumaufteilung, in der Torachse 2läufiges Stiegenhaus mit Barockgittern. Im Erdgeschoß z. T. Stichkappentonnen (in ehem. Torwärterstube), beschlagene Barocktüren, Rotmarmorplattenboden. Im Erdgeschoß und 1. Obergeschoß an den gekehlten Flachdecken Laub- und Bandlwerkstuck sowie geschwungene Rahmen, um 1730. Kamingewände in Rotmarmor frühes 18. Jh., Rokokoofen aus Schloß Pfongau, Neorenaissancekachelofen. Zwei bar. Giebeltürstöcke. – Porträt-, Rüstungen- und Waffensammlung.

Schloßkapelle hl. Sigmund, südöstl. des Hauptschlosses im Hof zwischen Sakristei, Verbindungs- und Wirtschaftstrakt. 1452 Weihe (Hll. Sigmund und Helena). Urk. 1614 Neubau; Erneuerung im frühen 18. Jh. – Hofseitig trapezförmiger Vorbau, A. 17. Jh. (?), in eine durch drei Rundbogenarkaden geöffnete Vorlaube und Emporengeschoß unterteilt, Dachreiter; östl. vorragende Apsis. Im Hauptjoch Kreuzgratgewölbe und in der Apsis Stichkappenwölbung auf Pfeilervorlagen.
Hochaltar um 1747, marmoriertes Volutenpilasterretabel mit Volutenauszug, Altarblatt Hll. Sigmund und Helena mit Maria, Seitenfiguren Hll. Maximilian, Wolfgang, Auszugsbild hl. Johannes Nepomuk, Tabernakel über Rokokoreliquienschrein, Rokokoreliquienpyramiden. – Seitenaltar 1. V. 18. Jh., marmorierte Sprenggiebelädikula, Altarblatt hl. Antonius von Padua, Seitenfiguren in Säulenstellung Hll. Joseph, Jakobus d. Ä., Auszugsmedaillon hl. Franz von Assisi, Schreinstaffel um 1730–1740, mit Papierfigürchen hl. Johannes Nepomuk unter intarsiertem, vergittertem Tabernakel, bekrönt von Rokokoreliquienständer. – Orgelpositiv um 1740. – Schnitzfigur hl. Joseph 1. H. 18. Jh.,

Reliquienbüsten Hll. Johannes Nepomuk und Franz Xaver 18. Jh., bar. Gnadenstatuette hl. Maria von Altötting. Ölbilder Hll. Sebastian, Florian 1. H. 18. Jh.; Brustbild Christi um 1720; byzantinisierendes Mariengnadenbild, bez. 1720. Volkstümlicher bar. Kreuzweg 18. Jh.

Brunnen im Vorhof, von 1893, mit Statue hl. Sighard.

Steinstatue hl. Johannes Nepomuk 18. Jh., am Schloßhügel.

HÄUSER. In Neumarkt a. W. am Straßenplatz geschlossene, trauf- und giebelständige, überwiegend 2geschossige Verbauung; im Kern häufig 16. bis 18. Jh.; Fassaden meist reduziert. – **Hauptstraße, Nr. 3:** Bäuerlicher, bar. Altbau. – **Nr. 16:** Bezirksgericht, ehem. Pfleggericht der Herrschaft Altentann, E. 17. Jh. Bautätigkeit, 1728 Aufstockung geplant, 1782 durchgreifend erneuert, Renov. 1950–1952. Stattlicher Barockbau unter Walmdach; im Garten Achtecksalettl. – **Nr. 18:** Ehem. Kaufhaus, 1750 erneuert; 3geschossig, im Kern bar., Fassade 4. V. 19. Jh.; innen Marmorlavabo bez. 1716, Bandlwerkstuckdekken 2. V. 18. Jh. im Obergeschoß, Neorenaissancekachelofen. – **Nr. 21:** Ehem. Postgasthof, Fassade und klassizistischer Mittelgiebel wahrsch. nach 1879, barockisierende Portalanlage. – **Nr. 34:** Ehem. Gasthof, langgestreckter Trakt mit Eckrundungen und historistischer Fassade E. 19. Jh. – **Nr. 47:** 17. Jh.; abgefastes, verdachtes Rundbogenportal, Barocktürflügel; Flurtonne, kreuzgratgewölbte Halle mit Marmormittelsäule. – An der nördl., in die Senke abfallenden Straßenfortsetzung Altbestand einer gestaffelten Gruppe 2geschossiger Giebelhäuser (**Hauptstraße Nr. 40 bis 46**).
2geschossige Barockhäuser außerhalb des Straßenplatzes in der Senke des Statzenbaches. **Hauptstraße, Nr. 63: Ehem. Baderhaus,** Rokokohaus mit anschließendem Wirtschaftsteil, Walmdach über Traufkehle; Eckputzpilaster, reiche Portal- und Fensterumrahmungen in Stuck, um 1750–1760; Flurtonne. – **Statzenbachgasse, Nr. 26:** Putzdekor um 1760.
Sighartstein, Nr. 28: Schloßgasthof am Fuße des Schloßhügels. Urk. 1444 eine Taverne; im Kern bar., 2geschossiger, quadrat. Bau mit Traufkehle, Putzgliederung 19. Jh., Holzportal bez. 1877, bar. Marmorwappenstein Überacker.

BAUERNHÖFE. **Maierhof, Nr. 6:** Wiedweng. Mittertennhof; 2geschossiges Mittelflurhaus mit Biedermeier-Putzgliederung, Holzportal und Fenstergitter, 19. Jh., Satteldach. – **Nr. 20:** Zuhäusl Kittlhof, 2geschossiges Haus mit 5achsiger Fassade, Stützpfeilern, Putzgliederung (Eckquadern, Putzfaschen), im Giebelfeld Ochsenaugen, Krüppelwalmdach.
Neufahrn, Nr. 25: Haslach, Zuhaus Seppenbauer; 2geschossiger Blockbau, Mittelflurhaus, Giebelbalkon mit balusterartiger Brüstung, flaches Satteldach. – **Haus** am Ortsbeginn, 2geschossiges Mittelflurhaus mit gemauertem Erdgeschoß, Obergeschoß in Blockbau, Giebelbalkon unter Krüppelwalmdach.
Neumarkt a. W., Seeweg, Nr. 28: Mittertennhof, gemauertes Erdgeschoß, Obergeschoß in Blockbau, Krüppelwalmdach, Taubenstände. – **Statzenbachgasse, Nr. 13:** Paarhof, Wohnhaus mit Putzgliederung und klassizistischem Portal, 2. H. 19. Jh. – **Wiener Bundesstraße, Nr. 11:** Doppelhaus, 2geschossiger, verschindelter Blockbau unter flachem Satteldach, im Obergeschoß zwischen den Fenstern Bretterkruzifix.
Pfongau, Nr. 13: Traufseitig erschlossener, 2geschossiger Blockbau mit Satteldach. – **Nr. 19:** Traufseitig erschlossenes Haus in Mischbauweise, abgefaste

Steinlaibungen, Fenstergitter, neue klassizistische Fassadenbemalung. – **Nr. 24:** Mittertennhof, Mittelflurhaus mit gemauertem Erdgeschoß und Obergeschoß in Blockbau, z. T. verschindelt, steiles Satteldach. – **Nr. 29:** Ehem. Zuhäusl (?), gemauertes Erdgeschoß, Obergeschoß in Blockbau. Krüppelwalmdach, vgl. auch das Haus daneben. – **Nr. 32:** Winklerbauer, Mittertennhof, Erdgeschoß gemauert, Obergeschoß in Blockbau, Mittelflurhaus mit Sandsteinportal, zwei Giebelbalkone, Krüppelwalmdach. Daneben **Zuhäusl,** kleiner Einhof, 2geschossiges Mittelflurhaus mit gemauertem Erdgeschoß und Obergeschoß in Blockbau, Giebelbalkon mit balusterartiger Brüstung, flaches Satteldach. – **Nr. 44:** Rinnermühle, außerhalb des Ortes; Paarhof; 2geschossiges gemauertes Mittelflurhaus mit Putzgliederung, im Obergeschoß schmiedeeiserne Fensterkörbe, Pfette bez. 1722, Satteldach. Wirtschaftsgebäude mit gemauertem Stall und Stadel in Ständerbauweise.
Sommerholz, Nr. 24: Ehem. Einhof, gemauertes Haus mit Balkon im verbretterten Giebelfeld, Krüppelwalmdach. – **Nr. 28:** Adaptierter Einhof, 2geschossiger Blockbau, Mittelflurhaus, z. T. verschindelt. Obergeschoßbalkon, flaches Satteldach mit Dachreiter.

NIEDERALM. Gem. Anif. Polit. Bez. Salzburg-Umgebung

Langgestrecktes Haufendorf südl. der Stadt Salzburg am Almfluß. – Hauptsächlich Flachgauer Einhöfe im Ortsgebiet.

PFARRKIRCHE hl. Johannes d. T., am Nordrand des Dorfes. Kleiner einschiffiger Bau, im Kern spätgot., Umbauten im 17. Jh. bzw. 1972/73, von Friedhof umgeben. Urk. 1435, Pfarre seit 1949.
Schlichter Außenbau, Langhaus des 17. Jhs., Satteldach und Giebelreiter mit bar. Zwiebel; eingezogener, polygonal geschlossener spätgot. Chor; umlaufende Hohlkehle. 2geschossige Sakristei im N des Chores (ehem. got. N-Turm). Im W in der Breite des Langhauses eingeschossige bar. Vorhalle mit abgewalmtem Dach.
Langhaus mit offener Dachstuhlkonstruktion von *Jakob Adlhart,* 1972/73; spitzbogiger abgefaster Triumphbogen, Chor mit $^5/_8$-Schluß; rundbogiges abgefastes Sakristeiportal im N, Sakristei im Erdgeschoß tonnengewölbt, im 1. Obergeschoß kreuzgratgewölbt. Vorhalle unterteilt, im SW Kapellenraum. Eingeschossige W-Empore.
Hochaltaraufbau 1. H. 18. Jh., Altarblatt Maria mit Kind im Strahlenkranz, darunter Hll. Johannes d. T. und Ev., 2. H. 17. Jh.; Oberbild hl. Andreas, A. 18. Jh.; Tabernakel 2. H. 18. Jh.; Opfergangsportale mit Figuren Hll. Rupert und Virgil, und Konsolfiguren Hll. Katharina und Barbara, alles frühes 18. Jh. – Seitenaltäre, Aufbauten M. 18. Jh. Li. Altarblatt Immaculata, Oberbild hl. Michael, 2. H. 18. Jh.; Konsolstatuetten Hll. Notburga und Isidor um 1800, Ovalbild Herz Jesu 19. Jh. Re. Altarblatt Hl. Familie, um 1800, Konsolstatuetten Hll. Sebastian und Rochus um 1800; Ovalbild hl. Antonius, 18. Jh.
Altar in der Vorhalle, Aufbau und Bild Gnadenstuhl und hl. Maria mit Seelen im Fegefeuer von *Johann Wolf Huber,* E. 17. Jh. – Kruzifix 17. Jh.; Konsolfiguren Ecce Homo und Mater dolorosa 1. H. 18. Jh. – Bilder, Maria vom Guten Rat, M. 18. Jh.; Krönung Mariens bez. 1841 (?); Kreuzwegbilder 18. Jh. – Orgel von *Dreher & Flamm,* 1938.

SCHLOSS Lasseregg, unmittelbar nordöstl. der Filialkirche. Als Gut zu Niederalm urk. 1418 Hans Reuter, dann Gewerkenfamilie Strasser, A. 16. Jh. Familie Lasser von Lasseregg, Umbau in heutige Gestalt, A. 18. Jh. Grafen Kuefstein, bis 1796 wieder Lasser, dann von Lassberg, ab 1835 zahlreiche Besitzer, heute Privatbesitz.
Rechteckiger Grundriß, niedriges Sockelgeschoß, Eingangsportal im S, gequaderte Konglomerateinfassung mit Sprenggiebel; darüber zwei Vollgeschosse mit südl. Mittelgiebel, Walmdach; über den Fenstern halbkreisförmig gerahmte Palmettenmotive, Fassadengestaltung E. 19. Jh., an den Gebäudekanten jeweils bis über das 1. Obergeschoß reichende Eckpfeiler, Stein, mit starkem Anzug. Westl. moderne Terrasse auf Rechteckpfeilern, im N Freitreppe, hier Inschrift- und Wappentafel, 1. Familienwappen Lasser mit angeheirateten Familien, bez. 1546, 2. Oberteil Grabplatte (?) mit Krabbengiebel über Allianzwappen Lasser-Scheuchenstuel, bez. 1515. Innen im östl. Teil, im Sockelgeschoß, zwei tonnengewölbte Räume mit zwei gedrungenen Marmorsäulen, an der südl. Wappen Lasser, bez. 1511.
Reste der Umfassungsmauer, heute zugleich Friedhofmauer, mit Schießscharte, erhalten.

Wirtschaftsgebäude, Nr. 2: 2geschossiger Bau mit Krüppelwalmdach, Dachgeschoß erneuert, im Kern spätmittelalterlich. Hauptfassade und drei Achsen der Seitenfassade; Marmorfenstergewände in beiden Geschossen abgefast, über dem abgefasten Eingangsportal querrechteckiges Oberlichtfenster; Flur kreuzgratgewölbt.

HÄUSER. **Nr. 32:** Kaiserwirt, im Kern 16. Jh., Umbau 1977; im 1. Obergeschoß abgefaste Fenstergewände aus Rotmarmor; Rundbogenportal bez. 1796; Reliefplatte Kruzifixus und Stifter mit den Wappen Lasser und Scheuchenstuel, A. 16. Jh. – **Nr. 40:** Bäckerei Ebner, im Kern 16. Jh., 2geschossig mit Krüppelwalmdach, Dachstuhl des 19. Jhs. (?); profilierte bzw. abgefaste Fenstergewände z. T. erneuert. Erdgeschoßräume kreuzgratgewölbt.

BAUERNHÖFE. **Niederalm, Nr. 10:** Hakenhof, bez. 1795. Erd- und Obergeschoß gemauert, verputzt. Im Obergeschoß Fresko Maria mit Kind. Haustürmarmorgewände mit Sterntüre. Dachgeschoß verputzt mit Balkon und Schopfwalmdach. Dachuntersicht mit Fischgrätmusterung. – **Nr. 20:** Einhof, bez. 1646. In das Gebäude ein Austraghaus integriert, daher zwei Eingänge. Erdgeschoß zum Teil gewölbt, Tonnengewölbe. Obergeschoß gemauert, verputzt, auf stallseitiger Verschindelung Rautenverzierung, Dachgeschoß, Schopfwalmdach. – **Nr. 36:** Einhof, bez. 1742. Erdgeschoß gemauert, verputzt, Haustür mit Sternverzierung. Obergeschoß Blockbau, verputzt. Dachgeschoß senkrecht verschalt mit Balkon und Schopfwalmdach. – **Nr. 37:** Sagmüller. Einhof. Stubentram bez. 1797. Erdgeschoß gemauert, verputzt, Haustüre mit Rautenverzierung, z. T. originale Fenster. An der Giebelwand Fresko Maria mit Kind. Dachgeschoß senkrecht verschalt, Schopfwalmdach, im Schopf Taubenschlag. – **Nr. 42:** Einhof, Erd- und Obergeschoß gemauert, verputzt, Marmortür- und -fenstergewände. Über der Haustür Fresko Maria mit Kind. Dachgeschoß verschalt, verputzt, Schopfwalmdach. – **Nr. 49:** Hakenförmiger Einhof, bez. 1878 am Marmortürgewände. Erd- und Obergeschoß gemauert, verputzt. Dachgeschoß verschalt, Balkon, Schopfwalmdach. – **Nr. 54:** Einhof,

Erd- und Obergeschoß gemauert, Natursteinmauerwerk mit Schlackenverzierung. Dachgeschoß verschalt mit Balkon, Schopfwalmdach.

NIEDERARNSDORF, siehe ARNSDORF

NIEDERNSILL. Polit. Bez. Zell am See

Gemeinde; straßendorfartiges Haufendorf am re. Salzachufer zwischen Mittersill und Zell am See; am Ausgang des Mühlbachtales am Talboden der Weiler Mühlbach, westl. am Hang Bichl. Urk. 12. Jh.

PFARRKIRCHE hl. Luzia, in der Dorfmitte. Neurom. Bau, von Friedhof umgeben. Urk. 1409. Pfarre seit 1857. Neubau 1865/66, Kirchenbrand 1877, Wiederaufbau bis 1882, N-Turm von 1886.
Schlichter einschiffiger Bau aus Bruchsteinmauerwerk, mit eingezogener polygonaler Apsis. Turm mit Triforenfenstern und Spitzgiebelhelm.
Innenraumgestaltung von 1959. – Hochaltarbild Abendmahl, A. 18. Jh. Bar. Konsolfiguren im Chor Hll. Franziskus, Papst Gregor der Große, Florian, Antonius von Padua. Konsolfiguren des Langhauses hl. Luzia und Erzengel Michael, M. 18. Jh. Kreuzwegstationen, Reliefs, 19. Jh. (aus der Pfarrkirche Wörgl/Tirol). – Im W Doppelempore, untere Empore mit Konsolfiguren Vier Evangelisten, 1. V. 19. Jh., und bar. Engel. Orgel von *Matthäus Mauracher d. Ä.*, 1882.

SEELENKAPELLE, erb. 1881, neurom.; mit Inventar des 19. Jhs.

AUSSEGNUNGSHALLE, erb. 1972–1974, mit Sgraffito Auferstandener von *Wolf Wiesinger.*

KRIEGERDENKMAL, erneuert 1954, mit Figur von *Leo Schider,* um 1920.

HACKLWIRT, Nr. 11: Breitgelagertes Mittelflurhaus, im Kern 16. Jh., Brand 1848. Freistehender 2geschossiger Bau mit Krüppelwalmdach, spätgot. Kielbogenportal, am Sockel Andreaskreuz; abgefaste Fenstergewände im Ober- und im Dachgeschoß. Gewölbe in Vorhaus, Küche und Keller.

BAHNHOF Niedernsill, erb. um 1900. Eingeschossiger Grundtypus der Bahnhöfe der Pinzgauer Lokalbahn, über T-förmigem Grundriß.

SCHREMPFGUT, in Steindorf, Weiler am Schwemmkegel des Steinbaches auf der li. Seite des Salzachtales, Nr. 1: 2geschossiges Wohnhaus, 16. Jh., im Erdgeschoß und an der NO-Ecke über zwei Geschosse gemauert; gekehltes kielbogiges Portal, abgefaste got. Fensterlaibungen; Stichkappentonne in Querflur, Küche und Keller. Roßstall hinten an das Wohnhaus angelehnt; etwas entfernt Stall/Stadel.

BAUERNHÖFE. **Niedernsill, Nr. 15:** Oberbichl; Hofgruppe, bmkw. das Wirtschaftsgebäude, der Kornkasten in Blockbau von 1776; etwas unterhalb Backofen und kleine Holzkapelle. – **Nr. 17:** Kremersberg; Haufenhof auf schmalem Terrassenband südwestl. von Niedernsill, 17. Jh. (?). 2geschossiges gemauertes Wohnhaus mit kniestockartigem Giebelgeschoß in Blockbau; First

bez. Hans Beil 1804; Fassadenbemalung in Anlehnung an ältere Bemalung, über der Tür Inschr. mit Bez. 1833; Querflur; im Keller Tonnengewölbe. Vom Obergeschoß überdachter Steg zum Stadel, First bez. 1683. Pferdestall, First bez. 1750. Zwei eingeschossige Kornkästen in Blockbau von 1699 und 1874.
Aisdorf, Weiler auf der re. Seite des Salzachtales mit bmkw. Paarhöfen. Die Wirtschaftsgebäude im Stallgeschoß gemauert oder engverfugter Kantholzblockbau und luftig verlegte Hölzer im Stadelaufbau; Stroh- bzw. Troadgänge unter vorkragenden Satteldächern. – **Nr. 1:** Neuschmid; traufseitig erschlossenes Mittelflurhaus, unter dem Giebel bar. Engelsfigur. Eingeschossiger Kornkasten von 1724. – **Nr. 3:** Tomanbauer; spitzbogiges, gekehltes Portal. – **Nr. 6:** Stöcklgut; 3geschossiges Haus, im Erdgeschoß gemauert, darüber Blockbau mit Obergeschoßgang und kleinem Mittelgang im 2. Obergeschoß; im Kern 16. Jh. Gekehltes, kielbogiges Portal; Stichkappengewölbe in Flur, Küche, Vorratsraum und Keller.
Ematen, Nr. 2: Moarleiten; unmittelbar an der Straße gelegener Paarhof; 3geschossiges Wohnhaus mit gekehltem, kielbogigem Portal des 16. Jhs.
Lengdorf, Weiler am Schwemmkegel des Lengbaches auf der li. Seite des Salzachtales. – **Nr. 4:** Ehem. Mühle (?), 2geschossiger schmaler Baukörper aus Bruchsteinmauerwerk unter schindelgedecktem Krüppelwalmdach, 18./19. Jh.

NIEDERRAIN, Schloß, siehe MARIAPFARR

NUSSDORF am Haunsberg. Polit. Bez. Salzburg-Umgebung

Gemeinde, östl. von Oberndorf, zwischen Oichtenbachtal und Höhenrücken des Haunsberges; bestehend aus dem Haufendorf Nußdorf, dem Kirchweiler Lauterbach, dem Burg- und Kirchweiler Schlößl (St. Pankraz) sowie weiteren Weilern in Streusiedlungsgebiet.
Vorherrschend Einhöfe; Oichtental lange Zeit Grenzlinie zwischen Gruppenhof- und Einhofgebiet.

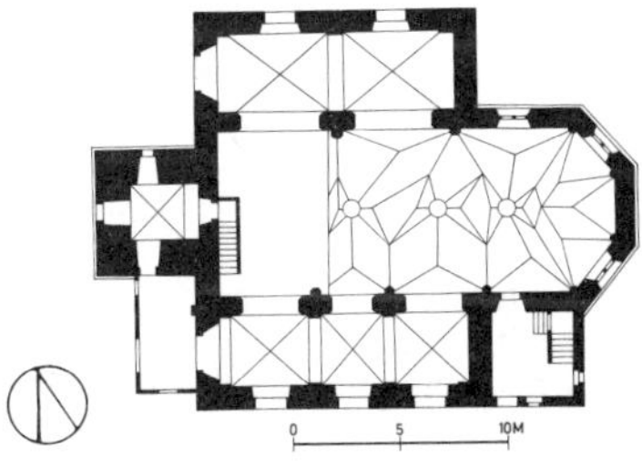

Nußdorf, Pfarrkirche hl. Georg

PFARRKIRCHE hl. Georg, in der Ortsmitte. 3schiffiger Bau, Mittelschiff und W-Turm spätgot., Seitenschiffe des 18. Jhs., von Friedhof umgeben. Urk. 13. Jh. (?). Neu erb. 1476; südl. Seitenschiff von 1728–1730, nördl. Seitenschiff von 1750. Pfarre seit 1867. Brand 1913.

Satteldach über Mittelschiff und Seitenschiffen, Chor gleich breit und gleich hoch wie das Mittelschiff, polygonal geschlossen, abschließendes Kaffgesims, an den Seitenschiffen Hohlkehlen. Umlaufender Sockel. Spitzbogige Fenster, Achsfenster im Chor vermauert. – 6geschossiger Turm mit Sockel, Geschoßteilung durch Kaffgesimse, spitzbogige abgefaste Schallfenster und Pyramidendach von 1913. – An das südl. Seitenschiff anschließend 2geschossige gleich breite Sakristei. Türvorbauten im W von 1974, im S an den Turm angebaut Kapelle mit kleinem Altar von 1918.
Mittelschiff und Chor mit spätgot. unregelmäßigem Netzrippengewölbe und runden Schlußsteinen, auf polygonalen Diensten mit Basis und Kapitell, $^{3}/_{8}$-Schluß. Seitenschiffe kreuzgratgewölbt, im N 2jochig, im S 3jochig. An der Langhaus-W-Wand spätgot. abgefastes spitzbogiges Portal zum Turm, Turmerdgeschoß kreuzgratgewölbt, das spätgot. Portal vom Turmobergeschoß zum Langhaus vermauert. Südl. im Chor neugot. Portal zur Sakristei, darüber neugot. spitzbogiges Oratoriumfenster. Hölzerne eingeschossige W-Empore. Einheitliche neugot. Innenausstattung 1913–1920. Glasfenster im Chor Maria und Joseph. – Neugot. Hochaltaraufbau von *Vinzenz Pezzei,* Figuren von *Josef Bachlechner* 1914, Schreinfigur Herz Jesu, Flügelaußenseiten mit Malerei Abschied Christi von Maria, Ölbergszene, bez. *Josef Gold 1916,* Flügelinnenseiten mit Malerei Hll. Rupert, Thiemo, Virgil, Vitalis, bez. *Gold 1913;* im Gesprenge Mittelfigur hl. Georg, seitl. Figuren Hll. Ignatius von Loyola und Leonhard. – Seitenaltäre neubar., li. Mittelfigur Immaculata, seitl. Figuren Hll. Barbara und Rosalia; re. Mittelfigur hl. Joseph, seitl. Figuren Hll. Franziskus und Antonius. – Kreuzwegbilder von *Gold* 1917.

Pfarrhof, 2geschossiger Bau über rechteckigem Grundriß, mit Mansarddach, erb. 1803. Innenumbau 1980/81.

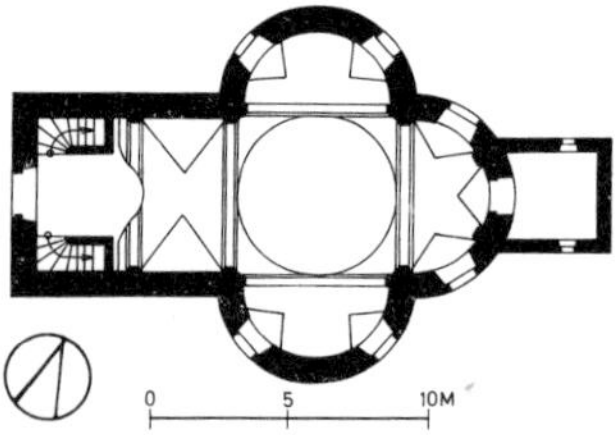

Nußdorf-Lauterbach, Filialkirche 14 Nothelfer

FILIALKIRCHE 14 Nothelfer in L a u t e r b a c h, südl. von Michaelbeuern. Einschiffiger bar. Bau mit kleeblattförmigem O-Abschluß, südl. des Weilers auf steilem Hang erhöht gelegen. Urk. 767, seit 1135 dem Stift Michaelbeuern inkorporiert. Neubau 1629 unter Abt Lambert Pichler, Weihe 1631. Neu gewölbt 1767 unter Abt Anton Moser. Rest. außen 1970, innen 1973.
Langhaus mit Giebelfassade im W, Giebelreiter mit Glockenhelm. Halbrund geschlossene Querarme mit Kegeldach, Rundapsis, daran im O anschließend eingeschossige Sakristei mit abgewalmtem Satteldach.
2jochiges Langhaus mit Stichkappentonne, quadrat. Zentralraum mit Platzlgewölbe, Gewölbe von Chor und Querarmen mit Stichkappen. Sakristei flach

gedeckt. Im W gemauerte eingeschossige Empore über das 1. Langhausjoch. Pilastergliederung mit abschließendem, stark profiliertem Gesims.
Deckenmalerei von *Josef Söll,* bez. 1767; in den Gewölbezwickeln Vier Kirchenväter, Wappen der Äbte Pichler und Moser; in der Kuppel Empfang der 30 israelitischen Helden durch König David, gegenüber Ansicht des Klosters Michaelbeuern; im li. Querarm Szene mit hl. Barbara, in der Apsis Lamm und Buch mit 7 Siegeln, im re. Querarm hl. Ägidius (?). Modell der Kuppel im Stift Michaelbeuern.
Altaraufbauten von *Johann Krapf,* Altarblätter von *Franz Nikolaus Streicher.* Hochaltar von 1769, Altarblatt 14 Nothelfer, Aufsatzbild hl. Antonius; seitl. Konsolfiguren Hll. Benedikt und Scholastica, um 1630. Seitenaltäre von 1770; li. Altarblatt hl. Laurentius, re. 7 Zufluchten.
Im Stiftsmuseum Michaelbeuern ehem. Hochaltarbild 14 Nothelfer von *Sylvester Paur* 1631. – Bar. Kruzifix. – Inschriftplatte mit Wappen Michaelbeuern/Abt Lambert und Chronogramm 1629.

FILIALKIRCHE hl. Pankraz in Schlößl (St. Pankraz am Haunsberg). Einschiffiger bar. Bau A. 18. Jh., auf Felsvorsprung am Steilabhang des Haunsberges gelegen, unmittelbar unter der Ruine Haunsberg. Urk. 1402. 1701–1707 neu erb., Entwurf von der eb. Hofbaumeisterei (Einfluß *Johann Bernhard Fischers von Erlach*). Rest. 1962.

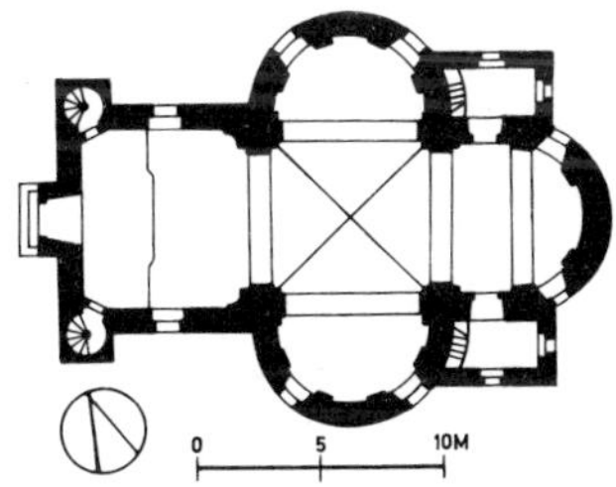

Nußdorf-Schlößl,
Filialkirche hl. Pankraz

Kurzes Langhaus mit Satteldach, halbrund geschlossene Querschiffe, Chor mit Rundapsis, im N und S symmetrisch angelegte 2geschossige Sakristeianbauten. – An der W-Fassade mit Giebelfront Turm, teilweise vorspringend; Portal mit Wappen Eb. Johann Ernst Thun von *Michael Bernhard Mandl* 1707, darüber Ovalfenster, rundbogige Schallfenster und mehrteiliger bar. Zwiebelhelm. Seitl. des Turmes an der Fassade hochrechteckige Nischen; Verbreiterung der W-Fassade gegenüber dem Langhaus durch seitl. Wendeltreppen. Gliederung der Fassaden durch Pilaster und umlaufendes, stark profiliertes Gesims.
Langhaus mit Segmentbogentonne. Seitenapsiden halbrund geschlossen, Vierung kreuzgratgewölbt, Chor mit Segmentbogentonne und halbrundem Schluß. Hochrechteckige Fenster, im Chor über den bar. Sakristeitüren im N und S quadrat. Oratorienfenster mit Stuckumrahmung. Beide Sakristeigeschosse flach gedeckt. – Im W seitl. Türen zu den Wendeltreppen, 2geschossige W-Empore, die 2. Empore von 1848, die 1. Empore bar. geschwungen mit Stukkatur. – Raumgliederung durch Pilaster und umlaufendes stark profiliertes Kranzgesims. Stuck von *Josef Schmidt* 1707.
Glasfenster Hll. Notburga und Isidor, um 1950.

Hochaltar von 1707; Aufbau von *Balthasar Kölbl,* Figuren von *Simeon Fries;* Mittelfigur hl. Pankraz, seitl. Konsolfiguren Hll. Rupert und Virgil, Aufsatzbild Trinität von *Adam Pürkmann.* Tabernakel von 1707. – Seitenaltäre von 1708, Aufbauten von *Balthasar Kölbl* und *Christoph Stern,* Figuren von *Simeon Fries.* Li. Altarblatt Geburt Christi, seitl. Konsolfiguren Hll. Eustachius und Georg, Oberbild hl. Johannes (Wetterheiliger) von *Adam Pürkmann;* bar. Antependium mit Malerei hl. Antonius Eremit erscheint Kranken. Re. Altarblatt hl. Antonius Eremit, 17. Jh., seitl. Konsolfiguren Hll. Augustinus und Florian, Oberbild hl. Paul (Wetterheiliger) von *Adam Pürkmann;* bar. Antependium mit Malerei Geburt Mariens.
Zwei Kanzeln mit bar. Stuck von *Josef Schmidt,* 1707. – Kruzifix A. 18. Jh.; Vortragekreuz 18. Jh. – Bilder, 8 Szenen aus dem Leben des hl. Pankraz, bez. 1750. Kreuzwegbilder 1. H. 19. Jh. – Bänke mit bar. Wangen von *Franz Lang,* 1709. – Bar. Weihwassermuscheln in kleinen Nischen mit Konchenabschluß seitl. des W-Portales.

KAPELLE bei K r o i s b a c h Nr. 1, romantisch-historisierender Bau von 1866 mit Rundapsis und Giebelreiter; innen Gitter bez. 1866. Neurom. Altar mit Mariahilf-Bild und Flügelbildern Hll. Barbara und Georg.

NISCHENBILDSTOCK am Nordrand von N u ß d o r f, erneuert; Altärchen von 1842.

BILDSTOCK am Weg zur Kirche in S c h l ö ß l; in Felsen gehauene Nische mit Figur Maria mit Kind, 17. Jh.

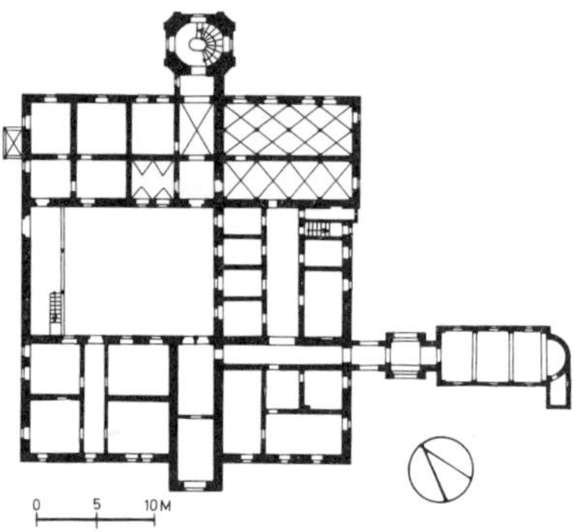

Nußdorf, Schloß Weitwörth

SCHLOSS Weitwörth, südl. von N u ß d o r f, in Wiesengelände mit Resten eines englischen Parks oberhalb der neuen Straße nach Oberndorf. 1671 als erzbischöfliches Jagdschloß erb., 1777 durchgreifender Umbau, ab 1803 aerarisch, 1863 Familie Fürst Auersperg, nachfolgend Erweiterungsbauten vor 1900, seit Jahren leerstehend.
N-Trakt, altes Jagdschloß, drei Geschosse, Walmdach über Hohlkehle von 1777, an der N-Seite Marmorwappen Eb. Max Gandolf von Kuenburg bez. 1671; an der westl. Schmalseite Erkeranbau auf laubenähnlichem Erdgeschoß; im Mittelteil die Firste wenig überragendes Türmchen mit flachem Zeltdach;

gegen N Stiegenhausanbau, innen elliptisch, Fassade 3. V. 19. Jh. Erdgeschoß weitgehend gewölbt, Eckraum im NO mit Mittelsäulen, z. T. eingemauert. Erweiterung des Schlosses durch O- und S-Flügel mit hofabschließender Terrasse gegen W, alles Zubauten 2. H. 19. Jh., ebenso Kapellenbau gegen O, mit Schloß durch überbaute Tordurchfahrt verbunden. Fassaden der Zubauten teilweise dem Altbestand angeglichen.

Schloßkapelle, Fassade mit Horizontalbänderung, rechteckiger Grundriß, flaches, gegen O abgewalmtes Satteldach; innen 3jochiges Tonnengewölbe. Altaraufbau, gebeiztes Naturholz mit Rocaillen sowie Gestühl als Reste der Einrichtung erhalten.

RUINE Haunsberg in Schlößl (St. Pankraz am Haunsberg), auf steilem Felskegel unmittelbar oberhalb der Filialkirche St. Pankraz. Erb. 12. Jh. (?) durch Herren von Haunsperg, 1211 an Erzbischof, der hier Pfleger einsetzt, seit M. 17. Jh. Verfall.
Auf Bergkuppe wenige Mauerreste, durch früheren Steinbruch an der NO-Seite und Geländeabtragung für Kirchenbau im Bestand wesentlich reduziert. Torbau neben heutigem Gasthaus relativ unverändert erhalten.

HAUS Nußdorf Nr. 3, Gasthof Langwallner. Mächtiger 2geschossiger Bau nördl. der Pfarrkirche, mit zwei Dachgeschossen und Krüppelwalmdach. Im Kern bar.; Eingangsportal bez. 1913.

BAUERNHÖFE. **Nußdorf, Nr. 17:** Friedlgut. Hakenhof, Wohnteil gemauert, Erdgeschoß und Obergeschoß Naturstein- und Ziegelwerk mit Schlackenputz. Dachgeschoß verputzt mit Kantenbändern. Steildach mit Schopfwalm. Gekehlte Pfetten mit geschnitzten Windläden. Haustüre aus Holz, reich geschnitzt, z. T. Einlegearbeit, Inschr. bez. 1863.
Durchham, Nr. 2: Zuhaus zum Hellbauer. Kleiner Einhof, 19. Jh., 2geschossig, flaches Satteldach, giebelseitig aufgeschlossen. Erdgeschoß im Wohnteil gemauert, Obergeschoß Blockbau, zwei kurze Hausgänge übereinander, reich gekehlte Blockkonsolen.
Kleinberg. Weiler mit Einhöfen in Streulage. **Nr. 1** (in Holzmannberg): Holzmann. T-Hof mit Wohnteil des 18. Jhs. (?), in Blockbauweise mit Schließschrot, 2geschossig mit Steildach, Giebel senkrecht verschalt, originale Fenster verschlossen, jedoch erkennbar. First bez. 1913. – **Nr. 4** (in Haßberg): Kaserergütl. Kleiner Einhof, Blockbau mit Schließschrot. 2geschossig mit Steildach, Dachgeschoß senkrecht verschalt. Originale Fenster im Erdgeschoß noch erkennbar, im Obergeschoß vorhanden. – **Nr. 5** (in Haßberg): Hasberger. Hakenhof, 19. Jh., im Erdgeschoß gemauert, Blockbau im Obergeschoß mit Schließschrot. Breite gekehlte Blockkonsolen. Gang im Dachgeschoß mit verschalten Zwickeln. – **Nr. 7** (in Haßberg): Schustergütl oder Hasweber. Kleiner Einhof, Blockbau mit Schließschrot, Stall gemauert, flaches Satteldach. 2geschossig, giebelseitig aufgeschlossen. Blockbau auf großen sichtbaren Natursteinblöcken aufruhend. Originale Fenster mit verzierten Blendrahmen. Gekehlte Konsolen, im Stall-Scheunen-Bereich mit geschwungenen Streben für Flugpfette. Im Dachgeschoß durchlaufender Gang mit geschnitzten Brettern und Zähnchensaum, nur ein Zwickel verschalt. First bez. 1730. – **Nr. 9:** Kurzhäusl oder Kurzengut, 18./19. Jh. T-Hof mit Schopfwalmdach. Im Wohnteil Erdgeschoß gemauert, Obergeschoß Blockbau mit reichem Zier-

schrot, originale Fenster. Hausgang mit ausgesägten Geländerbrettern; im Dachgeschoß mit senkrecht verschalten Zwickeln und verschaltem Giebel. Stall, Scheune und Tenne in Ständerbauweise mit Unterfahrt.

Kroisbach, Nr. 4: Schußbichl. T-Hof, 19. Jh., mit Steildach. Erdgeschoß gemauert, Obergeschoß Blockbau mit durchlaufendem Gang auf der Giebelseite, ausgesägte Geländerbretter. Giebel senkrecht verschalt. Große Holztüre mit Sternmotiv.

Lauterbach, Nr. 7 (in Großschachen): Lippbauer. Großer T-Hof mit Unterfahrt. Wohnhaus im Erdgeschoß gemauert, Obergeschoß Blockbau mit originalen Fenstern, verzierte Blendrahmen. Kleiner Hausgang mit gedrechselten Geländerstäben, auf den verbretterten Schwellriegeln Rundbogenfries mit Zahnleisten. Giebel senkrecht verschalt, Steildach, Firstpfette bez. 1938. – Mit dem gleich ausgerichteten Nachbarhof bmkw. Ensemble bildend.

Lierschìng, Nr. 2: Bontl. Gruppenhof, 2. H. 19. Jh., Wohnhaus giebelseitig aufgeschlossen. Erdgeschoß gemauert, Obergeschoß verputzt, Dachgeschoß senkrecht verschalt mit kleinem Gang. First mit Inschr., bez. 1898, Originalfenster.

Pinswag. Nr. 3 und **Nr. 6** bilden bmkw. Ensemble mit einem kleinen, die Höfe verbindenden Bachsteig, jeweils ein Steinbrunntrog vor dem Haus. **Nr. 3:** Urzgütl. Kleiner Einhof in Blockbau mit Schließschrot. Flaches Satteldach, 2geschossig, durchlaufender Gang im Dachgeschoß mit gedrechselten Geländerstäben, verschalten Zwickeln und Taubenkobel. First mit eingeschnitzten christlichen Symbolen, bez. 1713. – **Nr. 6:** Kohlergütl. Kleiner Einhof in Blockbau, reicher Zierschrot, flaches Satteldach, 2geschossig, durchlaufender Hausgang im Dachgeschoß. First bez. 1772.

Reinharting, Nr. 1: Gimpl. Gruppenhof mit Zuhaus. Wohnhaus als Mittertennhof ausgeführt. Erdgeschoß des Wohnteils gemauert, Obergeschoß Blockbau, z. T. originale Fenster, auf der Giebelseite verputzt, aufgesteiltes Dach mit Schopfwalm, Dachgeschoß z. T. Blockbau, z. T. senkrecht verschalt.

Waidach, Nr. 2: Kletzlerbauer. Mittertenneinhof, flaches Satteldach. Wohnteil giebelseitig aufgeschlossen, Erdgeschoß gemauert, Obergeschoß Blockbau. Gewölbte Küche mit schliefbarem Kamin. Gemauerter Stall, Scheunenteil Ständerbau, senkrecht verschalt. Reich gekehlte Blockkonsolen, durchlaufender verbretterter Hausgang im Obergeschoß, z. T. originale Fenster. Breite, niedere Eingangstüre aus Holz, Sonnenmotiv, bez. 1797, First mit Inschr. bez. 1833. – **Nr. 12** (in Eberharting): Pontl. Hakenhof. Wohnhaus Blockbau mit Schließschrot und flachem Satteldach, seitl. hinzugefügte Unterfahrt in Ständerbauweise. Durchlaufender Gang im Dachgeschoß mit Brettergeländer und verschalten Zwickeln und Taubenkobeln. Hohe Blockkonsolen, Türe aus Holz mit Sternmotiv. First bez. 1746. Dazugehörig Backofen- und Waschhaus.

OBERALM. Polit. Bez. Hallein

MARKT und Gemeinde nördl. von Hallein. Urk. 8. Jh. und 1192; im Mittelalter Marktrecht erwähnt; vermutlich vor dem Emporkommen Halleins Hauptort der Gegend. 1931 erste Markterhebung (dann zu Hallein gehörig), 1953 zweite Markterhebung.

Der Markt an der Halleiner Bundesstraße mit kleinem, offen verbautem Dreieckplatz und südl. anschließendem planmäßigen, großteils geschlossen verbautem Straßenplatz sowie abseits, leicht erhöht gelegener, haufendorfartiger Kirchsiedlung. Südöstl. außerhalb des Ortes Werksiedlung der im 16. Jh. gegründeten Hammerwerke; jüngste Erweiterung vor allem gegen SW. In der Umgebung Streusiedlungsgebiet mit Tennengauer Einhöfen.

PFARRKIRCHE hl. Stephan, nordöstl. des Ortes erhöht gelegen. Got. Wandpfeilerkirche mit W-Turm und nördl. Seitenschiff von 1729, von Friedhof umgeben. Urk. 1347. Pfarre seit 1907. Rest.: Außenbau 1963, Innenbau 1966. Langhaus und Turm im Kern rom.; Langhaus ungegliederter Außenbau mit Satteldach, im N Seitenschiffanbau um 1730 mit Pultdach, im S mehrfach gekehltes Rundbogenportal. Got. Chor, polygonal geschlossen, an den Ecken bzw. an den zwei südl. Jochen Runddienste mit Basis sowie abschließende Hohlkehle. Umlaufender Sockel. Turm 5geschossig, im oberen Teil 1723 erneuert, im 4. Geschoß Biforen-, im 5. Triforenfenster, bar. Zwiebel mit Laterne. Turmhalle mit spätgot. Kreuzrippengewölbe, mit rundem Schlußstein, im N und S rundbogige Eingänge – der im N vermauert, im O spitzbogiges gekehltes Portal. Großer Sakristeischrank des 18. Jhs.; Wappengrabstein Hans Köldrer von Wispach, gest. 1521.
Im S 2geschossiger Sakristeianbau von 1723 mit abgewalmtem Dach, Tür- und Fenstergewände abgefast, Portal im S mit geradem Sturz. Westl. im Sakristeierdgeschoß Totenkapelle, kreuzgratgewölbt, Gemälde Kreuzigung, Ölberg, Christus im Grab, Erzengel Michael und Schutzengel, 18. Jh., 1908 übermalt. Neben der Kapelle an der südl. Langhauswand Kruzifix von *Johann Georg Mohr* 1695; Wappengrabsteine der Familie Köldrer von Wispach, Georg, gest. 1510, und Achaz, ohne Dat., 1. H. 16. Jh.
Langhaus und Chor mit Netzgewölben, 4teiliger Rautenstern von 1519.
Langhaus 4jochig, im 1. Joch eingeschossige spätgot. Empore mit Mittelpfeiler, netzrippenunterwölbt, Holzbrüstung 18. Jh.; spitzbogiger, abgefaster Triumphbogen; Chor 2jochig mit 5/8-Schluß. Im S rechteckiges abgefastes Sakristeiportal mit alter Türe. Sakristeierdgeschoß mit Stichkappentonne, am Treppenabsatz zum Obergeschoß Türe 2. H. 17. Jh. Seitenschiff mit Stichkappentonne, die zwei Chorjoche mit ovalen Stuckspiegeln.
Bmkw. Hochaltar von 1707; Aufbau von *Jakob Taigl;* Altarblatt Steinigung des hl. Stephanus, Oberbild 7 Zufluchten von *Johann Martin Schaumberger;* seitl. Figuren Hll. Johannes d. T. und Laurentius, über den Opfergangsportalen

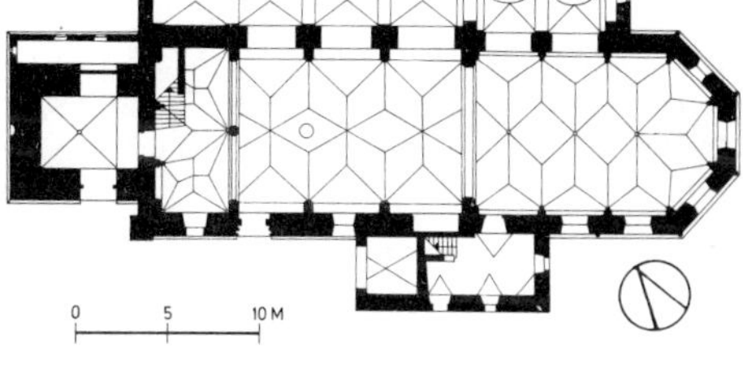

Oberalm,
Pfarrkirche hl. Stephan

Figuren Hll. Virgil und Dionysius, im Aufsatz seitl. Figuren Hll. Georg und Florian, alle von *Johann Georg Mohr*. Tabernakel von *Johann Nepomuk Högler* 1786.
Li. Seitenaltar von 1736; Aufbau von *Josef Krimpacher*, Altarblatt Letztes Abendmahl von *Franz Christoph Mayrhofer*, Konsolfiguren stehende und kniende Engel von *Johann Georg Ross;* Figur Immaculata um 1920. – Seitenaltar an der N-Wand des Seitenschiffes, M. 18. Jh., Aufbau von *Leopold Fux* (Predella um 1700, diverse Ergänzungen 1910); Figuren Pietà, im Aufsatz Gottvater, seitl. Engel mit Leidenswerkzeugen. – Re. Seitenaltar, bez. auf der Predella 1706, Altarblatt Kreuzigung von *Lorenz Mayerhofer*, Konsolfiguren seitl. Hll. Nikolaus und Leonhard, im Aufsatz Hll. Sebastian und Rochus, in der Aufsatzmitte hl. Michael.
Spätgot. Marmorkanzel auf 8eckiger Säule, Schalldeckel von *Georg Krapf* 1708, mit Figur Guter Hirte von 1910. – Kruzifixus, spätes 17. Jh.; Konsolfiguren Hll. Maria, Johannes, Joseph und Petrus sowie zwei Engel mit Posaunen, Werkstatt *Jakob Adlhart sen.*, 1910. In Verwahrung kleine Figur Heiland in der Wies, 18. Jh. – Bilder, Rosenkranzmadonna 17. Jh., im 19. Jh. übermalt; Christus am Ölberg bez. *Josef Eggl 1881;* Kupferstich Heiland in der Wies mit Rahmen um 1750. – Chorgestühl 2. H. 17. Jh., Beichtstuhl von *Lorenz Lasacher* 1673. – Orgel von *Hermann Oettl*, 1968.
Zahlreiche Grabplatten, zwei Wappengrabsteine Franz und Maria Clara Dückher von Haslau, gest. 1671 bzw. 1681; drei Wappengrabsteine der Familie von Wispach, Konrad, gest. 1405, mit weißer Steingußeinlage, Wilhelm, gest. 1399, und Hans, gest. 1481; Doppelwappengrabstein des Ortolf Golser, gest. 1425; Wappengrabsteine der Familie Hasenöhrl, Verwalter des Messinghüttwerkes, Balthasar, gest. 1639, Johann, gest. 1678, und Joseph, gest. 1713. – Glocke von *Josef Oberascher* 1888.

Pfarrhof. Erb. 1970, davor Figur hl. Augustinus von *Michael Bernhard Mandl* 1705–1709 (ehem. auf dem re. Turm der Kollegienkirche in Salzburg).

Westl. des Pfarrhofes alte **Schrannen-** und **Thingstätte,** Schrannentisch, gemauerter Sockel, Marmorplatte, daneben Linde.

Ehem. Schulhaus, Nr. 61, gegenüber dem Pfarrhof, 2geschossig, mit hohem Schopfwalmgiebel, bez. 1879, im Kern älter.

SCHLOSS Haunsperg, südöstl. des Marktes. Urk. 1365 als Erbe des Berthold Ratgeb, 1388 an Herren von Haunsperg, 1596 durch Heirat an Georg Trauner von Adelstetten, 1638 an Herren von Prankh, 1728 Georg von Lohr, 1731 Gerstner von Gerstorff, 1746 Herren von Pfeiffersberg, 1815 Familie von Maffei, 1899 Familie Mautner Ritter von Markhof und Erben.
Im Kern mittelalterlicher Turm (?), heutige Ansitzform mit je einem Türmchen an der O- und W-Fassade um 1600. Bau mit etwa quadrat. Grundriß, vier Geschosse mit Walmdach, Turmdächer mit konkav geschweiften, aus Giebeln hochgezogenen Graten; an der O-Seite, den Turm flankierend, drei Arkadenreihen auf runden Marmorsäulchen, A. 17. Jh., dahinter z. T. noch spätgot. Marmorgewände der Fenster. Fassaden E. 19. Jh. wesentlich vereinfacht. Hauptportal im Ostturm mit Stuckumrahmung und abgesetztem, geschweiftem Giebel 1. H. 18. Jh., im Giebelfeld Wappen Gerstorff. Erdgeschoß gewölbt, Mittelfluranlage; spätgot. Steingewände der segmentbogigen Kellertüre, im

Oberalm, Schloß Haunsberg

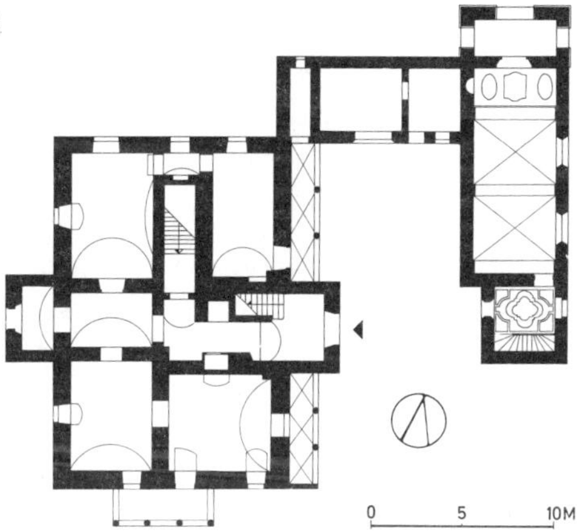

Keller Tonnengewölbe mit Schalungsmörtel; in den Obergeschossen Stuck 1. H. 18. Jh., z. T. später vereinfacht.
Verbindungstrakt zu Kapelle mit breitem Bogenfenster im Erdgeschoß, in Steinlaibung bez. 1579.

Kapelle hl. Antonius von Padua, östl. des Schlosses, mit diesem durch 2geschossigen Quertrakt verbunden, im Erdgeschoß des Quertraktes segmentbogenförmiges Fenstergewände bez. 1579. Bar. nach S gerichteter Bau über rechteckigem Grundriß. Urk. 1675, seit 1714 Meßlizenz.
Langhaus mit Satteldach, im W fensterlos, im S 2geschossiger Sakristeianbau mit Giebelfassade und bar. Dachreiter – im unteren Teil quadrat. mit geschwungenem profiliertem Abschlußgesims, im oberen Teil oktogonales Glockengeschoß. Im N offene Vorhalle auf drei Pfeilern; Marmorportal frühes 18. Jh. – 2jochiges Schiff mit Kreuzgratgewölbe, im N Empore, über der Brüstung abgemauert. An der W- und O-Wand unterhalb der Empore rundbogige Nischen mit bar. Stuck; abschließendes schmiedeeisernes Gitter zwischen Empore und Schiff.
Einheitliche Ausstattung des frühen 18. Jhs. An der Decke und auf der Empore Stuck und Malerei mit Szenen aus dem Leben des hl. Antonius, in den zwei westl. vermauerten Fensternischen Wandmalerei Hll. Antonius und Franziskus. – Altar mit Altarblatt hl. Antonius von Padua, seitl. Konsolfiguren Hll. Johannes d. T. und Ev., im Aufsatz Rundbild Schmerzensmutter, darüber Figur Gottvater. Konsolfiguren Hll. Joseph und Anna; Kruzifix. – Im Sakristeierdgeschoß hölzerner, in die S-Wand eingebauter bar. Beichtstuhl. – Glocke bez. 1570, mit den Wappen Khuen-Belasy und Thannhausen.

SCHLOSS Kalsperg, Nr. 75, westl. außerhalb des Marktes. Herren von Chalochsperge urk. seit 2. H. 13. Jh.; ab M. 15. Jh. Herren von Nußdorf, 1532 an Leonhard Harder, kaiserlicher Gegenhandler im Salzamt Gmunden, 1570 Panichner von Wolkensdorf; 1604 Herren von Haunsperg, 1637 Familie Grafen

von Lodron, als Teil des Lodronschen Primogenitur Fideikommisses; 1812 Familie von Maffei, seit 1836 rascher Besitzwechsel, ab 1861 Familie von Walterskirchen, 1952 Schenkung an Kongregation der Halleiner Schulschwestern.
Urspr. turmartige Wasserburganlage (?), erb. 1. H. 14. Jh.; Umbau (Neubau?) 2. H. 15. Jh. durch Nußdorfer in Ansitzform mit vier aufgesetzten Ecktürmchen. Heute nur noch Außenform erhalten, Inneres bei Adaptierung zu Altenpension 1966–1968 völlig erneuert. Parkanlage mit zwei bar. Gittertoren zwischen Quaderpfeilern. Bau heute mit modernem Komplex durch überdachten Gang verbunden. Kapelle im 1. Obergeschoß des Neubaues.

SCHLOSS Winkl (Winklhof), nordwestl. der Pfarrkirche. Hof im Besitz der Herren von Wispeck 2. H. 13. Jh.; 1574 Nothafft von Wernburg, dann Lamberg; 1657 an Franz Dückher von Haslau und Urstein, Pfleger zu Glanegg; 1734 Graf Salis, 1789 Graf Pallavicini, ab 1817 meist bürgerliche Besitzer, 1908 Ankauf durch das Land Salzburg, seither Landeslandwirtschaftsschule. – Heutiger Bau Ansitzform um 1500, wesentliche Umbauten 1908, 1958 und 1973–1975.
Geschlossene Hofanlage, an der O-Seite Schloß, drei Geschosse, steiles Satteldach mit beidseits Krüppelwalm. Äußeres oftmals renoviert. Keller, Erdgeschoß und Teile des 1. Obergeschosses gewölbt, z. T. Mittelsäulen, Gratgewölbe; beim Treppenanlauf zum 1. Obergeschoß 8eckige Säule aus Marmor; Fensterlaibungen Adneter Marmor, im Dachgeschoß gegen S Speicheröffnung; nördl. Erweiterungsbau 1955, Dachgeschoßausbau 1975. Südl. Hofabschluß alte Schule und Direktorswohnhaus, beides erb. um 1920 von *Paul Geppert sen.;* westl. und nördl. Trakt Neubauten 1974/75 anstelle alter Wirtschaftsgebäude; Zugang in Hof von SW durch erneuerte Tormauer, neben dem Tor neue Marmortafel, darüber bar. Wappenstein Dückher, vom Schloß hierher versetzt; Hofmauer und Brunnen im Hof mit Schmiedeeisenaufsatz 1975.

Landwirtschaftsschule, Nr. 238, neben dem Schloß. Blockhafter Bau mit Kreuzgiebel, Holzverschalung im Dachgeschoß, erb. 1926 von *Paul Geppert.*

EHEM. MESSINGHAMMER. Gegründet 1585, 1597 Besitz der Salzburger Handelsfamilie Steinhauser, ab 1622 erzbischöflich; Erweiterungen ab 1625, 1675. Messingerzeugung 1805 eingestellt, später Glas- und Mosaikenerzeugung, ab M. 19. Jh. Marmorwerk, Bauten vorwiegend im 19. Jh. umgebaut oder neu erb., Gelände durch Bruchsteinmauer umfriedet. Nördl. davon erneuerter Kalkofen.
Kapelle im Werksgelände, urk. erb. 1726; ehem. Kapellenraum über kreuzgratunterwölbtem Torbogen, mit Nischenfigur hl. Florian, 1. H. 19. Jh.; im SO Turm mit rundbogigen Schallfenstern und Zeltdach.
Nr. 12: Gasthaus zur Linde, 2geschossig mit Krüppelwalmdach, Fassade erneuert, Marmorportal mit geradem Sturz und querrechteckigem Oberlichtfenster, M. 19. Jh. – **Nr. 14:** Ehem. Drahtzughaus, im Kern 17. Jh., Umbau 1950; Wappen Eb. Max Gandolph bez. 1675. – **Nr. 16:** Gasthaus zum Hammer, mit Krüppelwalmdach und Rundbogenportal bez. 1829. – **Nr. 30a:** 2geschossiges Gebäude mit Wirtschaftstrakt, Marmorportal mit geradem Sturz bez. 1857. – **Nr. 31:** Ehem. Villa Löwenstern, 2geschossig mit Kreuzgiebeldach, in der

Giebelbreite jeweils um ein Geschoß erhöht; Marmorportal mit geradem Sturz bez. 1856.

HÄUSER. **Nr. 3:** Ferstlgut, an der Gemeindegrenze zu Hallein. Erb. 1. H. 17. Jh., Fassade erneuert, mit Inschrifttafel über der Eingangstüre bez. Tobias Köblinger 1650; im S doppelgeschossiger Balkon 2. H. 19. Jh.; Bildstock mit Relief Auferstehung Christi bez. T. K. 1651.
Nr. 13: Kastenhof, an der Gemeindegrenze zu Neualm. 3geschossiger, gemauerter Landsitz, im Kern bar., mit Krüppelwalmdach; Wirtschaftstrakt. Rundbogenportal bez. 1798, im 3. Obergeschoß und im Dachgeschoß je eine rundbogige Speicheröffnung.
Im Markt beiderseits Zeilen von 2geschossigen, giebelständigen Häusern mit weit vorkragendem Schopfwalm- oder Satteldach, im Kern z. T. 17. Jh. (geschlossene Gruppen: **Nr. 44** bis **50**, **Nr. 89** bis **90**). **Nr. 45:** Papsten, mit Rundbogenportal des 19. Jhs. – **Nr. 46:** Breites spätgot. abgefastes Rundbogenportal. – **Nr. 50:** 2geschossig mit zwei Dachgeschossen und Satteldach, abgefaste Fenstergewände im Erd- und Dachgeschoß spätgot., rundbogiges Portal bez. 1909.
Nr. 199, Café Mauerhof, im SW des Ortskernes. Erb. 1909, über hakenförmigem Grundriß, 2geschossig mit eingestelltem Treppenturm mit Walmdach.
Hinter dem Markt, auf dem Kirchhügel **Nr. 56:** Penninggut. Im Erdgeschoß gemauerter Einhof, 17. Jh., Obergeschoß Blockbau, verputzt. Dachgeschoß verschalt mit Balkon. Daneben **Nr. 57:** Filzhofgütl. Einhof, Blockbauweise, firstseitig verputzt. Dachgeschoß giebelseitig verschalt mit Balkon. Trambalkendecke bez. 1674. – **Nr. 65:** Kleiner 2geschossiger Bau des 17. Jhs., Fenstergewände und Rundbogenportal abgefast. – **Nr. 83:** Brennergut. Hakenhof, Erdgeschoß verputzt, Obergeschoß Blockbau, giebelseitig verputzt, bez. 18 . ., Dachgeschoß giebelseitig verschalt. – **Nr. 96,** Jobstenbauer, am südl. Ortsrand. Hakenhof mit gemauertem Wohnteil, bez. 1608. Fenster- und Türgewände aus Kongolomerat. Fassaden erneuert.
Vorderwiestal. Nordöstl. verlaufende Talfurche am Almbach gelegen. Streusiedlungsgebiet mit Einhöfen. **Wiestal, Nr. 135:** Obereicher. Einhof, bez. 1851. Erdgeschoß gemauert, Obergeschoß in verputztem Blockbau. Dachgeschoß giebelseitig verschalt mit Balkon. Getreidekasten in Blockbauweise, bez. 1744. – **Nr. 139:** Herberggut. Einhof. Erdgeschoß gemauert, Obergeschoß verputzter Blockbau. Dachgeschoß giebelseitig verschalt mit Balkon und Glockentürmchen. – **Nr. 140:** Grubergut. Im Erdgeschoß gemauerter Einhof mit Tür- und Fenstergewänden aus Marmor, Obergeschoß verputzter Blockbau. Dachgeschoß giebelseitig verschalt, mit Balkon.

OBERARNSDORF, siehe ARNSDORF

OBERECHING, siehe ST. GEORGEN bei Salzburg

OBERGÄU, siehe GOLLING

OBERNDORF bei Salzburg. Polit. Bez. Salzburg-Umgebung

MARKT mit umgebenden Siedlungen (Bichlhaiden, Ziegelhaiden), an einer Schlinge der Salzach, gegenüber von Laufen (BRD) gelegen. Ab 1929 Markt. Urk. 1. H. 12. Jh.; 1900–1906 neu angelegt – die alte Siedlung war infolge ihrer Lage am Salzachknie bei Hochwasser ständig gefährdet. Planmäßiges Straßenzeilendorf. Im Siedlungsgebiet Einhöfe. 1906–1910 Abtragung der Pfarrkirche (erb. um 1770, mit rom. Westturm); in dieser Kirche erklang 1818 zum ersten Mal „Stille Nacht, Heilige Nacht" von Franz Gruber und Josef Mohr. An der Stelle der Kirche Errichtung der Stille-Nacht-Gedächtniskapelle.
Auf der Lindachhöhe Siedlungsspuren der Bronze- und Hallstattzeit sowie römerzeitliche Brandgräber. Im Bereich der „Kastelwiese" östl. von Oberndorf eine keltische Viereckschanze (Kultanlage), 2. und 1. Jh. v. Chr.

PFARRKIRCHE hl. Nikolaus, in der Ortsmitte. Erb. 1906, Entwurf *Matthäus Schlager.* Pfarre seit 1816.
Einschiffiger Bau mit N-Turm. Langhaus mit Satteldach, eingezogener Chor mit geradem Schluß; einheitliche Gliederung der Fassaden durch Doppelpilaster und große rundbogige Doppelfenster. W-Fassade mit Dreieckgiebel, im Giebelfeld rundbogige Nische mit Figur hl. Rupertus, 2. H. 17. Jh.; W-Portal mit Bronzegriffen von *Josef Zenzmaier* 1968. Seiteneingänge im N und S mit vorgezogenem Rundbogenportal und bekrönendem Dreieckgiebel in der Attikazone. Turm an den Chor im N anschließend, 5geschossig mit Zeltdach; östl. am Turm 2geschossiger polygonaler Anbau mit abgewalmtem Dach. Eingeschossiger Sakristeianbau östl. des Chores.
4jochiges Langhaus, Tonnengewölbe mit Stichkappen; weit in den Raum ragende seitl. Pfeiler mit rundbogigen Durchgängen. Rundbogiger Triumphbogen, Chor einjochig, kreuzgratgewölbt. Eingeschossige Orgelempore im W. Inventar teilweise aus der 1910 abgebrochenen ehem. Pfarrkirche. Hochaltaraufbau von 1829, Altarblatt hl. Nikolaus vor der Trinität kniend, darunter Bittende, die den Heiligen anflehen, bez. *Christian Wink* 1775; seitl. Konsolfiguren Hll. Petrus und Paulus von *Johann Giner* 1829; Oberbild Herz Jesu von *Josef Gold* 1905. Tabernakel von 1819, seitl. in den Bogenfeldern Bilder adorierende Engel von *Josef Gold* 1906. – Seitenaltaraufbauten von 1827. Li. Altarblatt Wunder des hl. Rupertus, bez. *Franz Ignaz Oefele* 1775; Mensabild Maria vom Guten Rat, spätes 18. Jh. Re. Altarblatt hl. Maximilian tauft die Heiden, bez. *Christian Wink 1775*; Mensabild hl. Joseph bez. *Isfried Jaud 1872.*
Kanzel mit Statuetten Vier Kirchenväter von *Johannes Piger* 1908. Kruzifix und Figur Christus an der Geißelsäule frühes 19. Jh. Figurengrupe Pietà von 1906. Konsolfiguren, hl. Anna selbdritt, hl. Michael, beide 2. H. 18. Jh.; 4 Evangelisten von *Johann Giner* 1827. Bar. Prozessionsmadonna in Verwahrung. Kreuzwegreliefs Werkstatt *Jakob Adlhart,* 1906. Bilder, drei Bilder um 1775, Wetterheilige Johannes und Paul sowie hl. Donatus; Kreuzigung, Pietà, Christus fällt unterm Kreuz, 2. H. 18. Jh. – Taufstein, Bänke und Beichtstühle von 1906. Orgel von *Mauracher,* 1913.

WALLFAHRTSKIRCHE Maria Heimsuchung, Maria Bühel, nordwestl. von Oberndorf auf einer weiten Terrasse. Einschiffiger genordeter bar. Bau mit ovalem Querhaus und quadrat. Chor. Erb. 1663 – 1677; Erweiterungen 1707 sowie 1718 – 1722. Rest. 1950 – 1960; innen 1970.

Langhaus mit doppeltürmiger S-Fassade, erb. 1663–1677; von 1718–1722 ovales Querhaus; quadrat. Chor und anschließender einspringender Sakristeianbau über quadrat. Grundriß, im Kern wohl noch 2. H. 17. Jh., im 18. Jh. umgestaltet.
S-Fassade mit seitl. etwas vorspringenden Türmen; profiliertes Kranzgesims teilt Fassade in zwei Geschosse; Eckpilastergliederung. Mittelportal bez. 1733, Türe ebenfalls von 1733. Glockengeschoß der Türme mit rundbogigen Schallöchern, Fensterumrahmung mit Giebelbekrönung; auf dem zwischen den Türmen befindlichen geschwungenen Giebelfeld Figur Maria mit Kind, 2. H. 17. Jh.; Doppelzwiebeln der Türme 1917 abgetragen, 1960 Wiederherstellung des urspr. Erscheinungsbildes. – Umlaufender Sockel; hochrechteckige Fenster an den Fassaden; beim Queroval Attikazone mit vermauerten querovalen Fenstern. Sakristei mit Eisentüre im W, 2. H. 17. Jh.

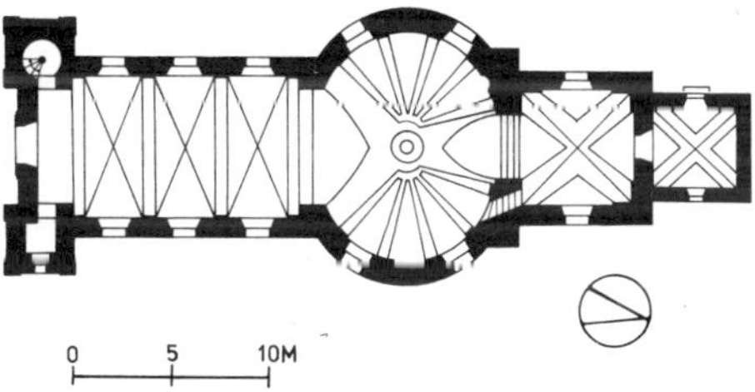

Oberndorf, Wallfahrtskirche Maria Bühel

Langhaus 3jochig, kreuzgratgewölbt, Pilastergliederung und Gurtbögen zwischen den Jochen. Rundbogiger Triumphbogen, bez. 1788. – Querovaler Raum mit umlaufendem Sockel, Pilastergliederung und abschließendem Kämpfergesims. Kuppel mit Radialgurten. Triumphbogen im N bez. 1721. Seitl. im W rundbogig geschlossene Nische, im O urspr. Kanzel, Treppenaufgang im Chor abgebrochen, Kanzel 1970 entfernt. – Chor und Sakristei kreuzgratgewölbt. Eingeschossige Empore, in das 1. Langhausjoch hineinragend.
Hochaltar, Entwurf des urspr. Altares von *Antonio Beduzzi* 1722; Mensa und Tabernakelaufbau von 1886. An der Altarwand im N seitl. Doppelsäulen mit Kompositkapitälen, auf dem darüberliegenden Gebälk zwei große Engel, einen ovalen Reifen mit 12 Sternen und Inschr. haltend. In der Gebälkzone je ein Wappen von Eb. Franz Anton Harrach. Gnadenbild Maria mit Kind, 17. Jh., Kopie nach oberitalienischem Vorbild des 14. Jhs.; Bildrahmen und Engel von 1722, Tabernakel mit seitl. Malerei 4 Evangelisten in Bogenfeldern 1886; in der Tabernakelmitte bar. Elfenbeinkruzifix.
Seitenaltaraufbauten von *Simon Thaddäus Baldauf* 1721. Li. Seitenaltar, Altarblatt Stigmatisation des hl. Franziskus von *Johann Michael Rottmayr;* seitl. Konsolfiguren Hll. Georg und Antonius von Padua von 1721. Tabernakel mit Relief Kreuzigung, M. 18. Jh. Re. Seitenaltar, Altarblatt hl. Florian bez. *Johann Michael Rottmayr* 1721; seitl. Konsolfiguren Hll. Ignatius und Dominikus. – Seitenaltäre im Langhaus von 1764. Li. Bild hl. Leonhard von *Sebastian Holzner* 1849; Aufsatzbild hl. Georg und seitl. Konsolfiguren Hll. Oswald und Thekla

von 1764. Re. Bild hl. Kajetan bez. *Sebastian Holzner 1849;* Oberbild Vision des hl. Kajetan und seitl. Konsolfiguren Hll. Ivo und Wendelin 1764.
Figurengruppe Kreuzigung 1. H. 18. Jh.; in Verwahrung kleine Figurengruppe Kreuzigung 18. Jh. Konsolfiguren Hll. Rupert, Vitalis, Martin, Virgil von *Josef Anton Pfaffinger* 1722. – Ovalbild Maria Heimsuchung von *Johann Michael Rottmayr.* Votivbild Brand in Oberndorf bez. 1757, mehrere Votivbilder aus dem 19. Jh. Kreuzwegbilder von 1889.
Weihwasserbecken, bar. Abschlußgitter, Orgelgehäuse und Sakristeischränke 2. H. 17. Jh. Im Langhaus Bänke mit bar. Wangen, frühes 18. Jh.; im Queroval Bänke erneuert, mit bar. Intarsien, 18. Jh.

Rektoratshaus, östl. neben der Wallfahrtskirche, Maria-Bühel-Straße Nr. 4. Erb. 1722. 2geschossiger Bau mit bar. Hohlkehle und Krüppelwalmdach; an der S-Fassade bar. Portal, einfache bar. Fensterumrahmungen. Nördl. daran einfaches 8eckiges Brunnenhaus, 18. Jh., gemauert.

Kalvarienberg, monumentale Treppenanlage, Aufgang zur Wallfahrtskirche Maria Bühel. Am Fuße der Treppe am Salzachufer Statue hl. Johannes Nepomuk von *J. A. Pfaffinger,* Sockel mit Wappen Eb. Franz Anton Harrach, bez. 1720. Unterhalb des 1. Treppenabsatzes Nische mit halbrundem Schluß, bar. Brunnenbecken von 1720. An der Hügelkuppe Exedra mit Pilastergliederung und abschließendem Kranzgesims, Kreuzigungsgruppe mit Maria und Johannes von 1721.

Sogen. Segenskapelle, am Verbindungsweg zum Kalvarienberg. Quadrat. Bau mit Zeltdach, Nische mit Figur Maria mit Kind, frühes 20. Jh. (urspr. Figur stehende Maria mit Kind, um 1445, jetzt in der Pfarrkirche von Badgastein); im S pultdachgedeckter hölzerner Anbau mit Bänken. – **Kruzifix** 1. H. 18. Jh.

SCHIFFER-KAPELLE, in Oberndorf, an der Uferstraße. Urk. 16. Jh.; Neubau 1859. Neurom. Bau mit eingezogenem Chor und geradem Schluß, mit Satteldach und Dachreiter mit Kreuzgiebel. Fassaden mit Pilastergliederung, im S Rundbogenportal und seitl. Rundbogenfenster, darüber drei Rundfenster, geometrische Stuckornamente zwischen den Fenstern; abschließend Dreieckgiebel.
Innenraum tonnengewölbt. Altar mit Altarblatt hl. Christophorus, um 1800. Chorabschlußgitter und Bänke von 1859.

STILLE-NACHT-GEDÄCHTNISKAPELLE, in Oberndorf, am urspr. Standort der Pfarrkirche. Erb. 1924–1936. Oktogon mit Glockenhelm und Laterne; abgewalmtes Vordach beim Portal. Rundbogige Glasfenster von 1935, *Tiroler Glasmalereianstalt.*
Altar mit Hochrelief Geburt Christi, bez. *Hermann Hutter* 1915; Predellenreliefs Anbetung der Könige, Kreuzigung, Flucht nach Ägypten, bez. *Max Domenig* 1936.

HEIMATMUSEUM Oberndorf, Salzburger Straße Nr. 88; im ehem. Krankenhaus. Salzachschiffahrt; Dokumentation zum Lied „Stille Nacht, Heilige Nacht" (bmkw. Schallplattensammlung); Zunftgeräte, medizinische Geräte; urgeschichtliche Funde.

HÄUSER. Ortszentrum, nach Hochwasser von 1899 Verlegung des Marktes nach S, an das O-Ufer der Salzach; Errichtung einer regelmäßigen Anlage

1900–1906. Häuser meist freistehend, 2geschossig, teilweise mit Eckerker im Obergeschoß (**Marktstraße Nr. 16, Watzmannstraße Nr. 25**). Urspr. späthistoristische Fassadengestaltung nur in wenigen Fällen erhalten: **Marktstraße Nr. 16, Paracelsusstraße Nr. 2** (3geschossig, 2geschossiger Eckerker mit Glockenhelm) und **Watzmannstraße Nr. 25.** Vom ehem. Ortskern nur noch wenig erhalten.

Salzburger Straße, nördl. Ortseinfahrt, die westl. Häuserzeile am Berghang, geschlossene Verbauung durch 2geschossige Häuser mit Satteldach, im Kern teilweise bar.

Schöffleutgasse, Nr. 2 und **Nr. 4** mit Satteldach, im Dachgeschoß seitl. Rundfenster, **Nr. 2** mit Speichertüre. **Nr. 3** mit Krüppelwalmdach, einfache Stuckverzierung der Fenster frühes 19. Jh., im Dachgeschoß ebenfalls Rundfenster. Alle Häuser im Kern bar.

Schopperweg. Häuserzeile am Abhang des Salzachufers, älteste erhaltene Verbauung, schmale 2- bis 3geschossige Häuser mit Satteldach. Geschlossene Verbauung, im Kern spätmittelalterlich, durchwegs erneuert. Abgefaste Segmentbogenportale bei **Nr. 7** und **Nr. 13. Nr. 6:** Spätmittelalterliches Fenstergewände mit geradem Sturz, 1. Obergeschoß vorkragend, auf Konsolen.

Stille-Nacht-Platz, Nr. 2: Wasserturm, hoher rechteckiger Turm, im Kern spätmittelalterlich, bez. 1540; Anbau 2geschossiges Haus mit einem Dachgeschoß und Krüppelwalmdach. Erdgeschoß gemauert, Obergeschoß Holzbau, durchgehender Balkon im Ober- und Dachgeschoß. Relief am Turm Anbetung der Könige von *Max Rieder* 1967. Neben dem Turm Wandbrunnen 2. H. 17. Jh.

Watzmannstraße, Hauptschule, nach Plan von *Josef Dietzinger,* 1939–1942.

BAUERNHÖFE. **Oberndorf. Alte Landstraße Nr. 6:** Breitenbauer. 2geschossiges, traufseitig erschlossenes Wohnhaus mit Flachdach, 2. H. 18. Jh. Erdgeschoß gemauert, Verputz mit Scherben verziert, Ziegelbögen über den Fenstern. Kreisverzierung mit Initialen und Bez. 1858. Obergeschoß Blockbau, Dachgeschoß mit seitl. verschaltem Gang, auf dem First Dreibalkenkreuz. – Stall nach 1899 auf entfernter Anhöhe neu aufgebaut.

Bichlhaiden, Maria-Bühel-Straße Nr. 7: Edelmanngut. Gruppenhof. Wohnstallhaus mit Vollwalmdach. Wohnteil 2geschossig, gemauert, mit Putzgliederung. Holztüre mit Sonnenmotiv und Steingewände, bez. 1804. Auf der Eingangsseite Mauernische mit Heiligenfiguren. – **Nr. 10:** Stumpfvoll. Einhof, reiner Blockbau (Stallteil ebenerdig gemauert) mit Schopfwalmdach, z. T. originale Fenster, vor allem im Obergeschoß. Hausgang im Obergeschoß. Geschnitzte Windbretter. Auf der Wetterseite verschindelt. Klohäusl, ehem. Backhäuschen und Machlhütte dazugehörig. – **Nr. 9:** Zuhaus zu Nr. 10. Kleiner Hakenhof, flaches Satteldach, 2geschossiger Blockbau mit Schließschrot, Giebel senkrecht verschalt. Wetterseite im Erdgeschoß verschindelt. Hausgang im Obergeschoß übereck gehend, mit Zähnchenleiste. Holzdachrinne, originale Fenster z. T. erhalten. Beide Häuser 18., A. 19. Jh. – **St. Georgener Straße, Nr. 22:** Weigl. Hakenhof, Steildach mit Schopfwalm. Wohnteil im Erdgeschoß gemauert, Obergeschoß und Dachgeschoß über Holz verputzt, Putzdekor. First bez. 1864, Gang im Dachgeschoß bez. 1865, Holztüre, bez. 1866. Über dem Eingang hl. Florian, gemalt.

Heidenöster, Nr. 5: Zuhaus zum Hoanzlgut in Spöcklberg (Niederarnsdorf Nr. 16). 2geschossiger, giebelseitig aufgeschlossener Einhof, Wohnhaus und Stallteil gemauert. Im Dachgeschoß kurzer Gang, Steildach mit Schopfwalm, Grätenschalung, unter den Fenstern im Obergeschoß Rautenverzierungen im Putz, geschnitzte Holztüre mit Steingewände, bez. 1869.

SALZACHBRÜCKE nach Laufen, erb. 1902/03. Eisenfachwerk in Form einer Kettenbrücke auf zwei Pfeilern, Pfeileraufbauten durch flügelschwingende Adler bekrönt, in den Verbindungsbögen Wappen der österreichischen Monarchie und Bayerns (Staatsgrenze in der Flußmitte der Salzach).

KLEINDENKMÄLER. **Kriegerdenkmal** in der Brückenstraße, von 1914–1918, mit Figur sitzender Krieger bez. *Leo von Moos 1923.* – **Franz-X.-Gruber- und Josef-Mohr-Hochrelief** auf dem Kirchplatz, bez. *J. Mühlbacher 1912.*

OBERTAUERN, siehe UNTERTAUERN

OBERTRUM. Polit. Bez. Salzburg-Umgebung

Gemeinde, Gassengruppendorf und Streusiedlungsgebiet im Hügelland des westl. Flachgaus, nördl. von Salzburg; Obertrum an der Südspitze des Obertrumer Sees. – Urgeschichtliche und römerzeitliche Siedlungsspuren. An der Straße nach Seekirchen rund einen Kilometer östl. von Obertrum bei dem Weiler Grub großer Grabhügel der Hallstattperiode. – Obertrum urk. 1143. Aus Kirchweiler hervorgegangen. Bedeutung durch 1601 gegr. Brauerei. 1917 Ortsbrand.

Ortskern durch den Wiederaufbau nach 1917 unter Leitung von *Karl Pirich* im Sinne der Heimatschutzbewegung geprägt (Dorfplatz Nr, 1, 2, 4; z. T. Altbauten später angeglichen: Dorfplatz Nr. 5, Bez. 1948). – Ortsmitte von Brauereigebäuden beherrscht: Am Dorfplatz Braugasthof und 2geschossiger Keller- und Speichertrakt aus Bruchstein mit Schopfwalmdach 19. Jh.; Hauptstraße Nr. 6 und Kirchstättgasse Nr. 2, ehem. Wirtschaftstrakte beim Braugasthof, nach 1917, mit Silo unter Schindelzwiebelhelm. – Siedlungsverbauung seit dem frühen 20. Jh. – Umland von zahlreichen, z. T. planmäßig angelegten Weilern bestimmt.

Einhöfe vom Flachgauer Typus über haken- oder T-förmigen Grundrissen; z. T. Steinbauten, einige mit Schlackenverzierung (Absmann. Au Nr. 23, Dorfleiten. Au, Doppl, Zuhäusl. Ibertsberg Nr. 72. Mattich Nr. 49. Mühlbach Nr. 64, 65, Wenglberg. Staffl, Seestraße Nr. 13), Sandsteinportale; z. T. Blockbauten mit gemauertem bzw. ummanteltem Erdgeschoß.

PFARRKIRCHE hl. Jakobus d. Ä., in der Ortsmitte erhöht gelegen. Im Kern mittelalterlicher, durch bar. Seitenschiffanbauten und durch nach 1917 erfolgter Mittelschiffserhöhung zur Basilika erweiterter Bau mit spätgot. Westturm, von Friedhof mit Mauer umgeben. – Urk. 1143 Pfarre. 1338–1893 Mensalpfarre des Stiftsdechanten von Mattsee. 1499 Westturm erb. von *Wolfgang Wiesinger* (Braunau). Anbau von Seitenschiffen südl. 1714, nördl. 1779. Nach Brand 1917 verändernde Wiederherstellung und Verlängerung um ein östl. Joch sowie Chorneubau nach Plänen von *Karl Pirich* 1917–1920. Gew. 1925. Rest. außen 1950, 1965; innen 1957.

Außenbau. Westturm, spätgot. Turmbau von 1499, durch Kaffgesimse 3geschossig, bar. Achteckaufsatz 18. Jh. mit rundbogigen Schallfenstern und Volutenpilastern, Doppelzwiebelhelm. In der SW-Ecke Priestergruft von 1976/77 mit Kruzifix von *Jakob Adlhart*. – Am Langhaus und wenig eingezogenen, 3seitig geschlossenen Chor Rundbogenfenster und Traufgesimse. Seitenschiffe bar., südl. Marmorportal bez. 1880, 1917–1920 angefügte Ostjoche als Nachfolger der ehem. Sakristeianbauten kapellenartig angehoben und durch Oratoriengeschosse überhöht. Am Chor anschließend Sakristeianbauten. Rotmarmorner Inschriftgrabstein 1683.

Inneres. Basilikales Langhaus. Das 1917–1920 stark erhöhte, auf sechs Joche erweiterte Mittelschiff durch Riesenpilaster- und Blendbogengliederung um hoch gelegene Rundbogenfenster sowie durch reliefierte Kassettendecke von 1928–1935 (*Jakob Adlhart*) romanisierend gestaltet. Spätgot., in Höhe des ehem. Barockgewölbes endende Rundstäbe vor Wandpfeilervorlagen, durch Statuenzyklus von 1924 bekrönt. Niedrige, bar. Rundbogenarkaden zu den Seitenschiffen; geringfügig eingezogener Triumphbogen. Im Westjoch doppelgeschossige Holzempore auf Ständern. Gerade schließende Seitenschiffe, li. Platzlgewölbe von 1779, re. Kreuzgratgewölbe von 1714. Im einjochigen, 3seitig schließenden Chor von 1917 bis 1920 Tonnenwölbung auf Pilastern.

Einrichtung. Durch Bildhauerarbeiten *Jakob Adlharts* geprägt. Hochaltar 1956/57, freies Ensemble aus Kolossalfiguren der Maria Immaculata in der Mitte und der Hll. Petrus, Jakobus d. Ä. sowie schwebender Dreifaltigkeitsgruppe, über dem Tabernakel Auferstandener, seitl. neugot. Altarflügel Marienleben M./2. H. 19. Jh. von einem Altar aus Stift Nonnberg; kolossale Pfeilerstatuen von Heiligen 1924. Deckenreliefs 1935, Schöpfung, Geburt Christi, Pfingsten. Kreuzwegreliefs 1961. Vortragekreuz.

Bar., marmorierte Ausstattungsstücke in Sekundäraufstellung. Li. Seitenaltar aus der Stiftskirche Mattsee, Säulenädikula 3. V. 17. Jh. mit Altarblatt hl. Antonius von Padua und Auszugsbild Mariahilf, seitl. nicht zugehörige Schnitzfiguren Hll. Johannes d. T. und Ev., um 1670–1680. Re. Seitenaltar E. 17. Jh. aus Oberalm, Retabel mit Gebälkabschluß, Predellenbild Geburt Christi, Altarblatt Flucht nach Ägypten, nicht zugehörige Seitenfiguren in Säulenstellung Hll. Vinzenz von Saragossa (?) und Diakon; spätbar. Tabernakel 1. H. 18. Jh. – Geschwungene Kanzel um 1730–1740, aus Berndorf, Korbreliefs Evangelisten, auf dem Schalldeckel Kirchenväterbüsten, Statue hl. Michael von *Jakob Adlhart*. – Orgel von *Dreher und Flamm*, 1935. – Spätgot., polygonaler Rotmarmortaufstein. Spätbar. Vortragekreuz. – Rotmarmorgrabsteine mit Reliefs, Priesterhalbfigur 1626, betender Priester 1698.

EHEM. PFARRHOFKAPELLE Guter Hirte, beim ehem. Pfarrhof (um 1690) südl. außerhalb von Obertrum. – Urk. unter Dechant Johann Baptist Ölperl (1713–1721) eine Holzkapelle erb. (als Klause bzw. Einsiedelei), 1712 Stiftung des Altarblattes, im erhaltenen Vorbau Bez. 1715. Urk. 1744 Kapellenbau in Stein, gew. 1748. Rest. außen 1961–1966, 1982.

Schlichter Bau von 1744 mit eingezogenem, rund schließendem Chor; durch Rechteckfenster, Ecklisenen und umlaufendes Gesims einheitlich gegliedert.

Dachreiter mit Pyramidenhelm. Doppelgeschossiger, verschindelter Holzvorbau, um 1715.
Inneres. **Vorbau.** Mit Elementen des bar. Theaters gestalteter und vollständig ausgemalter Raum, um 1715. Urspr. wahrsch. nur künstlich zu belichten. 1973–1980 Rest. der Malerei und Schließung der Fehlstellen. – Quadrat. Vorhalle nach oben durch 3seitigen Umgangsbalkon und darauf gestütztes, pfeilergetragenes 3. Geschoß schachtartig verengt, durch kulissenförmig vertieften Plafond mit perspektivischer Architekturmalerei fortgesetzt, Deckenbild Aufnahme Mariens in den Himmel. Im Erdgeschoß („Via purgativa") eingetiefte Kulissenbilder 4 Letzte Dinge, heilige Büßer, Adam und Eva, Versuchungen Christi. An der Umgangsbrüstung und im Dachgeschoß Medaillonbilder Wunderlegenden von Weltpriestern, im W der Attikazone Geburt und Auferstehung Christi. An der Ostwand gemalte Ädikula mit Aufsatzmedaillon hl. Karl Borromäus, mittleres Ölbild hl. Jakobus d. Ä. wahrsch. vom ehem. Hochaltar von 1674 der Pfarrkirche Obertrum. Im Emporengeschoß („Via illuminativa") perspektivische Säulen- und Pfeilerhallen an den Wänden und Decken, Wandbilder Passion und Plagen der Menschheit, Bez. 1715.
Kapelle. Marmorportal und Schmiedeeisengitter. Im 2jochigen Raum und Chorjoch queroblonge Platzlgewölbe auf Pilastern. Segmentbogiger Triumphbogen geringfügig eingezogen. Vorschwingende, gebauchte Empore. Einheitliche Rokokostuckierung von *Benedikt Zöpf*, Wappen Dechant Franz Sebastian Wiesinger.
Altar von 1748, Rotmarmor; Staffelaufbau über freistehender Mensa in seitl. Opfergangsportalen fortgesetzt, Statuetten Hll. Joachim, Anna, Joseph, Maria; Tabernakel; erhöht im Apsisscheitel Pilasterretabel mit Volutenauszug, Altarblatt Guter Hirte von 1712. – Orgelpositiv um 1747/48. Bar. Gestühl mit bemalten Wangen.

KAISER-FRANZ-JOSEPH-JUBILÄUMSKAPELLE, auf dem Kamm des Haunsberges bei der Kaiserbuche. Erb. 1898; rest. 1968. Putzgegliederter Bau mit kleiner Dreiseitapsis, Dachreiter, Rundbogenöffnungen mit Holzmaßwerk; innen Flachtonne. Neugot. Wimpergaltärchen hl. Maria. Benachbart gemauerte Gedenkpyramide für den Besuch Josefs II. 1779, 1957 erneuert.

WEILERKAPELLEN. 3seitig geschlossene, innen tonnengewölbte Bauten, E. 19./frühes 20. Jh., mit Rund- und Spitzbogenöffnungen sowie Dachreiter. Kothingstraß (Mühlbach), 1934 erb., neugot. Nischenaltar. – Mühlbach, neugot. Marienaltärchen. – Schörgstätt (Mühlbach), 1905 erb., neorom. Nischenaltärchen.

BILDSTOCK in Dorfleiten (Au). Kapellenstock mit verzierter Holzvorlaube und Giebelreiter 19. Jh.

HÄUSER. **Dorfplatz, Nr. 1:** Braugasthof, nach 1917 von *Karl Pirich* vergrößert wiederaufgebaut, Heimatstil; mehrgliedriger Bau mit 2geschossigem Haupttrakt unter mächtigem Schopfwalmdach, in Portalanlage Tor bez. 1836 vom alten Kern mit klassizistischen Türflügeln. – **Obertrum, Nr. 59:** Ehem. Pfarrhof, südl. außerhalb des Ortes, um 1690 erb.; 2geschossig unter Schopfwalmdach, mit später angefügtem Hintertrakt; im bar. Vorderhaus Tonnenwölbungen, im ostseitigen Obergeschoß drei gekehlte Flachdecken mit Laubwerkstuck, bez. 1699. – 2geschossige Bauten der 1. H. des 19. Jhs. im Randbereich des Ortes.

Nr. 87 (Hauptstraße Nr. 5): 1847 erb., Bruchsteinbau unter Mansardwalmdach. – **Nr. 88** (am Mattigbach): Quadrat. Bau unter Einschluß eines Wirtschaftsteils, Pyramidendach, nachbar. Putzgliederung. – **Nr. 89** (Kirchstättstraße): Bez. 1844, Mansardwalmdach.

BAUERNHÖFE. **Au, Nr. 40** (Ammeroid). 2geschossiger Blockbau unter Satteldach. – **Nr. 41** (Ammeroid). Mittertennhof, Mittelflurhaus, gemauertes Erdgeschoß, Obergeschoß in Blockbau, Giebelbalkon, Satteldach, Pfette bez. 1833; im Obergeschoß zwischen den Fenstern Kruzifix, Bauernschnitzerei, wohl 1. H. 19. Jh.
Mühlbach, Nr. 11: Vogelhütte. Mittertennhof, 2geschossiges, gemauertes Mittelflurhaus mit Putzgliederung und Steinportal. Neben der Tenneneinfahrt Obstpresse bez. Florian Altendorfer 1875. – **Nr. 33**, Korndobl. Mittertennhof, Mittelflurhaus in Mischbauweise z. T. verschindelt, Satteldach; bmkw. Nebengebäude in Block-, Ständer- und Mauerbauweise, Dach traufseitig weit vorkragend, verschindelte Wetterseite. – **Nr. 51** (Schörgstätt). Mittertennhof; Mittelflurhaus, gemauertes bzw. ummanteltes Erdgeschoß, Obergeschoß in Blockbau mit Schließschrot, Giebelgang Satteldach mit Dachreiter. – **Nr. 52** (Schörgstätt). Ehem. Zuhäusl, 2geschossiger Mischbau, leicht geschwungenes Satteldach, an der Giebelseite zwischen den Obergeschoßfenstern Bretterkruzifix, 18. Jh. – **Nr. 64, 65** (Wenglberg): Hofensemble mit 1934 erbauter Kapelle.
Obertrum, Nr. 32: Mittertennhof an der Straße Richtung Seekirchen; 2geschossiges Mittelflurhaus in Mischbauweise, Giebelbalkon mit balusterartigen Säulchen (18./19. Jh.), flaches, allseitig vorkragendes Satteldach. – **Mühlstraße, Nr. 20** (Ortsteil Mühl): 2geschossiger Blockbau, Mittelflurhaus mit verputztem Erdgeschoß, Satteldach, Pfette bez. 1917. – **Nr. 51** (Mattich): 2geschossiger Blockbau mit gemauertem bzw. ummanteltem Erdgeschoß, z. T. urspr. Fensteröffnungen erhalten. – **Nr. 90** (Katzelsberg): Einhof mit Längstenne, Bruchsteinmauerwerk und Ständerbauweise, Satteldach.
Staffl, Seestraße, Nr. 11: 2geschossiges Blockhaus, Giebelgang mit balusterartiger Brüstung, flaches Satteldach. – **Seestraße, Nr. 15:** Mittertennhof; 2geschossig, Erdgeschoß gemauert, Obergeschoß in Blockbau, Mittelflurhaus mit Giebelgang unter Krüppelwalmdach.

PASS LUEG, siehe GOLLING

PASS STRUB, siehe LOFER

PFARRWERFEN. Polit. Bez. St. Johann i. P.

Haufendorf am re. Salzachufer, vermutlich an der Stelle der in der Tabula Peutingeriana genannten römischen Poststation Vocario. Urk. 1074; ehem. Ortsname St. Cyriak bis M. 19. Jh., später Dorf- oder Pfarrwerfen. 1623–1753 und 1812–1850 war Pfarrwerfen Sitz eines Dekanates. – Die got. Pfarrkirche und der Pfarrhof in dominanter Lage im NO des Ortes. Südöstl. im Fritztal die straßendorfartige Siedlung Pöham.

Vor allem in den Ortschaften Dorf, Ellmauthal, Maier und Schlaming noch eine beachtliche Anzahl bedeutender Pongauer Bauerngehöfte z. T. 16./17. Jh., mit meist durchgängigen 2geschossigen Mittelflurhäusern, über gemauertem Erdgeschoß oder nur kleinem Steinsockel Blockbauten. Gänge verziert, z. T. mit Reidstangen, Pfettendächer mit Glockentürmen. Wenige steingemauerte Altbauten mit rundbogigen Portalen, Stichkappengewölben in Keller und den Räumen des Erdgeschosses, oft abgewalmtes Dach. Wirtschaftsgebäude, sogen. Zimmer; Roßställe in Rundholzzimmerung; Getreidespeicher meist 2geschossige Blockbauten mit Schließschrot.

PFARRKIRCHE hl. Cyriak, erhöht am NO-Rand des Dorfes. 3schiffige spätgot. Anlage, 15.–A. 16. Jh. (rom. Vorgängerbau) mit Nordturm und offener Vorhalle sowie Verbindungsgang zum Pfarrhof, von Friedhof umgeben. – Altpfarre des nördl. Pongaues, urk. 1074 parrochia S. Cyriaci, eine Weihe 1139, 1398 der erzbischöflichen Mensa inkorporiert. Im 15. und A. 16. Jh. Bautätigkeit (Wölbung des Mittelschiffes, Chor, Vorhallenbau und Anbau der Nothelferkapelle), 1712–1716 Bau am Verbindungsgang zum Pfarrhof, 1854–1858 Regotisierung der Kirche unter Mitwirkung von *Johann Scheidl* (Bildhauer) und *Sebastian Stief*, Zinnenbekrönung der Vorhalle, 1894 neuer Turmhelm (nach Brand). Rest. 1952/53, Innenrest. 1973.
Spätgot. basilikaler Bau über 3schiffigem Grundriß, im O Chöre mit 5/8-Schlüssen; Holzschindeldächer. Abgestufte Strebepfeiler (außer im S), Spitzbogenfenster mit neugot. Maßwerk, im N und S abgefaste Spitzbogenportale, am südl. Seitenschiff ehem. Kryptaabgang und Fresko hl. Christophorus, 1. H. 16. Jh. Im N Verbindungsgang zum Pfarrhof sowie im nördl. Seitenschiff eingebundener Turm. Im W spätgot. Spitzbogenportal mit Stab und Kehlung, darüber Kreisfenster; 2geschossige Vorhalle über quadrat. Grundriß mit gestuften Strebepfeilern, abgefaste Spitzbögen, darüber Rechteckfenster und neugot. Zinnenbekrönung; spätgot. Sternrippengewölbe auf Konsolen, runder Schlußstein. Nordturm gegliedert durch Gesimse und Friese, Triforienfenster, Dreieckgiebel und 8seitige Schindelpyramide. – Sakristeianbau am südl. Seitenschiff, Kreuzgewölbe. – Nothelferkapelle am nördl. Seitenschiff, an der Turmostseite, spätgot. Bau mit 5/8-Schluß, 2fach gestufte Strebepfeiler mit Kehlung, Spitzbogenfenster; im O vermauertes Rundbogenportal.
Got. Basilika, 3schiffig, im 3jochigen Langhaus Pfeiler und abgefaste Spitzbögen zu den Seitenschiffen, durchlaufendes Kaffgesims und Dienste, spätgot. Netzrippengewölbe; die niedrigeren Seitenschiffe kreuzrippengewölbt. 3achsige Westempore im 1. Halbjoch über gedrückten Rundbögen, Kreuzrippengewölbe, Brüstung mit Vierpaßmaßwerk. Spitzbogiger Triumphbogen. 4jochiger Chor mit 5/8-Schluß M. 15. Jh., spätgot. Netzrippengewölbe, Dienste und umlaufendes Kaffgesims.
In den Gewölbefeldern spätgot., ornamentale Malerei, an der nördl. Chorwand Fresko Marter des hl. Sebastian, A. 16. Jh., re. z. T. unleserliche Inschr. In drei Chorfestern Glasgemälde von *Albert Birkle* 1952–1959.
Drei got. Flügelaltäre, Aufstellung bzw. Aufbauten und Ergänzungen von 1865. Hochaltar (Altarraumgestaltung durch *Heinz Tesar* 1977/78), im Schrein des neugot. Aufbaues spätgot. Madonna um 1500, seitl. Reliefs 3. V. 16. Jh., li. Geburt Christi und Christus in der Vorhölle, re. Kreuzabnahme und Grablegung; reliefierte Flügelinnenseiten, li. Erschaffung Evas und Maria

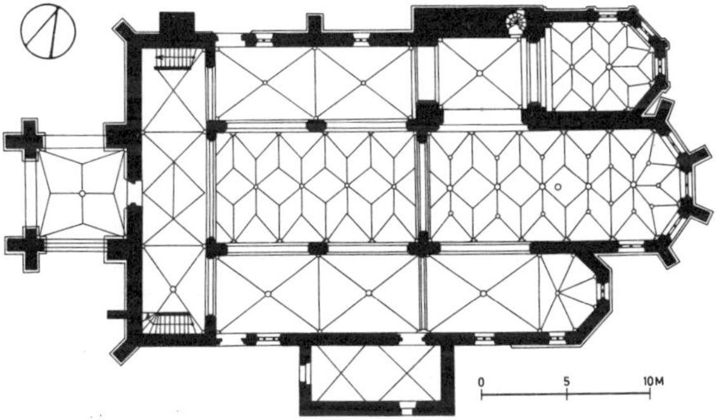

Pfarrwerfen, Pfarrkirche hl. Cyriak

Verkündigung, re. Christi Himmelfahrt und Pfingsten; rückseitig Passionsszenen in Temperamalerei von *Andrä Peuerweg* (gest. 1592), li. Gefangennahme und Malchusszene am Ölberg, Verspottung Christi, re. Christus vor Kaiphas und Christus vor Pilatus. – Im li. Seitenschiff Nothelferaltar (Kuenburg-Kapelle) von *Gordian Gugg,* um 1520–1530; neugot. Aufbau, Predellarelief zwei Engel halten das Schweißtuch Christi; im Schrein spätgot. Schnitzwerke Hll. Dionysius, Erasmus und Nikolaus; Innenflügel li. Hll. Barbara, Katharina, Margaretha, unterhalb Hll. Leonhard, Sebastian und Ägydius, re. Flügel Hll. Achatius, Georg, Eustachius, unterhalb Hll. Vitus, Christof und Pantaleon; spätgot. Malerei an den Flügelaußenseiten, Hll. Paulus, Jakobus, Matthias, Simon, re. Hll. Andreas, Johannes, Bartholomäus und Philippus, an der Schreinrückwand Rankenmalerei, bez. Renovatum 1855; im neugot. Gesprenge Statuetten Hll. Salvator, Virgil und Rupert von *Johann Scheidl,* 1855. – Re. Seitenaltar im südl. Seitenschiff mit weitgehend erneuertem Aufbau, im Schrein Schnitzwerk hl. Anna selbdritt, A. 16. Jh., seitl. Hll. Joseph und Joachim, Jakob und Salomon; spätgot. Flügel, Reliefs Hll. Wolfgang und Nikolaus.
Neugot. Kanzel von 1855. – Skulpturen. Im Chor spätgot. Konsolfiguren Hll. Rupert und Virgil, 2. H. 15. Jh.; im Langhaus Hll. Florian und Johannes Nepomuk, 18. Jh.; hl. Georg, 17. Jh. (in Verwahrung); im nördl. Seitenschiff bekleidete Madonna mit Kind (Prozessionsfigur) und Kruzifixus, 19. Jh. – Predellentafel vom *Meister des Pfarrwerfener Altares,* um 1430, Darbringung im Tempel, rückseitig hl. Leonhard befreit Gefangene (Leihgabe im Dommuseum Salzburg); Heimsuchung, rückseitig Anbetung der Könige (SMCA). 14 neugot. Stationsbilder. – Orgel von *Matthäus Mauracher d. Ä.* 1867, in neugot. Gehäuse, bez. 1869. Neugot. Gestühl. – Im Sommer werden in der Kirche Prangerstangen aufgestellt.
Grabsteine. Ritter Herr Erasm von Khienburg, 1585 (Fraw Catharina Schlamingerin, 1570); Inschriftentafel in Rollwerkrahmen, Ritter Hans Erasmus von Khienburg, 1585; Wandgrab stehender Ritter mit Fahne, beiderseits Wappenschilder, unten Schriftentafel Cristofen von Küenburg, 1592; Inschr. (unleserlich), Wappen mit Kelch, 17. Jh. (?); Jacobus de Costa, 1718; im südl.

Seitenschiff abgetretene Grabsteine, 16. Jh. (?); im Mittelschiff Josef Sigmund Hueber, 1766.
Spätbar. Ölberg an der westl. Kirchenfassade, Segmentbogennische, Malerei bez. *A. Helmberger 1930*, Figuren Christus, drei Apostel und Engel; unterhalb Fegefeuerdarstellung.

Pfarrhof nördl. der Kirche, mit derselben durch gewölbten Gang verbunden. Zweiflügelige Anlage, im Kern got., 1712–1716 umgebaut. Z. T. abgefaste Fenstergewände, im gewölbten Flur abgefaster Pfeiler, got. Türen mit Konsolsturz. Im Obergeschoß einfache Stuckrahmen bzw. Gewölbe. Bilder. 14 Nothelfer, 2. H. 18. Jh.; hl. Cyriak, bez. *Johann Baptist Löxhaller 1805;* Hl. Familie, oben Gottvater und Hl. Geist, seitl. 7 Ovale, unten Jesus, Maria und Joseph, Inschr. und bez. *1696, Hans Schlaminger;* Priester mit Perücke, um 1790; Mariahilf-Bild mit applizierten Kronen, 18. Jh.

Pfarrhofkasten (-turm, ehem. Zehentkasten) östl. des Pfarrhofes. Got. Bau über Rechteckgrundriß, Satteldach. Renov. 1978. Im W zwei Rundbogenportale, abgefaste Tür- und Fenstergewände.

Got. **Totenleuchte,** am Verbindungsgang zwischen Kirche und Pfarrhof; darunter **Kriegerdenkmal,** errichtet 1952, Pietàrelief bez. *Alois Eibl,* seitl. Schrifttafeln.

FILIALKIRCHE Maria Himmelfahrt in P ö h a m. Schlichter Bau von 1929. – 1743–1746 Bau der Brandstättkapelle, 1928 Abbruch, 1929 durch *Paul Geppert d. Ä.* Neubau, in den Jahren 1949/50 erweitert und renov., letzte Innenrest. 1973.

Langhaus über Rechteckgrundriß, Satteldach mit Dachreiter, Rundbogen- und Rechteckfenster; eingezogener, etwas niedrigerer Chor und 2geschossiger Anbau gegen O, gerader Schluß. – Einschiffiges Langhaus, im W Pfeilerempore. Rundbogiger Triumphbogen, eingezogener Chor, einjochig, gerader Abschluß, Rundbogentonne.
Über dem Hochaltar Schwarze Mutter Gottes mit Kind, seitl. bar. Konsolfiguren Hll. Petrus und Paulus, darüber bar. Schnitzwerk Gottvater und Hl. Geist, in modernem Strahlenkranz. Am li. Seitenaltar Figurengruppe, Hl. Familie, M. 18. Jh. Am re. Seitenaltar Herz-Jesu-Figur. – Spätbar. Konsolfiguren aus der ehem. Brandstättkapelle, hl. Sebastian und Christus an der Geißelsäule sowie sechs Statuetten (z. T. ohne Attribute) an der Emporenbrüstung. – Orgel ehem. Schloß Stuppach bei Gloggnitz.

KAPELLEN. **Dietlkapelle** südöstl. von Pfarrwerfen, an der Straße nach Werfenweng. Neugot. Bau über Rechteckgrundriß, Satteldach, eingezogener Chor mit polygonalem Abschluß; Spitzbogenportal und Fenster. 2jochiger, tonnengewölbter Raum, rundbogiger Chor. Inschriftentafel bez. erbaut 1868 von Johann Laubichler, Bauer zu Dietl. Altarblatt Madonna mit Kind, seitl. Figuren Hll. Notburga und Margaretha (?), im Aufsatz Statuetten hl. Antonius und hl. Leonhard. – **Ellmaukapelle.** Bildstock über quadrat. Grundriß, Holzschindelzeltdach, Vordach auf Holzsäulen, bez. renov. 1896. Rechteckige Nische, neugot. Figur Mutter Gottes mit Kind. – **Häuslhofkapelle.** Schlichter Bau mit vorkragendem Dach; Portal bez. 1893. Altarblatt Marienkrönung, um 1800, Konsolfiguren Hll. Joseph und Antonius, 18. Jh., dornengekrönter

Christus 19. Jh. – **Kastenkruzifixus** beim Unterdielbauer (ehem. Triumphbogenkreuz der Pfarrkirche), 17. Jh. (?).

SCHLAMING-SCHLÖSSL, heute als Zuhaus zum Schlaminggut (siehe S. 300) in Verwendung. Kleiner 2geschossiger turmartiger Bau mit mächtigen Außenmauern und steilem Zeltdach, schmuckloser Bau um 1500 (?); der Tradition nach Sitz der Herren von Schlaming, 15./16. Jh.

PROFANBAUTEN. **Pfarrwirt,** südwestl. der Kirche in der Ortsmitte von Pfarrwerfen; erbaut urk. 1513. Bauernhaustypus über Rechteckgrundriß, 2geschossiger gemauerter Bau, Kielbogenportal bez. 1582. Stichkappentonne. – In der Ortsmitte **Denkmal** für den Freiheitskämpfer Peter Sieberer (1777–1834), errichtet 1911.

Mühlen am Mühlbachl, südl. von Pfarrwerfen; in gerader Linie am Bach sechs kleine Mühlen übereinander, jeweils Blockbauten mit Kopfschrot auf Sockelmauer, oberschlächtige Mühlenräder und Mühlenwerke weitgehend erhalten.

Nr. 1: Mühlbachbauer. Haufenhof. Wohnhaus mit gemauertem vorspringendem Erdgeschoß, darüber Kopfschrotzimmerung. Urspr. Fensterformat, alte Brettertür. Senkrechte Verbretterung an wetterseitiger hinterer Giebelwand. Kasten bez. 1596, Roßstall bez. 1790. Zimmer und Backofen. – **Nr. 2:** Mühlaugut. Paarhof, oftmals renoviert. Wohnhaus Blockbau mit Kopfschrot über einseitig gemauertem Erdgeschoß. Gewölbekeller, flaches Pfettendach, mächtiger Zimmer. – **Nr. 5–7:** Ober-, Unter- und Mitterdorf, kleiner intakter Weiler mit 2geschossigen giebelseitig erschlossenen Wohnhäusern, Erdgeschoß gemauert, darüber Blockbau mit Kopfschrot. Rundlinggezimmerte Schrotstadel und 2geschossige Kasten. **Nr. 5:** Oberdorf. First bez. 1680, urspr. Fenster im Obergeschoß und originale Türen. Kasten bez. 1611 mit offenem Giebel und Firstsäule, z. T. Zierschrot. **Nr. 6:** Mitterdorf. Wohnhaus, First bez. 1660, Gang über gesamte Giebelwand bez. 1810. Kasten bez. 1718. **Nr. 7:** Unterdorf, bez. 1609, halbseitig gemauertes Erdgeschoß, urspr. Fensterformate im Obergeschoß, Zimmer mit Lüftungsstäben in den obersten Balkenlagen, bez. 1609.

Ellmauthal. Höfe in Streulage südöstl. von Pfarrwerfen, an durch die Autobahn zerschnittenen Hängen. **Nr. 10:** Deising. Haufenhof. Wohnhaus aus verschiedenen Bauperioden, First bez. 1703. Im Erdgeschoß drei Fenster mit abgefasten Gewänden aus Adneter Marmor und Schmiedeeisengittern. Roßstall und Zimmer kopfschrotgezimmert. Unterkellerter 2geschossiger Kasten, Blockbau mit Schwalbenschwanzzimmerung, offener Giebel und Firstsäule. Freistehender Backofen.

Laubichl. Siedlung in Streulage an den Osthängen des Salzachtales. **Nr. 1:** Perweinhof. Haufenhof. Mächtiges, gemauertes, 2geschossiges Wohnhaus mit hölzernem Dachgeschoß, steiles Schopfwalmdach mit quadrat. großem Glockenturm. Fenster mit schmiedeeisernen Gittern, steinerne Rundbogenportale bei giebelseitigem Eingang und Abgang in gewölbten Keller. Über dem Eingang ovaler Stuckrahmen, heute mit Bild Maria Plain, 20. Jh.

Maier. Streusiedlung nördl. von Werfenweng. **Nr. 13:** Unterholz. Paarhof mit Rauchküche und Feuerstätte. Traufseitig erschlossenes Wohnhaus in Blockbau mit Klingschrot, Rauchküche gemauert. 2geschossiger Kasten, bez. 1745, mit Glockenschrot, Balkon, dessen Tür mit Eisennägeln beschlagen.

Schlaming. Ortsteil an den Westhängen des Schlamingberges nördl. von Pfarrwerfen. **Nr. 27:** Schlaminggut. Wohnhaus 2geschossig, hohes gemauertes Erdgeschoß, darüber Blockbau mit Schwalbenschwanzverzinkung. Giebelseitiger Eingang, Rundbogenportal mit spitzbogigem Verputzrahmen, mächtiges Holztor mit Sonnenmuster und Nägelbeschlag, darüber die Inschr. 16 CH MP 67. Li. und re. zwei Fresken. Hinterer Flurausgang ebenfalls rundbogig. Holzanbau mit urspr. Fensterformat. Großer Zimmer.

PFONGAU, siehe NEUMARKT am Wallersee

PICHL, Ruine, siehe MARIAPFARR

PIESENDORF. Polit. Bez. Zell am See

Gemeinde westl. von Zell am See; Haufendorf auf nach S gerichtetem Schwemmkegel am Ausgang des Piesendorfer Grabens, mehrere Weiler und Einzelhöfe, die Weiler z. T. mit bedeutendem Bestand an Paarhöfen mit Wohnteilen des 16./17. Jhs.
Siehe auch AUFHAUSEN und WALCHEN

PFARRKIRCHE hl. Laurentius, in der Dorfmitte. Got. Bau mit N-Turm, von Friedhof umgeben. Ältester Bauteil 12.–13. Jh. (?). Sakristei (ehem. Michaelskapelle) mit kreuzgratgewölbter Unterkirche. Errichtung von Laurentiuskirche, Chor und Turm im 14. Jh. (?); Erweiterung gegen W 1510–1516, Weihe 1516; um 1550 Turm erhöht; 1718 barockisiert, 1851–1854 regotisiert; rest. 1957.
Einschiffiges Langhaus; 3fach gestufte Strebepfeiler an Langhaus und Chor, im SW übereck gestellt. Leicht einspringender Chor mit polygonalem Schluß; 1978 im Chorjoch frühgot. Sockel freigelegt – Sockel verläuft geradlinig in die Turmzone weiter – Chor ist daher älter als Turm. Chorfenster rundbogig. Gekehltes Portal im W auf tieferem Niveau, Vorbau von 1854. Turm ungegliedert, mit Triforenfenster, Spitzgiebelhelm von 1723. – Im SO Sakristei,

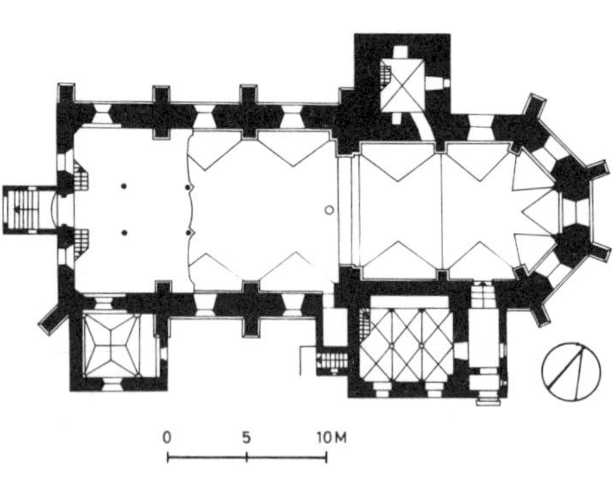

Piesendorf, Pfarrkirche hl. Laurentius

im SW Antoniuskapelle, got. (Baudaten fehlen, 15. Jh.?), 2geschossig, im S abgefastes, darüber quadrat. verstäbtes Fenster. Im O Eingang zum Erdgeschoß mit Sternrippengewölbe auf Konsolen durch Rundbogenportal, darüber rundbogiges abgefastes Fenster. Eingang zum Obergeschoß durch profiliertes got. Portal mit got. Türe vom ersten Emporengeschoß im Kirchenschiff.
Innenraum. Langhaus mit Barockisierung von 1718, got. Runddienste des 3jochigen Langhauses durch Wandpfeiler ersetzt, Rippen des Netzrippengewölbes abgeschlagen, doppelgeschossige W-Empore mit geschwungener Brüstung errichtet. – Chor, ein sternrippengewölbtes Joch und $^{5}/_{8}$-Schluß, Rippen ebenfalls abgeschlagen; hinter dem Hochaltar beim Achsenfenster zwei got. Runddienste erhalten, sonst bar. Wandpfeiler. Glasfenster Immaculata und hl. Joseph von 1957. Im S Zugang zu Sakristei. Ehem. Michaelskapelle seit 1715 Sakristei, kreuzrippengewölbt mit ringförmigen Schlußsteinen (von 1515?); Freskenfragment hl. Barbara, 15. Jh.
Hochaltar von 1854, Altarblatt hl. Laurentius bez. *S(ebastian) Stief;* Figuren Hll. Laurentius und Nepomuk, 1. H. 18. Jh.; Aufsatzfiguren Hll. Rupert und Virgil von *Johann Scheidl,* 1854 (in Verwahrung: Seitenaltäre der Regotisierung 1854, Altarblätter Maria mit Kind und Hl. Familie von *Sebastian Stief*). – Seitenaltäre aus der Filialkirche hl. Leonhard, Aufhausen, sogen. „Pinzgauer Baldachinaltäre", Entwurf von *Georg Mayr,* 1732, Bildhauerarbeit von *Daniel Mayr;* li. Gnadenbild Maria Dorfen, bez. 1732; re. Bild Hl. Sippe von *Franz Anton Kurz,* 1734, Figuren Hll. Franziskus und Antonius, 1. H. 18. Jh.
Kruzifix, A. 18. Jh.; Konsolfiguren Maria und Johannes, 2. H. 18. Jh. In Verwahrung Figurengruppe Beweinung, um 1480; spätgot. Figur Maria mit Kind, um 1520; Christus an der Geißelsäule, 1. H. 18. Jh.; bar. Prozessionsmadonna. – Kreuzwegbilder von *Sebastian Stief* 1854. Bilder in Verwahrung. Verkündigung und Geißelung Christi, 1. H. 18. Jh.; Verkündigung und Christus am Ölberg, M. 19. Jh. – Taufbecken mit Figur hl. Johannes und Kirchenbänke von 1854. – In Mittersill, Museum Felberturm, Figur Ecce Homo, 1. H. 18. Jh., und Bild Erzengel Michael, spätes 17. Jh. – Orgel von 1854. – Glocke von *Friedrich Reinhart,* 1636.

Antoniuskapelle. Altar von 1684 mit Oberbild Gottvater; Altarblatt Christus am Ölberg, um 1860.

Pfarrhof. Erb. 1972 von *Fidelius Schmid.*

BILDSTOCK in Friedensbach an der Bundesstraße, mit Zeltdach, Relief Schutzmantelmadonna von *A. Senoner* 1967/68.

PROFANBAUTEN. Häuser mit mittelalterlichem Kern an der Straße westl. der Kirche und entlang des Piesendorfer Baches. – **Nr. 4:** Kasstecherhaus; 3geschossig mit Satteldach; bar. Baldachinfigur hl. Johannes Nepomuk. – **Nr. 19:** Moserbauer; gekehltes, kielbogiges Portal, 16. Jh. Wirtschaftsgebäude mit integrierter Melcherkammer, Kornkasten, in Bruchsteinmauerwerk; unter dem Giebel Kastenkreuz, 19. Jh. – **Nr. 29:** Gasthof Schmidhofwirt, Fassade erneuert, Firstpfette 1950, spätgot. abgefastes Kielbogenportal und tonnengewölbter Flur, 16. Jh. – **Nr. 30:** 2geschossiger Kornkasten, verändert. – **Nr. 34:** Grabhäusl, am Ende des Piesendorfer Grabens. **Nr. 42a:** Engelbrecht; breitgelagertes 2geschossiges Haus mit gemauertem Erdgeschoß und Obergeschoß in Blockbau mit Hausgang unter Schindeldach. Bmkw., mehrfach gekehltes, kielbogiges

Portal, abgefaste steinerne Fenstergewände; im Inneren Stichkappengewölbe 16. Jh.; Kornkasten. – **Nr. 43:** Gasthof Neuwirt; 3geschossig, Fassade erneuert; in Erdgeschoß und 1. Obergeschoß got. Stichkappentonnen, im Erdgeschoß z. T. abgefaste Fenstergewände erhalten. – **Nr. 44:** Mitterwirt, urk. 1358, bis 1898 Poststation der Strecke Salzburg–Innsbruck. 3geschossiger Bau mit Satteldach, bis zum 2. Obergeschoß aus dem 16. Jh., Fassade erneuert; gekehltes Kielbogenportal, figural ornamentiert, bez. 1558, abgefastes Flurfenster; im tonnengewölbten Flur Fragment eines weiteren Kielbogenportales. Sogen. Bischofszimmer im 1. Obergeschoß mit bar. Stuckdecke, 2. H. 18. Jh.

Friedensbach. Weiler auf sanft nach S gerichtetem Gelände; stellt als Gesamtheit ein Ensemble wertvoller bäuerlicher Architektur dar. Paarhöfe, Mittelflurhäuser. **Nr. 66:** Bauernbauer; gekehltes spätgot. Portal aus dem 16. Jh., abgefaste steinerne Fenstergewände mit neuer barockisierender Malerei. – **Nr. 67:** Jodlhaus. 2geschossiger turmartiger gemauerter SW-Teil mit steinernen Fenstergewänden, sonst Blockbau mit Kopfstrickverband. – **Nr. 68:** Echting; Erdgeschoß und Nordostecke gemauert mit abgefasten steinernen Fenstergewänden, mehrfach gekehltes, kielbogiges Portal bez. 1580; Querflur mit Stichkappengewölbe und gemauertem Aufgang zum Obergeschoß. – **Nr. 70:** Moosegg; breitgelagertes, 2geschossiges, zum Großteil gemauertes, 6achsiges Mittelflurhaus, Obergeschoß teilweise Blockbau, Legschindeldach, 16. Jh. Steinerne Rundbogenportale in Erdgeschoß und Obergeschoß, abgefaste Steingewände der Fenster. Im Inneren breiter Mittelflur, gewölbte Vorratskammer, Steingewände der Türen, tiefe Fensternischen.

Fürth. Weilersiedlung am Ausgang des Fürtherbaches, zeigt als Gesamtheit gute Beispiele bäuerlicher Architektur. Paarhöfe. **Nr. 4:** Weigl und **Nr. 5:** Samermatzen, Gasthof Matzen, **Nr. 7:** Kramerhäusl, ehem. Zulehen, First bez. 1698, Eckflur. – **Nr. 8:** Hetlehen; Kleinbauernhaus mit Eckflurgrundriß; Blockbau, im Erdgeschoß getüncht; First bez. 1783; Legschindeldach. – **Nr. 3:** Fürther Moar; alter Kern 16. Jh.; durch Umbau verändert. – **Nr. 27:** Rainerbauer; Paarhof mit Nebengebäude in Hanglage; 2geschossiges, traufseitig erschlossenes Eckflurhaus in Blockbau, an der Rückseite des Hauses hölzerner Außenkamin; urspr. Charakter größtenteils erhalten.

Hummersdorf. Weiler rechtsseitig der Salzach am Ausgang des Dietenbaches, südl. am Schattberghang Hofgruppen in Streulage. Paarhöfe. **Nr. 1:** Schaumberggut; Kapelle erb. 1979; Bau mit Satteldach, über der Türe Schutzengelbild 19. Jh.; Altar 18. Jh., bar. Prozessionsmadonna. – **Nr. 17:** Grießner; 2geschossiges, im Erdgeschoß gemauertes Haus, Obergeschoß Blockbau, Hausgang unter vorkragendem Satteldach. – **Nr. 18:** Dietl; Kern 16. Jh., mehrfach gekehltes, kielbogiges Portal; Querflur mit Stichkappentonne.

PLAIN, siehe MARIA PLAIN

PLAINBURG, siehe GROSSGMAIN

PLAINFELD. Polit. Bez. Salzburg-Umgebung

Gemeinde mit Kirchweiler und Streusiedlungsgebiet in Ausläufern der Kalkvoralpen des südl. Flachgaus, östl. von Salzburg. Urk. 1348. – Kirchweiler am schattseitigen Hang des Plainfelder Tales. Einhöfe vom Flachgauer Typus, Stein- und Mauerbau vorherrschend, z. T. Sandsteinportale 2. H. 19. Jh. mit Bez. (mehrfach im Weiler Oberplainfeld). Siedlungshäuser.

PFARRKIRCHE hl. Leonhard, von Friedhof mit Mauer umgeben. Nachbar. Saalkirche mit Giebelturm. – 1798/99 erb., Plan von *M. Schauer.* 1800 Vikariat. Gew. 1838 und 1871. 1891 Pfarrerhebung. Rest. 1936, 1958–1964, 1979–1981.
Außenbau. Schlichtes Langhaus und eingezogener, einjochiger Chor mit Dreiseitschluß durch Traufkehle, Eckfaschen und Rundbogenfenster einheitlich gegliedert. In schmuckloser Westfassade Rundbogenportal mit skulptiertem Sturz, Tympanonfeld und reliefierten Bronzetoren von *Josef Zenzmaier,* 1964. Fassadenturm von 1868–1875 auf quadrat. Attikasockel ins Achteck übergehend, rundbogige Schallfenster, Pyramidenhelm. 2geschossiger Sakristeianbau am Chor. Schnitzkruzifix 2. H. 19. Jh.
In tonnengewölbter Vorhalle Bez. 1799. Breit proportionierter Saalraum. Im 3jochigen Langhaus und Chor stark gedrückte Stichkappentonnen über Gurtbändern auf Pilastern, flachbogiger Triumphbogen seitl. eingezogen, im Westjoch Orgelempore auf Flachdecke und Holzsäulchen.
Marmorierte Einrichtung. Hochaltar von 1867, neobar. Säulenädikula mit Sprenggiebel, Altarblatt Hl. Dreifaltigkeit mit Hll. Maria und Leonhard sowie Seitenfiguren Hll. Rupert und Virgil, um 1740, von ehem. Altar aus Schloß Blumenstein bei Salzburg. – Seitenaltäre von ehem. Kirche Unsere Liebe Frau am Bergl zu Salzburg, Bildrahmenretabel um 1720–1730 mit geschwungenen Gebälkverdachungen, Altarblätter li. Unterricht Mariä, re. hl. Georg, *Josef Gold* 1878. – Orgel von *Johann Mauracher,* 1869. Schnitzfigur Christus in der Rast, 2. V. 17. Jh. Konsolstatuen thronende hl. Maria mit Kind, hl. Joseph, um 1720–1730. Schnitzkruzifix 2. H. 19. Jh. Taufstein 1965. Kreuzwegbilder 2. H. 19. Jh.

Pfarrhof südl. der Kirche, um 1800, 2geschossiger Bau mit Fensterfaschen, Traufkehle und Walmdach.

BAUERNHÖFE. **Plainfeld, Nr. 2:** Großedt, nahe der Gemeindegrenze zu Eugendorf. Mittertennhof; 2geschossiges Mittelflurhaus mit profilierter Putzgliederung und Marmorportal bez. 1877 mit 2flügeliger aufgedoppelter Tür; Satteldach, Dachvorsprung mit Hohlkehle. – **Nr. 8:** Mittertennhof in Oberplainfeld, 2geschossiges gemauertes Mittelflurhaus mit Schlackenverzierung und Sandsteinportal unter Krüppelwalmdach. – **Nr. 41:** Einhof. Gemauertes Mittelflurhaus mit Putzfaschen, Giebelbalkon unter Krüppelwalmdach mit Dachreiter.

PÖHAM, siehe PFARRWERFEN

PRIELAU. Gem. Maishofen. Polit. Bez. Zell am See.

Schloß und Kirche am N-Ufer des Zeller Sees.

FILIALKIRCHE Hl. Dreifaltigkeit, nach SO gerichtete bar. Wallfahrtskirche. Erb. 1730/31, Weihe 1745; rest. 1978/79.

Einschiffiger bar. Bau, Giebelfassade mit z. T. vorspringendem Turm im N, einspringende Rundapsis. Breite umlaufende Hohlkehle (beim Turm als Gesims weitergeführt), Schindelsatteldach. Turm mit rundbogigen Schallfenstern und Schindelzeltdach. Im O 2geschossiger Sakristeianbau zwischen Langhaus und Chor. – Turmvorhalle mit flacher Tonne.
2jochiges Langhaus mit Stichkappentonne und Gurtbögen; einjochiger, eingezogener Chor durch Gurtbögen und Pilaster gegliedert. Langhaus und Chor durch umlaufenden Sockel und umlaufendes profiliertes Gesims miteinander verbunden. Balkon über der Sakristeitür als Verbindung zur Kanzel. Eingeschossige N-Empore.

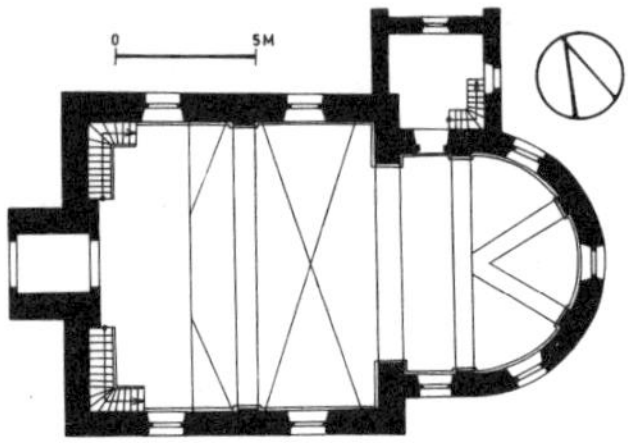

Prielau, Filialkirche Hl. Dreifaltigkeit

Hochaltar, Aufbau von *Georg Perweg* und *Johann Knoll,* 1734; Bild Marienkrönung (stark übermalt); Figuren 2 kniende Engel von *Daniel Mayr* (gefaßt von *Franz Kurz*). An der Apsiswand Bild Maria mit Kind vor Gottvater und Hl. Geist, von *Jacopo Zanusi* 1734. – Beide Seitenaltäre M. 18. Jh. Li. Bild hl. Johannes Nepomuk, Oberbild hl. Martin, Figuren Hll. Johann Ev. und Jakobus d. Ä.; Tabernakel 2. H. 18. Jh. Re. Bild Vermählung Mariens, Oberbild Hl. Geist, Figuren Hll. Georg und Florian.
Bar. Kanzel mit Bild Christus als Guter Hirte, um 1735. Konsolfiguren Hll. Barbara und Katharina, 2. H. 18. Jh.; Kruzifix mit Maria und Johannes, 18. Jh. In Verwahrung Halbfiguren der 4 Evangelisten auf Reliquienkästchen, E. 18. Jh. – Bilder, Gnadenstuhl, 17. Jh.; hl. Dismas, bez. 1737; Hll. Anna und Maria, Mariahilf-Bild, beide M. 18. Jh.; Kreuzigung, Ölbergszene, Ecce Homo und hl. Kapuziner, 18. Jh.; hl. Kümmernis, 2. H. 18. Jh.; zahlreiche Votivbilder des 18. und 19. Jhs.; Kreuzwegbilder 18. Jh. – Bar. Bänke von 1731. – Glocke von *Johann Hackl,* 1733.

SCHLOSS Prielau, Nr. 37, in M a i s h o f e n, am Nordufer des Zeller Sees. Hof zu Prielau urk. 1425, um 1560 Besitzer Hans Christoph Perner, der den Ansitz erbaute, 1577 Panichner, ab 1590 Freiherren Kuen von Belasi, 1722 bis 1811 Fürstbischöfe von Chiemsee. Rest. 1984/85.
3geschossiger Bau mit hohem abgewalmtem Satteldach, an den Längsfronten je ein quadrat. Turm mit Zeltdach. Räume im Erdgeschoß z. T. gewölbt, Kassettendecken, Portalumrahmungen und Täfelungen, eine davon bez. 1592. Wenige originale Inventarstücke erhalten.

PUCH bei Hallein. Polit. Bez. Hallein

Gemeinde im Salzachtal, nördl. von Hallein. Urk. 930. Straßendorfartige Siedlung mit lockerer, meist giebelständiger Verbauung beiderseits der

Bundesstraße, der ältere Baubestand vorwiegend Bauernhöfe. In der Umgebung Streusiedlungsgebiet, Tennengauer Einhöfe.
Siehe auch ST. JAKOB am Thurn

PFARRKIRCHE Maria Geburt, an der nördl. Ortseinfahrt. Spätgot. Saalbau mit bar. Seitenschiff, von Friedhof umgeben. Urk. 1347. 1668 Sakristeianbau, 1735 Anbau des Seitenschiffes; Pfarre seit 1930. Friedhofserweiterung und Bau der Aufbahrungshalle 1966. Rest. 1966/67.
Schlichter Außenbau mit polygonaler Apsis; 3geschossiger spätgot. Turm an der Langhaussüdseite, mit Sockel, rundbogigem abgefastem S-Portal, großen spitzbogigen Schallfenstern und darüber rundbogigen bar. Fensteröffnungen; Spitzhelm, über die abgeschrägten Ecken des Turmes heruntergezogen. Turmhalle mit spätgot. Sternrippengewölbe auf Konsolen; Inneres spätgot. Mehrfach gekehltes spitzbogiges S-Portal. Nördl. Seitenschiff im W gegenüber dem Hauptschiff verkürzt, mit Pultdach und gekehltem Rundbogenportal, bez. 1735. Im S beidseitig des Turmes eingeschossige Anbauten mit Pultdach, der östl. Anbau Sakristei. Kruzifix von *Wolf Weissenkirchner* 1659.
Hauptschiff und Chor spätgot.; Netzrippengewölbe aus 6teiligem Rautenstern mit runden Schlußsteinen über Wandpfeilern und Runddiensten, im Chor Dienste mit Rundkapitellen. 4jochiges Langhaus, im W eingeschossige Holzempore von 1672 mit südl. Balkon über das 2. Joch als Zugang zum Turmobergeschoß mit spätgot. kielbogigem Portal; im 4. Joch südl. spätgot. rundbogiges abgefastes Sakristeiportal. Chor einjochig mit $^{5}/_{8}$-Schluß. Seitenschiff $4^{1}/_{2}$jochig, im westl. verkürzten Joch Aufgang zur Empore des Hauptschiffes, die drei folgenden Joche mit Stichkappentonnen, die Gurtbögen auf Pilastern mit profilierten Kapitellen; das 4. Joch kreuzgratgewölbt und gleich lang wie das Chorjoch.
Hochaltar von *Balthasar Streißenberger,* bez. 1687; Mittelfigur Mondsichelmadonna, seitl. Konsolfiguren Hll. Joachim und Anna, Aufsatzfigur hl. Michael. Mensaverkleidung mit Relief Tempelgang Mariens, 3. V. 18. Jh. – Zwei Seitenaltäre im Seitenschiff, im Aufbau gleich, von *Georg Krapf* 1712 bzw. 1714, unter Verwendung spätgot. Figuren bzw. Reliefs. – Im 3. Joch Altar mit spätgot.

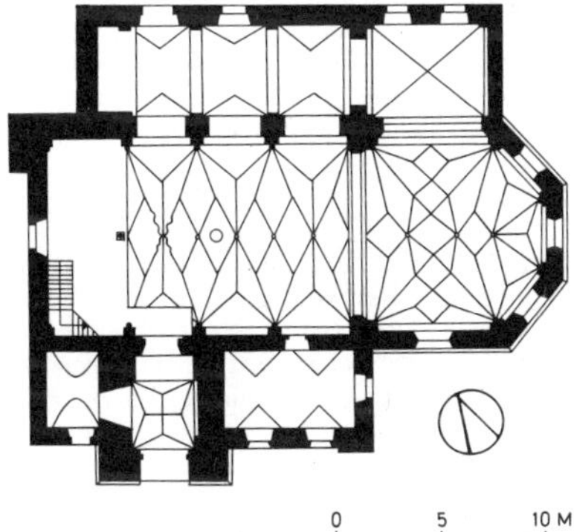

Puch, Pfarrkirche Maria Geburt

Figuren Hll. Katharina, Ursula (?) und Barbara und dazugehöriges Predellenrelief 14 Nothelfer, um 1480; bar. Aufsatzfigur hl. Joseph mit Jesuskind von *Johann Georg Mohr,* 1712.

Im 4. Joch spätgot. Figurengruppe Anna selbdritt, Hll. Johannes d. T. und Ev., A. 16. Jh., Predellenrelief Hl. Sippe, spätgot. (?); bar. Halbfigur Gottvater und Aufsatzfigur hl. Sebastian von *Johann Georg Mohr,* 1712. – Kanzel mit Bild Christus unter den Schriftgelehrten, um 1685. – Kruzifix spätes 17. Jh. Frühbar. Palmesel in segmentbogenförmiger Nische der Turmhalle. – Bild Maria mit Kind und Heiligen, im unteren Bildteil Schloß Urstein, 2. H. 16. Jh. – Kreuzwegbilder E. 19. Jh. – Bänke z. T. von 1675. – Orgel von *Johann Mauracher,* 1859. – Glocke von *Josef Oberascher* 1882.

Grabsteine. Zwei geritzte Wappengrabsteine von 1380 (Apsis Außenwand), zwei Steine mit Inschrifttafel und Relief mit Stifter, Matthäus Kopeindl, gest. 1573, und Sebastian Kastenmüller 1597. Im Kircheninneren an der Apsis vier Wappengrabsteine Anna Altman Fröschlmoser, gest. 1595, Christian Tausenperger 1423, Leonhard Golser, gest. um 1503, und Paulus Altman von Urstein 1601. Weitere Wappengrabsteine von 1433, 1524 und 1687. Bar. hölzernes Epitaph mit neun Wappen für Johann Sigismund, Eberhard und Friedrich Dückher von Haslau, gest. 1649. – Im SMCA römischer Grabstein mit Relief eines Ehepaares, 2. Jh. n. Chr.

Kriegergedächtniskapelle, an der Friedhofsmauer, mit zwei Reliefs Krieger um 1950. – An der Friedhofsmauer römischer Meilenstein.

WEGKAPELLE, in Puch bei Nr. 44 (Schopperbauer); Neubau von 1980 mit bar. Figur Schmerzensmann.

WEGKAPELLE in Oberthurnberg, mit Schindelschopfwalmdach und bar. Mariahilf-Bild.

STEINKREUZ an der Straße bei Schloß Urstein, für Michael Lambacher, gest. 1446.

SCHLOSS Puchstein, Nr. 15. Urk. 15. Jh., 1609 von Georg Kronperger an die Pfarrkirche Puch gegeben, weiterhin als Lehen vergeben, heute Wohnhaus. Einfacher kubischer Baukörper, spätgot.; drei Geschosse mit allseits hochgezogener Mauerkrone, dahinter Grabendach, z. T. noch rotmarmorne abgefaste Fenstergewände. An der N-Seite quadrat. turmartiger Anbau, gleiche Firsthöhe. An der SW-Ecke moderner Anbau im Erdgeschoß, darüber Reste einer Sonnenuhr in Fresko.

SCHLOSS Urstein, nordwestl. von Puch zwischen Bahnlinie und Salzach.

Altes Schloß, heute Meierei. Urk. 1461 Lienhart Golser zu Urstein, E. 15. Jh. an Familie Diether von Urstein, ab 1575 zahlreiche adelige Besitzer, 1633 an Salzburger Chronisten Franz Dückher von Haslau, 1701 Schloßneubau, altes Schloß als Wirtschaftshof besitzmäßig beim Schloß verblieben.
Haupthaus, hoher gemauerter Stock, zwei Vollgeschosse, zwei Dachgeschosse unter abgewalmtem Satteldach; abgefastes Segmentbogenportal aus Adneter Marmor, mit kreisrunder Oberlichte, durchgehender Flur tonnengewölbt mit Stichkappen, neben der Falltüre zum Keller got. Lichtnischen. In der Obergeschoßhalle Tonnengewölbe, anschließend ehem. Herrschaftsküche,

gewölbt mit Resten der Rauchschürze, Tram- und getäfelte Decken 1. H. 17. Jh. Im 1. Dachgeschoß rotmarmorne Fenstergewände und Aufzugsöffnung zum ehem. Schüttboden, 2. Dachgeschoß mit ovalen Fensterluken, unter dem westl. Schopf neue Inschr. in Putzfeld, bez. 1461.
Gebäude um weitgehend geschlossenen Hof. Nördl. weitgehend modernisierte Stallscheune; westl. Brunnenhaus, zwei Geschosse mit Rundbogenöffnung gegen den Hof, gegen W 3/8-Schluß, 8eckiger Uhrturmaufsatz mit Schallöffnungen, Zwiebelhelm, Uhrwerk von *Johann Bentele* bez. 1785. Gegen S schmaler Verbindungsbau zum „Stöckl", Kern frühbar., Umbau um 1900.

Schloß Urstein, westl. oberhalb des alten Schlosses. Neubau von 1701 durch Freiherrn Alphons Dückher v. Haslau zu Urstein, bis 1867 in Familienbesitz Dückher, heute Privatbesitz.

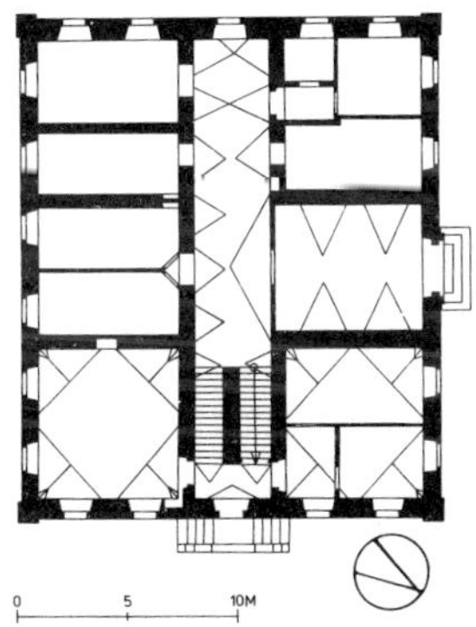

Puch, Schloß Urstein

Rechteckiger Grundriß, drei Geschosse; an der N-Fassade Hauptportal mit verkröpftem Gesimse und rundem Sprenggiebel, darüber in der Hauptachse Doppelfenster mit Rundgiebel im 1. Obergeschoß, ansonsten gerade Sprenggiebel, alle Zierformen in Konglomerat. Gebäudeecken durch verkröpfte Lisenen betont, hier Reste geritzter Quaderung auf Originalputz. An der N- und S-Seite Ziergiebel mit Doppelfenster, Rundgiebel und seitl. Voluten; steiles Walmdach, an den Firstenden zierliche 8eckige Kaminköpfe. Bau einheitlich A. 18. Jh., Fassaden außer im N mit einfacheren Zierelementen nur in Putz. Grundriß mit durchgehendem Mittelflur, im Erdgeschoß Tonnengewölbe mit Stichkappen, an der SW-Ecke profanierter Kapellenraum, Flachdecke mit Stuckspiegel. In den oberen Geschossen in Flur und Zimmern Stuckdecken A. 18. Jh., z. T. originale Türen, bmkw. Kachelöfen, darunter einer aus der Salzburger *Werkstätte Strobl* 1. H. 17. Jh., wahrsch. aus dem alten Schloß übertragen; Dachstuhl aus der Erbauungszeit.
Gegen S vorgelagert Parkwiese in englischem Stil mit Steinvase, 18. Jh.

BAUERNHÄUSER. Im Ortskern, entlang der Straße, freistehend 2geschossige Häuser, einige mit spätmittelalterlichem Kern, meist umgebaut, im Erdgeschoß abgefaste Steingewände, kleines Flurfenster und Rundbogenportal erhalten (Nr. 25 und 29).

Nr. 16: Krapfenbauer; Einhof, Erdgeschoß gemauert, mit Tür- und Fenstergewänden aus Marmor, Haustür in Sternmuster. Obergeschoß verputzter Blockbau. Dachgeschoß verschalt mit Balkon. – **Nr. 25:** Schatteingut; gemauerter Einhof, Wohnteil im Kern 16. Jh., mit Tür- und Fenstergewänden aus Marmor. Dachgeschoß verschalt mit Balkon, Schopfwalmdach. – **Nr. 29:** Maurerbauer, gegenüber der Kirche. Gemauerter Einhof, Wohnteil 16. Jh., Tür- und Fenstergewände in Marmor. Putzfassade mit dekorativen Faschen bez. 1794. – **Nr. 37:** Großries, außerhalb des Dorfes. Tennengauer Einhof, bez. 1883. Erd- und Obergeschoß halbseitig in Blockbau, verputzt, halbseitig gemauert. Dachgeschoß giebelseitig verschalt. Getreidekasten in Blockbau, bez. 1803. – **Nr. 41:** Gasthof Raschlwirt, abgefaste Tür- bzw. Fenstergewände im Erdgeschoß und 1. Obergeschoß 17. Jh. (?), Portal bez. 1933. – **Nr. 54:** Filind; Einhof, bez. 1816. Erdgeschoß gemauert. Querflur. Giebelseitig Muttergottes mit Kind. Obergeschoß Blockbau, verputzt. Dachgeschoß verschalt, Balkon.
Hinterwiestal, Nr. 5: Bachbauer; gemauerter Tennengauer Einhof. Tür- und Fenstergewände aus Marmor. Dachgeschoß verschalt mit Balkon.

BAHNHOF Puch-Oberalm. Erb. um 1875, 2geschossig, 6achsig, die seitl. Achsen vorgezogen mit eigenem Giebeldach.

RADECK, Schloß, siehe BERGHEIM

RADSTADT. Polit. Bez. St. Johann i. P.

STADT, auf einer steil abfallenden Felsterrasse des oberen Ennstales, gegenüber der Mündung des Taurachtales. Planmäßige Stadtgründung 4. V. 13. Jh. Übernahme der urspr. Ortsbezeichnung von Altenmarkt; 1289 Stadtrecht. Schutz des Salzburger Ennstales und Bewachung des Verkehrsweges über den Radstädter Tauern. Haupterwerbszweige waren das Stapelrecht von Waren und der Handel mit Wein, Eisen und Salz. Brände in den Jahren 1365, 1417, 1616, 1781 und 1865. Erst im 20. Jh. Ausdehnung der Stadt in nördl. und westl. Richtung über die Befestigungsanlage hinaus. Vorwiegend 2geschossige Bürgerhäuser mit dörflichem Charakter, z. T. im Kern 16. Jh., durch Brände bzw. jüngere Umbauten verändert.
Altbestand alpiner Paar- und Haufenhöfe aus dem 17./18. Jh., vor allem noch in den Streusiedlungsgebieten Löbenau, Mandling und Schwemmberg. Wohnhäuser durchgängig, mit Mittelflur, meist 2geschossig, vereinzelt reiner Holz- oder Mauerbau, häufiger Mischbauweise. Verzierte Gänge an den Giebelseiten, Pfettendächer mit Glockentürmen.
Stadtanlage und Befestigung mit regelmäßigem, rechteckigem Grundriß; rechteckiger Hauptplatz quer zur Hauptachse der Stadt liegend, in der Mitte von der die Längsachse bildenden Hauptstraße gequert und an den Schmalseiten von Parallelstraßen tangiert. Pfarrkirche und ehem. erzbischöfliche Burg in der NO-Ecke der Stadt. In der nahen Umgebung die bar. Loreto-Kirche zu Lerchen sowie die Ansitze Schloß Tandalier, Lerchen und Mauer.
Stadtmauer, allseitig beachtliche Reste, nach Stadterhebung 1289 erb., im Bauernkrieg 1525 schwer beschädigt, Wiederaufbau mit drei Rundtürmen an SW-, NO- und NW-Ecke, letzterer (Amtmannturm) bez. 1534; Stadtmauer im

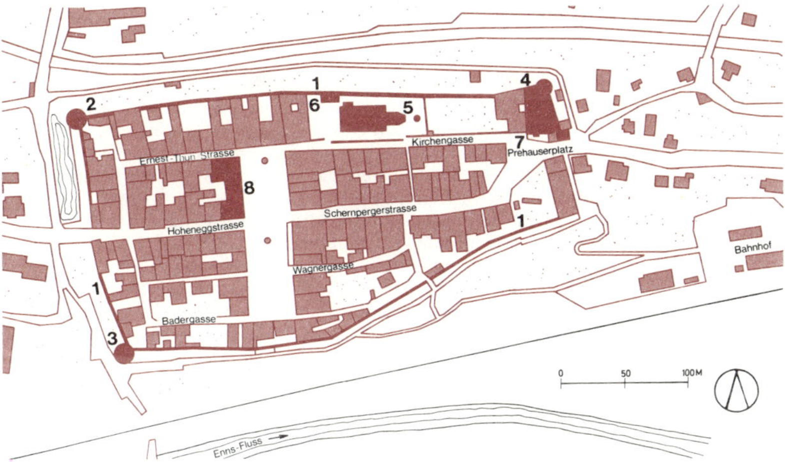

Radstadt, Stadtplan

1 Stadtmauer, S. 308f.
2 Amtmannturm, S. 308
3 Stadtturm, S. 308
4 Kapuzinerturm, S. 308
5 Stadtpfarrkirche, S. 309ff.
6 Ehem. Katharinenspital, S. 311
7 Ehem. Kapuzinerkirche, S. 311
8 Bezirksgericht, S. 314

Bereich Pfarrkirche – Burg z. T. über 9 m hoch, mit Wehrgangsrücksprung an der Zinnenkrone, Zinnen großteils vermauert, mit schmalen, hochrechteckigen Schießscharten versehen.

Ehem. Burg, Besitz der Salzburger Erzbischöfe; 1629 bis 1980 Kapuzinerkloster mit angefügter Kirche, seit 1980 Pfarrhof; im Chor der Kapuzinerkirche steckt von außen nicht sichtbar ein rom. Rechteckturm. Burganlage um 1600 ruinös, ab 1629 Adaptierung für Kapuzinerorden, 1980 Umbau zu Pfarrhof. Einfacher kubischer Baukörper mit hohem Walmdach, Nordfassade zugleich Stadtmauer, durch heute überdeckten Lichthof von der östl. parallel stehenden Kapuzinerkirche getrennt. – Südöstl. Eckpunkt der Burg-Kloster-Anlage früheres **Stadttor,** Steirertor (Haus Nr. 50); Toröffnungen 1983 beidseits freigelegt, an der O-Seite spitzbogiges Steingewände mit seitl. Gehtürl, im Obergeschoß an der O-Seite flacher Erker mit zwei Wappentafeln in Blech, Doppeladler und Stadtwappen; unter dem Erker zwei übermauerte Schießscharten, A. 16. Jh.

STADTPFARRKIRCHE Mariä Himmelfahrt. Dominierender im Kern spätrom. Bau mit got. Chor und Nordturm, am nördl. Stadtrand, von Friedhof und Mauer umgeben. Langhaus 1314 noch in Bau; Chor von ca. 1417. Urspr. Patrozinium hl. Virgil, 1354 eigene Kaplanstiftung, 1395 erneuert. Brände 1417, 1616, 1781 und 1865, diverse Veränderungen und Umbauten, im Jahre 1616 Bauleitung durch Dombaumeister *Santino Solari.* Seit 1618 Patrozinium Mariä Himmelfahrt. Nach Brand von 1865 Reromanisierung, Neuweihe 1872, im 3. V.

19. Jh. Turmerneuerung in den obersten Geschossen nach Plänen *Josef Wessikens*, 1879 vollendet. 1885 Aufstellung von zwei Seitenaltären. Renov. 1910, letzte Außenrest. 1963, Innenrest. 1973.
Basilikales Langhaus, 3schiffig, über Rechteckgrundriß. Im Obergaden Kreisfenster, nur wenig vortretende Strebepfeiler; die niedrigeren Seitenschiffe mit Rundbogenfenstern. Westfassade mit vorspringendem Mittelrisalit und neurom. Dreieckgiebel. Abgefastes Rundbogenportal mit reliefiertem Portaltympanon, in Rundbogennische Kreisfenster, darüber Drillingsfenster. Rundbogenfries und Zahnschnitt; seitl. Rundbogenfenster. Höherer, got. Chor, erb. um 1417 mit polygonalem Schluß. 4fach gestufte Strebepfeiler mit kleinen Giebeln und Dreipaßmaßwerk; hohe Spitzbogenfenster mit Maßwerk 3. V. 19. Jh. Turm an der Chornordseite, sechs durch Friese gegliederte Geschosse, Eckfaschen, im 5. Geschoß Biforenfenster, im 6. Geschoß gekoppelte Fenster mit drei Säulen, um 1877, Dreieckgiebel und Pyramidenspitz. An der östl. und westl. Turmseite Wappensteine des Eb. Markus Sittikus; im 2. Geschoß an der Ostseite gemeißelter Kopf (römisch?). Eingeschossige Sakristei an der Südseite, in Verlängerung des Seitenschiffes.

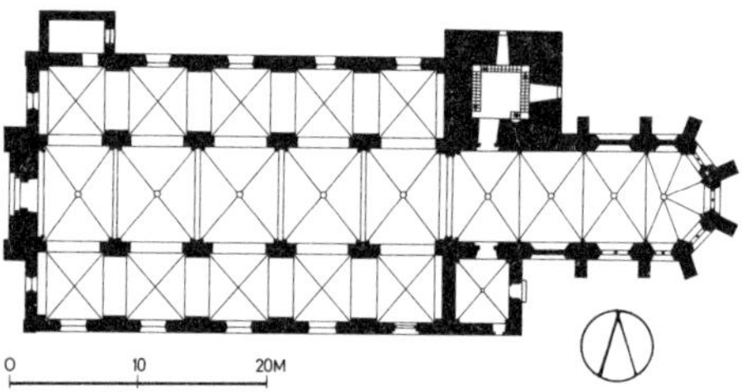

Radstadt, Stadtpfarrkirche Mariä Himmelfahrt

Langhaus, 3schiffig, 5jochig; im Mittelschiff Kreuzrippengewölbe und Gurtbogen auf Wandvorlagen, niedere Pfeiler mit Kapitellen. Rundbögen zu den Seitenschiffen, Kreuzgratgewölbe und Gurtbogen. Empore auf Rundbogen, Brüstung mit Vierpaßmaßwerk. Rundbogiger Triumphbogen. Got. Chor, höher als das Langhaus, 3 Joche, $^{5}/_{8}$-Schluß. Got. Kreuzrippengewölbe auf Diensten, Gurtrippen, runde Schlußsteine. Im Chor spitzbogige Maßwerkfenster mit Glasgemälden bez. *Josef Widmoser* 1959; Blindfenster. An den Hochwänden des Mittelschiffes acht Bilder, eines davon bez. *Ios.(ef) Gold*, 1911–1912.
Hinter dem schlichten Hochaltar Tabernakel mit Kruzifixus von *Herbert J. Schneider*, 1961. – Nördl. Seitenaltar, Herz-Jesu-Bild (Original in St. Stephan in Wien) in bar. Rahmung, Schnitzwerk Mariä Himmelfahrt, von Strahlenkranz umgeben, von *Johannes Piger* um 1885. Seitenaltar im südl. Seitenschiff (ehem. Altar der Katharinenkapelle), bar. Aufbau, bar. Altarblatt 14 Nothelfer, im Aufsatz Bild, Maria mit Kind, 19. Jh. – Schnitzfiguren Hl. Familie, bez. *Ioh.(ann) Piger*, 1883. – Steinkanzel 1962, Kanzelkorb mit Reliefs der 4 Evangelisten.
Schnitzwerke. Im Chor bar. Konsolfigur hl. Johannes Nepomuk, 18. Jh.; Hll. Petrus und Paulus, von *Johannes Piger*, 1885; an den Langhauspfeilern hl. Joseph, A. 18. Jh.; hl. Johannes Nepomuk, M. 18. Jh.; hl. Florian, 18. Jh.; hl. Sebastian,

E. 17. Jh.; hl. Johannes, 18. Jh.; hl. Kapuziner, 19. Jh.; Pietà, 18. Jh.; im nördl. Seitenschiff Christus an der Geißelsäule, um 1800; Steinplastik hl. Karl Borromäus, 18. Jh.; Kruzifixus, 2. H. 19. Jh. – Bilder. Christus als Schmerzensmann, 2. H. 17. Jh.; hl. Karl Borromäus, 19. Jh.; Tod des hl. Benedikt, 19. Jh.; bar. Bild hl. Johannes Nepomuk. – Orgel von *Dreher u. Reinisch,* 1959. – Im Chor zahlreiche Wappengrabsteine, 16.–18. Jh.

Lichtsäule, sogen. Schustersäule, östl. der Pfarrkirche, im Friedhofsbereich. Spätgot. Lichtsäule über quadrat. Grundriß. Im W Spitzbogentür, darüber Inschr. und Bez. 1513.

Aufbahrungshalle (ehem. Katharinenkapelle), nordwestl. der Pfarrkirche, an die Stadtmauer gebaut. Nach O gerichtete Kapelle. Ehem. Kirche des in der 2. H. des 14. Jhs. gegründeten Spitals, urk. 1408. Spital, im 19. Jh. abgebrochen. Rest. 1983.
Langhaus mit zwei ungleichen Jochen, 3seitiger Chorschluß. Kreuzgrat- bzw. Tonnengewölbe mit Stichkappen. Südseitig Spitzbogen zu einem tonnengewölbten Vorraum. Im S gekehltes Spitzbogenportal, westl. Spitzbogen. Spitzbogenfenster. – Kreuzigungsgruppe (ehem. Seitenaltar der Stadtpfarrkirche) von *Johannes Piger,* 1885.

FILIALKIRCHE Maria Unbefleckte Empfängnis (ehem. Kapuzinerkirche), am nordöstl. Stadtrand erhöht gelegen. Schlichter Saalbau in Art der Kapuzinerordenskirchen, nach N gerichtet, im NW an das ehem. Kapuzinerkloster angebaut. – 1629 Baubeginn, 1634 Weihe, 1748 chorwärts erweitert, 1750 Weihe. Rest. 1953.
Einfacher, bar. Baukörper über Rechteckgrundriß, im S und W Rechteckportale und Treppenaufgänge, Rechteckfenster. Dachreiter mit rundbogigen Schallfenstern.
Einschiffiges Langhaus mit Tonnengewölbe, Holzempore im S. Niedrigerer, eingezogener Chor, tonnengewölbt. Nördl. Chorhälfte durch den Hochaltar für den ehem. Betchor der Kapuziner abgetrennt. Am östl. Langhaus zwei Kapellen, zum hl. Franziskus und Lourdesgrotte, kreuz- bzw. tonnengewölbt. Altäre um 1749. Hochaltar, freistehende Mensa, Tabernakel mit Seitenteilen, 4. V. 19. Jh.; Durchgänge; zurückversetzter 3teiliger Wandaufbau, bar. Altarblätter, Kranke, Frau mit Kind, oben Gottvater, appliziertes Mariahilf-Bild (Innsbrucker Gnadenbild); li. Bild hl. Joseph; re. hl. Johannes Ev. – Li. Seitenaltar, von Säulen flankiertes Altarblatt, hl. Antonius mit Jesuskind, bez. *Paulus Perwanger;* Oberbild Maria Verkündigung, 19. Jh. – Re. Seitenaltarblatt, hl. Maria mit dem hl. Felix von Cantalice, bez. *Jac. Zanusi;* Oberbild Erzengel Gabriel, 19. Jh. – Säulenaltar in der Franziskuskapelle, bar. Altarblatt Franz von Assisi, von *J. Zanusi,* Seitenbilder hl. Joseph von Leonissa und hl. Seraphin. 4eckige Holzkanzel, an den Ecken Voluten, Schalldeckel mit Gesetzestafeln und Kreuz, 18. Jh. – Bilder. 14 Stationstafeln, 2. H. 18. Jh.; hl. Joseph von Leonissa, 18. Jh.; hl. Felix von Sigmaringen, 18. Jh.; neun Bilder Leidensgeschichte Christi, z. T. in Verwahrung, einige bez. *Vitus Felix Rigl,* 1750.
Ehem. Konventchor, hinter dem Hochaltar, Altarrückseite mit Malerei, Szenen aus der Leidensgeschichte, 19. Jh. – In der Sakristei Gemälde 17.–19. Jh. – Glocke von *Johann Oberascher,* 1800.
Ehem. Klosterräume, 1980 als Pfarrhof adaptiert.

FILIALKIRCHE Maria Loreto zu L e r c h e n. Bar. Saalbau nördl. auf einem Hang, außerhalb der Stadtanlage. – 1677 Baubeginn, 1713 und 1735 Erweiterung, 1750 Weihe, Renov. 1904.
Kleiner, nach O gerichteter Bau, im S und N niedere Anbauten, südl. Rechteckportal mit Dreieckgiebel, Inschr. und Bez. 1904; Rechteckfenster. Im W Holzvorbau, Giebelturm mit gekoppelten Rundbogenschallfenstern, Kuppel mit Laterne und Zwiebelhelm.
4jochiger Saalraum, im 2. Joch Segmentbögen zu den rechteckigen Nischen der Seitenaltäre. Pilaster mit Kompositkapitellen, Kreuzgewölbe und Gurtbögen. Gerader Chorschluß. In den Gewölbefeldern Malerei von 1904. Holzempore mit marmorierter Brüstung.
Hochaltar, das östl. Joch füllend, freistehender Tabernakel, E. 18. Jh.; über vier Pilastern profiliertes Gesimse, in der Mitte segmentbogig; seitl. Durchgänge, darüber vergittertes Fenster; am Gebälk bar. Schnitzwerke, 18. Jh., Gottvater auf Wolken, hl. Maria, Verkündigungsengel; in Rundbogennische Konsolfigur hl. Maria (Gnadenbild von Loreto), 2. H. 17. Jh., seitl. Bilder E. 18. Jh., li. Bundeslade mit David und dem Ziborium, re. Übertragung des hl. Hauses. – Von den Seitenaltären nur bar. Aufbauten, um 1740; Konsolfiguren in Verwahrung. – 8eckige Kanzel, Schalldeckel mit Posaunenengel, Hl. Geist, um 1740. 3teiliges Orgelgehäuse M. 18. Jh., Werk von *Albert Mauracher,* 1890. – Glocke von *Andreas Zachenhueber,* 1736.

KAPELLEN. **Herz-Jesu-Kapelle** in E n n s w a l d, östl. von Radstadt. Bau über Rechteckgrundriß, eingezogener Chor mit polygonalem Schluß, Satteldach. Erb. 1902/03, 1934 Sakristeianbau, 1935 Vorraum, 1959 Renov. – Tonnengewölbe auf Wandpilastern, Gurtbögen, umlaufendes Gesimse. Schnitzwerke von *Therese Maroder.*
Huberkapelle in S c h w e m m b e r g (Unterer Schwemmberg). Kapellenbau 3. V. 19. Jh. über Rechteckgrundriß, eingezogener Chor mit polygonalem Schluß, Satteldach und Dachreiter. Rundbogentür bez. 1863. Tonnengewölbe. – Kleiner Säulenaltar, Altarblatt, von Engel getragenes Bild hl. Maria vom Guten Rat, 19. Jh., Bilder Hll. Sebastian und Florian, re. Hll. Leonhard und Johannes Nepomuk, 19. Jh.

BILDSTÖCKE. Südl. vom S c h l o ß M a u e r, über quadrat. Grundriß, Zeltdach; Rundbogen, Kreuzgewölbe. Bild Christus am Kreuz mit Schächern, E. 16. Jh. – Nördl. von R a d s t a d t bei Haus Nr. 217, rundbogig geöffneter Bildstock über Rechteckgrundriß, vorkragendes Schindelzeltdach. Übereck Pilastergliederung, umlaufendes Gesimse; Kruzifix. – In U n t e r b l e i w a n g bei Haus Nr. 15, schlichter Bau, um 1970 versetzt, Bild Hll. Leonhard und Johannes Nepomuk, oberhalb hl. Maria. – Neben der Bundesstraße westl. von R a d s t a d t, Spitzbogen, Bild Hl. Dreifaltigkeit, 19. Jh.

SCHLOSS Lerchen, Nr. 103, nordwestl. der Stadtanlage, urspr. auf freiem Feld. Urk. 1298 als Hof, 1526 in den Bauernkriegen zerstört, Neubau 1529 durch Michael Wilpenhofer, Gewerke und erzbischöflicher Beamter; 1. V. 17. Jh. Erweiterungsbau in Hakenform; 1648 an Josef Christoph Ziurletti, Pfleger und Landrichter in Radstadt, 1779 Umbau für erzbischöflichen Oberjäger und Waldmeister; 1905 Adaptierung zu Kranken- und Versorgungshaus in

Gemeindebesitz, 1971/72 westl. Anbau Bettentrakt; alter Teil 1984 adaptiert zu Heimatmuseum.
3geschossiger Bau mit abgewalmtem Satteldach, barocke Zubauten in Hakenform, an O-Fassade flacher Erker mit Wappen Eb. Hieronymus Graf Colloredo, bez. 1779; Erdgeschoß teilweise gewölbt, durch Umbauten vereinfacht, im 1. Obergeschoß Hauskapelle, einfache Ausstattung um 1900.

SCHLOSS Mauer, Nr. 123, östl. von Radstadt an einem flachen Nordhang. Herren von Mauer urk. seit 1121, 1587 bis 1618 Familie Graf von Schernberg, dann Elsenheimer, Wilpenhofer, Ziurletti, seit 1662 bürgerlich, z. T. Bräuhaus. Ansitz, heutiger Bau M. 16. Jh., 3geschossig, mit abgewalmtem Satteldach, an der S-Seite 2geschossiger Erker, an der SO-Ecke schmaler Erweiterungsbau im Erdgeschoß; Gesamtanlage mit Wirtschaftsgebäude durch Mauer, etwa rechteckige Anlage, umgeben, an den südl. Ecken kleine Rundtürme; Portal an der Ostseite der Mauer bez. 1577, mit vier Halbkugeln und kleinem Hauszeichen; Wappen des Eb. Paris Lodron am SO-Teil der Mauer erst 1897 von Stadtmauer Radstadt hierherversetzt. – Im Inneren bmkw. Kassettendecken 1. H. 17. Jh.

SCHLOSS Tandalier, Schwemmberg Nr. 36, in einer Ennsniederung zwischen Altenmarkt und Radstadt. Vorgängerbau „Sulzberghof" um 1450 im Besitz der Familie Tändler oder Tandalier, 1537 durch Tausch an Erzbischof, 1553 Wilhelm Graf d. J. von Schernberg als freies Eigen übergeben, sein Erbe Christoph Graf baut 1569 zu heutiger Gestalt um; ab 1611 zunächst noch erzbischöfliche Beamte als Besitzer, ab 1930 Republik Österreich, Verwendung als Landjugendheim.

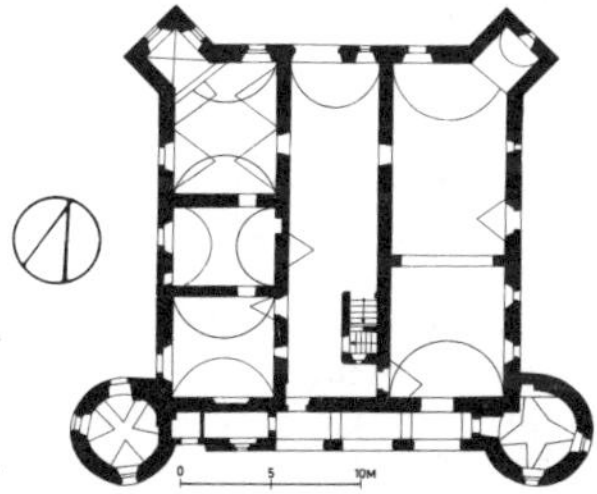

Radstadt, Schloß Tandalier

Über nahezu quadrat. Grundriß drei Geschosse mit steilem Walmdach, seit 1569 vier Ecktürme, die beiden südl. davon rund. S-Front, zwischen Türmen 2geschossige Arkadenfront, 3. Geschoß mit Holzsäulen unter vorgezogenem Hauptdach; Nordfassade mit nachempfundener frühbar. Fenster- und Türumrahmung. – Innen, in der Mittelhalle Tonnengewölbe mit Stichkappen, im 1. Obergeschoß Raum mit Holztram mit eingeschnitztem Allianzwappen Schernberg-Paumgarten; Saaltäfelung samt zwei Portalen um 1860 in das Schloß Arenberg, Salzburg, verkauft.

PROFANBAUTEN. In der Stadtmitte der zu den Verkehrsflächen senkrecht gestellte Rechteckplatz, die Straßenzüge innerhalb der Stadtbefestigung parallel zueinander. Meist 2geschossige Häuser, großteils Bürgerhäuser unter dörflichem Einfluß, z. T. im Kern 16. Jh., giebelständig, in geschlossener, regelmäßiger Verbauung. Neubauten aus jüngerer Zeit. – **Bezirksgericht.** Breitgelagerter, 13achsiger Bau am Hauptplatz, erb. 1785, erneuert 1865. Einfache klassizistische Architektur mit Lisenen, über profiliertem Abschlußgesimse Giebelaufsatz mit Wappen des Eb. Hieronymus Graf Colloredo, Inschriftentafel über Rundbogenportal bez. 1786. – **Rathaus** (Haus Nr. 68, in Verbindung mit Nr. 79): 1529 angekauft, Umbau 19. Jh.; 11achsiger Bau am Hauptplatz, im Kern 16./17. Jh., Fassadengliederung 4. V. 18. Jh., 2stufiger Attikaaufsatz, Segmentbogenportale. – **Nr. 6** (Hoheneggstraße): Erb. 1. H. 16. Jh., Halle, spätgot. Fenstergruppe 1955 aufgedeckt, Gasthausschild 2. H. 18. Jh., Arm mit Rocaillen; Fassadenbild Maria mit Kind. – **Nr. 11** (Torwirt): Im Kern 16. Jh., Stichkappentonne. – **Nr. 14** (Ernest-Thun-Straße): Gasthof Stöckl, im Kern 16. Jh., Segmentbogenportal, Stichkappentonne. – **Nr. 18:** 3geschossig, 1. V. 16. Jh. – **Nr. 19:** Erb. 1. H. 16. Jh., Fassade 3. V. 19. Jh.; 3geschossig, Gußeisenplatte mit figürlichem Relief bez. 1547; Kreuzgratgewölbe. – **Nr. 21:** 3geschossiger, im Kern spätgot. Bau mit Halle, Fassade E. 19. Jh., Segmentbogenportal, Oberlichtengitter bez. 1808, Tonnengewölbe. – **Nr. 22:** Spätgot. Bau A. 16. Jh., Halle, Fassadenbilder, Admonter Wappen, Maria mit Kind 2. H. 18. Jh., Segmentbogenportal. – **Nr. 41:** Bar. Bau mit geschwungenem Giebelaufsatz, Segmentbogenportal. – **Nr. 43/44** (Grafenhaus): Im Kern 16. Jh., li. neben dem Segmentbogenportal Marmorplatte mit Wappen, bez. 1554; Stichkappentonne. – **Nr. 47/48** (Hauptplatz): 16. Jh., Gasthausschild E. 18. Jh., Halle. – **Nr. 50** (Steirertor): Im Kern got. Bau, östl. Konsolerker, got. Steingewände. – **Nr. 51** (Bundesforste): Breitgelagerter Bau am östl. Stadtrand, 3geschossig, Umbau 2. H. 18. Jh., sowie Anbau gegen N, 2. H. 19. Jh., Segmentbogenportal. – **Nr. 56** (Schernpergerstraße): Erb. 16./17. Jh., Umbauten und Fassade 19. Jh. – **Nr. 57.** – **Nr. 59:** 3geschossig, im Kern 16. Jh., Halle, über Rundbogenportal Tonrelief hl. Florian, bez. 1753. – **Nr. 60** (Hotel Post): 3geschossiger, im Kern spätgot. Bau, Umbauten 19. und 20. Jh., Rundbogenportal, Gasthausschild 18. Jh. – **Nr. 62** (Hauptplatz): Erb. 16./17. Jh., Segmentbogenportal. – **Nr. 83:** Erb. 17. Jh. – **Nr. 84:** 3geschossiger Bau 16./17. Jh., Rundbogenportal, Stichkappentonne.

Am Ortsrand von Radstadt **Nr. 38,** Mitterfels. An der ehem. Römerstraße gelegener Haufenhof, 16. Jh. Über gemauertem Erdgeschoß Blockbau mit Kopfschrot. An Vorder- und Rückseite Spitzbogenportale, an der Stirnseite bez. 1583. Außentüre im Obergeschoß bez. 1582. Vergitterte Fenster im Untergeschoß. Im Flur Stichkappengewölbe. Eingeschossiger Kasten Blockbau mit Zierschrot, offenes Giebelfeld, geschwungenes Zierbrett vor der Firstsäule, bez. 1703.

Löbenau. Hochtal mit Almcharakter südöstl. von Radstadt. Intakte Streusiedlungslandschaft. **Nr. 7:** Schachen; ehem. Paarhof. Wohnhaus traufseitig erschlossener Blockbau mit breitem Mittelflur. Zierschrotköpfe an der Mittelwand. Gemauerte Rauchküche mit Feuerstätte und Winterbackofen. Verzierter giebelseitiger Gang, Reidstangen. Flachdach mit bemalten Pfettenköpfen. – **Nr. 29:** Höller. Paarhof, Wohnhaus 17. Jh. (?), giebelseitig erschlossener Blockbau mit Kopfschrot. Vergitterte Fenster, originale Türen. Verzierte Gänge und Glockenturm. – **Nr. 33:** Vorderer Fischbacher. Paarhof, First bez. 1675. Wohnspeicherhaus in überkämmter Blockbauweise mit giebelseitigem Eingang, originale Türen. – **Nr. 107:** Moos. Paarhof, 17. Jh. (?).

Traufseitig begehbares Wohnhaus, um halbe Gangbreite vorspringendes, gemauertes Erdgeschoß. Darüber Blockbau mit Kopfschrot, kleiner Glockenturm auf erneuertem Flachdach.

Mandling. Weiler und Streusiedlung. **Paßbefestigung,** an der Grenze zur Steiermark, unmittelbar an einem Steilabfall. In gefälschter Urkunde 890 als Grenze zwischen Erzbistum Salzburg und Österreich festgelegt, andauernde Grenzstreitigkeiten, 1295 Erlaubnis zur Errichtung einer salzburgischen Befestigung. Urspr. Sperre über gesamte Talbreite, heute nur noch am nördl. Berghang etwa 2–3 m hohe Mauerreste erhalten.

Pongauer Hausformen vorherrschend. Zentrum der kleine Weiler mit den Gasthöfen Geringer und der Taverne, 2geschossige Bauten mit breitausladendem Portal und Gewölben. **Gasthof** Geringer: Urk. 15. Jh., wenig bauliche Veränderungen. – **Nr. 87:** Thanngut; Paarhof. Wohnhaus, z. T. 17. Jh. (?), über gemauertem Erdgeschoß Blockwände mit Zierschrot, giebelseitiger Eingang rundbogig. Talseitig Holztür mit Sonnenrad und Erkervorbau, darüber kleiner Gang. Schindelgedecktes Flachdach mit Unterschalung in Fischgrätform.

Schwemmberg. Ausgedehnte Streusiedlung an den Südhängen von Roßbrand und Hofereck. **Nr. 35:** Nöglhof; Paarhof. Wohnhaus 16. Jh. (?), giebelseitiger Eingang mit Segmentbogen, gemauertes Erdgeschoß mit Stichkappengewölbe im Flur, darüber Blockwände mit Klingschrot. Bemalte Fensterläden, geschnitzter Gang im Haupt- und Dachgeschoß. Pfettendach mit Glockenturm. Freistehender Backofen. – **Nr. 38:** Obersulzberg. Paarhof. Wohnhaus 1. H. 17. Jh., giebelseitig begehbar. In den Blockwänden mit Schrotverbänden Spuren von ehem. Bundwerk im Giebelfeld.

RAMINGSTEIN. Polit. Bez. Tamsweg

Gemeinde und ehem. Haufendorf, im äußersten SO des Lungaues; durch Bebauung des 20. Jhs. entlang der Hauptstraße Richtung Steiermark straßendorfartige Erweiterungen. 1443–1791 vor allem im südl. Gemeindegebiet Silber- und Eisenbergbau, großteils landesfürstlicher Betrieb. Waldbrand 1841 zerstörte 40 Wohn- und 37 Ökonomiegebäude in der Gemeinde sowie Burg Finstergrün, Schloß Wintergrün, wie auch zahlreiche Bergbau- und Werksgebäude. – Neben dem Hauptort mehrere Weiler und Streusiedlungen. Ein-, Paar- und Gruppenhöfe des Lungauer Typus mit vorherrschendem Mischbau; freistehende gemauerte oder gezimmerte Kornkästen des 18. Jhs.

PFARRKIRCHE hl. Achatius, oberhalb von Ramingstein am Kirchberg. Neugot. Kirche mit neugot. Inventar. Urk. 1366. 1688 Erweiterungsbau. Seit 1813 Pfarre. 1854 und 1889 Brände, 1890–1894 Neubau von *Jacob Ceconi.* Rest. 1949 und 1981/82.

Langhaus mit im W 2fach gestuften Strebepfeilern, Rechteckportal; gemauerter Vorbau mit profiliertem Spitzbogen- und abgewalmtem Satteldach; darüber Kreisfenster mit Maßwerk und Spitzbogenfenster, abgewalmter Giebel. Im N und S spitzbogige Maßwerkfenster, 2fach gestufte Strebepfeiler. Niedrigerer, eingezogener Chor, 3seitiger Schluß, süd- und nordöstl. Spitzbogenfenster; im O niedrigerer Sakristeianbau mit Eisenplattentür und Flachbogenfenster; an der südl. Chorseite Anbau mit Rechteckfenster. Turm der nördl. Chorwand vorgesetzt, ungegliedert mit Luken und Gesims, gekehlte spitzbogige Schallfenster, Spitzhelm.

5jochiges Langhaus, Wandpfeiler mit vorgesetzten Runddiensten, Kapitelle und Netzrippengewölbe. Neugot. Rankenmalerei. 2geschossige Westempore mit beidseitigem Aufgang. Eingezogener, spitzbogiger Triumphbogen (gekehlt mit Wulst). Chor um zwei Stufen erhöht, li. und re. abgefaste Spitzbogenportale, im O Rechtecktür, darüber Spitzbogennische, Netzrippengewölbe auf Runddiensten mit Kapitellen.
Drei neugot. Altäre E. 19. Jh., von *Johann Ripper* (Tischler), *Johannes Piger* (Bildhauer) und *Andreas Doser* (Maler). Hochaltar mit Figurenrelief hl. Achatius, neugot. Figuren li. hl. Paulus, re. hl. Petrus, seitl. des Tabernakels je zwei Evangelisten. Li. Seitenaltar mit Relief hl. Maria, Statuetten Hll. Dominikus und Klara, Hll. Anna und Joachim, im Auszug Christus. Re. Seitenaltar mit Relief hl. Joseph, Statuetten Hll. Joachim und Anna, im Auszug Mutter Gottes.
Neugot. Kanzel mit Relieffiguren der 4 Kirchenväter, am Schalldeckel Moses mit den Gesetzestafeln. Orgel von *Albert Mauracher*, 1891. Bar. Hängekruzifix. 14 Stationsbilder 19. Jh., in neugot. Rahmung bez. *Th. Driendl.* Im Chor Taufstein mit neugot. Aufsatz. Z. T. Glasfenster aus der Bauzeit der Kirche, E. 19. Jh.

Seelenkapelle, in der SO-Ecke des Kirchbereiches. Schlichter Bau mit segmentbogigem Eingang, darüber Rechteckfenster, seitl. Flachbogenfenster, gerader Schluß, Satteldach. Innen 2jochig, Tonnengewölbe mit Stichkappen; Ausmalung um 1893. Kleiner neugot. Altar mit Kruzifix.

Pfarrhof, am Kirchhügel in Ramingstein, westl. der Pfarrkirche. 2geschossiger Bau von 1710, weitgehender Umbau 1971. Abgewalmtes Satteldach; innen z. T. Tonnengewölbe mit Stichkappen.

FILIALKIRCHE Maria Hollenstein (zu Unserer Lieben Frau – Maria Heimsuchung). Kleine, im Kern bar. Wallfahrtskirche südl. von Kendlbruck im Mühlbachgraben. – Urk. 1714. 1748 Neubau. 1953 Erweiterungsbau.
Nordfassade (nebst nördl. Langhaus Anbau von 1953) mit Rechteckportal. Holzvorbau, steiler Dreieckgiebel mit ovalem Fenster. Im O und W Segmentbogenfenster, südl. Langhaus (bar.) mit abgerundeten Ecken. Halbkreisförmiger, bar. Chor; im S anschließend bar. Sakristeianbau. Dachreiter mit Zwiebelhelm, Holzschindeldeckung. – Unterhalb der Kirche **Ursprungskapelle** mit kreuzgratgewölbter Nische.
Innen Flachdecke mit Stuckspiegel, umlaufendes Gesims und Hohlkehle; im N Empore.
Altar (ehem. Hochaltar in Weißpriach) rückseitig bez. *1742 Tischler Gugg;* rocaillenverzierter Tabernakel 3. V. 18. Jh.; bar. Figuren hl. Maria mit Kind, li. hl. Joachim, re. hl. Anna, im Auszug hl. Erentrudis. – Bilder: Maria Verkündigung 18. Jh.; hl. Maria und Rosenkranzgeheimnisse 2. H. 18. Jh.; 15 Stationsbilder 19. Jh.; zahlreiche Votivbilder z. T. M. 18. Jh. Weihwasserbecken bez. 1748.

KAPELLEN. **Karneralmkapelle,** auf der Karneralm, südwestl. von Ramingstein; Rundbogenportal, seitl. rundbogige Fenster, halbkreisförmiger Schluß mit Rundbogenfenster, holzschindelgedecktes Satteldach, Giebelreiter; innen Flachdecke, eingezogener Rundbogen. – **Bernhartlkapelle,** östl. des

Bahnhofes Ramingstein-Thomatal. Im O eingezogener Vorbau mit Rechteckportal, darüber bez. 1869, seitl. Rechteckfenster; holzschindelgedecktes Satteldach, Giebelreiter mit rundbogigen Schallfenstern. 2jochiger Bau. – Bilder: Kreuzabnahme, rückseitig bez. 1824, hl. Maria 19. Jh.; Hängekruzifix 19. Jh.; Weihwasserstein bez. 1878. – **Füchslkapelle,** bei Haus Nr. 78, östl. von Ramingstein. Erb. E. 19. Jh., Rundbogenportal, darüber Kreisfenster, seitl. rundbogige Fenster, Hohlkehle, holzschindelgedecktes Satteldach. – **Binderkapelle,** südl. von Kendlbruck. Wegkapelle erb. 1978; Rundbogen, darüber Nische mit volkstümlicher Figur hl. Leonhard, holzschindelgedecktes Satteldach. Bekleidete Nischenfiguren Hll. Maria, Joseph und Jesuskind, volkstümlich, 19. Jh., bar. Leuchterengel, Kruzifix.

BILDSTÖCKE. **Achatiuskreuz,** in Ramingstein; Bau mit Rundbogen, Hohlkehle, Dreieckgiebel, Satteldach; Rundbogennische mit moderner Skulptur hl. Antonius (Figur hl. Achatius in Verwahrung). – **Floriani-Sebastiani-Kreuz,** westl. von Ramingstein. Erb. um 1970, Segmentbogennische mit holzschindelgedecktem Zeltdach. Bilder bez. *Andrä Moser 1877,* Hl. Dreifaltigkeit, hl. Florian, hl. Sebastian. – **Säulenbildstock,** an der östl. Ortseinfahrt von Ramingstein; bar. Statue hl. Johannes Nepomuk.

KRIEGERDENKMAL, in Ramingstein, am südl. Hang, neben dem Weg zur Burg Finstergrün. Erb. um 1950. Segmentbogen, Hohlkehle, Zeltdach mit Glockentürmchenaufsatz; seitl. gebogene Mauer mit je drei Inschriftentafeln.

BURG Finstergrün, auf markantem Geländesporn oberhalb der Ortschaft. Urk. 1139 Edle von „Ramnstein", ab 1300 erzbischöflicher Besitz, von Pflegern verwaltet. Seit 1558 Verfall. 1899 Kauf durch Sandor Graf Szapary; in den Jahren 1900 bis 1905 Neubau einer romantischen Burg unmittelbar neben der Ruine. Neue Burg heute Ferienheim des Evangelischen Jugendwerkes.

Ruine mit hohem Bergfried, Turmgrundriß unregelmäßiges Fünfeck. Östl. anschließend Palas, A. 13. Jh., nur noch Außenmauern erhalten, Mauerwerk in horizontaler Schichtung.

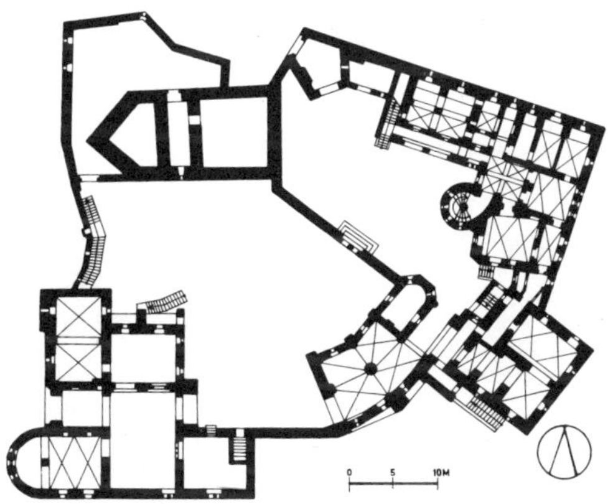

Ramingstein,
Burg Finstergrün

Neue Burg. Ruine mit Ringmauer des 13. Jhs. als NW-Eck der Gesamtanlage einbezogen. Gebäudegruppierung um zwei Innenhöfe. Zugang von NW, Torbau mit spitzbogiger Durchfahrt, darüber Pechnase in Dreiecksform. Gegen O anschließend Wirtschaftstrakt mit Küche. An der NO-Ecke Wohnteil mit anschließend mächtigem Turmbau, angesetzter Treppenturm, Zinnenbekrönung mit Holzüberbau, darüber verjüngt Dachaufbau mit Zeltdach. Außenfenster gegen N und O z. T. Bi- und Triforienfenster mit romanisierenden Säulchen. – Innen im 2. Obergeschoß Rittersaal, hohe Halle mit offenem Kamin. Ehem. Kapelle in der SW-Ecke der Anlage neben dem 2. Burgtor; ehem. Standort des Altares in Rundung des turmähnlichen, 2geschossigen Baues. Früheres reiches Kunstinventar (Sammlung aus dem Bereich der k. u. k. Monarchie und Deutschland) bis auf bescheidenste Reste entfernt.
Von der Ruine urspr. Befestigungsmauer als Talsperre östl. der Pfarrkirche bis zur Mur, ehem. Grenzbefestigung „Paß Ramingstein".

SCHLOSS Wintergrün, Nr. 58. Otto von Machland übergab 1188 dem Salzburger Domkapitel Grundbesitz mit dem Zentrum Wintergrün, Verwaltungsmittelpunkt für die Bergwerke um Ramingstein. Im 16. Jh. Besitz der Herren von Moosham, um 1600 Weitmoser, 1647 Jocher, 1667 hochfürstlicher Bergwerkshandel, seit 1827 Familie Fürst Schwarzenberg.
Im Kern wohl got. Bau. Bis zum Brand 1841 hufeisenförmige Anlage, südl. Teil, Herrschaftstrakt, nach Brand nicht wieder aufgebaut. Nördl. Teil, Verweshaus, erhalten: 3geschossiger Bau mit abgesetztem gequadertem Sockelgeschoß, darüber Pilastergliederung von 1759. An der Hauptfassade Wappen Eb. Sigismund von Schrattenbach. An die Ostseite angebaute Kapelle, Anlage 16. Jh., barockisiert, seit Brand ohne Türmchen und Ausstattung; Rechteckraum mit $^3/_8$-Schluß, flache Notdecke; im Altarraum unter Putzschichten Reste barocker Rankenmalereien.

PROFANBAUTEN. An der Durchzugs- und Karneralmstraße in Ramingstein 2geschossige, traufseitige Häuser mit abgewalmten Satteldächern, Fassaden z. T. M. 19. Jh. verändert. – Bei **Nr. 14:** Getreidespeicher, Eckquaderung, Fassadenbilder 2. H. 18. Jh.: zwei Grenadiere, Hl. Dreifaltigkeit und hl. Florian. – **Nr. 18:** Gasthaus Durigon. Spätmittelalterlicher Bau, 3geschossig, 5achsig; abgefastes Rundbogenportal, Tonnengewölbe mit Stichkappen. – **Nr. 19.** – **Nr. 21.** – **Nr. 22:** Im Kern 17. Jh. Hohlkehle, Fassadenbild in Stuckrahmen, z. T. abgefaste Fenstergewände. – **Nr. 24:** Ehem. Knappenhaus. – **Nr. 26:** Oberschmelzerkeusche, Knappen- bzw. Kleinbauernhaus mit z. T. gemauertem Erdgeschoß, verbrettertes Obergeschoß Blockbau, Bretterschindeldach mit kleinem Schopfwalm; Balkendecke 17. Jh. – **Nr. 31:** Inschriftentafel Wolfgang Wisnecker, erb. 1577; abgefaste Fenstergewände. – **Nr. 35, Nr. 36, Nr. 41, Nr. 48:** Ehem. Knappenhäuser. Eingeschossige, 3achsige Holzbauten. **Nr. 56.** – **Nr. 60.** – **Nr. 67.** – **Nr. 69.** – **Nr. 70:** Gasthof Bräuwirt. Bar. Kern, westl. neugot. Spitzbogenfenster. Saal mit Stichkappentonne, Rundbögen auf Konsolen. – **Nr. 171:** Volksschule, nach Plan von *Paul Geppert d. Ä.* erb. 1912. – **Nr. 202:** Mit Hohlkehle, über Rundbogenportal 2achsiger Konsolerker.
Kendlbruck, Nr. 76: Kortal. Lungauer Einhof, verschindelter Blockbau. – **Nr. 78:** Platzer. Einhof, Blockbau mit Krüppelwalmdach daneben 2geschossiger, gemauerter Kornkasten, an Straßenseite neue Wandmalerei: Maria Hollenstein und Kendlbrucker Hochofen. – **Nr. 80:** Raffl. Breitgelagertes

Mittelflurhaus, Erdgeschoß gemauert, Obergeschoß in Blockbau, Obergeschoß- und Giebelbalkon. – **Nr. 210:** Gemauerter Kornkasten, bez. 1773. Eckquaderung, Faschen, Tür- und Fensterumrahmung, Dreifaltigkeitsbild in der Rundbogennische ober der Tür; im Giebeldreieck Schießschartenöffnung.
Mühlbach, Nr. 92. Lippenbauer. Lage auf hohem Bruchsteinfundament, gemauertes, 2geschossiges, traufseitig erschlossenes Seitenflurhaus mit alter Rauchküche. Gemauerter Kornkasten mit Krüppelwalmdach; daneben Wirtschaftsgebäude, Erdgeschoß Bruchsteinmauerwerk, Obergeschoß in Blockbau.
Wald, Nr. 47: Hatzbauer. Hof im Mislitzgraben, 17. Jh. (?). Querflurhaus mit gemauertem Erdgeschoß und eingezimmerten Kammern im Dachgeschoß, Scherbalkendach mit Krüppelwalm, Brettschindeldeckung.
Winkl, Nr. 9: Ranner. Paarhof mit gemauertem Kornkasten und bmkw. Brechelgrube unter Flugdach.
Tafern, Nr. 7: Rueppen. Paarhof. 2geschossiges, gemauertes Querflurhaus, Krüppelwalmdach mit Hohlkehle. Gezimmerter Kornkasten.
Mitterberg, Nr. 17, 18: Ehem. Knappenhäuser. – **Nr. 26:** Lenz. Gruppenhof. Querflurhaus mit traufseitigem Balkon und überdecktem Steg zum Wirtschaftsgebäude; gemauerter Kornkasten. Mühle mit oberschlächtigem Rad, Wasserzuleitung auf hohen Jochbögen. – **Nr. 29:** Mürtler; Getreidekasten 18. Jh. – **Nr. 31:** Thoman; 2geschossiger Getreidekasten mit Resten von Bemalung, 18. Jh.
Dörfl, Nr. 41: Jakober.
Leithen, Nr. 45: Wiedner. Hof 17. Jh. Ebenerdig Stall, im Obergeschoß Wohnteil mit Querflur, bergseitig Stadel; steiles Scherbalkendach. Bmkw. zwei gezimmerte Kornkästen, daneben kleine, bildstockartige Kapelle mit Heiligenfigur um 1740.
Muhr, Nr. 6: Jagler. Paarhof. Erdgeschoß gemauert, darüber blockgezimmerter Kniestock mit giebelseitigem Balkon; an der Eingangsfassade zwei Inschrifttafeln von 1889.
Gegen S lockeres Bauensemble von ehem. Knappenhäusern, meist eingeschossige Blockbauten mit 3 Fensterachsen.

HOCHOFENANLAGE, in Kendlbruck. Ruinen am Talausgang des Mühlbaches. Eisenverhüttung seit 15. Jh. mit Welsch- und Zainhammer; heutiger Bestand erb. M. 18. Jh.; stillgelegt 1830.
Floßofen: Ofenstock mit deutlich verjüngtem Rauchaufsatz, Gesamthöhe ca. 21 m; südwestl. davon Esse mit zwei Feuerstätten, Rauchabzug ab ca. 10 m Höhe gemeinsam, Höhe heute ca. 18 m; beide Bauten ehem. von gemeinsamer Werkhalle umbaut, Reste davon mit neugot. Spitzfenstern erhalten. Bestandabsicherung 1972.

RAURIS. Polit. Bez. Zell am See

MARKT, im Raurisertal südl. von Taxenbach. 1478 erstmals Markt genannt, 1884 anerkannt. Straßendorf mit quadrat. Platz vor der Kirche. Bestimmt durch die entlang der Straße angeordneten, breitausladenden, zumeist aus Stein gebauten Bürgerhäuser bzw. ehem. Gewerkenhäuser mit Erkern und spätgot. Portalen aus Gneis oder Serpentin. Verwaltungszentrum des Goldbergbaues im Spätmittelalter (1460–1560) sowie im 18. Jh.
Siehe auch BUCHEBEN (mit Kolm-Saigurn)

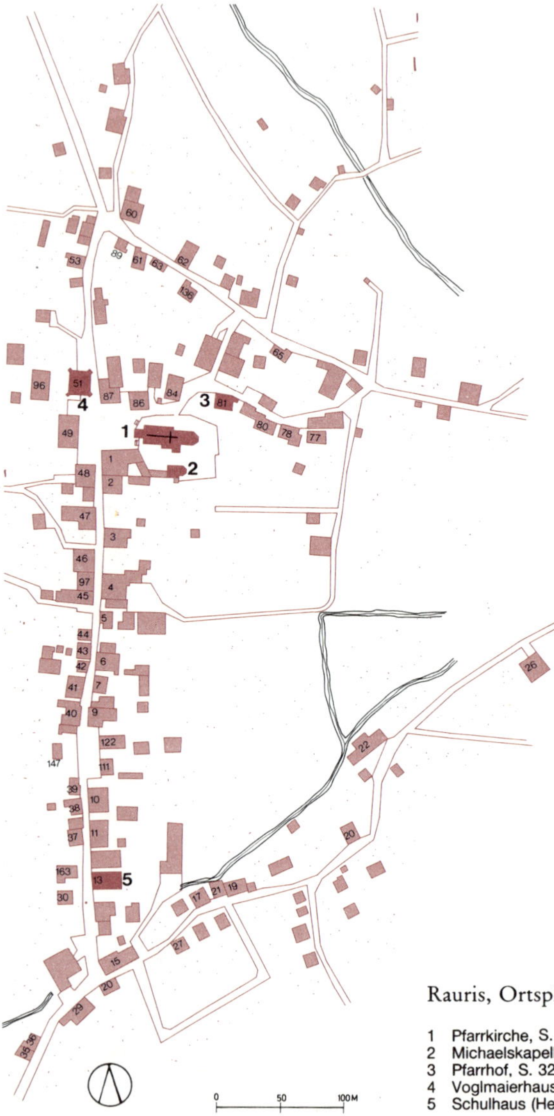

Rauris, Ortsplan

1 Pfarrkirche, S. 321f.
2 Michaelskapelle, S. 322
3 Pfarrhof, S. 323
4 Voglmaierhaus, S. 324
5 Schulhaus (Heimatmuseum), S. 324

Auf den Schwemmkegeln der Seitenbäche weilerartige Siedlungen und Einzelhöfe. Paar- und Haufenhöfe, Wohnteile im Kern z. T. 16. Jh.

PFARRKIRCHE Hll. Jakob und Martin, in der Ortsmitte. Bau mit barockisiertem Langhaus, got. Turm und Chor, von Friedhof umgeben. Urk. 1354; 1411 Weihe; 1510 Neubau des Chores durch *Peter Intzinger,* 1516 geweiht; 1774–1780 Umbau des Langhauses durch *Thomas Mayr* (Entwurf *Johann Rathgeb.)*. Pfarre seit 1858. Rest. 1942.
Im W 5geschossiger got. Turm, Kranzgesims mit Maßwerk im 4. Geschoß, im 5. Triforienfenster; Spitzgiebelhelm. Erdgeschoß mit gekehlten spitzbogigen Eingängen im N und S und Sternrippengewölbe auf Konsolen; 5stufiger Abgang zum Langhaus durch gekehlten Spitzbogeneingang.
Einfaches bar. Langhaus mit unmittelbar an den Chor anschließenden Anbauten (unter Verwendung des vorgot. Mauerwerkes eines N- und S-Turmes). Im S Abgang zu tonnengewölbter Gruft. – Einspringender got. Chor mit umlaufendem Sockel, 3fach gestuften Strebepfeilern (die 2. Stufe übereck gestellt, von Pyramiden mit Kugeln flankiert), spätgot. spitzbogige gekehlte Fenster außen 1979 freigelegt; im S 2geschossiger Sakristeianbau.
An der W-Wand bzw. am Turm Nischen mit bar. Figuren Maria mit Kind, Hll. Georg und Martin.
Einschiffiges, 4jochiges Langhaus, durch Wandpfeiler mit Pilastervorlagen gegliedert; an den Seitenwänden durch Rundbögen miteinander verbunden. Viertes Joch mit flachen rundbogigen Nischen. Stichkappentonne. Ehem. spitzbogiger Triumphbogen bar. gerundet mit Bez. 1942. Chor 3jochig mit 3/8-Schluß und Wandpfeilergliederung. Ehem. got. Netzrippengewölbe, Rippen abgeschlagen; hinter dem Hochaltar got. Runddienste mit Basis und Kapitell erhalten. Im 1. Chorjoch geschwungener Balkon; 3geschossige W-Empore.
Deckenfresken, im Langhaus von *Toni Kirchmeyr,* 1942; im Chor von *Thomas Valtiner* 1781, Aufnahme Mariens in den Himmel, Hl. Dreifaltigkeit, Hll. Barbara und Rupert, Wappen Eb. Hieronymus Colloredo, 4 Evangelisten.
Hochaltar, 4. V. 18. Jh., Altarblatt Anbetung der Hl. Drei Könige, bez. *F(ranz) Streicher 1787;* Figuren über den Opfergangsportalen Hll. Johannes Evangelist und Andreas (heute ohne Attribut); im Aufsatz Figuren Hl. Dreifaltigkeit, Hll. Jakob und Martin; Tabernakel von 1770. – Spätbar. Seitenaltäre im Chor. Li. Gnadenbild Maria Dorfen von 1731, mit Stifterinschr. bez. 1724, Oberbild hl. Katharina, 1. H. 19. Jh.; Figuren Hll. Anna und Joseph, 19. Jh.; re. Altarblatt Hl. Sippe von *Franz Streicher* (um 1785), Oberbild hl. Barbara, 1. H. 19. Jh. und Bild betende Maria, A. 19. Jh., Figuren Hll. Florian und Sebastian, um 1520. – Seitenaltäre im 4. Joch des Langhauses, spätes 18. Jh.; li. Bild Kreuzigung mit Maria Magdalena, re. Bild hl. Antonius von Padua, beide von *Franz Streicher,* E. 18. Jh.; Aufsatzbilder 19. Jh.: li. hl. Georg, re. hl. Leonhard; re. Figur Mondsichelmadonna, um 1500.
Bar. Kanzel von 1745. – Figuren. Kreuzigungsgruppe 1. V. 16. Jh. (am Fuß Wappen und Bez. 1845); Holzkruzifix bez. 1853; bar. Konsolfiguren hll. Bischöfe. In Verwahrung Kruzifix um 1520, *Sebastian Loscher* zugeschrieben; bar. Figur Immaculata, 18. Jh. – Bilder. Holzepitaph Bartholomäus Wennghoffer, 1658; Martyrium der hl. Katharina, 17. Jh.; Maria Schnee, 18. Jh.; 12 Apostel, 18. Jh.; Kreuzwegbilder, A. 19. Jh. – 8eckiger Taufstein, bez. 1497, Figurengruppe Taufe Christi von *Veit Pfaffinger,* 1731 (in Verwahrung).

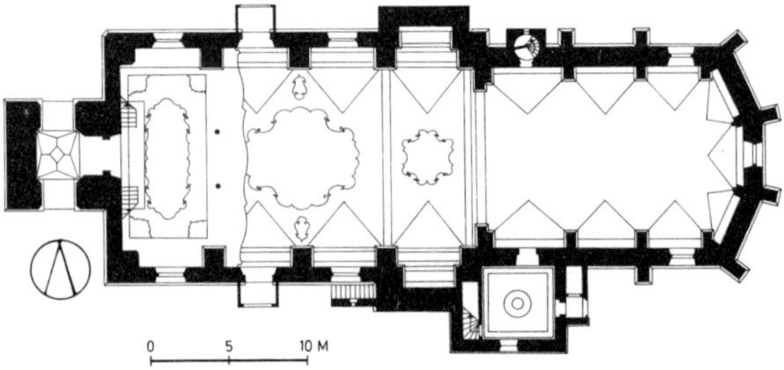

Rauris, Pfarrkirche Hll. Jakob und Martin

Grabsteine des 17. und 18. Jhs., u. a. Franz Carl Grimming, mit Familienwappen 1608; Franz Ludwig Grimming, Putto auf Wappenstein gestützt 1654. – Bänke mit spätbar. Wangen. – Glocken von *Andreas Gartner,* 1708, und *Johann Georg Eisenberger,* 1709.

Michaelskapelle, kleiner spätgot. Bau mit zwei Anbauten, südl. der Pfarrkirche im Friedhof. Erb. 1497. Schlichter Außenbau mit Satteldach und Giebelreiter mit Zwiebelhelm. Im N und W gekehlte Spitzbogenportale (im N zu Rundbogen geschlossen). Anbauten, südl. Seitenschiff und Totenkapelle, an die W-Fassade der Kapelle angebaut, mit abgefastem, spitzbogigem Zugang zum Seitenschiff, gekehltem N-Portal und gekehltem halbrundem Fenster. Über dem Portal stark beschädigtes Relief mit Bez. 1519.

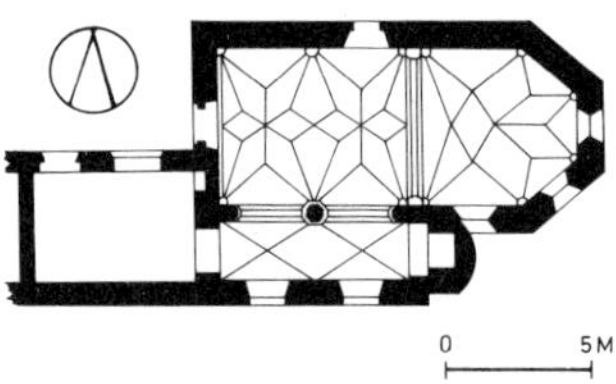

Rauris, Michaelskapelle

2jochiges Langhaus, Netzrippengewölbe (6teiliger Rautenstern) auf Konsolen, Chor einjochig mit $^3/_8$-Schluß; abgefaste Spitzbögen zum Seitenschiff mit Kreuzgewölbe. – Im Chor Freskenreste des 16. und 17. Jhs. in zwei Schichten, Evangelistensymbole, Schutzmantelmadonna und Pietà.
Bar. Altar von 1751, Altarblatt 7 Zufluchten, Oberbild Anbetung der Könige, Predella Votivbild des Altarstifters Ferdinand Trauner; Konsolfiguren Hll. Notburga und Isidor (Figuren der Opfergangsportale Hll. Rupert und Virgil in Verwahrung). – Seitenschiff mit Lourdesgrotte. Totenkapelle, Nische mit Figur Christus an der Geißelsäule, 18. Jh. – Bänke mit bar. Wangen.
Wappengrabsteine aus rotem Marmor, Johann Mayr, Susana Mayr, 1631 bzw. 1624; Joseph Neissl 1592; Sigmund Zott 1585; Hellena Vogl, Sara Atzwanger-Vogl, 1635 bzw. 1643.

Im Friedhof **Lichtsäule** aus Serpentin, 1499.

Pfarrhof, Rauris Nr. 81; im Kern mittelalterlich. Freistehender, 2geschossiger Bau mit abgewalmtem Satteldach. Im N und S Kielbogenportale, 16. Jh.

Ehem. Sakramentshäuschen der Pfarrkirche bei Rauris Nr. 129. Um 1516; 6eckiger Steintabernakel, an drei Seiten offen, mit Schindelzeltdach.

KAPELLE zu Rauris Nr. 115, einfacher Bau mit Schindelsatteldach; Mariahilf-Bild, spätes 18. Jh.

SALCHEGG-KAPELLE, in Fröstelberg (Nr. 2). Bar. Bau mit polygonaler Apsis, Schindelkrüppelwalmdach und hölzernem Dachreiter mit Glockendach. Fassade mit Wandmalereien in Stuckrahmen, bez. 1961. – Figur sitzende Madonna mit Kind, M. 17. Jh.; Tabernakel 19. Jh.; Bilder Vertreibung aus dem Paradies, Christus an der Martersäule, Dornenkrönung, Jüngstes Gericht, E. 18. Jh.; Christus, Maria, halbfigurige Bilder, 19. Jh.

KAPELLE in Seidlwinkl. Erb. A. 19. Jh.; Bau mit rechteckigem Grundriß, polygonaler Apsis und Schindelschopfwalmdach. Altar A. 19. Jh., Altarblatt Mariahilf-Bild, Aufsatzbild Hl. Dreifaltigkeit; Bilder Auferstehung Christi, Votivbild mit Hl. Dreifaltigkeit, Kreuzwegbilder, 19. Jh.; Kruzifix von 1864.

EINÖD-KAPELLE, südl. von Wörth, am alten Fußweg von Wörth nach Bucheben. Urk. 1587, erb. um 1710, 1801 erweitert. Bar. Bau mit polygonaler Apsis, umlaufender Hohlkehle, Schindelkrüppelwalmdach und Dachreiter mit Schindelzeltdach. Flaches Tonnengewölbe mit bar. Stuckspiegel.
Altar bez. 1718, Altarblatt Marienkrönung, Aufsatzbild hl. Joseph; seitl. Bilder Hll. Joachim und Anna von *Theresia Kirchner* 1972/73. In Verwahrung bar. Konsolfiguren Hll. Joachim und Anna, 18. Jh. Weltgerichtsbild von 1863; Kreuzwegbilder frühes 19. Jh.

KRIEGERDENKMAL, erb. 1952, Figuren von *Josef Thorak*. Holzkruzifix von *Friedrich Tretsch*.

Drei SÜHNEKREUZE 16. Jh.: in Rauris Nr. 15, beim Brücklschmied. LANDSTEGKREUZ, an der Brücke nach Embach, bez. 1550 und 1853. Unterland 10, Oberschrabosgut, Bruchstück.

Gemauerter BILDSTOCK, in der Taxenbacher Au, im Seidlwinkl, mit bar. Figur Christus an der Martersäule.

PROFANBAUTEN. Ortskern gebildet durch mittelalterliche Gewerkenhäuser (Goldbergbau). Entlang der von N nach S verlaufenden Hauptstraße dichte 2- bis 3geschossige Verbauung durch freistehende giebelständige Häuser mit Satteldach (Obergeschosse z. T. in Blockbau). In Richtung Rauriser Ache und Gaisbach (W bzw. O) Übergang zu lockerer, dörflicher Verbauung mit Häusern des 19. und 20. Jhs.
Rauris Nr. 1: Verweserhaus; Segmentbogenportal mit spätbiedermeierlicher Türe. – **Nr. 2:** Ehem. Gasthof Post; Fassade von 1860–1870. Putzquaderung im Erdgeschoß, Segmentbogenportal. Gedenktafel Ignaz Rojacher. – **Nr. 3:** Landrichterhaus; mittelalterlicher Bau mit Kielbogenportal. 2geschossiger Eckerker auf 3fach gestuften Konsolen. Eiserne Fensterläden. Doppelwappenstein Eb. Johann Jakob Kuen, 1562. Gemaltes Wappen Eb. Franz Anton

Harrach, 1709. Gedenktafel Wilhelm Ritter von Arlt. – **Nr. 4:** Bräu, mit Korbbogenportal. – **Nr. 5:** Polhaus; die zwei re. Achsen etwas zurückgesetzt. – **Nr. 9:** Staufferhaus; mittelalterlicher Bau mit got. Kielbogenportal und biedermeierlicher Türe. Li. 2achsiger neuer Anbau. Im Erdgeschoß Tonnengewölbe. – **Nr. 10:** Bachmannhaus; mittelalterlicher Bau, li. Hausteil segmentbogiges Ladenfenster und Portal, re. Hausteil mit z. T. abgefasten Fenstergewänden. **Nr. 11:** Schwazerhaus; mittelalterlicher Bau mit Kielbogenportal und abgefasten Fenstergewänden; eingeschossiger Eckerker auf 2fach gestuften Konsolen, bez. 1550. Im Erdgeschoß Stichkappentonne. Zu Nr. 11 gehöriger Stadel, gegenüber von Nr. 15; mächtiger Steinpfeilerbau mit Holzschalung am südl. Ortseingang über hakenförmigem Grundriß. – **Nr. 13:** Schulhaus, jetzt **Heimatmuseum.** Kielbogenportal bez. 1563, Fenster mit abgefasten Gewänden. Tonnengewölbe mit Stichkappen im Erdgeschoß und 1. Stock. Heimatmuseum. Sammelgut, Goldbergbau, bäuerliche Geräte, Hof- und Almmodelle, Brauchtum, Dokumente der heimischen Flora, Fauna und Geologie. – **Nr. 15:** Ehem. Brücklschmied; Neubau. – **Nr. 39:** Hanfhaus; einziges erhaltenes Vollblockhaus im Ortskern, li. Anbau mit Holzverschalung. – **Nr. 40:** Bäckerhaus; mittelalterlicher Bau, Kielbogenportal mit Wappen im Scheitel, Balkon 2. H. 19. Jh.; Flur mit Stichkappentonne. – **Nr. 41:** Brandtnerhaus, Bau mit mittelalterlichem Kern und barockisierter Fassade, Putzfaschengliederung; Tonnengewölbe im Erdgeschoß. – **Nr. 46:** Simmerlhaus; mittelalterlicher Bau, straßen- und hofseitig Kielbogenportale, abgefaste Fenstergewände; 2. Obergeschoß und Giebel neu. – **Nr. 47:** Krämmerhaus, **Nr. 48:** Metzgerhaus; beide mit Segmentbogenportal, bei Nr. 48 2geschossiger Eckerker auf 3fach gestuften Konsolen. – **Nr. 51: Voglmaierhaus**, Gemeindeamt; mittelalterlicher Bau,

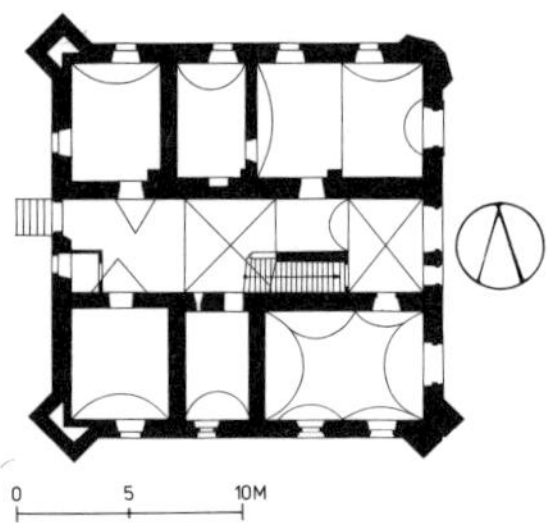

Rauris, Voglmaierhaus

Kielbogenportal mit Blumenornament und segmentbogige Fenster im Scheitel: im SO und NO zwei 2geschossige Erker auf je drei Konsolen, im SW und NW je ein über die gesamte Höhe reichender Eckerker ohne Fenster, im N im 1. Obergeschoß eingeschossiger Erker auf 3fach gestuften Konsolen. Erdgeschoß gewölbt mit Stichkappen, im 1. Obergeschoß Stichkappentonne mit Putzgraten. – **Nr. 87:** Grimmingwirt; im Kern mittelalterlich, straßenseitiges Kielbogenportal erneuert, abgefaste Fenstergewände. Erdgeschoßhalle tonnengewölbt, mit Rundbogenportalen. – **Nr. 86:** Neuwirt; Rundbogenportal, darüber Madonnenbild von 1841. Flur im Erdgeschoß tonnengewölbt. – **Nr. 22:** Fürstenmühle, fürsterzbischöfliche Mühle, Segmentbogenportal mit Doppelwappenstein des Erbauers Eb. Johann Jakob von Kuen-Belasi, und Dat. 1565. Fenster mit abgefasten Steingewänden. In der Fassadenmitte Aufzugsgaupe im Dach, darunter in jedem Geschoß Aufzugsöffnungen. Bmkw. spätgot. Dachstuhl. – **Nr. 60:** Ehem. Forsthaus, Bau des 16. Jhs., mit barockisierter Fassade. Mittelportal mit Kielbogenprofil und geradem Sturz, abgefaste Fenstergewände. Tonnengewölbte Eingangshalle.

Fröstlberg. Streusiedlung im Hüttwinkltal zwischen Bucheben und Wörth; zumeist Paarhöfe auf nach W abfallendem Hang. Meist 2geschossige Wohnhäuser, meist gemauert, ansonsten Blockbau, mit Obergeschoß- auch Giebelgang unter flachen Satteldächern. Wirtschaftsgebäude in Blockbau mit Strohgang.

Grub, Nr. 1: Ansitzartiges, 3geschossiges, gemauertes Haus mit Legschindeldach, früher Grabendach; Kern 16. Jh. Rundbogenportal, abgefaste, steinerne Fenstergewände, Schießscharten; an der Südseite Sonnenuhr; giebelseitig erschlossener Mittelflur, Stichkappentonnen im Erd- und Obergeschoß.

Seidlwinkl. Einzelhöfe entlang der Seidlwinkl-Ache, Dauerbesiedlung nur im untersten Abschnitt. Einzelhöfe und Hofgruppen, Paarhöfe. – Saumpfad von Wörth durch das Seidlwinkltal über den Tauern nach Kärnten vom Mittelalter bis um 1800 von großer wirtschaftlicher Bedeutung.

Rauriser Tauernhaus, ehem. letzter Stützpunkt am Beginn des Saumpfades nach Heiligenblut; urk. 1491; Typus Bauernhaus in Blockbau, 17. Jh. (?); Küche gemauert. Rauchküchenanlage weitgehend intakt, originale, kleine Fenster mit Spangen; Obergeschoß und Giebel mit schmalem Gangl; heute Almbetrieb.

Tauernhauskapelle; urk. 1585, erb. 18. Jh., rest. 1952. Einfacher Bau mit Rundapsis und Schopfdach. Altarblatt Maria vom Schnee, Kreuzwegbilder, frühes 19. Jh.

Seidlwinkl, Nr. 6: Bürgler; 2geschossiges Haus in Blockbau mit Kopfstrickverband, 16./17. Jh., daneben Kasten in Blockbau, am Kranzbalken bez. 1713. – **Nr. 8:** Schwager; 2geschossiger Blockbau, um den Küchenteil Bruchsteinmantelmauer; Legschindeldach mit Dachreiter. Z. T. originale Fenster, an der Giebelwand Kruzifix, 2. H. 19. Jh. Wirtschaftsgebäude hinten angelehnt. – **Nr. 19:** Gasthof Schütt; 2geschossiger, gemauerter Gasthof mit Mittelflurgrundriß, Kern 16. Jh.; Stichkappentonnen in Flur, Küche und Keller, Stube mit Balkendecke, der Unterzug bez. 1570. Auf der gegenüberliegenden Seite der Straße ehem. Saumerquartier; an der Giebelwand zwei Schießscheiben von 1874. Mächtiger, 2geschossiger, gemauerter Kornkasten unter Satteldach; Brettertür mit got. Beschlägen. – **Nr. 20:** Schatter; Paarhof, 2geschossiges, gezimmertes Wohnhaus. Küche mit Mantelmauer. Unter dem Giebel plastischer Kruzifix, Maria und Maria Magdalena als Bretterfiguren, 2. H. 18. Jh. Kleine einjochige **Kapelle** mit Satteldach, bez. 1831; Altarblatt hl. Johannes Nepomuk von 1831. **Nr. 24:** Waldhof; gekehltes, kielbogiges Portal, bez. 1581, Flurfenster mit abgefasten Steingewänden. Im Inneren Gewölbe. Gemauerte Kapelle mit geradem Chorschluß unter mit Scharschindeln gedecktem Schopfwalmdach, bez. 1883; Altarblatt Marienkrönung 2. H. 18. Jh., Bild Schutzmantelmadonna, 17. Jh.

Unterland, Nr. 7: Waldbauer; 2geschossiges, gemauertes Mittelflurhaus; got. Fensterlaibungen; im Inneren Stichkappengewölbe. 2geschossiger, gezimmerter Kornkasten, am Türsturz bez. 1746. – **Vorstandrevier, Nr. 5:** Schockgut; 2geschossiges, gemauertes Haus mit 5achsiger Fassade unter schindelgedecktem Krüppelwalmdach, 18./19. Jh., hinten anschließend Wirtschaftsgebäude und

Kornkasten. – **Nr. 7:** Unterkramser; 2geschossiges, gemauertes Haus mit steinernem Rundbogenportal; Legschindeldach; First bez. 16 . . – **Nr. 10:** Grottermoos; Kern wohl aus dem 16. Jh. (?), steinernes Rundbogenportal, abgefaste Fenstergewände; Stichkappengewölbe in Vorhaus und Küche. – **Nr. 12:** Maschtern; 2geschossiges Haus in Blockbau, Küche gemauert; First bez. 1785; Legschindeldach.

Wörth. Straßendorf im Rauriser Tal, am Zusammenfluß von Seidlwinkl- und Hüttwinkl-Ache; auf deren Schwemmkegel gelegene, straßendorfartige Siedlung, urk. 1230. Vom Mittelalter bis um 1800 bedeutender Warenumschlagplatz am Handelsweg über den Tauern. Gekennzeichnet durch seine Gasthöfe und die locker entlang der Straße angeordneten Höfe. Paarhöfe mit teilweiser Annäherung an Einhof. **Nr. 8:** Gasthof Standlwirt, im Kern 16. Jh., mit abgefastem Segmentbogenportal und z. T. abgefasten Fenstergewänden. – **Nr. 15:** Gasthof Andrelwirt, erb. 1486, mehrfach umgebaut; spätgot. abgefastes Rundbogenportal mit Kreuz im Bogenscheitel; breites Tonnengewölbe mit Stichkappen im Flur von Erdgeschoß und 1. Obergeschoß, zahlreiche abgefaste Fenstergewände erhalten; an der Hauptfassade mehrfach überarbeitete Fresken mit Heiligendarstellungen und Marienkrönung, als Freskenband Darstellung eines Saumzuges. Bemalte Fensterfaschen stark erneuert. **Wörther Schmied,** gegenüber dem Karthäuserwirt; altes Inventar mit Esse, Amboß, Feuerzangen usw.

Wörtherberg, Nr. 9: Kreuzsteg; 2geschossiges Haus in Blockbau; First bez. 1785; z. T. originale Fenster; Wirtschaftsteil angebaut. – **Nr. 22:** Örggut; Einhof mit freistehender Tenne; 2geschossiges, gemauertes Haus mit neuer Fassadenbemalung; bmkw. mehrfach gekehltes, kielbogiges Portal, bez. 1553, abgefaste, steinerne Fenstergewände; Stichkappengewölbe in Vorhaus, Küche und Keller.

REIT (Reith), siehe UNKEN

RIEF, Schloß, siehe HALLEIN

RIGAUS, siehe ABTENAU

ROSENTHAL, siehe NEUKIRCHEN

RUSSBACH am Paß Gschütt. Polit. Bez. Hallein

Gemeinde am Südabfall des Gamsfeldes; Besiedlung (Gseng, Schattau) dem Rußbach entlang gegen W. In Streulage hauptsächlich Paarhöfe, jedoch auch Einhöfe. Landschaft stark vom Fremdenverkehr geprägt.

PFARRKIRCHE hl. Kreuz, in der Ortsmitte, nach N gerichtet. Dem Stift St. Peter inkorporiert. Erb. 1859/60 von *Bergmann.* Pfarre seit 1903. Rest. 1960. Schlichter Außenbau mit leicht eingezogener polygonaler Apsis: im S vor der

Giebelfassade 3geschossiger Turm, das 3. Geschoß oktogonal, mit Spitzgiebelhelm. Eingeschossiger Sakristeianbau im W von 1960.
Turmhalle kreuzgratgewölbt, Langhaus mit Tonnengewölbe und eingeschossiger Empore.
Hochaltar aus der Veitskapelle von St. Peter, 2. H. 17. Jh.; Altarblatt Kreuzigung von *Josef Ghezzi* 1960 (Kopie nach Kreuzigung 2. H. 17. Jh., Salzburg St. Peter-Juvenat); Konsolfiguren ägyptischer Joseph und Daniel, 1. H. 18. Jh., im Aufsatz seitl. Figuren Hll. Joachim und Anna, 2. H. 17. Jh., Mittelfigur des Aufsatzes segnendes Christuskind (überarbeitete Figur, 2. H. 17. Jh.) Tabernakel von 1960. – Kreuzwegstationen und Taufstein mit Figur Johannes d. T. von 1860. – Orgel von *Mauracher,* 1870.

Pfarrhof, erb. 1870. 2geschossiger Bau, mit Krüppelwalmdach und umlaufender Hohlkehle.

Aufbahrungshalle, erb. 1974, mit Kreuzigungsgruppe von 1860.

BAUERNHÖFE. **Gseng, Nr. 12:** Erlbachbauer. Paarhof, Mitelflurhaus, Erdgeschoß gemauert, Obergeschoß Blockbau, verputzt, Erdgeschoß steinernes, rundbogiges Türgewände, z. T. steinerne Fenstergewände, vergittert, Hausgang im Obergeschoß, Schopfwalmdach, Scharschindeldeckung, Glockentürmchen. – Stallscheune, Blockbau mit Legschindeldach. Kapelle (Gmäu). – **Nr. 13:** Unterkraften. Einhof, Mittelflurhaus, Blockbau, verputzt, Quertenne, Tennbrücke, Satteldach. – **Nr. 20,** Strubeggbauer. Einhof, Eckflurhaus, Erdgeschoß gemauert, gewölbt, Obergeschoß Blockbau, verputzt, Schopfwalmdach, Scharschindeln.
Saag, Nr. 2: Kieblergut. Paarhof, Mittelflurhaus, Wohnhaus Erdgeschoß gemauert, Obergeschoß Blockbau, verputzt, Schopfwalmdach. Getreidekasten 2geschossiger Blockbau. Stallscheune Erdgeschoß gemauert, Obergeschoß Blockbau, Kopfschrot, Legschindeldach. – **Nr. 19:** Fallneggut. Paarhof, Erdgeschoß gemauert, Obergeschoß Blockbau, Dachgeschoß mit Firstkammerl in Blockbau, Wohnhaushinterteil Roßstall, im Hang gemauert, sonst Blockbau, zwei Hausgänge im Ober- und Dachgeschoß, teilweise originale Fenster (Firstkammer), Satteldach, Legschindeln, Glockentürmchen. Stallscheune Erdgeschoß gemauert, Obergeschoß Ständerbau, Längstenne. Brennhütte.
Schattau (Paß Gschütt), Nr. 2: Breinhof. Paarhof, Seitenflurhaus, Erdgeschoß gemauert, Obergeschoß Blockbau, Wohnteil verschindelt, Kopfschrot, über Roßstall senkrecht verschalt, Satteldach. Stallscheune Blockbau, Kopfschrot, Satteldach, Scharschindeln. – **Nr. 12: Gasthof** Paßhöhe. Einfacher 2geschossiger Bau des 19. Jhs., mit Gedenktafel an Kaiser Franz Joseph I. 1885. – **Nr. 15:** Lenzenbichl. Einhof, Kellergeschoß gemauert, Erd- und Obergeschoß Blockbau, verputzt, Dachgeschoß mit Hausgang, Schopfwalmdach, Scharschindeldeckung, Quertenne. – **Nr. 65:** Alter Höllhof. Ehem. Paarhof, Mittelflurhaus, 2geschossig, Erdgeschoß gemauert, abgefastes Segmentbogenportal bez. 1598, im Erdgeschoß steinerne Fenstergewände, vergittert, in blindem Fenster Marienbild, Obergeschoß Blockbau, verputzt, Dachgeschoß mit Hausgang, Schopfwalmdach, Glockentürmchen, alter Steckenzaun.

GRENZSTEIN am Paß Gschütt mit Salzburger Landeswappen, bez. 1587.

GEDENKSTEIN anläßlich des Ausbaues der Paß-Gschütt-Bundesstraße 1967–1969.

SAALBACH. Polit. Bez. Zell am See

Gemeinde im Glemmtal, nordwestl. von Zell am See. Urk. 1417. Dorf auf ansteigendem Terrain an der Einmündung des Spielbergbaches in die Saalach. Ehem. rein bäuerliche Einzelhofsiedlung auf der Sonnenseite des Haupttales, heute ausschließlich vom Fremdenverkehr bestimmt.

PFARRKIRCHE Hll. Bartholomäus und Nikolaus, auf einer Anhöhe in der Dorfmitte. Bar. Saalbau, von Friedhof umgeben. Urk. 1410. 1717–1719 von *Sebastian Stumpfegger* erb., der im Kern got. Turm 1777 erhöht. Seit dem 16. Jh. Vikariat, Pfarre 1891. Rest. 1973.
Schlichtes Langhaus mit Rundbogenfenstern; im N Totenkapelle und ungegliederter got. Turm mit rundbogigen Schallfenstern und Zwiebelhelm. Eingezogene polygonale Apsis mit 2geschossigem Sakristeianbau im N. Im S Granitgrabstein von 1613, seltenes Beispiel eines bäuerlichen Grabsteines aus so früher Zeit. W-Portal, Wappen mit Hll. Nikolaus und Bartholomäus und Bez. 1410, von *W. K. Hittmann,* 1955.
Langhaus tonnengewölbt mit Stichkappen, durch Pilastergliederung 4achsig; eingezogen Chorbogen, um 5 Stufen erhöhter Chor (unter diesem Krypta) tonnengewölbt mit Stichkappen. Doppelgeschossige W-Empore. Im Turmerdgeschoß got. Kreuzrippengewölbe.
Hochaltar von 1720; Figurengruppe Marienkrönung, im Aufsatz Figur hl. Nikolaus, auf Seitenkonsolen Hll. Bartholomäus und Jakobus d. Ä.; Tabernakel und Figuren der 4 Evangelisten um 1760. – Li. Seitenaltar von 1720. Bild hl. Antonius von Padua, Oberbild hl. Georg; Konsolfiguren hl. Rupert, E. 15. Jh., hl. Sebastian, 1720; Tabernakel mit Bild Abendmahl. – Re. Seitenaltar von 1691 (urspr. Hochaltar der Kirche), Bild hl. Laurentius, Oberbild hl. Anna, beide 18. Jh.; Konsolfiguren hl. Paulus (überarbeitet), 1470–1480, hl. Virgil, 1691; im Aufsatz Holzreliefs Hll. Barbara und Katharina, um 1500 (dazugehörige Figuren Hll. Rupert und Bartholomäus in der Kreuzkapelle); auf dem Giebel Johannesschüssel, A. 16. Jh.
Kanzel um 1720, Bild Schlüsselübergabe an Petrus, Figuren 4 Evangelisten, Christus als Guter Hirte. – 14 Kreuzwegbilder, 1. H. 19. Jh. Antependium, Öl auf Leinwand, hl. Bartholomäus, 17. Jh. (in Verwahrung). Konsolfiguren 4 Kirchenväter, 18. Jh.; Holzkruzifix, bez. 1728. Taufstein mit Täufergruppe (in Verwahrung) um 1760. An der Empore Heiligendarstellungen, Ölbergszene, Hl. Familie, bez. 1769. – Orgel 1911 von *Johann Mertel,* 1959 renov. – Glocke von *Karl Wolfgang Gugg,* 1786.

Totenkapelle, Altar um 1770; Figuren, Pietà, seitl. Arme Seelen im Fegefeuer.

Pfarrhof, erb. 1593, Ausbau 1759, 3geschossig mit Zeltdach. Figur hl. Johannes Nepomuk, M. 18. Jh.

Kriegergedächtniskapelle, neben dem Aufgang zur Pfarrkirche, erb. 1953.

KREUZKAPELLE, am Ortseingang von Saalbach an der Straße gelegen; nach W gerichtet. Erb. 1756, erweitert 1763, rest. 1960/61.
Schlichtes Langhaus mit eingezogener Apsis; Sakristeianbau und Giebelreiter mit Zwiebelhelm im W. – Langhaus mit flacher Tonne, Chor um eine Stufe erhöht, tonnengewölbt. Deckenstukkaturen von *Virgil Groder* um 1900. Zwischen Langhaus und Chor Spiralgitter um 1700.

Altar, Holzkruzifix, Figuren Maria und Johannes, 17. Jh.; Gottvater, Engel mit Leidenswerkzeugen, Pelikan mit seinen Jungen, sowie Tabernakel M. 18. Jh. – Konsolfiguren, Holzreliefs Hll. Rupertus und Bartholomäus, um 1500 (zu den Figuren Hll. Barbara und Katharina in der Pfarrkirche gehörig); Hll. Petrus und Magdalena, Ecce Homo und Mater dolorosa, 18. Jh. – Votivtafeln, vorwiegend 18. Jh.

KAPELLEN mit rechteckigem Grundriß, eingezogener Apsis und Satteldach: Saalbach Nr. 51 (Eder), bez. 1896, bar. Figur Maria mit Kind; Saalbach Nr. 83 (Obertaxing), erb. 19. Jh., Figur Pelikan mit seinen Jungen (vgl. Kreuzkapelle), Mariahilf-Bild, beide A. 19. Jh.

BILDSTÖCKE. Saalbach Nr. 170, erb. 1957, Bild Marienkrönung, Hll. Andreas und Bartolomäus, Stifter, bez. 1662. –
Saalbach, Nr. 78 (Hochwarthof), an der ehem. Straße gelegen, bez. 1912, barockisierende Figur hl. Johannes Nepomuk.

WARTTURM, Saalbach Nr. 35, unmittelbar nördl. der Pfarrkirche. Turmartiges 4geschossiges Gebäude mit rechteckigem Grundriß, Zugang urspr. im 1. Stock, Bausubstanz 16. Jh.(?), diente zur Sicherung und als Vorratslager (Kasten) für die Bergwerke im Saalachtal.

GASTHOF Post, Saalbach Nr. 34. Ehem. Oberwirt, urk. 1431, im 17. Jh. (?) ausgebaut. 3geschossiger, stattlicher Bau (2 Dachgeschosse) mit Krüppelwalmdach, umlaufender Hohlkehle, 2 Erkern und abgefastem Kielbogenportal, M. 15. Jh. bez. BFE 1969.

HAUS, **Reit Nr. 70:** Reiterbauer. Erdgeschoß mit späterem Erkeranbau gemauert, das Obergeschoß in Blockbau, 17.–18. Jh.

SAALFELDEN am Steinernen Meer. Polit. Bez. Zell am See

MARKT im O eines weiten Talbeckens, am re. Ufer der Urslau-Ache gelegen. Überwiegend am Rande des Talbeckens liegen die zur Gemeinde Saalfelden gehörenden Weiler und Hofgruppen.
Urk. um 790, Mittelpunkt der Grafschaft Unterpinzgau, mit dieser 1228 an das Erzstift. Datum der Markterhebung unbekannt, urk. als Markt um 1350. Haufendorfartige Siedlung, bei den Großbränden 1734, 1811 und 1910 mittelalterliche Bausubstanz schwer beschädigt. Straßenzüge im Ortskern großteils der Straßenführung vor 1734 entsprechend.
In der Umgebung Ein- und Paarhöfe, zuweilen mit Nebengebäuden wie Tennengebäude, Zuhaus, Kleintierstall und Kornkasten. Die Wohnhäuser durchwegs mit Mittelflurgrundriß, das Erdgeschoß meist gemauert, Fenster und Türen mit Steingewänden, das Obergeschoß in Blockbau. Weit vorkragendes, flaches Satteldach mit Glockentürmchen. Die Wirtschaftsgebäude im Erdgeschoß gemauert, im Obergeschoß mit leicht behauenen Blöcken aufgezimmert.
Siehe auch GERLING und LENZING
Der im Bereich des heutigen Pinzgaues ansässige keltische Stamm der Ambisonten hatte am Biberg bei Saalfelden sein Stammeszentrum (2.–1. Jh. v. Chr.). Die Felshöhe am Westrand des Saalfeldener Beckens war auch schon in

der vorangehenden Bronze- und Älteren Eisenzeit besiedelt. Mehrere Mauerringe schützten die Anhöhe, deren Alter jedoch ungeklärt ist. Der Biberg ist zum größten Teil einem Steinbruchbetrieb zum Opfer gefallen.

DEKANATSKIRCHE Hll. Johannes d. T. und Ev., auf einer Hügelkuppe in der Ortsmitte. Urspr. einschiffig got., nach Umbauten im 19. Jh. 3schiffige neurom. Kirche mit W-Turm und got. Krypta. Urk. um 1000, als Pfarre 1188; Kirchenbrände 1734 und 1811; 1861 Umbau und romanisierende Renov. Bei Renov. 1959–1969 Ausstattung des 19. Jhs. großteils entfernt.
Schlichter Außenbau. 5geschossiger Turm im W an die Fassade anschließend, im Kern got., im Erdgeschoß sternrippengewölbt, mit Biforenfenstern und Zeltdach. Polygonale Apsis mit gestuften Strebepfeilern; 2geschossige Sakristeianbauten im N und S an das Chorjoch anschließend. Im W profiliertes Kielbogenportal.
Innenraum, durch den Anbau der 2 Seitenschiffe basilikale 6jochige Anlage mit flacher Decke. Seitenschiffe mit geradem Abschluß. Rundbogiger Triumphbogen. Chor um 7 Stufen erhöht, einjochig mit Kreuzgewölbe und halbrundem Schluß mit Stichkappen. Unter dem Chor got. Krypta, Zugang vom re. Seitenschiff, einjochiges Kreuzrippengewölbe und 5/8-Schluß auf runden Diensten, runde Schlußsteine, 5 halbrunde Fenster. – In den Seitenschiffen Glasfenster von *Josef Widmoser,* um 1965, Einsetzung des Altarsakraments, Bergpredigt.
Kruzifix von *Jakob Adlhart* 1959. In den Seitenschiffen Reliefs von *Jakob Adlhart,* Himmelfahrt Mariens 1965, Hl. Familie 1969. Konsolfiguren an den Langhauspfeilern, Hll. Rupert und Virgil von *Johann Scheidl* 1861; Hll. Vitalis, Notburga, Erzengel Michael, Benedikt, Elisabeth und Leopold von *Jakob Adlhart* 1966–1969. Figuren am Triumphbogen Hll. Johannes d. T. und Johannes Evangelist von *Johann Haid,* um 1835(?). – In Verwahrung hl. Florian, 2. H. 18. Jh. mit Bez. 1803; aus der Georgskapelle am Palfen spätgot. Flügelaltar und 2 got. Altarflügel.
Bilder, Berufung des hl. Johannes Ev., 2. H. 19. Jh.; Himmelfahrt Mariens von *A. Palme*(?), Predigt des hl. Johannes d. T. in der Wüste bez. *S(ebastian) Stief 1878;* Schutzengel und Guter Hirte von *Julius Frank* 1859; hl. Johannes Nepomuk von *Ludwig Mayr* 1859. In Verwahrung hl. Sebastian 18. Jh. – Taufbecken mit Täufergruppe 2. H. 19. Jh.
Doppelgeschossige W-Empore. Orgel von *Mauracher,* 1859. Krypta, Vorraum Figur Christus an der Geißelsäule 18. Jh.; Marmor-Grabstein von Georg Tauscher, gest. 1627.
Grabplatten des 18. und 19. Jhs. in die Mauer zwischen Kirche und Pfarrhof eingelassen.

Pfarrhof, 1811 abgebrannt, Wiederaufbau 1821–1835.

Friedhofskapelle, erb. 1864, Oktogon, Glockendach mit Laterne. Deckenmalerei Szenen aus dem Neuen Testament bez. *Johann Huber 1867.* Altar mit Altarblatt Tod Josephs, um 1864.

Aufbahrungshalle, erb. 1977 von *Georg Aigner.* Kruzifix von *Otmar Tappeiner.*

PALFENKAPELLE hl. Georg, in Bachwinkel, in einer Felshöhle, mit Satteldachverschalung, urk. 1675. – Reiterfigur drachentötender hl. Georg,

17. Jh., in Verwahrung in der Dekanatspfarrkirche Saalfelden, spätgot. Flügelaltar 1. H. 16. Jh., Flügel-Reliefs mit Szenen des Marienlebens, Figurengruppe in der Mitte Hl. Wandel, 17. Jh. (Kind gestohlen); 2 Altarflügel mit Reliefs Hll. Barbara und Margareta, um 1480. Im Heimatmuseum Saalfelden Bild Martyrium des hl. Georg, bez. *Michael Kurz* 1779.
Waldkapelle, auf dem Weg zur Palfenkapelle, Holzbau mit Satteldach, erb. 1949; bar. Figur Schmerzensmann.
Einsiedelei neben der Palfenkapelle, an den Fels gebaut, 2geschossig, Glockenturm mit Zwiebelhelm. Seit der 2. H. des 17. Jhs. bewohnt.

KAPELLE hl. Anna, in Almdorf. Einfache bar. Kapelle am nordöstl. Ortsrand. 16. Jh., erneuert 1715. Rest. 1978. – Schlichter bar. Bau mit Schindel-Satteldach und Giebelreiter mit Zwiebelhelm, leicht eingezogene Rundapsis, abgefastes, rundbogiges Portal.
Tonnengewölbter Raum, spitzbogiger Triumphbogen, im Chor Stichkappen (Chor 16. Jh.?). – Altar von 1715. Figur stehende Madonna mit Kind, Oberbild Hl. Dreifaltigkeit. Bar. Figur Christus an der Geißelsäule, 18. Jh. In Verwahrung Votivbilder 18. und 19. Jh.

BILDSTÖCKE an der Urslau, Bahnhofstraße und Dorfheimerstraße; gemauert, mit Rundnische, Satteldach und bar. Figur hl. Johannes Nepomuk.

SCHLOSS Lichtenberg, Bachwinkel Nr. 11, nordöstl. von Saalfelden auf steilem, heute bewaldetem Hügel am Abhang des Steinernen Meeres. Urk. 1281

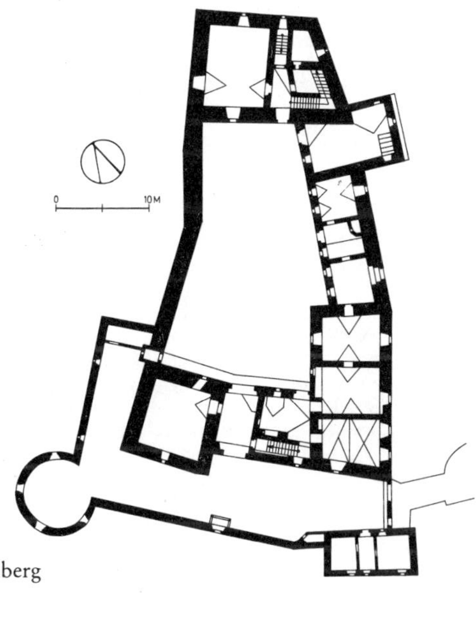

Saalfelden, Schloß Lichtenberg

Herren von Walchen, ab 1. V. 14. Jh. Sitz eines erzbischöflichen Pflegers, 1872 in Privatbesitz. – Erb. 2. H. 13. Jh. durch Herren von Walchen, Ausbau um 1300 (?), in den Bauernkriegen 1526 zerstört, Verlegung des Pflegersitzes erwogen, weitgehender Wiederaufbau mit Verstärkung um 1580, südl. Vorburg mit starkem westl. Rundturm und östl. Torbau mit Pförtnerwohnung neu errichtet; 1. H. 18. Jh. Bauschäden, Pfleggericht übersiedelt nach Saalfelden, 1775 Abbruch der desolaten Holzwehrgänge, 1791 Befehl zur Sanierung. Nach 1803 wieder Verfall, nach Versteigerung 1872 gründlich im Sinne der Romantik renov., seither Instandhaltungsmaßnahmen.
Burganlage, Anfänge 13. Jh., im wesentlichen aus der 2. H. 16. Jh. stammend, um etwa trapezförmigen Innenhof. N-Seite, ehem. Palas, Grundriß trapezförmig, 4 Geschosse mit Walmdach, untere Geschosse großteils gewölbt; an den Palas anschließend östl. Trakt mit vor die Ringmauer vorspringendem Kapellentrakt, Kapelle im 2. Obergeschoß mit auskragendem 3/8förmigem Erker. – **Kapelle,** einfacher Rechteckraum, Altarnische ausmittig, Hauptraum ein Joch mit Kreuzgewölbe, gesamte Ausstattung Altar, Gestühl, Bilder und Glasfenster E. 19. Jh. – Gegen S Dienerschaftstrakt, 2 Geschosse, Erdgeschoß mit schweren Tonnengewölben, ehem. Stallungen, an der östl. Außenfront Sonnenuhr bez. 1585; gegen W Torbau, Toreinfahrt Tonnengewölbe, daneben kleine gewölbte Halle mit Stichkappen 16. Jh., dahinter Stiegenaufgang. An der SW-Ecke im Grundriß quadrat. Bergfried, 5 Geschosse, Pyramidendach. Vom Turm gegen Palas freistehende, etwa 8 m hohe Ringmauer.
Vorburg der inneren Burg gegen S und SW vorgelagert, SW-Ecke Rundturm mit Geschützscharten, 1971 teilweise eingestürzt, an der SO-Ecke niederes Pförtnerhaus mit Schopfdach, daneben segmentbogiges Burgtor mit seitl. Gehtürl, davor gegen O ehem. Zugbrücke über künstlichem Graben.

SCHLOSS Farmach, F a r m a c h Nr. 4, östl. des Marktes in freiem Gelände. Urk. 1339 Herren von Farmach, dann Herren von Alm, die 1568 an Hans Zehentner verkaufen, bis 1735 im Besitz dieser Familie, 1737 Freiherren von Rehlingen, ab 1783 rascher Besitzwechsel, 1822 k. k. Ärar, 1902 Gemeindebesitz. – Urspr. Anlage 14. Jh.; 1. H. 16. Jh. Umbau zu spätgot. Ansitz mit Ecktürmchen und mittig sitzendem Runderker; 1760 Erweiterung und Barockisierung; ab 1922 Umbau zu Amtsgebäude mit Entfernung der Türmchen, Mittelerker bleibt erhalten; seit 1904 Adaptierung zu Spital und Altersheim, 1960/61 Anbau eines modernen Bettentraktes gegen S.
Langgestreckter, 4geschossiger Bau mit an den Enden gegen O weisenden Seitentrakten, an der W-Fassade ab dem 1. Obergeschoß Runderker bis über die Traufe des Walmdaches; O-Fassade mit Arkadengliederung, im Erdgeschoß auf runden, gedrückten Säulen breite Spitzbogenform. Nördl. Quertrakt, ehem. Speicherbau mit Aufzugsöffnung im obersten Geschoß, breite Hohlkehle; südl. Trakt früher Gefängnisse des Land- und Pfleggerichtes. – Innen z. T. nur noch einfache Stuckspiegel an den Decken; Erdgeschoß großteils gewölbt, an der NW-Ecke Raum mit Stichkappengewölbe, um 1900 zu Hauskapelle adaptiert, hakenförmige Raumerweiterung. Auf dem Altar Kruzifix um 1800.
Bildstock im Hof, gemauert, mit über Rundbogennische weit vorgezogenem Zeltdach, nischenfüllender Altaraufbau mit seitl. Säulchen, um 1800, Mittelbild durch neuzeitliche Madonna mit Kind in Strahlenkranz ersetzt, Abschlußgitter um 1830.

RITZENSCHLOSS (alter Name Grub), T h o r Nr. 4, 5, 6, auf flachem Hügel südl. von Saalfelden. Urk. 1339 als Gut zu Grub, 1374 Turm zu Grub, 1491 bis ca. 1580 Herren von Ramseiden, dann bis 1606 Gasteiner Gewerkenfamilie Weitmoser, folgend Freiherren Ritz zu Grub, Pauernfeind von Eyß und Familie Waltenhofen. 1801 beginnende Zerteilung des Besitzes.
Vom Ansitz Grub, bis etwa 1800 mit 4 Aufsatztürmchen an den Ecken bestehend, nur wenige, 2geschossige, nordwestliche Außenmauern mit nördl. rundem Ecktürmchen mit neuem Kegeldach erhalten. An der Innenseite Wohnungen angebaut. Östl. ehem. Meierei des Schlosses, 1969 bis 1973 zu Heimatmuseum adaptiert, heute als Ritzenschloß bez., Portal bez. 1593, rekonstruierte Fassadengestaltung. – **Heimatmuseum** mit reichhaltiger Sammlung kirchlicher, bürgerlicher und bäuerlicher Kunst, bedeutende Krippensammlung, Votivtafeln, Handwerksgeräte, getäfelte Stube sowie keltische Ausgrabungsfunde und Mineralien.

SCHLOSS Dorfheim, siehe Dorfheimerstraße Nr. 25

PROFANBAUTEN. Innerer Ortskern gebildet aus den unmittelbar um die Pfarrkirche angelegten Häusern der Lofererstraße und Mittergasse.

Lofererstraße, halbkreisförmig auf ansteigendem Terrain um die Apsis der Pfarrkirche geführt; Häuser im Kern teilweise mittelalterlich, **Nr. 26–30:** 2geschossig und traufständig, mit Fassaden nach 1811. Mittelalterliche Bausubstanz an der Ausfallstraße nach Ramseiden teilweise erhalten. **Nr. 7:** Bau des 16. Jhs., Fassade erneuert, mit eingeschossigem Eckerker auf Konsolen im 1. Obergeschoß; spätgot. gekehltes Kielbogenportal und segmentbogiges Fenster. – **Nr. 16:** 2geschossiger Bau mit Krüppelwalmdach, im Kern mittelalterlicher Eckerker auf 3fach gestufter Konsole im 1. Obergeschoß, im Erdgeschoß Stichkappentonnen erhalten. – **Nr. 22:** Unterbräu, Bau des 16. Jhs., 3geschossig mit Satteldach; 2geschossiger Eckerker auf 3fach gestuften Konsolen, doppelt gekehltes spätgot. Kielbogenportal, im Erdgeschoß 3 Fenster mit abgefasten spätgot. Fenstergewänden erhalten; Tonnengewölbe im Erdgeschoß; schmiedeeisernes Wirtshausschild, 19. Jh.
Mittergasse, am Fuß des Kirchhügels entlang geführt. Fassaden zum größten Teil erneuert. **Nr. 5:** Rathaus, alter Baubestand (?), Fassade und Innenbau 1967 vollständig erneuert. – **Nr. 15:** Ehem. Gasthof Simonwirt, im Kern 16. Jh., 3geschossiger großer Bau mit Krüppelwalmdach; abgefastes Segmentbogenportal, im Erdgeschoß Stichkappentonnen.
Ramseidenstraße. Nr. 5: Ehem. Gasthaus zum Brücklwirt, spätmittelalterlicher 2geschossiger freistehender Bau mit Satteldach. Abgefaste Fenstergewände, mehrfach gekehltes, verstäbtes Kielbogenportal, segmentbogiges, abgefastes Flurfenster. Im Flur Tonnengewölbe. Schmiedeeisernes Wirtshausschild, 18. Jh.; im 1. Obergeschoß bar. Deckenmalerei. – **Nr. 8:** Langgestrecktes 2geschossiges, traufständiges Gebäude, Fassade erneuert, im Kern mittelalterlich; spätgot., mehrfach gekehltes und verstäbtes Kielbogenportal, bez. 1565; Runderker im 1. Obergeschoß.
Almerstraße Nr. 4: Volks- und Hauptschule, 1904–1906 erb., mächtiger späthistoristischer Bau mit entsprechendem Fassadendekor, um großen quadrat. Innenhof errichtet. – **Nr. 11:** Fassade in Richtung Lofererstraße mit biedermeierlichem Stuckdekor um 1811.

Bahnhofstraße Nr. 6: Gasthof Hindenburg, freistehender mittelalterlicher 3geschossiger Bau mit Krüppelwalmdach. Fassade mit biedermeierlichem Stuckdekor. Im Flur des Erdgeschosses Stichkappentonne, im 1. Obergeschoß Tonnengewölbe mit spätgot. Gratnetz und Türen mit geradem Sturz und abgefastem Gewände.
Dorfheimerstraße Nr. 25: Schloß Dorfheim. Urk. 11. Jh., 1190 Nennung der Herren Hunt zu Dorf, 1601 durch Josef Hunt zu Dorfheim und Rettenwörth in heutige Gestalt gebracht, gleichzeitig westl. Anbau, heute bäuerlicher Besitz. – Ansitz mit ehem. 4 Eckerkern auf Steinkonsolen von 1601, 19. Jh. 2 nördl. Erker abgetragen, 1901 Brand, 1912 Wiederaufbau mit teilweiser Vereinfachung. O-Fassade mit Kielbogenportal. Umfassungsmauer in Resten vorhanden.
Zeugstättenplatz, Nr. 1: Zeugstätte, nach Plan von *Paul Geppert d. Ä.*, 1927.

Almdorf. Weiler auf niederer Terrasse im SO von Saalfelden. Gutes Ensemble von z. T. stark erneuerten Bauernhäusern.
Nr. 9: Unterlettlbauer, Portal bez. 1613; **Nr. 10** „Fritzbauer"; **Nr. 11:** Oberlettlbauer, Portal bez. 1604. Vor dem Haus die hölzerne Teilsäule, der Verteiler der ehemals hölzernen Trinkwasserleitung.
Deuting. Hofgruppe südl. von Saalfelden. **Nr. 2:** Oberdeuting, vollkommen gemauertes Wohnhaus mit Steingewänden an allen Fenstern, Kielbogenportal bez. 1642.
Haid. Nr. 2: Grubergut. Kapelle, erb. 1909, mit Satteldach und polygonaler eingezogener Apsis. Flaches Kreuzgratgewölbe mit Deckenmalerei hl. Petrus und Petersdom, Madonna mit Kind und Santa Casa von Loreto, hl. Antonius bzw. hl. Franziskus und Kirchen in Padua und Assisi. Einrichtung aus der Erbauungszeit. Altarblatt Hl. Wandel.
Letting. Weiler südl. von Saalfelden. **Nr. 2:** Schusterbauer. Steinerne Tür- und Fenstergewände, am Sockel des Portals Andreaskreuze eingemeißelt. – Kapelle, einfacher Bau mit Satteldach; tonnengewölbt, bar. Figurengruppe Marienkrönung, 18. Jh.; Kreuzwegbilder kolorierte Stichserie 19. Jh. – **Nr. 3:** Schmiedinggut. An der Fassade Freskenmedaillons Madonna, Hll. Georg, Florian und Petrus, um 1800. – **Nr. 11:** Unterlaimgrubbauer. Paarhof mit Kornkasten und Badstube, Wohnhaus 17. Jh. Steinwände an den Fenstern im Erdgeschoß, Obergeschoß Blockbau; Wirtschaftsgebäude an der Firstpfette bez. 1543.
Mayrhofen. Weiler nördl. von Saalfelden. **Nr. 2:** Schmiedbauer, Erdgeschoß gemauert, 17. Jh., First bez. 172. – **Nr. 3:** Kolinerggut. Kapelle, Bau mit Schindelsatteldach und eingezogener Rundapsis, Altar mit Altarbild Mariahilf, Oberbild hl. Georg, beide 19. Jh.; bar. Kreuzwegbilder, 18. Jh.
Ramseiden. Weiler auf niederer Talterrasse östl. von Saalfelden. **Nr. 19:** Salzmanngut; First bez. 1626. – **Nr. 21:** Feuchtergut; kielbogiges Steinportal, First bez. 1878.
Ruhgassing. Hofgruppe am Ostrand des Talbeckens, südl. von Saalfelden. **Nr. 3:** Orgenbauer; reiche Neumalung wohl von 1968 (Haustüre), nach älterem Vorbild, First bez. 1798.
Schützing. Oberschützing Nr. 3: Kapelle zum Oberschützinghof, zwei überlebensgroße, spätbar. Figuren Ecce Homo und trauernde Maria.

Wiesersberg. Weiler am Rand des Talbeckens nordwestl. von Saalfelden. **Nr. 7:** Viehberg; bmkw. Paarhof am Berghang. Erdgeschoß gemauert, Obergeschoß Blockbau mit Zierschrot, First bez. 1643. Der Stall des Wirtschaftsgebäudes gemauert, das Obergeschoß Blockbau, First bez. 1729, Badstube. – **Nr. 15:** Klausnerhof, Wegkapelle mit Satteldach; am Außenbau Wandmalerei Mariahilf von 1882; Figur hl. Katharina 2. H. 19. Jh.

ST. ALBAN, siehe LAMPRECHTSHAUSEN

ST. ANDRÄ im Lungau. Polit. Bez. Tamsweg

Gemeinde zwischen Mariapfarr und Tamsweg mit an der Mündung des Göriachtales in das Taurachtal gelegenem Haufendorf, urk. um 1200, urspr. Abtsdorf, bis 1808 Besitz des Klosters Ossiach; Sitz eines Eisenhammers bis 3. V. 19. Jh. – Streusiedlungen Vorder- und Hinterlasa auf ostseitiger Terrasse und Ortschaft Lintsching am Lignitzbach westl. von St. Andrä.
Ein- und Paarhöfe des Lungauer Typus, das Wohnhaus in Blockbau oder Mischbauweise, 2geschossig bzw. mit Kniestock, meist mit verbrettertem Giebeldreieck und Krüppelwalmdach; das Wirtschaftsgebäude im Stallteil gemauert, der Stadelaufbau in Blockbau, seltener Verbretterung zwischen Mauerpfeilern; freistehende gemauerte, manchmal gezimmerte Kornkästen.

FILIALKIRCHE hl. Andreas, im N des Dorfes. Im Kern rom. Bau mit got. Chor und Westturm, von Friedhof umgeben. – Anbau des got. Altarraumes wohl in der Regierungszeit des Abtes Andreas (1430–1437), 1634 Emporeneinbau, 1667 Einwölbung der Kirche, 1673 Sakristeibau, 1682 Turmerhöhung. 1913 Renov., 1918 Brand, 1952/53 Außenrenov., 1976 Innenrest.
Einschiffiges Langhaus mit Hohlkehlgesims, Strebepfeilern und Rundbogenfenstern, im S Rundbogenportal mit Spuren alter Bemalung, Tür mit Beschlägen und verwitterte Darstellung hl. Andreas. Niedrigerer, eingezogener got. Chor mit Sockel und 5seitigem Abschluß, Spitzbogenfenster mit Maßwerknasen; nördl. Sakristei von 1678, im O. Fenster, nördl. Tür. Westfassade mit vorgesetztem Turm, gekehltes Rundbogenportal, Holzvordach. Turm mit Sockel, an der Südseite stark rest. Christophorusfresko, 16. Jh. (?), Glockengeschoß durch profiliertes Gesims abgesetzt, bez. 1682, rundbogige Schallfenster, Abschlußgesims, geschweiftes Zeltdach, Holzschindeldeckung. Turmerdgeschoß kreuzgratgewölbt, im Kern rom. wie das 2jochige Langhaus. Schiff tonnengewölbt mit Stichkappen von 1667, abgeschrägte Wandpfeiler mit profiliertem Gesims, darüber Stuckrippen, Stuckspiegel (Medaillons in Rauten- und Kreisform). Holzempore von 1634, flachbogiger Turmzugang. Abgeschrägter, spitzbogiger Triumphbogen mit Inschr.; 2jochiger, got. Chor, kreuzgratgewölbt. Im Ostfenster got. Glasmalerei, hl. Andreas, zu seinen Füßen kniend Abt Andreas von Ossiach, um 1435.
Hochaltar von *Gregor Sapser* 1724, bar. Altarblatt hl. Andreas und Oberbild Krönung Mariens *Chrysostomus Lederwasch* zugeschrieben; Figuren Hll. Jakobus d. J. und Philippus, 2 Aufsatzfiguren, Hll. Jungfrauen. Seitenaltäre dat. und sign., Tafelbilder mit festen Flügeln, rückseitig Grisaillemalerei; li. Altar bez. 1616, Predellenbild Grablegung Christi, Altarblatt Pietà, li. Flügel 10.000

Märtyrer und bethlehemitischer Kindermord, re. Hll. Johannes d. T. und Leonhard, hl. Ursula, Oberbild Christi Himmelfahrt, Altarrückseite Christus als Schmerzensmann; re. Altar bez. *Peter Oswalt 1615*, Predellenbild Anbetung, Altarblatt Maria Verkündigung, li. Hll. Vitus und Blasius, re. Hll. Johannes und Paulus, hl. Mauritius, Oberbild Auferstehung Christi, rückseitig Mater dolorosa.
Kanzel mit Schalldeckel 2. V. 18. Jh. Unter der Empore Chorstuhl, um 1670 (als Ersatz für den 1888 an das Salzburger Museum, SMCA, transferierten got. Chorstuhl von 1474). An der Chorwand got. Konsolfigur Muttergottes mit Kind um 1500 (in Verwahrung). Im Langhaus spätbar. Figuren, li. Christus als Schmerzensmann, re. Mater dolorosa 2. H. 18. Jh. Triumphbogenkreuz mit frühbar. Corpus 2. H. 17. Jh. und bar. Rosenkranzmadonna M. 18. Jh. Got. Figur Madonna mit Kind aus Kunststein, um 1390, nach Kirchenbrand 1918 veräußert. Epitaph Matthias Harer und Maria Brodinger, 1635. An der Emporenbrüstung Bilder aus dem Marienleben, bez. 1634. Im Chor frühbar. Bild, Abendmahl. 15 spätbar. Kreuzwegbilder. – Glocke von *Josef Schweiger*, 1769.

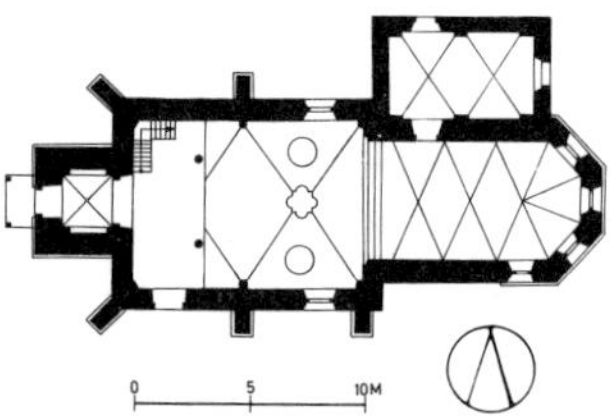

St. Andrä, Filialkirche hl. Andreas

POPENGUTKAPELLE, in W ö l t i n g , bei Haus Nr. 55. Renov. 1972–1974. Rechteckiger Bau mit Satteldach, Vorbau unter Zeltdach, seitl. Rundbogenfenster; innen Tonnengewölbe. – Altaraufbau von 1870, Altarblatt Flucht nach Ägypten bez. 1834, Oberbild Geburt Christi, Statuetten Hll. Virgil und Rupert, im Aufsatz Engel, 19. Jh. Über dem Eingang Bild Christus an der Geißelsäule, bez. 1834. 15 Kreuzwegbilder (Stiche) 19. Jh.

PASSEGGERGUTKREUZ (Mariahilf-Wegkapelle), an der Straße zum P a ß e g g e n , südwestl. von St. Andrä. Erb. E. 19. Jh. Rundbogenportal, darüber Kreisfenster, hochgezogener Dreiecksgiebel; Rundapsis, Holzschindeldach; Tonnengewölbe. – Moderne Figur Maria mit Kind. Li. Bild bez. *Franz Lischen* 1927, re. Votivbilder der Familie Schitter aus den Jahren 1898–1916.

BILDSTOCK, in L a s a , nördl. von St. Andrä. Gemauerte Bildnische über quadrat. Grundriß; Holzschindelzeltdach, Holzvorbau. Bilder: Blumenkranzmadonna, seitl. Heiligendarstellungen, 19. Jh.

PROFANBAUTEN. **St. Andrä, Nr. 1:** Ehem. Verwaltungszentrum des Stiftes Ossiach im Lungau (?). Im Kern spätgot. Bau, 2geschossig, 5achsig; Rundbogenportal, Eckquaderung und gemalte Faschen, umlaufende Hohlkehle, Schopfwalmdach; im Flur Stichkappentonne. – **Nr. 10:** Seifter. Gemauertes Querflur-Haus unter steilem Satteldach; gemauerter Kornkasten mit Satteldach, ober der Tür ehem. Fresko, wohl 18. Jh. – **Nr. 20:** Holzer. Zweigeschossiger, gemauerter

Kornkasten mit brettschindelgedecktem Satteldach. Bunte Fassadenbemalung: Eckquader, laufender Hund, Fenster-, Portaleinrahmung, Portalwächter, Monogramme Christi und Mariens, Jagdszene, über der Tür Bez. 1761; im Giebelfeld ehem. Darstellung in Putzprofilrahmen; über dem Eingang Kruzifix, 19. Jh.
Hinterlasa, Nr. 54: Gruber. Gemauerter Kornkasten mit gemauertem Auf- bzw. Abgang und Fassadenbemalung im Giebelfeld: laufender Hund, Umrahmung der Öffnungen, in Kartusche bez. 17 PS IHS ML 13; über der Tür Nische mit Kruzifix, 19. Jh. – In Streusiedlung **Lasa** zwei gezimmerte Kornkästen.
Lintsching, Nr. 24: Gratzen. Einhof, breitgelagertes, im Erdgeschoß gemauertes Mittelflurhaus mit gezimmertem, über dem Erdgeschoß zurückspringendem Kniestock und Balkon bzw. Giebelbalkon. – **Nr. 25:** Schober. Einhof, breitgelagertes, im Erdgeschoß gemauertes, im Obergeschoß gezimmertes Mittelflurhaus mit giebelseitigem Balkon und Zierausschnitten im verbrettertem Giebeldreieck. Zweigeschossiger, gezimmerter Kornkasten mit Satteldach. – **Nr. 40:** Sixtgut. Einhof, 2geschossiges Mittelflurhaus in Mischbauweise mit rekonstruierten Fensterumrahmungen. 2geschossiger, gemauerter Kornkasten mit erneuerter Bemalung: Eckquader, laufender Hund, Fenster-, Türeinfassung, blinde Fenster, bez. 1704, renov. 1808, 1977. – **Nr. 42:** Weißhaupt, Einhof, Querflurhaus in Mischbauweise mit traufseitigem Balkon und kleinem Balkon im Giebeldreieck. – **Nr. 94:** Ehem. Adam. Einhof, gezimmertes Querflurhaus, Obergeschoß mit Kniestock ausgebildet; Balkon. – **Nr. 186:** Ehem. Schneider, Einhof. 2geschossig, Erdgeschoß gemauert, Obergeschoß Blockbau, Querflurhaus mit über Eck führendem Obergeschoßbalkon; Bretterschindeldach.

ST. ANTON, siehe HUNDSDORF

ST. BRIGIDA zu Oelling, siehe HENNDORF a. W.

ST. GEORGEN. Gem. Bruck an der Großglocknerstraße. Polit. Bez. Zell am See

Kirchweiler an der N-Seite des Salzachtales. Urk. 924. Auf dem Kirchenhügel Siedlungsreste der Bronze- und Eisenzeit, auf dem Burgstallhügel nördl. von St. Georgen ehem. ebenfalls eine vorgeschichtliche Höhensiedlung.

PFARRKIRCHE hl. Georg, auf einer Hügelkuppe. Spätgot. Bau mit W-Turm, im Kern rom., von Friedhof umgeben. Urk. 1416, eine Weihe 1520. Pfarre seit 1858. 1885 regotisiert. Rest. 1969.
Langhaus und Chor unter gemeinsamem Satteldach; 2fach gestufte Strebepfeiler im N und S, im W übereck gestellt; im N Kielbogenportal mit gekehltem und verstäbtem Gewände, im Scheitel zwei Schilde, A. 16. Jh. Eingezogener Chor mit Sockel, polygonalem Schluß und mehrfach gekehlten spitzbogigen Fenstergewänden. Von außen zugänglich, unter dem Chor 8eckige got. Krypta mit gratigem Sterngewölbe auf einem Mittel-Pfeiler. – An der Giebelfassade W-Turm, schmale Sockelzone, ungegliedert, gekoppelte Schallfenster, Satteldach mit Treppengiebel. 2fach gekehltes spätrom. Rundbogenportal. Turmerd-

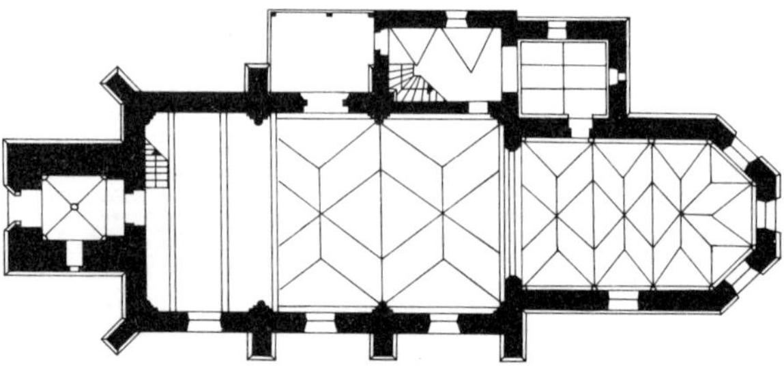

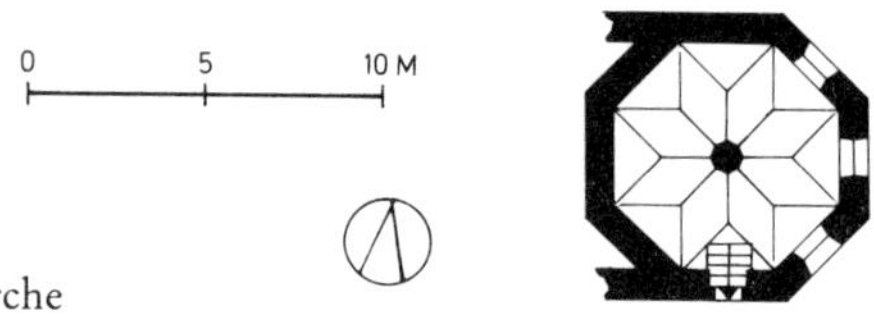

St. Georgen, Pfarrkirche
hl. Georg mit Krypta

geschoß mit spätrom. Kreuzrippengewölbe auf Konsolen, im S mit reliefierten Gesichtern; die NW-Rippe ergänzt. Portal zum Kircheninneren rundbogig, abgefast. Im N an Langhaus und Chor anschließend 2geschossige Sakristei und ehem. Kapelle mit abgefastem Rundbogenportal im W.

3jochiges Langhaus; auf Runddiensten aufruhendes got. ehem. Sternrippengewölbe (Rippen abgeschlagen). An der S-Seite Spitzbogenfenster mit Glasmalerei Hll. Anna, Antonius von Padua und Hl. Familie von 1927. Im 3. Joch der N-Wand Türe zur ehem. Kapelle. 1969 angebracht. Hölzerne W-Empore über dem 1. Joch. – Spitzbogiger, abgefaster Triumphbogen. Chor 3jochig, mit ⅜-Schluß. Ehem. Sternrippengewölbe (Rippen abgeschlagen) auf Runddiensten, die auf umlaufendem Sohlbankgesims aufruhen. Im N abgefastes Spitzbogenportal zur Sakristei, darüber über 1½ Joche reichender Balkon. Im 3. Joch spätgot. Sakramentshäuschen mit verstäbtem Kielbogen (ehem. im Langhaus, 3. Joch der N-Wand).

Wandmalereien A. 16. Jh., Chor-N-Wand mit Fragmenten von Szenen aus dem Leben Christi: im 2. Joch Ecce Homo, im 3. Joch Kreuzigung; Chor-S-Wand mit Fragmenten von Heiligenmartyrien, Hll. Achatius und Erasmus(?), sowie Geburt Christi und Anbetung der Könige. An der Triumphbogenwand im N stehende Maria mit Kind, im S weibliche Heilige. – Im 3. Joch der Langhaus-N-Wand Wandmalerei Epitaph der Katharina Fuchs, bez. 1510, im S Totentanz. – Deckenmalerei um 1785, von *Thomas Valtiner* (?), im Langhaus Kreuzigung, Christi Himmelfahrt, 4 Kirchenväter; im Chor Verehrung des Allerheiligsten durch Papst und Kaiser, 4 Evangelisten, Hll. Joseph und Johannes d. T.

Spätgot. Marmor-Altar, teilweise mit Rennaissance-Ornamentik; Reliefs, Predella hl. Georg zwischen Stiftern Jörg Stöckl und Katharina Fuchs; Hauptteil horizontal in 2 Zonen geteilt, unten Marienkrönung, Hll. Dionysius und

Nikolaus, oben Kreuzigungsgruppe und seitl. Wappen; Aufsatz mit Stiftungsinschr. bez. 1518, sowie Engel mit Leidenswerkzeugen. An der nördl. Chorwand Stiftungstafel des Jörg Stöckl, um 1520. – Kreuzwegbilder von 1885. – Orgel von *Mauracher,* 1908.
Grabsteine. Spätgot. Grabstein mit Wappen des Jörg Stöckl und der Katharina Fuchs und mit Relief Kniender vor Kruzifixus, um 1520; Wappengrabstein mit Inschr. in Rollwerkkartusche von Veit Stöckl, gest. 1607, und Magdalena Klinglmoser; Priestergrabstein von 1689. – Zwei Glocken von *Hans Schuspeck,* 1534.

Pfarrhof, erb. 1969 von *Fidelius Schmid.*

SCHLOSS Heuberg (Niederheim), auf einer Hangterrasse im NO oberhalb des Kirchhügels von St. Georgen. Vor 1100 als Hof zu Niederheim im Besitz der Grafen von Sulzbach, kommt bei Gründung des Hochstiftes Berchtesgaden in dessen Besitz und wird Verwaltungszentrum Berchtesgadens für dessen Besitzungen im Pongau und Pinzgau; A. 12. Jh. verwaltet durch Herren von Niederheim, 1266 Herren von Walchen, im 14. Jh. Herren von Goldegg; das Gut wird als Propstei Niederheim bezeichnet. Schloßbau 15. Jh.(?), 1669 abgebrannt, nachfolgend Wiederaufbau. 1803 Säkularisierung Berchtesgadens, Verkauf des Schlosses an Karl Erenbert Freiherr von Moll, ab 1816 rascher Wechsel bäuerlicher Besitzer; neuerlicher Brand 1900, Wiederaufbau in vereinfachter Form; heute Privatbesitz.
Rechteckiger Grundriß mit Mittelflur, 2 Geschosse, ausgebautes Schopfdach mit Gaupen, nahe dem nördl. Firstende quadrat. hölzernes Glockentürmchen. Gegen O halbkreisförmiger Anbau mit Kegeldach, hier im 1. Stock Altarraum

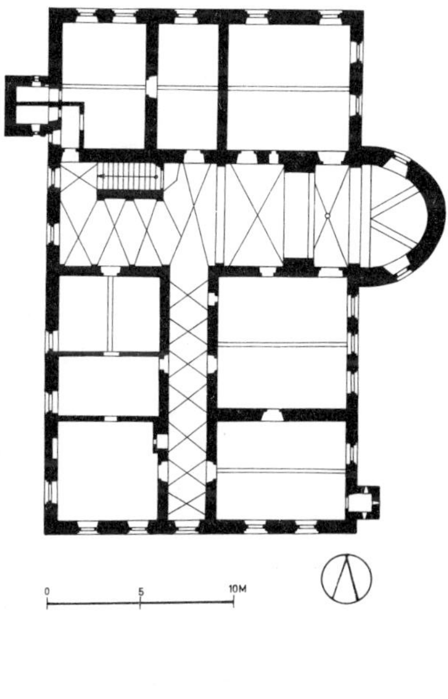

St. Georgen, Schloß Heuberg, 1. Obergeschoß

der Kapelle mit zwei rundbogigen Fenstergewänden, im Scheitel kleiner Kielbogenansatz. Im W neben Stützpfeilern schmaler ehem. Abortanbau mit Abschleppung des Hauptdaches. Zugang durch spätgot. kielbogenförmige Steinportalrahmung, darüber Inschrifttafel in Kartusche, bez. 1672, und Wappenstein, vereint die Wappen von Stift Berchtesgaden, Bayern und Kurköln, gearbeitet von Bildhauer *Franz Keimhofer.* Fenster großteils mit abgefasten Steingewänden samt Eisensteckgittern, über dem Portal flacher Fensterkorb, Fenster in Ober- und Dachgeschoß mit hölzernen Fensterläden. Im Inneren Erdgeschoß weitgehend gewölbt, im Flur Tonne, die in der querliegenden Halle mit Stiegenhaus in eine Stichkappentonne übergeht; Obergeschoß in Querflur und Mittelgang ebenfalls Stichkappentonnen, z. T. mit Putzgraten.
Hier in Fortsetzung des breiten Flures gegen O **Kapelle,** Abtrennung durch gedrechseltes Säulengitter. Gegen O halbkreisförmiger Abschluß mit 2 Rundbogenfenstern. Tonnengewölbe mit Stichkappen, Gurtbögen und 2 Radialgurten. – Kleiner bar. Altar, 1673 von *Urban Rainer.* Altarblatt Maria Heimsuchung von *Johann Franz Pereth* 1673, am Aufsatz Tafel mit Namen Maria. – Bar. Bilder hl. Aloysius, 18. Jh.; Flucht nach Ägypten. – Dachgeschoß mit Gaupen modern ausgebaut.

HÄUSER. **Sankt Georgen Nr. 4:** Kirchenwirt. Im Kern 16. Jh., Stichkappentonnen im Erdgeschoß; neben dem Haupteingang Wappenstein der Familien Stöckl und Freysing, um 1650, und Grabstein von 1693. First bei Umbau 1969 gedreht.
Hauserdorf Nr. 2: Stuhlerbauer. Gemauerter 3geschossiger Bau mit Satteldach, im Kern spätgot., im 18. Jh. aufgestockt; spätgot. abgefastes Kielbogenportal des 16. Jhs.; Mittelflur von Erdgeschoß und 1. Obergeschoß mit Stichkappentonne.

ST. GEORGEN bei Salzburg. Polit. Bez. Salzburg–Umgebung

Gemeinde im nordwestl. Winkel des Flachgaus, am östl. Salzachufer und an der Landesgrenze zu Oberösterreich gelegen; bestehend aus dem Kirchweiler St. Georgen bei Salzburg, den größeren, haufendorfartigen Kirchweilern Holzhausen, Unter- und Obereching sowie aus weiteren Weilern und Streusiedlungen. Gemeindeverwaltung in Obereching. – Holzhausen urk. 8. Jh., Obereching urk. 748.
Mischformen des Salzburger Einhofes und des Dreiseithofes. An Einhöfen – durchwegs Mittertennhöfe – finden sich Haken- und T-förmige Höfe, daneben Gruppenhöfe (Dreiseit- und vereinzelt Vierseithöfe). Selten reine Holzbauten, beherrschend Mischbauten und reine Stein- bzw. Ziegelbauten.
Das Gebiet von Obereching ist reich an archäologischen Funden. Am Rande der zur Salzach hin abfallenden Schotterterrasse westl. der Kirche sind bronzezeitliche Siedlungsreste sowie vier Kupferdepots mit zusammen rund 500 spangenförmigen Barren aufgefunden worden (ca. 1600 v. Chr.). In diesem Areal liegt ein ausgedehnter Urnenfriedhof aus der Zeit um 800 v. Chr. Bis 1980 wurden 56 Urnengräber freigelegt. Funde im SMCA. – Ein Gedenkstein rund 100 m nördl. der Kirche in Unterehing erinnert an die Aufdeckung eines frühbayerischen Gräberfeldes in den Jahren 1894 und 1930 (6. und 7. Jh. n. Chr.). Funde im SMCA.

DEKANATSKIRCHE hl. Georg in St. Georgen bei Salzburg, in der Ortsmitte. Einschiffiger Bau, M. 18. Jh., mit im Kern got. W-Turm, von Friedhof umgeben. Grabung 1976: 3 Vorgängerbauten, Steinbau von 788, rom. Saalbau von 1297(?), einschiffiger got. Bau von 1499. – 1749–1754 nach Plänen *Johann Klebers* von *Tobias Kendler* neu erbaut. Dekanatssitz seit 1816. Rest. 1976.

Langhaus mit Satteldach, einspringender Chor mit Rundapsis. Umlaufender Sockel und bar. Hohlkehle, Stuckpilastergliederung, rundbogige Fenster mit bar. Stuckumrahmung, in der Chorachse Rundfenster. Im 2. Langhausjoch N und S Portal, im S bez. 1754. Im N am Langhaus hervortretender rund geschlossener Stiegenaufgang zur Kanzel. – Turm von 1499, 1753 erhöht, 4geschossig, mit Sockel, rundbogige bar. Schallfenster und Doppelzwiebelhelm, bez. 1977. An den Turm im S angebaut pultdachgedeckte bar. Seelenkapelle, vom S begehbar, mit Rundbogenportal, kreuzgratgewölbt, der Sockel des Turmes durchgehend. Sakristeianbau im S des Chores, 2geschossig mit Pultdach. – Kruzifix an der südl. Langhauswand von *Wolf Weißenkirchner* 1667.

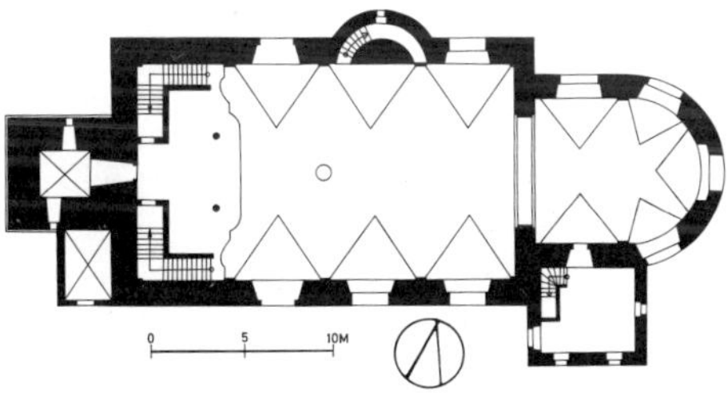

St. Georgen bei Salzburg, Dekanatskirche hl. Georg

4jochiges Langhaus, Segmentbogentonne mit Stichkappen, rundbogiger Triumphbogen, Stichkappengewölbe im Chor. An der Chor-S-Wand bar. Sakristeiportal, darüber Oratorium mit 2 Rundbogenöffnungen. Turmerdgeschoß mit spätbar. Kreuzrippengewölbe, an der Langhaus-W-Wand zum 1. Obergeschoß des Turmes spitzbogiges abgefastes Portal. 2geschossige W-Empore. Wandgliederung durch Pilaster mit vorkragendem Kranzgesims. – Deckenstuck von *Benedikt Zöpf*, am Triumphbogen bez. 1754.

Decken- bzw. Wandmalerei 4 Evangelisten, 4 Kirchenväter, im Chor Letztes Abendmahl, im Langhaus hl. Georg und Trinität sowie hl. Andreas. An der Langhaus-S-Wand Christus am Kreuz in Stuckrahmen, an der Chor-S-Wand hl. Johannes Nepomuk, alle M. 18. Jh., übermalt.

Hochaltar von 1843; Altarblatt hl. Georg von 1843, seitl. Konsolfiguren Hll. Rupert und Virgil von *Georg Itzlfeldner* 1755. – Seitenaltäre von 1763, Bilder von *Pietro Antonio Lorenzoni.* Li. Altarblatt Hll. Leonhard und Florian vor Immaculata, seitl. Konsolfiguren Hll. Katharina und Barbara, Oberbild Erzengel Michael, seitl. Aufsatzfiguren Hll. Nikolaus und Stephanus. Re. Altarblatt hl. Joseph bez. *P. A. Lorenzoni 1763,* seitl. Konsolfiguren Hll. Martin und Magdalena, Oberbild hl. Andreas, seitl. Aufsatzfiguren Hll. Joachim und Anna. Auf den Mensen Statuetten der 4 Evangelisten M. 18. Jh. – Kleiner Tragaltar von 1755 mit Figur Maria mit Kind.

Kanzel von 1755. – Kreuzigungsgruppe und 2 Konsolfiguren Immaculata und hl. Joseph M. 18. Jh. – Bilder, Geißelung Christi, bez. 1650, in bmkw. Rahmen mit Knorpelwerkornament, Inschr., bez. 1670; 2 ehem. Seitenaltarbilder von 1746; Hll. Leonhard und Florian vor Maria mit Kind von *Franz Ebner,* hl. Joseph von *Peter Paul Perwanger.* – Spätgot. oktogonaler Taufstein 15. Jh., Deckel M. 18. Jh., Figurengruppe Taufe Christi gestohlen. Bar. Abschlußgitter.
Grabsteine. Relief Priester, Hieronymus Mayer, gest. 1487, Inschriftplatte Leonhard Stockstaler, gest. 1515; mehrere Priestergrabplatten des 18. Jhs.

Pfarrhof und **Kooperatorenstöckl** südl. der Pfarrkirche. Pfarrhof erb. 1614 durch Ulrich Freiherr von Königseck, 2geschossig mit Krüppelwalmdach, traufseitig im W Doppelportal, darüber Wappen Königseck und Inschr.

Kriegerdenkmal, rechteckiger Bau mit Walmdach, an der Friedhofsmauer. Figur kniender Krieger um 1920.

FILIALKIRCHE hl. Nikolaus in H o l z h a u s e n , am N-Rand des Ortes. Kleiner spätgot. Bau mit Giebelreiter, M. 15. Jh. Urk. 1469. Rest. 1958. Im W ausspringender, eingeschossiger Erweiterungsanbau nach Entwürfen von *Clemens Holzmeister,* 1985 (dzt. in Bau).
Unverputzter Konglomeratquader-Bau. Einschiffiges Langhaus mit Satteldach, polygonal geschlossener Chor. Umlaufender Sockel und umlaufendes Hohlkehlgesims. An der fensterlosen Giebelfassade im W bar. Giebelreiter mit Zwiebelhelm. Das Langhaus mit bar. querovalen, der Chor mit spätgot. spitzbogigen abgefasten Fenstergewänden. – Im S am 1. Langhausjoch bar. Vorhalle zum spätgot. gekehlten spitzbogigen Portal, kreuzgratgewölbt, mit abgewalmtem Satteldach. An der Langhauswand der spätgot. Sockel sichtbar. – Im N an den Chor angebaut eingeschossige spätgot. Sakristei mit Pultdach, unverputzt, mit Sockel und Hohlkehlgesims. Holztüre im O bar.

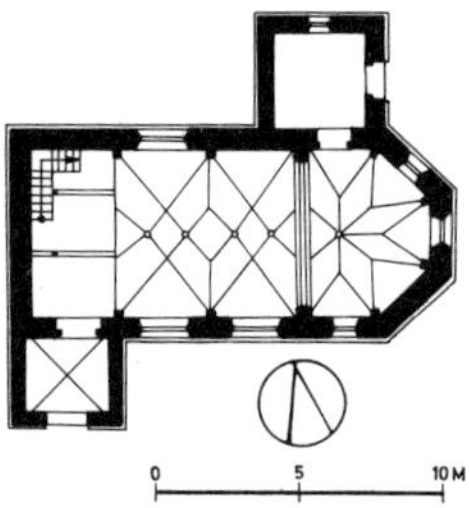

Holzhausen, Filialkirche hl. Nikolaus

3jochiges Langhaus mit Zweiparallelrippengewölbe auf polygonalen Diensten mit Basis und Kapitell, runde Schlußsteine. Gekehlter, flach spitzbogiger Triumphbogen, Chor mit 5/8-Schluß, Netzrippen auf Runddiensten, runder Schlußstein. Schlußsteine mit Malerei Christus mit Dornenkrone, Maria mit Kind, hl. Georg, hl. Bernhard, 17. Jh. – Chor-N-Wand mit flachbogigem abgefastem Sakristeiportal. Sakristei flach gedeckt. Eingeschossige W-Empore.
Die Figuren beider Altäre von *Wolf Weißenkirchner.* Hochaltar von 1667, Aufbau von *Hans Sommermayer;* Mittelfigur hl. Nikolaus, seitl. Konsolfiguren Hll. Hieronymus und Ulrich, im Aufsatz Figur Maria mit Kind; Tabernakel

spätes 18. Jh. – Seitenaltar bez. 1679, Aufbau von *Ruep Lex*, Fassung von *Margareta Magdalena Rottmayr*. Figur hl. Sebastian, Aufsatzbild bethlehemitischer Kindermord; Tabernakel und kleine Statuetten Hll. Barbara und Katharina M. 18. Jh.

Kanzel 1. H. 17. Jh. Kruzifix von *Lorenz Hörmbler* 1748. In Verwahrung Figur Auferstandener, M. 18. Jh. – Bilder, an der Emporenbrüstung 5 Bilder mit Szenen aus dem Leben des hl. Nikolaus bez. 1693; Maria vom Guten Rat, M. 18. Jh., 2 Bilder in Rahmen M. 18. Jh.: 14 Nothelfer, Trinität und Maria, bez. 1743 erneuert 1865, und Christus an der Geißelsäule, darunter Seelen im Fegefeuer, 19. Jh.; bar. Kreuzwegbilder; in Verwahrung: 2 Bilder mit Köpfen Maria und Erzengel Gabriel, 1. H. 17. Jh.

FILIALKIRCHE hl. Maria in O b e r e c h i n g , auf einer Anhöhe im NW des Ortes. Einschiffiger spätgot. Bau mit bar. W-Turm, von Friedhof umgeben. Urk. 790, Turmobergeschoß 1769 neu erb., rest. 1951.

Spätgot. Langhaus und gleichbreiter spätgot. Chor mit polygonalem Schluß; umlaufender Sockel und Satteldach. Im Chor spitzbogige Fenster, das Achsfenster vermauert. W-Turm aus Konglomeratquadern, im unteren Teil noch spätgot., durch 2 Putzfaschen in 3 ungleich hohe Geschosse geteilt; im Erdgeschoß im S spätgot. gekehltes hochrechteckiges Fenster; rundbogige Schallfenster, mehrteiliger Schindel-Doppelzwiebelhelm bzw. 1769 und 1836. – Im S am Langhaus Portalvorbau mit 2 kleinen Kapellen im O, eingeschossig, mit abgewalmtem Dach; daran östl. anschließend 2geschossige Sakristei des späten 17. Jhs., mit Walmdach, im S bar. Türe.

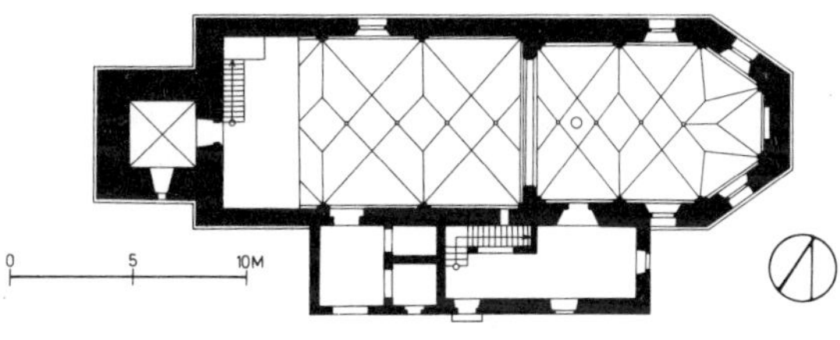

Obereching, Filialkirche hl. Maria

Langhaus 3jochig, Chor 2jochig mit 3/8-Schluß. Spätgot. Zweiparallelrippengewölbe auf Runddiensten mit Basis und Kapitell. Spitzbogiger abgefaster Triumphbogen. An der Langhaus W-Wand zweifach gekehltes spitzbogiges Portal zum kreuzgratgewölbten Turmerdgeschoß; darüber spätgot. abgefastes Spitzbogenportal zum Turmobergeschoß. Im 2. südl. Langhausjoch abgefastes Rundbogenportal, Türe mit spätgot. Beschlägen des 15. Jhs.; im 1. südl. Chorjoch spätgot. abgefastes Segmentportal zur Sakristei, darüber querrechteckiges Oratoriumfenster mit bar. Stuckumrahmung M. 18. Jh., die Sakristeigeschosse flach gedeckt, im Obergeschoß einfache Stuckspiegel. – 2geschossige W-Empore.

Hochaltar von 1683; Aufbau von *Ruep Lex*, Bildhauerarbeit, Mittelfigur und Engel von *Wolf Weißenkirchner*, Fassung derselben von *Margareta Magdalena*

Rottmayr; Mittelnische mit Figur Maria mit Kind; seitl. Konsolfiguren Hll. Isidor und Notburga, M. 18. Jh., Aufsatzfigur hl. Veit um 1700, Tabernakel mit Relief Kreuzigung von 1768.
Seitenaltaraufbauten von 1663, 1690 überarbeitet, an den Langhauswänden auf Konsolen angebracht. Li. Mittelnische mit Figur hl. Florian, Oberbild hl. Pantaleon Predellabild Verkündigung, stark übermalt, alle spätes 17. Jh. Re. Mittelnische mit Figur hl. Rupert von *Wolf Weißenkirchner* 1690, Oberbild hl. Sebastian, Predellabild hl. Rupert tauft Bayernherzog Theodo, beide spätes 17. Jh.
Stuckierte Kanzel M. 18. Jh. – Spätgot. oktogonaler Taufstein mit bar. Deckel, in Verwahrung Figurengruppe Taufe Christi A. 18. Jh. – Kruzifix 2. H. 17. Jh., Konsolfiguren Immaculata, Christus als Guter Hirte, M. 18. Jh. – Bilder, an der Emporenbrüstung 7 Szenen aus dem Marienleben von 1692, stark übermalt; Kreuzwegbilder 19. Jh.
Vorhalle, flach gedeckt, im O zwei kleine Kapellen, li. bar. Figur Schmerzensmann 18. Jh., re. kleiner Altar von 1675, Mittelbild Maria mit Kind und Hll. Emmeram, Georg, Pantaleon, Nikolaus; seitl. Bilder Hll. Rupert und Florian; Bilder wahrsch. von *Margareta Magdalena Rottmayr.* Bild Jüngstes Gericht spätes 18. Jh.

FILIALKIRCHE hl. Emmeram in Untereching, am NW-Rand des Ortes auf einem Hügel gelegen. Spätgot. Wandpfeilerkirche mit W-Turm, von Umfriedungsmauer umgeben. Weihe 1443. Rest. 1970.

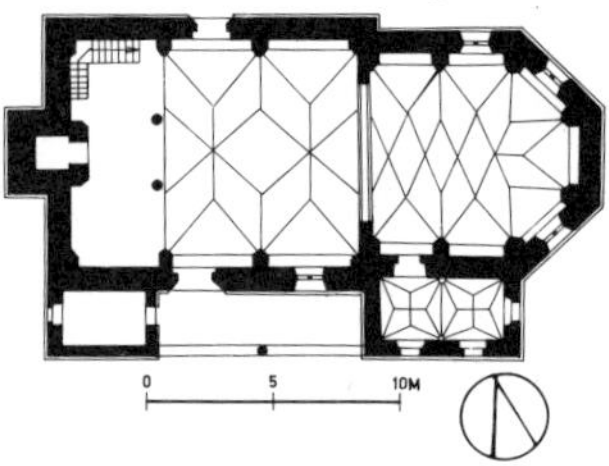

Untereching, Filialkirche hl. Emmeram

Unverputzter Konglomeratquader-Bau. Langhaus mit Satteldach, einspringender, polygonal geschlossener Chor. Turm zur Hälfte in der Langhaus-W-Wand eingebaut, spätgot., das Glockengeschoß abgesetzt, mit Eckpilastergliederung, rundbogige Schallfenster und Zwiebelhelm, M. 17. Jh. Umlaufender Sockel und Hohlkehlgesims. Südl. des Chores eingeschossiger spätgot. Sakristeianbau mit umlaufendem Sockel und Pultdach.
Langhaus-S-Wand mit Anbau Lourdes-Kapelle im 1. Joch, über rechteckigem Grundriß, A. 20. Jh., mit Pultdach, bis zur Sakristei-W-Wand fortgesetzt, überdachte offene Vorhalle mit mittlerer polygonaler Marmorstütze. – Langhaus-N-Wand fensterlos, Chor mit spitzbogigen abgefasten Fenstergewänden, das Achsfenster vermauert, Maßwerk E. 19. Jh. – Langhausportale im N und S des 2. Joches, spitzbogig und gekehlt, Türen mit Beschlägen 15. Jh.
Einschiffiges 3jochiges Langhaus, spätgot. Vierrautensterngewölbe auf Wandpfeilern mit vorgelagerten polygonalen Diensten. Gekehlter spitzbogiger Triumphbogen. 2jochiger Chor mit 3/8-Schluß, spätgot. Netzrippengewölbe auf

polygonalen Diensten. Im 1. südl. Chorjoch spätgot. Sakristeiportal, 16. Jh., Gewände mit geradem Sturz, abgefast, Türe mit spätgot. Beschlägen. Sakristei 2jochig, mit Sternrippengewölbe auf Konsolen. Eingeschossige W-Empore.
Hochaltar von 1774; Aufbau von *Wolf Schauer;* Altarblatt hl. Emmeram, Oberbild Trinität, von *Franz Xaver König;* seitl. Konsolfiguren Hll. Leonhard und Johannes Nepomuk von *Georg Itzlfeldner.* – Seitenaltaraufbauten von *Franz Lang,* Figuren von *Wolf Weißenkirchner.* Li. bez. 1694, Mittelnische mit Figur hl. Margareta, im Aufsatz Figur hl. Erasmus, Predella mit Bild Weigerung der hl. Margareta, Götzenbild anzubeten. Re. bez. 1693, Mittelnische mit Figur hl. Johannes d. T., Aufsatzfigur hl. Florian, Predellabild Taufe Christi. Auf den Seitenaltarmensen Reliquiare von 1694.
Kanzel von *Georg Peischer* 1750. – Kruzifix um 1700, Figuren Hll. Emmeram und Leonhard, beide von 1676: bar. Prozessionsmadonna. – Bilder. 3 Bilder mit Martyriumsszenen der hl. Apollonia, an der Emporenbrüstung 10 Bilder mit Szenen aus dem Leben des hl. Emmeram, spätes 17. Jh. 2 Bilder Hll. Johannes Nepomuk und Andreas. A. 18. Jh. Christus vor Kaiphas bez. 1708. Votivtafeln des 18. und 19. Jhs. – Bmkw. Sakristeischrank, Lavabo und Kleiderrechen von 1672.

KAPELLEN. Buchach (Aglassing), barockisierender Bau von 1879 mit Rundapsis und Schopfwalmdach; innen Kreuzgratgewölbe mit Stuckspiegel, Gitter bez. 1879; Altar mit Herz-Jesu-Bild, bar. Aufsatzbild Hl. Dreifaltigkeit und Tabernakel, 2. H. 18. Jh. – **Wegkapelle** bei Hutten (Helmberg), historisierender, polygonal geschlossener Bau; Gitter bez. 1890. – Kapelle zwischen Ober- und Unterëching, aufwendigerer, neubar. Bau um 1900 mit gegliederter Schweifgiebelfassade und Apsishelm; neubar. Säulenaltar mit Gnadenstuhl. – Roding, größerer Bau von 1898 mit Rundapsis, Giebelreiter mit Giebelspitzhelm; innen Stichkappentonne. – **Weitenfeldkapelle** bei Untereching, neugot., polygonal geschlossener Bau 2. H. 19. Jh.; neugot. Altar.

BAUERNHÖFE. **Aglassing, Nr. 6:** Buchnerbauer, auch Thomerlbauer; Hakenhof mit langer Wiederkehr, 2geschossiger, gemauerter Bau mit Flachdach, Zuhäusl und Kapelle, Wohnteil mit Mittelflur, Giebellaube holzverschalt. Inschr. auf Firstpfette. Im ehem. Pferdestall Gewölbe auf Marmorsäule.
Holzhausen, Nr. 3: Wohnhaus eines ehem. Schmiedes. Reicher Schlackenputz am Erdgeschoß und Obergeschoß, aufgesteiltes Dach, Pfette bez. 1883. Traufseitig aufgeschlossen. Auf Giebelseite kleine Mauernische mit Heiligenfiguren.
Irlach, Nr. 1: T-Hof, gemauertes 2geschossiges Wohnhaus, giebelseitig aufgeschlossen, Mittelflur, auffallend reich mit Schlacke verziert. Steintürgewände bez. 1870, geschnitzte Türe mit Sternsymbol.
Jauchsdorf, die typischen Hofformen hier Einhöfe mit Wiederkehr, Haufenhöfe und Dreiseithöfe. Häufig traufseitige Eingänge und geschnittene Sprüche auf den Stadelwänden. Häufiges Vorkommen von Schlackenputz wie z. B. **Nr. 2:** Schlackenputzornamente an den Stallwänden, bez. 1906.
Krögn, Nr. 4: Diassn-Bauer. Hakenhof mit langer Wiederkehr. Wohnhaus mit urspr. Flachdach, traufseitig aufgeschlossen. Ebenerdig gemauert, Obergeschoß Blockbau. Balkon im Obergeschoß über Giebelbreite und halber Traufseite,

Balkon im Giebelgeschoß verschalt, alle Balkone mit gedrechselten Säulchen und Schnitzreliefs christlicher Symbole. Firstpfette bez. 1762.
Obereching, Nr. 21: Einhof im Ortskern, gemauert, bmkw. Fenstereinfassungen, Türeinfassung sowie Stockwerkgliederungen, bez. 1946.
Ölling, Nr. 3: Jauner-Hof, Hakenhof. Wirtschaftstrakt reiner Ständerbau, Wohnhaus gemauert mit urspr. Fenstergröße. Im Giebel geschnitzte Köpfe und bunte Malereien. Traufseitiger Eingang mit bunt bemalter Türe; Steintürgewände bez. 1850.
Roding, Nr. 11: Kleiner Dreiseithof. Scheunentor mit Gitterwerk, bez. 1890, und ausgesägten Tierreliefs.
Untereching, Nr. 9: T-Hof, Wohnteil ebenerdig gemauert, Obergeschoß Blockbau mit Schließschrot und Kopfstrick, Schopfwalmdach nachträglich aufgesteilt, Balkon im Giebel verschalt, Querstall in Ständerbau mit offenen Rundbogen. – **Nr. 25:** Gruppenhof, Wirtschaftsgebäude mit gemauertem Tor verbunden, Wohnhaus freistehend. Stall- und Scheunentrakt ebenerdig gemauert, Obergeschoß unverputzter Ziegelbau mit rundbogigen Luftlöchern und Symbolen in den Füllungen. An der Außenwand des ehem. Pferdestalls Marmorsäule freigelegt. Wohnhaus traufseitig zum Innenhof, 2geschossig, Mittelflur. Geschnitztes Türgewände mit Inschr., bez. 1897.
Vollern, Nr. 14: Pintbauer; Einhof mit jüngerem Steildach, Giebelseitig aufgeschlossen, Mittelflur. Ebenerdig gemauert mit rundbogigem Türgewände. Obergeschoß Blockbau, Giebellaube verschalt, urspr. Fenstergröße, giebel- und traufseitig Schrot sichtbar. Pfette bez. 18 . .

GRENZSTEIN an der Landesgrenze gegen Oberösterreich, neben Straßenbrücke; Höhe ca. 1,6 m, Untersberger Marmor, geschwungene Kuppe; an den Seiten Wappen Erzbischof Graf Schrattenbach bez. 1771, gegenüber österreichischer Doppeladler bez. 1779, an der Seitenfläche bez. Nr. 28, 1820, 1932, 1968; trug bis 1932 als Bekrönung einfaches hohes Eisenkreuz mit Strahlen.

ST. GILGEN. Polit. Bez. Salzburg-Umgebung

Gemeinde, Mehrstraßenort und umfangreiches Streusiedlungsgebiet im nordwestl. Salzkammergut, im W um die Nordspitze des Wolfgangsees (Abersees) gelagert, am östl. Seeufer unter Einbeziehung der Kapellengruppe am Falkenstein und der Siedlung Ried bis an St. Wolfgang (OÖ.) heranreichend, der Ostteil des Gemeindegebietes erstreckt sich unter Einschluß des Schafbergmassivs bis an den Mond- und Attersee (Ufersiedlungen Ober- und Unterburgau). – Urk. 1376. Urspr. Ortsname Oberdrum, seit dem 14. Jh. durch Kirchenpatrozinium des hl. Ägidius St. Gilgen. Durch allmählichen Aufschwung zum Villen- und Fremdenverkehrsort im 4. V. des 19. Jhs. geprägt; 1863 1. Villa in Ried, 1869 1. Seerestauration in St. Gilgen; gefördert durch Eröffnung der Wolfgangseeschiffahrt 1873, sowie 1893 der Salzkammergut-Lokalbahn und der Schafbergbahn (schon 1862 1. Berghotel Österreichs); 1896/97 1. Hotel in St. Gilgen (Seehotel an der Seepromenade), 1908 Seepromenade.
Mehrstraßenort St. Gilgen am nordwestl. Ufer des Wolfgangsees auf einer Schwemmzunge des Mühlbachs, auf zum See abfallendem Gelände. Ortskern von einem Rechteckplatz mit zentralem Einbau (Rathaus von 1914) bestimmt

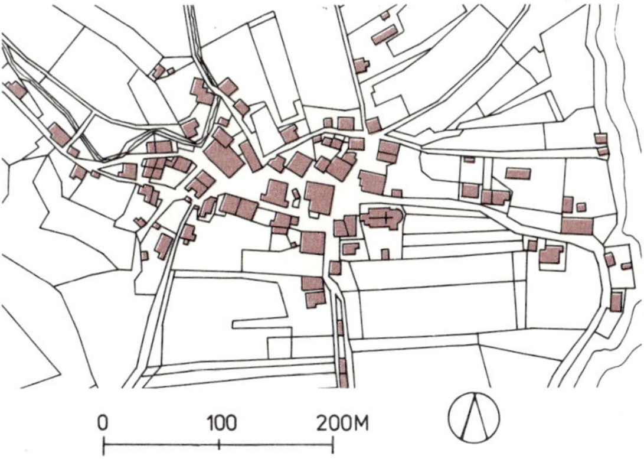

St. Gilgen, historischer Ortsplan nach Kataster von 1829/30

(Mozart- und Johann-Pichler-Platz); giebelständige, mehrgeschossige Verbauung meist auf alten Kern zurückgehend, fast durchwegs erneuert. Durch Gasthof (1957 erneuert) Abtrennung eines kleinen Platzabschnittes gegen O zur Pfarrkirche hin (Kirchenplatz), von dort Hauptachse zum See fortgesetzt. Weitgestreckte siedlungsmäßige Erweiterung seit dem späten 19. Jh. Um den Ortskern und in der Uferzone für das Seengebiet typische Villen und Hotels des späten 19./frühen 20. Jhs. An der Seepromenade Ausgangspunkt der Wolfgangseeschiffahrt. 3. V. 20. Jh. umfangreiches Siedlungswachstum. – Im umliegenden von Weilern durchsetzten Streusiedlungsgebiet Einhöfe vom Flachgauer Typus; wenige Villen (besonders Burgau). Schafbergbahn, von St. Wolfgang (OÖ.) ausgehende Zahnradbahn, z. T. mit Fuhrpark aus der Zeit der Anlage 1892/93.

PFARRKICHE hl. Ägydius, an den Ortskern im O am leicht zum Seeufer abfallenden Gelände anschließend. Spätbar. Saalkirche mit got., bar. erhöhtem Westturm, von Friedhof mit Mauer umgeben. – Urk. 1376 eine Kirche, im 15. Jh. Erneuerung. 1767 Neubau begonnen, gew. 1769. 1856 Pfarrerhebung. Renov. 1850, 1899–1901; Rest. 1926, 1957 außen; 1953, 1967–69 innen.
Außenbau. Vorgestellter Westturm, 1773 renov., 1976 rest.; got. Turmbau, wohl 14. Jh., im ehem. Schallgeschoß gekuppelt rundbogige Säulchenarkaden in landestypisch nachwirkenden rom. Formen, bar. Gesims; am bar. Achteckaufsatz von 1705 rundbogige Schallfenster, Doppelzwiebelhelm von 1728. Westl. angefügte, spätgot., quadrat. Vorhalle, 15. Jh., durch profilierte Spitzbogenarkaden seitl. offen, Walmdach, inneres Sternrippengewölbe über durchgängigen Schildbögen und Ecksäulchen, flachbogige Sitznische, an der Turmwand bez. 1425, abgefastes Turmspitzbogenportal wahrsch. älter als die Vorhalle; rotmarmorne Inschriftgrabplatte 1585/87.
Im südl. Zwickel Fürstengruftkapelle, aus dem ehem. Beinhaus hervorgegangen, 1879 als Grabstätte der Fürsten Wrede weitgehend erneuert; kleiner Bau mit Fassadenschopfwalm, Rundbogen- und Kreisöffnungen; innen Tonne, neugot.

Wimpergaltärchen um 1846 mit Christusstatue (1884 aus der ehem. Schloßkapelle Hüttenstein), rotmarmorner Inschriftgrabstein 1492.
Schlichtes Langhaus von 1767–1769 und eingezogener, flachbogig geschlossener Chor mit Traufkehlen und Wellenbogenfenstern, am Schiff moderne Portalvorbauten, an der Chorsüdflanke 2geschossiger Sakristei- und Oratoriumsanbau.
Inneres. In der got. Turmhalle Kreuzrippengewölbe. Breit proportionierter Saalraum von 1767–1769. Gedrückte Tonnenwölbungen über einheitlich umlaufendem Gesims. Im Langhaus Pilastergliederung; geringfügig eingezogener, flachbogiger Triumphbogen; im W Doppelempore auf Flachdecken und toskanischen Säulen bzw. Pfeilerstützen, obere 1911/12 erweitert, vorschwingende Brüstungen mit Stuckrahmenfeldern.
Deckenmalerei in geschwungen gerahmten Feldern, in der Anlage vielleicht auf Ausmalung von *Joseph Beer* um 1770 zurückgehend, 1899 von *Josef Gold* übermalt, 1954 und 1967 erneuert; Aufnahme des hl. Ägydius in den Himmel, Bergpredigt (*Josef Gold* 1900).

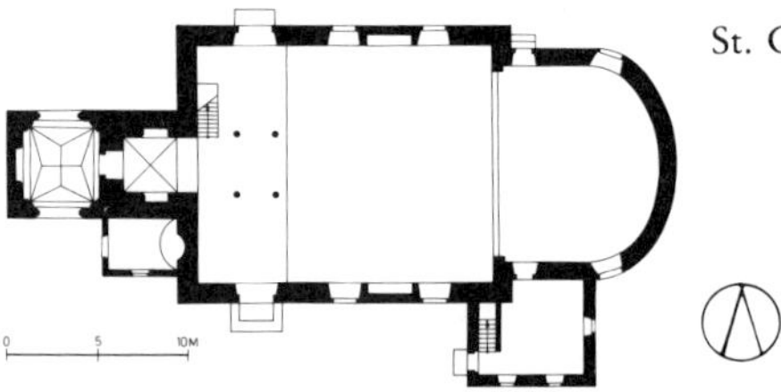

St. Gilgen, Pfarrkirche hl. Ägydius

Spätbar. Einrichtung aus der Bauzeit, marmoriertes Holz. Hochaltar von 1768, renov. 1850, 1900, rest. 1969; die Apsis einnehmender Wandaufbau, breit proportioniertes Säulenretabel mit offenen Seitenachsen unter Volutenauszug; Altarblatt Predigt des hl. Ägydius, Seitenfiguren Hll. Wolfgang und Nikolaus wohl von *Simeon Frieß*, vom Vorgängeraltar urk. 1695, Auszugsmedaillon Hl. Dreifaltigkeit. – Seitenaltäre, Altarblätter aus der Nachfolge *Paul Trogers*, Pilasterretabel mit Aufsatzmedaillons aus den verlorenen Volutenauszügen; li. Altarblatt Anbetung der Hirten, Seitenfiguren Hll. Katharina, Klara, Auszugsbild Gottvater, barockisierendes Tabernakel; re. Anbetung der Könige, Seitenfiguren Hll. Georg, Florian, Auszugsbild hl. Veit.
Kanzel, erhalten der geschwungene Korb mit Sitzfiguren der Evangelisten. Beichtstühle, gekurvte Pilastergehäuse, in Rokokoaufsätzen eingefügte Bilder Hll. Büßer Petrus und Maria Magdalena. Kirchengestühl. – Neobar. Orgel von 1913, Werk von *Dreher u. Flamm,* 1938.
Bar. Schnitzfiguren Hl. Maria mit Kind, Werkstatt *Meinrad Guggenbichlers* um 1705; Kreuzigungsgruppe, Kruzifix stilistisch um 1700/A. 18. Jh., hl. Maria um 1760/70 hinzugefügt, hl. Johannes Ev. 1903 von *Johann Piger* angeglichen; Schmerzensmann 1. H. 18. Jh. Hll. Rochus, Sebastian 2./3. V. 18. Jh.; Sitzfigur hl. Johannes Nepomuk um 1768 an der Emporenbrüstung zwischen Szenen aus seinem Leben. In Verwahrung Statuetten Hll. Rupert und Virgil 2. V. 17. Jh. von der Falkensteinkapelle; Statuetten Kirchenväter, Bischöfe, Hll. Virgil, Rupert, Simon um 1768 (vom ehem. Tabernakel). Im Diözesanmuseum Salzburg

Schnitzfiguren Hll. Maria und Johannes Ev. von einer Kreuzigung, salzburgisch, 4. V. 15. Jh. – Ölbild hl. Maria und Nothelfer 18. Jh. Mariahilf-Bild 19. Jh. Spätgot., polygonaler Rotmarmortaufstein auf Kelchfuß 15. Jh. Beschlagener Opferstock bez. 1690.
Klassizistisches Marmorgrabmal Berchtold zu Sonnenburg, 1801. Inschriftgrabsteine 18. Jh.

Kirchhofmauer, straßenseitiger Teil von 1927 mit Arkadendurchbrüchen und übergiebeltem Breitpfeiler mit Wandbild hl. Ägidius von *Franz Windhager,* 1928.

Friedhof. Friedhofskapelle im Altteil, 1776 erb., 1962 rest.; mittels eingezogener Halbkreisapsis an die Friedhofsmauer anschließend, Segmentbogenportal, über Traufkehle geschweifter Fassadenrundgiebel und Walmdach. Innen Platzlgewölbe über Gurten auf Pilastern, durch Gebälkfortsetzung mit stark eingezogenem Apsisbogen verklammert; Deckenmalerei, Kartuschenfelder 4 Letzte Dinge um 1776. – Altarmensa im Apsisbogen, an Stelle eines Retabels Schnitzfigur Christus im Kerker, 1. H. 18. Jh., lt. Inschr. 1752 renov., hinter vergitterter Pilasterarkade, seitl. Wächter um 1770, Rokokoaltarleuchter.
Gegen O am abfallenden Gelände Erweiterungsanlage von 1922–27 nach Entwurf von *Oskar Felgel-Farnholz;* Laubengänge mit eingefügten erhöhten Gruftkapellen in barockisierenden Formen; ebensolche Portalanlage zum Altteil; straßenseitig Kriegerdenkmal von *Heinrich Zita* 1924 eingefügt.

WALLFAHRTSKIRCHLEIN Unsere Liebe Frau und hl. Wolfgang, auf dem F a l k e n s t e i n , östl. des Sees, St. Gilgen gegenüberliegend. Hauptpunkt einer Gruppe von Gedenkkapellen entlang des Wallfahrtsweges im Bereich der legendenhaften Einsiedelei des hl. Wolfgang (siehe unter Wegkapellen). Am Ort der ehem. Klause erb., die Zufluchtshöhle vor dem Teufel einbeziehend. Kapelle 1626 erb., Stifter Johann Wilhelm Lueger, Pfleger von Hüttenstein, um 1692 erneuert. Rest. 1923, 1937, 1958.

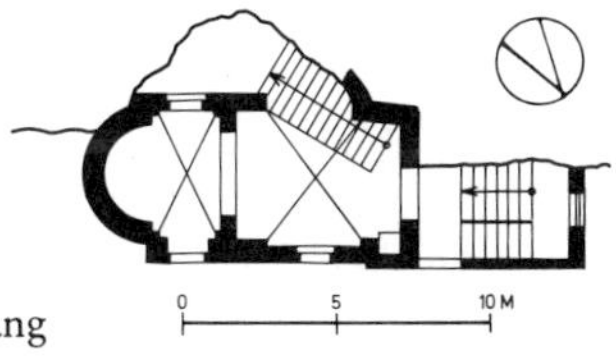

St. Gilgen-Falkenstein, Wallfahrtskirchlein Unsere Liebe Frau und hl. Wolfgang

An den östl. Felsabbruch des Falkensteins seitl. angefügter, über Substruktion hoch aufragender Saalbau mit Halbkreisapsis, Rundbogenfenstern und Dachreiter. In der Längsachse angeschlossenes Stiegenhaus mit Rundbogenöffnungen unter Pultdach.
Inneres. Kreuzgratgewölbe. Hauptjoch durch geringfügig eingezogenen Triumphbogen vom gleich hohen, querrechteckigen Chorjoch getrennt. Rotmarmorplattenboden, an der Chorstufe bez. 1692. Seitl. Schiffmauer in voller Höhe durch Rundbogenarkade zur Felswand geöffnet, Stiegenaufgang zur erhöht gelegenen Felsnische, von dort oratorienartige Rundbogenöffnung zum Chor.

Altar um 1630, freistehende Säulenädikula mit Sprenggiebel und seitl. Ornamentflügeln in Schwarz-Gold-Fassung, Altarblatt Christus, Hll. Maria und Wolfgang über Wolfgangspilgern. – Glocke von *Johann Baptist Oberascher*, 1762.

Wegkapellen am F a l k e n s t e i n (Ried), Gruppe bar. Kapellen entlang des Wolfgangswallfahrtswegs über den östl. des Wolfgangsees gelegenen Falkenstein; Gedenkkapellen im Bereich des legendenhaften Einsiedlerlebens des Heiligen. **Schächerkapelle,** am nördl. Anstieg des Wegs von Fürberg, Halbrundbau von 1751, durch mächtige Rundbogenarkade in Höhe der glockig überdachten Wölbung geöffnet, Abschlußgitter, Schnitzkruzifix im Stil des 18. Jhs. – **Brunnkapelle** südl. des Falkensteinkirchleins, vom hl. Wolfgang hervorgerufene Quelle. Kapelle urk. 1669, 1724 erneuert; quadrat. Barockbau unter Schindelpyramidendach; innen Rotmarmorplattenboden, im bergseitigen Felssockel Quellbecken, moderne Kassettendecke, Ölbild Quellwunder des hl. Wolfgang von *Wolfgang Spieß* 2. V. 18. Jh. – **Schlafkapelle,** zwischen Quell- und Hackelkapelle, bar. Rechteckbau, 17. Jh. (?), mit Schindelwalmdach, an die Felswand angefügt; innen Kreuzgratgewölbe, Legendenbild mit 7 inschr. bez. Wolfgangsszenen, in jetziger Form 1. H. 19. Jh. – **Hackelwurfkapelle,** am südl. Abbruch des Höhenwegs zum See, Stelle des Beilwurfes Wolfgangs; quadrat. Holzbau, 19. Jh., unter Pyramidendach; innen romantisierende Blendarkadengliederung, Legendenbild 1. H. 19. Jh. – **Rastkapelle,** am Abstieg zum See nach Ried; renov. 1887, rest. 1952; übergiebelter Nischenbildstock über Raststein des hl. Wolfgang. – **Falkensteinbauernkapelle** bei R i e d; quadrat. Barockbau mit Pyramidendach.

KAPELLEN. **Weilerkapelle** in G s c h w a n d, Perneggerkapelle, gotisierender Bau, spätes 19./frühes 20. Jh. mit Apsis und Spitzbogenöffnungen.
Nachbarocke, quadratische **Hofkapellen** mit Schindelpyramidendächern. G s c h w a n d Nr. 25, Stockach, Loitzkapelle, 1856 erb.; Apsisgitter bez. 1856, erneuertes Marienbild in Rahmen im Stil E. 18. Jh. – W i n k l Nr. 15, Schmalnau, Dichtlkapelle, bez. 1850; Abschlußgitter bez. 1850, innen Kreuzgratgewölbe, barockisierendes Bild Mariahilf.
Wegkapellen. B u r g b a c h a u (Unterburgau), am Attersee, 1891 als Grabkapelle errichtet; neorom. Bau, Portal mit Maßwerktympanon, in Fenstern Lanzettenteilung, auf Fassadengiebel Klangarkade. – F a r c h e n (bei Gschwand Nr. 153), **Michelbauernkapelle,** hohe, verschindelte Holzkapelle von 1873, barockisierendes Schnitzkruzifix. – F ü r b e r g (Winkl), in der Bucht am Beginn des Falkensteinwegs, erneuerter Bau, nachbar. Mariahilf-Bild. – O b e n a u (Pöllach), **Christophoruskapelle,** kleiner Bau 19. Jh. – S t. G i l g e n, **Lohkapelle,** an der Bundesstraße, 1826 1. Bau, 1959/60 Wiederaufbau, moderner Bau mit Apsis und Vorlaube; spätbar. Altar mit erneuertem Marienbild. – S t. G i l g e n, Brunnleitweg Nr. 16, **Gedenkkapelle** erb. 1919. – S c h m a l n a u (Winkl), **Krotenseekapelle,** halboffener Säulenrundbau, um 1960, unter Kegeldach, Steinfigur hl. Maria. – Z i n k e n b a c h (Gschwand), nachbar., quadrat. Bauten 1./2. Drittel 19. Jh. mit Schindelpyramidendächern. **Salitererkapelle,** Pilasterfaschengliederung; innen Tonne, Apsisgitter, barockisierendes Marienbild. – **Zinkenbacherkapelle** 1858, innen platzlgewölbt, nachbar. Mariahilf-Bild mit Heiligen, bez. 1857.

Feldkapelle, Hödlbauernkapelle nordwestl. von R e i t h (Gschwand), übergiebelter Rechteckbau 20. Jh., Schnitzkreuzigungsgruppe in spätbar. Stil.

BILDSTÖCKE. F a l k e n s t e i n (Ried), **Rastkapelle,** siehe Wegkapellen am Falkenstein. – F ü r b e r g (Winkl), spätgot. **Tabernakelsäule** am Seeufer, Inschr. bez. 1509, urspr. an Scharflingpaßstraße; auf tordiertem Schaft Tabernakel mit Kielbogennische in Stabrahmung. – F ü r b e r g, **Ochsenkreuz** auf Metzgerinselchen im See, Marterl, urk. 1579, bez. 1669; übergiebelter Nischenbreitpfeiler. – F ü r b e r g, **Hochzeitskreuz** auf Felsenvorsprung der Halbinsel südl. von Fürberg, inschr. bez. 1609; auf Rechteckschaft über Stabprofil ausladender, spitzgiebeliger Tabernakelaufsatz, übergestülptes Schindelschopfwalmdach, Schnitzfigürchen sitzender Schmerzensmann bez. 1609, dzt. im Heimatmuseum St. Gilgen. – H o c h l a c k e n, **Kreuzsäule** an der Gemeindegrenze mit Fuschl, siehe dort. – **Pestkreuz** in der L a c k e n (Laim), Steinkreuz bez. 1674 und rückseitig 1716 mit Relief Salzkufe. – R i e d, **Tabernakelbildstock** bez. 1914–18. – S t. G i l g e n, **Ägidissäule** an der Steinklüftstraße, bar. Marmorpfeiler mit Aufsatz. Blechfigur hl. Johannes Nepomuk von 1728. – Kolossale Steinstatue hl. Ägydius an Hollwegerbrücke von *Bernhard Prähauser,* bez. 1960.

BURG Hüttenstein; überwachsene Grundmauerreste oberhalb der Straße auf den S c h a r f l i n g - P a ß. Urk. 1326 als castrum, 1329 erhält Eb. Friedrich III. eine Vorauszahlung für das „Gebäu" des Schlosses; 1608 bereits unbewohnbar, 1747 nur noch Ruinen. Als Sitz des Pflegers des Gerichtes Hüttenstein und als Befestigung gegen Mondsee-Oberösterreich errichtet.

SCHLOSS Hüttenstein, W i n k l Nr. 9, südl. des Krotensees auf terrassiertem Bergrücken. Schloßbau des romantischen Historismus. – Bau als „neues" Schloß Hüttenstein unter Pfleger Trägenreuter 1564/65 begonnen, diente als Sitz des Pflegers; 1608 unbewohnt, Pfleger übersiedelt 1720 endgültig in das Gerichtsgebäude in St. Gilgen; Verfall setzt ein, Ruine 1811 versteigert an Johann Radauer, Holzmeister zu St. Gilgen; er verkauft 1817 an Fürstin Wrede, 1843 Sanierung und Wiederaufbau; 1884 Ritter von Frank, dann Familie Wünschek-Dreher und Wimmer; Privatbesitz.
Kern 3. V. 16. Jh., mit rechteckigem Grundriß, 3 Geschossen, in der Art der schlichten Landschlösser ohne Innenhof. 1843 Wiederaufbau nach ruinösem Zustand in neugot. Form, zusätzlich vier 8eckige Ecktürmchen, je um ein Geschoß höher als Hauptgesimse, Traufe und Turmkronen durch abgestufte Zinnen geschmückt; NO-Fassade erhielt flachen Risalit als Vorbau, beide Schmalseiten je einen Dreieckerker im 2. Obergeschoß auf stark betonten Konsolen; an der SW-Fassade in beiden Obergeschossen je ein mittig sitzender Balkon mit Gußeisengeländer; an der südöstl. Fassade im Erdgeschoß Wappenstein Wrede unter Zinnenverblendung. Große Fenster in spitzbogiger Form prägen die Fassaden, Binnenteilung durch hölzerne, einfache Maßwerkteilung. Haustüre mit Spitzbogenform im angefügten Risalit.
Im Erdgeschoß Mittelflurhalle, tonnengewölbt mit Stichkappen, ebenso zwei Räume in der SO-Ecke. Im 1. Obergeschoß bis auf gewölbten Gang nur flache Decken; Fenster oberhalb des Eingangs mit Glasmalerei, Wappen Wrede und Blattornamentik. Im 1. und 2. Obergeschoß Wohnräume mit Stuckgesimse,

darüber am Deckenrand schablonenhafte, lineare, zartbunte Malerei, um 1850; gleichzeitige Füllungstüren und Beschläge.
Gegen den Abhang z. T. hohe Stützmauern, ehem. Wehrbau (?). Gegenüber vom Schloßportal runder Gußeisenbrunnen mit Mittelsäule und erhöhtem Wasserbecken. Dahinter parallel zum Schloß am Hang 2geschossiges Nebengebäude, Walmdach, Seitenteile im Erdgeschoß flache Rustika. Am Zufahrtsweg 2flügeliges Schmiedeeisengitter, um 1850.

PROFANBAUTEN. **Billrothstraße, Nr. 2:** Ehem. Landsitz Feilchenfeld, jetzt Hotel Billroth. Erb. 1906–1909 von *Albert H. Pecha* und Baumeister *Hans Brandl*, ausgestattet durch Fa. *Portois und Fix*. Große Anlage bestehend aus dem Wohnhaus, dem Pförtnerhaus mit angebautem Glashaus, dem Boots- und Badehaus mit anschließender Kegelbahn und einem Eiskeller. Breitgelagertes 2geschossiges Haupthaus in sachlichem Heimatstil, mit reich verschnittener Dachlandschaft auf hölzernem Dachgeschoß, stark akzentuierter Eckerker und langer Balkon über dem Erdgeschoß auf der Seeseite. Schlichtes Badehaus in modernen sachlichen Formen. Pförtnerhaus in Heimatstil.
Gunzenbachstraße, Nr. 1: Ehem. Villa Kestranek, heute Lady Mountbatten Heim. Erb. 1907–1908 von *Emanuel von Seidl* und Baumeister *Hans Brandl*. Große schloßartige Anlage heute etwas reduziert, auf asymmetrischem Grundriß bestehend aus mehreren Trakten in bayerischem Heimatstil, mit reicher Dachpartie, Treppenvorbau, polygonalem Eckturm, Erkerbauten, Terrassen und Loggien. Innenausstattung z. T. erhalten, Holzvertäfelung mit Jugendstilelementen in der Bibliothek.
Ischlerstraße, Nr. 15: Bezirksgericht, ehem. Pflegegericht der Herrschaft Hüttenstein. 1718–1720 Neubau, 2geschossiger Bau mit Traufkehle und Mansardwalmdach, marmorne Wappenkartusche Eb. Franz Anton Harrach, von *M. W. Weißenkirchner*, Inschr. bez. 1720; Gedenktafel 1906 (Geburtshaus der Mutter W. A. Mozarts, Wohnhaus seiner Schwester, heute Mozartgedenkstätte). – **Nr. 38:** Villa Riemer, 1906.
Johann Pichler Platz, Nr. 6: Ehem. Stadl des Wetzl-Gutes, urk. 1652. Seitenflurhaus, giebelseitig aufgeschlossen, Obergeschoß in Blockbau mit Balkonen, Unterzüge bez. 1655, 1668, 1770. Heute Heimatmuseum, Sammlung zur Geschichte lokaler Handwerkszweige (Drechslerei, Klöppelei, Glasbläserei), religiöse Sammlung, Krippenfiguren, Mobiliar und Hausrat des 19. Jhs., Dokumentation über die berühmten Gäste des Ortes.
Kirchenplatz, Nr. 2: Erb. 1901 von *Hans Brandl*, späthistoristisches Eckhaus.
Lienbacher Weg, Nr. 2: Villa Tonder. Erb. 1905/06 von *Jan Kotera* in bäuerlichem Heimatstil, unmittelbar am See gelegen. Kubische Gesamterscheinung mit mächtigem Krüppelwalmdach, Erdgeschoß gemauert, Hauptgeschoß in Holzriegelbauweise, Dachgeschoß mit Holzbrettverkleidung. Innen holzvertäfelte Räume, an der Holzdecke der 2geschossigen Halle volkstümliche Motive, frühe Einbaumöbel.
Mondseerstraße, Nr. 32: Villa Jäger 1905. – **Nr. 38:** Villa am Wald, Erb. 1901 von *H. Giesel*, spätgründerzeitliche repräsentative Architektur mit frühen Heimatstilelementen. – **Nr. 45:** Villa um 1914.
Mozartplatz, Nr. 1: Rathaus. Erb. 1914/15 von *Franz Zell*. Mächtiger 2geschossiger Bau in der Platzmitte, Erkerholzvorbau über Portalsäulenlaube, Schopfwalmdach mit Zwerchgeschossen. – **Nr. 8:** Gasthof Post; im 17. Jh. ein

Gewerkenhaus. Mächtiger, 3geschossiger Bau, den Platz nach oben hin gegen W abschließend; zwei Geschosse vom alten Kern 2. H. 16. Jh., um 1600 mit marmornem Rundbogenportal versehen. An der Fassade gemaltes hohes Friesband bez. Christoph Hohenauer 1618; renov. 1888, 1907, 1928, rest. 1954, 1960, 1972; adelige Jagdszenen in reicher Landschaft, südseitig eine Wolfgangsszene (freigelegt 1960); Wappen des St. Petrischen Amtsmanns Peter Eysl zwischen Bergwerkszeichen und Erzstücken. Sonnenuhr. Aufstockung 1875 mit Holzbalkonen und Satteldach. – **Nr. 7:** Erb. 1874, mit Eckerker auf Bergwerkszwerg.

Salzburgerstraße, Nr. 3: Ehem. Baderhaus. Erb. 1829. 2geschossig, mit Mittelrisalit und Putzquaderung.

Seepromenade, Cafépavillon: Erb. 1929 von den Gebr. *Hans* und *Otto Brandl.* Polygonale Anlage in expressionistischen Stilformen in der Tradition der Wiener Werkstätte.

Wolfgangseestraße, Nr. 14: Villa Edelweiß. Erb. 1897/98; späthistoristisch, burgartiges Bootshaus. – **Nr. 24** bis **28:** Erb. 1904/05.

Ortsteil **Oberburgau, Nr. 1:** Ehem. Forsthaus, an der Ostspitze des Mondsees, lt. Bez. erb. 1759–1761. 2geschossiger Bau mit Riesenpilastergliederung in Putz, Schopfwalmdach, Wappen Eb. Sigmund Graf Schrattenbach; innen Stuckdecke.

Ortsteil **Ried, Nr. 1:** Villa Frauenstein, eingebettet zwischen Wolfgangsee und Falkenstein, 1862–1864 erb., Entwurf vom Bauherrn Ludwig Zeller, mit Glashaus, Schiffhütte, Almhütte, Bienenhaus, Hühnerhaus, Gärtnerhaus und drei Springbrunnen als idyllische bäuerliche Anlage konzipiert; erhalten Wohnhaus von bäuerlichem Typus mit frühhistoristischem Fassadendekor, Almhütte erb. um 1863, diverse Wirtschaftsgebäude 1862 bis um 1900; Kapelle 1889 unter Karl Heiser errichtet. Die Anlage wird 1910 zum Ferienort Falkenstein; Hortgebäude **Nr. 37,** am Ostufer des Wolfgangsees beherrschend gelegen, erb. 1910/11 von *Franz Schönthaler;* Wohntrakte mit Mansardwalmdächern einen Saalbau ehrenhofförmig umschließend, über dessen Arkadenvorlaube mit Terrasse erhöhter Mittelteil mit Thermenfenster und Laternenaufsatz, im Walmdach Lichtgaden. Im Inneren durchgehender Saal in Eisenbetonkonstruktion mit bogenförmig sich überkreuzenden Trägern.

Ortsteil **Unterburgau, Nr. 7/9:** Berghof, erhöht am Atterseeufer, umfriedete Gruppe von bäuerlichem Altbau und zwei späthistoristischen Villen (Nr. 7: um 1900, Nr. 9: 1883).

KLEINDENKMÄLER. **Billrothdenkmal** an der Seepromenade, von *Hanna Balschczik* 1930. – **Mozartbrunnen,** Mozartplatz, bez. 1926, von *Karl Wolleck,* über Gitterhaube Eisenfigur Mozarts.

BAUERNHÖFE. **Gschwand,** Streusiedlungsortschaft auf der Ebene der Zinkenbachschwemmzunge, von Weilern bestimmt. **Nr. 18:** Panzlgut. Einhof, bez. 18.., Erd- und Obergeschoß gemauert, Dachgeschoß senkrecht verschalt, Balkon, Schopfwalmdach, schindelgedeckt, auf der rückwärtigen Verschindelung Rautenschindeln. – **Nr. 22:** Hödlgut (Erbhof). Hakenförmiger Einhof, bez. 1854, Erd- und Obergeschoß gemauert, aufgedoppelte Haustür mit Rautenverzierung, über der Haustür Tafelbild Hl. Familie, Dachgeschoß Balkon, senkrecht verschalt, Schopfwalmdach. – **Nr. 23:** Hoblgütl. Einhof, Erdgeschoß gemauert, verputzt, Obergeschoß Blockbau, Hirnschrot, Dachgeschoß Ständerbau, senkrecht verschalt, Balkon, Schopfwalmdach, Pfettenköpfe verziert und bemalt. Obergeschoß Quertenne mit Tennbrücke, aufgedoppelte rautenverzierte Haustüre. – **Nr. 25:** Fitzgut. Einhof, Erd- und Obergeschoß gemauert, verputzt, über der Haustür Nische mit Schmerzensmann, Obergeschoß Quertenne mit Tennbrücke, Dachgeschoß senkrecht verschalt, Schopfwalmdach. Traufseitig ein Tafelbild, zum Hof gehört eine Kapelle, bez. 1856. – **Nr. 26, ebenso Nr. 27:** Bartlbauer (26), Plambergergut (27). Beschreibung wie Gschwand Nr. 25. Die drei letztgenannten Höfe bilden ein bäuerliches Ensemble. – **Nr. 28:** Einhof, bez. 1852, Erd- und Obergeschoß gemauert, über der Haustür Bild Maria mit Kind; Dachgeschoß, Schopfwalmdach, in senkrechter Verschalung Zierausschnitte. – **Nr. 31:** Primusgut (Erbhof). Einhof, bez. 1841, Erd- und Obergeschoß gemauert, Dachgeschoß senkrecht verschalt mit Balkon, Schopfwalmdach, im Obergeschoß Quertenne mit Tennbrücke. Glockentürmchen. Im Hofbereich Getreidekasten, Blockbau, Kopfschrot. – **Nr. 36:** Perneggergut. Einhof mit Satteldach, Balkon im Dachgeschoß. Im Hofverband verbaut Getreidekasten. – **Nr. 39:** Meindlgut. Hakenförmiger Einhof, Erd- und Obergeschoß gemauert. Im Obergeschoß Nische mit Kruzifix, Quertenne mit Tennbrücke, Dachgeschoß senkrecht verschalt mit Balkon, Verschalung mit Zierausschnitten, bez. 18.., Schopfwalmdach. – **Nr. 42:** Kloiberbauer. Erbhof. Einhof, bez. 1751, Erd- und Obergeschoß gemauert, Marmor-Rundbogentürgewände, Dachgeschoß senkrecht verschalt mit Zierausschnitten und Balkon, bez. 1848, Schopfwalmdach, Quertenne mit Tennbrücke im Obergeschoß. Im Hofverband Getreidekasten in Blockbau mit Schwalbenschwanz und Hirnschrot. – **Nr. 43:** Stadlmannbauer (Erbhof). Einhof, Stubentram bez. 1550, Erdgeschoß gemauert, verputzt, Obergeschoß zur Hälfte Blockbau mit Zierschrot und schwalbenschwanzförmigem Kopfschrot, Dachgeschoß senkrecht verschalt, Schopfwalmdach. Im Blockbau des Obergeschosses z. T. alte Fensterformate.

Laim, Weiler bei St. Gilgen am Fuße des Zwölferhorns. **Nr. 4:** Wilhelmgut. Einhof, bez. 1889, gemauert, Obergeschoß mit Quertenne, Dachgeschoß mit Balkon, senkrecht verschalt, Satteldach.

Oberburgau, Uferzone am Mondsee. **Nr. 10:** Kienberggut. Einhof, bez. 1743, Erd- und Obergeschoß gemauert, im Obergeschoß Nische mit Kruzifix, Dachgeschoß Ständerbau, senkrecht verschalt, Balkon, bez. 1870, Schopfwalmdach, Obergeschoß mit Quertenne und Tennbrücke. Im Hofverband Mühlengebäude, gemauertes Erd- und Obergeschoß bez. 1842, in der Mühle befinden sich Mehlkästen, bez. 1813 und 1852, am Einfüllstutzen bez. 1801.

Pöllach, Streusiedlung, bei St. Gilgen am Fuße des Obenauersteins. **Nr. 5:** Widingergut. Einhof, bez. 1830, Erd- und Obergeschoß gemauert, verputzt, Dachgeschoß Ständerkonstruktion, Balkon und Schopfwalmdach, z. T. mit Scharschindeln gedeckt, auf der Stallseite Schindelmantel, Quertenne im Obergeschoß mit Tennbrücke. – **Nr. 6:** Reitnergut. Einhof, bez. 1739, in Hakenform, Erd- und Obergeschoß gemauert, Dachgeschoß senkrecht verschalt mit Balkon, Schopfwalmdach, Glockentürmchen. Im Bereich des Hofes Wagenhütte, Ständerkonstruktion, bez. 1826. – **Nr. 17:** Ziegelbrennergütl. Ziegelbrennerhäusl, kleiner Einhof, bez. 18.7, Erd- und Obergeschoß gemauert, traufseitig erschlossen, Tenne im Obergeschoß mit Tennbrücke, Dachgeschoß Ständerbau, Schopfwalmdach.

Ried, Siedlungsstreifen am Ostufer des Wolfgangsees bei St. Wolfgang am Fuße des Schafbergmassivs. **Nr. 9:** Stadlgut. Einhof, Erd- und Obergeschoß gemauert, verputzt, im Obergeschoß Nische mit Figur hl. Florian, Dachgeschoß Ständerkonstruktion mit Balkon, Obergeschoß Quertenne mit Tennbrücke, Schopfwalmdach. – **Nr. 10:** Migerl- od. Pointingergut. Erbhof. Einhof, Erd- und Obergeschoß gemauert, verputzt, Quertenne im Obergeschoß mit Tennbrücke, Dachgeschoß Ständerkonstruktion mit Balkon und Taubenschlag. Im Hofbereich kleine Kapelle. – **Nr. 11:** Dornerbauer. Einhof, Erd- und Obergeschoß gemauert, verputzt, im Obergeschoß Nische mit Figur hl. Florian, Dachgeschoß Ständerbau, senkrecht verschalt mit Balkon und Schopfwalmdach, in der Verschalung Christus- und Marienmonogramm. – **Nr. 12:** Loitzgut an der Ried. Einhof, Erdgeschoß gemauert, verputzt, Obergeschoß Blockbau, Schwalbenschwanz, Hirnschrot, Quertenne Dachgeschoß senkrecht verschalt mit Zierausschnitten, Schopfwalmdach.
Winkl, Siedlungsgebiet zwischen Scharflingpaß und Wolfgangsee. **Nr. 14:** Kloiberbauer. Gemauerter Einhof, verputzt, über der Tür Putzmedaillon Mutter mit Kind, re. und li. zwei Nischen, jedoch ohne Statuetten, Dachgeschoß Satteldach mit Balkon, bez. 1860. – **Nr. 15:** Dichtlbauer. Hakenförmiger Einhof, bez. 1813, Erd- und Obergeschoß gemauert, verputzt, im Obergeschoß zwei Nischen mit Figuren Hll. Sebastian und Florian, Dachgeschoß mit Balkon, Giebel z. T. gemauert, Schopfwalmdach. Im Hofbereich gemauerte Kapelle, bez. 1850, sowie Austraghaus.

ST. JAKOB am Thurn. Gem. Puch bei Hallein. Polit. Bez. Hallein

Kirchweiler auf einem östl. der Salzach gelegenen Höhenzug. Tennengauer Einhöfe in Streulage.

PFARR- UND WALLFAHRTSKIRCHE hl. Jakob d. Ä., im W des Weilers. Im wesentlichen bar. Anlage, bestehend aus Kirche mit W-Turm und östl. anschließender, mit dem Kirchenschiff verbundener Loreto-Kapelle; seit 1953 im SW Friedhof. – Urk. 1238. Weihe 1324. 1725 Neubau des Turmes, 1786 Erneuerung desselben wegen Baufälligkeit. Loreto-Kapelle erb. 1753 von *Kassian Singer,* Bauherr Josef Anton Graf Platz, Weihe 1754. Pfarre seit 1891. Umbau der Kirche 1960–1963 durch *Otto Prossinger.* Rest. 1985.
Langgestreckter Bau. Kirche bestehend aus Turm mit rundbogigen Schallfenstern und bar. geschwungenem Helm, schmalem (im Kern noch rom.?) Langhaus mit Satteldach, und breitem Hauptraum mit abgewalmtem Dach; in der Breite des Hauptraumes, im N, eingeschossige Sakristei mit Pultdach. – Loreto-Kapelle im O, fensterloser Bau mit einspringender Rundapsis, im N und S Eingänge mit bar. Portalumrahmung und Türen mit ornamentalen bar. Beschlägen. Satteldach, übergehend in glockenförmigen Dachreiter mit nördl. und südl. Rundfenster, sowie Laterne und bekrönender Zwiebel. An der Apsis Wappen und Inschrifttafel des Stifters Josef Anton Graf Platz, bez. 1754; an der nordöstl. Abschlußwand des Kirchenschiffes Inschrifttafel mit Weihedatum der Loreto-Kapelle, 1754.
Flachgedeckte kleine Turmhalle. Östl. anschließend ältester Bauteil der Kirche, frühmittelalterliches abgefastes Rundbogenportal und vergittertes kleines querrechteckiges Fenster, Segmentbogentonne; Trennung vom Hauptraum

durch schmiedeeisernes Gitter von *Georg Thaller,* bez. 1738. Hauptraum entstanden durch Zusammenlegung des ehem. gleichbreiten Hauptschiffes und der seitl. Kapellenanbauten zu einem kuppelüberwölbten Raum. Im O rundbogiger Durchbruch zur tonnengewölbten Loreto-Kapelle.
Hochaltar, Aufbau von *Georg Krapf* 1698; in der Mitte Elfenbeinstatuette hl. Jakobus d. Ä. in reich verziertem Schrein, um 1745, Geschenk des Eb. Jakob Ernst Liechtenstein; Konsolfiguren Hll. Rupert und Virgil, im Aufsatz Hll. Johannes d. T. und Johannes Ev. von *Bernhard Högner* 1698; über den seitl. Durchgängen zur Loreto-Kapelle Bilder Hll. Rochus und Sebastian, spätes 17. Jh.; Tabernakel 1. H. 18. Jh. – Seitenaltäre 1. H. 18. Jh. Li. Altarblatt Maria mit Kind, Konsolfiguren Prophet (?) und hl. Anna, alle 1. H. 18. Jh.; Tabernakel M. 18. Jh. Re. Altarblatt Hl. Familie, spätes 17. Jh.; Konsolfiguren Hll. Barbara und Katharina (?), 1. H. 18. Jh.; Relief Barbara und Katharina (?), 1. H. 18. Jh.; Relief Christus an der Geißelsäule in verglastem bar. Gehäuse, von 1746.
Bar. Kanzel mit Bildern der 4 Evangelisten um 1910. – Konsolfiguren Hll. Florian und Wendelin, von *Conrad Rohatschek,* um 1910. Bekleidete Figur Jakobus d. Ä. von *Matthias Müller*1738; bar. Prozessionsmadonna 1. H. 18. Jh.; Kruzifix 18. Jh. – Bilder. Segmentbogiges Bild Christus unter dem Kreuz, spätes 17. Jh. (?); Hll. Maria, Wolfgang, Vitalis und Leonhard, alle frühes 18. Jh.; 2 kleine Bilder Geburt Christi und Anbetung der Könige, 1. H. 18. Jh.; Kreuzigung 19. Jh.; hl. Jakobus d. Ä., spätes 18. Jh. Kreuzwegbilder von 1758. – Orgel von *Johann Dumler,* 1850.
Wappengrabstein Siegmund von Thurn, gest. 1543. – Glocke von *Johann Georg Leschinger* 1753.
In der Loreto-Kapelle Rokoko-Altar von 1754, Säulenvorbau mit seitl. Eingängen, bekrönende Figur Gottvater, dahinter Mittelnische mit Gnadenfigur Maria Loreto, 19. Jh. (?), seitl. Reliefs Verkündigung von 1754. – Bilder, Szenen aus dem Alten und Neuen Testament, bez. 1722; Marienkrönung mit Stifter, M. 18. Jh.; Gnadenbild Maria Dorfen von *Josef Rattensperger* 1843.

MARMORFIGUR hl. Johannes Nepomuk nördl. der Kirche, von *Josef Anton Pfaffinger,* am Sockel Inschr. mit Wappen des Stifters Josef Anton Graf Platz, bez. 1744; Balustrade von 1765.

TURM, nördl. der Pfarrkiche an einem kleinen See. Herren von Thurn urk. seit 12. Jh., bis 1647 Besitzer, bis 1924 Grafen Platz, dann als Pfarrhof verwendet bis 1930.
Im Kern Anlage des 12./13. Jhs., Umbau und nördl. 2geschossiger Anbau 16. Jh., Instandsetzung 1953. Quadrat. Grundriß, 6 Geschosse mit steilem Zeltdach; Eingang Steinrahmung M. 17. Jh., Erdgeschoß gewölbt, an Turm und Anbau großteils abgefaste Steingewände. Neben dem Eingang unter Vordach Kruzifix 18. Jh.

HÄUSER. Kleines Ensemble von Gebäuden mit bar. Kern, 2geschossig mit Krüppelwalmdach: **Nr. 4, Nr. 5** (Traufpfette bez. 1757) und **Nr. 11** (Pfarrhof). **Nr. 6:** Hauserbauer. Einhof, bez. 1772, gemauert, im Erdgeschoß Rundbogentürgewände aus Marmor, Haustür mit Rautenverzierung. Fenster im Erdgeschoß mit got. (?) Gittern, im Obergeschoß bar. schmiedeeiserne Gitterkörbe sowie Fresko hl. Florian. Dachgeschoß mit Balkon. Schopfwalmdach mit Glockentürmchen. – **Nr. 10:** Tenningbauer. Einhof, bez. 1833, gemauert. Über der Haustür Nische mit Statuette hl. Florian. Verschalter Giebel unter Schopfwalmdach. Getreidekasten im Erdgeschoß gemauert, Obergeschoß in Blockbau. – **Wanderweg Nr. 4:** Haus Woodward, nach Plan von *Martin Knoll*, 1934/35.

ST. JOHANN im Pongau. Polit. Bez. St. Johann i. Pg.

MARKT und Gemeinde. Hauptort des Pongaues. Das Gebiet von St. Johann gehörte politisch im 11. und 12. Jh. zum Ministerialenbereich der Herren von Pongau, im 13. Jh. zum Pfleggericht Werfen. Urk. 930, 1290 bereits Markt. Ortsbrand 1855. 1939 bis 1945 Ortsbezeichnung Markt Pongau.
Ortsbild weitgehend geprägt durch Bauten bzw. Veränderungen der jüngsten Zeit. Der Ortskern (Oberer Markt) mit Pfarrkirche erhöht auf einer Terrasse am re. Ufer der Salzach, gebildet aus 2 Hauptachsen, einem quer zum Tal verlaufenden Straßenplatz, senkrecht dazu Wagrainer- bzw. die nach N verlaufende Hauptstraße.
Bauernhöfe des 17./18. Jhs. in den Ortschaften Maschl, Plankenau und Rettenstein, bmkw. vor allem in Urreiting. Teils giebel-, teils traufseitig erschlossene Mittelflurhäuser mit z. T. noch flachgeneigten Pfettendächern, reine Mauer- oder Holzbauten, aber auch Mischbauweise. Blockbauten mit Kopf- oder Klingschrot, teils Zierschrot. Giebelseitige Eingänge und Dachform häufig asymmetrisch. Gang im Hauptgeschoß, große Glockentürme, meist mit Wetterhahn. Scheunen in Blockbau mit Kopfschrot über gemauerten Stallungen. Getreidekasten und Roßställe selten.
Auf der Rückfallkappe des Klinglberges südöstl. von St. Johann Spuren einer Höhensiedlung der Bronzezeit.

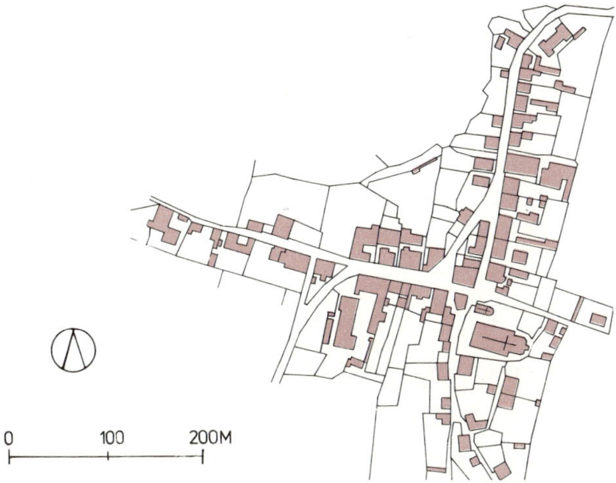

St. Johann, historischer Ortsplan nach Kataster von 1829/30

DEKANATSKIRCHE Hll. Johannes d. T. und Johannes Ev. Weithin sichtbarer, neugot. Bau, erhöht am östl. Ortsrand. 3schiffige Anlage von 1855–1861 mit Westturmfassade, sogen. Dom von Pongau. – Urspr. Kirche am Abhang gegen die Salzach, urk 924 „ad chirichun in Bongouue", 1074 ecclesia s. Johannis, 1325 Filiale von St. Veit, 1329 Kirchweihe, Patrozinium Hll. Johannes Ev. und Johannes d. T., 1362 weiteres Patrozinium hl. Margaretha, 1364 Vikariat. 1448 Erweiterungsbau. 1526 Plünderung und Brand. 1560 Pfarre. 1855 Brand, 1855 bis 1858 Kirchenneubau nach Plan von *Georg Schneider*, 1871 Turmeinsturz, Neubau der Vorderfront mit 2 Türmen (Turmentwürfe von *Josef Wessiken*), Grundsteinlegung 1873, 1876 Schlußstein, 1881 Weihe, 1899 Wandgemälde von *Josef Gold*, 1900 neue Altäre von *Johannes Piger*. Letzte Innenrest. 1969.

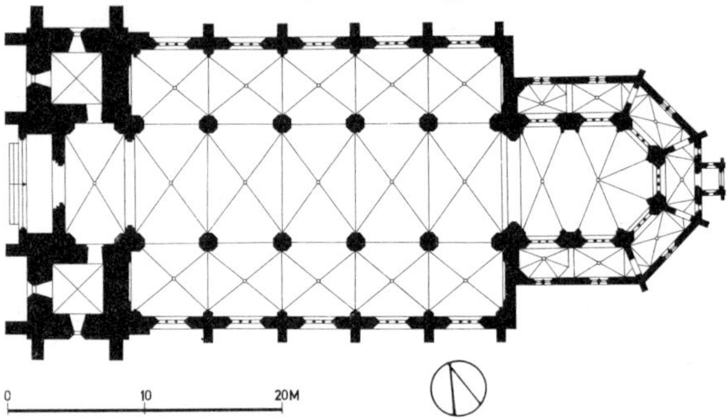

St. Johann, Dekanatskirche Hll. Johannes d. T. und Johannes Ev.

Neugot., unverputzter Bruchsteinbau. Langhaus über Rechteckgrundriß, eingezogener, niedrigerer Chor mit polygonalem Schluß, eingeschossiger Chorumgang, $^{5}/_{8}$-Schluß. Mehrfach gestufte Strebepfeiler, spitzbogige Maßwerkfenster, Spitzbogenportale im N und O, am Chorumgang spitzbogige Biforenfenster. Im W Doppelturmfassade, abgefaster Spitzbogen zur Vorhalle, gekehltes Spitzbogenportal, im Tympanon Relief, Christus flankiert von Engeln, von *Othmar Hillitzer*, bez. 1947. Über der Vorhalle neugot. Maßwerkbrüstung, Spitzbogenfenster mit Maßwerk und gemauerter Dreieckgiebel. Durch Gesimse und schmale Spitzbogenfenster gegliederte Westtürme, flankiert von Strebepfeilern, spitzbogige Schallfenster mit Maßwerk, darüber Dreieckgiebel, Fialen und Pyramidenspitzhelm. Sakristei im Chorumgang.

3schiffige Hallenkirche, 6jochig, Kreuzrippengewölbe mit Gurtrippen auf 8seitigen Pfeilern. Spitzbögen zu den Seitenschiffen, kreuzrippengewölbt. In der Turmhalle Kreuzrippen auf Konsolen, runder Schlußstein, li. Turmzugang, re. Lourdeskapelle. Orgelempore mit vorkragender Konsolbrüstung, 1969. An den östl. Seitenschiffwänden neugot. Wandmalerei, bez. *J.(osef) Gold 1898*, li. Auferstehung, re. Ölberg. – Spitzbogiger Triumphbogen. Chor in der Breite des Mittelschiffes, einjochig, $^{5}/_{8}$-Schluß. Kreuzrippengewölbe und Gurtbögen auf Diensten. Neugot. Maßwerkfenster mit Glasgemälden. Li. und re. Spitzbögen zu Kapellen, sowie Sakristeizugang, Rippengewölbe. Im Chor Bilder der 12 Apostel, eines davon bez. *J. Gold 1898*.

Neugot. Altäre von Bildhauer *Johannes Piger.* Hochaltar, Predella mit Reliefs der 4 Evangelisten, Tabernakel flankiert von 2 Engeln, darüber Kreuzigung mit Hll. Maria und Johannes, seitl. Konsolfiguren hl. Joseph und Christus; im Gesprenge Hll. Nepomuk, Florian, darüber spätgot. Statuetten Hll. Rupertus, Dionysius und Nikolaus, um 1500. – Li. Seitenaltar, in der Predella Reliefs, li. Gideon mit dem Fell und Moses vor dem brennenden Dornbusch, Konsolfigur hl. Maria als Rosenkranzkönigin flankiert von Hll. Dominikus und Katharina von Siena, sowie kleineren Konsolfiguren, li. hl. Elisabeth von Thüringen und hl. Theresia von Avila, darüber Paschalis, Hll. Barbara und Katharina von Alexandrien und neugot. Statuette hl. Antonius. – Re. Seitenaltar, Predella mit Konsolfiguren Hll. Laurentius und Sebastian, zentral hl. Maria als Unbefleckte Empfängnis, seitl. Hll. Isidor und Notburga, sowie li. hl. Leonhard und re. hl. Vinzenz von Zaragossa, darüber Statuetten hl. Georg und spätgot. Konsolfiguren Hll. Rupert und Virgil, als Bekrönung neugot. Schnitzwerk hl. Anna.
Kanzel von 1890, 5eckiger Kanzelkorb mit Reliefs der 4 Evangelisten und Christus, Schalldeckel mit Statuetten Hll. Petrus und Paulus. – Im re. Seitenschiff Konsolfigur Erzengel Michael, 2. H. 19. Jh. – Neugot. Kreuzwegstationen. Neugot., 3teiliger Orgelprospekt, Werk *Matthäus Maurachers Söhne,* 1884. Taufstein mit Aufsatz bez. *1879 P. Gold.*

Anna-Kapelle, got. Karner, A. 14. Jh., nordwestlich der Pfarrkirche. Urk. 1301 (?), 1520 Weihe, rest. 1952 und 1982. – 2geschossiger Karner über Rechteckgrundriß, im O 3seitiger Chorschluß, Satteldach. Im W und S mehrfach gekehltes Spitzbogenportal mit sich überschneidenden Stäben, Segmentbogenzugang zur Unterkirche. Spitzbogenfenster, im W Kreisfenster.

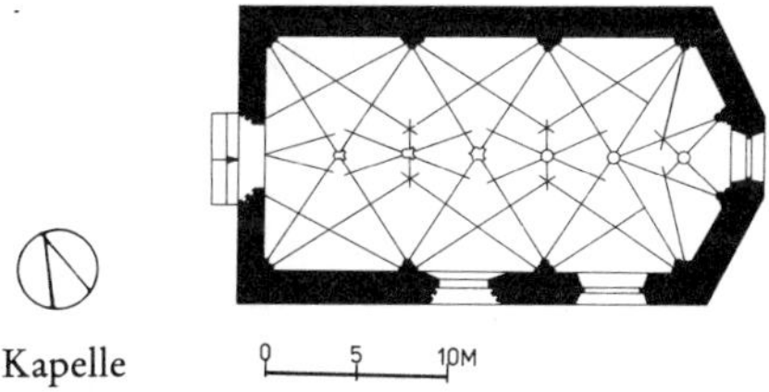

St. Johann, Anna-Kapelle

Oberkirche 3jochig, vor gekehlten Wandpfeilern Runddienste, Netzrippengewölbe mit Verschneidungen. Gleich breiter Chor mit 3seitigem Abschluß. Spitzbogenfenster mit Glasgemälden nach Entwurf von *Ludwine Wildner-Eltz,* 1959. Spätgot. Holzschnitzwerk, hl. Heinrich und hl. Kunigunde, um 1530–1540. – Unterkirche 2jochig, Kreuzrippengewölbe, polygonaler Schluß.

Pfarrhof, Wagrainerstraße Nr. 10, im NO der Pfarrkirche. Neubau von *Gernot Kulterer,* 1984/85.
Friedhofbereich nördl. des Pfarrhofes; Aufbahrungshalle erb. 1980/81 nach Plan von *Georg Aigner;* Holzschnitzwerk, Christus zieht einen Menschen zu sich, von *Gottfried Fuetsch.* Ehem. Friedhofkapelle, 19. Jh.

KAPELLEN im Gemeindegebiet von St. Johann, meist neugot. Bauten über Rechteckgrundriß mit polygonaler Apsis und Satteldach. Im Ortsteil Plankenau: **Ötzmooskapelle,** Bau bez. 1891, Rundapsis, Spitzbogenportal und Fenster, Spitzbogentonne. Neugot. Altar bez. *G. (?) Strobl,* Konsolfigur hl. Maria mit Kind. – **Marienkapelle** bei Haus Nr. 36, erb. 1887, Flachdecke, Altaraufbau 2. H. 18. Jh. – **Zederbergkapelle,** erb. 1862. Rundtonne, Gitter bez. 1862. – Im Ortsteil Reinbach: **Hinterstallnkapelle,** erb. 1899. Spitzbogenportal, Fenster und Tonne. Neugot. Inventar, Kreuzigungsgruppe, Konsolfiguren, Herz-Jesu und Herz-Maria, Bilder Hl. Kümmerniß bez. *J.(osef) Gold* 1899; hl. Josef bez. *J. Gold,* Hll. Joachim und Anna bez. 1899; hl. Georg. – **Lanzingerkapelle,** eingezogene Rundapsis. Nischenfigur hl. Florian über Rundbogenportal. Säulenaltar 2. H. 18. Jh., Bild Immaculata, bez. *Joseph Schranz* (Maler) und 1775; im Aufsatz Halbfigur Hl. Johannes Nepomuk. – Im Ortsteil Rettenstein: **Kapelle** nahe **Kendl,** Rundapsis, Rundbogentonne, bekleidete Madonna, 19. Jh. – **Pichlkapelle,** kleiner bar. Bau mit bar. Inventar.

Im nördl. Ortsbereich von St. Johann, **Sebastiankapelle,** spätbar. Bau über quadrat. Grundriß, Zeltdach. Flachtonne. Spätbar. Bilder, Martyrium des hl. Sebastian; Hll. Pelegrinus, Nepomuk, Rochus, Johannes und Paul. – Im östl. Ortsbereich St. Johann, schlichter Bau, Bild bez. 1856, Marienkrönung, Hll. Nepomuk und Florian. – **Bildstock** an der Straße Richtung Wagrain, Rundbogen, Bild Kreuzigung Christi mit den Schächern (übermaltes Bild des 16. Jhs.?), Gitter 18. Jh. – Im Ortsteil Urreiting, **Schartnerkapelle,** erb. 1956 (Vorgängerbau von 1863), kleiner spätbar. Altar mit Tabernakel, Schnitzwerk Hl. Dreifaltigkeit, Engelsköpfe, Konsolfiguren Hll. Petrus und Paulus M. 19. Jh.; 15 Kreuzwegstationen (kolorierte Kupferstiche).

BURGSTALL Plankenau; südl. von St. Johann, nahe der Mündung der Großarler Ache in die Salzach, etwa 30 m über der Talsohle auf bewaldetem Hügel. Burg urk. 1155, Rüdiger von Plankenau, Mundschenk des Erzbischofs; Herren von Plankenau bis 2. H. 14. Jh., anschließend Verfall (?). Hügelkrone ca. 80×40 m mit wenigen Mauerresten wallartig eingefaßt, im Hügel System von verfallenen Gängen, Länge ca. 160 m, in den Fels gearbeitet.

HÄUSER. **Hauptstraße;** im nördl. Ortsbereich 2geschossige, lockere Verbauung, **Nr. 5–13** weitgehend 19. Jh., Fassaden verändert. **Nr. 11:** Im Kern 16. Jh., Inschriftentafel bez. 1555. – **Nr. 15:** Gasthof Prem. 3geschossig, Schopfwalm, im Kern 16. Jh., Fassade E. 19. Jh. – **Nr. 12:** Wandmalerei bez. *S.(uitbert) L.(obisser)* (19)42. – Im Bereich des Straßenplatzes, südseitig, geschlossene 2–3geschossige Verbauung mit späthistoristischen Fassaden um 1900 (Nr. 27, 29, 31). – **Nr. 56:** Nach Plan von *Fidelius Schmid,* 1928. – **Kriegerdenkmal,** bez. *Eisek.* – **Wagrainerstraße, Nr. 1–6** zwischen Hauptstraße und Pfarrkirche, 2–3geschossige, dichte Verbauung, vereinzelt im Kern 16./17. Jh., z. T. 19. Jh., Fassaden weitgehend verändert. – **Ing. Ludwig Pech Straße, Nr. 64:** Gendarmerie. Modernisiertes Haus, Marmorplatte mit Wappen des Eb. Max Gandolf Graf Kuenburg, bez. 1678. – **Mehrlgasse, Nr. 1:** Nach Plan von *Fidelius Schmid,* 1927/28. – **Pöllnstraße, Nr. 1:** Von *Wolfgang Andexer,* 1927. – **Nr. 12–16:** Von *Wolfgang Andexer,* 1930/31. – **Pöschlweg, Nr. 2:** Arzthaus Aschenbrenner, nach Plan von *Wunibald Deininger* erb. von *Wolfgang Andexer,* 1927–1929.

BAUERNHÖFE. **Ginau.** Einzelhöfe in Hanglage, im NW von Wagrain; Gehöfte mit Bausubstanz des 17./18. Jhs., meist renoviert. **Nr. 5:** Fell-Lehen.

Paarhof, Wohnhaus First, bez. 1718, erneuerter Dachstuhl. Holzbau mit traufseitigem Eingang.
Maschl. Ortsteil nördl. des Marktes. **Nr. 5:** Auhof. 3geschossiges Paarhofwohnhaus, gemauertes Erdgeschoß, giebelseitiger segementbogiger Eingang. Eckverbände der beiden Holzgeschosse in Klingschrot, an den Wänden z. T. Zierschrot. 2 Schützenscheiben an der Giebelwand.
Plankenau. Bäuerlicher Weiler südl. des Ortszentrums. Ensemble von 2 Paarhöfen mit giebelseitig begehbaren Wohnhäusern. **Nr. 36:** Pengg, **Nr. 37:** Obergast.
Rettenstein. Streusiedlung an den Hängen nördl. des Ortskernes von St. Johann. **Nr. 12:** Großunterberg, **Nr. 13:** Mittelunterberg. Paarhöfe, Wohnhäuser in Kopfschrotzimmerung über gemauertem Erdgeschoß. – **Nr. 24:** Kreuzsal. Paarhof, Wohnhaus 17. Jh. (?), z. T. 1818 erneuert. Großer Holzbau in Kopfschrotzimmerung, an den Wänden Klingschrot. Urspr. Fensterformen, gespundete Türstöcke, neben dem Eingang senkrechte Verbretterung.
Urreiting. Nördl. von Maschl gelegene Streusiedlung mit bmkw. Bauernhöfen. **Nr. 1:** Schnürholz. Paarhof, gemauertes, traufseitig begehbares Wohnhaus mit großem rundbogigem Eingang. Putzarchitektur. Im traufseitigen Anbau noch urspr. Fensterformen, um die erneuerten Fenster Putzfaschen. Davor **Wegkreuz** mit Schmerzensmann. – Benachbart **Nr. 2:** Neumoar. Haufenhof, Wohnhaus bez. 1706, mit traufseitigem Eingang und gemauertem Erdgeschoß. Darüber Blockbau mit Klingschrot, Mittelwände mit Kopfschrot. Giebelseitig Gang im Dachgeschoß und an der Traufe. An der Giebelseite seitl. angebauter Roßstall aus Kanthölzern. Zimmer aus Kant- und Rundhölzern bez. 1703. – **Nr. 3:** Unterberg. Paarhof, bez. 1838 nach Brand. Giebelseitig erschlossenes Wohnhaus mit vorspringendem gemauerten Erdgeschoß. Darüber Blockbau mit Kopfschrot, an den Mittelwänden Zierschrot. Zimmer bez. 1782, 2geschossiger Kasten, Blockbau mit offenem Giebelfeld. Holzhütte.
Nr. 20: Windfelden. Paarhof. Wohnhaus bez. 1579. Gemauertes Erdgeschoß, traufseitig vorspringend mit kleinem Schindeldach bzw. Klogang. Darüber Blockbau in Kopfschrot, Mittelköpfe Klingschrot. Großes segmentbogiges, abgeschrägtes Portal mit Inschr. IL 58 H 8. Fenster z. T. mit Steinlaibung und Gittern. Im Hauptgeschoß giebelseitiger Gang, kurzer Gang im Dachgeschoß. Neben der Gangtür des Hauptgeschosses senkrechte Verbretterung. Giebelfeld senkrecht verschalt mit horizontalen Zierleisten. Zimmer bez. 1693 (?) mit vertikalen Lüftungsstäben im Giebelfeld.

VORMARKTBRÜCKE über die Salzach, erb. 1914/15.

ST. KOLOMAN. Polit. Bez. Hallein

Gemeinde auf einem in nordwestl. Richtung verlaufenden Höhenrücken zwischen Salzachtal und Tauglbach. Die Kirchsiedlung (Taugl) mit lockerer Verbauung beiderseits der Dorfstraße und um quadrat. Platz nördl. der Pfarrkirche, vorwiegend aus jüngster Zeit. Streusiedlungsgebiet mit Paar- und Einhöfen, z. T. noch alte Natursteinmauern zur Feldabgrenzung vorhanden.

PFARRKIRCHE hl. Koloman, in der Ortsmitte. Einschiffiger bar. Bau mit W-Turm, von Friedhof umgeben. Urk. 1506. Brand 1768, danach Wiederaufbau,

Weihe 1805. Pfarre seit 1858. Rest. außen 1977, innen 1935 und 1984; Neubau der 2geschossigen Sakristei im N 1973.
Schlichter Außenbau mit Satteldach, im O abgewalmt, segmentbogenförmige Apsis. Ungegliederter Turm mit rundbogigen Schallfenstern und Zwiebelhelm. An der Giebelfassade nördl. des Turmes Kriegergedächtniskapelle, südl. bar. Kruzifix. – Flachgedeckte Turmhalle mit spätgot. Konsolfigur hl. Koloman.
Saalbau mit Segementbogentonne. Umlaufendes profiliertes Gesims, Gliederung in 5 Joche durch flache Pilastervorlagen. – Deckenmalerei Christus umgeben von Kindern, Geburt Christi, Verkündigung an Maria, bez. *Josef Eggl* 1873.
Hochaltar 2. H. 18. Jh., 1912 verändert; Mittelfigur Mondsichelmadonna von *Josef Bachlechner* (?), A. 20. Jh.; Konsolfiguren Hll. Rupert und Virgil, Aufsatzfigur hl. Koloman von *Johann Georg Itzlfeldner* 1773. Seitenaltäre im Aufbau 2. H. 17. Jh., im 18. Jh. überarbeitet; li. Altarblatt Kreuzigung, bez. *Anton Eggl* 1885, Seitenkonsolfiguren Hll. Sebastian und Rochus, Aufsatzfiguren Hll. Florian und Georg, alle 17. Jh. (in Verwahrung 2 kleine Engel mit Leidenswerkzeugen, 18. Jh.); re. Altarblatt hl. Johannes Nepomuk, bez. *Anton Eggl* 1885 Seitenkonsolfiguren Hll. Joseph und Johannes Nepomuk, Aufsatzfiguren Hll. Heinrich und Margareta, alle 2. H. 18. Jh.
Kanzel spätes 18. Jh., mit Bild Christus in Emmaus, bez. *Anton Eggl* 1873. Kruzifix und Rosenkranzmadonna, beide 2. H. 18. Jh. Kreuzwegstationen spätes 19. Jh. – Empore 2geschossig, bez. rest. 1935. – Orgel von *Mauracher.*

KAPELLEN. **Koloman-Kapelle,** südl. der Pfarrkirche, Neubau 1975; 4 Inschrifttafeln des 17. Jhs. – **Urban-Kapelle,** St. Koloman Nr. 39, 18. Jh., mit Schindelwalmdach und polygonal geschlossener Apsis; Innenraum tonnengewölbt mit umlaufendem profiliertem Gesims. Inventar aus der Pfarrkirche Krispl, Altar 18. Jh., Aufsatz 2. H. 17. Jh.; bekleidete Figuren Hll. Johannes Nepomuk und Pilgerheiliger sowie Tabernakel 18. Jh. – **Große Kapelle,** St. Koloman Nr. 47, erb. um 1880, mit Satteldach, Rundapsis und Giebelreiter mit Satteldach; tonnengewölbt, mit spätbar. Altar. – **Kapelle,** St. Koloman Nr. 95 und 96, 18. Jh., mit Schindelwalmdach, fensterlos; Segmentbogentonne; Kruzifix 18. Jh. und Figuren Maria und Johannes um 1700.
Wilhelmskapelle im Zimmereckwald, in Oberlangenberg; vermutlich 1. H. 17. Jh.; Neubau 1850, Weihe 1851, 1889 vergrößert, rest. 1959. Schindelverkleideter Blockbau mit Satteldach, Turm mit Zeltdach ebenfalls verschindelt; Altar mit Altarblatt hl. Wilhelm Mitte 19. Jh.; Votivbilder des 19. Jhs. (In Verwahrung kleine spätgot. Figur hl. Bischof; bar. Statuetten Hll. Rupert und Virgil, 18. Jh.) – Große spätbar. **Kapelle,** Oberlangenberg Nr. 38; mit Walmdach, rest. 1912. Segmentbogentonne mit spätbar. Malerei Trinität (übermalt); Altar mit Figuren Hll. Joseph und Johann Nepomuk 19. Jh.

BILDSTOCK bei Oberlangenberg Nr. 47, schindelverkleidet mit Satteldach; Figur hl. Leonhard um 1700.

EHEM. SCHULHAUS, Nr. 29, heute Postamt und Heimatmuseum. Am Dorfplatz freistehender 2geschossiger Bau mit Schopfwalmdach; Rundbogenportal, mit Bez. erb. 1856.

KIRCHENWIRT, Nr. 31. 2geschossiger, im Kern spätgot. Bau, mit Krüppelwalmdach, Fassade erneuert; 1984 aufgestockt; breites abgefastes Segmentbogenportal, im Flur des Erdgeschosses Stichkappentonne.

BAUERNHÖFE. **Taugl, Nr. 61:** Obergmain. Paarhof bez. 1701, Erdgeschoß gemauert, verputzt, Rundbogentürgewände sowie Fenstergewände aus Marmor. Obergeschoß Blockbau, verputzt. Typische Fenstergröße des 19. Jhs. Balkon im Dachgeschoß. – **Nr. 66:** Erber. Einhof, am Stubentram bez. 1739. Mittelflurhaus, Erdgeschoß gemauert, verputzt. Gewölbte schwarze Küche. Haustür mit Marmorgewände. Obergeschoß Blockbau, verputzt. Dachgeschoß mit Balkon. – **Nr. 69:** Mayer. Paarhof, Wohnhaus gemauert und verputzt; Stubentram bez. 1660; Schwarze Küche. Dachgeschoß mit Balkon. – **Nr. 74:** Rehrl. Paarhof, Wohnhaus im Erdgeschoß gemauert, Obergeschoß in Blockbau, z. T. verputzt. Fenster z. T. mit Steingewänden. Scharschindeldeckung. – **Nr. 75:** Rohrmoosberg. Einhof, gemauert und verputzt, z. T. Steinfenstergewände im Erdgeschoß. – **Nr. 87:** Scheiber. Tennengauer Einhof, bez. 1776. Quertenne, Erdgeschoß gemauert und verputzt, Obergeschoß Blockbau, verputzt, Dachgeschoß mit Katzenfirst und Balkon. Getreidekasten in Blockbau. – **Nr. 95:** Großhorn. Paarhof mit Mittelflurwohnhaus, gemauert und verputzt, Dachgeschoß Blockbau, verputzt mit Balkon, Scharschindeldeckung. – **Nr. 16:** Branterer. Paarhof, Wohnhaus bez. 1705, gemauert und verputzt, Dachgeschoß mit Katzenfirst und Balkon. **Nr. 42:** Moderer. Paarhof, Wohnhaus bez. 1607, gemauert und verputzt, an der Firstfassade Fresken, darstellend den hl. Joseph als Zimmermann, den hl. Georg, Madonna mit Kind, Hll. Florian und Johannes d. T. Getreidekasten in Blockbau. Freistehendes Backhäuschen.
Oberlangenberg, Nr. 13: Vorderhohenau. Paarhof mit Mittelflurwohnhaus, bez. 1812; gemauert und verputzt. Über der Haustür Nische mit Figur hl. Florian. Obergeschoß bis auf die Schauseite verschindelt. Balkon im Dachgeschoß. Stallscheune im Erdgeschoß in rundstämmigem Blockbau, sonst z. T. gemauert. – **Nr. 17:** Struberhaus. Paarhof, Wohnhaus im Erdgeschoß gemauert und verputzt, Obergeschoß Blockbau, verputzt, Dachgeschoß, Balkon im Giebel. – **Nr. 26:** Schieferer. Paarhof mit durchgängigem Mittelflurhaus. Erdgeschoß gewölbt, verputzt. Haustüre mit Eselsrückengewände, z. T. Marmorfenstergewände im Erdgeschoß. Obergeschoß gemauert und verputzt. Giebel mit Balkon. Getreidekasten in Blockbau, 2geschossig. – **Nr. 31:** Pitschl. Einhof und Stallteil parallel nebeneinander, bez. 1616 und 1914, gemauert und verputzt. – **Brandner-Kreuz,** in einer Senke unterhalb des Brandnergutes, steinernes Sühnekreuz.

ST. LEONHARD, siehe TAMSWEG

ST. LEONHARD-GARTENAU, siehe GRÖDIG

ST. MARGARETHEN. Gem. Vigaun. Polit. Bez. Hallein

Ehem. Kirchweiler nördl. von Vigaun, urk. 1131. Heute durch Neubauten geprägtes Haufendorf.

FILIALKIRCHE hl. Margaretha in Hanglage. Einschiffiger got. Bau mit alter Umfriedungsmauer. Erb. 1. H. 15. Jh., urk. 1437, von Eb. Wolf Dietrich 1597 renoviert. Rest. 1977.
Langhaus und Chor gleich hoch, mit Satteldach. Im W und S des Langhauses sowie am Chor Sockelzone; umlaufendes, gekehltes Abschlußgesims. Langhaus

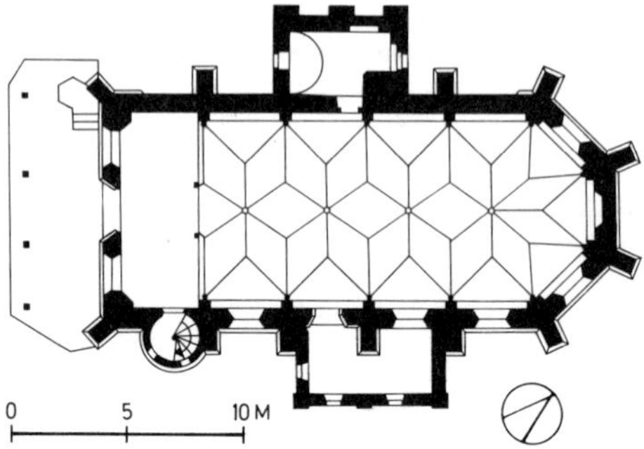

St. Margarethen bei Vigaun, Filialkirche hl. Margaretha

und polygonal geschlossener Chor mit 3fach gestuften Strebepfeilern, im W übereck gestellt. Fensterlose N-Fassade, in den westl. 3 Jochen in der Höhe der mittleren Strebepfeilerstufe Segmentbögen, unterhalb des dritten Bogens Kaffgesims erhalten (im Kern älterer Bauteil?); Maßwerk der spitzbogigen Fenster im O und S von 1909, Achsfenster im Chor vermauert.

Im W Giebelfassade; mehrfach gekehltes spitzbogiges Portal, M. 15. Jh., mit Tympanonrelief hl. Margaretha, M. 15. Jh. (?), seitl. je ein got. querrechteckiges abgefastes Fenster; über dem Portal Rundfenster mit Maßwerk von 1909, Giebelfeld durch Kaffgesims abgetrennt, Giebelreiter mit Zeltdach. Marmorne Außenkanzel bez. 1679 und bar. Vordach auf 4 Holzstützen, mit bar. ornamentaler Malerei an der geschwungenen Unterseite. – Im 1. südl. Joch runder Treppenturm mit Kegeldach. 2 eingeschossige Sakristeianbauten mit Pultdach, im N got., im S von 1909.

Innenraum 4jochig mit ⅝-Schluß. Einheitliches spätgot. Netzrippengewölbe auf Wandpfeilern mit Runddiensten (letztere mit Basis und Kapitell). Schlußsteine bez. 1597, 1643, 1671, 1804, 1909. – Im dritten nördl. Joch gekehltes spitzbogiges Portal mit got. Türe zur got. tonnengewölbten Sakristei. – Im ersten südl. Joch got. spitzbogiges, innen zum Rundbogen geschlossenes Portal zum Treppenturm; im 3. Joch Rundbogenportal zur flach gedeckten Sakristei von 1909. – Eingeschossige W-Empore.

Glasfenster Hll. Notburga, Elisabeth, Heinrich, Florian, von 1909.

Hochaltar bez. 1725; Aufbau von *Josef Krimpacher;* Bild Kreuzigung, um 1600 (aus der Pfarrkirche Vigaun), Oberbild Gottvater und Hl. Geist von *Josef Högler* 1725; seitl. Konsolfiguren Hll. Margaretha und Magdalena, Aufsatzfiguren Hll. Katharina und Barbara, in der M. hl. Michael von *Johann Georg Mohr* 1725. Tabernakel M. 18. Jh.

Seitenaltäre bez. 1731; Aufbauten von *Josef Krimpacher.* Li. Altarblatt hl. Leonhard und Stifterfigur, bez. *Anton Eggl 1841,* Oberbild hl. Barbara von 1731; Konsolfiguren Hll. Sebastian und Rochus von *Johann Georg Ross* 1731; kleine Figur hl. Margaretha bez. 1643. Re. Altarblatt hl. Katharina, 19. Jh.; Aufsatz Gnadenbild von 1731 (?), Figuren Hll. Johannes d. T. und Ev. von *Johann Georg Ross* 1731.

Kanzel bez. 1707, auf ausgeschnittenen Holztafeln gemalt: Figuren der 4 Evangelisten; auf der Schalldeckelunterseite Bild Gottvater. – Kruzifix bez.

1643. Figur Madonna mit Kind 17. Jh. Rundschild mit Wappen Eb. Wolf Dietrich bez. 1597. Bild hl. Florian (Kopie nach *Rottmayr* in Maria Bühel), A. 18 Jh. Auf ausgeschnittenen Holztafeln gemalt Christus und 12 Apostel, auf der Emporenbrüstung, um 1707, Kreuzwegbilder bez. *Anton Eggl 1848.* – Spätgot. Weihwasserbecken. – Orgel bez. 1803. – Glocke von *Johann Eisenberger* 1666. **Mesnerhaus,** Nr. 16, 2geschossiger Bau mit Satteldach, erb. 18. Jh., Balkendecke im Erdgeschoß bez. 1735.

KAPELLE an der Zufahrtsstraße zur Filialkirche. Neubau mit Satteldach, Holzkruzifix und kleines Epitaph 19. Jh.

BRUDERLOCH-KAPELLE, Höhle im Vigauner Riedl, Inventar teilweise noch bar.

BAUERNHOF Kellerbauer; Tennengauer Einhof, 17. Jh.; 2geschossig gemauert mit Dachgeschoßgangl und flach geneigtem Satteldach. Rundbogenportal mit Marmorgewände und abgefaste Fenstergewände.

ST. MARGARETHEN im Lungau. Polit. Bez. Tamsweg

Gemeinde mit dem westl. gelegenen Haufendorf Oberbayrdorf, östl. dem Straßendorf Pichlern sowie nördl. den Rotten Staig und Unterbayrdorf; auf einem Schuttkegel am Ende des Leisnitzgrabens der Hauptort, das Gassengruppendorf St. Margarethen. Römersiedlung am Weg über die Laußnitzhöhe nach St. Peter im Holz, Kärnten, dokumentiert durch Meilensteine und Straßenreste.

PFARRKIRCHE hl. Margaretha in der Ortsmitte. Spätgot. Kirche mit Nordturm, von Friedhof umgeben. – 1231 urk. Erwähnung der „Capella s. Margarethae", seit 1421 Pfarre, 1586 weitgehender Umbau. E. 19. Jh. renov., 1945/46 rest., 1981 Außenrest.

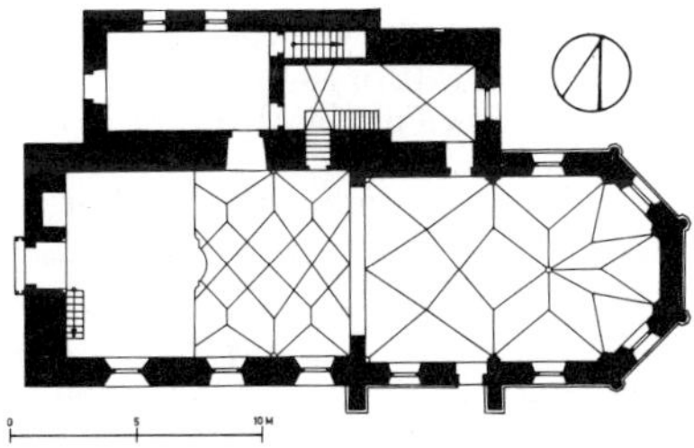

St. Margarethen im Lungau, Pfarrkirche hl. Margaretha

Westseite mit Rechteckportal und Holzvorbau, darüber Spitzbogenfenster (von 1885) und Dreieckgiebel; seitl. Eckquaderung. Südseitig abgestufte Strebepfeiler, Spitzbogenfenster und Tür mit geradem Sturz. Chor mit 3seitigem Schluß und 2 Spitzbogenfenstern; 6eckige, spätgot. Strebepfeiler, in der Mitte Wulstkapitelle. Ungegliederter Nordturm, dem Chorjoch vorgesetzt, 1586 erhöht; Eckquaderung, östl. Rundbogenfenster, über rundbogigen Schallfenstern Gesimse und Giebelspitzhelm. Der nördl. Langhausseite vorgelagert, Aufbahrungshalle, ehem. Seelenkapelle.

Einschiffiges, 3jochiges Langhaus, 1586 unter Beibehaltung der (rom.?) Mauern erhöht und neu gewölbt mit seichtem Netzrippengewölbe; 2geschossige Empore mit westseitigem Aufgang. Spitzbogiger, eingezogener Triumphbogen, ab der Mitte beidseits gekehlt. Einjochiger Chor mit 5/8-Schluß, spätgot. Netzrippengewölbe auf runden Diensten vor gekehlten Pfeilern, li. spitzbogiges, abgefastes Sakristeiportal.
Bar. Säulenhochaltar (1687 in Mauterndorf aufgestellt, 1732 entfernt) mit Altarblatt hl. Margaretha von *Jakob Zanusi* urk. 1732, bar. Oberbild Hl. Dreifaltigkeit von *Johann Friedrich Pereth,* Skulpturen von *Wolf Weißenkirchner d. J.* 1687, li. König Heinrich, re. Königin Kunigunde. An den Chorjochwänden bar. Seitenaltäre E. 17. Jh. (1737 von St. Michael gekauft); li. Altar mit bar. Figur hl. Anna mit Jesuskind, bar. Konsolfiguren Hll. Johannes d. T. und Joseph, im Auszug hl. Johannes Nepomuk und bar. Statuetten Hll. Georg und Florian. Re. Seitenaltar mit bar. Figur hl. Sebastian, li. hl. Franziskus und re. hl. Antonius, im Auszug got. Pietà und bar. Statuetten Hll. Katharina und Barbara.
Kanzel mit Bildern der 4 Kirchenväter urk. 1715 von *Paul Egger* (Tischler) und *Mathias Mayr.* – Im Chor bar. Konsolfiguren, li. Immaculata, re. hl. Nepomuk, 18. Jh. Im Langhaus bar. Figur mit Schwert und Zepter; re. hl. Augustinus (ehem. in der Filialkirche hl. Augustin) um 1445; Hängekruzifix 19. Jh. An der Emporenbrüstung Bild Pietà mit Rahmen bez. 1840, Bild Ecce-Homo E. 18. Jh., 14 Kreuzwegbilder 19. Jh. – Neben dem Sakristeiportal 6eckiges Taufbecken, um 1600. – Bar. 2flügeliger Orgelprospekt, Werk 1825 von *Jakob Angermayer.*
Grabsteine. Li. Triumphbogenseite Johannes Gregorius Spögl 1729, re. Johanna Constantia Pflueglin 1649; im Chor Franz Xaver Radschin 1793, Joseph Sebastian Geel 1778, Joseph Moser 1797, Johann Nepomuk Hell 1777; Brigittae ab Moshaym 1554, Christoph Strasser 1598, Wilhalm von Mosham 1533. – In der Nordostecke zwischen Chor und Turm römischer Meilenstein des Kaisers Decius, 249 n. Chr.

Aufbahrungshalle. Im Kern got. Bau, am nördl. Langhaus. Flachbogiger Sakristei- und Turmzugang, Flachdecke mit Stuckspiegel 17. Jh. Altar mit unbeweglichen Flügeln M. 17. Jh., Predellenbild, Schweißtuch von 2 Engeln gehalten, Altarblatt Kruzifix und Fegefeuer, seitl. Hll. Elisabeth und Apollonia. Bar. Figur hl. Johannes. Bar. Tragkruzifix. Bild hl. Helena, 19. Jh.

Pfarrhof, Nr. 1.: Verputzter Steinbau, 5achsig mit Rundbogenportal und Querflur; 1674, 1832 und 1983 umgebaut. Türe im 1. Stock 17. Jh.

FILIALKIRCHE hl. Augustin. Kleiner Bau mit rom. Kern und bar. Erweiterungsbauten, am östl. Ortsrand. – Urk. 1523, Bau bedeutend älter; 1765 erweitert, 1768 benediziert. 1954 rest.
Schlichtes Langhaus von 1765, Westfassade mit Rechtecktür, darüber Fresko hl. Augustin von *Gregor (IV.) Lederwasch,* Kreisfenster, Giebel bez. 1768, Eckquaderung; Langhausseiten mit Rundbogenfenstern, östl. kleine Kreisfenster; eingezogener Chor mit Rundbogenfenstern, Rechteckportal und östl. Dachreiter mit Spitzhelm. Im O Sakristei, niedrigerer als der Chor, Rechteck- und Rundbogenfenster. Im Langhaus Tonnengewölbe über profiliertem Gesims, Westempore M. 18. Jh. Rundbogiger Triumphbogen. Eingezogener, niedrigerer Chor, mit geradem Schluß, östl. Sakristeizugang, profiliertes Gesims und Rundbogentonne, Sakristei, ehem. Chor der rom. Anlage mit rundbogigem

Triumphbogen, geradem Schluß und Flachdecke; schmaler Vorraum mit Kassettendecke.
Wandmalerei. Im Langhaus bez. *Gregori Lederwasch* 1768, hl. Augustinus in der Glorie, Kirchenlehrer, seitl. querovale Bilder, li. Bekehrung des hl. Augustinus, re. hl. Augustinus am Meer, in den Ecken Darstellung der 4 Evangelisten in Grisaille. Am Triumphbogen Engel mit Wappen des Eb. Siegmund Graf Schrattenbach, Chronogramm 1768. Deckenfresko im Chor Krönung Mariens mit Rocailleverzierung von *Gregor Lederwasch* 1768.

St. Margarethen im Lungau,
Filialkirche hl. Augustin

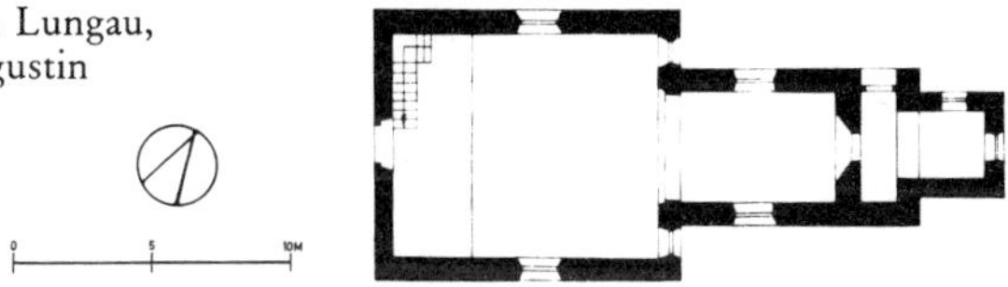

Bar. Hochaltar (1674–1770 in der Pfarrkirche Tamsweg) von *Jakob Seitlinger* (Tischler), Mittelfigur Thronende Maria mit Kind 17. Jh., bar. Konsolfiguren von *Jakob Gerold* Hll. Helena und Margaretha, im Aufsatz vergoldetes Brustbild hl. Augustinus. Seitenaltäre 2. H. 18. Jh., spätbar. Figuren Hl. Magdalena, Kleophas und Maria Salome (?), Oberbild Salvator; re. Mittelfigur hl. Augustinus von *Johann Pult* urk. 1781, bar. Konsolfiguren Hll. Joseph und Joachim, Oberbild hl. Maria. – Zahlreiche Votivbilder 18.–19. Jh. Auf der Empore bmkw. Holzgitter, 1. H. 17. Jh.

KAPELLE, in Staig, nördl. von St. Margarethen. Neugot. Bau mit gekehltem Spitzbogenportal und seitl. Pilastern, Hohlkehle; holzschindelgedecktes Satteldach. Innen Kreuzrippengewölbe auf kleinen Konsolen, gekehlte Spitzbogennische. Lourdesmadonna.

BILDSTÖCKE. **Schitterkreuz,** in Pichlern. Madonnabild bez. *A. Moroder* 1944. – 8eckiger **Säulenbildstock,** im NO von St. Margarethen. Laterne mit 4 Spitzbogenfeldern, lt. Inschr. um 1500 errichtet. – Spitzgiebeliger **Nischenbildstock** mit Lourdesgrotte und bar. Madonnenstatue, bei Nr. 29 (Sagmeister). – **Feldkreuz,** in unmittelbarer Nähe.

RELIEF mit der Darstellung von Meereswesen, Zwischenstück eines großen römischen Pfeilergrabmals von der Kirche, derzeit beim Gemeindeamt neben einem römischen **Meilenstein.** – 3 weitere römische **Meilensteine,** beim Haus Triegen Nr. 34.

BAUERNHÖFE. Ein- oder Paarhöfe, im Erdgeschoß verputzter Mauerbau für Wohn- und Stallteil, im Obergeschoß Blockbau bzw. gezimmertes Stallscheunengebäude. Giebeldreieck verschalt, Belüftungsöffnungen in Vierpaß- oder Rundbogenform, Giebelbalkon. Scherbalkendachstuhl meist mit Brettschindeleindeckung, nur teilweise Schopfdach, Glockentürmchen. Giebel- oder traufseitiger Flur. Freistehende Getreidekästen mit Rechteckgrundriß: aus Holz (Nr. 4), gemauert und teilweise verputzt (Nr. 2, 6, 34, 40, 42) oder als Mischbau (Nr. 38, 50).
Nr. 2: Kramer, Turm, wenige Mauerreste im Stallgebäude des ehem. Lanschützergutes erhalten. Turm urk. 1285. Stammsitz (?) der Herren von

Moosham, 1616 bis 1877 Herren von Kuenburg, dann bäuerlich, um 1880 Turm mit Wirtschaftsgebäude umbaut. – **Nr. 4:** Schlöglberger. Einhof mit Längstenne in Bundwerkkonstruktion, bez. 1815. – **Nr. 23:** Kerschhaggl. Einhof mit 5achsiger Vorderfront, Mauerwerk bis in den 1. Stock hochgezogen, darin 2 halbradförmige Lüftungsöffnungen, traufseitig Obergeschoß in Blockbau. Vorspringendes Giebelfeld lotrecht verbrettert, mit Lüftungsluken. Scherbalkendachstuhl von stehendem Stuhl unterstützt, bez. 1789 mit Erbauermonogramm, Schopfdach. Längsflur; Rauchküche mit Tonnengewölbe. – **Nr. 41:** Essl. Gemauertes Wohnhaus, bez. 1837, erweitert zu Dreiseithof im 20. Jh. – **Nr. 43:** Alter Veitl. T-Hof. Giebelseitig über Stiegenaufgang durch Längsflur aufgeschlossener Steinbau. Stall mit Kappengewölbe; Wand der Bergeräume in Mauerpfeilerkonstruktion. Daneben steingemauerter Pferdestall mit Fensteröffnungen in Ziegelsetzung, bez. 1884, Gewölbe mit Gurtbogen, Schopfdach. Unweit Reste eines ehem. bäuerlichen Kalkofens. – **Nr. 44:** Branntweiner. Einhof in Mischbauweise mit kleinen Nebengebäuden, vergrößert 1859. Querflur, Rauchküche mit Stichkappengewölbe, außen angebaut Backofen. Tenne als Mauerpfeilerbau. Getreidekasten, gemauert, mit traufseitigem Eingang, Platzlgewölbe im Obergeschoß, Tonnengewölbe im Keller; Tafel mit hl. Florian und Erbauerinschr. über dem Türsturz. Zisternenartige Quellfassung mit Satteldach. Hauskapelle. – **Nr. 48:** Taferner. Gemauerter Getreidekasten, auf vierpaßartigem Wandvorsprung bez. 1816; Spuren früherer Bemalung.
Nr. 52: Lankmayer (ehem. Nr. 53, Schitter). Gemauerter, verputzter Getreidekasten, 2 Geschosse, Tonnengewölbe im Obergeschoß, schießschartenförmige Öffnung im Giebeldreieck. 4farbige Malerei bei Eckquaderung, Fensterfaschen, Türbekrönung und Stockwerkeinteilung mit geometrischen und stilisierten floralen Ornamenten, Heils- und Segenszeichen, Sonnenuhr. 18. Jh. – **Nr. 58:** Krangler. Einhof eines Kleinbauern mit firstparallel nebeneinander liegendem Wohn- und Wirtschaftsteil. Querflur, Tonnengewölbe in der Küche. – **Nr. 129:** Alter Taferner. Paarhof. 2geschossiges Wohnhaus mit Querflur, Stubentram bez. 1834 mit Erbauermonogramm; Angebaute Rauchküche. Giebelgang mit einfacher Verbretterung. Scherbalkendach mit unterstützendem stehendem Stuhl, schindelgedecktes Schopfdach.

ST. MARTIN bei Lofer. Polit. Bez. Zell am See

Haufendorf im S des Loferer Beckens am li. Ufer der Saalach, im Ortsteil Oberdorf straßendorfartiger Charakter. Am re. Ufer der Saalach der Weiler Strohwolln, nördl. von St. Martin der kleine Weiler Gumping. – Seit 1850 eigene Gemeinde.
Überwiegend Einhöfe, das Wohnhaus mit Mittelflurgrundriß. Das Erdgeschoß allgemein, das Obergeschoß meist gemauert, seltener in Blockbau. Das Giebeldreieck zumeist in Vierkantblöcken, selten gemauert. An der Giebelseite meist 2 Balkone, davon einer über die gesamte Breite gehend, selten auch an der Traufseite ein Balkon im Obergeschoß. Vielfach Dachreiter.
Siehe auch KIRCHENTHAL

PFARRKIRCHE hl. Martin, im SO des Dorfes. Geostete, im Kern got. Kirche mit angebauten Seitenschiffen von 1677 und W-Turm von 1700, von Friedhof

umgeben. Pfarre seit 1190. Urk. E. 12. Jh. Bis 1803 dem Stift St. Zeno in Reichenhall inkorporiert. Rest. 1978.
Langhaus mit umlaufendem Sockel und Schindelsatteldach; Seitenschiffanbauten 1677 von *Hans Millinger,* im N durch 2, im S durch 3 abgetreppte Strebepfeiler gestützt; rundbogige Fenster. Eingezogene, polygonale Apsis mit 3 abgetreppten Strebepfeilern und rundbogigen Fenstern. Im S 2geschossige Sakristei (erb. 1736), im O Wandmalerei hl. Martin von *Josef Rattensperger,* 1844. Ungegliederter W-Turm, 1699–1700 von *Sebastian Millinger,* teilweise in das Langhaus eingebaut, mit spitzbogigem, abgefastem Portal zur Vorhalle, rundbogigen Schallfenstern und Spitzgiebelhelm, bez. 1885. Turmhalle mit Kreuzgewölbe und mehrfach gekehltem, got. Kielbogenportal. Türbeschläge mit Bandwerk. Schmiedeeisernes Gitter 17. Jh. An der W-Fassade zu beiden Seiten des Turmes je ein mehrfach gekehltes Kielbogenportal. Zwischen Turm und südl. Seitenschiff Totenkapelle.
3schiffiges Langhaus. Mittelschiff mit zwei, auf quadrat. Pfeilern ruhenden Kreuzgewölben (got. Gewölbe 1736 beseitigt). Seitenschiffe flach gedeckt, mit bar. Stuckspiegeln. Gurtbogen zum Chor bez. 1736. Chorjoch mit Kreuzgewölbe, im S abgefastes Sakristeiportal mit geradem Sturz, darüber Oratorienfenster; polygonaler Schluß. – Doppelgeschossige W-Empore mit bar. Stuckspiegeln.
Wandmalerei. Verkündigung, Heimsuchung und Geburt, Auferstehung und Himmelfahrt Christi, bez. *Josef Rattensperger 1844.*
Hochaltar, am Gebälk spez. 1670; Altarbild hl. Martin mit Dreifaltigkeit und Bettlerszene, Aufsatzbild Immaculata, beide von *Wilhelm Faistenberger;* Konsolfiguren Hll. Rupert und Virgil, im Aufsatz Hll. Ursula und Katharina, auf dem Gebälk hl. Michael. Tabernakel von 1897.
Li. Seitenaltar von 1688; Altaraufbau von *Georg Jesacher,* Altarblatt Maria und Seelen im Fegefeuer, Auszugbild Christus, die Seitenwunde zeigend, beide von *Johann Friedrich Pereth* (1698), Konsolfiguren Hll. Sebastian und Rochus, im Gebälk hl. Florian von *Franz Keimbhofer.* Auf dem Altar Schrein mit Gebeinen des hl. Gaudentius (1702 überführt), darüber Bild Maria vom Guten Rath, 2. H. 18. Jh. – Re. Seitenaltar von 1721; Altaraufbau von *Adam Warmbminger,* Altarblatt Hl. Familie, bez. *J(akob) Zanusi,* (1721) Aufsatzbild Hll. Barbara und Katharina ebenfalls von *J. Zanusi,* Konsolfiguren Hll. Johannes d. T. und Johannes Nepomuk, im Giebel hl. Georg. Tabernakel M. 18. Jh.
Kanzel bez. 1818, Figuren 4 Evangelisten von 1703. Taufstein (20. Jh.) mit hölzernem Deckel und Figurengruppe Taufe Christi von *Georg Mayr* 1729. – Konsolfiguren. Hl. Bischof, 16. Jh.; Hll. Notburga und Isidor, Schmerzensmann, E. 18. Jh.; hl. Anna mit Maria, hl. Joseph mit Kind, Christus als Guter Hirte, 19. J.; Kruzifix und Mater dolorosa, 19. Jh. Bekleidete bar. Figur hl. Maria, in Wandschrein. Adventkerzenstange mit Verkündigungsszene, 18. Jh., als Leihgabe im Heimatmuseum Saalfelden. – In Verwahrung Figur Gottvater, 18. Jh.; Statuetten Hll. Johannes d. T. und Jakobus d. Ä., 16. Jh.; Bild Hl. Familie, Johannes d. T. und hl. Elisabeth, *Werkstatt J(akob) Zanusi,* 1. H. 18. Jh. – Kreuzwegbilder um 1890. – Sakristeikasten von *Thomas Grienwald* 1686. – Orgel von *Mauracher,* 1892. – Glocken von *Caspar Immendorfer* 1755, und zwei Glocken von *Karl Wolfgang Gugg,* 1766.
An der W-Fassade und in der Turmhalle zahlreiche Wappen- und Inschriftgrabsteine des 17. und 18. Jhs.

Totenkapelle mit Spiralgitter des 18. Jhs. Kleiner Altar mit Bild Jüngstes Gericht, bez. 1824, renov. 1889; Oberbild Auferstehung.

Pfarrhof erb. 1957.

Ehem. Pfarrhof, St. Martin Nr. 1, Gründung der Reichenhaller Chorherren von St. Zeno, 1802 umgebaut. Freistehender 2geschossiger Bau mit Krüppelwalmdach.

Kriegerdenkmal, errichtet 1919, Figur und Relief von *Leo Schider.*

SCHLOSS Grubhof, St. Martin Nr. 2. Urk. um 1300 Besitz der Herren von Felben, 1537 Kauf des Hofes durch Ludwig Ritz, salzburgischer Rat, 1710 Freiherren von Motzl, 1890 an Großindustriellen Hermann Schmidtmann. Typus der übergroßen Gründerzeit-Villa von 1892, im Kern noch spätgot. Ansitz um 1540, 1965/66 Adaptierung zu Luxushotel, Umbau 1984.
Im Park lebensgroße Marmorfigur, Neptun mit Delphin, 18. Jh.

BURGRUINE Saalegg, auf Felszacken nördl. der „Lamprechtsöfen". Urk. um 1150, Saalegger als Dienstmannen der Grafen von Plain, M. 13. Jh. an die Herren von Walchen, 1. H. 14. Jh. erzbischöfliche Burggrafen.
Erb. im 12. Jh. (?), lt. Beschreibung von 1796 ein hoher Turm mit vielen Außenwerken, Verfall seit dem 15. Jh. (?). Mauerreste, vor allem die SW-Ecke erhalten.

PROFANBAUTEN. **St. Martin, Nr. 4:** Unterzenau. Abgefastes Rundbogenportal und gewölbter Hausflur. Über dem Portal Reste von Fresken. First bez. 1787, im Kern aber 16. oder 17. Jh. – **Nr. 5:** Oberzenau. First bez. 1827. – **Nr. 11:** Mühle des Müllergutes, unterschlächtiges hölzernes Wasserrad von 1978, darüber Satteldach. Das Gebäude im Kern alt, um 1900 und in der jüngsten Vergangenheit mehrfach verändert.
Gasthof Steiner, St. Martin **Nr. 12:** 2geschossiger Bau mit Satteldach, mehrfach gekehltem Kielbogenportal, abgefasten Segmentbogenfenstern im Erdgeschoß sowie profilierten Fenstergewänden im 1. und 2. Obergeschoß. Neben dem Haus mächtiges, in Blockbau gezimmertes Wirtschaftsgebäude. – **Gasthof** zur Post, **Nr. 13:** Bau des 17. Jhs., 3geschossig mit Satteldach, renov. 1970. Segmentbogenportal mit Hauszeichen 2 Löwen mit Inschrifttafel bez. 1840. Im Flur des Erdgeschoßes Stichkappentonne.
Bayerisches Forstamt, Nr. 20: Freistehender Bau mit Krüppelwalmdach, Stuckumrahmung der Fenster und Wandmalerei hl. Hubertus um 1800. – **Nr. 24:** Maurergut. Abgefastes Rundbogenportal, gewölbter Hausflur, steinerne Fenstergewände im Obergeschoß. First bez. 1681 und 1976. – **Nr. 25:** Faltergut. Im Kern wohl 17. Jh., gewölbter Hausflur, First bez. 1830. – **Nr. 26:** Schaffergut. Abgefastes Steinportal bez. 1614, gewölbter Hausflur, First bez. 1867. – **Nr. 27:** Schüttlgut. First bez. 1856. – **Nr. 28:** Rapolter. Spätgot. Steinportal; Steinerne Fensterleibungen im Erd- und Obergeschoß; im Giebeldreieck bez. 1640. – **Nr. 30:** Lippengut. First bez. 1828.
Gumping, Nr. 1: Anderlgut. Pfetten reich bemalt, First bez. 1842. – Neben Nr. 2 Madlgut, freistehende Tenne in Blockbau. – **Nr. 4:** Schneidergut. First bez. 1820; daneben freistehende Tenne.
Obsthurn, Nr. 6: Dirnberger, einfache Kapelle mit Schindelsatteldach und Dachreiter; schmiedeeisernes Spiralgitter, 17. Jh.

PASS Luftenstein, Reste südl. des Ortes an der Engstelle zwischen dem Berg und Saalach. Urk. um 1200, Turm zu Lofer Besitz der Grafen von Plain, ab 1260 Herren von Walchen, seit M. 14. Jh. bis E. 16. Jh. Amtssitz des Landes- und Urbarrichters von Lofer, in den Bauernkriegen 1525/26 zerstört, Wiederaufbau und nachfolgende Verstärkung 1621, während der Spanischen Erbfolgekriege 1700–1703 zu Paßbefestigung ausgebaut, 1809 heftig umkämpft mit anschließender Sprengung.
Wenige Mauerreste auf einem Felsrücken gegen Saalach, 1974 durch Straßenerweiterung noch mehr reduziert.
Gedenkstein an die Kämpfe gegen die Franzosen 1809.

ST. MARTIN im Lungau. Gem. St. Michael i. Lg. Polit. Bez. Tamsweg

Haufendorf, auf einem Schuttkegel östl. von St. Michael im Lungau. Ein Grabrelief (heute an der Südseite des Kirchturmes), andere röm. Funde (SMCA) sowie Baureste bezeugen römische Besiedlung (Straßenstation?). Ort urk. 1197, im Besitz des Bistums Bamberg, ab 1282 zum Kloster St. Lambrecht/Stmk. gehörig.
Lockere Verbauung mit überwiegend bäuerlichen Objekten, meist 2geschossige, trauf- bzw. giebelständige Häuser und gemauerte Kornkästen, 17./18. Jh.

FILIALKIRCHE hl. Martin, am Nordrand des Dorfes, auf leicht abfallendem Gelände. Westturmkirche mit rom. und got. Bauphasen, von Friedhof umgeben, in dessen S-Ecke got. Karner. – Urk. 1179, 1513 Kirche mit Friedhof rekonziliert, 1738 Barockeinrichtung. 1925 Brand, Rest. 1964.

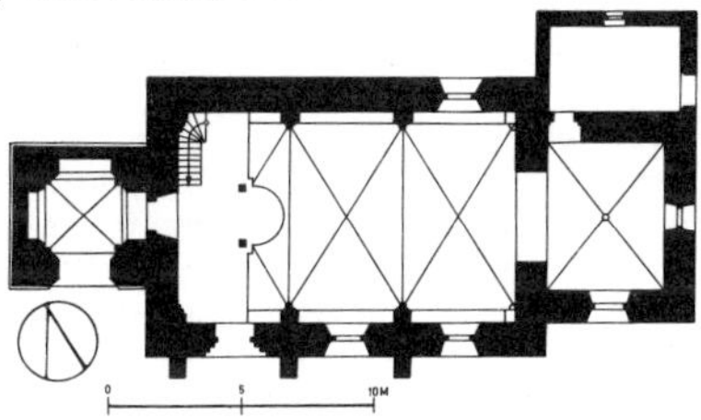

St. Martin im Lungau, Filialkirche hl. Martin

Im Kern rom. Langhaus mit Strebepfeilern an der Südseite und mit eingezogenem Rechteckchor. Vorgestellter got. Westturm mit gemalter Eckquaderung, unter dem Glockengeschoß Maßwerkfries in Putz, gekuppelte rundbogige Schallfenster mit Doppelsäulchen und (nördl.) Rundbogenschallfenstern, Giebelspitzhelm; Schindeldächer. Jüngerer Sakristeianbau in der nördl. Chorecke. An Chor und Langhaus rund- und spitzbogige Fenster, Reste von Maßwerk an südl. Langhausfenster. Got. Südportal mit Eisenplattentür und got. Westportal, beide mit gekehltem Gewände und Rundstäben.
Wandmalereien an der Langhausnordwand, gegen 1400, rest. 1979. Von O nach W: Weltgericht, Christus als Weltenrichter zwischen Apostelreihe und hl. Johannes d. T. (im li. Teil durch Fensterausbruch fragmentiert), flankiert von Engeln. Fries mit stehenden Hll. Leonhard, Ulrich, Dorothea, Margaretha, Paulus, weibliche Heilige, hl. König, Maria Magdalena, Wolfgang, Katharina, hl. Diakon. Anschließend Kreuzigung mit Maria und Johannes. Die Figurenreihen

in Rundbogen bzw. Kielbogenarkaden, Bildfelder ornamental umrahmt. – An der Westfassade re. Wandbild Christus am Ölberg, M. 16. Jh. (verwittert). – An der Turmsüdwand, Kreuzigung mit Maria und Johannes, sowie eingemauerter Römerstein, Büstenrelief eines Ehepaares.
Turmvorhalle spitzbogig geöffnet, Kreuzgratgewölbe auf kleinen Konsolen, Spuren alter Bemalung. Wappengrabstein bez. Reinhart Heyß, 1559.
3jochiges Langhaus mit gekehlten Wandpfeilern und vorgelegten Runddiensten; gekehltes, frühgot. Kreuzrippengewölbe, Gurtrippen. Bar. Westempore mit vorspringendem, kreisförmigem Mittelteil. Niedriger, weit eingezogener Triumphbogen, einjochiger Chor um eine Stufe erhöht, gerader Schluß; got. Kreuzgratgewölbe mit Schlußstein. Li. gekehltes, spitzbogiges Sakristeiportal, in der Sakristei Flachdecke mit Stuckspiegel. – Im nördl. Schiff Seccomalerei 2. H. 16. Jh., Jüngstes Gericht, darunter Enthauptung des hl. Johannes d. T.
Bar. Hochaltar, urk. 1738 von *Andrä Eisl;* Dreisäulenaufbau mit Altarblatt hl. Martin, Oberbild Marienkrönung; Skulpturen Hll. Joseph, Petrus, Paulus und Andreas. – Bar. Seitenaltäre, 1738 von *Andrä Eisl,* Doppelsäulenaufbauten; li. Altarblatt Mariahilf 19. Jh., bar. Oberbild hl. Joachim, bar. Figuren Hll. Johannes Nepomuk und Bernhard von Siena, Tabernakel M. 17. Jh. mit Chronogramm; re. mit bar. Altarblatt Maria Magdalena, Oberbild hl. Anna, bar. Figuren Hll. Johannes und Katharina, Tabernakel M. 17. Jh. – Martinsaltar an der li. Langhauswand, 1. V. 16. Jh., got. Flügelaltar, im Schrein Figur hl. Martin zu Pferd, gemalte Flügelbilder, innen Hll. Maria und Georg, Außenflügel Hll. Elisabeth und Barbara.
Kanzel, urk. 1738 von *Josef Andrä Eisl,* zwischen den Säulen Bilder der 4 Evangelisten. – Triumphbogenkruzifix 1674, Brettfiguren Hll. Maria und Johannes. Christus als Schmerzensmann 18. Jh.; li. an der Langhauswand Statuette hl. Rupert, re. hl. Christoph, 17. Jh. Am Triumphbogen bar. Konsolfiguren Hll. Georg und Florian. Orgel 1. H. 18. Jh. Auf der Empore intarsierter Schrank bez. 1617, Einlegearbeit von *Ulrich Seitlinger.* – Bilder, an der Kanzelrückwand Auferstehung, umkränzt von 14 Rosenkranzgeheimnissen, 18. Jh.; im Chor 12 Apostel, 17. Jh.; Kreuzwegstationsbilder (Hinterglasmalerei) 18. Jh.; Maria von Wessobrunn. – Glocke von *Hans Christof(f) Löffler* (?), 1562.

ANNAKAPELLE (ehem. Rochuskapelle), im südöstl. Friedhofsbereich. Achteckiger, ehem. 2geschossiger, got. Karner. – 1613 urk. als Capelle s. Rochi. A. 19. Jh. Gruftgewölbe eingeschlagen und Eingangsportal versetzt. 1925 Brand, 1952 Dachdeckung, 1979 Rest. und Aufdeckung von Wandmalereien. – Achteckiger, got. Bau. Im W Tür mit Schlüsselblatt 16./17. Jh., östl. 3 Spitzbogenfenster, Pyramidendach 8seitig, Laterne mit Rundbogenöffnungen, Zeltdach; Holzschindeldeckung.
Im Inneren Faltkuppel. Spätgot. Wandmalerei, 4 Evangelisten, im Gewölbe Rankenmalerei; über Apostelkreuzen Seccobilder der 12 Apostel von *Gregor Lederwasch,* 1731. Über dem Portal Nische (Konturen des ehem. Eingangs). Gemauerte Mensa mit bar. Kreuzigungsgruppe (aus der Krypta der Wolfgangskapelle in St. Michael im Lungau); Nische mit bar. Standbild Hll. Anna, Joachim und Maria.

WEGKAPELLEN. **Marienkapelle,** beim Peterbauer am M a r t i n i b e r g. Bau bez. 1882. Rundbogen mit seitl. Pilastern, Dreieckgiebel und Holzschindeldach. Rundbogennische mit Marienbild und 2 volkstümlichen Ölbildern, E. 19.

Jh.; 2 Votivbilder bez. *And. Sampl 1883* und *Joh. Seitlinger 1884*. – Kapelle bei Haus Martiniberg Nr. 43. Erb. 1961, Spitzbogen, Satteldach; innen Tonne und Spitzbogennische mit altem bäuerlichem Kruzifix.

BILDSTOCK, in der Ortsmitte von St. Martin. Rest. 1978. Quadrat. Bau mit Holzschindelzeltdach; kreuzgratgewölbte Nische mit Figur Maria mit Kind.

HÄUSER. **Nr. 1:** Heißhaus. Urk. 1478, Andrä Heiß erwarb das freieigene Haus vom Stift St. Lambrecht, bis 1838 im Besitz der Herren von Heiß, Gewerken im Lungau. Spätgot. Ansitz, um 1545 aus zwei Hausteilen vereint. 2geschossiger, langgestreckter Bau, im 1. Obergeschoß Saal mit Täfelung, bez. 1545. Östl. Teil ehem. gemauerter Getreidekasten. 1973 bis 1978 Sanierung mit Ergänzung des Fassadendekors vom A. des 18. Jhs. – **Nr. 7:** Sogen. Mentenwirtskasten, gegenüber von Nr. 1. Mächtiger gemauerter Kornkasten mit Putzgliederung unter brettschindelgedecktem Krüppelwalmdach. Über der Eisentür bez. 1685. – **Nr. 15:** Markt, 2geschossiger gemauerter Kornkasten, wohl 18. Jh., mit Resten von Bemalung. – **Nr. 33:** Lener. Gemauerter Kornkasten mit erneuerter Bemalung.
Martinberg, Nr. 43: Schober. Kleiner gemauerter Kornkasten unter weit vorkragendem Satteldach, bez. 1706.
Litzldorf bei St. Martin, **Nr. 18:** Maor. 2geschossiger gemauerter Kornkasten mit gemalten Eckquadern, laufendem Hund, Tür-, Fensterumrahmung, Inschriftenkartusche mit Bez. 1684.

ST. MARTIN am Tennengebirge. Polit. Bez. St. Johann i. Pg.

Gemeinde und Haufendorf in einem Seitental des Fritzbachtales, an der Verbindungsstraße Niedernfritz und Annaberg. Der Ort früher St. Martin im Wald, St. Martin in der Vilz, St. Martin in der Fritz urk. 1130. Angerartiger Ortskern und Streusiedlung an den Hängen. Altbestand bäuerlicher Architektur, meist alpine Paarhöfe, in Streulage an der westl. Talseite zwischen Niedernfritz und St. Martin sowie im Lammertal. Im Haupttal vereinzelt Einfirstanlagen. 2geschossige Mittelflurhäuser mit verzierten Gängen in Haupt- und Dachgeschoß, flache Satteldächer mit Glockenturm. Holz- oder Mauerbauten, auch Mischbauten. Wirtschaftsgebäude meist sogen. Zimmer, z. T. im Unterbau gemauert, Roßställe aus Rundlingen, meist 2geschossige Getreidekästen, Blockbauten mit Zierschrot.

PFARRKIRCHE hl. Martin, in der Ortsmitte. Got. Saalkirche mit Nordturm, von Friedhof umgeben. – Urk. 1171, 1185 urk. Stift Admont als Erbauer bez., 1421–1432 Kirchenbau möglicherweise durch Baumeister *Niklas Velbacher* aus Salzburg, 1563 Expositur. 1732 Choraltar von *Andrä Engele* (Tischler) und *Markus Bichler* (Maler). 1842 neue Altäre, 1857 Pfarre, Renov. 1937, Rest. 1955 und 1972.
Einschiffiger got. Bau von 1432 mit Spitzbogenfenstern und holzschindelgedecktem Satteldach; eingezogener Chor, 3/8-Schluß. Im W Spitzbogenportal, im S abgefastes Rundbogenportal, sowie Holzvorbau. Südl. am Chor Sakristei mit Rechteckfenstern und Pultdach. Nördl. starker Turm mit 4 durch Gesimse angedeutete Geschosse, im W und S mit Fenstern (z. T. mit Stabwerk) und

Luken, Eckquaderung; im Glockengeschoß gekuppelte Rundbogenschallfenster, darüber Dreieckgiebel und Spitzhelm.
3jochige Saalkirche mit einfachen Wandpfeilern, vorgelagerten Diensten mit Ringkapitellen und darüberliegendem got. Zweiparallelrippennetz. An der nördl. Kirchenwand übertünchtes got. Fresko hl. Martin. Eingeschossige Holzempore mit kassettierter Untersicht und bemalter Brüstung. Abgefaster, spitzbogiger Triumphbogen. Um 2 Stufen erhöhter, 3jochiger Chor mit 3seitigem Abschluß. Got. Rautensternnetzrippengewölbe mit ringartigen Schlußsteinen, das auf Diensten und horizontalem Gesims ruht. Li. abgefastes Turmportal mit got. Eisenplattentür, re. Sakristeizugang. In der Turmhalle got. Sternrippengewölbe auf Konsolen, Sakristei kreuzgratgewölbt.
Altäre 2. V. 19. Jh. (bar. Formgebung). Hochaltar mit Opfergangsportalen, über Tabernakel Reliefs A. 16. Jh., Maria und Verkündigungsengel; zwischen Säulen Schnitzwerk von *Petrus Schmid* 1775, Maria mit Kind in Wolken und Strahlenkranz, von zwei Engeln flankiert; Oberbild Hl. Dreifaltigkeit 2. H. 18. Jh., Aufsatzfiguren Hll. Rupert und Virgil, 1734. – Seitenaltäre mit bemalten Brettfiguren 18. Jh.; li. Altarblatt Marienkrönung, bez. *Josef Rattensperger* 1842 (?); re. Altar bez. *Marc Promoc 1845*, Altarblatt hl. Martin von *J. Rattensperger*.

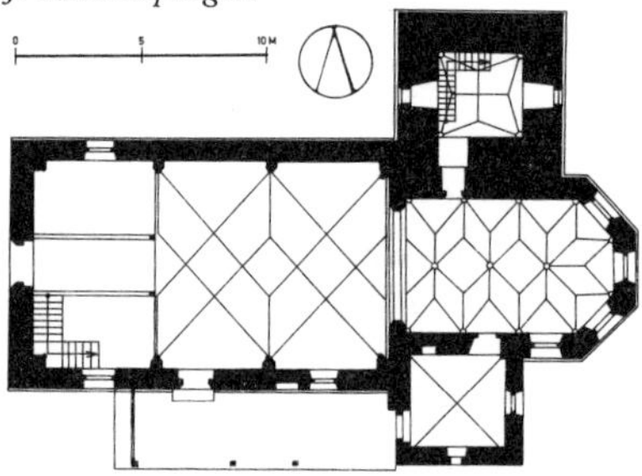

St. Martin am Tennengebirge, Pfarrkirche hl. Martin

Kanzel M. 18. Jh., geschwungene Brüstung, konkave Rückwand, Schalldeckel mit profiliertem, abgestuftem Gesims. – Skulpturen. Im Chor got. Vesperbild (bar. Kopie); Hängekruzifixus, geschnitzt von Vikar *J. N. Hiemer*, um 1800; Hl.-Geist-Taube und Kruzifixus 18. Jh.; Prozessionsmadonna 18. Jh. – Bilder. An der Emporenbrüstung 6 Vesperbilder 2. H. 18. Jh.; Kreuzwegstationen von 1804; an der Empore bemalte Brettfiguren E. 18. Jh., Hll. Maria und Johannes. – Neugot. Gestühl und Taufstein. Orgel von *Dreher und Flamm*, 1937. – In der Turmkammer Paramentenkasten 1711. – Im südl. Kirchenvorbau Kriegerdenkmal 1914–1918, Epitaph mit Auferstehungsbild (1849/50), sowie Arme-Seelen-Stöckl mit Bild Christus am Kreuz und Fegefeuer, E. 18. Jh. – Glocke von *Peter Pfinzing*, 1508.

Pfarrhof südl. der Kirche. Urk. 1521. 2geschossiger Bau mit Hohlkehle und Krüppelwalmdach; Stilkopie nach Plänen von *Friedrich Schreiber* 1976. Bilder Geißelung und Kreuzigung Christi, 18. Jh.

BILDSTOCK, beim Mayrgut (Nr. 50) südl. des Ortes. Bau bez. 1762, Rundbogennische mit Gitter von 1832, Bild Hl. Familie 2. H. 18. Jh.

GEDENKSTEIN an das 60jährige Regierungsjubiläum Kaiser Franz Josefs I. (1848–1908), beim Gasthof Post.

BAUERNHÖFE. **Nr. 16:** Großscharten; Haufenhof. 2geschossiges Wohnhaus, First bez. 1830, vermutlich 17. Jh., gemauertes Erdgeschoß, darüber Blockbau mit Kopfschrot, Zierschrot an den Mittelwänden. Gang im Hauptgeschoß, kleiner seitl. Gang im Dachgeschoß. Glockenturm. Angebauter Schweine- und Roßstall. Getreidekasten mit hoher Türschwelle und Schindeldach. Waschküche. Wegkreuz mit Leidenschristus. – An der sogen. Nasenroute die Gehöfte Nr. 25–27. **Nr. 25:** Vordernasen. Paarhof. Giebelseitig erschlossenes Flachdachhaus, Mittelflur, großer Glockenturm. Blockbau mit Kopfschrot, an der Giebelwand Zierschrot. Im Giebel 2 Holztafeln, Schmerzhafte Maria bez. 1694, hl. Christophorus bez. 1617. Reich verzierte Gangbretter. – **Nr. 26:** Untermitternasen. Haufenhof. Über gemauertem Erdgeschoß, Blockbau mit Kopfschrot, Mittelflurhaus. Giebelseitiger Eingang, reich geschnitzte Gangbretter. An den Fenstern Klostermaschengitter. Schrotstadel, First bez. 1783. Getreidekasten mit urspr. Tür und rautenförmigen Lüftungslöchern. – **Nr. 27:** Obermitternasen. Einfirstanlage bez. 1613, roh überkämmter Blockbau, giebelseitig erschlossen. Türen und Fenster klein, figurale Gangbretter Holzschindeldach.
Lammertal. Streusiedlungen in unberührter Landschaft. **Nr. 12:** Wildaugut. Wohnhaus, bez. 1632. Prototyp des giebelseitig erschlossenen Pongauer Mittelflurhauses in Blockbau, an den Ecken Kopfschrot, im Giebelbereich Zierschrot. Segmentbogiger asymmetrischer Eingang. Legschindeldach mit reichverziertem Glockenturm. Verzierter Gang in Giebelbreite im Hauptgeschoß und an talseitiger Traufwand. Küche, Keller gewölbt. Angebauter Roßstall und Heustadel. Getreidekasten. Stallscheune erneuert. – 3 Gehöfte im Talschluß, Paarhöfe, Wohnhäuser aus dem 16. Jh. (?). Scheunen aus mächtigen Rundlingen mit Leg-Schindeldächern. Zur Gruppe gehöriger 2geschossiger Getreidekasten. – **Nr. 6:** Hinterhofbauer. Mauerwerk 16. Jh. Segmentbogiger Eingang. – **Nr. 7:** Vorderhofbauer. Außer dem Dachgeschoß völlig gemauert. Segmentbogiger Eingang. – **Nr. 8:** Spiess.

ST. MICHAEL im Lungau. Polit. Bez. Tamsweg

MARKT und Gemeinde am Fuß des Katschberges, im SW des Lungaues. Im Gemeindegebiet die Siedlung St. Martin, auf einem Schwemmkegel östl. von St. Michael, mit Einzelhofsiedlung Martiniberg auf steil nach S abfallendem Hang, den Weilern Stranach und Glashütte südl. der Mur, sowie dem Weiler Fell im Zederhaustal und den weilerartigen Siedlungen Ober- und Unterweißburg, Dasl, St. Egid im Bereich der Mündung des Zederhaustales in das Murtal.
Siehe auch ST. MARTIN i. Lg.
Kirchsiedlung St. Michael urk. M. 12. Jh., zwischen 1179 und 1225 Übertragung des Pfarrechtes von St. Martin auf St. Michael. Ab dem 14. Jh. führt die Tauernstraße durch den Ort über den Katschberg. Wirtschaftlicher Aufschwung durch Handelsroute zwischen Venedig und Nürnberg, sowie durch Bergbau. Marktfreiheit 1416. Seit 1790 Sitz eines Pflegegerichts.
Der Hauptort St. Michael in Hanglage. Dichte Verbauung an der gekrümmten Hauptstraße, bei der Pfarrkirche in der Ortsmitte sich platzartig erweiternd.

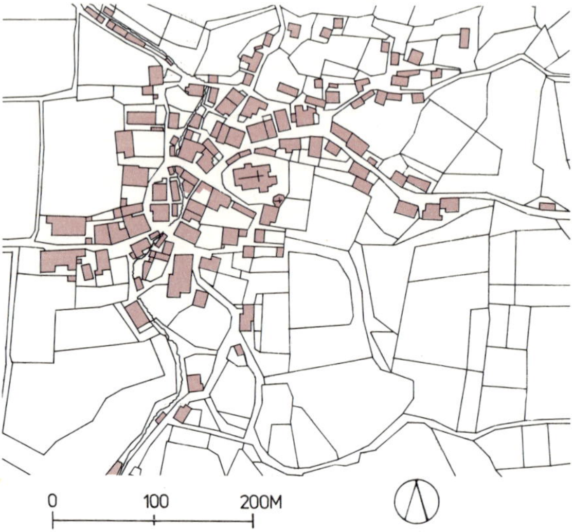

St. Michael, historischer Ortsplan nach Kataster von 1829/30

Häuser vorwiegend 2geschossig mit Schopfwalmdächern, weitgehend vom Fremdenverkehr geprägt. – Im übrigen Gemeindegebiet vorherrschend Ein- und Paarhöfe des Lungauer Typus mit den charakteristischen freistehenden Getreidekästen.

PFARRKIRCHE hl. Michael, erhöht in der Ortsmitte von St. Michael, Got., 2schiffige Kirche mit Westturm, im Mauerwerk rom.; früh- und spätgot. Umbau bzw. Anbauten. – Urk. 1147, 1513 neuerliche Weihe, ab 1617 Barockisierung, 1677 (nach Brand) Turmerneuerung, Renov. 1869, 1908 und 1946. Innenrest. 1949 und 1978/79.

Spätgot. Langhaus (vor 1513) und frühgot., im Kern rom. Chor. Nördl. vom Chor frühgot. Kapelle mit (durch Verlängerung gegen W) spätgot. Seitenschiff. Got. Westturm, im Kern rom., z. T. 1677 erneuert. Das Langhaus mit Sockel, gekehltem Dachgesims und östl. abgewalmtem Satteldach. Im S und N got., 2fach abgestufte Strebepfeiler, Spitzbogenfenster mit Maßwerk von 1908. Südl. im 1. Joch spätgot. Spitzbogenportal, mehrfach profiliert (Wülste, Stab, Kehle). Im N 2fach gekehltes, spätgot. Portal (Wulst), darüber römisches Grabmedaillon, ein Ehepaar mit Tochter darstellend. Vorbau mit Dreieckgiebel und spätgot. profilierter gekehlter Spitzbogenöffnung, innen Kreuzrippengewölbe über kleinen Konsolen, runder Schlußstein. Eingezogener Chor gegenüber dem Langhaus niedriger mit 3seitigem Abschluß, Spitzbogenfenster mit Maßwerk von 1908, 2fach gestufte Strebepfeiler. Nördl. vom Chor niedriger, frühgot. Anbau mit Rechteckfenster als Verbindung zur parallel zum Chor stehenden frühgot. Kapelle, diese mit 3seitigem Schluß, 2fach gestuften Strebepfeilern und

St. Michael,
Pfarrkirche hl. Michael

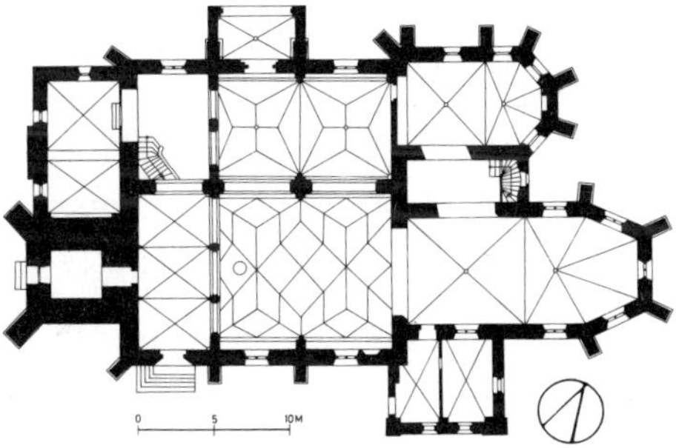

Rundbogenfenstern. An der südl. Chorseite spätgot. Sakristei mit östl. und südl. Rechteckfenster.
Im W Krippenkapelle, Rundbogenfenster. Got. Turm (nach 1677 erneuert, westl. 2 mächtige, gestufte Strebepfeiler, flachbogiger Eingang mit Eisenplattentür, im S Luken; Glockengeschoß mit Biforenfenstern (Doppelsäulen), über Hohlkehlgesims Dreieckgiebel mit kleinen Rundbogenöffnungen, Spitzhelm mit Holzschindeln.
2schiffiges, 3jochiges Langhaus, erb. vor 1513; im W Turmzugang (tonnengewölbtes Turmerdgeschoß) mit Spitzbogenportal. Im Hauptschiff spätgot. Netzrippengewölbe auf Runddiensten, Pfeilern vorgelagert, östl. Konsolen. 3achsige, 2geschossige spätgot. Westempore, kreuzrippenunterwölbt, zum Schiff durch abgefaste Spitzbögen geöffnet. Eingezogener, rundbogiger Triumphbogen. Chor um 2 Stufen erhöht, einjochig, ⅝-Schluß, frühgot. Kreuzrippengewölbe mit runden Schlußsteinen. Li. Rundbogen zu tonnengewölbtem Durchgangsraum zur Nothelferkapelle, darüber neurom. Oratorienfenster; re. Sakristeizugang mit Eisenplattentür, darüber rom. vermauertes Fenster.
Im N schmäleres spätgot. Seitenschiff, zum Hauptschiff durch abgefaste Spitzbogenarkaden geöffnet, spätgot. Sternrippengewölbe mit Kreuzsternfigurationen auf Runddiensten, runde Schlußsteine. Im W vermauertes Emporengeschoß, 2 abgefaste Spitzbögen, darunter Aufgang, Spitzbogen zur Krippenkapelle; 2jochiger Raum mit Kreuzgratgewölbe und spitzbogigem Gurtbogen. Im O Spitzbogen zur Nothelferkapelle; einjochig, ⅝-Schluß. Kreuzrippengewölbe mit runden Schlußsteinen.
Wandmalerei. An der Chorsüdwand 3 übereinanderliegende Streifen, M. 13 Jh., oben 2 Erzengel, die mit Gabeln Dämonen in drei Kesseln niederhalten; mittlerer Streifen Kaiser Heinrich II. neben seiner Gemahlin Kunigunde (fragmentarisch erhalten) und Paradiesbaum. Rom. Rundbogenfenster mit freskierter Laibung, li. hl. Ulrich, re. hl. Leonhard (als Bischöfe). Im untersten Fries Kopf eines Mannes. – Weiter östl. im Chor got. Fresko, 4. V. 14. Jh., Szene aus der Dorotheenlegende mit Stifterfigur. An der südl. Langhauswand Hll. Elisabeth (?) und Agnes mit Jesuskind, 2. V. 15. Jh. Re. die Höllenstrafen der Sieben Todsünden mit Spruchbändern, re. oben bez. *H B*, 1. H. 17. Jh.
Hochaltar, neugot. Flügelaltar, li. bez. *Josef Bachlechner Bildhauer*, *Vinzenz Pezzei Altarbauer*, *Andreas Doser Fas*maler und Vergolder 1908. Mittelschrein

mit Relief Letztes Abendmahl, li. Geburt Christi, re. Anbetung der Hl. 3 Könige; an den Außenflügeln Gemälde Ölberg. Im Gesprenge 3 Erzengel; im Auszug und neben dem Tabernakel Evangelistensymbole. – Seitenaltäre 1731, Figuren von *Josef Andrä Eisl* und *Paul Mödlhammer;* li. Altar mit bar. Figuren hl. Maria mit dem Kind, Hll. Dominikus und Katharina von Siena, darüber 2 Engel, seitl. mit Marienkrone, Aufsatzfigur Gott Vater auf Wolken, mit 2 Engeln, auf der Mensa Standbild Ecce Homo (Hl.-Haupt-Bild zu Klagenfurt/Stadtpfarrkirche); re. Altar mit bar. Figuren hl. Antonius von Padua auf Wolken, seitl. Hll. Franziskus und Johannes Nepomuk, darüber Engel, im Aufsatz Immaculata, am Altar Herz-Jesu-Figur.
Altar an der östl. Seitenschiffwand, ehem. Barbaraaltar; Aufbau mit gedrehten Säulen, um 1700; Skulpturen vom Aufsatz des bar. Hochaltares der Pfarrkirche, in der Mittelnische Krönung Mariens von *P. Mödlhammer,* im Aufsatz Figur hl. Rupert von *Hubert Spannring* 1946, am Volutengiebel Engel. – Altar der Nothelferkapelle M. 18. Jh., Dreisäulenaufbau mit profiliertem Gesims und gesprengtem Giebel; an der Altarrückseite Einrichtung 1674; auf der Mensa Pietà 1. V. 16. Jh.; bar. Altarblatt 14 Nothelfer, bez. *P. P. Seidling 1708,* Oberbild Immaculata; bar. Figuren, seitl. Hll. Nikolaus und Martin, im Aufsatz Hll. Johannes d. T. und Johannes Ev.
An der re. Triumphbogenseite bar. Kanzel von 1704, *Gregor Sapser* zugeschrieben, zwischen den Säulen Bilder der 4 Evangelisten, Schalldeckel zur Zeit in Verwahrung. – Skulpturen. Am Triumphbogen barocker Kruzifixus, bar. Konsolfiguren (ehem. am Hochaltar) von *P. Mödlhammer* 1731, li. Hll. Joseph und Petrus, re. Hll. Paulus und Rupert. An den Chorwänden bar. Engel, nachgeschnitzte Konsolfiguren Hll. Rupert und Leonhard, M. 20. Jh. In der Nothelferkapelle li. hl. Sebastian 17. Jh., re. Marienschrein mit Immaculata (beidseits ehem. 14 kleine Nothelferfiguren) 1. H. 18. Jh. – Beichtstuhl M. 18. Jh. (moderne Türen). In der Krippenkapelle Krippe 1. H. 19. Jh. von *Philipp Lanschützer* (Uhrmacher). Im zweiten Emporengeschoß Orgel, urk. 1754, Werk von *Albert Mauracher,* 1909. – Bilder. Im Chor Christus und Maria, unterhalb Fegefeuer, bez. 1715. 14 Stationsbilder, volkstümlich. – Achtseitiger Taufstein mit geschnitztem Aufsatz, 1. H. 18. Jh.
Grabsteine. In der nördl. Vorhalle li. Wappengrabstein aus rotem Marmor 1389; Marx Genspruner 1542; re. Balthasar Heis 1544. Römerstein mit 3 Halbporträtbüsten. In der südwestl. Langhausecke (außen) frühmittelalterlicher Grabstein, ältester christlicher Grabstein im Lande.

Wolfgangkapelle, südöstl. der Pfarrkirche. Ehem. got. Karner. 2geschossiger, 8eckiger Bau. Im W gekehltes Spitzbogenportal und Holzschindelvordach auf

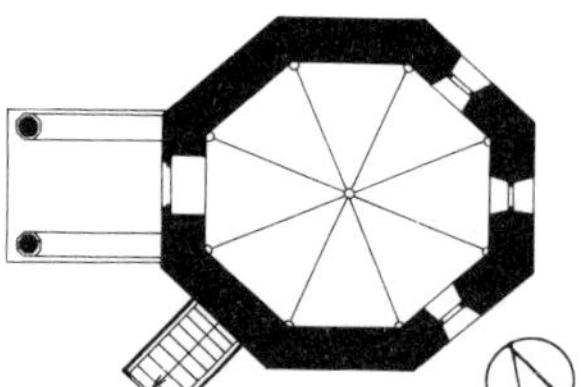

St. Michael, Wolfgangkapelle

2 Säulen; östl. Spitzbogenfenster, li. und re. schmales Rundbogenfenster. Südwestl. tiefer gelegener Kryptaeingang mit Holzvorbau, Satteldach. Karner mit glockenförmigem Helm, Laterne und Zeltdach; Holzschindeldeckung. Kapellenraum mit 8seitigem Fächergewölbe, runder Schlußstein.
Freskenprobefreilegungen lassen auf got. Ausmalung schließen. – Altar M. 18. Jh., Nische mit Statue Christus an der Geißelsäule (Konsolfiguren im Chor der Pfarrkirche), got. Aufsatzstatuette hl. Wolfgang, 15. Jh. – Bilder, Marienkrönung bez. 1714; sieben Zufluchten 18. Jh. Gestühl mit Rocaillen, 2. H. 18. Jh.
Krypta mit zehnstufigem Abgang, kuppelgewölbter Raum. Bis 1800 Gebeinkammer des 1906 aufgelassenen Friedhofes.

Pfarrhof, südl. der Pfarrkirche in der Ortsmitte. Spätbar. Bau, 1970/71 weitgehend verändert. Südwestl. tonnengewölbter Raum mit Stichkappen, Keller tonnengewölbt.

FILIALKIRCHE hl. Ägydius, westl. von St. Michael, am Südhang des S p e i e r e c k s, weithin sichtbar. Mittelalterliche Chorturmkirche, bar. erweitert. Im O Kalvarienberg. – Urk. 1278. 1650 Langhauserweiterung, 1708 Turmdeckung, Rest. 1966.
Schlichtes Langhaus, im N und S Spitzbogenfenster, Hohlkehle und Satteldach; Holzschindeldeckung. Westfassade mit 2fach gekehltem Rundbogenportal, mit Rundstab, flankiert von Segmentbogenfenstern, Dreieckgiebel. Ostseite mit geradem Abschluß: nördl. jüngerer Sakristeizubau, südl. Turm mit Eckquaderung, im O und S Rundbogenfenster, rundbogige Schallfenster und Zwiebelspitzhelm.
Einschiffiges Langhaus mit 2 Fensterachsen, M. 17. Jh. nach N erweitert, Flachdecke mit Stuckspiegel; im W Holzempore. Re. aus der Achse liegender Triumphbogen, niedriger ehem. Chor, jetzt Josephskapelle, mit geradem Schluß und Kreuzgratgewölbe; li. Sakristeizugang, Sakristei mit offener Dachstuhlkonstruktion, Pultdach zur Turmnordseite, überlebensgroßes, got. Christophorusfresko um 1400, mehrere Inschr. und Jahreszahlen, unter anderem bez. 1650; li. Turmquaderung, re. Freskofragment.
Hochaltar an der östl. Langhauswand, 1. H. 18. Jh., Altarblatt hl. Ägydius bez. *Sebastian Stief 1883,* Oberbild hl. Leonhard, Figuren 2. H. 18. Jh., seitl. Hll. Georg und Florian, im Aufsatz Heiliger mit Pilgerstab und Kruzifix, re. hl. Johannes Nepomuk. – Altar in der Josephskapelle von *Gregor Sapser* (Tischler) und *Johann Pertl* (Maler), urk. 1690; Mensastandbild Ecce Homo, bar. Mittelfigur hl. Joseph, im Aufsatz bar. Figur hl. Maria mit Kind, bar. Flügelbilder li. hl. Petrus, re. hl. Paulus.
Bar. Kanzel mit Schalldeckel, 1. H. 18. Jh. Im Mittelschiff bar. Konsolfigur hl. Ägydius. Sakristeikasten bez. 1560. Auf der Empore 2türiger Schrank. Bilder, volkstümlich, 18./19. Jh., im Chor kleinformatige Heiligendarstellungen; im Langhaus Immaculata bez. 1731, Geißelung Christi, Votivbild bez. 1757, Christus als Weltenherrscher, Kreuzigung, Madonnendarstellung, Ecce agnus dei, hl. Maria mit Kind, Kreuzesabnahme.

Kalvarienberg, östl. der Filialkirche hl. Ägydius. Korbbogennische bez. 1706, seitl. abgewalmtes Holzschindeldach. Bar. Kreuzigungsgruppe, Christus am

Kreuz, li. und re. Schächer, Brettfiguren Hll. Maria, Magdalena und Johannes; Hintergrundmalerei ehem. von *Gregor Lederwasch.*

FILIALKIRCHE Herz Jesu, im Dorf Oberweißburg, neben der Durchzugsstraße, nordwestl. von St. Michael. Kleine, nach S gerichtete Dorfkirche (in Anlehnung an bar. Saalbauten). – 1912/13 nach Entwurf von *Paul Geppert* errichtet. Rest. 1949, Außenrest. 1978.
Langhaus mit gemalter Eckquaderung, ornamentale Gesimsstreifen, Fensterfaschen; im N abgewalmtes Satteldach, Giebelreiter m. rundbogigen Schallöffnungen, helmartiger Aufsatz, Holzschindeldächer. Im N Rechteckportal, gemauerter Vorbau, Segmentbogenfenster, Vordach; seitl. Rechteckfenster, darüber Rundbogenfenster und Kruzifixus. Im O und W Kreis- und Rundbogenfenster; im S 2fach eingezogener Chor mit Rundbogenfenstern, südwestl. Sakristei in Holzblockbauweise.
Einschiffiges Langhaus mit flacher Holzdecke, seitl. abgeschrägt, neun gemalte Engelköpfe; nördl. Holzempore. Eingezogener Triumphbogen; um 2 Stufen erhöhter Chor mit geradem Schluß, re. Sakristeizugang.
Neugot. Flügelaltar (aus der Pfarrkirche St. Michael i. Lg.), Schrein mit Relieffiguren Hl. Familie von *Josef Bachlechner,* Figuren Hll. Theresia und Johannes d. T., darüber nazarenische Herz-Jesu-Figur; Altar von *Jakob Adlhart* 1965 durch Seitenflügelreliefs erweitert, li. Taufe Christi, re. Pfingsten; moderne Aufsatzfiguren Hll. Nikolaus von der Flüe, Christophorus. – Im Chor 2 Engel auf Konsolen, 2 Rocaillenkartuschen. Bilder 18. Jh.: Im Chor hl. Helena 2. H. 18. Jh. (Triumphbogenbild aus St. Michael i. Lg.); li. Maria vom Guten Rate in Rocaillerahmen 2. H. 18. Jh.; am Triumphbogen 7 ovale Apostelbilder um 1770, *Gregor (IV.) Lederwasch* zugeschrieben; 14 Stationsbilder.

WEGKAPELLEN. Westl. von Litzldorf. Erb. 1880, Rundbogen mit seitl. Pilastern, Dreieckgiebel, Holzschindeldach. Kreuzgratgewölbte Rundbogennische mit bar. Bild der Sieben Zufluchten bez. renov. 1880; Maria Plain bez. 1865. – **Lourdeskapelle,** nordwestl. von St. Michael i. L.; neugot. Bau mit gekehltem Spitzbogenportal, spitzer Dreieckgiebel, Hohlkehle. Kreuzrippengewölbe auf Konsolen, Spitzbogennische. – Nordwestl. von St. Michael i. L., Bau bez. 1902, gekehltes Spitzbogenportal mit seitl. Pilastern, gesprengter Dreieckgiebel, Holzschindeldach. Kreuzgratgewölbte Spitzbogennische, 3 Bilder. – **Hanslbauerkreuz,** nordwestl. von St. Michael i. L.; Spitzbogen, Hohlkehle, Holzschindelsatteldach. Kreuzgratgewölbte Nische mit 3 volkstümlichen Bildern der Leiden Christi. – **Kaltenbachkreuz,** westl. von St. Michael i. L.; fast quadrat. Bau, Inschr.-Stein bez. 1685; Segmentbogen, gemalte Eckquaderung, Hohlkehle, Zeltdach mit aufgesetztem Zwiebelhelm, Holzschindel. Tonnengewölbe mit Stichkappen, kreuzgratgewölbte Rundbogennische mit Bildern Geburt Christi, li. Beschneidung, re. Anbetung bez. *Anton Pierer.* – **Augustinuskreuz,** am Fuß des Martiner Berges, südöstl. von St. Michael i. L.; erb. 1976, Spitzbogen, Holzschindelsatteldach. Innen Tonnengewölbe, Rundbogennische mit Gitter, bez. 1975. – **Stegerkreuz,** westl. von St. Egid; quadrat. Holzbau bez. 1908, Holzschindelzeltdach. – **Fellerkreuz,** westl. von Fell, Bez. 1835, Rundbogenöffnung mit seitl. Pilastern, Hohlkehle, gedrungener Holzschindelspitzhelm. Kreuzgratgewölbe mit Spuren alter Bemalung, 4 Kirchenväter; kreuzgratgewölbte Rundbogennische, schmiedeeisernes Gitter. – **Feichtinger-Kreuz,** westl. von Glashütte. Schlichter Bau von 1947.

BILDSTOCK, nördl. von Stranach neben der Mur; abgewalmtes Satteldach, Holzschindel; Relief bez. *C(onrad) Dorn 60.*

GEMEINDEFRIEDHOF, am westl. Ortsrand in St. Michael i. L. Friedhof seit 1906. Im N Bau nach 1900, eingeschossig, Mittelrisalit, Rundbogentür und Fenster, Giebelreiter. Östl. und westl. anschließend Korbbogennischen mit je 3 Dreieckgiebeln. Im O des Friedhofbereiches Kriegergedächtnisstätte, erb. um 1953; überlebensgroßer Engel mit Schild, Überdachung.

EHEM. GERICHTSGEBÄUDE, St. Michael i. L. Nr. 1, am Westrand des Marktes. Mächtiger Bau urk. 1791–1795 von *Joachim Glanner.* 4geschossig, 7achsig; Plattenstilfassade im 19. Jh. z. T. verändert.

EHEM. HERRENHAUS, in Glashütte Nr. 8, Sitz der Verwaltung der 1820 durch Glasfabrikant Martin Strohmayer errichteten Glashütte; 1867 eingestellt, Umwandlung des Haupthauses in Gasthaus zur Glashütte. – Langgestreckter Bau, 2 Geschosse mit kleinen Dachgeschoßfenstern unter Hauptgesims, Satteldach mit gemauerten Giebelfeldern, darin je 3 halbkreisförmige Blindfenster; Fassadendekor mit Horizontalbänderung, Fensterfaschen mit laufendem Hund unter Abdeckgesims, um 1820.
Südl. davon kleiner, halb gemauerter Schuppen, im Giebelfeld ausgeschnittene Schießscheiben Reh, Hirsch, Gemsen, eine Rundscheibe.
Gegen S anschließend **ehem. Glasfabrik.** Schmelzhaus, gemauerter Bau mit breitem Satteldach, gegen N kleiner Schopf, Giebelflächen senkrecht verschalt, südl. Teil offene Halle bis in den Dachstuhl, Bereich der ehem. Schmelzöfen, beidseits Rundbogenfenster mit Ziegelbögen im Bruchsteinmauerwerk; nördl. Teil 2geschossiger Einbau kleiner Kammern mit Stiege zu balkonartigem Zugang von der Halle, ehem. Wohnräume der Glasarbeiter.
Weitere Kleinobjekte, ehem. Arbeiterhäuser, Pochmühle, Streckhaus, etc. in nächster Umgebung, eines davon an der N-Fassade mit Bergwerkszeichen bez. 1822.

HÄUSER, an der ehem. Durchzugsstraße und einigen wenigen Seitengassen; 2geschossig, vorwiegend mit Schopfwalmdächern, im Kern z. T. 17./18. Jh., Fassaden 19. Jh., in jüngster Zeit verändert. – **Nr. 2:** Gegenüber dem ehem. Gerichtsgebäude, bez. 1865, Walmdach und frühhistoristische Fassade. – **Nr. 5:** Eggerwirt; gemauerter, 3geschossiger Getreidekasten am westl. Ortsrand, traufseitig Sonnenuhr, bez. 1640, östl. Fresko, vier Stände, 17. Jh. – **Nr. 10,** Walmdach. – **Nr. 11–13;** Wastlwirt, Walmdach, bar. Portal und kreuzrippengewölbte Halle. – **Nr. 43–47:** Mit Sonnenuhr, bez. 1758, 1863. – **Nr. 51/52, Nr. 53, 55, 56:** Satteldächer. – **Nr. 61:** Gasthof Post, bar., mit Schopfwalmgiebel über gekehltem Hauptgesims, Halle kreuzgratgewölbt auf rundem Mittelpfeiler; bar. Stadlgebäude. – **Nr. 64:** Mächtiger bar. Bau mit Schopfwalm, Eckpilaster, profilierte Gesimse. – **Nr. 72:** Mit Satteldach. – **Nr. 78:** Trippelkeusche, 17. Jh. (?), 2geschossiges Mittelflurhaus in Mischbauweise mit Obergeschoßbalkon unter tief heruntergezogenem Satteldach. – **Nr. 81:** Ehem. Kornkasten. 2geschossig, gemauert mit Putzgliederung, Krüppelwalmdach; 18. Jh. – **Nr. 82:**

Brauerei. Gemauertes, 2geschossiges Haus mit Biedermeierfassade, Tür bez. 1864. – **Nr. 83.** – **Nr. 85–89:** Gruppe von Häusern mit Schopfwalmgiebeln, an der Nordseite des Kirchplatzes.
In **Dasl** mehrere gemauerte Kornkästen, teilweise mit Fassadenbemalung.
Fell, Nr. 41: Rottensteiner, Einhof. 2geschossig, Erdgeschoß gemauert, Obergeschoß Blockbau, Mittelflurhaus mit Giebelbalkon auf geschweiften Auflegern. Gemauerter Kornkasten, wohl 18. Jh., Spuren von Bemalung; Brettersatteldach. – **Nr. 45:** Kößler, Einhof, wohl 17. Jh.; 2geschossig, Erdgeschoß gemauert.
Oberweißburg, Nr. 12: Schlickwirt. Gemauerter Kornkasten, 17./18. Jh. Bemalung, Eckquadern, laufender Hund, Fenster-, Türumrahmung. – **Nr. 20:** Schmied. Hoher gemauerter Kornkasten mit Satteldach; Obergeschoß Blockbau mit Kopfschrot, Mittelflurhaus mit Giebelbalkon; z. T. urspr. Fenstergröße, Rauchküche. – **Nr. 21:** Geiger, Gemauerter Kornkasten mit Fassadenbemalung, Eckquadern, Geschoßfaschen, Tür-, Fensterumrahmung, in gemalter Kartusche Inschr., bez. 1709. – **Nr. 22:** Hinterkargl. Gemauerter Kornkasten mit bunter Fassadenbemalung, Eckquadern, laufender Hund, Tür-, Fensterumrahmung, Blumenvasen, Reste von Fresken, über der Tür bez. 1748. – **Nr. 32:** Anthofer. 2geschossiger, gemauerter Kornkasten mit Bemalung, Eckquadern, laufender Hund, Fenster-, Türumrahmung, über der Tür bez. 1687. – **Nr. 35:** Auenschuster. Am freien Feld, gemauerter Kornkasten mit Statuennische ober der Tür. – **Nr. 36, 37:** Lanschitzer. Gemauerter Kornkasten.
Unterweißburg, Nr. 16: Gellnwirt. Gemauerter Kornkasten mit Fassadenmalerei, auf gedrehten Säulen Eckquadern, Faschen mit Zackenband, Fensterumrahmung; Giebel bez. 1667; an Traufseite Kruzifix 19. Jh. – **Nr. 21:** Abraham, Einhof, wohl 17. Jh. Breitgelagertes, gemauertes Mittelflurhaus mit einfacher Putzgliederung unter weitem brettschindelgedecktem Krüppelwalmdach; Rauchküche. Gezimmerter Kornkasten mit mehrfach verzinkten Eckverbindungen.

ST. PANKRAZ am Haunsberg, siehe NUSSDORF a. H.

ST. VEIT im Pongau. Polit. Bez. St. Johann i. Pg.

MARKT und Gemeinde. Der Ort auf einer nördl. von Schwarzach im Pongau gelegenen Terrasse. Haufendorfartige Siedlung mit planmäßigem Rechteckplatz in der Ortsmitte, gegen W leicht ansteigend. Urk. 10. Jh. (?), um 1180 als eb. Meierhof genannt, 1290 Marktrecht. Brände von 1733 und 1855 sowie Um- und Neubauten haben den Ortscharakter verändert.
In der Ortsmitte Marktplatz mit dichter, z. T. dörflicher Verbauung (ehem. Holzblockbauten), die giebelständigen, 2geschossigen Häuser aus dem 18. Jh. bzw. erneuert. Die Pfarrkirche und Kriegerdenkmal erhöht als Abschluß des Marktplatzes gegen W.
An den Hängen nördl. und südl. der Salzach ausgedehnte Streusiedlungen in den Orten Grafenhof, Lehen, Nieder- und Oberuntersberg sowie Pichl mit Paar- und Haufenhöfen des 16. bis 18. Jhs. Wohnhäuser vorwiegend in reinem Blockbau, sonst Mischbau, Mittelflur, flache Pfettendächer, oft gezimmerte

St. Veit, historischer Ortsplan
nach Kataster von 1829/30

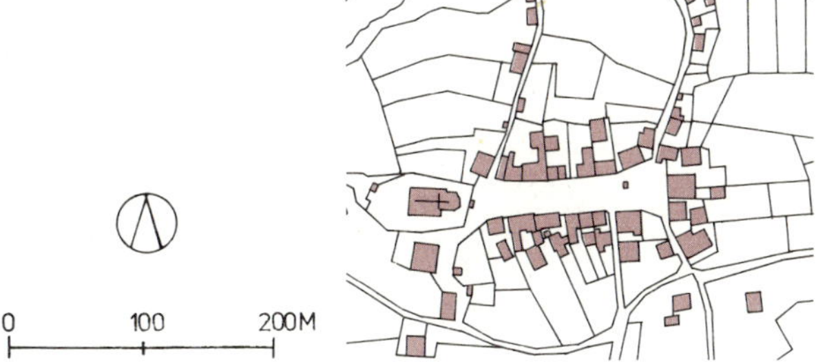

Speicher- und Wirtschaftsanbauten in Traufrichtung mit traufseitigen Eingängen. Selten senkrechte Verbretterung der Blockwand neben dem Eingang und über dem Haupteingang, darin 2–3 rundbogige Flurfenster. Mauerbauten mit rund- oder segmentbogigen Portalen, z. T. schmiedeeiserne Fensterkörbe. Gänge in Haupt- und Dachgeschoß, vielfach Glockentürme, vereinzelt Reidstangen. Viele 2geschossige Getreidekästen mit meist offenem Giebel und Firstsäule, teils durch Hütten umbaut, oft oberhalb des giebelseitigen Ganges senkrecht verbrettert. Einige gut erhaltene sogen. Zimmer.

PFARRKIRCHE hl. Vitus, erhöht im W des Marktplatzes. Got. Basilika, 4schiffig (rom. Kern) mit Westturm, von Friedhof und Mauer umgeben. – Pfarre urk. 1074, 1244 an das Domkapitel gegeben, 1250 dem Domkapitel, 1401 der Dompropstei und 1525 der Domdechantei inkorporiert. – Reste des ehem. Ostturmes 11. Jh. (?), 1334 Brand, danach Umbau und Erweiterung der rom. Anlage, Bau des Westturms, nach 1387 Seitenschiffe. 1516 Rekonziliation. 1730 Westturmerhöhung, 2. H. 18. Jh. Umgestaltung, Renov. 1889, Rest. 1947 bis 1949, Außenrest. 1971.
Got. basilikale Anlage über Rechteckgrundriß, Chor in der Breite des Mittelschiffes mit 3seitigem Abschluß; Satteldach bzw. Pultdächer über den Seitenschiffen. Spitzbogenfenster, abgestufte Strebepfeiler am südl. Seitenschiff und Chor; im S got., abgefastes Segmentbogenportal mit Kehlung, Tür mit got. Beschlägen, im N Portal mit geradem Sturz. Am Chorschluß Stuckkartusche, darüber Uhrblatt und Pyramidendach. Abgefastes Rundbogenportal an der Chorsüdseite, Abgang zur **Krypta,** kleine Spitzbogenfenster, innen 8eckige Mittelsäule, Kreuzrippengewölbe und Wanddienste.
Der Westfassade vorgesetzter got. Turm, 1730 erhöht, Eckfaschen, Gesimse, Rundbogenfriese und Luken, Abschlußgesims über doppelten Rundbogenschallfenstern, 2facher Zwiebelhelm. An der Turmwestseite Bruchstück einer römischen Grabstele mit Darstellung eines einheimischen keltischen Ehepaares. – Sakristei 2geschossig, zwischen Chor u. nördl. Seitenschiff. – **Schernbergkapelle,** der Westfassade vorgelagert, zwischen Turm und südl. Seitenschiff, Spitzbogenfenster. – **Totenkapelle** (Aufbahrungsraum), got. Bau zwischen Turm und nördl. Seitenschiff, gekehltes Rundbogenportal mit Stab; 2jochiger Raum, got. Sternrippengewölbe (Vierzackensternfiguration) auf Konsolen, an der Ostwand Bauinschr.; bar. Kruzifixus.

Basilikales Langhaus, 4schiffig, Mittelschiff 2schiffig, 3jochig; Spitzbogengewölbe mit Kreuz- bzw. Netzrippen sowie Gurtrippen über 8eckigen Pfeilern mit einfachen Kapitellen und Diensten; runde Schlußsteine. Spitzbogige Obergadenfenster. Westempore im 1. Joch, kreuzrippenunterwölbt, abgefaste Spitzbögen zum Mittelschiff. Seitenschiffe 3jochig, spitzbogiges Kreuzrippengewölbe mit Gurten, runde Schlußsteine; abgefaste Spitzbögen zum Hauptschiff. Nördl. Seitenschiff mit einem zusätzlichen Joch gegen O, 1983 als Werktagskapelle adaptiert. Malereien des 14. Jhs., (6 Radial-)Rippen und Schlußstein, in den Gewölbefeldern ornamentale Malerei des 17. Jhs., Reste von got. Fresken an der Westwand, Teil einer Anbetung der Könige, in der westl. Spitzbogenlaibung die Klugen und Törichten Jungfrauen in Vierpaßmedaillons. Südl. Seitenschiff mit polygonalem Abschluß gegen O (durch Altar verdeckt), got. Rippen auf Konsolen, Blindfenster; im W Zugang zur Schernbergkapelle, Reste got. Wandmalerei, Apostel, 1. H. 15. Jh.

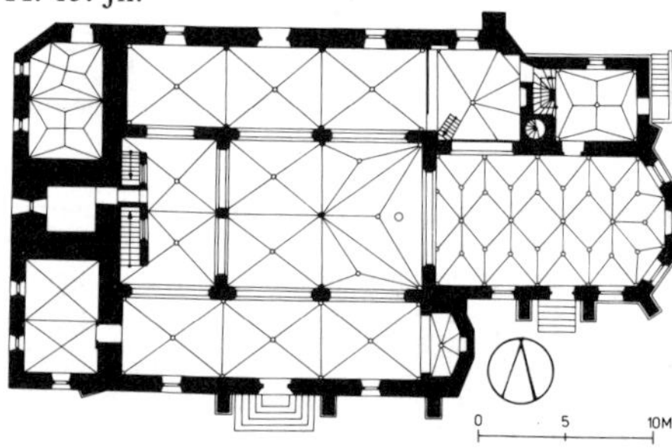

St. Veit, Pfarrkirche
hl. Vitus

Abgefaster spitzbogiger Triumphbogen. Chor in der Breite des Mittelschiffes, 4jochig, 3seitiger Schluß. Got. Netzrippengewölbe auf Runddiensten bzw. Konsolen, runde Schlußsteine. Umlaufendes Kaffgesims. Im 1. Joch abgefaste Spitzbogennische; im 3. Joch Sakristeizugang; im 4. Joch got. Wandmalerei, Heiliger mit Stifter, re. Heiliger mit Propheten, 2. V. 15. Jh. – Neugot. Glasmalerei.

Säulenhochaltar M. 17. Jh. Bar. Tabernakel mit Kreuzigungsgruppe, M. 18. Jh.; Rundbogennische mit bar. Schnitzwerk Marienkrönung und Hl. Dreifaltigkeit, darunter Hll. Rupert, Veit und Virgil, am Aufsatz bar. Plastik hl. Michael und Engel; seitl. bar. Konsolfiguren, li. hl. Georg, re. hl. Florian, 18. Jh. – Im Chor kleinere Säulenaltäre (seit 1816), 2. H. 17. Jh., li. Altarblatt Christus am Kreuz, Hll. Maria und Johannes, 18. Jh., Oberbild Hl. Dreifaltigkeit, um 1800; re. Altarblatt hl. Sebastian, 2. H. 17. Jh., im Aufsatz Bild Madonna mit Kind, um 1800.

Altäre an den Ostwänden der Seitenschiffe, um 1750. Li. vorschwingende Seitenteile mit je 2 gewundenen Säulen, darüber profiliertes Gebälk mit Voluten und Engel; bar. Altarblatt hl. Maria übergibt dem hl. Simon das Skapulier, re. hl. Katharina; Oberbild Immaculata, darüber Auge Gottes in Strahlenkranz; zwischen den Säulen bar. Konsolfiguren Hll. Joseph und Anna, M. 18. Jh. Re. Altar von 1750, bar. Altarblatt hl. Katharina, Oberbild Hll. Maria mit Kind und Katharina, bar. Konsolfiguren Hll. Franz Xaver und Johannes Nepomuk, 18. Jh. Kanzel mit Schalldeckel, 2. H. 17. Jh., Kanzelkorb mit Bildern der Evangelisten und Heiland, durch Säulchen unterteilt. – Schnitzwerke. Hl. Vitus, 2. H. 15. Jh.; hl. Maria mit Kind, 17. Jh.; Hängekruzifixus, 17. Jh.; hl. Notburga auf Wolken mit Engel, rückwärts bez. *P,* um 1770; hl. Leonhard, um 1780; hl. Antonius, um 1830. – Bilder. Brustbilder der Apostel, 17./18. Jh.; Rosenkranzgeheimnisse, 2. H. 18. Jh.; 14 Kreuzwegstationen, 18. Jh.; Christus am Kreuz, unterhalb Inschr., 18. Jh. – Orgel von *Johann Christoph Egedacher,* 1714, Orgelkasten mit höherem Mittelteil, im gesprengten Giebel Sonne, Werk wahrsch. von *Matthäus Mauracher* umgebaut. Neugot. Gestühl. Taufstein 8eckig, um 1500. – Mehrere Grabsteine im Kircheninneren, 17./18. Jh., z. T. unleserlich. – 2 Glocken von *Jörg Gloppitscher,* 1464; Glocke von *Hans Schuspeck,* 1520.

Schernbergkapelle im W am südl. Seitenschiff, 2jochiges, spitzbogiges Kreuzgratgewölbe. Säulenaltar mit geschwungenem, gesprengten Giebelaufsatz, Predella mit gemalten Wappen, Graf von Schernberg und Jocher, Inschr. und Bez. 1642. Rundbogiges Altarblatt 14 Nothelfer, im Aufsatz Vesperbild 17. Jh. – Am Boden und an den Wänden mehrere, z. T. abgetretene Grabsteine, 15.–18. Jh. u. a. Vikar Vitus Waldner; Leonhart Graff von Schermperg, 1529; Sigmund Graff Schernperg, 1519; Vital Prvnmaister und andere, 1537; Sophia geborene Rorwolffin, 1571; Urßula Gräfin von Schermperg, 1651; Conrad Graf von und zu Schernberg, 1668; Maria Barbara Gräfin von Schermperg, 1684; Maria Anna Josepha Motzelin, 1706; Maria Barbara Goldin, 1710; Maria Barbara Josepha Auerin, 1775. – Glocke von 1679.

Pfarrhof südl. der Kirche, tiefer gelegen, mit dem Friedhof durch einen überdachten Zugang verbunden. 3geschossiger, 6achsiger, im Kern spätmittelalterlicher Bau über Rechteckgrundriß, Satteldach. Im O abgefastes Segmentbogenportal, Stützpfeiler. Umbauten 1753, renov. 1978. – Bischofzimmer mit Stuckdecke von *Benedikt Zöpf* um 1770, in der Mitte Auge Gottes mit Strahlen, Blumen usw., an der Wand Rocaillenkartusche mit Wappen und Inschr., Simon Valentin Gruber und Leopold Keller 1753; Kachelofen um 1700. Holzschnitzwerk Pietà, um 1520; Kalenderscheibe A. 17. Jh.; mehrere Ölbilder der Pfarrherrn, 17.–19. Jh.

KAPELLEN. In G r a f e n h o f (Lungenheilstätte) zum Hl. Kreuz, erb. 1913. Dreiachsiger Bau über Rechteckgrundriß, niedrigere eingezogene Rundapsis; Holzschindeldächer, Dachreiter mit rundbogigen Schallfenstern. Rundbogenportal und Fenster. Im O eingeschossige Anbauten, Vorhalle und Sakristei. Schlichter Kapellenraum mit Holzkassettendecke, eingezogener Chor mit rundem Abschluß, Kreuzigungsgruppe um 1913. – **Wimmkapelle** südöstl. von S t. V e i t, erb. 1885, renov. 1957. Steinsichtiger Bau über Rechteckgrundriß, Rundapsis; Holzschindelsatteldach. Spitzbogenportal und Fenster, in Rundbogennische Immaculata. – Kapelle bei H a u s Nr. 11 östl. von St. Veit. Spätbar. Bau mit Rundapsis, abgewalmtes Holzschindelsatteldach. Tonnengewölbe, Bild Madonna mit Kind, um 1800.

BILDSTÖCKE. **Pfarrstein(-Kapelle)** in O b e r l e h e n, rest. 1977. Spätbar., volkskundlich bmkw. Inventar, Kruzifixus, Hll. Maria und Johannes (bemalte Brettfiguren), Schnitzwerke Gottvater und Hl.-Geist-Taube; Bild Schmerzhafte Mutter Gottes. – **Pichlkapelle,** in P i c h l, nordwestl. von St. Veit, 1975 erb., rundbogig geöffneter Bildstock, Gitter bez. 1703 und 1975, bar. Kreuzigungsgruppe, Kruzifixus um 1700, Assistenzfiguren M. 18. Jh. – Bei

H o c h k l i n g nördl. von St. Veit, in Hanglage, rundbogig geöffneter Bildstock mit bar. Kruzifixus.

PROFANBAUTEN. Am Marktplatz in der Ortsmitte dichte, zeilenartige Verbauung, im W als Abschluß die Pfarrkirche, gegen O die Häuser Nr. 12 und 13. Giebelständige Bauten, 2geschossig, 5achsig, meist 18. Jh., mit z. T. älterem Kern. **Nr. 2:** Mesnerhaus, bez. 1776. **Nr. 6:** bez. 1735, Tonnengewölbe. **Nr. 7:** Tonnengewölbe. **Nr. 11:** Segmentbogenportal. **Nr. 12:** Schwibbogen zu Haus Nr. 13, Segmentbogenportal bez. 1630, südseitig Eisenplattentür, an der Ostfassade Rundbogenportale. **Nr. 13:** 3geschossig, über Rundbogenportal Ovalkartusche, ostseitig im 1. und 2. Obergeschoß abgefaste Rundbogenportale. **Nr. 23:** Ehem. Gerichtshaus, bez. 1702.
Markt 36: Anger. Paarhof, Wohnhaus, Blockbau, nur kleiner bergseitiger Teil gemauert, an der Traufseite kleiner gezimmerter Anbau, über dem Haupteingang senkrechte Verbretterung mit drei rundbogigen Fenstern. – **Bräuhausgasse Nr. 21:** Urfahr, beim Bahnhof. Paarhof, Wohnhaus bez. 1712, traufseitig um Gangbreite vorspringendes gemauertes Erdgeschoß, darüber Blockbau mit Klingschrot, Wandköpfe mit Zierschrot. Klostermaschengitter an den Fenstern.
Grafenhof. Streusiedlung östl. von St. Veit, mit alpinen Paarhöfen. **Nr. 12** und **Nr. 13:** Paarhöfe Oberer und Unterer Rossruck. Oberer bez. 1584, Wohnhaus Blockbau, traufseitig erschlossen, Nr. 13, 1835 renov., mit Spuren ehem. Bemalung im Erdgeschoß. – **Nr. 20:** Großklingelberg. Paarhof, Stallscheune bez. 1586. Spätgot. Wohnhaus, 2geschossig gemauert mit hölzernem niederem Dachgeschoß. An der Traufseite Steinportal. Kleine Fenster, z. T. vergittert oder mit Fensterkörben. Im Dachgeschoß talseitig Gang über die gesamte Breite, kleiner Gang an der gartenseitigen Traufe. Stichkappengewölbe in Flur, Keller und Küche. 2geschossiger jüngerer Getreidekasten. Backofen. – **Nr. 41:** Wimmgut. Paarhof, Wohnhaus, Mittelflur, 3geschossig, 2 Geschosse gemauert, darüber Blockbau mit Kopfschrot, Zierschrot an Mittelwänden. Im Holzteil breiter Gang über Hausbreite, Dachgeschoß mit kurzem Gang. Reich verzierter Glockenturm. Segmentbogiges Portal mit schräger Laibung. Stubentram bez. 1676. Z. T. urspr. Fenster. Alter Roßstall, neue Stallscheune.
Lehen. Weilerartig, mit Einzelgehöften in Streulage an den Berghängen zwischen Urpaß und Goldeggweng nordwestl. von St. Veit. **Nr. 4:** Strohlehen. Paarhof, Wohnhaus bez. 1797, 2geschossig, Mittelflur, urspr. reiner Holzbau in überkämmter Blockbauweise, re. des giebelseitigen Einganges gemauert. Giebelseitiger Gang über die gesamte Breite und kleiner Oberausgang. – **Nr. 11:** Fron. Haufenhof, 2geschossiges Wohnhaus, 17. Jh. (?), Erdgeschoß gemauert, darüber kopfschrotgezimmerte Blockwände, über dem Eingang senkrechte Verbretterung, gespundeter Türstock. Gänge an der Giebelwand und an Teil der Traufseite. Z. T. winzige Fenster, vor allem an der bergseitigen Giebelwand. Backofen im Flur. Abgefastes rundbogiges Portal als Eingang zur ehem. Rauchküche. Verbindungsgang zum aus Rundlingen errichteten Zimmer bez. 1766. Zwei 2geschossige Kasten mit Stiege und Gang, bez. 1781 und 1859.
Nieder- und Oberuntersberg. Streusiedlungen auf der Schattseite südl. der Salzach, westl. der Liechtensteinklamm. – **Niederuntersberg Nr. 7** und **8:** Liebermannschwaig und Maxlschwaig. Intakte Gehöftgruppe zweier Paarhöfe. **Nr. 7:** 2geschossiges Mittelflurhaus, Erdgeschoß und talseitiger Eckraum auch im Obergeschoß gemauert, ansonsten Blockbau mit Kopfschrot, First bez. 1636.

– **Nr. 8:** Wohnhaus 2geschossig, traufseitiger Eingang, Blockbau mit Kopfschrot, Mittelwand mit Zier- und Schließschrot. Ehem. Rauchküche gemauert. Über dem Eingang senkrechte Verbretterung mit 2 ehem. rundbogigen Fenstern. Reste urspr. Fensterformen. – **Oberuntersberg Nr. 1:** Birgl. Haufenhof. Wohnhaus bez. 1632. 2geschossiges Mittelflurhaus, Erdgeschoß mit traufseitigem Eingang gemauert, darüber Blockbau mit Kopfschrot, an den Wänden Klingschrot. Gangl über die Giebelbreite und vor dem Oberausgang. Gemauerter Stall mit gezimmerter Scheune. 2geschossiger Kasten bez. 1779. Diverse Nebengebäude.
Pichl. Kleiner Weiler mit bäuerlichem Charakter auf einer Anhöhe nordwestl. von St. Veit sowie Einzelgehöfte an den nördl. angrenzenden Hängen mit alpinen Paar- und Haufenhöfen. Ensemble **Nr. 3/4** Pöltlbauer/Taucherbauer im Ort. **Nr. 3:** Bez. 1706, renov. Mischbau, Eingang und Speicheranbau an der Traufseite. **Nr. 4:** Giebelseitig begehbares Mittelflurhaus in Blockbau mit Klingschrot, ehem. Rauchküche gemauert. Gang in Ober- und Dachgeschoß der Stirnwand. 2geschossiger Kasten mit Schindeldach, Stiege und Gang sowie offenem Giebel. – **Nr. 10:** Hochrainberg. Paarhof, Wohnhaus. Sehr alt aussehender Blockbau, bez. 1687, Speicheranbauten an beiden Traufseiten. Eckverbände Zierschrot, an den Anbauten Kopfschrot. Einige urspr. Fenster. Legschindeldach. Verbindungsgang zum 2geschossigen Kasten bez. 1686 mit senkrechter Verbretterung im Obergeschoß. – **Nr. 14:** Hochklingelberg. Urtümlich verschachtelter Haufenhof. Wohnhaus 2geschossig, Blockbau mit Kopfschrot, traufseitiger Eingang. Wandköpfe in Kopf- und Zierschrot. An der bergseitigen Giebelwand Votivbild. Talwärts verandaartiger Gang. 2geschossiger Kasten mit Legschindeldach, durch Gänge in Verbindung mit Blockbau-Scheune und kleinem Anbau des Wohnhauses. Diverse Nebengebäude.

SAUERFELD. Gem. Tamsweg. Polit. Bez. Tamsweg

Kirchweiler im Leisnitztal, östl. von Tamsweg. Urk. 1352.

FILIALKIRCHE Hl. Familie. Schlichte Dorfkirche, an der Durchzugsstraße Richtung Seetal. 1914 nach Plänen von *Karl Pirich* erb. (Baumeister *A. Santner*). Einschiffiges Langhaus mit umlaufender Hohlkehle und Satteldach, im S und N Rundbogenfenster. Eingezogener, niedrigerer Chor mit 3seitigem Abschluß, nördl. Rundbogenfenster. Im W vorgesetzter Turm, Rechteckportal mit Vorbau. Der ungegliederte Turm mit Luken und rundbogigen Schallfenstern, über profiliertem Abschlußgesims 8eckige Laterne mit Kreisfenstern und Helm; Holzschindeldächer. Sakristei südl. am Chor, Rechteckfenster und Tür.
3jochiges Langhaus mit flacher Holzdecke, Westempore. Abgefaster, rundbogiger Triumphbogen; um eine Stufe erhöhter Chor mit halbrundem Abschluß, Flachdecke, re. Sakristeizugang.
Hochaltar mit Altarblatt Hl. Familie bez. *Josef Gold 1914* (nach *F. Ittenbach*), seitl. Figuren Hll. Joachim und Anna. – Seitenaltäre mit Figuren A. 20. Jh.; li. Immaculata, re. hl. Antonius. Im Langhaus mehrere Öldrucke und 14 Kreuzwegbilder (Drucke) um 1900.

BILDSTÖCKE. **Dorferkreuz,** westl. von S a u e r f e l d bei Haus Nr. 15. Erb. 1965. Über quadrat. Grundriß Spitzbogennische und Zeltdach. Neugot. Figur

Maria mit Kind, Herz-Jesu- und Marienstatue, 2 Leuchterengel. – **Grabkreuz,** östl. von Sauerfeld. Einfacher Bau mit Holzschindelsatteldach, Nische mit volkstümlichen Statuetten Christus, hl. Leonhard und Engel.

BURGSTALL Sauerfeld, nördl. des Ortes am rechten Ufer des Preberbaches. Markante, heute bewaldete Kuppe mit wenigen Mauerresten im Gelände, an höchster Stelle Turmfundamente (?). Urk. 1290 und 1380.

SCHEFFAU am Tennengebirge. Polit. Bez. Hallein

Gemeinde in nordwestl. verlaufender Talfurche, die von der Lammer entwässert wird, im S vom Tennengebirge und im N vom Rabenstein, Hühnerkopf und Sennberg begrenzt. Streusiedlungsgebiet mit den Ortschaften Voregg und Wallingwinkel, in der Übergangszone vom Tennengauer Einhof zum Pongauer Paarhof. Der Kirchweiler Scheffau an der Lammer im unteren Lammertal nördl. des Flusses, urk. 1130.

FILIALKIRCHE hl. Ulrich, in der Ortsmitte. Spätgot. Wandpfeilerkirche mit W-Turm. Urk. 1475, Weihe 1500. Rest. 1963.
Langhaus und Chor spätgot.; mit Satteldach, im O abgewalmt; umlaufender Sockel und Hohlkehle; am Langhaus 2fach gestufte Strebepfeiler im NW und SW übereck gestellt, Strebepfeiler des polygonal geschlossenen Chores 3fach gestuft. Baukörper im N fensterlos; Chor mit 3 Fenstern vom O bis SO, Langhaus mit 3 Fenstern im S, jeweils spitzbogig mit Maßwerk. – Spätgot. Nordportal am Langhaus, mit Vordach von 1963, abgefast, spitzbogig; got. Türe mit Eisenbeschlägen.
Ungegliederter Turm, im Kern rom. (?), mit Kaffgesims unter den Triforenfenstern; Glockenhelm, über die abgeschrägten Ecken des Turmes herabgezogen, mit Laterne, von 1793, 1960 erneuert. Turmhalle mit 3 spitzbogigen gekehlten Eingängen; spätgot. Sternrippengewölbe, im O abgefastes, spitzbogiges Portal mit geradem Sturz. – Eingeschossiger Sakristeianbau mit Walmdach im 1. südl. Chorjoch.
3jochiges Langhaus mit Netzrippengewölbe, 4teiliger Rautenstern, um 1500, auf Wandpfeilern mit Runddiensten. Triumphbogen spitzbogig und abgefast. Chor leicht eingezogen, 2jochig mit 5/8-Schluß. Netzrippengewölbe auf Runddiensten mit Basis und Rundkapitell, spätgot. Formation geknickte Reihung, 2. H. 15. Jh.;

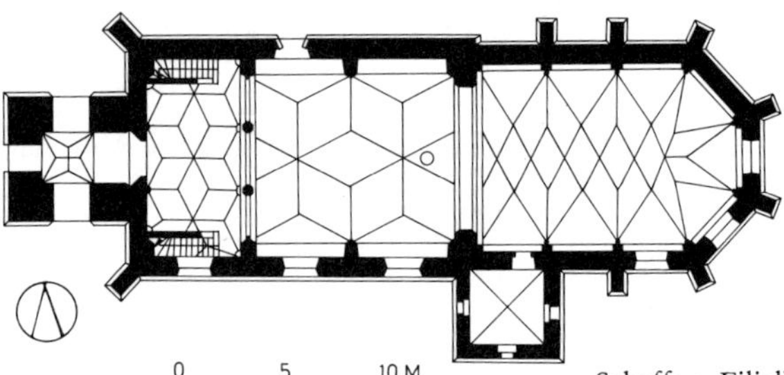

Scheffau, Filialkirche hl. Ulrich

im 1. Joch Sakristeiportal, spitzbogig, gekehlt und innen zum Rundbogen geschlossen. Kreuzgratgewölbte Sakristei. Empore über dem 1. Langhausjoch, 3schiffig, Netzrippengewölbe, 4teiliger Rautenstern auf Säulen bzw. Konsolen. Gewölbe bez. 1473, 1767, 1885, 1927, 1963, Got. Maßwerkbrüstung aus Steinguß.

Glasmalerei im südöstl. Chorfenster mit Renov.-Bez. 1886; Hll. Rudolf, Rupert, Elisabeth (?), Ulrich, Margareta, Katharina, Kreuzigung, Ölberg, Paulus, Petrus, im Dreipaß Antlitz Christi und 2 Engelsköpfe, um 1500.

Hochaltar von *Hans Waldburger*, 1628 aus der Stiftskirche Nonnberg stammend, 1853 eingetauscht gegen den ehem. spätgot. Hochaltar um 1510; Mittelfigur Maria mit Kind und li. Figur hl. Rupert von *Ferry Donat* 1963 (Kopien nach *Hans Waldburger*); re. Figur hl. Ulrich von *Lienhart Astl* 1510; Aufsatzfiguren Gottvater, Hll. Heinrich und Benedikt von *Hans Waldburger*. Tabernakel 18. Jh.

Kanzel bez. 1723, Imitation von Brandmalerei, auf dem Schalldeckel Segnender Christus. – Kruzifix 2. H. 14. Jh.; Figurengruppe Pietà, M. 16. Jh.; Rosenkranzmadonna 1. H. 17. Jh. – Bilder. Himmelfahrt Mariens, frühes 17. Jh.; Kreuzigung und Christus an der Geißelsäule 18. Jh.; Trinität mit Maria und Joseph sowie Seelen im Fegefeuer bez. *J. Strubreiter 1895* (Kopie nach bar. Bild im Pfarrhof Abtenau). 14 Kreuzwegbilder 18. Jh.; Sammlung von Hinterglasmalerei 18.–20. Jh. – Weihwasserbecken und Opferstock 15. Jh. – Grabstein 14. Jh. – Glocke von *Jörg Gloppitscher*, 1477.

KAPELLE Hll. Wilhelm und Leonhard, in Weitenau. Erb. 1929, Untergeschoß gemauert, Obergeschoß Holzbau mit Satteldach und Dachreiter. Im Untergeschoß Ölberggruppe von *Jakob Adlhart*, 1950, im Obergeschoß Deckenmalerei Szenen des Alten und Neuen Testaments von *Hildebrand Mayer* um 1950.

EHEM. SCHULHAUS, Weitenau Nr. 4. Spätgot. Bau, 2geschossig mit abgewalmtem Satteldach; Segmentbogenportal und abgefaste Fenstergewände im Erdgeschoß spätgot.

BAUERNHÖFE. **Scheffau a. d. L. Nr. 4:** Hasenbichl; Paarhof, Mittelflurwohnhaus mit gemauertem Erdgeschoß, Obergeschoß in Blockbau, teils verputzt, teils senkrecht verschalt, im Dachgeschoß Firstkammer, Satteldach. Stallscheune mit gemauertem Erdgeschoß, Obergeschoß Ständerbau, senkrecht verschalt, Längstenne mit Brücke. – **Nr. 10:** Hochberg; Paarhof, Mittelflurwohnhaus, Erd- und Obergeschoß gemauert und verputzt, Satteldach, Hausgang im Dachgeschoß. – **Nr. 15:** Pointbauer; Einhof, Querflurhaus, Erdgeschoß und Obergeschoß gemauert und verputzt, Quertenne mit Brücke. – **Nr. 24:** Sillergut; Einhof mit Mittelflurgrundriß, bez. 1922, Erdgeschoß gemauert, Obergeschoß verputzter Blockbau, Dachgeschoß verschalt. Stall z. T. in Blockbau, traufseitig verschindelt. – **Nr. 25:** Auerbauer; Paarhof mit Getreidekasten, Erdgeschoß des Wohnhauses gemauert, Obergeschoß und Giebel verputzter Blockbau. Pferdestall im Wohnhaus. Erdgeschoß der Stallscheune in Natursteinmauerwerk, Obergeschoß Ständerbau, senkrecht verschalt. Getreidekasten eingeschossig in Blockbau. – **Nr. 29:** Altbernhof; Einhof, bez. 1776, Mittelflurwohnhaus, Erdgeschoß gemauert und gewölbt, steinerne Fenstergewände, Obergeschoß Blockbau, Giebelseite verputzt, Stube bez. 1826, Längstenne über Stall mit Tennbrücke. – **Nr. 37:** Pechlbauer; Paarhof mit Getreidekasten, Backhaus und freistehender Obstdarre. Mittelflurwohnhaus mit gemauertem Erdgeschoß, Obergeschoß verputzter Blockbau, Balkon im Dachgeschoß. Stallscheune mit Längstenne und Brücke. Freistehender gemauerter Backofen mit Scharschindeldach. 2geschossiger Getreidekasten in Blockbau, bez. 1780.

Voregg, nördlich vom Gsengriegel gelegenes, hochplateauartiges Hügelgelände, in welchem in Streulage hauptsächlich Paarhöfe vorkommen. – **Mosegg Nr. 11:** Eggerbauer. Paarhof, Mittelflurwohnhaus, gemauertes Erdgeschoß, Fenster- und Türgewände z. T. Marmor, Obergeschoß Blockbau, verputzt, nord- und westseitig verschindelt, 2flügelige hölzerne Fensterläden, Dachgeschoß senkrecht verschalt, Hausgang im Dachgeschoß, Glockentürmchen. – **Nr. 20:** Bachlunzengut; ehem. Paarhof, bez. 156.?, gemauertes, verputztes Mittelflurhaus, Erdgeschoß gewölbt, im Giebel Kreuzigungsgruppe auf Blechtafel, Hausgang im Dachgeschoß. – **Nr. 21:** Bachbauer; Paarhof, Mittelflurwohnhaus, gemauertes Erdgeschoß, vorderer Teil des Obergeschosses verputzter Blockbau, hinterer Teil gemauert, bez. 1883, Hausgang im Dachgeschoß. Stallscheune Erdgeschoß, teilweise gemauert, teilweise Blockbau, Obergeschoß Ständerkonstruktion, senkrecht verschalt.

Wallingwinkel, Durchbruchstal der Lammer zwischen dem Abtenauer Becken und den Lammeröfen. An den über der Talsohle befindlichen Hängen finden sich in Streulage Ein- und Paarhöfe.
Nr. 6: Etzengut; Paarhof mit Getreidekasten, Wohnhaus mit Mittelflur, gemauertes Erdgeschoß, steinerne Fenstergewände, Obergeschoß verschindelter Blockbau, Satteldach, Giebel senkrecht verschalt. Getreidekasten 2geschossiger Blockbau, Satteldach mit Scharschindeln. – **Nr. 9:** Unterwalling; Einhof mit Kasten und Backofen; Mittelflurwohnhaus, gemauertes und gewölbtes Erdgeschoß, steinerne Fenstergewände, Obergeschoß verputzter Blockbau mit Hausgang, Schopfwalmdach, an Giebeln senkrecht verschalt. 2geschossiger Kasten in Blockbau, senkrecht verschalt, Satteldach mit Scharschindeldeckung. Backofen freistehend gemauert, Satteldach mit Scharschindeldeckung. – **Nr. 11:** Buchegg; Paarhof, gemauertes, gewölbtes Mittelflurwohnhaus, steinerne Fenstergewände, Obergeschoß Blockbau, giebelseitig verputzt, Schopfwalmdach mit Scharschindeldeckung, Firstkammer und Hausgang, Dachgeschoß senkrecht verschalt.

Weitenau, Streusiedlung im Tal des Weitenaubaches; entlang der Straße **Kreuzwegstationen** mit Tonreliefs um 1950. An den nordöstl. Hängen finden sich in Streulage Ein- und Paarhöfe.
Nr. 11: Unterschönau; Paarhof mit Mittelflurwohnhaus, Erd- und Obergeschoß gemauert, Schopfwalmdach. Stallscheune Erdgeschoß gemauert, Obergeschoß Ständerkonstruktion. – **Nr. 12:** Oberschönau; Einhof mit Mittelflurwohnhaus, Erd- und Obergeschoß in verputztem Blockbau, altes Fensterformat neben der Eingangstüre sichtbar, Hausgang im Dachgeschoß, Quertenne im Obergeschoß, Stallteil im Erdgeschoß gemauert, Obergeschoß Ständerkonstruktion.

SCHERNBERG Schloß, siehe SCHWARZACH im Pongau

SCHLEEDORF. Polit. Bez. Salzburg-Umgebung

Gemeinde, Haufendorf und Streusiedlungsgebiet im Hügelland des nördl. Flachgaus, zwischen Gemeinden Mattsee und Köstendorf. – Urk. 874.
Einhöfe vom Flachgauer Typus, über haken- oder T-förmigen Grundriß; überwiegend Bruchstein- und Mauerbauten, z. T. mit Schlackenputzverzierung (wie Schleedorf Nr. 39, Kühberg Nr. 18, Wallsberg Nr. 5, Baumgarten, Roid).
Auf einem Höhenrücken nordwestl. von Schleedorf, nahe dem Weiler Mölkham, hallstattzeitliche Grabhügel (7. Jh. v. Chr.), alle bereits um die Jahrhundertwende geöffnet. Funde im SMCA.

PFARRKIRCHE hl. Stephanus, in der Ortsmitte etwas erhöht gelegen. Historisierende Saalkirche des 19. Jhs. mit Nordturm und got., barockisiertem Chor, von Friedhof mit Mauer umgeben. Vorgängerbauten (1973 ergraben): 1. Holzbau 9./10. Jh., 2. hochmittelalterlicher Steinbau (wahrsch. 13. Jh.). Urk. 1379 als Pfarre. Der wahrsch. got. Chor im 17. Jh. barockisiert. Nach Brand 1872 Neubau des Langhauses 1874–1876 von *Josef Wessicken;* gew. 1877. 1891 Pfarrerhebung. 1945/46 Renov. 1974 Innenrest. und Umgestaltung durch *Heinz Tesar.*
Außenbau. Langhaus und Turm von 1874/76 aus unverputztem Konglomeratmauerwerk; Schiff mit Rundbogenfenstern und Strebepfeilern, südseitig Tympanonportal. 3geschossiger Nordturm an westl. Langhausjoch mit romanisierenden gekuppelten Schallfenstern und Giebelspitzhelm. Eingezogener, 3seitig geschlossener Chor mit got. Traufkehle und bar. Rundbogenfenstern. Nordseitig doppelgeschossiger Sakristeianbau im Kern des Erdgeschosses wahrsch. got.
Inneres. Im Langhaus Emporenjoch und 3 kurze Kreuzgratjoche mit kräftigen, durchgehenden Gurten. Mächtig ausladende, einschwingende Empore auf Mittelsäule von der Innengestaltung 1973/74. Eingezogener Triumphbogen. Im einjochigen Chor mit ehem. 5/8-Schluß gedrückte Stichkappentonne, Rotmarmorplattenboden. Sakristei mit bar. Kreuzgratgewölbe, beschlagenes Sakristeiportal.
Einrichtung. Hochaltar, über freistehender Mensa moderne Gruppierung von Figuren des ehem. bar. Altars, urk. 1699–1701 von *Meinrad Guggenbichler;* erhöht in der M. Martyrium des hl. Stephanus, Seitenfiguren Hll. Georg, Florian, nicht zugehörige Adorationsengel, spätbar. Tabernakel. – Kreuzigungsgruppe (Kruzifix, Hll. Maria, Johannes Ev.), hl. Sebastian, Sitzfigur hl. Leonhard auf Wolken, Werkstatt und Nachfolge *Meinrad Guggenbichlers* frühes 18. Jh. – Triumphbogenkruzifix 2. H. 18. Jh. Barockisierende Statue hl. Maria mit Kind, um 1960/70. – Marmortaufstein bez. 1642, polygonal, Balusterfuß. – Kreuzwegreliefs um 1876. – Sakristeischrank 3. V. 17. Jh. – Ampel A. 19. Jh. Im Dommuseum Salzburg Skulpturengruppe Verkündigung an Maria, Werkstatt *Meinrad Guggenbichlers,* A. 18. Jh., aus dem Pfarrhof.

WEILER- UND HOFKAPELLEN. 3seitig geschlossene, putzgegliederte Bauten mit Schindelsatteldächern und Tonnenwölbungen. P l a k n e r (Schleedorf Nr. 11), 3. V. 19. Jh.; Giebelreiter; innen Gitter; barockisierender Säulenretabelaltar mit Volutenauszug 3. V. 19. Jh., Altarblatt Hl. Dreifaltigkeit, Auszugsmedaillon Mariahilf. – R o i d (Engerreich), 19. Jh., Neorenaissanceädikula mit Bild 'Pietà. – Reisach (Wallsberg), in schlichtem Bau volkstümlich barockisierende Madonna.

BAUERNHÖFE. **Zuhaus** Wirt und **Nr. 6,** in der Dorfmitte, nahe der Kirche, in Mischbauweise. – **Engereich, Nr. 8:** Mittelflurhaus, gemauertes Erdgeschoß, Obergeschoß in Blockbau, Giebelgang unter Krüppelwalmdach. – **Wallsberg, Nr. 9:** Tannberg; Mittertennhof, Mitterflurhaus mit Putzgliederung, Krüppelwalmdach.

SCHLÖSSL, siehe NUSSDORF a. H.

SCHWARZACH im Pongau. Polit. Bez. St. Johann i. Pg.

MARKT und Gemeinde am li. Salzachufer, an zwei einander kreuzenden Straßenzügen. Aufschwung und Ausdehnung erst nach 1741 (Bau einer Missionsstation und Kirche), vor allem nach der Errichtung der Tauernbahn nach Gastein 1908. Markterhebung 1908. Ortsbild weitgehend geprägt durch Bauten des 20. Jhs.
Am Brandstattbühel südl. von Schwarzach bedeutende Siedlung der Bronzezeit sowie der Jüngeren Eisenzeit.

VIKARIATSKIRCHE (Spitalskaplaneikirche) Zur Unbefleckten Empfängnis Mariä, im nördl. Ortsbereich neben der Straße nach St. Veit i. Pg. – Rokokobau mit geschwungener Fassade, 1736 nach Plänen von *Pater Bernhard Stuart* und Hofbauverwalter *Johann Kleber* erb., 1741 Weihe. 1894–1898 Innenrenov.; 1941 Vikariat, 1948/49 und 1967/68 Außenrest., 1972 Innenrest.; 1981 Brand. 1982/83 Wiedererrichtung und südseitiger Erweiterungsbau nach Plänen von *Clemens Holzmeister.*
Einschiffige Frührokokokirche mit vorschwingender Westfassade, Querschiff mit abgerundeten Ecken und leicht eingezogenem Chor, diesen östl. umschließend eingeschossige Sakristeianbauten. Pilastergliederung und umlaufende, profilierte Gesimse; Fensterfaschen. Westfassade mit konvexem Mittelteil, konkav ausschwingend, Marmorportal mit Giebelaufsatz, darüber Glockenfenster. Geschwungener Volutengiebelaufsatz, über profiliertem Gesims obeliskartige Aufsätze. An der Südseite rechteckiges Eingangsportal und Seitenschiff von 1983, 2geschossiger Anbau den vorgegebenen Formen der südl. Außenwand der Kirche folgend. – Turm an der Chorostseite, 3 durch Putzpilaster angedeutete Geschosse, Rundbogenschallfenster mit reicher Umrahmung, profiliertes Abschlußgesims, darüber Zwiebelhelm. Beidseits des Turmes 2achsige Sakristeien, eine davon mit Stuckspiegel.
1983 wiedererrichtetes Tonnengewölbe mit Gurtbögen, Pilaster bzw. Pilasterbündelgliederung und umlaufende profilierte Gesimse im 2jochigen Langhaus, seichtem Querschiff und Chor mit abgerundeten Ecken. Im Langhaus Stuckmedaillons (Fresken von *Wolfram Köberl* vorgesehen). Zum Erweiterungsanbau im S Durchgänge zur Sängerempore und Betempore im W. Fensterartige Maueröffnungen zum Langhaus.
Kircheninventar nach Brand 1983 restauriert bzw. ergänzt. Bar. Säulenhochaltar umgeben von geschnitzter Draperie, M. 18. Jh., Altarblatt hl. Maria und Hll.

Benedikt und Vinzenz von Paul bez. *Wolfram Köberl* 1972, darüber geschnitzte Krone, im Aufsatz Name Mariä, Sonne und Mond flankiert von Engel, 18. Jh. – Li. Seitenaltar, über Tabernakel bar. Altarblatt Kreuzigung Christi und hl. Magdalena, 18. Jh., bar. Konsolfiguren Hll. Katharina und Barbara, M. 18. Jh. Bar. Kanzel (ehem. Pfarrkiche Unternberg/Lungau). – Schnitzwerke, Halbfigur Gottvater und Hl. Geist (ehem. Hart im Zillertal) von Engeln und Strahlenkranz umgeben, um 1760 mit modernen Ergänzungen; Konsolfigur hl. Joseph, Pietà und Immaculata, alles E. 19. Jh. – Taufwasserbecken aus rotem Marmor, hölzerner Deckel. – Gedenksteine, Friedrich Fürst von Schwarzenberg, 1836–1850 Fürsterzbischof von Salzburg; Ambrosia Preisinger, 1879.

Friedhof an einem Hang, nördl. der Kirche. Spätbar. Kapellenbau, 2achsig mit Rundapsis und Satteldach, kleiner Dachreiter. In N Rundbogenportal; Gedenksteine 19. Jh. Im südl. Bereich Aufbahrungshalle, erb. 1977/78 nach Entwurf von *Klara Kowalski, Hartmut Spiluttini* und *Michael Szyszkowitz.*

Pfarramt, Alte Bundesstraße Nr. 13; 3geschossiger Bau 2. H. 19. Jh., weitgehend verändert.

FILIALKIRCHE Maria Heimsuchung, siehe SCHLOSS Schernberg

KAPELLE, in der Brauhausgasse bei Haus Nr. 21; schlichter Bau mit polygonalem Abschluß, Satteldach, Spitzbogentonne, Pietà E. 19. Jh.

BILDSTOCK, neben der Straße Richtung Goldegg, erb. 1916.

SCHLOSS Schernberg, Schernberg Nr. 1, auf deutlich abgesetztem Höhenrükken nordwestl. von Schwarzach. Herren von Schernberg urk. 1193; 1370 Verkauf des „Turmes" an Heinrich Graf, ab 1402 Erweiterung; 1542 zweite Umbauphase vollendet, dazu Marmortafel oberhalb des Haupteinganges; Fertigstellung des Hofes 1548 durch 2 Wappentafeln bez.; Familie Graf von Schernberg und Goldegg 1710 ausgestorben; Schloß 1845 an Kardinal Fürst Schwarzenberg, Schloßumbau zu Kranken- und Versorgungsanstalt, Bausubstanz dadurch im Inneren weitgehend verändert.
Annähernd trapezförmiger Grundriß um Innenhof, einst mit Arkadenfront, alle Gebäude 3geschossig unter einheitlichem Dach, auf dem S-Trakt oberhalb der Kapelle hölzerner Dachreiter von 1887. Im Kern got. Anlage, weitgehend verändert, besonders in der 2. H. des 19. Jhs. Südl. vorgelagert Wehrmauer mit 2 niedrigen Rundtürmen, heute als Gartenterrasse. 1973 Neubau eines Pflegetraktes westl. des alten Schlosses.

Filialkirche Maria Heimsuchung. Got. Kapelle von 1402 (?) im südl. Erdgeschoßtrakt des Schlosses. Renov. 1640, 1854, hoher Dachreiter von 1887; rest. 1940 und 1977. – Got. Kapellenraum, einschiffig, 2jochig mit unregelmäßig ausgebildetem, li. eingezogenem 3/8-Chorschluß. Got. Kreuzrippengewölbe auf Konsolen, runde Schlußsteine; Gurtbögen. Südseitig Spitzbogenfenster und moderne Sakristei, nördl. Kapelleneingang.
Spätgot. Flügelaltar mit neugot. Schrein von 1856, got. Skulptur Maria mit Kind im Strahlenkranz, um 1450 (1940 überarbeitet); Außenflügel mit Temperamalerei (ehem. Werfenweng), 1. H. 16. Jh., li. Christus am Ölberg, Dornenkrönung, re. Geißelung und Christus am Kreuz mit Hll. Maria und Johannes; reliefierte Innenflügel, li. Maria Verkündigung, Geburt Christi, re. Anbetung der Könige

und Tod Mariens. Seitlich vom Tabernakel neugot. Engelreliefs. – An der li. Chorwand neugot. Relief Mariä Heimsuchung von *Johann Scheidl* 1856. An der östl. Langhauswand Kruzifixus, 17. Jh.
Ehem. Oratorium (Sakristei) westl. der Kapelle, 2jochiger Raum mit got. Kreuzgewölbe.
Josefkapelle im NO des südl. Erdgeschoßtraktes, 1976 neu gestaltet; Raum mit unregelmäßig ausgebildetem Grundriß, östl. abgefaster Pfeiler, got. Stichkappentonnengewölbe, im W moderne Kassettendecke, Spitzbogenfenster. Got. Relief Auffindung des Kreuzes, E. 15. Jh.; Kruzifixus 17. Jhr.; Konsolfigur hl. Joseph von 1979.
Im südl. Erdgeschoßtrakt des Schlosses Bilder des 18. Jhs., Maria mit Heiligen über Schwarzach und Schernberg; Porträt Franz Caspar Schmid Freiherr von Haslbach; Maria Anna Freijn.
Im Schloßhof Brunnen von *Arnulf* und *Walter Mayrhofer* 1978.

PROFANBAUTEN und KLEINDENKMÄLER. Ehem. **Missionshaus** an der Südseite der Kirche, Alte Bundesstraße Nr. 6, durch Brand 1981 z. T. zerstört. Urspr. Missionshaus erb. 1741, heute als Krankenhaus weitgehend verändert, 1932 Um- und Erweiterungsbau, 1957–1959 Aufstockung des Neubaues und Einbau einer Kapelle im 4. Stock nach Entwurf von *Paul Geppert d. J.* – Vor dem Neuen Krankentrakt **Büste** und Wappenstein mit Inschr. Friedrich Fürst von Schwarzenberg. – **Marktbrunnen** von *Alois Lidauer* 1957. – **Kriegerdenkmal** neben der Bundesstraße, von *A. Lidauer* 1955. – Im Gemeindeamt Schwarzach historisch interessante Tischplatte, sogen. **Salzleckertisch** mit Darstellung lutherischer Bauern, Inschr. und bez. 1729.
Bmkw. Hof, **Salzburgerstraße Nr. 59:** Wallnerbauer, Paarhof, Wohnhaus, bez. 1738, im Zierschrot. Mischbau, Blockbau mit Schwalbenschwanz- und Zierschrot. Giebelseitiger Eingang mit Schließbalken. Gänge an den Giebelseiten. Im gartenseitigen Giebelfeld verwitterte Heiligenfigur. Stallscheune z. T. untermauert, darüber gezimmerte Wände. 2geschossiger Kasten bez. 1703, in Klingschrotverband mit Stiege.

SCHWARZENBACH. Gem. Uttendorf. Polit. Bez. Zell am See

Kirchweiler, südl. von Uttendorf. Urk. 1307.

FILIALKIRCHE hl. Margaretha. Kleiner got., im Kern rom. Bau, im 18. Jh. Erweiterung gegen W. Außen- und Innenrest. 1983–1985. Grabung 1984, rom. Fundamente des kleineren Vorgängerbaues, z. T. in li. Langhauswand.
Einschiffiges Langhaus mit Schindelsatteldach, im W got. Rundbogenportal und 1983 erneuerter Giebelreiter mit Zwiebelhelm. Chor eingezogen, mit polygonalem Schluß. Im N an Langhaus und Chor anschließend 2 eingeschossige Sakristeien, die westl. tonnengewölbt.
Langhaus 3½-jochig, Chor einjochig; rundbogiger Triumphbogen. Bar. Pilastergliederung, Tonnengewölbe mit Stichkappen. Stuckierung von 1747, profilierte Stuckleisten und Medaillons, im Chor farbig gefaßt, Schachbrettmuster, hängende Weintraube und Auge Gottes in Strahlenkranz. – W-Empore über 1½ Joche. Im 3. Joch des Langhauses und im Chorjoch jeweils im N got. abgefaste Rundbogenportale und Türen mit got. Beschlägen.

Schwarzenbach,
Filialkirche hl. Margaretha

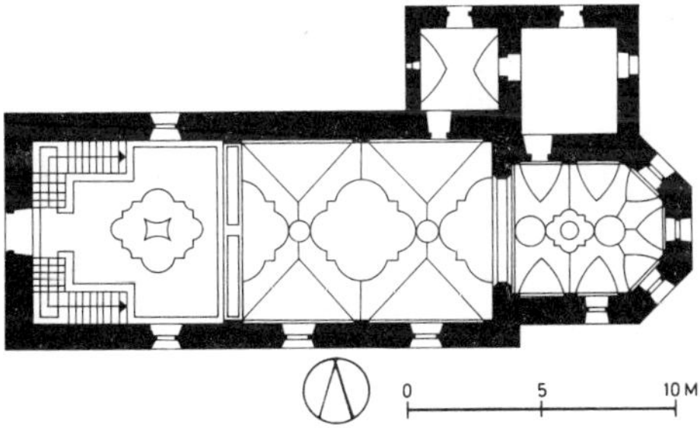

Fresken. An der li. Langhauswand spätrom. Wandmalerei, Szenen aus der Margarethenlegende, gemalte Draperie. Re. davon Teil eines got. Wandfrieses, 3 Heilige, um 1400. An der li. Chorbogenwand got. Fresko, hl. Christophorus, um 1400. Im Chorbereich got. Apostelkreuze und Inschr.
Hochaltar von *Benedikt Faistenberger*, 1686; Altarblatt hl. Margaretha, 19. Jh.; Oberbild Maria mit Kind, 18. Jh.; Konsolfiguren Hll. Johannes d. T. und Johannes Ev., spätes 17. Jh. Tabernakel 2. H. 18. Jh. – Li. Seitenaltar, 2. H. 18. Jh., Figuren Immaculata, Hll. Leonhard und Nikolaus, Ovalbild dornengekrönter Christus. – Re. Seitenaltar, M. 18. Jh., Altarblatt Hl. Dreifaltigkeit und 14 Nothelfer, 19. Jh., übermalt (?), Oberbild Mariahilf, 18. Jh.
Bar. Kanzel, M. 18. Jh. – Figuren, hl. Barbara, 1. H. 18. Jh., Konsole bez. erneuert 1826; hl. Rochus, 17. Jh.; hl. Florian, 18. Jh.; Kruzifix, 17. Jh. In der Pfarrkirche Uttendorf spätgot. Figur hl. Margaretha, um 1470. – Bilder, Votivbild mit Martyrium des hl. Erasmus, 17. Jh.; hl. Georg, 18. Jh. (?); in Verwahrung Gnadenbild Maria Dorfen, um 1725; Kreuzwegbilder, 18. Jh.; Votivtafeln, um 1750 und 1818. – Glocke 14. Jh.

SEEHAM. Polit. Bez. Salzburg-Umgebung

Gemeinde, Haufendorf und Streusiedlungsgebiet mit Weilern im Hügelland des mittleren Flachgaus am Westufer des Obertrumer Sees. Urk. 14. Jh. Seeham aus Kirchweiler hervorgegangen. – Überwiegend Einhöfe vom Flachgauer Typus, Gasthöfe.

PFARRKIRCHE hl. Johannes d. T., im O des Ortes nahe dem Seeufer gelegen, von Friedhof umgeben. Mächtige Saalkirche von 1931, als rechtwinkelig gedrehte, gesüdete Vergrößerung eines got. Baus mit Westturm, 14. Jh. (?); von kapellenartig verbliebenem Chor und Turm seitl. flankiert. – Urk. 1310 und 1342 eine Kirche. Urspr. Stift Mattsee inkorporiert. 1891 Pfarrerhebung. Erweiterungsbau 1931 nach Entwurf von *Otto Strohmayr*.
Langhaus und eingezogener, rund schließender Chor von 1931 mit Rundbogenfenstern; gleichzeitiger Sakristeianbau, Wandmalerei Schutzengel bez. *Hans Kern* 1931. Seitl. Westturm vom Vorgängerbau, auf got. Turmbau bar.

Achteckaufsatz von 1720 mit Glockenhelm. An der NO-Ecke ehem. got., 3seitig geschlossener Chor mit Spitzbogenfenstern; ehem. Sakristeianbau.
Saalraum, Breite von der urspr. Schifflänge des Vorgängerbaus bestimmt; längsaxial gestufte Flachdecke über Quertramen, tiefe Empore; darunter in seitl. Westwand abgefaste, spitz- und rundbogige Turmportale, in der gegenüberliegenden Ostwand Öffnung zum got. Chorbau. Stark eingezogener Triumphbogen in tonnenförmigen, apsidial schließenden Chor überleitend. Ehem., got. Chor im NO, Einjochigkeit und 5/8-Schluß in Gewölbestruktur erhalten, Pilaster von bar. Veränderung, Rotmarmorplattenboden.
An der Flachdecke der ehem. Sakristei Deckenbild Hl. Familie, in Laubwerkstuckrahmen um 1720. – Deckenmalerei in der Chorkapelle, Bergpredigt von *Josef Rattensperger* 1854. – Glasmalerei, Anrufungen und Verheißungen Christi, bez. *Hans Kern 1931;* in der Chorkapelle Hll. Maria, Joseph um 1900.
Einrichtung. Altäre von 1931, zylindrische Figurennischen. Im Hochaltar von *Jakob Adlhart* bar. Schnitzgruppe Taufe Christi mit schwebender Gottvaterfigur vom ehem. Hochaltar von 1682 (vielleicht *Simeon Frieß* zuzuschreiben); spätbar. Tabernakel; seitl. barockisierende Statuen Hll. Isidor und Notburga, 1931. Seitenaltäre, li. von *Jakob Adlhart,* Schnitzfigur Maria Immaculata mit Kind von *Wolf Weißenkirchner d. J.* 1685 (urspr. am Hochaltar in Obereching), re. mit Statue hl. Joseph von *Christina Pöschl* 1937. – Kanzel mit bar. Aufsatzengel. Kreuzwegbilder 2./3. V. 19. Jh. – Orgel von *Gebr. Mauracher,* 1932.
Ausstattung des ehem. Chors, klassizistischer Säulenretabelaltar um 1837, Altarblatt hl. Wandel bez. *J. G. Weibhauser 1837.* Spätgot., polygonaler Rotmarmortaufstein. Bar. Gestühl.

Friedhofkapelle; schlichter bar. Halbrundbau; Altarsäulenretabel 3. V. 17. Jh., Predellenbild Heilige, Altarblatt Verkündigung.

KAPELLEN. Weg- und Hofkapelle G i m e l s b e r g , halbrund geschlossener Bau 19. Jh., historisierendes Nischenaltärchen. – 3seitig geschlossene Bauten A. 20. Jh. mit Spitzbogenöffnungen und Giebelreiter, z. B. Weilerkapelle E d t ; Wegkapelle B e r g , um 1918, innen Spitztonne und Apsisgitter, neugot. Schreinaltärchen.

HEIMATMUSEUM Seeham, im Gemeindeamt, Nr. 93. Ortschroniken, Postkartensammlung, bäuerlicher Hausrat.

BAUERNHÖFE. **Seeham Nr. 3:** Schmidbauer. Gruppenhof im Ortszentrum. Gemauertes Wohnhaus mit quadrat. Grundriß und Vollwalmdach, 2geschossig. Steintürgewände bez. 1842. – **Nr. 37** (in Fraham): Hauslbauer. T-Hof, Wohnteil 18./19. Jh., Blockbau mit Schließ- und reichem Zierschrot. Steildach. Urspr. kleine Fenster erkennbar. – Ähnliches Gehöft benachbart, **Nr. 36:** Schererbauer, hier gemauertes Erdgeschoß.
Matzing Nr. 47 (in Moos): Mooserbauer. T-Hof mit altem Wohnteil. Erdgeschoß gemauert, Obergeschoß Blockbau mit Schließschrot, Dachgeschoß senkrecht verschalt, Steildach mit Schopfwalm, First bez. 1896. Vor dem Haus bmkw. Totengedenkstein, zum Hof gehörig. – **Nr. 63** (in Hub): Schusterbauer. T-Hof, 19. Jh., mit gemauertem Erdgeschoß im Wohnteil und Stall. Obergeschoß Blockbau mit Schließschrot, Dachgeschoß senkrecht verschalt, Steildach mit Schopfwalm. Stallscheune Ständerbau mit Unterfahrt. Stall mit sparsamer Schlackenverzierung, bez. 1931.

SEEKIRCHEN. Polit. Bezirk Salzburg-Umgebung

MARKT und Gemeinde im Hügelland des mittleren Flachgaus um das Westende des Wallersees gelegen. Aus dem Markt auf dem Schwemmkegel der Fischach, den Kirchweilern Waldprechting sowie Wallersee–Zell unmittelbar am Ufer des Wallersees und aus zahlreichen Weilern in Streulage bestehend. – Seekirchen, 1424 Markterhebung, Haufendorf mit kleinem Dreieckplatz im Kern und umfangreicher Siedlungserweiterung, vor allem 20. Jh. Waldprechting urk. 1121, Wallersee–Zell urk. E 12. Jh. In den Weilern z. T. zeilenförmige Anlage der Gehöfte (wie in Bayerham, Kothgumprechting, Schöngumprechting, Zaisberg). Einhöfe, durchwegs Mittertennhöfe, mit haken- oder T-förmigem Grundriß

Seekirchen, historischer Ortsplan nach Kataster von 1829/30

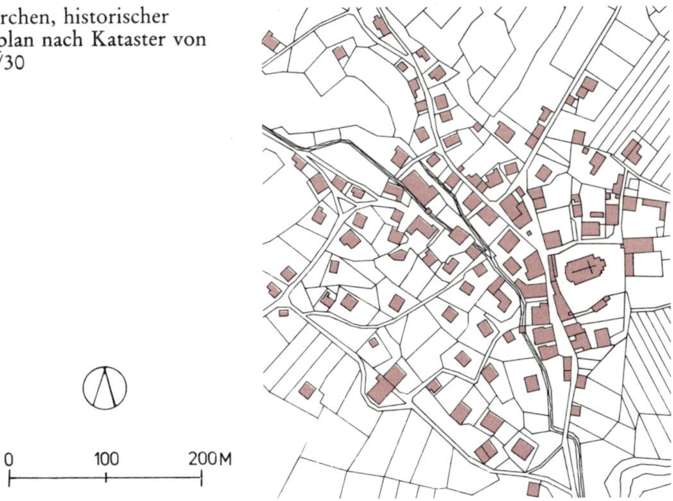

und giebelseitig erschlossenem Mittelflur. Vorwiegend Stein- und Mauerbau, z. T. mit Schlackenverzierung (Mödlham Nr. 4, 6 und 9, Halberstätten/Hengstberg, Mayerlehen/Gensgassen Nr. 33, Schmiding/Oberkapellen Nr. 8, Schmiding Nr. 21 – Zuhäusl, Schöngumprechting/Unterkapelln Nr. 18, Seewalchen Nr. 8 und 25, Zaisberg/Reith Nr. 14, Zaisberg/Mattseeroider Nr. 15, Mayerlehen/Hitzerbichl Nr. 1) und Sandstein- oder Holzportalen, meist aus der 2. H. des 19. Jhs.; nur noch selten Blockbauweise. Wirtschaftsgebäude im Stallbereich gemauert, Stadel Ständerbau, die Wetterseite meist verschindelt.

KOLLEGIATSTIFTS- UND DEKANATSKIRCHE hl. Petrus, in der Ortsmitte. 3schiffiger bar. Bau mit got. Chor, von Friedhof umgeben. Urk. um 700, kam als Pfarre 987 an das Stift St. Peter. Bei Grabung 1977 karolingischer und romanischer jeweils einschiffiger Vorgängerbau festgestellt. Weihedaten 1443 Chor, 1473 Langhaus. Brand 1669. Langhaus um 1670 großteils neu erb. unter der Leitung von *Antonio Dario*. Rest. innen 1960, außen 1965.

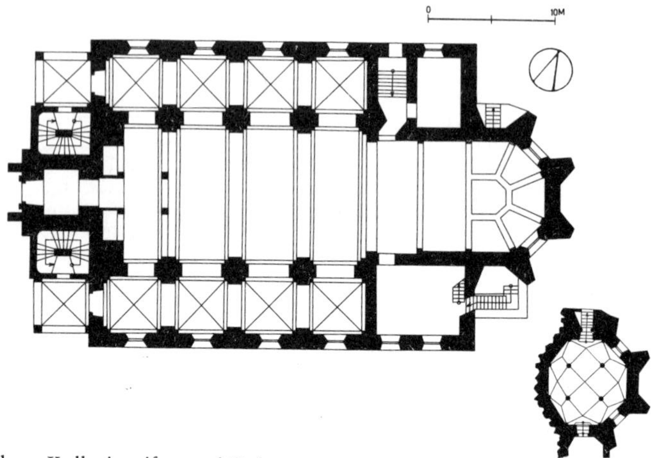

Seekirchen, Kollegiatstifts- und Dekanatskirche hl. Petrus mit Krypta

Außenbau. Bar. Langhaus mit Satteldach, eingezogener spätgot. Chor; umlaufender Sockel. – Westfassade, unverputzter, im Kern spätgot. Turm, 3geschossig, mit zweifach gekehlten rundbogigen Schallfenstern, bar. oktogonalen Aufsatz und Zwiebelhelm. Turmportal mit Wappen Eb. Max Gandolph. Barockisierender Giebel und Vorbauten seitl. des Turmes von 1893. Im N über dem Portal des Vorbaues Bruchstück einer römischen Grabinschr.; im S Epitaph des Johannes Mayr, Pfarrer von Seekirchen, gest. 1653.
Langhaus mit hohen Rundbogenfenstern, im O anschließend nördl. und südl. 2geschossige Sakristeianbauten. Sakristeizugang im N durch Rundbogenportal, darüber Ochsenauge. – Chor mit polygonalem Schluß; mehrfach abgetreppte spätgot. Strebepfeiler, unterhalb der Fensterzone umlaufendes Gesims, in Mittelachse fehlend; rundbogige Krypta- und Chorfenster. Bar. Kruzifix A. 18. Jh. – Im SO an die südl. Sakristei anschließend eingeschossiger Vorbau von 1893 mit Zugang zur Krypta.
An der Langhaussüdwand Kruzifix, spätes 17. Jh.; 2 got. Grabsteine, Wappengrabplatte Christoph Mödlhamm 1547; Relief Kreuzigung, Doppelwappen und Stifter Hans und Elspeth Wässeneck, gest. 1545 und 1517. 2 bar. Priestergrabsteine. – Im NO des Chores Vorbau mit flacher Decke und Pultdach, im N Rundbogenöffnung, bar. Ölberggrupe 1. H. 18. Jh.
Inneres. Turmerdgeschoß kreuzgratgewölbt, Marmortafel mit Inschr. zu Erbauungsdaten der Kirche, von 1679; in der SO-Ecke eingemauert ehem. Marmor-Taufbecken, frühes 17. Jh. – Langhaus 3 schiffig, 4jochig, Pfeiler im Kern spätgot., Mittelschiff mit Stichkappentonne, gegliedert durch Gurtbögen auf Pilastern mit Basis und profiliertem Kapitell. In den Seitenschiffen Kreuzgewölbe mit Stuckrippen und Stuckspiegel. – Chor 2jochig, mit Stichkappentonne und ⅝-Schluß. Wandgliederung wie in den Schiffen. Im 1.

Chorjoch im N und S Sakristeieingänge, darüber Balkone von 1893. Im 2. Joch Wandgemälde, Erbauung der Peterskirche in Salzburg durch hl. Rupert und Predigt des hl. Rupert am Wallersee, beide von *Ludwig Maier* 1894.
Glasmalereien im Chorschluß, Halbfiguren der 4 Evangelisten E. 19. Jh., im Achsfenster hl. Rupert, durch Altarbild verdeckt.
Nördl. Sakristei, im Erdgeschoß kreuzgratgewölbt, Obergeschoß mit bar. Stuckspiegel-Gewölbe. Bild gemaltes Epitaph von Johannes Pock, gest. 1709. – Südl. Sakristei, beide Geschosse mit Stichkappentonne, im Erdgeschoß Sakramentsnische M. 17. Jh., Sakristeischränke von 1674, 1680 und 1692 von *Wolf Schmidt.*
Im W Empore über alle 3 Schiffe; im Mittelschiff auf 2 Pfeilern aufruhend, kreuzgratunterwölbt. Zwischen 1. und 2. Langhausjoch in allen 3 Schiffen schmiedeeisernes Gitter, in der Mitte Wappen Eb. Max Gandolph, 1672 angefertigt, 1704 vergrößert.
Hochaltar, Altarblatt Schlüsselübergabe an Petrus, bez. *Clemens Beutler 1672;* bar. Tabernakel mit 2 bar. Engelfiguren M. 18. Jh., Konsolfiguren seitl. des Tabernakel Hll. Petrus und Magdalena, von *Johann Georg Hitzl* 1745; Konsolfiguren neben dem Altarblatt Hll. Kajetan und Nepomuk, noch 17. Jh. (?); in Verwahrung Figuren 2 kniende Engel von *Martin Helminger* 1953. – Seitenaltäre, Marmoraufbauten, von *Wolfgang Hagenauer* 1763 entworfen, ausgeführt von *Jakob Mösl.* Li. Altarblatt hl. Rupert tauft Herzog Theodo bez. *Franz Zebhauser 1827* (Kopie nach *Franz de Neve*), seitl. Figuren Hll. Virgil und Ulrich von 1763. Re. Altarblatt Vermählung Mariens von *Sebastian Stief* 1869; seitl. Figuren Hll. Johannes d. T. und Florian von 1763. Auf der Mensa bar. Bild, sogen. Wunderbaum, mit Mariahilf-Medaillon, 18. Jh., seitl. 2 kniende Engelfiguren, spätes 19. Jh.
2 Seitenaltäre an den Langhauswänden der Seitenschiffe, Marmoraufbauten entworfen von *Wolfgang Hagenauer* 1765–1767, ausgeführt von *Jakob Mösl.* Li. Altarblatt Hll. Crispin (?) und Antonius vor Maria mit Kind, Oberbild hl. Sebastian, beide von *Sebastian Stief,* M. 19. Jh.; auf der Mensa Bild Maria vom Guten Rath, 18. Jh. Re. Altarblatt 14 Nothelfer, von 1636, Oberbild hl. Franz de Paula, um 1765.
Kanzel mit Reliefs Christus unter den Schriftgelehrten, Johannes d. T. predigend, an der Kanzelrückwand Relief Christus als Guter Hirte, Schalldeckel mit Posaunenengel, von *Jakob Hitzl* und *Thaddäus Baldauf* 1739. Beim Aufgang zur Kanzel Figur hl. Bischof mit Statuette Maria mit Kind, M. 19. Jh. – Konsolfiguren Christus als Guter Hirte von *Johann Georg Hitzl* um 1750 (aus der Filialkirche Waldprechting); Maria vom Siege, von *Simeon Fries* um 1700; hl. Johannes d. T. – umgearbeitete bar. Figur des auferstandenen Christus. Tragkruzifix A. 18. Jh.; Tragkruzifix mit Gottvater und hl. Geist, M. 18. Jh. In der Krypta des Salzburger Domes rom. Kruzifix, M. 13. Jh.
Taufstein 19. Jh., bar. Deckel mit Täufergruppe von *Martin Helminger* 1953. – Kreuzwegbilder von *Sebastian Stief* 1849. – Chorgestühl, Beichtstühle E. 19. Jh. Marmorne Kommunionbank von 1852. – Orgelgehäuse z. T. von 1852, Werk von 1977.
Bar. Priestergrabsteine; Grabplatte mit Relief Kruzifix und kniende Stifter, Allianzwappen Prank-Löwenheim, Franz Freiherr von Prank auf Seeburg, gest. 1721, und Maria Rosalia von Löwenheim, gest. 1732; Grabstein mit Doppelwappen Prank/Waßenau, Inschr., 18. Jh.

Spätgot. Krypta, im S gekehltes spitzbogiges Portal. Oktogon, Kreuzgratgewölbe auf 4 Rundpfeilern mit Basis und Kapitell, 1858 erneuert. Spätgot. Figuren Hll. Rupert, Gislar und Chuniald, um 1440, aus dem rom. Dom in Salzburg stammend.

Kollegiatstift, Stiftsgasse Nr. 2, gegr. durch Eb. Max Gandolph 1679 als weltpriesterliches Kollegiatsstift. Erb. 1679.
Langgestreckter 3geschossiger Bau mit hohem Walmdach. Einfacher ungegliederter Außenbau, z. T. bar. Kamine. Mittelflur mit Segmentbogentonne und Stichkappen. Im O hochrechteckiges Konglomeratportal mit querrechteckigem Oberlichtfenster; vorgebauter Windfang des 19. Jhs. mit Satteldach.

Verwalterhof, Stiftsgasse Nr. 4, nordwestl. der Kirche, 2geschossiger bar. Bau mit hohem Krüppelwalmdach; im Dachgeschoß Ochsenaugen und 3 nachträglich eingebaute große Fenster.

FILIALKIRCHE hl. Nikolaus im Kirchweiler Waldprechting. Kleiner spätgot. Saalbau mit W-Turm, auf einem Hügel. Urk. 1500; Weihe 1523. 1690 Bau der Sakristei. Renov. 1867; Rest., Außenbau 1970, Innenbau 1972.
Schlichtes Langhaus mit Satteldach und mit polygonalem Schluß, bar, Rundbogenfenster. Umlaufender Sockel, unterhalb des Kranzgesimses spätgot. ornamentaler Fries bez. 1517. Im N spitzbogiges abgefastes Portal mit Holztüre, A. 16. Jh. Ungegliederter W-Turm, mit got. Kern, Erdgeschoß kreuzgratgewölbt; bar. Glockengeschoß, oktogonal, mit abgefasten rundbogigen Schalllöchern und Doppelzwiebelhelm. 2geschossiger Sakristeianbau im N mit Pultdach.
Inneres 4jochig, Stichkappentonne von 1753, mit Gurtbögen auf Stuckkonsolen, im O 3/8-Schluß. Im W spätgot. Portal zum Turm, darüber zweites rundbogiges abgefastes Turmportal. Sakristeierdgeschoß kreuzgratgewölbt.
Wandmalerei. An der S-Wand des Langhauses Fragment eines Jüngsten Gerichtes, 17. Jh. (?); bar. Apostelmedaillons.
Altaraufbau von *Veit Mödlhammer* 1720; Altarblatt hl. Nikolaus von *Sebastian Stief* 1867; seitl. Konsolfiguren Hll. Ulrich und Wolfgang, im Aufsatz Figur hl. Michael von *Paul Mödlhammer* 1720. – Kanzel bez. 1661. – Konsolfiguren Hll. Petrus, Paulus, Nikolaus, 1. H. 17. Jh.; Immaculata M. 19. Jh. – In der Dekanatskirche Seekirchen Konsolfigur Christus als Guter Hirte, von *Johann Georg Hitzl,* um 1750. Im SMCA 4 Tafeln um 1520, 3 Szenen aus dem Leben des hl. Nikolaus, und hl. Paulus. – Glocke von *Jörg Gloppitscher,* 15. Jh.

FILIALKIRCHE hl. Maria Magdalena im Kirchweiler Wallersee-Zell. Kleiner got. Saalbau, mit bar. Giebelreiter. – Einschiffiger Bau mit polygonalem Schluß; umlaufender Sockel, steiles Satteldach mit Giebelreiter von 1684, Zwiebelhelm von 1771. Im N an den Chor anschließend eingeschossige pultdachgedeckte Sakristei von 1686.
Langhaus im Kern wohl spätgot., flache Decke M. 17. Jh.; spitzbogiger abgefaster Triumphbogen, darüber bez. *ren. 1864;* spätgot. Chor 15. Jh., einjochig mit 3/8-Schluß, Netzrippengewölbe auf Konsolen. Fenster rundbogig, Achsfenster im Chor vermauert. Im W eingeschossige hölzerne Empore bez. 1662. Sakristei kreuzgratgewölbt.
Altar von 1707; Altarblatt büßende Magdalena von *Johann Friedrich Pereth* (?), Oberbild hl. Helena; seitl. Konsolfiguren Hll. Rupert und Virgil und seitl.

Giebelfiguren im Aufsatz Hll. Katharina und Barbara von *Johann Georg Mohr.* Auf der Mensa Standkruzifix von *Johann Georg Hitzl* 1746. – Kruzifix A. 16. Jh. Konsolfiguren sitzende Maria mit Kind, bäuerliche Arbeit des 16. Jhs.; Pietà, um 1700.

KLEINDENKMÄLER. **Schmied-Kapelle,** Bayrhamerstr. Nr. 2, neugot. kreuzgratgewölbt, mit Zeltdach. Bild Hl. Familie von *Sebastian Stief* 1884. – **Kapelle,** Bayerham Nr. 21, mit Rundapsis und Satteldach, erb. 1874. Altar aus der Erbauungszeit, Bild Maria Dorfen. – **Kapelle** in Halberstätten Nr. 8, mit Satteldach, erb. um 1970; Türe mit bar. Gitter, bar. Altarbild Mariahilf mit Hll. Rupert, Leonhard, Florian, Virgil. – 2 gemauerte **Bildstöcke** in Mödlham, Schmieding Nr. 11 und Nr. 13, mit Zeltdach, M. 19. Jh. – Bar. **Wegkapelle** in Schöngumprechting Nr. 59, mit Satteldach und geradem Schluß. Bar. Stuckpilastergliederung, bar. Gitter. – **Figur** hl. Rupert, an der südl. Ortseinfahrt, von *Martin Helminger* bez. 1967. – **Kriegerdenkmal** mit Figurengruppe von *Alois Eibl,* um 1920.

SCHLOSS Seeburg, unterhalb der Ortschaft Seewalchen am Hang gegen den Wallersee gelegen. Stammburg der Herren von Seekirchen (?) 12. Jh., 2. H. 15. Jh. Herren von Dachsberg, um 1532 von Haunsperg, ab 1617 Familien Montaigne, Freiherren von Prank, von Paumann, dann Ainkäs von Ainkäshofen, von Pfeiffersberg, 1752 Ernst Maria Graf von Lodron, bringt Schloß in heutige Gestalt (noch ohne 3. Obergeschoß); 1848 Armenstiftung des Matthias Bayrhammer, Schloß wird Armenhaus für Pfründner; 1850 3. Obergeschoß aufgesetzt, Material von der in der Höhe reduzierten Umfassungsmauer verwendet. 1921 Gemeindeverwaltung, 1947 Schülerheim, ab 1977 Heimathaus mit Standesamt und Museum.

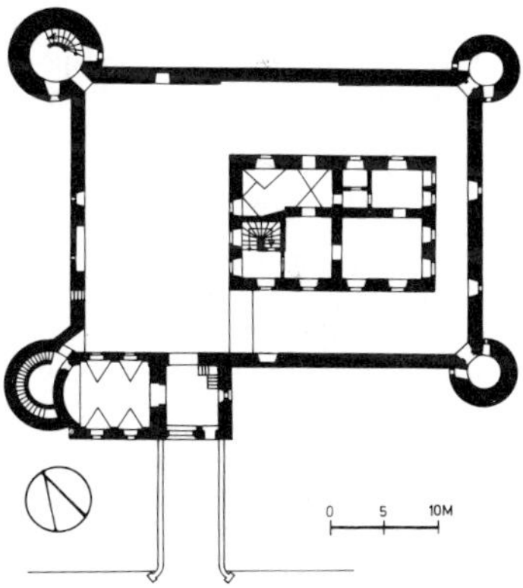

Seekirchen, Schloß Seeburg, Erdgeschoß

Rechteckige Ringmaueranlage mit 4 runden Ecktürmen, hangseitig künstlicher Graben, von SW Steinbrücke mit Rundbogendurchlaß zu Torbau, 2 Geschosse, Rundbogentor in Rechteckrahmung, daneben Gehtürl, von gewölbter Durchfahrt Zugang zu Kapelle, mit Torbau unter gemeinsamem Dach, mittig darauf schlankes Glockentürmchen mit Uhr und neugot. Spitzhelm.

Kapelle hl. Rupert. Urk. seit 1617; Neubau 1752, Weihe 1758; rest. 1953. – Hoher Raum mit flachbogiger Apsis, nach NW gerichtet; segmentbogiges Tonnengewölbe mit Stichkappen. Rundbogige Fenster im SW und NO. Eingeschossige Empore mit Stuckverzierung und stuckiertem Allianzwappen Lodron-Arco, um 1755. Stuckpilastergliederung der Wände; stuckierte Decke mit Deckenbild Tod des hl. Rupert von *Gennaro Basile* um 1755 (Bozzetto im Museum). – Altar von 1755; Altarblatt Hll. Friedrich und Rupert stehend vor Maria mit Kind auf Piedestal mit Relief Taufe Herzog Theodos durch den hl. Rupert, bez. *Gennaro Basile* 1755; zeitgleicher Tabernakel. Bänke mit bar. Wangen, von 1755.
Vom Torbau gegen NO durch einen Verbindungsgang Kapelle-Schloß überbauter Schwibbogen; **Schloßbau,** rechteckiger Grundriß, Sockelgeschoß mit Haupteingang von NW, einfach profiliertes rechteckiges Steingewände; innen teilweise gewölbt; 3 Obergeschosse, das 3. davon 1850 aufgesetzt, schlichte Fassade, breite Hohlkehle, darüber Mansarddach so wie alle Gebäude der Anlage. Im Hof nördl. der Kapelle Brunnenbecken, darüber Löwenkopf als Wasserspeier M. 18. Jh.
Heimat- und Stiftsmuseum mit Sammlung sakraler Gegenstände, Handschriften, Urkunden des Stiftes, Kirchengerät, Möbel, Tracht, Glas, Handwerk, Mobiliar, Waffen.

HÄUSER. Der Ort von Fremdenverkehr geprägt; Häuser im Zentrum großteils aus dem 19. Jh., vielfach durch Aufstockung oder Umbau der Erdgeschoßzone verändert (z. B. Hauptstr. Nr. 59, **ehem. Gemeindeamt** Seekirchen-Land). – **Bahnhofstr. Nr. 8:** Kleiner 2geschossiger Bau des 19. Jhs., mit Satteldach, Obergeschoß Blockbau. – **Bayrhamerstr. Nr. 20:** Langgestreckter 2geschossiger Bau mit Walmdach; Erdgeschoß mit Rustika, Segmentbogenportal bez. 1842. **Hauptstr. Nr. 19:** Gasthof Post, 3geschossig, 1980 aufgestockt, Erdgeschoß und 1. Obergeschoß sowie Eingangsportal und doppelflügelige Türe spätes 19. Jh.; Fassadengliederung durch Rustika im Erdgeschoß, mit abschließendem profiliertem Gesims, späthistoristische Fensterumrahmungen im 1. Obergeschoß. – **Nr. 23:** Gasthof Hofwirt, biedermeierliches Wirtshausschild 1. H. 19. Jh. – **Nr. 41:** 2geschossiger Bau E. 19. Jh. mit Kreuzgiebeldach; Wandaufbau durch abwechselnde Schichten von Bruchsteinmauerwerk und Ziegellagen; im 1. Obergeschoß Balkon mit gußeisernem Gitter. – **Nr. 43:** Gedenktafel für Sebastian Stief. – **Nr. 44:** 2geschossig mit Krüppelwalmdach, 1678 als Forsthaus erb., renov. 1960. Segmentbogenportal und Türe von 1872.
Pension Zell am Wallersee, in B a y e r h a m ; erb. 1561; 2geschossig, abgefaste Fenstergewände, Eckerker im SO und Krüppelwalmdach.

BAUERNHÖFE. **Bayerham.** Häuserzeile des 17./18. Jhs., Ensemble bestehend aus **Nr. 2:** Zweigeschossiges, gemauertes Haus mit Putzgliederung und Portal 19. Jh. und Fenstergitter, 18. Jh., Pfette bez. 1791; **Nr. 3:** Einhof 2geschossiges Mittelflurhaus, Steinportal bez. 1868, Fensterkörbe im Obergeschoß, im Giebelfeld Kreuz und Hausspruch, Krüppelwalmdach mit Dachreiter; **Nr. 4:** 2geschossiges Haus mit Biedermeierfassade, Segmentbogenportal, Fensterkörbe, Satteldach. – **Nr. 8:** Am Ortsende gelegener Einhof, Mittelflurhaus mit Biedermeierputzgliederung, im Giebelfeld Hausspruch; am Stallteil Schlackenverzierung. – **Ehem. Waschhäuschen:** Über quadrat. Grundriß eingeschossiger Bruchsteinmauerbau unter Zeltdach.

Halberstätten, bmkw. Hofensemble, vor den Einhöfen Obstbäume. **Nr. 1:** Breitgelagertes Mittelflurhaus mit Putzgliederung (Faschen, Fensterumrahmung mit liegender Raute) und Steinportal, Satteldach. – **Nr. 4:** 2geschossiger Bruchsteinmauerbau mit Putzrahmung der Fenster und Holzportal, 19. Jh., 2 Giebelbalkone mit ausgeschnittenen Brüstungsbrettern, Satteldach. – **Nr. 5:** 2geschossiger Bruchsteinmauerbau mit Schlackenverzierung, Steinportal bez. 1880, Krüppelwalmdach bez. 1876.
Huttich, Nr. 2: Mächtiges Mittelflurhaus mit Steinlaibungen und Putzrahmung der Fenster, Fensterkörbe im Obergeschoß, Marmorportal bez. 1791. – **Nr. 8:** Gassenlehen. Flachgauer Einhof in freier Lage; Mittelflurhaus mit gemauertem Erdgeschoß, Obergeschoß in Blockbau, Giebelgänge, Krüppelwalmdach mit Dachreiter. – **Huttich/Götzing, Nr. 19:** Einhof, 2geschossiges Mittelflurhaus in verputztem Blockbau mit Putzgliederung (Fenster-, Türumrahmung, Putzprofile, 19. Jh.), verbrettertes Giebelfeld, Krüppelwalmdach.
Kothgumprechting/Roid, Nr. 9: Sandsteinportal, an der Fassade Marmorrelief-Kruzifix bez. 1636. – **Nr. 11:** Breitgelagertes 2geschossiges Mittelflurhaus, gemauertes Erdgeschoß, verputzter Blockbau im Obergeschoß, Biedermeier-Putzgliederung, Krüppelwalmdach.
Kraiham, zeilige Anordnung der Einhöfe, bmkw. Ensemble **Nr. 2, 4, 5, 7:** 2geschossige, in Bruchsteinmauerwerk erstellte Mittelflurhäuser mit bmkw. Schlackenverzierung (Rankenornamente, Initialen, IHS, hl. Florian, Schriftzüge etc.) und Steinportalen, Satteldächer.
Mayerlehen/Engfelden, Nr. 6: Mittertennhof, breit gelagertes Mittelflurhaus mit gemauertem Erdgeschoß und Obergeschoß in Blockbau, zwei Giebelbalkone, Krüppelwalmdach, Pfette bez. 1766, Holzportal, 19. Jh. – **Mayerlehen, Nr. 16:** Schreiberg. Kleinbauernhof; 2geschossiger Blockbau mit verputztem Erdgeschoß, Giebelbalkon unter Krüppelwalmdach. – **Nr. 29:** Notwinkl. Einhof, 2geschossiges Mittelflurhaus mit Putzgliederung (Quader) und Steinportal; im verputztem Giebelfeld Kreuz.
Mödlham, Nr. 8: Baumgarten. Einhof, Mittelflurhaus in Bruchsteinmauerwerk mit Schlackenverzierung (Rankenornament), Pfette bez. 1778/1779.
Schmiding, Nr. 9: Tanglstätt. Mächtiger Mittertennhof, Mittelflurhaus mit gemauertem Erdgeschoß und Obergeschoß in Blockbau, vorspringendes Giebelfeld mit schrägem Anlauf, Krüppelwalmdach. – **Nr. 14:** Grafendorfergut. Flachgauer Mittertennhof, 2geschossiger Blockbau, Mittelflurhaus, die Blockwand im Erdgeschoß ummantelt mit Biedermeier-Putzgliederung, Satteldach.
Schöngumprechting, Nr. 2: Flachgauer Einhof, 2geschossiger Blockbau, Mittelflurhaus, die Blockwand im Erdgeschoß verputzt, kleiner Gang direkt unter dem Schopf. – **Bauerneck,** bmkw. Ensemble von zwei Mittertennhöfen (**Nr. 12** und **Nr. 13**), Blockbauten, Mittelflurhäuser mit gemauertem bzw. ummanteltem Erdgeschoß, Krüppelwalmdächer; **Nr. 13** mit Giebelbalkon.– **Nr. 24:** Flachgauer Einhof, 2geschossiges Mittelflurhaus, Erdgeschoß gemauert, im Obergeschoß senkrecht verschalter Blockbau, Giebelgang unter Satteldach. – **Nr. 27:** 2geschossiges Mittelflurhaus, verputzter Blockbau z. T. verschalt, Giebelgang, Krüppelwalmdach mit Dachreiter.
Seewalchen, Nr. 7: Ehem. Zuhäusl; Obergeschoß verschalter Blockbau, Holzportal bez. 1885. – **Waschhäusl** in der Dorfmitte; Bruchsteinmauerbau über beinahe quadrat. Grundriß, Zeltdach. – **Nr. 21:** Stöllnermühle, mächtiger Mittertennhof, 3geschossiges Haus, Mauerwerk bzw. verputzter Blockbau mit

Putzgliederung (Biedermeier), Krüppelwalmdach mit Dachreiter, über dem giebelseitigem Eingang im Untergeschoß Inschr. 1914 1915 Russen Arbeitsdetachement.

Waldprechting, Nr. 14: Irlach. Putzgliederung, Steinlaibungen der Fenster, Pfette bez. 1799; Giebelgang, Krüppelwalmdach. – **Nr. 22:** Baumgartenmühl; mächtige Hofanlage, bmkw. Wirtschaftsgebäude, über den Fenstern Ziegelbögen, Ziegelgitter, verschindelte Hinterseite.

Wies, Nr. 8: Kleinbetrieb, Erdgeschoß gemauert, Obergeschoß Blockbau z. T. senkrecht verschalt, Satteldach.

Wimm, Nr. 12 (Kühmosen): Flachgauer Einhof, Scherbenverzierung, Sandsteinportal, freistehend ehem. Kornkasten (?) – kleiner Blockbau über quadrat. Grundriß, Satteldach.

SEETAL. Gem. Tamsweg. Polit. Bez. Tamsweg

Kirchweiler im Leisnitztal, östl. von Tamsweg, an der Landesgrenze zur Steiermark. Ortsname früher Klauseck, St. Johann am See, seit dem 16. Jh. Seethal.

PFARRKIRCHE hl. Johannes d. T., erhöht neben der Straße, Saalbau mit Westturm, von Friedhof umgeben. – Urk. 1461, Turmbau 1715, Kirchenumbau 1762, Sakristei 1799. Renov. 1860, Rest. 1956 und 1984 (außen).
Einschiffiges Langhaus mit Satteldach und flachbogigen Fenstern. Leicht eingezogener, etwas niedrigerer Chor, Flachbogenfenster. Im W Flachbogenportal und vorgesetzter Turm mit Luken und rundbogigen Schallfenstern, geschweiftes Zeltdach. Östl. Sakristei von 1799. Turmhalle mit spitzbogigem Zugang, Kreuzgratgewölbe.

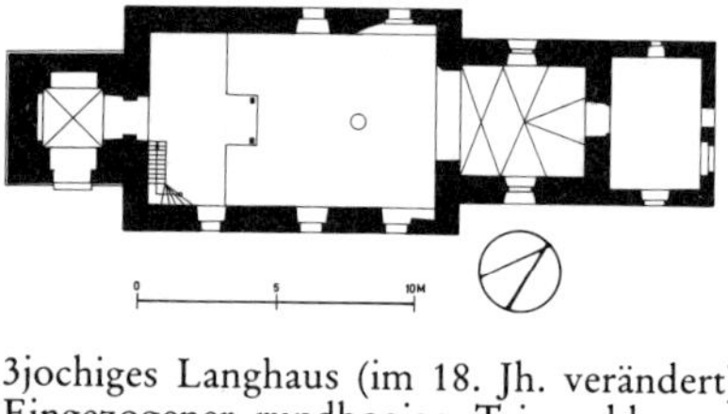

Seetal, Pfarrkirche hl. Johannes d. T.

3jochiges Langhaus (im 18. Jh. verändert) mit Flachdecke und Holzempore. Eingezogener, rundbogiger Triumphbogen; um eine Stufe erhöhter, einjochiger Chor, mit geradem Schluß, Kreuzgrat- und Fächergewölbe, im O Sakristeizugang.
Hochaltar um 1700, Opfergangsportale; Altarblatt Taufe Christi 19. Jh., Konsolfiguren Hll. Sebastian und Rochus M. 18. Jh., im Auszug bar. Schnitzwerk Gottvater auf Wolken. – Seitenaltäre A. 18. Jh. von *Gregor Sapser;* li. Immaculata 19. Jh., Oberbild hl. Joseph E. 18. Jh.; re. Altarblatt Sieben Zufluchten 19. Jh., Oberbild hl. Isidor E. 18. Jh. – Bar. Kanzel mit Bildern der 4 Evangelisten, Schalldeckel mit Engel und Posaune, 1. V. 18. Jh. Kruzifixus 19. Jh. 14 Stationsbilder (Öldrucke) E. 19. Jh. – Achteckiger Taufstein 1. H. 17. Jh.; hölzerner Aufsatz 18. Jh. – Orgel von *Johann Pirchner.*

Seelenkapelle, in der NO-Ecke des Friedhofes. Achteckiger Bau mit Flachbogenportal, Rechteckfenstern und holzschindelgedecktem Pyramidendach. Innen Holzdecke. Altar mit Totenköpfen und Kruzifix 18. Jh.

Pfarrhof, südöstl. der Kirche, neben der Durchzugsstraße. Urk. 1751, weitgehender Umbau 1968/69. 5achsiger, 2geschossiger Bau mit Rundbogenportal und Walmdach. – Kachelofen, M. 18. Jh., im Tamsweger Heimatmuseum.

FELLKAPELLE Maria Namen, am Schwarzenbühel, westl. von Seetal. Kapellenbau zwischen 1725 und 1761, 1901 erweitert, 1936 renov. – Vom urspr. Bau des 18. Jhs. nur der Chor erhalten. Neugot. Erweiterungsbau mit spitzbogigem Portal und ebensolchen Fenstern; Satteldach mit gemauertem Giebelreiter; eingezogener, niedrigerer Chor. – Innen Gnadenbild von Maria Zell.

BILDSTÖCKE. **Johanneskreuz,** unterhalb der Pfarrkirche in Seetal. Über quadrat. Grundriß Flachbogennische und holzschindelgedecktes Zeltdach; Kreuzgratgewölbe (Johannesfigur in Verwahrung). – **Blasikreuz,** in Seetal. Rechteckiger Bau von 1953 mit vorgezogenem Satteldach. Bilder und Kruzifix 19. Jh.

BURGRUINE Klausegg und KLAUSE, Seethal Nr. 25. Grenzfestung und Talsperre gegen die Steiermark, bestehend aus der **Burgruine** Klausegg, heute mitten im Hochwald südl. der Talsperre. 1. H. 13. Jh. erb., urk. 1354 erzbischöflich als Sitz von Pflegern, 1650 Pfleggericht mit Moosham vereint, heute dem Verfall überlassen.
Grundriß dreigeteilt, ca. 13,0×27,0 m. Eingang urspr. an der N-Seite im 1. Obergeschoß, heute an der Erdgeschoß S-Seite. Baubestand aus dem 13. Jh. ohne wesentliche Änderungen, schon vor 1600 Bauschäden, heute fehlen Dach und Zwischendecken; südl. und nördl. der Burg künstlicher Graben.
Unterhalb Klausegg O-W-gerichtete, zinnenbekrönte **Wehrmauer** als Flankenschutz für Zugang, Anschlüsse nicht erkennbar.
Befestigungsmauer als Talsperre, beginnend am Hangfuß, endend im Nordhang, an Straße.
Klause, Seethal Nr. 25, bestehend aus einem Torhaus mit gemauertem Erdgeschoß, Durchfahrt, darüber Holzblockbau mit quadrat. Luken und Schindelwalmdach; Torwächterhaus, südl. anschließend, einfaches, gemauertes Stöckl, früher Unterkunft für Wachmannschaft, ober der Haustüre bez. 16MM81, Walmdach.
Getreidekasten, nördl. der Durchfahrt, 2geschossig gemauert, Reste von Eckquaderung sichtbar.
Kapelle. Zwischen Torbau und Getreidekasten Nische in die Befestigungsmauer eingelassen, durch einfaches Schmiedeeisengitter, M. 18. Jh., abgeschlossen. Innen einfacher Wandaltar um 1780, Mariahilf-Bild.
Vom **Getreidekasten** gegen das Gasthaus, westl., hölzerner **Verbindungsgang** auf runden Holzsäulen, Brüstung verschalt, Satteldach. – **Gasthaus,** ehem. „Taferne an der Klausen“, Seetal Nr. 24, unmittelbar neben der Paßsperre. Bau des 17. Jhs. 5achsig, 2geschossig mit Rundbogenportal und Walmdach. Ovales Fassadenbild in stuckierter Rahmung. Gedenktafel Dr. Eduard Macheiner, 1907–1972 Eb. von Salzburg.

BURGRUINE Schloßberg, beim Zechnergut. Nördl. vom Wohnhaus des Zechnergutes ein vom Gelände abgehobenes Plateau, als Begrenzung überwachsene Mauerreste. – Urk. 1278, Herren von Schloßberg, Seitenlinie der Mooshamer, um 1430 an die Herren von Weißpriach, seit den Ungarnstürmen 1480 schon Ruine (?).

EHEM. SCHWAIGERGUT. Im Erdgeschoß gemauertes, traufseitig erschlossenes Haus mit Kniestock in Blockbau.

SEIDLWINKL, siehe RAURIS

SIEZENHEIM. Gem. Wals-Siezenheim. Polit. Bez. Salzburg-Umgebung

Ehem. locker verbautes Haufendorf westl. der Stadt Salzburg; urk. 927. Durch Siedlungshäuser der jüngsten Zeit geprägt, vereinzelt Einhöfe vom Flachgauer Typus, mit T- und L-förmigen Grundrissen. Im N das ehem. fürsterzbischöfliche Lustschloß Kleßheim.

PFARRKIRCHE Maria Geburt, im NO des Dorfes. Spätgot. Saalbau mit barockisiertem Westturm, von Friedhof umgeben. Pfarre und Bau urk. 1281; erb. um 1400, erweitert 1499, Brand 1500, Weihe 1506; Neubau des Turmobergeschosses 1735. Rest. 1950.
Langhaus und leicht eingezogener, polygonal geschlossener Chor unter gemeinsamem Satteldach. Vorgestellter Westturm, im Kern spätgot. (?), durch Putzfaschen in 5 Geschosse geteilt, rundbogige Schallfenster, mehrteiliger Zwiebelhelm, Turmerdgeschoß kreuzgratgewölbt. Umlaufender Sockel. – Choranbauten, bar. 2geschossige Sakristei im N, spätgot. eingeschossige quadrat. Sakristei im S. Am 2. Langhausjoch Vorhalle zum Südportal, M. 19. Jh., das äußere Portal gekehlt, spitzbogig, das spätgot. Langhausportal mehrfach gekehlt und verstäbt. Das spätgot. Nordportal vermauert, mit Kriegerdenkmal von 1921, Bilder von *Josef Gold.*
Langhaus 3jochig, spätgot. Netzrippengewölbe auf seichten Wandpfeilern vorgelegten Runddiensten mit Rundkapitell. Rundbogiger abgefaster Triumphbogen. Chor 3jochig mit 3/10-Schluß, Rippen des ehem. spätgot. Vierrautensterngewölbes M. 18. Jh. abgeschlagen. Hohe spitzbogige Fenster, das Achsfenster im

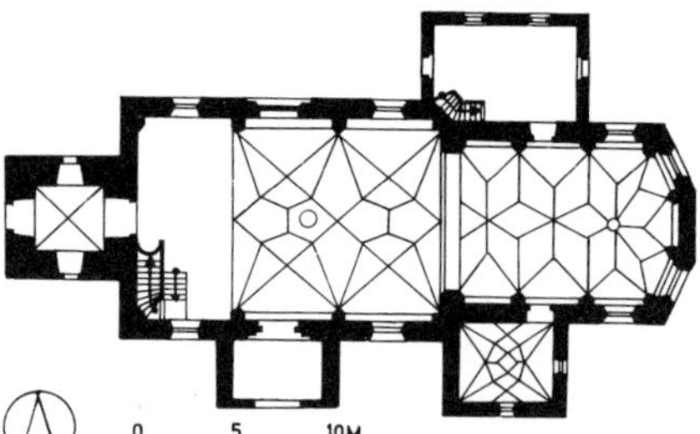

Siezenheim, Pfarrkirche Maria Geburt

Chor vermauert. Im 2. Chorjoch im N und S Portale mit Gewände 2. H. 17. Jh., im N zur bar. flachgedeckten Sakristei mit Oratorium im 1. Obergeschoß, M. 18. Jh.; im S zur spätgot. Sakristei mit Rautensterngewölbe auf Konsolen. 2geschossige W-Empore.

Wandmalerei (Freilegung 1950). Im 2. Langhausjoch, im N hl. Christophorus E. 15. Jh., im S Anbetung der Könige, darunter die Familie des Stifters, frühes 17. Jh.; im 2. südl. Chorjoch sogen. Apostelmühle, frühes 17. Jh. – Im Langhaus Glasfenster Hll. Matthäus, Augustinus, 2. H. 19. Jh.

Altaraufbauten von 1677, von *Lorenz Härmbler* 1769 überarbeitet. Hochaltar, in der Mittelnische Figur Maria mit Kind, darüber Hochrelief Gottvater, 2. H. 17. Jh.; seitl. Konsolfiguren Hll. Georg und Florian A. 18. Jh.; im Aufsatz Bild Auge Gottes. Tabernakel von 1769 mit Figuren Kreuzigung, Noah, Abraham, Moses, Melchisedek. – Li. Seitenaltar, Altarblatt Enthauptung der hl. Katharina, Oberbild Anna selbdritt, von *Johann Franz Pereth* 1677; seitl. Konsolfiguren Hll. Margarethe und Johannes d. T., A. 16. Jh.; auf der Mensa Metallstatuetten Gottvater, Apostel ohne Attribut und hl. Johannes Ev., A. 18. Jh. – Re. Seitenaltar, Altarblatt hl. Sebastian, Oberbild hl. Rochus, von *Johann Franz Pereth* 1677; seitl. Konsolfiguren Hll. Johannes d. T. und Margarethe, A. 18. Jh.; auf der Mensa Metallstatuetten Hll. Rupert, Virgil, Petrus, Paulus (Schwert fehlt), A. 18. Jh.

Kanzel um 1910. – Konsolfigur Maria mit Kind A. 16. Jh. Kruzifix und Figur Maria 18. Jh., Figur hl. Johannes um 1910. Bild Auferstehung Christi, *Fra Arsenio Mascagni* zugeschrieben, frühes 17. Jh.; Kreuzwegbilder 19. Jh. – Taufbecken, spätgot., bez. 1515, Deckel 17. Jh., Figur hl. Johannes d. T., M. 18. Jh. – Weihwasserbecken mit Opferstock 2. H. 17. Jh. – Speisgitter von 1845. – Schränke in der got. Sakristei 2. H. 17. Jh. Bänke 19. Jh. – Orgel von *Albert Mauracher,* 1907.

Grabplatten. Inschriftplatten des 15. Jhs. am Fußboden der S-Vorhalle. Priestergrabsteine des 18. Jhs.; biedermeierlicher Grabstein für Benedikt Kasimir Mesmer, gest. 1843.

Kapelle im SW an der Friedhofsmauer mit Priestergruft. Quadrat. Bau mit Schindelglockenhelm. Altarblatt Auferstehung Christi bez. *Josef Jaud* 1855.

An der nördl. Friedhofsmauer **Steinkreuz** mit geritzter Figur des Gekreuzigten, got. (?).

Mesnerhaus, bis 1968 Pfarrhof, urk. 1681 erworben und zum Pfarrhof umgewandelt; 3geschossig mit Walmdach. Mittelflurgrundriß, im Erdgeschoß Stichkappentonnen, im 1. Obergeschoß bar. Stuckdecke, spätes 17. Jh.; 2. Obergeschoß um 1800 ausgebaut.

LUSTSCHLOSS Kleßheim, ehem. Gut Kleshof. 1690 von Eb. Johann Ernst Thun angekauft. Erb. 1700–1709 von *Johann Bernhard Fischer von Erlach,* Innenausstattung vollendet 1732. Umbau, Anlage des Gartenparterres und Torbauten 1940/41.

Hauptfassade im O. 5achsiger rechteckiger Mittelbau, leicht vorspringende Seitenflügel mit im W angefügten Eckrisaliten. Die mittleren 3 Achsen des Mittelbaues vorgezogen, im Erdgeschoß 2armige Auffahrtsrampe mit liegenden Hirschen von *Josef Anton Pfaffinger* 1732, Terrassenvorbau des piano nobile auf mächtigen Pfeilern aufruhend; Gliederung des piano nobile durch ionische

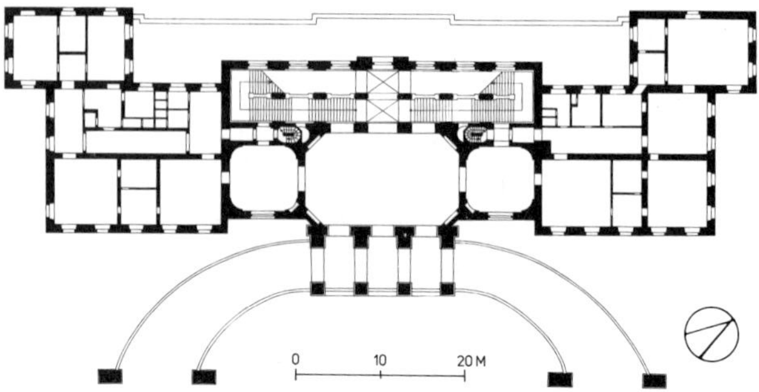

Siezenheim, Lustschloß Kleßheim

Säulen bzw. Doppelpilaster, über den Terrassentüren Genien, die mittlere mit Stuckwappen Eb. Leopold Anton Firmian; auf der Attika Marmorwappen Salzburg/Thun/Harrach, von *Michael Bernhard Mandl* 1707; rechteckige Laterne mit 3 Ovalfenstern. – An der W-Fassade Terrassenvorbau des Erdgeschosses von 1940, Mittelachsenbalkon des piano nobile A. 18. Jh. Innenraumabfolge des Mittelbaues: Vestibül, bestehend aus Mittelsaal und 2 seitl. quadrat. Sälen – analog zum piano nobile, 2armige doppelläufige Treppe im W mit Balustrade von 1732, sowie Mittelsaal des piano nobile mit durchbrochener Decke, umlaufender Galerie und Laterne. Stukkaturen der Hallen und des Stiegenhauses von *Paolo d'Allio* und *Diego Francesco Carlone* 1709, mit charakteristischen Fischerschen Ornamenten. – Piano nobile, im NW-Risalit Salon mit Marmor-Kamin nach Entwurf *Fischers* 1709, Oval-Relief Faun mit Nymphe 1940 eingefügt (urspr. Spiegel), südl. davon kleiner ehem. Vorraum (seit 1940 Bad) mit Deckenmalerei Dankopfer Noahs von *Giulio Quaglio* 1709. Im SW-Risalit ehem. Kapelle, Entwurf *Fischers* von 1709, Umgestaltung zu Bibliothek 1879 (derzeit leerstehend), Wandgliederung durch Wechsel flacher Segmentbogen-Nischen und ionischer Doppelpilaster. Ehem. Altarblatt Auferstehung Christi in der Pfarrkirche Siezenheim. In den Nischen 4 Figuren, Apoll, Pan, ein musizierendes und ein tanzendes Mädchen, 19. Jh. – Sammlung von Gemälden und Gobelins des 18. Jhs.

Hoyos-Haus, auch Hoyos-Stöckl, im Park nördl. des Schlosses. Erb. 1694 von *Johann Bernhard Fischer von Erlach.* Sternförmiger Grundriß gebildet aus

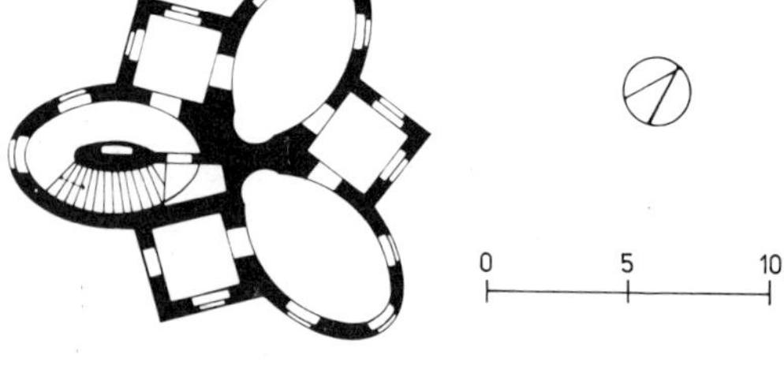

Siezenheim, Schloß Kleßheim, Hoyos-Haus

3 Ovalen und 3 Quadraten. Niederes Sockelgeschoß mit Rustika, Hauptgeschoß mit Pilastergliederung. Treppenanlage im südwestl. Oval.

Kavalierhaus, im Park südöstl. des Schlosses. Erb. 1880 von *Heinrich Ferstl.* 2geschossiger Bau, Hauptfassade im N, mit 3achsigem Mittelrisalit, an der Gartenfront weiter vorspringend, jeweils von Dreieckgiebel abgeschlossen; im N Terrassenvorbau des Obergeschosses auf 4 Säulen aufruhend, im S ebenerdige Terrasse und Balkon im Obergeschoß. Im Inneren Abfolge von Vestibül und großem ebenerdigem Saal, sowie 2 im O anschließenden Salons, im W-Trakt Treppenhaus zu mittlerer 2geschossiger Halle des Obergeschosses mit Beleuchtung durch Glasdach. Objekt weitgehend verändert. – Sammlung von Gemälden und Gobelins des 18. Jhs.

Torwarthaus, südl. vom Schloß, mit Turm, Uhrwerk und bar. Helm von 1731/32. Im Turm 3 Glocken, von *Benedikt Eisenberger* mit Wappen Eb. Johann Ernst Thun, bez. 1698, von *Johann Hackl* bez. 1732, von *F. X. Gugg* bez. 1833.

Im Park aufgestellte **Plastiken;** Triton, 2 musizierende Satyrn, 1. H. 18. Jh., sowie 2 Raptusgruppen, Putto mit Adler, Putto mit Hund, alle 1. H. 18. Jh., aus Schloß Thürnthal, Gem. Fels am Wagram, NÖ, zuletzt im Park des Schlosses Leopoldskron, Stadt Salzburg.

SCHWARZENBERG-KASERNE, erb. 1951 von den USA (Camp Roeder). Soldatenkirche hl. Georg, erb. 1953; einschiffiger Saalbau mit Satteldach, nach N gerichtet. Freistehender Glockenturm mit Satteldach und Glasfenster hl. Georg von 1966.

HAIDENTHALER-MÜHLE, Siezenheim Nr. 113. 2geschossiger Bau mit Krüppelwalmdach, Dachgeschoß mit Speichertüre. Erdgeschoß im Kern 16. (?), Fenstergewände im Erdgeschoß und 1. Obergeschoß abgefast. Portal bez. 1792. Bar. Fassadenmalerei Hll. Florian, Franziskus, stark übermalt, in bar. Stuckrahmen.

BAUERNHÖFE. **Siezenheim Nr. 7:** T-förmiger Flachgauer Einhof, bez. 1858. Wohnteil gemauert mit Schlackenverzierung. Haustürgewände aus Stein mit Korbbogenabschluß, darüber Bild Hl. Dreifaltigkeit. Über den Fenstern Segmentbögen aus Ziegelmauerwerk. Zwischen Erd- und Obergeschoß ca. 30 cm hohes Tuffsteinband. – **Nr. 27:** Kracherbauer. L-förmiger Flachgauer Einhof, bez. 1845. Wohnteil gemauert und verputzt. Parapet- und Sturzfelder mit frühhistoristischem Putzdekor. Sternhaustür mit Marmorgewände, darüber Bild Anbetung Christi. Im Obergeschoß an der Hausecke Konsole mit Bienenstock. Dachgeschoß senkrecht verschalt mit Balkon, Schopfwalmdach.

SIGHARTSTEIN, Schloß, siehe NEUMART am Wallersee

SÖLLHEIM, siehe HALLWANG

SOMMERHOLZ, siehe NEUMARKT am Wallersee

SPIELBICHL, siehe MITTERSILL

STEINPASS, siehe UNKEN

STRASSWALCHEN. Polit. Bez. Salzburg-Umgebung

MARKT und Gemeinde, mit Streusiedlungsgebiet im Hügelland des nordöstl. Flachgaus. Zur Gemeinde gehörend Gassengruppendorf IRRSDORF (siehe dort) südöstl. von Straßwalchen und Haufendorf Steindorf. – Urk. 799. Durch Verkehrsbedeutung (Lage an Weggabelung) Entwicklung zur Marktsiedlung. Urk. 1464 Markt.
Mittelalterliche, aus Kirchort hervorgegangene Marktsiedlung; entlang der west-östl. Durchzugsroute entwickelt. Am Fuße des Kirchhügels 2 kleinere Plätze (nördl. Mayburger- und westl. Marktplatz), gegen W wohl im Spätmittelalter in langgestrecktem Straßenplatz (Marktplatz, Salzburgerstraße) fortgesetzt, z. T. vom Hainbach durchflossen. Am Mayburgerplatz Teilung der Durchgangsachse in östl. und nördl. Ausfallsstraße (Linzer- und Braunauerstraße). Gewundene Gäßchen am Kirchhügel. Umfangreiche Siedlungserweiterungen. Umland von Weilern bestimmt.

PFARRKIRCHE hl. Martin, auf steiler Anhöhe im SO über dem Markt dominierend gelegen. Spätgot. Saalkirche mit Südturm, durch bar. Seitenschiffanbauten zur Staffelhalle erweitert, von Friedhof mit Mauer und Pfarrhoftrakten umgeben. – Urk. 799 Kirche. Urk. 1101 Pfarre. Bis 1784 dem Kloster Mondsee inkorporiert. Urk. 1408 eine Weihe, 1429 Chorweihe, 1444 Kirche gew.; 1731–1733 Seitenschiffe erb. Rest. 1939/40, außen 1967/70, innen 1979.

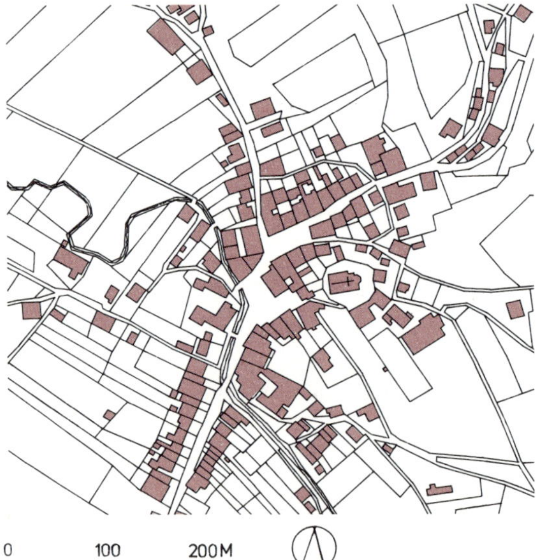

Straßwalchen, historischer Ortsplan nach Kataster von 1829/30

Straßwalchen,
Pfarrkirche hl. Martin

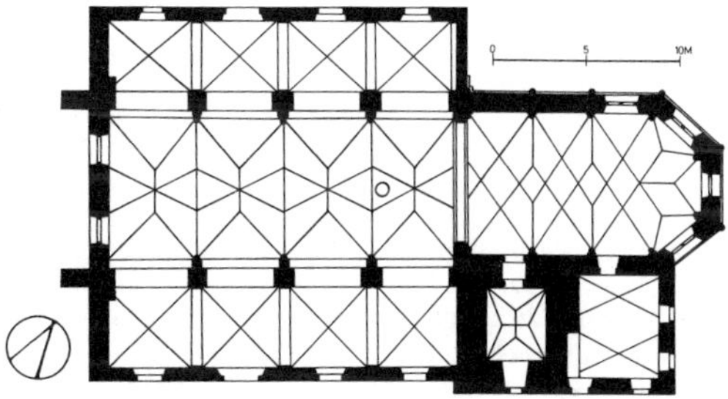

Außenbau. Steinsichtiger Konglomeratquaderbau. Langhaus und Chor unter Schopfwalmdach, über die gerade schließenden Seitenschiffe von 1731–1733 gezogen; an der Westfront 2 Strebepfeiler, Rechteckfenster an den Langseiten (über den Seitenschiffgewölben got. Außengliederung und Fenster erhalten), Seitenportale mit modernen Vorbauten. Chor durch Kaffgesims, Rundstäbe und Traufkehle rasterförmig gegliedert; im Chorschluß spitzbogige, erneuerte, 2bahnige Maßwerkfenster. An Chorsüdflanke got. Turm, durch Kaffgesimse 4geschossig, oberstes Geschoß mit bar. Schallöffnungen in urk. 1709 erb. Achteckaufsatz übergeleitet, Zwiebelhelm. Anschließend 2geschossiger Sakristei- und Oratoriumsanbau von 1692. Chorscheitelkruzifix 19. Jh.
Inneres. Spätgot. Mittelschiff (um 1444) in gleich breiten und hohen, etwas nordwärts verschobenen Chor (um 1429) übergehend. Netzrippengewölbe über jochbildender Wandpfeilergliederung mit Rundstabvorlagen. 4jochiges Langhaus, niedere Rundbogenarkaden zu den 1731/33 angefügten Seitenschiffen, dort Kreuzgratgewölbe über Gurten auf Pilastern; Westempore von 1974. Spitzbogiger, abgefaster Triumphbogen. 2jochiger Chor mit 5/8-Schluß; südl. profiliertes Schulterbogenportal zur sterngewölbten Turmhalle, Barocktür mit spätgot. Beschlägen; über dem Sakristeiportal Oratoriengitter. Sakristei und Oratorium kreuzgratgewölbt.
Spätgot. Wandmalerei an der Chornordwand, bez. 1479, Strahlenkranzmadonna und 2 weibliche Heilige in Gehäuse mit Maßwerkarkatur und halbfigurige Darstellung der Hl. Dreifaltigkeit in 3 Personen, Rankenmalerei in der Chorwölbung bez. 1522.
Einrichtung. Hochaltar, urk. 1675, Frühwerk von *Meinrad Guggenbichler,* Tischler *Matthias Steinle;* E. 19. Jh. bis 1918 deponiert, 1939 rest.; Schwarz-Gold-Fassung; Hauptgeschoß mit Spiralsäulenflanken, Flügelansätzen und Gebälkabschluß, Ädikulaauszug; barockisierendes Altarblatt Mantelteilung des hl. Martin von *Louis Hofbauer* 1919, Seitenfiguren Hll. Margarethe, Barbara, im Aufsatz nicht zugehörige Statue hl. Leonhard, seitl. Hll. Rupert, Virgil, oben hl. Michael; freistehende Mensa mit got. Kern, Tabernakelaufbau im Rokokostil, Empireleuchter.
Seitenaltäre um 1732, wohl von *Paul Mödlhamer;* Schwarz-Gold-Fassungen, Säulenportaltypus mit Volutenauszügen; li. Altarblatt Gnadenbild Maria Dorfen aus der Filialkirche Irrsdorf, Seitenfiguren Hll. Johannes d. T., Antonius von Padua, Auszugsbild Hl. Familie; re. Kreuzigungsgruppe (Kruzifix, Hll. Maria, Johannes Ev., Maria Magdalena) auf durch Tabernakel erweitertem

Podest, Seitenfiguren Hll. Bernhard, Franz von Assisi, Auszugsfigur Gottvater. Polygonale Kanzel von 1680, Bildhauer *Wolf Weißenkirchner,* Evangelistenstatuetten und Salvatorstatue, Ergänzungen 19. Jh. – Spätbar. Konsolfiguren Hll. Katharina und Nikolaus urk. 1742 von *Paul Mödlhammer,* Hll. Florian, Georg, Sebastian etwa gleichzeitig; hl. Joseph 19. Jh. In Verwahrung spätgot. Pietà 2. H. 15. Jh., Schmerzensmann 18. Jh. Kopie eines Schnitzhochreliefs, Beweinung Christi, Original um 1520, Kreis des *Meisters IP,* im Dommuseum Salzburg. – Ölbild Hll. Anna, Joachim, Maria 2. V. 18. Jh., *Jacopo Zanusi* zuzuschreiben. – Polygonaler, spätgot. Rotmarmortaufstein mit Barockhaube. – Rokokogestühlwangen von 1765. – Volkstümlich bar. Kreuzwegbilder von 1732. – Orgel von *Johann Nepomuk Mauracher,* 1872.
Rotmarmorgrabsteine. Reliefiert, Priesterhalbfigur in Renaissancearkade 1606, kniende Beter vor Auferstehung Christi 1647 und vor Kruzifix 1650. Wappen 1549. Bar. Inschriftgrabsteine.

Pfarrhof, Kirchengasse Nr. 8 und 10, den Zugang zur Pfarrkirche vom südl. anschließenden Geländerücken abriegelnd. Bar., 2geschossige Dreiflügelanlage. Annähernd quadrat. Seitentrakte mit Ecklisenen unter Walmdächern, westl. (Nr. 10) Pfarrhof 1. V. 18. Jh. mit Sprenggiebelportal, östl. (Nr. 8) Mesnerhaus von 1749, durch Verbindungsflügel des 19. Jhs. zusammengeschlossen. 1968–1973 innen durchgreifend erneuert. – Im Pfarrhof Flurtonne, erhaltene Kassettendecke 17. Jh., bar. Ölbilder Christus als Apotheker, Heilige.
Südl. gelegene, gegen S gerichtete Erdschanzen von 1626, aus den oberösterreichischen Bauernkriegen.

FILIALKIRCHE Mariä Himmelfahrt in Irrsdorf, siehe dort

KAPELLEN. **Weilerkapellen.** Im Gemeindegebiet Gruppe von gleich gestalteten, in spätbar. Stil gehaltenen Säulen- und Pilasteraltären mit Volutenauszügen (Bilder Hl. Dreifaltigkeit) aus dem 3. V. 19. Jh.
Einige 3seitig geschlossene, innen tonnengewölbte Kapellenbauten mit Flachbogenöffnungen und Dachreitern. Außerroid, 1874 erb.; barockisierender Altar bez. 1874 mit Statuetten Hll. Martin, Wolfgang, am Auszug Sebastian, Johannes Nepomuk, Florian, Leonhard, Michael; Apsisgitter. – Pfenninglanden, um 1913, Putzgliederung, Apsisgitter bez. 1913. – Rattensam, 1871 erb., Ziegelplattenboden, barockisierender Altar um 1871, Apsisgitter bez. 1870, nachbar. Gestühl. – Steindorf, 1858 erb., 1980 erneuert; neurom. Nischenretabel mit Figuren Hll. Maria, Joseph, Johannes Ev.; Apsisgitter bez. 1876. – Watzlberg, ein Bau 1811, A. 20. Jh. zumindest erneuert; Putzgliederung; barockisierender Pfeileraltar 3. V. 19. Jh., vielleicht bar. Mittelfigur hl. Maria mit Kind im Stil 1. H. 18. Jh., seitl. Büsten Apostelfürsten. – Eck (Stockham), bez. 1889, im Typus älter; Scharschindeldach; barockisierender Altar. – Holzfeld (Roithwalchen), Rechteckbau 19. Jh. mit verschindeltem Vorbau; volkstümlich bar., bekleidete Marienstatue. – Jagdhub, Hl. Familie, 1896 erb., gew. 1901. Größerer Bau mit eingezogener Fünfseitapsis, Spitzbogenfenstern und Giebelreiter. Innen 2jochiges Kreuzgratgewölbe, spitzbogiger Apsisbogen. Neogot. Flügelaltar um 1900 mit Reliefs Hl. Familie und Hll. Katharina, Leonhard, Florian, Notburga. In neogot. Schrein bekleidete Gnadenfigur hl. Maria von Altötting. – Rattenberg, bez. 1873. – Roithwalchen, Rechteckbau E. 19./1. H. 20. Jh., innen Spitztonne, neugot. Ziboriumaltar.

Hofkapellen. Schlichte, 3seitig geschlossene Bauten mit Walmdächern. Holzfeldstraße Nr. 11, bez. 1877. Pierach (Neuhofen), bez. 1876, Tonnenwölbung über Gesims, vergitterter Apsisbogen.
Wegkapellen. Hüttenedt, an der Vöckla, 1817 erb.; kubisch proportionierter Rechteckbau aus Bruchstein, durch teilweise Holzverschalung und Schopfwalmdach Scheunentypus; innen Tonne und Apsisbogen mit Gitter, bez. 1817; nachbar. Altarverkleidung mit Säulen, spätbar. Marienbild, Kruzifix, urspr. Seitenfiguren Hll. Johannes Nepomuk und Ignatius. – Latein, quadrat. Barockbau. – Straßwalchen, 3seitig geschlossene Bauten mit Spitzbogenöffnungen, innen Tonnenwölbungen, Apsisgitter. Burgfriedstraße, spätes 19. Jh. Staudenweg (Nr. 25), 3. V. 19. Jh. – Salzburgerstraße, neugot., 3seitig geschlossener Bau mit Spitzbogenarkade 2. H. 19. Jh., barockisierende Marienstatue.

BILDSTOCK. Spätbar. Schnitzstatue hl. Johannes Nepomuk, am Hainbach beim Sägewerk.

HÄUSER. An den Plätzen und anschließenden Ausfallstraßen geschlossene, überwiegend traufständige, 2geschossige Verbauung; umfangreicher Bestand stattlich proportionierter Altbauten, in Kern 16./17. Jh., z. T. mit Flurtonnen, fast durchwegs reduzierte Fassaden (Bereich Salzburgerstraße bis Nr. 9/18, Marktplatz, Mayburgerplatz, Linzerstraße bis Nr. 9/10, Braunauerstraße Nr. 1 und 3); durch Verkehrs- und Marktfunktion zahlreiche Gasthöfe; einige Neubauten. Im Verlauf des Straßenplatzes gestaffelte Fronten, z. T. Inn-Salzach-Haustypus mit extrem hoher Stirnmauer und Bodenluken: Salzburgerstraße **Nr. 6** und **8,** verändert bei Nr. 4, 14, 16.
Marktplatz, Nr. 1: Gasthof, am Fuße des Kirchhügels den Straßenplatz abschließend; sekundär Wappenkartusche und Inschr. Eb. Franz Anton von Harrach 1722, vom ehem. Pfleghaus. – **Nr. 16:** Gasthof; spätgot., mächtig profilierte Erkerkonsolen (Erker von 1960). – **Mayburgerplatz, Nr. 4:** Giebelhaus mit bar. Putzgliederung, kreuzgratgewölbte Erdgeschoßhalle in Hofarkaden fortgesetzt. – **Nr. 7:** Putzdekor um 1800.
Am Kirchhügel Kleinhäuser. Im Randbereich des Ortskerns 2geschossige, quadrat. Altbauten 1. H. 19. Jh. (wie **Lederergasse Nr. 5, Marktplatz Nr. 19**).

BAHNHOF Straßwalchen; historistisches Stationsgebäude aus der Bauzeit der 1861 eröffneten Westbahnstrecke.

BAUERNHÖFE. Einhöfe vom Flachgauer Typus, überwiegend Stein- und Mauerbauten, daneben Blockbauweise.
Bodenberg, Nr. 3, Zuhaus zu Nr. 4: Mittertennhof; 2geschossiges Mittelflurhaus, Obergeschoß in Blockbau unter weit vorkragendem Satteldach. – **Nr. 4:** Mächtiger Flachgauer Einhof. 2geschossiges, breitgelagertes Mittelflurhaus mit Putzgliederung, Satteldach.
Haidach, Nr. 5: Mächtiger Mittertennhof; 2geschossiges Mittelflurhaus mit Putzgliederung, Fenstergitter 19. Jh., Satteldach, Nebengebäude mit eingebautem Kornkasten, Block- und Ständerbau unter Satteldach. Hofkapelle.
Neuhofen, Nr. 7: Ehem. Einhof, über gemauertem Erdgeschoß, Obergeschoß in Blockbau, Satteldach; neu adaptiert.
Roithwalchen, zeilenförmig angelegter Weiler mit interessantem Baubestand. Einhöfe, einzelne mit flachgeneigtem Satteldach, die Wohnteile teils Mischbau,

teils vollständige Blockbauten, mit Klingschrot oder Schwalbenschwanz, 2. H. 18. Jh. (Nr. 1, Nr. 3, Nr. 4, Nr. 9, Nr. 10 z. T. erneuert, Nr. 11, Nr. 12). **Nr. 1:** Dorfeingang, und **Nr. 3:** 2geschossige verputzte Blockbauten mit Putzgliederung und Giebelbalkon unter Krüppelwalmdach. – **Nr. 11:** Blockbau, seitl. mit Zierschindelverkleidung, Giebelgang mit Balusterbrüstung; Tennentor bez. 1787. – **Nr. 12:** Mittertennhof, Erdgeschoß gemauert, Obergeschoß in Blockbau, Mittelflurhaus; am Stallteil Schlackenverzierung.
Steindorf, Nr. 17: Einhof mit Zuhäusl und Backhaus; Wohnteil und Zuhäusl 18. Jh., Blockbauten mit Klingschrot und mit Balkon im verbrettertem Giebelfeld, profilierte Pfetten, am Zuhaus bez. 1717. – **Nr. 46:** Über etwa quadrat. Grundriß 2geschossiger Bau mit 3achsigen Fassaden, Hohlkehle und Zeltdach, 18. Jh.
Stockham, Nr. 34: Eck, Zuhäusl, gemauertes Erdgeschoß mit Putzrahmung der Fenster, Obergeschoß in Blockbau, leicht geschwungenes Satteldach. – **Nr. 12,** Schwand; 2geschossiger Blockbau, im Erdgeschoß z. T. verputzt, Krüppelwalmdach.
Straßwalchen, Mondseerstraße, Nr. 69: 2geschossiger Blockbau, die Blockwand weiß getüncht, Satteldach. – **Salzburgerstraße, Nr. 34:** Einhof, Mittelflurhaus in Mischbau mit gemalten Fenstereinrahmungen, Satteldach.
Taigen, Nr. 3: Einhof, verputzter Blockbau, Giebelbalkon unter flachem Satteldach. – **Nr. 5:** Kleinbauernhaus, gemauertes Erdgeschoß, Obergeschoß in Blockbau, Giebelbalkon, Krüppelwalmdach.

STROBL. Polit. Bez. Salzburg-Umgebung

Gemeinde, Mehrstraßenort und Streusiedlungsgebiet im westl. Salzkammergut, entlang des Wolfgangseesüdufers und der Ischler Ache ausgedehnt. An der Stelle von Strobl urspr. nur das Gut am Schober als Amtmannstelle Abersee, Taverne sowie Eisenniederlage (Einschiffungsstelle), 16./17. Jh. in Händen der Familie Strobl. Im 19. Jh. Entstehung eines Kirchweilers um die 1758 gegr. Vikariatskirche, urspr. Name St. Sigismund am Schober, späterer Name Strobl nach dem Stroblwirt.
Der aus dem Kirchweiler hervorgegangene Ort an der Ostspitze des Wolfgangsees (Abersee) ist durch Aufstieg zur Sommerfrische und umfangreiche Erweiterungen seit dem E. des 19. Jhs. besonders durch für das Salzkammergut charakteristische, meist späthistoristische Villenverbauung geprägt (wie **Nr. 24:** Wirerhof mit barockisierender Parkkapelle. **Nr. 43** und 46, **Nr. 46:** Stalleck, spätbar. Hausbild hl. Anna selbdritt. **Nr. 84:** Ehem. Deutschvilla um 1920. **Nr. 94:** Siehe Häuser. **Nr. 123:** Villa Franzmaier von *Hans Brandl* 1913). – Im umliegenden Streusiedlungsgebiet mit Weilern Einhöfe über haken- und T-förmigem Grundriß, meist vom Tennengauer Typus, mit Hochtenne und breiter Giebelfront mit Schopfwalm, 18. und 19. Jh., bzw. im 19. Jh. ausgebaut.

PFARRKIRCHE hl. Sigismund, im N des Ortes nahe dem Seeufer. Spätbar. Saalkirche mit Südturm, von Friedhof und Mauer mit Pfeilertoren umgeben. – Patrozinium nach dem Stifter Erzbischof Sigismund Graf Schrattenbach, zur Betreuung des Streusiedlungsgebiets Abersee gegr., 1758/59 erb., Baumeister *Kassian Singer,* vollendet von *Andrä Huber,* gew. 1761. 1857 Pfarrerhebung. Rest. 1936/37, 1955/56, 1977–1979.

Außenbau. Am Langhaus und eingezogenen, halbkreisförmig geschlossenen Chor Rundbogenfenster unter Okuli und umlaufende Traufkehle. Verschindelte Westfassade unter Schopfwalm. Kupferne Flankenportale von *Fritz Hauswirth* in Marmorlaibungen, 1965. Chor; südseitig Turm, renov. 1891 und 1931, Spitzbogenportal 2. H. 19. Jh., Rundbogenschallfenster und Uhrengiebel, bar. Schindelzwiebelhelm; nordseitig 2geschossiger Sakristei- und Oratoriumsanbau.

Inneres. Einheitliche Raumgliederung durch breite, abgeschrägte Wandpfeiler mit Pilastervorlagen und Gebälkköpfen. Langhaus 3jochig, Chor 1jochig, queroblonge Platzlgewölbe, durch Gurt- und Schildbögen die Vertikalgliederung aufnehmend. Rokokostuck am Triumphbogen, eb. Wappen Sigismund Graf Schrattenbach und Bez. (1760) umfassend. Im Westjoch Doppelempore auf Flachdecke und Säulen, zurückversetztes Obergeschoß von 1882 frei in den Raum ragend. – Eingezogener Triumphbogen in die Raumgliederung eingebunden. Im Chorjoch über den Sakristeiportalen Oratorienbalkone. Im Dreiseitschluß Stichkappenwölbung.

Einrichtung aus der Bauzeit, marmoriertes Holz, an den Altären Bildhauerarbeiten von *Lorenz Hörmbler.* Hochaltar von 1760; über freistehender Mensa reich gegliederte Staffel, zwischen eingelassenen Reliquiengehäusen Tabernakel mit Kreuzigungsrelief eingefügt, seitl. Schnitzstatuen Hll. Christophorus und Joseph urk. von *Sebastian Eberl,* Rokokoleuchter; im Apsisscheitel Altarblatt in Rokokorahmen hl. Sigismund am Grab des hl. Mauritius von *Benedikt Werkstätter,* 1759.

Strobl, Pfarrkirche
hl. Sigismund

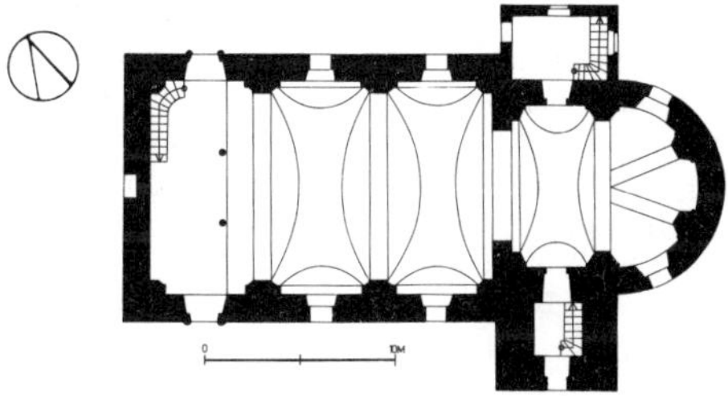

Seitenaltäre von 1760, Bildrahmenretabel durch gekurvte Auszüge verdacht. Volutentabernakel, li. Gnadenbild hl. Maria vom Guten Rat in Rokokogehäuse und Glorie, darunter Legendenbild aus der Geschichte des Gnadenbildes, re. Altarblatt hl. Franz von Sales bez. *Peter Anton Lorenzoni 1760.*

Geschwungene Kanzel mit Volutenbaldachin, nicht urspr. Rückwandbild Guter Hirte. Beichtstühle, geschwungene Pilastergehäuse. – Neobar. Orgelgehäuse 2. H. 19. Jh. – Kreuzigungsgruppe urk. von *Lorenz Hörmbler* 1761, Schnitzfiguren Kruzifix, Hll. Maria und Johannes Ev. In Verwahrung Konsolhalbfigürchen der Evangelisten, Kirchenväter, Hll. Rupert und Virgil, spätes 18. Jh. – Historistischer Marmortaufstein, 2. H. 19. Jh. – Spätbar. Gestühl. – Kleiner, spätbar. Kastenrahmen mit Wappen auf dem südl. Oratorium. – Kreuzwegbilder 1. H. 19. Jh. (aus Kelchsau). – Ampel um 1760. – Orgel von *Albert Mauracher* 1880.

Pfarrhof, nördl. der Kirche; 2geschossiger Bau von 1760/61, unter Walmdach. Bar. Ölbilder 2. H. 18. Jh., Ecce homo, Mater dolorosa, Verkündigung, Abschied Jesu.

KAPELLEN. **Hofkapellen.** Gschwendt Nr. 11, **Lippenkapelle;** größerer, neogot., 3seitig geschlossener Bau spätes 19. Jh. mit Spitzbogenöffnungen; innen Tonne, Blendspitzarkaden, Rotmarmorplattenboden, Apsisgitter bez. 1884. – Gschwendt Nr. 30, Pilznergut; historisierender Bau wohl 2. Drittel 19. Jh., mit Halbkreisapsis, Spitzbogenöffnungen, von Fialenpfeilerchen flankierte Giebelfassade; innen Kreuzgratgewölbe, Apsisgitter, Mariazellpilgerbild. – Gschwendt, Vitzen am Berg, putzgegliederter Bau mit Schweifgiebel 19./frühes 20. Jh. – Holz (Strobl); Leitnerbauer (Gschwendt); Strobl Nr. 2, Nestnerbauer: schlichte Bauten mit Spitzbogenöffnungen 19./frühes 20. Jh. – Strobl; im NW quadrat. Spätbarockbau mit abgerundeter Öffnung unter Schindelpyramidendach. Wirerhof, Rabingkapelle, barockisierende, quadrat. Parkkapelle unter Schindelglockenhelm.
Wegkapellen. Breitenbach (Strobl), quadrat. Spätbarockbau unter Glockenhelm, in Flachbogenöffnung Gitter 2. V. 18. Jh., barockisierender Holzvorbau; innen übermaltes Mariahilf-Bild in Rahmen im Stil 1. H. 18. Jh. – Poschlehen (bei Aigen Nr. 6), **Schmiedkapelle** bez. 1849; quadrat., nachbar. Bau mit Flachbogenöffnung unter Schindelpyramidendach; nachbar. Bild Marienkrönung mit Hll. Wolfgang und Nikolaus M. 19. Jh. **Postalmkapelle** Hl. Herz Jesu, 1865 erb., Kaiserin Elisabeth-Gedächtniskapelle, Renov. 1973/74; 3seitig geschlossener Bau mit Rundbogenöffnungen und Dachreiter, innen Spitztonne; neogot. Altärchen aus Bauzeit mit Schnitzfiguren Gnadenstuhl, Hll. Petrus, Johannes Ev. im Stil 18. Jh. – Weißenbach (bei Nr. 78), **Raudaschlkapelle,** 1915/16 erb.; größerer, historisierender, putzgegliederter Bau mit eingezogener Halbkreisapsis und Spitzbogenöffnungen unter Schindelsatteldach mit Dachreiter; innen Spitztonne.

BILDSTÖCKE. Grillengut (Gschwendt Nr. 28), **Sühnestein,** Steinpfeiler mit Quaderbildaufsatz bez. 1740. – Strobl, barockisierende Blechfigur hl. Wolfgang auf Achbrücke. – Weißenbach, **Pestsäule** bei Koglermühle um 1690, Votivpfeiler mit Aufsatz.

HÄUSER. **Volksschule,** Strobl Nr. 124: Erb. 1913 von *Hans Brandl;* späthistoristischer Bau mit neobar. Portalanlage und Mansardwalmdach. – **Schloßhotel:** Weitläufige, neobar. Anlage; bestehend aus ehem. Gasthof, dann Herrschaftsbau (Nr. 27), Badehaus um 1920 (Nr. 131), Schlößl mit Flankenlauben und Hofturm, 1979 erb. (Nr. 179), Gartenstöckl und Parkkapelle; benachbart Herrschaftsvilla Stalleck (Nr. 46), urspr. Stall des Gasthofes. – **Angerhof** (Nr. 94): Villa erb. 1899; neobar., 2geschossiges Schlößl mit Rundgiebelmittelrisaliten, Vorfahrtslaube und Mansardwalmdach. – **Villa** Franzmaier (Nr. 123), von *Hans Brandl,* 1913. – **Forsthaus** Weißenbach (Weißenbach Nr. 1): Ehem. Hammerwerk, 1795 gegr., nach Brand 1804 erneuert, um 1830 aufgelassen; 2geschossiger, putzgegliederter Barockbau um 1795 unter Walmdach mit Zwerchgiebelgeschossen.

BAUERNHÖFE. **Aigen,** Tallandschaft entlang der Ischler Ache. **Nr. 7:** Oberposchlehen. Einhof, Schopfwalmdach, bez. 1866, senkrechte Verbretterung mit Zierausschnitten. – **Nr. 8:** Niederposchlehen. Bez. 1817, über der

Haustür Nische mit Madonnenbild, Schopfwalmdach, Balkon mit beidseits Taubenschlägen. – **Nr. 9: Bruckschlöglgut. Bez. 1888.** – **Nr. 10:** Hoferbauer, T-förmiger Einhof, bez. 1820, Erd- und Obergeschoß gemauert, Dachgeschoß mit Balkon, Ständerbau, senkrecht verschalt, Schopfwalmdach, traufseitig Fresko hl. Leonhard. Im Hofverband doppelter Getreidekasten in Blockbau mit Hirnschrot, in einer Wagenhütte eingebaut. **Nr. 12:** Wolfbauer. Gemauerter Einhof, mit marmornem Türgewände, im Dachgeschoß Balkon, Schopfwalmdach. Im Hofbereich gemauerte Kapelle. – **Nr. 14:** Jodlgut. Mächtiger Einhof, Erd- und Obergeschoß gemauert, verputzt, über dem Eingang Tafelbild Hl. Dreifaltigkeit, Dachgeschoß Ständerbau, senkrecht verschalt mit Balkon, Schopfwalmdach mit Glockentürmchen. – **Nr. 23:** Demelgut. Kleinbäuerlicher Einhof, bez. 1816, Erd- und Obergeschoß gemauert, verputzt, über der Haustür Fresko Hl. Dreifaltigkeit, Dachgeschoß Ständerbau, senkrecht verschalt, Balkon mit Zierausschnitten, Satteldach.

Gschwendt, Siedlungsgebiet auf Schwemmzunge des Zinkenbachs und südl. anschließender Uferzone. **Nr. 9:** Hödlgut zu Gschwendt. Einhof, bez. 1846, Erd- und Obergeschoß gemauert, über der Haustür Hl. Dreifaltigkeit, Dachgeschoß senkrecht verschalt mit Zierausschnitten, Schopfwalmdach, Balkon. Im Hofverband Getreidekasten, Blockbau, Schwalbenschwanz-, Hirnschrot. – **Nr. 26:** Fumerbauer. Hakenförmiger Einhof, bez. 1871, Erd- und Obergeschoß gemauert, Marmorrundbogentürgewände, darüber Nische mit Figur hl. Wolfgang, Dachgeschoß bez. 1781, Balkon 6pfettiges Schopfwalmdach. – **Nr. 28:** Wezl-Grillgut. T-förmiger Einhof, Erd- und Obergeschoß gemauert, verputzt, steinernes Rundbogentürgewände im Erdgeschoß, Türe mit Rautenmusterung, darüber Fresko Maria mit Kind, Hll. Florian und Petrus (?), Dachgeschoß Ständerbau, senkrecht verschalt, Balkon, Schopfwalmdach, um die Fenster Fensterfaschen mit Ohren. Marterl, bez. 1740. – **Nr. 30:** Pilznergut. Erbhof, hakenförmiger Einhof, Erd- und Obergeschoß gemauert, Obergeschoß Nische mit Statue hl. Joseph, Dachgeschoß senkrecht verschalt, zwei Balkone, Schopfwalmdach. Zum Haus gehört eine Kapelle sowie ein Dörrbadl und eine Brechlstube. – **Nr. 34:** Illingbauer. Einhof, bez. 1845, Erd- und Obergeschoß gemauert, Quertenne im Obergeschoß mit Tennbrücke, Dachgeschoß, Schopfwalmdach mit Balkon. Im Hofbereich gemauerter Backofen, bez. 1892. – **Nr. 35:** Grillbauer. Hakenförmiger Einhof, bez. 1899, Erd- und Obergeschoß gemauert, Dachgeschoß senkrecht verschalt mit Zierausschnitten, Balkon, Schopfwalmdach. Getreidekasten Blockbau, Hirnschrot, Satteldach. Im Hofverband Hütte mit altem Backofen.

Strobl. Nr. 2: Nestnergut. Einhof, bez. 1769, Erd- und Obergeschoß gemauert, steinernes Rundbogentürgewände. Beim Haupthaus im Obergeschoß Quertenne mit Tennbrücke. Über der Haustür Fresko, Mutter Gottes und Heilige, bez. 1834, Dachgeschoß mit breitem Schopf, Schopfwalmdach, Balkon, senkrechte Verschalung mit Dreipaßverzierung. Daneben Getreidekasten, Sockelgeschoß gemauert, darüber Blockbau mit Schwalbenschwanzzimmerung mit Schopfwalmdach; Kapelle. – **Nr. 3:** Eislgut. Erbhof. Mächtiger L-förmiger Einhof, Mittelpfette, bez. 1827, 1754 auf Stubentram, Erd- und Obergeschoß gemauert, verputzt, steinernes Rundbogengewände bei der Haustür, darüber Fresko Hll. Florian, Franz von Assisi und Maria mit Kind, Dachgeschoß senkrecht verschalt mit Zierausschnitten und Balkon. Taubenschlag, Fuß- und Mittelpfetten bez., auf einer 1827 als Chronogramm, traufseitig eine Sonnenuhr.

Zum Hofbereich gehört ein Dörrbad, Blockbau, Hirnschrot sowie eine Kapelle. Im Hofverband noch **Lipphäusl (Nr. 4):** Aberseer Heimathaus; um 1500/16. Jh., urk. vor 1545. Zulehen des Breitenbachbauern; kleinbäuerlicher Einhof; Erdgeschoß gemauert und gewölbt, Sgraffitoornament wohl 16. Jh.; 1. Obergeschoß Blockbau; Hirnschrot, kleine Fensterformate; 2. Obergeschoß Ständerkonstruktion, senkrecht verlattelt mit Balkon (reich geschnitzte Bretter); 1889 (lt. Bez.) Giebel- statt Flachdach, Scharschindeldeckung. Im Keller Tonnengewölbe und urspr. Steinfußboden, 2 offene Feuerstellen in Fluren des Erd- und Obergeschosses. Rauchkuchleinrichtung mit zahlreichen Geräten, bäuerliches Gerät und Hausrat.

Nr. 6: Steinermann. Einhof, bez. 1837, Erd- und Obergeschoß gemauert, über der Haustür Steintafel mit Christusmonogramm, Obergeschoß Quertenne mit Tennbrücke, Dachgeschoß, Satteldach, Balkon, senkrechte Giebelschalung. Im Hofverband ein Dörrbadl oder Backofen, von außen beheizbar. – **Nr. 25:** Auerbauer. Einhof, bez. 1729, Erdgeschoß gemauert, Obergeschoß Blockbau, verputzt, Dachgeschoß Ständerbau, senkrecht verschalt, mit Balkon, bez. 1909, Schopfwalmdach, Quertenne im Obergeschoß mit Tennbrücke.

Weißenbach, weitläufiges Haufendorf z. T. mit siedlungsmäßiger Verbauung am Eintritt des Weißenbachs in die Ebene. **Nr. 14:** Unterperggut. Mächtiger Einhof, bez. 1872, Erd- und Obergeschoß gemauert, verputzt, Quertenne mit Tennbrücke im Obergeschoß, Dachgeschoß mit durchlaufendem Balkon, Ständerkonstruktion, senkrecht verschalt, mit reichen Zierausschnitten, Schopfwalmdach. Kapelle im Hofbereich. – **Nr. 15:** Langergut. Einhof, bez. 1821, Erd- und Obergeschoß gemauert, Dachgeschoß senkrecht verschalt, Schopfwalmdach, über der Haustür Nische mit Figur hl. Joseph. – **Nr. 16:** Dörrbadl. Blockbau, Hirnschrot, im Hofbereich. – **Nr. 18:** Wesenhof. L-förmiger Einhof, bez. 1878, Erd- und Obergeschoß gemauert, verputzt, Dachgeschoß Ständerbau, senkrecht verschalt, mit Balkon und Taubenschlägen, Schopfwalmdach schindelgedeckt. – **Nr. 21:** Koglergut. T-förmiger Einhof, bez. 1778, Erd- und Obergeschoß gemauert, Erdgeschoß gewölbt, Dachgeschoß mit Balkon, Schopfwalmdach. – **Nr. 28:** Oberegg. Einhof, bez. 1871, Dachgeschoß senkrecht verschalt mit Balkon, schindelgedecktes Schopfwalmdach. – **Nr. 29:** Pichlgut. Einhof, bez. 17.8 (?), Erd- und Obergeschoß gemauert, verputzt, steinernes Rundbogentürgewände, Obergeschoß Quertenne mit Tennbrücke, Dachgeschoß Ständerbau, senkrecht verschalt mit Balkon, Schopfwalmdach.

WOLFGANGSEE-ABFLUSS, Klause erb. 1913/14.

STUHLFELDEN. Polit. Bez. Zell am See

Gemeinde, östl. von Mittersill. Haufendorf auf der li. Seite des Salzachtales am Schwemmkegel des Stuhlfeldnerbaches. Urk. 963. Am Sonnberg Einzelhofsiedlung mit Paarhöfen in steiler Hanglage.
Auf dem ansteigenden Terrain südl. der Pfarrkirche mittelalterliche Bausubstanz, z. T. umgebaut, mit erneuerter Fassade, wie z. B. Nr. 3.

DEKANATSKIRCHE Maria Himmelfahrt, Urpfarre des Oberpinzgaues, in der Dorfmitte. Einschiffiger rom. Bau mit got. Chor und got. Westturm, von

Friedhof umgeben. Urk. 963. Pfarre seit 1140; Rekonziliation 1511. Regotisierung 1898. Außenbau, Michaels- u. Antoniuskapelle rest. 1979/80.
Rom. Langhaus, M. 13. Jh., mit got. Aufmauerung im oberen Bereich; im S rom. Portal, M. 13. Jh.; eingezogener got. Chor mit polygonalem Schluß, zweifach gestuften Strebepfeilern, durch Anbauten z. T. nicht sichtbar. Maßwerk der spitzbogigen Fenster in Langhaus und Chor von 1898. – Satteldach; an der westl. Giebelfassade got. Turm, ungegliedert, mit Triforenfenstern und Spitzgiebelhelm mit Dat. 1973; im Erdgeschoß abgefastes spitzbogiges Portal und Sterngewölbe, Rippen abgeschlagen.
Südl. des Turmes got. Anbauten, Toten- und Michaelskapelle, letztere urk. 1430. Eingänge im W spitzbogig, gekehlt, im O abgefast. Im Inneren Trennwand zwischen Toten- und Michaelskapelle 1979 entfernt. Totenkapelle mit got. Sternrippengewölbe, Michaelskapelle urspr. wohl auch netzrippengewölbt, Rippen abgeschlagen, Gewölbeform durch Barockisierung verunklärt.
Anbauten im N, Antoniuskapelle, an das Langhaus angeb.; urk. erb. 1682, Mauerwerk teilweise noch spätgot. (?); mit spitzbogigen Fenstern und Portal mit geradem Sturz; im Inneren flache Decke. Daran anschließend, an den Chor angeb. spätgot. tonnengewölbte Sakristei mit abgefasten Fenstergewänden; Sakristeiobergeschoß urk. erb. 1739, Inschr. mit Dat. am verbauten got. Stützpfeiler des Chores 1744.
Unter dem Achsenfenster des Chores bar. Ölberggruppe. – Im S Figurengruppe aus Marmor, Schmerzensmann, Maria und Johannes, 17. Jh. (?); eingeschossiger Sakristeianbau mit Grabstein des Haimeran Oberndorffer, gest. 1571, mit Relief Kreuzigung, darunter Inschrifttafel.
Inneres. Langhaus 2jochig, mit spätgot. Netzrippengewölbe (Rippen von 1899) auf Runddiensten. Im W mehrfach gekehltes rom. Portal, M. 13. Jh., um 2 Stufen erhöht. Eingeschossige, spätgot. W-Empore, leicht nach innen geknickt, 3schiffig, Sternrippengewölbe. Im N Verbindungstüre zur Antoniuskapelle. – Spitzbogiger Triumphbogen. Chor einschiffig, kreuzrippengewölbt, 5/8-Schluß; Chorjoch, im N gekehltes rundbogiges got. Portal zur Sakristei, Türe mit got. Beschlägen; spitzbogige Oratorienfenster der oberen Sakristei, Maßwerk 19. Jh.

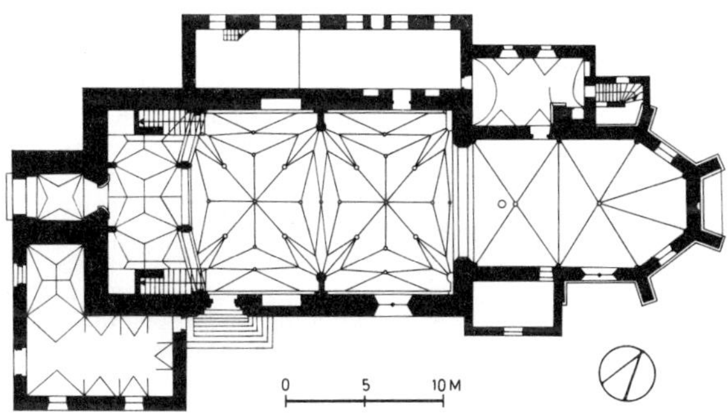

Stuhlfelden, Dekanatskirche Maria Himmelfahrt

Wandmalerei von 1898, an der N-Wand des Langhauses Vertreibung aus dem Paradies, Verkündigung, Anbetung der Könige, Heimsuchung; Opferung Isaaks, Noli me tangere, Kreuzigung, Grablegung; an der Chor-N-Wand Hll. Petrus und Paulus, Anna und Joseph, Marienkrönung, 4 Kirchenväter, hl. Laurentius; in Kirchenschiff und Chor Kreuzwegstationen.

Marmor-Hochaltar von 1783, Entwurf von *Wolfgang Hagenauer*, Steinmetz *Johann Högler;* Gnadenbild, Figur Madonna mit Kind 1470–80; die übrigen Figuren von *Petrus Schmid* (?), um 1783, neben dem Gnadenbild Hll. Dominikus und Katharina von Siena, vor den Säulen Hll. Rupert und Virgil, über den Opfergangsportalen Hll. Joseph und Leonhard, im Aufsatz Gottvater und Hl. Geist. Bar. Tabernakel, 1899 umgearbeitet; zwischen Tabernakel und Opfergangsportalen je 3 ovale spätbar. Rahmen und Bilder mit christologischen Szenen.

Seitenaltäre von *Vinzenz Pezzei*, 1902. Li. bar. Figuren hl. Sebastian und im Aufsatz hl. Bartholomäus; Konsolfiguren von 1902, Hll. Katharina von Siena und Elisabeth. Re. Holz-Pietà, E. 17. Jh.; im Aufsatz bar. Figur Christus als Guter Hirte; Konsolfiguren von 1902; Hll. Johannes Nepomuk und Florian.

Kanzel von *Vinzenz Pezzei* 1902. – Bar. Kruzifix, M. 18. Jh. – Bilder, auf der Emporenbrüstung 12 Apostel, 18. Jh.; in Verwahrung Herbergssuche 17. Jh.; Fußwaschung und Abendmahl von *Caspar Wenzel*, 1. H. 18. Jh.; Samson und Dalila, Judith und Holofernes, Jahel und Gisera, Esther und Ahasver, alle 2. H. 18. Jh. – Spätgot. 12eckiges Taufbecken mit Täufergruppe (in Verwahrung) von *Georg Mayr* 1729. – Neugot. Chorgestühl, im Langhaus Bänke mit bar. Wangen, M. 18. Jh. – Orgel von *Johann Christoph und Johann Ignaz Egedacher*, bez. 1706, mit Rundbild hl. Cäcilia. Werk mehrmals verändert, zuletzt 1963 von *Dreher und Reinisch*. – Sakristeischrank von *Urban Rainer* 1670.

Zahlreiche Grabsteine des 16.–18. Jhs. – Zwei Glocken, von *Gabriel Kopp*, 1541; von *Gregor Löffler* mit *Elias* und *Hans Christof*, 1563.

Antoniuskapelle. Altar von *Veit Häusl*, 1745; Altarmensa mit bar. Bild Eselswunder des hl. Antonius; Altarblatt hl. Antonius von Padua von *Georg Kreuzer* 1745; Aufsatzbild Immaculata; Konsolfiguren Hll. Joseph und Joachim. – An der S-Wand Schrank bez. 1612 und 2 Wandnischen mit bar. Prozessionsmadonna und Figur hl. Sebastian, M. 18. Jh. – Bilder hl. Petrus 1. H. 18. Jh.; hl. Helena 2. H. 18. Jh.; Votivbild 1760; Holzempore im W mit bar. Bildern der 4 Evangelisten. – Grabsteine. Figürliche Reliefplatte Pfarrer Johannes Vigaun, gest. 1524; Wappengrabstein von Melchior Welser, mit Relief Auferstehung Christi und Inschr. in Rollwerkrahmen, um 1600.

Michaelskapelle. Altar im O, mit hölzernem bar. Speisgitter, im Aufbau Chronogramm und Predella bez. 1740; Altarmensa mit Bild Stiftung der Kapelle, Altarblatt hl. Michael stürzt Luzifer von *Jakob Zanusi*, um 1735, im Aufsatz Figur Gottvater; Konsolfiguren Verkündigung Anfang 18. Jh.; bar. Gnadenbild Maria Luggau. – Altar im N, Predella bez. 1720, Relief Auferstehender, im Aufsatz Bild Christus als Weltenrichter. – Bilder. Maria Erwartung 17. Jh.; Jüngstes Gericht bez. 1697; Marienkrönung und 14 Nothelfer, Grablegung Christi, Kreuzwegstationsbild, alle 18. Jh.; 4 Votivtafeln M. bzw. 2. H. 18. Jh. – Grabstein mit Kelch von Petrus Hagenpuechner, gest. 1522.

Pfarrhof, 3geschossiger, im Kern spätgot. Bau, Umbau 1957. Im S abgefastes got. Rundbogenportal, ehem. Hauptportal, jetzt Eingang zum Kellergeschoß,

und abgefaste Fenstergewände. Im Kellergeschoß mächtige Stichkappentonnen; im Flur des Erdgeschosses abgefastes Rundbogenportal.
Bar. Kreuzigungsgruppe; Bilder, Taufe der hl. Ottilie, bez. 1696; Hll. Rupert, Virgil, Katharina, Barbara, alle 18. Jh.; 2 Biedermeier-Portraits, bez. 1841. Mehrere Kachelöfen des 19. Jhs. – Bedeutendes Pfarrarchiv.

WALDKAPELLE, am Berghang nordwestl. des Ortes. Erb. 1833. Kleiner Bau mit eingezogener Rundapsis, Schindelsatteldach und Giebelreiter mit Zeltdach, Spitzbogenportal und -fenstern. Deckenmalerei, Szenen aus dem Marienleben, um 1833; Bilder Hll. Rupert und Virgil, Mariahilf-Bild, alle 1. H. 19. Jh.

WEGKAPELLE bei Nr. 32, mit spätbar. Figur hl. Johannes Nepomuk.

SAUECK-KAPELLE, in Bam; Holzbau mit Satteldach, erb. E. 19. Jh. Altarbild hl. Antonius von Padua, um 1880.

SCHLOSS Lichtenau, Stuhlfelden Nr. 23. Ansitz, östl. der Pfarrkirche, am früheren Ortsrand gelegen. 1506 von Gewerken Wilhelm Rosenberger von Rosenegg erbaut (?), bis 1676 in adeligem Besitz, dann an Erzbischof, Schloß wird Sitz des Unterwaldmeisters, ab 1820 k. k. Forstverwaltung, 1930 Umbau zu Hauptschule, seit 1979 Adaptierung zu Sonderschule.
4geschossiger Bau mit nahezu quadrat. Grundriß, hohes Walmdach, an den Ecken und in der Mittelachse der Hauptfront je ein schlankes Aufsatztürmchen, urspr. sechs, seit der 2. H. des 19. Jhs. nur noch fünf. 1624 durch Christoph Kuen von Belasi in die heutige Gestalt gebracht. Keller und Erdgeschoß großteils gewölbt, in allen Geschossen breite Mittelhalle, an der S-Front Rechteckerker auf Kragsteinen, W-Fassade mit flachem Kielbogenportal bez. 1503. Im Inneren, im Erdgeschoß, Steinportal bez. 1560, im 2. Obergeschoß Holztüre mit Umrahmung und Beschlägen um 1625.

SCHLOSS Labach (Lambach), in Wilhelmsdorf, Nr. 1, am südl. Hang des Salzachtales, westl. des Weilers. Urk. 1352 Besitz der Herren von Felben, 1591 in die heutige Gestalt gebracht durch Melchior Welser, bergseitig Marmortafel mit Inschr. und Bez. 1591, seit 1680 meist bäuerliche Besitzer.
Langgestreckter Bau mit rechteckigem Grundriß, durchgehende Mittelhalle über Sockelgeschoß, in Erd- und 1. Obergeschoß Tonnengewölbe mit Stichkappen. Fenster der Halle mit seitl. Sitznischen, z. T. noch Holzschiebefenster. 2 Stuben getäfelt um 1600, einfache Kassettendecken.
Kapelle im 2. Obergeschoß, hoher rechteckiger Raum, Flachdecke verputzt, 2 Spitzbogenfenster neben Altar von 1699, gewundene Säulchen mit Weinlaub um die Mittelnische, figurale Darstellung Marienkrönung, auf gebogenen Giebelschenkeln des Aufsatzes Erzengel Michael und Gabriel, gesamte Fassung von 1850 (Chronogramm). An der Seitenwand schmaler Wandschrank mit Laubsägeauflagen, A. 17. Jh.; diverse Bilder, meist 18. Jh.

HÄUSER. **Nr. 8:** Oberbäckerhaus, im Kern mittelalterlich, 2geschossiges gemauertes Haus mit Satteldach, Firstpfette bez. 1687; Fenstergewände, Segmentbogenportal und Flurfenster abgefast; barockisierende Tür- und Fensterumrahmungen; gemalte Eckquader, im Flur Stichkappentonne. Dahinter Wirtschaftsgebäude. – **Nr. 11:** Verwalterwirt, Amthof des eb. Urbaramtes. Urk. Baudatum für das Erdgeschoß 1578, 1590 erstes Obergeschoß. 3geschossiger Bau mit Satteldach; abgefastes rundbogiges Portal, abgefaste Fenstergewände in

Erdgeschoß und 1. Obergeschoß; im 1. Obergeschoß Eckerker auf dreifach gestuften Konsolen. Flur mit Stichkappentonne. – **Nr. 14:** Schwaigerlehen; 2geschossig, Küche u. Vorratsraum gemauert, sonst Blockbau, Kern 15./16. Jh. Der breite Mittelflur von 1980/81; bmkw. die z. T. erhaltenen Schiebefenster; First bez. 1811. – **Nr. 16:** Gasthaus Weyer, ehem. Taverne. Urk. 1493, mittelalterlicher 3geschossiger Bau; im O rundbogiges abgefastes Portal, in SO 2geschossiger Eckerker auf dreifach gestuften Konsolen, im NO 2geschossiger Erker; horizontaler Mauerabsatz zwischen 2. Obergeschoß und Dachgeschoß. Dachform und Dächer der Erker nicht mehr dem urspr. Bau entsprechend, Dachgeschoßaufbau 19. Jh.; First bez. 1556. Flur mit Stichkappentonne; im 1. Obergeschoß Tonnengewölbe mit got. Gratnetz, Türgewände abgefast. – **Nr. 25:** Geigerhof; beim Schloß gelegenes Haus, 3geschossiger Blockbau, im Kern wohl 16. Jh.; bmkw. im Erdgeschoß altes Ladenfenster (ehem. Haupthandlung des Ortes) sowie die z. T. erhaltenen kleinen Fenster mit geschweiften Rahmen und Eisenkreuz. Wirtschaftsgebäude hinten an das Wohnhaus herangerückt, heute mit gemeinsamem Dach. Westl. Backofen von 1703.

HEILBAD Burgwies (**Nr. 42**), Schwefel- und Eisenquelle. Seit spätem 15. Jh. Quelle genützt. Bau von 1840, 1952–1954 erweitert. Erdgeschoß gemauert, Obergeschoß Blockbau, mit Satteldach. – **Kapelle,** Bau des 19. Jhs. mit Rundapsis, Satteldach und Giebelreiter.

BAHNHOF der Pinzgauer Lokalbahn, gemauerter Grundtypus über T-förmigem Grundriß, von 1898.

BAUERNHÖFE in der Umgebung. **Dürnberg, Nr. 2:** Aigen; Paarhofanlage an steilem Hang; auf talseitig hohem Sockel 2geschossig, Küche gemauert, sonst Blockbau, steile Bretterstiege zum Hauseingang; im Kern wohl 16. Jh.; First bez. 1758 und Besitzername. Breiter Mittelflur, Küche mit Stichkappentonne. Beim Stiegenaufgang an der Hauswand Wegkreuz. – **Nr. 9:** Lechen; Hofanlage von 1554, Wohnhaus in Blockbau, First um 90° gedreht. 2geschossiger Kornkasten in Blockbau, bez. 1724; Blockstiege; Legschindeldach. – **Nr. 15:** Vorderhapping; 2geschossiger Blockbau; First bez. 1565, Schalbretter des Obergeschoßganges mit Herzmotiv und Christusmonogramm.
Pirtendorf, weilerartige Siedlung östl. von Stuhlfelden. **Nr. 13:** Unterzehenter, urk. 1410; stattlicher Hof im Kern 16. Jh.; 3geschossiges, größtenteils gemauertes Haus mit angebautem Roßstall, das Satteldach tief abgeschleppt; Fenster z. T. mit Steingewänden; an Traufseite Sonnenuhr. Im Inneren mächtige Gewölbe, im 2. Obergeschoß Türsturz bez. 1586; kleine getäfelte Kapelle. Im Flur des Obergeschosses, über dem Fenster Dat. 1807. Holz-Pietà, 17. Jh. (?), bar. Figuren Hll. Rochus und Jakobus d. Ä.; Figur hl. Barbara 17. Jh.; Bilder 17. und 18. Jh. Ofen mit Büste Kaiser Neros, 2. H. 17. Jh. – **Nr. 14:** Oberzehenthof, ehem. Riegerlehen; 1942 durch Brand zerstört, Kielbogenportal des 16. Jhs. erhalten.
Wilhelmsdorf, auf der re. Seite des Salzachtales gegenüber von Stuhlfelden gelegener Weiler mit einigen Beispielen für gute bäuerliche Architektur. Paarhöfe. **Nr. 10:** Kuchlberger; breitgelagertes, 2geschossiges Mittelflurhaus, 16. Jh., Küche gemauert, sonst Blockbau. – **Nr. 13:** Schneider; 2geschossiges Mittelflurhaus in Blockbau, im Kern wohl 16. Jh., First bez. 1800 und Monogramme; Legschindeldach.

DENKMAL für Kaiser Franz I., außerhalb des Ortes an der Straße nach Mittersill, anläßlich der Salzachregulierung 1832 im Jahr 1837 errichtet. Quadrat. Mauersockel mit Pfeiler, Inschrifttafeln, als Bekrönung Doppeladler.

SULZAU, siehe NEUKIRCHEN

TAMSWEG. Polit. Bez. Tamsweg

MARKT und Gemeinde, der Hauptort des Lungaus im gleichnamigen Becken gelegen, an der Mündung der Taurach und Leisnitz in die Mur. – Der Ort wird mit der in der Tabula Peutingeriana erwähnten römischen Statio Tamasicis in Verbindung gebracht. Urk. um 1160 (praedium ad Tamswich), seit 1246 bzw. 1252 im Besitz des Domkapitels. Planmäßige Marktgründung M. 13. Jh., 1416 Wochenmarktprivilegium. Aufschwung und räumliche Ausdehnung Tamswegs durch Salz- und Eisenhandel, Wallfahrt St. Leonhard, Residenz der gräflichen Kuenburgschen Herrschaft. 1644 Kapuzinerkloster gegr. (1781 aufgehoben), seit

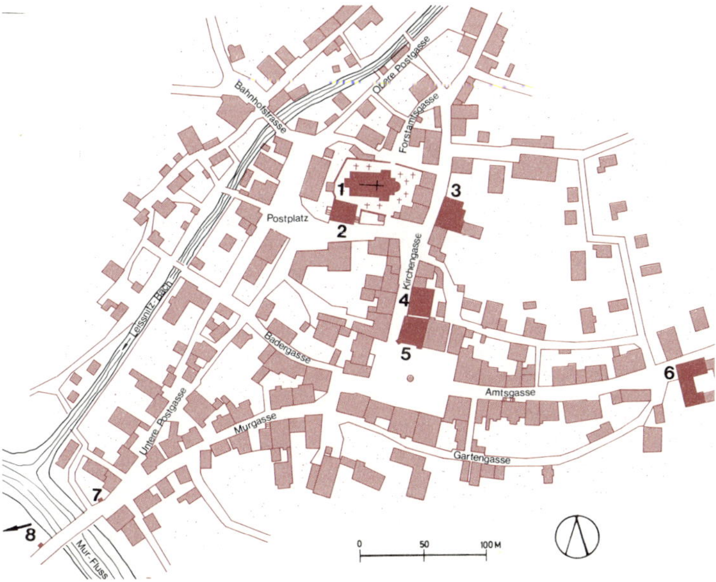

Tamsweg, Ortsplan

1 Dekanatskirche, S. 424 ff.
2 Dechantshof, S. 426
3 Schloß Kuenburg, S. 432 f.
4 Barbaraspital, S. 427
5 Rathaus, S. 433
6 Ehem. Kapuzinerkloster, S. 433
7 Johanneskapelle, S. 432
8 Wallfahrtskirche St. Leonhard, S. 427 ff.

1790 Sitz des Pflegegerichts (heute Amtsgebäude). Brände 1481, 1742, 1788, 1790, 1893 und 1925.
Am Rande des Beckens die Weiler Proding, Wölting, Mehlhartlau, Litzldorf, Mörtelsdorf und Judendorf. Im schmalen Kerbtal südöstl. von Tamsweg an Hängen Einzelhofsiedlungen, westseitig Keusching, ostseitig Lasaberg. – Östl. das Leisnitztal mit dem Kirchweiler Sauerfeld und den Einzelhofsiedlungen Haiden, Refling, Traning, Pöllitz, Gensgitsch, Moos und an der Grenze gegen die Steiermark der Kirchweiler Seetal.
Siehe auch SAUERFELD und SEETAL
Markt mit planmäßigem annähernd quadrat. Platz und von N, O und SW einmündenden Straßen (Kirchen-, Amts- und Murgasse). Im Kernbereich geschlossene Verbauung, größtenteils 16./17. Jh. Nordwestl. zu beiden Seiten des Seebaches lockere, z. T. dörfliche Verbauung. Siedlungserweiterung: im NW Dechantsiedlung ab 1949, im S Mursiedlung 1944 (als Behelfsheime), Lepzelter Point Siedlung in der Sauerfeldstraße ab 1955, sowie im N das Siedlungsgebiet in der Zinsgasse, begonnen 1967. Akzente bilden das M. 16. Jh. von der Familie Gressing erb. Haus Nr. 134 (1895 Rathaus), das Kuenburgsche Schloß (Umbau 1678) in der Kirchengasse und das ehem. Barbaraspital (heute Heimatmuseum), weiters die bar. Pfarrkirche und der Dechanthof nordwestl. des Marktplatzes; am Leonhardsberg im SW von Tamsweg die Wallfahrtskirche St. Leonhard. Weiler und Einzelhofsiedlungen, Ein-, Paar- und Gruppenhöfe des Lungauer Typus; Wohnhaus in Blockbau, Mischbau, manchmal auch Steinbau, 2geschossig bzw. mit Kniestock, durchwegs mit verbrettertem Giebeldreieck und Krüppelwalmdach. Das Wirtschaftsgebäude älterer Typus mit gemauertem Stallgeschoß, darüber Blockbau; jüngerer Typus in Form der vom steirischen Murtal her beeinflußten Pfeilerstadeln, Erdgeschoß und breite Pfeiler des Tennengeschosses gemauert, zwischen Pfeilern senkrechte Verbretterung hinter meist lockerem Bundwerk; selten reine Mauerbauten. Charakteristisch die freistehenden, selten gezimmerten, meist gemauerten Kornkästen. Für die Kulturlandschaft mitbestimmend die vielen Arma-Christi-Kreuze im Streusiedlungsgebiet.

DEKANATSKIRCHE hl. Jakob d. Ä., etwas erhöht gelegen. Bar. Wandpfeilerkirche mit älterem Westturm, von Mauer umgeben. – Vorgängerbau urk. 1231. Pfarre 13. Jh. Umbau A. 16. Jh., rekonziliert 1513. Turmumbau 1716, Kirchenabbruch (mit Ausnahme des Turmes) 1738 und Neubau von Baumeister *Fidelis Hainzl,* Konsekration 1741. Seit 1811 Dekanatssitz. Renov. 1836, 1871, 1940–1943, Außenrest. 1968.
Langhaus durch Gesims in zwei Geschosse gegliedert, über profiliertem Band und Hohlkehle Satteldach; Rundbogenfenster mit Faschen, Eckquaderung. Im N und S Rechteckportale mit Vorbauten. Eingezogener Chor mit 2geschossigen seitl. Anbauten (Sakristei und Rupertikapelle), im S Sakristeizugang und gemalte Sonnenuhr mit Darstellung hl. Jakobus d. Ä., Chronogramm 1741 und Renov.-Bez. *1968 H. Mayer.* Leicht eingezogene Rundapsis. Westfassade mit vorgesetztem Turm, ungegliedert; Glockengeschoß mit gekoppelten Rundbogenschallfenstern, über Gesims Kuppel, Aufsatz mit vier Ovalöffnungen und kleiner Zwiebelhelm.
Einschiffiges, 3jochiges Langhaus, tiefe Wandpfeiler mit Pilastervorlagen und profiliertem Gesims. Tonnengewölbe mit Gurtbögen und Stichkappen;

Stukkaturen (Riemen- und Gitterwerkornament) von *Johann Kajetan d'Androy* 1741, in den Stichkappen Stuckrahmen mit bar. Bildern der Evangelisten, im 1. Joch David und Cäcilia. 3achsige, 2geschossige Empore, kreuzgratunterwölbt, zum Mittelschiff rundbogig geöffnet, seitl. Aufgänge. Untere Emporenbrüstung mit geschwungenem Mittelteil und Kartusche, seitl. Stuckornamentik und Stuckreliefs musizierender Putten; 2. Emporengeschoß mit geschwungener Brüstung von 1793. – Rundbogiger Chorbogen mit Hohlkehle, Stukkatur und Kartusche mit Baudaten. Einspringender, um zwei Stufen erhöhter, 2jochiger Chor mit Stichkappentonne und Gurtbogen; reiche Stukkaturen, vierpaßförmige Felder mit Putten von 1741. Li. Zugang zur Rupertuskapelle, re. Sakristeitür, stuckierte Portalumrahmung, darüber Oratorienfenster mit Stuckeinfassung. Halbkreisförmiger Apsisraum.
Die 5 Altäre der Kirche von *Andrä Pirchner* (Tischler), *Johann Pult* (Skulpturen) und *Gregor (IV.) Lederwasch*, 3. V. 18. Jh. Bar. Säulenhochaltar mit Opfergangsportalen, urk. 1753; Mittelfigur hl. Jakob d. Ä. in Wolken und Strahlenkranz, darüber Hl. Dreifaltigkeit; Figuren Hll. Petrus, Jakobus d. J., Judas Thaddäus und Paulus. – Seitenaltäre: Christophaltar (li. 3. Joch), errichtet 1774, Altarblatt hl. Christophorus, Figuren li. hl. Johannes Nepomuk, re. hl. Bonaventura (?). Sebastiansaltar (re. 3. Joch), errichtet 1768, 1822 von *Seraphin Lederwasch* renov., Altarbild hl. Sebastian, Figuren Hll. Antonius von Padua und Franziskus, 2 Engel. Skapulieraltar (li. 2. Joch), Altarblatt Übergabe des Skapuliers an Simon Stock, Statuen Hll. Vitalis und Virgil. Josephsaltar (re. 2. Joch), Altarbild Hl. Familie, Figuren Hll. Andreas und Johannes Ev.; Engel. Bar. Kanzel mit Statuetten der 4 Kirchenlehrer, reich geschnitzter Schalldeckel mit Aufsatzfigur, 1. H. 18. Jh. – Bar. Konsolfigur Immaculata mit geschnitztem Baldachin. Bar. Triumphbogenkreuz, seitl. Hll. Maria und Johannes. Im Langhaus Figuren von *Johann Pult*, Schmerzensmann und Mater dolorosa. Hl. Wolfgang um 1440 und Pietà 2. V. 16. Jh. in Verwahrung. – Kirchenstühle mit geschnitzten Wangen und Rocaillen 2. H. 18. Jh. – Orgel von 1744, Werk erneuert von *Albert Mauracher*, 1892. – Bilder 18./19. Jh.: Hl. Leonhard beschützt Tamsweg, bez. *Ignaz Raffalt*, gestiftet 1836 (in Verwahrung); hl. Franz Xaver, Mariä Verkündigung (in Verwahrung); Ovalbild Herz Mariä (Josephsaltar); Klagenfurter Haupt Christi (Skapulieraltar); Ovalbild hl. Aloy-

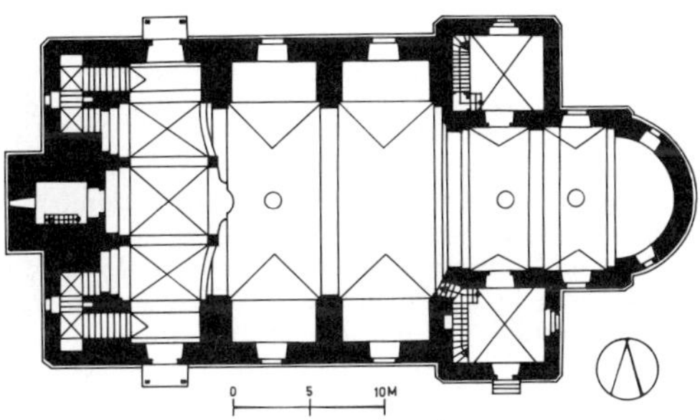

Tamsweg, Dekanatskirche hl. Jakob d. Ä.

sius (Christophaltar); hl. Karl Borromäus bez. 1777, Bernhardin von Siena 1777, Thomas von Aquin, Bischof auf verschmähtes Szepter und Krone deutend, 2. H. 18. Jh. (in Verwahrung).
Rupertuskapelle, an der Chornordseite, einjochig mit Kreuzgratgewölbe. Säulenaltar um 1720, Tabernakel um 1620, Altarblatt hl. Rupertus 18. Jh. Darüber im Oratorium 2türige Schränke, einer bez. 1715. – Kreuzgratgewölbte Sakristei, im oberen Geschoß Altar aus der Schloßkapelle Moosham, 17. Jh., bez. renov. 1657, 1747 und 1836. Taufstein M. 17. Jh., kuppelartiger Aufsatz.
Grabsteine, außen: Sigmund Fraid, Barbara Grimigin 1545 mit Doppelwappen; Martin Gämbs 1783; Bartholomäus Grießenauer 1833; Hans Graf von Khuenburg-Steyerberg 1829. Im Chor: Margaretha Rehrlin von Reichenhall 1632; Euphrosina Grimmingin von Niderrain 1670; Reichardt Griming von Nidernrain 1682; Sebastian Schallhamer und Rosina Auer 1737. Im Langhaus: Johann Griming 1579 figural, mit Wappen; Anna Maria Pokin von Arnholz 1694: Maria Anna Hierlin 1773 und Catharina Taferner 1774.

Seelenkapelle in der SO-Ecke des Kirchhofbereiches. Rechteckiger Bau mit Korbbogen, Hohlkehle und Zeltdach. Renov. 1853, 1874 und 1979. Kreuzgratgewölbe; Kreuzigungsgruppe E. 18. Jh. (renov. 1861), Bilder letzte Kommunion und Meßfeier 19. Jh.; Gedenktafel der Kapuziner bez. 1790 (renov. 1853 und 1874).

Dechantshof südwestl. der Pfarrkirche. Bau von 1762 nach Plan von *Wolfgang Hagenauer,* renov. 1968. Im N 2-, im S 3geschossig, 6achsig. Untergeschoß mit Putzquadergliederung, darüber Putzpilaster, Fensterumrahmungen; Walmdach. Innen einfache Stuckleisten und Hohlkehle. Porträtbildersammlung der Erzbischöfe (Max Gandolf Graf Kuenburg bez. 1668, Hieronymus Graf Colloredo 1772), Archidiakonalkommissäre und Dechante, M. 18. bis 2. H. 19. Jh., zwei bez. *J. Pock 1852* und *S(ebastian) Stief 1882.*
Im NW des Dechanthofes gemauerter **Kornkasten** mit gemalten Eckquadern und verbrettertem Giebeldreieck unter Krüppelwalmdach.

BARBARA-SPITAL UND -KIRCHE, in der Kirchengasse. In einer Front zusammengefaßtes, 2geschossiges Gebäude mit gemalter Eckquaderung und Faschen, Hohlkehle; Walmdach und Turm mit gekuppelten Schallfenstern, Zeltdach.

Spitalskirche. Rechtecktür und Rundbogenfenster, Kruzifix und Brettfiguren Maria und Johannes, 2. H. 18. Jh. Innenraum mit Flachdecke und Stuckspiegel, seitl. profiliertes Gesims, östl. Sakristeitür; Holzempore. Sakristei tonnengewölbt, Rechteckfenster. – Altäre 1961 in die Pfarrkirche Mauterndorf übertragen. Schlichter Altar mit Figur Maria und Kind (Umtragsskulptur aus Lessach). – Plastiken. Samsonfigur und Zwerge (Umzug urk. 17. Jh.); spätgot. Verkündigungsengel und auferstandener Christus, M. 15. Jh.; hl. Johannes Nepomuk bar.; Kruzifix und Hl. Familie, 18. Jh.; hl. Barbara um 1520 in Verwahrung. Altes Gestühl 18. Jh., Beichtstuhl. Bilder 18./19. Jh., u. a. Anbetung von *Gregor (IV.) Lederwasch;* Hl. Familie bez. *Mayer 1926;* Hl. Dreifaltigkeit bez. 1892; Madonna mit Kind, Jesus am Ölberg, Mater dolorosa und Ecce Homo, alle *Werkstätte Lederwasch;* Johannes Nepomuk E. 18. Jh. – Synopien der got. Fresken der Saukapelle am Leonhardsberg um 1430.

Barbaraspital (heute Lungauer Heimatmuseum). 1485 gestiftet, nach Brand Neubau 1742–1745, 1961 aufgelassen, Renov. 1946 und 1964–1968. – 2geschossiger, 4achsiger Bau, über abgefastem Rundbogenportal Bild hl. Barbara bez. renov. *P.(eter) Gruber (19)76.* Tonnengewölbtes Vorhaus und Rauchküche. In den übrigen Räumen Lungauer Heimatmuseum mit bäuerlichem Inventar; zahlreiche römische Steindenkmäler aus dem Lungau sowie Kleinfunde von den Ausgrabungen in Immurium (Moosham).

WALLFAHRTSKIRCHE St. Leonhard, an einem Hang am Leonhardsberg, von Befestigungsmauer umgeben, südwestl. des Marktes. Weithin sichtbarer, einheitlich spätgot. Kirchenbau mit Nordturm, z. T. Reste der spätgot. Ausstattung und bmkw. Glasgemälde M. 15. Jh. – Erb. 1430–1433 durch *Peter Harperger* aus Salzburg, 1433 Konsekration, 1478 Bau der Befestigungsanlage um die Kirche, 2. H. 17. Jh. neuer Hoch- und neue Seitenaltäre. Kirche renov. 1912 und rest. 1949.

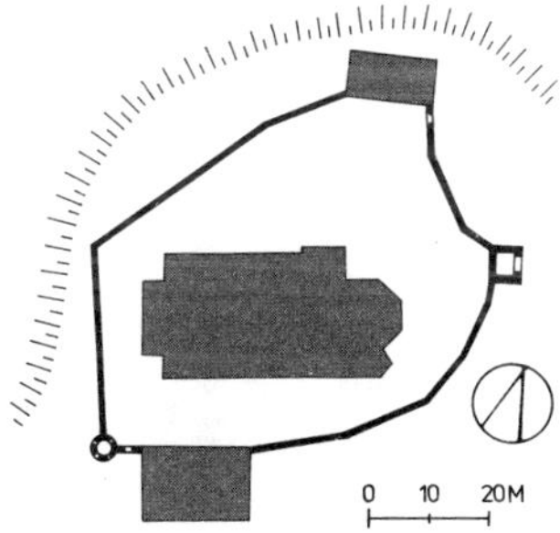

Tamsweg, Wallfahrtskirche St. Leonhard, Gesamtanlage

Außenbau. Einschiffige, spätgot. Kirche mit gleich breitem und hohem Chor mit Strebepfeilern, umlaufendem Friesband und spitzbogigen 3teiligen Maßwerkfenstern; Holzschindelsatteldach. Basilikaler Eindruck durch an das Langhaus angefügte, eingeschossige Bauten (Kapellen, Vorhalle, Emporenaufgang). Im N und S vier Maßwerkfenster zwischen den Strebepfeilern, im unteren Teil durch der 4achsigen Vorbau mit Pultdach überschnitten. Im 2. Joch Vorhalle, Spitzbogen mit Kehlung und Birnstab, spätgot. Netzrippengewölbe (2 Parallelrippenfiguration); im N Treppenaufgang, im S Wandmalerei (li. übertüncht) Marienkrönung, *Christoph Lederwasch*, 1694, zugeschrieben. Mehrfach gekehltes Spitzbogenportal mit Stäben, in der Mitte rundbogiger Ansatz mit kielbogenförmigem Abschluß, darüber Dreipaßsturz. Türen mit spätgot. Beschlägen, im S bronzener Türklopfer. 2jochiger Chor mit 3seitigem Abschluß, gleich breit und hoch wie das Langhaus, zwischen den 3fach gestuften Strebepfeilern hohe, 3teilige spätgot. Maßwerkfenster. Im W Dreieckgiebel, in der Mitte 4fach gestufter Strebepfeiler; Kreisfenster mit Maßwerk, an den Ecken kürzere Strebepfeiler. Vorbau mit Pultdach in der gesamten Langhausbreite, Rundfenster mit Vierpaßmaßwerk und Eckquaderung. Nordturm am 1. Chorjoch, durch Gesimse in 4 Geschosse gegliedert. An den 2 oberen Turmgeschossen Maßwerkverblendung, 2 spitzbogige Schlitzfenster, darüber spitzbogiges, 2geteiltes Schallfenster mit Maßwerk, Dreieckgiebel und Spitzhelm. Im S am 1.

Chorjoch 2geschossige Sakristei, Rechtecktür und Fenster mit Wulst und Kehle, Sonnenuhr von 1790; Pultdach. Östl. niedriger Anbau mit Rechteckfenstern.

Innenbau. Einschiffiges, 4jochiges Langhaus mit Netzrippengewölbe (Wechselperger Figuration) auf Runddiensten und profilierten Kapitellen. Gekehlte Spitzbögen zu den Seitenkapellen (basilikale Einsatzkapellen) im 3. und 4. Langhausjoch (im 1. Joch Emporenaufgänge, im 2. Vorhallen); Netzrippengewölbe (2-Parallelrippen-Figuration). Niedrige Seitenarkaden führen zusammen mit dem hohen Obergaden aus Wand- und Fensterzonen zu einem 3teiligen Aufriß von betonter Wandhaftigkeit. 2geschossige Westempore auf 8eckigem Pfeiler, Untersicht Netzrippengewölbe (Achtzackenstern), zum Mittelschiff durch 2 gekehlte, stumpfe Spitzbögen geöffnet. Untere Emporenbrüstung mit durchbrochenem Maßwerk (Vierpässe); Orgelempore aus Holz mit geschwungener Brüstung, Untersicht kassettiert.

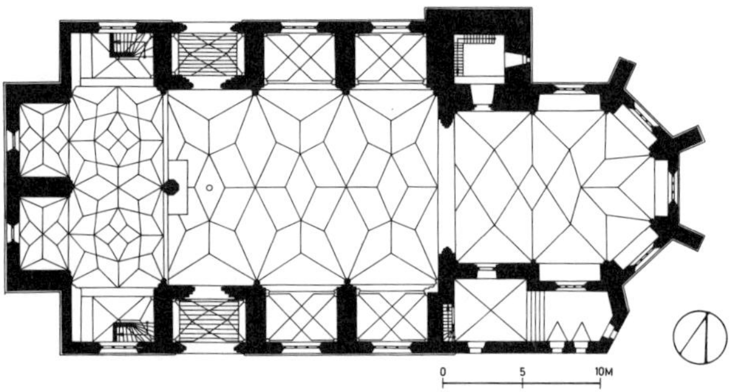

Tamsweg, Wallfahrtskirche St. Leonhard

Hoher, spitzbogiger Triumphbogen, leicht eingezogen. 2jochiger Chor, jeweils um eine Stufe erhöht, 3seitiger Abschluß. Strahlensternrippengewölbe mit geknickter Reihung auf Runddiensten und Kapitellen. Im 1. Chorjoch gekehlte Spitzbogenportale, darüber Holzbalkone, li. Turmzugang mit kleinen Drachen am Portal, re. eisenbeschlagene Sakristeitür. Sakristei kreuzgratgewölbt, der östl. Anbau tonnengewölbt mit Stichkappen.
Spätgot. Fresken. Im 1. Chorjoch Mann auf Konsole mit Inschr. *Maister petter harperger von Saltzburg*, Bischof auf Konsole mit Inschr. und Dat. 1433 und Apostelmedaillons Hll. Petrus und Matthäus. Hinter dem Hochalter (verdeckt) Christus in der Mandorla, li. Brustbild Apostel Bartholomäus, re. Apostel Thomas; die übrigen Apostelmedaillons im Chor durch Bilder verdeckt.

Glasgemälde. In den meisten Fenstern große Teile der urspr. Verglasung erhalten; großteils Werke aus Salzburger, aber auch aus Wiener Werkstätten von 1433 bis gegen 1450; renov. 1892 und 1907; rest. 1951–1953 und ab 1980. – Das heute leere Chorschlußfenster urspr. Standort des Goldfensters. – In der nördl. Chorschräge Thronende Maria mit Kind flankiert von Engelpaaren in Architekturgehäuse. – In der südl. Chorschräge sogen. Oberndorffer Fenster, Verkündigung (im Gebetbuch der Name Oberndorffer), Anbetung und

Beschneidung in gemeinsamem Architekturaufbau, darunter Anbetung der Könige und der Stifter Oswald Hemel mit Inschr. – An der Chornordwand Maria mit Kind zwischen Hll. Katharina und Laurentius unter mächtigem Kielbogen, inschr. bez. 1430. – Besonders bmkw. an der Chorsüdwand das sogen. Goldfenster. Tabernakelturmartige Architektur in abgestuften Gelbtönen mit eingestellten Figuren und szenischen Darstellungen in gleichem Kolorit vor dunkelblauem Hintergrund. In der Mitte über musizierenden und wappenhaltenden Engeln der kniende Stifter Eb. Johannes II. Reisberger (1429 bis 1442) zwischen Hll. Rupert und Virgil, darüber Gnadenstuhl zwischen Hll. Petrus und Paulus; in den weiteren Geschossen Szenen aus der Leonhardslegende, Verkündigung, Propheten sowie Hll. Leonhard und Laurentius.
Im Langhaus an der N-Wand von O: Sogen. Hansteinfenster; unter dominierendem Kielbogen in der M. Maria mit Kind im Strahlenkranz und darunter Hll. Leonhard und Bartholomäus, beide aus anderem Zusammenhang, seitl. die knienden Stifter (li. Paar ergänzt) über ihren Wappen mit Inschr.; seitl. des Kielbogens anbetende Könige und Hirten (diese ergänzt); im Maßwerk Prophet und Haupt Gottvaters. – Fenster beim Emporenaufgang nicht vollständig erhalten, 4 Apostelpaare sowie Hll. Barbara und Katharina, in der M. Verkündigung, oberer Abschluß segnender Gottvater mit Engeln. – In den nördl. Obergaden von O: Vierpaßscheibe mit Wappen der Elsenheimer. – Sogen. Rosenheimerfenster, Original im Dom-Museum Salzburg; unter mächtigem Kielbogen Strahlenkranzmadonna zwischen Hll. Katharina und Barbara, darunter Hll. Rupert und Leonhard flankiert von den knienden Stiftern Christian Rosenheimer und Dorothea Eschy (?). – Wappenscheibe. – Sogen. Hollnprunnerfenster, bez. 1450; unter einer 3teiligen Tabernakelarchitektur Strahlenkranzmadonna, darunter Wappen des Stifters flankiert von den knienden Stiftern Wolfgang Hollnprunner (mit Inschr.) und seiner Frau mit den Hll. Petrus und Paulus.
An der Langhaussüdwand von O: Hostienmühlfenster, lt. Inschr. gestiftet von Konrad Heltzler 1434; in der M. der kniende Stifter die thronende Maria mit Kind anbetend; darüber über 3 Geschosse Darstellung der Hostien- oder Apostelmühle. – Lebensbaumfenster; in der M. über 4 Geschosse Darstellung der Verkündigung als Lebensbaum, darüber im Laubwerk der Gekreuzigte; in den Feldern der Seitenbahnen je zwei Heilige. – In den südl. Obergaden von O: Wappenscheibe Herren von Holnek (?) und hl. Leonhard in Butzengrund. – Wappenscheibe Nicodemus della Scala und hl. Bischof (Wolfgang?) in Butzengrund. – Rundscheibe mit Hausmarke. – Wappenscheibe der Edlen von Weisbriach. – An der Westwand Scheiben mit Wappen und Hausmarken.

Frühbar. Säulenhochaltar von 1661, Entwurf von *Georg Haim* (Maler), Ausführung *Jakob* und *Ulrich Seitlinger* (Tischler) und *Jakob Gerold* (Bildhauer); im Mittelschrein Hl. Dreifaltigkeit, daneben hl. Maria, unterhalb Hll. Dominikus und Franziskus; seitl. Konsolfiguren Hll. Rupert und Virgil; im Aufsatz Figur hl. Leonhard vom ehem. got. Altar von 1445 (1661 überarbeitet), seitl. die Pilgerpatrone hl. Jakob d. Ä. (1661 Kopf und Hände erneuert) und hl. Christophorus; kniende Engel. – Im Chor kleine Seitenaltäre von 1730. Li. Marienaltar, Figurennische Maria mit Kind von Strahlenkranz und Engel umgeben, Oberbild Immaculata von *Gregor (III.) Lederwasch;* seitl. 2 Evangelistenstatuetten. Re. Leonhardialtar (Teile des Altares von 1684), Nische mit

Gnadenbild hl. Leonhard, bäuerliche Schnitzerei 1. H. 15. Jh., Oberbild hl. Joseph von *Gregor (III.) Lederwasch;* seitl. zwei kleine Evangelistenfiguren. Seitenaltäre an östl. Langhauswand von 1676, Entwurf von *Georg Haim* (Maler), Ausführung von *Jakob Seitlinger* (Tischler). Li. Altar der Sakramentsbruderschaft, Bilder und Fassung von *Gregor Lederwasch;* Altarblatt Anbetung der Monstranz, Oberbild hl. Helena; Figuren Hll. Petrus und Paulus, im Aufsatz hl. Michael. Re. Mutter-Anna-Altar, Fassung und Bilder von *Georg Haim.* Altarblatt Hl. Sippe, Oberbild hl. Antonius; Statuen Hll. Margaretha und Barbara, Aufsatzfigur Erzengel Raphael. – Kreuzaltar in der vordersten Kapelle der Nordseite, 1738 von *Lorenz Pirkner* (Tischler), *Johann Pult* (Bildhauer) und *Gregor (III.) Lederwasch* (Maler) errichtet; Kruzifixus, zwichen den Säulen Figuren Hll. Maria und Johannes; im Aufsatz Figur hl. Helena um 1520. In der Kapelle im 3. Joch der Nordseite Laurentiusaltar um 1738, Aufbau von *Lorenz Pirkner* (Tischler) und *Johann Pult* (Bildhauer); Laurentiusstatue und Nische vom ehem. Altar von *Jakob Seitlinger* 1667 übernommen; Nischenfigur hl. Laurentius, Aufsatzfigur hl. Johannes Nepomuk, seitl. Engel. Die bar. Säulenaltäre in den südseitigen Kapellen 1708 und 1709 von *Gregor Sapser* (Tischler) und *Gregor (II.) Lederwasch* (Maler). Vordere Kapelle mit Vermählung-Mariä-Altar, bar. Altarblatt Vermählung Mariä, Oberbild hl. Jungfrauen, beide von *Gregor (II.) Lederwasch,* Figuren Engel und Schutzengel von *Georg Stieger.* Im 3. Joch Kapelle mit Florianialtar, bar. Altarblatt hl. Florian, um 1735, *Jakob Zanusi* zugeschrieben. Oberbild Pfingstfest; bar. Figuren Hll. Sebastian und Rochus. Doppelseitiger bar. Emporenaltar (einziges Beispiel im Lande Salzburg), 1708 unter Mitwirkung von *Gregor (II.) Lederwasch* errichtet; zwischen Säulen bar. Figur hl. Christophorus, gegen O Guter Hirte.

Bar. Kanzel, urk. 1737, unter Mitwirkung von *Lorenz Pirkner* (Tischler), Fassung von *Gregor Lederwasch,* Statuetten von *Josef Anton Pfaffinger* und Engelsköpfe von *Johann Pult;* Schalldeckel von *Gregor Sapser,* Fassung von *Christof Pertl, Gregor Lederwasch* und *Mathias Mayr* (alle Maler); bekrönender Engel von *Hans Georg Mohr.*

Reste der spätgot. Einrichtung. Tafeln des spätgot. Flügelaltares um 1460 (zur Zeit in Rest., rest. 1. H. 19. Jh. und 1963), geöffnet die Reliefs Geburt Jesu, Beschneidung, Anbetung der Hirten und Darstellung im Tempel; geschlossene Flügel mit Szenen aus dem Marienzyklus, Geburt Mariens, Verkündigung, Heimsuchung und Tod. Über der Sakristeitür spätgot. Tafelbilder (wohl vom ehem. Hochaltar) vom *Meister von St. Leonhard* um 1460 (1. H. 19. Jh. stark rest.), hl. Augustinus, hl. Hieronymus, Wunder des hl. Leonhard, Teufelsaustreibung, Kirchenbau durch den hl. Leonhard. Hauptfigur vom ehem. Mittelschrein des spätgot. Hochaltares Mondsichelmadonna mit Kind, um 1460. Aufsatzgesprenge des spätgot. Hochaltares (in der südseitigen Kapelle des 3. Joches und im Chor) drei nach oben sich verjüngende Gesprenge. Spätgot. Gesprengefigur hl. Florian und zwei kniende Engel, um 1460. Spätgot. Figur thronender Gottvater, 15. Jh. (Kopf überarbeitet), am Emporenaltar. 3geteilter spätgot. Chorstuhl mit Sprengwerk um 1445, aus derselben Zeit Sakristeikasten (jetzt auf Schloß Kreuzenstein) bez. 1445.

Am Triumphbogen bar. Hängekruzifix 1661; seitl. Konsolfiguren Hll. Maria und Johannes. Bar. Figur auferstandener Heiland, 18. Jh. (in Verwahrung). Chorstuhl in der östl. Kapelle der Nordseite von *Jakob Seitlinger,* 1676. Beichtstühle um 1700. – Epitaphien 17. Jh.: Krönung Mariens, Flügelbilder mit

Szenen aus dem Marienleben, Inschr. Christoph Kuchlmeister 1600; Kreuzigungsgruppe, Inschr. Anna von Khienburg 1605; Verklärung Christi, in Kartusche Gnadenbild hl. Leonhard, Inschr. Wilhelm Paggee und Salome Heinricherin 1633. Bilder: Glorifikation des hl. Leonhard, oberhalb Hl. Dreifaltigkeit, M. 17. Jh.; über dem nördl. Eingang Jüngstes Gericht, gegenüber Auferstehung der Toten, beide 1712 von *Johann Chrysostomus Lederwasch;* Kreuzwegstationen von *Gregor (III.) Lederwasch,* 1726; in der Sakristei Mariahilf bez. 1654; hl. Leonhard, 18. Jh.; Hll. Leonhard und Franziskus, oberhalb Christus und Maria, Inschr. Johann Christof Ossenperger 1668; Hl. Familie, Hll. Leonhard und Franziskus, Inschr. Maria Osenbergerin 1680. – An den Chorwänden und hinter dem Hochaltar Bilder der Wundertaten und aus dem Leben des hl. Leonhard, 17. Jh.; an der nördl. Chorwand Wunder des hl. Leonhard bez. 1647, 1650, 1662, 1691, 1709, 1710, 1707, 1734 und 1735. Zahlreiche Votivbilder 17., 18. und 19. Jh. Abschlußgitter nach dem 2. Joch von *Hans Weissofner* 1700. – Orgel 1. H. 19. Jh. von *Mauracher.* – Weihwasserbekken am Emporenpfeiler mit balusterartigem Fuß und ovalem Becken, um 1660. – Glocken von *Mert v. Friesach,* 1469, *Jörg Gloppitscher,* 1472, und *Jakob Lidel,* 1621.

Wehranlage von 1478. Im O Rundbogenportal mit abgeschrägtem Gewände, darüber Fresko hl. Leonhard, renov. 1978. Li. vom Tor Kalvarienberg, Christus mit den Schächern 1691 von *Johann Georg Mohr.* Re. vom Portal Eckgebäude mit abgefasten Fenstern. Wehrmauer im N und W mit Schießscharten. Im SW-Eck Rundturm, über der Tür verwittertes Fresko hl. Petrus. Südseitig Tor, gegen O spätgot. Mesnerhaus, anschließend Wehrmauer mit quadrat. Turm und Zeltdach.

Mesnerhaus. Spätgot. Bau mit abgewalmtem Satteldach, 3geschossig, 4achsig. Gekehltes Spitzbogenportal mit Stabwerk, über dem Portal Fresko König David von *Gregor (IV.) Lederwasch,* und Hl. Familie in gemalter Kartusche von *Lederwasch;* im obersten Geschoß Ecce-Homo-Bild. Innen z. T. Tonnengewölbe mit Stichkappen.

TOTENKAPELLE im Friedhof, im NO von Tamsweg; dieser von Mauer umgeben, 1833 angelegt, im W die Kapelle. Erb. 1833, hochgezogene Fassade mit seitl. Pilastern, über rechteckigem Grundriß Holzschindelsatteldach mit Giebelreiter, Rundbogenschallfenster, Blechkuppel mit Zwiebelhelmaufsatz. Östl. Rechtecktür und Kartusche, seitl. Fenster. Innen Tonnengewölbe. Altarbild Grablegung Christi bez. *Ign(atz) Raffalt 1834,* Oberbild Auferstehung Christi von *I. Raffalt;* Bilder Petrus und Paulus um 1833. – Im O des Friedhofs schlichter Bau des 19. Jhs.

WEGKAPELLEN. **Saukapelle** am Leonhardsberg. Got. Bau um 1430, 1974 versetzt. Spitzbogiger Tuffsteinbogen, gemauerter Giebel mit bar. Marienmedaillon. Innen Kreuzgratgewölbe und Fresko Pietà um 1430 von einem Meister aus dem Umkreis der *Villacher Werkstätte* (Sinopien der Fresken im Lungauer Heimatmuseum). **Apfelknabkapelle** an der Leisnitzbrücke in Tamsweg, Bau um 1900 mit hohem Rundbogen und Satteldach. Wandmalereien aus der Erbauungszeit, Figur Immaculata 2. H. 18. Jh. – An der Murbrücke in Tamsweg, Bau von 1787, renov. 1831 und 1894.

Rundbogenöffnung, innen kreuzgratgewölbt, Fresken Hll. Rupert und Vital, Bild Verabschiedung Christi bez. *J.(osef) A.(nton) Pierer 1894 (rest. Al.[oys] Mayer 1935 und J.[osef] Mayer 1948).* – **Johanneskapelle** in der M u r g a s s e. Bau um 1787 mit Rundbogen, Fassaden- und Wandmalereien 4. V. 18. Jh., Figur Johannes Nepomuk E. 18. Jh. – **Augustinerkapelle** westl. von S t. L e o n - h a r d. Holzbau mit 2 den Eingang flankierenden Säulen, Satteldach. Bilder Hll. Augustinus, Isidor und Notburga. – **Glanzerkreuz** bei Haus Nr. 24 im Weiler G e n s g i t s c h. Rechteckiger Bau, Giebel bez. 1928, Rundbogenöffnung. Bild Madonna mit Kind bez. *A.(nton) Pierer* 1874. – **Fernerkreuz** im Weiler M o o s. Quadrat. Holzbau mit Rechteckfenster und Holzschindelzeltdach, Inventar E. 19. Jh.

BILDSTÖCKE. Am Weg zur Wallfahrtskirche S t. L e o n h a r d mehrere gemauerte Nischenbildstöcke 17. Jh., rest. 1968. Segmentbogennischen mit Kreuzwegbildern von *A.(nton) Mayer* 1893. **Pfeilerbildstock** im O von Tamsweg, an der Straße Richtung S a u e r f e l d. 8eckige Säule mit quadrat. Tabernakel. – **Ofnerkreuz** in H a i d e n Nr. 6, erb. 1978, Rundbogennische mit Kruzifix 19. Jh. und Madonnenbild (Original in der Jakobskirche Innsbruck). – **Krandlkreuz** an der Straße Richtung R a m i n g s t e i n. Erb. um 1960, Holzschindelzeltdach, Flachbogennische mit Bild Marien-Krönung und Herz-Jesu-Figur, E. 19. Jh. – **Bairlkreuz** bei Haus L a s a b e r g Nr. 3. Quadrat. Bau mit Flachbogennische, Zeltdach und Holzvorbau, erneuert 1978/79; Inventar E. 19. Jh. – **Langerkreuz** am L a s a b e r g. Quadrat. Bau mit Rundbogennische und Holzschindelzeltdach, Holzvorbau; Bild Madonna mit Kind, Herz-Jesu-Figur E. 19. Jh. – **Baierlkreuz** nördl. von Tamsweg, an der Straße Richtung S t. A n d r ä. Bau renov. 1976, Holzschindelzeltdach; kreuzgratgewölbte Flachbogennische mit Ölbildern, Hl. Familie bez. *Mayer Tamsweg 1925,* Johannes d. T. und Johannes Ev. – 8eckiger Pfeilerbildstock an der Straßengabelung P r e b e r s e e – S t. A n d r ä, nördl. von Tamsweg. Tabernakel mit erneuerten Bildern Christus am Kreuz, Hll. Martin und Rupert.

SCHLOSS Kuenburg, Kirchengasse Nr. 107. Als Herrschaftssitz seit 1598 im Besitz der gräflichen Familie Kuenburg. Nach Marktbrand aus mehreren Häusern nach Plänen von Baumeister *Fidelis Hainzl* 1742–1749 erbaut. Heute Ämter und kleines Kulturzentrum.
Langgestreckter 2geschossiger Bau mit geputzter Eckquaderung, Hohlkehle, Mansarddachform, an den Schmalseiten die Giebelwand bis zur Abwalmung hochgezogen; einfache bar. Fensterumrahmung, darüber gekehlte Simsabdekkung; Hauptportal in Segmentbogenform mit Stuckumrahmung, im Aufsatz Fahnenschmuck und seitl. Vasen, 1742 von Stukkateur *Johann Kajetan d'Androy;* Portalbekrönung Allianzwappen Kuenburg-Rollingen, darüber Krone, Schmiedeeisenarbeiten des Hofschlossers *Philipp Hinterseer,* 1746. In der Eingangshalle Kreuzgewölbe mit Putzgraten, im rückwärtigen Teil auf starker Rundsäule gelagert; an der Stiegenwand gewellte Marmortafel aus der 1790 aufgelösten Kapuzinerkirche Tamsweg, Bezug Weihe der Kirche 1671 durch Erzbischof Max Gandolf von Kuenburg; im Obergeschoß Saal mit Stuckdecke, ebenfalls von *d'Androy,* Supraporten mit Grisaillemalerei, Ansichten von Tamsweg und den Burgen Finstergrün, Mauterndorf, Neukirchen und Moosham, um 1745–1750, *Johann Lederwasch* zugeschrieben.

Südl. Anbau, ehem. **Kasten** (?), Fassade angeglichen, Erdgeschoß mit spätgot. Tür- und Fensterumrahmung, Oberlichtgitter 1. V. 17. Jh.
Östl. des Schlosses Reste des 1745 angelegten **Parks.**

HÄUSER. Annähernd quadrat. **Marktplatz** in der Ortsmitte mit 2- bis 3geschossiger Verbauung, im Kern z. T. 16. Jh., giebel- und traufständig, z. T. Krüppelwalmdächer; in der Mitte Kriegerdenkmal, 1926 von *Josef Mühlbacher.* **Rathaus, Nr. 134,** dominierend an der N-Seite, Ecke Kirchengasse; erb. 1570, 1897 z. T. verändert. 4geschossiges, 6achsiges Gebäude mit Erkertürmchen auf Konsolen und geschweiften Spitzdächern; Segmentbogen und Fenstergewände abgefast. Fassadenmalerei 4. V. 18. Jh. von *Gregor (IV.) Lederwasch.* Innen Kreuzgratgewölbe. Bemalte Wandbespannungen um 1800. – Im O 2 mächtige, die Amtsgasse flankierende Häuser, li. **Nr. 137,** ehem. Platzbräu, mit Rieselputzfassade, ausgesparter Dekor der Fensterumrahmung und zwei Fassadenbilder 2. H. 18. Jh., Marienkrönung und Hll. Florian, Petrus und Leonhard, im Flur Stichkappentonne; re. **Nr. 7,** Gamswirtshaus, mit modernisierter Fassade, über dem Portal Relief Krönung Mariens, M. 18. Jh. – Südl. Marktplatz, **Nr. 8,** ehem. Lebzelter- und Bräuhaus, stark erneuert; **Nr. 9** und **10,** Doppelhaus mit Empirefassade, Stukkaturen E. 18. Jh., über den Portalen bez. 1789 und 1874; **Nr. 11,** Gasthaus Grössing; verwittertes Fassadenbild in Stuckrahmen. – Im W Platzabschluß Haus **Nr. 12,** Gasthof Lackner, Fassadenbild 18. Jh., kreuzgratgewölbter Flur; **Nr. 127,** Gellnwirt, Fassade 1. H. 19. Jh. mit Bildmedaillon Immaculata 2. H. 18. Jh.

Amtsgasse, vom Marktplatz nach O verlaufender Straßenzug mit 2- bis 3geschossigen Häusern, im Kern z. T. 16./17. Jh. und um 1900 (**Nr. 5** erb. 1895). Schlichte, großteils erneuerte Fassaden, **Nr. 138,** Kollerwirt, Stichkappentonne; **Nr. 141,** Rundbogenportal; **Nr. 3,** Ledererhaus urk. 1430, u. a. Sitz der Moßhamer und Griming, Fassadenbild Maria mit Kind E. 18. Jh.; **Nr. 144,** Hebenstreithaus, Ecke Brauergasse mit abgeschrägtem Rundbogenportal. **Nr. 1: Amtsgebäude,** ehem. Kapuzinerkloster, als Abschluß der nach O verlaufenden Amtsgasse; Klostergründung 1644, 1666–1673 Kirchenbau, 1781 Aufhebung des Klosters, 1790 z. T. demoliert, bis 1792 Umbauten und Verwendung als Pflegegericht; Fassade von 1894 mit Marmorwappen des Erzbischofs Hieronymus Colloredo 1796 von *Franz Hitzl.*

Badergasse, vom Marktplatz nach W verlaufendes Gäßchen. **Nr. 126:** Hatteierhaus. 2geschossiger Bau von 1767, traufseitig erschlossenes Mittelflurhaus mit Putzgliederung: Eckquader, Portaleinfassung, Fensterumrahmung. Fensterkörbe im Obergeschoß und Ochsenaugen im Giebelfeld; Krüppelwalmdach über Hohlkehle. Traufseitig ovaler Freskorest, Christus mit Heiligen (?), 18. Jh.

Bahnhofstraße. Nr. 55: Gasthof zur Post, Ecke Ottingweg, am re. Ufer des Seebaches. 2geschossiges Gebäude, im Kern 16. Jh.; Konsolerker, gemalte Eckquaderung, Faschen und Portalumrahmung, darüber Fresko hl. Florian. Im 1. Stock Temperamalerei auf Holzvertäfelung von *Gregor (IV.) Lederwasch* um 1775.

Forstamtsgasse, von der Pfarrkirche in nördl. Richtung; kurze, gekrümmte Straße mit 2geschossigen, traufständigen Häusern. **Nr. 98:** Forstamt, im Kern 2. H. 16. Jh. – **Nr. 99:** Mit Biedermeierfassade und Bild Immaculata, 19. Jh., in stuckierter Rahmung.

Gartengasse, entlang der Rückfront der südl. Marktplatzhäuser, von der Murgasse in leichter Krümmung bis zum Bezirksgericht führend; gegen W lockere Verbauung, z. T. 19. Jh. **Nr. 2:** Erb. 1893.
Kirchengasse, vom Marktplatz Richtung N verlaufender Straßenzug. Gegen den Marktplatz zu geschlossene, 2- bis 3geschossige Verbauung, im Kern z. T. 16. Jh. **Nr. 103:** Ehem. Schulhaus; älterer Bau, 1682–1686 zu Getreidekasten umgebaut, seit 1884/85 Schulhaus, Wappenstein Christof Sigmund Graf von Khuenburg, gegen W Zubau von 1934. – **Nr. 107:** Siehe Schloß Kuenburg. – **Nr. 128:** Fassade M. 19. Jh. – **Nr. 129** und **130:** Fassaden M. 18. Jh. – In der nördl. Kirchengasse lockere, meist 2geschossige Verbauung bzw. Umbauten um 1900. **Nr. 93, Nr. 95:** 1. H. 19. Jh. – **Nr. 154:** Krankenhaus, erb. 1906–1908, 4geschossig mit Mittelrisalit, erneuertes Fassadenbild hl. Joseph.
Murgasse, von der SW-Ecke des Marktplatzes zur Murbrücke führende, leicht abfallende Ausfallstraße mit 2geschossigen Häusern, z. T. im Kern 16./17. Jh. **Nr. 13, 15:** Fassaden 2. V. 19. Jh.; weiters Häuser bzw. Umbauten 19. Jh.
Postplatz, westl. der Pfarrkirche mit moderner, teils dörflicher Bebauung, im N ehem. Postgebäude 4. V. 19. Jh.
Untere Postgasse, vom Postplatz nach S in die Murgasse einmündender Straßenzug in lockerer, großteils dörflicher Verbauung.
Nr. 28: Wieser, gemauertes Wirtschaftsgebäude, die rundbogigen Stadelluken mit Ziegelgitter. – **Nr. 41:** Binder-Moser, Einhof. 2geschossiges, gemauertes, traufseitig erschlossenes Haus mit stichkappengewölbtem Flur. **Nr. 119:** Binder Bartl. 2geschossiger Mischbau, traufseitig erschlossenes Haus mit 3achsiger Giebelfassade. – **Kornkasten,** bei der Dependance Knappenwirt, 2geschossiger Blockbau mit Schwalbenschwanzstrick, steiles Satteldach mit Schindeldeckung.

Tamsweg, Nr. 47: Einhof mit Quertenne. 2geschossiges, gemauertes Mittelflurhaus mit Putzrahmung der Tür und Fenster, hohes Krüppelwalmdach. – **Nr. 48:** Stegkeusche, Einhof. Weitgehend originales Querflurhaus, Mischbau mit Kniestock und giebelseitigem Balkon; über der Tür bez. 1570; im verbretterten Giebeldreieck Doppelbogenöffnung.

BAUERNHÖFE in der Umgebung. **Proding, Nr. 2:** Ulngut; stattlicher Einhof, 18./19. Jh. Erdgeschoß gemauert, Obergeschoß Blockbau mit Kopfschrot, Gangl und verschaltes Giebelfeld. Fenster mit eisernen Steckgittern. Raumdisposition nach Mittelflurgrundriß, Balkendecken in den Eckräumen, bez. 1854. – **Nr. 3:** Prodingergut. 2geschossiger, gemauerter Kornkasten mit segmentbogiger Schmiedeeisentür, darüber Freskorest in Putzrahmen; steiles Satteldach. **Wegkreuz,** A. 19. Jh.
Haiden, Nr. 8: Kämpfer. Gemauerter Kornkasten mit Resten von Bemalung – Eckquaderung, laufender Hund, im Giebel bez. 1707. – **Nr. 20:** Wenger, Gruppenhof. 2geschossiges, traufseitig erschlossenes Mittelflurhaus mit Putzprofilrahmung der Fenster, ein Wirtschaftsgebäude mit gemauertem Stallgeschoß, darüber Blockbau; das zweite in Steinbau, Stadelluken mit Ziegelgittern. Gemauerter Kornkasten mit Bemalung – Faschen, Eckquadern, Tür-, Fensterumrahmung, im Giebelfeld Kartusche bez. 1681 und Besitzernamen. – **Nr. 22:** Graber. Gemauerter Kornkasten mit Putzgliederung – Eckquadern, Fenster-, Türumrahmung, über der Tür Fresko Immaculata in Putzrahmen; Schmiedeeisentür. – **Nr. 37** (Traning): Hohenbichler, Einhof. 2geschossiges, im Erdgeschoß teils gemauert, teils Blockbau mit Kopfschrot, Mittelflurhaus mit

Obergeschoßbalkon. Gezimmerter Kornkasten mit Satteldach; über der Tür bez. C 18 IW (?); unter dem Giebel Kruzifix mit Puttenkopf, 18. Jh.

Keusching, Nr. 12: Roßbacher. Langgestreckter Einhof, Kern wohl 17. Jh. 2geschossiger Blockbau mit Kopfstrick, traufseitig erschlossenes Mittelflurhaus mit Obergeschoßbalkon.

Lasaberg, Nr. 3: Baierl, Paarhof. Wohnhaus in Mischbauweise, Krüppelwalmdach mit Dachreiter; breiter Querflur. 2geschossiger, gemauerter Kornkasten, Reste von Fassadenbemalung; im Giebelfeld bez. 1681; brettschindelgedecktes Satteldach. Zwei kleine, aneinandergebaute Blockbauten – Kleinviehstall – mit vorkragendem Obergeschoß unter Krüppelwalmdach. – **Nr. 8:** Achner. 3geschossiger, gemauerter Kornkasten mit Stichkappentonnen; wohl 17. Jh., steiles brettschindelgedecktes Satteldach. Daneben freistehender Backofen mit Satteldach. – **Nr. 16:** Michaenbauer, 2geschossiger Kornkasten in Blockbau mit Schwalbenschwanzstrick, verschindeltes Obergeschoß, Satteldach. Im Giebelfeld Kreuzgruppe mit segnendem Gottvater und Heiliggeist-Taube sowie den zwölf Aposteln, bez. 1787; seitl. Blechtafeln mit Schutzheiligen. An Kornkasten hinten angebaut kleine Mühle in Blockbau. – **Nr. 27** (Gensgitsch): Trattner, 3geschossiger, gemauerter Kornkasten mit Aufgang über Bretterstiege; ober der Tür Rundbogennische, darüber Medaillon mit Gnadenmuttergottes; Satteldach. – **Nr. 17** (Glanz): Lenzler, **Nr. 18:** Franzen, gegenüberliegend zwei Einhöfe mit Nebengebäuden, gemauerter Kornkasten, Werkstätte in Riegelbau, Schuppen. 2geschossige Mittelflurhäuser mit Obergeschoßbalkon. – **Nr. 22** (Moos): Ambros. Holzkapelle in Riegelbau mit Zeltdach. 2geschossiger, mit Schwalbenschwanzstrick gezimmerter Kornkasten mit Zierausschnitten im verbretterten Giebeldreieck, Krüppelwalmdach. – **Nr. 23** (Moos): Zaller, Einhof. 2geschossiger Kornkasten, gemauertes Kellergeschoß, darüber Blockbau mit Schwalbenschwanzstrick, Satteldach.

Mörtelsdorf, Nr. 14: Waiger, 2geschossiger, gemauerter Kornkasten mit bunter Bemalung – Eckquadern, Fenster-, Türumrahmung; über der Tür bez. HL 1751 SS; an Traufseite Sonnenuhr. – **Nr. 27:** Blabacher. Gemauerter Kornkasten mit Resten von Bemalung, wohl 18. Jh. – **Nr. 38** (Judendorf): Flötschinger, 2geschossiger, gezimmerter Kornkasten; Eckverbindungen mit mehrfacher Verzinkung. — **Nr. 41:** Karner, 2geschossiger, gemauerter Kornkasten, einheitlich graue Bemalung – Eckquader, Tür-, Fensterumrahmung, blindes Fenster; über der Tür bez. 1596; schwere Eisentüre und -läden; Satteldach. – **Nr. 12** (Litzldorf): Buxbaum. Paarhof. Querflurhaus mit überdecktem Steg zum Wirtschaftsgebäude. Gemauerter Kornkasten mit gemalten Faschen und laufendem Hund, 18. Jh. (?). – **Nr. 1 und 2** (Mehlhartlau): Paarhof und Mühle. 2geschossiges, gemauertes, traufseitig erschlossenes Mühlengebäude, 18./19. Jh., mit bmkw. Putzgliederung, profilierte Gesimse, Fensterumrahmung, Krüppelwalmdach; im Giebeldreieck Rundbogennische mit Heiligenstatuette, darüber Uhr; über dem Eingang rundes Medaillon Hl. Dreifaltigkeit, in Türnische Holztafel mit alter Abbildung der Mühle.

Wölting, Nr. 7: Pagitsch, ehem. Ludlmühle. Paarhof. 2geschossiges Querflurhaus mit Putzgliederung. Über der Tür ovales Medaillon mit hl. Georg (?), im Giebel in geschweiftem Putzrahmen Immaculata. Wirtschaftsgebäude mit gemauertem Stallgeschoß, darüber Blockbau, im verbretterten Giebelfeld Doppelrundbogen. – **Nr. 9:** Lenzen, **Nr. 10:** Ilgen, **Nr. 28:** Jager – an der Straße nach Lessach nebeneinander bzw. gegenüber liegende Einhöfe, gutes Ensemble, giebelseitig erschlossene, 2geschossige Mittelflurhäuser. – **Nr. 22:** Gasthof Saliterer. 2geschossiger Mischbau, traufseitig erschlossen. – **Nr. 33:** Raber. 2geschossig, Erdgeschoß gemauert, Obergeschoß in Blockbau, Mittelflurhaus; seitl. der Haustüre ovale Heiligenmedaillons. – **Nr. 34:** Standlhof, nördl. von Tamsweg. Ehem. Gutshof der gräflich Kuenburgschen Verwaltung. Urk. M. 16. Jh., Umbau 1974/75. Eingeschossiger, 7achsiger Bau mit Walmdach, Rauchküche. – **Nr. 36:** Flattner, Paarhof. 2geschossiger Kornkasten, wohl 18. Jh., mit Bemalung – Eckquadern, laufender Hund, Fensterumrahmung; Satteldach. – Kornkasten bei **Nr. 55,** 2geschossiger, gemauerter Kasten mit Ochsenaugen und Schießschartenöffnung; Satteldach.

TAXENBACH. Polit. Bez. Zell am See

MARKT. Straßendorfartige Siedlung nördl. der Salzach. Urk. 963: seit dem 12. Jh. Sitz eines Landgerichtes; 1323 als Markt bezeichnet. 1416 Privilegium. Gemeinde bestehend aus dem Hauptort auf nach S geneigtem Schwemmkegel, einer Reihe von Weilern und Einzelhofsiedlungen zu beiden Seiten der Salzach sowie der Siedlung Eschenau mit dem Kirchweiler Hundsdorf auf hochgelegenem Talboden am Ausgang des Dientnergrabens. Bmkw. Flurabgrenzungen durch Holzzäune und Strauchreihen an den Grundgrenzen und entlang der Wege. Paar- und Haufenhöfe. Wohnhäuser mit Mittelflurgrundriß im Erdgeschoß gemauert, das Obergeschoß meist in Blockbau.
Siehe auch ESCHENAU (Hundsdorf)

DEKANATSKIRCHE hl. Andreas, auf steilem Abhang in der Ortsmitte. Hallenkirche, im Kern got., M. 17. Jh. teilweise neugebaut, mit got. Turm im SW; vom Friedhof umgeben. Pfarre urk. 1208, Bau urk. 1217; 1411 und 1520 geweiht. Brand 1622, teilweiser Kirchenneubau 1640, von *Santino Solari* geleitet. Sitz des Dekanates seit 1792. Rest. 1971.

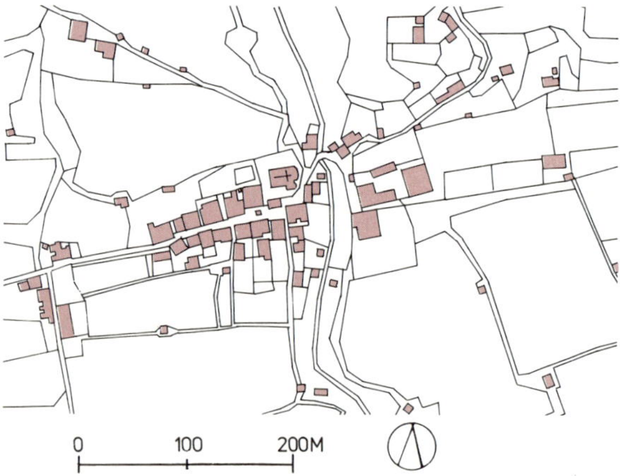

Taxenbach, historischer Ortsplan nach Kataster von 1829/30

Langhaus und Chor bilden geschlossenen Baukörper unter steilem Walmdach. Westfassade mit gekehltem rundbogigem Portal; in die Fassade einbezogen, im SW 4geschossiger Turm, zwischen den Stockwerken Felder mit Rundbogenfries und Gesims, Doppel-Biforenfenster und Giebelspitzhelm. Südportal um 7 Stufen erhöht, rundbogig und abgefast. Chorwand seitl. abgeschrägt, mit 2fach gestuften Strebepfeilern; in der Mittelachse polygonaler Pfeiler mit eingebauter, zum Dach führender Wendeltreppe.

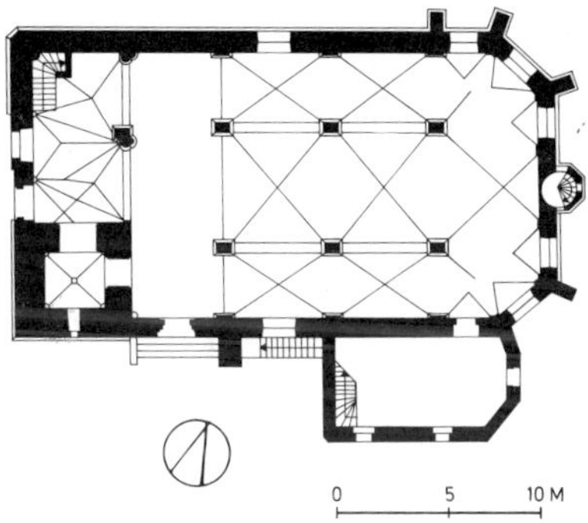

Taxenbach, Dekanatskirche
hl. Andreas

2geschossiger Sakristeianbau im S, im Kern um 1400, 1781 vergrößert, mit Grabtafeln des 18. Jhs.; daran anschließend Abgang zur unterhalb der Sakristei liegenden **Krypta,** 8eckiger Raum mit got. Rippengewölbe um 1400, Runddienste auf polygonalen Basen tragen Gewölbe mit runden figuralen Schlußsteinen (Haupt Christi, Evangelisten). Kruzifix 1. H. 18. Jh.; 2 Grabsteine, Stephan Schneider 15. Jh., Priestergrabstein von 1702.
Innenraum 3schiffige Halle, 4jochig; Kreuzgratgewölbe von 1640, auf 7 Pfeilern mit Sockel, profiliertem Kapitell und weit vorkragendem Gesims, N- und S-Wand mit entsprechender Pilastergliederung. – Chor einjochig, seitl. Gewölbe mit Stichkappen, in der M. ein gegen die Chorwand zu schmäler werdendes Kreuzgratgewölbe. 2jochige W-Empore; im 1. Joch 2schiffig, mit gratigem Gewölbe und rundbogigen, abgefasten Öffnungen zum Schiff, um 1400; im SO got. Turmerdgeschoß mit 2 spitzbogigen, abgefasten Eingängen und Kreuzrippengewölbe auf Konsolen; Empore im 2. Joch 3schiffig, von 1948. Im südl. 4. Joch über der Sakristeitüre Oratorienfenster, 17. Jh.; Sakristei mit Sternrippengewölbe auf Konsolen im Erdgeschoß.
Deckenmalerei, bar. Marienkrönung; 4 Evangelisten, 4 Kirchenväter, hl. Cäcilia und musizierende Engel, 19. Jh.
Hochaltar; Altarbild Kreuztragung des hl. Andreas von *Ulrich Hirschalbmer,* 1685. Tabernakel um 1785. – Li. Seitenaltar, Altarblatt Maria übergibt hl. Dominikus den Rosenkranz, 2. H. 18. Jh. Figuren Hll. Florian und Leonhard von 1913. Re. Seitenaltar, Aufbau frühes 18. Jh., Altarblatt Hl. Sippe, 1. H. 18. Jh. Konsolfiguren Hll. Antonius von Padua und Notburga, 19. Jh.
Kanzel mit Bild Christus als Guter Hirte, Bildhauerarbeit von *Daniel Mayr,* 1747. – In Verwahrung spätgot. Monstranz mit Figuren Maria mit Kind, Hll. Johannes Evangelist, Rupert, Virgil und Andreas; bar (18. Jh.) Konsolfiguren 12

Apostel, Judas Thaddäus gestohlen. – Bild Maria vom Guten Rath von *Johann Michael Kurz,* 1763. 14 bar. Kreuzwegbilder. – Orgel von *Albert Mauracher,* 1889. Unter der Empore Kirchenbänke mit bar. Wangen, M. 18. Jh. – Priestergrabsteine des 18. Jhs. – Glocke von *Franz Gartner,* 1711.

Pfarrhof, im Kern spätgot. Bau, renov. 1972/73. Krüppelwalmdach; abgefastes Rundbogenportal beim Eingang und im Flur des Erdgeschosses, schmiedeeisernes Gitter über der Eingangstüre bez. 1784. Stichkappentonnen im Erdgeschoß und im 1. Obergeschoß. – Pfarrarchiv.

FRAUENKAPELLE, an der Bundesstraße östl. des Ortes, nach S gerichtet. Erb. 1710; rest. 1949. – Oktogon mit umlaufender Hohlkehle und Zeltdach, im S Chor bzw. Sakristei in der Breite einer Achteckseite angefügt, mit geradem Schluß, Satteldach und Dachreiter mit Spitzhelm.

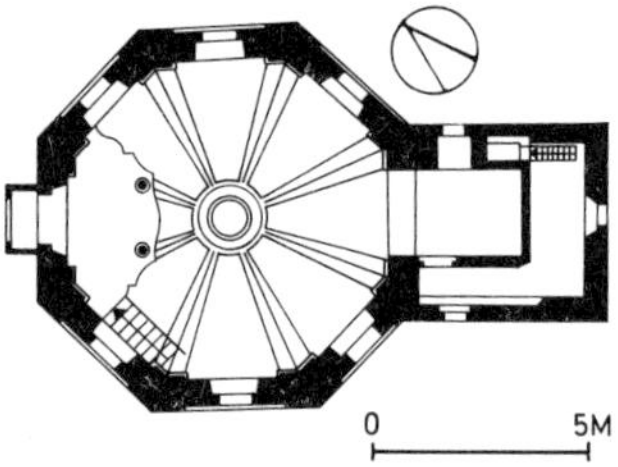

Taxenbach, Frauenkapelle

Oktogon mit Pilastergliederung, im N bar. geschwungene Holzempore von 1757; Deckenbilder Hll. Franziskus, Virgil, Kajetan, Magdalena, Antonius von Padua, Maria von Ägypten, Ignatius von Loyola und Rupert, von *Jakob Niederkircher* 1712. – Chor tonnengewölbt.
Altar bez. 1711, rest. 1949, mit Gnadenbild Maria mit Kind; Figurengruppe Hl. Dreifaltigkeit und Engel von *Michael Mayr* 1711. Votivtafeln von 1830 und 1844. Schmiedeeisernes Gitter von 1711, 1730 erhöht.

KAPELLE bei H ö f, Nr. 82 (Rießbauer). Einfacher Bau mit Schindelsatteldach. Bilder Maria mit Kind von *Sebastian Stief,* 1854; Hll. Leonhard und Georg, Hll. Florian und Sebastian, M. 19. Jh.

BURGRUINE Edtburg, nördl. des Edtgutes in H ö f Nr. 30. Erb. 12. Jh. (?), seit 2. H. 13. Jh. im Besitz der Herren von Goldegg als Zentrum des Landgerichtes Taxenbach, 1322 Auflehnung des Wulfing von Goldegg gegen den Salzburger Eb. führte zur Zerstörung der Burg. Mauerreste auf Bergkuppe.

BURGRUINE Taxenbach, zwischen Markt und Salzach auf markantem Höhenrücken. Vom Eb. nach Zerstörung der Edtburg erb., ab 1325 Sitz des eb. Pfleggerichtes. 1526 im Bauernkrieg schwer beschädigt, mußte von Bauern wiederhergestellt werden, ab 1690 durchgreifende Sanierung nach Erdbeben von 1673, 1768 Verlegung des Pfleggerichtes in neuerbautes Amtsgebäude im Markt, Verkauf der Burg, 1872 Brand, anschließend Verfall.
Mauerreste der ehem. Ringmauer in minderer Höhe erhalten, höchster Punkt des Burghügels heute durch modernen Wohnbau gestört.

ANSITZ Penninghof G s c h w a n d t n e r b e r g Nr. 17, auf kleiner Hangterrasse nördl. oberhalb der Pfarrkirche. 2. V. 15. Jh. im Besitz der Herren Strasser zu Straß, 1490 durch Wilhelm Penninger übernommen, 1613 Wilpenhofer, 1629 Voglmayr, seit 1665 bürgerlich und bäuerlich.
3geschossiges, gemauertes Stöckl mit abgewalmtem Satteldach, seit seiner Erbauung nach Brand 1460 (?) in heutiger Form mit Bergbauern und Gewerkenfamilien bis 1665 verbunden. 1967 Brand, Deckentäfelungen zerstört, heute weitgehend schmuckloses Bild, oberhalb der Eingangstüre Reste des Wappens der Penninger in Fresko.

BAHNHOF Taxenbach, westl. des Ortes. Erb. 1875, renov.; Station der Salzburg-Tiroler-Bahn (Giselabahn). – **Nr. 63:** 2geschossiger Bau aus der Erbauungszeit der Salzburg-Tiroler-Bahn.

BAHNHOF Kitzlochklamm. Erb. 1875, Station der Salzburg-Tiroler-Bahn (Giselabahn) – **Restaurant** Kitzlochklamm, Höf Nr. 32, aus der Erbauungszeit der Salzburg-Tiroler-Bahn.

PROFANBAUTEN. Entlang der Hauptstraße beidseitig dichte Verbauung; giebelständige 2- bis 3geschossige, freistehende Gebäude mit Satteldach, teilweise im Kern mittelalterlich, großteils nach dem Marktbrand vom 1622 erb., wie **Nr. 11, 14, 17, 30.** Fassaden durchwegs erneuert.
Häuser mit mittelalterlichem Kern: **Nr. 12:** Mesnerhaus; Mittelflurgrundriß, Erdgeschoß gemauert, mit abgefasten Tür- und Fenstergewänden, Segmentbogenportal; Obergeschoß Blockbau; 18. Jh. **Nr. 16:** Gemeindeamt; im Flur Tonnengewölbe und abgefastes Rundbogenportal. **Nr. 19:** Über der Eingangstüre Kartusche bez. 1722; Erdgeschoß im li. Gebäudetrakt aus dem 16. Jh., mit mehreren abgefasten Segmentbogenfestern. **Nr. 20:** Gasthof Post, mit mächtigen Tonnengewölben in Flur und Küche; Fassade 1977 erneuert.
Nr. 26: Gemeindespital; 3geschossiger Bau des frühen 19. Jhs.; 1881 als Spital und Altersheim adaptiert, 1950/51 umgebaut. **Hauskapelle** Herz Jesu, von 1889, neugot., Altar mit Figuren Christus, Maria und Joseph; hölzerne Empore, Maßwerkfenster von 1889. – **Nr. 29:** Einziger Blockbau im Ortszentrum, 2geschossig, 18. Jh. – **Nr. 60:** Kleiner eingeschossiger Bau mit Jugendstil-Stukkatur an den Hausecken; bei dem um fünf Stufen erhöhten Hauseingang Treppengeländer mit Jugendstilornament. – **Nr. 62:** Forstverwaltung Lend; 2geschossiger Bau um 1900, über kreuzförmigem Grundriß. Fassade mit Jugendstildekor. – **Nr. 141:** Hauptschule; Kruzifix, Arme ergänzt, 14. Jh. (?).
Hasenbach. Weiler auf nach S zur Salzach geneigtem Schwemmkegel. **Nr. 1:** Hiasbauer; Kleinbauernhaus, Blockbau mit Schwalbenschwanzschrot. Querflur, unter abgeschlepptem Dach auch Kornkasten, Blockbau, Türstock bez. 1686.
Höf. Einzelhof- und Weilersiedlung auf dem nach N zur Salzach geneigten Hang, der durch Verflachungen und Terrassen gegliedert ist. **Nr. 30:** Edtgut; Gruppenhof, bestehend aus Wohnhaus, Stallstadel, freistehender Tenne, Kornkasten, Waschhütte und Brunnenhaus. Wohnhaus im Erdgeschoß sowie Südwestecke im Obergeschoß gemauert, das übrige in Blockbau; Querflur mit abgefasten Rundbogenportalen. Auf einer Holztafel unter Kruzifix im südl. Giebeldreieck die Jahreszahl 1623. Eingeschossiger Kornkasten in Blockbau,

Firstpfette bez. 1687. Wirtschaftsgebäude und Tenne in Blockbau. Bmkw. auch die Konstruktion des Satteldaches über dem Brunnentrog.
Högmoos. Straßendorfartiger Weiler. Ensemble von drei weitgehend erneuerten Bauernhäusern Nr. 3, 5, 6.
March, Hofgruppe mit 3 als Ensemble eindrucksvollen, in Blockbau gezimmerten Wirtschaftsgebäuden. – **Triegl,** Hofgruppe am Ausgang des Gasteiner Tales in steiler Hanglage, bestehend aus einem Paar- und einem Einhof; Ensemble von reinen Holzbauten, wohl 18. Jh.

KLEINDENKMÄLER. **Anton-Wallner-Denkmal,** Kampf bei Taxenbach 1809, errichtet 1903. – **Kriegerdenkmal** mit Mosaik von *F. Pittino,* 1954. – Zwei **Figurengruppen** an der Brücke der Umfahrungsstraße südl. von Taxenbach, von *Herbert Trapp,* 1958. – **Steinfigur** Schiachpercht, an der Abzweigung der Rauriser Landesstraße, von *Herbert Trapp,* 1969/70.

TENNEK, siehe WERFEN

THALBACH, siehe MITTERSILL

THALGAU. Polit. Bez. Salzburg-Umgebung

Gemeinde; Haufendorf und Streusiedlungsgebiet östl. von Salzburg, in breiter Talsenke des östl. Flachgaus. – Fund (1953) von Mauerresten einer römischen Villa, 1. H. 2. Jh. Urk. frühes 8. Jh. (lt. Erwähnung 788). 1976 Markterhebung. Haufendorf am Plainfelder- und Fischbach, im Ortskern z. T. zumindest auf 19. Jh. zurückgehende Bebauung, umfangreiche siedlungsmäßige Erweiterung im 20. Jh. Einige auf das 19. Jh. zurückgehende Bauten der Kleinindustrie (Eisen, Holz) an den Bächen der Talsohle (wie Unterdorf Nr. 39, bez. 1844). In Thalgau Gasthöfe, Kleinhäuser, vereinzelt Villen (Nr. 90, Nicolaus Gaertner Weg, Amönenburg, 1872). Ausgedehntes Streusiedlungsgebiet mit Weilern, in das umliegende Hügelland reichend.
Einhöfe vom Flachgauer Typus, über haken- und T-förmigen Grundrissen. Vorherrschend Stein- und Mauerbauten, z. T. mit Schlackenornamentik (wie Salzburger Straße Nr. 17, Egg Nr. 14, 32, Thalgauberg Nr. 18, 36, Vetterbach Nr. 22); einige Blockbauten mit gemauerten bzw. ummantelten Erdgeschossen.

DEKANATSKIRCHE hl. Martin, in der Ortsmitte. Spätbar. Saalkirche mit got., bar. erhöhtem Westturm, von Friedhof mit Mauer umgeben. – Vorgängerbauten 1979 ergraben; 8. bis 10. Jh. jeweils kleine Saalkirche, urk. frühes 8. Jh. Kirche; 11. Jh. Chorquadratkirche mit Halbrundapsis; 12. Jh. 2schiffiger Bau mit zwei Halbrundapsiden; 13. Jh. 2schiffiger Bau mit geradem Abschluß. Urk. 1243 Pfarre. – Got., 2schiffige Kirche mit langem, polygonalem Chor, gew. 1481. Neubau 1747–1749 nach Plänen des Hofmaurermeisters *Tobias Kendler,* gew. 1755. Renov. 1899; Rest. 1952 innen, 1954/55, 1979/80.
Außenbau. Vorgestellter Westturm; got. Turmbau in Quadermauerwerk mit Schlitzfenstern, durch Kaffgesimse 4geschossig, im got. Klanggeschoß profilierte Spitzbogenöffnungen z. T. mit 2bahniger Maßwerkfüllung, Barockgesims;

Thalgau,
Dekanatskirche
hl. Martin

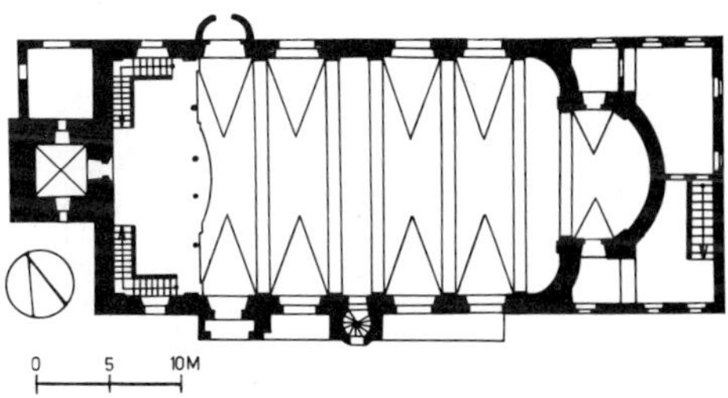

pilastergegliederter Achteckaufsatz, urk. 1701, mit rundbogigen Schall- und Blendfenstern sowie Gebälk, Doppelzwiebelhelm von 1744–1746. Nordseitig Aufbahrungshalle, 1969 erweitert. Am mächtigen Langhaus und am über konvexe Schmiegen eingezogenen, flachbogig schließenden Chor von 1747–1749 hohe Rundbogenfenster und umlaufende Traufkehle. Am Langhaus erneuerte Rundbogenportale, nördl. Portalvorbau von 1980; an der Südseite Rundturm der Kanzelstiege, durch moderne Gruftlauben von 1954 und 1980 erneuerten Portalvorbau flankiert. Chor mit segmentbogiger Apsis von niedrigerem 2geschossigem Sakristeianbau im Rechteck umzogen, Oberlichtportale und Rechteckfenster, Traufkehle.
Schnitzgruppe Kruzifix und Schmerzhafte Muttergottes, M. 18. Jh. – Inschriftgrabsteine 1589–1598, 1663, 1680.
Inneres. Weiträumiger, heller Saal von 1747–1749; einheitliche Gliederung durch marmorierte, ionische Pilaster mit mächtigen Gebälkköpfen. – Im 5jochigen Langhaus an gedrückter Stichkappentonne durch Gurtbögen die Vertikalgliederung fortgesetzt. Ein geschlossen gewölbtes Zwischenjoch in der Langhausmitte und die in der Wölbung aufgenommenen Ausrundungen der Ostecken durch weite Doppelpilasterstellungen mit durchlaufenden Gebälken akzentuiert. Östl. Schmiegen durch Kommunionbank als Vorchor getrennt, marmorierte Holzbalustrade von 1754. Eingezogener Triumphbogen. Im Westjoch Doppelempore auf Flachdecken und toskanischen Säulen, geschwungene Brüstungen mit Stuckrahmenfeldern, Obergeschoß gestaffelt nach hinten versetzt. In der Langhauswestwand got. Turmportale, wohl 15. Jh., kräftig und mehrfach profilierte Trichtergewände, im Erdgeschoß kielbogig, mit schulterbogiger Verstäbung, im Emporengeschoß gedrückt spitzbogig, bandbeschlagene Holztore; seitl. des Erdgeschoßportals umbiegende Sockelprofile; in der Turmhalle Kreuzgratgewölbe. – Im rechteckigen Chorjoch Stichkappentonne, Sakristeiholzportale in Pilasterrahmung, marmorierte Oratorienkästen mit Rocailleaufsätzen urk. 1763. – Sakristeigeschosse flachgedeckt.
Deckenmalerei, Szenen aus dem Leben des hl. Martin, 1952 stark erneuert, in der Anlage wahrsch. auf Ausmalung des späten 19. Jhs. zurückgehend (1. Ausmalung urk. 1769).
Einrichtung; an die Bauzeit anschließende Rokokoausstattung urk. von Bildhauer *Sebastian Eberl*, Altarblätter von *Benedikt Werkstätter* und *Schule*, marmoriertes Holz. – Hochaltar, urk. 1750–1753, ein Riß von Baudirektor *Johann Ernst Baron von Keutschach;* der Apsiskrümmung folgende Altarrückwand in Doppelsäulenstellung fortgesetzt, durch spitzwinkeliges Umbiegen des

Gebälks zu mittleren Freisäulen zwickelförmige Seitenräume ausgebildet, aus Mittelraum entwickelter Auszug als Gehäuse aus Volutenbändern und Diadembogengebälk; Altarblatt in geschwungenem Rahmen zwischen Adorationsengeln, Mantelspende des hl. Martin urk. 1750, Seitenfiguren über den Opfergangsportalen Hll. Rupert und Virgil, im Auszug Glorie Gottvaters, Tabernakelvolutenaufbau mit Kreuzigungsgruppe.
Östl. Seitenaltäre urk. 1752–1754, in Triumphbogeneinziehung gefügte Pilasterretabel mit Volutenstützen und -auszügen, Tabernakel-Volutenaufbauten, Vorsatzbildständer mit reichen Rokokorahmen und Austauschbildern Eselswunder des hl. Antonius von Padua, Mannaregen, Letztes Abendmahl, Pfingsten; Rokokoaltarleuchter; li. Corpus Christi-Bruderschaftsaltar, Altarblatt Letztes Abendmahl, Seitenfiguren Hll. Karl Borromäus, Johannes Nepomuk, Auszugsbild hl. Katharina; re. Skapulier-Bruderschaftsaltar, Altarblatt Übergabe des Skapuliers an den hl. Simon Stock, Seitenfiguren Hll. Donatus, Florian, Auszugsbild Hll. Franziskus und Antonius von Padua.
Seitenaltäre an den Langhausflanken urk. 1753–1760, segmentbogige Spiralsäulenädikulen mit Volutenauszügen, Altarblätter *Kreis Benedikt Werkstätters,* Rokokoaltarleuchter; li. Altarblatt Hll. Anna, Joachim und Maria, Seitenfiguren Hll. Barbara, Margaretha, Auszugsbild hl. Joseph, Vorsatzbild hl. Maria; re. Altarblatt hl. Georg, Seitenfiguren Hll. Johannes d. T. und Ev., Auszugsbild hl. Leonhard, Vorsatzbild Vera Ikon.
Kanzel zwischen mittleren Doppelpilastern, urk. 1753/54, am geschwungenen Korb Sitzfiguren Evangelisten, am Volutenbaldachin Sitzfiguren göttliche Tugenden. – Orgel 1750–1755, von *Rochus Egedacher,* 3achsiges Pilastergehäuse, bekrönende Figur David von *Sebastian Eberl;* Werk von *Hans Mauracher,* 1886; renov. 1985. – 2 Beichtstühle urk. 1753, gekurvte Pilasteraufbauten, in Rokokoaufsätzen Ölbilder büßende hl. Maria Magdalena und hl. Petrus.
Skulpturen. Monumentales Kruzifix stilistisch um 1700 (möglicherweise erst M. 18. Jh. entstanden, urk. 1755 eine Fassung). Kolossalstatuen Maria Immaculata, hl. Joseph A. 20. Jh. *Grödner Arbeiten.* – In Verwahrung bar. Schnitzfiguren Auferstandener 1. H. 18. Jh.; Gruppe Hll. Anna, Joachim und Maria M. 18. Jh.; Christus an der Geißelsäule und Büsten der Kirchenlehrer, urk. 1755, von *Sebastian Eberl;* sechs Konsolheiligenstatuetten M. 18. Jh., vielleicht von *Sebastian Eberl;* bekleidete hl. Maria mit Kind in Glasschrein 18. Jh. – Im Diözesanmuseum Salzburg Kreuzigungsgruppe von *Hans Pernegger d. J.* 1632–1634, Schnitzfiguren Kruzifix und drei Assistenzfiguren; Statuette hl. Johannes Nepomuk von *Sebastian Eberl,* um 1755; acht Apostelwachsfigürchen in Altaraufsatzschreinen 2./3. V. 18. Jh. – Im Württembergischen Landesmuseum Stuttgart Thalgauer Madonna, um 1425–1430.
Bilder. Neobar. Sakristeiportalaufsätze mit Medaillons Herz Mariä und Jesu, um 1870–1880. In Verwahrung Missionsbild hl. Maria mit Kind als Zuflucht der Sünder, inschr. bez. 1730, in reichem Ornamentrahmen mit Putti. Kulissenfiguren der Verkündigung an Maria, 2. Drittel 18. Jh. Vorsatzbild Maria Plain. Ölbilder Nothelfer, 7 Zufluchten, Hll. Joseph, Antonius von Padua in reichen Rokokorahmen um 1760, *Benedikt Werkstätter* zuzuschreiben. Acht Heiligenbilder E. 18./1. H. 19. Jh.
Spätgot., polygonaler Rotmarmortaufstein auf Kelchfuß. Rotmarmorweihwassermuscheln. Gestühl mit bar., ornamental bemalten Wangen aus der

Bauzeit. Ampel M. 18. Jh. Kreuzwegreliefs in neobar. Rahmungen 4. V. 19. Jh. In Verwahrung bar. Kreuzwegbilder M. 18. Jh. Rokokoausstattungsstücke, z. T. urk. *Sebastian Eberl*, Altarleuchter, Reliquienpyramiden und -tafeln (z. T. urk. 1763), Gehäuseständer mit Christuskind, Bruderschaftsstäbe (einer für Corpus Christi 1. H. 18. Jh., sechs für Skapulier M. 18. Jh.), Ziervasen und Engel. Sakristeischränke um 1760, z. T. pilastergegliedert, z. T. mit Intarsienmalereien und Volutenaufsätzen, urk. 1763.
Rotmarmorgrabsteine. Spätgot. Wappenstein 1503; Reliefgrabstein, Familie unter Kruzifix 1588; zwei Inschr.-Platten in Knorpelwerkrahmung 1676 und angeglichen 1722; Inschr.-Steine 1772, 1781.

Friedhof. Gruftlaube auf Holzständern, um 1900.

KAPELLEN. E g g, **Marienkirchlein** auf Hügelkuppe, 1958 erb.; größerer Bau mit Rundbogenfenstern und Dachreiter; innen trapezförmige Decke; spätbar. Altar aus dem ehem. Pfarrhof St. Martin bei Lofer, 3achsiges Säulenretabel mit Baldachinmittelnische unter Sprenggiebel, Aufsatzbild hl. Barbara, Rokokotabernakel. – T h a l g a u, **Gerichtskapelle** nahe dem Bezirksgericht, Bez. G. H. 1685, 1969 rest.; trapezförmiger Kapellenstock mit Schindelpyramidendach, in der eingezogenen Hauptfront Nische mit bemalten Flügeltüren (Hll. Florian, Brigitta) 2./3. V. 19. Jh., Schnitzfigur Christus an Geißelsäule 18. Jh. – T h a l g a u, **Kreuzkapelle** am Dechantshof, siehe dort.
Hofkapellen. Bauten mit Rundapsiden und Tonnenwölbungen unter vorkragenden Dächern. E n z e r s b e r g N r. 1, spätes 19. Jh., Säulenapsisbogen. O b e r d o r f N r. 24, Holzleiten, Sägewerk, 1915 erb.; barockisierender Bau mit Putzgliederung. O b e r d o r f N r. 33, Forsthub, barockisierender Bau wahrsch. 19. Jh. T h a l g a u N r. 24, Enzersberger Straße, faschengegliederter Bau 2. H. 19./frühes 20. Jh. mit Rundbogenöffnungen; Altärchen in spätbar. Stil 3. V. 19. Jh., Säulen- und Pilasterretabel mit Volutenauszug, Figuren Hll. Florian, Rupert, Virgil, Auszugsmedaillon hl. Maria mit Kind. U n t e r d o r f N r. 33, gotisierender Bau A. 20. Jh. in Bruchsteinmauerwerk mit Schlackenornament, Spitzbogenöffnungen; neogot. Wimpergaltärchen mit Mariahilf-Bild, Schnitzkruzifix im Stil 18. Jh. – V e t t e r b a c h N r. 6, bez. 1920, putzgegliederter Rechteckbau mit Vorlaube, Segmentbogen- und Ovalöffnungen.
Wegkapellen. O b e r m a y e r h o f (Leiten), Rechteckbau, Mariengnadenbild in breitem Holzrahmen mit gemalten Heiligenfiguren (Jakobus, Wolfgang, Rosalia, Apollonia) in volkstümlich bar. Stil. – S c h m i d i n g (Leiten), beim Sägewerk am Fischbach (ehem. Sensenschmiede), 1865 erb., barockisierender Bau mit Apsis; auf der Altarmensa Gnadenbild Mariahilf in Rahmen im Stil um 1740–1750, 3. V. 19. Jh. nach Vorbild der Wegkapelle Thalgau, Enzersbergerstraße, Auszugsmedaillon hl. Matthias. – T h a l g a u, Enzersbergerstraße, Barockbau 18. Jh., mit eingezogener Apsis, Segmentbogenportal und Giebelnische; innen Flachdecke mit Stuckrahmen; auf der Altarmensa Gnadenbild hl. Maria in Ornamenteinfassung mit eingefügtem Aufsatzmedaillon Verkündigung, um 1740–1750, vier Heiligenstatuetten Rokoko (Antonius von Padua, Johannes Nepomuk, Rupert, Virgil) M. 18. Jh. – U n t e r d o r f (bei Nr. 54), Rechteckbau, Holztafeln mit Apostelzyklus, 2. H. 18. Jh. – U n t e r d o r f, beim Sägewerk am Plainfelderbach, erb. 1887, bar. Bild Mariahilf.

Feldkapelle südl. von Thalgau, an der Fuschler Ache, 1852 erb., Bau mit Halbkreisapsis und gedrücktem Spitzbogenportal; innen Flachtonne; bar. Ädikulaaltärchen mit Auszug E. 17. Jh., Bilder hl. Maria und Gottvater.

BILDSTÖCKE. Enzersberg, nahe der Landesstraße, querrechteckiger Kapellenstock, wahrsch. 19. Jh., mit Vorlaube. – Bei Obermayerhof (Leiten), holzverkleideter Feldkapellenstock, bez. 1743, mit Rundbogennische unter Pyramidenschindeldach, Malereireste Hll. Maria, Martin, Georg. – Thalgau, im O, Kapellenstock mit vergitterter Rundbogennische, bez. 1859. – Thalgau, im O, Brückenstatue hl. Rupert 1960. – Unterdorf (bei Nr. 75), Kapellenstock mit Vorlaube, Gitteröffnung 1902.

FIGURENGRUPPE an der Autobahn, Familie auf der Flucht, von *Gustav Resatz* 1958.

BURGRUINE Wartenfels, Thalgauegg, auf markantem Felskopf am westl. Fuß des Schobers. Konrad von Kalham erhält 1259 vom Eb. die Erlaubnis, hier eine Burg zu bauen, nennt sich ab 1267 von Wartenfels; 1301 Burg und Gericht an Eb., Sitz des Pfleggerichtes, 1525 im Bauernkrieg niedergebrannt, Wiederaufbau, 1552 Reparaturen, um 1590 übersiedelt der Pfleger nach Thalgau,

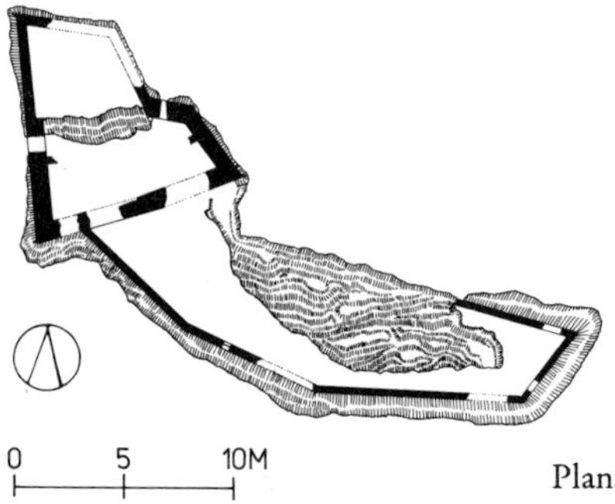

Thalgau, Burgruine Wartenfels
Planaufnahme vor Grabung 1980–1983

Burg 1598 baufällig, 1609 dem Verfall preisgegeben. Anlage noch M. 13. Jh., Zugang neben Resten eines Zugbrückenpfeilers in die Vorburg mit deutlichen Resten der äußeren Ringmauer; auf steilem Felskopf innere Burg (Palas?), Mauerreste gegen W und S z. T. bis zu 10 m hoch, Schichtenmauerwerk, 1981/82 Absicherungsmaßnahmen.

BURGSTALL in Thalgau, Nr. 24, Herrenhubgut. Ehem. Standort des Turmes der Herren von Thalgau; urk. nach 1350 Konrad vom Turm, um 1400 Aschacher, 1482 Strasser, 1541 Lasser, dann vor allem bäuerliche Besitzer. Heute Holzhaus auf enger Wiesenkuppe, umgeben von ehem. Wassergraben.

DECHANTSHOF, nordöstl. des Ortes am Abhang des Thalgauberges. Urspr. Bau des späten 16. Jhs., Bez. 1583, urk. 1601 eine Kapellenweihe. 1722 Umbau. 1969 Außenrest. – Mächtiger, annähernd quadrat., 3geschossiger Bau unter Walmdach. An der talseitigen Giebelfront Fensterprofile, gerahmtes Rechteckportal, Sonnenuhrenfeld. – Innen Marmortürsturz vom ehem. Hausportal bez.

W. H. 1583, Marmorinschrifttafel 1599 (Stadl erb.). Schnitzkruzifix 18. Jh. Bar. Ölbilder hl. Johannes Nepomuk aus dem Kreis *Jakob Zanusis*, hl. Maria und Taube der Verkündigung 1. H. 18. Jh.; Bischofsporträts E. 18. Jh.; Bekehrung des hl. Paulus 18. Jh.; Heiligenovalbilder 2. H. 18./1. H. 19. Jh. Bibliothek des Felix Adaukt Haslberger E. 18./A. 19. Jh.

Pfarrhofkapelle hl. Kreuz, freistehender Bau an der südöstl. Ecke des Hauptbaues, durch Korridor verbunden. 1754/55 erb. nach Entwurf von *Tobias Kendler.* Eingezogener Chor und segmentbogige Apsis durch Traufkehle abgebunden, Segmentbogenfenster, geschwungenes Flachbogenportal, verschindelter Giebelreiter mit 8seitigem Glockengeschoß und Zwiebelhelm.

Inneres. 1898 renov., 1959 rest.; Saalraum und über konvexe Schmiegen angebundener Chor einheitlich pilastergegliedert, Flachtonnen mit Stichkappen, Empore mit vorschwingender Brüstung, Rocaillestukkaturen (Szene Eherne Schlange), Rotmarmor-Plattenboden. – Ausstattung überwiegend um 1755. Altar, auf freistehender Mensa zwischen seitl. Opfergangsportalen säulengegliederter Staffelaufbau mit Tabernakel sowie Kirchenväterstatuetten und Nischenreliefszenen aus dem Leben der hl. Magdalena, spätbar. (wahrsch. noch 2. V. 18. Jh.), rückseitig am Aufbewahrungstabernakel des Kreuzpartikelostensoriums Türbild; Apsis um 1755 durch einen die monumentale Kreuzigungsgruppe umfassenden Stuckbaldachin ausgekleidet, Kruzifix und Hll. Maria, Maria Magdalena, Johannes Ev. *Sebastian Eberl* zugeschrieben. Orgelpositiv um 1700 in Schwarz-Gold-Fassung. Zwei Beichtstühle mit Rokokoaufsätzen. Konsolstatuetten Pietà, Halbfigur hl. Joseph, *Sebastian Eberl* zugeschrieben. Abschlußgitter.

HÄUSER. **Bezirksgericht,** Thalgau Nr. 1 (Eiterer-Schober-Weg). 1564 als Amtsgebäude des Pfleggerichtes Wartenfels erb., 1757 Neubau. 2geschossiger Bau mit Abschlußgesims und Walmdach. – **Nr. 19** (Salzburger Straße): Sagerer, ehem. Mühle. 2geschossiges, gemauertes Mittelflurhaus unter Schopfwalmdach; abgefaste Fensterlaibungen und Giebelokuli, Steinportalbekrönung bez. 1789, Putzgliederung und -ornamentik, geschmiedete Fensterkörbe. Wasserwehr. Erdgeschoßraum mit Mühleneinrichtung erhalten. – **Nr. 27** (F. Schoosleitner Straße): Frühklassizistisches Schlößchen des Domherrn Graf Spaur, um 1770–1780, später Eisenindustrieverwaltung. Plattenstilgliederung im Erdgeschoß an den Längsfronten durch Pilaster und Rundbogenportale mit Oberlichtgittern bereichert, über Konsolkapitellen mächtiges Gebälk, Attikageschoß durch Triglyphen gebälkartig gegliedert, über Traufkehle Mansardwalmdach. – **Nr. 39** (F. Schoosleitner Straße): urspr. Urbaramt, unter Eb. Paris Graf Lodron zum Rüsthaus ausgebaut, 1675 von der Landschaft als Waffenniederlage der Landfahne übernommen; 3geschossig, vom Kern des 16./17. Jhs. oberer Abschluß mit Schlüsselscharten, Walmdach. – **Nr. 45** (Ischler Bahnstraße): Ehem. Amtmannhaus, erb. 1756. 2geschossiger Bau mit Mansardwalmdach über Traufkehle. – **Nr. 59** (Mondseestraße): In Hausnische Schnitzfigur hl. Johannes Nepomuk 2./3. V. 18. Jh.

BAUERNHÖFE. **Egg, Nr. 5:** Kleinbauernhof; gemauertes Erdgeschoß, Obergeschoß, in Blockbau mit Zierschrot, Giebelbalkon, Krüppelwalmdach, Pfette bez. 1796. – **Nr. 24:** 2geschossiges, gemauertes Haus mit abgefasten Steinlaibungen der Fenster, steiles Satteldach; neu adaptiert. – **Nr. 41 und 45:** Erdgeschoß gemauert, Obergeschoß in Blockbau, Satteldach.

Enzersberg, Nr. 6: Greisberg. Mittertennhof; breitgelagerter, 2geschossiger Mauerbau mit Putzfaschen unter geschwungenem Krüppelwalmdach mit Dachreiter; Taubenstände.
Unterdorf, Nr. 5: 2geschossiger Mauerbau mit bmkw. Putzrahmung der Fenster. – **Nr. 16:** Einhof; 2geschossiges Mittelflurhaus in Blockbau, Satteldach, Pfette bez. 1860. – **Nr. 25:** 2geschossiger Blockbau mit Giebelbalkon unter Satteldach.
Vetterbach, Nr. 6: Breitgelagertes Haus mit Putzfaschen, Satteldach; Steinportal, im Giebelfeld gemaltes Kreuz. – **Nr. 11:** Kreuzinger; Mittertennhof; 2geschossiger, gemauerter Wohnteil mit Putzgliederung, Krüppelwalmdach mit Dachreiter.

THOMATAL. Polit. Bez. Tamsweg

Gemeinde mit dem Kirchweiler Thomatal, den Weilern Gruben und Fegendorf sowie Einzelhöfen in Streulage; in Bundschuh Einzelhofsiedlungen.
Ein- und Paarhöfe des Lungauer Typus in Blockbau oder Mischbauweise mit Krüppelwalmdächern; freistehende, gemauerte oder gezimmerte Kornkästen.

PFARRKIRCHE hl. Georg, am Nordrand von Thomatal auf einem leicht abfallenden Hang. Einschiffige Dorfkirche mit got. Bausubstanz (Chor), von Friedhof umgeben. – Ehem. rom. Anlage (?). Urk. 1470. Brände 1620 und 1623. 1735 Umbauten und Turmerhöhung. Seit 1891 Pfarre. Innenrest. 1950.

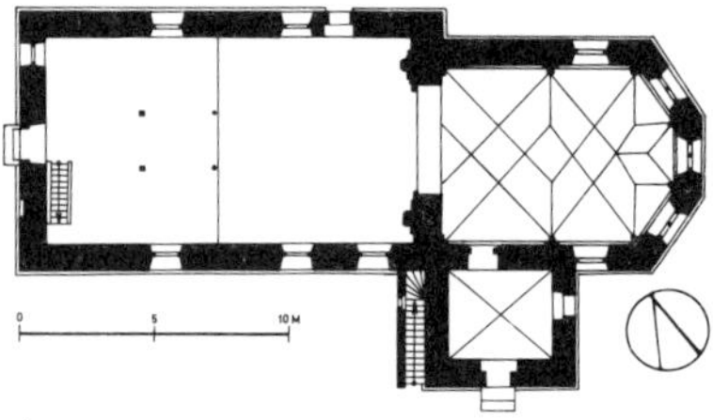

Thomatal, Pfarrkirche hl. Georg

Schlichter Außenbau mit Hohlkehle und Satteldach. Westfassade mit rundbogigem Portal (Wulst) und Holzvorbau, darüber Rundfenster, li. vom Eingang Flachbogenfenster, re. geschlossene, fensterförmige Nische. Im S und N Rechteckfenster, nach außen flachbogig geöffnet; nördl. Rundbogentür. Spätgot., erhöhter Chor, an der Nordseite eingezogen, umlaufender Sockel; nördl. und südl. je ein Rundbogenfenster, im O Spitzbogenfenster mit modernem Maßwerk. Im Kern got. Südturm mit vier durch Putzbänder und seitl. Putzpilaster gegliederten Geschossen (1735 erhöht); im S Rundbogenportal mit Eisenplattentür, östl. Rechteckfenster; im Glockengeschoß gekuppelte Schallfenster ohne Mittelsäule, über profiliertem Gesims holzschindelgedeckter Doppelzwiebelhelm mit Laterne. Am Übergang zwischen Langhaus und Turm flachbogige Kryptaöffnung, tonnengewölbter Raum; darüber, an der südl. Turmseite flachbogiger Treppenaufgang.
Einschiffiges, 3jochiges Langhaus mit Flachdecke und Hohlkehle, geschwungene Stuckrahmen von 1735, polychromierte Engelsköpfe. Deckenfresko

Anbetung der Hirten bez. *1822 Seraphin Lederwasch*, rest. 1950; daneben Brustbilder der 4 Evangelisten. Westempore auf vier Stützen, bis fast zur Mitte des Kirchenschiffes vorgezogen. Eingezogener, rundbogiger Triumphbogen. Über drei Stufen erhöhter Chorraum mit ⅝-Schluß; spätgot. Netzrippengewölbe, Dienste auf Sockeln, flankiert von gekehlten Rippen; südl. spitzbogiger Sakristeieingang mit einfach gekehltem Portal, darüber kleiner Balkon und abgeschrägtes Portal.

Spätbar. Hochaltar mit geschwungener Mensa, Dreisäulenaufbau mit vorgezogener Mittelsäule, im Auszug bez. 1771. Rocaillenverzierter Tabernakel von *Gregor Sapser* urk. 1712; bar. Altarblatt hl. Georg, bar. Figuren Hll. Johannes Ev., Paulus, Petrus und Matthäus; im Auszug Schnitzgruppe Gottvater und Hl. Geist, seitl. Engel. – Li. Seitenaltar um 1745; Altarblatt Mariahilf, bar. Aufsatzbild Schutzengel M. 18. Jh., bar. Statuen Hll. Michael und Gabriel. Re. Seitenaltar mit Inschr., bez. 1706, Tabernakel bez. *1750 Johann Joseph Pleisizer*, Altarblatt hl. Joseph bez. *Sebastian Stief 1885*, Oberbild hl. Karl Borromäus, bar. Aufsatzfiguren Hll. Joachim und Anna.

Kanzel von *Gregor Sapser* urk. 1705, Rundbogenbilder der 4 Kirchenväter, Schalldeckel mit Engel. An der li. Chorwand Kruzifix E. 18. Jh., Kruzifix an re. Triumphbogenseite 18. Jh.; im Langhaus Konsolfiguren, li. Schutzengel mit Kind, 1. V. 18. Jh., re. hl. Georg von *Gregor Lederwasch*, urk. 1732. Bilder, an der Emporenbrüstung hl. Maria und hl. Georg bez. 1712, an der li. Langhauswand Votivbild mit Inschr. bez. 1745; 14 Kreuzwegbilder E. 18. Jh. Taufstein bez. 1746. – Orgel von *Mauracher*, 1883. – In der Krypta einfache Holzmensa mit Fegefeuerbild 19. Jh. – Glocke von *Franz Gartner*, 1711.

Friedhof, von Mauer umgeben, z. T. volkskundlich interessante Grabstätten. In der Südostecke des Friedhofes schlichter Bau mit Rundbogenportal und Rundbogenfenster.

Pfarrhof, nordwestl. der Kirche, anschließend an den Friedhofsbereich 2geschossiger, 6achsiger Bau, Putzaussparung der Eckquaderung und Fensterfaschen, Hohlkehle, geschweiftes Walmdach; an der südl. Fassade Christusmosaik bez. 1960.

KAPELLE (Lourdeskapelle), in B u n d s c h u h, an der ehem. Straße nahe des Bundschuh-Baches. Bau bez. 1861, flachbogige Öffnung, im Giebel Bild hl. Johannes, breite Hohlkehle, Rundapsis, Holzschindeldach; Lourdesmadonna, drei Bilder, eines davon bez. *I. B. Oberkofler.*

BILDSTÖCKE. **Gradnerkreuz,** südöstl. von Thomatal an der Straße nach Mandling; gemauerter Nischenbildstock über quadrat. Grundriß, holzschindelgedecktes Zeltdach. – **Thomannbauerkreuz,** in T h o m a t a l, östl. der Kirche auf einem Schuttkegel; erb. um 1900, quadrat. Grundriß, Holzschindelzeltdach; Bilder, Taufe Christi bez. 1713, li. Heiligendarstellungen, re. Maria, Joseph und Jesuskind, 18. Jh.

BURGRUINE Edenvest, in G r u b e n, auf steilem Felskegel am li. Ufer des Bundschuhbaches. Urk. 1147, früheste Nennung einer Burg im Lungau, Besitz des Otto von Machland, 1299 erzbischöflich, 1470 urk. schon „öde Vest“. – Wenige Mauerreste auf Hügelkuppe, westl. Graben.

BAUERNHÄUSER. **Thomatal, Nr. 4:** 2geschossiges, gezimmertes und traufseitig erschlossenes Haus mit Balkon im verbretterten Giebeldreieck.

Bundschuh. Ehem. bedeutendes Eisenbergbaugebiet; Einzelhofsiedlungsraum mit den Rotten Vorder- und Hinterbundschuh, im Talschluß Alm- und Hochalmregion mit zahlreichen, verstreut liegenden Hütten mit zugehörigen Wirtschaftsgebäuden in Blockbau; in Schönfeld ausschließlich neu errichtete Fremdenverkehrsbetriebe.
Vorherrschend 2geschossige Einhöfe mit traufseitig erschlossenem und steingemauertem Erdgeschoß sowie Längstenne in Blockbau mit Schließschrot im Obergeschoß. Giebelfeld lotrecht verschalt, meist mit Giebellaube. Steile Schopfdächer.
Nr. 2: Gautsch. Langgestreckter Einhof, Erdgeschoß gemauert, Tennengeschoß mit Blockbau mit Kopfschrot: Giebelfelder lotrecht verschalt mit Lüftungsluken, tief herabgezogenes Schopfdach; Querflur. Stuhlsäule bez. 1799 mit Erbauermonogramm. Gemauerter Getreidekasten mit Tonnengewölbe im Obergeschoß; schießschartenförmige Lüftungsöffnungen; Malerei in Schwarzweiß als Eckquaderung, Türumrahmung, Stockwerks- und Giebelfaschen; bez. 1772. Unweit Sägegatter in Ständerbau.
Nr. 5: Johns. Einhof, Erdgeschoß gemauert mit gewölbter Küche; Stubentram bez. 1846 mit Erbauermonogramm; Quertenne und Kammern im Obergeschoß in Blockbau mit Kopfschrot; lotrecht verschalter Dachraum, im Giebelfeld zwei Gänge; Scherbalkendach mit stehendem Stuhl, Pfettenbretter in Blumenstockform bez. 1846. Getreidekasten gemauert, Tonnengewölbe im Obergeschoß, schießschartenartige Giebelfeldöffnung; schwarz-gelbe Malerei bei Eckquaderung, Tür- und Fensterumrahmung, bez. 1738, und Erbauermonogramm.
Fegendorf, Nr. 11: Steger, Lungauer Paarhof; gemauerter Kornkasten, 17./18. Jh., mit Spuren von Bemalung, Eckquadern, laufendem Hund.
Im Weiler **Gruben** mehrere gezimmerte Kornkästen, Eckverbindung mit Kopf- oder Schwalbenschwanzstrick.

EHEM. HOCHOFENANLAGE zur Eisenverhüttung in Bundschuh, an Zusammenfluß des Weiß- und Feldbaches. Anfänge 14. Jh.; Gewerken u. a. 1562 Wilhelm v. Trautmannsdorf, um 1580 Fam. Jocher, 1686 vorübergehend eingestellt, 1751 Josef Sinnhuber, 1815 Eisenhammergewerkschaft St. Andrä, 1839 F. X. Neuper u. J. Pesendorfer, 1885 Produktion eingestellt, 1925 an Fürst Schwarzenberg.
Ofenstock 1862 neu erbaut, klassizistische Details, Schlußstein bez. 1862, Höhe ca. 23 m. Südl. davon Gebläsehaus, beide Bauten 1975–1977 baulich abgesichert. Westl. ehem. Verwaltungsgebäude von 1847, heute Forsthaus; in der Umgebung Reste von Kohlbarren, Rampen, Werkshalle u. Röstanlage mit vier Schachtröstöfen. – An der Straße taleinwärts geringe Reste mittelalterlicher (?) Öfen.

THUMERSBACH. Gem. Zell am See. Polit. Bez. Zell am See

Weiler bzw. Streusiedlung am O-Ufer des Zeller Sees. Urk. 1140. Vom 15. Jh. bis 1863 Kupferbergbau.
Auf steilem nach S fallendem Hang Einzelhofsiedlung. Ehem. rein bäuerliche Siedlungslandschaft, heute weitgehend vom Fremdenverkehr bestimmt. Zumeist stark erneuerte kleine Paarhöfe.

FILIALKIRCHE hl. Sigismund. Urk. 15. Jh.; 1684/85 Neubau. 1955 Bau des S-Turmes und Verlängerung des Schiffes im W durch *Fidelius Schmid.*

Schlichtes Langhaus mit Walmdach, eingezogene polygonale Apsis, daran im O anschließend bar. Sakristei mit polygonalem Schluß. – Langhaus mit Stichkappentonne, Rundapsis, Sakristei tonnengewölbt; der Anbau von 1955 mit flacher Decke, W-Empore.
Hochaltar spätes 17. Jh.; Altarblatt hl. Sigismund von *Schmiederer*, um 1900. – Seitenaltäre spätes 17. Jh., li. Figur Maria mit Kind, Oberbild hl. Martin; re. Figur hl. Katharina, Oberbild hl. Georg. – Rosenkranzmadonna, 2. H. 17. Jh.; Kruzifix und Figur hl. Michael um 1700. – 14 Kreuzwegbilder 18. Jh. Votivtafeln 4 letzte Dinge, spätes 17. Jh., 1839 übermalt; 7 Sakramente, 2. H. 18. Jh.

LOHNINGHOF, Nr. 1; urk. um 1100; im Kern mittelalterlich. 3geschossiger Bau mit Satteldach, im S moderner Anbau, Fassade erneuert; z. T. abgefaste Fenstergewände im Erdgeschoß und 1. Obergeschoß. Breite Stichkappentonnen im Flur von Erdgeschoß und 1. Obergeschoß.

HOTEL Bellevue, Nr. 24; 3geschossiger breitgelagerter Bau, im Kern 19. Jh., Umbau um 1910; 2 seitl. Giebel und Holzbalkone mit Zierat in der Art der Ischler Villen.

HAUS Pfandl, nach Plan von *Fidelius Schmid*, 1931.

LOHNINGSTEIN, ehem. Haus Heyrowsky; erb. 1929 von *Lois Welzenbacher*.

THURNSCHALL, Ruine, siehe LESSACH

TORREN. Gem. Golling an der Salzach. Polit. Bez. Hallein

Streusiedlung westl. von Golling am li. Salzachufer; urk. 1139. Westl. der Filialkirche kleiner Kirchweiler. – Die Hofform geht vom Tennengauer Einhof zum Pongauer Paarhof über.
Die Felshöhe St. Nikolaus war auf Grund der natürlichen Schutzlage von der Jungsteinzeit bis in die späte Eisenzeit durchgehend bewohnt. Seit 1978 Grabung am Plateau nördl. der Filialkirche; Funde im Heimatmuseum Golling.

FILIALKIRCHE hl. Nikolaus, am Südrand eines steil abfallenden Konglomerat-Plateaus isoliert gelegen. Spätgot. Bau mit bar. W-Turm und Außenkanzel. Urk. 1444, Weihe 1517; Turm von 1723. Rest. 1965.
Schlichter spätgot. Langhausbau mit polygonalem Schluß und spitzbogigen abgefasten Fenstern. W-Turm, urk. 1723, der Fassade vorgeblendet, im Kern älter (?), mit Sockel, drei spitzbogigen Eingängen, rundbogigen Schallfenstern und Doppelzwiebelhelm mit dazwischengeschobener Laterne. Nördl. des Turmes an der Langhausfassade kleines spätgot. querrechteckiges Fenster. – Im N eingeschossige Anbauten mit Pultdach, Sakristei mit abgefastem got. Fenster und kreuzrippengewölbter, im W durch abgefastes Segmentbogenportal geöffneter Raum mit nördl. Zugang zur polygonalen Außenkanzel von 1677, letztere mit eigenem abgewalmten Dach. – Turmhalle kreuzgratgewölbt. Spätgot. W-Portal, mehrfach gekehlt, der äußerste Bogen mit seitl. Kapitellen und verstäbt.
Langhaus und Chor mit spätgot. Netzrippenfiguration aus 8eckigen Sternen, auf Runddiensten; 2jochig, im Chor 8strahlige Sternfügung mit Wappenschilden.

Gewölbe bez. 1517, 1629, 1724, 1965. Im W abgefastes spätgot. Rundbogenfenster sowie einjochige, 3schiffige Empore nach 1517, unterwölbt von Netzrippengewölbe auf zwei Säulen bzw. auf Konsolen, mit geknickter Maßwerkbrüstung aus Steinguß. – Sakristei mit Stichkappentonne.
Hochaltar von 1715; Altarblatt hl. Nikolaus befreit ein in Gefangenschaft geratenes Kind, bez. *Franz Anton Heillmair,* 1. H. 18. Jh.; Oberbild Hl. Wandel mit Gottvater und Hl. Geist, ebenfalls von *Heillmair;* Figuren über den Opfergangsportalen Hll. Joachim und Anna selbdritt von *Johann Georg Mohr* 1715. Tabernakel von 1744. – Seitenaltäre von 1759. Li. Altarblatt Taufe Christi, Rückseite bez. *Johann Baptist Weiß, 1759.* Bild Kirche (Kuchl?) mit Mariahilf-Medaillon, in zeitgleichem Rahmen, 2. H. 18. Jh. Re. Altarblatt hl. Elisabeth, bez. *J(akob) Schemberger,* M. 18. Jh.; Marien-Ikone (Hodegetria-Typus) in Rahmen um 1780.

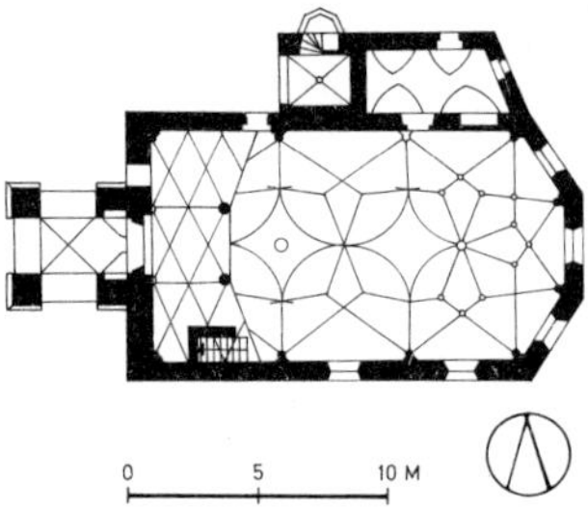

Torren, Filialkirche hl. Nikolaus

Kanzel bez. 1728 von *Franz Haizander,* mit Imitation von Brandmalerei. – Kruzifix mit Figuren Maria und Johannes 1. H. 16. Jh.; bar. Prozessionsmadonna. Bilder, hl. Nikolaus umgeben von Kindern, frühes 17. Jh.; Bilderserie 14 Nothelfer, spätes 17. Jh.; Bilderserie mit Darstellung der 7 Zufluchten, 18. Jh.; ausgeschnittene bar. Holztafeln mit Darstellung Hll. Sebastian, Rochus, Nikolaus und Wolfgang; Hll. Franziskus, Leopold, Johannes Nepomuk, Laurentius, Leonhard, alle 18. Jh.; Abschied Christi von Maria, um 1700, mit Rahmen bez. 1702; Votivtafeln mit Wunderszenen des hl. Nikolaus, 18. Jh.; kleines Brustbild Christus und Maria, 18. Jh. Im Dommuseum zu Salzburg Votivbild von 1688. – Got. Weihwasserbecken. – Orgel 2. H. 17. Jh.

BARTHOLOMÄUS-KAPELLE, urk. 1739, Neubau von 1975; quadrat. Bau mit Zeltdach; im Heimatmuseum Golling überarbeitete spätgot. Figur hl. Bartholomäus, Kopie in der Kapelle.

KAPELLE zu Torren Nr. 1; mit Schopfwalmdach, erb. um 1960. Liegende Figur mit Herzreliquiar hl. Pankraz, 19. Jh.

BILDSTOCK zu Torren Nr. 32; erb. 1827, mit Kruzifix aus der Erbauungszeit.

BILDSTOCK zu Torren Nr. 85; Holzbau mit Satteldach, an das Haus angebaut; spätbar. Figur Immaculata.

MARMOROBELISK von 1805 beim Schwarzbachfall, Gollinger Wasserfall, für Domherrn Ernst Fürst Schwarzenberg.

BAUERNHÖFE. **Torren Nr. 29:** Klemmstein. Ehem. Paarhof, Mittelflurwohnhaus bez. 1716, Erd- und Obergeschoß gemauert, Hausgang, im Giebel über dem Hauseingang Tafelbild 19. Jh., hl. Leonhard mit Madonna. – **Nr. 34:** Lammerer. Einhof mit Eckflurgrundriß, Erdgeschoß gemauert, Steingewände bei der Haustür, 18. Jh., Obergeschoß in Blockbau. – **Nr. 40:** Lerchnergut. Paarhof mit Schmiedegebäude, Mittelflurwohnhaus gemauert mit steinernem Türgewände, an der Giebelseite Medaillons Petrus am See Genezareth, hl. Hubertus; Untersicht des Schopfdaches bemalt, Pfette bez. 1875. Altes Schmiedegebäude mit giebelseitiger Laube auf Konglomeratsäulen, Medaillons hl. Florian und Guter Hirte. – **Nr. 46:** Daxen. Paarhof mit Mittelflurwohnhaus, Rundbogentürgewände aus Konglomerat, Erdgeschoß gemauert, Obergeschoß verputzter Blockbau, Schopfwalmdach mit Glockentürmchen. – **Nr. 51:** Tannhausbauer. Paarhof mit gemauertem Wohnhaus, bez. 1716, Rundbogentürgewände aus Konglomerat, giebelseitig Lüftelmalerei, Mittelflurwohnhaus. – **Nr. 54:** Vorderofenauer. Paarhof mit Bienenhütte, gemauertes Wohnhaus mit got. Rundbogentürgewände aus Marmor, giebelseitig Hausmarterl, Mantelmadonna aus Mariazell und Lourdes-Figur. – **Nr. 55:** Hinterofenauer. Gemauerter Mittelflureinhof, Fußpfette bez. 1864, Schopfwalmdach mit Glockentürmchen, Hausgang im Dachgeschoß. – **Nr. 109:** Gufgut. Mittelflureinhof mit gemauertem Erdgeschoß, Türgewände aus Gollinger Marmor, aufgedoppelte Haustür.

TWENG. Polit. Bez. Tamsweg

Gemeinde und Kirchweiler, im hintersten Taurachtal. Kleinweiler und Einzelhöfe im Twenger Winkel.
Vorherrschend 2geschossige Paarhöfe mit traufseitig erschlossenem Mittelflurhaus als Wohngebäude in Mischbau, Stallscheune mit Längstenne in Blockbau mit Schließschrot. Giebelfeld, meist mit Giebellaube, lotrecht verschalt. Steiles Pfettenstuhldach mit Schopf, Brettschindeleindeckung. Für Paßwege typische eingeschossige Straßenwärterblockkeuschen mit traufseitigem Eingang und verschindelter Fassade (u. a. Nr. 21, 23, 25, 28, 106). Im nordwestl. Twenger Lantschfeldtal Almdorf, zahlreiche Blockbauhütten. Der Gemeindeteil Obertauern an der Radstädter Tauernpaßstraße ausschließlich von Bauten des Fremdenverkehrs geprägt.

PFARRKIRCHE Hl. Kreuz, unmittelbar an der Straße gelegen. Kleine, nach W gerichtete bar. Dorfkirche, an 3 Seiten von Friedhof umgeben. – Urspr. Kapellenbau von 1665, Weihe 1705, Vikariat 1727, Erweiterungsbau 1729, renov. 1889. Pfarre seit 1891. Brand 1921 (damals zum neunten Mal abgebrannt), Rest. 1947.
Der 3seitige Abschluß des östl. Baukörpers zeigt noch die Formen der ehem. 8seitigen Kapelle des 17. Jhs.; im S Portal mit geradem Sturz, Holzvorbau; westl. Erweiterungsbau (Langhaus) von 1729, leicht eingezogen, nordseitiges Fenster; runder Chorschluß in derselben Breite wie der östl. Bau, Rundbogenfenster. Am Übergang zwischen Langhaus und Chor Nordturm, erb. 1729, vier angedeutete Geschosse, rundbogige Schallfenster, Zwiebelhelm. Im S 2geschossige Sakristei, urk. 1775, Eingang im O, südl. Fenster. – Holzschindeldächer.

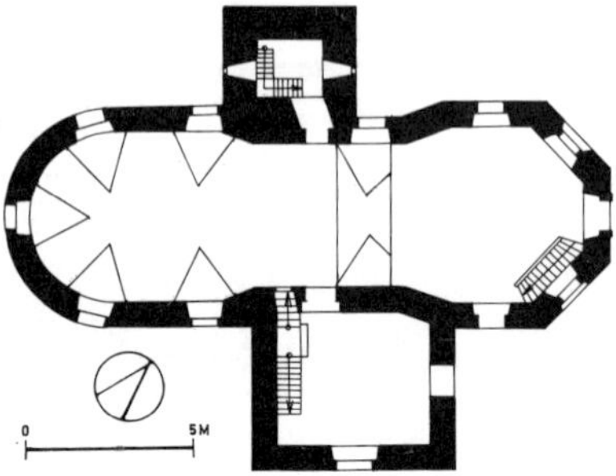

Tweng, Pfarrkirche Hl. Kreuz

Einschiffiger Kirchenraum, im Bereich des mittleren Langhauses verengt. Flaches Tonnengewölbe, Stichkappen. Im O weit vorgezogene Holzempore. An der li. Langhausseite Sakristeieingang, re. Turmzugang. – Im Chor Wandmalerei 4 Evangelisten und Marienkrönung, M. 18. Jh.
Hochaltar mit Opfergangsportalen, 3. V. 18. Jh.; Pietà vor Kreuz und Leidenswerkzeugen, umrahmt von hölzernem Baldachin mit bekrönendem Aufsatz, seitl. Engel; li. und re. des Altares je 3 ovale Schmerzensdarstellungen Mariens, um 1760. – Seitenaltäre um 1730, bar. Bilder: li. Altarblatt hl. Joseph, Oberbild hl. Nikolaus; re. Bild hl. Nepomuk, Aufsatzbild Zunge des hl. Nepomuk in der Glorie.
Kanzel mit Rocaillen 3. V. 18. Jh. An re. Langhauswand Kruzifix mit Maria von Altötting (alte Kopie des Gnadenbildes), 16. Jh. (?). 14 Kreuzwegbilder E. 18. Jh. Bild hl. Florian 19. Jh. – Orgel von *Albert Mauracher*, 1901.

Pfarrhof, südöstl. der Kirche. 2geschossiger, 6achsiger Bau von 1727; Rundbogenportal, darüber Inschr.-Tafel; Eckquaderung und Fensterfaschen; abgewalmtes Satteldach, Holzschindeldeckung. Innen z. T. tonnengewölbt mit Stichkappen.

LANTSCHFELDKAPELLE, nordwestl. von Tweng, am Schluß des Lantschfeldtales. Rechteckiger, gemauerter Bau mit Satteldach und Giebelreiter; seitl. Spitzbogenfenster, segmentbogenartiges Portal. Innen Tonnengewölbe. – Kruzifix 19. Jh. Madonnenbild 19. Jh.

BILDSTÖCKE. **Annakapelle,** südöstl. von Tweng, über der Taurach gelegen. Erb. 1952. Nischenbildstock mit weit vorkragendem Satteldach. Bild Hl. Familie 18. Jh. – **Ansagerkreuz,** in Tweng, südl. der Kirche. Hohe rundbogige Öffnung, seitl. Pilaster, geschweiftes Zeltdach, Holzschindeldeckung; innen Tonnengewölbe mit kleinen Stichkappen. Bild Anbetung E. 19. Jh. – **Fuhrleutkapelle,** am nördl. Ortsrand von Tweng. Erb. 1968. Nischenbildstock mit 2 vorgesetzten Pfeilern (eine Seite vermauert), steiles Walmdach, Holzschindeldeckung. Flachbogige Nische mit Bildern E. 19. Jh., Flucht nach Ägypten bez. *Andrä Moser 1881,* Madonna mit Kind, Christusknabe bez. *Andrä Moser.* – **Mühltalerkreuz,** in Vorderwinkel, neben der Straße. Gemauerter Bildstock, bez. 1928. Holzschindelzeltdach; flachbogige Nische, Holzdraperie E. 18. Jh. – **Purngutkreuz,** südöstl. von Tweng. Gemauerter Bildstock über quadrat. Grundriß, Zeltdach; angefügter Vorbau mit niedrigem Satteldach, Holzschindeldeckung. Bez. 1724, renov. 1930, rest. 1980. Flachbogige Nische mit spätbar. Nepomukbild. Spätbar. Wandmalerei hl. Maria und Hll. Paulus und Johannes.

HÄUSER. **Nr. 2:** Gasthof zur Post. Altes Tauernhaus. 2stöckiger Steinmauerbau mit ausgebautem Dachgeschoß. Breiter Durchfahrtsflur bez. 1549 mit Tonnengewölbe. Angefügtes Wirtschaftsgebäude, Pfeilerstadel. An der Traufseite Marmortafel mit Inschr., bez. 1750, und Wappentafel des Domkapitels als ehem. Grundherrn, bez. 1790.
Nr. 8: Ruep. 2geschossiger steingemauerter Getreidespeicher mit Tonnengewölbe und Brettschindeleindeckung. Bemalung schwarz-weiß mit Eckquaderung und Ornamenten, bez. 1713, Erbauermonogramm R. L.
Nr. 10: Lagler. Paarhof mit 2geschossig gemauertem Mittelflurhaus. Eingangstür bez. 1770; Stube mit von der Rauchküche beheiztem Backofen, Trambalken mit Kerbschnitzerei dat. 1626. Rauchküche mit Herdanlage und Riemlingsdecke. Giebelfeld mit Belüftungsausschnitten des 17. Jhs. Gedeckter Zugang zur Stallscheune.
Nr. 12: Mühlthaler. Unbewohnter 2geschossiger Paarhof in Steinbau mit breitem, befahrbarem Querflur. Küche mit Kreuzgewölbe. 2 Stuckdecken. Im verbretterten Dachgeschoß Giebelgang. Stallscheune als Pfeilerstadel. Gemauerter 2geschossiger Getreidekasten mit angebautem Backofen.
Nr. 15: Purnhof. Paarhof. 2geschossiges Wohngebäude, Mittelflurhaus in Mischbau mit segmentförmiger Portalnische an der Giebelseite. Stuckdecke. Hohes Giebelfeld mit Gang und Satteldach. Im Stadel Ritzzeichnungen. Nordwestl. Purngutkreuz.
Nr. 17: Stoffengut. Einhof mit gemauertem Erdgeschoß, Obergeschoß in Blockbau. Giebelseite mit Hausgang, Giebellaube und lotrechter Verbretterung. Tenne bez. 1752; angebauter, tonnengewölbter Getreidespeicher mit 2 Geschossen; daran übereck Schmiede. 2geschossiges Austraghaus in Steinbau mit Satteldach.

MEILENSTEINE. An der Katschbergbundesstraße etwa 1,5 km nordwestl. von Tweng zwei römische Meilensteine des Kaisers Philippus Arabs und seines Sohnes Philippus iunior (244–249 n. Chr.). Südöstl. von Tweng an der Katschbergbundesstraße vor km 32,6 und km 34,1 zwei römische Meilensteine.

UNKEN. Polit. Bez. Zell am See

Gemeinde im Saalachtal mit Haufendorf auf zwei niederen Talterrassen, nördl. der Mündung des Unkenbaches. Schon im 16. Jh. Poststation der Linie Innsbruck–Wien.
Einhöfe, zuweilen mit Austraghäuschen; Mittelflurgrundriß, Erdgeschoß gemauert, Obergeschoß in Blockbau; Balkon im Obergeschoß über die ganze Hausbreite, seltener auch über eine der Traufseiten führend, im Giebeldreieck kleiner Balkon.
Eine Halbhöhle am Osthang des Oberrainkogels diente Jägern der Mittleren Steinzeit als Raststation (ca. 9000 v. Chr.). Der Meislkogel knapp vor der

Einmündung des Unkenbaches in die Saalach trug eine hallstattzeitliche Höhensiedlung.

PFARRKIRCHE hl. Jakobus d. J., auf einer Talstufe. Bar. Saalbau, nach W gerichtet, von Friedhof umgeben. Von 1383 (1. urk. Hinweis) bis 1803 dem Stift St. Zeno in Reichenhall inkorporiert. 1756 Kirchenbrand. 1758–1760 Neubau unter Einbeziehung des alten Turmes durch *Philipp Maurer*. Pfarre seit 1812. Rest. 1959/60.
Schlichtes Äußeres, Langhaus und leicht eingezogene Rundapsis mit Rundbogenfenstern. Im O Turm mit bar. Zwiebelhelm, im Kern mittelalterlich (?). Westl. 2geschossige Sakristeianbauten. Nord- und Südportal, letzteres bez. Anno Domini 1758; li. davon Holzkruzifix M. 18. Jh. Kapellen in den Ecken zwischen Turm und Ostwand, nördl. Figur des Auferstandenen (dzt. in Verwahrung), südl. Ölberggruppe, beide 2. H. 18. Jh.
Langhaus 5jochig, das 5. Joch kürzer und zur Apsis hin konkav eingezogen – Verbindungsjoch und Apsis je um eine Stufe höher. Wandgliederung durch Pfeiler mit Pilastervorlagen und stark profiliertem, im 5. Joch durchlaufendem Abschlußgesims. Tonnengewölbe mit Stichkappen; reiche Rokoko-Stuckdekoration. Deckenfresko, Fürbitte des hl. Jakobus, bez. *Max Correggio 1898,* im Chor liturgische Motive; am Chorbogen polychromiertes Wappen Eb. Sigmund Schrattenbachs. Doppelgeschossige Ostempore.
Einrichtung um 1760. Hochaltar, Altarblatt hl. Jakobus d. Ä., im Hintergrund Szenen aus der Legende, 1. H. 19. Jh.; seitl. Figuren Hll. Rupert und Virgil, wahrsch. von *Simeon Fries* 1692/93; Aufsatzbild Marienkrönung, 1. H. 19. Jh., darüber Figur hl. Michael, um 1760; Tabernakel mit Flechtbandpilastern, A. 19. Jh., ehem. Tabernakel von 1760 in Verwahrung. Li. Seitenaltar, Figur Madonna mit Kind, um 1700; Hll. Johann Nepomuk und Vinzenz, 1. H. 18. Jh., Hll. Joseph und Jakobus d. J., um 1760; Tabernakel um 1750, in Verwahrung. Re. Seitenaltar, Auffindung des hl. Sebastian, Aufsatzbild hl. Leonhard, beide E. 18. Jh.; Figuren Hll. Florian und Georg, Barbara und Katharina, um 1760.
Einfache Kanzel um 1760, gegenüber stuckverzierter Holzbalkon. – Konsolfiguren, unter der Empore Pietà, 18. Jh.; im Chor Hll. Heinrich, Petrus, Martin und Isidor, 1. H. 18. Jh. – Kreuzwegbilder von 1892. Gnadenbild von Maria Luggau, 17. Jh. und Statue „Gföller Madonna", 19. Jh., in Verwahrung. – Orgel von *Albert Mauracher,* 1895. – Glocke von *Johann Georg Leschinger,* 1759.

Pfarrhof, erb. 1970/71 von *Georg Aigner.*

Aufbahrungshalle, erb. 1965; Auferstandener von *Jakob Adlhart,* in mehrfarbigem Kratzputz.

FILIALKIRCHE hl. Heinrich, im Kirchweiler R e i t, östl. der Saalach, im SO des Kniepasses. Erb. 1670, erweitert 1713, rest. 1969/70.
Kleiner bar. Bau mit eingezogenem Chor, Schindelsatteldach und hölzernem Giebelreiter mit Zwiebelhelm. Abgefastes Kielbogenportal, 16. Jh. – Kreuzgewölbejoch, darauffolgend zwei kleinere Joche, eingezogen, mit Stichkappen und 3seitigem Abschluß; am Gewölbe 4paßförmiger Stuckspiegel.
Altar von 1713, Altarblatt hl. Heinrich, 19. Jh., Aufsatzbild hl. Antonius von Padua; Figuren Hll. Wolfgang und Martin, am Gebälk Gottvater und Hl. Geist, von 1713; 4 Kirchenväter, 18. Jh.; Tabernakel, 2. H. 18. Jh. – Konsolfiguren, hl. Leonhard, 16. Jh., Hll. Florian, Sebastian und Antonius von Padua, 18. Jh.;

Kruzifix, 18. Jh. – Bild Maria mit Kind, 2. H. 18. Jh. (in Verwahrung); 14 Kreuzwegbilder, kolorierte Stichserie von *Carl Hohfelder,* 19. Jh.

KALVARIENBERGKAPELLE, westl. des Dorfes auf einer Anhöhe. Rechteckiger Bau mit eingezogener Rundapsis. Altarbild Kreuzigung, bez. *J. Gold,* um 1900. Auf dem Weg gemauerter **Bildstock** mit neuzeitlichen Figuren der Ölbergszene; neben der Kapelle Kruzifix, bez. 1967.

KAPELLE in G f ö l l, Nr. 10, Wimmer. Einfacher Bau mit schindelgedecktem Satteldach und hölzernem Dachreiter, rest. 1975. Frühbar. Altar, seitl. Figuren Wetterheilige Johannes und Paul, 7 Bilder einer Apostelserie, 18. Jh.

KAPELLE in N i e d e r l a n d, Nr. 17, Werfer-Bauer. Mit schindelgedecktem Satteldach und hölzernem Dachreiter. Altaraufbau spätbar., mit Bild Taufe Christi; Kreuzwegbilder 19. Jh.

BILDSTÖCKE. **Pfeiler-Bildstock,** am Fußweg von Niederland zur Pfarrkirche; spitzbogiger Tabernakel mit verwitterter Inschr. in got. Maiuskel, 16. Jh., Pfeiler und Kreuz erneuert, Bild Christus an der Martersäule, 20. Jh. – Bar. **Bildstock** an der Hauptstraße, bez. 1762, mit bar. Figur hl. Jakobus d. Ä. in halbrunder Nische.

KRIEGERDENKMÄLER. **Denkmal** der Freiheitskämpfe von 1800, 1805–1809, erb. 1908, mit Figur und Medaillon Kaiser Franz Joseph I., bez. *L(eo von) Moos 1908.* – An der Friedhofsmauer eingefügte **Kapelle** mit Zeltdach, Gedenkstein von 1848, Gedenktafeln 1914–1918, 1939–1945.

SCHLOSS Oberrain, Nr. 9, südl. des Ortes auf markantem Geländerücken. Urk. 14. Jh., als Seidlgut bereits Taverne, heutige Gestalt E. 19. Jh., weitgehende Umbauten zu Kinderheim.
Schloßartiges, 3geschossiges Gebäude mit hohem Walmdach, an der S-Fassade turmartiger Vorbau mit spitzem Zeltdach, im obersten Geschoß Loggia hinter Doppelbogen auf Mittelsäule, Fassaden historisierend E. 19. Jh.

FESTUNG Kniepaß, in U n k e n b e r g, oberhalb der Straße gegen Lofer, ca. 1 km südl. von Unken. Bronzezeitliche Spuren, Tonwaren 9. und 10. Jh.; urk. als Talsperre 1350, heutige Gestalt 1648 unter Erzbischof Paris Lodron.
2 kleine Blockhäuser mit Ringmauer, dem Gelände folgend, umgeben. Torhaus, trapezförmiger Grundriß, 2geschossig, gemauert mit Walmdach. Großes Blockhaus, im Hof freistehend, ca. 11,0 × 6,5 m, Erdgeschoß gemauert; niedriger Anbau im W, ehem. Rauchküche, gewölbt, Wohnräume in beiden Geschossen durch Holzblockwände unterteilt. Obergeschosse beider Objekte mit gemauerten Pfeilern, dazwischen früher innensitzender Wehrgang. Gegen O in der Ringmauer tiefliegendes Ausfalltor mit 1648 überwölbter Stiege aus dem Hof. An der NO-Rundung der Ringmauer Inschr.-Tafel mit Wappen Eb. Paris Lodron, bez. 1648.
Gedenktafel anläßlich der Erbauung der Straße, Wappen Eb. Markus Sittikus, bez. 1614.

HÄUSER. **Unken, Nr. 4:** Kramerwirt, bez. 1832, rest. 1976/77; 3geschossiger, stattlicher Bau mit hohem Krüppelwalmdach und 2 Dachgeschossen; Fensterumrahmungen mit Stuckdekor. – **Nr. 25:** Kalchofengut, **Heimatmuseum.**

Einhof, Erdgeschoß gemauert mit leicht spitzbogigem, abgefastem Steinportal und Steingewänden an sämtlichen Fenstern, Obergeschoß in Blockbau, Wirtschaftsteil in Rundholzblockbau, die Pfetten rautenartig in rot-weiß bemalt, Firstpfette bez. 1699, weitausladendes Satteldach mit Legschindeln. Auf der Haustüre gemaltes Andreaskreuz. Über den stirnseitigen Stubenfenstern Fresken bzw. gemalte Sprüche, bäuerliche Uhr, bez. 1820, Kartusche mit Marterwerkzeugen Christi. – Die Sammlung zeigt Funde aus der Jungsteinzeit und der Bronzezeit, bäuerliches Gerät, Trachten, Militaria, Exponate zum Vereinswesen.

BAUERNHÖFE. **Gföll.** Einzelhofsiedlung auf steilem Hang westl. von Unken auf der Sonnseite des Unkenbaches. Einhöfe, parallel zum Hang, meist nach O gerichtet, Mittelflurgrundriß, Stube und Küche meist auf der Tal-(Sonnen-) Seite; Erdgeschoß gemauert, Obergeschoß in Blockbau, zuweilen verputzt. Weitausladendes Satteldach. **Nr. 6:** Mitterhammerl. Blockbau, Küche gemauert, Firstpfette geschnitzt und bemalt, bez. 1707. – **Nr. 8:** Riegerbauer. Abgefastes Rundbogen-Steinportal mit aufgedoppelter Haustüre, Firstpfette bez. 1609. – **Nr. 15:** Moarbauer in Hintergföll. Einhof mit kleinen Nebengebäuden; Erdgeschoß gemauert, Steinfensterlaibungen und segmentbogiges Steinportal; über dem Haustor Auge Gottes mit Inschr. Obergeschoß mit Balkon an Stirn- und Talseite in Blockbau mit Schwalbenschwanzschrot, Firstpfette bez. 1593. Angebauter Wirtschaftsteil ebenfalls in Blockbau. Kleine Nebengebäude, ehem. Badstube, heute Machkammer sowie Waschhütte. – **Nr. 19:** Bauregger Bauer. Einhof mit Hauskapelle am Austraghäuschen; Wohnhaus, Erdgeschoß gemauert, Obergeschoß in Blockbau verputzt; abgefastes Rundbogen-Steinportal. Über den Fenstern des Erdgeschosses und der Haustüre bäuerlich-naive Fresken Hll. Joseph, Georg, Leonhard, Johann Nepomuk, Florian, Maria mit Kind, über der Haustüre Auge Gottes. Raum im Erdgeschoß eines Nebengebäudes mit Ausstattung, 19. Jh. – **Nr. 24:** Köhlergut. Firstpfette bez. 1784. – **Nr. 25:** Oberematen. Ensemble aus Bauernhof, Brennhütte und Badstube, bez. 1887.
Niederland. Streusiedlung nördl. von Unken. **Nr. 28:** Gasthof Post. Im Kern 2. H. 16. Jh., abgefastes Segmentbogenportal bez. 1568; schmiedeeisernes Wirtshausschild bez. F. M. C. 1710. Fassade neu bemalt.
Unkenberg. Einzelhofsiedlung auf wellig nach Südosten abfallendem Hang südwestl. von Unken. Die Einhöfe weitgehend erneuert. **Nr. 19:** Soder. Neben dem neuen Bauernhaus **Kapelle,** bez. 1749, mit schindelgedecktem Satteldach und hölzernem Dachreiter. Bar. Figur Christus an der Geißelsäule. – 2geschossiger Kornkasten in Blockbau, das Obergeschoß rundum vorkragend und mit senkrechten Brettern verschalt, Freitreppe in das Obergeschoß. Firstpfette bez. 1785. – Beim **Gasthaus** Dietrichshorn verfallende Badstube, bez. 1869; an der Straßenseite 9 Gedenkladen (zur Erinnerung an die hier vorbeigetragenen Toten) aus dem späten 19. Jh.

MUCK-KLAUSE, Holztriftklause oberhalb der Schwarzbachschlucht am Unkenbach. Bestand seit 1626 (?), 4 Inschr.-Tafeln bez. 1792 (Neubau in Stein), 1830, 1891 und 1975/76 (Bestandsabsicherung). Mächtige Staumauer mit rundbogigem Mitteldurchlaß, aufgesetzter Holzblockriegel mit Legschindeldach, innen mit Steinen beschwert, mittig kleine Überdachung oberhalb des Überlaufes.

FISCHBACH-KLAUSE, Holztriftklause am Oberlauf des Fischbaches; aus mächtigen Steinquadern gemauert; Mauerkrone 1977 abgesichert. Grundmauern 1774, 1864 Wölbung der 3 Bögen.

STEINPASS, ehem. Grenzbefestigung gegen Bayern. Erb. 1646. Ehem. tonnengewölbte Straßendurchfahrt, darüber Mannschaftsräume, große Bedeutung in den Napoleonischen Kriegen, 1929 für Straßenerweiterung abgebrochen. Urspr. oberhalb des Torbogens angebrachte Inschr.-Tafel heute bergseitig an Fels, bez. 1646 mit Wappen Eb. Paris Lodron. Unterhalb der Straße noch Grundmauern erhalten. Vom Steinpaß gegen N Reste der der Geländekante folgenden „Pichler-Schanze“, ein Erdwerk mit niedriger Brustwehr, um 1809.

UNTERECHING, siehe ST. GEORGEN bei Salzburg

UNTERNBERG. Polit. Bez. Tamsweg

Gemeinde im Murtal, flankiert von Mitter- und Schwarzenberg. Von 1003 bis zur Grundablösung 1848 ‚predium‘ des Klosters Nonnberg. Der Ortsname Unternberg (früher Ehrenprechtsdorf, Ermannsdorf) seit dem 19. Jh.
Gassengruppendorf Unternberg mit Kirche als Mittelpunkt, murabwärts Neggerndorf und mehrere Einzelhöfe an der Sonnseite. Voidersberg im westl. Gemeindegebiet an den Hängen des Mitter- und Schwarzenberges sowie im Murboden, flußaufwärts die Weiler Pischelsdorf sowie Flatschach und Voidersdorf. Auf einem Vorberg des Mitterberges Schloß Moosham.

PFARRKIRCHE hl. Ulrich, erhöht am nördl. Dorfrand. Unter Einbeziehung der bar. Anlage erweiterter Bau, im S und N von Friedhof umgeben. – Urk. erst 1523. 1680 Erweiterung. Seit 1813 Pfarre. 1886 Renov.; 1949–1951 Errichtung des Nordturmes nach Plänen von *Otto Prossinger;* 1978/79 weitgehender Umbau nach Plänen von *Heinz Tesar.*
Das bar. Langhaus diagonal angeschnitten und durch quadrat. Hallenraum von 1979 erweitert; Walmdach mit eingesenkten Glasflächen. An der SW-Ecke hoher rundbogiger Portikus mit eingestelltem Windfang. Vom bar. Bau Langhaussüdmauer, konchenartig ausgebuchtetes Ostjoch, Chor und im O anschließende 2geschossige Sakristei mit rundem Abschluß; Rundbogen und Rechteckfenster. Nordturm von 1949–1951 ungegliedert, steinsichtig; über rundbogigen und rechteckigen Schallfenstern Spitzhelm. Turmerdgeschoß durch Anbau zur Aufbahrungshalle erweitert, hier Kruzifix 18. Jh., Grabsteine, Inschr.-Platten z. T. mit Wappen 17. und 18. Jh. An der nördl. Sakristeiwand Wappengrabstein Michael Ludwig von Waltenhofen.
Innenraum diagonal organisiert, an der Gelenkstelle zum Altbau der von oben belichtete Altarbereich, gegenüberliegend in der NW-Ecke Orgelpodium. Im bar. Teil mit eingezogenem rund schließendem Chor flachbogiges Tonnengewölbe mit Stichkappen.
Hochaltar, M. 18. Jh.; Dreisäulenaufbau mit Altarblatt hl. Ulrich in der Glorie E. 18. Jh., Oberbild Hl. Dreifaltigkeit; bar. Figuren Hll. Philip, Paulus, Petrus und Johannes, im Aufsatz Hll. Anna, Michael, Schutzengel und Joachim. – Seitenaltäre M. 18. Jh.; li. Altarblatt Gnadenbild von Maria Plain, bez. *Jos. Jaud*

pinxit Salzburg 1861, bar. Oberbild 14 Nothelfer, bar. Aufsatzfiguren Hll. Johannes d. T. und Joseph; re. Altarblatt hl. Johannes Nepomuk bez. *J(akob) Zanusi, 1731,* Oberbild hl. Franz von Assisi, bar. Figuren Hll. Florian und Georg.
Skulpturen, Kruzifixus mit Kreuz, 12. Jh., Kruzifix 18. Jh., Konsolfiguren Hll. Virgil und Rupert 17. Jh., Maria Immaculata und hl. Johannes Nepomuk, 18. Jh.; got. Figur hl. Ulrich 2. V. 15. Jh. in Verwahrung. – Orgel 18. Jh., Werk von *Gebr. Rieger,* 1893. – 14 Stationsbilder E. 18. Jh. – Glocke von 1431.

Friedhofskapelle, südwestl. der Pfarrkirche. Bau von 1783; rest. 1979. Im O Tür mit Spuren alter Bemalung, gemauerter Dreieckgiebel mit Kreisfenster; seitl. Rundbogenfenster, gegen W polygonaler Abschluß; Holzschindeldach. Innen Flachtonne mit Stichkappen, profiliertes Gesims und runder Schluß. Inventar zur Zeit in Restaurierung.

Pfarrhof, östl. der Pfarrkirche. Bau urk. 1755. 2geschossig, 5achsig mit Rundbogenportal, vom Putz ausgesparte Eckquaderung und Faschen; Schopfwalmdach mit Holzschindeldeckung. Innen z. T. Gewölbe, Bischofszimmer mit Stuckleiste.

BILDSTÖCKE. Rundbogiger **Nischenbildstock,** unterhalb der Pfarrkirche an der Straße in der Ortsmitte von U n t e r n b e r g, mit Bild Hl. Dreifaltigkeit und Marienkrönung E. 18. Jh. – In N e g g e r n d o r f Bau von 1973 mit Spitzbogen, moderne Johannes-Nepomuk-Figur. – Vor P i s c h e l s d o r f nahe der Mur, rundbogig geöffnete Bildnische mit volkstümlicher Figur hl. Johannes Nepomuk, E. 18. Jh., bez. renov. 1950. – In V o i d e r s d o r f Bau um 1900; Spitzbogen; gemauerter, hochgezogener Dreieckgiebel, seitl. Stützpfeiler mit obeliskartigen Aufsätzen; Holzschindeldach.

SCHLOSS Moosham, V o i d e r s d o r f Nr. 12, auf vorgeschobenem Geländerücken am S-Hang des Mitterberges. Zählt zu den wichtigsten Burgen des Landes Salzburg. Strategisch beherrschende Lage an schon zur Römerzeit wichtiger Straßenkreuzung Salzburg–Kärnten–Steiermark. Auf den Terrassen

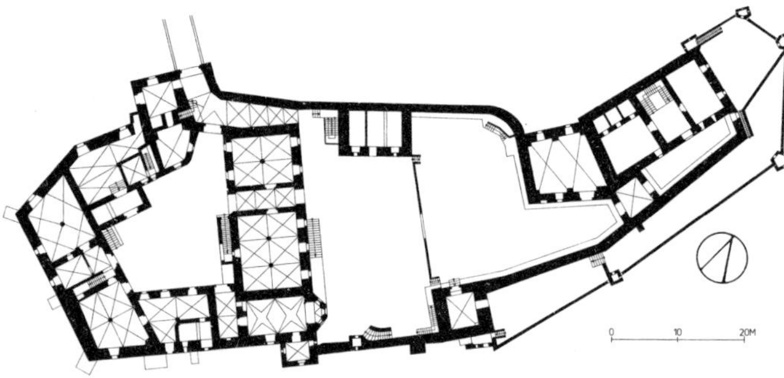

Unternberg, Schloß Moosham

westl. der Burg Standort der in den Jahren 1964–1970 ausgegrabenen römischen Straßenstation Immurium, bestehend aus einer Mansio (Rasthaus), mehreren Handwerksbetrieben, einem Badegebäude und einem Mithras-Heiligtum.
Herren von Moosheim erstmals urk. 1212; Burg urk. erst 1256; 1281 dem Offo von Saurau nach Belagerung durch Eb. Friedrich von Walchen abgenommen, Burg wird Sitz des Pfleggerichtes, ab 2. H. 14. Jh. auch des Landgerichtes für den gesamten Lungau. 1790 Teilung des Gerichtsbezirkes und Verlegung der Verwaltungszentren nach Tamsweg und St. Michael. Nachfolgend Verfall der Burg, Güterverkauf und Versteigerung. 1858 an Franz Neuper, Gewerke in Unterzeiring und Bundschuh; 1886 Hermann Ritter Wurmb von Nordmünster, seit 1892 Hans Graf Wilczek und Erben.
Ausgedehnte Anlage, erb. 2. H. 13. Jh. Urspr. aus 2 Burgen bestehend: Oberes und unteres Schloß, dieses urk. 1281 als „altes Schloß". 1517–1522 wesentlich verstärkt. 1790 einsetzender Verfall. Ab 1892 durch Hans Graf Wilczek zurückhaltend saniert, untere Burg aus ruinösem Zustand wiederaufgebaut, seither Instandhaltungsmaßnahmen.
An Außenfassaden weitgehend erhaltener Wehrgang mit vorgesetztem Holzschirm mit Klappluken, darunter Doppelreihe von Schießscharten, über Schaufel-Schlüsselscharten. Gebäudekanten durch mächtige, gemalte Eckquaderung betont. Einheitlich Holzschindeldeckung.
Oberes Schloß, ehem. Amts- und Wohnbereich des Pflegers; Zugang von N über ehem. Zugbrücke. Um etwa trapezförmigen Hof gruppiert; im Kern 13. Jh., heutige Gestalt 1. V. 16. Jh. mit Ergänzungen des 19. Jhs. Torbau mit breitem Rundbogenportal, darüber Freskowappen Eb. Colloredo 1772 und Holzzifferblattuhr, bez. 1761. Auf Zeltdach aufgesetztes Glockentürmchen, darin 2 Glocken und Schlagschellen von 1886. Durchfahrt tonnengewölbt mit Verschneidungen, abzweigender Zugang auch zu unterem Hofbereich. An der Innenseite oberhalb der Tordurchfahrt verblaßtes Fresko hl. Florian, 1750, darüber ebenfalls hölzernes Uhrblatt.
Gegen W und S den Hof umschließend ehem. Wohntrakte, 2geschossig, an den Außenseiten 3 Erker mit Pultdächern und dreifach abgesetzten Steinkonsolen. Im Erdgeschoß durchgehend Kreuzgratgewölbe, z. T. auf ein oder 2 Mittelsäulen. Hofseitig Tore mit abgefasten Steingewänden. An den Hoffassaden diverse Wappentafeln, Marmorlavabo, bez. 1626, usw., um 1900 angebracht. An der Hofsüdseite unter Vordach reiche Trophäenreihe. Trennung zwischen oberem und unterem Hof durch mächtigen Schüttkasten, 4 Geschosse, im Erdgeschoß Kreuzgratgewölbe auf Mittelsäulen, ehem. Stallungen; 3 Geschosse Schüttböden mit je einem mächtigen Holzunterzug auf starken Holzsäulen liegend, W-Fassade mit hochrechteckigen Fensterschlitzen, gegen O Fenster z. T. mit Eisenläden, gemalte Umrahmungen in Renaissance-Ornamentik, nachgeahmt. In der SO-Ecke des oberen Hofes unter überdachter Freitreppe Zugang zur Kapelle Hll. Aposteln, gegen O unter am Schüttkasten emporführender Freitreppe 3/8-Chor mit 3 Spitzbogenfenstern, gemalte Umrahmung, um 1900.
Schloßkapelle Hll. Apostel, im Erdgeschoßbereich des südöstl. Schloßtraktes. Got., ehem. netzrippengewölbte Kapelle, barockisiert. Urk. 1439. 1677 und 1780 Umbauten, nach Aufhebung der Pflege Moosham 1791 exsekriert, 1897 rekonziliert. – Spitzbogenportal zum Kapellenvorraum, Kreuzgratgewölbe. Skulpturen, Christus auf Palmesel; Gnadenmadonna von Maria Loreto, 18. Jh.; Marmorrelief Gnadenbild von Maria Plain, unterhalb Kartusche mit Inschr., um

1700; Relief Judaskuß und Gefangennahme Christi, um 1600 (?); Konsolfigur hl. Johannes Nepomuk, um 1740.
Kapellenportal mit geradem Sturz. Einschiffiges Langhaus über Rechteckgrundriß, 2jochig, Spitzbogengewölbe mit Stichkappen; südseitig Spitzbogenfenster und Sakristeizugang. Wandmalerei von *Gregor (IV.) Lederwasch*, um 1780, Grisaillebilder der 15 Kreuzwegstationen durch gemalte Girlanden verbunden, 3 Bilder eines Joches durch einen Baldachin zusammengefaßt; Stuckspiegel mit den Drei Göttlichen Tugenden und Hl. Geist, umgeben von 4 Ovalbildern mit Szenen aus dem Apostelleben; über dem Eingang gemalte Wappen der Ebb. Leonhard v. Keutschach 1505, Max Gandolf Kuenburg 1677, Hieronymus Colloredo 1780 sowie Hans Wilczek 1886. Spitzbogiger Triumphbogen, eingezogener Altarraum um eine Stufe erhöht, einjochig mit 3/8-Schluß. Spitzbogentonne und Dienste mit Kapitellen, darüber aufsteigende Rippen. – In den spitzbogigen Chorfenstern got. Glasgemälde, 15. Jh., in der Mitte Kruzifixus, Hll. Maria und Johannes, oberhalb Architektur; li. hl. Maria mit Kind und König, darüber Stern und kniender Engel mit Spruchband; re. Tod Mariens mit Apostel, darüber hl. Maria auf dem Thron. – Got. Sakramentshäuschen, seitl. Engel auf Konsolen.
Spätgot. Flügelaltar, reliefierte Predella, Christus flankiert von Engeln, reliefierte Außenseite, li. Anbetung des Kindes durch König Balthasar, re. die beiden übrigen Könige, 1. H. 16. Jh.; im Schrein Relief Marienkrönung, A. 16. Jh.; gemalte Innenflügel, li. Mariae Heimsuchung und Maria bei Simeon, re. Maria Tempelgang und Hl. Drei Könige; außen Reliefs li. hl. Johannes Ev., re. hl. Magdalena; Schreinrückseite, Temperamalerei hl. Maria, das Kind anbetend. Auf dem Schrein Kruzifixus, Hll. Maria und Johannes. Beiderseits des Schreines got. Konsolfiguren um 1500, Hll. Christophorus und Stephanus. – Schnitzwerke, Nischenfigur hl. Sebastian, um 1490; hl. Leonhard, um 1470 (in der Sakristei). Bilder: 2 spätgot. Altarflügel an der östl. Langhauswand, zwei hl. Bischöfe. – Orgel, geschwungener Pfeifenkasten mit bemalten Flügeln, außen Maria Verkündigung, innen li. Anbetung der Könige, re. Hl. Sippe; Inschr. mit Chronogramm 1623. – Kirchengestühl mit Akanthusschnitzerei. – In der Sakristei Spitzbogengewölbe, kleine Rechteckfenster; Sakristeikasten, 18. Jh. (ehem. St. Martin im Lg.); 2 Büstenreliquiare, 16./17. Jh.
Unterer Burghof, östl. des Schüttkastens; im N und S durch hohe Ringmauer abgegrenzt, die zur älteren, unteren Burg überleitet. Ringmauer an der Innenseite mit offenem Wehrgang an der Mauerkrone, weitgehend erneuert um 1900. Hof durch Rampe mit Steinbalustraden 1. H. 18. Jh. und Brüstungsmauer unterteilt, im oberen Bereich kleine Zisterne, Marmorwandung mit Bogenfries, venezianisch, 15. Jh. – Im Burghof ein aus Waltersdorf in der Steiermark stammendes römisches Familiengrabrelief (3. Jh. n. Chr.).
Im Verlauf der südl. Ringmauer „Faulturm", 3 Geschosse, unter steilem Zeltdach Wehrgangschild; östl. davon Turmkammer mit Zeltdach, „Schergentoni-Turm", von hier Verbindungsbrücke zu nördl. Wehrgängen.
Östl. Abschluß der Burg ehem. Palas, 13. Jh., urspr. 4 Geschosse, Dreiteilung im Grundriß, östl. Teil um 1900 um 2 Geschosse zu „Bergfried" mit Zeltdach erhöht. Im ehem. Gerichtssaal (Erdgeschoß) Bruchstück eines römischen Meilensteines (201 n. Chr.).
Südl. und östl. der unteren Burg vorgelagert Zwingerbauten mit Basteitürmchen, um 1900. Verbindungsbau mit Durchfahrt zwischen Palas und südl. Ringmauer,

auf älteren Grundmauern um 1900. Westl. an den Palas angebaut ehem. Gerichtsdienerstöckl, heute „Speisesaal“, Waffensaal usw. An der nördl. Ringmauer gegen W sogen. „Stöckl“, 3geschossig, Erdgeschoß mit Gratgewölbe, darüber ehem. Jägerstube.
Heute in der Burg Schausammlung mit Exponaten bäuerlicher, bürgerlicher, höfischer und sakraler Kunst, um 1900 aus dem Handel erworben, viele Objekte auch aus dem Lungau, z. T. von hoher Qualität.
An der Zugbrücke **„Lusthaus“** von 1603, gegenüber **Nepomukkapelle,** Nische derzeit leer. Nördl. davon ehem. **Meierei,** Ortquader bez. 1641, modernisiert um 1900, Typus des Lungauer Bauernhauses, gegen W langgestreckte Wagenschuppen.

BAUERNHÖFE. **Unternberg.** Ein- oder Paarhöfe mit gemauertem Erdgeschoß und gezimmertem Obergeschoß, vielfach Pfeilerstadeln. Hauptsächlich Querflur. Längsaufstallung auch bei parallel gestelltem Wirtschaftsgebäude. Giebelseite mit Hausgang mit einfacher Brüstung, Giebeldreieck vollständig verschalt, Belüftungsöffnungen in überlieferten Formen. Abgeschopftes Scherbalkendach mit stehendem Stuhl und Glockentürmchen.
Nr. 4: Gfrerer. 2geschossiger gemauerter Getreidekasten mit Schindeleindeckung; Malerei über Tür, Krönung Mariens flankiert von Hll. Florian und Leonhard, bez. *Joseph Moser 1873.* – **Nr. 10:** Jocham. Paarhof mit Pfeilerstadel. Lotrecht verbrettertes Giebelfeld und abgeschopftes Holzschindeldach. – **Nr. 28:** Müllner. 2geschossiges Gebäude, gemauert mit Walmdach. Durchgängiger breiter Mittelflur mit beidseits je 3, teils gewölbten Räumen. Wahrsch. aus Bergwerkszeit ehem. wertvolle Einrichtung, heute z. T. im SMCA. – **Nr. 46:** Schilcher. Zusammengebauter Getreidekasten mit Nische, Nepomukstatue und Spruch über dem Türsturz. – **Nr. 56:** Kneissl. Paarhof mit traufseitig aufgeschlossenem Wohnhaus in Mischbau. Kurzer Balkon über dem Eingang. Lotrecht verbretterte Giebelfelder und abgeschopftes Holzschindeldach. – **Nr. 57:** Graggaber. 2geschossiger Paarhof, Querflurhaus in Mischbau; bis zum Balkon vorgezogene Obergeschoß- und Giebelfeldverbretterung mit Lüftungsöffnungen. – **Nr. 59:** Urban. Paarhof mit 2 Geschossen. Querflurhaus in sekundärem Mischbau mit Kopfschrot im Obergeschoß. Tonnengewölbte Küche. Holzverschindeltes Scherbalkendach mit stehendem Stuhl und Schopf. Giebelseitiger Balkon und vorgezogene Giebelfeldverbretterung mit floralen Lüftungsöffnungen und Pfettenbrettern. – **Nr. 61:** Ment. Gemauerter Getreidekasten mit schießschartenförmiger Dachluke und holzschindelgedecktem Satteldach. Giebelseitiger Stiegenab- bzw. Stiegenaufgang in tonnengewölbten Keller bzw. tonnengewölbtes Obergeschoß. 4farbige Bemalung mit Quadern und Pfeilern an den Ecken, gedrehten Säulen bei Portal und Fenster, Geschoßfaschen und Sonnenuhr mit Mondphasen, bez. 1764. – **Nr. 64:** Löcker. Einhof mit sekundär vorgemauerten Erdgeschoßwänden und Blockbau im 1. Stock mit Kopfschrot. Mittelflur, tonnengewölbte Küche, eingebauter Speicher im 1. Stock. Durchgehende Tenne zur Frontseite, hier kleiner Balkon; Giebelfelder verschalt, rückwärtig Lüftungsausschnitte in Schießschartenform; Scherbalkendach mit Holzschindeln und Schopf. – **Nr. 65:** Döx. Alte Schmiede mit Wagenhütte zusammengebaut. – **Nr. 66:** Katschtaler. Einhof in sekundärem Mischbau mit 2 Geschossen. Oberhalb der Eingangstür 2 Medaillons mit Hll. Florian und Georg, 19. Jh. Rauchküche mit Tonnengewölbe, außen angebauter

Backofen. Wohnteil abgesetzt vom Stall-Speichertrakt. Tenntram bez. 1836 und Erbauermonogramm. Im Dachstuhl eingezimmerter Vorratsspeicher. Abgeschopftes Dach bei rückwärtiger Hocheinfahrt. – Gemauerte Getreidekästen, teils mit Nebengebäuden zusammengebaut (**Nr. 8, 49, 57**). Beim König (**Nr. 41**) am Flurrand 3 **Blocksteine** von der ehem. Furt durch die Mur.
In **Neggerndorf** neben dem Haus **Nr. 55** Basisplatte eines römischen Grabdenkmals.
Voidersberg. Moderne Siedlungshäuser neben großteils erneuerten 2geschossigen Ein- und Paarhöfen, giebelseitig aufgeschlossenes Erdgeschoß in Ziegelmauerung, Wirtschaftsteil in Ständerbau mit Holzverschalung; Krüppelwalmdächer. Selten hölzerne (**Nr. 7**) oder gemauerte (**Nr. 10, 22**) Vorratsspeicher.
Nr. 13: Meierhof. 2geschossiger Einhof. Gemauertes Erdgeschoß mit geputzten Eckquadern, renov. 1896. Pfeilerstadel im Scheunenteil mit anschließendem Trakt in ausgefachtem Riegelbau. Flaches Gewölbe in Kreuzflur, Küche und Keller. Stichkappengewölbe im Stall. Bmkw. Fensterkörbe an der O-Seite. 2 Balkone unter vorgezogener Giebelverbretterung. Schopfdach; Glockenturm mit schmiedeeiserner Drachenfigur.

UNTERTAUERN. Polit. Bez. St. Johann i. Pg.

Gemeinde und Kirchweiler mit Straßendorfcharakter im Taurachtal am Fuß des Radstädter Tauern, südl. von Radstadt. Ort urk. 1224, der alte Name nach dem Taurachbach. An der Paßstraße über den Radstädter Tauern zwischen Untertauern und Obertauern drei römische Meilensteine aus der Zeit des Kaisers Septimius Severus (201 n. Chr.) bei km 13,0, km 14,8 und km 16,8 (von Radstadt aus gezählt). – Auf der Paßhöhe der Fremdenverkehrsort Obertauern.
An der Strecke Radstadt–Untertauern einige bmkw. Höfe mit noch urspr. Scheunen, Paarhöfe, wenige Einhöfe. Im Ortsteil Obertauern dominieren Neubauten. Typische Pongauer Höfe, Wohnhaus 2geschossig, Mittelflur, meist reiner Holzbau mit verbretterter, wetterseitiger Traufwand, Gänge im Haupt- und Dachgeschoß, z. T. durch Umbau aufgesteilte Pfettendächer, meist Giebel zum Tal. Stallscheunen – angebaut oder freistehend – Blockbauten aus Rundlingen, neuere Anlagen mit gemauertem Stallgeschoß, ansonsten sogen. Zimmer. Getreidekästen selten.

PFARRKIRCHE hl. Josef, unmittelbar an der Straße in Untertauern. Kleine Barockkirche mit nordseitig angebautem Pfarrhof. – 1743 Kirchenbau durch Hofbauverwalter *Johann Kleber*, 1745 Weihe, 1835 Friedhof, 1891 Pfarre, Rest. 1957 und 1979 außen, 1962 innen.
Schlichter Außenbau mit umlaufender Hohlkehle und abgewalmtem Satteldach. Östl. Langhaus und eingezogener Chor mit abgerundeten Ecken; gerader Chorschluß. Im S Rechteckportal. Verputzter Dachreiter von 1979 mit Rundbogenschallfenstern, 8eckigem Aufsatz und Zwiebelhelm. Sakristei im nordseitig angebauten Pfarrhof.
Einschiffiges, 3jochiges Langhaus sowie einjochiger Chor mit profiliertem Gesims und abgeflachtem Tonnengewölbe. Einfache Westempore. Im Chor Stuckspiegel; li. Sakristeizugang, darüber Oratoriumfenster.
Hochaltar mit Opfergangsportalen, Aufbau 1840 von *Peter Basler.* Tabernakel mit breitgestreckten Seitenteilen (ehem. in der 1785 aufgelassenen Kapuzinerkir-

che in Tamsweg), drehbare Bilder der 4 Evangelisten von *Johann Fuchs* 1888, rückseitig Reliquiare; zurückversetzter Altaraufbau mit bar. Figur hl. Joseph, 1745; im Aufsatz unter Baldachin Schnitzwerk Gottvater und Hl. Geist, sowie Engel, M. 18. Jh. – Seitenaltäre 18. Jh.; li. Figuren Hll. Maria, Joachim und Anna; re. Figur hl. Johannes Nepomuk, seitl. Hll. Johannes d. T. und Ev.
5eckige Kanzel mit Schalldeckel, 18. Jh.; in den Füllfeldern Bilder Christus als Guter Hirte und Evangelisten. – Hängekruzifixus 18. Jh. Im Langhaus Konsolfigur Herz Jesu und Lourdesstatue. – Bilder 18. Jh., Hl. Sippe um 1750, Stationsbilder (in Verwahrung Verkündigung um 1750; Maria mit Kind, das Skapulier haltend, bez. 1751; Priester mit weißer Perücke, um 1750). – In der oberen Sakristei 2türiger Zirbenholzschrank, um 1745. – Orgel von *Louis Mooser,* 1850; Umbau 1897 durch *Mauracher.* – Taufstein 1963.
Grabsteine. Johann Schiffer, 1760; Josef Polz, 1793.

Pfarrhof nordseitig an der Pfarrkirche. Erb. 1743, rest. 1957–1959. Bar. Bau mit Hohlkehle, 2geschossig.

FILIALKIRCHE hl. Petrus in B a n d e n, nahe dem Tauernhaus an der Paßstraße. Nach W erweiterter bar. Bau. – Vorgängerbau urk. 1224, ehem. am Tauernfriedhof auf der Paßhöhe. 1618–1621 Neubau nach Entwurf des Dombaumeisters *Santino Solari,* 1759 Weihe. 1950 Rest., 1962/63 Erweiterung. Westl. moderner Langhausanbau mit Vorhalle sowie östl. erhöhtem Baukörper (Chor, Sakristei und Turm) von 1620, zusammengefaßt durch Hohlkehle und holzschindelgedecktes Satteldach. Im O ehem. Portal, im gesprengten Giebel Wappen des Eb. Paris Graf Lodron, darüber Rundfenster. Langhaus und eingezogener Chor mit Rechteckfenstern, z. T. mit Ohren; nördl. Holzschindelfassade. Nordturm von 1620 mit Rundbogenschallfenstern und Schindelzeltdach. Südl. am Chor eingeschossige Sakristei, tonnengewölbt.
Einschiffiges Langhaus mit Flachdecke, mit dem erhöhten Chorraum durch eine 2armige Treppenanlage verbunden. Im Chor Stichkappentonne von 1620, li. Turm-, re. Sakristeizugang.
An der östl. Langhauswand ehem. Hochaltarbild, Engel befreit Petrus aus dem Kerker, von *Fra Arsenio Mascagni* um 1620; re. Bild hl. Christophorus bez. *E. Mayr 1970.* – Volkstümliche Stationsbilder. Kruzifixus von 1730. – Grabsteine. Johann Baptist Klinglpacher, 1750; Sebastian Wieser, 1795. – Glocke 14. Jh.
Ehem. Expositurhaus unterhalb der Filialkirche. Erb. und bez. 1720.

FILIALKIRCHE Maria am Fels auf der F e l s e r a l m. Kirchlein erb. 1951–1953 nach Plänen von *Rupert Habersatter.* Niedriger Rechteckbau mit Satteldach sowie mächtiger Dachturm mit Kreisfenstern und Zeltdach. Innen offener Dachstuhl, flacher Rundbogen zum Chorraum, beidseits Rundbogennischen, gerader Abschluß. – Bild Christus am Kreuz bez. *Karl Weiser 1956.*

SCHROTTERKAPELLE an der Straße nach Radstadt. Einfacher Bau mit polygonalem Abschluß und Dachreiter. Innen Flachtonne, Bild Maria vom Guten Rat um 1770.

BILDSTÖCKE. **Fuhrwerksleutkapelle** südl. von Untertauern; gemauerter an zwei Seiten offener Bau von 1823 mit Rundbogennische. – **Kriegergedächtniskapelle** im Gemeindefriedhof von U n t e r t a u e r n; rundbogig geöffneter

Bildstock mit Bild Christus und Soldaten, bez. *Jung 1919* und *(Erwin) Exner 1966.*

TAUERNFRIEDHOF in Obertauern auf der Paßhöhe neben der Straße. Weihe 1515, Friedhofsrenov. 1929 und 1949/50. Von Mauern umgeben, an der Westseite hohe geöffnete Nische mit Schindelzeltdach, Kruzifixus 18. Jh. Grabsteine von 1534, 1585, 1658 und andere. – Vermutlicher Standort der römischen Straßenstation In Alpe. Auf der Paßhöhe sechs römische Meilensteine von der Moaralm (3. Jh. n. Chr.).

PROFANBAUTEN. **Nr. 1:** Höchenegg; Paarhof. Der vermutlich gleichzeitig mit dem Wohnhaus errichtete Zimmer bez. 1594. 2geschossiges Wohnhaus, Blockbau, verputzt, auf niederem Steinsockel, traufseitig überdachter Eingang; kleiner Gang im Obergeschoß an den Giebelseiten. – **Nr. 5:** Arlergut; Haufenhof. Wohnhaus in Blockbau mit Kopfschrot bez. 1731. Reste kleiner Fenster und gespundete Türstöcke. Im Obergeschoß verzierter Gang über die gesamte Giebelbreite, kleiner Gang mit arkadenförmigem Holzzierat im talseitigen Giebelfeld. Gemauerter Kasten mit Bemalung, Sonnen- und Bandmotive, Putzarchitektur, segmentbogigem Eingang und runden Lüftungslöchern im Giebel, Bau in Machelhütte integriert. Zimmer, freistehender Backofen, Waschküche, Bienenhütte. – **Nr. 6:** Wernhart. Hof mit angebauter kleiner Stallscheune, bez. 1768. Erdgeschoß halb gemauert, sonst Blockbau mit Kopfschrot, an der Wetterseite senkrechte Verbretterung. Im Erdgeschoß Gang mit Stiege zum Hauseingang, im Obergeschoß verzierter Gang über gesamte Breite, im Dachgeschoß kurzer Gang. – **Nr. 15:** Brandenberg. 2geschossiges Paarhofwohnhaus, im Stuck über giebelseitigem Eingang bez. 1796. Hölzernes Dachgeschoß mit Zierschrot. Fenster mit Klostermaschengitter und Stuckrahmen. Ecklisenen.
Nr. 22: Gasthof Post. 2geschossiger Bau mit Segmentbogenportal, bez. 1591. – **Tauerngasthof** Wisenegg, erb. und bez. 1573, Brand 1919. 2geschossiger alpiner Bau, an der Fassade Sonnenuhr, bez. 1562–1905. Schopfwalmdach mit Schindeldeckung.

UNZING, siehe EUGENDORF

URSPRUNG, Schloß, siehe ELIXHAUSEN

UTTENDORF. Polit. Bez. Zell am See

Gemeinde und Haufendorf auf sanft nach S geneigtem Schwemmkegel östl. von Mittersill; am Sonnberg Einzelhöfe in Hanglage. 1160 erstmals urk. erwähnt. Überwiegend Paarhöfe, bmkw. durch ihre Lage oder als Ensemble. In der Regel 2geschossige Wohnhäuser mit Mittelflur, Giebelgang unter Satteldach; Wirtschaftsgebäude Blockbauten mit Stroh- bzw. Troadgang, Stallgeschoß teilweise gemauert.
Siehe auch SCHWARZENBACH

Gräberfeld der Hallstattperiode (heute teilweise verbaut) rund 500 m westl. des Ortszentrums. Bis 1980 konnten 257 Brandbestattungen aus dem 7. Jh. v. Chr. gehoben werden; Gräberfeld steht mit Bergbau auf Kupfererz im sogen. Manlitzgraben in Zusammenhang. Funde im SMCA.

PFARRKIRCHE hl. Rupertus, in der Ortsmitte. Einschiffiger spätgot. Bau mit S-Turm, von Friedhof umgeben. Urk. 1320, an der jetzigen Stelle im 15. Jh. erb.; 2. H. 18. Jh. Langhaus z. T. neu gewölbt; 1892–1894 Regotisierung; Pfarre seit 1858; Rest. 1976/77.
Schlichtes Langhaus mit abgewalmtem Satteldach, im W und S gekehlte Portale mit geradem Sturz; Chor eingezogen, polygonal geschlossen, mit Strebepfeilern; Maßwerk der spitzbogigen Fenster von 1892. An der Chorsüdseite Sakristei und Turm; 2geschossige, im Kern spätgot. Sakristei, 1973 umgebaut; Turm im Kern spätgot., ungegliedert, mit Triforenfenstern und Giebelspitzhelm.
Netzrippengewölbtes 6jochiges Langhaus, got. Rippen abgeschlagen, 1892 erneuert; Chor 2jochig, mit Netzrippengewölbe, ⅝-Schluß. Im S spätgot. gekehltes Spitzbogenportal zur Sakristei. Westempore über 2 Joche, Brüstung neugot.

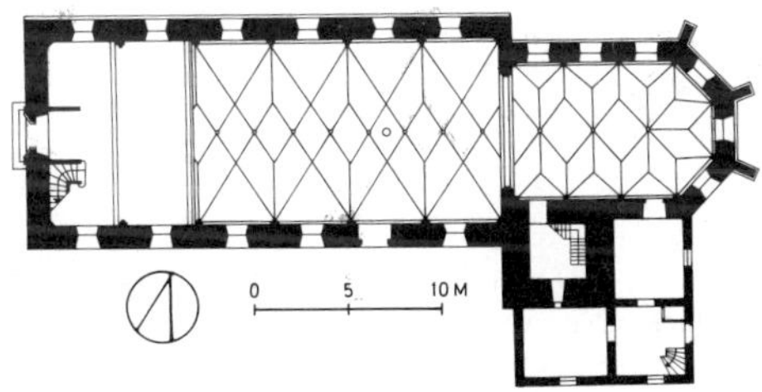

Uttendorf,
Pfarrkirche hl. Rupertus

Deckenmalerei und Fragment an der Chorsüdwand um 1600.
Hochaltar von *Johann Ripper* 1894; Figuren hl. Rupertus, im Aufsatz hl. Michael von *Johann Piger* 1894, Hll. Barbara und Katharina, um 1470; spätgot. Konsolfiguren Hll. Paulus und Petrus, im Aufsatz Hll. Judas Thaddäus und Johannes Ev., 1. H. 16. Jh.; Reliefs Judaskuß und Dornenkrönung, A. 16. Jh. – Seitenaltäre von 1894, Figuren von *J. Bachlechner.* Li. Immaculata, Hll. Antonius von Padua und hl. Joseph, darüber Hl. Dreifaltigkeit. Re. Herz Jesu, hl. Virgil, hl. Bischof, darüber Schutzengel.
Kanzel neugot., auf dem Schalldeckel Figur hl. Gregor, 1894. Taufstein mit Figur hl. Johannes d. T., um 1800. Konsolfigur hl. Margaretha, um 1740. Kruzifix 16. Jh. (?). 14 Kreuzwegbilder von 1894. – Orgel von *Rochus Egedacher,* 1750.

Pfarrhof, im Kern 18. Jh., 2geschossig mit abgewalmtem Satteldach; im Flur Kreuzgratgewölbe, im Dachgeschoß bar. Bibliothek, spätes 18. Jh.

Lourdes-Kapelle im Friedhof, erb. 1902.

KAPELLE in Stubach. Erb. frühes 18. Jh., rest. 1951. Oktogon mit angebauter Rundapsis, Zeltdach. – Altar bez. 1722, mit Altarbild Marienkrönung, Oberbild 14 Nothelfer, Figuren Schmerzensmann und Maria, im Aufsatz seitl. Hll. Georg und Florian, über dem Oberbild Figur hl. Michael. Bild hl. Kümmernis und Votivtafeln 18. Jh.

KAPELLE in Stubach, Nr. 14, Fellern, urk. 1180. Erb. um 1750; einfacher Bau mit abgewalmtem Satteldach, Apsis eingezogen mit geradem Schluß. Im Inneren Spitzbogentonne, Apsis tonnengewölbt. – Altar mit Altarbild Hl. Dreifaltigkeit und 14 Nothelfer, bez. *Johann Wenzl 1753.* Votivtafeln von 1753.

BILDSTOCK mit Rundbogennische, Bilder Verkündigung, Geburt Christi, Schmerzensmann und Maria, bez. 1864.

KIRCHENWIRT, Nr. 3. Spätmittelalterlicher Bau, mit abgefastem Segmentbogenportal und abgefastem Flurfenster; Flur mit Stichkappentonne; Firstpfette bez. 1765.

BAUERNHÖFE. **Uttendorf, Nr. 9:** 3geschossig, Erdgeschoß gemauert, darüber Blockbau; First bez. 1801. – **Nr. 45:** Förstertaler; 2geschossiger Blockbau mit Querflur, First bez. 1554; im Inneren Tramdecken.
Quettensberg, Nr. 7: Pfaffenreith; 2geschossiger Blockbau mit Längsachse parallel zum Tal; First bez. 1706 und Initialen. – **Nr. 14:** Reichensberg; bäuerlicher Ansitz. Mächtiges, 3geschossiges, gemauertes Haus mit Querflur; First bez. 1594 bzw. 1783; abgefaste Fensterlaibungen großteils erhalten, an der Rückseite des Hauses breitrechteckiges Fresko, Jagdszene um 1700. Innen Gewölbe (Vorhaus, Vorratskammer, Keller), Stubentäfelung von 1718. Unterhalb Speicherbau mit integriertem Kornkasten in Blockbau mit Legschindeldach; First bez. 1590.
Hofham, Nr. 6, 7, 8: Hofgruppe am Sonnberg. – **Nr. 10:** Oberentfelden; 2geschossiges Wohnhaus, Erdgeschoß gemauert bzw. verputzter Riegelbau, Obergeschoß Blockbau; Querflur; Obergeschoßgangl bez. 1805. Dahinter Wirtschaftsgebäude in Blockbau und Kornkasten.
Stubach, Nr. 9: Wiedrechtshausen; einst bmkw. Beispiel eines Pinzgauer Haufenhofes, seit Umwandlung in Musterbetrieb stark verändert. Querflur, Küche und Keller gewölbt; am Obergeschoßgang auf Holz gemalte Sonnenuhr bez. 1580. 2geschossiger Kornkasten in Blockbau, verwendet als Mühle; bemalte Fensterladen mit Andreaskreuz; First bez. 1741, Besitzernamen und Monogramme.

VIEHHAUSEN, siehe WALS

VIEHOFEN. Polit. Bez. Zell am See

Gemeinde und Haufendorf auf einer Talstufe am li. Saalachufer, an der Straße zum Fremdenverkehrsgebiet Saalbach/Hinterglemm. Urk. 1333.
Ausgedehnte Streusiedlung auf der Sonnseite des Tales, heute weitgehend vom Fremdenverkehr bestimmt.
Die Kupfererzlagerstätten im Gebiet von Viehofen wurden schon in der Bronzezeit genutzt. Die Gruben befinden sich nördl. von Viehofen am Abhang des Sausteigens im Bereich der Wirtsalm. Das Gelände in ca. 1200–1300 m Seehöhe ist übersät mit verstürzten Einbauen und Scheidehalden. Auch südl. von Viehofen finden sich Spuren alter Bergbautätigkeit.

PFARRKIRCHE hl. Josef, östl. des Dorfes, von Friedhof umgeben. Erb. 1797 von *Andrä Huber;* Pfarre seit 1891; rest. 1955.

Einschiffiger Bau mit eingezogenem Chor und an diesen anschließend Sakristeianbau. Im W Giebelfassade, vorspringender Turm mit Schindel-Zeltdach.
Flachgedeckter schlichter Raum mit Holzempore im W. – Hochaltar mit bar. Tabernakel; Altarbild Hl. Familie von *Michael Kurz*, 1797. Seitenaltäre, Bilder li. hl. Notburga, re. hl. Isidor, und Kreuzwegbilder 1. H. 19. Jh. Bild Geburt Christi von *Michael Kurz*, E. 18. Jh. – Orgel von *Johann Mertel*, 1908. – In Verwahrung Figur Ecce Homo, um 1765.

VIGAUN. Polit. Bez. Hallein

Gemeinde und Kirchweiler, östl. einer aus Tauglbach und Salzach gebildeten Flußschlinge. Urk. 748. – Streusiedlungsgebiet mit Tennengauer Einhöfen. Siehe auch ST. MARGARETHEN

PFARRKIRCHE hl. Dionysius, in der Ortsmitte. Spätgot. 3schiffige Hallenkirche mit W-Turm, von Friedhof mit hoher Friedhofsmauer umgeben. Urk. 790. Neu erb. 1488–1516. Pfarre seit 1858. Rest. 1974.
Außenbau aus unverputzten Konglomeratquadern. Geschlossener Baukörper, Seitenschiffwände im O abgeschrägt, polygonale Apsis. Sockel und Hohlkehlgesims umlaufend, Satteldach. 3fach abgestufte Strebepfeiler, im W übereck gestellt; an den abgeschrägten O-Wänden Runddienste. Im 2. Joch des Langhauses im N und S Portal, im N vermauert mit gekehltem verstäbtem Gewände, im S mehrfach gekehltes spitzbogiges Gewände, bez. 1488, im Tympanonfeld spätgot. Relief hl. Dionysius, bez. 1638. Im N Eingangstüre zur Sakristei. Spitzbogige Fenster mit Maßwerk 2. H. 19. Jh.; Achsfenster des Chores vermauert, im 5. und 6. nördl. Joch abgefaste quadrat. Sakristeifenster. Im 3. südl. Joch Kruzifix spätes 17. Jh.
Turm der Giebelfassade im W vorgebaut, im Kern älter (?), ungegliedert, mit Sockel, spitzbogigen, abgefasten Eingängen, Kaffgesims unter dem Glockengeschoß, Biforenfenster und Spitzhelm, über die abgeschrägten Ecken des Turmes heruntergezogen, im S bez. 1935. Turmhalle sternrippengewölbt, Portal im O spitzbogig, gekehlt. Nördl. des Turmes runder Treppenturm mit Kegeldach, zum unteren Emporengeschoß und zum Dachstuhl des Langhauses führend.

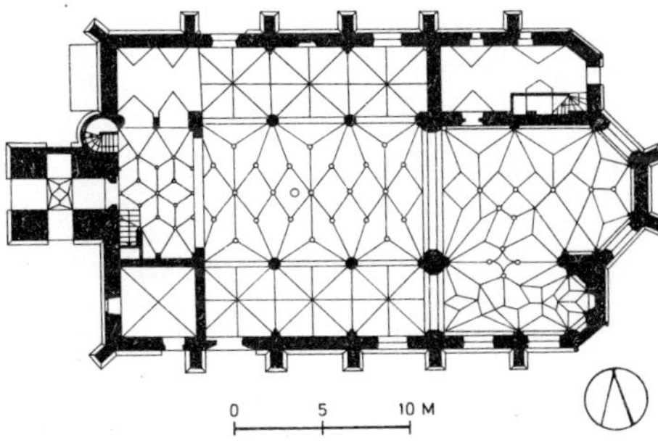

Vigaun, Pfarrkirche
hl. Dionysius

Totenkapelle im 1. südl. Joch, mit Pultdach, Raum kreuzgratgewölbt. Kruzifix A. 16. Jh.; Wappengrabstein Leonhard Schilling, gest. 1506.

Langhaus 3schiffige, 4jochige Halle, Mittelschiff mit Sechsrautensterngewölbe, bez. 1559, auf mächtigen Rundpfeilern mit Sockel und Ringkapitell. Chor 2jochig, netzrippengewölbt, bez. 1519, mit seitl. Übergang in das Netzrippengewölbe des südl., gleich hohen, polygonal geschlossenen Seitenschiffes. In Mittelschiff und Chor Wappenschilde an den Rippenschnittpunkten. Profilierter, spitzbogiger Triumphbogen sowohl zum Chor als auch zum südl. Seitenschiff. Langhaus-Seitenschiffe mit gratigem Gewölbe auf Runddiensten mit Basis und Ringkapitell. Im N an das Seitenschiff anschließend 2geschossige Sakristei, die Räume jeweils mit Stichkappentonne. Sakristeiportal mehrfach gekehlt und verstäbt, im 1. nördl. Chorjoch.

2geschossige W-Empore; untere Empore spätgot., über alle 3 Schiffe des Langhauses, in das 2. Joch vorreichend. Im südl. Seitenschiff Totenkapelle abgemauert. Mittelschiff unterwölbt von 6teiligem Netzrippengewölbe, im N Stichkappentonne mit reliefiertem Kopf am südl. mittleren Pfeiler. An der W-Wand Portal zum Turm und Treppenaufgänge im S und durch den Rundturm zur Empore. Zum Mittelschiff geöffnet in Rundbögen, unterhalb der Brüstung 4 Konsolen mit 4 reliefierten Köpfen. 2. hölzerne Empore über das Mittelschiff, 1. H. 18. Jh.

Hochaltar von 1675; Aufbau von *Lorenz Lasacher*, Altarblatt Kreuzigung, Oberbild Gottvater und Hl. Geist von *Ferdinand Mayrhofer;* seitl. Konsolfiguren Hll. Dionysius und Blasius, im Aufsatz Hll. Martin und Franziskus, Aufsatzbekrönung hl. Michael, alle von *Franz Keimhofer*. Freistehende Mensa mit Tabernakel und 2 seitl. Engeln, 2. H. 18. Jh., an der Rückseite bez. 1897. – Li. Seitenaltar, Aufbau von 1597, mit bar. Zierat von 1688; Altarblatt Taufe Christi bez. *Georg Beham 1597,* seitl. Konsolfiguren Hll. Rupert und Virgil, 18. Jh., Oberbild Gottvater 17. Jh.; Tabernakel 1. H. 18. Jh. – Re. Seitenaltar von 1904, neugot. Figurengruppe Hl. Familie, Konsolfiguren Hll. Florian und Sebastian, im Gesprenge hl. Gabriel.

Kanzel, Marmorkanzelkorb auf 6eckiger Säule, polychromiertes Reliefwappen Eb. Johann Jakob Kuen Belasy, bez. 1567; Schalldeckel von *Johann Pfister* 1707. Konsolfiguren, Maria mit Kind an der Chor-N-Wand, 1. H. 17. Jh.; Maria mit Kind an der Emporenwand, 2. H. 17. Jh.; Pietà im Chor, spätes 17. Jh.; Schmerzensmann und Mater dolorosa, A. 18. Jh.; Kruzifix von *Franz Keimhofer* 1682, Figuren Maria und Johannes um 1800 (?); Bruderschaftskruzifix mit Gottvater und Hl. Geist von *Simeon Fries* 1725. Prozessionsmadonna 18. Jh. Spätbar. Pietà in der Turmhalle. In Verwahrung Figuren der 4 Evangelisten A. 18. Jh. und der 4 Kirchenväter von *Johann Löxhaller,* 1800.

Bilder Christus unterm Kreuz und Grablegung, Rückseiten Stigmatisation des hl. Franziskus und hl. Martin, E. 16. Jh.; Kreuzigung, 17. Jh.; Trinität und Bruderschaftsmitglieder, M. 18. Jh.; Trinität, Maria und Seelen im Fegefeuer, in der Turmhalle, spätbar. – Spätgot. Taufstein, Becken auf gedreht kannelierter Säule. – Im Chor Gestühl des 17. Jhs. – Unter der Empore bar. Sakristeischrank. – Orgel von *Mauracher,* 1865.

Grabplatten im Kircheninneren, Priestergrabsteine von 1515, 1761, 1779; Wappengrabsteine Leonhard Elich, gest. 1480; Jörg Sturm, gest. 1519; Urban Klingner, gest. 1521; Matthias Stoiberer, gest. 1734. – Glocke von *Hans Reicher,* 1500.

OBERSAMHOF-KAPELLE bei Nr. 44; mit Walmdach, Figur hl. Antonius von *Bernhard Prähauser* 1970.

KRIEGERDENKMAL mit Figurengruppe von *Jakob Adlhart*, 1953.

BAUERNHÖFE. **Vigaun, Nr. 12:** Gasthof Strasser, zum Kirchenwirt. Tennengauer Einhof, bezeichnet 1642, gemauert. Steinerne Fenstergewände, Rundbogenportal, Haustür mit Sternmuster. Dachgeschoß verschalt mit Katzenfirst. – **Nr. 15:** Moarhofer. Gemauerter Einhof, z. T. gewölbt. Kassettendecke in der Stube mit bemaltem Unterzug. Marmorrundbogengewände bei der Haustüre. Dachgeschoß mit Balkon. Austraghaus, Erdgeschoß großteils gemauert, Obergeschoß Blockbau verputzt. – **Nr. 17:** Hoisengut. Ehem. Einhof, gemauert, im Erdgeschoß gewölbt. Dachgeschoß verschalt. Reste von Bemalung auf Firstpfette; Katzenfirst, Balkon. – **Nr. 34:** Englhart. Tennengauer Einhof. Erdgeschoß gemauert, Obergeschoß Blockbau verputzt. Erdgeschoß marmorne Tür- u. Fenstergewände. Giebel senkrecht verschalt mit Balkon und Katzenfirst. Gemauerter Backofen freistehend. – **Nr. 37:** Hager. Tennengauer Einhof. Erdgeschoß gemauert, Obergeschoß Blockbau verputzt. Z. T. steinerne Fenstergewände. Dachgeschoß verschalt mit Balkon und Katzenfirst. – **Nr. 42:** Kohlergut. Ehem. Einhof mit Relief, Kreuzigung bez. 1568, gemauert, teilweise verputzt, Malereireste. Z. T. Steingewände bei Fenster und Türen, Fenstergitter 19. Jh. (?). – **Nr. 43:** Sillergut. Gemauerter Tennengauer Einhof, bez. 1606. Haustür mit Sternmotiv, darüber Kruzifix eingemauert. Dachgeschoß verschalt mit Balkon und Katzenfirst. – **Nr. 50:** Schachten. Tennengauer Einhof, bez. 1739. Blockbau verputzt. Dachgeschoß verschalt mit verzierten Kopfbändern, Katzenfirst. Freistehender gemauerter Backofen. – **Nr. 68:** Hauserbauer. Gemauerter Tennengauer Einhof. Got. Marmorgewände bei Haustür, originale Fenster mit Marmorgewände. Balkon im Ober- und Dachgeschoß. Katzenfirst.
Rengerberg. Südwestl. Ausläufer des Schlenken. Streusiedelgebiet mit Tennengauer Einhöfen. Feldsteinmauern zur Weideabgrenzung noch weitgehend vorhanden. **Nr. 14:** Unterklabach. Gemauerter Einhof, bezeichnet 1617. Obergeschoß mit Balkon und früher Türstockkonstruktion. Dachgeschoß verschalt mit Katzenfirst und verzierten Kopfbandstreben. – **Nr. 15:** Oberklabach. Einhof in Mischbauweise. Obergeschoß verputzter Blockbau. Sichtluken von Stube in Kuh- u. Roßstall. – **Nr. 24:** Vorderschindlau. Im Erdgeschoß gemauerter Einhof, bez. 1683. Obergeschoß Blockbau, verputzt, Dachgeschoß verschalt, geschnitzte Kopfbänder. Gemauerter Backofen freistehend.

TEUFELSBRÜCKE über die Taugl, erb. 1613; aus Nagelfluh-Quadern, in Rundbogenform.

WAGRAIN. Polit. Bez. St. Johann i. Pg.

MARKT und Gemeinde am Übergang vom Salzachtal zum Ennstal, am Beginn des Kleinarltales. Der Ort, urk. im 14. Jh. genannt, bildete samt der Umgebung eine Hofmarksiedlung. Die ehem. Burganlage zwischen oberem und unterem Abschnitt des Marktes, auf halber Höhe des Kirchweges, im Krieg zwischen den

Herren von Goldegg und Eb. Friedrich 1322/23 zerstört. Als Markt ab 1556 zu den Landtagen zugelassen. 1653 eigenes Gericht, 1802 Pfleggericht mit St. Johann vereinigt. Ortsbrand 1927.
Marktsiedlung am Fuß des Kirchberges, gegen S kleiner Dreiecksplatz; giebelständige, 2geschossige Häuser, großteils nach 1860 erneuert. Nebenkirche (Marktkirche) zum hl. Franziskus an der Straßengabelung Richtung Altenmarkt bzw. St. Johann. Got. Pfarrkirche, Pfarrhof und Josef-Mohr-Schule oberhalb des Marktes am Kirchboden.

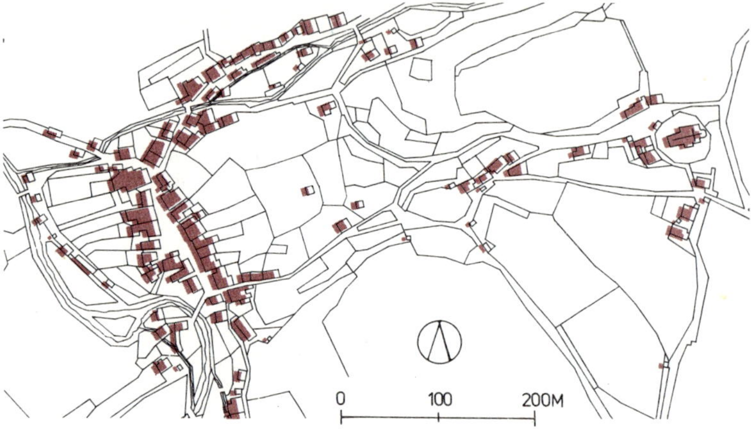

Wagrain, historischer Ortsplan nach Kataster von 1829/30

Bedeutender Bestand bäuerlicher Architektur außerhalb des Marktes, in den Ortschaften Hof, Schwaighof und Vorderkleinarl. Selten noch Wohnspeicherhäuser, ähnlich wie in Großarl (siehe dort). Alpine Paarhöfe, Wohnhäuser, durchgängige Mittelflurhäuser, 2geschossig, entweder reiner Block- oder Mischbau, reine Mauerbauten selten. Meist giebelseitige Eingänge, lange Gänge im Hauptgeschoß, darüber kleiner Gang im Dachgeschoß. Blockbauten mit Kopf- und Klingschrot, vereinzelt Zierschrot. 5–7pfettiges Satteldach, selten mit Glockenturm. Einige Fälle von kleinen Speicheranbauten in Firstrichtung. Alte Stallscheunen als sogen. Zimmer- oder Mischbauten mit rundlinggezimmerten Tennaufbau. Selten Getreidekästen, Blockbauten, 2geschossig.

PFARRKIRCHE hl. Rupert, im SO des Marktes am Kirchboden. Got., mehrmals erweiterter Bau mit Südturm, von Friedhof und Mauer umgeben. Urk. 1359, 1395 als Filiale von Altenmarkt. Um 1450 Anbau gegen W. Seit 1486 Vikariat. 1711 Erweiterungsbau (Seitenschiff) an der Chornordseite, 1750 Stützpfeiler am Anbau von 1711. 1857 Pfarre, 1890 Regotisierung. 1947 und 1974–1978 Rest.
Ungegliederter, axial geknickter got. Baukörper mit 3seitigem Chorschluß, Strebepfeilern, Spitzbogenfenstern und Satteldach. Der 3jochigen Kirche wurde

Wagrain, Pfarrkirche hl. Rupert

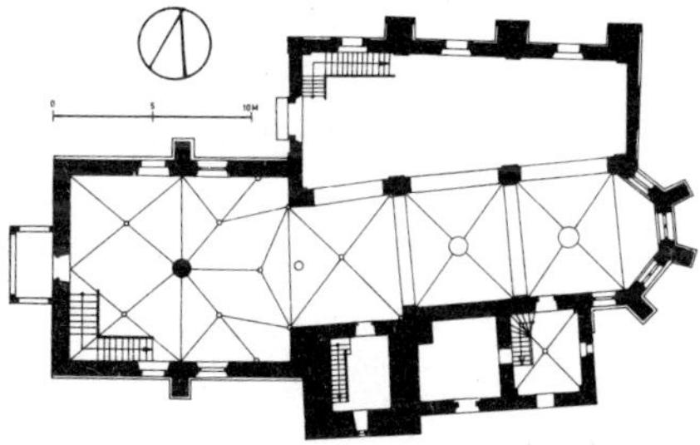

gegen M. des 15 Jhs. (1440–1450) im W ein etwas breiterer, fast quadrat. Erweiterungsbau (Einsäulenraum) vorgesetzt; gekehltes Spitzbogenportal. Im N Seitenschiffanbau von 1711, westl. Portal mit Segmentbogengiebel und Segmentbogenfenster; die Stützpfeiler von 1750. Chorschluß mit 2fach gestuften Strebepfeilern, Spitzbogenfenster mit 1974 erneuertem Maßwerk. An der Südseite 2geschossiger Sakristei- und Kammeranbau, got. Eisenplattentür, quadrat. Fenster und Rundbogenfenster. Ungegliederter got. Südturm, 2. H. 15. Jh., südl. Luken und ovale Sonnenuhr in Stuckrahmen, über Gesims Triforienfenster mit 8eckigen Pfeilern, Dreieckgiebel und 8seitige Schindelpyramide.

Got. Langhaus (Einsäulenraum), 2schiffig, 2jochig, M. 15. Jh. Spitzbogengewölbe mit von der Mittelsäule und den Konsolen aufsteigenden got. Netz- bzw. Kreuzrippen im W; Empore von 1890. Eingezogener, 3jochiger Chor mit 3seitigem Schluß. Kreuzgewölbe und Gurten über flachen Pilastern, z. T. auf Konsolen. Nördl. Chorwand mit Rundbögen auf quadrat. Pfeilern, südl. Turmzugang und gekehltes, rundbogiges Sakristeiportal, darüber spitzbogige Oratorienfenster. Nördl. Seitenschiff von 1711, 3jochig, über der Zwischendecke von 1974 abgeschlossene Empore von 1890. In der Sakristei got. Kreuzgewölbe, runder Schlußstein.

Skulpturen am Außenbau, bar. Friedhofskreuz (nördl. Langhaus), urk. 1757 von *Johann Georg Roß;* Konsolfigur Maria mit Kind, 2. H. 19. Jh., dahinter Wandmalerei, Landschaft mit Wagrain, 1950 von *Ernst Huber* (am Chor); Kruzifixus (Sakristei), 2. H. 19. Jh.

Hochaltar 1976 von *Jakob Adlhart* gestaltet, über dem Tabernakel got. Madonna, 2. H. 14. Jh., Wolken und Engel von *J. Adlhart,* seitl. bar. Konsolfiguren 1764 von *Johann Georg Itzlfeldner,* Hll. Rupert und Virgil; Hll. Joachim und Anna, M. 18. Jh. – Bar. Seitenaltaraufbauten, Bilder von *Thomas Buchauer* 1890. Li. Marienfigur um 1930, zwischen Säulen Altarblatt hl. Joseph, Oberbild hl. Maria mit Kind; re. Herz-Jesu-Figur 1979 von *J. Adlhart,* Altarblatt hl. Sebastian bez. *Thomas Buchauer 1890,* Oberbild hl. Antonius von Padua. – Altar im nördl. Seitenschiff, neugot. Tabernakel, seitl. bar. Figuren Hll. Petrus und Jakobus, 18. Jh., Hll. Johannes d. T. und Johannes Ev., um 1800.

Neugot. Kanzel mit Schalldeckel, 1892 von *Paul Kronthaler,* in den Füllfeldern Bilder der Evangelisten und Herz Jesu. – Schnitzwerke, Hll. Leonhard und Martin, 18. Jh.; Hll. Georg und Florian von *J. G. Itzlfeldner,* 1764; bar.

Kruzifixus, 1682 von *Johann Georg Mohr;* neugot. Konsolfigur Gottvater, Orgelkrippe an der Mittelsäule, 1952 von *J. Adlhart.* – Got. Skulpturengruppe um 1400, thronender Papst und Bischof (Papst Innozenz VII. und Eb. Eberhard) im Dommuseum Salzburg.
Bilder, Bruderschaftsbild, Hl. Familie, unterhalb Männer und Frauen, bez. *Jacob Zanusi 1738;* Jesus an der Geißelsäule, 18. Jh.; Mariä Verkündigung und Jesus am Ölberg, um 1890; 14 Kreuzwegbilder, 1863 von *Thomas Buchauer;* Geburt Christi, 1948 von *Erwin Exner.* – Taufstein 1617 von *Georg Mayr.* Weihwasserschale 1765 von *Johann Högler.* – Gestühl von 1947. Josef-Mohr-Gedächtnisorgel, 1952. In der Sakristei Kelchkasten, 1673 von *Elias Zehenthofer.* Grabsteine. Hanns von Parr, 1540; Benedict Zacharias Weichßlbaumer, 1759; Rupert Hiebl, 1785.

Friedhof, Grabstätte von Josef Mohr, gest. 1848.

Pfarrhof südl. der Pfarrkirche am Kirchboden. Erb. 2. H. 17. Jh. 2geschossiges Bauernhaus über Rechteckgrundriß, Obergeschoß in Holzblockbauweise, Satteldach. Innen z. T. gewölbt; an der Nordfassade Gedenkstein an Vikar Josef Mohr, der hier von 1837–1848 lebte.

FILIALKIRCHE hl. Franziskus, zur Zeit Aufbahrungshalle. Kleine Barockkirche, nach S gerichtet, in der Marktmitte an der Straßengabelung. – Erb. 1616 unter Eb. Markus Sittikus Graf Hohenems von Dombaumeister *Santino Solari,* 1651 unter Eb. Paris Graf Lodron vollendet, 1658 Ausmalung durch *Ludwig Lindner.* Renov. 1898. Brand 1927. Außenrest. 1977.
Einschiffiger Bau über rechteckigem Grundriß mit eingezogenem, halbrundem Chor und Satteldach. – N-Fassade mit flachem Risalit, Rechteckportal mit Pilastern, Inschr. von 1616, zwischen Giebelschenkeln Wappen des Eb. Markus Sittikus Graf Hohenems, darüber Segmentbogen; im abgekappten Giebel Kreisfenster. Langhaus mit Rechteckfenstern, westl. Wandmalerei, Vesperbild bez. *Th. Kern 1937.* Nördl. Giebelturm mit Segmentbogenschallfenstern und Zeltdach. Am westl. Langhaus quadrat. Sakristei mit Verbindungsgang zum Chor, abgefaste Fenster. Ungegliedertes Langhaus, 2jochig, Tonnengewölbe mit Stichkappen und umlaufendes, profiliertes Gesims. Im N Holzempore auf Pfeilern mit Kassettendecke. Rundbogiger Triumphbogen; eingezogener, erhöhter Chor mit Halbkuppel und Stichkappen; li. und re. abgefaste Rechteckportale, westl. tonnengewölbter Sakristeizugang zur kreuzgewölbten Sakristei.
Hochaltar von 1658, Tabernakel mit Rocaillen, zwischen kannelierten Pilastern Altarblatt hl. Franz von Assisi und Mönch, M. 17. Jh., darüber geschnitztes Ovalwappen des Eb. Siegmund Christof Graf Schrattenbach, im Aufsatz zwischen gebogenen Giebelschenkeln Figur hl. Michael, 18. Jh., seitlich des Altarblattes Konsolfiguren, Christus mit Lamm und hl. Genoveva, um 1890. – Seitenaltäre um 1700, zwischen gewundenen Säulen li. Vesperbild, 19. Jh., vor Kreuz und erneuertem Landschaftsbild, Oberbild Christus tröstet die weinenden Frauen, 18. Jh.: re. bar. Figur hl. Johannes Nepomuk, Oberbild Mariä Verkündigung. – 14 Kreuzwegbilder.

KAPELLEN: **Kreuzkapelle** neben der nach NO führenden Straße Richtung Altenmarkt, erb. E. 18. Jh., bez. renov. 1908. Bildstock mit 3 Rundbögen über Rechteckgrundriß, Walmdach; seitl. Zugang unter Segmentbogen. Figuren E.

18. Jh., Malerei von *F. Lochbichler* 1908; in der Mitte Skulpturen Christus am Kreuz und Schächer sowie hl. Maria, unterhalb Bild Christus im Grab; li. Nische mit Ölberggruppe, Christus, Engel und schlafende Jünger, darunter gemalt Christus mit der Dornenkrone bez. *F. Lochbichler;* re. Nische, Christus an der Geißelsäule und 2 Schergen, Bild dornengekrönter Christus unter dem Kreuz. – **Mariahilf-Kapelle** neben der Straße Richtung St. Johann, rest. 1926 und 1950. Rechteckbau mit Rundapsis und abgewalmtem Satteldach. Innen Kreuzgewölbe, runde Apsidennische mit geschnitztem Baldachin und Mariahilf-Bild mit applizierten Kronen, 3. V. 18. Jh. – **Marienkapelle,** in Schwaighof, am Ortsrand von Mayrdörfl. Blockbau über Rechteckgrundriß bez. 1913, kleiner Säulenaltar E. 18. Jh., Statuetten Hll. Katharina und Barbara. – **Schüttbachkapelle**, erb. 1978, Kruzifixus E. 19. Jh.

BILDSTOCK hl. Antonius, am Kirchboden in Wagrain; Bild hl. Antonius, 18. Jh.

BURGHÜGEL Wagrain, zwischen unterem Markt und Kirchboden auf markanter, nach allen Seiten steil abfallender Kuppe. Burg 1322/23 im Streit zwischen Eb. und Herren von Goldegg als Besitz der Goldegger zerstört, Burg und Hofmark Wagrain wurden erzbischöflich; Burg noch im 14. Jh. dem Verfall preisgegeben; Prädikat „von Wagrain“ aber bis A. 17. Jh. vergeben.
Hügelkrone nahezu eben, etwa 60 x 80 m, Ringmauer in Resten bis 3 m Höhe erhalten, ehem. Zugang von O, dicht daran mächtige Turmfundamente.

PROFANBAUTEN. Am 3eckigen Marktplatz im W nach 1960 erb. 2geschossige, giebelständige Häuser; östl. **Nr. 22:** Steinerwirt, abgefastes Portal bez. 1520, innen z. T. Gewölbe; **Nr. 27:** Blockbau 17. Jh. An der Richtung Flachau verlaufenden Straße 2geschossige, giebelständige Häuser, großteils mit gemauertem Untergeschoß und Blockbau, z. T. weitgehend verändert; **Grafenwirt:** Portal bez. 1587 und 1929; **Nr. 1, 2, 3; Nr. 7:** Blockbau, traufseitig, First bez. 1823; **Nr. 10; Nr. 13:** Gasthof zur Brücke, abgefastes Segmentbogenportal; **Nr. 63:** Schauerhaus, ehem. fürsterzbischöfliches Pflegerschlößl, erb. 1794. **Am Kirchboden Nr. 53:** Kirchbichlhaus, kleine Einfirstanlage, bez. 1630; **Nr. 55:** Waggerlhaus, ehem. Kuenhaus, breitgelagerter, 6achsiger Steinbau mit asymmetrisch angeordnetem Eingang und Schopfwalmdach; Inschriftentafel Karl Heinrich Waggerl (1897–1973); **Nr. 59:** Untergerichtslehen, Mischbau, Holzteil mit Kopfschrot; **Josef-Mohr-Schule:** Erb. 1838, erweitert 1952; Karl-Heinrich-Waggerl-**Kasten,** südl. des Pfarrhofes bez. 1726, 2geschossiger Getreidekasten mit Kopfschrot, Gangl mit Stiege. – **Kriegerdenkmal,** von 1947.

BAUERNHÖFE. **Hofmark.** Umfaßt Gehöfte, die z. T. im Ortskern, z. T. in Richtung Vorderkleinarl liegen. **Nr. 2:** Feuersang; Paarhof. Wohnhaus 1. H. 17. Jh., First bez. 1781 im erneuerten Dachstuhl. Mischbau, hohes Erdgeschoß, segmentbogiger, giebelseitiger Eingang, davor doppelläufige Stiege. Obergeschoß mit rostrot gebeizter senkrechter Schalung, Gang weißgestrichen. Kleine Fenster, Satteldach mit Glockenturm. Zierschrot an der Giebelwand. Kleiner Stallanbau neu. – **Nr. 25:** Kranawet; Kleingehöft in der Ortsmitte, bez. 1685. – **Nr. 31:** Haidgut; Paarhof am Rande des Kirchbodens. 2geschossiges Wohnhaus, Mischbau, vorspringendes Mauerwerk des Erdgeschosses 16./17. Jh. Rundbogiges Steinportal an der Traufseite des durchgängigen Mittelflurhauses.

Obergeschoß Blockbau mit Klingschrot, Gänge an beiden Traufseiten, Pfettendach.

Hof. Weiler nördl. des Kirchbodens an der gegenüberliegenden Talseite. Einzelne Gehöfte auch in Streulage an Hängen. **Nr. 1:** Unterhof; Ensemble mit benachbartem Oberhof, Paarhof, Wohnhaus in Mischbauweise. Renov. – **Nr. 2:** Oberhof; Haufenhof. Wohnhaus bez. 1793, gemauert, Anlaufmauer mit Stuck-Lisenen. Rundbogiges abgeschrägtes Portal an der Stirnwand, davor doppelläufige Stiege. Um die Fenster Putzfaschen. Gang im Dachgeschoß. Satteldach mit verzierten Windladen, großer Glockenturm mit Wetterhahn. Verbindungsgang zum Roßstall in Mischbauweise, bez. 1868. Gezimmerte Scheune, bez. 1756, über gemauertem Stall, im Giebelfeld Schützenscheibe. Getreidekasten mit offenem Giebel und bar. geschweiftem Säulenbrett mit Anbauten. Zuhaus, großer freistehender Backofen, Wagenschuppen. – **Nr. 13:** Holleregg; renov. Paarhof.

Schwaighof. Bestehend aus den Weilern Maierdörfl und Schwaighof, mit gutem Bestand an Gehöften. **Nr. 3:** Obergasteg; Paarhof, am nördl. Ortsende Wagrains. Wohnhaus bez. 1619. Mächtiger 2geschossiger Blockbau mit Kopfschrot, auf Mauersockel. Gespundete Türstöcke. Mittelflurhaus mit giebelseitigen Gängen im Haupt- und Dachgeschoß. Satteldach, großer Glockenturm. – **Nr. 19:** Baumann; Paarhof im Weiler Maierdörfl. Wohnhaus bez. 1738, sehr breiter Hauseingang. – **Nr. 20:** Bartlmann. Einfirstanlage, Blockbau mit Kopfschrot. Giebelseitig begehbares Mittelflurhaus. Satteldach. – **Nr. 24:** Durchegg; kleiner Paarhof in urtümlicher Form. Wohnhaus bez. 1698, Zimmer 1813. Traufseitig begehbarer Blockbau mit 2 niederen Geschossen, überdachter Eingang, einfacher umgehender Gang, alte Fenster und Türen. Satteldach mit Legschindeldeckung. – **Nr. 37:** Jandl; Paarhof im Weiler Schwaighof. Wohnhaus in Mischbauweise, bez. 1895. 2geschossiger, hölzerner Getreidekasten, bez. 1868, freistehender Backofen. – **Nr. 39:** Schwaighofwirt. Breiter Mauerbau, hinteres Drittel Holzanbau in Firstrichtung, darin Reste urspr. Fensterformen. Satteldach.

Vorderkleinarl. Einzelgehöfte an den Hängen zu beiden Seiten des Kleinarlbaches. In der Talsohle **Nr. 18:** Bliembauer; Paarhof. Wohnhaus, First und Stubentür bez. 1794. 2geschossiger Mischbau, Blockbauteil überkämmt mit Kopfschrot. Durchgängiges traufseitig begehbares Mittelflurhaus. Gang an der Giebelwand im Haupt- und Dachgeschoß. Satteldach mit großem Glockenturm.

WALCHEN. Gem. Piesendorf. Polit. Bez. Zell am See

Haufendorf am Ausgang des Walchenbaches auf der li. Seite des Salzachtales; nördl. Einzelhofsiedlung am Rohrer- und Angerberg. Paar- und Haufenhöfe. Auf dem Gipfel des Nagelköpfls, einer weit ins Salzachtal vorspringenden Rückfallkuppe westl. von Walchen, bronzezeitliche Höhensiedlung; die Umwallung des Gipfelplateaus vermutlich aus dem frühen Mittelalter.

FILIALKIRCHE. Hll. Ulrich und Elisabeth, in der Dorfmitte kleiner bar. Bau, urk. 1512, 1606 Brand, 1608 Wiederaufbau, nach Überschwemmungen. 1757 vergrößert, Plan von *Kassian Singer* (?), Bauleitung *Philipp Maurer.* Rest. 1969/70, Außenbau 1979.

Schlichter Außenbau, Langhaus mit Schindel-Satteldach; an die polygonale Apsis anschließend O-Turm mit Glockenhelm; im Erdgeschoß des Turmes Sakristei.
Innenraum tonnengewölbt, flachbogiger Schluß; 3jochig mit Pilastergliederung und umlaufendem Gesims.
Hochaltar von 1757, Altarblatt Maria mit Kind, Hll. Ulrich und Elisabeth von *Franz Kurz* (?), Oberbild Gottvater und Hl. Geist; Figuren Hll. Bartholomäus und Matthias. – Kanzel von 1757, auf dem Schalldeckel Figur hl. Michael. Gnadenbild von Maria Plain, 18. Jh. Kruzifix, 2. H. 17. Jh. Bilder des 18. Jhs., Mariä Verkündigung, Votivbild von 1747, Christus am Ölberg, Pietà, hl. Anna mit Maria, Mariahilf-Bild. Kreuzwegbilder 2. H. 18. Jh. – Kirchenbänke spätes 17. Jh. Hölzerne W-Empore über dem 1. Joch. – Glocke von *Heinrich Reinhart* 1608.

KAPELLE, bei Nr. 42. Erb. 1854. Bau mit Satteldach, tonnengewölbt. Figur Immaculata, 2. H. 18. Jh., bar. Figuren einer Ölberggruppe.

BURGSTELLE des „Walcherturmes", nördl. der Ortschaft Walchen auf zwei benachbarten, steilen Hügeln östl. des Walchergrabens.
Herren von Walchen seit M. 12 Jh.; Burg I: Nördl. Hügel, hochma. (?) Burg von den Walchern erb., durch Ausschwemmen des Hügels zerstört, heute nur geringe Reste. Burg II auf südl. Hügel als Ersatz von den Walchern erb., 1. H. 13. Jh. Urk. 1254, im Bauernkrieg 1526 zerstört, seither Verfall. Grabung 1975 Burg II (vor Abbau des Hügels zur Schottergewinnung): Turm auf Hügelkuppe, darunter südl. Wohn- und Wirtschaftsgebäude mit Ringmauer umgeben, Maueranschluß zum Turm.

BAUERNHÖFE. **Nr. 15:** Vögeigut. Mächtiges, 3geschossiges, im Erdgeschoß gemauertes Haus, darüber Blockbau mit Gängen über 3 Seiten; bemalte Pfettenköpfe. Gekehltes, spätgot. Portal von 1580, z. T. abgefaste Fenstergewände erhalten; seitl. der Eingangstüre in Putzrahmung Blechbild Mariahilf, Hll. Florian und Johannes Nepomuk. Querflur mit Stichkappengewölbe. Niedrigeres Wirtschaftsgebäude hinten an das Wohnhaus angelehnt. – **Nr. 16:** Stefflbauer; Paarhof. 2geschossiges Mittelflurhaus, im Erdgeschoß gemauert, Obergeschoß in Blockbau, Gang über 4 Seiten und Giebelgang; First bez. 1769, Besitzernamen und Monogramme. Dachreiter mit Wetterhahn. Wirtschaftsgebäude mit gemauertem Erdgeschoß und Aufbau in Blockbau.
Nr. 40: Ehem. Gasteg-Mühle. Eingeschossiger Blockbau mit weit vorkragendem Satteldach; heute Wohnhaus. – **Nr. 42:** Gasteg; Paarhof. Mächtiges, 2geschossiges Haus, im Erdgeschoß und NO-Ecke über 2 Geschosse gemauert mit abgefasten, steinernen Fenstergewänden, darüber Blockbau, gekehltes, spätgot. Portal bez. 1597. Im Inneren Gewölbe, kielbogige Türstürze. Langgestrecktes Wirtschaftsgebäude mit Troad- und Strohgang.

WALD IM PINZGAU. Polit. Bez. Zell am See

Gemeinde im Oberpinzgau, Haufendorf li. der Salzach, am Talboden lockere Weiler, am steilen, nach S abfallenden Hang Einzelhöfe. Urk. 1160.
In der Regel Paarhöfe, Wohnhaus mit Mittelflurgrundriß vorherrschend, zumeist 2geschossig mit Obergeschoßgang unter flachem, weit vorkragendem

Satteldach; in Blockbau gezimmerte Wirtschaftsgebäude mit Stroh- bzw. Troadgängen und flachen Satteldächern. Am Hang Feldställe – Blockbauten mit flachen, steinbeschwerten Legschindeldächern, zumeist mit Strohgang.

PFARRKIRCHE hl. Nikolaus, westl. des Dorfes. Got. Saalbau mit N-Turm, von Friedhof umgeben. Urk. 1395. Nach Blitzschlag 1751–1753 got. Gewölbe entfernt, Inneneinrichtung barockisiert. Pfarre seit 1891. Rest. 1968.
Schlichtes Langhaus mit steilem Schindelwalmdach; ungegliederter Nordturm mit rundbogigen, gekuppelten Schallfenstern und Spitzgiebelhelm. Eingezogener Chor mit polygonalem Schluß und Tuffstein-Sockel. Zwischen Langhaus und Turm Anbau mit Pultdach. Im W und S got. gekehlte Spitzbogenportale. Ungegliedertes, tonnengewölbtes Langhaus mit spitzbogigen Fenstern, im N einspringend (Turm), an der Turmwand abgefastes, spitzbogiges Sakristeiportal. Turmerdgeschoß mit got. Kreuzgewölbe. Chor um 2 Stufen erhöht, mit flacher Tonne, im N Fortsetzung der Turmwand, im S einspringend. Seitl. Fenster 1836 ausgebrochen, rundbogig, im polygonalen Schluß spitzbogig. 2geschossige W-Empore.
Deckenfresken von *Josef Rattensperger,* 1836; Szenen aus der Nikolauslegende, 4 Kirchenväter, 4 Evangelisten, im Chor Kaiser Heinrich II. und Papst Sixtus vor dem Allerheiligsten. – Wandmalereien, A. 16. Jh.: an der nördl. Langhauswand Kaiser Heinrich II. und Papst Sixtus II., an der südl. Langhauswand (1968 freigelegt) Fragmente der Martins- und Nikolauslegende.
Hochaltar, Tischlerarbeit von *Georg Häusl,* 1753; Bild Immaculata, Hll. Nikolaus, Magdalena und Katharina von *Georg Kreuzer,* 1753, von *Josef Rattensperger* 1839 übermalt; Oberbild Gnadenstuhl von *Georg Kreuzer.* Figuren über den Opfergangsportalen Hll. Michael und Johannes d. Täufer. – Li. Seitenaltar an der nördl. Chorwand, um 1790; Bild hl. Antonius von Padua, Oberbild hl. Anna mit Maria; Figuren im Aufsatz hl. Barbara und hl. Bischof. – Re. Seitenaltar, Tischlerarbeit von *Petrus Schmid,* 1798; Figur Maria mit Kind, *Ernst Fuchs,* 1968.
Kanzel mit Bildern 4 Evangelisten, 4 Kirchenväter, bez. 1663. 14 Kreuzwegbilder, M. 18. Jh. Kreuzigungsgruppe bez. SLAP 1699, renov. 1752 B. V. Figur Ecce Homo, 18. Jh. – Westempore; bar. Bilder 14 Nothelfer, 17. Jh.; Figuren 4 Evangelisten, Hll. Joachim, Rochus, Sebastian, Joseph, 2. H. 18. Jh.; bar. Posaunenengel. – Orgel von *Bartholomäus Unterberger,* 1836; Umbau und Erweiterung durch *Dreher u. Reinisch,* 1958.
In der Friedhofsmauer Nische mit Relief Schutzmantelmadonna von *Senoner.*

Pfarrhof. Gemauertes Erdgeschoß, Obergeschoß in Blockbau; Firstpfette bemalt und bez. 1674; Kranzbalken mit ornamentaler Bemalung.

KAPELLE hl. Sixtus am W a l d b e r g. Erb. 1579, rest. 1970. Einfacher Bau mit polygonalem Schluß, Schindelwalmdach und Dachreiter mit Spitzgiebelhelm. Segmentbogig abgefaste Türumrahmung, bez. 1587. Kreuzgewölbejoch und polygonaler Schluß.
Altar bez. 1695 mit Figur hl. Sixtus, A. 16. Jh.; Tabernakel um 1760. Konsolfigur Maria mit Kind, 16. Jh. 14 Kreuzwegbilder 2. H. 18. Jh. Votivtafeln 18. und 19. Jh. Chor durch Spiralgitter abgeschlossen, bez. 1696.

KRIEGERGEDÄCHTNISKAPELLE von 1956, Glasfenster Hll. Georg und Florian von *Josef Widmoser,* Holz-Kruzifix von *Senoner.*

KAPELLE Ronach, Nr. 35. Schindelbau mit Satteldach, bar. Prozessionsmadonna.

BAUERNHÖFE. **Wald Nr. 6:** Walderwirt, getäfelte Hochzeitsstube bez. 1671. – **Nr. 15:** Glemmerbauer. Kleinbauernhaus in Blockbau mit Legschindeldach.
Hinterwaldberg, Nr. 1: Villehen; Paarhof in Hanglage. Blockbau mit Legschindeldach. First bez. 1711. (1710 Brand). – **Nr. 8:** Reitlbauer; Unverputztes Bruchsteinmauerwerk mit Putzfaschen an den Ecken und geschweifter bzw. kielbogiger Putzrahmung der Fenster. – **Mühle,** am Weg zum Reitlbauer; kleiner Blockbau mit weit vorkragendem Schindeldach. Im Inneren Mahlgang.
Lahnsiedlung, Nr. 6: Wiesberg; Paarhof. Blockbau, 16. Jh. Gangl im Erd- und Obergeschoß, Legschindeldach. – **Mühle:** Grübl; Blockbau mit Schindeldach; oberschlächtiges Mühlrad.
Vorderkrimml, Nr. 9: Finkenhof; lebensgroßes Kastenkreuz mit Schmerzensmutter, Bauernschnitzerei. – **Nr. 12:** Schraßleiten; Ensemble in Hanglage. Wohnhaus und 2 in Blockbau erstellte Wirtschaftsgebäude; daneben 2geschossiger Blockbau mit geschweiftem Türsturz im Erdgeschoß, Obergeschoßgangl, Segensspruch im Giebel, Schindeldach, darin Kornkasten und Machkammer untergebracht; wohl 18. Jh. – **Nr. 13:** Mitterhaus; Paarhof mit Kornkasten.

WALDPRECHTING, siehe SEEKIRCHEN

WALLERSEE-ZELL, siehe SEEKIRCHEN

WALS. Gem. Wals-Siezenheim. Polit. Bez. Salzburg-Umgebung

Gemeinde Wals-Siezenheim zwischen dem westl. Stadtrand von Salzburg und der Landesgrenze zu Bayern gelegen; bestehend aus den Haufendörfern Wals und SIEZENHEIM (siehe dort), aus den Kirchweilern Gois und Viehhausen sowie dem Weiler Walserberg im Walser Feld und aus jüngeren Siedlungen. – Gois urk. 1127, Viehhausen urk. 12. Jh.
Einhöfe vom Flachgauer Typus mit T- und L-förmigen Grundrissen.

RÖMISCHER GUTSHOF, auf den Feldern zwischen Loig und Himmelreich. Große Anlage, deren Herrenhaus 1815 teilweise ausgegraben wurde. Gedenkstein am Feldweg zur Erinnerung an die Hebung von Mosaiken im Jahr 1821. Durch Grabungen von 1979 bis 1984 Nebengebäude untersucht, darunter ein großer Getreidespeicher und die mutmaßlichen Reste eines Heiligtums.

PFARRKIRCHE hl. Georg, im NW des Ortes erhöht gelegen. Einschiffiger Bau, im Kern rom., im 19. Jh. reromanisiert, Westturm im Kern got., mit bar. Helm, der Friedhof im S und O. – Urk. 788; 987 dem Stift St. Peter gehörig; nach dem 15. Jh. Filiale von Siezenheim. Pfarre seit 1860. Rest. außen 1981, innen 1969.
Langhaus im Kern rom. Chor von 1860, einspringend und niedriger, mit polygonalem Schluß und abgewalmtem Dach. – Turm mit Putzfaschengliederung, 5geschossig, der untere Teil got., im S und W im 1. Obergeschoß abgefaste

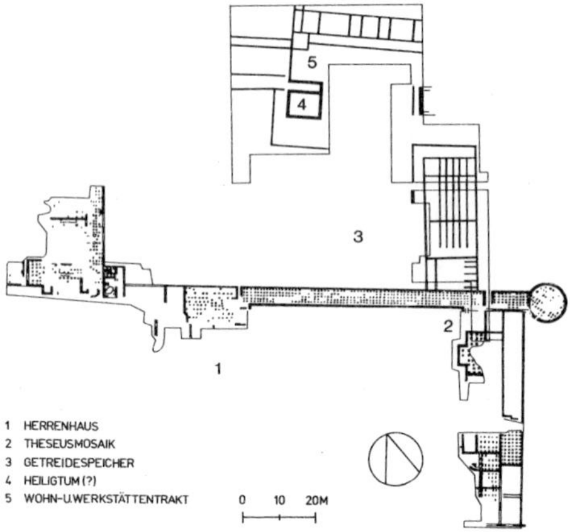

Wals-Loig, Römischer Gutshof, archäologischer Grabungsplan

quadrat. Fenstergewände; die oberen Geschosse von 1737, rundbogige Schallfenster, geschwungener Giebel, mehrteiliger bar. Doppelzwiebelhelm. – Umlaufender Sockel, Langhaus und Chor neurom., das Langhaus mit durch Rundbogenfriese verbundenen Lisenen gegliedert, der Chor mit Zwerggalerie. Die Nordfassade ohne Gliederung. – Im S 1972 Vordächer an den Langhausportalen und 2geschossige Sakristei mit Walmdach an den Chor angebaut. Beim Portal im W Reliefbruchstück eines römischen Grabdenkmals mit Darstellung eines Pferdes, 2.–3. Jh. n. Chr. (1969 aufgefunden), und römisches Relief mit Rankenornament (1981 an der Nordseite aufgedeckt).
Innengestaltung von 1969, Langhaus mit Flachdecke und 2geschossiger Westempore. – Chor mit Rundapsis um 1860, im S rundbogiges Oratoriumfenster. Turmerdgeschoß kreuzgratgewölbt. – Glasfenster, 12 Apostel, bez. *Wiedemann*, von 1937.
Hochaltar um 1860 mit Altarbild hl. Georg, seitl. Konsolfiguren Hll. Rupert und Virgil. – Li. Seitenaltar mit Kruzifix von *Franz Xaver Nissl*, 1. H. 19. Jh. – Re. Seitenaltar mit Hochrelief hl. Joseph von *Hans Kals* 1969. – Bar. Konsolfiguren Hll. Sebastian und Florian. – Taufbecken um 1860. – Orgel von *Mauracher*, 1911.

Im Friedhof südwestl. des Turmes steinerne **Lichtsäule,** Säulenschaft gedreht, Tabernakel mit bekrönendem Kreuz, A. 16. Jh.

FILIALKIRCHE hl. Jakobus d. Ä. in Gois, am Ostabhang eines Hügels, am Nordrand des Ortes. Spätgot. Saalbau mit Westturm. Urk. 1242, Sakristeierweiterung 1779. Rest. 1975.
Schlichter Außenbau mit Satteldach; Chor mit Sockel, polygonal geschlossen. Fenster rundbogig, im 1. Langhausjoch im N Queroval. – Spätgot. Turm mit Sockel, 3geschossig, Geschoßteilung durch Kaffgesimse, rundbogige Schallfenster, Spitzgiebelhelm. Im W Rundbogenportal, mehrfach gekehlt und verstäbt;

Wals-Gois, Filialkirche
hl. Jakobus d. Ä.

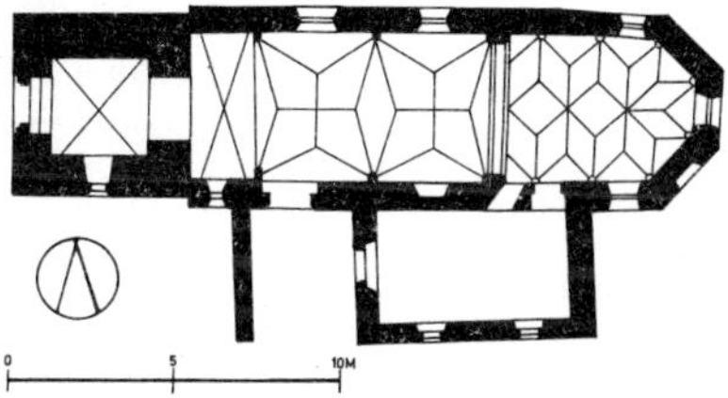

Turmerdgeschoß kreuzgratgewölbt. – Im S rechteckiger eingeschossiger Sakristeianbau, im W Stützmauer für das nach W verlängerte Pultdach der Sakristei, ein Vordach des Südportales der Kirche und des Westportales der Sakristei bildend. Das Südportal segmentbogig, darüber Wandmalerei Christus am Ölberg, 16. Jh., das Westportal der Sakristei mit Rundbogenportal um 1900, darüber Rundbogennische.
Langhaus 2jochig, im Kern rom., mit spätgot. Vierrautensterngewölbe auf Runddiensten. Im W anschließend Verbindungsjoch zum Turm, höher als das Langhaus, kreuzgratgewölbt; an der östl. Turmwand hoher Sockel des spätgot. Turmes sichtbar und im Turmobergeschoß abgefastes Rundbogenportal. – Abgefaster spitzbogiger Triumphbogen. Spätgot. Chor 1½jochig mit ⅝-Schluß, Sechsrautensterngewölbe auf Konsolen, bez. 1503. Im 1. südl. Chorjoch Sakristeiportal mit bar. Steingewände und Türe; Sakristei flach gedeckt.
Wandmalerei; an der Langhausnordwand im 1. Joch Fragment einer spätgot. Figurengruppe mit hl. Jakobus d. Ä.; im 2. Joch nicht deutbare Szene des späten 16. Jhs.; an der Chor-Nordwand Hll. Michael, Anna selbdritt, darunter Wappen Salzburg/Kuenburg/Kuen-Belasi, um 1580.
Neugot. Altar von 1903, Aufbau von *Ripper;* im Mittelschrein Figuren Hll. Johannes Ev. und Jakobus d. Ä. von 1903, in der M. Madonna mit Kind von 1975 (die spätgot. Marienfigur gestohlen). Malerei auf den Flügeln Berufung Petri und hl. Jakobus tauft vor der Enthauptung einen Gläubigen, bez. *Josef Gold 1903.*
Neugot. Kanzel mit Reliefs der Evangelistensymbole von 1903. – Figur hl. Jakobus d. Ä., 18. Jh., in vermauertem Fenstergewände des 2. südl. Langhausjoches. – Im Dommuseum zu Salzburg spätgot. Kelch, um 1500. – Eingeschossige Westempore von 1903. – Glocke von 1544.

KAPELLE Hl. Dreifaltigkeit in Viehhausen. Urk. 1625, Neubau 1669; Brand 1710; Neubau 1714; Brand 1874. Rest. 1973/74.
Schlichter bar. Bau, nach SW gerichtet, rechteckig, eingezogene Rundapsis, Satteldach und Dachreiter mit Zeltdach. Rundbogenportal im NO von 1874, Portalvorbau mit Walmdach. Kleiner eingeschossiger Sakristeianbau im S, mit Walmdach. – Im Inneren 2jochig, kreuzgratgewölbt; Apsis mit Segmentbogenabschluß. Im 2. Joch im S Sakristeiportal, Steingewände und Türe um 1714.
Altar von 1714, Marmoraufbau bez. *Georg Doppler,* Altarblatt Marienkrönung, seitl. Konsolfiguren Hll. Sebastian und Rochus. 2 Bilder Hll. Katharina und Heinrich, 1. H. 18. Jh.

BAUERNHÖFE. **Wals, Nr. 7:** Beierlgut; T-förmiger Einhof, Wohnteil gemauert, Putzfaschen um Fenster; Haustür mit Sternverzierung, über der Tür

Fresko hl. Joseph. Im Dachgeschoß Balkon mit verzierter Brüstung, beiderseits Taubenschlag eingebaut. Verschaltes Giebelfeld mit Bildern Hll. Isidor und Notburga. – **Nr. 8:** T-förmiger Einhof mit gemauertem Wohnteil; z. T. alte Fenster mit Gittern, z. T. Segmentbögen über den Fenstern, Tür mit Rundbogengewände, darüber Nische mit Jesus-Statuette. Dachgeschoß mit Balkon, Giebelfeld senkrecht verschalt; Schopfwalmdach. – **Nr. 19:** T-förmiger Einhof, bez. 1881. Wohnteil gemauert, Fassade mit Schlackenverzierung. Über den Fensterstürzen Ziegelbögen aufgemalt. Dachgeschoß mit Balkon, Giebelfeld verputzte Schalung. – **Nr. 21:** T-förmiger Einhof, bez. 1789. Über der Haustür Nische mit Jesus-Statuette. – **Nr. 60:** Einhof, bez. 1814. Wohnteil gemauert und verputzt, Fensterformate 19. Jh., Fenstergitter und Läden. Haustür mit Rautenverzierung und Rundbogengewände. Nische mit Muttergottes. Dachgeschoß senkrecht verschalt mit Balkon.
Gois, Nr. 8: T-förmiger Einhof. Wohnteil gemauert; an den Hauskanten und um die Fenster Putzfaschen. Im Dachgeschoß Balkon, Giebelfeld verputzt, teilweise Zierschalung. Schopfwalmdach mit Glockentürmchen. – Ein ganz ähnlicher Hof ist **Nr. 5.**
Viehhausen, Nr. 1: Brötznerbauer; T-förmiger Einhof, bez. 1874. Gemauerter Wohnteil, Fassade mit Schlackenverzierung. Segmentbögen aus Putz über den Fenstern. Über der Haustüre Nische mit Muttergottes-Statuette. Im Dachgeschoß Balkon, Giebelfeld verschalt und verputzt.
Walserberg, Nr. 4: Kugelstatter; Einhof, mehrfach umgebaut, auf Fundamentstein, bez. 1704. – **Nr. 8:** Tofferlbauer; L-förmiger Einhof, Wohnteil gemauert mit Schlackenverzierung. Segmentbögen aus Putz über den Fenstern. Dachgeschoß senkrecht verschalt mit Balkon. Schopfwalmdach mit Glockentürmchen.

WARTENFELS, Ruine, siehe THALGAU

WEISSBACH bei Lofer. Polit. Bez. Zell am See

Gemeinde nördl. von Saalfelden mit Kirchdorf an der Einmündung des Weißbaches östl. der Saalach am Talboden. Urk. 1160. Gemeinde seit 1946. – Über den Hirschbühel von 1286 bis ins 18. Jh. Paßweg von Bayern, Berchtesgadener Tal ins Saalachtal; für den Salztransport von Bedeutung.

PFARRKIRCHE Hl. Dreifaltigkeit im O des Dorfes. Spätbar. Saalbau von Friedhof umgeben. Urk. 1663. Neu erb. 1791 nach Plan *Wolfgang Hagenauers.* Pfarre seit 1891. Rest. 1973/74.
Schlichtes Langhaus mit Sockel und Schindel-Satteldach; im W vorgelagerter Turm mit rundbogigen Schallfenstern und mehrteiligem Schindelhelm. An den Turm angebaut im N Totenkapelle, halbrund abschließend, im S eingeschossiger Anbau. Chor mit polygonalem Schluß und 2geschossigem Sakristeianbau im S. Turmvorhalle flach gedeckt. Langhaus 3jochig, rechteckige Fenster mit Glasmalerei von 1907. Langhaus und Chor durch umlaufendes Gesims verbunden, beide flach gedeckt. Chor im S eingezogen, um 2 Stufen erhöht, mit seitl. rechteckigen Fenstern; über dem Sakristeiportal Oratorienfenster, im N Chorwand in der Breite des Mittelschiffes weitergeführt, Trennwand analog zur

einspringenden Sakristei, dahinter Nische mit rechteckigem Fenster. Hölzerne Westempore.
Deckenmalerei Schutzmantelmadonna, bez. *W(ilhelm) Kaufmann 1949.*
Hochaltar Marienkrönungsgruppe, Aufsatzbild hl. Rupertus, M. 18. Jh., Tabernakel mit Reliefs Fußwaschung und Abendmahl sowie Figuren der Opfergangsportale Hll. Michael und Gabriel um 1791. – Li. Seitenaltar, Aufbau 1. H. 18. Jh.; Figur hl. Joseph, seitl. Figuren Wetterheilige Johannes und Paul, Aufsatzbild hl. Andreas, seitl. Figuren Hll. Sebastian und Florian, auf dem Giebel Gottvater, 2. H. 18. Jh. Predella mit Reliquie hl. Felix, bez. 1846. – Re. Seitenaltar, M. 18. Jh., Altarblatt hl. Johannes Nepomuk, Oberbild hl. Augustinus, Konsolfiguren Hll. Barbara und Katharina, im Aufsatz hl. Bischof und hl. Leonhard.
Kanzel, Schnitzwerk von *Veit Häusl,* 1755; Bilder 4 Evangelisten. – Kreuzwegbilder A. 19. Jh. In Verwahrung Bilder Ölberg, Geißelung, Dornenkrönung, E. 18. Jh. – Konsolfiguren Hll. Vincentius und Notburga, bez. 1849. 4 Kirchenväter und 2 Leuchterengel sowie Holz-Kruzifix, 18. Jh. – In der Totenkapelle Bild Jüngstes Gericht, Figuren Ecce Homo und Mater dolorosa, 19. Jh. – Orgel von *Mauracher,* 19. Jh. – Zwei Glocken, von *Franz Xaver Gugg,* 1801, und *Andreas Wird,* 1667.

Pfarrhof bez. 1783, rest. 1958. 2geschossiger, 5achsiger Bau mit umlaufender Hohlkehle, Krüppelwalmdach. Fensterumrahmungen mit bar. Putzornament.

Kriegerdenkmal im Ort, mit Relief Auferstandener von *Josef Opperer,* 1952.

NUSSERNKAPELLE, in Frohnwies, Nr. 11. Erb. 1853, rest. 1979. Bau mit polygonaler Apsis, schindelgedecktem Walmdach und Giebelreiter mit Zeltdach; kielbogenförmige Fenster. Altar M. 19. Jh.

HIRSCHBÜHELKAPELLE, in Hirschbühel, Hintertal Nr. 6. Erb. 1861. Einfacher Bau mit Schindel-Satteldach und Dachreiter sowie Lourdesgrotten-Anbau. – Altar 1. H. 19. Jh., Altarblatt Heimsuchung, Oberbild hl. Georg; spätbar. Figuren Hll. Sebastian und Florian.

WEISSPRIACH. Polit. Bez. Tamsweg

Gemeinde im Nord-Süd verlaufenden Weißpriachtal mit dem Kirchweiler St. Rupert auf der re. Talseite, den Weilern Vorder- und Hinterweißpriach, Schwaig und Sonndörfl sowie Einzelhöfen.

FILIALKIRCHE hl. Rupert. Rom. Bau mit Apsis und Nordturm, im Kirchweiler St. Rupert. – Kirche möglicherweise als Burgkapelle der Herren von Weißpriach entstanden, erst urk. 1613, 1735 Turmneubau und Sakristeierweiterung, 1854 Brand. Renov. 1845–1847, rest. 1974–1978.
Schlichter Außenbau mit gemalter Eckquaderung und Faschen, im N und S Rundbogenfenster, im W Teile der Burgruine vorgelagert; nördl. Rundbogenportal mit Holzvordach und gemauertem Seitenteil. Niedrigerer, eingezogener Chor, nördl. Turm-, südl. Sakristeianbau; halbkreisförmige Apsis, niedriger als der Chor mit 3 kleinen Rundbogenfenstern. Turm mit westl. Rechteckportal, durch umlaufende profilierte Gesimse 3geschossig, Glockengeschoß mit

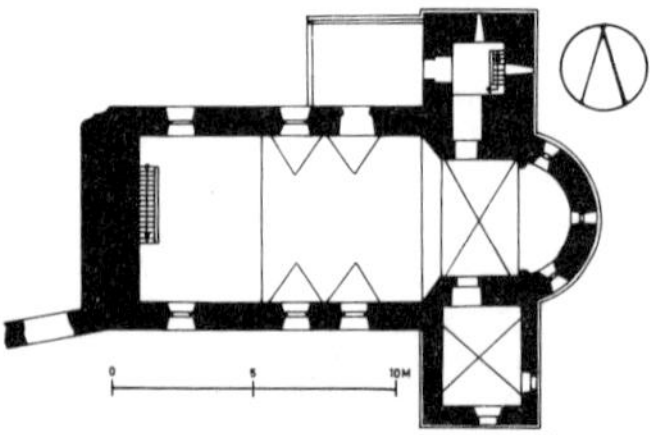

Weißpriach,
Filialkirche hl. Rupert

rundbogigen Schallfenstern, Zwiebelspitzhelm. Holzschindeldächer (mit Ausnahme der Apsis).
Einschiffiges, rom. Langhaus, barockisiert. Flachtonnengewölbe mit Stichkappen und Stuckspiegel, Holzempore; römisches Architekturstück in der Westwand als Schwelle der Tür zur Empore. Segmentbogenförmiger Triumphbogen, leicht einspringend; im rom. Chor seichtes Kreuzgratgewölbe und querovale Stuckrahmen; am Übergang zur Apsis vorspringende Mauer, Rundbogen.
Rom. Wandmalereien. Reste einer Gesamtausstattung, in zwei Phasen um 1200 bzw. gegen die M. des 13. Jhs. entstanden. In der Apsis Repräsentationsdarstellung Majestas Domini; Engel (?) der Fensterzone weitgehend verloren. In der unteren Zone des Chores mehrere Szenen aus der Ägydiuslegende, darüber Martyrien der Hll. Andreas und Stephanus. An der Nordwand des Schiffes Fragmente einer Darstellung des Jüngsten Gerichtes, in signifikanten Bildausschnitten nebeneinandergereiht Deesis, Verdammte, Abrahams Schoß (?). Die ältere Ausstattungsphase (Chor, Schiff) schließt an den zeichnerischen Illustrationsstil der Salzburger bzw. Regensburg-Prüfeninger Malerei an, die jüngere (Apsis) markiert die Anfänge des alpenländischen Zackenstils.
Altar aus römischen Marmorplatten zusammengesetzt, Kruzifix mit Kartusche bez. 1728; an der Apsiswand bar. Konsolfiguren vom ehem. Hochaltar (jetzt Maria Hollenstein in Kendlbruck/Gem. Ramingstein), Hll. Virgil, Petrus, Paulus und Vitalis von 1742. – Seitenaltäre mit Flügelbildern; li. Altar bez. 1696 (aus Althofen/Gem. Mariapfarr), bar. Altarblatt Hl. Familie und Hl. Dreifaltigkeit bez. *P(eter) P(aul) S(edlmayr) F(ecit) 1696*, li. Bild Ev. Matthäus bez. *Peter Paul Sedlmayr 1696*, re. hl. Christina. Postament mit Darstellungen Hll. Ambrosius und Wolfgang, im Auszug got. Figur hl. Leonhard, A. 16. Jh.; re. Seitenaltar M. 17. Jh., bez. *Joh. Georg Gugg* (Tischler), bar. Altarblatt Maria mit Kind, li. hl. Petrus, re. hl. Paulus, Oberbild hl. Rupert.
Kanzel von *Lorenz Pürckher* (Tischler) und *Johann Lederwasch* (Maler) bez. 1727, Bilder der 4 Kirchenlehrer, Deckel mit Voluten und Engel; an der Rückwand Bild Maria mit Kind bez. 1710. – Bilder 17./18. Jh.: Epitaph, Christus am Kreuz mit Maria und Johannes sowie Stifterfamilie, bez. 1640; an der Emporenbrüstung Kreuzwegstationen 2. H. 18. Jh.; Maria mit Kind; Christus als Weltenherrscher; 12 Apostel (volkstümlich); in der Sakristei Bilder 18. Jh., Hll. Rupert, Nepomuk, Franz Xaver, Virgil; Votivbild bez. 1703. – Gestühl 18. Jh. – Glocke von *Hans Christof(f) Löffler*, 1572.

BILDSTÖCKE. In Hinterweißpriach, rest. 1978; gemauerte, flachbogige Nische, Holzschindelsatteldach, Figur Maria mit Kind, volkstümliche

Fegefeuerdarstellung. – In Sonndörfl, gemauerte Nische mit abgewalmtem, vorkragendem Satteldach, Holzschindeln, Bild Pietà bez. *Alois Mayer,* Erzengel- und Fegefeuerbild, um 1900. – Eines der vielen **Arma-Christi-Kreuze,** die für die Kulturlandschaft des Lungaues bedeutend sind, am nördl. Ortseingang von Sonndörfl. – **Seekreuz,** im hinteren Weißpriachtal, Nischenbildstock mit weit vorkragendem Holzschindeldach; 1744 Mariahilf-Kapelle errichtet, 1874 erneuert, Bilder: Madonna mit Kind M. 18. Jh., li. hl. Georg, re. hl. Martin, 2. H. 19. Jh.

BURGRUINE. Die Filialkirche als frühere Burgkapelle steht inmitten der annähernd recheckigen Burganlage. Urk. 1272, jedoch älter; Herren von Weißpriach, darunter Eb. Burkhart von W. (1461–1466), 1570 ausgestorben. Burg mit Ausnahme der Kapelle dem Verfall überlassen.
Unmittelbar westlich an die Kirche anschließend Mauerzüge des ehem. Bergfrieds (?) in Schichtenmauerwerk, von hier vermauerte Türe durch die Westwand der Kirche auf die Empore, als Schwelle römische Spolie. Gesamtanlage im Gelände nur noch schwer erkennbar.

BAUERNHÖFE. Vorherrschend Einhöfe, in Blockbau oder Mischbauweise, durchwegs mit verbrettertem Giebeldreieck und Krüppelwalmdach. Freistehende, teils gezimmerte, teils gemauerte Getreidekästen.
St. Rupert, Nr. 2: Fuchshof, nördl. der Kirche. Über Bruchsteinfundament 2geschossiges, mit Kopfschrot gezimmertes Wohnhaus mit Mantelmauer im Küchenbereich und giebelseitigem, überdachtem Eingang. Gemauerter Getreidekasten mit bunter Fassadenbemalung: Eckquadern, laufender Hund, Maria mit Kind, bez. 17 MF 93; Satteldach. – **Nr. 3:** Ehem. Schwarzenbichler. 2geschossiges, gemauertes, traufseitig erschlossenes Mittelflurhaus mit erneuerter Fassadenbemalung unter Krüppelwalmdach. Gemauerter Getreidekasten mit gemalten Eckquadern, Faschen sowie Portaleinfassung, im Giebel bez. 1823 IGMT. – Am nördl. Dorfeingang ehem. **Getreidekasten.** 2geschossiger Blockbau mit Schwalbenschwanzschrot, steiles Satteldach.
Hinterweißpriach, Nr. 33: Grangler; Einhof. 2geschossiges, breitgelagertes Haus mit giebelseitig erschlossenem Mittelflur; verputzter Blockbau, Küchenteil gemauert. – **Nr. 34:** Rader; Einhof. 2geschossiger Getreidekasten in Blockbau mit Kopfschrot.
Schwaig, Nr. 38: Auen; Einhof. 2geschossiges, gemauertes Haus mit Mittelflur und zwei Giebelbalkonen, Krüppelwalmdach mit Dachreiter; dahinter angebauter Pfeilerstadel. – **Nr. 39:** Hanserl. 2geschossiger Getreidekasten in Blockbau mit Schwalbenschwanzstrick, etwas vorkragendes Obergeschoß, steiles Brettersatteldach. – **Nr. 40:** Rest. 2geschossiger, gemauerter Getreidekasten mit Putzfaschen und schweren Eisenläden, Krüppelwalmdach; wohl 18. Jh. – **Nr. 43:** Lackner; Einhof. Mittelflurhaus mit gemauertem Erdgeschoß, Kniestock in Blockbau mit Kopfschrot, im verbretterten Giebelfeld Balkone.
Sonndörfl, Nr. 45: Mosergut; Einhof, 17./18. Jh. 2geschossiger Mischbau mit Obergeschoß- und Giebelbalkon unter Krüppelwalmdach mit Dachreiter; der hinten angebaute Wirtschaftsteil mit seitlicher Tenneneinfahrt unter abgeschlepptem Dach. 2geschossiger, gemauerter Kornkasten mit Putzfaschen und Statuennische (hl. Johannes Nepomuk?) unter steilem Brettersatteldach. – **Nr. 47:** Rader; Einhof, wohl 17. Jh. Haus mit gemauertem Erdgeschoß, Kniestock in Blockbau mit Kopfschrot und Balkon; größtenteils verbrettertes,

nur im First offenes Giebeldreieck. – **Nr. 50:** Dorfer. 2geschossiger, gemauerter Getreidekasten mit Putzfaschen, Statuennische und Schießschartenöffnung unter Krüppelwalmdach; rundbogige, schwere Eisentür. 2 gemalte Medaillons Maria mit Kind und hl. Joseph, bez. 18 SH MG 50. – **Brechelstube,** südl. von Sonndörfl bei **Nr. 54,** freistehender, ebenerdiger, gemauerter Bau unter offenem Brettersatteldach, das an der Giebelseite und einer Traufseite freie Arbeitsflächen überdeckt; giebelseitig das Feuerloch für den gemauerten Ofen im Inneren der Hütte; flaches Tonnengewölbe.
Hinterberg, Nr. 60: Penter; Einhof. 2geschossig, Küchenteil gemauert, ansonsten Blockbau mit Balkon im verbretterten Giebeldreieck; Krüppelwalmdach mit Dachreiter.

WEITWÖRTH, Schloß, siehe NUSSDORF am Haunsberg

WENG, siehe GOLDEGG-WENG

WENG, siehe KÖSTENDORF

WENG, siehe WERFENWENG

WENNS, siehe BRAMBERG

WERFEN. Polit. Bez. St. Johann i. Pg.

MARKT und Gemeinde. Der Straßenmarkt zu Füßen der gleichnamigen Burg am li. Salzachufer. Einer der ältesten Märkte des Landes, Gründung zwischen 1190 u. 1242, 1242 als oppidum bez., 1425 Marktprivilegium. Sitz der eb. Urbarverwaltung des Pongaues (‚Propstei Werfen'), des Landgerichts sowie 1219 einer Zollstätte (Paß Lueg). Ortsbrände u. a. 1309, 1399, 1866. – Die Burg Werfen (Hohenwerfen) nördl. der Marktsiedlung auf einer die dortige Enge des Salzachtales beherrschenden Höhe, neben Hohensalzburg die Hauptfestung des Erzstiftes. – Siehe auch BLÜHNBACH
Planmäßig angelegter Straßenplatz mit Mittelgasse auf leicht abfallender Terrasse, die Pfarrkirche in der Ortsmitte, westl. von der Straße abgerückt und erhöht gelegen. Die ehem. Kapuzinerkirche und das Kloster nördl. davon auf einer Anhöhe. Geschlossene bzw. dichte Verbauung, Fassaden z. T. 3. V. 19. Jh. 2–3geschossige, meist giebelständige Häuser, unter dörflichem Einfluß, z. T. im Kern 16./17. Jh. Erwähnenswerte Profanbauten, neben der Burg Hohenwerfen das ehem. Pfleggericht und der sogen. Brennhof, erb. unter Eb. Johann Jakob von Kuen-Belasi.
Wenige alte Paar- und Haufenhöfe, Wohnhäuser 2geschossig, durchgängiger Mittelflur, meist Mischbau, Pfettendächer oft auch aufgesteilt, Gänge im Haupt- und Dachgeschoß, Glockentürme. Mächtige „Zimmer" erinnern an die urspr. Hauslandschaft.

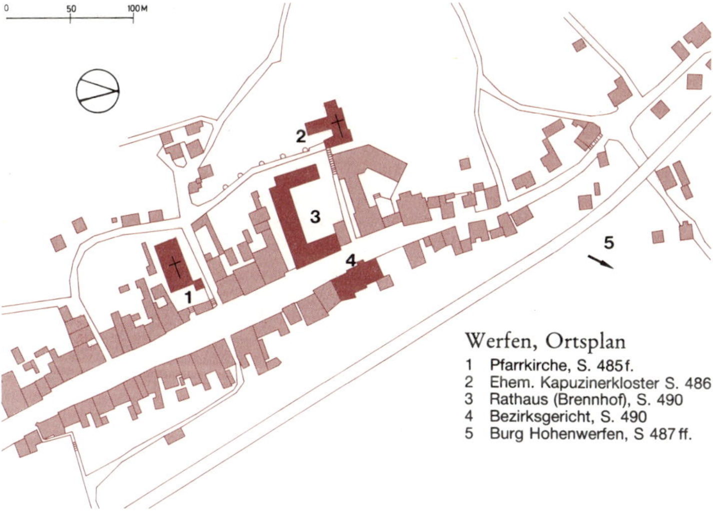

Werfen, Ortsplan
1 Pfarrkirche, S. 485f.
2 Ehem. Kapuzinerkloster S. 486f.
3 Rathaus (Brennhof), S. 490
4 Bezirksgericht, S. 490
5 Burg Hohenwerfen, S 487ff.

PFARRKIRCHE hl. Apostel Jakobus d. Ä., in der Marktmitte, erhöht auf der westl. Hangstufe. Schlichter Saalbau von 1652, an der NO-Ecke freistehender Turm. – Kirche von 1282 durch Ortsbrand 1309 vernichtet, 2. Bau 1404 und 1516 mit Ausnahme des Turmes abgetragen, 3. Bau 1589 durch Brand zerstört, 1652–1657 Kirchenneubau nach Entwurf des Salzburger Hofbaumeisters *Johann Baptist von Driesche*, 1776 Turmerhöhung. 1854 Pfarre, Rest. 1937, 1975 (außen) und 1977.

Einschiffiger Bau über rechteckigem Grundriß, Rechteckfenster und Satteldach; nach W gerichtet. Im O Rechteckportal mit Giebelaufsatz von 1975 sowie Ovalfenster. An der NO-Ecke freistehender, im Kern spätmittelalterlicher Turm, 3 durch Putzfaschen gegliederte Geschosse mit Rundbogenfenstern, profiliertes Abschlußgesims. Portalumrahmung, Fensterstuck und Zwiebelhelm mit Laterne von 1776.

Saalbau, mit 6 Fensterachsen, im W eingebaute, niedrigere Sakristeien, die den Altarraum ausscheiden. Kassettierte Flachdecke 1662 von *Blasius Pichler* und *Georg Haim* (Maler). Im O Pfeilerempore mit kassettierter Untersicht.

Bar. Säulenhochaltar von 1622, freistehende Mensa mit bar. Tabernakel (ehem. St. Michael/Lg., 1953 aufgestellt), seitl. kniende Engel; bar. Altarblatt Mariae Krönung, Oberbild Apostel Jakobus d. Ä. von 1622; bar. Konsolfiguren Hll. Rupert und Virgil, am Aufsatz Hll. Michael und Raphael mit Tobias, um 1760. – Li. Seitenaltar mit Predelleninschr. und Dat. 1666, von *Konrad Schwarz* (Tischler) und *Georg Haim*, zwischen Säulen Altarblatt hl. Anna mit Maria, Oberbild Johannes d. T. als Knabe, Aufsatzfigur hl. Joachim. – Re. Altar mit Predelleninschr. und Dat. 1637, seitl. Bilder Hll. Philipp und Ev. Johannes; bar. Altarblatt Mariä Himmelfahrt, Oberbild Gottvater und Hl. Geist, 1637; Aufsatzfigur hl. Joseph, 1666. – An der südl. Langhauswand Säulenaltar von

1731, Predelleninschrift, Altarblatt hl. Johannes Nepomuk, Oberbild hl. Johannes d. T.
Rechteckige Kanzel, 1663 von *Konrad Schwarz* (Tischler), in den Füllfeldern 5 Bilder, Jesus und Evangelisten, von *Johann Huber* 1874. – Schnitzwerke 17./18. Jh.: Hängekruzifix; bar. Konsolfiguren Hll. Maria und Johannes von 1658; Hll. Sebastian und Johannes Nepomuk, 1. H. 18. Jh.; hl. Florian, 18. Jh.; Immaculata (li. Seitenaltar), 18. Jh.; Hll. Maria, Johannes Nepomuk und Auferstandener, 18. Jh., in Verwahrung. – Kreuzwegbilder 18. Jh. – In den Sakristeien Kästen mit aufgelegter Laubsägeornamentik, 1658 von *K. Schwarz*. – Unter der Empore Glocke bez. 1568. – Gußeisernes Speisgitter von 1876. – Taufstein 1904. – Orgel 1853, von *L. Moser*. – Gestühl z. T. M. 18. Jh. und E. 19. Jh.
Grabsteine (außen), Margaretha Praidenlocherin, 1622; Joseph Niggl, 1627; Wolff Dietterich, 1604; Gertraud Zahin, 1653; Fortunat von Feuerseng, 1702; Benedict Raimund von Gramonth, 1703; Johann Wilhelm Gschwendner, 1799. Im Kircheninneren, Wappengrabstein der Grimming, um 1660; Frantz de Berti, 1696; Johann Georg Ainkhaß, 1706; Joseph Benedict Lasser, 1697; Georg Carl von Grimming, 1707; Franz Roman de Moll, 1729; Patritz Anton Felix Kurz, 1786; Johann Joseph Schabl, 1769; Anton Sauter, 1807.

EHEM. KAPUZINERKLOSTER und KIRCHE Mariahilf, erhöht auf einer westl. Hangstufe, gedeckte Holzstiege vom Markt. Klosterbau unter Eb. Leopold Anton Freiherr von Firmian 1736. Schlichter Klostertrakt in NS-Richtung, an die im N stehende Mariahilfkirche angebaut. An der Ostseite gemauerter Vorbau. Li. ehem. Klosterpforte, re. Kirchenportal. – 1981 Verkauf.

Kapuzinerkirche Mariahilf. Einfacher Saalbau von 1737, Bauleitung Bruder Benno Gelpio. Schlichter Baukörper über Rechteckgrundriß, nach W gerichtet, eingezogene Apsis; auf dem Chor Dachreiter mit Pyramidendach. Im O Portal mit geradem Sturz, Segmentbogenfenster. Südl. Klostertraktanbau, 2geschossig. Hoher Saal 3jochig, Chor 2jochig, durch Hochaltar unterteilt. Stichkappentonne. Im O Holzempore.
Einheitliche Ausstattung von 1737, Altarblätter *Jakob Zanusi* zugeschrieben. – Bar. Säulenhochaltar mit Opfergangsportalen, dahinter Konventchor; Tabernakel mit Säulen, bekrönender Aufsatz mit Engeln, seitl. zwischen Säulen drehbare Dreieckskästen, applizierte Engelreliefs, Bilder bez. S. F. Felix, S. Clara, S. Elisabeth und S. F. Seraphin, Reliquienseite S. Joviani, S. Sarpricii, S. Anascanti, S. Arnoniae; bar. Altarblatt, von Engel getragenes Mariahilfbild (Kopie des Innsbrucker Mariahilfbildes), li. Bild hl. Franz von Assisi, re. hl. Antonius von Padua; im Aufsatz glockenförmiges Bild Gottvater; Altarrückseite (Konventchor) mit einfacher Bemalung, Säulen mit Kapitellen, im Aufsatz Gottvater auf Wolken, flankiert von Engeln. – Bar. Seitenaltäre an den Westwänden des Langhauses, leicht übereck. Li. in der 2stufigen Predellenzone 9 umkehrbare Reliquienkästchen, z. T. bez.; bar. Altarblatt, Martertod des hl. Felix von Sigmaringen, im Aufsatz glockenförmiges Bild hl. Joseph; am Altar Herz-Marien-Bild, bez. *Jos(ef) Jaud 1860*. Re. Seitenaltar, 9 Reliquienkästchen, Agnus Dei bez. 1690, 1725, 1714 usw., bar. Altarblatt Josef von Leonissa, Aufsatzbild hl. Johannes Nepomuk; Herz Jesu Bild bez. *J. Jaud*.
Kanzel als Ambo umgearbeitet, Pilaster, Blumengehänge und Rosetten, urspr. von 1737. Bilder, 6 Passionsszenen, M. 18. Jh.; 14 Kreuzwegbilder, 19. Jh.;

Mariä Heimsuchung und Tempelgang, 2. H. 18. Jh.; Albertitafel, um 1860/70, Ecce Homo und hl. Maria mit den Aposteln, M. 18. Jh. – Ab 1982 im Kapuzinerkloster/Sbg. Eb. Leopold Anton Firmian mit Ansicht des Hospizes und Inschr. 1736; Brustbild eines Herrn, 2. H. 18. Jh. – Holzschnitzwerke, Kruzifixus, 18. Jh.; lebensgroßer Kruzifixus, Pietà flankiert von 2 Engeln, Konsolfiguren Herz Jesu, Immaculata E. 19. Jh.; Guter Hirte, spätbar.; Auferstandener. – Glocken von 1763 und bez. 1875.

FILIALKIRCHE hl. Barbara, im südwestl. Ortsbereich von Tenneck. Erb. 1952–1954 von *Alfred Diener.* Schlichter Baukörper über Rechteckgrundriß, eingezogene Rundapsis; Satteldach. Dachreiter mit Rundbogenschallfenstern und Zwiebelhelm. Eingeschossiger Sakristeianbau. Langhaus 4jochig, Wandpfeiler; verschalte Dachkonstruktion. Empore. Eingezogener Chorraum mit rundem Abschluß, li. Sakristeizugang.
Über dem Tabernakel Kruzifixus, 18. Jh. Am Seitenaltar re. Konsolfigur Immaculata, 17./18. Jh. Li. gemauerte Kanzelplattform, darüber Konsolfigur hl. Barbara, 18. Jh.

KAPELLEN. **Burgkapelle** siehe Burg Hohenwerfen. **Blühnbachkapelle** siehe Blühnbach (Schloß).

BILDSTÖCKE. Nördl. von Werfen, neben der Straße Kruzifixus und bez. Stein, Inschr. 1616 Joseph Niggl und Margaretha Praidenlocherin. – Am nördl. Ortsausgang got. **Lichtsäule.**

FRIEDHOF im südl. Ortsbereich, Aufbahrungshalle von *Franz Windholz,* 1972/73.

BURG Hohenwerfen, nördl. des Marktes, weithin sichtbar auf steilem Felskegel. Erb. 1077 durch Eb. Gebhard, Erweiterungen 1. H. 12. Jh. und um 1428; im Bauernkrieg 1526 kampflos übergeben und niedergebrannt, 1530–1538 Instandsetzung und Verstärkung unter Eb. Matthäus Lang von Wellenburg durch Robot der Bauern, Umbauten zwischen 1563 und 1587 mit Erweiterung, Verstärkung im 30jährigen Krieg; 1804 die Kanonen an Franzosen abgeliefert und Burg dem Verfall preisgegeben, 1807 durch kaiserliches Schreiben vor Abbruch gerettet, 1824–1833 Sicherungsarbeiten, 1898 beginnt Erzherzog Eugen mit Instandsetzung unter Leitung von *Anton Weber;* 1931 Brand im Palas vernichtet Dächer, Decken und wertvolles Inventar, 1931/32 Wiederaufbau, 1938 Kauf durch Land Salzburg, während des 2. Weltkrieges Adaptierung zu Gauschulungsburg; 1948 Renovierungsmaßnahmen für Gendarmerieschule und Jugendherberge, seither laufende Instandhaltungsmaßnahmen.
Steiler Zugang von S über ehem. Graben und Zugbrücke zu Torbau, bestehend aus Zwinger mit Marmorwappen des Eb. Paris Lodron oberhalb des Tores, bez. 1641, dahinter 1. Sperrbogengebäude, 3 Geschosse, an der S-Ecke aufgesetztes Wachttürmchen, Tor in Segmentbogenform, innen Fallgitter, darüber Marmortafel, Franz I. Kaiser von Österreich ließ die Feste schon fast Ruine herstellen 1824. Darüber Breiterker mit Gußöffnungen zwischen 3 Konsolen. Innenseite Wappentafel Erzstift und Eb. Johann Jakob von Kuen-Belasi, bez. 1560. Von hier Wehrmauer mit Schießscharten gegen Hochschloß ansteigend sowie gegen NO Ringmauer mit innenliegendem Holzwehrgang, Anschluß an 2. Sperrbogen, ehem. 2. Zugbrücke, Tor segmentbogig, abgefast, oberhalb Wappen

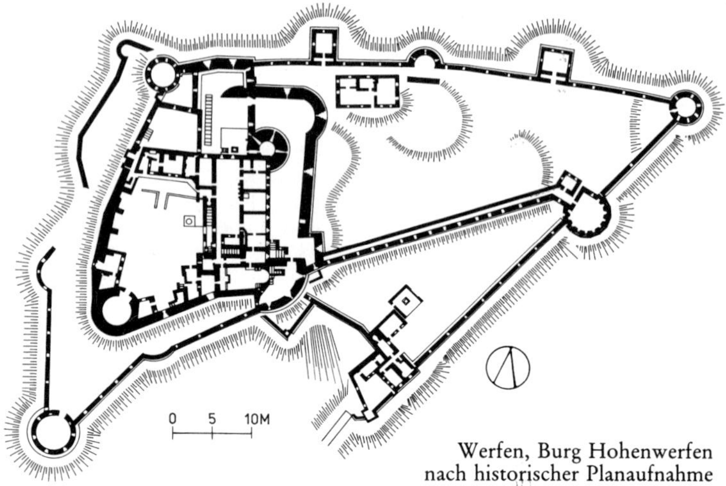

Werfen, Burg Hohenwerfen
nach historischer Planaufnahme

Eb. Matthäus Lang, bez. 1535, darüber Pechnase. Südl. anschließend runder Waller- oder Persenturm mit laternenartig abgesetztem Kegeldach, Dachgeschoß über Konsolenkranz vorkragend, an der 2. Konsole Schild bez. 1564, Turm früher kleine Rundbastei mit Zinnen. Vom Torbau steil gegen das Hochschloß westl. ansteigend Finstere Stiege oder Riemergang, überdeckte Treppenanlage zur Hauptburg, erb. um 1570, an der Innenseite der Wehrmauer gelegen, Mauer mit jeweils Schlüssel- und Schaufelscharten übereinander. An der Innenseite des 2. Sperrbogens Marmorwappen Eb. Johann Jakob von Kuen-Belasi, bez. 1560, Treppengiebel. Ringmauer weiter gegen NO zum runden 3geschossigen Salzachturm, Kegeldach, zwischen Schlüsselscharten Wappen Johann Jakob, bez. 1564. Ringmauer nun gegen W ansteigend zum Lindenturm, Tordurchfahrt mit halbrundem Turmvorsprung vor die Ringmauer. Südl. davon freistehend Landsknechthaus, erb. 1565, 2 Geschosse, Innenraumeinteilung großteils hölzerne Bohlenwände, Walmdach, heute als Jugendherberge. An der Außenseite der Ringmauer weiters rechteckiger Frauen- oder Marienturm, Zeltdachform, erb. 1624.

Zugang in den äußeren Bereich der Hauptburg durch wuchtige Bastionsmauer, schräger Sockelanzug mit rundem Wulst, darüber Pechnasen und abgetreppte Geschützöffnungen, innen Holzwehrgang. Toröffnung Frauentor, oberhalb steinernem Torgewände Wappen Johann Jakob, bez. 1567, darüber Pechnase und Schießscharten. Innerhalb der Bastionsmauer, den hochstehenden Palas gegen O und N umgebend, Holzzwinger, Linden- und mit Tor abgeschlossene Kapellenbastei, ehem. Geschützstandorte, Kapellenbastei innen offene 2geschossige Anlage mit Holzbühnen. NW-Eckpunkt der Burg runder Lueg- oder Binderturm, Pyramidendach, segmentbogiges Steinportal bez. 1569, darüber Wappen Johann Jakob, bez. 1567. – Aus diesem Vorhof führt die steile, 1587 erb. Weinstiege mit Konglomeratstufen zum Tor der Hauptburg. Westl.

davon 5geschossiger Getreidekasten, später Zeughaus, erb. 1568, Keller gewölbt mit starker Mittelsäule, Obergeschosse Holzeinbauten. An der NO-Ecke der Hauptburg runder Fallturm mit Verließ, erb. 1566, runder Wulst ober der Sockelzone.

Eingang in die Hauptburg auf Treppenabsatz der Weinstiege, abgefastes einfaches Segmentbogenportal mit eisenbeschlagenen Türflügeln, darüber 4feldriger Wappenstein Johann Jakob, bez. 1560. Stiege führt nunmehr überdeckt an der W-Seite des Palas in den Burghof empor, von Treppenabsätzen Zugang zu 2 Kellergeschossen des Palas, das untere mit Ziegelgewölbe mit Gurten auf breiten Mittelpfeilern.

Hof, O-Seite des Palas, von hier nur 2 Geschosse, 2. H. 16. Jh. umgebaut und ausgestaltet als Fürstenzimmer; durch Brände und Umbauten Palas nur noch in Außenerscheinung erhalten, im Inneren wenige historische Reste, z. B. einfache steinerne Türgewände; Satteldach mit Zinnen und Treppengiebel an der N- und S-Seite. Nördl. Hofabschluß, hinter Stützmauer tieferstehendes Zeugwarthaus, heute Küche und Wohnräume; westl. und südl. Hofbegrenzung breite Ausbildung von Wehrmauern mit Arkadennischen im Erdgeschoß, darüber breiter Wehrgang mit außen Pechnasen, unter Pultdach Holzwehrgang, Zinnenbekrönung der Außenmauer und aufgesetzte Sechsecktürmchen, das an der NW-Ecke mit Wappenstein Johann Jakob, bez. 1566. SW-Ecke runder, gedrungener Glockenturm, ehem. 5 m höherer Bergfried (?), seit 1563 heutige Gestalt, außen Geschützscharten, Pechnase, darüber Auslugbalkon auf 5 Kragsteinkonsolen, oberhalb umlaufender Rundwulst und Uhr mit Holzziffernblatt. Flache Holzkuppel mit 8eckigem Glockentürmchen, darin 3 Glocken, 1568 von *Johann Christoph Löffler*, Innsbruck. An der Hofseite Segmentbogentor mit 2flügeligem Holztor, aufgemalt kaiserlicher Doppeladler, um 1840. An der NW- und SW-Ecke der Hauptburg tieferliegende Zwingerbauten, Kotzwinger und Pfauenschweifzwinger, dieser mit rundem Pfauenturm, erb. 1585. – SO-Ecke des Hofes Kapellentrakt, Kapellenturm und Kaplanstöckl. Kapellenturm 4 Geschosse durch Kaffgesimse unterteilt, oberstes Geschoß Spitzbogenfenster. Kaplanstöckl, angelehnt an die südl. Ringmauer, 2 Geschosse, einfacher Bau von 1564 mit Wappenstein Johann Jakob an der N-Seite, nach 2 Seiten offenes Gewölbe an der Ecke, getragen von Rundsäule, Kopie einer romanisierenden Kapellensäule um 1900.

Burgkapelle hl. Siegmund; in der SO-Ecke der Burg in tieferliegendem Zwischengeschoß, gegen O kleiner Runderker auf Steinkonsolen; rom. Fenster neben 2 bar. Rundbogenfenstern erkennbar. Um 1565 durch Überbauung Raum niederer, urspr. 3schiffig (?). Derzeitiger Bauzustand von 1565. – 2jochiges Schiff mit Kreuzgratgewölbe und eingezogener Rundapsis mit Segmentbogenabschluß. Im N des 1. Joches Verbindungsgang zu Kapellenbastei und Riemergang, ehem. nördl. Seitenschiff (?), 3jochig, kreuzgratgewölbt, zum Schiff geöffnet durch 3 Rundbögen auf 2 gedrungenen rom. Säulen mit Blattkapitellen, A. 13. Jh.

W-Empore auf 2 überarbeiteten rom. (?) Säulen, 3schiffig, kreuzgratunterwölbt, der mittlere Teil vorspringend, auf Konsolen mit Wappenfeldern, mit spätgot. Maßwerkbrüstung, seitl. 8 rom. Zwergsäulen, teils mit rundem, teils mit 8eckigem Schaft und Blattkapitellen. – Im 2. nördl. Joch Oratorium auf Konsolen der 2. H. des 16. Jhs., Zugang abgemauert, Brüstung auf 4 rom. Zwergsäulen mit rundem Schaft und Knospenkapitellen, sowie Zugang zur

tieferliegenden kreuzgratgewölbten Sakristei. – Einheitliche, einfache Stukkierung des Raumes 2. H. 16. Jh.
Altäre des 17. Jhs., im 18. Jh. überarbeitet. Hinter einem Seitenaltar Wandmalerei, Schutzmantelmadonna bez. 1649. – Hochaltaraufbau von *Wolf Schwarz*, bez. 1650; seitl. Figuren Hll. Siegmund und Oswald von *Dominik Plasisganik*, 1758; Tabernakel bez. 1616 und 1756. – Li. Seitenaltaraufbau M. 17. Jh., re. 1. Drittel 17. Jh.; Altarblätter li. Ölberg, re. hl. Ulrich, beide um die M. des 17. Jhs. – Kanzel 1. H. 17. Jh., übermalt. – Konsolfiguren Schmerzensmann und Mater dolorosa; Kruzifix, Auferstandener, alle 18. Jh. Bilder 17./18. Jh., Verkündigung bez. 1717; Hl. Sippe, 18. Jh.; Marienkrönung, 17. Jh.; Maria mit Kind und Heilige, darunter Burg Hohenwerfen, bez. 1684; Gekreuzigter, um 1700. – Sakristeischrank bez. 1670.

JAGDSCHLOSS Blühnbach, siehe BLÜHNBACH

PROFANBAUTEN. **Hauptstraße. Bezirksgericht** (ehem. Pflegegericht): Spätgot. Bau, 3. V. 16. Jh., Umbau 1840, über unregelmäßigem Grundriß. Langgestreckter, 3geschossiger Baukörper, vorspringender Turm, 4geschossig mit geschwungenem Zeltdach. Abgefaste Segment- und Rundbogenportale. Fassadengliederung, horizontale Faschen. Wappentafel mit Schriftband, bez. 1560, Eb. Michael von Kuenburg; Gedenktafel, Geburtshaus des Dichters Ferdinand Sauter 1804–1854. Im Inneren Gewölbe, Mittelsäule, z. T. Stuckspiegel. – **Nr. 20:** 3geschossiger, 7achsiger Bau, im Kern 17. Jh., Fassadierung 1851. Segmentbogenportal, Stichkappentonne im Flur. – **Nr. 22:** Schulbau von *Fritz Kohlbacher*, 1951/52. – **Nr. 23:** 2geschossiger, traufseitiger Bau, 16./17. Jh. Fassade 4. V. 18. Jh. Rundbogenportal, Hohlkehle. – **Nr. 24: Brennhof,** 3geschossig, elfachsig, im N einspringend. Erb. 1561–1565, Umbau 1925–1928. Portal mit geradem Sturz, Segmentbogen und Fischblasenmaßwerkverblendung, spätgot. Maßwerkfenster. Marmortafel mit Doppelwappen, Erzstift Salzburg von Kuen Belasi mit Inschr. bez. 1565; Marktwappen von Werfen von Bildhauer *Eibl.* Am Südtrakt des rechteckigen Innenhofes Rundbögen mit quadrat. abgefasten Pfeilern vorgebaut, darüber Laubengang mit Rundsäulen und Kelchkapitellen; Kreuzgewölbe. Abgefaste Fenstergewände. Wandbrunnen mit Wappen, um 1810. Im W ehem. Kasten, erb. 2. H. 16. Jh. Innen gewölbt, Mittelsäule. Bilder, Hans Georg Rodhaupt bez. 1646; Hans Heinrich von Freyhausen, 1649. – **Nr. 26:** Ehem. Mauthaus, nach dem Brand von 1714 neu erb., 1884 und 1926 umgebaut. 3geschossig, Marmorwappen des Eb. Franz Anton Fürst Harrach, darunter Inschr. und Chronogramm 1713. Segmentbogenportal, Stichkappentonne. – **Nr. 27:** Pfarramt, erb. 1866, 2geschossiger, 4achsiger Bau, profiliertes Gesimse. – **Nr. 28:** Gasthof zum goldenen Hirsch, traufseitig, 3geschossig, 5achsig, im Kern 16. Jh. Segmentbogenportal, Stichkappentonne. – **Nr. 29:** Umbau 2. H. 19. Jh., z. T. gewölbt. – **Nr. 30:** Im Kern 16. Jh., Umbauten E. 18. Jh. – **Nr. 31:** Kärntner Hof, traufseitiger Bau, 3geschossig; Stichkappentonne. – **Nr. 33:** Gewölbe. – **Nr. 35:** Im Kern 16. Jh., Umbau 19. Jh., Segmentbogen. – **Nr. 37:** Rundbogenportal. – **Nr. 41:** Ehem. Huf- und Wagenschmiede, bez. 1927. – **Nr. 42:** Giebelständiger 4achsiger Bau, First bez. 1747, Fassadenbild M. 18. Jh. – **Nr. 49:** Im Kern 16./17. Jh., Fassade 4. V. 19. Jh., Fassadenbild Hl. Familie bez. *R. V. Steiner 1860* (?). – **Nr. 50:** Tür bez. 1851. – **Nr. 54:** Altersheim, ehem. Sonnenwirt; spätgot. Bausubstanz 2. H. 16. Jh., Kielbogenportal, an der Laibung 3 Kugeln, Schild, bez. W. C. und 1576.

Tonnengewölbe. – **Nr. 55:** Im Kern 16./17. Jh., Umbau 1920, Segmentbogenportal, gewölbter Flur mit Mittelsäule, bez. 1616.

Blühnbach, zur Sulzau (siehe Werfen) gehöriges Jagdrevier, urk. 1431, im Talkessel des Blühnbachtales. Gehöfte, zu Schloß und Forstverwaltung gehörig, vorwiegend aus dem 18. und 19., z. T. auch 20. Jh. Mittelflurhäuser in Blockbau mit Schindeldächern, geschnitzten Gängen, bunt bemalten Fensterläden und reichem Zierat, wie Jagdtrophäen, Schützenscheiben, Votivtafeln und Heiligenstatuen.

Nr. 45: Maxlehen. Paarhofwohnhaus bez. 1757. Im gemauerten Erdgeschoß segmentbogiger giebelseitiger Eingang, an den Ecken Putzarchitektur. Obergeschoß in Blockbau mit Zierschrot. Schopfwalmdach mit Schindeldeckung. Fenster im Untergeschoß z. T. vergittert, in den oberen Geschossen mit bemalten Balken. Gespundete Türstöcke, verzierte Gänge an beiden Giebelseiten, mit Stiegenaufgang ins Hauptgeschoß. Leere Wandnischen im Mauerwerk. Jagdtrophäe im Giebelfeld. An bergseitiger Hausecke Heiligenstatue. Stall mit Legschindeldeckung. – **Nr. 51:** Jägerhaus. Blockbau mit Klingschrot bez. 1705. Traufseitiger Ausbau. Giebelseitig erschlossenes Mittelflurhaus, Fenster mit bemalten Balken. Gang über gesamte Giebelseite im Hauptgeschoß, kleiner Gang und Stiege zum Hauseingang. Im Giebelfeld bemalte Schützenscheiben und Geweih. An der Traufseite Votivbild hl. Eustachius.

Sulzau. Nr. 31: Hammerschmied. Paarhofwohnhaus mit giebelseitigem Eingang. Gemauertes Erdgeschoß mit Steinportal und Stichkappengewölben. Darüber Blockbau mit Klingschrot. Fenster mit diagonalen Gitterstäben und Kreisring.

Tenneck, Ortschaft nordwestl. von Werfen, am Eingang in das Blühnbachtal. Industrieort, **Eisenwerk** Sulzau. Werkanlagen und Arbeiterwohnsiedlungen; im NO **Südtirolersiedlung,** erb. 1943/44; im südl. Ortsbereich einheitliche Wohnsiedlung (Kohlplatzstraße) mit Durchfahrtsbogen, Hofgruppierung. Brunnenanlage bez. 1962. – An der Bundesstraße nördl. des Ortes römischer Meilenstein.

Nr. 24: Ansitz Windbichl, am südl. Ende der Ortschaft Tenneck oberhalb der Salzachtal-Bundesstraße. Urk. E. 13. Jh. als eb. Besitz, zu Erbrecht verliehen; 1614 unter Josef Niggl, Landrichter und Urbarspropst zu Werfen, als freies Eigen, damit Beginn des Umbaues zur heutigen Form; Besitz nach 1627 an Freiherrn von Lamberg, 1662 Reichard Grimming von Niederrain, Pfleger zu Werfen; seit 1707 teils bäuerlich mit raschem Wechsel, seit 1899 Familie Weinberger.

Gänzlich gemauerter Bestand, 2 Geschosse mit steilem abgewalmtem Satteldach, Dachgeschoß ausgebaut, im Inneren Mittelflur mit Tonnengewölbe und Stichkappen, großteils Steingewände erhalten. An Nebengebäuden bei Umbauten teilweise Zinnen nachgewiesen.

Wimm. Südl. vom Paß Lueg Gasthof Stegenwald, Geburtshaus des Landesverteidigers Josef Struber (1809). Mauerbau mit giebelseitigem Rundbogenportal und breitem Schopfwalmdach. Im Giebelfeld Wappen der Struber und Dat. 1515. Darunter Fresko des Freiheitshelden. Fenster im Untergeschoß mit vertikal/horizontalen Gitterstreben und Kreisring. Im Obergeschoß Fensterbalken. – **Nr. 6:** Alter Loipfer. Haufenhof, rundbogiges Steinportal an der Giebelseite des Wohnhauses bez. 1616; Firstpfette bez. 1687. Klingschrotzimmerung über gemauertem Erdgeschoß, horizontal/vertikale Fenstergitter, gespundete Türstöcke. Gang über ⅔ des Obergeschosses und kurzer Gang im Dachgeschoß. Reste kleiner Fenster. Gewölbekeller. Zuhäusel in Kopfschrot, 2geschossiger Kasten, „Zimmer".

KRIEGERDENKMAL vor der Pfarrkirche, Relief 2 Männer tragen einen Toten, von *Hans Baier.*

WIMMER-SCHMIEDE, siehe S. 507

WERFENWENG. Polit. Bez. St. Johann i. Pg.

Gemeinde mit kleinem Kirchweiler am Fuß des Tennengebirges, am Eingang zur Wengerau, durch Fremdenverkehr erweitert. Urk. 1090, seit dem 14. Jh. Zentrum des eb. Urbaramtes, ab dem 16. Jh. Wallfahrt. Der Ortsname Werfenweng bürgerte sich im 19. Jh. ein.
Am Ortsrand, in den Ortsteilen Eulersberg, Lampersbach und Weng guter Bestand an alpinen Paar- und Haufenhöfen. Meist 2geschossige durchgängige Mittelflurhäuser vorwiegend in Mischbau. Gänge mit geschnitzten Gangbrettern im Hauptgeschoß, kleine Gänge im Dachgeschoß, meist flaches Pfettendach, vereinzelt noch Legschindeldeckung. Glockentürme und bar. geschweifte Pfetten, geschnitzte Windladen. Seltener reine Mauerbauten mit Schopfwalmdach, Rundbogenportal und Stichkappengewölbe in Keller, Flur und Küche. – Wirtschaftsgebäude, sogen. Zimmer, aus mächtigen Rundlingen, vielfach mit senkrechten Lüftungsstäben in obersten Balkenlagen der Giebelfelder. 2geschossige hölzerne Getreidekasten mit kleiner Stiege und Gang, in einigen Fällen mit offenem Giebel und Mittelsäule. Gemauerte Backöfen etwas abseits. Roßställe aus Rundhölzern mit flachen Pfettendächern, oft an das Wohnhaus angebaut oder mit Gang verbunden.

PFARRKIRCHE Mariä Geburt, an einem Hang am östl. Ortsrand. Spätgot., 3schiffige Kirche mit Westturm. – Kirchweihe 1509, Gewölbeerneuerung 1565, Sakristeibau 1717, Fensterausbruch im Chor 1740. Vikariat 1744. Friedhof seit 1830. Pfarre 1891. Renov. 1895–1897 (Regotisierung), Rest. 1955 und 1972.
3schiffiger Kirchenbau E. 15. Jh., Holzschindeldach. Ungegliedertes Langhaus und Chor mit Spitzbogenfenstern, Maßwerk von 1897. Im W gekehltes Spitzbogenportal mit maßwerkverblendetem Tympanon, an der Tür spätgot. Beschläge. Vorgesetzter Westturm bez. 1625 mit 3 durch Gesimse gegliederte Geschosse, darüber 8eckiger Aufsatz mit Rundbogenschallfenstern und

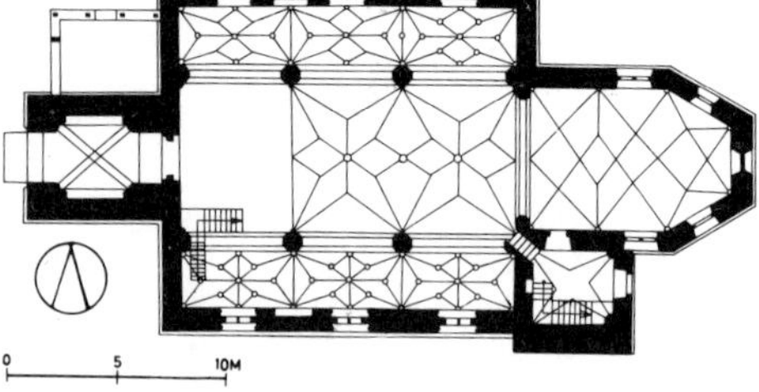

Werfenweng, Pfarrkirche Mariä Geburt

Spitzhelm. Abgefastes Rundbogenportal zur kreuzgratgewölbten Turmhalle; Albertitafel bez. *An.(ton) Pierer 1865.* An der Chorsüdseite 2geschossige Sakristei urk. 1717 durch *Christian Glaner* (Maurermeister). An der nördl. Langhausseite Ölbergnische mit gemalter Landschaft (ehem. bez. *Anton Posch 1831)*, Figurengruppe Christus und die schlafenden Jünger, E. 18. Jh.

3jochiges Langhaus, im Mittelschiff 8eckige Pfeiler und vorgelagerte Dienste mit Kapitellen, von denen je 6 Rippen aufsteigen; spitzbogiges Rautensternrippengewölbe von 1565 mit schildförmigen Schlußsteinen. Abgefaste Spitzbögen zu den niedrigeren Seitenschiffen, deren Joche durch Gurtrippen getrennt; spätgot. Sternrippengewölbe. Einfache Holzempore von 1749. Abgefaster, spitzbogiger Triumphbogen. Um eine Stufe erhöhter, 2jochiger Chor in derselben Breite und Höhe wie das Mittelschiff, mit 3seitigem Abschluß. Runddienste mit spätgot. Netzrippengewölbe. Re. gekehltes, spätgot. Sakristeiportal und Eisenplattentür. – Einfache Glasfenster von 1895.

Säulenhochaltar mit Volutenaufsatz von 1763. Tabernakel mit Christusbild bez. *J.(osef) Gold 1915;* in Nische spätgot. Schnitzwerk um 1500, hl. Maria mit Kind, umgeben von Engeln, 2. H. 18. Jh. Seitl. bar. Konsolfiguren hl. Wolfgang und hl. Bischof. Im Aufsatz bar. Schnitzgruppe Hl. Dreifaltigkeit flankiert von Engeln, 18. Jh. – Seitenaltäre 4. V. 18. Jh., li. Altar bez. gewidmet von Frau Rosalia Rettensteiner, Altarblatt hl. Anna, Oberbild hl. Aloysius, um 1780; re. Altarblatt Herz Jesu von *Slavi Soucek* 1956, Oberbild Hll. Dionysius und Blasius um 1780.

Neugot. Kanzel mit Figurenreliefs und Schalldeckel von 1890. Konsolfiguren, im Chor Hll. Barbara und Margaretha, 2. H. 18. Jh.; an den Langhauspfeilern Hll. Florian und Sebastian, 18. Jh., Hll. Antonius und Leonhard 19. Jh. Kruzifixus 2. H. 18. Jh. In den Seitenschiffen Nischenfiguren hl. Joseph mit Christuskind und Herz Jesu um 1896; unter der Empore hl. Anna mit Maria E. 19. Jh. – 14 Kreuzwegstationen bez. 1786; im Chor Bild Christus als Weltenherrscher bez. *R. Brandauer 1922.* – Neugot. Orgel, von *Albert Mauracher*, 1897. Z. T. altes Gestühl, Sakristeikasten 2. H. 17. Jh.

Grabsteine. Anna Barbara Anzingerinn 1753 (errichtet 1806), Franz Xaver Margitsch 1809.

Pfarrhof westl. der Kirche. 2geschossiger, 5achsiger bar. Baukörper mit holzschindelgedecktem Krüppelwalmdach, Pfette bez. 1744. Im Inneren z. T. einfache Stuckleisten.

OBERLEHENKAPELLE im Wengerwinkel bei Haus Nr. 29. Quadrat. Bau mit Zeltdach, 19. Jh. Neugot. Figurengruppe Hl. Familie.

BILDSTÖCKE. **Örgelkapelle** im Wengerwinkel, Segmentbogennische mit Figur Christus an der Geißelsäule, 2. H. 17. Jh. – **Hundsdorfkapellen** südl. der Kirche im Zaglauwinkel; **Prozessionskapelle** mit Rundbogennische und neugot. Statuetten Hll. Notburga, Isidor und Herz Jesu. – Nordöstl. der Kirche (Typus wie vorher), neugot. **Figur** hl. Joseph mit Kind. – **Ursprungskapelle** östl. der Kirche, Pfeilerbildstock mit volkstümlichem Bild, bez. Ursprung der Wallfahrt von Werfenweng.

PROFANBAUTEN. **Nr. 2:** Mesnerhaus. Bez. 1790. Gemauertes Erdgeschoß, darüber Blockbau mit Klingschrot, an den Zwischenwänden Zierschrot. Schindelgedecktes Schopfwalmdach. – **Nr. 25:** Oberhundsdorf. Traufseitig

erschlossenes Paarhofwohnhaus. Über gemauertem Erdgeschoß Blockbau mit Klingschrot. Pfettendach mit Kniestock. Zimmer aus mächtigen Rundlingen. Hölzerner Getreidekasten mit Klingschrot, First bez. 1699.
Eulersberg. Streusiedlung südwestl. von Werfenweng auf Hochplateau mit angrenzenden Hängen gelegen. **Nr. 2:** Helfer. Paarhof; Wohnhaus traufseitig erschlossen, reiner Blockbau mit flachem Legschindeldach. Zimmer, Backofen und Holzschuppen. – **Nr. 5:** Vorderschwaig. Paarhof mit z. T. neuem Wohnhaus in Mischbauweise. Tramdecke bez. 1587, Getreidekasten bez. 1693, Zimmer bez. 1695. Freistehende Waschküche und Backofen. – **Nr. 10:** Elmau. Paarhof; traufseitig erschlossenes Wohnhaus. Über gemauertem Erdgeschoß Blockbau mit Schwalbenschwanzschrot, geschnitzte Gangbretter und Stützen. Zimmer bez. 1553.
Lampersbach. Streusiedlung in der Wengerau. **Nr. 14:** Moarhof. Haufenhof; Wohnhaus, im Kern 16. Jh., giebelseitiger Eingang, einseitiger Vorsprung im gemauerten Erdgeschoß, Obergeschoß kopfschrotgezimmerte Blockwände. Im ältesten rechten Hausteil got. abgefaste Fensterlaibungen, Fenstergitter und Gewölbe. Gang in beiden Geschossen des rückspringenden Hausteiles. Verbindungsgang zum Roßstall aus Rundlingen bez. 1877, Zimmer. Zwei freistehende, hölzerne Getreidekästen. – **Nr. 23:** Oberndorfer. Ehem. Paarhof. Giebelseitig erschlossenes Wohnhaus, Kern 17. Jh., Blockbau mit Kopfschrot, li. Teil vorspringend und gemauert. Giebelwand z. T. mit verziertem Gang und Stützen. Vorgezogene Dachverschalung im Giebelfeld. First bez. 1938. – **Nr. 24:** Gschwendtner. Vom ehem. Haufenhof nur mehr die Blockbauten des Wohnhauses und des Roßstalles mit Verbindungsgang erhalten. – **Nr. 27:** Hinterfrommer. Ehem. Paarhof mit Nebengebäuden. Spätgot. gemauertes Wohnhaus mit Tonnengewölben und Stichkappen. Kleiner gedeckter Gang über giebelseitigem Eingang. Fenster mit spätgot. Laibung samt Vergitterung. Freistehender Kasten bez. 1620 und Backofen. – **Nr. 28:** Bauernhaus aus dem 17./18. Jh., mit Zierschrot an Außen- und Innenwänden, renov. 1978. – **Nr. 29:** Oberleh. Haufenhof mit giebelseitig erschlossenem Wohnhaus. Einige der kleinen Fenster mit Klostermaschengitter. Alter Roßstall. – **Nr. 33:** Jörglbauer. Paarhofwohnhaus etwa 17. Jh. 2geschossiger Mischbau mit giebelseitigem segmentbogigem Eingang und Fenstergittern. Im rückspringendem rechten Hausteil verzierter Gang im Hauptgeschoß. Florianistatue, um 1700, im Giebelfeld.

WEYER. Gem. Bramberg am Wildkogel. Polit. Bez. Zell am See

Kirchweiler auf einem Schwemmkegel, westl. von Bramberg.

FILIALKIRCHE hl. Sebastian, östl. der Ruine Weyer. Kleine got. Kirche, barockisiert. Erb. wahrscheinlich spätes 15. Jh., Weihe 1523, Bau der Sakristei im S zwischen Langhaus und Chor 1855. Außenbau rest. 1979.
Schlichter Außenbau mit eingezogener polygonaler Apsis, Schindel-Walmdach und Schindel-Dachreiter mit Spitzhelm. Im W und S spätgot. verstäbte Kielbogenportale.
3jochiges Langhaus, spätgot. Wandpfeiler mit vorgelegten Runddiensten erhalten, tragen die W-Empore, bar. Figur Schmerzensmann und die Kanzel; im

2. und 3. Joch im S Fenster, flachbogiges Gewölbe; rundbogiger Triumphbogen; 2jochiger Chor, tonnengewölbt mit Stichkappen auf Konsolen; im S kielbogiges, verstäbtes spätgot. Portal zur Sakristei.
Hochaltar bez. 1713, um 1750 vergrößert; Figur thronende Madonna mit Kind, frühes 15. Jh., zwischen den Säulen Figuren Hll. Sebastian und Rochus, im Aufsatz Figur hl. Jakobus, darüber Gottvater; Konsolfiguren hl. Anna mit Jesus (Maria fehlt) und hl. Joseph, auf dem Giebel Figuren hl. Michael und Engel mit Palme, alle 1. H. 18. Jh. – Li. Seitenaltar bez. 1666; Altarblatt hl. Sebastian, 17. Jh., übermalt, Oberbild hl. Michael; Seitenkonsolfiguren Hll. Georg und Leonhard, 2. H. 17. Jh.; Figur hl. Antonius von Padua 18. Jh. – Re. Seitenaltar bez. 1682; Altarblatt hl. Chrysanth (?), Oberbild Papst Silvester, Konsolfiguren Hll. Notburga und Barbara, alle spätes 17. Jh.; Figur hl. Sebastian, 16. Jh.
Kanzel 8eckig, Bilder Jonas, Himmelfahrt des Elias, Seepredigt, Tieropfer, Sturm auf dem See Genezareth; am Schalldeckel bez. 1630. An der Wand Bild hl. Johannes Nepomuk, 18. Jh. – Kruzifix bez. 1864. Konsolfiguren im Chor 18. Jh., Abraham, David, hl. Stephanus (?), hl. Petrus (?), Daniel, Laurentius, Johannes Evangelist, hl. Vincentius (?). – In Verwahrung Figuren Hll. Rupert und Virgil, 18. Jh. – Bilder Maria-Hilf mit Papst und hl. Joseph, 18. Jh.; Gnadenbild Maria Dorfen, 1. H. 18. Jh.; Maria und Engel mit schlafendem Jesus, A. 17. Jh. – Glocke von *Alexander Löffler* (?), 1538.

RUINE des Weyerturmes, nördl. des Weyerhofes, in W e y e r auf flachem Felsrücken, nur durch seichten Graben vom Hang abgesetzt. Urk. 1130 Herren von Weier, um 1270 an die Bischöfe von Chiemsee, die den Turm zu Lehen vergeben. A. 17. Jh. übersiedelt der Lehenträger Nikolaus Ainöder in den dazugehörigen Weyerhof und kauft sich von der Instandhaltungspflicht für den Turm frei, Turm verfällt.
Rechteckiger Grundriß, ca. 16 m hoch, an Balkenlöchern 6 Geschosse ablesbar, urspr. Eingang an der S-Seite im 1. Obergeschoß, an der Ostmauer Rundapsis über 2 Geschosse, ehem. Kapelle, darüber zwischen 4. und 6. Obergeschoß liegen die Stiegenläufe in der mächtigen Mauer. Östl. des Turmes Reste eines kleinen Nebengebäudes, durch Mauer mit Turm verbunden.

BAUERNHÖFE. **Nr. 9:** Weyerhof; nach Brand 1941 wiederaufgebauter Hof, 3geschossiges gemauertes Haus mit 6achsiger Fassade und ausgebautem Giebelgeschoß; Putzgliederung, Rundbogenportal, schmiedeeiserner Wirtshaus-Ausleger; an der Traufseite neues Fresko, Sonnenuhr, Maria mit Kind, darunter alte Ansicht des Hofes. – **Nr. 11:** Penkern; bmkw. Hofgruppe 16./17. Jh. Auf hohem Bruchsteinmauerfundament 2geschossiges Wohnhaus, Erdgeschoß gemauert, Obergeschoß Blockbau, giebelseitige Gänge. Das Haus und die beiden Wirtschaftsgebäude jeweils durch überdachten Steg verbunden. Backofen, Speicherbau, Bienenhaus, Waschhütte.

WILDENTHAL, siehe KIRCHENTHAL

WÖRTH, siehe RAURIS

ZEDERHAUS. Polit. Bez. Tamsweg

Gemeinde im Zederhaustal. Die Siedlungen, Weiler und Einzelhöfe auf Schwemmkegeln; oberhalb der Talengen Einzelhöfe. Die Gemeinde besteht aus dem urk. 1356 erstmals genannten Zederhaus, aus einem Kirchweiler hervorgegangen, und aus den Weilern und Einzelhofsiedlungen Wald, Rothenwand mit Gries und Bruckdorf, Marislbach, Brettstein sowie der Streusiedlung Lamm mit Tafern, Krottendorf und Sonnberg.
Ein- und Paarhöfe des Lungauer Typus mit freistehenden meist gemauerten Getreidekästen; Höfe z. T. mit Einfluß aus dem Pongau.

PFARRKIRCHE Hll. Johannes d. T. und Ev., unmittelbar an der Straße. Bar. Dorfkirche, im O stufenweise Anbauten in der Hauptachse. – Urk. 1445. Neubau 1674. Umbauten 1709 und 1759, Sakristeibau 1772. Seit 1813 Pfarre. Innenrest. 1929 und 1971, Außenrest. 1975.
Einschiffiger spätbar. Langhausbau. Westseite mit Kreisfenstern und vorgesetztem Turm (Turmerhöhung 1759), ungegliedert, mit nördl. Rechteckportal, rundbogigen Schallfenstern, profiliertem Abschlußgesims und Zwiebelhelm mit Laterne und kleinem Aufsatz. Langhausseiten mit je 3 Rundbogenfenstern, im N Rechteckportal. Eingezogener niedrigerer Chor mit geradem Schluß und Rundbogenfenstern. Im O kleiner, tiefer gelegener Sakristeibau (in halber Chorbreite) von 1772. Verbindungsgang zum Pfarrhof sowie an der südl. Chorhälfte Zubau von 1972/73; weiter östl. tiefer gelegener, leicht ausspringender Anbau, anschließend Widum. Holzschindeldächer, gemalte Eckquaderung.
3achsiges Langhaus mit flachbogigem Gewölbe über umlaufendem profiliertem Gesimse; im W Säulenempore und flachbogiger Turmzugang. Eingezogener niedrigerer Chor mit abgeschrägten Ecken, abgestuftes Gesims. Flachbogendecke von 1709; östl. Durchgang zum Pfarrhof.
Im Schiff Deckenmalerei, 1929 von *Josef Haun*, Lamm Gottes, Hl. Dreifaltigkeit und zahlreiche Heiligendarstellungen, in Strahlenkranz und ornamentale Umrahmung eingebunden, an seitl. Übergängen gemalte Kartuschen mit Bildern der 4 Kirchenväter. Im Chor Deckengemälde Letztes Abendmahl von *J. Haun* 1929.
Spätbar. Hochaltar mit Doppelsäulenaufbau von *Johann Georg Itzlfeldner* 1772/74, von demselben Künstler Tabernakelrelief Anbetung der Hll. Drei Könige; Altarblatt Zederhaus unter dem Schutz von Maria vom Guten Rat, unterhalb Hll. Johannes d. T. und Ev., Oberbild Hl. Sippe, David und Zacharias, 2. H. 18. Jh.; spätbar. Statuen li. Hll. Georg und Petrus, re. Hll. Jakobus (?) und Martin, im Auszug Hll. Rupert und Leonhard. – Seitenaltäre von 1759. Li. Altar mit Kruzifix und hl. Magdalena, Figuren Hll. Maria und Johannes, Aufsatzbild hl. Gregor. Re. Altar, einem Ölbild vorgesetztes Gnadenbild von Maria Plain, darüber Gottvater und Hl. Geist, unterhalb Maria Plain und Stein mit Wappen des Eb. Max Gandolf, 1671; bar. Statuen Hll. Johannes Nepomuk und Isidor; Oberbild hl. Florian.
Kanzel nach Entwurf von *Andrä Eisl*, urk. 1741. Konsolfiguren, im Chor li. Christus als Schmerzensmann, re. Mater dolorosa, E. 18. Jh.; an der Emporenbrüstung Maria mit Kind 18. Jh., re. hl. Joseph mit Christuskind E. 19. Jh.; unter der Empore Kruzifix 19. Jh. Bild Fegefeuer an re. Chorschrägwand, E. 18. Jh. 14 Kreuzwegbilder E. 18. Jh. Runder Taufstein mit Deckel urk. 1699. Prangerstangen. Orgel von *Albert Mauracher*, 1896. – Grabsteine. An der

re. Chorwand Franz Kaspar Itzlfeldner Chronogramm 1774, Bonefacius Mayer 1788, Joseph Wolfgang Murauer 1797.

Pfarrhof, im O in der Längsachse der Kirche. Tiefer gelegener bar. Bau; 2geschossig, 6achsig mit Walmdach. Erb. 1672 von *Rupert Moser*. Umbau 1972/73. Relief, Pfingstfest, um 1520, im Salzburger Diözesanmuseum.

Friedhof, östl. des Pfarrhofes auf einem Hang, von kleiner Mauer umgeben; z. T. schmiedeeiserne Grabkreuze 18./19. Jh. – **Friedhofkapelle** 2. H. 18. Jh. Flachbogenportal, querovales Fenster, Dreieckgiebel, seitl. Putzpilaster und Rundbogenfenster, polygonaler Abschluß, geschweiftes Zeltdach; innen Tonnengewölbe.

GFRERKAPELLE, in Lamm, bei Haus Nr. 26. Erb. 1864. Rechtecktür, darüber querovales Fenster, seitl. Rundbogenfenster, polygonaler Abschluß, holzschindelgedecktes Satteldach. Altarblatt Auferstandener Christus, bez. *CK 1712,* volkstümliche Figuren Hll. Petrus und Paulus.

GRAZERKAPELLE, im Weiler Bruckdorf, bei Haus Nr. 5. Neugot. Bau um 1895, Spitzbogenportal, Putzgliederung, Hohlkehle, holzschindelgedecktes Satteldach; Kreuzgratgewölbe, Spitzbogennische mit neugot. Ausstattung, Madonna mit Kind, Figuren Hll. Joseph und Anna.

MARIAHILF-KAPELLE, im Ortsteil Rothenwand. Erb. 1983 nach Plänen von *Walter Piringer* und *Peter Schuh*. Neugot. Altar.

WEGKAPELLEN. **Gruberkreuz,** auf der Guberalm, nordwestl. von Zederhaus. Bau um 1900, Spitzbogenöffnung, geschweiftes Satteldach, Holzschindeldeckung; innen Spitzbogentonne und spitzbogige Nische mit Bild Flucht nach Ägypten in neugot. Rahmung. – **Zaunerkreuz,** im Ortsbereich von Dorf, neben der Hauptstraße. Spitzbogenöffnung, vorkragendes Satteldach, Spitzbogentonne. Bar. Bild hl. Nepomuk. – **Watalakreuz,** im Weiler Posegg, östl. von Zederhaus; neugot. Bau um 1900, Spitzbogenöffnung, gemauerter Giebel, Hohlkehle, holzschindelgedecktes Satteldach. Kreuzgratgewölbe, Spitzbogennische mit neugot. Pietà.

PFEILERBILDSTOCK, in Krottendorf. Quadrat. Pfeiler auf Sockel, Tabernakel mit kleinen rundbogigen Nischen, Madonnenbild, ostseitig Renov.-Dat. 1883.

BAUERNHÄUSER. **Zederhaus, Nr. 2:** Ehem. Einhof. 2geschossig, Erdgeschoß gemauert, Obergeschoß in Blockbau, mit Querflur; Bretterdach mit Dachreiter. – **Nr. 18:** Jakober, Einhof. Breitgelagertes 2geschossiges Mittelflurhaus, Mauer- bzw. verputzter Blockbau mit Putzfaschen; schindelgedecktes Krüppelwalmdach mit Dachreiter. Gemauerter Getreidekasten mit spärlichen Resten von Bemalung, 17./18. Jh.
Lamm, Nr. 5: Sonnberghof. Auf Fels gemauerter, 3geschossiger Getreidekasten mit grauer Bemalung, Eckquadern, Sockelquaderung, laufender Hund, Tür-, Fensterumrahmung; im Giebel bez. 1696; brettschindelgedecktes Satteldach. – **Nr. 6:** Steinbauer. 2geschossiger, gemauerter Getreidekasten mit Fassadenbemalung, über Balustern Eckquaderung, Fenster-, Türumrahmung, über der Tür bez. 1655. – **Nr. 8:** Merl, Einhof in Mischbauweise, gemauerter Getreidekasten mit gemauertem Aufgang und Satteldach. – **Nr. 12:** Huisl.

Gemauerter Getreidekasten mit Resten von Bemalung, Eckquadern, laufender Hund, Türumrahmung, 17./18. Jh. – **Nr. 22:** Tafernwirt, Einhof. Ehem. Gasthof mit Mittelflurgrundriß. Gemauerter Getreidekasten mit Bemalung, Eckquadern, laufender Hund, Tür-, Fensterumrahmung, unter dem Giebel bez. 1652. – **Nr. 25:** Kocher. Gemauerter Getreidekasten mit Resten von Bemalung, über der Tür bez. 18 AAC 12. Oberhalb ein gezimmerter Getreidekasten. – **Nr. 30:** Palfner. Exponiert gelegener Hof. 2geschossiges Querflurhaus, Erdgeschoß gemauert, Obergeschoß Blockbau; Giebelbalkon. Gemauerter Kornkasten mit Resten von Fassadenbemalung. – **Nr. 34:** Hauser, Einhof. 2geschossig, gezimmertes Mittelflurhaus, Erdgeschoß verputzt, Obergeschoß verbrettert; Krüppelwalmdach mit Dachreiter. Mit Kopfschrot gezimmerter Getreidekasten. – **Nr. 39:** Moosbauer. Gemauerter Getreidekasten mit Resten von Bemalung; über der Tür bez. 1743. Mühle, kleiner Blockbau unter Satteldach, oberschlächtiges Rad mit Wasserzuleitung auf Jochbögen; im Inneren intakter Mahlgang. Bildstockartige, leerstehende Kapelle, 18. Jh. – **Nr. 40:** Rudner, Einhof. 2geschossiges Querflurhaus, Mauer- bzw. verputzter Blockbau; im Erdgeschoß giebelseitig blindes Fenster mit Bild hl. Florian (19. Jh.); Giebelbalkon. 2geschossiger, gezimmerter Getreidekasten, Kopf- und Schwalbenschwanzstrick.

Ortsteil **Rothenwand,** von Autobahnbau stark beeinflußtes Siedlungsgebiet des inneren Zederhaustales mit der Straßensiedlung Bruckdorf und den Rotten Gries und Hub sowie Gehöften in Streulage. Vorherrschend Einhöfe mit gemauertem Erdgeschoß und durchwegs schindelverschalten Blockwänden im Obergeschoß. Stallscheunen als Pfeilerstadel ausgebildet. Pfettenstuhldach mit Holzschindeldeckung, nur teilweise Schopf. Häufig Kleingehöfte in Mischbau mit traufseitigem Seitenflur (**Nr. 11, Nr. 21** mit Stubentram bez. 1729, **Nr. 32**). 2geschossige, gemauerte Getreidekästen mit Tonnengewölbe und holzschindelgedecktem Scherbalkendach, teils mit Schopf (**Nr. 1, Nr. 14** mit Windlade bez. 1833); selten ins Gebäude direkt eingebaut (**Nr. 5**). Hölzerne Getreidekästen mit verschindelten Blockbauwänden (**Nr. 11, Nr. 13** mit Mühle zusammengebaut, **Nr. 21, Nr. 24**). Von den ehem. zahlreich vorhandenen Wassermühlen in Blockbau sowie den Gerüsten zur Trocknung von Hülsenfrüchten nur noch wenige erhalten (**Nr. 11, Nr. 31** bzw. **Nr. 33**).

Nr. 2: König. 2geschossiger Einhof in Mischbau mit L-förmigem Grundriß; tonnengewölbte Rauchküche; Giebellaube mit Verblendung. Gemauerter Getreidekasten mit Tonnengewölbe im Obergeschoß, Stichkappen im Keller und schießschartenförmiger Giebelluke; Fassadenmalerei: Eckquaderung, Geschoßfaschen, Portal- und Fensterumrahmung, bez. 1738; in Nische bar. Figur Maria mit Kind. – **Nr. 3:** Veit. Paarhof in Mischbau. Getreidekasten in Blockbau mit vorkragendem Obergeschoß und Bretterdach, bez. 1769. – **Nr. 6:** Duller. Kleingehöft in Mischbau; Querflur; Rauchküche mit Balkendecke; Scherbalkendach mit Holzschindeleindeckung auf Kniestock; Umlaufstall. Südöstl. Erweiterung, bez. 1856 mit Erbauermonogramm und Zirkelschlag auf Stubentram; Außenwände holzschindelverschalt. – **Nr. 13:** Grederl. Kleingehöft mit schindelverschaltem Holzteil. Mittelflur, tonnengewölbte Rauchküche, Tramrosette, Queraufstallung. Scherbalkendach mit Schopf, darunter verbrettertes Giebeldreieck mit Balkon, bez. 1850.

Nr. 22: Maurer. Einhof; Erdgeschoß, z. T. gemauert, sonst Blockbau, auch Obergeschoß verputzt; Mittelflur; ehem. Rauchstube abgeteilt in tonnengewölbte Rauchküche und Stube mit Backofen; Stubentram bez. 1857 mit Segenszeichen; im Obergeschoß eingezimmerter Speicher und Kammer mit kerbschnittverziertem Unterzug, bez. 1721; bemalte Türflügel bez. 1863, 1867; verbrettertes Giebelfeld mit Balkon; Scherbalkendach mit Holzschindeleindekkung, Schopf und Glockentürmchen; dahinter Pfeilerstadel mit Hocheinfahrt. 2geschossiger Getreidekasten, gemauert, mit Tonnengewölbe; Bretterdeckung; halbkreisförmige Giebelluke und eiserne Fensterklappen. Gewölbter Keller. Gegenüber Wegkreuz Christus am Kreuz und Engel, Inschr. 19. Jh.

Nr. 26: Rothenwänder. Ehem. Paarhof. Über Stiegenaufgang betretbares Erdgeschoß in Mauerwerk, darüber verputzter Blockbau im Kniestock. Querflur, Rauchküche mit Rauchschürze im Tonnengewölbe. Hochspeicher eingezimmert, Kammer vertäfelt, Deckentram in Firstkammer bez. 1707. Kleiner Stall-Tennenteil an der N-Ecke. Pfettenstuhldach mit Holzschindeleindeckung.

Nr. 27: Hochpalfen. Paarhof; Mittelflurhaus, Erdgeschoß teils gemauert, teils gezimmert, Firstkammer sekundär aufgesetzt, bez. 1826 mit Tramrosette; tonnengewölbte Rauchküche; verschaltes Giebelfeld und Pfettenstuhldach mit Holzschindeldeckung. Stallscheune als Pfeilerstadel, teils Blockbau mit Kopfschrot; verbrettertes Giebelfeld mit vierpaßförmigen Lüftungsöffnungen. 2geschossiger gemauerter Getreidekasten mit ornamentalen Malereiresten an Portal- und Fensterumrahmung und Ecken; schießschartenförmige Giebelluke und Bretterdach.

Nr. 33: Moser. Einhof mit durchgängigem Mittelflur. Gemauertes Erdgeschoß, Fensterumrahmung und Mauerecken im Putz ornamental verziert. Gewölbte Rauchküche, Kammer mit Stuckdecke. Obergeschoß Blockbau mit Kopfschrot. Im verbretterten Giebeldreieck Balkon. Pfettenstuhldach mit Schopf und Holzschindeldeckung. In Längstenne Stuhlsäule bez. 1806. – **Nr. 35:** Schiefer. Einhof in Mischbau mit gemauertem Getreidespeicher, bez. 1737; schwarze Malerei an Ecken, Portal- und Fensterumrahmung, Geschoßfaschen und schießschartenförmiger Dachluke. Satteldach mit Holzschindeldeckung.

Wald, höchste Einöddauersiedlung im Zederhauswinkel. Nach W anschließend Alm- und Hochalmgebiet des Riedingtales mit ehem. genutzten Bergmähdern. Ehem. Rauchstubengebiet. Wenige Kleingehöfte (Nr. 11) und Jagdhütten in Blockbau. Entsprechend der Almregion paarweise eingeschossige Wohn-Wirtschafts-Gebäude und Stall-Berge-Hütten (u. a. **Nr. 25, Nr. 48**) in Blockbau mit Kopfschrot; Querflur mit 2- oder 3geteiltem Grundriß; offene Feuerstelle, teils noch Lichtluken; häufig brettergedecktes Ansdach. 2geschossige Almhütten (**Nr. 33, Nr. 34**) durch Fremdenverkehr verändert.

Nr. 15: Keßler. Freistehender gemauerter Getreidekasten mit 2 Geschossen; schießschartenförmige Giebelluke und Satteldach; schwarze Architekturmalerei, bez. 1701. – **Nr. 25:** Mühlbacher. Ebenerdiger Hof in Mischbau mit gemauertem Speicher-, Küchen- und Längsstallteil. Querflur. Tonnengewölbte Rauchküche mit außen angemauertem Backofen. Neben Firstkammer offener Bergeraum. Schindelgedecktes Scherbalkendach, verbretterte Giebelfelder.

ZELL am See. Polit. Bez. Zell am See

STADT, am W-Ufer des Zeller Sees. Seit dem Frühmittelalter Markt; urk. 1357 neue Jahrmarktsrechte. Erhebung zur Stadt 1928. – Große Überschwemmungen

des Ortskernes durch den Schmittenbach im 16. Jh., 1737 und 1884. Verbauung des Schmittenbaches 1888–1900. Marktbrand 1770. – 1907 Verlegung des Friedhofes an die nördl. Ortseinfahrt.
Bedeutung als Verkehrsknotenpunkt; 1875 Eröffnung des Bahnverkehrs der Salzburger-Tirolerbahn (Giselabahn). Bahnhofsgebäude aus der Erbauungszeit der Bahn erhalten. Ausgangspunkt der Pinzgauer Lokalbahn (Zell am See – Krimml) erb. 1896–1898. – Von großer wirtschaftlicher Bedeutung die Errichtung der Schmittenhöhebahn 1927 (älteste Seilschwebebahn Salzburgs).

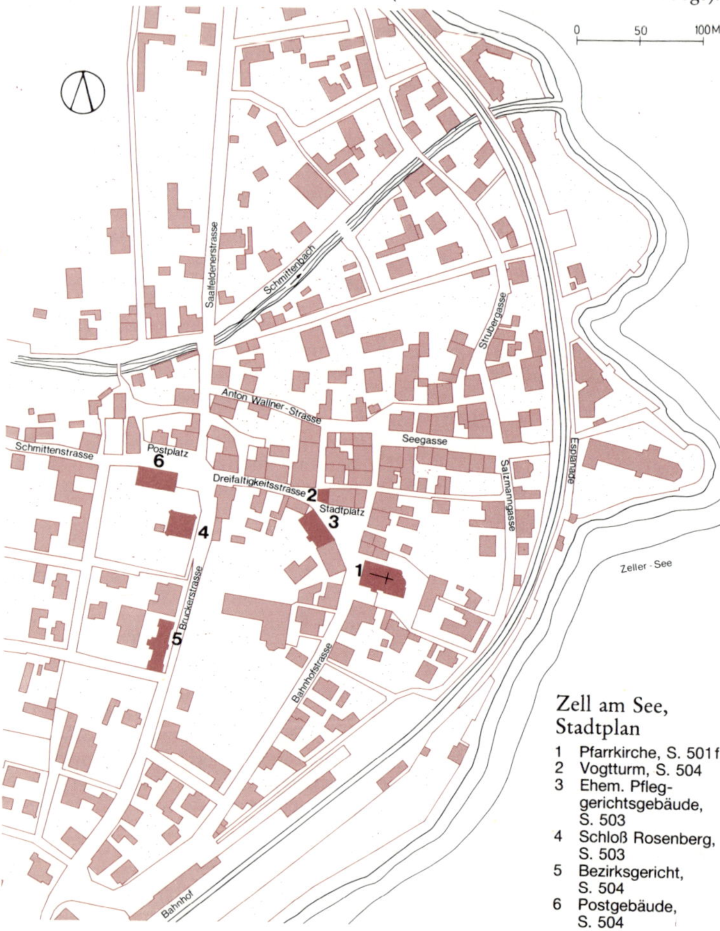

Zell am See, Stadtplan

1 Pfarrkirche, S. 501 f.
2 Vogtturm, S. 504
3 Ehem. Pfleggerichtsgebäude, S. 503
4 Schloß Rosenberg, S. 503
5 Bezirksgericht, S. 504
6 Postgebäude, S. 504

Nach 1945 Ausbau der Stadt als Wintersportzentrum und Errichtung weiterer Seilbahnen. Eingemeindung von Bruckberg und Schmitten 1936, von Thumersbach und Erlberg 1939.
Stadtkern mit dreieckigem ehem. Marktplatz (heute Stadtplatz), begrenzt im N durch den in den Zeller See mündenden Schmittenbach, im O durch den Zeller See, im W durch den N–S verlaufenden Straßenzug Lofererstraße–Brucker Bundesstraße. Siedlungsausdehnung vorwiegend gegen S (Schüttdorf); neuzeitliche Verbauung entlang der Schmittenstraße und westl. der Lofererstraße. Bäuerliche Siedlungen am Keilberg und Bruckberg südl. von Zell.
Siehe auch THUMERSBACH

STADTPFARRKIRCHE hl. Hippolyth, südöstl. des Stadtplatzes, etwas tiefer auf dem ehem. mittelalterlichen Niveau gelegen. Rom. Pfeilerbasilika mit got. Chor und spätgot. W-Turm. Urk. um 790; von den zwanziger Jahren des 12. Jhs. bis 1217 Augustiner Chorherrenstift. Brände um 1270–1290, 1559, 1770. 1898–1904 umfassende Renov. in neugot. Stil. 1972–1975 Gesamtrest., Freskenfreilegung, z. T. Veränderung des Bodenniveaus und Freilegung der ottonischen Krypta.
Mächtiger 5geschossiger Westturm, M. 15. Jh., mit Ecklisenen und Kaffgesimsen, in den oberen 3 Geschossen Maßwerkfriese; Glockengeschoß mit je 2 rundbogigen Biforienfenstern sowie Satteldach mit Treppengiebel. Im Erdgeschoß große profilierte spitzbogige Öffnungen im N und S; in der Turmhalle got. Sternrippengewölbe auf Konsolen.
Hochrom. basilikales Langhaus um 1130; breite 2fach gestufte Strebepfeiler an beiden Seitenschiffen; am Hauptschiff im N und S Lichtgadenöffnungen des hochrom. Baues freigelegt, am nördl. Seitenschiff hochrom. einspringende Rundapsis mit Rundbogenfries erhalten. Got. Apsis des Mittelschiffes rund geschlossen, um 1325. Im S an die Apsis anschließend Sakristeianbauten von 1965 und an Seitenschiff bzw. Chorquadrat im S anschließend 3geschossiger vorspringender Sakristeianbau mit Mauerwerk des ehem. got. SO-Turmes (1655 abgetragen). Einfacher S-Portalvorbau, im Tympanon Christusfigur von *Walter Ritter* 1975.
Langhaus 3schiffig, nördl. Seitenschiff 6jochig mit Rundapsis, Mittelschiff gegliedert durch spätgot. W-Empore, südl. Seitenschiff 5jochig. Kreuzgratgewölbe der Seitenschiffe im N im 5. und 6. Joch, im S im 5. Joch vor 1300; Kreuzgratgewölbe beider Seitenschiffe bis zum 5. Joch aus dem 14. Jh., im S ornamentierte Schlußsteine. Mittelschiff heute flach gedeckt (1972–1975); um 1230 eingewölbt, durch das Wölben bedingt die Versetzung der Fensterachsen in der Lichtgadenzone, noch erhalten die gewölbetragenden Runddienste am Triumphbogen. W-Wand des Mittelschiffes mit got. Maßwerk-Rundfenster, A. 14. Jh.
Frühgot. Chor erb. um 1325. Chorjoch um 3 Stufen erhöht, kreuzrippengewölbt, Schlußstein Relief Haupt Christi; Apsis um weitere 5 Stufen erhöht, mit 5/8-Schluß, Schlußstein Relief hl. Hippolyth an 2 Pferde gebunden. – **Krypta** erb. im 10. Jh.; um 1325 im Zuge des Chor-Umbaues zugeschüttet; urspr. 3schiffige, 2jochige Anlage. Erhaltener Bestand: Teile des Mauerwerkes der W-Wand mit 2 vorgelegten Halbsäulen, die Basen der Mittelsäulen sowie der N- und S-Abgang, letzterer wieder vermauert; römische Spolie Relief mit Doppelportrait sichtbar. W-Empore 3schiffig, 2jochig, mit Sternrippengewölbe auf gerauteten Säulen,

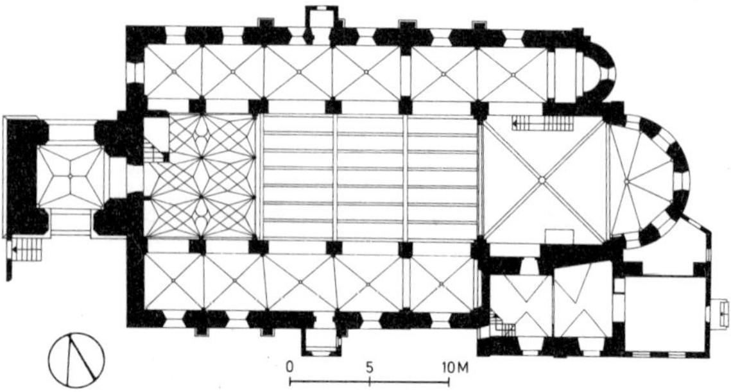

Zell am See, Stadtpfarrkirche hl. Hippolyth

bez. 1514; Schauseite mit 3 profilierten Kielbögen, dazwischen Konsolfiguren Hll. Hippolyt und Florian, um 1514–1520; Emporenbrüstung mit got. Maßwerk.

Wandmalerei, im nördl. Seitenschiff, im 4. Joch Leidenswerkzeuge, um 1340; zwischen 4. und 5. Joch Marienkrönung, A. 14. Jh., Verkündigung, 15. Jh.; im 5. Joch Medaillons Törichte Jungfrauen, A. 14. Jh., Grablegung der hl. Katharina, nach 1370, Medaillons 4 Evangelisten, 17. Jh.; am Rundbogen vor der Apsis Fragment Enthauptung der hl. Katharina, nach 1370; in der Apsis Thronende Maria mit Kind zwischen Heiligen (Attribute später hinzugefügt), darunter Heilige in Arkadenbögen, A. 14. Jh. – Im Mittelschiff, im Chorquadrat an der N-Wand Ornamentfeld und Fragment Kreuzigung, 17. Jh.; an der S-Wand Architektur-Fragment 2. H. 14. Jh.; in der Apsis Sakramentsnische A. 17. Jh.; Schmerzensmann, Halbfiguren Christus und Gottvater, 1. H. 15. Jh., Auferstandener zwischen Hll. Johannes Ev. und Johannes d. T., Hll. Andreas, Bartholomäus und Jakobus, um 1500. – Im südl. Seitenschiff vorwiegend Ornamentausstattung 17. Jh.; im 2. Joch Fragmente Pilgerheiliger (?) mit Spruchband, A. 16. Jh., Vorzeichnung zu Prophetengestalt, 17. Jh.; im 5. Joch Medaillons Kluge Jungfrauen, Maria inmitten der Engelchöre, beide A. 14. Jh. Glasfenster Hll. Laurentius, Hippolyth und Stephanus von 1899.

Neugot. Altäre der *Werkstatt Josef Elsner.* Hochaltar von 1904 mit spätgot. Figuren Hll. Rupert und Virgil, 2. H. 15. Jh. – Marienaltar von 1902 mit Figur Maria mit Kind um 1480, übrige Figuren und Reliefs von *Josef Bachlechner,* um 1902. – Kruzifix A. 16. Jh. – Konsolfiguren, hl. Anna mit Maria, 17. Jh.; Hll. Joseph, Johannes Nepomuk, 18. Jh.; Hll. Rupert und Virgil, 2. H. 18. Jh. – Figur Schmerzensmann 18. Jh. – Got. Taufstein mit Figurengruppe Taufe Christi, 19. Jh. – In Verwahrung Prielauer Krippe mit bar. Krippenfiguren, 18. Jh.

Grabsteine. Inschriftplatte Dimud, Schwester Bischofs Friedrich II. von Chiemsee, gest. 1372. – Figürliche Reliefplatten von Dr. Georg Saxl, gest. 1506 und Christophorus Grym, gest. 1543. – Wappengrabstein Martin Leobl, gest. 1547. – Grabplatte mit Relief Gnadenstuhl, Caspar und Zacharias Panichner, gest. 1585 bzw. 1571. – Grabplatte mit Relief Schlüsselübergabe an Petrus, Georg

Caspar Portner, gest. 1610. – Grabplatte mit Relief Kruzifixus und Darstellung der Familie des Thomas Prugpeck, gest. 1571. – Grabplatte mit Relief der Ölbergszene und Seelen im Fegefeuer, Augustin Zasy, gest. 1717.

Pfarrhof, erb. 1968 von *Fidelius Schmid.*

Friedhofskapelle, neben der Pfarrkirche, an Stelle der aus einem got. Karner hervorgegangenen Kapelle Maria Wald, durch Brand 1770 zerstört; erb. 1774. Quadrat. Bau mit Zeltdach. – Bild Madonna im Ährenkleid, 17. Jh.

STADTPFARRKIRCHE hl. Papst Pius X., in Schüttdorf. Erb. 1964–1966 von *Fidelius Schmid,* Weihe 1967.
Geschlossener Baukörper, in der Apsis 3schiffig; 5geschossiger S-Turm mit Spitzhelm, im Erdgeschoß Taufkapelle. Im S an die Apsis anschließend Marienkapelle und Pfarrhof.
Abendmahlrelief und Tabernakel von *Josef Zenzmaier;* Kreuzigungsgruppe A. 18. Jh.; Kreuzwegbilder von *Ruth Eichberg,* 1977/78. In der Marienkapelle Marienfigur von *Albin Moroder.*

EVANG. AUFERSTEHUNGSKIRCHE, Schmittenstraße. Erb. 1958 von *Kurt Glondys.* Einschiffiger Bau mit Satteldach und Dachreiter mit Schindel-Zeltdach; im S Pfarrhof angebaut.
Wandmalerei Schöpfung von *Walter Stengl,* um 1960. Kruzifix, Kanzel und Taufstein von *Gustav Resatz* 1958.

AUFBAHRUNGSHALLE im Friedhof, erb. um 1908 in neurom. Stil.

KALVARIENBERG an der nördl. Ortseinfahrt. 8 gemauerte Bildstöcke mit Satteldach und rundbogigen Nischen. Figurengruppen von 1923. Großer gemauerter Bildstock mit spätbar. Kreuzigungsgruppe.

SCHLOSS Rosenberg, Brucker Bundesstr. Nr. 2. Ansitz 1577 durch Brüder Karl und Hanns Rosenberger zu Rosenegg, Gewerken in Tirol und Salzburg, erbaut, 1640–1716 Freiherrn Kuen von Belasi, dann Familien bürgerlicher Bierbrauer und Wirte, 1759 an Bergwerkskollegium Hirzbach, daher alter Name auch „Verwesschloß" und „Bergschlößl", 1856–1970 Forstamt, seither Rathaus der Stadtgemeinde Zell.
Typischer Ansitz, 3geschossig mit 4 Eckerkern, an der Hauptfassade Runderker ab dem 1. Obergeschoß, Erkerdächer abgesetzt von spätgot. Walmdach. Breiter Mittelflur, in Erd- und 1. Obergeschoß Tonne mit Stichkappen, z. T. noch abgefaste Steingewände, 2 intarsierte Türblätter, um 1700, 1973 bei Sanierung vom 1. Obergeschoß in das Erdgeschoß versetzt, 1973 auch Freilegung von Balkendecken. Hauptportal an der Ostfassade, Kielbogenportal mit 2 Rundstäben. Eckerker aus statischen Gründen z. T. untermauert. Seit 1973 am Runderker Stadtwappen Zell am See, aus weißem Marmor.
Heimatmuseum, Sammelgut: Fischerei- und Feuerwehrwesen sowie bäuerlicher Schmuck.

PROFANBAUTEN. **Stadtplatz,** breiter Dreieckplatz nordwestl. der Pfarrkirche. Traufständige 2–3geschossige geschlossene Verbauung durch breitgelagerte Häuser, im Kern z. T. 16. und 17. Jh.
Nr. 1: Bezirkshauptmannschaft, ehem. Pfleggerichtsgebäude, urk. 1600 von Eb. Wolf Dietrich adaptiert; barockisierte Fassade, 1972 erneuert; tonnengewölbte

Räume, im Treppenhaus Kreuzgratgewölbe. – **Nr. 2:** Alte Post, urk. 1493, im Kern 2. H. 16. Jh.; Brand 1729; Putzfaschengliederung, Nischenfigur hl. Florian 2. H. 18. Jh.; Rückfront mit Säulenarkaden bez. 1853. – **Nr. 5:** Ehem. Gerichtsschreiberhaus, von 1683–1968 Pfarrhof, Umbau 1966/67; im Kern 16. Jh., Flur tonnengewölbt mit gratigen Stichkappen. – **Nr. 7:** Kastnerhaus, ehem. Neue Propstei; Umbau 1970. – **Bildstock,** Säulenädikula mit Figur hl. Nepomuk, 2. H. 18. Jh.

Nr. 8: Vogt- oder Kastnerturm (Fuscher- oder Thurnhaus). Erb. im 13. Jh. (?) durch Grafen von Falkenstein oder Herren von Saalfelden, im 14. Jh. Eigentum der Herren Hundt von Dorfheim, Turm gehörte als Urbarsgut zum freieigenen Sitz Dorfheim bei Saalfelden, seit 17. Jh. zahlreiche Besitzer, darunter Familie Kastner. Frühmittelalterlicher Bau, an 3 Seiten freistehend, 6geschossig mit abgewalmtem Satteldach und abgefasten Fenstergewänden. Erdgeschoß gewölbt, darüber Flachdecken; im Dachgeschoß Fensternischen mit beidseitigen Sitzbänken.

Bahnhofsstraße, Verbindung von Stadtplatz und Bahnhof. Lockere Verbauung mit Gebäuden E. 19. und 20. Jh. **Nr. 1:** Vereinshaus, erb. 1925/26, Fassade mit Putzdekor. – **Nr. 3:** Ehem. Villa Wisgrill, erb. E. 19. Jh.

Bruckerstraße, Ausfallsstraße nach S. **Nr. 2:** Schloß Rosenberg, siehe S. 503. – **Nr. 6: Bezirks- und Arbeitsgericht,** erb. 1903 von *Jakob Menis.* Giebelfassade mit Eckrisaliten sowie Portalerker.

Dreifaltigkeitsstraße, vom Postplatz zum Stadtplatz führend. Überwiegend 3geschossige Verbauung durch breite Giebelhäuser, im Kern 15.–17. Jh. **Nr. 2:** Steinerwirt, urk. 1493, Umbauten 19. und 20. Jh. – **Nr. 5:** Rentamtshaus, bez. 1568; Heimatstil-Putzdekor. – **Nr. 7:** Hotel Lebzelter, urk. 1482, Fassade 19. Jh., Nische mit bar. Figur Gottvater.

Esplanade, zwischen Seeufer und Trasse der W-Bahn. **Grand-Hotel,** erb. 1876, erweitert 1896, mehrfach umgestaltet. – **Hotel Zauner,** erb. 1919, mit Saalanbau von 1933.

Hafnerstraße, Nr. 2: Beamten-Wohnhaus von 1928.

Kirchengasse, schmale Verbindung zwischen Stadtplatz und Seegasse. Geschlossene 3–4geschossige, traufseitige Verbauung. **Nr. 2:** Wohnhaus von Alfred Kubin 1882–1892; Fassade von 1973. – **Nr. 4:** Mit Eckerker und Lisenengliederung um 1900.

Kreuzgasse, schmale Verbindung zwischen Vogtturm und Salzmannstraße. **Nr. 1:** Auerwirt, urk. 1493, abgefastes Rundbogenportal. – **Nr. 5:** Hotel Traube, späthistoristische Fassade von 1892.

Loferer Bundesstraße, Nr. 26: Nach Plan von *Wolters,* 1928.

Mozartstraße, Nr. 3: Späthistoristischer Bau, um 1900, von *Jakob Menis.* – **Nr. 10:** Pension Isabella, erb. 1912.

Postplatz, auf ansteigendem Gelände westl. der Lofererstraße, Baubestand des 17. Jhs., weitgehend erneuert. **Post,** erb. 1928, mehrteiliger Baukomplex mit Reliefdekor von *Roland Bohr.*

Saalfeldenerstraße, Ausfallsstraße nach N, in lockere Verbauung übergehend, giebelständige Häuser, z. T. in Blockbauweise, aus dem 19. Jh. **Nr. 3:** Ehem. Fischer-Haus, urk. 1567; got. gekehltes Kielbogenportal, daneben got. Fenster, Fassade von 1978. – **Nr. 5:** Metzger-Wirt, urk. 1737; Obergeschosse in Blockbau. – **Nr. 24:** Wohnhaus der Stadtgemeinde, erb. 1928 von *Karl Wolters,* mit Heimatstil-Anklängen.

Salzmannstraße, parallel zum Seeufer verlaufend. **Nr. 6:** Im Hausflur Wappenstein bez. 1564. – **Nr. 8:** Villa von 1928. – **Nr. 13:** Kern und gekehltes Rundbogenportal 16. Jh.; Ausbau um 1920 im Heimatstil.
Schmittenstraße, Nr. 15: Wohnhaus, erb. 1929/30 von *Lois Welzenbacher.* – Hauptschule nach Plan von *Fidelius Schmid,* 1929/30.
Schulstraße, Nr. 12: Späthistoristischer Bau, um 1900, von *Jakob Menis.*
Schüttdorf, Stadtteil von Zell am See, entstanden um 1920 aus dörflicher Siedlung, haufendorfartige Anlage, südl. des Stadtzentrums vor Zell am See gelegen.
Seegasse, Verbindung zum See, geschlossene Verbauung, z. T. im Kern 16. Jh.; teils giebel-, teils traufseitige 2–4geschossige Verbauung. **Nr. 1:** Gasthof Grüner Baum, Kielbogenportal bez. 1555, erneuert. – **Nr. 5:** Fischer-Wirt, urk. 1784, an der Rückfront gekehltes spätgot. Kielbogenportal, 16. Jh. – **Nr. 6:** Obergeschoß Blockbau. – **Nr. 8:** An der Fassade bar. Bild Gnadenmuttergottes, Hl. Dreifaltigkeit, Hll. Barbara und Theodor. – **Nr. 9:** Ehem. Resch-Wirtshaus, urk. 1560, gekehltes Kielbogenportal bez. 1553, Wappenstein von Georg Prugpeck; tonnengewölbte Räume, an der Rückfassade abgefastes Kielbogenportal.
Seehofgasse, Nr. 3: Ehem. Lohning-Häusl, urk. 1715; kleines bäuerliches Objekt.
Strubergasse, Nr. 4 und **4a:** Kleines Doppelhaus, Siedlungshaustypus, erb. 1927.
Wallnerstraße, Verbindung zwischen Lofererstraße und Seegasse. **Nr. 1:** Ehem. Glaserer-Haus, urk. 1659, Umbau 1958; bar. Figur hl. Nepomuk. – **Nr. 2:** Fassade mit Wandmalerei Hll. Barbara und Johannes d. T. bez. 1949. – **Nr. 9:** Kleines bäuerliches Objekt. – **Nr. 11:** Reiches spätgot. Kielbogenportal aus dem frühen 16. Jh.

BAUERNHÖFE. **Keilberg.** Hubbauer, Bruckberg Nr. 20. Paarhof, Wohnhaus mit Querflur, Erdgeschoß gemauert, Obergeschoß Blockbau. – **Oberkeilgut,** Bruckberg Nr. 22, Paarhof, Wohnhaus mit Querflur, Erdgeschoß gemauert, überdachter Gang im Obergeschoß vom Wohnhaus zum Stadel. – **Schüttgut,** Schüttgutweg Nr. 15, am Ausgang des Schüttbaches. Bmkw. das 2geschossige, schmale Nebengebäude, im Keller und Erdgeschoß gemauert, das Obergeschoß in Blockbau, Balkon über 3 Seiten.

ZELL am Wallersee, siehe SEEKIRCHEN

ZELLHOF, siehe MATTSEE

NACHTRÄGE

Zu S. 133:

GROSSARL. Polit. Bez. St. Johann i. P.

ALTE WACHT, in A u. Ehem. Straßenmautstelle im Schluchtbereich des Talausganges nahe dem Stegbachgraben. Wohl zugleich mit Straßenbau 1566 erste Maut zur Kontrolle und Verzollung von Handelswaren erb., 1680/81 Neubau in heutiger Form, Reparaturen 1802, 1835 und seit ca. 1950 laufend, bedingt durch modernen Verkehr.
Reiner Blockbau, 2 Geschosse auf talseitigem Mauersockel, Obergeschoß mit niedrigen Kammern überbaut die Straßendurchfahrt bis zum Fels, südseitig Balkon auch über Straße, Walmdach. Gegen N talseitig 2geschossiger Zubau, ebenfalls Holzblockbau, diente als Unterkunft für Wachmannschaft.

Zu S. 213:

LOFER. Polit. Bez. Zell am See

SCHOBERWEISSBACH-KLAUSE, Holztriftklause südöstl. des Mayrberges am Schoberweißbach. Urk. 1554 (?), Standort wechselte, an heutiger Stelle um 1834 erb., 1860 Neubau in Stein, Reparaturen 1862 und 1906. Trifteinstellung 1912. Ausbau einer Forststraße über Mauerkrone 1981. Aus großen Steinquadern gefügte Talsperre mit 2 rechteckigen Wassertoren, neue Betonplatte für Straßenbrücke als Bekrönung.

Zu S. 214:

MAISHOFEN. Polit. Bez. Zell am See

SCHLOSS Saalhof, A t z i n g Nr. 26, weithin sichtbar in der Ebene nahe dem Talausgang von Saalbach. Urk. 1423 Oswald der Eisenstang zu Saal, um 1455 Familie Hackl, 1584 Familie Aman von Judendorf, bringen 1606 Schloß in heutige Gestalt, nach 1620 Familie Riedl, ab 18. Jh. zahlreiche Besitzer, ab 1840 bürgerliche und bäuerliche Besitzer.
Typischer Salzburger Ansitz, etwa quadrat. Grundriß, 3 Geschosse, Dachgeschoß mit Speicheröffnung, an den Gebäudeecken je ein quadrat. Aufsatztürmchen mit Zeltdach, das steile Walmdach flankierend; durchgehender Mittelflur mit an der O- und W-Seite je einem Kielbogenportal mit Steingewände, über dem östl. Portal Marmor-Allianzwappen Familie Aman-Grimming mit Bauinschr., bez. 1606; Erdgeschoß sowie Halle im 1. Obergeschoß gewölbt, von ehem. reicher Ausstattung noch ein Raum mit Täfelung, A. 17. Jh., erhalten.
Östl. des Schlosses, jenseits der alten Straße nach Maishofen **Meierhaus** des Schlosses, im südl. Wohnbereich 2geschossig gemauert, Fenster mit Steingewänden, flaches Satteldach, erb. A. 17. Jh., diente im 19. Jh. auch als Schulhaus für Maishofen, heute leerstehend.

Zu S. 492:

WERFEN. Polit. Bez. St. Johann i. P.

WIMMER-SCHMIEDE, in Imlau, an der Hauptstraße. Esse als Rest der abgebrochenen, früher erdgeschossig angebauten Werkstätte, bruchsteingemauert, Grundriß ca. 2 × 2 m, ca. 6 m hoch, über Abdeckplatten stark verjüngter Kaminaufsatz; wohl M. 19. Jh.

STADT SALZBURG

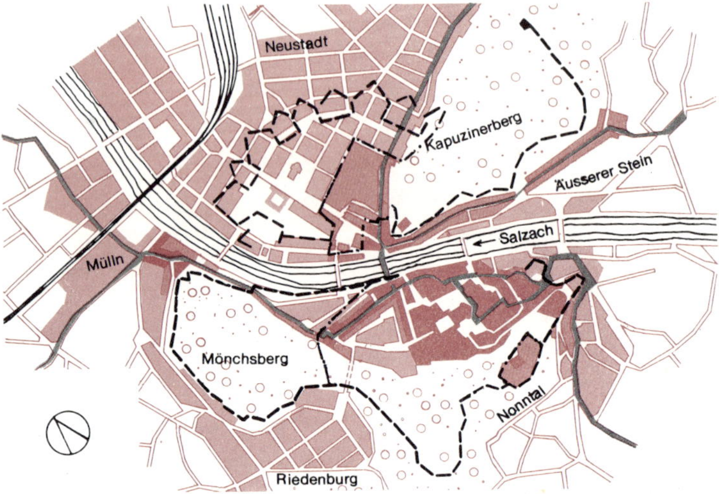

Salzburg, Stadtentwicklungsplan

Mittelalter bis 13. Jh.
bis M. 16. Jh.
bis 1914
historische Straßenzüge

Mittelalterliche Befestigungen
Neuzeitliche Befestigungen

Salzburg, Übersichtsplan, Legende

1 Schloß Freisaal, S. 651
2 Herz-Jesu-Asylkirche, Riedenburg, S. 654 f.
3 Maxglaner Pfarrkirche, S. 655 f.
4 Ehem. Pestspital hl. Rochus (Stiegl-Brauerei), Kendlerstraße 1, S. 658
5 Landestaubstummenanstalt, Lehenerstraße 1–3, S. 662
6 Pfarrzentrum hl. Martin, S. 661
7 Anstaltskirche hl. Salvator, S. 661
8 Schloßbauerngut, S. 661 f.
9 Lieferinger Pfarrkirche, S. 660 f.
10 Hauptbahnhof, S. 669
11 Pfarrkirche hl. Elisabeth, Elisabethvorstadt, S. 664
12 Pfarrkirche hl. Antonius, Itzling, S. 664
13 Robinighof, S. 667
14 Schloß Neuhaus, S. 666 f.
15 Gnigler Pfarrkirche, S. 664 f.
16 Pfarrkirche Hl. Blut, Parsch, S. 671
17 Aigner Pfarrkirche, S. 670 f.
18 Aigner Schloß, S. 672
19 Kommunalfriedhof, S. 685
20 Gottessiedlung zur hl. Erentrudis, S. 674
21 Schloß Hellbrunn, S. 676 ff.
22 Schloß Emslieb, S. 684
23 Schloß Emsburg und Kreuzhof, S. 683, 684
24 Schloß Herrenau, S. 682
25 Rupertihof, S. 682 f.
26 Fronburg, S. 683 f.
27 Montforterhof, S. 681
28 Morzger Pfarrkirche, S. 674 f.
29 Schloß Leopoldskron, S. 686 ff.
30 Pfarrkirche Maria Hilf, Moos S. 686

Salzburg, Übersichtsplan

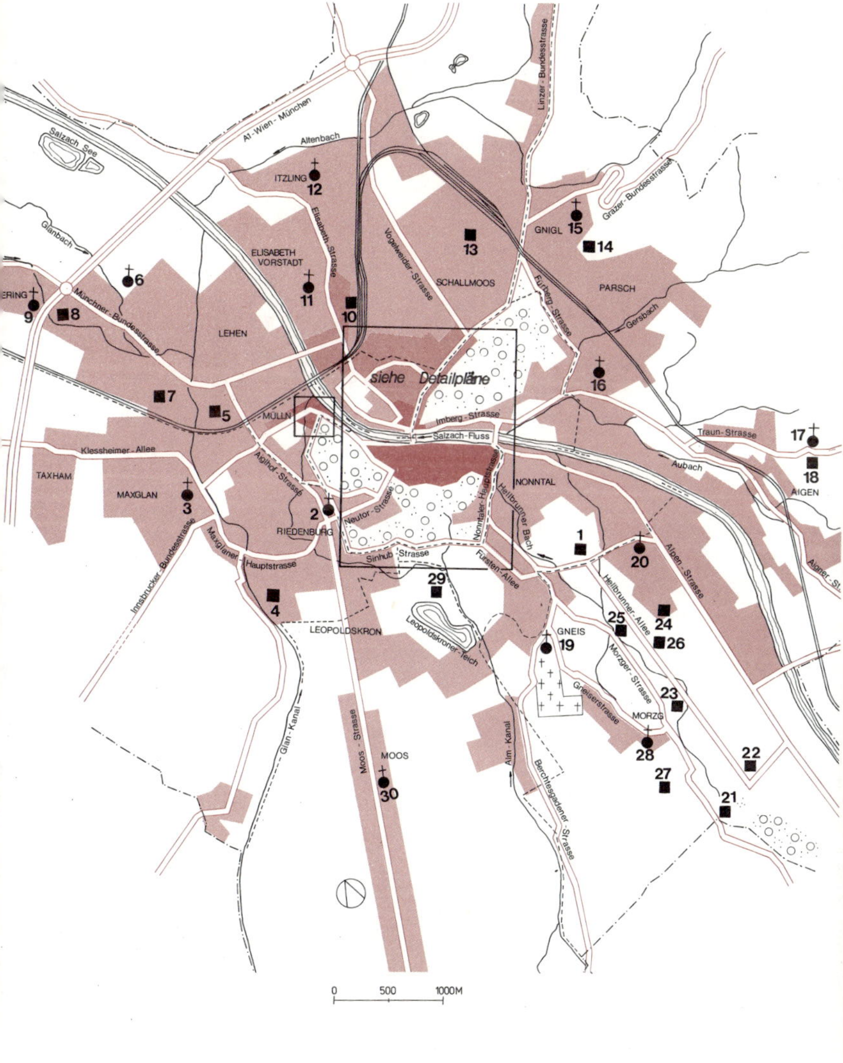

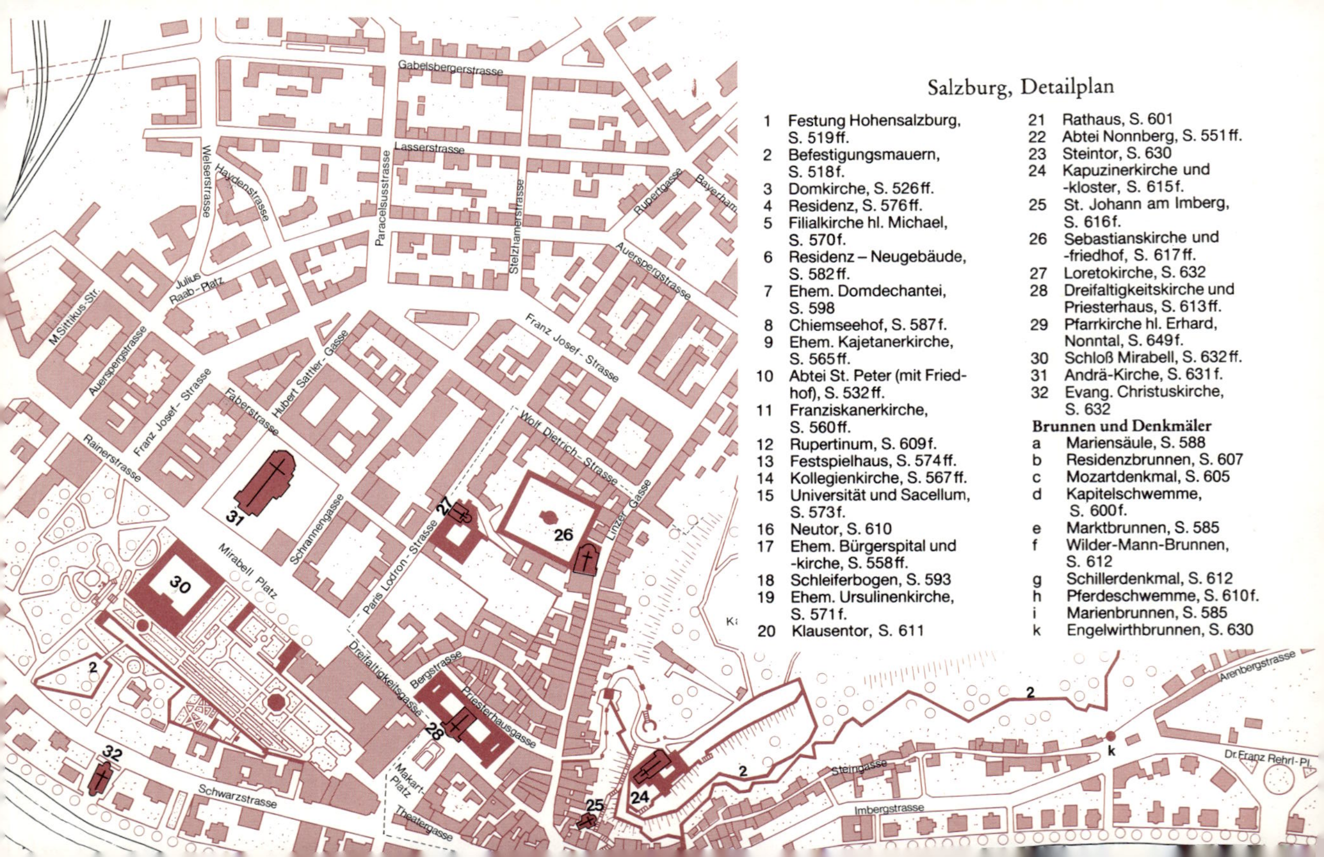

Salzburg, Detailplan

1 Festung Hohensalzburg, S. 519ff.
2 Befestigungsmauern, S. 518f.
3 Domkirche, S. 526ff.
4 Residenz, S. 576ff.
5 Filialkirche hl. Michael, S. 570f.
6 Residenz – Neugebäude, S. 582ff.
7 Ehem. Domdechantei, S. 598
8 Chiemseehof, S. 587f.
9 Ehem. Kajetanerkirche, S. 565ff.
10 Abtei St. Peter (mit Friedhof), S. 532ff.
11 Franziskanerkirche, S. 560ff.
12 Rupertinum, S. 609f.
13 Festspielhaus, S. 574ff.
14 Kollegienkirche, S. 567ff.
15 Universität und Sacellum, S. 573f.
16 Neutor, S. 610
17 Ehem. Bürgerspital und -kirche, S. 558ff.
18 Schleiferbogen, S. 593
19 Ehem. Ursulinenkirche, S. 571f.
20 Klausentor, S. 611
21 Rathaus, S. 601
22 Abtei Nonnberg, S. 551ff.
23 Steintor, S. 630
24 Kapuzinerkirche und -kloster, S. 615f.
25 St. Johann am Imberg, S. 616f.
26 Sebastianskirche und -friedhof, S. 617ff.
27 Loretokirche, S. 632
28 Dreifaltigkeitskirche und Priesterhaus, S. 613ff.
29 Pfarrkirche hl. Erhard, Nonntal, S. 649f.
30 Schloß Mirabell, S. 632ff.
31 Andrä-Kirche, S. 631f.
32 Evang. Christuskirche, S. 632

Brunnen und Denkmäler

a Mariensäule, S. 588
b Residenzbrunnen, S. 607
c Mozartdenkmal, S. 605
d Kapitelschwemme, S. 600f.
e Marktbrunnen, S. 585
f Wilder-Mann-Brunnen, S. 612
g Schillerdenkmal, S. 612
h Pferdeschwemme, S. 610f.
i Marienbrunnen, S. 585
k Engelwirthbrunnen, S. 630

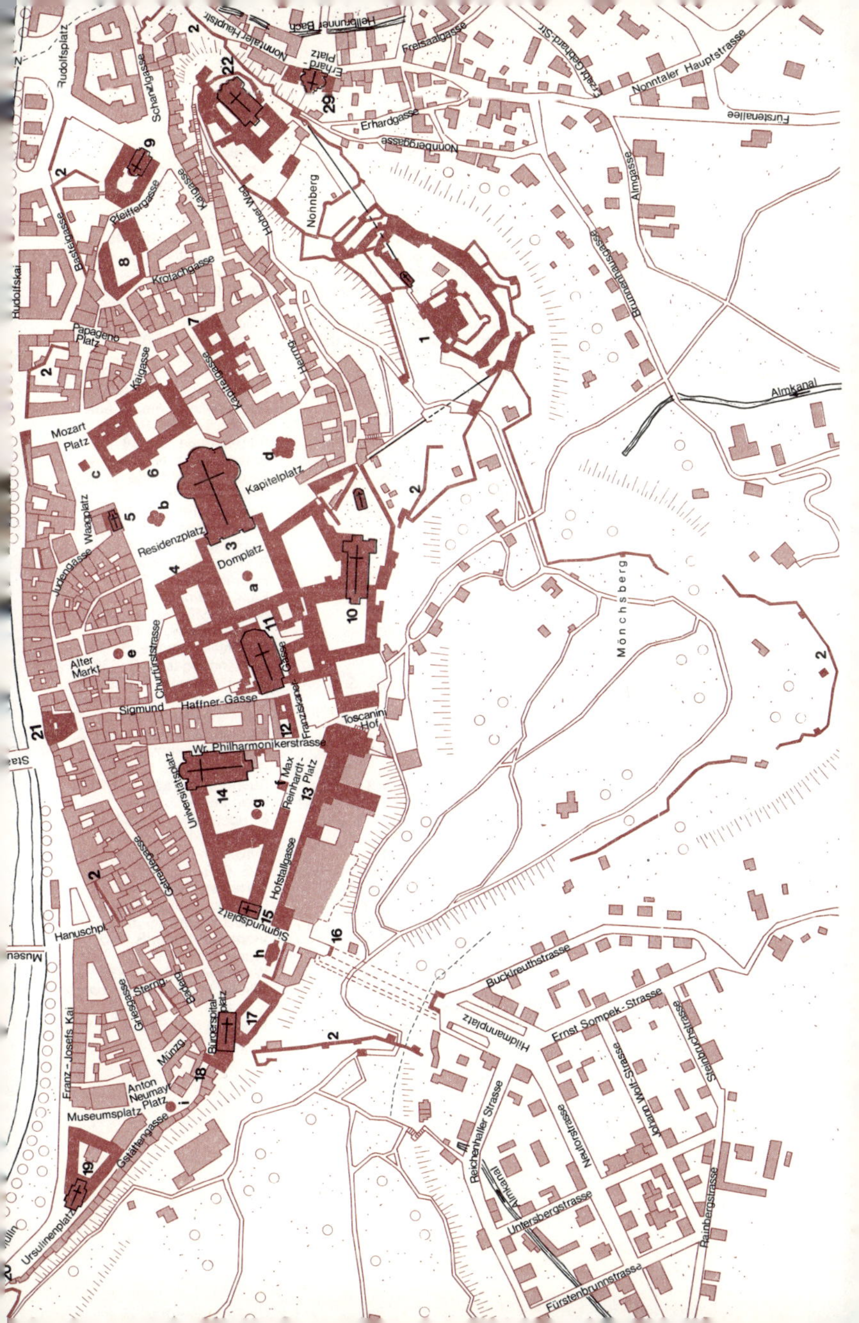

Rudolfsplatz
Scharnzlgasse
Nonntaler Hauptstr.
Hellbrunner Bach
Erhard-platz
Freisaalgasse
Erzbf.Gebhard-Str.
Nonntaler Hauptstrasse
Fürstenallee
Erhardgasse
Nonnberggasse
Almgasse
Nonnberg
Hoher Weg
Kaigasse
Pfeiffergasse
Bastei-gasse
Rudolfskai
Krotachgasse
Brunnhausgasse
Papagenoplatz
Kaigasse
Kapitelgasse
Herrng.
Almkanal
Mozart Platz
Kapitelplatz
Waagplatz
Residenzplatz
Domplatz
Judengasse
Mönchsberg
Churfürststrasse
Alter Markt
Sigmund Haffner-Gasse
Franziskaner-Gasse
Toscanini Hof
Wr. Philharmonikerstrasse
Universitätsplatz
Max Reinhardt-Platz
Hofstallgasse
Getreidegasse
Sigmundsplatz
Hanuschpl.
Museu
Bucklreuthstrasse
Griesgasse
Sterng.
Badeng.
Bürgerspital-platz
Ernst Sompek-Strasse
Hildmannplatz
Münzg.
Franz-Josefs Kai
Anton Neumayr Platz
Museumsplatz
Gstättengasse
Reichenhaller Strasse
Neutorstrasse
Johann Wolf-Strasse
Steinbruchstrasse
Almkanal
Untersbergstrasse
Rainbergstrasse
Fürstenbrunnstrasse
Ursulinenplatz
1
2
3
4
5
6
7
8
9
10
11
12
13
14
15
16
17
18
19
20
21
22
29
a
b
c
d
e
f
g
h
i

Salzburg-Stadt, Straßenverzeichnis

SALZBURG, LANDESHAUPTSTADT

Die Hauptstadt des Bundeslandes liegt am Nordrand der Alpen im Salzburger Becken, zu beiden Seiten der Salzach. Sie umfaßt neben dem historischen Zentrum, der ehem. fürsterzbischöflichen Residenzstadt, ein weit ausgedehntes bebautes Gebiet, das sich zwischen dem Plainberg im N, dem Gaisberg im O, dem Untersberg mit vorgelagertem Moor im SW und der Saalach im NW erstreckt; ein Gebiet, dessen vom 17. Jh. bis zum E. des 19. Jhs. kaum veränderte Struktur einer die Stadt umgebenden, von Ausfallstraßen und Alleen durchzogenen Landschaft mit wenigen Dörfern, Einzelgehöften, Landsitzen und Schlössern durch die Stadtentwicklung und Bebauung ab 1920, insbesondere ab 1950, von neuen Strukturen überlagert wurde. Die Altstadt ist von diesem Gebiet an drei Seiten durch Inselberge des Salzburger Beckens, Mönchsberg, Festungsberg und Kapuzinerberg mit vorgelagertem Bürglstein, abgegrenzt, während im N ein im Gefolge des Bahnbaues und nach Schleifung der Befestigungsanlagen entstandenes gründerzeitliches Viertel den Übergangsbereich bildet.

Die römerzeitliche Stadt. Die Fläche der heute bestehenden mittelalterlichen und neuzeitlichen Altstadt war vor den Römern unbesiedelt, doch fanden sich auf allen Stadtbergen (Mönchsberg, Kapuziner- und Festungsberg, Rainberg) Spuren prähistorischer Besiedelung. Die bedeutendste dieser Höhensiedlungen – mit einer Kontinuität von der Jungsteinzeit bis zum Beginn der römischen Herrschaft – befand sich auf dem Rainberg. (Das reiche, z. T. durch Steinbrucharbeiten zutage geförderte Fundmaterial wird im SMCA verwahrt.) Einige Jahre nach Christi Geburt wurde das Gebiet des heutigen Stadtzentrums von der römischen Verwaltung als Standort für eine autonome Stadt bestimmt. Für die Platzwahl gab die Lage an der engsten Stelle der Salzach und um den Knotenpunkt dreier Reichsstraßen (Salzburg–Augsburg, Salzburg–Wels, Salzburg–Aquileia) den Ausschlag, so daß die Römersiedlung eine typische Straßen- und Brückenstadt darstellte, die etwa dreißig Jahre nach dem Beginn der Besiedlung mit dem Stadtrecht ausgestattet wurde und von da an mit vollem Namen Municipium Claudium Iuvavum hieß.
Der Verlauf der erwähnten drei römischen Landstraßen innerhalb der Stadtgrenzen deckt sich mit der Getreidegasse, der Linzer Gasse und der Steingasse, die Brücke befand sich nur wenige Meter östlich der heutigen Staatsbrücke. Ansonsten stimmt der moderne Stadtgrundriß mit dem römischen nicht überein. Die besiedelte Fläche war zur Römerzeit etwa gleich groß wie um die Mitte des 19. Jhs. Vor den Toren liegende Gräberfelder wurden beim Bürglstein und am Ende der Linzer Gasse gefunden. Das Municipium des 1. Jhs. n. Chr. bestand anscheinend zur Gänze aus Holz- und Fachwerkbauten (gut erkennbar anläßlich Grabungsarbeiten für das Kleine Festspielhaus, 1937), bis an der Wende vom 1. zum 2. Jh. die Häuser auf dem nach Überschwemmungen um rund 1 m angehobenen Niveau in Steinbauweise neu errichtet wurden. Aus den bisherigen Grabungen im Stadtbereich ergibt sich, daß der Grundriß nicht dem sogenannten hippodamischen System mit regelmäßigen, einander im rechten Winkel schneidenden Straßen entsprach, sondern völlig unregelmäßig war. Eine gewisse Ordnung zeigt sich nur insoweit, als der Westen der linksseitigen Altstadt (vom Siegmundsplatz bis etwa zur Sigmund-Haffner-Gasse) von einem Handwerkerviertel, der Bereich östlich davon (bis zum Kajetanerplatz) von vornehm ausgestatteten Wohnhäusern eingenommen wurde; am rechten

Salzachufer sind zur Zeit nur Handwerksbetriebe nachgewiesen. Die Lage des Forums mit den zentralen öffentlichen Bauten ist bisher unbekannt; als einziges öffentliches Bauwerk ließ sich ein großer Tempel für mehrere Gottheiten (unter ihnen Asklepios) in der Kaigasse nachweisen.
Nach Zerstörungen im Verlauf des Markomannenkrieges zwischen 170 und 180 n. Chr. kam es zu umfangreichen Wiederaufbauarbeiten, die durch Inschriften nachgewiesen werden können; sie wurden anscheinend teilweise unter Mithilfe des Militärs durchgeführt und etwa gegen 205 n. Chr. abgeschlossen. Im Zuge der Wiederherstellung erhielten viele Häuser erstmals künstlerischen Schmuck in Form von Mosaikfußböden. – Das Handwerkerviertel im Bereich der Alten Universität wurde nicht wieder errichtet, die Fläche war vom 3. Jh. n. Chr. bis zum Universitätsbau 1618 unverbaut. Die Gestalt der römischen Stadt blieb bis ins 4. Jh. n. Chr. unverändert, aus dieser Zeit sind (z. B. am Mozartplatz) noch Mosaikböden überliefert. Veränderungen sind für das späte 4. Jh. n. Chr. nachweisbar, so beispielsweise am Domplatz, wo ein vornehmes Peristylhaus nicht nur seine Größe und äußere architektonische Form, sondern anscheinend auch seine Funktion als Wohnanlage einbüßte.
Wieviel von der alten Substanz im 5. Jh. n. Chr. erhalten war und bewohnt wurde, ist fast völlig unbekannt; Ausnahmen sind das Haus unter dem Mozart-Denkmal und vielleicht der Nonnberg. – Kultbauten des spätrömischen Christentums konnten in Salzburg bis jetzt nicht nachgewiesen werden; Funde des späteren 5. und des 6. Jhs. im Stadtbereich fehlen bisher. Ein frühbairisches Gräberfeld im Zentrum der Römerstadt (unter dem Kapitelplatz, vielleicht bis zur Michaelskirche reichend) spricht für die Verödung Iuvavums am Ende der Antike. Oberirdisch blieb von der Vorgängersiedlung Salzburgs, die innerhalb des römischen Städtewesens den Typus der zivilen Kleinstadt nordalpinen Charakters vertritt, nichts erhalten.

Stadtgeschichte. Die mittelalterliche Geschichte der Stadt beginnt mit der Schenkung des „oppidum“ Salzburg und eines „castrum superius“ auf der Nonnbergterrasse durch den Bayernherzog Theodo an den rheinfränkischen Bischof Rupert um 696. Rupert errichtete eine Kirche bei St. Peter oder an der Stelle des heutigen Domes, er gründete wahrscheinlich ein Männerkloster oder erneuerte eine bestehende Mönchsgemeinschaft, und er gründete um 712/13 das Frauenkloster Nonnberg für seine Verwandte Erentrudis. Seit 739 ist Salzburg Sitz eines Diözesanbischofs, 798 Erzbistum. Unter Bischof Virgil 767–774 Dombau. In der Nähe des Brückenkopfes, am Waagplatz, entstand eine bayerische Pfalz, urk. 788 (curtis publica = Pfalz?) erwähnt, mit einer Kapelle St. Michael. Die Marienkirche (ab 1139 Pfarrkirche, heute Franziskanerkirche) bestand spätestens seit A. des 9. Jhs. Urk. 930 eine „porta“ bei der Pfalz genannt, wo sich im Bereich der Judengasse eine Siedlung für Fernkaufleute entwickelte. 996 verlieh Kaiser Otto III. Eb. Hartwig das Marktrecht und das Münzregal. Auch am re. Ufer bestand bereits im 10. Jh. eine kleine Siedlung mit Kirche. 1077 erster Bau der Feste Hohensalzburg errichtet.
1110 überließ Eb. Konrad I. mit einer Schenkung dem Kloster St. Peter Gebäude im bestehenden Stiftsbereich. 1130 Neubau der Stiftskirche. Bei St. Peter entstand, wahrscheinlich nach 1130, ein Frauenkonvent (1583 aufgehoben) mit Wohngebäude bei der Marienkirche; der westlich daran anschließende Garten blieb bis zum 17. Jh. unverbaut. Am li. Ufer war mit dem Dom, der

Bischofsresidenz nordwestl. des Domes, dem Domkloster an dessen Südseite, dem Stift St. Peter und dem Frauengarten ein ausgedehnter geistlicher Bezirk entstanden. Während des 12. Jhs. Ausdehnung der bürgerlichen Siedlung; in der Getreidegasse und der Abtsgasse (= Sigmund-Haffner-Gasse) wurden Hofstätten angelegt, und auch am Kai entstanden neue Siedlungsstätten. In Mülln, außerhalb der Stadt, werden seit dem 12. Jh. Mühlen genannt. 1167 Stadtbrand. 1181 Neubau des Domes begonnen. Weitere Brände 1196, 1200, 1203, 1270, 1312, 1383. Im 13. Jh. wurde zwischen dem ältesten Stadtteil mit Judengasse und Goldgasse, der Residenz, dem Salzachufer und der Sigmund-Haffner-Gasse ein Rechteckplatz (heute Alter Markt) angelegt. Um 1280 erste Stadtbefestigung. Beim Westtor am Ende der Getreidegasse entstand 1327 das Bürgerspital, und außerhalb der Stadt, im Nonntal, wurde ein Siechenhaus des Klosters Nonnberg errichtet. Neue Stadttore werden in der 2. Hälfte des 14. Jhs. an den Ausfallstraßen nach N (1357 Klausentor) und nach O (1373 äußeres Oster- oder Linzer Tor) erwähnt. 1368 unter Eb. Pilgrim II. ein Stadtrecht kodifiziert. 1399 (1407) wurde das Rathaus vom Waagplatz an die heutige Stelle verlegt. 1465 bis 1480 Erneuerung der Stadtmauer.

Im Spätmittelalter und im 16. Jh. Blütezeit des Handels, für diesen waren die Verbindung mit Venedig durch die Tauernstraße, der Verkehrsweg nach NW in den süddeutschen Raum und auch der schiffbare Fluß von besonderer Bedeutung; die von der Straße nach Linz bei Gnigl in das Salzkammergut abzweigende Straße war die Transportroute für steirisches Eisen. Bestrebungen der Bürgerschaft nach größerer Unabhängigkeit vom Landesherrn, sie erhielten durch von Kaiser Friedrich III. 1481/82 verliehene Privilegien besonderen Auftrieb, wurden unterdrückt. Im 16. Jh. wurde ein Großteil der Bürgerhäuser umgebaut oder neu errichtet.

1587 wurde Wolf Dietrich von Raitenau Erzbischof. Seine Planungen, die z. T. durch Beratung von *Vincenzo Scamozzi* entstanden, leiteten die Umgestaltung der mittelalterlichen Stadt zu einer barocken Residenzstadt ein. Zur Neugestaltung des Dombezirkes und für den Neubau einer Residenz ließ er 55 Bürgerhäuser zwischen Waagplatz und Kaigasse und das Domkloster niederreißen. Der Domfriedhof wurde aufgehoben und als Ersatz der Sebastiansfriedhof am Rand der Siedlung rechts der Salzach ausgestaltet. Nach dem Brand des romanischen Domes 1598 setzten die Planungen für einen Neubau ein, der jedoch erst unter seinem Nachfolger Markus Sittikus realisiert wurde. Eb. Wolf Dietrich erbaute im ehem. Frauengarten den Hofmarstall und eröffnete dadurch einen neuen Straßenzug, der nach einem Durchbruch zwischen dem ehem. Frauenkloster und der Pfarrkirche vom Bürgerspitalplatz zum Dom führte. Auch vor der Stadtmauer, am Gries, entstand ein neuer Straßenzug und außerhalb der Stadt, am re. Ufer, das Lustschloß Altenau (Mirabell). Weitab im S der Stadt ließ Eb. Markus Sittikus (1612–1619) sein durch eine Allee mit der Stadt verbundenes Lustschloß Hellbrunn errichten. Unter Eb. Paris Lodron (1619–1653) wurde der Dombau vollendet, die Stadt wurde neu befestigt, das Areal am Gries in die Befestigung miteinbezogen und am re. Ufer die Stadt gegen N erweitert. Entscheidend für die bis heute überlieferte künstlerische Gestalt der Stadt wurden schließlich das Mäzenatentum des Eb. Johann Ernst Thun (1687–1709) und die Berufung *Johann Bernhard Fischers von Erlach* als Baumeister für die Stiftungen des Fürstbischofs Ursulinenkloster, Priesterhaus, Johannesspital und für die Kollegienkirche im

Zentrum der Stadt. Mit einem Durchstich des Mönchsberges wurde 1766 eine neue Ausfahrt nach W hergestellt (Neutor oder Sigmundstor).
Die Napoleonischen Kriege brachten das Ende der geistlichen Herrschaft in Salzburg; Eb. Hieronymus Graf Colloredo floh 1800 nach Wien und dankte 1803 als Landesfürst ab. Salzburg fiel als Kurfürstentum an den als Großherzog von Toskana entthronten Ferdinand von Habsburg-Lothringen. 1805 kam Salzburg an Österreich, 1809 unter französische Verwaltung, 1810 an Bayern und 1816 endgültig an Österreich. Die Stadt war Sitz eines Kreisamtes des Landes Oberösterreich, erst 1850 wurde Salzburg selbständiges Kronland und die Stadt 1861 Sitz einer Landesregierung. Ein Stadtbrand 1818 am re. Ufer der Salzach beschädigte 78 Häuser und Schloß Mirabell. Salzburg war Anziehungspunkt für die Maler der Romantik und des Biedermeier. 1834 Gründung des städtischen Museums.
Die Bautätigkeit hatte in Salzburg in der 1. H. des 19. Jhs. fast vollständig stagniert. Erst mit dem Bau der Eisenbahnlinie Wien–München setzte eine städtebauliche Weiterentwicklung ein. Ab 1852 wurden die Ufer der Salzach reguliert, 1860 die Bahn eröffnet, die Stadt wurde als Festung aufgelassen und 1866 der Stadtgemeinde das Gebiet des Festungsgürtels zwischen Schloß Mirabell und Kapuzinerberg geschenkt. Auf diesem Areal und auf den durch die Flußregulierung gewonnenen Landstreifen entstanden bis zum A. des 20. Jhs. gründerzeitliche Viertel. Ansätze zu einer gründerzeitlichen Verbauung gibt es auch nördlich der Bahnlinie sowie an der Südseite des Mönchsberges vor dem Neutor und mit einzelnen Villen in Parsch. 1921 wurde ein kommunales Wohnbauprogramm beschlossen, Wohnhausanlagen entstanden in der Elisabeth-Vorstadt und in Lehen.
Die Gründung einer Festspielgemeinde erfolgte 1917; ab 1925 Umbau des ehem. Hofmarstalls in mehreren Etappen zum gegenwärtigen Festspielbezirk. 1935/36 und 1939 Eingemeindung der der Stadt benachbarten Dorfgemeinden. Die im 2. Weltkrieg durch Bomben zerstörte Domkuppel, ein Teil des Neugebäudes und des Bürgerspitals wurden nach 1945 rekonstruierend wiederhergestellt, zerstörte Bürgerhäuser im Kaiviertel und am Gries z. T. dem Bestand angepaßt wieder aufgebaut. Der enorme Anstieg der Einwohnerzahl (66.000 vor 1938, 129.000 im Jahr 1971) und der schlechte Wohnungsstandard forderten eine intensive Bautätigkeit in den letzten drei Dezennien heraus.

STADTBEFESTIGUNG. Nur auf Stadtbergen, Mönchs- und Kapuzinerberg weitgehend erhalten, sonst nur Reste; die wenigen erhaltenen Tore und Pforten oftmals umgebaut. Phase I: Erste Stadtmauer um 1280 mit Zinnenbekrönung, Verlauf vom Gstättentor parallel zum Salzachufer zum Nonntaler Tor am N-Fuß des Nonnberges; re. der Salzach Bereich Lederer- und Königsgäßchen – Ostertor – inneres Steintor, darüber Trompeterschlößchen auf dem Kapuzinerberg, dieser Teil vollendet gegen 1290. – Phase II: Ca. 1465 und 1480 Verstärkung und Erhöhung der Mauer, Umbau von ungedecktem Wehrgang hinter Zinnen-Brustwehr auf gedeckten Holzwehrgang auf Steinkonsolen; Verlauf weitgehend unverändert, nur re. der Salzach Erweiterung vom Lederertor salzachabwärts mit Knick auf Linie der heutigen Paris Lodron- und Wolf Dietrich-Straße zum Linzertor. – Phase III: Zeit des 30jährigen Krieges unter Eb. Paris Lodron, Befestigungsbauten ca. 1620–1646; Einbeziehen des Mönchs- und Kapuzinerberges in die Stadtbefestigung, großteils neue

Stadtmauer mit neuen Schanzenanlagen entlang der li. Salzachböschung, neue Stadttore; Miteinbeziehen des „Grieses“ durch Mauerzug von Brücke bis zum Klausentor; re. der Salzach Neubau eines Bastionsgürtels viertelkreisförmig vom Linzertor bis zur Salzach nach Plänen des Dombaumeisters *Santino Solari;* Anlage im 4. V. des 19. Jhs. nach Aufhebung der Stadt als Festung zugunsten der Stadterweiterung geschliffen; Befestigungsbauten Paris Lodrons nur noch auf Stadtbergen gut erhalten.
Erhaltene Reste. Phase I: Originaler Teil bei Kapuzinerberg-Aufgang, als Nordfassade des Objektes Linzergasse 12. – Phase II: Weitgehend originaler Teil zwischen Paris Lodron-Straße Nr. 2 und 4 (Loretokloster); trotz Überbauung durch Bürgerhäuser auch im Badergäßchen, Nr. 2 und 4, Rückfassaden gegen N erkennbar; urspr. Höhe an Steinkonsolen ablesbar. – Phase III: Rudolfskai, im Bereich des Mozartsteges sowie Gartenbereich des Spitales der Barmherzigen Brüder und Basteigasse, Reste auch am äußersten, östl. Sporn des Nonnberges gegen Nonntaler Hauptstraße; westl. Abschluß des Mirabellgartens mit vorgelagerter Bastei „Zwerglgarten“.
Erhaltene Torbauten. Gstättentor oder Schleiferbogen, siehe Getreidegasse Nr. 51. – Nonnbergtor, siehe Nonnberggasse Nr. 7. – Ehem. Nonntaler Tor, siehe Schanzlgasse Nr. 14. – Steintor, ehem. inneres Steintor, siehe Steingasse Nr. 23. – Klausentor, siehe Ursulinenplatz Nr. 10.

FESTUNG HOHENSALZBURG. Wahrzeichen der Stadt, Stadtbild und Umgebung beherrschend, auf steilem Felskegel gelegen. Erb. im Investiturstreit 1077 durch Eb. Gebhard als zentrale und wichtigste landesfürstliche Burg des Erzstiftes Salzburg. Erster Bau rom. Palas mit die Bergkuppe umschließender Ringmauer. Um 1465 Verstärkung vor allem der Ringmauer durch Eb. Burkard von Weißpriach; unter Bernhard von Rohr und Johann III. Beckenschlager etwa 1480 und 1484 wesentliche Umbauten am Palas, dem „Hohen Stock“. Eb. Leonhard von Keutschach erweitert 1495–1519 die Festung bis auf wenige Details zur heutigen Gestalt, prunkvolle Ausstattung der Wohnräume; weitere Verstärkung unter Kardinal Matthäus Lang von Wellenburg, während seiner Regierungszeit einzige (vergebliche) Belagerung der Festung im Bauernkrieg 1525. Um 1630 unter Eb. Paris Lodron vor allem Anbau westl. vorgelagerter Basteien im Sinne moderner Waffentechnik, zugleich Verbindung zu Wehrbauten auf dem Mönchsberg; letzte Erweiterung Kuenburgbastei 1681. Seit der Säkularisierung des Erzstiftes 1803 ärarischer Besitz, Festung diente neben Bereichen als Gefängnis bis 1938 hauptsächlich als Kaserne; 1891 von N her durch Drahtseilbahn erschlossen; umfangreiche statische Absicherungen in Etappen zwischen 1951 und 1981. Zahlreiche Steinwappen der Erzbischöfe.
An steilem Weg aus der Altstadt folgende Bauten: Wehrmauer talseitig vor dem 1. Sperrbogen mit Verbindung zu „Katze“ (siehe Mönchsberg-Befestigungen), Inschrifttafel mit Wappen Max Gandolf von Kuenburg, bez. 1670. Darüber **1. Sperrbogen,** erb. 1642, oberhalb der Durchfahrt Wappen Paris Lodron, abgetreppte Schießluken im Obergeschoß; von hier abgetreppte Wehrmauer zum **2. Sperr- oder Keutschacherbogen,** 4geschossiger Torbau mit Walmdach, an der Innenseite Wappentafel Leonhard von Keutschach mit Bauinschr., bez. 1513, gegen W Reste kleiner Bastei oberhalb des Weges. Am Fuße der etwa 30 m hohen Kuenburgbastei vorbei über ehem. Zugbrücke, heute gemauert, zu **3. Sperrbogen oder Bürgermeistertor,** erb. um 1500, beidseits des Tores

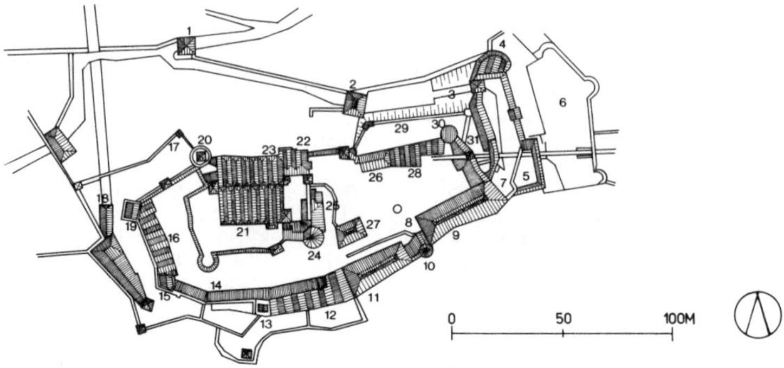

Festung Hohensalzburg, Übersichtsplan

1 1. Sperrbogen
2 2. Sperrbogen
3 3. Sperrbogen
4 Bürgermeisterturm
5 Schlangengang
6 Nonnbergbastei
7 Roßpforte
8 Schleuderpforte
9 Zeughaus
10 Schmiedturm
11 Schüttkasten
12 Arbeitshaus
13 Geyerturm
14 Speisehaus
15 Hasenturm
16 Salzmagazin und Stallung
17 Hasengrabenbastei
18 Bergstation Drahtseilbahn
19 Reckturm
20 Glockenturm
21 Hoher Stock
22 Stockhaus
23 Fürstenzimmer
24 Kuchelturm
25 Schulhaus
26 Festungskirche hl. Georg
27 Kaplanstöckl
28 Reiszuggebäude
29 Kuenburgbastei
30 Trompeterturm
31 Reisturm

tiefsitzend abgetreppte Kettenlöcher, Durchfahrt und inneres Portal durch Wappen Paris Lodron bez. 1644.

Gegen N vorspringend **Bürgermeisterturm,** erb. 1524 durch Matthäus Lang, nach 3 Seiten abgerundeter Geschützturm, Mauerstärke 4,5 m, in 2 Geschossen Geschütznischen mit kreisrunden Scharten, Dachgeschoß urspr. freie Plattform, seit 1715 Grabendach; urspr. offene Innenseite des Bürgermeisterturmes durch Wand geschlossen unter Wolf Dietrich, Wappentafel bez. 1588. Dach überragt durch über 3. Sperrbogen auf Konsolen aufgesetztem unterem Trompeterturm, erb. 1506. – Weg nun in Knick nach S, westl. oberhalb der Felswand Mesner- oder Schmiedstöckl, erb. um 1506, kleine, einfache Wohnbauten; darunter am Fels kleines Marmorrelief, Kruzifix, um 1500. Östl. begleitend **Schlangengang,** hohe Wehrmauer mit überdachtem Wehrgang an der Mauerkrone, an der Außenseite Kragsteine für früheren hölzernen Wehrgangschirm, erb. um 1480 unter Bernhard von Rohr. Östl. unterhalb vorgelagert die **obere** und **untere Nonnbergbastei,** erb. 1524 und 1526 unter Matthäus Lang, beide Basteien und Schlangengang durch Reiszug durchbrochen.

Der Schlangengang schließt im S an die **Roßpforte,** südöstl. Eckpfeiler der mittelalterlichen Ringmauer; Roßpforte erb. um 1500 als freistehende, 4geschossige Torturmanlage, über Tor 3 gestufte Geschützscharten, darüber breiter Wurferker mit dreieckigen Senkscharten; hier eingemauert keltischer Kopf aus Stein (Original im SMCA); innen langes abgetrepptes Tonnengewölbe mit Stichkappen der steilen Durchfahrt bis zur **Schleuderpforte,** erb. 1507, ebenfalls ehem. freistehener Torturm als Zugang in den großen Burghof; Bereich Roßpforte bis Schleuderpforte unter Paris Lodron 1636/37 durch Zeughaus überbaut, Durchfahrt eingewölbt, Wappentafel Paris Lodron bez. 1636. **Zeughaus,** Zugang vom Burghof, 2 Tore, darüber Wappentafel Michael von Kuenburg, bez. 1558, vom Hofniveau 2 Geschosse, Walmdach mit Firstgraben, Erdgeschoßgewölbe auf Mittelpfeilern, Wappen Paris Lodron bez. 1637, darüber durchgehender Saal, ehem. Fechtboden.

Vom Zeughaus gegen W Bauten entlang der südl. Ringmauer: Gegen S leicht vorspringend Rundturm von 1465, **Schmied-** oder **Arrestantenturm,** an der Hofseite kleinere Einbauten, über Mauerbogen bez. 1716; anschließend **Schüttkasten,** hofseitig neugot. Fassadengliederung mit ältestem Steinwappen der Festung, Johann III. von Gran, genannt Beckenschlager, bez. 1484, 4 Geschosse, mächtige gewölbte Keller, zum Teil von 1509, abgetieft 1. H. 17. Jh., obere Geschosse nachträglich eingewölbt, ebenfalls 1. H. 17. Jh.; gegen W anschließend **Arbeitshaus,** erb. M. 15. Jh., umgebaut 1586, Aufstockung und Anbau hofseitig 1666–1669, Grabendach; südl. vorgelagert 2 kleine Basteien, die obere mit Zinnenkranz und Senkscharten, 15. Jh., auf der unteren von 1640 kleiner Pulverturm. Auf der Südwestecke des Arbeitshauses aufgesetzt **Geyerturm,** erb. vor 1500 unter Leonhard von Keutschach, an der Süd- und Ostseite Wurferker, im Erdgeschoß Durchfahrt, mittelalterlicher Zugang zur Festung, Torgewände von 1633, im 3. Geschoß Gewölbe mit ornamentalen Fresken mit Wappen Wolf Dietrich A. 17. Jh.; innerhalb der Ringmauer weiter **Speischaus,** schmaler Bau, hofseitig Wappen Franz Anton von Harrach, bez. 1715, an der Außenseite Ringmauer, Kragsteine für hölzernen Wehrgang erhalten; Südwesteckpunkt **Hasenturm,** erb. vor 1500 durch Leonhard von Keutschach, Außenmauern auf rom. Ringmauer aufgesetzt; Knick der Ringmauer gegen N, innen angebaut **Salzmagazin** und **Stallungen,** Wappen hofseitig Johann Jakob von Kuen-Belasi, bez. 1566, Umbauten mit Wölbungen um 1630/40.

Westteil der Ringmauer außen umfaßt durch obere und untere **Hasengrabenbastei,** beide erb. durch Paris Lodron, Wappen an der Trennmauer oberhalb vom Tor bez. 1634, ebenso an der Nordseite, Basteien zugänglich durch Geyerturm, im westl. Teil über Kasematten Restaurant und **Bergstation Drahtseilbahn,** seit 1891 mehrfach umgebaut, an vorspringenden Ecken der Basteien aufgesetzte, kleine Ecktürmchen mit Zeltdach, am westl. Ende beim Trompeterturm Verbindungsstiege Bastei – innerer Burghof, erb. 1891. – Nordwestecke der Ringmauer überragt durch darübergesetzten **Reckturm,** erb. um 1500, nachfolgend Aufstockung, innen um 1640 Umbau zu Verlies, Einrichtung der Folterkammer erst 19. Jh.; Ringmauerverlauf nach O schwenkend, freistehend bis zum **Glockenturm,** mittig aufgesetzt auf Konsolen kleines Bleitürmchen, erb. 1561. Glockenturm, Rundturm erb. 1465, um 1500 erhöht mit Zinnenkranz, zugleich Aufsatz eines Glockenstuhles, Haube 18. Jh., Feuerglocke 1503 von *Hans Reicher.*

Inneres Schloß. Durch eigenen Schloßgraben mit Ringmauer vom großen Burghof abgegrenzt, Graben in den Felsen eingetieft 1502/03 unter Leonhard von Keutschach; Anschluß der inneren Schloßmauer an die äußere Ringmauer, westl. Glockenturm, hier ehem. Zugbrücke mit Tor, darüber monumentales Steinwappen Paris Lodron, im 19. Jh. von der Südseite der Hasengrabenbastei hierher versetzt; zwischen Tor und Hohem Stock kleiner Vorhof mit Keutschacherzisterne, Wappentafel bez. 1502.

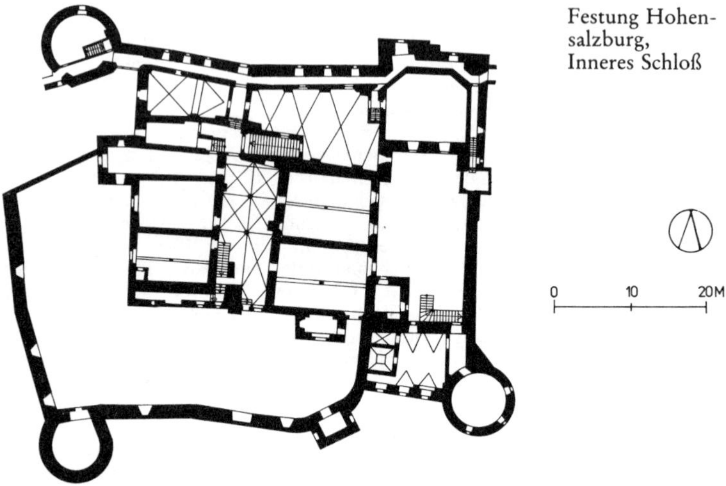

Festung Hohensalzburg, Inneres Schloß

Hoher Stock, Hauptgebäude der Festung, 1. Bau ab 1077 rom. Wohnturm, Umgestaltung und Erweiterung 3. V. 15. Jh. unter Johann III. von Gran, wesentliche Um- und Zubauten gegen N und O unter Leonhard von Keutschach; erste Maßnahmen Überbauung des freien Hofraumes nördl. des Palas durch spitzbogiges Gewölbe des Feuerbogens, heutiges Gewölbe von 1644 unter Paris Lodron, Wappentafel bez. 1645; Erweiterung des Hohen Stockes gegen O durch das Stockhaus, Einbau und Ausgestaltung der sogen. Fürstenzimmer im 3. Stock 1498 mit zahlreichen Erkeranbauten gegen N und O. 4geschossiger Bau mit Grabendach, seitl. angebaut 3 schmale, die Hauptdächer überragende Feuertürme, Zugang über ehem. Freitreppe von N in breite Mittelhalle, in 3 Geschossen gewölbt, untere Gratgewölbe mit Mittelsäulen, im 3. Obergeschoß reiches Netzrippengewölbe mit Maßwerknasen, alle 2. H. 15. Jh. – 2. Obergeschoß, erzbischöfliche Wohnräume, mehrfach profilierte Kielbogenportale aus Adneter Marmor, nördl. des Vorhauses Saal, Unterzug an der Südwand auf Marmorkonsolen, plastische Halbfiguren als Wappenhalter, Wappen des Erzstiftes, der Erzbischöfe und Suffragane, reich profilierte Holzbalkendecke. Gegen O Hauskapelle des Eb., Apsis als Chörlein in den westl. inneren Schloßhof hinausragend, Erkerfuß aus got. Rippen. Innen 5jochig mit ⅜-Schluß, reiches Sternrippengewölbe. In südl. angrenzendem Raum, Bereich des rom. Palas, spätrom. Freskenreste, 1979 aufgedeckt, darstellend Herrscherfigur mit Krone umgeben von Vasallen mit Schwurschwert, Raum westl. der Halle mit ornamentaler Gewölbedekoration bemalt, um 1500. – Der Großteil des Geschosses als Burgmuseum genutzt, Sammlung von Waffen, Plastiken und Gemälden, in der Kapelle sakrale Stücke.

3. Obergeschoß, sogen. **Fürstenzimmer**, großer Saal, Portale in Adneter Marmor, rundbogig und stumpf-spitzbogig, reich profiliert, Scheitel der 2 östl. Türen bekrönt durch das Keutschachwappen haltende Löwen; vor der nördl.

Erker-Fensterfront 4 mächtige Marmorsäulen mit gedrehten Schäften, Basis und Kapitell 12seitig, an einer Säule Wappenschildchen Erzstift und Keutschach, bez. 1501, Holzbalkendecke mit Rechteckfelderteilung mit vergoldeten Knöpfen, Unterzug an den Seitenflächen mit Wappen bemalt, bez. 1502. Östl. anschließend **Goldene Stube** und Schlafzimmer, durch Holzwand getrennt, 3 Türen, oben abgeschrägt, mit bekrönendem, reich geschnitztem, aufgesetztem Maßwerk in Rot und Gold auf blauem Grund, Kielbogenaufsatz umrahmt von vergoldetem Rankenwerk, Türbeschläge reiche Schmiedeeisenarbeit, 2 Türen mit Wappen Leonhard von Keutschach, bez. 1501; Decke und Wandfelder in Kassetten unterteilt, mit reich geschnittenen, vergoldeten Rosetten und Knöpfen verziert.
In der Goldenen Stube Kachelofen, bedeutendstes Werk spätgot. Hafnerkunst in Österreich, aus einer Salzburger Werkstätte (Steingasse) stammend; bunt glasiert, rechteckiger Unterbau auf Löwenfüßen, an den Ecken 3 vollplastische Figuren unter got. Baldachinen, in schräger Leiste zu polygonalem Aufbau bez. 1501, Kacheln des Aufbaues in kräftiger Vertiefung figural ausgestattet mit durchbrochenem Rankenwerk und Maßwerk bekrönt, Darstellungen Anbetung der Könige, Marienkrönung, Wappen Erzstift, Domkapitel, Keutschach etc., darüber in 10eckiger Bekrönung Verkündigung, Eb. Leonhard mit Wappen, Engel mit Reichsadler, Kaiser Maximilian (?) mit Bindenschild, Heiligenfiguren etc., oberste Reihe mit Heiligen unter krabbenbesetzten Baldachinen, über Kielbogenabschluß reiche Kreuzblumenbekrönung. – Südl. an die Goldene Stube anschließend kleine Bibliothek, Wände holzgetäfelt, mit hochrechteckigen Feldern und gänzlich in Tempera bemalter Holztramdecke (Pflanzen- und ornamentales Rankenwerk), oberhalb von Türe und Südwestfenster Wappen Keutschach, bez. 1504. – Übrige Räume im 3. Obergeschoß beherbergen das Rainer-Regimentsmuseum (Inf.Reg. Nr. 59).
Innerer Burghof östl. des Hohen Stockes geprägt durch spätgot. Kapellenerker, darunter überlebensgroßes Marmorrelief hl. Rupert mit Wappen Salzburg und Keutschach, bez. 1498; an der Südseite Eingang zur Pfisterei, oberhalb der Türe Wappentafel Keutschach bez. 1503, Innenraum gewölbt mit westl. hohem Feuerschacht. Südostecke des inneren Schlosses runder **Kuchelturm,** an der Südseite Wappentafel Keutschach, bez. 1501, Kegeldach über vorgesetztem hölzernem Wehrgangschirm, im Obergeschoß, aus Pfisterei zugänglich, großer runder Backofen (später eingebaut). Innere Schloßmauer vom Kuchlturm gegen N mit Anschluß an die äußere Ringmauer, spätgot. Senkscharten unter gerader Mauerkrone; an der Innenseite angebaut **Wallmeisterstöckl,** erb. um 1800; nördl. davon inneres Schloßtor, ehem. mit Zugbrücke über tiefen Graben, heute aufgefüllt; neben dem Haupttor Gehtürl, seitl. des Tores Inschriftstein mit Wappen Keutschach, bez. 1497 und 1503; über dem Tor Doppelwappen Erzstift–Keutschach, gehalten von 2 wilden Männern, Inschriftbezug auf innere Schloßmauer, bez. 1496/97; oberhalb auf der Wehrmauer aufsitzendes Türmchen über Doppelbogenfuß auf Kragsteinen; südl. im Schloßgraben sogen. Schulhaus, erb. 17. Jh.
Nordfront des großen Burghofes Ringmauer gegen O; im N Rundung des auf röm. Mauer aufgesetzten **Krautturmes** (erb. 1465) erkennbar, hier im Obergeschoß hinter verschaltem Holzbalkon Hornwerk „Salzburger Stier", Orgel mit Handkurbelbetrieb, 1502, 1753 von *Rochus Egedacher* erneuert. Gegen O anschließend:

Festungskirche hl. Georg, Bauinschr. an der Kirche bez. 1501 und 1502, erb. von Leonhard von Keutschach; steiles Satteldach mit westl. auf Giebelwand aufgesetztem Uhr- und Glockentürmchen; westl. Spitzbogenportal, darüber überlebensgroßes Marmorrelief hl. Christophorus mit Doppelwappen bez. 1502; an der Südwand zum Hof unter flachem Vordach auf 8eckigen Säulchen Keutschacher-Denkmal, darstellend Leonhard von Keutschach mit erhobener Segenshand flankiert von 2 Diakonen, bez. 1515, ehemals *Hans Valkenauer* zugeordnet, bedeutende spätgot. Bildhauerarbeit; oberhalb des Denkmals Bauinschr. 1502, darüber Kreuzigungsrelief aus Adneter Marmor, um 1500; östl. daneben 2 spitzbogige Fenster, Pendants zu den beiden nördl. durch die Ringmauer ausgebrochenen; Innenraum, 4jochig mit 3/8-Schluß, reiches Netzgewölbe mit Schlingrippen und Kreismotiven; gemauerte, im Mittelteil vorkragende Empore. Darunter einfaches Spiralgitter in Schmiedeeisen, 17. Jh. –

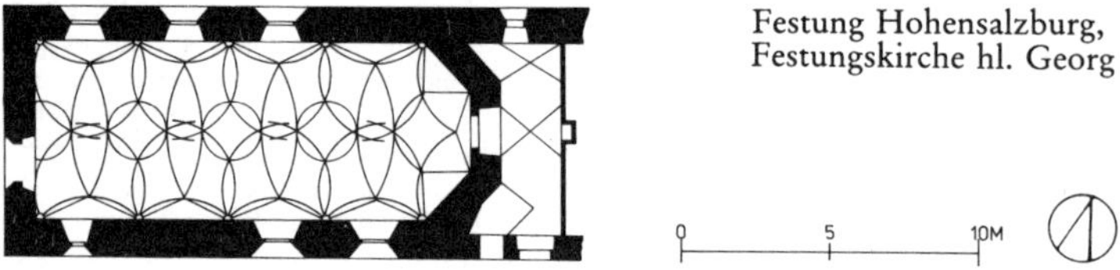

Festung Hohensalzburg, Festungskirche hl. Georg

Hochaltar aus Marmor von 1776/79 mit hohem Unterbau, seitl. Opfergangsportale, darauf Hll. Rupert und Virgil, Altarbild hl. Georg als Drachentöter von *Frans de Neve* 1672, flankiert von je 2 Säulen, über durchlaufendem Gebälk Giebelaufsatz mit Marienbild. 2 Seitenaltäre, Marmoraufbau mit seitl. Pilastern, über Gesimse von Voluten eingefaßter Aufsatz, südl. Altar Hll. Sebastian und Florian, Aufsatzbild hl. Johannes Nepomuk, nördl. Verkündigung, Aufsatz hl. Anna, beide Altäre 2. H. 18. Jh.; Kanzel um 1780, teilweise mit Rocailleornamenten, Holz. Gestühl mit reich geschnitzten Wangen, 2. H. 18. Jh. An den Wänden 13 rechteckige Marmorreliefplatten mit überlebensgroßen Figuren Jesus und 12 Apostel unter Maßwerkbekrönung, im Sockelbereich Wappenschildchen Erzstift und Keutschach, qualitätvolle Salzburger Arbeiten um 1502. – 2 Glocken 1638 von *Jakob Lidel.* – Östl. angebaut Sakristei, einfaches Gratgewölbe, im Obergeschoß Paramentenraum.

Südl. der Kirche im Burghof freistehend 8eckige **Zisterne,** Sockelaufbau Marmor, in Feldern Wappen Matthäus Lang von Wellenburg, Inschriftplatte bez. 1539, dazwischen Rankenornament; Brunnenhaus aus engem Rautengitter, von Bronzelöwen als Wasserspeier durchbrochen.

Östl. im Hof am Schloßgraben freistehend **Kaplanstöckl,** erb. lt. Inschriftplatte 1672, Wappen Max Gandolf von Kuenburg. Östl. der Georgskirche **Reiszuggebäude,** erb. unter Leonhard von Keutschach, Wappentafel Paris Lodron, bez. 1644 mit Bezug auf Umbau, Erdgeschoß Betriebsraum des Reiszuges, Schrägaufzug vom östl. gelegenen Nonnberg, Raum ehem. mit stehender Spindel, von Pferden angetrieben, heute elektrifiziert, dient Materialtransporten. Östl. des Reiszuggebäudes Durchgang zu **Kuenburgbastei,** diese stellt die letzte große Baumaßnahme auf der Festung dar (Umbauung einer kleinen Bastei mit Rundtürmchen aus der Zeit Leonhards von Keutschach). Wappentafel an der

Nordseite bez. 1681 Max Gandolf von Kuenburg, mächtige Bastei mit Kasematten an der West- und Ostecke, an den Ecken kleine Verteidigungstürmchen aufgesetzt; 1951 grundlegend saniert. Nordosteckpunkt der mitteralterlichen Ringmauer **Trompeterturm,** Rundturm von 1465, gegen N kleiner Auslugbalkon mit einfachem Rundeisengeländer. Östl. Abschluß des großen Burghofes Ringmauer, annähernd N–S verlaufend, daran **Reisturm,** erb. zugleich mit Reisaufzug als Sicherung des Mauerdurchbruches; südl. anschließend Höllenpforte, Stiegenabgang zu kleiner Bastei nordöstl. unter der Kuenburgbastei, erb. 1749, Wappen Andreas von Dietrichstein, weiters Verbindung mit Stiege zur Außenseite der Roßpforte, außerhalb der alten Ringmauer ehem. kleine Zugbrücke, daneben Wappentafel Leonhard von Keutschach, bez. 1504, daneben schwere Fenstergitter aus der Keutschacherzeit.

ALTSTADT LINKS DER SALZACH – MÖNCHSBERG

Das historische Zentrum der Stadt liegt am li. Ufer der durch die Inselberge zu einer S-Krümmung gezwungenen Salzach, in einer linsenförmigen Bucht, die von Mönchs- und Festungsberg umschlossen ist. In dem im Mittelalter ummauerten Areal der Stadt zwischen Bürgerspital im W und dem Sporn des Festungsberges im O, auf dem das Kloster Nonnberg liegt, hebt sich die kirchlich-fürstliche Stadt mit ihren von weiten Plätzen umgebenen, von Kuppeln und Türmen überragten Monumentalbauten deutlich von der dicht verbauten, an das Ufer der Salzach gedrängten bürgerlichen Stadt und von dem östl. Stadtteil, dem Kaiviertel, ab. Innerhalb der kirchlich-fürstlichen Stadt – sie ist von O und W von je einer Straße erschlossen, die beide den Turm von St. Peter als point de vue haben – bilden die Alte Universität, die Abtei St. Peter, Residenz und Dombereich eigene Bezirke. Mittelpunkt für die beiden letzteren und architektonischer Hauptakzent im Stadtgefüge ist der Dom, mit der Breitseite zwischen die einander gegenüberliegenden Fronten von Residenz und Neugebäude gestellt und von drei Plätzen umgeben. Der nördl. (Residenzplatz), an der Stelle des mittelalterlichen Domfriedhofes entstandene, ist zur Bürgerstadt hin geöffnet, in den südl. (Kapitelplatz), an der Stelle des Domklosters gelegenen, mündet die Palaststraße des Kapitels mit Dompropstei, Domdechantei und Kapitelhaus, der westl. (Domplatz) ist als geschlossener Vorplatz gestaltet, um ihn schließen sich die Baukomplexe des Stiftsbezirks St. Peter, der Residenz und des Franziskanerklosters mit Kirche. Der Universitätskomplex, westl. des Residenzbezirks, ist durch die Kollegienkirche akzentuiert, er ist dem zum Festspielhaus umgebauten Hofmarstall vorgelagert.

Die in ihrer Anlage mittelalterliche Bürgerstadt, deren Bebauung weitgehend der im späten 16. Jh. gegebenen entspricht, hat ihren Kernbereich zwischen dem Dombezirk und dem bis 1598 an der engsten Stelle der Salzach, flußaufwärts von der bestehenden Brücke, beim Klampferergäßchen gelegenen Brückenkopf. Er bildet ein von hohen Bürgerhäusern dicht verbautes Geviert, in dem eine schmale Gasse (Judengasse) vom Brückenkopf in einer Krümmung zum ältesten Marktplatz der Stadt, dem kleinen Waagplatz, und durch einen Torbogen bei der Michaelskirche zum Residenzplatz führt und das von 2 weiteren engen, einander kreuzenden Gassen (Goldgasse, Brodgasse) durchzogen wird. Der westl. Bereich ist vom Kernbereich durch den schmalen rechteckigen, zur Residenz hin offenen, wahrscheinlich im 13. Jh. entstandenen Marktplatz getrennt. An dem

wichtigen Verkehrsweg zwischen Brückenkopf und dem Stadttor beim Bürgerspital (Gstättentor) entstanden, wird er von 2 langgezogenen Bürgerhauszeilen an dem annähernd parallel zur ehem. Stadtmauer verlaufenden Straßenzug (Kranzlmarkt, Getreidegasse) gebildet; er ist im O durch eine vom Rathaus ausgehende, parallel zum Marktplatz verlaufende Nord-Süd-Achse (Sigmund-Haffner-Gasse) mit der im Residenzbezirk liegenden ehem. Pfarrkirche (Franziskanerkirche) verbunden. Im Gegensatz zu der überaus homogenen Struktur der nördl. Bürgerstadt und deren klarer Begrenzung ist der östl. Stadtbezirk, das Kaiviertel, dessen Bürgerhauszeilen bis an den Fuß des Festungsberges und zum Nonnberg führen, durch einige Kanonikalhöfe mit dem Kapitelviertel verknüpft und umschließt die ehem. Höfe des Bischofs von Chiemsee und der Propstei Berchtesgaden.
Die Engstellen zwischen Berg und Fluß, außerhalb der mittelalterlichen Ummauerung, im 17. und 19. Jh. geringfügig verbreitert, sind heute durch eine Uferstraße (Rudolfskai, Franz-Josefs-Kai) verbunden. Zwischen dieser und der Ausfallstraße nach NW (Gstättengasse) entstand im 17. Jh. eine Zwickelverbauung, die zum Stadtausgang hin, den das Klausentor bildet, durch die ehem. Ursulinenkirche zusammengefaßt und akzentuiert wird. Am Ostrand ist die Uferstraße von einigen gründerzeitlichen Bauten gesäumt, einer Schule und Wohnhäusern sowie dem Baublock des Justizgebäudes, der, von der Abtei Nonnberg überragt, nun zusammen mit der hier am E. des 17. Jhs. errichteten überkuppelten Kajetanerkirche die Pforte zum östl. Stadtteil bildet.
Die Bürgerhäuser der Altstadt sind in ihrer ablesbaren Bausubstanz vorwiegend aus dem späten 15. und dem 16. Jh., im Mauerwerk der Fundamente und der unteren Geschosse wahrscheinlich teilweise älter. Meist auf tiefen Parzellen errichtet, sind sie im ältesten Teil der Stadt dem Judengassenviertel und in den Randbereichen hoflos oder mit kleinen Lichthöfen zwischen Vorder- und Hinterhaus ausgestattet, daneben gibt es aber auch, insbesondere im Bereich Getreidegasse–Sigmund-Haffner-Gasse, Hausanlagen mit tiefen Höfen, deren Vorder- und Hinterhaus durch über mehrere Geschosse reichende Arkadengänge des 16. Jhs. verbunden sind. Der Grundtypus des Hauses ist 2- bis 3achsig, mit gewölbtem Seitenflur; durch Zusammenlegung spätestens seit dem 16. Jh. sind die Häuser auch 4- und mehrachsig und z. T. durch einen Mittelflur erschlossen. Sie haben 4 bis 5 Geschosse und zusätzlich ein Dachspeichergeschoß. Die bis zum frühen 20. Jh. vorherrschende Dachform, das Grabendach, ein zum Feuerschutz zwischen hochgezogenen Seitenmauern eingesenktes Dach, ist nur noch in einzelnen Beispielen erhalten. Auch die Dachspeichergeschosse, durch Oculi oder querrechteckige Fenster belichtet, mußten z. T. Geschoßausbauten weichen. In ihrer Außenerscheinung sind die Bürgerhäuser durch z. T. mit Ecklisenen in Putz und einfachen Fensterumrahmungen versehene glatte (erst seit dem späten 18. Jh. auch reicher dekorierte) Fassaden mit meist gleichmäßigem Fensterraster, putzbündigen Außenfenstern und geradem Fassadenabschluß bestimmt. Der charakteristische Abschluß mit Hohlkehle wurde im 17. Jh. von den Palastbauten Eb. Wolf Dietrichs übernommen, im 19. Jh. z. T. durch profiliertes Gesims ersetzt.

DOMKIRCHE Hll. Rupert und Virgil. Freistehender, von Residenz-, Dom- und Kapitelplatz umgebener frühbar. Monumentalbau. Durch seine Baumasse, die Kuppel und die Doppelturmfassade bedeutender städtebaulicher Akzent.

B a u g e s c h i c h t e. Vorgängerbauten z. T. aus Grabungen 1956/58 und 1966/67 erschlossen. Erster Dombau an dieser Stelle unter Bischof Virgil nach 760, Weihe urk. 774 (nach einer jüngeren Hypothese möglicherweise schon unter Rupert als Peterskirche). Unter Eb. Arno (785–821) Umbauten. Saalbau mit anschließender Apsis und seitenschiffartigen Annexen. Erneuerung nach Brand 845. Umgestaltung um 1000/1020 unter Eb. Hartwig, wahrsch. Anbau eines langgestreckten Chores mit Krypta und Verlängerung des Domes nach W, mit Westwerk (?). Unter Eb. Konrad I. (1106–1147) Bau zweier Westtürme. Nach Brand 1167 Neubau, begonnen unter Eb. Konrad III. 1181. Weihe wahrsch. zwischen 1198 und 1201. Weihe der Krypta 1219. Dieser nach Bränden 1270, 1312 und 1383 wiederhergestellte, bis zum E. des 16. Jhs. bestehende spätrom. Bau besaß 2 Westtürme (aus der Zeit Konrads I.), hatte ein in den Baulinien dem Virgil- bzw. Arno-Dom folgendes, jedoch durch seitenschiffartigen Anbau im N erweitertes 3schiffiges Langhaus, an das im S ein Kreuzgangflügel des Domklosters (ab 1122 Augustiner-Chorherren) anschloß. Er hatte ein Querschiff mit Apsiden an den Stirn- und Ostseiten, einen 8eckigen Vierungsturm und einen Chor in der Breite des Mittelschiffes mit Rundapsis zwischen 2 Ecktürmchen. Die Apsiden an Nord- und Südfront des Querschiffes rundeten sich oben zu Türmen. Unter dem Chor und der Vierung 3schiffige Hallenkrypta.

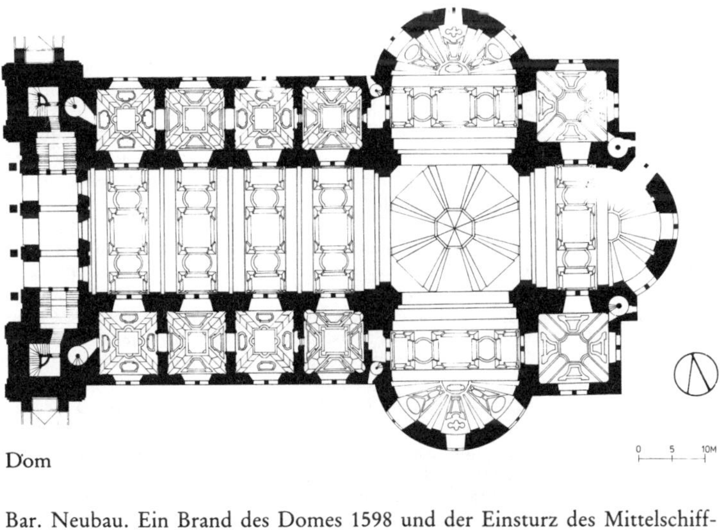

Dom

Bar. Neubau. Ein Brand des Domes 1598 und der Einsturz des Mittelschiffgewölbes nach versuchter Wiederherstellung waren Anlaß für Eb. Wolf Dietrich, den mittelalterlichen Bau vollständig abtragen zu lassen und einen Neubau zu planen. Erstes Projekt 1601 erwähnt. Ein zweites Projekt, 1606/07 von *Vincenzo Scamozzi,* wohl wegen seiner enormen Dimensionen nicht ausgeführt. 1611 Grundsteinlegung zu einem verkleinerten Projekt, dessen

Hauptfassade gegen den heutigen Residenzplatz ausgerichtet sein sollte; nach dem Sturz Wolf Dietrichs 1612 nicht weitergeführt.
Im Auftrag von Eb. Markus Sittikus neuer Entwurf von *Santino Solari,* ab 1614 unter dessen Leitung verwirklicht. Domweihe 1628 durch Eb. Paris Lodron. Vollendung der Türme 1652/55. Renov. 1859/60 und 1875/80. Durch Bombentreffer 1944 Einsturz der Kuppel, 1947 bis 1949 Kuppelschale wiederhergestellt, Innenraum bis 1959 umfassend rest.
Außenbau. Aus Durchdringung von Längs- und Zentralbau gebildeter Baukörper mit vorgeblendeter Zweiturmfassade. An das Langhaus mit 2geschossigen Seitenschiffen und deren Pultdächer leicht überragendem Mittelschiff schließt ein ebenso hoher Trikonchos an, dessen Rundungen gegenüber den äußeren Langhausmauern und den in den Zwickeln zwischen Querarmen und Chor eingefügten Sakristeien vorspringen und der über der Vierung von einer 8eckigen Tambourkuppel mit Laterne bekrönt ist. An den glatten, aus Nagelfluhquadern errichteten Mauern der Langseiten und des Chores bilden Sockel und Hauptgesimse (das der Seitenschiffe ist um die Konchen herumgezogen) sowie die Fenster mit ihren leicht profilierten Umrahmungen die einzigen Gliederungselemente; der Kuppeltambour hingegen weist Ecklisenen und von gesprengten Giebeln bekrönte Fenster auf.
Westfassade marmorverkleidet, der 3achsige Mittelteil und die risalitartig vortretenden Türme in 2 durch Gebälk abgeschlossenen Geschossen horizontal zusammengefaßt, darüber niedriger Giebelaufsatz zwischen den frei aufragenden Turmobergeschossen. In den 3 Zonen mit nach oben hin abnehmender Geschoßhöhe Gliederung durch toskanische, ionische und korinthische Pilaster, die an den Türmen geschichtet sind. Das unterste Geschoß mit Riesenordnung, im Mittelteil 3 Bogenöffnungen zur Vorhalle, darüber ohrengerahmte Rechteckfenster. Eingezogene oktogonale Turmaufsätze von 1652/55, mit Kuppeldächern und Laternen. – An den Fensterumrahmungen der Fassade Köpfe von Steinbock und Löwe, den Wappentieren des Eb. Markus Sittikus und des Erzstiftes, im 2. Geschoß, über dem Giebel des Mittelfensters, 2 eine Krone haltende Engelfiguren. Neben den Portalen 4 Statuen auf hohen wappengeschmückten Sockeln (Eb. Guidobald und Johann Ernst Thun), die äußeren, Hll. Rupert und Virgil, von *Bartlmä van Opstal* um 1660, die inneren, Hll. Petrus und Paulus, urk. von *Bernhard Michael Mandl* 1697/98. Auf der Balustrade im 2. Geschoß die Statuen der 4 Evangelisten, auf dem Giebel die von Moses, Elias und Christus Salvator, um 1660, vom Meister des Residenzbrunnens, *Tommaso di Garona* (?). Im Giebelfeld skulptierte Wappenkartuschen Eb. Markus Sittikus und Paris Lodron. Gittertor zur Vorhalle bez. 774, 1628, 1959. Vorhalle einjochig, 3achsig, durch gekuppelte toskanische Pilaster gegliedert, 3 Kreuzgratgewölbe zwischen kurzen Quertonnen. An den Schmalseiten 2armige Treppen und Marmorportale mit gesprengten Giebeln, darin Wappen des Eb. Johann Ernst Thun, li. gekürzte Bauinschr. J. E. Thun, re. bez. 1644 (!). 3 Portale zum Langhaus, das Hauptportal gerahmt von Pilastern mit Flachgiebel und mit Wappen des Eb. Paris Lodron. Bronzetore von 1957/58, mit die 3 göttlichen Tugenden symbolisierenden Reliefdarstellungen, li. Tor des Glaubens von *Toni Schneider-Manzell;* in der M. Tor der Liebe von *Giacomo Manzu;* re. Tor der Hoffnung von *Ewald Mataré.*
Inneres. Langhaus 4jochig, das Hauptschiff mit zusätzlichem Emporenjoch über der Vorhalle beiderseits von Kapellenreihe und darüber liegenden

Oratorien begleitet. Wandgliederung durch Doppelpilaster in Riesenordnung, mit glatten Schäften und Kompositkapitellen; umlaufendes, über den Pilastern verkröpftes Gebälk, darüber Tonnengewölbe mit Doppelgurten. In die Kompartimente zwischen Pilastern und Gebälk eingefügt hohe Rundbogenarkaden, weit vorkragende, auf Volutenkonsolen ruhende Balkone und 2teilige Oratoriumstüren. Die je 4 Seitenkapellen untereinander verbunden, zum Hauptschiff in Rundbogen geöffnet und mit Durchgang zum Querschiff; über gestuften Lisenen kuppelig überhöhte Kreuzgewölbe.
Einschiffige Querarme und Chor, jeweils in einem Rechteckjoch an die quadrat. Vierung anschließend und mit Halbkreisschluß. Gliederungssystem und Wölbung des Hauptschiffes sowie, in den Rechteckjochen, das Motiv der auskragenden Balkone und Doppeltüren weitergeführt. Anstelle der Bogenöffnungen stuckumrahmte Portale bzw. (im Chor) Bildfelder. In den Konchen 2 der 3 Fenstergeschosse durch die Pilasterordnung zusammengefaßt.
Der Übergang zur Vierung von Hauptschiff, Querarmen und Chor durch mehrfache Schichtung der Pilaster eingeschnürt. Über den abgeschrägten Vierungspfeilern trapezförmige Pendentifs und, durch Stuckgesimse nur schwach abgesetzt, 8eckiger Tambour mit Eckpilastern und Rechteckfenstern, Kuppel mit Klostergewölbe und Laterne. – Für die Raumwirkung des Domes mitbestimmend der Gegensatz von halbdunklem, nur indirekt beleuchtetem Langhaus und lichtdurchflutetem Trikonchos.
Stukkaturen von *Giuseppe Bassarino* (?) und anderen italienischen Stukkateuren, wohl großteils vor 1628. Weißer, in den Unterschneidungen und Vertiefungen schwarz gefaßter Stuck mit vorwiegend ornamentalen Motiven schmückt die Soffitten der Kapellendurchgänge sowie die Wandzonen zwischen den Pilastern, greift mit einem Rankenfries auf das Gebälk über und bildet im Gewölbe zwischen den Gurten eine Abfolge von geometrischen Feldern mit dicht aneinandergefügten Rahmen. Stuckdekoration der Seitenkapellen nach 1652: in den Lunettenfeldern und im Gewölbe, hier die Gewölbekappen mit Rollwerk und Putten oder mit von Engelhermen aufsteigenden Akanthusblättern verschleifend und jeweils 4 Bildfelder aussparend.
Wandmalereien in den Gewölbefeldern des Hauptschiffes, der Kreuzarme und in der Kuppel von *Donato (Arsenio) Mascagni, Ignazio Solari* und Gehilfen, um 1622/30; renov. 1875 und 1878/80, rest. 1954–1959, die 1944 zerstörten Teile der Kuppel und des angrenzenden Gewölbes rekonstruiert. Umfangreiches christologisches Programm, dem sich in den Querarmen, entsprechend den Patrozinien der Nebenaltäre, ein Franziskus- und ein Marienzyklus anschließen. Im Langhaus Reihe von 10 monochromen Bildern mit Szenen aus dem Leben Christi, in den Feldern darunter und in den Scheitelfeldern 15 Szenen eines Passionszyklus, der sich im Chor mit dem li. Wandbild der Grablegung Christi von *I. Solari,* mit den Konchenfresken, und mit dem re. Wandbild, Christus in der Vorhölle von *D. Mascagni,* fortsetzt und im Hochaltarbild mit der Auferstehung Christi seinen Höhepunkt findet. Im Chorgewölbe Szenen von Erscheinungen des Auferstandenen und als Scheitelbild Gottvater im Engelkranz. In der Kuppel 16 alttestamentarische Szenen mit typologischem Bezug auf die Passion Christi, an den Pendentifs Darstellung der 4 Evangelisten (darunter Wappen der Eb. Paris Lodron und Andreas Rohracher). – Im Gewölbe der Querarme li. Stigmatisation des hl. Franz von Assisi, Maria reicht Franz von Assisi das Jesuskind, Aufnahme Franz' von Assisi in den Himmel und

monochrome Bilder mit Szenen aus dem Leben des Heiligen; re. Tod, Begräbnis und Aufnahme Mariae in den Himmel sowie monochrome Bilder mit Szenen aus dem Marienleben.

Gewölbe- und Wandbilder der Seitenschiffe von *Ludwig Glötzle*, 1881 bis 1895, über den Durchgängen als Supraporten Kreuzwegstationen, in den Gewölbefeldern jeweils den Patrozinien der Altäre entsprechende Darstellungen.

Einrichtung. Hochaltar vor 1628, Entwurf *Santino Solari* zugeschrieben, freistehender Marmoraufbau, Ädikula mit 3facher Säulenstellung und geschweiftem gesprengtem Giebel, Aufsatz von Steilvoluten und Karyatiden gerahmt und mit gesprengtem Dreieckgiebel; Altarblatt Auferstehung Christi von *D. Mascagni*, Figuren im Auszug, Hll. Rupert und Virgil sowie Allegorien der Caritas und Religio von *Hans Pernegger d. J.* und *Hans Waldburger* (?); in der Mensa Reliquienschrein der Hll. Rupert und Virgil, M. 17. Jh. – Marmorepitaphien zu beiden Seiten des Altares für die Eb. Markus Sittikus (gest. 1619, li.), um 1620 von *Hans Konrad Asper* (?), und Paris Lodron (gest. 1653, re.); beide mit 2geschossigem Aufbau vom gleichen Typus, mit trauernden Putten, Todesemblemen und mit Wappenkartusche im Giebel, im Mittelteil Medaillon mit auf Kupfer gemalter Porträtdarstellung der beiden Eb. in betender, dem Altar zugewandter Haltung.

Chorgestühl von 1958, mit 12 Schnitzreliefs, den Hymnus der 3 Jünglinge im Feuerofen illustrierend. Bronzeambo mit Reliefdarstellung der beiden Johannes.

Li. Querschiff, Altar vor 1628, freistehender Marmoraufbau, 3achsig, mit von Säulen flankiertem Mittelteil, seitl. Figurennischen und Auszug, an den Postamenten Wappen Eb. Paris Lodron; Altarblatt Verklärung des hl. Franz von Assisi von *D. Mascagni*, in den Nischen Figuren zweier männlicher Ordensheiliger, auf den Giebelschenkeln Figuren der Hll. Klara und Elisabeth von Thüringen. Tabernakel auf der Mensa, vor 1628, Messing vergoldet, mit Silberstatuetten der 4 Evangelisten und getriebenem Relief Abendmahl sowie Wappen Eb. Paris Lodron. Marmorepitaphien zu seiten des Altars für Eb. Leopold Anton Firmian (gest. 1744), Eb. Guidobald Thun (gest. 1668), Eb. Max Gandolf Kuenburg (gest. 1687) und Eb. Jakob Ernst Liechtenstein (gest. 1747); die beiden inneren 17. Jh., dem Typus der Epitaphien im Chor folgend, die beiden äußeren daraus entwickelt, eines davon urk. 1746 von *Josef Anton Pfaffinger;* das Porträt Kuenburg urk. von *Frans de Neve.*

Re. Querschiff, Altar vor 1628, Aufbau dem li. Querschiffaltar entsprechend, Altarblatt Legende von Maria Schnee von *Ignazio Solari*, in den Nischen Figuren zweier männlicher Heiliger, auf den Giebelschenkeln zweier weiblicher Heiliger. Tabernakel mit Kopie des Gnadenbildes von Altötting. Marmorepitaphien zu seiten des Altars für Eb. Andreas Jakob Dietrichstein (gest. 1753) urk. von *Johann Georg Hitzl* 1754/56, für Eb. Johann Ernst Thun (gest. 1709) urk. von *Andreas Götzinger* 1690, für Eb. Franz Anton Harrach (gest. 1727) urk. von *Mathias Wilhelm Weißenkirchner* 1716; für Eb. Sigismund Christoph Schrattenbach (gest. 1772) urk. von *Joseph Anton Pfaffinger* 1754/56; in Anordnung und Typus analog den gegenüberliegenden; das Porträt Harrach von *Jacob Zanusi* (?).

Altarschranken vor den 3 Hauptaltären vor 1628, mit Putten an den Postamenten von *Hans Konrad Asper* und *Hans Pernegger d. J.* (Zuschreibung).

Hauptschiff, Kanzel, 1958/59, von *Toni Schneider-Manzell*, Marmorsäule mit Reliefs der Evangelistensymbole und bronzene Brüstung mit Reliefs Isaias, der 12jährige Jesus im Tempel, Nachtgespräch mit Nikodemus, Christus als

Sämann, Christus und die Ehebrecherin, Aussendung der Apostel, Prophet Ezechiel, Pfingstwunder. Kirchenbänke E. 17. Jh., an den Wangen reiches Akanthusschnitzwerk und Darstellungen von Adler und Einhorn, an den Stirn- und Rückseiten Wappen von Eb. Johann Ernst Thun. Beichtstühle E. 17. Jh. – Weihwasserbecken 17. Jh. – Bar. Orgelgehäuse 1702/1705 von *Joseph Christoph* und *Johann Christoph Egedacher*, Werk aus verschiedenen Perioden, umgebaut; 2 Statuen, Hll. Rupert und Virgil; Mittelteil 1880/83 durch *M. Mauracher* erhöht. – 4 Glocken 1628 von *Wolfgang* und *Johann Neidhart*.

Seitenkapellen (Rundgang, beginnend im NW). Taufbecken in Bronzeguß, auf 4 rom. Löwen, 2. H. 12. Jh., ruhendes Rundbecken, lt. Inschriftband am oberen Rand von *Meister Heinrich* 1321, an der Beckenwand Reliefdarstellung von 16 in Rundbogenarkaden stehenden hll. Bischöfen und Äbten, durch Inschr. bez. als S. Rupertus, S. Virgilius, S. Martinus, S. Eberhardus, S. Hartwigus, S. Ditmarus, S. Vitalis, S. Augustinus, 2 Namen unlesbar, S. Valentinus, S. Ditmarus Martyr, S. Eberhardus, S. Johannes, S. Maximilianus, S. Amandus; Bronzedekkel 1959 von *Toni Schneider-Manzell*, in Niellotechnik Darstellung von 12 alt- und neutestamentarischen Motiven zur Taufsymbolik.

Kapellenaltäre urk. nach Entwürfen von *Giovanni Antonio Dario*, um 1670, geschweifte Mensen und seitl. Postamente mit Wappen des Eb. Max Gandolf Kuenburg, einfacher Ädikulaaufbau mit Säulen (bzw. kannelierten Pilastern in den beiden westl. Kapellen), Kompositkapitellen, Gebälk und gesprengtem Giebel. – Nordseite, 1. Kapelle: Altarblatt Taufe Christi von *Frans de Neve* 1674 (bez. *de Neve*); in der Mensa Reliquienschrein, E. 17. Jh. – 2. Kapelle: Altarblatt hl. Anna selbdritt, von *Joachim Sandrart* M. 17. Jh.; in der Mensa Reliquienschrein, um 1675. – 3. Kapelle: Altarblatt Verklärung Christi, Kopie des 18. Jhs. nach Original von *Francesco Vanni* (um 1600); in der Mensa Reliquienschrein um 1675. Inschriftgrabstein im Fußboden, Adolph Augustinus Graf Altheimb mit Chronogramm 1719. – 4. Kapelle: Altarblatt Kruzifixus mit Johannes, Maria und Maria Magdalena von *Karel Škréta* (bez.) – Südseite, 4. Kapelle: Altarblatt Pfingstfest von *Karel Škréta* (bez.) – 3. Kapelle: Altarblatt Hll. Augustinus, Martin, Hieronymus, Nikolaus und andere Bischöfe von *Johann Heinrich Schönfeld*; in der Mensa Reliquienschrein, um 1675. – 2. Kapelle: Altarblatt hl. Karl Borromäus bei den Pestkranken, bez. *J. H. Schönfeld*, 1655; in der Mensa Reliquienschrein, um 1675. – 1. Kapelle: Altarblatt Hll. Rochus und Sebastian von *J. H. Schönfeld*, um 1650/55; an den Postamenten hier Wappen des Eb. Guidobald Thun; in der Mensa Reliquienschrein, E. 17. Jh.

Grufträume (Abgang im südl. Querarm), 1957/59 als Grablege für die Erzbischöfe errichtet. Runder Vorraum, Fußbodenmosaik mit Darstellung der Grundrißrekonstruktionen der Vorgängerbauten des Domes. Östl. davon Raum mit Fundamenten der Querschiffapsis des spätrom. Baues. Südl. Zehneckraum mit Grabnischen für die Fürsterzbischöfe des 17. und 18. Jhs. Gegen N Abfolge von 3 Räumen, in der M. Gruftkapelle mit rom. Kruzifix, A. 13. Jh. (aus Seekirchen). Im nördl. Raum Teile des aufgehenden Mauerwerks der spätrom. Krypta mit Halbsäulen und 2 Säulenbasen von Mittelschiffstützen (siehe auch Grabungsmuseum am Residenzplatz).

Pfarrsakristei, nördl. des Chores. Quadrat. Raum, Muldengewölbe mit Stichkappen und Stuckfeldern. Paramentenschränke mit eingelassenen Leinwandbildern, Kruzifixus, hl. Benedikt, hl. Vitalis, M. 18. Jh.; 2 Leinwandbilder, hl. Rupert und hl. Virgil in Halbfigur, 17. Jh.; Lavabo, M. 18. Jh., mit

Wappen Eb. Andreas Dietrichstein. Im Obergeschoß ehem. Wachskammer. Domherrensakristei, südl. des Chores. Quadrat. Raum, Muldengewölbe mit Stichkappen und Stuckfeldern. Intarsierte Schränke und Vertäfelung der Türnische urk. 1733/36 von *Simon Thaddäus Baldauf*, mit skulptierten Wappen des Eb. Leopold Anton Firmian und mit eingelassenen Leinwandbildern, Kreuzigung, bez. *F. A. Ebner 1736*, Taufe des Herzog Theodo, hl. Virgil empfängt den Bauplan des Domes, von *F. A. Ebner* (?); eingelassene Uhr, E. 18. Jh. Lavabo mit Wappen Eb. Leopold Anton Firmian. Türbeschläge um 1735. Im Obergeschoß Paramentenkammer.

Oratorien über den Seitenkapellen, jeweils 4 Räume, Muldengewölbe mit Stichkappen und Stuckfeldern, die östl. Räume ehem. als Kapellen ausgestattet. Nördl. Rupertuskapelle mit in Stuckumrahmung eingelassenen Bildern von *Ignatio Solari* (?), vor 1628, im Gewölbe Szenen aus dem Leben des hl. Rupert und Glorie des Heiligen, in 2 Lunetten Gründung von St. Peter in Salzburg und Trauer an der Bahre des hl. Rupert. Altarbild in Spätrenaissancerahmen, Tod des hl. Rupert, von *D. Mascagni*. Im Nordturm Schneckenstiege und Geländer urk. nach Entwurf von *Johann Bernhard Fischer v. Erlach* 1694/97. Die südl. Oratorien dienen heute dem Dommuseum. Virgilkapelle, mit in Stuckumrahmung eingelassenen Bildern, von 1628, im Gewölbe Szenen aus dem Leben des hl. Virgil und Glorie des Heiligen, Lunettenbild Translatio der Gebeine des hl. Virgil. Ehem. Altar der Kapelle mit Altarblatt Bischofsweihe des hl. Virgil, 1672 von *Frans de Neve*, in die Bestände des Dommuseums aufgenommen.

Dommuseum (Zugang in der Domvorhalle). Die 1974 eröffnete Sammlung enthält die verbliebenen Reste des ehem. Domschatzes mit bedeutenden Werken des Kunsthandwerks vom 8. Jh. bis A. des 19. Jhs. sowie in Verwahrung genommene Kunstwerke aus verschiedenen Kirchen der Erzdiözese, ferner die Rekonstruktion einer Kunst- und Wunderkammer (über den südl. Dombögen) in den originalen Schränken der von Eb. Guidobald Thun begründeten und unter Eb. Max Gandolf Kuenburg fertiggestellten Sammlung.

Grabungsmuseum (Zugang in den nördl. Dombögen). Enthält die unter dem Domplatz freigelegten und konservierten Fundamente der Vorgängerbauten des Domes, Reste römerzeitlicher, bis auf das 1. Jh. n. Chr. zurückgehender Bauten und Mosaikböden sowie eine Auswahl von Fundstücken aus dem Mittelalter und der Römerzeit. – Ein eigener Zugang bei der nördl. Konche des Domes führt zu den freigelegten Teilen der spätrom. Chorkrypta.

Dombögen, siehe Domplatz.

BENEDIKTINER-ERZABTEI ST. PETER, St. Peter-Bezirk. Am Fuß des Mönchsberges, zwischen Festungsgasse, Kapitelplatz, Domplatz, Franziskanergasse und Toscaninihof gelegener, ausgedehnter Baukomplex; um 3 Höfe gruppiert und mit südöstl. anschließendem Friedhof.

Um 696 durch den hl. Rupert eine bestehende Mönchsgemeinschaft erneuert oder Kloster gegr. (?), nach alter Haustradition 582. Eine Peterskirche war Keimzelle des Bistums und Ausgangspunkt der Missionierung Österreichs und Westungarns. 987 Trennung von Abtei und Bistum, erster Abt Tito von St. Emeram in Regensburg. Urk. 1110 von Eb. Konrad I. die seiner Residenz benachbarten Gebäude den Mönchen übergeben und damit das Areal des heutigen Klosters. Unter Abt Balderich (1125 bis 1147) Bau der bestehenden Klosterkirche. Im Spätmittelalter die Klostergebäude nördl. der Kirche bereits

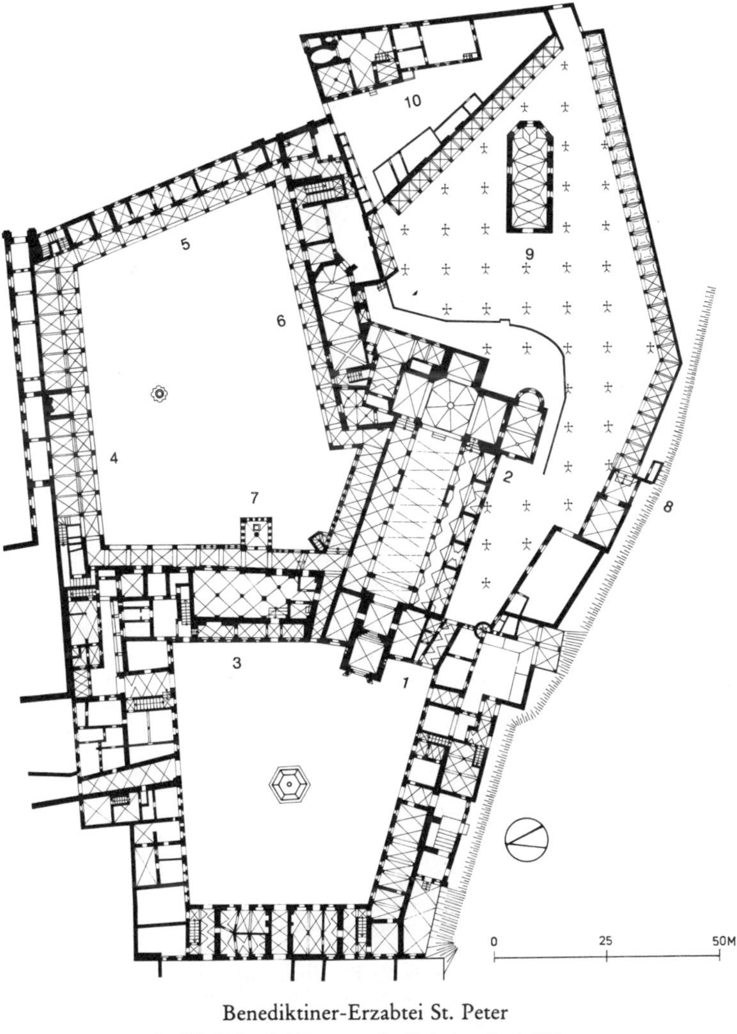

Benediktiner-Erzabtei St. Peter

1 Stiftskirche, S. 534
2 Katharinenkapelle, S. 539
3 Abteitrakt, S. 542
4 Konventtrakt, S. 543
5 Noviziat, S. 543
6 Marienkapelle, S. 542
7 Brunnenhaus, S. 541
8 Kreuzkapelle, S. 545
9 Margarethenkapelle, S. 546
10 Mühlenhof, S. 550

annähernd regelmäßig um 3 Höfe angelegt, mit östl. und westl. vorgelagerten Wirtschaftsgebäuden und Klosterschule. Ab A. 17. Jh. allmählich Umgestaltung bis zur durchgreifenden Barockisierung der Stiftskirche und Neufassadierung der Stiftsgebäude unter Abt Beda Seeauer (1753–1785). Durch den Bau des Collegium Benedictinum, anstelle von bar. Wirtschaftsgebäuden, 1924/26, Erweiterung des Klosterkomplexes nach W. 1927 St. Peter zur Erzabtei erhoben.

Stiftskirche hl. Petrus, zwischen Friedhof und den beiden Klosterhöfen. Barockisierte hochrom. Querschiffbasilika mit Westturm und bar. Vierungskuppel. Erb. urk. ab 1130, Weihe 1143; 2. V. 13. Jh. Vorhalle und Kapelle an der Turmsüdseite erb., Turm unter Abt Otto II. (1375–1414) erhöht, 1424 Kapelle an der Turmnordseite erb., ab 1431 bis 1. H. 17. Jh. südseitige Erweiterung der Kirche durch Kapellenreihe. Unter Abt Martin Hattinger 1605/06 Abbruch der 3 Ostapsiden sowie Umgestaltung des Inneren; unter Abt Joachim Buchauer 1619/20 Kirche eingewölbt, 1622 Kuppel über der Vierung errichtet, 1705 Sakristeianbau; ab 1754 spätbar. Umgestaltung. Zuletzt Rest. 1957/59 und 1981/82. – Grabungen 1980/81 im Kircheninneren, die Ausgrabungsbefunde lassen keine endgültigen Schlüsse über die Vorgängerbauten zu, in den ältesten Schichten Reste römerzeitlicher Wohnhäuser.
A u ß e n b a u. Basilikales Langhaus, an der Nordseite von Kreuzgangflügel und sogen. Bruderstock, an der Südseite von Kapellenreihe flankiert, gleich hohes, leicht vorspringendes Querschiff und gleich hohes, gerade geschlossenes Altarhaus. Nördl. an Altarhaus und Querarm anschließend 2geschossige Sakristei von 1705 (im Mauerwerk bez.), südl. am Querarm rom. Katharinenkapelle von 1215.
Vierungskuppel mit hohem Achtecktambour, erb. 1622; Gliederung durch Eckpilaster und Haube mit Laterne von 1757. Rundbogenfenster im Hochschiff, Querschiff und Tambour mit schlichter bar. Stuckumrahmung, 1757/60. Im W Vorhallenbau in der Höhe der Stiftstrakte, dem Turm vorgesetzt, zwischen den dem Abteitrakt eingebundenen Westkapellen vorspringend, im Kern 2. V. 13. Jh. (?), um 1400 (?), in der Nord- und Südmauer urspr. offene spätrom. (?) Arkaden. Fassade um 1760 mit toskanischen Eckpilastern und hohem Gebälk, darüber Attikamauern mit rundbogigem Aufsatz, als Postament für die Figurengruppe Christusknabe als Sieger über das Böse zwischen Hll. Petrus und Paulus, urk. von *Franz Hitzl* 1781/83. Portalbau 1756 mit toskanischen Säulen, trichterförmig vorgezogenem Gebälk und Triglyphenfries; darüber Figurennische mit geschweifter Volutenumrahmung, flankiert von Vasen; Figur hl. Rupert von *Josef Anton Pfaffinger* (oder *Lorenz Wieser* ?) 1757. Turm im Kern 9. Jh. (?), um 1400 romanisierend erhöht, 1754/56 umgestaltet, mit Eckpilastern, rundbogigen Schallfenstern, rundbogig hochgezogenem Abschlußgesimse und reich gegliedertem Zwiebelhelm. An der Westseite skulptierte Wappen von St. Peter und Abt Beda Seeauer sowie Inschr. von 1756; nordseitig gekuppeltes mittelalterliches Rundbogenfenster.
I n n e r e s. In der Vorhalle Kreuzrippengewölbe, seitl. eingemauert römerzeitliche Spolien (von der Krim, Beutestücke des 2. Weltkrieges). Zwei römische Aschenkisten, 1966 in zweiter Verwendung unter dem Boden des Kircheninneren gefunden; eine davon mit Grabinschr. für den Jagdgehilfen Profuturus. Hauptportal zum Turmerdgeschoß, Stufenportal mit gekehlten Ecken und je 3 eingestellten Säulchen, Basen- und Kapitellband (Knollen- und Blattkapitelle),

spätrom., 2. V. 13. Jh. Sturzbalken mit Rankenrelief 16. Jh. (?), darüber Tympanon um 1160 (?), mit Relief Thronender Christus zwischen Hll. Petrus und Paulus sowie Inschr. im Bogenrand. Tür mit Rokokofüllungen von *Lorenz Härmbler* und Oberlichtgitter von *Philipp Hinterseer* 1765/66.
Das Kircheninnere ist bestimmt durch die Rokokoausstattung, die hohen, galerieartig dekorierten Mittelschiffwände und die hell belichteten, zart stuckierten Gewölbe; die rom. Baustruktur jedoch deutlich ablesbar. 3schiffiges, 10jochiges Langhaus, im Westteil der Basilika (ehem. Laienkirche bis zur ehem. Querschranke), Rundbogenarkaden mit sächsischem Stützenwechsel, im Ostteil die Rundbogen auf Pfeilern; Säulen und Pfeiler mit profilierter rom. Basis (z. T. sichtbar), Säulenkapitelle durch Rokokostuck verkleidet. Hochwände im Mittelschiff durch flache Pilaster gegliedert (2+3+3+2 Achsen zusammenfassend), umlaufendes verkröpftes Abschlußgesims, darüber Rundbogenfenster und Kreuzgratgewölbe. In den 3 östl. Jochen Oratorienfenster. Im Westjoch bar. Emporeneinbau, 1793 durch *Wolfgang Hagenauer* um ein Joch klassizistisch verlängert. In den Seitenschiffen li. Kreuzgratgewölbe, re. Tonnengewölbe mit Stichkappen.
Querschiff um mehrere Stufen erhöht (darunter Äbtegruft um 1705), die längsrechteckigen Arme und der querrechteckige Altarraum einjochig, kreuzgratgewölbt. Vierungspfeiler mit Pilastervorlagen, Pendentifs, darüber Tambour mit Eckpilastern, Kuppel über Gesimse und Laterne 8eckig. Im nördl. Querarm Sakristeiportal mit profilierter Marmorumrahmung und gesprengtem Giebel, bez. 1676 EA (Edmund Abbas), gegenüber gleiches Portal zur Katharinenkapelle, bez. 1700.
Die Rokokostukkaturen an den Wänden und im Gewölbe, grün auf weiß, von *Benedikt Zöpf* 1760/66.
An der Südseite des Langhauses geschlossene Reihe von fünf Kapellen, in Rundbogenarkaden zum Seitenschiff geöffnet, errichtet 1431 (urk. östl. Kapelle geweiht) bis 1. H. 17. Jh., 1. H. 18. Jh. barockisiert, die westl. Kapelle 2achsig (Arkaden mit toskanischer Mittelsäule), Gewölbestuck hier urk. 1724, in den übrigen Kapellen um 1710/20, von *Josef Schmidt;* in der 2. Kapelle von O in der Bogenleibung Stuckreliefs Arma Christi, im Gewölbe Pelikan mit Jungen; in der 3. Kapelle emblematische Deckenmalereien. Kapellenschranken um 1710/20.
Wandmalereien. Von der rom. Malerei erhalten bzw. freigelegt (1885, 1959, 1981): Im Mittelschiff, östl. Joch an der Südwand, Fragmente von Allegorien des mönchischen Stundengebetes, re. „tertia hora", M. 12. Jh. – Im südl. Seitenschiff, Ostjoch, Bildfeld mit Figur Maria Magdalena und Bischof als Stifter (Eberhard II. ?), 2. V. 13. Jh.; darüber Darstellung eines Baumes und gegen O ornamental bemalter Bogenfries. Am benachbarten Pfeiler gegen W ebenfalls Darstellung eines Baumes. – Im nördl. Seitenschiff, Ostjoch, freigelegte Arkadennischen (gemauerte Seitenschranken des ehem. Lettners) mit ornamentaler Bemalung. – 5. Stütze der Nordseite, Marmorierung am Säulenschaft. Gegenüber an der Südseite, in der Bogenleibung, 2 einander umklammernde Fabeltiere, nach 1400.
Bar. Gewölbemalerei und Wandbilder: Gewölbe im Altarraum und Langhaus; in 4 großen Kartuschenfeldern Fresken, Berufung Petri, Christus wandelt auf dem See Genezareth, Schlüsselübergabe, Befreiung Petri aus dem Kerker, von *Joh. Bapt. Weiß* 1764. – Kuppel, in der Laterne Hl.-Geist-Taube (rekonstruiert), in der Wölbung musizierende Engel und Putten von *J. B. Weiß,* im Tambour

Ovalbilder 8 Seligkeiten durch alttestamentarische Szenen illustriert und an den Pendentifs 4 Kirchenväter von *Franz Xaver König* um 1760. Gewölbe in den Querarmen, nördl. Auffindung des Grabmals des hl. Amand; südl. Predigt des hl. Vitalis, beide von *F. X. König*. Seitenwände im Altarraum, li. Kreuzigung Petri, re. Enthauptung Pauli, von *F. X. König*. Stirnwände im Querschiff, nördl. Geburt Christi, südl. Anbetung der Könige, von *F. X. König;* darüber Stuckwappen Abt Beda Seeauer. Seitenwände des Mittelschiffes, nördl. großes breitrechteckiges Leinwandbild, Kreuzaufrichtung, von *Ignazio Solari* 1632, daneben Leinwandbild, hl. Benedikt segnet König Totila, von *Thiemo Sing,* um 1660; südl. als Pendant, Kreuztragung Christi, bez. *Caspar Memberger 1591,* daneben, hl. Rupert zeigt dem Bayernherzog Theodo das Stift St. Peter, von *Thiemo Sing* um 1660. Beidseitig unter dem Hauptgesims je eine Reihe von 10 Bildern (das 1. jeweils an der anschließenden Querschiffwand), nördl. Vita des hl. Benedikt, südl. Vita des hl. Rupert und Geschichte des Klosters, von *F. X. König,* um 1757/61. – Im südl. Seitenschiff, Wandbild Kruzifix mit Gottvater, Taube und Tugenden (Personifikationen) von *Johannes Zick* (?), Im Turmerdgeschoß li. Tod des hl. Benedikt, re. Taufe des Herzog Theodo, von *Thiemo Sing* 1664.

Altarausstattung 1761–1786, großteils von *Lorenz Härmbler* (Bildhauer) und *Johann Nepomuk Högler* (Steinmetz), Fassungen von *Franz Xaver König.* Marmor-Säulenaufbauten mit Gebälkstücken und geschweiften Auszügen. Leuchter auf den Mensen 18. Jh., Reliquiare 17. und 18. Jh. – Hochaltar 1777/80 nach Modell von *L. Härmbler,* mit 3facher Säulenstellung, konkav einschwingenden, übereck gestellten Gebälkstücken und Aufsatz zwischen Voluten; Altarblatt Hll. Petrus, Benedikt und Paulus in Verehrung vor Maria mit Kind in Engelsglorie (bez.) und Oberbild Gottvater mit Hl.-Geist-Taube, von *Martin Johann Schmidt* 1778; dazwischen Wappen Abt Beda Seeauer; seitl. Statuen Hll. Virgil, Rupert, Vitalis und Amand, von *Franz Hitzl,* im Auszug adorierende Engel. Überarbeiteter Tabernakel vom ehem. Hochaltar *Hans Waldburgers,* 1625.

Querschiffaltäre. An der Ostwand li. Altar von 1780/82, Altarblatt Enthauptung des hl. Johannes d. T. (bez.) und Oberbild Unterricht Mariae, von *M. J. Schmidt;* seitl. Statuen Hll. Georg und Martin, im Auszug Hll. Magdalena und Margaretha, urk. von *L. Härmbler.* An der Ostwand re. Altar von 1780/83, Altarblatt hl. Vitalis als Helfer der Kranken (bez.) und Oberbild hl. Andreas, von *M. J. Schmidt;* Statuen Hll. Wolfgang und Ulrich, im Auszug Hll. Elisabeth und Barbara, urk. von *F. Hitzl.* An der Stirnwand nördl., Marienaltar von 1761/64, in der M. Figurennische mit spätgot. Statue Maria mit Kind, um 1410 (Gnadenbild Maria Säul), Kronen um 1686, Festtagskronen und Szepter um 1720; seitl. Statuen Hll. Cäcilia und Agnes, von *L. Härmbler* (?); Oberbild hl. Thiemo, von *F. X. König.* An der Stirnwand südl., Altar von 1761/64, Statuen, hl. Vitalis zwischen Hll. Beda und Ildefonsus, von *L. Härmbler* 1761/64; Oberbild 3 selige Äbte, von *F. X. König;* unter der Mensa Reliquiengrab des hl. Vitalis mit Gitter um 1760.

Mittelschiffaltäre. Im Mittelschiff 3 Paare von Altären, 1774/76, des gleichen Typus, das mittlere Paar größer und aufwendiger gestaltet (von O nach W): Li. Altarblatt Verherrlichung des Namen Gottes, urk. von *Karl von Reselfeld* 1704, Oberbild hl. Virgil, urk. von *M. J. Schmidt* 1776, Figuren im Auszug Hll. Thekla und Rosalia. Re. Altarblatt Hl. Familie (bez.) und Oberbild hl. Bonifatius, von

M. J. Schmidt 1775; Figuren im Auszug Hll. Theresia v. Avila und Gertrud v. Nivelles; Tabernakel von 1749. – M. li. Altarblatt Tod des hl. Benedikt (bez. 1782) und Oberbild hl. Rochus (urk. 1776) von *M. J. Schmidt;* seitl. Statuen Hll. Scholastika und Erentrudis. – M. re. Altarblatt Tod des hl. Rupert, bez. *Sylvester Bauer (Paur) pinxit 1661,* Oberbild hl. Sebastian, urk. von *M. J. Schmidt* 1776; seitl. Figuren Hll. Placidus und Maurus. – Hinten li. Altarblatt Christus lehrt die Apostel (urk.) und Oberbild hl. Heinrich, von *M. J. Schmidt.* Re. Altarblatt Verleihung des Scapuliers an Simon Stock, urk. 1776 von *M. J. Schmidt,* Oberbild hl. Kunigunde von *F. X. König* (?).

Altäre der Seitenkapellen um 1785, die Altarbilder von *Martin Johann Schmidt* 1785/86 (von O nach W): 1. Anbetung des Lammes durch die Hll. Jungfrauen (bez.), Oberbild hl. Maria Magdalena; Vorsatzbild hl. Aloysius, 19. Jh. (?). 2. Pietà mit Magdalena, Johannes (bez.), Oberbild Auferstehung Christi. 3. Maria Immaculata, Oberbild hl. Georg. 4. Verzückung der hl. Theresia (bez.), Oberbild hl. Johannes Nepomuk. 5. Vierzehn Nothelfer (bez.), Oberbild hl. Andreas Avellinus.

Kanzel 1763/64 mit geschwungenem Korb und Schalldeckel, Rokokostukkaturen von *Benedikt Zöpf* und bekrönender Figur hl. Paulus; gegenüber entsprechender Oratoriumserker mit Figur hl. Petrus. – Orgel, Gehäuse von 1618/20 durch *L. Härmbler* 1762/63 umgebaut, Aufsatzfiguren Hll. Petrus (urspr. Gottvater), Rupert und Vitalis, vom ehem. Hochaltar *Hans Waldburgers,* 1625; Werk 1918 von *Fa. (Johann) Mertel und Dreher;* Chororgel 1925 von *Fa. Cäcilia;* beide 1957 rest. und miteinander verbunden.

Chorgestühl und Abtstuhl, 1925 nach Entwürfen von *Martin Knoll* und *Peter Behrens,* ausgeführt von *Jakob Adlhart.* 2 Bronzekandelaber im Chor, gestiftet 1609 von Eb. Wolf Dietrich, 3seitig, die Postamente mit Wappen Eb. Wolf Dietrichs und auf Delphinen reitenden Engelsfiguren, darüber Frauenköpfe und Voluten, die in geflügelte Frauenhermen auslaufen, deren Flügel den oberen Teil des sich verjüngenden Schaftes bilden; vor 1594, dem Gießer *Hans Menz* zugeschrieben, Entwurf von *Veit Eschay* (?). Marmorschranken im Querschiff um 1680, zum Mittelschiff um 1767. Schmiedeeiserne Opferstöcke M. 18. Jh. Beichtstühle im nördl. Seitenschiff, 1722 von *Lorenz Windpichler,* mit Halbfigurenbildern in Rokokokartuschen von 1766, Hll. Johannes Nepomuk, Hieronymus, Magdalena, Petrus, Mater dolorosa, Schmerzensmann, Christus als Guter Hirte. Kirchenbänke 18. Jh. von *M. Wessiken.* Schmiedeeisengitter im W bez. 1768, von *Ph. Hinterseer.*

Grabsteine und Epitaphien (Auswahl, Rundgang beginnend im Turmerdgeschoß, Nordwand): Matthias Starch, 1732, Inschriftplatte mit Wappen. Adlinger Pichler, 1628, mit Relief Abschied Christi von Maria, Stifterfamilie und Hauszeichen. Maria Katharina Grüningin, 1719, Inschriftplatte. Franz Thomas Kleyenmayr, 1675, Inschriftplatte mit Wappen. Barbara Ranzova, 1664, Inschriftplatte mit Engelhermen. Anna Hepperger von Hoffensthal, 1835, Inschriftplatte mit Wappen. Darunter Vitus von Arnholt, 1723, Inschriftplatte. Am Pfeiler der 6. Arkade Grabmal Joann. L. B. a Plaz, 1666, mit 3teiligem Aufbau, Draperie, Rosengirlanden und bekrönender Wappenkartusche.

In den Querarmen und im Altarraum, Inschrifttafeln mit Marmorumrahmung und skulptierten Wappen, Joannes Georgius a Baumgarten, 1683, u. a.; Georg Thomas Perger von und zu Embßlieb, 1687; Johann Georg Staudacher, 1748; Abt Amand, 1673, urk. von *Bartlme Opstal* 1674; Abt Carolus Schrenck de

Nozing, 1704. Grabplatte des hl. Vitalis von 1430/40, in den südl. Querarm versetzt 1761/67, mit Relieffigur des Heiligen in vollem Ornat, zwei Löwen zu seinen Füßen und umgeben von tuchhaltenden Engeln, in der Krümme Halbfigur des hl. Petrus. Hermannus Hermes, 1680; Hieronymus Francis von Portia und Brugnara, 1677.

Südl. Seitenschiff und Seitenkapellen (1 bis 5): 1. Judith Lasserin, 1627, Inschriftplatte mit Knorpelwerkumrahmung. Im Fußboden, Johann Ebser, 1438, mit flacher Relieffigur; Heinrich Ebs, 1465; Mathias Ulrich, 1661. Wandgrab des Dompropstes Michael Wolckenstain-Rodenegg, urk. 1604/05, mit ganzfiguriger Darstellung des Verstorbenen in Hochrelief, auf dem Gebälk von Putten gehaltene Wappenkartusche. Christophorus Freysauf von Neydegg, 1666, von Draperie gerahmte Inschrifttafel und Doppelwappen in Volutenkartusche; im Boden darunter Inschriftplatte Catharina Freysauf, 1690. 2 Inschriftplatten mit gravierten Wappen, Maria Clara Ennser, 1670; Ludwig Graf v. Kueffstains Kind, 1713. – 2. Kapelle. Epitaph für Marianne Freifrau v. Bertold zu Sonnenburg, die Schwester W. A. Mozarts, errichtet 1829. Denkmal für Johann Michael Haydn, errichtet 1821, von *Anton Högler,* nach Entwurf von Abt *Albert IV. Nagnzaun,* mit Kruzifix auf Felssockel, Schädelurne und Lyra. Im Fußboden Grabplatte Abt Martin Hattinger, gest. 1615, mit ganzfiguriger Reliefdarstellung von *Hans Waldburger.* Am Pfeiler Inschriftplatten Maria Hornerin, 1747; Ioannes Romedius Aliprandi, 1755, mit graviertem Wappen; Familie Lasser, ab 1530.

Gegenüber, im Seitenschiff, Grabmal (Reliquiengrab) des hl. Rupert; eingefaßt von den Postamenten eines Altaraufbaues, Grabplatte, urk. 1444, mit ganzfiguriger Darstellung des Bischofs in Flachrelief, darunter vergitterte Nische mit 1966 aufgedecktem teilweise abgemeißeltem römerzeitlichem Sarkophag (3. Jh.); der Altaraufbau von *Simon Th. Baldauf* 1741, mit 2facher Säulenstellung, Kleeblattbogen und Auszug, in der Mitte Bild hl. Rupert vor Gottvater als Patron Salzburgs (mit Ansicht der Stadt), urk. von *Johann Josef Fackler,* Oberbild und 6 seitl. Bildmedaillons mit Szenen aus dem Leben des Heiligen; Engelfiguren mit Krone und Szepter von *Johann Georg Hitzl.* – 3. Kapelle. Priestergrabstein Giulielmo Mellerey, 1633. Sogen. Rottmayrsches Epitaph, lt. jüngerer Inschr. von *Johann Michael Rottmayr* 1693 errichtet für die Stephan Guardische Familie, trauernder Putto auf Sockel *Michael Bernhard Mandl* zugeschrieben. Wappengrabstein Maria Maximiliana Vohlerin, 1644. Darüber Inschrifttafel Balthasar Zauchenperger, 1666. Im Boden mehrere Inschriftsteine 17./18. Jh. Am Pfeiler Grabmal Michael Mayr von Pirglau, errichtet 1667, Sockel mit Inschr. und lebensgroße Marmorstatue hl. Michael. – 4. Kapelle. 2 Inschriftsteine mit Wappen, Franciscus Andre d'Albert, 1715; Maria Rosalie v. Kreizern, 1781. Grabmal Ludwig Alt d. J., gest. 1586, Ädikularahmung mit Säulchen, darin Inschrifttafel und Relief, Gegenüberstellung des Alten und Neuen Bundes, Bekrönung mit Wappen Alt, Praunin, Rauchensperger, Unterholzerin sowie Konsole, 17. Jh. Wappengrabstein Friedrich Rehlingen, 1609. Franciscus Michael Casimirus, unter der Inschrifttafel Figur des Chronos in Hochrelief, als Bekrönung skulptiertes Wappen. Am Pfeiler Grabmal Volpertus Motzel, bez. *M. H. P. P.,* um 1670, über hohem Sockel Nische mit Rotmarmorumrahmung, davor Figur einer Trauernden; daneben Inschriftstein Georg Anton v. Motzel, 1801. – 5. Kapelle. Grabmal Friedrich und Maria v. Rehlingen, im Sockel Doppelwappen, darüber Inschrifttafel mit Chronogramm 1667 flankiert von

Frauen- und Ritterfigur, rundbogiger Abschluß mit Wappen. 4 Inschriftplatten mit Wappen, Familie Rehlingen, 18. Jh. Wappengrabstein Maria Rehlingerin, 1620; daneben (versetzter) Wandbrunnen mit Löwenauslauf und gebuckeltem Becken, 17. Jh. Am Pfeiler innen, Adam Friedrich Rehlingen, 1615, figuraler Kindergrabstein mit Wappen. In der Mitte der Kapelle Kenotaph des Hans Werner v. Raitenau, von Eb. Wolf Dietrich für seinen Vater 1593 gestiftet, urspr. im Mittelschiff, durch Paris Lodron in das nördl. Seitenschiff übertragen, seit 1903 in der Rehlingenkapelle; Hochgrab mit gebauchter Tumba, auf der Tumbaplatte in Hochrelief Liegefigur in Harnisch mit Helm und Schild zu ihren Füßen sowie Randleiste mit Inschr., *Veit Eschay* zugeschrieben, Wappen an den Seitenwänden. – Im Seitenschiff, 2 Inschriftsteine Johanna Rehlingen, 1807; Josef Georg und Johann Nepomuk Rehlingen, 1828. Dionysius Widmann, 1687, Inschriftkartusche und Wappen. Sigmund Fuchs, 1662, mit Relief Kruzifix zwischen Maria und Johannes, seitl. Wappen. Abt Edmund, gest. 1702, Sarkophag mit breiter Inschriftkartusche, darauf Wappentier Vogel Strauß und Putto mit Weihwasserschale. Richardus Sapp, 1698, Inschriftstein mit Wappen. Anton Carl Losbichler, 1720, Inschriftplatte. – Weihwasserbecken beiderseits des Westportals, um 1690, mit Grabinschrift Johann Jakob von Lebenheim 1703. 2 Inschriftplatten mit Wappen, Josef Maximilian Konhauser, 1719 Joh. Babt. Mayr de Mayregg, 1703. – Krippe aus Thaur von 1884, orientalische Kinderkrippe. 5 Glocken von *Josef Pfundner* 1927 mit Reliefs von *Jakob Adlhart.*

Anbauten (Nebenräume): **Wolfgangkapelle,** nördl. des Turmes, errichtet 1424. Rechteckiger, 2jochiger kreuzgratgewölbter Raum. Altar bez. 1666, im 18. Jh. überarbeitet, Altarblatt hl. Benedikt und Oberbild hl. Wolfgang um 1775, von *Franz Xaver König,* Statuen Hll. Gertraud, Theresia, Gregor und Bernhard. Wappen- und Inschriftgrabsteine 15. bis 17. Jh. **Hl.-Geist-Kapelle,** südl. des Turmes, 1244 gew., 2. H. 17. Jh. verlängert. Rechteckiger, 2jochiger kreuzgratgewölbter Raum. Altar 1642 gew., im 18. Jh. überarbeitet, Altarblatt Pfingstfest und Oberbild Auge Gottes urk. von *F. X. König* 1775, Statuen Hll. Josef Calasanza und Angela. – Reliquiengrabplatte von Heiligen der Salzburger Kirche, bez. 1315.

Katharinen- oder **Mariazeller Kapelle,** an den südl. Querarm der Stiftskirche angebaut. Rom. Saalbau mit Rundapsis. 1215 von Herzog Leopold VI. gestiftet, 1227 geweiht. Inneres zuletzt 1792 verändert. – Schlichtes Langhaus mit gekehltem Dachgesims und Rundbogenfenstern. An der Apsis Gliederung durch Runddienste mit Knospenkapitellen, Blendbogen- und darüber Zahnschnittfries; Rundbogenfenster mit abgeschrägter Leibung; beim Mittelfenster historistische Inschrifttafel von *Georg Pezolt* 1865. Westportal mit einfacher, profilierter Marmorumrahmung und gesprengtem Giebel, darin bez. 1691. – Grabsteine am Außenbau, siehe Petersfriedhof.

Schiff 2jochig, mit Kreuzgratgewölben auf Wandpfeilern, und 2stufig eingezogene Apsis. Triumphbogenpfeiler und Wandpfeiler mit Kämpfergesims. Nordseitig Portal zur Stiftskirche und verspiegelte Blindfenster. – Stukkaturen im Gewölbe und als Fensterumrahmung urk. 1792/93 von *Peter Pflauder,* am Triumphbogen Bez. *P. P. 1792 ST* und Stuckwappen Abt Dominikus Hagenauer.

Altar von 1733 mit Baldachinaufbau (offener Kuppel und Säulenarchitektur) nach dem Vorbild des Mariazeller Gnadenaltares *Joseph Emanuel Fischers von Erlach,* in der M. Kopie des Gnadenbildes von Maria Zell, seitl. knieende Engelfiguren, auf dem Gebälk Figuren Hll. Katharina und Barbara, seitl. auf Postamenten stehende Engelfiguren von *Johann Georg Hitzl.* Altarraumabschlußgitter frühes 18. Jh. An den Wänden 14 Grabsteine, Inschriftplatten z. T. mit skulptierten oder gravierten Wappen E. 16. Jh., 17. und 18. Jh.; Grabstein an der Westwand, Virgili Dietherr zu Schedling, 1568, Inschrifttafel (in Rollwerkrahmung) und Relief Hl. Dreifaltigkeit mit Stifterfamilie und Wappenschildchen. Einfache Inschriftsteine im Boden.

Sakristei. T-förmiger kreuzgratgewölbter Saal von 1705, im O Rundbogenfenster. Türen mit Beschlägen 17. Jh., Gitter mit Spiralranken, Groteskenköpfen und Blättern sowie Schild mit Monogramm Abt Martin Hattinger A. 17. Jh.; 2 Lavabos bez. 1706, mit wassergießendem Putto und skulptiertem Wappen Abt Placidus Mayrhauser; intarsierte Schränke 1786; Ofen 1731 mit klassizistischem Gitter um 1800; Sakristeitüren mit Attikaaufsatz 1793. Klassizistische Beichtstühle von *M. Wessiken.* – Neben den Stufen der Sakristei ein (in nachrömischer Zeit überarbeiteter) römerzeitlicher Grabaltar mit Inschr. für Lollius Noricus und Iulia Ingenua.

Klostergebäude. Dem Stiftskomplex sind gegen die Stadt Franziskanerkloster und Wallistrakt der Residenz vorgelagert. Einzige nach außen gekehrte repräsentative Fassade ist die des Konventtrakts am Domplatz, 1657/62 als Entsprechung zum gegenüberliegenden Flügel der Residenz nach Plänen von *Giovanni Antonio Dario* errichtet und ähnlich gegliedert. Hauptzufahrt zum Kloster von der Franziskanergasse, flankiert von Fußgängerportalen, 2. H. 18. Jh.; Durchfahrtstor mit Pilasterrahmung und Volutenaufsatz.

Stiftshof. Trapezförmiger Hof gebildet von 4 einheitlich fassadierten Trakten; 1686/90 durch Umbau und Zusammenfassung verschiedener Gebäude in die bestehende Form gebracht, um 1770 neu fassadiert. Die Trakte 3geschossig mit Attikafenstern bzw. durch Aufstockung im 19. Jh. 4geschossig (Süd- und Westtrakt, letzterer 1857 aufgestockt). Additiver Fassadendekor, Sockelgeschoß und Attika durch Gesimse abgesetzt, Fensterumrahmungen im 1. Obergeschoß mit flachen Parapetfeldern, Pilastern und eingezogener Korbbogenverdachung, im 2. Obergeschoß Pilaster über Sohlbankgesims und Kompositgiebel mit Scheitelvoluten. Im Süd-, West- und Nordtrakt Rundbogenportale mit genuteter Nagelfluhumrahmung bez. EASP (Abt Edmund Sinnhuber) 1690, 1688 und 1686. Über dem westl. Mittelportal Kartusche mit Relief, Halbfigur Maria mit Kind, 17. Jh.; über dem nördl. Mittelportal gemalte Sonnenuhr mit Darstellung hl. Benedikt. An der Ostseite der mit der Stiftskirche verbundene Abteitrakt mit den Klosterportalen: li. Ädikulaumrahmung mit toskanischen Pilastern und gesprengtem Giebel, Inschriftkartusche bez. EA 1686 SP; re. toskanische Säulen mit Rundbogenaufsatz und gerader Verdachung.

Brunnen in der M. des Stiftshofes, 2 gestufte Sechseckbecken und Brunnensäule mit Figur hl. Petrus, von *Bartholomäus van Opstal* 1670/73, an der östl. Beckenwand Inschr. und Wappen Eb. Max Gandolf Kuenburg. – Zisterne vor dem Arbeitstrakt, mit Steinbrüstung, Schmiedeeisengitter und Barockhaube 17. Jh.

Stiftskeller (Peterskeller) im Südtrakt, 1902 historistisch umgebaut. Im kleinen Vorhof über dem Portal eingemauert Marmorplatten von 1517 mit Wappen Abt

Wolfgang und von 1529 mit Wappen Abt Kilian (durch ihn lt. Inschr. der Keller erweitert). 4 skulptierte Wappenkartuschen des 17. Jhs. in den Arkaden verwahrt. Festsaal, im Obergeschoß des Südtraktes, erb. 1903, mit neobarocken Stukkaturen, Deckenbild Hochzeit zu Kanaa (nach Veronese) und Fenster mit ornamentaler Glasmalerei.

Konventhof (nicht öffentlich zugänglich). 5seitiger Gartenhof, gebildet von dem im Kern mittelalterlichen, um 1600 3geschossig ausgebauten westl. Abteitrakt, dem 1657/62 errichteten 4geschossigen nördl. Konventtrakt und dem ebenfalls ab 1657 errichteten 3geschossigen östl. Noviziat; die Südseite abgeschlossen von dem durch Anbau und Überbauung der Marienkapelle im 17. Jh. entstandenen 3geschossigen Bibliothekstrakt mit 2geschossigem Vorbau sowie dem zurückspringenden, überbauten Südflügel des mittelalterlichen Kreuzganges; die Fassaden mit spätbar. Fensterumrahmungen wie im Stiftshof, aus der Zeit des Abtes Beda Seeauer, gemalte Sonnenuhren an der Westseite bez. 1661, 1775 und an der Ostseite, beide mit Darstellung des Chronos und Wappen der Äbte Edmund und Beda.
Brunnen in der Gartenmitte, urk. 1660/64 von *Christoph Lusime,* gestiftet von Eb. Guidobald Thun. Vierpaßförmiges Becken und zwischen Delphinen aufsteigender, mit Maskarons und Fruchtschnüren geschmückter Stützobelisk, darauf Rundschale und Knabe mit Delphin.
Im Erdgeschoß der 5 Trakte Kreuzgang: im N, O, S als rundbogige Pfeilerarkaden des 17. Jhs., an der Kirche und unter der Abtei mittelalterlich, z. T. im 19. Jh. freigelegt bzw. rekonstruiert. 5jochiger Westflügel, 5jochiger Südflügel und ein Joch des Ostflügels; der Ostflügel und die beiden nördl. Joche des Westflügels mit 3teiligen got. Maßwerkfenstern, 2. H. 14. Jh.; die übrigen Arkaden mit Rundbogenöffnungen auf rom. Säulchen, südl. Teil des Westflügels M. 13. Jh., im Südflügel sekundär eingesetzt aus z. T. nicht zusammengehörigen Teilen, E. 12. Jh.; die Joche kreuzgratgewölbt, dazwischen leicht gekehlte Gurtrippen auf Konsolen.
Brunnenhaus, in der Mitte des Westflügels, M. 13. Jh., freigelegt 1888, rest. 1927. 2 Spitzbogenarkaden zum Kreuzgang auf 8seitiger Mittelsäule mit Tellerbasis (Eckknollen) und Flechtbandkapitell; Wände in 4 Spitzbogenarkaden geöffnet, auf abgefasten Pfeilern mit profilierten Blockkapitellen und auf profilierten Sockeln; Ostwand bez. 1927. Im Kreuzgangjoch vor dem Brunnenhaus und im Brunnenhaus Kreuzrippengewölbe mit Rosettenschlußstein. – Der Erker der Abteikapelle über dem Brunnenhaus gestützt von Säule mit spätrom. Zungenblattkapitell.
Eingemauertes antikes Relief mit einem berittenen Bogenschützen (Beutestück des 2. Weltkrieges von der Krim). An den Wänden des Kreuzganges zahlreiche Grabsteine des 14. bis 16. Jhs., vereinzelt des 17. Jhs., die meisten mit Wappenreliefs, darunter Wappengrabsteine Wulfing von Goldegg, 1343; Wolfgang Waldecker, 1397; Grabstein Familie Kirchberger, 1555, mit Relief Kreuzigung und Stifterfiguren; Wappengrabsteine Ortolf Mosar, 1430; Familie Reinperger, 1424; Priestergrabstein Johann Kelner, 1520, mit figuraler Darstellung; Wappengrabsteine Balthasar Hofinger, 1596; Ruprecht Rotmaier, 1622.
Ehem. Kapitelsaal, östl. an den Kreuzgang anschließend, 1. H. 14. Jh., urspr. quadrat. Raum, durch bar. Einbau in der Südostecke und gegen N beschnitten.

4 Gewölbejoche mit Mittelstütze, Kreuzrippen ohne Kapitell anlaufend, skulptierte Schlußsteine, Evangelistensymbole in Halbfigur, polychromiert; Gurtbogen mit Keilsteinrosetten. Figur Ölbergchristus 2. V. 15. Jh. Neueres Rechteckfenster mit Glasmalerei, 2 Scheiben, Dreikönigszug und Priester bei Vitalis-Altar, M. 15. Jh. – Grabstein Abt Dietmar, gest. 1288, Inschriftstein des späten 13. Jhs., ältestes erhaltenes Grabdenkmal in St. Peter. Weitere Inschriftgrabsteine, Abt Georg Waller, 1435; Familie Werder 1474/75; Abt Benedikt Obergasser, 1577.

Marienkapelle, ehem. Veitskapelle, östl. des Kapitelsaals. Eine Weihe 1130 und urk. 1319. Hochgot. Saalbau mit z. T. rom. Mauerwerk. Einjochige Vorhalle, kreuzrippengewölbt, mit kräftigen, tief herabgezogenen, abgefasten Rippen. Kapellenraum 2jochig mit 5/8-Schluß, Kreuzrippengewölbe, die Birnstabrippen in der Apsis auf Diensten mit gekehlten Sockeln und Blattwerkkapitellen, im Schiff auf Blattwerk- bzw. Kopfkonsolen; runde skulptierte Schlußsteine mit Rosetten bzw. Blattwerk. Hohe 2bahnige Spitzbogenfenster mit gekehltem Gewände (Maßwerkstege 1948/49 wiederhergestellt).

Wandmalerei. Ornamental bemalte Gewölbekappen (mit stuckierten Sternen) und blau, gelb, rot gemusterte Rippen und Dienste; an den Wänden der Apsis beiderseits der Fenster Darstellung stehender Heiliger unter Baldachin, um 1319, freigelegt 1948/49, rest. 1957. – An der Nordwand und in der Vorhalle Fresken von *Lydia Roppolt,* 1951 bis 1955, Geburt Christi und Passionsszenen. Im Vorhallengewölbe Darstellung der 4 Evangelisten, bez. J. A. A. 1952. – Rom. Rundbogenfenster in der Vorhalle mit Wappenscheibe St. Peter, 16. Jh. Rom. Altarmensa (aus der Kreuzkapelle) mit Kreuzrelief. Sandsteinstatue Maria mit Kind, um 1320/30.

Grabsteine im Fußboden, von O: Konrad Taufkind, 1382, mit Wappenrelief; Abt Virgil II. Pichler, 1502; Abt Johann Staupitz, 1524, mit Wappenrelief; Abt Killian Püttricher und Georg Oelles, 1535; Pfarrer Johannes Rauhenberger, 1429, Relief stehende Figur des Verstorbenen; Abt Aegidius Radlmaier, 1553, mit Liegefigur; Kenotaph Abt Andreas Graser, 1609, mit Wappenrelief; Konrad von Oberndorf, 1300; Abt Ulrich, 1420; Abt Leonhardus, 1416; Mathaeus Weiss, 1638.

Psalierchor, über dem nördl. Seitenschiff der Stiftskirche. Errichtet 1705/06. Flachgedeckter Rechteckraum mit je 3 Fenstern zur Kirche und zum Konventhof sowie Fenster zum Querschiff. Altar bez. 1706, mit Altarblatt Aufnahme der Hll. Maurus und Placidus in den Orden, bez. *Carl Reslfeld.* Türvertäfelungen und Gestühl um 1710/20; am Abtstuhl Wappen Abt Placidus, auf der Lehne Statuette Maria mit Kind M. 17. Jh. Über dem Portal zur Kirche 3figurige Schnitzgruppe Kreuzigung, frühes 18. Jh.; gegenüber 2 Konsolstatuen Hll. Petrus und Paulus urk. 1757 von *(Georg Josef) Frieß.* 2 Leinwandbilder Auferweckung des Lazarus, bez. 1607, und Auferstehung Christi A. 17. Jh. Wandlichttabernakel, intarsiert, E. 18. Jh. – Zugang zum Psalierchor im Südflügel, Portalumrahmung mit Laubwerkstukkaturen und querovalem Supraportenbild, Auge Gottes und Engelchor, von *Melchior Steidl* A. 18. Jh.

Obere Bibliothek, über der Veitskapelle, errichtet unter Abt Albert Keuslin 1653 (Portal bez.), Kassettendecke M. 17. Jh.; 1660 unter Abt Amand Pachler um einen Saal erweitert.

Abteitrakt. Im Erdgeschoß sogen. rom. Saal (ehem. Refektorium ?), 2schiffige, 3jochige Halle, um 1400 (?), mit Kreuzgratgewölbe auf Achteckpfeilern. Im

2. Obergeschoß Abteisaal (Vorsaal), die gesamte Tiefe des Traktes einnehmend mit 3 Fensterachsen. Rokokostukkaturen um 1754 von *Benedikt Zöpf;* Deckenbild Herzog Theodo übergibt Rupert das Stift St. Peter (mit Ansicht des Stiftes), urk. von *Franz Xaver König,* 1757; Supraportenbilder, Drei Engel bei Abraham, Heimsuchung, Christus bei Martha, Christus in Emmaus, von *F. X. König.* Galerie mit Porträts der Erzbischöfe von Michael Kuenburg bis Hieronymus Colloredo urk. von *F. X. König,* 1754/55, letzteres 1772. Acht Pastellporträts von Äbten, 1754, von *Johann Georg Troger* (?). Ofen E. 18. Jh. – Die gegen S anschließenden Räume 1790/91 umgestaltet nach Plänen von *Wolfgang Hagenauer,* seither z. T. verändert. – Vorzimmer, Kassettendecke M. 16. Jh., 1927 eingezogen, Wappenscheiben Friedrich Rehlingen 1591. – Audienzzimmer, klassizistische Stuckdecke von 1790; Kachelofen bunt glasiert mit figuralem und ornamentalem Dekor sowie Wappen Abt Edmund, bez. 1687, urk. von *Melchior Pogner,* in Nischen Büsten der Hll. Petrus, Benedikt, Johannes Ev. und Matthäus. – Sogen. Neues Zimmer (Fremdenzimmer), klassizistische Stuckdecke und Wandstuck von 1790. In der Südwand Kapellennische mit Marmoraltar bez. 1790. – Östl. davon ehem. Bibliothek mit klassizistischem Wandverbau. Daneben ehem. Schlafzimmer mit Durchgang zu der 1790 zum Archivraum umgestalteten Pauluskapelle, ein Schrankraum, in dem in Trompe-l'œil-Manier Archivalien dargestellt sind.

Pauluskapelle. Erb. 1293, Weihe 1304; 1706 horizontal unterteilt und umgestaltet, Freskenfreilegung 1937/38. Im unteren Geschoß (Konviktkapelle) Schiff 2jochig gewölbt, mit Stuck A. 18. Jh. Eingezogene 5/8-Apsis mit got. Diensten; im oberen Geschoß 2jochiges Kreuzgratgewölbe (urspr. mit Rippen). Wandmalerei (Oberfläche z. T. stark zerstört), unten Heilige mit Baldachinarchitektur A. 14. Jh., oben am ehem. Triumphbogen Medaillons mit Heiligen und Spruchbändern, zu beiden Seiten des Fensters oberer Teil einer Verkündigung an Maria, in der Leibung Reste ornamentaler Bemalung. – Südl. der Abtei Vorsaal mit stuckierten Türumrahmungen und kassettierter Stuckdecke 17. Jh. Westl. anschließend Gästezimmer mit Stuckdekor des 18. Jhs., ein z. T. figural geschmückter Kachelofen von *Melchior Pogner* 1686. In dem nordseitig an die Abtei anschließenden Konvikttrakt Stuckdekor 17. und 2. H. 18. Jh.

Konventtrakt. Im Erdgeschoß hinter dem blinden Tor zum Domplatz ehem. Benediktusgrotte, um 1660, jetzt 3achsige Nischenarchitektur mit Bandlwerkstuck und Statue hl. Johannes Nepomuk, um 1730. Josephkapelle, am Ostende des Ganges im 1. Obergeschoß, Altar um 1660 mit Altarblatt Hl. Familie um 1660, Antependium mit Darstellung der Erlösung der Armen Seelen 18. Jh. – Im 2. Obergeschoß Refektorium mit Deckenfresken Letztes Abendmahl, hl. Benedikt in der Höhle von Subiaco, dem hl. Benedikt werden Speisen gebracht, urk. 1705 von *Melchior Steidl.* An den Wänden Leinwandbilder, Wunderbare Brotvermehrung, bez. 1800, Seepredigt, bez. 1794, Christus und die Apostel im Seesturm, bez. 1794, von *Martin Johann Schmidt.* – Östl. davon Große Rekreation (Kapitelsaal) mit Inschriftstein und skulptierten Wappen Stift und Eb. Guidobald Thun von 1662. Im Galeriegang (bis 1810 zur fürsterzbischöflichen Residenz gehörig) Kreuzgratgewölbe mit Stukkaturen von *Johann Peter Spaz,* 1668. Gegen O anschließend Kunst- und Wunderkammer (siehe Dommuseum).

Osttrakt (Noviziat). Vom Stiegenhaus in der Nordostecke im 2. Obergeschoß

Portal zum Noviziat, Ädikulaumrahmung mit vorgestellten Säulen, gesprengtem Giebel und Stuckdekor *von Paolo d'Allio* A. 18. Jh., Oberlichtgitter mit Wappen Abt Placidus Mayrhauser 1731, Holztüre bemalt 3. V. 18. Jh. Im Gang emblematisch bemalte Türen, um 1730, von *P. Michael Böckhn.* – Im 1. Obergeschoß Zellenbibliothek, unter Abt Placidus 1706/07 errichtet, aus 7 aufeinanderfolgenden, einachsigen Räumen bestehend. 1766/71 neu ausgestattet; in die Stuckdecken eingelassene, auf die Widmung der Räume bezugnehmende Leinwandbilder sowie dekorative Bemalung der Fenstergewände und Fensterbekrönungen jeweils mit emblematischen Darstellungen, 1769/71 von *F. X. König.* Deckenbilder von S nach N: 1. Allegorie der triumphierenden Kirche (Handschriften und indizierte Bücher). 2. Allegorie der Wissenschaft (Philologie und Grammatik). 3. Hl. Katharina als Siegerin im Disput mit den heidnischen Philosophen (Philosophie). 4. Kaiser Theodosius I. vor dem hl. Ambrosius (Geschichte). 5. Hl. Ivo (Jurisprudenz). 6. Hl. Thomas von Aquin, Hieronymus, Augustinus und Beda Venerabilis (Theologie). 7. Der 12jährige Jesus im Tempel (Hl. Schrift).

Sammlungen. Das Stift verwahrt Werke des Kunstgewerbes ab dem 12. Jh., darunter Reliquienschrein des hl. Amand, 12. Jh., z. T. M. 15. Jh. verändert; Pastorale aus dem 11.–12. Jh., aus dem 13. Jh. und aus dem 15. Jh., Meßkelch und Patene 2. H. 12. Jh. Werke der Tafelmalerei und Schnitzplastik ab 2. H. 15. Jh., darunter Bilder aus dem Umkreis *Michael Pachers,* E. 15. Jh., Reliefs von *Andreas Lackner,* 1518; Plastiken von *Hans Waldburger;* Leinwandbilder von *Paul Troger;* Ölskizzen von *Johann Martin Schmidt;* Entwurfskizzen von *Wolfgang Hagenauer.* Ferner alte Ansichten der Stadt Salzburg und des Stiftes St. Peter. – Im Stiftsarchiv und in der Stiftsbibliothek bedeutender Bestand von Handschriften ab dem Ende des 8. Jhs. bis ins 16. Jh., das älteste hier erhaltene sicher datierbare Schriftdenkmal, im Verbrüderungsbuch von St. Peter, aus dem Todesjahr des hl. Virgil 784. Herausragende Zeugnisse Salzburger Buchkunst heute außerhalb Salzburgs verwahrt: Cutbercht-Evangeliar vom E. des 8. Jhs., und, aus der Blütezeit eines in St. Peter anzunehmenden Skriptoriums, das Perikopenbuch des Custos Perhtold, um 1070 sowie das Antiphonar von St. Peter, um 1160. – Das Stift beherbergt ferner eine Münzsammlung und eine reichhaltige, im späten 18. Jh. von Abt Dominicus Hagenauer begründete Mineraliensammlung.

Collegium Benedictinum, im W an die Stiftsgebäude anschließend. Erb. 1924/26 nach Entwürfen von *Peter Behrens* unter der Leitung von *Hans Döllgast.* 2 4geschossige Flügel, mit dem westl. Stiftsflügel und der Mönchsbergwand einen Hof bildend (urspr. ein 3. Flügel geplant). Schlichte Putzfassaden und additive Fensterreihung; Sockel und Portalumrahmungen rustiziert. Fassadenfresken, Sonnenuhr mit Gnadenbild von Maria Plain, und, Gnadenstuhl mit Darstellung Peter Behrens überreicht Abt Petrus Klotz den Plan, von *Anton Faistauer* 1926. In Eingangshalle monumentales expressionistisches Kruzifix, von *Jakob Adlhart* 1925. – Brunnen im Hof, errichtet 1926, mit Statue hl. Rupert von 1627 (urspr. als Virgil beim Äußeren Mirabelltor).

Petersfriedhof, südl. und östl. der Stiftskirche. Unregelmäßige Anlage auf leicht ansteigendem Gelände, im N, NO und gegen die Mönchsbergwand im S durch Gruftarkaden abgeschlossen. Die nordöstl. Arkadenreihe, alternierend auf Säulen und gequaderten Pfeilern um 1600 errichtet, die südl., auf toskanischen

Säulen, gegen die M. des 17. Jhs. fertiggestellt (Sanierung 1978); die einzelnen Joche kreuzgratgewölbt, z. T. mit jüngeren Platzlgewölben, durch Schmiedeeisengitter, großteils 17. Jh., z. T. 18. bis 20. Jh., getrennt und abgeschlossen. Im Friedhofbereich mehrere Kapellen (Katharinenkapelle, an die Stiftskirche angebaut, siehe S. 539).

Sogen. Katakomben. Drei Höhlenkapellen in der Mönchsbergwand, nach außen abgemauert. Ihr Ursprung nicht gesichert, möglicherweise frühchristlich, im 16. und 17. Jh. als eremitorium bzw. Einsiedelei bezeichnet. – 1659 und 1865 renov.

Ägydiuskapelle, hinter der Kreuzkapelle (siehe dort).

Gertraudenkapelle, auch den Hll. Thomas Becket und Patricius gew.; Weihe 1178, Wiederweihe 1506. Stiegenaufgang und Vorhalle hinter breiter z. T. durchfensterter Mauer, gedeckt durch Pultdach und mit seitl. Glockentürmchen. Kapellenmauer mit 2 kleineren und 2 größeren Rundbogenfenstern und Rundbogenportal. Freskenreste an der Außenwand und innen über dem Portal (Ermordung des hl. Thomas Becket). In der Mitte des unregelmäßigen viereckigen Raumes 8seitige ehem. Lichtsäule mit Inschr. (1860 ausgegraben und hier aufgestellt). In der Felswand 6 Rundbogennischen. „Neofrühchristliche" Ausstattung (Altar) nach Entwurf von *Georg Pezolt* 1865.

Maximuskapelle, weiter östl. und höher gelegen. Weihe 1172. Mauer mit 3 Rundbogenfenstern. In der Höhle Nische und Rundapsis, Inschrifttafel des Abtes Kilian von 1521 zur Maximuslegende. Tonaltäre nach Entwurf von *G. Pezolt* um 1860.

Kreuzkapelle, südwestl. im Friedhof. Gew. 1170, 1614/15 für Anton Graf Lodron von *Santino Solari* als Grablege umgestaltet, renov. 1659, 1710, 1771, 1850. Mit ihrer Südseite an die Mönchsbergwand angebaut, mit Pultdach, schindelgedeckt. Kurzes bar. Langhaus und eingezogener quadrat. rom. Chor, ungegliedertes Quadermauerwerk mit gekuppelten Rechteckfenstern des 17. Jhs. Über der Nordwestecke Türmchen mit je 2 Rundbogenöffnungen und leicht geschweiftem Pyramidendach. Portal frühes 17. Jh. mit profilierter Marmorumrahmung, Verdachung mit gesprengtem Giebel und Wappen des Dompropstes Anton Graf Lodron. – Grabsteine an den Außenmauern siehe Petersfriedhof-Rundgang.
Das 2jochige Langhaus und der einjochige Chor kreuzgratgewölbt, auf Wandpfeilern; eingezogener rundbogiger Triumphbogen. Chorgewölbe, Chorwände und Triumphbogenleibung stuckiert, frühes 17. Jh. In 4 ovalen Gewölbemedaillons und einem Medaillon über dem Triumphbogen, auf Blech gemalt, Szenen aus dem Leben des hl. Antonius Eremita, an der Ostwand, als ehem. Altarbild, Tod des hl. Antonius, frühes 17. Jh. Wandgrab im Chor re., für Anton Graf Lodron, gest. 1615, von *Hans Konrad Asper,* Ädikula auf hohem Sockel mit gesprengtem Giebel und Wappen, trauernde Putten; in der M. Bild auf Kupfer, der Dompropst in kniender Haltung (vom Maler der übrigen Chorbilder, *Arsenio Mascagni* ?). Gegenüber dem Eingang Rundbogenöffnung zur sogen. Gebetshöhle des hl. Rupert.

Ägydiuskapelle, hinter dem Chor der Kreuzkapelle, durch Tür in der Südostecke des Langhauses zugänglich. Felshöhle, ostseitig abgemauert, dort ein Rundbogenfenster mit schmaler Leibung und Resten von Bemalung. Wandmalerei, um

1425/30, 1950 freigelegt, in der M. Madonna und hl. Katharina (?), außen Hll. Benedikt (?) und Ägydius (?); Reste von Weihekreuzen.

Margarethenkapelle, inmitten des Friedhofes. Einheitlicher spätgot. Saalbau. Erb. 1485–1491 (Weihe 1492), *Peter Intzinger* zugeschrieben, angeblich anstelle einer auf vorrom. Zeit zurückgehenden, urspr. dem hl. Amandus gew. Kapelle. Renov. 1864/65, letzte Rest. 1965. – Saalbau mit polygonalem Schluß, umlaufendem profiliertem Sockelgesims und gekehltem, an der Giebelseite hochgezogenem Dachgesims. Giebelreiter über Konsole, 2geschossig gegliedert, am Anlauf 3 Wappenschilde 19. Jh.; 2teilige spitzbogige Schallfenster, unter dem Dachgesims Dreipaßfries, Spitzhelm. – Westportal spitzbogig, Gewände 3fach gekehlt und mit verkreuzten Birnstäben. Tympanon über Kielbogen mit 3 Figurennischen (Figuren gestohlen) und Blendmaßwerk. Türbeschläge von 1865, gleichzeitig Tafel über dem Portal bez. 1491. Neben dem Portal Lichtnische mit Blendmaßwerkumrahmung. Südportal spitzbogig, gekehltes Gewände, im Scheitel verkreuzt. Fenster 2bahnig mit Maßwerk, Leibungen mit tiefer Kehlung und zarter Außenkehle.
Grabsteine außen. An der Westwand, Abt Wolfgang, gest. 1518, Abt Rudbert Keutzl, gest. 1495, beide mit Liegefigur, *Hanns Valkenauer* zugeschrieben (1503 und 1496); Abt Joannes, 1428 (stark zerstört). Nordwand, Peter Nusdorffer, 1424, mit Relief 3figurige Kreuzigung, Stifter und Wappen. An der Südwand Wappengrabsteine (aus der abgetragenen Andräkirche) Mertt Reuter 1495; Georg Aigl 1487; Christoff Reuter 1502; Martin Reuter 1416, mit Wappen in Achtpaßrahmung und 4 Wappenschilder in den Ecken, Inschr. für Martin Reuter, gest. 1528; Paul Kheiczel, 1501.
Inneres. 4jochig mit 3seitigem Schluß, Netzrippengewölbe, den Zwischenjochrauten Maßwerkfiguren eingeschrieben, gekehlte Wandvorlagen und Runddienste auf hohen Sockeln, mit stabbesetzten, gekehlten Kapitellen. Schmale Westempore auf 2 gedrehten, kannelierten Stützen mit Maßwerkbalustrade, neugot. von 1864. – Wandmalerei, Auferweckung des Lazarus, 17. Jh. Neugot. Glasmalerei in den Chorschlußfenstern, bez. 1864, Hll. Rupert, Virgil, Amand, Margarethe, hl. Albert, hl. Benedikt, von *Karl Grünwedel.*
Neugot. Altarretabel 1864 nach Entwurf von *Georg Pezolt,* mit spätgot. Figur Madonna und seitl. 4 Reliefs Verkündigung, darunter Geburt Christi, re. Anbetung der Hl. Drei Könige, darunter Tod Mariae, um 1500. – Leinwandbild hl. Margaretha bez. *(Peter) Ant(on) Lorenzoni 1771.* – Glocken bez. 1514 und von *Isaak Lechner* 1620.
Grabdenkmäler und Grabsteine, meist mit aufwendiger Marmorumrahmung, skulptierten Wappen und figuralen Reliefs. Rundgang. Nordwand, Sebastian Briefer, 1596, 3teiliger Aufbau, am Sockel Relief mit Gerippe und Todesemblem. Martin Pegcus und Katharina Lobenstainin, 1554. Wandgrab Christoph Schmittmayr, 1608, Pietà und Stifterfamilie. Hans Georg Uberäckher, 1572, Kruzifix mit Stifter. – Elisabeth Khunnin (Khuen), 1606, Relief auf Khelheimerplatte, Heimsuchung Mariae. Grabplatte Virgilius Uberäckher zum Sighartstain, gest. 1532, Hochrelief um 1490, Ritterfigur in voller Rüstung, Wappenschild mit Helmzier, in Vierpaßfelder eingeschriebene kleine Wappenschilde in den Ecken, Umschrift. Turn (?), 1590, Gewandengel mit Wappen. Georg Stöllner, 1610, Pietà unter dem Kreuz. Hans Nusdorfer, 1598, Christus Salvator und Stifterfamilie. Gandolf von Khienberg zu Khinegkh, 1566, Auferstehung mit

Stifter. Maria Fabritzin, 1592, Marienkrönung, Hans Ergot, 1582, Kruzifix mit Stifterfamilie, Uriel Geitzkofler, 1590, Gewandengel mit Wappen. – An der Südwand mehrere Inschriftsteine 19. Jh., im Westjoch Grabstein Jakob Haimberger, 1647, Kreuzigung mit Stifterpaar. Hannes Chrysostomos Portenschlager, gest. 1687, in Knorpelwerkrahmung Medaillon mit Porträtbüste. Euphrosina Altin, 1624, in Dreipaßfeld Pietà. Barbara Praunfalckh, 1549, Relief Auferstehung. – An der Westwand Achaz Kopp, 1555, Relief Hl. Dreifaltigkeit, darunter Inschrifttafel und Stifterfamilie. Elisabeth Wisending vereh. Feyertag und Paumann, 1635, Inschrifttafel in Rollwerkrahmen mit gesprengtem Segmentgiebel.

Gruftarkaden, Ausstattung und Grabmäler. Die Arkaden sind – beginnend im N bei der Veitskapelle – durchlaufend numeriert, die ersten drei Grüfte im 19. Jh. aufgelassen, Nr. 3 anstelle eines bar. Zugangs zur Kapelle 1952 neu errichtet. – Arkade Nr. 3: Grabsteine, an der Rückwand Michael Scherringer, 1507, Relief Maria mit Kind zwischen Engel und Stifter (das Kind mit Stundenglöcklein). Li. Augustin Zapler, 1611, Hochrelief mit wappenhaltendem Engel, Inschr. in Blattwerkkartusche; Hanns Wümer, 1606, Kruzifix und Maria Magdalena. Re. Wilhelm Rosenlacher, 1515, Relief Ölberg und Stifterfamilie; Johann Ignatius Hueber, 1686, kniender Priester vor Kruzifix. – Nr. 4: Altarartiger Marmoraufbau 1. H. 17. Jh., mit Bild bez. *Georg Siegl pinx. 1829.* Grabstein Jacob Sailer, 1604, Kruzifix mit Stifterfamilie. Melchior Fleckh, 1596, Kruzifix, Stifter und Engel mit Wappenschild vor Hintergrundlandschaft mit großer Stadt. Barbara Fleckhin, 1600, Marienglorie und Stifterfamilie. Johannes Casparus Böck, 1733, Inschriftstein mit Wappen. – Grabsteine an der Wand neben dieser Arkade: Osbold Hasenfues, 1510. Stephan Wisser, 1507. Unleserlich, 1540, mit Kruzifix. Steffan Frankman, 1581, Kruzifix mit Maria und Johannes, Stifterfamilie. Wolfhardt Griming 1567, Kruzifix. An der Außenmauer der 5. Arkade Sebastian Dunkl, 1514, Jörg Stainer, 1498, wilder Mann mit Wappenschild. – Nr. 5: Holzrahmenaufbau M. 18. Jh., mit Bild Marienkrönung und Heilige, Oberbild hl. Anna, Maria das Lesen lehrend. – Nr. 6: Holzrahmen 2. V. 17. Jh., Bild Vision des hl. Ezechiel 3. V. 18. Jh., ehem. bez. *Pet. Ant. Lorenzoni.* – Nr. 7: Grabmal Christian Laschenzky, gest. 1839. – Nr. 8: Marmorgrabmal, um 1620 von *Hans Konrad Asper,* Ädikulaaufbau mit gesprengtem Giebel, Doppelwappen und Putten mit Todesemblemen, seitl. Figuren Tod und Chronos. Re. Epitaph Sebastian Sail, 1623, mit Relief Engel, flankiert von Hll. Sebastian und Juliana (?). – Nr. 9: Lunettengitter mit reichem Flechtwerk, 17. Jh.: Gewölbemalereien um 1600. Daneben Inschriftgrabstein, 1636, mit Weihwasserbecken. – Nr. 10: Marmorgrabmal, M. 17. Jh., Ädikulaaufbau mit Säulchen und seitl. Pyramiden, Relief Auferstehung Christi. – Nr. 11: Marmorrahmenaufbau 3. V. 18. Jh.; Gitter 17. Jh. bez. BZ. – Nr. 12: Im Gewölbe 4 Bildmedaillons, 18. Jh. (?); Grabmal bez. 1867. – Nr. 13: Marmorgrabmal mit 2geschossigem Sockel und Bildumrahmung, 3. V. 18. Jh., Bild Christus und die Samariterin bez. *F. Jos. Ramsperger* 1773 *(Franz Josef Rabensperger).* – Nr. 15: Gewölbe mit ornamentalen Malereien, um 1600, kleinen Bildmedaillons und Fruchtschnüren. Holzrahmen mit Leinwandbild, Allegorie des Christentums, in der Predella Stifterfamilie und Wappen E. 17. Jh. Darunter Epitaph Georg Hagenauer, gest. 1730. – Nr. 16: Gewölbe mit Groteskenmalereien um 1600; klassizistisches Marmorgrabmal Johann Lorenz

Hagenauer, gest. 1792, 2 Grabsteine Maria Anna Bolland 1804; Franz Xaver Pichler 1812. 2 ausgeschnittene bemalte Bretter mit Porträtmedaillons Johann Christian Reiffenstuhl 1775, Anna Theresia Reiffenstuhl 1795. – Nr. 17: Grabmal, Stuckrahmen mit Säulen und reichem Akanthus A. 18. Jh., Marmorsockel 3. V. 17. Jh., Leinwandbild Hl. Familie. – Nr. 18: Grabmal, Inschriftkartusche und Bildumrahmung mit Knorpelwerk, 3. V. 17. Jh. Bild Maria Plain; im Boden eingelassene Fragmente von Wappengrabsteinen des 16. Jhs. – Nr. 19: Grabmal, Sockel und Bildumrahmung M. 17. Jh., Leinwandbild hl. Georg und darunter Stifterfamilie, M. 17. Jh. 2 Grabsteine, Katharina Penkher, 1812 und 1819. – Nr. 20: Gewölbestuck A. 17. Jh. Grabmal A. 19. Jh., Obelisk auf Sockel, Figur eines trauernden Jünglings und Kind, mit gemalter Hintergrundlandschaft. Gitter bez. 1833 J. G. W., Lunettengitter 17. Jh. – Nr. 21: Grabmal, A. 18. Jh. Marmorsockel und Bildumrahmung, Leinwandbild Kreuzabnahme Christi, Kopie nach Rottmayr, A. 18. Jh. – Nr. 22: Grabmal bez. 1796; Gitter E. 18. Jh. – Nr. 24: Im Gewölbe Fragment einer ornamentalen Bemalung, um 1600. Südl. Arkadenreihe. – Nr. 25: Grabmal Josef Thorak, gest. 1952, Marmorgruppe Pietà bez. *Thorak;* an der Wand Kruzifix mit Tonreliefs Passion Christi von *J. Thorak.* Gitter M. 18. Jh. – Nr. 26: Bild in Marmorumrahmung, Abschied Christi von Maria, 17. Jh. Gitter 17. Jh. – Nr. 28: Grabmal frühhistoristisch, bez. 1846. – Nr. 29: Drei Grabmäler um 1800. – Nr. 30: Im Boden mehrere Inschrift- und Wappengrabsteine 17. und 18. Jh. – Nr. 31: Grabmal Santino Solari, gest. 1646, Wandgrab aus weißem Marmor mit breitem von Draperie überspanntem Sockel und Bildrahmenaufsatz, am Sockel Inschriftenkartusche und skulptierter Wappenschild; Leinwandbild mit Darstellung der Hll. Rupert und Virgil mit dem alten Dom und des Architekten Santino Solari auf den neuen Dom weisend, um 1640. Im Fußboden Fragmente von Inschriftgrabsteinen, 18. Jh. Heute Domherrengruft. – Nr. 32: Grabmal Franz Heinrich Naumann (Zeichner des 1. Stadtplanes von Salzburg), gest. 1795, schlichtes klassizistisches Grabmal A. 19. Jh.; im Boden 4 Inschriftgrabsteine 18. Jh. – Nr. 33: Grabmal, Marmoraufbau M. 17. Jh., mit Inschrifttafel A. 19. Jh. Sechs Grabsteine A. 19. Jh. bis M. 19. Jh. – Nr. 34: Grabmal, 1. H. 17. Jh., Sockel und Rahmenaufbau mit gesprengtem Giebel und Todesemblemen; Leinwandbild Auferstehung Christi. Im Boden 3 Inschriftgrabsteine 18. Jh. – Nr. 37: Grabmal lt. Inschr. von 1740, mit Leinwandbild Hl. Dreifaltigkeit. – Nr. 38: Schlichtes Grabmal A. 19. Jh.; im Boden Inschriftplatten 18. Jh. – Nr. 39: Grabmal mit Ädikulaaufbau und Leinwandbild Kreuzigung, M. 17. Jh., an den Postamenten skulptierte Wappenschilde; Inschr. für Sigmund Haffner, gest. 1772, im gesprengten Giebel Porträtmedaillon Sigmund Haffner; seitl. an der Wand 2 Porträtmedaillons Anton und Anna Triendl E. 18. Jh. Sieben Grabsteine A. 19. Jh. bis M. 19. Jh. und 1876. Im Boden mehrere Inschriftgrabsteine 18. Jh. – Nr. 40: Grabmal mit Bildrahmenaufbau und Leinwandbild Beweinung Christi M. 18. Jh. – Nr. 41: Zwei Wappengrabsteine 1673 und 1658. – Durchgang zwischen Nr. 42 und Nr. 43: Wappengrabstein Waltar Mötlhamer, 1547. Grabstein mit Hauszeichen 1507. Am Haus St. Peter Bezirk Nr. 7 Grabstein Fraislich, 1598 (?), mit Wappen und Kruzifix. – Nr. 43: Grabmal mit Rahmenaufbau 1. H. 18. Jh. – Nr. 44: Grabmal mit Rahmenaufbau und Relief Pietà um 1700. – Nr. 45: Grabmal 18. Jh., im 19. Jh. verändert, mit Relief Auferstehung 19. Jh. – Nr. 47: Grabmal Ludovica Gräfin Lanckoronska, gest. 1839, Wandgrab mit Relief, die Verstorbene kniend, von *Ludwig von*

Schwanthaler; davor Betschemel um 1840. – Nr. 48: Grabmal mit Rahmenaufbau 18. Jh. und skulptiertem Wappen im Scheitel. – Nr. 49: Grabmal mit Rahmenaufbau 3. V. 17. Jh. – Nr. 50: Grabmal 2. V. 19. Jh., flankiert vom Grabmal Familie Pauernfeind mit 8 Porträtmedaillons 2. H. 18. Jh. – Nr. 51: Grabmal, Sockel mit Inschriftkartusche und Ädikulaaufbau mit gesprengtem Giebel, 3. V. 17. Jh. Bild Himmelfahrt Mariae 18. Jh. – Nr. 52: Grabmal, Sockel mit Ädikulaaufbau mit verkröpftem, gesprengtem Giebel 2. H. 17. Jh., Leinwandbild Christus am Ölberg. Freistehend Grabmal für Wolfgang Hagenauer hochfürstlicher Bauamtsverwalter, gest. 1801, trauernder Jüngling an Inschriftstein gelehnt (von 1801 nach *Joh. Bapt. Hagenauer*). – Nr. 53: Im Boden Wappengrabstein Agnes Zillnerin, 1675. – Nr. 54 (Aufgang zu den Katakomben): Kommunegruft, Grabstätte Michael Haydn und Nannerl Mozart, darüber geschnitztes Kruzifix und bemalte Tafel mit Maria und Johannes, seitl. Tafeln mit 12 allegorischen Darstellungen zum Tod, um 1770.

Grabmäler, Epitaphien und Grabsteine außerhalb der Gruftarkaden. Rundgang beginnend beim Zugang vom Stiftshof.
An der Stiftskirche, Südmauer: Mehrere Inschriftgrabsteine 17./18. Jh. und 19. Jh., weiters Grabmal Simon Stainpartz, 1613, mit Relief Pietà, Inschriftkartusche, Wappen und Stifterfiguren. Mathäus Jänschitz, 1605, Relief Christus Salvator zwischen Maria und Johannes, Wappen und Stifterfamilie. Wappengrabstein Stephan Hueber, 1605.
Katharinenkapelle, Westwand: Grabmal Sebastian Eder, 1611, mit Relief Christus fällt unter dem Kreuz und Figuren Hll. Sebastian und Barbara, *Hans Konrad Asper* zugeschrieben. Wappengrabstein Augustin Grumpruner, 1692. Inschriftgrabsteine E. 18. und 19. Jh. – Südwand: Grabstein Apollonia Stainhauserin, 1627, Relief Kruzifix mit Stifterin und Wappen. Hermann Weber, 1625, mit Inschriftkartusche und Wappen. Franciscus Häckhel, 1632, Relief Maria mit Kind und Johannesknaben in Glorie, Stifter und Wappen. Sebastian Mosleitner, 1517, Peter Walch 1540, Martin Wernndorfer 1542 und deren Frau Anna 1549, mit Kruzifix und Wappen. Inschriftengrabstein Simon Felber, 1677. Adam Grueber, 1605, Relief Sündenfall, Maria und Baum des Lebens, sowie Hl. Dreifaltigkeit, Wappen und Hauszeichen. Lucia Guetraderin, 1597, Relief hl. Lucia und Wappen. Hans Schäbels Tochter, 1605, Relief Kruzifix zwischen der Verstorbenen und Wappen. Andre Han, 1596, Relief Taufe Christi und Wappen. Georg Lechle, 1600, Relief Kruzifix zwischen Stiftern und Wappen. Michel Khieleisen und Martha Hägenbergerin, 1603, Relief Kruzifix mit Maria Magdalena und Stifterfiguren, Wappen. Wappengrabsteine Wolfgang Mairhauser, 1635; Lienhart Prüner, 1567, mit Kruzifixus über der Helmzier. Grabstein Hans Munich z. Munichhausen, 1530, mit Kruzifix und Stifterfamilie. Inschriftgrabstein Sebastian Stumpfegger, 1709. Grabstein Eustachius Widmer und Frau Anna Schoberin, 1562, Relief Auferstehung Christi und Wappen.
Am Chor der Stiftskirche, Südwand: Wappengrabstein Ursula Sigersreitterin, 1665. Priestergrabstein Erhardus Pänßinger, 1542. Wappengrabstein Wilhelm Albersberger, 1534. – Ostwand: Wappengrabsteine Rudolph Stürm 1651; Hans Pleyer, 1541; Hans Reusch, 1505 und Erndtraut 1518; Hanns Matsperger 1514. Inschriftsteine Christina, 1685, und Johann Georg Dürr, 1688; Hans Bernhardt Vogl, 1639. Grabstein Johann Rottmaeier, 1598, mit Relief Christus Salvator und wappenhaltender Engel.

An der Böschungsmauer östl. der Stiftskirche (von N nach S): Inschriftgrabstein Christoph Seltzmann, 1647, mit Wappen. Grabstein Melchior Klinghardt, 1645, mit Relief Pietà und Stifterfamilie. Christoph Reutleitner, 1612, Relief Pietà und Stifter, 5 Inschriftgrabsteine und ein Wappengrabstein E. 16. Jh./17. Jh. Grabstein Johann Serlinger, 1511, mit Darstellung eines stehenden Skeletts und Wappen. Wappengrabstein spätes 16. Jh. Grabstein H. Wydmann, 1531, mit Wappen. Grabstein Hans Leitenpeckh, 164., und Hausfrau, 1608, Relief Gottvater und Stifterfamilie. Caspar Feichter und Hausfrau, 1608, Kruzifix zwischen Stiftern. Hans Wackher, 1602, Relief Kruzifix mit Stifterfamilie, Wappen. Kindergrabstein Christina Khnoll, 1604. Grabsteinfragment bez. 1315. Inschriftgrabstein Maria Ursula Camerlacherin, 1632 mit Wappen. Hans Mätzsberger, 1503, Schild mit Hauszeichen und Inschrift. 4 Grabsteinfragmente. Martin Bohrer, 1721, Inschrifttafel und aufgesetzte Wappen. Unleserlich, 1603, Relief Christus Salvator mit Stifterfamilie. Thomas Schussteter, 1545, Relief Kruzifix zwischen Maria und Johannes.
An der Kreuzkapelle. Ostwand: Wappengrabstein Wolfgang Mögerl, 1613 mit Inschriftkartusche, Figuren Christus am Kreuz und Mater dolorosa. Grabmal Raphael Helmreich, 1690. Maria de Fosse, 1680. Wolfen Branperger, 1610, Relief Kruzifix zwischen Maria und Johannes und Stifterfamilie. Nordwand: Peter Guettfreundt, breitrechteckiger Grabstein A. 17. Jh., mit Relief Kreuzigung mit Maria und Johannes sowie Auferstehung Christi. Wappengrabsteine Joannes Olthofer, 1603; Sebastian Lueger, 1615. Inschriftgrabstein Johann Helmreich, 1670, Gedenktafel für Paul Hofhaymer, Hoforganist Kaiser Maximilians I. Wappengrabstein Andre Gille 1636. Christoph Katzenberger, Inschrift mit Wappen 16(53).
Das Friedhofsfeld enthält zahlreiche interessante Grabstätten, z. T. mit Schmiedeeisenkreuzen vom 17. bis ins 20. Jh., z. T. mit künstlerisch gestalteten Grabdenkmälern des 19. Jhs. Südl. der Katharinenkapelle Grabstätte der Maurer- und Steinmetzfamilie Stumpfegger mit 7 Grabkreuzen des 18. Jhs. Am Weg zur Margarethenkapelle Grabmal Eugenie von Littrow, von *Anton Fernkorn* 1859, mit Bronzefigur eines Mädchens auf Halbkugel stehend. Bei den östl. Gruftarkaden Russeggersche Grabstätte, mit frühhistoristischem Gußeisenkreuz M. 19. Jh.

Friedhofstadel, Wirtschaftsgebäude des 16. Jhs. in der Südwestecke des Friedhofs. 2geschossig mit spätgot. Fenstergewänden im Obergeschoß und 2 Fenstern des 17. Jhs. im Erdgeschoß. An der Längsseite Bauinschr. mit Wappen Abt Ägydius (Radlmayr) 1550; an der Schmalseite Wappen Abt Wolfgang (Walcher) bez. 1517 und Abt Amand (Pachler) bez. 1669.

Mühlenhof mit ehem. Stiftsmühle und Pfisterei, am Ostrand des Stiftskomplexes zwischen Kapitelplatz und Friedhofseingang. 2geschossiger, im Kern mittelalterlicher Bau, mit 3achsiger Front zum Kapitelplatz und 5achsigen Längsseiten, querovalen Dachbodenluken 2. H. 17. Jh. An der Festungsgassenseite Rotmarmorplatte bez. 1517, mit Wappenrelief und halbfiguriger Darstellung des Abtes Wolfgang Walcher. Der Bau lt. Inschr. renov. 1924. Zu dem hier den Mönchsbergstollen verlassenden Almkanal siehe S. 584. – Ehem. Zuckerbäckerhaus, bez. 1927 (umgebaut), gegenüber der Stiftsmühle, 2geschossig mit 2 : 3 Achsen, Fenstergitter A. 18. Jh.

BENEDIKTINERINNEN-ABTEI NONNBERG, nordöstl. der Festung Hohensalzburg auf Terrasse des steilabfallenden Festungsberges gelegen. Gegr. 713–715 von der hl. Erentrudis, seither ununterbrochen bestehend.

Kirche Maria Himmelfahrt, südöstl. der Klosteranlage. 3schiffiger basilikaler Bau der Spätgotik mit rom. W-Turm und spätgot. Krypta, im S der Friedhof. – Grabung 1934 zwischen Kirchenapsis und Friedhofsmauer, Funde aus der 1. H. des 2. Jh. n. Chr. – Urk. Kryptaweihe 1043. 1423 Brand der Kirche und des Klosters, bei spätgot. Neubau Grundriß der rom. Kirche beibehalten. 1463 Baubeginn von Krypta und Chor, Weihe 1475; Langhaus von *Meister Hans* und von *Wolfgang Wiesinger* aus Braunau erb., Weihe 1499, Mittelschiff gewölbt 1506/07. Kapellenanbauten südl. des re. Seitenschiffes 1624. Turmerhöhung nach Plan von *Sebastian Stumpfegger* 1711. Rest. 1951–1955.

Außenbau nur im S und O freistehend, im N und W in die Klosteranlage eingebunden. Mittelschiff mit spitzbogigen Fenstern, gekehltem Abschlußgesims und hohem Satteldach, Seitenschiffe mit Pultdach, im S über Kapellenanbauten vorgezogen; Kapellenanbau mit niedrigem Sockel und Rundbogenfenstern. Chor, bestehend aus Mittelchor und 2 Seitenchören, gleich hoch wie das Mittelschiff, mit abgewalmtem Satteldach, Ostabschluß von Krypta und Chor in unverputzer Steinquaderung, polygonal geschlossene Hauptapsis, die zwei seitl. polygonal geschlossenen Nebenapsiden niedriger; durchgehender abgefaster Sockel; im Kryptabereich 3 spitzbogige abgefaste Fensteröffnungen in der Hauptapsis, und je ein spitzbogiges abgefastes Fenster in den Nebenapsiden; durchgehendes Kaffgesims unterhalb der Chorfenster, Fensteranordnung im Chor wie im Kryptabereich, in der Hauptapsis mit hohen Maßwerkfenstern. Die Nebenapsiden mit abgewalmten Dächern und je einem weiteren Fenster im Dachbereich. Südl. des Chores 2geschossiger, verputzter, mit hohem Sockel versehener Sakristeianbau.

Rom. Turm im W aus der 1. H. des 12. Jhs.; bar. verputzer Turmaufbau mit rundbogigen Doppelfenstern des späten 19. Jhs. und bar. Zwiebelhelm; durch Putzfaschen in 2 Geschosse gegliedert, auf dem abschließenden Gesims bez. im W 1507, im S 1895, im O 1711, im N 1971. Spätgot. Südportal mit Portalvorbau, der im O durch die Kapellenanbauten, im W durch einen Klosterquertrakt begrenzt wird, erb. 1497–1499. Vorbau mit auf seitl. Konsolen aufruhendem spätgot. Netzrippengewölbe mit zopfartig verschlungenen Rippen. Portal, spitzbogiges, mehrfach gekehltes und verstäbtes Gewände, in den Kehlen auf 8eckigen Pfeilern 4 Holzstatuetten um 1490, Kaiser Heinrich II., Maria mit Kind, hl. Rupert und hl. Erentrudis (Abgüsse, 3 Originale in Verwahrung, das Original der Figur Maria mit Kind gestohlen). Im Tympanon zwei Spolien des ehem. Kirchenportales, beide um 1200, eingebaut: rom. Türsturz mit Rankenrelief und halbkreisförmiges Relief mit Darstellung der Thronenden Maria mit Kind, flankiert von li. Hll. Johannes und Erentrudis, re. Engel und anbetende Nonne (Stifterin), über den Figuren steinerne Baldachine mit spätgot. Maßwerk, E. 15. Jh. In der reich ornamentierten spätgot. Portalrahmung zwei kleine Figuren von 1497 auf Konsolen: li. Verkündigungsengel, re. Maria. Doppelflügeltüre des späten 19. Jhs. mit 2 Türringen von 1502.

Innenraum. Langhaus geteilt in Nonnenchor (siehe unter Klostergebäude) im W und Laien-Kirche im O. Mittelschiff im Gewölbe bez. 1503, mit 3geschossigem Aufbau; Trennung der Schiffe durch mächtige Bündelpfeiler, gegen das Mittelschiff vorgelegte Runddienste, von denen Rippen ausgehen, die,

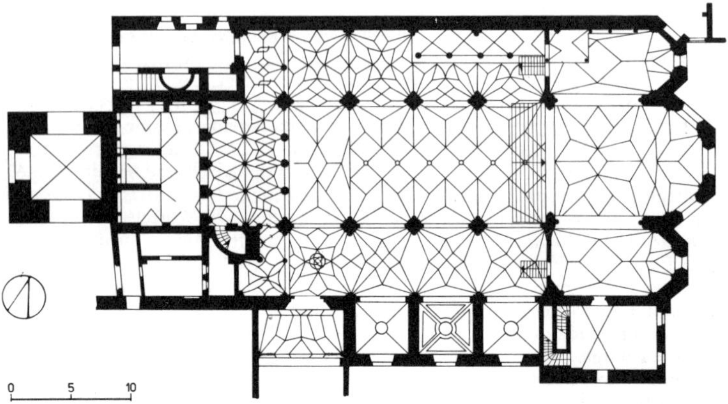

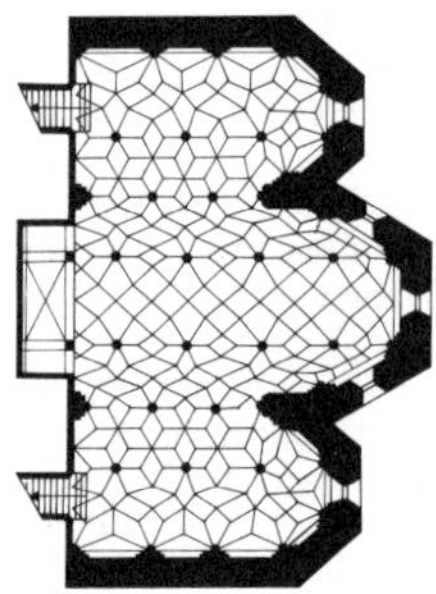

Benediktinerinnen-Abtei Nonnberg,
Kirche Maria Himmelfahrt mit Krypta

gebrochen und von anderen verschnitten, den Scheidbogen bilden; darüber befindet sich ein Laufgang mit spätgot. Maßwerkbrüstung, abschließend hohe spitzbogige Lichtgadenfenster. Mittelschiff und Seitenschiffe tragen spätgot. Netzrippengewölbe. Im nördl. Seitenschiff kleine 4jochige Empore auf Säulen mit Würfelkapitellen, kreuzgratunterwölbt, M. 16. Jh. – Spitzbogiger, mehrfach gekehlter Triumphbogen. Erhöhter Chor mit 3 Apsiden und ⅜-Schluß; im Gewölbe bez. 1470, mit spätgot. Netzrippengewölben, die seitl. Apsiden in 2 Geschosse geteilt, die Emporen in gleicher Höhe wie der Laufgang des Mittelschiffes, mit Maßwerkbrüstungen.
Westwand der Laien-Kirche: Nonnenchor in Fortsetzung des Mittelschiffes, in Stockhöhe gelegen; spätgot., reich mit Kielbögen, Fialen und Maßwerk dekorierte Trennwand, die bis zum Gewölbescheitel fortgeführte Glaswand von 1955. Die urspr. in den Nischen des spätgot. Teiles aufgestellten Figuren des 15. und 19. Jhs. in Verwahrung.
Im Erdgeschoß unterhalb des Nonnenchores spätgot. Halle, in den Seitenschiffen einjochig, im Mittelschiff 2jochig mit figürlichen Kapitellen. Zwischen dieser mit spätgot. Netzrippengewölben ausgestatteten Halle und dem rom. Westturm

rom. Raum, der bis zum 15. Jh. zum Nonnenchor gehörte. An den Wänden in insgesamt 12 Nischen – 7 völlig freigelegt, 5 teilweise vermauert – Fresken aus der M. des 12. Jhs., Brustbilder von hl. Päpsten, Bischöfen, Äbten und Märtyrern (Benennung nur vereinzelt gesichert), in der 2. Nische an der Westwand von li. hl. Augustinus, in der 4. hl. Benedikt (M. des ehem. Westchores). Der obere Teil der urspr. Wandmalerei-Ausstattung der Westwand durch spätgot. Empore verbaut; sichtbar beschuhte Füße einer thronenden Figur (Maria) und Füße von seitl. herantretenden Engeln.
Spätgot. Portal an der Westwand des nördl. Seitenschiffes mit gekehltem Gewände und geradem Sturz, Holztüre bez. 1883 mit Reliefs li. Hll. Rupert und Erentrudis mit sel. Regintrudis, re. oben Erentrudis nimmt den Schleier, unten Nonnen im Kreuzgang.
Spätgot. Krypta, vollendet 1471, unter dem Chor gelegen, Abgänge in den Seitenschiffen, drei polygonal geschlossene Apsiden im O. Spätgot. Netzrippengewölbe auf 18 freistehenden Säulen und an der Wand auf vorgelagerten Säulen aufruhend. Spitzbogige Fenster, das mittlere Achsfenster mit Glasmalerei hl. Erentrudis und sel. Regintrudis vor Maria mit Kind, bez. *Josef Scherer 1884.* – Felsengrab der hl. Erentrudis, darüber Mensa von 1882; Grabmal der sel. Regintrudis.
An das südl. Seitenschiff angebaut, drei, um eine Stufe erhöhte Kapellen von 1624. Zum Seitenschiff Rundbogenöffnungen mit seitl. Pilastern, kreuzgratgewölbt, im Schnittpunkt vertiefte Rundfelder mit gemalten Wappen, in der östl. (ehem. Begräbnisstätte der Nonnen) Wappen Magdalena Schneeweiß, in der mittleren, die reicheren, teilweise vergoldeten Stuckdekor von 1624 aufweist, im Stuckspiegel Stifterwappen von Dompropst Johann Krafft von Weittingen, bez. 1634, in der westl. (ehem. Begräbnisstätte der Äbtissinnen) mit Wappen Hilaria Ehrenberg. – Abschlußgitter von *Hans Georg Klein* 1625.
Sakristei, Portal zum südl. Chor spätgot. mit geradem Sturz; 2geschossig mit Tonnen- bzw. Gratgewölbe. Marmorlavabo 17. Jh.
Glasfenster. Hauptapsis, Mittelfenster gestiftet von Augustin Clanner 1473, von Glasmaler *Peter Hemmel von Andlau,* bez. 1480; Stifter Augustin Clanner mit Hll. Petrus und Jakobus d. Ä., Verkündigung, Heimsuchung, Geburt Christi, Beschneidung, Anbetung der Könige, Krönung Mariae, im Maßwerk Engel. Seitl. Fenster um 1890: li. Stifter (bez.) Riccabona zu Reichenfels, 4 hl. Bischöfe, Christus unter den Schriftgelehrten, Christus lehrend, Christus und die Ehebrecherin, Taufe Christi, Himmelfahrt und Auferstehung, re. Stifter (bez.) Reichlin von Neidegg, Hll. Anna, Maria und Regintrudis und kniende Stifterin, Hll. Rupert und Erentrudis, Flucht nach Ägypten, Kreuztragung Christi, Drei Marien am Grab, Tempelgang, Himmelfahrt und Vermählung Mariae. – Chorfenster im N, hl. Heinrich, um 1890. Chorfenster im S, hl. Kunigunde, 1872–1897, Stifterin Äbtissin Maria Anna Scherer.
Hochaltar von 1853 aus der Filialkirche in Scheffau an der Lammer. Rest. 1961. Spätgot. Flügelaltar aus der Werkstatt des *Hallstätter Meisters,* um 1515. Gehäuse 1851 stark erneuert, mit Mensa von 1961. Im Schrein Figur stehende Maria mit Kind, um 1460 (urspr. Mittelfigur hl. Ulrich in Scheffau), seitl. Figuren Hll. Virgil und Rupert, in Nischen der Trennungspfosten kleine Figuren Hll. Laurentius und Stephanus und 2 weitere Heilige. Reliefs der Seitenflügel innen, li. Christus am Ölberg und Geißelung, re. Gefangennahme Christi und Dornenkrönung; Malereien der Außenseiten, Anbetung der Hirten, Beschnei-

dung, Darbringung im Tempel, Flucht nach Ägypten (nach Dürers Kleiner Passion); Rückseite des Schreines mit Malerei Jüngstes Gericht. Predella, Türflügel mit Malerei Verkündigung an Joachim und Begegnung an der Goldenen Pforte (nach Dürers Marienleben); Malerei an der Predellazone der Rückseite Christus fällt unter dem Kreuz; im Gesprenge Kreuzigungsgruppe mit den 2 Schächern. – Hinter dem Hochaltar römische Aschenkiste aus Untersberger Marmor mit Grabinschr.

Nördl. Seitenaltar, Aufbau E. 19. Jh., Figurengruppe Pietà um 1415/20. Südl. Seitenaltar, Gehäuse E. 19. Jh., Relief und Malereien aus der Werkstatt des *Hallstätter Meisters,* von 1522; Hochrelief Vermählung der hl. Katharina, am Rand kleines Wappenschild Nonnberg/Äbtissin Anna Scherer; Malereien an den Flügeln li. außen Christus am Ölberg, li. innen Geißelung Christi, re. innen Verspottung bez. 1522, re. außen Kreuzigung; Predella, Figuren gehören nicht zum urspr. Bestand, im 19. Jh. neu gefaßt; in der M. Büste hl. Ursula, seitl. zwei sitzende Bischöfe Hll. Ulrich und Valentin (?), alle A. 16. Jh.

Ausstattung der Kapellenanbauten. Östl. Kapelle mit bar. Marmoraltar von *Johann Baptist Tschiderer* 1734, Mensa von *Johann Högler* 1734, renov. 1769; Holzkruzifix von *Paul Mödlhammer* 1734, seitl. Konsolfiguren Hll. Mechtild und Bernhard, 2. H. 18. Jh.; Bild 7 Zufluchten von *Peter Paul Perwanger* 1741. – Mittlere Kapelle, Marmoraltar von 1746, Altarblatt hl. Joseph, Oberbild Maria von Wessobrunn, seitl. Konsolfiguren Hll. Theresia und Gertraud; Bild Beweinung Christi, A. 17. Jh., *Arsenio Mascagni* zugeschrieben. – Westl. Kapelle mit bar. Marmoraltar von 1769, Steinmetz *Josef Doppler,* Bildhauer *Lorenz Härmbler;* Altarblatt Tod des hl. Benedikt, bez. *Petrus Antonius Lorenzoni* 1769, seitl. Konsolfiguren Hll. Maurus und Placidus; Bild Grablegung Christi bez. *T(homas) Kheidt,* A. 17. Jh. – In der östl. und westl. Kapelle im 19. Jh. überarbeitete Bänke mit geschnitztem Doppelwappen Nonnberg/Äbtissin Victoria Anselma von Ehrenberg, um 1730.

Am Triumphbogenpfeiler spätgot. Figur hl. Erentrudis, A. 16. Jh.; über dem Hauptportal Bild Jüngstes Gericht, A. 16. Jh. – Schlichte spätgot. Marmorkanzel, polygonal mit Reliefwappen der Äbtissin Agatha von Haunsperg, bez. 1475. – Weihwasserbecken im südl. Seitenschiff, bar., freistehend, mit ovalem Marmorbecken von 1627; am nordwestl. Mittelschiffpfeiler spätgot. rundes kleines Becken in achteckiger Einfassung mit Doppelwappen der Äbtissinnen Agatha von Haunsperg und Regina Pfaffinger 1505. – Bänke mit bar. Wangen 18. Jh. – 5 Glocken von *Franz Oberascher* 1947.

Grabplatten. Große Anzahl historisch und kunsthistorisch bedeutender Grabplatten des späten 14.–17. Jhs. Im Langhaus an der Nordwand insgesamt 12 Grabplatten von Äbtissinnen des Klosters, 1895 aus Mittel- und Seitenschiffen gehoben und in chronologischer Anordnung (vom 14.–17. Jh.) angebracht. – Unter der Empore Platte mit Relief Pietà von *Hans Waldburger,* für Heimeran und Barbara Rietz 1618; Grabmal des Oswald von Hegi, M. 17. Jh., Bild Mariae Himmelfahrt in Marmorumrahmung mit Inschriftfeld unterhalb des Bildes und abschließendem gesprengtem Giebel mit Wappenkartusche.

An der Westwand des Friedhofes beim Kirchenportal Relief mit Christus als Weltenrichter, an den Seiten Darstellungen von Himmel- und Höllenfahrt der Gerichteten nach Dante, um 1430; Kreuzigungsrelief, M. 14. Jh. – Im Bereich der Klosterpforte an der Nordwand spätgot. Kreuzigungsrelief für Christoph von Trenbach, Propst von Höglwörth, salzburgisch, um 1500.

Klostergebäude (nicht zugänglich). Unregelmäßige Anlage des 13.–17. Jhs., aus ungegliederten meist 3- bis 4geschossigen Baukörpern mit abgewalmten Satteldächern bestehend, um 2 Höfe, Kreuzgang und sogen. Küchenhof gruppiert.

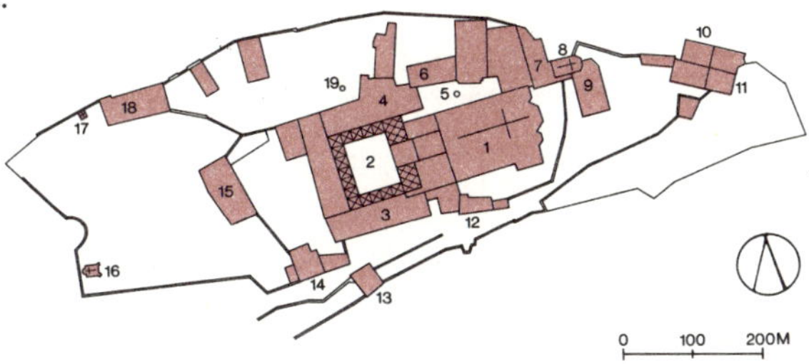

Benediktinerinnen-Abtei Nonnberg, Übersichtsplan

1 Kirche Maria Himmelfahrt
2 Kreuzgang
3 Kapitelsaal
4 Konvent
5 Küchenhof
6 Refektorium
7 Alte Abtei
8 Johanneskapelle
9 Beichtvaterstöckl
10 Hofrichterstöckl
11 Kaplanstöckl
12 Mesnerstöckl
13 Nonnbergtor, S. 606
14 Pfisterei
15 Oberhof
16 Lourdesgrotte
17 Pietàkapelle

Nonnenchor im Obergeschoß des westl. Mittelschiffes der Stiftskirche, das kreuzgratgewölbte Turmobergeschoß einbindend; Altarwand im O; spätgot. Netzrippengewölbe mit Fresken von *Matthäus Ostendorfer* 1625, freigelegt 1951, musizierende Engel, Nonnen.
Neugot. Altaraufbau E. 19. Jh.; Reliefs um 1460, Mittelrelief Pfingstwunder, an den seitl. Flügeln Marientod und Marienkrönung; die dazugehörigen Rückseiten der Flügel mit Malerei, Verkündigung und Vermählung Mariae; Predellenzone mit Reliefs Hll. Thomas Becket, Amandus, Wenzel und Martin. Tabernakel E. 19. Jh.; in der Altarmensa Reliquienschrein der hl. Erentrudis, vergoldete Silbertreibarbeit mit Stifterinschr. Äbtissin Maria Johanna von Rehling 1674. – Kleine Figuren Hll. Rupert und Wolfgang von *Erasmus Grasser* um 1515. Spätgot. Tafelbilder von *Georg Stäber* um 1500, hl. Afra, hl. Barbara, hl. Rupert, hl. Maximilian, sowie Einzeltafeln der 4 lateinischen Kirchenväter. – Tafelbilder des sogen. Kryptenaltärchens, vor 1463, Mitteltafel Maria mit Kind und die Hll. Rupert, Katharina, Barbara und Paulus, 2 weitere Tafeln Hll. Erentrudis und Ottilia sowie Hll. Crispin und Crispinian. – Chorgestühl E. 19. Jh. – Orgel E. 16. Jh.
Vorraum zum Nonnenchor im N, Halle mit spätgot. Schlingrippengewölbe, über dem Türsturz des Nonnenchorportales Wandmalerei von 1468, freigelegt 1951, Maria mit Kind, Hll. Florian und Erentrudis.
Im O der Klosteranlage 4geschossiger Trakt mit Johanneskapelle im 1. Obergeschoß; sämtliche Geschosse im O polygonal geschlossen. Erb. 1448–1451. In der Apsis des Erdgeschosses (nicht zugänglich) spätgot. Fresko mit Kreuzigung, M. 15. Jh.; im ehem. mittleren, kreuzgratgewölbten Joch des Erdgeschosses seit

dem späten 15. Jh. Durchgang zum Kloster. Im N über dem Durchgang Nische mit Kopie der spätgot. Figur hl. Erentrudis (Original in der Stiftskirche). Aufgang zur Johanneskapelle über Treppenanlage im S.

Johanneskapelle. 1448–1451 erb., 1497/98 verändert; Rest. 1951. Im S spitzbogiges, zweifach gekehltes, 1885 erneuertes Portal, vermauert. Eingang im 4. südl. Joch durch Portal von 1885. – Einschiffig, 4jochig mit ³⁄₈-Schluß. Netzrippengewölbe auf Konsolen, Konsole mit Johannesschüssel M. 15. Jh. Im W über dem 1. Joch Empore, kreuzgratunterwölbt, auf Säulen von 1885 aufruhend. An der Westwand zwei gekehlte spätgot. Portale mit geradem Sturz, das nördl. teilweise vermauert. Die Empore abgemauert. Im N ab dem 2. Joch und in der Apsis spitzbogige Fenster. Glasfenster Heimsuchung, Jesus und hl. Johannes, Taufe Christi, Predigt des hl. Johannes, von *Ludwine Wildner-Eltz* 1957.

Flügelaltar von 1498, in der Art des *Veit Stoß,* Rest. 1948/50. Gehäuse mit Aufsatz und Mensa von 1885; in der M. Figurengruppe Anbetung der Hirten, das Jesuskind eine Ergänzung von 1950; Flügelinnenseiten mit Reliefs Verkündigung, Anbetung der Könige, Auferstandener Christus erscheint Maria, Marientod; Flügelaußenseiten mit Tafelmalerei Schmerzensmann, Mater dolorosa, Hll. Katharina, Barbara, um 1500. Predella frühes 17. Jh., Äbtissinnenwappen von Alberta Ainhauser M. 19. Jh. – In Verwahrung ehem. Jesuskind der Mittelszene, frühes 17. Jh. – Astkreuz um 1400.

Konventgebäude im W. **Kreuzgang** in der Anlage rom., derzeitiger Baubestand des Erdgeschosses und 1. Obergeschosses auf Bautätigkeit der Äbtissin Anna Paumann, um 1570, zurückgehend. Das oberste Geschoß neugot. Aufstockung E. 19. Jh. Drei Arme des Kreuzganges kreuzgratgewölbt, der Osttrakt mit Stichkappentonne; nördl. des Turmes spätgot. gekehltes Doppelportal mit geradem Sturz, am Portalmittelpfeiler spätgot. Weihwasserbecken mit Doppelwappen Nonnberg/Äbtissin Regina Pfaffinger, bez. 1505. Zum Kreuzgarten im Erdgeschoß Segmentbogenöffnungen und mächtige Strebepfeiler an der Fassade, im 1. Obergeschoß Doppelfenster, Rundbögen jeweils auf Rundsäulen aufruhend. Südtrakt, im 1. Obergeschoß **Kapitelsaal** mit Mittelsäule, Deckenfresko von 1571, rest. 1888, mit Darstellung der Wurzel Jesse und Szenen aus dem Marienleben. Nordtrakt mit Konventräumen. An den Nordtrakt im O anschließend neugot. 3geschossiger Trakt, errichtet unter Äbtissin Magdalena Klotz (1876–1890). – **Küchenhof** mit bar. Brunnen, runde Brunnenschale, in der M. Figur hl. Erentrudis von *Bartholomäus Opstal* 1667, auf Sockel mit Wappenkartusche des Stifters, Eb. Guidobald Thun, stehend.

Nordwand des Kirchenschiffes mit sogen. Benediktinergang, im Obergeschoß geführter, von Pfeilern getragener Laubengang, erb. M. 16. Jh., mit verglasten Rundbogenöffnungen des späten 19. Jhs. – Westl. in Fortsetzung der nördl. Kirchenschiffwand im Erdgeschoß „Redefenster", spätgot. Wandnische, Fenster mit abgefaster Fensterleibung und gekehlter Sohlbank. – An der Ostseite des Küchenhofes sogen. Alte Abtei, im Kern frühes 16. Jh.

Im N Refektoriumstrakt mit Wappenstein Äbtissin Ursula Trauner, bez. 1524 und Inschriftstein mit Doppelwappen Nonnberg/Äbtissin Anna Paumann 1555. Das **Refektorium** im 1. Obergeschoß, rechteckiger Saal mit Fenstern im N und S; Stuckdecke von 1837 mit 3 Leinwandbildern, Letztes Abendmahl mit Doppelwappen Nonnberg/Äbtissin Viktoria Anselma von Ehrenberg, bez. 1731, Hll. Rupert und Erentrudis, Hll. Benedikt und Scholastika. Bilder

Vermählung der hl. Katharina, Anbetung der Hirten, beide spätes 17. Jh.; Christus im Hause des Pharisäers, A. 18. Jh.

Sammlungen des Stiftes. Bedeutende Sammlung von mittelalterlichen Skulpturen, spätgot. Malerei, insbesondere spätgot. Flügelaltäre, sowie Arbeiten der Goldschmiedekunst und des Kunstgewerbes. – Faltstuhl mit figürlichen Reliefs aus Walroßbein, 1. H. 12. Jh., englische Arbeit, Ledersitz und rotgefärbtes Holzgestänge mit Malerei 1. Drittel 15. Jh. – Rom. Elfenbeinpastorale von 1242 mit Osterlamm in der Kurva, die angesetzten Krabben 14. Jh. – Äbtissinnenkrone 1. H. 14. Jh. – Spätgot. Pastorale der Äbtissin Agatha von Haunsperg 1451. – Großes rom. Kruzifix 1160–1170. – Mystikerkruzifix, Salzburger Meister, 2. Viertel 14. Jh. – Stehende Maria mit Kind von *Hans Waldburger* 1628, Mittelfigur des Hochaltares von Scheffau an der Lammer. – Büstenreliquiar der hl. Erentrudis, Goldschmiedearbeit von 1316, mit bar. Krone von 1652. – 3 Reliquientafeln mit getriebenen Silberblechreliefs, Medaillons und Miniaturbildchen, 12.–14. Jh., Mittelteile mit Darstellungen Kreuzigung (vollplastische Figuren, 2. Viertel 14. Jh., oberitalienisch) sowie Treibarbeiten Anbetung der Könige und Auferstehung Christi.
Bedeutende Bibliothek mit reichem Bestand an mittelalterlichen Handschriften. – Bedeutendes Stiftsarchiv. – Im Lapidarium römischer Reliefblock von einem Grabdenkmal mit Darstellung des Attis.

Beichtvaterstöckl, Nonnberggasse Nr. 1. 4geschossiger Bau, im Kern frühes 17. Jh., im W abgefastes Rundbogenportal mit segmentförmigem Gitter A. 17. Jh., über dem Portal Inschr. mit Doppelwappen Nonnberg/Äbtissin Magdalena Schneeweiß bez. 1621.

Hofrichterstöckl, Nonnberggasse Nr. 3. Im Kern 16. Jh. 3geschossig, mit 2 abgewalmten W–O gerichteten Satteldächern; abgefastes spitzbogiges Portal mit querrechteckigem abgefastem Oberlichtgewände und Doppelwappen Nonnberg/Äbtissin Anna Püttrich 1591. – Eingemauertes römisches Grabrelief mit Volutenornament, Delphin und einer Dienerfigur (etwa 3. Jh. n. Chr.).

Mesnerstöckl, Nonnberggasse Nr. 4. 3geschossiger Bau E. 16. Jh., im Erdgeschoß kreuzgratgewölbter Durchgang zum Kirchenportal, im S Spätrenaissanceportal, mit Segmentbogen und abschließendem profiliertem Dreiecksgiebel.

Kaplanstöckl, Nonnberggasse Nr. 5, an Hofrichterstöckl (Nonnberggasse Nr. 3) angebaut. Im Kern noch 15. Jh., 3geschossig, mit N–S gerichtetem Grabendach und Kielbogenportal mit querrechteckigem Oberlicht. An der Südostecke des Hauses Bruchstück eines römischen Grabreliefs mit Kantharos und Panther eingemauert (2. Jh. n. Chr.?). Am Abgang zu den Häusern Nonnberggasse Nr. 3 und 5 Bruchstück einer römischen Inschr. mit den Namen der Konsuln des Jahres 201 n. Chr.

Oberhof, Nonnberggasse Nr. 6. 3geschossig mit Walmdach, Tafel bez. 1639, 1776, renov. 1883. Nordtrakt im Kern frühes 16. Jh.; Erdgeschoß im NW mit Stichkappentonne, im NO mit Mittelsäule und Gratgewölbe.

Ehem. Pfisterei, Nonnberggasse Nr. 8. 2geschossig mit Satteldach; rest. 1985, zwischen Erdgeschoß und 1. Obergeschoß Inschrifttafel mit Doppelwappen

Nonnberg/Äbtissin Anna Paumann 1556. Erdgeschoß mit Mittelsäulen und Gratgewölben, Fenster mit abgefasten Leibungen; Obergeschoß 17. Jh.

Traunerkasten. 2geschossiger, ehem. Getreidespeicher mit Satteldach, an der Ostfassade Inschrifttafel mit 3 Wappen, Nonnberg/Äbtissin Ursula Trauner und 3. Wappen, bez. 1522; darüber zwischen 1. und 2. Obergeschoß Holzkruzifix um 1500.

2 Kapellen, am Abhang des Festungsberges. Pietàkapelle, kleiner rechteckiger Bau mit Satteldach und Figurengruppe Pietà von 1904. – Lourdesgrotte, einfacher Bau mit Satteldach und Kreuzrippengewölbe, erb. 1877.

Hohe **Umfriedungsmauern** der Klosteranlage z. T. noch spätmittelalterlich, erhöht im 16., 17. sowie im 19. Jh. – Gartenmauer zwischen Johanneskapellen-Trakt und Traunerkasten mit Doppelwappenstein Nonnberg/Äbtissin Magdalena Schneeweiß bez. 1622. Über dem Portal der Gartenmauer nordöstl. des Johanneskapellen-Traktes Inschrifttafel mit Wappen Nonnberg/Äbtissin Anna Paumann bez. 1556.

Am Hohen Weg Kopie des sogen. **Nonnberger Hundes,** Original im Stift in Verwahrung, Fragment eines rom. Portal-Löwen, um 1200.

EHEM. BÜRGERSPITALKIRCHE und BÜRGERSPITAL, Bürgerspitalplatz. Got. Hallenkirche, die östl. Giebelseite der Einmündung der Getreidegasse zugekehrt, west- und südseitig im Verband mit den Spitalsgebäuden.

Kirche hl. Blasius. Urk. 1183 eine Kapelle des Stiftes Admont. 1327 Grund (Admonter Hof) durch Eb. Friedrich III. erworben und für Bürgerspital gestiftet, bald danach Bau der Kirche, 1350 gew. 1410–1428 Emporeneinbau (?), 1577 Gewölbe (wahrsch. über der Empore) erneuert. 1785 z. T. Neuausstattung. Regotisierung 1864/66 nach Plänen von *Hugo Schneider.* Neugot. Ausmalung 1937 und (im Gewölbe) bei Rest. 1947/50 entfernt. – Pfarrechte seit 1783.
Unverputzter Bau aus Nagelfluhquadern, über Rechteckgrundriß errichtet, mit steilem Satteldach und neugot. östl. Giebelreiter. An der Nordfassade schmale Spitzbogenfenster mit Maßwerk von 1864/66 und hohes Rundbogenportal mit abgeschrägtem Gewände. An der Ostfassade 2 Maßwerkfenster, dazwischen neugot. Nischenarchitektur mit 3figuriger Kreuzigungsgruppe um 1866 (rest. 1963/64). Eingemauertes Relief an der Nordseite, hl. Sebastian von *Hans Konrad Asper* 1614/20 (vom abgetragenen Linzer Tor).
Inneres. 3schiffige 7jochige Hallenkirche mit geradem Schluß; in den 3 durch eingezogene Gurtbogen auf Pfeilervorlagen abgesetzten östl. Jochen Kreuzrippengewölbe, 14. Jh., auf schlanken Achteckpfeilern mit Schaftring und kelchartigen Kapitellen, an den Wänden auf Konsolen, runde Schlußsteine. Die 4 westl. Joche 2geschossig, im Erdgeschoß Kreuzgratgewölbe zwischen breiten abgefasten Gurt- und Scheidbogenrippen auf Achteckpfeilern; im Obergeschoß ehem. Betchor der Pfründner des Bürgerspitals, Sterngratgewölbe mit flachen Putzrippen, 16. Jh., auf 12eckigen Pfeilern, die 3 westl. Joche des Obergeschosses als sogen. got. Saal abgetrennt (SMCA), das östl. Joch als Empore dienend, spätgot. Emporenbrüstung mit durchbrochenem Maßwerk. – Südseitige Sakristei 2jochig mit Kreuzgratgewölbe.

Ehem. Bürgerspitalkirche

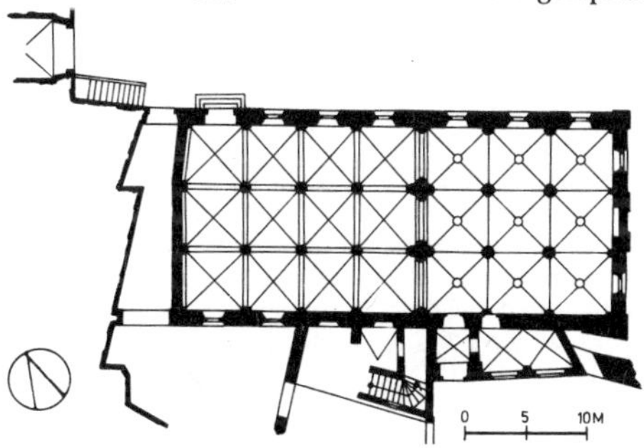

Ornamentale Gewölbemalereien, E. 16. Jh.; Wandmalerei an der Südwand, Christus Salvator und die 3 theologischen Tugenden, um 1600. – Glasmalereien, in den Ostfenstern Wirken des Hl. Geistes, 3 nordöstl. Fenster Verkündigung, Darbringung im Tempel und hl. Blasius, ab 1947/48 von *Albert Birkle.*
Klassizistischer Hochaltar, 1785 nach Entwurf von *Louis Grenier,* Ausführung *Joh. Högler;* Ädikulaaufbau, Rundbogennische, von vorgestellten gekuppelten Säulen mit Kompositkapitellen flankiert, gerades verkröpftes Gebälk, in der Nische Kreuzigungsgruppe mit Maria und Johannes, urk. von *Franz d. P. Hitzl,* als Aufsatz Bundeslade zwischen adorierenden Engelfiguren. Klassizistische Balustrade um den Altar 1794/96.
2 Seitenaltäre an der Nordwand, 1785, der westl. mit Altarblatt hl. Blasius, bez. *Jos. Jaud 1853,* und bar. Oberbild hl. Stephanus, der östl. mit Altarblatt Maria Immaculata von *Franz Hellweger* 1872 und Oberbild hl. Anna. – Seitenaltar an der Südwand 1746, mit gedrehten Doppelsäulen, Altarblatt Anbetung der Hll. Drei Könige, bez. *P. Troger 1746,* Oberbild büßende hl. Maria Magdalena, seitl. Statuen Hll. Johannes d. T. und Johannes Ev. von *Josef Anton Pfaffinger.* Zu beiden Seiten und weiter westl. des Altars 3 Marmorepitaphien von dessen Stifter, Bürgermeister Caspar Wilhelmseder, und Stiftungs- bzw. Gedenkinschriften 1748, 1746, 1749, mit hochovalen Inschriftsteinen. – Vorhallenaltar um 1680, mit von Weintraubenranken umwundenen gedrehten Säulen, in der Altarnische Statue, Gnadenbild von Maria Plain, in Holzrahmen, 4. V. 18. Jh. Spätgot. Sakramentsschrein li. vom Hochaltar, 3teiliger Aufbau, Sockel, Staffel, eigentlicher Schrein, durch Kaffgesimse voneinander abgesetzt, die Breitseiten durch Pfeilervorlagen und Fialen 3achsig gegliedert. In den Feldern geschnitztes Maßwerk vor farbigem Fond, das des Schreins mit eingeblendeten krabbenbesetzten Kielbogen, an der Schmalseite Tabernakelerker. In den Seitenfeldern der Staffel 4 Schnitzreliefs, halbfigurige Darstellungen der Frauen am Grab, um 1460/65, dem *Meister von Mauterndorf* zugeschrieben. Schutzgitter 1950 von *Josef Infeld.* Schmiedeeiserne Vorhallengitter, bez. CW 1749, gestiftet von Caspar Wilhelmseder. Kirchenbänke um 1785. Neugot. Orgelgehäuse. Glocke 1680 von *Andreas Gartner.*
Grabmäler. An der Nordwand Katharina Stainhauser, gest. 1599, mit wappenhaltendem Engel. An der Südwand Wappengrabstein bez. 1564; Steinrelief, Kruzifix zwischen der Hll. Maria, Johannes, Stephanus und Blasius, bez. 1515, mit Wappen der Kaserer. In dem mit Rotmarmorplatten ausgelegten Fußboden mehrere Grabsteine des 17. und 18. Jhs.

Bürgerspital, südl. der Kirche. 4 Trakte um langgestreckten unregelmäßigen Hof. Erb. um 1560, Spital 1898 aufgelassen, 1944 durch Bomben teilweise zerstört, 1955/56 wiederhergestellt (Arkadentrakt und Nordtrakt, nach Wiederaufbau Zwecken des SMCA gewidmet).
Straßentrakt. E. 18. Jh., 2geschossig, mit schlichter Fassade, Portal mit Eckbändern und Keilstein; im Erdgeschoß hofseitig vermauerte Rundbogenarkaden; nördl. die Sakristei. Westtrakt an der Mönchsbergwand, um 1560/70, 3geschossig mit Rundbogenarkaden, im Erdgeschoß auf Pfeilern mit Kragsteinen, in den Obergeschossen auf 4eckigen Marmorpfeilern, dahinter die kreuzgratgewölbten Gänge zu den Pfründnerzellen. Quertrakte 4geschossig, der südl. 3. Drittel 16. Jh. (nach 1565), mit glatter Fassade, Speicheröffnung und Grabendach.

FRANZISKANERKIRCHE und -KLOSTER, Sigmund-Haffner-Gasse – Franziskanergasse. Spätrom. Basilika mit spätgot. Hallenchor und Südturm, nord- und ostseitig mit der Residenz verbunden. Klostergebäude des 17. Jhs. jenseits der Straße gelegen.

Kirche Unsere Liebe Frau. Urspr. Tauf- und Synodalkirche, vor dem virgilischen Dom entstanden (?), um 1130 den Petersfrauen zugewiesen, ab 1139 Pfarrkirche. Zerstörung durch Brand 1167; eine urk. Erwähnung 1208 und die Weihe 1223 lassen auf einen Neubau schließen, dieser wahrsch. bereits im 12. Jh. begonnen, im heutigen Langhaus erhalten. 1408 abermals Neubau ins Auge gefaßt; Baubeginn am Chor wohl noch im 1. V. des 15. Jhs. unter *Meister Hanns von Burghausen,* nach dessen Tod, 1432, von *Stephan Krumenauer* vollendet (dieser ist allerdings erst 1452 in Salzburg nachweisbar), Gewölbe um die M. des 15. Jhs. geschlossen. Turmobergeschosse nach einem von Nürnberg bezogenen Riß 1486–1498 erb. – Petersfrauen 1583 aufgehoben. Die Kirche 1592 von Eb. Wolf Dietrich den Franziskanern übergeben, Pfarrechte 1635 an den Dom übertragen. 1670 Turmhelm barockisiert. Renov. um 1860–1865, Turm 1866/67 von *Joseph Wessiken* regotisiert; Renov. 1896/1901, Rest. 1951–1955, zuletzt 1982–1984.
Die Westfassade des rom. Langhauses um 1700 barockisiert, 3achsig, durch Riesenpilaster mit Kompositkapitellen gegliedert, abgeschlossen durch Gebälk und gestuftes, weit vorkragendes, in der M. rundbogig hochgezogenes Kranzgesims. Rom. (?) Stufenportal aus weißem und rotem Marmor, mit je einem Rund- und einem Achtecksäulchen, um 1700 (?) vereinfacht. Re. am Gewände aufgerichtete Schwurhand. Im Giebelfeld bar. Wandmalerei Maria Immaculata.
Oratorien über den Seitenschiffen und Anbau an der Langhaussüdseite, 15. Jh. und A. 17. Jh. (bereits 1450/54 ein Betchor für die Petersfrauen über dem re. Seitenschiff). Chor gegenüber dem Langhaus bedeutend höher, mit $\frac{7}{12}$-Schluß und steilem Walmdach, 2geschossig, mit Sockel und Kaffgesims sowie Kranzgesims mit Dreipaßbogenfries, 5bahnige Maßwerkfenster, im Untergeschoß vermauert. Südturm am westl. Chorjoch, 4geschossig, bekrönt von Balustrade mit Ecktürmchen sowie oktogonalem Aufsatz und Pyramidenhelm von 1866/67 (1969 vereinfacht); Erdgeschoß von Sakristeianbauten flankiert, die Geschosse durch Gesimse mit Maßwerkfriesen voneinander abgesetzt und durch Blendmaßwerk gegliedert; 2bahnige Schallfenster mit Maßwerk. Südportal zur Vorhalle im Turmerdgeschoß, spitzbogig mit mehrfach gekehltem Gewände,

Birnstab- und Rundstabprofil, eingefaßt von Kielbogen auf Konsolen mit Krabben und Kreuzblume, 2 Figurenbaldachine, Statuen Hll. Rupert und Virgil, 2. H. 19. Jh. Türen mit getriebenen Reliefs von *Toni Schneider-Manzell* 1958. Vorhalle mit einjochigem Sternrippengewölbe. Inneres Südportal, rom., Stufenportal mit gekehlten Ecken und eingestellten polygonalen und runden Säulchen, Basen- und Kapitellband (Blatt- bzw. Knollenkapitelle), in der Kapitellzone li. 2 männl. Figuren; das li. Gewände vor 1200, das re. jünger (?). Rom. Sturzbalken (auf spätgot. Kragsteinen) mit skulptiertem Rankenfries und Darstellung eines Schützen und eines Betenden; Tympanon mit Umschrift und Relief Thronender Christus zwischen 2 Heiligen, vor 1200. Über dem Portal eingemauerte Reliefs Löwenpaar und Blattranken mit Vögeln.

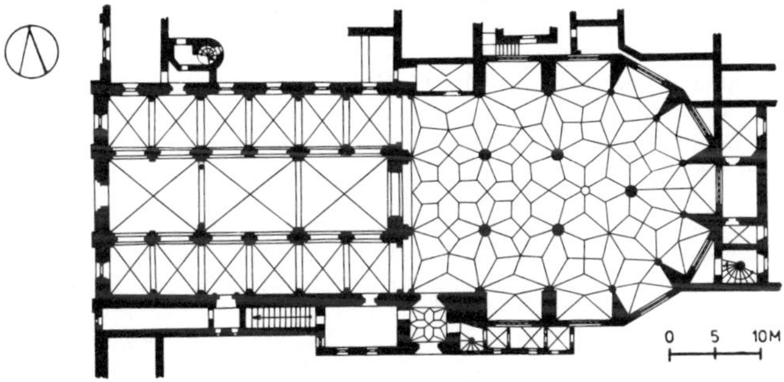

Franziskanerkirche

Inneres. 3schiffiges, urspr. basilikales spätrom. Langhaus; hohes schmales 3jochiges Mittelschiff, 6jochige Seitenschiffe mit darüberliegenden Emporen des 15. und vom A. des 17. Jh.; im Mittelschiff hohe Pilaster zwischen Diensten, mit Blattkapitellen, längsrechteckige Kreuzrippengewölbe, in den Ecken der Ostwand von Diensten auf Konsolen anlaufend; spitzbogige Scheidbögen auf Rechteckpfeilern und vorgelegten Halbsäulen mit Kelchblockkapitellen; in den Seitenschiffen Kreuzgratgewölbe zwischen Gurtbogen auf Pilastern bzw. an den Außenwänden auf Pilastern mit vorgelegten Halbsäulen, die Kapitelle an den Außenwänden mit Pflanzen- und Tiermotiven (z. T. im 19. Jh. verändert). Orgelempore im Westjoch des Mittelschiffes mit neorom. Stützbogen und Balustrade (um 1900), Vorhallenjoch unter der Empore mit Stichkappentonne auf Pilaster und bar. Stuckkapitellen. Oratorienfenster zum Mittelschiff 17. und E. 19. Jh., bei Rest. 1951/55 vereinfacht. Schmaler, hoher, leicht spitzbogiger Triumphbogen.

Spätgot. Chor um 2 Stufen erhöht, 3schiffiger Hallenraum in der Breite des Langhauses, 2jochig, mit 7/12-Schluß, umgeben von Kapellenkranz zwischen tief eingezogenen Wandpfeilern. Sternrippengewölbe über 5 schlanken freistehenden Rundpfeilern und den Wandpfeilern vorgelegten Halbrund- bzw. 3/4-Diensten; die Chorwestwand 3achsig, mit gekehlten Wandpfeilern und Spitzbogenarkaden zu den Seitenschiffen. Urspr. grauweiße Fugenmalerei, 1982/84 freigelegt.

Residenzoratorium nördl. im 1. Chorjoch, erb. 1606, mit 3geschossiger 2achsiger Fassade, stuckumrahmten Fenstern und gesprengtem Giebel, Fenstergitter A. 17. Jh.; im Erdgeschoß spätgot. Rechteckportal mit Schulterbogenöffnung.

Bar. Kapellenkranz im Chor (anstelle von got. Kapellen), mit darüberliegendem Umgang, ab A. 17. Jh. bis A. 18. Jh. errichtet und ausgestattet (siehe Ausstattung).

Spätgot. Wandmalereien. Am nördl. Triumphbogenpfeiler gemalte Sakramentsnischenumrahmung mit Schmerzensmann zwischen adorierenden Engeln und Baldachinbekrönung, bez. 1446. – Am südl. Triumphbogenpfeiler übereinander 3 Bildfelder in illusionistischer Steinumrahmung, Maria in Mandorla zwischen 2 Heiligen (Marienfigur und li. Figur stark fragmentiert), darüber Christus am Ölberg und, nur im untersten Teil erhalten, Kreuzigung; Spruchband mit Inschr., bez. 1447. – Am südöstl. Chorpfeiler Darstellung einer Bauhütte, Steinmetzen bei der Arbeit, bez. 1456. Alle aus dem Umkreis des *Konrad Laib*. – In der 1. nördl. Chorkapelle unter dem bar. Wandbild Fragment einer Weltgerichtsdarstellung, M. 15. Jh.; in der 2. südl. Kapelle Teil einer Wandmalerei, hl. Sebastian, M. 15. Jh. – An der Chorsüdwand gemalter Baldachin, 17. Jh.

Ausstattung und Einrichtung. Hochaltar nach Entwurf von *Johann Bernhard Fischer von Erlach* 1708, ausgeführt 1709/10; 1865 purifizierend verändert, 1939 nach Originalriß wiederhergestellt, Fassung von 1865. Konkaver Wandaufbau flankiert von Doppelsäulen, das äußere Säulenpaar, übereck gestellt, trägt den auf Voluten anlaufenden Aufsatz, zwischen das 2. Säulenpaar, ein sich optisch mit dem Gebälk der Wand zu einem Reif schließender Diadembogen gespannt. In der M. spätgot. Thronende Madonna von *Michael Pacher* (aus dem ehem. Hochaltar der Kirche von 1495/98), Kind von *Josef Piger* 1890; seitl. über Opfergangsportalen bar. Figuren Hll. Florian und Georg von *Simeon Fries*, im Auszug Gottvater. – Tabernakel mit getriebenem Relief, Kreuzigung und Bild Abendmahl 18. Jh. Schmiedeeisengitter vor dem Altar, 1780 von *Thomas Reckseisen*, mit Rankenwerk und Engelfigürchen, original polychromiert; zu seiten des Altars Spiralgitter 17. Jh.

Kanzel, spätgot., aus Rotmarmor, am südl. Triumphbogenpfeiler, Korb mit glatter Brüstung auf profilierter Konsole und mit profiliertem Abschlußgesims, um den Pfeiler geführter Aufgang, am Anlauf der Treppenbrüstung Figur eines rom. Löwen mit Krieger, 13. Jh.

Chorkapellen (im Uhrzeigersinn): Fatimakapelle, im Erdgeschoß des Residenzoratoriums, Altar nach Entwurf von *Otto Prossinger* 1957.

Die folgenden Kapellen in Rundbogenarkaden auf toskanischen Säulen geöffnet, A. 17. Jh. bis A. 18. Jh. ausgestattet, jeweils mit reichem Wand- und Gewölbestuck, in Stuckrahmen eingelassenen Bildern und Stuckaltar. An den Stirnseiten (den Bogenzwickeln und Brüstungen) Wappenkartuschen flankiert von Engelpaaren und Engelhermen über den Säulen.

Karl-Borromäus-Kapelle, 1613, gestiftet von Eb. Markus Sittikus; Altarblatt Attentat auf den hl. Karl Borromäus, auf dem Giebel allegorische Figuren Fides und Caritas. Seitenbilder, li. hl. Karl Borromäus spendet den Pestkranken die hl. Kommunion, re. Heilung einer Kranken; in den Deckenbildern musizierende Putten. Grabsteine Philipp Ferdinand Welsperg, gest. 1613, Joseph Liechtenstein, gest. 1742, Giulielmo Visconti, gest. 1613.

Geburt-Christi-Kapelle, A. 17. Jh., gestiftet von Eb. Wolf Dietrich, Stuckumrahmung des Altarbildes A. 18. Jh., Altarblatt Geburt Christi von *Francesco*

Vanni (bez. *Franc Vannius Senesis MDC*), rest. 1983; Seitenbilder, li. Heimsuchung, re. Verkündigung (mit Stifter Balthasar Raunach, gest. 1606); in den Deckenbildern musizierende Engel. Grabstein Ernfried von Kuenburg, Bischof von Chiemsee, gest. 1618.

Rochuskapelle, Stirnseite A. 17. Jh. stuckiert (mit Emblem Wolf Dietrichs), Ausstattung um 1625, Stiftung der Stadt, Altarblatt hl. Rochus; li. Pestprozession in Konstanz, re. Reliquienprozession in Venedig. Aufsatzbilder und Deckenbilder mit Szenen aus dem Leben des Heiligen von *Theophil Pollak* (?). Grabsteine: Marquard von Freiberg, gest. 1625, Margarete Störnschätzinna, gest. 1634, und mehrere Fragmente im Fußboden.

Kreuzkapelle, um 1670, Altarblatt Kreuzigung mit Johannes und den 3 Frauen, Oberbild Christus wird ans Kreuz geschlagen; li. Beweinung, A. 17. Jh. (nach *Alessandro Casolani*); re. Kreuztragung, darüber Lunettenbilder, Schmerzensmann mit trauernder Maria und hl. Veronika; Deckenbilder mit Passionsszenen.

Dreifaltigkeitskapelle, im Chorscheitel, doppelt so tief wie die übrigen, E. 17. Jh., stuckiert; Bilder im Gewölbe, Hl. Dreifaltigkeit als 3 göttliche Personen, und an den Seitenwänden, Geburt Mariae, Christus Salvator, Tod und Aufnahme Mariae in den Himmel, von *Wilhelm Faistenberger* (eines signiert und bez. 1670). An der Abschlußwand vor stuckiertem Baldachin Marmoraltar von 1561, *Hans Aßlinger* zugeschrieben (aus dem alten Dom übertragen), Ädikulaaltar mit Rechteckaufsatz und Dreieckgiebelabschluß sowie flügelaltarartigen Seitenädikulen; Hauptrelief Auferstehung Christi, seitl. Hll. Petrus und Erentrudis, als Predellenreliefs 4 Szenen aus dem Marienleben, an den Sockeln 5 Passionsszenen; im Auszug Wappen Eb. Michael Kuenburg, bez. 1561, als Bekrönung Kreuzigungsgruppe mit Maria und Johannes.

Josephskapelle, 1704, Stiftung der Stadt, Altarblatt hl. Joseph als Fürbitter (mit Ansicht der Stadt Salzburg), Oberbild Geburt Christi; li. Bild Vermählung Mariae, re. Tod des hl. Joseph; in den Lunetten Flucht nach Ägypten und Darbringung; in den Deckenbildern Szenen aus dem Leben des hl. Joseph; die Malereien *Johann Friedrich Pereth d. J.* zugeschrieben.

Sebastianskapelle, um 1625, Stiftung der Stadt, Altarblatt Marter des hl. Sebastian, Oberbild Pest in Rom; li. 3 Frauen pflegen den hl. Sebastian, re. Mißhandlung des Heiligen; in den Deckenbildern Szenen aus dem Leben des hl. Sebastian (verwandt den Malereien im Virgiloratorium des Domes). Grabsteine: Johann Georg von Froberg, gest. 1647, und seine Frauen, errichtet 1671; Mechtildis Froberg, gest. 1628; Margareth Goldhamerin, gest. 1533.

Annakapelle, 1679/81, gestiftet von Eb. Max Gandolf Kuenburg, Stuck, bez. *1680 PBSF,* von *Paolo Brenno;* Stuckaltar mit Engelkaryatiden. Altarblatt Tempelgang Mariae, Oberbild Maria Immaculata, Seitenbild li. Tod der hl. Anna, von *Christoph Lederwasch,* um 1680, re. Kopie nach einem bar. Bild in Maria Plain, in den Deckenbildern Szenen der Joachim- und Annenlegende. Grabstein am Pfeiler daneben, Friderica Gräfin Kuenburg, gest. 1803.

Franziskuskapelle, gestiftet um 1690 von Eb. Johann Ernst Thun, Stukkaturen von *Ottavio Mosto,* Engel und Putten mit Arma Christi und Symbolen der Kardinaltugenden (?), Bilder und Wandmalerei von *Johann Michael Rottmayr.* Altarblatt hl. Franz v. Assisi als Helfer der Armen und Kranken, bez. *Jo. Michael Rottmayr 1693;* Oberbild, der Heilige geißelt sich mit Rosen; Wandbilder, li. Christus und Maria erscheinen dem Heiligen (Gewährung des Portiunkula-Ablasses), re. Stigmatisation des Heiligen; im Gewölbe hl. Franz als Helfer der Armen Seelen und vor Maria mit Kind (Vision des hl. Franz). Einrichtung Langhaus (Rundgang): Im 1. Joch li. historistischer Altar mit Altarblatt Mariahilf am Wunderbaum, bez. *J. Gold 1902.* Im Seitenschiff Altar nach Entwurf von *Georg Pezolt* um 1860, mit Herz-Jesu-Statue. Leinwandbild Kreuzesvision des hl. Johannes Nepomuk, bez. *(Jakob) Zanusi 1723.* Am Triumphbogenpfeiler Kruzifix 1. H. 18. Jh. Im re. Seitenschiff Leinwandbild hl. Wenzel zwischen Engeln, bez. *J. Zanusi,* um 1723. Seitenkapelle mit Gitter 17. Jh., Altar 18. Jh. mit Schnitzgruppe Pietà um 1619, *Hans Waldburger* zugeschrieben. Im 1. Joch historistischer Altar mit Altarblatt hl. Antonius von Padua, 17. Jh. – Kirchenbänke mit neugot. Wangen. Orgel mit neugot. Gehäuse, Werk E. 19. Jh. – Glocke 1684 von *Johann Nußpirker,* 2 Glocken 1468 von *Jörg Gloppitscher.*

Grabsteine (siehe auch Ausstattung Chorkapellen). Im Chor neben dem Südportal, Balthasar von Raunach, gest. 1606, mit Relief Halbfigur des Verstorbenen; Inschriftgrabstein Bartolomee Khellerloscher, gest. 1679; darüber Wappengrabstein von der Halden, gest. 1728. Unter der Kanzel figuraler Kindergrabstein Barbara Susanna v. Montaigne, gest. 1614, daneben Wappengrabstein Cecilia Kuen, gest. 1592. Im Langhaus, Mittelschiffpfeiler, Inschriftgrabstein Frantz Rochus Auer von Winkl, gest. 1762, Wappengrabstein Maria Anna Freyin von Prank, gest. 1780; im nördl. Seitenschiff Metallplatte Jos. Anton Rudolf von der Halden, gest. 1759. – An der Westwand Inschriftgrabsteine Franz Anton Auer von Winkl, gest. 1755, li. Wolfgang Richard Jocher, gest. 1641, Maria Anna Genovefa Auer von Winkl, gest. 1765, li. Johann Sigmund v. Mabon, 1633, darunter Marmorplatte vom Grab des hl. Virgil, lt. Inschr. 1315 von Eb. Wichard errichtet (aus dem alten Dom). – Neben dem Portal Wappengrabsteine Georg Stephan Nothhaft von Wernberg, gest. 1604, und Hadmar von Wolkerstorf, bez. 1474; re. Wappengrabsteine Josef von Freiberg, gest. 1745, Anna Maria von Mabon, gest. 1631, Helene von Raitenau, gest. 1588, Inschriftgrabstein Josef Anton Eusebius v. Halden-Neidberg, gest. 1728.

Oratorien. Über dem re. Seitenschiff Franziskaneroratorium, Saalraum mit Spiegelgewölbe A. 17. Jh. Altar um 1619, Ädikulaaufbau auf hohem Sockel und Aufsatz, in der M. Hochrelief Stigmatisation des hl. Franziskus von *Hans Waldburger;* seitl. Statuen Hll. Bonaventura, Ludwig von Toulouse und auf dem Gebälk Hll. Antonius von Padua und Bernhard sowie Aufsatzrelief Gottvater aus der *Waldburger-Werkstatt.* An der Rückwand 4 Leinwandbilder mit Passionsszenen 19. Jh. – Über dem li. Seitenschiff Totenoratorium, A. 17. Jh., urspr. zur Residenz gehörig, flachgedeckt; gegen die Kirche 3 Holztüren mit Pilastern und ornamentaler Umrahmung. In den Leibungen Groteskenmalerei, A. 17. Jh.; 2 Marmorportale, gegen N kleiner Vorraum mit Spiegelgewölbe und Stuckkartuschen, A. 17. Jh., anschließend Oratorium des Eb. Wolf Dietrich von 1606, mit gleichzeitiger Stuckdecke mit Deckenbildern Hl. Geist und Engelchor sowie Eremiten in Landschaftsveduten.

Klostergebäude, an der Franziskanergasse, durch Schwibbogengang um 1610 mit der Kirche verbunden. 1583 nach Aufhebung des Klosters der Petersfrauen von den Franziskanern bezogen. 1605 teilweiser Abbruch (Durchbruch der Franziskanergasse) und Umbau, 1686/89 in die heutige Form gebracht durch Hofbaumeister *Michael Spinngrueber.* Krankentrakt 1719 erbaut.

Vier Trakte um annähernd quadrat. Hof, 4geschossig, mit schlichten Fassaden. Westl. vorgelagert von Mauer umschlossener Garten, an dessen Südseite ein weiterer Trakt. Hauptportal im Nordtrakt mit Marmorumrahmung und gerader Verdachung auf Steilvoluten, um 1605. Darüber gleichzeitiges Relief mit stehender Figur des hl. Franziskus von *Michael Pernegger* (?), Inschr. und Wappen Wolf Dietrich, als Aufsatz skulptierte Wappen Kuenburg und Thun. In der Gartenmauer Rundbogennische mit Holzfiguren, Kruzifix mit Maria Magdalena, 1. H. 19. Jh. – Im Hof Segmentbogenöffnungen zum Kreuzgang, Gänge tonnengewölbt mit Stichkappen. Im Erdgeschoß des Nordtraktes P.-Peter-Singer-Museum, Sammlung mit Erinnerungsstücken für Pater Peter Singer (1840 bis 1882 in Salzburg), Organist, Komponist und Erfinder des Pansymphonicons.
Refektorium im 1. Obergeschoß mit Stuckdecke 2. H. 17. Jh. – Zur Kunstsammlung des Klosters gehören u. a. ein Astkreuz, M. 14. Jh., Madonnenstatue, um 1410, 5 Lünettenbilder, sienesisch (?), A. 17. Jh., 7 Lunettenbilder aus dem Kreuzgang mit Szenen der Franziskuslegende, davon 4 von *Johann Michael Rottmayr* 1689 (bez.), 2 Leinwandbilder Verkündigung, bez. *J. Michael Rottmayr,* um 1688, Leinwandbild Ecce Homo, bez. *J. Michael Rottmayr,* um 1692. Leinwandbild hl. Wenzel in Halbfigur, um 1725/30, *Jac. Zanusi* zugeschrieben. Schnitzfigur Unser Herr im Elend, A. 18. Jh., Weihnachtskrippe mit Dreikönigsgruppe 2. H. 18. Jh., Reliquiare und liturgisches Gerät 17. und 18. Jh.

EHEM. KAJETANERKIRCHE und -KLOSTER, Kajetanerplatz. Regelmäßige bar. Klosteranlage mit breiter Schauseite zum Kajetanerplatz, von hoher querovaler Tambourkuppel überragt. Urk. 1150 eine Kirche und Spital, 1602 umgebaut, 1684 Stiftung eines Priesterseminars und Berufung von Theatinern (Kajetanern). Neubau ab 1685 unter der Leitung von *Giovanni Gaspare Zuccalli (Caspar Zugalli),* Weihe 1700. – 1809 Niederlassung der Theatiner aufgehoben, im 19. Jh. Garnisonspital. 1923 den Barmherzigen Brüdern übergeben, seither verschiedene Um- und Zubauten an der Hofseite des ehem. Klosters. Fassadenrest. 1953, Innenrest. 1981.

Kirche hl. Maximilian, erb. 1685/97. Zentralbau, seitl. von zwei Flügelbauten des ehem. Klosters umschlossen und mit diesen in der Fassade zu einer Einheit zusammengefügt. Fassade 3geschossig, 11achsig, durch Riesenordnung gegliedert: 3achsige risalitartige Seitenteile zwischen toskanischen Pilastern mit geschweiften, volutengerahmten Giebelaufsätzen und, als einachsiger Mittelrisalit vortretend, die eigentliche Kirchenfront, plastisch akzentuiert durch vorgestellte ionische Säulen und über das Kranzgesims hochgezogenem Segmentbogengiebel (im Giebelfeld Wappen Eb. Max Gandolf Kuenburg) sowie das ebenfalls von Säulen-Segmentbogenädikula gerahmte Portal; darüber querovaler Okulus. – Die Nebenportale zu den Klostertrakten von übereck gestellten Pilastern und gesprengten Giebeln gerahmt; Fensterverdachungen des Hauptgeschosses alternierend mit Dreieck- und Segmentbogengiebeln.
Inneres. Querovaler von Tambourkuppel überwölbter Hauptraum, dem kurze tonnengewölbte Kreuzarme untergeordnet sind, als Seitenkapellen in der Querachse, als Vorhalle mit Empore und durch Halbkreisschluß erweiterter Altarraum in der Längsachse. Die Rundbogenöffnungen der Annexe flankiert von Pilastern mit Kompositkapitellen, dazwischen schmale, dekorative Wand-

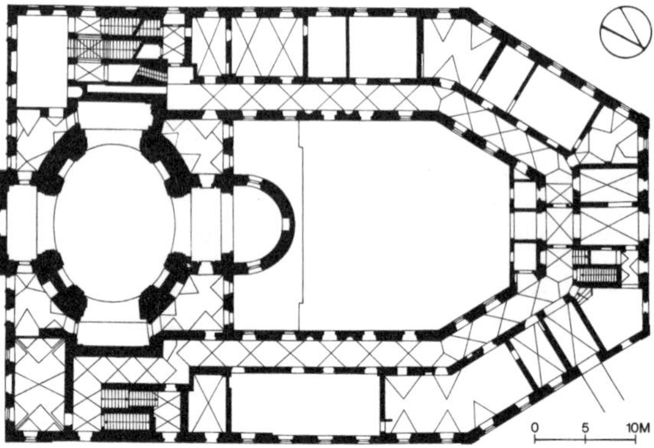

Ehem. Kajetanerkirche und -kloster

felder mit Fenstern, Scheinfenstern bzw. Emporen. Über verkröpftem Architrav kräftiges Hauptgesims und niedriger Tambour mit Halbkreisfenstern, in diesem die Gliederung der Wände von flachen, durch verkröpftes Gebälk verbundenen Vorlagen fortgesetzt.
Stukkaturen urk. von *Francesco* und *Carlo Antonio Brenno* und *Antonio Carabelli*, E. 17. Jh. Im Gewölbe des Altarraumes breitovales Feld in von Engeln gehaltener Rahmung mit Relief Apotheose des hl. Kajetan und zwei kleinere Felder mit Szenen aus dem Leben des Heiligen. In den Gewölbefeldern der Querarme Szenen aus dem Leben von Theatinerheiligen.
Kuppelfresko von *Paul Troger* 1728 (bez.), Glorie des hl. Kajetan – Aufnahme des Heiligen in den Himmel durch die Hl. Dreifaltigkeit, Maria und Vertreter des Alten und Neuen Bundes (daneben Wappen des Stifters Jakob I., Maximilian Thun, Bischof von Gurk); in der Laterne, Hl. Geist im Glorienschein; in den Wandfeldern des Tambours illusionistische Durchblicke mit Putten, fortgesetzt durch Puttenreigen im Stuckrelief. Gemalte illusionistische Baldachine über den Seitenaltären, mit Putten, 1981 freigelegt (von *P. Troger*).
Hochaltar, Mensa vor Marmorschranken mit Wolkenkranz und 2 adorierenden Engelfiguren, bez. *M. Weissenkirchner*, um 1720, über den seitl. Portalen Blattmasken und Putten mit Spruchbändern; Altarbild Marter des hl. Maximilian, bez. *Opus Pauli Troger 1727*, durch Stuckumrahmung mit Baldachin und Engelfiguren in die Apsis eingefügt. – Li. Seitenaltar, Ädikula mit Doppelsäulen und verkröpftem Segmentbogengiebel, Altarblatt Hl. Sippe, von *Johann Michael Rottmayr* 1708 (bez.), Oberbild hl. Martin, im Sockel zwei Halbfigurbilder weiblicher Heiliger, Vorsatzbild in Rokokorahmen M. 18. Jh., hl. Johannes von Gott. – Re. Seitenaltar, Ädikula mit Doppelsäulen und verkröpftem Segmentbogengiebel, Altarblatt hl. Kajetan als Tröster der Pestkranken, bez. *Pauli Troger 1735*, Oberbild hl. Nikolaus von Myra (?), im Sockel 2 Halbfiguren Hll. Petrus und Paulus; Vorsatzbild in Rokokorahmen M. 18. Jh., hl. Johannes Grande, nach 1923.
Zwei Leinwandbilder im Chor, Hll. Petrus und Paulus. 2. V. 18. Jh. (von *Jacob*

Zanusi ?). 4 Leinwandbilder im Kuppelraum über den Beichtstühlen, von *Paul Troger* 1735, mit Darstellung der Hll. Büßer Manasses (bez.), Wilhelm, Maria Magdalena und Maria Ägyptiaca. – Beichtstühle 2. V. 18. Jh.; Kirchenbänke 2. H. 18. Jh. Orgel mit in die Emporenbrüstung eingebautem Prospekt, von *Christoph Egedacher*, 1696, im 20. Jh. erweitert. – Mehrere Inschriftgrabsteine mit Wappen von 1793, 1780, 1761, 1764 und Maximilian Gandolph Platz, gest. 1715.
Vorhallenabschlußgitter um 1700. In der Vorhalle zwei Weihwasserbecken um 1700; Statue Maria mit Kind (Kopie nach Original von *Matthias Wilhelm Weissenkirchner*, um 1720, im Dommuseum).
Zwei Kapellen beiderseits der Vorhalle, das Rund des Hauptraumes zum Rechteck ergänzend, mit unregelmäßigem Stichkappengewölbe. Li. Kapelle, Altar mit Stuckmarmoraufbau 18. Jh., und Altarblatt hl. Andreas Avellinus, bez. *Jac. Zanussy 1712;* Vorsatzbild Maria vom Guten Rat, E. 18. Jh. Leinwandbild hl. Expeditus, bez. *J. Gold,* 1884, in bar. Rahmen 2. H. 18. Jh. 14 Kreuzwegbilder 2. H. 18. Jh. – Re. Kapelle, Altar M. 18. Jh. mit Figur hl. Johannes von Gott.

Heilige Stiege, im 1. und 2. Geschoß des Klostertraktes, südwestl. der Kirche, mit der li. Vorhallenkapelle verbunden. Urk. errichtet 1712. Querrechteckiger Vorraum mit 3achsiger Eingangswand, gegenüberliegenden Pfeilerarkaden und stuckierter Flachdecke; die mittlere Arkade zur Scala santa führend, im Obergeschoß Kreuzkapelle mit Spiegelgewölbe. – Im Vorraum Laub- und Bandlwerkstuck um 1730 und eingelassene Deckenbilder, vielfigurige Darstellung des Quellwunders Mosis und vier Eckmedaillons, Abschied des Tobias, Opfer Abrahams, Jakob wird von seinen Söhnen der blutige Rock gebracht, ein Engel weckt Elias und speist ihn. In der Kreuzkapelle Stukkaturen um 1740, Deckenbild Eherne Schlange, *Jacob Zanusi* zugeschrieben.
Kreuzaltar M. 18. Jh., Holzkruzifix vor gemalter Landschaft, in der Mensa Reliquiar des hl. Vereinus, seitl. 2 trauernde Engelfiguren M. 18. Jh., 2 Leinwandbilder Vera Icon und hl. Nonne 18. Jh. – Johannes-Nepomuk-Altar im Vorraum li., Holzaufbau, um 1730, Mensa auf böhmischen Löwen ruhend mit Reliefdarstellungen Brückensturz des hl. Johannes Nepomuk, Beichte der Königin und Folter des Heiligen, auf der Mensa Relief Kalvarienberg, im Aufbau Figur Glorie des hl. Johannes Nepomuk; seitl. des Altares Figuren Hll. Karl Borromäus und Jakobus d. Ä., Sockelreliefs hl. Karl Borromäus bei den Pestkranken, Martyrium des hl. Jakobus. – Pius-Altar, im Vorraum re., um 1730, Stuckmarmoraufbau mit Altarblatt hl. Papst Pius V. vor Maria Immaculata kniend, bez. *Jac. Zanusi 1733.* (An der Wand Teile einer Bretterkrippe.)
Im Stiegenaufgang 4 Engelfiguren mit Leidenswerkzeugen Christi, M. 18. Jh., 2 Wandbilder Christus vor Kaiphas, Christus vor Pilatus, 1. H. 18. Jh. Vor der Kapelle Nischenfiguren Schmerzhafte Maria und Ecce Homo, 1. H. 18. Jh. Stiegengitter M. 18. Jh., Kapellengitter um 1730/40.
Sakristei, neben dem Chor, Ausstattung, Schränke, Betstuhl, Uhr mit silbergetriebenem Zifferblatt und Bild hl. Johannes Avellinus, M. 18. Jh. In der Konventkapelle Leinwandbild hl. Georg, M. 18. Jh.

KOLLEGIENKIRCHE Unsere Liebe Frau (Maria Immaculata), Universitätsplatz. Hauptwerk *Johann Bernhard Fischers von Erlach* in Salzburg. Längsgestreckte Kreuzkuppelkirche, deren mächtiger Baukörper mit seiner zentralen Tambourkuppel und der nach N gekehrten, von Türmen flankierten Schauseite

einen bedeutenden städtebaulichen Akzent bildet. Bereits unter Eb. Paris Lodron Bau einer Kirche neben dem Universitätsgebäude geplant. 1694 unter Eb. Johann Ernst Thun Bau nach Entwürfen *J. B. Fischers von Erlach* beschlossen, begonnen 1696, Bauführung durch *Johann Grabner*, Weihe 1707. Außenrest. 1985.
Körperhaft gestaltete Schauseite mit zarten Detailformen; kräftig ausgebogener 3achsiger Mittelteil, eine querovale Vorhalle und darüber liegende Empore umschließend, und schmale einachsige Rücklagen, die als Bindeglieder zu den als selbständige Baukörper angestellten Türmen erscheinen. 2 Geschosse mit Riesenordnung und ausladendes Gesimse, darüber in der Mitte hohe Attika mit hochovalen Fenstern und Flachgiebel, seitl. die frei aufragenden, von Doppelpilastern gerahmten Glockengeschosse der Türme mit ausgebogenem Uhrengiebel und verjüngten, von Voluten gestützten und von Balustraden abgeschlossenen Bekrönungen. Im Erdgeschoß des Mittelteils 3 hohe Rundbogenarkaden zur Vorhalle; große Fensteröffnungen, im Obergeschoß rundbogig, zarter Dekor in den Umrahmungen von *Diego Francesco Carlone* und *Paolo d'Allio.* Im Giebelfeld Wappen Eb. Johann Ernst Thun, Statuen als Giebelbekrönung Maria Immaculata, Engelfiguren und auf den Turmkronen li. die 4 Evangelisten und re. die 4 Kirchenväter, von *Michael Bernhard Mandl.* An den Seitenfronten die Gliederung durch Riesenordnung fortgeführt, durch das umlaufende Gebälk der Baublock zusammengefaßt, darüber aufragend die Kreuzarme des Haupt- und Querschiffes und über der Vierung die durch Doppellisenen gegliederte Tambourkuppel mit Laterne. Um die Apsis niedrigere 2geschossige Anbauten mit Stichbogenfenstern und Ecklisenen.

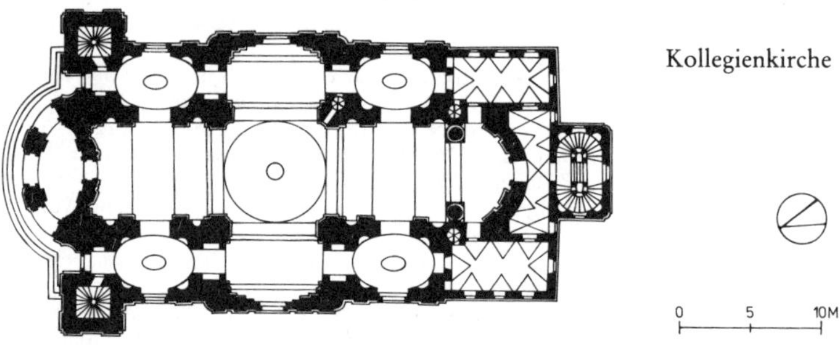

Kollegienkirche

Inneres. Hochproportionierter Innenraum, in dem das langgestreckte Hauptschiff gegenüber den kurzen Querarmen und der Vertikalen der überkuppelten Vierung dominiert, und dem sich längsovale Eckkapellen mit darüberliegenden Oratorien als selbständige kleine Zentralräume anschließen. Die Langhauswände beiderseits der Querarme jeweils als triumphbogenartige Schauwand gestaltet: hohe Rundbogenöffnung zu den Eckkapellen und rundbogige Oratoriumöffnung mit vorgelegtem Balkon, flankiert von 2 auf hohe Sockel gestellten, Figurennischen einfassenden Kolossalpilastern mit Kompositkapitellen. Die äußeren Pilasterpaare überschichtet von den gurtentragenden Pilastern an den Vierungspfeilern und am Ansatz der Vorhallenkonche; vor dem flachbogig schließenden Altarraum ersetzt durch freistehende, das hier eingezogene Gebälk tragende Säulen. In den Querarmen das Wandsystem um die Nischenfelder reduziert, Kapellenöffnungen niedriger, mit querovalem Stuckfeld darüber, wie die durchfensterte Stirnwand jeweils zwischen geschichteten Pilastern. Umlaufendes Gebälk mit reich stuckiertem Fries, darüber in der Längsachse Ovalfenster, in der Querachse 3teilige Fenster mit mittlerem Hochoval.

Tonnengewölbe, der Wandgliederung entsprechend geschichtet und von Gurten mit Stuckdekor eingefaßt. Horizontal gegliederter Tambour über stuckverziertem Fries und Gesimse; hoher Sockel mit Stuckfeldern, darauf 8 Rundbogenfenster zwischen Pfeilern und Säulen. Ungegliederte Kuppel mit 4 Ochsenaugen und Laterne. Die Eckkapellen kuppelig überwölbt, mit längsovalen Öffnungen zu den Oratorien, diesen hohe längsovale Laternen aufgesetzt.

In der durch Rundbogenfenster und einem Ovalfenster im Gewölbe durchlichteten Apsis Stuckglorie aus Wolken, Strahlen und Engeln um die Figur der vor dem Fenster schwebenden Maria Immaculata; die von Putten bevölkerten Wolken aufsteigend über die Wandgliederung und das Gebälk hinweg in die Halbkuppel der Wölbung, 1707 von *Diego Francesco Carlone* und *Paolo d'Allio* nach Entwurf *J. B. Fischers von Erlach.* – Anstelle eines Hochaltars urspr. hoher steinerner Tabernakel, 1738 abgebrochen und durch den bestehenden Altaraufbau ersetzt: Halbrunde Kolonnade aus 7 Rotmarmorsäulen bekrönt von Balustrade mit 7 Engelfiguren, in der Mitte Erzengel Michael, freischwebende Engel vom Halbrund der Kolonnade umschlossen, davor Tabernakel mit gedrehten Säulen, darüber thronend allegorische Figur des Glaubens, seitl. Hoffnung und Liebe; Programm von P. Bernhard Stuart, Entwurf von *Johann Kleber,* Ausführung *Josef Anton Pfaffinger.*

Li. Querschiffaltar urk. 1725, 3facher Säulenaufbau mit konkaven Gebälkstükken und breitem Volutenaufsatz, Altarblatt hl. Karl Borromäus bei den Pestkranken und Glorie des Heiligen, im Hintergrund Ansicht der Schauseite der Kirche, urk. von *Johann Michael Rottmayr* 1721, Oberbild Rosenkranzspende; seitl. Statuen Hll. Rupert und Virgil. Auf der Mensa Rundbild hl. Karl Borromäus, um 1725. – Re. Querschiffaltar, urk. 1727, mit entsprechendem Aufbau, Altarblatt hl. Benedikt tauft einen heidnischen Fürsten und Glorie des Heiligen, urk. von *J. M. Rottmayr* 1722. Oberbild Schutzengel Raphael und Tobias; seitl. Statuen Hll. Erentrudis und Scholastika. Tabernakel M. 18. Jh. mit Relief Abendmahl.

Kapellen in den Ovalräumen den Fakultätsheiligen Thomas v. Aquin (Theologie), Ivo (Jurisprudenz), Lukas (Medizin) und Katharina (Philosophie) geweiht. Die Altäre, Bildrahmenaufbauten für hochovale Altarblätter von *Simon Thaddäus Baldauf,* um 1720/24. Li. vorne Altarblatt hl. Thomas von Aquin schreibend, von *Johann Georg Bergmüller,* 1719; seitl. Statuen Hll. Isidor und Burkhard urk. von *J. A. Pfaffinger.* In 4 Wandnischen Figuren Hll. Walpurgis und Gertrud, der Werkstatt *Meinrad Guggenbichler* zugeschrieben, hl. Martin sowie hl. Theresia, von *J. A. Pfaffinger* um 1721/1723. – Re. vorne Altarblatt hl. Ivo, bez. *Franz Georg Herrmann* 1722, seitl. Statuen Hll. Gregor und Anselm. Nischenfiguren Hll. Bonifaz, Wolfgang, *Werkstatt M. Guggenbichlers,* Bernhard und Leonhard, um 1722. – Li. hinten, Altarblatt hl. Lukas schreibend; seitl. Statuen Hll. Ägydius und Magnus. Nischenfiguren Hll. Johannes Ev., Johannes Nepomuk, um 1720, Hll. Antonius und Franziskus 20. Jh. – Re. hinten, Altarblatt hl. Katharina von Engeln emporgetragen und Stifter, von *J. G.*

Bergmüller; seitl. Statuen des Hll. Lanfrankus und Beda Venerabilis. Nischenfiguren Hll. Johannes d. T., Joseph von *J. A. Pfaffinger,* Joachim und Anna. Als Vorsatzbilder auf den 4 Altären benediktinische Mariengnadenbilder.
Kanzel von 1778, Korb und Schalldeckel stuckiert. Orgel 1866/68 von *Matthäus Mauracher d. Ä.* In den Wandnischen des Langhauses und der Apsis 20 steinerne Statuen von *Josef Piger,* 1905/12. Beichtstühle 1. V. 18. Jh. Zu seiten des Eingangs Engel mit Weihwasserbecken 1. V. 18. Jh. – Glocke von *Andreas Gartner* 1707.
Kreuzkapelle, im südöstl. Anbau. Rest. 1963/64. Rechteckraum, tonnengewölbt mit Stichkappen. Altar um 1730, ovaler Tempietto mit Figur hl. Judas Thaddäus. 2 weitere Altäre deponiert. An der Wand 4 Kacheln des ehem. Sakristeiofens mit Reliefs Samson und Delila, Pyramus und Thisbe, Aristoteles und Phyllis, bez. 1541. Kruzifix A. 18. Jh.

MARKUSKIRCHE, siehe ehem. Ursulinenkirche, S. 571

FILIALKIRCHE hl. Michael, Residenzplatz. Spätbar., im Kern mittelalterlicher Saalbau mit eingezogenem Chor und östl. Dachreiter. Vor 800, wahrsch. als Kapelle der urk. 788 genannten bayerischen Pfalz erbaut. Grundrechte urk. 987 dem Stift St. Peter bestätigt. Kirche mehrmals umgebaut, zuletzt 1767 bis 1776 unter Abt Beda Seeauer. In der heute vollständig verbauten Außenseite der Nordmauer stecken noch 5 römische Reliefs; 2 Sarkophagbruchstücke und ein Relief mit Dionysos und Ariadne im SMCA.
Der an der Öffnung des Residenzplatzes zum Mozartplatz gelegene Bau durch eingeschossigen Anbau mit Vorhalle und Sakristei in die Häuserflucht des Platzes eingebunden. Schlichte Putzfassaden. Der Anbau durch Doppellisenen gegliedert, mit seitlichen, von Pilastern mit Gebälk gerahmten und von Segmentbogenaufsatz bekrönten Korbbogenportalen. Langhauswand und Chor mit Eckpilastern, 3teiligem Gebälk, Rundbogenfenstern und rundbogigen Fensterverdachungen auf Konsolen, darüber hochovale Oculi. Der Dachreiter 2geschossig, mit Eckpilastern, rundbogig hochgezogenen Gesimsen und Zwiebelhelm; rundbogige Schallöffnungen. Türen mit Rokoko-Beschlägen, Lünettengitter urk. 1771 von *Philipp Hinterseer.*
Innen. Langhaus 3achsig gegliedert, flache Pilaster mit Rokokokapitellen, kräftiges Gesimse und Tonnengewölbe mit Stichkappen. Westempore mit Orgelerker. Eingezogener, längsrechteckiger, einjochiger Altarraum. Zarte Rokokostukkaturen in den Gewölben und als Fenstereinfassung, urk. von *Benedikt Zöpf,* um 1770. Gewölbefresken in stuckumrahmten Bildfeldern, urk. von *Franz Xaver König* 1770, im Chor, Marienkrönung, im Langhaus, Erzengel Michael und Engelchor den Namen Gottes verehrend.
Marmorhochaltar, M. 17. Jh., um 1770 von *Johann Högler* verändert, mit kannelierten Säulen, Kompositkapitellen und mehrfach geknicktem und geschweiftem Giebel; Altarblatt hl. Michael (Engelsturz), M. 17. Jh., Oberbild hl. Benedikt um 1770. – Seitenaltäre, um 1770, von *J. Högler,* Altarblätter von *F. X. König,* li. Verkündigung durch Erzengel Gabriel, Oberbild hl. Petrus; re. Schutzengel Raphael mit Tobias, Oberbild hl. Paulus.
An den Wänden eingelassene Leinwandbilder, von *F. X. König* um 1770, im Chor hl. Rupert und hl. Vitalis, an den Langhauswänden Marienikone von Engeln getragen, hl. Florian, hl. Peregrin vor dem Kruzifix, Mariengnadenbild

(Maria Dorfen) und Martyrium des hl. Bartholomäus, an der Emporenbrüstung König David und hl. Cäcilia, an der Westwand hl. Amandus bez. 1776 und hl. Virgil. Abschlußgitter unter der Empore urk. von *Philipp Hinterseer* 1770. Oratoriumfenster in der Westwand mit Spiralgitter 1. H. 17. Jh. – Orgel 1770 von *Rochus Egedacher,* Werk 1974. – 2 Inschriftgrabsteine 1738 und 1748.

SACELLUM, siehe Alte Universität, S. 573

STIFT NONNBERG, siehe Benediktinerinnenabtei Nonnberg, S. 551

STIFT ST. PETER, siehe Benediktinererzabtei St. Peter, S. 532

EHEM. URSULINENKIRCHE (Markuskirche) und -KLOSTER. Bar. Anlage zwischen Gstättengasse und Franz-Josefs-Kai. Die Kirchenfassade Blickpunkt für die Einfahrtsstraße durch das Klausentor und als Abschluß der keilförmig zusammenlaufenden Klostertrakte dienend. – Urk. 1616/17 Spital samt Kirche für die Barmherzigen Brüder errichtet, bereits 1617 wieder verlassen. 1669 Zerstörungen durch Bergsturz. 1695 Ursulinen nach Salzburg berufen. Neubau ab 1699.

Kirche hl. Markus Erb. 1699 bis 1705, ohne Zweifel nach Plänen *Johann Bernhard Fischers von Erlach.* Generalsanierung und Rest. 1976/80; urspr. Färbelung der Fassade, Gliederungselemente grau auf hellem Grund, nach Befund wiederhergestellt.
Die Kirche mit ihrem Vorhallenbau und seitl. angestellten Türmen aus dem Baukörper des Klosters hervortretend. Schlanke 3achsige Fassade, eng gestellte Riesenpilaster mit ionischen Kapitellen, dazwischen in 2 Geschossen Rechteckóffnungen, Fenster in der Mittelachse des Obergeschosses rundbogig überhöht, weit ausladendes Gebälk; darüber querrechteckiger Aufsatz mit Ecklisenen, Kartuschenfenster und durch Gesimse abgesetztem flachem Dreieckgiebel. Seitl. zurückgesetzt 2 Türme, über an den Außen- und Innenseiten geschweiftem Grundriß, durch ihre Gliederung optisch in die

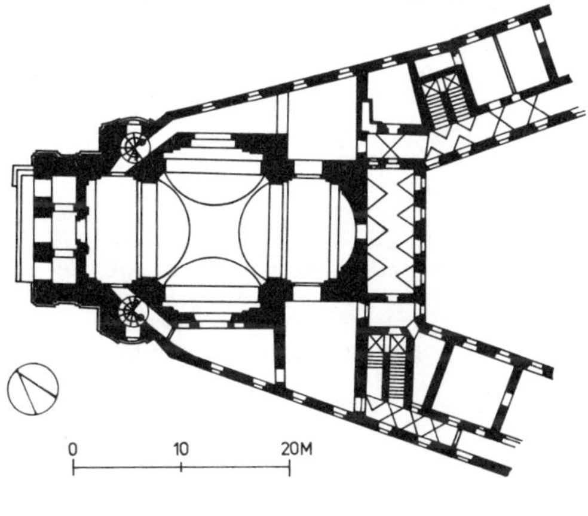

Ehem. Ursulinenkirche

Fassade eingebunden, Glockengeschosse mit hohen, nach oben und unten gerundeten Fenstern und flachen Giebeln. – Am Gebälk skulptiertes Wappen Eb. Johann Ernst Thun, auf dem Giebel Statuen Hll. Augustinus, Markus und Ursula von *Michael Bernhard Mandl* (?). – Offene Vorhalle, durch Schmiedeeisengitter, bez. 1705, abgeschlossen; im Inneren 4 Nischen mit Holzstatuen Hll. Nikolaus, Gelasius, Fulgentius und Wilhelm, A. 18. Jh.

Inneres. Kreuzförmige Anlage mit kurzen Querarmen, Altarraum mit leicht konkav gekrümmter Ostwand, Emporenjoch und Hängekuppel über der Vierung. In den Ecken und an den abgeschrägten Kuppelpfeilern Pilaster mit Kompositkapitellen über hohem Sockel, an den Längswänden geschichtet; reich profiliertes umlaufendes Gesims. Hängekuppel zwischen Tonnengewölbe mit Gurten. Empore im Westjoch 2geschossig, mit undulierenden Brüstungen, wohl nach Entwurf *J. B. Fischers von Erlach.* Dichte Stukkaturen A. 18. Jh., im Gewölbe, an der Emporenbrüstung und der Emporenunterdecke sowie an den seitl. Chorwänden zur Rahmung der Oratorien. Gewölbemalereien von *Christof Anton Mayr* 1756 (Chronogramm im Emporenjoch); in der Kuppel Apotheose der hl. Ursula, in den Zwickelkartuschen die 4 Kirchenväter; im Ostjoch Auge Gottes und adorierende Engel, im Westjoch hl. Cäcilia und musizierende Engel.

Altäre, A.17. Jh., Entwürfe *J. B. Fischer von Erlach* zugeschrieben; 3geschossige Wandaufbauten mit leicht konkav einschwingendem Mittelteil und geschweiften Abschlußgesimsen, der Hochaltar mit eingestellten Säulen, Altarbilder von *Johann Martin Schaumberger,* Altarfiguren carlonesk; Hochaltarblatt hl. Markus, Oberbild Hl. Dreifaltigkeit, seitl. Statuen Hll. Johannes d. T. und Johannes Ev., im Auszug Figuren Hll. Joseph und Anna; freistehende Mensa, Tabernakel M. 18. Jh. – Li. Seitenaltar, Altarblatt hl. Augustinus, Oberbild hl. Monika vor der Madonna, seitl. Statuen hl. Antonius von Padua und hl. Mönch; auf der Mensa Reliquiensarkophag um 1740. Re. Seitenaltar, hl. Ursula und Martyrium ihrer Gefährtinnen, Oberbild Erzengel Raphael, seitl. Statuen Hll. Katharina und Agnes; auf der Mensa Reliquienpyramiden 18. Jh.

Kanzel A. 18. Jh., Entwurf *J. B. Fischer von Erlach* zugeschrieben, stuckiert, geschmückt mit Putten, Blattgehänge und Festons; an der Brüstung Reliefmedaillons mit Allegorien der 3 theologischen Tugenden, auf dem Schalldeckel, von Engelfiguren gehalten, Reliefmedaillon Ecclesia. Gegenüber der Kanzel Schnitzgruppe Kruzifix und Mater dolorosa, 3. V. 18. Jh. Westl. 2 Konsolfiguren Hll. Johannes Nepomuk und Dorothea A. 18. Jh. Altarschranken mit durchbrochenem Schnitzwerk und Kirchenbänke mit reich geschnitzten Wangen A. 18. Jh. Schmiedeeisengitter im W mit Wappen Eb. Johann Ernst Thun bez. 1710. Gebuckelte Weihwasserschalen A. 18. Jh. – Orgel von *Matthäus Maurachers Söhnen* 1886.

Klostergebäude. Erb. 1713 bis 1726, Kloster 1957 nach Glasenbach verlegt, das Gebäude für museale Zwecke adaptiert, seit 1959 Haus der Natur.

Vier trapezförmig zueinander stehende Trakte um heute teilweise verbauten Gartenhof, geländebedingt 4- bis 5geschossig; ungegliederte Fassaden, die Fenster in profilierter Rahmung mit Ohren. Portal zum Franz-Josefs-Kai korbbogig, Aufsatz mit Voluten und Segmentbogenverdachung. Rechts vom Haupteingang in die Wand eingelassene Marmorplatte mit Relief eines Tanzbären, Halsband bez. 1562; daneben Inschriftplatte, Marmor, Inschr. über Pest-, Wasser- und Hungersnot 1572, von Brüdern Thenn errichtet, bez. 1580.

MONUMENTALBAUTEN

ALTE UNIVERSITÄT, Universitätsplatz Nr. 1. Baukomplex des 17. Jhs., mit zwei langgestreckten Straßentrakten zum Universitätsplatz und zur Hofstallgasse. Im Areal des ehem. St. Petrischen Frauengartens ab 1618 ein Gebäude für das von Eb. Markus Sittikus gegründete Gymnasium an der Stelle des heutigen nordwestl. Flügels errichtet, gleichzeitig die zugehörige Kapelle hl. Karl Borromäus (Sacellum). 1620 Umwandlung zur Benediktineruniversität. 1627 Plan von *Santino Solari* für den ab 1630 erfolgten Ausbau des Universitätsgebäudes (Aula und Nordflügel), 1652/55 Südflügel errichtet; Universitätskirche 1694 bis 1707, siehe Kollegienkirche, S. 567. Universität 1810 aufgelassen. Von der 1962 neu gegründeten staatlichen Universität die Gebäude übernommen, ab 1964 Um- und Ausbauten nach Entwürfen von *Otto Prossinger.*
3geschossige, einen unregelmäßigen vierseitigen Hof und einen gegen Süden offenen Garten umschließende Trakte, durchwegs mit schlichten Fassaden, Erdgeschoß genutet. Nordtrakt mit 3achsigem, 4geschossigem übergiebeltem Mittelrisalit, Obergeschoßfenster mit Parapetfeldern und gerader Verdachung. Zu beiden Seiten des Risalits zwei Rundbogenportale um 1780, nach Entwurf von *Wolfgang Hagenauer*, von Pilastern mit Triglyphen und Gebälk eingefaßt; Rokoko-Oberlichtgitter und Türbeschläge. Hof mit kreuzgratgewölbten Arkadengängen, im Erdgeschoß Rundbogenarkaden auf Pfeilern mit profilierten Deckplatten; Obergeschoßarkaden im Südtrakt (1981 freigelegt).
Aula academica, im Obergeschoß des Quertraktes. 1631 als Kongregationssaal für die Marianische Kongregation des Kollegiums erbaut. Um 1780 umgestaltet, wahrsch. nach Plänen *Wolfgang Hagenauers,* 1971 rest. Portal um 1700, *Joh. Bernhard Fischer von Erlach* zugeschrieben, mit profilierter Rotmarmorumrahmung, Triglyphengebälk und gesprengtem Giebel, darüber Schnitzgruppe Maria in Glorie.
Flachgedeckter Saalraum, gegliedert durch stuckierte goldgerahmte Wandfelder mit Zopfgirlanden. In den acht Achsen der Ostseite und den sieben Achsen der Westseite Segmentbogenfenster, querovale Fenster und, dazwischen, Bilder mit den Darstellungen der 15 Geheimnisse des Rosenkranzes, von 1636/37: Heimsuchung, Geburt und Darbringung sowie Kreuztragung, *Zacharias Miller* zugeschrieben. Der 12jährige Jesus im Tempel, bez. *Zacharias Miller 1636;* Christus am Ölberg, Geißelung, Dornenkrönung, jeweils mit trauernder Maria im Vordergrund, sowie Kreuzigung, Himmelfahrt Christi, Pfingstfest, Himmelfahrt Mariae und Krönung Mariae von *Adrian Bloemart* (z. T. bez.). – An der Decke eingelassen, Medaillonbild mit Wappen Eb. Paris Lodron zwischen Hll. Rupert und Benedikt; über dem Portal Bild Jüngstes Gericht in gemaltem breitovalem Rahmen, in den Zwickeln die vier Evangelisten. Ehem. Altarbild von *Adrian Bloemart* (Stuckrahmen des späten 18. Jhs. 1971 rekonstruiert), Christus als Weltenrichter und fürbittende hl. Maria, unten Hll. Vitalis, Rupert, Karl Borromäus, Erentrudis, Benedikt, Thomas, Franziskus. Orgel 1714 von *Johann Christoph Egedacher,* 1768 Umbau von *Rochus Egedacher.*
Stuba academica, Rokokostukkaturen um 1760, wohl von *Benedikt Zöpf.*
Sacellum, im Erdgeschoß des Nordwesttraktes. Saalbau von 1618, 1663 erweitert (?). Rechteckraum mit 5jochigem Kreuzgratgewölbe, straßenseitig Rechteckfenster in Segmentbogennischen, darüber querovale Fenster, gegenüber halbkreisfömige Oratorienfenster. In der Altarwand zwei Rotmarmorportale

mit profilierter Umrahmung und Aufsatz. Orgelempore im 1. Joch, mit vorschwingender Brüstung, darunter Vorhallengitter 17. Jh. – 15 Deckenbilder in gemalter ovaler Umrahmung, um 1670, mit Darstellung der Geheimnisse des Rosenkranzes.

Marmorhochaltar, 1766/68, nach Entwurf von *Wolfgang Hagenauer;* über gebauchter Mensa mit Wappen des Eb. Sigismund Schrattenbach Nische mit korbbogigem Abschluß, von Doppelsäulen flankiert, darin, über Rokokotabernakel, Statue Maria mit Kind, 18. Jh. (aus der Pfarrkirche Siezenheim); auf dem Gebälk Figuren adorierender Engel, seitl. Statuen Hll. Karl Borromäus und Benedikt auf Postamenten mit Bleireliefs, hl. Karl Borromäus bei den Pestkranken, hl. Benedikt empfängt Totila, von *Johann Baptist Hagenauer.* Kommunionbank um 1668. – Zwei Seitenaltäre um 1730, li. Altarblatt hl. Thomas von Canterbury von *Franz Nikolaus Streicher* (?), um 1768, seitl. Statuen Hll. Antonius und Johannes Nepomuk; re. Altarblatt Glorie des hl. Florian um 1735, *Jakob Zanusi* zugeschrieben, seitl. Statuen der Erzengel Michael und Gabriel. – An den Wänden 7 querrechteckige Leinwandbilder, Passionsszenen, M. 17. Jh. (zugehöriges Bild Kreuzigung in der Seitenkapelle). Leinwandbild Verkündigung 18. Jh.

Seitenkapelle (neben der Vorhalle). Quadrat. flach gedeckter Raum, Abschlußgitter 18. Jh. Kästchen mit Namen der Mitglieder der Marianischen Kongregation, um 1730. Kruzifix und trauernde Maria A. 18. Jh. Im Vorraum Kopie des Gnadenbildes von Maria Kirchenthal.

Sakristei. Hinter der Altarwand zwei quer zum Kirchenraum verlaufende, tonnengewölbte Räume. Kredenz 17. Jh., bar. Marmorlavabo. Zwei Bilder Hl. Familie und Tempelgang Mariae 18. Jh. Grabsteine mit Wappen, an der Eingangswand Johannes Balthasar Braun, 1688; Christophor Bluemlacher, 1674; Rupertus Streicher, 1687; in der Kapelle Ernest Frideric a Someting, 1698.

BÜRGERSPITAL, siehe Bürgerspitalkirche, S. 558

CHIEMSEEHOF, siehe Chiemseegasse Nr. 8, S. 587

EDMUNDSBURG, siehe Mönchsberg Nr. 2, S. 602

FESTSPIELHAUS (ehem. Hofmarstall), Hofstallgasse. Monumentaler Baukörper am Fuß der Mönchsbergwand mit langgestreckter Front zur Hofstallgasse. Fürsterzbischöfliche Stallungen erb. 1606/07 unter Eb. Wolf Dietrich, 1662 unter Eb. Guidobald Thun erweitert und Winterreitschule errichtet, weiterer Ausbau unter Eb. Johann Ernst Thun: Sommerreitschule und Fassade der nördl. Schmalseite nach Plänen *Johann Bernhard Fischers von Erlach* 1693. Im 19. Jh. und im frühen 20. Jh. Kavalleriekaserne. 1925 Umbau einer 1841 errichteten Reithalle zum Festspielhaus nach Plänen von *Eduard Hütter,* 1926 und 1936/37 Umgestaltung und Ausbau durch *Clemens Holzmeister,* 1939 das Innere verändert. – 1956 bis 1960 Bau des Neuen (Großen) Festspielhauses im 1924 bis 1956 dem Naturkundemuseum dienenden Hofstalltrakt nach Plänen von *C. Holzmeister,* unter Beibehaltung der Außenmauern und mit z. T. in den Mönchsberg eingebautem Bühnenhaus. Altes (Kleines) Festspielhaus 1962/63 nach Plänen von *Hans Hofmann* und *Erich Engels* umgestaltet. Sommer- und Felsenreitschule 1968/69 nach Plänen von *C. Holzmeister* umgestaltet und überdacht.

Bar. Hauptfassade an der nördl. Seitenfront zum Sigmundsplatz, urk. von *J. B. Fischer von Erlach* 1693/94. 3achsig, genutetes Erdgeschoß, Obergeschoß und Dachgeschoß durch große Pilasterordnung zusammengefaßt. In den Seitenachsen gekuppelte Rechteckfenster, in der Mitte Portal-Fenstergruppe, Rundbogentor zwischen Doppelhermen auf reliefierten Sockeln, darüber zart schwingendes Gebälk, diesem seitl. auf Postamenten sitzende allegorische Frauenfiguren (Europa, Asia) mit Einhörnern aufgesetzt, und in der M. vor der durch Ädikula mit Hermenpfeilern und gesprengtem Giebel gerahmten Fensternische, eine schlanke Vase. Die Reliefdarstellungen auf den Sockeln, dem Fries, den Postamenten und der Vase: Kriegstrophäen, Schlachtenszenen und Pferdezähmung, wohl Anspielung auf die kriegerische Tüchtigkeit der Thun'schen Pferde.
Straßenfront des Großen Festspielhauses 3geschossig, mit Attika; genutetes Erdgeschoß und gekuppelte rechteckige Obergeschoßfenster, in Anlehnung an die Fassade des 17. Jhs. wiederhergestellt. 2 Portale mit bar. Umrahmung und skulptierten Wappen Eb. Markus Sittikus sowie Eb. Wolf Dietrich, mit Inschr. von 1607 (Original im SMCA). 7 Bronzetore, Torgriffe mit figuralen Reliefs von *Toni Schneider-Manzell.* Südl. anschließend Kleines Festspielhaus und der vorspringende Baublock des Bühnenhauses von 1936/38, diesem aufgesetzt Löwe mit Landeswappen, von *Rudolf Reinhart* 1937; Maskenblock auf dem Portalvordach und Reliefblöcke, Genien, seitl. des Bühnenportals im Toscaninihof von *Jakob Adlhart.*

Kleines Festspielhaus. In der Torhalle Wandbrunnen mit wasserspeiendem Roßkopf über breitovaler, gebuckelter Schale, 1700 von *Andreas Götzinger.* Im anschließenden Foyer Fresken von *Anton Faistauer* 1926 (1939 entfernt, 1956 wieder angebracht): 1. Franz Rehrl mit C. Holzmeister und Werkleute. 2. die Tischgesellschaft aus „Jedermann". 3. Die Macht der Musik und des Schönen. 4. Der Weg des Menschen von der Geburt bis zum Tod. 5. Hl. Cäcilia und Heilige. 6. Mysterienspiel.
Im Zentralfoyer Statue Orpheus von *Alfred Hrdlicka* und Gobelinbordüre, Sonne und Mond, von *Oskar Kokoschka.* 2 Büsten, Hugo von Hofmannsthal und Wilhelm Furtwängler. – Im Pausensaal (Wandelgang) 21 allegorische Figuren, Eichenholz, von den Brüstungen der Winterreitschule, 1926, von *Roland Bohr, Karl Podingbauer* und *Hans Pontiller;* 12 Bronzereliefs, Metarmorphosen des Ovid, von *Kai Krasnitzky.*
Im Logenfoyer Wandteppich, Kain und Abel, nach Entwurf von *Anton Kolig* 1926 (3 weitere Teppiche von *A. Kolig* und 5 von *Robin Christian Andersen* in Verwahrung).
Stadtsaal, ehem. Winterreitschule, 1926 durch *C. Holzmeister* umgestaltet. Deckenfresko, Türkenstechen, von *Johann Michael Rottmayr* und *Christoph Lederwasch* 1690, rest. 1976. An der Südwand Treppe, Balustrade und Tribüne mit Wappen und Inschriften von 1662 und 1690.
Sommerreitschule. In zwei glatt gearbeiteten, im Winkel zueinander stehenden Wänden des Mönchsberges, in 3 Geschossen, flachbogige Arkaden; wahrsch. nach der Idee *Johann Bernhard Fischers von Erlach.* Wappen und Inschr. von 1693. 1926 unter Max Reinhardt erstmals als Spielstätte für Aufführungen der Salzburger Festspiele verwendet. Unterbühne, Zuschauertribüne und Überdachung 1968/69 von *C. Holzmeister.*

Großes Festspielhaus. Im Foyer 2 Marmorplastiken, Theater und Musik, von *Wander Bertoni;* an den Rangstiegen Keramikappliken von *Arno Lehmann.* – Nördl. anschließend Pausensaal, 3schiffige, 5jochige, kreuzgurtgewölbte Halle des 17. Jhs. auf genuteten Konglomeratpfeilern; an der Wand Stahlfries, Huldigung an Anton von Webern (12-Ton-Fries), von *Rudolf Hoflehner.* – Im Obergeschoß Logengang, Gobelin, Amor und Psyche, nach *Oskar Kokoschka;* Büsten von Alexander Moissi, Bernhard Paumgartner, Richard Strauss, Max Reinhardt, Bruno Walter, Karl Böhm. – Im oberen Pausensaal Marmorpfeiler mit Reliefmasken von *Heinz Leinfellner,* 3 Gobelins von *Kurt Fischer,* die 3 Elemente. Seitl. Logenvorräume mit Wandbild von *Wolfgang Hutter,* Von der Nacht zum Tag, und Bild auf Holzplatten, Salzburg, seine Erbauer und seine Musik, von *Karl Plattner.*
Breiter Zuschauerraum mit stark fallendem Parkett und Rang und amphitheatralisch angeordneten Sitzreihen (2170 Plätze), deren Schwung die in Streifen aufgelöste, zunächst ansteigende, dann zur Bühne hin abfallende Decke aufnimmt; Seitenwände mit unregelmäßigen, konkaven und konvexen Täfelungselementen. In der Breite variables Bühnenportal, eiserner Vorhang mit Stahlschliff von *Rudolf Hoflehner,* Hauptvorhang nach Entwurf von *Leo Wollner.*

KAPITELHAUS, siehe Kapitelgasse Nr. 4, S. 599

RATHAUS, siehe Kranzlmarkt Nr. 1, S. 601

RESIDENZ, Residenzplatz Nr. 1. Weitläufige, mehrere Höfe umschließende Palastanlage im Zentrum der Stadt. Ehem. Wohnsitz der reichsunmittelbaren Fürsten und Erzbischöfe. Ein Bischofshof an dieser Stelle wahrsch. erb. um 1120. Neu- und Umbauten im 15. und 16. Jh. urk. gesichert. Die bestehenden Gebäude ab E. 16. Jh. errichtet, teilweise unter Einbeziehung von mittelalterlichem Mauerwerk. Unter Eb. Wolf Dietrich Südtrakt und Verbindung zur Franziskanerkirche (diente nach dem Dombrand 1598 als Domkirche) sowie 3 Flügel nördl. der Franziskanerkirche (Dietrichsruh); südl. Flügel (Hofbogengebäude) um 1606. Unter Eb. Markus Sittikus die Trakte gegen den Alten Markt und die Churfürstenstraße errichtet, Residenzplatztrakt unter Eb. Paris Lodron fertiggestellt, unter Eb. Guidobald Thun erhöht und unter Eb. Franz Anton Harrach um 1710 fassadiert, wahrsch. nach Entwurf *Johann Lucas von Hildebrandts.* Unter Eb. Hieronymus Colloredo Neubau der westl. Trakte geplant, 1788 bis 1792 Flügel zur Churfürststraße und Sigmund-Haffner-Gasse teils neu, teils umgebaut.
Die Gebäude im 19. Jh. (bis 1918) zeitweise Wohnsitz von Mitgliedern des Kaiserhauses und der Linie Habsburg-Toskana. Sie dienen heute der Gemäldesammlung „Residenzgalerie“ des Landes Salzburg und der Universität; die Prunkräume sind Schauräume und werden auch für kulturelle Veranstaltungen und zu Repräsentationszwecken verwendet.

Residenzplatztrakt. 4geschossig, die Hauptfassade und die anschließende 5achsige Nordfassade mit hohem gequadertem Sockel, querrechteckigen Dachgeschoßfenstern und Attika über kräftigem Kranzgesims, die Ecken von genuteten Pilonen eingefaßt; Fensterumrahmungen um 1710, im 1. Ober-

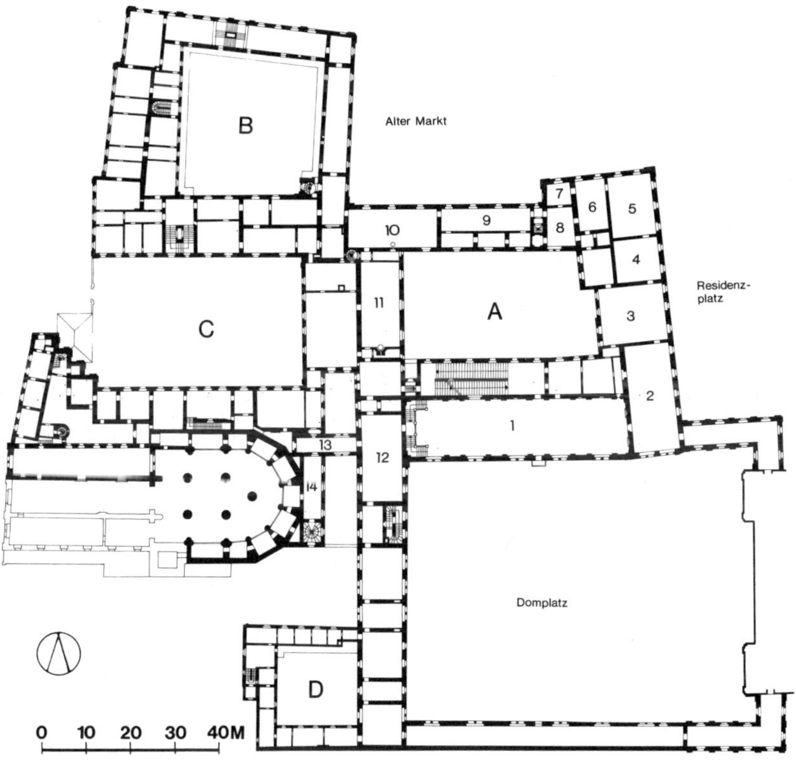

Residenz, 1. Hauptgeschoß (mit im Text zitierten Raumnummern)

A	Haupthof	C	Ehem. Dietrichsruh
B	Toskanatrakt	D	Wallistrakt

geschoß alternieren eingezogene Rundbogen und Kielbogenverdachungen mit Stuckdekor in den Giebelfeldern. Rundbogiges Hauptportal in genuteter Rahmung mit vorgelegten toskanischen Doppelsäulen, verkröpftes Gebälk mit Triglyphenfries, A. 17. Jh.; Aufsatz mit Inschr. von 1710 und von zwei Löwen gehaltenem Wappen Eb. Franz Anton Harrach sowie, flankierend, 2 sitzende Frauenfiguren mit Wappen Eb. Wolf Dietrich und Eb. Paris Lodron. Lunettengitter 17. Jh.

Domplatztrakt, 4geschossig, durch Sohlbank- und Kordongesimsbänder horizontal gegliedert, in den beiden Hauptgeschossen gekuppelte Rechteckfenster, profilierte Fensterumrahmungen mit Ohren. Rundbogiges Portal in gequaderter Rahmung mit vorgestellten ionischen balkonstützenden Säulen, über dem

Keilstein Wappen Eb. Markus Sittikus; über der Balkontür antikisierende Büste, darüber an der Fassade Wappen Eb. Wolf Dietrich. Die übrigen Trakte 3geschossig, strenge horizontale Gliederung durch gekuppelte Simse und gerade Fensterverdachungen im Hauptgeschoß, Ecken durch gequaderte Pilonen eingefaßt. Die Hauptfassade des Toskanatraktes mit seichten seitl. Rücklagen; 2 Rundbogenportale E. 18. Jh. (?), Rechteckeinfassung auf Pilastern mit vertieften Feldern und Verdachung mit Zahnschnittkonsolen.

Haupthof. Die Nord- und Westwand durch Riesenordnung mit geschichteten toskanischen Pilastern und Gebälk gegliedert; Erdgeschoß des Westtraktes in drei hohen Rundbogenarkaden zur Vorhalle geöffnet, darüber Rundbogenfenster in Rustikarahmung, in den Parapetfeldern Inschrifttafeln und Doppelwappen der Erzbischöfe Max Gandolf Kuenburg (1670) und Johann Ernst Thun (1689), am Gebälk Wappen Eb. Markus Sittikus. – In der Durchfahrt zum Residenzplatz Bauinschr. und Wappen Eb. Guidobald Thun 1664. – In der westl. Vorhalle Grottennische mit Brunnen und Figur Herkules um 1600. An den Schmalseiten je ein Rundbogentor in Rustikarahmung, Pilaster mit Triglyphenaufsätzen und gesprengte Giebel mit Wappen Eb. Markus Sittikus. Südlich die Große Stiege zu den Prunkräumen, einarmig, tonnengewölbt, mit zarten Stuckgesimsen und Stuckrippengewölbe über den Podesten, Türen aus der Zeit Eb. Wolf Dietrichs. – Im Erdgeschoß neben der Herkulesnische Fischkalter. Raum mit 5 von Schmiedeeisengittern eingefaßten Becken, in einem Obelisk mit Wappen Kuenburg.
Prunkräume im 1. Hauptgeschoß. **1. Karabinierisaal.** Langgestreckter Rechtecksaal mit 2geschossiger Reihe von Doppelfenstern in 5 Achsen, in der Anlage um 1600, um 1660 erhöht, ausgestaltet 1689. Riesenpilaster auf hohen Sockeln mit ionischen Kapitellen und Kranzgesimse auf Konsolen. Der Stuck von *Francesco* und *Carlo Antonio Brenno* sowie *Antonio Carabelli,* 1689, über dem Gesims umlaufender Blattstab und Bildfelder an der Decke (Mittelfeld von Blumen- und Fruchtstab gerahmt). Vier Marmorportale um 1610, die Aufsätze (in Stuck) um 1689. Das Westportal über 2armiger Treppe mit auf verschiedene Töne gestimmten Messingbalustern, an den Wangen bzw. der Front des Absatzes Relief einer Nymphe und Akanthusranken. – Deckengemälde bez. *JMR 1689,* von *Johann Michael Rottmayr* (rest. 1953), die 4 Elemente darstellend; im großen Mittelbild, Neptun gebietet den Winden (Wasser und Luft), linkes Bild, Kalydonische Eberjagd (Erde), rechtes Bild, Schmiede des Vulkan (Feuer), in den Eckmedaillons, Die 4 Windgötter.
Die folgenden ehem. fürsterzbischöflichen Wohnräume im Auftrag Eb. Franz Anton Harrachs 1709/11 unter der Leitung *Johann Lucas von Hildebrandts* neu ausgestattet; die Deckengemälde (Leinwandbilder) und Gewölbefresken von *Johann Michael Rottmayr* und *Martin Altomonte,* figuraler und ornamentaler Deckenstuck von *Albert Camesina.* In den Räumen Nr. 2–8 Darstellungen von Szenen aus dem Leben Alexanders des Großen als Allusion auf die Persönlichkeit des Auftraggebers, das Hauptthema im mittleren Deckenfeld jeweils durch 4 kleinere Deckenbilder und 4 Stuckreliefs ergänzt. Klassizistische Wandvertäfelung bzw. Stuckgliederung der Wände von *Peter P. Pflauder* 1781, die Portale mit Teilen des 17. Jhs. – Klassizistische Tonöfen um 1780, Möbel 18. Jh., Spiegel M. 18. Jh., Uhren M. und E. 18. Jh., Gobelins 2. H. 17. Jh., Bilder 17. bis M. 19. Jh.

2. Rittersaal. Deckenbilder von *J. M. Rottmayr;* Mittelbild Alexander führt seinem Vater den gezähmten Bukephalos vor (signiert und bez. 1714); Trabantenbilder, Alexander vor der Leiche des Dareios, Alexander setzt einen Statthalter ein, Alexander überschreitet den Hydaspes, Alexander in der Schlacht bei Gaza. Stuckmedaillons, Philonaikos bietet König Philipp den wilden Bukephalos an, Barbaren bringen Alexander den geraubten Bukephalos zurück, Alexander wohnt einem Zweikampf bei, Alexander studiert den Plan einer Festung. Über den Gesimsen, vollplastisch, allegorische Figuren, in den Ecken Waffentrophäen. – Gegen O Verbindungsgang zum Dom mit Türen bez. 1770.
3. Konferenzzimmer. Deckenbilder von *M. Altomonte;* Mittelbild Alexander in der Schlacht am Granikos; Trabantenbilder, Alexander läßt Damon und Thimotheos mit dem Tode bestrafen, Alexander nimmt den gefangenen König Porus auf, Alexander läßt die Gattin des Hystaspes und die Enkelin des Ochus frei (signiert), Alexander und die Bewohner von Milet; Stuckmedaillons, Alexander tötet einen Löwen, Alexander durchbohrt seinen Freund Kleitos, Alexander wird ein Gefangener vorgeführt, Alexander vor im Kampf Erschlagenen.
4. Antecamera. Deckenbilder von *M. Altomonte;* Mittelbild, Alexander zerhaut den Gordischen Knoten; Trabantenbilder, Romulus empfängt das Zeichen der 12 Vögel, Tarquinius Priscus empfängt das Zeichen seiner Auserwähltheit, Gordias opfert Zeus, Lucius Quinctius Cincinnatus wird vom Pflug weg zum Diktator erhoben; Stuckmedaillons, Alexander und ein Landmann, Alexander und Diogenes, Herkules (?), Alexander läßt sich von Apelles porträtieren.
5. Audienzsaal. Deckenbilder von *J. M. Rottmayr,* Mittelbild Huldigung der Stadt Byblos (signiert und bez. 1711); Trabantenbilder, Hephaistion überbringt den Brief der Mutter, Demaratos vor Alexander, Gesandtschaft mit dem Angebot des Dareios, Alexanders Opfer an den Grenzen Indiens; Stuckmedaillons, Familie des Dareios nach der Schlacht bei Issos vor Alexander, Alexander wird das Haupt des Spitamenes überbracht, Alexander läßt Bessos in Stücke reißen, Alexander schüttet Wasser aus einem Gefäß. – An den Wänden Brüsseler Tapisserien mit dem Wappen Eb. Wolf Dietrich, um 1593, Etruskerschlacht, Belagerung Roms durch Porsenna, Raub der Sabinerinnen.
6. Arbeitszimmer (oder Retirada). Deckenbilder von *M. Altomonte,* Mittelbild Alexander opfert im Tempel von Jerusalem; Trabantenbilder, Alexander erzählt seinen Traum, in dem ihm der Hohepriester Jaddus verkündet, er werde die Herrschaft über die Perser erringen, Alexander wirft sich vor Jaddus nieder, Jaddus legt Alexander eine Stelle aus dem Buch Daniel aus, Alexander übergibt das Land der Juden dem Andromachos. Stuckmedaillons undeutlich. Als Supraporten, Seestücke, 17. Jh. An der Schmalseite eingelassen, Porträt Eb. Franz Anton Harrach, um 1710.
7. Schatullenkabinett. Deckenbild von *Martin Altomonte,* Gesandtschaft der Skythen huldigt Alexander.
8. Schlafzimmer. Deckenbild von *J. M. Rottmayr* (signiert und bez. 1710), Alexander auf seinem Ruhelager, über ihm Vigilantia und Hypnos. Stuckmedaillons bzw. Kartuschen mit musizierenden und spielenden Amoretten, in den Ecken je 3 Adler. – Supraportenbild Seehafen von *Andreas Nesselthaler,* E. 18. Jh.
9. Kapelle von 1710. Kleiner annähernd quadrat., überkuppelter Raum; Pendentifs auf schräg gestellten Pilastern mit Kämpferkapitellen; Stuckmarmorverkleidung. Kuppelfresko Gottvater von *J. M. Rottmayr.* Altar, Entwurf

Antonio Beduzzi zugeschrieben, um 1710; Volutenrahmenaufbau flankiert von Engeln mit Leidenswerkzeugen, an der Mensa Relief Leichnam Christi und trauernde Putten; Altarblatt Vermählung der hl. Katharina von *J. M. Rottmayr.*
10. Schöne Galerie (Bildergalerie). Schmaler Saal von 1710/11, mit Spiegelgewölbe über marmoriertem umlaufendem Kranzgesimse. Prunkkamin an der südl. Längswand, Entwurf *Antonio Beduzzi* zugeschrieben. Nischenarchitektur aus farbigem Marmor für den „Jüngling vom Helenenberg", der 1502 auf dem Magdalensberg in Kärnten gefundenen antiken Bronzestatue (das Original seit 1806 in Wien, Kunsthistorisches Museum, durch Abguß ersetzt); im Volutenaufsatz Inschriftkartusche mit Chronogramm 1711. Deckenfresko von *J. M. Rottmayr* (signiert und bez. 1711), illusionistische Architekturmalerei mit fiktiven Reliefmedaillons, die Hauptbilder in 3 Durchblicken, Glorie der Wissenschaften und Künste fürstlicher Herrschaft und Stiftungsmacht. In der M. Astronomie, Geometrie, Architektur und Bildhauerei unter der Munifizenz des Hauses Harrach (in den Händen der Architektur-Aufriß der Fassade des Palais Trautson in Wien); li. Dichtung und Geschichtsschreibung unter dem Schutz der Felicitas publica; re. Malerei und Musik unter dem Schutz des Buon Governo. An den Schmalseiten, über den Gesimsen, die Erdteile. – Galerie von Bildern 2. H. 16., 17. und 18. Jh. – An die Galerie anschließend kleines Bibliothekszimmer, Deckenbild Aurora bez. *M(artin) A(ltomonte).*
11. Gesellschaftszimmer (Thronsaal). Deckenbilder von *J. M. Rottmayr,* Mittelbild Göttermahl (bei der Hochzeit der Thetis?) von 1689, bez. *Joan Michael Rottmayr inven. fecit. Renovato 1711.* Nebenbilder, Merkur mit dem Apfel der Eris und Urteil des Paris, 1711. Bandlwerkstuck, in den Ecken Stuckkartuschen mit mythologischen Szenen, unter den Gemälden Putten mit auf die Darstellungen Bezug nehmenden Gegenständen bzw. Musikinstrumenten. Wandbespannung 18. Jh. Supraporten, Seeschlachten und Seelandschaften. Klassizistischer Tonofen, um 1780. Bilder 19. Jh.
12. Weißer oder Markus-Sittikus-Saal. Klassizistisch ausgestatteter Rechtecksaal, 1776 von *Peter P. Pflauder* stuckiert (figurale Reliefs von 1710 übernommen und ergänzt). An den Langseiten 3 Rundbogenfenster bzw. Türfelder und Spiegelfenster sowie schmale gerahmte Wandfelder zwischen Doppelpilastern; die Schmalseiten durch Pilaster in 3 Kompartimente geteilt, mit Türfeldern in den äußeren Kompartimenten und, südseitig, mit Mittelnische in voller Raumhöhe. Die Pilaster kanneliert, mit Kompositkapitellen; umlaufendes Gebälk. Spiegelgewölbe, in der Kehle kassettiert, an der Decke drei gerahmte Stuckfelder mit Reliefs, in der M. Allegorie der Tugenden. In den Ecken Medaillons mit Emblemen der Künste und Wissenschaften. Supraportenreliefs mit Szenen aus dem Leben Alexander des Großen. Klassizistischer Kachelofen. – Vorraum mit sparsamem Deckenstuck um 1710.
13. Kaisersaal (urspr. Kaiserstube). Schlichter Rechtecksaal mit Spiegelgewölbe und zartem Bandlwerkstuck. An den Wänden 14 Porträts habsburgischer Herrscher, 17. und 18. Jh. Umlaufende Holzbänke mit Bandlwerkbemalung und Wappen Harrach. Ofen mit Wappen Eb. Max Gandolf, um 1670.
An den Kaisersaal gegen W anschließend Verbindungsgang zur Franziskanerkirche, Holzkassettendecke, darunter breites Stuckband, um 1610, über den beiden Türen Wappen der Erzbischöfe Markus Sittikus und Wolf Dietrich. 2 Porträts, Eb. Sigismund Schrattenbach, bez. *F. Xaveri Span 1763,* und Eb. Hieronymus Colloredo, um 1780. Gegen S anschließender Gang am Chorschluß

der Franziskanerkirche, tonnengewölbt, mit Stuck um 1610. 6 Leinwandbilder, Sintflut, 1. H. 17. Jh. Anschließend Stiegenhaus mit Stuck um 1610.
Im 3. Obergeschoß mehrere Räume mit Stuckdecken um 1710/20. Sie dienen heute den Salzburger Landessammlungen, **Residenzgalerie.** Gemäldesammlung und kleine Skulpturen- und Graphikensammlung, 16.–E. 19. Jh. Gegründet 1923 als Landesgalerie. Wiedereröffnet 1952. Restbestände der erzbischöfl. Sammlungen; seit 1956 mit Leihgaben der Slg. Schönborn-Buchheim; durch Ankauf von Gemälden aus der Slg. Czernin 1980 bedeutende Erweiterung der Bestände.
2. Hof (Toskanatrakt). Fassaden mit Sohlbank- und Kordongesimsbändern und Fensterfaschen mit Ohren, E. 18. Jh. Im Nordflügel östl. 5 Achsen mit über 2 Geschosse reichenden vermauerten Arkaden auf ionischen Säulen, 1. V. 17. Jh. – In der Südostecke Wendeltreppe, Stuck an der Decke, Fensterumrahmungen und -leibungen sowie in der Kuppel, um 1600, mit Wappen Eb. Wolf Dietrich; am obersten Absatz Messingbalustrade. – In drei Achsen des gegen W anschließenden Flügels, im 1. Obergeschoß, 6 kreuzgratgewölbte Räume mit Stuckstäben frühes 17. Jh. Mehrere Räume mit Stukkaturen E. 18. Jh. (Steinsaal) und 19. Jh. Im 2. Obergeschoß sogen. Toskana-Appartement anstelle des früheren Kaisersaals, Decken und Wandteile 1862 stuckiert. Im Nordtrakt 2 Räume mit Deckenstuck M. 18. Jh.
3. Hof, „Dietrichsruh". Rechteckig, Süd- und Osttrakt und östl. Teil des Nordtraktes aus der Zeit Eb. Wolf Dietrichs, Fassaden mit Sohlbank- und Kordongesimsbändern und geraden Fensterverdachungen E. 18. Jh. (?). Als westl. Abschluß der Südflügel in mehreren Stufen mit vorgelegten Riesenpilastern vorspringend, urspr. Pendant im N und Verbindungsmauer mit Nische E. 18. Jh. abgetragen.
In der Mittelachse des Ostflügels Herkulesgrotte, rundbogig geöffnet, von Portalarchitektur mit toskanischen Pilastern, Triglyphengebälk und gesprengtem Giebel gerahmt. Kleiner Rechteckraum, 3 Konchen mit Wandbildern, die Wände mit Steinmosaik und Stuckdekor; Statue ruhender Herkules, um 1600.
Im Südtrakt Erdgeschoßhalle 3achsig, 2jochig, Kreuzgratgewölbe auf toskanischen Säulen mit stuckierten Graten und Gurtbogen, 2 Marmorportale um 1600.
Im Stiegenhausgewölbe Stuckfelder mit tief unterschnittenem Dekor (Akanthusranken, Rosetten, Fruchtgirlanden, Maskerons) und Emblemen sowie Wappen Eb. Wolf Dietrichs, um 1600. – Im 2. Obergeschoßgang Doppelfenster mit Marmorumrahmung und gesprengtem Giebel, darüber Wappen Eb. Wolf Dietrich und Inschrifttafel. – In mehreren Räumen des 2. Obergeschosses Stukkaturen des 19. Jhs. In der Südostecke Kapelle des Kardinals Friedrich Schwarzenberg (Bischof 1836–1850), ausgestattet von *Georg Pezolt.*
Wallistrakt (Hofbogengebäude), den Abschluß des Domplatzes gegen W bildend. Erb. 1606, mit 3achsiger Pfeilerhalle als Durchfahrt zur Franziskanergasse, westl. anschließender Hof mit Pfeilerarkaden an der Nord- und Südseite, urspr. aus der 1. H. des 17. Jhs., 1690 aufgestockt (Wappen Eb. Johann Ernst Thun an der Fassade), 1964/65 die 3 Flügel mit Ausnahme der Außenmauern abgetragen und neu errichtet. Im Trakt von 1606 2geschossige Halle mit toskanischer Mittelsäule (Monolith aus der Domsakristei von 1589, nach Abbruch des alten Domes hier wiederverwendet). – Unter den nördl. Arkaden Reste zweier römischer Mosaiken des 3. Jhs. n. Chr., beim Umbau des Gebäudes gefunden und hierher übertragen.

RESIDENZ – NEUGEBÄUDE, Mozartplatz Nr. 1. Palastanlage des 17. Jhs. zwischen Residenzplatz, Mozartplatz und Kaigasse. Unter Eb. Wolf Dietrich als Absteigquartier für fremde Fürstlichkeiten und vorübergehende oder, möglicherweise, als neue ständige Residenz geplant. Erster Bau nach Demolierung mehrerer Bürger- und Domherrenhäuser 1588 begonnen. 1592 z. T. abgetragen und bis um 1602 die 4 nördl., einen Hof einschließenden Trakte erb., der südöstl. anschließende Flügel wahrsch. um 1602 begonnen, er schließt mit einem Erweiterungsbau Eb. Max Gandolf Kuenburgs um 1670/80 (Südwest- und Südflügel) einen 2. Hof ein, Turm an der Westfront unter Eb. Johann Ernst Thun 1701 erhöht. Osttrakt 1944 durch Bombeneinwirkung teilweise zerstört, 1946 wiederhergestellt. Amtssitz der Salzburger Landesregierung und Hauptpost. (1930 in den Kuenburgtrakt Schalterhalle eingebaut.)

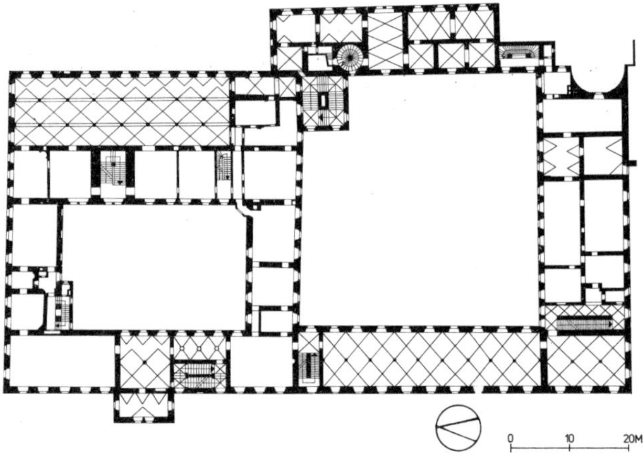

Residenz – Neugebäude, 2. Obergeschoß nach Plan von 1914

Der gesamte Komplex 3geschossig mit Attikageschoß; einheitliche, streng horizontal gegliederte Fassaden; genutetes Erdgeschoß, glatte umlaufende Sohlbank- und Kordongesimse, profilierte Fensterumrahmungen mit Ohren, querrechteckige Attikafenster und profiliertes Kranzgesims. An den Ecken, unter dem Dachgesims, skulptierte Wappenschilde der Ahnen Wolf Dietrichs (Medici, Hohenems, Raitenau, Siergenstein).
Nordfassade zum Mozartplatz mit unregelmäßig verteilten Fensterachsen, Hauptportal in der M., rundbogig, von geschichteten Pilastern und verkröpftem Gebälk gerahmt, im Scheitel skulptiertes Wappen Eb. Wolf Dietrich; schmiedeeisernes Lunettengitter. Querrechteckige 3achsige Torhalle, 2jochig mit Kreuzgratgewölben auf toskanischen Rotmarmorsäulen aus der Zeit Wolf Dietrichs; seitl. klassizistisches Marmorportal, um 1790, mit gleichzeitiger Eisenplattentür. Hofportal rundbogig, gerahmt von diamantierten Quadern, flankiert von niedrigeren Portalen, um 1790. Portal im Südostflügel (Kaigasse

Nr. 2), profilierter Rundbogen auf Pfeilern mit Kämpfergesims, Halbsäulenvorlagen und verkröpftes Gebälk, facettierte Zwickel, im Scheitel Wappen Eb. Wolf Dietrich, Lunettengitter A. 17. Jh., Tür mit Beschlägen; Torhalle tonnengewölbt mit Stichkappen; im Hof kleines Rechteckportal um 1670/80, Umrahmung mit Ohren, Gebälk mit gesprengtem Giebel und Wappen Kuenburg.

Turm, dem Wolf-Dietrich-Bau an der Westfassade vorgesetzt, urspr. 5geschossig, mit gekuppelten Rechteckfenstern an der Westseite; Achteckaufbau und in Rundbogenarkaden geöffnetes Glockengehäuse mit Haubendach von 1701, Glockenspiel 1702 aufgesetzt, mit 35 Glocken von dem Antwerpener Gießer *Melchior de Haze,* 1688/89. Im Erdgeschoß der Fassade 9achsiger Arkadengang vorgestellt, in den 3 mittleren Achsen vorspringend, Korbbogen auf Pfeilern, die 3 nördl. Arkaden von 1701, die übrigen um 1860; in der M. Inschriftkartusche von 1701 und skulptierte Wappen Erzbistum Salzburg und Eb. Johann Ernst Thun. – Portal im Kuenburgtrakt, profilierter Rundbogen auf Pfeilern mit Kämpfergesims, Halbsäulenvorlagen, verkröpftes Gebälk und gesprengter Giebel, im Scheitel Wappen Kuenburg. – Portal im Wolf-Dietrich-Hof, Westtrakt, mit Rustikabänderung, um 1600, Schmiedeeisengitter E. 18. Jh.

Die Innenräume seit dem 17. Jh. wiederholt verändert. Im Wolf-Dietrich-Bau an bedeutender Ausstattung erhalten: Stiegenhaus im Westtrakt, mit schmaler zweiläufiger Treppe, tonnengewölbt, die Absätze kreuzgratgewölbt. Reicher Deckenstuck, um 1600, mit Fruchtgirlanden, Fruchtbuketts, Maskerons, Putten, Sirenen und Greifen sowie Wappenschilde der Raitenau, Hohenems, Sirgenstein, Medici und Emblem Eb. Wolf Dietrich.

Im 2. Geschoß, dem piano nobile, anschließend an das Stiegenhaus mehrere ehem. **Prunkräume;** jeweils mit Spiegelgewölbe oder Spiegelgewölbe mit Stichkappen und mit reichem, buntem Stuckdekor, von *Elia Castello* 1602: umlaufendes Gebälk mit Blattwerk- oder Rankenfries, darüber flächenfüllender, ornamentaler Stuck sowie Deckenfelder mit figuralen Darstellungen in Hochrelief. Saal der Tugenden (antecamera); Rechtecksaal, Stuckkassettendecke mit allegorischen Figuren, die 3 theologischen Tugenden in den Mittelfeldern, die 4 Kardinaltugenden in den Zwickelfeldern; ornamentaler Stuck in den Stichkappen und Schildbogenfeldern. Marmorportale um 1600. – Gegen W anschließend Gloriensaal; quadrat. Saal, in der Deckenmitte quadrat. Stuckfeld mit Gloriole von Engelchören um das Zeichen Gottes, von 4 Rechteckfeldern mit Darstellungen der Verkündigung, Heimsuchung, Anbetung der Hirten und Darbringung im Tempel umgeben.

Ständesaal. Rechtecksaal, in der Deckenmitte 3 Felder mit Darstellungen staatstreuen, aufopfernden Verhaltens, Horacius Cocles verteidigt die Tiberbrücke, Mucius Scaevola legt vor dem König Porsenna seine Hand ins Feuer, Opfertod des Marcus Curtius, daneben 5 Medaillons mit Büsten. – Gegen O anschließend (im Nordtrakt), Feldherrensaal. Annähernd quadrat., in der Deckenmitte Achteckfeld mit Wappen Wolf Dietrich auf Goldmosaikgrund, umgeben von 4 Feldern mit halbfigurigen Darstellungen, Karl der Große, Gottfried von Bouillon, Karl V. und Juan d'Austria. – Badezimmer, kleiner rechteckiger Raum mit Ovalkuppel auf Pendentifs; in der Kuppel Keramikmosaik und 4 Stuckengel mit Hohlspiegeln und Palmzweigen.

Im Absatz einer Nebentreppe in der Südostecke, im abgeteilten Flur des anschließenden Ecksaales und in den westl. Räumen des Südtraktes Holzkassettendecken bzw. Teile davon erhalten, mit vergoldeten Stäben und Ornament und mit figuralen Malereien, um 1600. – Im südwestl. Ecksaal des Wolf-Dietrich-Baues Kassettendecke mit reich geschnitztem, von Putten umgebenem Wappen Eb. Wolf Dietrichs, um 1600. Wand mit Neorenaissance-Vertäfelung um 1860. Reihe von Porträts der Fürsterzbischöfe von Markus Sittikus bis Hieronymus Colloredo (aus der Alten Universität).

Im westl. **Kuenburg-Trakt,** im 1. Obergeschoß, ehem. Bibliothek. 2schiffige, 9jochige Halle und 2schiffige, 3jochige Vorhalle mit flachbogigen Kreuzgewölben auf toskanischen Rotmarmorsäulen, Gurte und Grate mit Stuckrippen aus Blattstab und Perlstab, Scheitelrosetten, Fensterleibungen mit Stuckfeldern (die Räume zur Zeit unterteilt). Portale an den Schmalseiten des Bibliothekssaales mit geohrter Umrahmung und gesprengtem Giebel, Wappen Eb. Max Gandolf Kuenburg und Inschr. mit Chronogramm 1682; Eisenplattentüren mit prunkvollen Beschlägen. Im 2. Obergeschoß, Erbämtersaal (unterteilt), Holzkassettendecke mit Akanthusrankenschnitzwerk, um 1680.

PROFANBAUTEN

ALMKANAL. Historisches Nutzwasser-, später auch Abwassersystem in Stollen unterhalb der Altstadt. Bau des Mönchsbergstollens an der Nahtstelle des Festungs- und Mönchsberges als Hauptzubringer 1137 bis 1143, Stollenende unter der Talstation der Festungsbahn, von hier 2 Arme: 1. „St.-Peter-Arm", auch Gamperarm, unter Stift St. Peter gegen W, Franziskanerkloster – Furtwänglerpark – Salzach; 2. „Kapitelarm" gegen O, versorgte das Kaiviertel, heute stillgelegt. Seit 1286 Wasserzuleitung über Kanal von der Königseeache am Hangenden Stein (Grödig-St. Leonhard). Um 1330 Erweiterung durch den „Städtischen Arm" über Riedenburg mit Mönchsbergdurchstich – Anspeisung Bürgerspital – Salzach; weiters „Höllbräuarm", Abzweigung Kapitelplatz – O-Seite Dom – Residenzplatz – Waagplatz – Höllbräu – Salzach; „Hofstallarm" Abzweigung Rehrlplatz – Festspielhaus – Pferdeschwemme Siegmundsplatz – Griesgasse – Salzach, beide noch Spätmittelalter. Almkanal diente der Wasserversorgung von Mühlen, Brunnen, Pferdeschwemmen usw.; Anlage bis auf wenige, stillgelegte Seitenarme nach wie vor wasserführend.

ALTER MARKT. Rechteckplatz, an der nördl. Schmalseite von dem Straßenzug Kranzlmarkt – Judengasse tangiert, im S rechteckig verbreitert und zur Residenz hin geöffnet. Die bestehende Platzgestalt im Spätmittelalter durch teilweise Verbauung des im 13. Jh. planmäßig angelegten Marktplatzes entstanden. Geschlossene Zeilen stattlicher Bürgerhäuser, großteils im Kern mittelalterlich oder 16. Jh.: Nr. 1 bis Nr. 15 (Nr. 1, 3, 4 entkernt), 5- bis 6geschossig, meist mit rechteckigen Attikafenstern und profiliertem Dachgesims, z. T. 3- bis 4-, z. T. 6- bis 8achsig. Bestimmend für den Platzcharakter das Überwiegen feingliedriger Putzfasssaden mit geraden Fensterverdachungen, Plattenstildekor oder zartem Dekor des 19. Jhs.; die Erdgeschosse großteils in jüngster Zeit verändert. Der intime Eindruck des Platzes durch Marktbrunnen in der Mitte verstärkt.

Nr. 2: Fassade mit spätbar. Fensterumrahmungen, geschoßweise differenziert durch gerade, geknickte und ausgebogene Verdachungen; Portal mit schrägem Gewände und leicht geschweiftem Bogen, im Keilstein bez. 1743, gerahmt von toskanischen Pilastern und Kompositgiebel mit seitl. aufgesetzten Löwenfiguren; Lünettengitter gleichzeitig. Fassade zum Rudolfskai (Nr. 10) bez. 1911. –

Nr. 3: Spätbar. Portal vom ehem., 1907 abgetragenen Leihhaus am Makartplatz, mit gestuften Pilastern, geschweiftem Sturz und Kompositgiebelaufsatz zwischen Voluten; Rokokokartusche im Giebelfeld mit Wappen Eb. Jakob Ernst Liechtenstein und Inschr. 1747; Lünettengitter gleichzeitig. An der Brodgassenfront Portal mit Eisenplattentür und Lünettengitter, M. 18. Jh. – **Nr. 5:** Fensterbekrönungen M. 19. Jh. – **Nr. 6:** Spätbar. Fensterumrahmungen, Verdachungen mit Scheitelvoluten, M. 18. Jh. Apotheke im Erdgeschoß mit 3achsiger Geschäftsfront, um 1910; bar. Einrichtung (Regale, Rezepturtisch) um 1760 sowie Gefäße und Geräte des 18. Jhs., urspr. im Nachbarhaus Nr. 7, 1910 übertragen. – **Nr. 7:** Fassaden um 1800 mit Stuckdekor in den Fensterbekrönungen; südseitig 2geschossiger Anbau mit Portal E. 18. Jh., korbbogig, mit Plattenstilrahmung. – **Nr. 8:** Fassade zum Alten Markt 3achsig, zum Residenzplatz (Nr. 1) 6achsig. In den Obergeschossen mehrere spätgot. Fenstergewände freigelegt, in vertieften Fenstersturzfeldern verstäbtes Blendmaßwerk und Wappenschilde. – **Nr. 9:** Fassade zum Alten Markt 3achsig, zur Churfürststraße 4achsig mit geböschter Erdgeschoßmauer; Fensterumrahmungen um 1800. Terrassenvorbau 1937/38 von *Otto Prossinger.* – **Nr. 10:** Fensterumrahmungen um 1800. – **Nr. 11:** Bürgerhausanlage auf tiefer, zur Sigmund-Haffner-Gasse (Nr. 5) reichender Parzelle. Straßenfassaden mit Fensterumrahmungen um 1800. Bar. Korbbogenportale mit Lünettengitter und Türbeschlägen M. 18. Jh., zum Alten Markt gerahmt von Pilastern und Kompositgiebel, im Giebelfeld Bild Marienkrönung; zur Sigmund-Haffner-Gasse mit breit abgeschrägtem Gewände, Pilastern und Giebelaufsatz auf Voluten, im Giebelfeld Bild hl. Florian. Nördl. Hofflügel mit 4geschossigen Arkaden auf abgefasten Pfeilern 16. Jh. Im Flur Türen mit bar. Beschlägen bez. 1763. Erdgeschoßgewölbe zur Sigmund-Haffner-Gasse mit Stukkaturen bez. 1611. – **Nr. 12:** Bürgerhausanlage auf tiefer, zur Sigmund-Haffner-Gasse (Nr. 3) reichender Parzelle. Fassade zum Alten Markt mit Fensterumrahmungen um 1800, zur Sigmund-Haffner-Gasse mit schlichten Fensterfaschen, Hohlkehlengesims und spätgot., spitzbogigem Portal mit gekehltem Gewände. Im Hof 2seitige Obergeschoßarkaden auf Balustersäulchen, spätes 16. oder 17. Jh. – **Nr. 13/14:** Fensterumrahmungen M. 19. Jh. – **Nr. 15** = Kranzlmarkt Nr. 6.

Marktbrunnen. Urk. 1488 anstelle eines Ziehbrunnens errichtet, nach dem Bau der ersten städtischen Wasserleitung. 8seitiges Brunnenbecken von 1685/87 mit akanthusgeschmückten Eckpfeilern und Rosetten, darauf reiches Spiralgitter von *Wolf Guppenberger* 1583, Säule mit Stadtwappen bez. 1687, Statue hl. Florian von *Josef Anton Pfaffinger* 1734.

ANTON-NEUMAYR-PLATZ. Unregelmäßiger annähernd 4eckiger Platz auf zur Gstättengasse ansteigendem Terrain.

Marienbrunnen, in der Achse der Griesgasse. Errichtet 1692 von *Hans Schwäbl.* 6eckiges Becken mit Wappen Eb. Johann Ernst Thun, bez. 1692, und schmiedeeisernes Spiralgitter; toskanische Brunnensäule mit Löwenmasken, darauf Statue Maria mit Kind.

BADERGÄSSCHEN. Kurze Verbindungsstraße zwischen dem nach 1945 durch Neuverbauung gebildeten Bürgerspitalplatz und dem Sterngäßchen. Altbestand in 2 Bürgerhäusern der Nordseite erhalten. **Nr. 2** und **Nr. 4:** Im Kern mittelalterlich, mit den Rückseiten auf die Stadtmauer von 1280 aufgesetzt, deutlich erkennbar die wuchtigen Steinkonsolen des Wehrganges von 1465; 4- bis 5geschossig, schlichte Fassaden, Nr. 2 mit abgefastem Rundbogenportal.

BASTEIGASSE. Zwischen der späthistoristischen Verbauung des Rudolfskai und den Rückfronten von Häusern der Pfeifergasse sowie einem Mauerzug der Befestigung des 17. Jhs. verlaufend. **Nr. 4,** siehe Pfeifergasse Nr. 11. – **Bastei:** An der vorspringenden Ecke des Mauerzuges skulptierte Wappenkartusche Eb. Paris Lodron und Inschrifttafel bez. 1644.

BRODGASSE. Schmale Gasse von der Judengasse zum Alten Markt mit leicht undulierendem Verlauf, an der Kreuzung Goldgasse durch das zurücktretende Haus Nr. 3 zu einem kleinen Platz erweitert. Häuser 5- bis 6geschossig, 3- bis 7achsig, mit Ausnahme der Neubauten, bzw. weitgehend entkernten Häuser (Nr. 1, 2, 4), geschlossener Altbestand an Bürgerhäusern, **Nr. 6, 8, 10** (identisch mit Alter Markt Nr. 5, 6, 7); **Nr. 3, 5, 7, 9, 11, 13;** im Kern mittelalterlich 1. H. 16. Jh., Fassaden meist glatt oder mit Rieselputz, durch Hohlkehlen oder profilierte Kranzgesimse abgeschlossen, Fenster mit Putzfaschenumrahmung. Mehrere Häuser mit Speicheröffnung und Aufzugsbalken im Dachgeschoß (Nr. 6, 8, 10 und Nr. 9, 11).

Nr. 3: Fassade von Lisenen eingefaßt und mit Fensterumrahmungen E. 18. Jh. Breit abgeschrägtes Rundbogenportal, Lünettengitter und Türbeschläge 17. Jh. Li. Wandbrunnen und Steintafel mit Hauszeichen bez. Christof Prunschmid 1593. Re. Ladenfenster mit Steinbank und Ladentor, Eisenplattentüren und Gitter, 17. Jh. Über dem Tor Mariahilf-Bild in querovalem Schmiedeeisenrahmen, spätes 18. Jh. Im Obergeschoß Statuette Maria Immaculata, 2. V. 18. Jh. – **Nr. 5** = Goldgasse Nr. 6. – Nr. 7 = Goldgasse Nr. 8. – **Nr. 9:** Abgefastes Rundbogenportal, darüber Ovalbild Gnadenstuhl E. 17. Jh. – **Nr. 13:** 7achsige Fassade, an je 3 Fenstern des 1. und 2. Obergeschosses spätgot. Gewände freigelegt, mit seitl. Kehlung und verstäbtem Vorhangbogen. Spätgot. Rundbogenportal mit kräftiger Rundstabumrahmung und tiefer Kehlung.

CHIEMSEEGASSE. Kurze Gasse von der Kaigasse zum Hauptportal des Chiemseehofes. Hohe 5geschossige Bürgerhäuser, 3- bis 5achsig, im Kern mittelalterlich, Bausubstanz großteils 16./17. Jh. (Nr. 1 bis Nr. 5).

Nr. 1: 3achsig, Fassade mit Ecklisenen und Kordongesimsen, abgeschrägtes Rundbogenportal 16. Jh. – **Nr. 2:** Spätgot. abgefastes Rechteckportal mit Rechteckoberlicht, darüber Relief, Gnadenbild von Maria Plain 18. Jh.; Dachspeicheröffnung. – **Nr. 3:** Breites Segmentbogenportal und breite tonnengewölbte Durchfahrt; Dachspeicheröffnung; Hofflügel mit 2achsigem Arkadengang. – **Nr. 4:** Rundbogenportal, tiefer tonnengewölbter Flur, Stiegenhaus 17. Jh., bis zum 5. Geschoß mit in 2achsigen Arkaden auf toskanischen Säulen geöffneten Absätzen. – **Nr. 5:** Auf tiefer Parzelle mit Seitenfassade und schmalem Flügel zur Pfeifergasse; aufwendige Fassaden, E. 18. Jh., Fensterachsen durch Sturz und Parapetfelder mit Plattenstildekor vertikal zusammengefaßt, Ecklisenen und Hohlkehlengesims; Dachspeichergeschoß mit Rechteckluken und rundbogiger Dachspeicheröffnung. – **Nr. 6:** Ecke Krotachgasse, 1688 bis 1874 Stadthaus der Freiherren Dückher. 5geschossiger Bau mit schlichter Fassade, im Baukern mittelalterlich, Portal spätes 18. Jh. Inneres wiederholt umgebaut. Im 1. Obergeschoß Saal mit Stukkaturen 2. H. 18. Jh.,

Blattwerk und Blumengirlanden sowie Darstellung der 4 Jahreszeiten und der 4 Elemente.

Nr. 8: Chiemseehof. – Gebäudekomplex an der Chiemsee-, Krotach- und Pfeifergasse. Bis 1814 Residenz der Bischöfe zu Chiemsee, seit 1861 Sitz des Salzburger Landtages und der Salzburger Landesregierung. – Urk. 1216, um 1300 Ausbau zu Residenz, 1355 Bau der Hauskapelle, 1356 geweiht. Vergrößerung des Wohnsitzes durch Ankauf von Häusern und Anteilen, Ende 16. Jh. Brand der mittelalterlichen Gebäude, ab 1694 Neubau mit Vorbau und Einfahrtstor, 1677 Bau der Speicherkasten an der Pfeifergasse, 1696 aufgestockt. Um 1800 Anbau eines Stöckels, 1873 erhöht. 1824–1835 Residenz für Eb. Augustin Gruber. 1866 Bau des Landtagssaales in den oberen Räumen des Schüttkastens, ab 1873 Abtragung des Kumpfmühltores samt Zubauten, Verbindungsgang und Chiemseehofkapelle, Adaptierung als Repräsentations- und Arbeitsräume für die Salzburger Landesregierung, 1967 Fassadensanierung, 1977 Innenrenov.

Über unregelmäßigem Grundriß 3flügeliger Baukörper, um einen annähernd rechteckigen, gegen O mit einem Gitter abgeschlossenen Hof angeordnet. Die aus verschiedenen Objekten entstandene Chiemseeische Residenz erhielt ihr heutiges Aussehen weitgehend durch den ab 1694 erfolgten durchgreifenden Neubau. Die Außensanierung von 1967 vereinheitlichte die verschiedenen Gebäude mit unterschiedlichen Geschoßhöhen durch Rieselputzfassade, Rechteckfenster in glatt geputzten Faschen mit Ohren sowie profilierte Abschlußgesimse. Das Hauptportal in dem 3geschossigen Westtrakt (Chiemseegasse Nr. 8) flankiert von toskanischen Säulen, darüber gesprengter Segmentgiebel. Lünettengitter im Segmentbogen mit gemalten Wappen des Bischofs Sigmund Ignaz von Wolkenstein. Über dem Portal Steinwappen des Landes Salzburg. Hofseitig Wappenstein bez. Sig. Ig. (von Wolkenstein). Südseitiger Verbindungstrakt im Innenhof mit 5 Arkadenöffnungen, darüber rechteckige Doppelfenster des sogenannten Bischofsganges, Doppelwappen des Chiemseer Bischofs Sigismund Ignaz von Wolkenstein mit Inschr. und Bez. 1696. Anschließend das Hauptgebäude, bar. Baukörper, 4geschossig, im O turmartiger Flügel. Rundbogenportal aus Quadersteinen von 1967, in der Erdgeschoßzone horizontale Putzgliederung mit Gesimsabschluß. Im nordseitigen Trakt 4achsiger Landtagssaal, Erdgeschoß horizontal gegliedert, Marmortafel mit Inschr., 15. Jh. (?).

Vestibül des Hauptgebäudes (Stiege 1), Umgestaltung der Halle und des Stiegenaufganges 1. H. 19. Jh. (?), rechteckiger Raum mit übereck gestellten bzw. gekuppelten Wandpilastern, umlaufende, profilierte Gesimse. Am Treppenaufgang mit zweiflügeligem Stiegenlauf Sandsteinfigur Apoll, um 1700, unter Beteiligung *Balthasar Permosers* (?). Am re. Treppenlauf Steintafel mit Inschr. Sigmund Karl Bischof von Chiemsee, bez. 1700. – Meist modern adaptierte Amtsräume, bmkw. im II. Stock: Bischofsgang, fensterseitig Fries mit gemalten Wappen der Bischöfe von Chiemsee von 1215–1786, über nördl. Tür gemalte Inschr.-Tafel betreffend die Errichtung des Bistums Chiemsee 1215 sowie Wappen des Eb. Eberhard II. von Salzburg und Chiemsee, an der Innenwand Serie von 13 Ölbildern, Porträts der Bischöfe von Chiemsee, eines bez. *Fr.(anz) Streicher*.

Kupferstichkabinett (ehem. Bibliothek), kleiner rechteckiger Raum im Turmtrakt mit Geheimtür, einheitliche Ausstattung M. 18. Jh., vertäfelte Wände mit eingelassenen Kupferstichen verschiedener Größe in profilierten Rahmen (urspr. farbige Miniaturen, deren Originale Bischof Franz Karl Eusebius Graf Waldburg-Friedberg-Trauchburg nach Schloß Zeil transferierte). Die Decke enthält in der Mitte ein ovales Feld mit Grisaillemalerei, allegorische Darstellung bez. *Vin.(zenz) Fischer*, umgeben von Stuckornamenten. Westl. anschließend Empfangsraum und Sitzungszimmer mit Porträts der Salzburger Landeshauptmänner. Im Vorzimmer (ehem. Cabinet) einheitliche Rokokoausstattung um 1750, marmorierte Wände mit vergoldetem Stuckornament, farbige Stuckdecke, Blütenzweige, Bäume, in der Mitte drei Putten. Weitere Räume (ehem. Anmelde-, Sitz-, Schlaf-, Kammerdiener-, Tafel-, 1., 2. und 3. Gesellschaftszimmer) mit Teilen der historischen Raumausstattung um 1700 sowie 2. H. 18. Jh., wie Stuckdecken, Täfelungen, Holzböden, Öfen und Möbel. – Landtagssaal im Nordtrakt des Chiemseehofes, im 1. Geschoß großer rechteckiger Saal, Wandgliederung durch übereck gestellte Pilaster, umlaufendes profiliertes Gesims und Hohlkehle, Ölbilder, 3 Landtafeln des Landes Salzburg, bez. 1620, 1703 und 1739.

DOMPLATZ. Rechteckiger, der Domfassade vorgelagerter, allseitig geschlossener Platz, durch Arkaden mit Residenzplatz, Kapitelplatz und Franziskanergasse verbunden. Im N und W von den um 1600 entstandenen Trakten der Residenz umgeben, denen der 1657 bis 1663 nach Fertigstellung der Domtürme errichtete Konventtrakt des Stiftes St. Peter an der Südseite angeglichen wurde; gleichzeitig der Dom mit diesem Trakt und mit der Residenz durch die Dombögen, erb. nach Plänen *Giovanni Antonio Darios*, verbunden.

Mariensäule, in der Mitte des Platzes. Errichtet 1766 bis 1771 von *Wolfgang* und *Johann Baptist Hagenauer* in Auseinandersetzung mit einem älteren Modell (verwahrt im SMCA). Hoher Sockel, auf 4 an seinen Ecken angesetzten Postamenten Bleifiguren eines Engels, eines Teufels und Allegorien der Wahrheit und der Kirche; auf dem Sockel die auf Wolkenberg und Weltkugel stehende Figur der Maria Immaculata, an den Sockelwänden Bleireliefs mit Büste und mit Wappen Eb. Sigismund Schrattenbachs und mit allegorischen Darstellungen; an der dem Dom gegenüberliegenden Seite Inschr., die den allegorischen Zusammenhang der Figuren erklärt. Marmorgeländer mit reich verflochtenen Zwischengliedern.

FERDINAND-HANUSCH-PLATZ. Gabelung der Griesgasse und des Franz-Josef-Kai. **Wandbrunnen** am Fischmarkt, 1926 errichtet unter Verwendung einer bar. Brunnenschale mit wasserspeiendem Löwenkopf, 2. H. 17. Jh. (?).

FESTUNGSGASSE. Zur Feste Hohensalzburg führender Weg, ausgehend vom Kapitelplatz, hier flankiert von den Seitenfassaden des Dompfarramtes und der Stiftsmühle St. Peter.

Nr. 4: Festungsbahn, Standseilbahn errichtet 1892. – **Nr. 6:** Im Kern mittelalterlich. – **Nr. 7:** Freistehendes, schmales got. Wohnhaus, 3geschossig mit hoher Blendmauer und Grabendach (Fund von Freskenresten des 14. Jhs.). – **Nr. 8/10:** Stieglbräu, Gasthofbau nach Plan von *Franz Zell* 1924/25. Wuchtiger Baukörper an der Wand des Festungsberges, die Fassaden mit dichten Fensterreihen und Arkaden bzw. mit Flacherkern. Eingemauert Relief Mariahilf, bez. 1670 und Portal mit got. Profil bez. 1585.

FRANZ-JOSEF-KAI. Breiter Straßenzug am li. Salzachufer, von der Griesgasse abzweigend zum Ursulinenplatz und von hier zur Lehener Brücke als Kaipromenade weitergeführt. Zwischen langgestrecktem Neubau (Nr. 1) und 1963 bis 1966 errichtetem Museumsgebäude (SMCA) Zeile von 4- bis 5geschossigen, 3- bis 4achsigen Bürgerhäusern: **Nr. 3** bis **Nr. 15**, auf regelmäßigen, urk. 1567 angelegten Parzellen, im Kern 17./18. Jh., mit breitem Mittelflur, Fassaden z. T. mit historistischer Gliederung M. 19. Jh. bis um 1880 (Nr. 9, 11, 13). – **Nr. 5:** Fassade mit hoher Stirnmauer und Hohlkehlenabschluß, im Erdgeschoß 3schiffige, 3jochige Halle; Kreuzgratgewölbe auf Achteckpfeilern.

Salzachweibchen-Brunnen, an der Kaipromenade bei der Ursulinenkirche. Errichtet 1867. Runde Brunnenschale auf Postament, in der Mitte allegorische Figur „Die Quelle".

GETREIDEGASSE. Hauptstraße der Bürgerstadt, führt in der Verlängerung der Achse Judengasse–Kranzlmarkt vom Rathaus zur ehem. Bürgerspitalkirche, deren Ostfassade ihren optischen Abschluß bildet, und über den Bürgerspitalplatz zum Gstättentor. – Langgezogene, schmale, leicht gekrümmte Gasse, ihr Charakter durch die geschlossenen Zeilen der in ihrer wesentlichen Bausubstanz spätmittelalterlichen oder aus dem 16. Jh. stammenden stattlichen Bürgerhäuser bestimmt. – Die Hausanlagen der Südseite auf tiefen Parzellen mit Vorderhaus, ein oder zwei Hofflügeln und mächtigem Hinterhaus. Die Hinterhäuser, urk. ab dem späten 14. Jh. erwähnt, urspr. an den Frauengarten grenzend, heute die südl. Platzwand von Universitätsplatz und Sigmundsplatz bildend, in der Regel durch mehrgeschossige Arkadengänge des 16. Jhs. mit den Vorderhäusern verbunden. An der Nordseite, auf den zur Stadtmauer hin angelegten Parzellen im ersten Abschnitt dichte, im westl. Abschnitt aufgelockerte, meist unregelmäßige, die Stadtmauer einbeziehende Verbauung. Die Fassaden mit schlichten nur vereinzelt aufwendigeren Fensterumrahmungen, 4- bis 6-, in der Regel 5geschossig, durch Hohlkehle oder profiliertes Kranzgesims abgeschlossen, nur wenige Dachspeichergeschosse und Grabendächer erhalten, die Erdgeschosse im 20. Jh. weitgehend umgebaut.

Nr. 1: Im Baukern 16. Jh., Fensterumrahmungen spätes 18. Jh., Erdgeschoß verändert, Inneres umgebaut. – **Nr. 2:** Baukern 16. Jh., schlichte Fassade (renov. 1965), an der Hofseite spätgot. Fenstergewände, kleine z. T. vermauerte Arkaden; Obergeschoßflure zum Rathausplatz ausgerichtet. Im Lichtschacht eingemauert 2 Rotmarmorgrabsteine des 14. Jhs. (einer bez. 1323). 3geschossiges Hinterhaus 16. Jh. – **Nr. 3:** 16. Jh./18. Jh., schlichte Fassade; hohes Segmentbogentor mit breit abgeschrägtem Gewände, Stuckbekrönung und Lünettengitter 2. V. 18. Jh., tonnengewölbte Durchfahrt. Hof mit 4seitigen, 2geschossigen Arkadengängen des 16. Jhs., im 1. Obergeschoß mit abgefasten Pfeilern und Quertonnen, im 2. Obergeschoß auf Säulchen mit Blockkapitellen; an der Brüstung Bild in Vierpaßrahmung, hl. Antonius 18. Jh. und Gedenktafel für August Bebel. Im 2. Hof (Universitätsplatz Nr. 16) Gnadenbild Maria Plain M. 18. Jh. Im Inneren spätgot. und bar. Baudetails, Trambalkendecken 16. Jh. im 1. Obergeschoß mit Inschr. von 1593 und 1760. Hauskapelle über dem Durchgang zum Hinterhaus mit schlichtem Inventar. – **Nr. 4:** Kern 16. Jh., Korbbogenportal mit Oberlichtgitter, 2. V. 18. Jh., Geschäftsportal um 1932 mit eingelassenen Leinwandbildern (um 1800?). – **Nr. 5:** Kern 16. und 18. Jh., Fassade mit dekorativen Fensterbekrönungen im 1. und 2. Obergeschoß, 3. V.

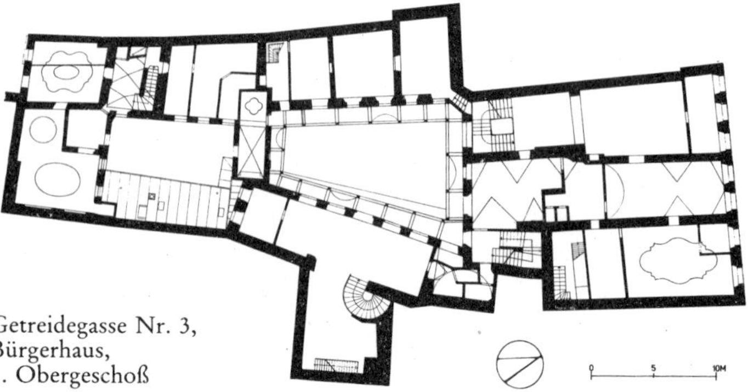

Getreidegasse Nr. 3,
Bürgerhaus,
1. Obergeschoß

18. Jh., Erdgeschoß verändert, Korbbogenportal, Eisenplattentür mit Beschlägen 3. V. 18. Jh. und Lünettengitter bez. 1766. Im Flur Eisenplattentür um 1730, im 2. Obergeschoß bar. Deckenspiegel 3. V. 18. Jh. – **Nr. 6:** Kern 16. Jh., schlichte 3achsige Fassade. – **Nr. 7** = Universitätsplatz Nr. 15: 16. Jh., Vorderhaus weitgehend entkernt, schlichte Fassade, breite tonnengewölbte Durchfahrt. Hoffassade und 2 Hofflügel mit spätgot. Fenster- und Türgewänden; an beiden Flügeln 7achsige Arkadengänge M. 16. Jh., im 1. Obergeschoß mit abgefasten Marmorpfeilern und Kreuzgratgewölben, ostseitig getragen von Pfeilern mit Kragsteinen, westseitig 4geschossig auf toskanischen Säulen und mit Frührenaissancepfeilern in den obersten Geschossen. Im 1. Obergeschoß des Hinterhauses 2 Renaissanceportale mit profilierter Rotmarmorumrahmung und Reliefmedaillons, Cäsarenköpfe, bez. 1546 bzw. Porträtköpfe und Wappen. Zum Universitätsplatz schlichte Fassade 18. Jh. – **Nr. 8** = Hagenauerplatz Nr. 4: Seit dem 19. Jh. vollständig umgebaut.
Nr. 9 = Universitätsplatz Nr. 14: Geburtshaus Wolfgang Amadeus Mozarts. Kern 1. H. 16. Jh., aufgestockt 1751, Fassade um 1800. Marmorportal mit geschweiftem, geknicktem Abschluß, Volutenaufsatz und Reliefmedaillon, weibl. Heilige, M. 18. Jh., mit stuckierten geschweiften Fensterumrahmungen. Breite tonnengewölbte Flure, im Hof 2geschossige Arkaden und Dachspeicheröffnung mit Aufzugsbalken. Im Obergeschoßflur Wandbrunnen bez. 1657. – **Mozart-Museum,** in der ehem. Wohnung der Familie Mozart im 3. Obergeschoß, gegründet 1880; Sammlung zur Familiengeschichte: Gemälde, Urkunden, Autographen, Instrumente u. a. Erinnerungsstücke. Fassade zum Universitätsplatz mit dekorativen Fensterumrahmungen, M. 18. Jh., nach Geschossen differenziert. – **Nr. 10** = Hagenauerplatz: Kern 16. Jh., schlichte Fassade von 1962. Innen Teile von Arkaden 16. Jh., z. T. vermauert, im 1. Obergeschoß Renaissanceportal bez. 1562, mit Inschr. des Sebastian Althamer. – **Nr. 11** = Universitätsplatz Nr. 13: Kern 16. Jh., Fensterumrahmungen 19. Jh. Breiter tonnengewölbter Flur, 3achsige Hofflügelarkaden im 1. Obergeschoß, auf abgefasten Pfeilern mit Quertonnengewölbe, um 1500. Zum Universitätsplatz historistisches Kastenportal. – **Nr. 12:** Kern 16. Jh. mit tiefem Hofflügel und Hinterhaus zur Griesgasse (Nr. 13). Fassade 2. V. 19. Jh.; um Hof 3seitiger Arkadengang und Stiegenhaus mit Balustersäulen 2. H. 16. Jh. – **Nr. 13**

= Universitätsplatz Nr. 12: Kern E. 15. Jh. / 1. H. 16. Jh., schmiedeeiserner Ausleger 2. H. 18. Jh., tonnengewölbte Durchfahrt. Am Hofflügel über Pfeilern mit Kragsteinen 3geschossiger, 4achsiger Arkadengang mit Frührenaissancepfeilern, Marmorrelief Kruzifix mit Wappen M. 16. Jh. Im Inneren spätgot. Balkendecke. – **Nr. 14:** Kern 15./16. Jh., schlichte Fassade, Portal mit Lünettengitter A. 18. Jh., Hofflügel und mächtiges Hinterhaus mit 1- bis 2geschossigen Arkadengängen der 2. H. des 16. Jhs. Im Vorderhaus spätgot. Baudetails bis zum 4. Geschoß, breite Flure mit eingebauter Treppe und abgefasten Treppenpfeilern; im 1. Obergeschoß ehem. Halle mit Netzgratgewölbe und Raum mit bar. Deckenspiegel. Spätgot. Dachkonstruktion. – **Nr. 15** = Universitätsplatz Nr. 11: 16. Jh.; Fensterfaschen mit Ohren. Über dem Korbbogenportal Ovalbild Marienkrönung 2. H. 18. Jh., schmaler tonnengewölbter Flur. Am Hofflügel 3achsige, 2geschossige Arkaden mit 8-Eck-Pfeilern und Würfelkapitellen M. 16. Jh. Im 1. und 2. Obergeschoß Renaissanceportale mit profilierten Marmorgewänden und geradem Gebälk mit Rosetten-Reliefs. Zum Universitätsplatz Fensterfaschen mit Ohren und Portale mit geohrtem Gewände, Eisenplattentür. **Nr. 16:** Kern 16. Jh., schlichte Fassade mit Lisenengliederung, Korbbogenportal mit Lünettengitter 3. V. 18. Jh. Im Inneren spätgot. Baudetails und bar. Marmorgewände, bez. 1725, mit Eisenplattentüren. – **Nr. 17** = Universitätsplatz Nr. 10: Kern 16. Jh., Fensterumrahmungen 19. Jh., schmiedeeiserner Ausleger um 1800. Durchgängiger schmaler Flur mit Tonnen- und Kreuzgewölben 16. Jh. Kleiner Hof mit hölzernen Hofflügelgängen.

Nr. 18 bis **Nr. 22** = Griesgasse Nr. 17: Ehem. Eisenniederlage der Stadt, ca. ab 1540; urk. 1324, hier Mühle am Almkanal. Mehrteiliger Baukomplex, Vorderhaus 16. Jh. mit Grabendach, symmetrischer 7achsiger Fassade, Doppelfenster in der Mittelachse und Rundbogenportal mit breit abgefastem Gewände und Prellsteinen, tonnengewölbte Durchfahrt, darüber bis zum 3. Obergeschoß breite kreuzgewölbte Flure; an der Hofseite hohes abgefastes Rundbogenportal, gekuppelte Fenster mit abgefastem Gewände und Speicheröffnung mit Aufzugbalken. Westseitig anschließend Niederlegturm im Kern 13. Jh. (?), im 15. Jh. ausgebaut (oder 1511?) 3achsig, 5geschossig, mit Zinnenkranz, Hinterhaus, im Kern 16. Jh., 1. H. 17. Jh. zur Griesgasse hin erweitert. – **Nr. 19** = Universitätsplatz Nr. 9: Ab 1605 vorübergehend Münzstätte. Im Kern 1. H. 16. Jh., Fensterumrahmungen M. 19. Jh., Erdgeschoß und 1. Obergeschoß entkernt. Spätgot. Hofarkadengang (vermauert). Hinterhausfassade im 20. Jh. historisierend erneuert. – **Nr. 21** = Universitätsplatz Nr. 8: Kern 16. Jh./frühes 17. Jh. Fassade mit freigelegten bzw. neu eingesetzten Steingewänden. Inneres Portal mit Lünettengitter 3. V. 18. Jh. Breiter kreuzgewölbter Flur. Langgestreckter Hofflügel auf Erdgeschoßpfeilern mit Kragsteinen, 7achsige, 2geschossige Arkadengänge mit Säulchen, Würfelkapitellen und Kreuzgratgewölben. Hinterhaus 16. Jh. Fassade mit freigelegten Fenstergewänden (im Stil der vierziger Jahre). Ausstattung im Inneren (Schmiedeeisengitter 18. Jh., Wandbrunnen 17./18. Jh.) z. T. in Sekundärverwendung. Portale mit gekehlten Steingewänden. – **Nr. 23** = Universitätsplatz Nr. 7: Kern 1. H. 16. Jh., Fensterumrahmungen 2. H. 18. Jh., 3achsig, seitl. tonnengewölbter Flur. Am Hofflügel auf Erdgeschoßpfeilern, mit Kragsteinen, 2geschossige Arkadengänge mit abgefasten Pfeilern und Säulchen 1. H. 16. Jh. Fassade des Hinterhauses um 1800, Fenster mit reichen Plattenstilumrahmungen.

Nr. 24: Erb. 1965; im Hof Teil der 1. Stadtmauer mit kleinem Tor und gewölbter Durchfahrt, Innenseite mit Hof durch Arkadengang auf Wandpfeilern und abgetreppten Steinkonsolen verbunden. – **Nr. 25** = Universitätsplatz Nr. 6: Urk. 1434 Besitz der Nußdorfer, ab 1533 freieigen, 1630 Hans Lorenz Schwab, im 18. Jh. Besitz der Universität. Hausanlage mit 2 Hofflügeln und breitem 9achsigem Hinterhaus zum Universitätsplatz, erb. 2. H. 16. Jh./A. 17. Jh., Fensterumrahmungen zur Getreidegasse und schmiedeeiserner Ausleger um 1800; Fassade zum Universitätsplatz um 1700 (?). Im Hof in 3 Obergeschossen (3 zu 5 Achsen) korbbogige Arkadengänge mit kassettierten Marmorpfeilern. Vorderhaus mit tonnengewölbter Durchfahrt, regelmäßigem Treppenhaus und breiten kreuzgratgewölbten Fluren bis zum 4. Geschoß. – **Nr. 26:** Kern spätgot./16. Jh., schlichte Fassade, Inneres stark verändert. – **Nr. 27** = Universitätsplatz Nr. 5: Kern 16. Jh., Fassade mit Putzfaschen, schmiedeeiserner Ausleger, E. 18. Jh. Hoher tonnengewölbter Flur, kleiner im Erdgeschoß überdeckter Hof (Umbau 1980), darüber 2geschossige Arkadengänge, 2. H. 16. Jh., mit kassettierten und abgefasten Pfeilern. Zweiter Hof mit Arkadengang; im Erdgeschoß Eisenplattentür 2. V. 18. Jh. Reliefplatte mit Inschr. und wappenhaltendem Engel A. 17. Jh. Schlichte Fassade zum Universitätsplatz. – **Nr. 28/30:** Kern 15./16. Jh., Umbau um 1600; Rundbogenportal in Rechteckrahmung, breiter tonnengewölbter Flur. Stiegenhaus mit toskanischen Säulen an den Absätzen. Im 2. Obergeschoß Gewölbe mit Stuckrippen. Tiefes Hinterhaus und zwei Hofflügel. – **Nr. 29** = Universitätsplatz Nr. 4: Kern 1. H. 16. Jh., Fensterumrahmungen M. 19. Jh., Portal mit bar. Steingewände von geschweiften Volutenbändern bekrönt, bez. im Medaillon 1730 HL, gleichzeitiges Lünettengitter. Schmaler tonnengewölbter Flur, im Hof 3seitige, 4geschossige Arkadengänge. Zum Universitätsplatz Portal bez. 1750 MP., mit geohrter Umrahmung und eingezogener Korbbogenverdachung, genutetes Erdgeschoß, schlichte Fassade mit kleinen Fensteröffnungen. – **Nr. 31** = Universitätsplatz Nr. 3: Kern 16./17. Jh. Schmiedeeiserner Ausleger 17. Jh. Seitenflur z. T. tonnengewölbt. Im 2. Obergeschoß reiche Stuckdecken mit Büsten M. 18. Jh. Fassade zum Universitätsplatz 2. H. 19. Jh. – **Nr. 32:** Kern 16. Jh., schlichte 3achsige Fassade. – **Nr. 33** = Universitätsplatz Nr. 2: Kern spätgot., Fensterfaschen mit Sturzfeldern und gerader Verdachung 1. H. 19. Jh. Schmiedeeiserne Ausleger bez. ME. 1595, einer mit Teilen 2. H. 18. Jh. Portal mit breit abgeschrägtem Gewände, tonnengewölbter Flur, in den Obergeschossen Flure kreuzgewölbt. Im Hof über Erdgeschoßpfeilern mit Kragsteinen Gänge mit Holzstützen. Fassade zum Universitätsplatz 1. H. 19. Jh. Korbbogenportal. **Nr. 34/36:** Sternbräu, Kern 16./17. Jh. Schlichte Fassade 18. Jh. durch Lisenen gegliedert, Fensterfaschen mit geschweiftem und geknicktem Abschluß, querovale Bodenluken, Hohlkehle; abgefastes Korbbogenportal, schmiedeeiserner Ausleger 3. V. 18. Jh., Hauszeichen bez. 1668. Breiter, kreuzgratgewölbter Flur, an der Hofseite Erker auf Kragsteinen. – **Nr. 35/37** = Sigmundsplatz Nr. 6/7: Goldener Hirsch. Kern 16. Jh. Fassaden z. T. 19. Jh., nach Entwürfen von *Otto Prossinger*, z. T. auch innen, 1945/46 umgestaltet. Kreuzgratgewölbter Flur 16. Jh. (Nr. 35) und kleiner Hof mit Obergeschoßarkaden um 1600 (Nr. 37). – **Nr. 38:** Kern 16. Jh., im 17. Jh. ausgebaut, Fensterumrahmungen im 1. Obergeschoß um 1800 (?), Speicheröffnung mit Aufzugbalken und querovalen Bodenluken. Im Hof auf Pfeilern mit Kragsteinen, 2seitiger Arkadengang mit toskanischen Säulchen. – **Nr. 39** = Sigmundsplatz 5: Kern spätgot A. 16. Jh.

Fensterfaschen mit Ohren, breit abgeschrägtes Segmentbogenportal. – **Nr. 40:** Kern 16. Jh. Fassade mit Hohlkehlenabschluß und Dachspeicheröffnung mit Aufzugbalken; abgefastes Spitzbogenportal. – **Nr. 42:** Kern 16. Jh., mit Hohlkehlenabschluß, Grabendach. – **Nr. 41/43** = Sigmundsplatz Nr. 3/4: Kern 16. Jh. z. T. im 19. Jh. ausgebaut, Reste von Arkaden. Schmiedeeiserner Ausleger 17. Jh. – **Nr. 44:** Kern 16. Jh., Fensterumrahmungen 1. H. 19. Jh. – **Nr. 45** = Sigmundsplatz Nr. 2: Kern 17. Jh. und E. 19. Jh., Tonnengewölbe mit Stichkappen im Erdgeschoß E. 17. Jh. – **Nr. 46:** Kern 16. Jh., Fensterumrahmungen 1. H. 19. Jh. – **Nr. 47** = Sigmundsplatz Nr. 1: Tiefer Baublock mit Seitenfassade und niedrigerem Eckturm zur Bürgerspitalgasse, 17. Jh., Kern 16. Jh. (und ehem. Hinterhaus, ab 1530/35 erb. zum Sigmundsplatz). Fassaden mit bar. Fensterumrahmungen und querovalen Bodenluken, regelmäßiges Treppenhaus bez. 1699. Im Hof segmentbogenförmige Obergeschoßarkaden auf Säulchen mit Würfelkapitellen. – **Nr. 48, 50:** Wiederaufbau 1951/52 nach Bombenschaden.

Nr. 51: Gstättentor oder **Schleiferbogen.** Anlage Teil der 1. Stadtmauer von 1280, als Torbau verstärkt unter Eb. Markus Sittikus, beidseits oberhalb des Tores sein Wappen und Inschrifttafel, bez. 1618. Fassadengestaltung und Schmiedeeisengeländer an der südl., überdachten Freitreppe 1805, nur an der Ostseite im 1. u. 2. Obergeschoß je ein Fenster von 1618 mit Konglomeratüberdachung erhalten. Über etwa quadrat. Grundriß 4 Geschosse, davon Erdgeschoß Tordurchfahrt mit Tonnengewölbe, Rundbogentorgewände, südl. Konglomeratquaderung mit Rechteckrahmung in Putz und Gesims, nördl. gequaderte Konglomeratrahmung, Schlußstein bez. Renov. 1892, darüber runder Sprenggiebel, Wappen, Inschrifttafel mit Rollwerkrahmen; oberhalb des Torbogens kleine Tafel bez. 1805. Im ehem. Attikabereich um 1915 Ausbau des Dachgeschosses mit liegenden Rechteckfenstern, neue Attika über ausladendem Hauptgesims.

GOLDGASSE. Schmale Gasse vom Alten Markt, die Brodgasse kreuzend, in einem Bogen zum Residenzplatz führend, zwischen hohen 5- bis 6geschossigen, 2- bis 8achsigen Häuserfronten verlaufend. Von der Brodgasse bis zum Residenzplatz geschlossener Altbestand an Bürgerhäusern: Nr. 3, 5, 7, 9, 11, 13, 15 und Nr. 6, 8, 10, 12, 14, 16; im Kern mittelalterlich und 16. Jh., auf kleinen meist hoflos verbauten Parzellen errichtet, die Fassaden großteils glatt oder mit Rieselputz, durch Hohlkehlen oder schmale Gesimse abgeschlossen. Mehrere Häuser mit Dachspeicheröffnung (Nr. 8, 12, 13, 14, 15, 17).
Nr. 3 = Brodgasse Nr. 3. – **Nr. 5:** 2achsige Erdgeschoßhalle, Gewölbe auf abgefasten Pfeilern. – **Nr. 6:** 3achsige Fassade zum Platz in der Brodgasse mit Fensterumrahmungen 1. H. 19. Jh.; skulptierte Kartusche mit Engelkopf 17. Jh., darüber Figur, Gnadenbild von Altötting. – **Nr. 7:** Unregelmäßige Fensterausteilung. – **Nr. 8:** Breit abgeschrägtes Rundbogenportal, hohes Dachspeichergeschoß, 3achsige Fassade zur Brodgasse. – **Nr. 9:** 2achsig, gerade Fensterverdachungen. – **Nr. 10:** 7achsige gekrümmte Front, Ausleger aus Teilen um 1700 und E. 18. Jh. – **Nr. 15:** Fenstergewände 16. Jh. – **Nr. 16:** Eingelassenes Bild Hl. Dreifaltigkeit mit Hll. Florian und Sebastian, 18. Jh. – **Nr. 18** = Residenzplatz Nr. 4. – **Nr. 19** = Residenzplatz Nr. 5.

GRIESGASSE. Breite, nach einem leichten Knick gerade verlaufende Straße zwischen Staatsbrücke und Gstättengasse, außerhalb der mittelalterlichen Stadtmauer in der 1. H. des 17. Jhs. planmäßig angelegt. Neben bedeutendem Althausbestand „Anpassungsarchitektur" an der Stelle eines 1970/71 demolierten historistischen Schulgebäudes (Nr. 2).
Nr. 1 bis **Nr. 7** durch Ausbau ehem. Hinterhäuser der Getreidegasse entstanden, in der Bausubstanz großteils 16./17. Jh., hohe der Salzach zugekehrte, 4- bis 7achsige Häuserfronten, auf der Stadtmauer aufsitzend; Fensterumrahmungen z. T. M. 19. Jh. (Nr. 1, Nr. 5). – **Nr. 3:** Kern mittelalterlich, im 1. Obergeschoß Balkendecke und Täfelungsreste, 2. H. 15. Jh.
Nr. 4: Im 18. Jh. fürstliche Pfenningstube. 8achsiger, 5geschossiger Bau, im Kern M. 17. Jh., Fassade mit freigelegten Fenstergewänden im 1. und 2. Obergeschoß und Segmentbogenportal mit Lünettengitter. Im Hof Torbogen auf kannelierten gedrehten Säulen und Obergeschoßarkaden des 17. Jhs. auf toskanischen Säulen. Rotmarmorportal mit geradem Sturz, bez. 1648. – **Nr. 6:** Erb. 1. H. 17. Jh., Fassade 4achsig, 4geschossig und mit Hohlkehlenabschluß; Korbbogenportal in genuteter Rechteckumrahmung. Im Hof Reste vermauerter Arkaden auf toskanischen Säulen, 1. H. 17. Jh. – **Nr. 8:** Erb. 1. H. 17. Jh., Fassade 4achsig, 4geschossig mit querovalen Dachbodenluken und mit Hohlkehlenabschluß, von Lisenen eingefaßt, Fensterumrahmungen mit Plattenstildekor E. 18. Jh. (über den Fenstern des 2. Obergeschosses kleine Büsten mit Schriftbändern). Korbbogenportal mit Rundstabprofil, geohrter Umrahmung, konvex eingezogenen Ecken und geradem Abschlußgesims um 1760. 2geschossiges Hofgebäude mit Mansarddach, E. 18. Jh., im Kern 17. Jh.; über dem Portal bez. *Steinmetzwerkstätte Joh. Doppler.* – **Nr. 9** = Hagenauerplatz Nr. 2. – **Nr. 10:** 17. Jh.; Fassade 4geschossig mit kleinen Dachbodenluken, 5achsig; zum Anton-Neumayr-Platz 3achsig und mit gekuppelten Fenstern in der Mittelachse; Fensterumrahmungen 1. H. 19. Jh. – **Nr. 11:** Im Kern 16./17. Jh., um einen Turm der Stadtmauer erbaut, 2geschossiger Erker auf Konsolen; darunter Ovalbild Maria Immaculata, 18. Jh. – **Nr. 13** = Getreidegasse Nr. 12. – **Nr. 15** = Getreidegasse Nr. 14, mit eingeschossigen Ladenvorbauten zur Griesgasse.
Nr. 17: Hinterhaus des 16. Jhs., im 17. Jh. Umbau und Anbau vor der Stadtmauer, 10achsige, 5geschossige Fassade; Fensterumrahmungen 3. V. 19. Jh., breites Korbbogenportal 17. Jh., an der Hofseite Arkadengang mit Balustersäulchen 2. H. 16. Jh. oder 17. Jh. – **Nr. 19:** Erb. 1608 als Fleischbank; langgestreckter 3geschossiger Bau mit schlichter Fassade. Eingemauertes Rotmarmorrelief mit Wappen Eb. Wolf Dietrichs und Wappen der Stadt, Inschr. bez. 1608 (Erdgeschoß weitgehend umgebaut). – **Nr. 21.** Im Kern 17. Jh., 3geschossig und ausgebautes Dachspeichergeschoß, Hohlkehle; Rundbogenportal, in der Lünette Bild Mariahilf, darüber Marmortafel bez. 1804. Kreuzgratgewölbte Erdgeschoßhalle auf Pfeilern. – **Nr. 23:** Schmiedeeiserner Ausleger, um 1800. – **Nr. 27, 29, 31:** Um die M. des 17. Jhs. erbaut, 4geschossig, mit Dachspeichergeschoß (bei Nr. 27 und 31 ausgebaut) und Hohlkehle; Nr. 29 mit Dachspeicheröffnung und Grabendach, Portal E. 18. Jh. (?); Nr. 27, 31 (z. T. Wiederaufbau nach 1945), mit Erdgeschoßhallen auf Pfeilern.

GSTÄTTENGASSE: Ehem. Ausfallstraße nach N bzw. einzige Verbindungsstraße zur Vorstadt Mülln, vom Gstättentor ausgehend, am Fuß des Mönchsberges verlaufend. Bis E. des 16. Jhs. bergseitig bis zum Klausentor

weitgehend verbaut (urk. Behausungen vor dem Gstättentor seit A. 15. Jh.), durch Bergsturz 1669 mehrere Häuser zerstört und neu errichtet. Schmale Gasse zwischen Gstättentor und Ursulinenplatz, zur Einmündung der Griesgasse platzartig geöffnet (Anton-Neumayr-Platz). Ostseitig kleine Gruppe von 3geschossigen Altbauten (Nr. 2 bis Nr. 6), nach dem Anton-Neumayr-Platz Neubau von 1958 und anschließend langgestreckter Flügel des bar. ehem. Ursulinenklosters, westseitig geschlossene Häuserreihe mit hohen 5- bis 6geschossigen, meist 3- oder 4achsigen Fronten. Die Häuser hier auf kleinen Parzellen, an die senkrecht abfallende Felswand gebaut, großteils im Kern 16./17. Jh. (Nr. 1 bis Nr. 11, Nr. 15 und Nr. 25 bis Nr. 37), meist mit schlichten Putzfassaden und durch Hohlkehle abgeschlossen.
Nr. 1: 5achsig, mit Speicheröffnung und Aufzugbalken. – **Nr. 2:** Im Kern mittelalterlich (?), 3geschossige Fassade 3. V. 19. Jh., über dem Portal Ovalbild Hl. 3 Könige, 2. H. 18. Jh.; Türring mit Beschlägen und Gitter im Inneren um 1600. – **Nr. 3:** Über Rundbogenportal Bild Mariahilf 3. V. 18. Jh. – **Nr. 4/6:** Im Kern mittelalterlich (?), 3geschossige Fassade mit querovalen Dachbodenluken und Hohlkehlenabschluß; im Erdgeschoß von Nr. 4, in tiefer Korbbogennische, Bäckerladen mit Rotmarmorladenplatte und Eisenplattentüren. – **Nr. 5:** An der Fassade 2 Ovalbilder in reich geschnitzten Rahmen, Hll. Franziskus und Antonius, um 1720. – **Nr. 7:** Fassadendekor in den Obergeschossen um 1850/60. – **Nr. 9:** Mit querovalen Dachbodenluken, an der Fassade Ovalbild Maria Immaculata. – **Nr. 11:** Fensterumrahmungen 1. H. 19. Jh. – **Nr. 25** bis **Nr. 37:** Gruppe von 5geschossigen Wohn-, Werkstätten- und ehem. Lagergebäuden, erb. um 1670 bis um 1682, im wesentlichen wenig verändert und daher von sehr einheitlichem Charakter, **Nr. 25, 27, 29, 31** jeweils 5achsig und mit Korbbogenportal in der Mittelachse (mit Kämpfern und Keilstein) und rundbogigen Erdgeschoßfenstern mit Eisenladen (nur bei Nr. 25 verändert), im obersten Geschoß rundbogige Speicheröffnung. **Nr. 33,** 4achsig, **Nr. 35, 37,** 3achsig, jeweils mit seitl. Fluren und ebenfalls mit Rundbogenfenstern in den Erdgeschossen (Nr. 37 verändert), Nr. 35 mit Rustikaportal.

HAGENAUER-PLATZ: Öffnung der Getreidegasse zur Salzach in der Form eines kleinen Rechteckplatzes, von den hohen Seitenfronten der Bürgerhäuser der Getreidegasse (Nr. 8, 10) und der Griesgasse (Nr. 7) flankiert. An der Nordseite **Löchlbogen,** ehem. oberes Tränktor der Mauer von 1280; durch Haus **Nr. 2** überbaut. Tor mit Tonnengewölbe, salzachseitig Konglomeratrahmung mit horizontalem Abschlußgesims, darüber skulptiertes Wappen Eb. Wolf Dietrich, 1608. Das Haus im Kern 16./17. Jh., 7geschossig (mit ehem. Dachspeichergeschoß), Fassaden mit Fensterumrahmungen 1. H. 19. Jh.

HERRENGASSE. Schmale, leicht gewundene Gasse am Fuß des Festungsberges, Kapitelplatz und Kaigasse verbindend. Ausschließlich bergseitig verbaut, die Häuser im ersten Abschnitt z. T. freistehend z. T. mit Satteldach und giebelständig (Nr. 8 bis 14) ab Nr. 22 in geschlossener Zeile. – **Nr. 8** bis **Nr. 28** und **Nr. 32:** 4- bis 5geschossige, 3- bis 6achsige Bürgerhäuser, in der Anlage mittelalterlich, die Bausubstanz im wesentlichen 16. und 17. Jh., durchwegs mit schlichten Putzfassaden, die Erdgeschosse meist gewölbt. Nr. 26/28 mit spätgot. Rundbogenportal, darüber eingemauert Rotmarmorplatte mit Inschr. Linhart Marl 1509 und Hauszeichen.

JUDENGASSE. Schmale Gasse zwischen hohen 5- bis 6geschossigen Häuserfronten, in der Verlängerung der Achse Getreidegasse – Kranzlmarkt vom Alten Markt in einer Krümmung zum Waagplatz führend. Mit Ausnahme von Nr. 1, 2, 4, 6 im Baukern mittelalterliche Bürgerhäuser, die Häuser der Südseite auf tiefen Parzellen, mit kleinen Lichthöfen und an die Goldgassenhäuser anschließenden Hinterhäusern; die der Nordseite, urspr. an der Stadtmauer gelegen, spätestens ab dem 16. Jh. über diese hinausgebaut, jetzt mit hohen Fronten zum Rudolfskai. Die Fassaden 3- bis 6achsig, von Hohlkehlen abgeschlossen, an der Südseite meist glatt oder mit Rieselputz, an der Nordseite z. T. Fensterumrahmungen des späten 18. Jhs. und des 19. Jhs. (Erdgeschosse meist in jüngster Zeit umgebaut, z. T. auch Obergeschosse entkernt; Nr. 1, 4, 6 zwischen 1962 und 1966 neu erb., Nr. 2 weitgehend umgebaut, „rekonstruierte" Fassaden).

Nr. 3: Fassade mit klassizierenden Fensterumrahmungen, A. 20. Jh. (rest.?), 3achsige secessionistische Geschäftsfront nach Entwurf von *Franz Pfanzelter* 1907. Schmiedeeisenausleger E. 17. Jh. Frühhistoristisches Stiegenhaus. – **Nr. 4:** Eingemauertes Hochrelief, Gnadenbild von Maria Plain, bez. 1677, und Engelkopf 1. H. 17. Jh., vom Vorgängerbau übernommen. – **Nr. 5** und **Nr. 7:** Rieselputzfassaden, reiche Fensterumrahmungen E. 18. Jh., mit Plattenstildekor; Inneres weitgehend ausgehöhlt, spätgot. Baudetails erhalten, Nr. 5 mit querovalen Dachspeicheröffnungen. – **Nr. 8:** Mit 8achsiger geknickter Front, Bausubstanz überwiegend mittelalterlich und 1. H. 16. Jh.; Fassade mit geohrten Fensterfaschen, breit abgeschrägtes Rundbogenportal; Eisenplattentüren mit Beschlägen E. 18. Jh., Geschäftsportal und Rundbogenfenster im Erdgeschoß mit Eisenplattenladen. Innen breite tonnengewölbte Erdgeschoßhallen, kurzer Hofflügel mit Arkadengang in den Obergeschossen. – **Nr. 9:** Eingemauerte Rotmarmorplatte mit Haus- und Zunftzeichen, bez. 1506; Inneres in jüngster Zeit weitgehend umgebaut, im sogen. got. Saal mit Rippengewölbe, abgenommene Freskenfragmente, 1. V. 16. Jh., aufbewahrt.

Nr. 10: Bausubstanz überwiegend mittelalterlich und 16. Jh., glatte Fassade mit Fensterfaschen, breit abgefastes Rundbogenportal, Türe mit Beschlägen M. 18. Jh., und 17. Jh. Lünettengitter mit Darstellung zweier Bogenschützen A. 17. Jh. Tonnengewölbter Flur und gewölbte Hallen im 1. und 2. Obergeschoß. Stiegenhaus mit Balustersäulen und abgefasten Pfeilern 16. Jh.; Hinterhaus mit spätgot. Fenstergewänden. – **Nr. 11:** Bausubstanz großteils 1. H. 16. Jh., im 2. und 3. Obergeschoß Fensterverdachungen 3. V. 19. Jh. – **Nr. 12:** Fassade mit Fensterfaschen und querovalen Bodenluken, Nische mit Statuette hl. Bischof, 18. Jh., tonnengewölbter Keller mit Quadermauerwerk. – **Nr. 13:** Fassade 2. H. 18. Jh., Portal mit Rustikabänderung, Pilastern und verkröpftem Gebälk, flankiert von Fenstern mit Steingewände und Oberlichtgitter, 1. H. 17. Jh., Oberlichtgitter des Hauptportales A. 17. Jh., am Keilstein Rundbild Gnadenbild von Maria Plain, Ausleger mit Teilen E. 17. Jh. Im Stiegenhaus Marmorgeländer mit Balustern und Postament mit Maske. – **Nr. 14:** 5geschossig und querovale Bodenluken; Bausubstanz überwiegend mittelalterlich und 1. H. 16. Jh., Korbbogenportal mit klassizistischer Eisenplattentür. Tonnengewölbte Flure bis zum 2. Obergeschoß, Stiegenhaus mit abgefasten Pfeilern und toskanischen Säulen, spätgot. und Renaissance-Türgewände.

Nr. 15: Höllbräu, an der Mündung der Judengasse in den Waagplatz. Mächtiger Baukomplex, mit dem Nachbarhaus Döllerergäßchen Nr. 8 und den Hinterhäusern Rudolfskai Nr. 26/28 vereinigt. Im Kern mittelalterlich, 16. Jh. und 17. Jh.

Zur Judengasse 5achsig, 5geschossig und mit Dachspeichergeschoß. Fassade im Erdgeschoß (auch zum Rudolfskai) nach Plan von *Franz Zell* 1910, ausgeführt 1927; neben dem Portal klassizistisches Stuckmedaillon von 1815; Fassade der Obergeschosse 3. V. 19. Jh. An der Ecke auf Konsole Statue Erzengel Michael, 1. H. 17. Jh. Im 1. Obergeschoß bemalte Balkendecke E. 16. Jh., zum Döllerergäßchen schlichte Rieselputzfassade. Bis zum 16. Jh. zwischen den beiden Häusern Durchgang zur Salzach (an der Stelle der frühmittelalterlichen „porta"?). Im ehem. Bräukeller Stadtmauer von 1280 freigelegt.

KAIGASSE. Hauptstraßenzug der Altstadt östl. des Domes. Aus mehreren in der Anlage mittelalterlichen Gassen zusammengesetzt. Vom Mozartplatz zuerst in einer Krümmung, dann gerade nach S verlaufend und nach einem fast rechtwinkeligen Knick nach O bis zum Kajetanerplatz weitergeführt. Der Knick, den 1950/55 ergrabenen Grundmauern eines römischen Tempels folgend, dessen Länge der Tiefe des Häuserblocks zwischen Kaigasse und Krotachgasse entspricht; der Gassenverlauf dadurch mitbestimmt, das Kaiviertel allerdings erst ab dem 12. Jh. allmählich verbaut.

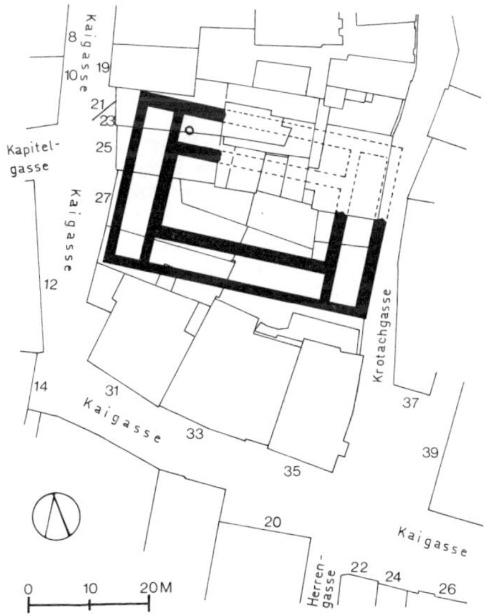

Kaigasse, Lageplan des Tempels der Gottheiten Asklepios, Hygieia, Kybele und Sarapis

Der erste Abschnitt der Gasse zwischen Residenzneugebäude und ehem. Domdechantei an der Westseite, durch die Planungen Eb. Wolf Dietrichs wesentlich geprägt, daneben ehem. Kanonikalhöfe und Bürgerhäuser, teilweise durch Bomben zerstört und um 1950/55 wiederaufgebaut (li. Nr. 19 bis Nr. 29

und im Äußeren Abschnitt re. Nr. 28 bis Nr. 40). – Bis zur Chiemseegasse an der Ostseite (Nr. 1 bis Nr. 13) Häuserzeile auf fächerartig aneinandergereihten Parzellen, in der Bausubstanz großteils 16. Jh., 4- bis 5geschossig, meist mit schlichten Fassaden; deren Krümmung folgen, gestaffelt vorspringend, die Seitenfront des Neugebäudes und Anbauten (Nr. 4, Nr. 6).

Nr. 1: Mit 8achsiger Front und Grabendach, breit abgefastes Segmentbogenportal, 16. Jh., Lünettengitter E. 18. Jh. Gewölbter Flur mit Stichkappen und dekorativen Putzgraten 1. H. 16. Jh., am Stiegenaufgang Postament bez. 1699. – **Nr. 3:** 1. H. 16. Jh., in der vorgezogenen Seitenachse breites Spitzbogenportal. – **Nr. 4:** 4geschossiger Bau mit einer Achse vorspringend und mit 2achsiger Front, aus Umbau der 1619 fertiggestellten Corpus-Christi- oder Salvator-Kirche hervorgegangen (1805 profaniert). Walmdach 1890/95, Obergeschosse durch Riesenpilaster eingefaßt. – **Nr. 5:** Mit geknickter Front, 2geschossigem Breiterker und breit abgeschrägtem Segmentbogenportal. – **Nr. 6:** 4geschossig, mit 2 Achsen vorspringend, 3achsige Front; Fassaden A. 19. Jh., die beiden unteren Geschosse genutet, Obergeschosse durch gekuppelte Pilaster gegliedert, Fensterumrahmungen mit Plattendekor. Portal bez. 1807, W. L. Zum Hof des Hauses tiefe Nische im Südflügel des Neugebäudes, wahrsch. Exedra eines geplanten Palast-Gartens. – **Nr. 7:** 16. Jh., 4geschossig und hohes Speichergeschoß, 3- bis 5achsig, profilierte Fenstergewände und Dachspeicheröffnung. – **Nr. 8:** Ehem. Kanonikalhof, lt. Bauinschr. unter Maximilian Gandolf Kuenburg 1671 erb., ca. 2 Drittel durch Bomben zerstört, die gegenüber Nr. 6 vorspringende, 3achsige Seitenfront erhalten: 3geschossig, durch Sohlbank- und Kordongesimsbänder gegliedert, mit in die Dachkehle einschneidenden Oculi, Rundbogenportal in rustizierter Rechteckumrahmung mit Pilastern. – **Nr. 9:** Im Kern 16. Jh., 5- bis 6achsig. – **Nr. 11:** 1962/63 wiedererrichtet.

Nr. 12: Ehem. Domdechantei, an der Ecke Kapitelgasse. Stattlicher Bau vom A. des 17. Jhs. Erb. zwischen 1605 und 1613. 3geschossig und Attikageschoß mit querovalen Oculi, durch Kordon- und Sohlbankgesimsbänder gegliedert, profiliertes Kranzgesims. Hauptfassade mit durch gekuppelte Fenster betonter Mittelachse und je 3 Seitenachsen, rustiziertes Rundbogenportal; gegen die Kapitelgasse 9achsig mit 2geschossigem Breiterker auf profilierten Konsolen mit Wappen Wilhelm v. Fürstenberg, 4. V. 17. Jh. An der Hauskante Wappen Eb. Wolf Dietrichs und Kartusche bez. 1605. Breiter tonnengewölbter Flur, zum Hof in 3achsiger Säulenstellung mit Palladiomotiv geöffnet. Im Hof an 2 Seiten 3achsige Pfeilerarkaden, westl. offen zu anschließendem Nebenhof und Sala terrena (z. T. vermauert) mit Gartengrotte. In der Grotte reich stuckiertes Tonnengewölbe, durch Stuckbänder gegliedert, 4 Rundmedaillons mit Bildern, Büsten römischer Kaiser darstellend, im Scheitel Rechteckfeld mit Wappen; unter den seitl. Medaillons Frauenköpfe, darüber Blattmasken, in den seitl. Feldern Blechrosetten.

In der Mitte des Hofes Trakl-Brunnen, von *Toni Schneider-Manzell* 1957. – **Nr. 13:** Ehem. Kanonikalhof, an der Ecke zur Sebastian-Stief-Gasse, stattlicher Bau mit 6 : 6 Achsen, im Kern 16./17. Jh. Fassade 1. H. 19. Jh.; 2achsige Hofflügelarkaden, 16. Jh. – **Nr. 14/16:** Ehem. Kanonikalhof und ehem. Rentmeisterstöckl, 1971 für Bezirkshauptmannschaft adaptiert. Im Knick der Kaigasse gelegen (4 + 1 Achsen), Kern 15./16. Jh., Nr. 14, mit 3seitigen Hofarkaden in den Obergeschossen; Nr. 16, im schmalen Durchgang von der Kaigasse Arkadengänge über kräftigen Kragsteinen und spätgot. Rechteckportal. – **Nr. 15:** Kern 16. Jh., 6geschossiges Haus auf kleiner Parzelle mit 2 : 3 Achsen, Rechteckportal mit Rechteckoberlicht.

Nr. 17: 16./17. Jh. 4geschossig, 4achsig, Fassade 1. H. 19. Jh.; Korbbogenportal mit Oberlichtgitter um 1700.

Nr. 18: Ehem. Kanonikalhof, mit langgestreckter 11achsiger Front, im 19. Jh. umgebaut. Lünettengitter 17. Jh.

Nr. 20: Ehem. Nicolaikirche, 1788 von *Johann Georg Laschensky* erworben und zu Wohnhaus umgebaut, schlichte Fassade, Marmorportal mit geradem Gesims auf Volutenkonsolen, um 1600. – **Nr. 21:** Im Treppenhaus römische Ehreninschr. der Bevölkerung von Iuvavum für den Bürgermeister und Ratsherrn Marcus Haterius Summus aus Anlaß der Abwendung einer Versorgungskrise. – **Nr. 22** und **Nr. 24:** 2 schmale, 2achsige, 5geschossige Häuser, Kern 16. Jh. (?), Nr. 24 mit Fensterumrahmungen um 1800. – **Nr. 26:** Kern 16./17. Jh., schlichte Fassade. – **Nr. 31:** Nach Bombenschaden wiedererrichtet, im Erdgeschoß Portal mit geschnepptem Bogen. – **Nr. 33:** Im Kern mittelalterlich, Fassade 7achsig, 5geschossig, mit Hohlkehlenabschluß 18. Jh., Fensterumrahmungen mit Ohren; Schmiedeeisenausleger E. 18. Jh. (?). – **Nr. 35:** 4achsig, 4geschossig mit ovalen Dachbodenluken. Kern mittelalterlich, Fensterumrahmungen 1. H. 19. Jh.; an der Seitenfassade spätgot. Erker auf Kragsteinen. – **Nr. 37:** Berchtesgadener Hof. Teile des Hofes der Propstei Berchtesgaden (um 1220 erstmals errichtet), 1930/31 durch *Martin Knoll* umgebaut. Im Kern der bestehenden Gebäude z. T. erhalten. Anschließend **Nr. 39, Nr. 41** und **Nr. 43:** Wohnhausanlage von *Martin Knoll,* 1930/32. Beispiel für den Versuch einer einfühlsamen Integration der Moderne in ein altstädtisches Ambiente.

KAJETANER-PLATZ. Dreieckplatz zwischen Kajetanerkirche und Justizgebäude (siehe Rudolfsplatz Nr. 2), an der Südseite, in der Zeile der Häuser Kaigasse – Schanzlgasse, 2 im Kern mittelalterliche 5geschossige Bürgerhäuser. **Nr. 3:** Fassade 17. Jh., 8achsig, mit querovalen Bodenluken, profilierte Fensterumrahmungen, z. T. mit Ohren, Hohlkehle mit Inschr. bez. 1679, Grabendach. – **Nr. 4:** Historisierende Fassade von 1968, schmales Rundbogenportal mit Lünettengitter bez. 1780.

KAPITELGASSE. Kurze gerade Straße zwischen Kapitelplatz und Kaigasse, durch Verbreiterung im Rahmen der Planungen Wolf Dietrichs entstanden und durch die A. 17. Jh. errichteten palastartigen Bauten des Kapitels geprägt.

Nr. 1: Dompropstei = Kapitelplatz Nr. 1. – **Nr. 2** = Kapitelplatz Nr. 2.

Nr. 4: Ehem. Kapitelhaus, erb. 1602 bis 1606 (oder 1613?) als zentrales Verwaltungsgebäude und Sitz des Domkapitels. 3geschossiger, 11achsiger Bau durch Sohlbank- und Kordongesimsbänder horizontal gegliedert; Portal in der Mittelachse von geschichteten toskanischen Pilastern flankiert, Rundbogen auf profilierten Kämpfern und verkröpftes Gebälk. Über dem Portal Doppelfenster mit gesprengtem Segmentbogengiebel, bez. 1603, Wappen Eb. Wolf Dietrich, auf dem Gebälk Inschr. „Wolfgangus Theodericus Archieps Fecit". Zu beiden Seiten des Fensters je eine Wappentafel mit 12 skulptierten Wappenschilden der Domherren vom A. des 17. Jhs. Im 1. Obergeschoß große Vorhalle mit an die Flachdecke gemaltem Wappen des Kapitels; an der Schmalseite Rotmarmorportal, über dem Sturz Aufsatz mit Inschr. Eb. Markus Sittikus. Anschließend kleiner quadrat. Raum mit Kreuzgratgewölbe und buntem Gewölbestuck von 1612/13, in der Mitte Wappen des Eb. Markus Sittikus in Rundmedaillon umgeben von einem Kranz der Domherrenwappen, die Grate und anschließende Felder sowie die Gurte ornamental bzw. mit Cherubsköpfchen und Genien stuckiert. – Im Hof 2geschossiges Stöcklgebäude mit übergiebelten Seitenachsen, 19. Jh.

Nr. 5 bis Nr. 7: Firmian-Salm-Kanonikalhof, an der Stelle des Domspitals (um 1603/10 von Eb. Wolf Dietrich in das Nonntal verlegt) durch Umbauten und Zubau entstanden. 1693/94 Teilung in 2 Kanonikalhöfe. 3seitiger, 4geschossiger Baukomplex mit zur Straße senkrecht stehendem langgestrecktem Vorhof und rechteckigem Innenhof. Straßentrakt (durch Umbau 1694 entstanden?) 8achsig, um 1860 im Stil des frühen 17. Jhs. fassadiert. Der nördl. anschließende Trakt (Salm-Haus) im Kern 16. Jh. oder mittelalterlich (?), Gliederung durch Sohlbank- und Kordongesimsbänder in der Art des frühen 17. Jhs. An vorspringender Ecke skulptiertes Wappen und Inschr. Marquandus de Freiberg. – **Nr. 6:** Ehem. Domdechantei = Kaigasse Nr. 12.

KAPITELPLATZ. Weitläufiger unregelmäßiger Platz am Fuß des Festungsberges vor der südl. Längsseite des Domes, begrenzt im O von den durch die Kapitelgasse getrennten Baukörpern der Dompropstei und des Erzbischöflichen Palais, im W von dem 2geschossigen Noviziatstrakt des Stiftes St. Peter. An der Südseite als künstlerischer Akzent die spätbar. Kapitelschwemme, dahinter Gebäudegruppe mit ehem. Granarium (bez. 1695 restauriert) und Mühle (bez. 1521, Umbau 1959) des Domkapitels, daneben Dompfarramt und Pfisterei des Stiftes St. Peter.

Nr. 1: Dompropstei. Erb. um 1600. Stattlicher 4geschossiger Bau mit 7achsiger Front und durch Doppelfenster betonter Mittelachse (Rustikaportal 1977 in Teilen freigelegt und rekonstruiert). 7achsige Fassade zur Kapitelgasse mit klassizistischem Portal; Einfahrtshalle um 1790, 3schiffig, mit toskanischen Säulen (wahrsch. aus dem „Neubau" Eb. Wolf Dietrichs stammend). An der Ecke Wappen Eb. Wolf Dietrich. – **Nr. 2: Erzbischöfliches Palais.** Aus 2 Kanonikalhöfen hervorgegangen, um 1690 erbaut; im 19. Jh. als neue Residenz der Erzbischöfe adaptiert. Monumentaler Baublock, 3geschossig und mit Attikageschoß, Hauptfront sowie die Seitenfront zur Kapitelgasse mit frühhistoristischen Fensterumrahmungen, 1863; über Portal Wappen Eb. Maximilian Josef von Tarnóczy (1850–1875). Portal zur Kapitelgasse in gebänderter Rahmung mit toskanischen Pilastern und verkröpftem Segmentbogengiebel, Wappen und Bauinschr. des Eb. Johann Ernst Thun 1693. – **Nr. 7: Dompfarramt.** Mit 2achsiger Schmalseite in den Platz vorgezogener 3geschossiger Bau, 16. Jh., im Kern mittelalterlich (?). Rekonstruierte glatte Fassade. Über dem Portal Inschrifttafel: Capitulum ecclesiae Metropolitanae Salzaeburg fecit anno 1521.

Kapitelschwemme. In die Mitte zwischen das heutige Erzbischöfliche Palais und Dompfarramtsgebäude gesetzt. Anstelle einer Anlage des 17. Jhs. 1732 errichtet. Großes Becken, kreuzförmig, mit ausgebogenen Ecken, von Balustrade eingefaßt. Abschließende, dem Brunnenhaus vorgeblendete Nischenarchitektur: hohe Rundbogennische in Ädikula mit Doppelpilastern, geradem Gebälk und geknicktem, von Ziervasen bekröntem Volutengiebelaufsatz. In der Nische monumentale Skulptur von 1732, Neptun mit Dreizack und Krone auf einem wasserspeienden Meeresroß, bez. *J(osef) A(nton) Pfaffinger* (ein Modell im SMCA von *Georg Raphael Donner*); seitl. 2 wasserspeiende Tritonen von

1691 (?). Auf dem Gebälk Inschr. mit Chronogramm, im Giebelfeld skulptiertes Prunkwappen Eb. Leopold Anton Firmian.

KRANZLMARKT. Kurze Straße zwischen Rathausplatz und Altem Markt. Neben dem Rathaus 5- bis 6geschossige ehem. Bürgerhäuser, Fassaden 3- bis 5achsig, Fensterumrahmungen z. T. E. 18. Jh., die Erdgeschosse in jüngster Zeit weitgehend verändert.
Nr. 1: Rathaus, 4geschossiger Baukomplex mit Turm und Rokokofassaden. Urk. 1407 von der Stadt erworben, 1616 bis 1618 vollständig umgebaut, 1772 neu fassadiert. Über trapezförmigem Grundriß, mit breiten Fassaden zum Rudolfskai und zum Rathausplatz sowie 5achsiger Hauptfassade mit seitl. Turm zum Kranzlmarkt. Über Erdgeschoßsockel (mit Geschäftseinbauten) Rechteckfenster, hohe Rundbogenfenster und Oculi; geschweifte Fensterumrahmungen und Verdachungen mit Rokokostuck. Turm in der Seitenachse der Hauptfassade, durch Riesenpilaster abgesetzt, über dem Kranzgesims mit Eckpilastern. Als Aufsatz 6eckiges Glockentürmchen mit mehrteiliger Haube. Glocken von *Hans Ralb,* 14. Jh. und *Christof Sesselschreiber,* 1519. Mondphasenuhr, von 1618.
Korbbogenportal flankiert von Pilastern, mit verkröpftem Gesims und Volutenaufsatz, um 1772, in der Aufsatznische Figur Justitia, 1616, urk. von *Hans Waldburger;* Tür mit Beschlägen und Lünettengitter um 1772. Innen, einarmige Treppe mit Marmorbalustrade; im Obergeschoß 2schiffige, 5jochige Halle mit flachen Kreuzgratgewölben auf toskanischen Säulen und Pilastern, von 1616/18. Im 2. Obergeschoß, Gemälde, Ansicht der Stadt Salzburg 1916, von *Franz Kulstrunk.*
Nr. 2: Fassade zum Kranzlmarkt 3achsig, zur Sigmund-Haffner-Gasse 7achsig, mit Plattendekor, querovalen Dachluken und Hohlkehle, Erdgeschoß und Inneres 1965 vollständig umgebaut. – **Nr. 3:** An einem ehem. Durchgang zur Salzach, im Mauerwerk got. Wohnturm, 14. Jh. Stirnseite 3achsig, Rieselputzfassade und Fensterfaschen mit Ohren; 1939 got. Fenster mit Ziegelgewände und Zinnen freigelegt (ein Fenster an der Stirnseite, weitere an der Seitenfront). – **Nr. 4:** Erdgeschoß und 1. Obergeschoß in jüngster Zeit umgebaut, darüber Fensterumrahmungen um 1800. – **Nr. 5:** 3achsig, Fensterumrahmungen mit einfachem Plattendekor. – **Nr. 6:** 3achsig, mit Seitenfront zum Alten Markt, Portal M. 16. Jh., Bausubstanz mittelalterlich und 16. Jh., gut erhalten.

KROTACHGASSE. Schmale Verbindung zwischen Kaigasse und Chiemseegasse. Südl. niedriger Hofflügel des 1931/32 umgebauten ehem. **Berchtesgadener Hofes** und ein Trakt des Chiemseehofes. Gegenüber neben 2geschossigem Bau von 1950 Haus **Nr. 5:** 4geschossiges Haus, im Kern 15./16. Jh. mit abgefasten Rundbogenfenstern im Erdgeschoß und breitem gewölbtem Flur. – **Nr. 7:** Freistehendes Haus im Kern 15. Jh., 4geschossig mit schmaler ein- bis 2achsiger Front und seitl. angebautem Stiegenhaus, Hohlkehle bez. 1628. Im 1. Obergeschoß spätgot. Fenstergewände und im Inneren spätgot. Wandmalereien (Rankenmalerei von 1479 und Wappen Eb. Leonhard von Keutschach, A. 16. Jh.) freigelegt.

MÖNCHSBERG. Befestigung, schon im 3. V. des 13. Jhs. am östl. Teil des Berges durch die Bürgerwehr, an schmalster Stelle des Berges erb., in

Verteidigungsring der Stadt miteinbezogen. Unter Eb. Paris Lodron, seit etwa 1628 Befestigung des gesamten Berges vom Nonnberg bis Mülln, seit 1621 Skarpierung der Berghänge, dazu Wappentafeln am Fels mit Inschr. oberhalb Augustinergasse (Nr. 2), Reichenhallerstraße und Toscaninihof; stadtabgewandte Seite des Berges teils mit gemauerten Brustwehren versehen. Anbindung der Wehranlagen im O an die Festung:
Schartentor (Mönchsberg Nr. 12), Torbau aus Konglomeratquadern mit 2 Obergeschossen verputzt, Wappentafel Paris Lodron mit Inschr., bez. 1635; Mauerverbindung zu Festung und stadtwärts Bastei, **„Katze"** genannt, oberhalb Felsabbruch zum Friedhof St. Peter, urk. 1479, an abgerundeter Außenseite Wappentafel Paris Lodron bez. 1635; Paris Lodron schließt bisherigen Stadtzugang von S („Scharte") durch Abmauerung, an der S-Seite Inschrifttafel mit Wappen bez. 1635, durch Tordurchbruch Weg erst wieder 1863 geöffnet. – **Richterhöhe,** vorspringende Bergkuppe im SW, seit 1906 Name nach Prof. Eduard Richter, Geograph und Alpinist 1847–1905; auf kleinem Plateau 2 Pulvertürme, 2. H. 14. Jh., von Paris Lodron durch Zinnenmauer umfaßt, zugleich tieferliegend gegen O vorgelagert kleiner Zwinger mit Ausfallstor, beide Tore mit Blockhäusern überbaut, beide mit Wappen Paris Lodron bez. 1640. – **Bürgerwehr** (Mönchsberg Nr. 19), Wehrmauer mit Zinnenbekrönung an der schmalsten Stelle des Berges mit 5 Türmen, erste Anlage 13. Jh., Verstärkung und Erhöhung 1487/88, am S-Ende Zwinger mit steiler Tordurchfahrt, erb. 1630/40, am nördl. Ende kleine, heute aufgefüllte Kasemattenbastei, nördl. Turm mit Zubau 1951 baulich stark verändert. – **Monikapforte,** oberhalb der Pfarrkirche von Mülln, inneres Tor „Augustinerpforte", Wappen mit Inschr. Paris Lodron bez. 1623, Torbau mit gemauertem Blockhaus darüber, beidseits Anschluß an Flügelmauern, im Verlauf westl. kleine halbrunde Bastei; 1638 Zwinger und 2. Tor vorgelegt, „Monikapforte", Wappen Paris Lodron bez. 1638, letzter Wehrbau auf dem Mönchsberg; ehem. Zugbrücke 1870 gemauert, 1895 Bau der Fahrstraße von Mülln bis zum elektrischen Aufzug (heute Café Winkler).
Mönchsberg, Nr. 1: Ehem. Kapellhausstöckl, großteils erdgeschossiger Bau auf schmaler Bastei Paris Lodrons oberhalb der Stiege beim Festspielhaus, nahe der O-Ecke Inschrifttafel Eb. Leopold Anton Freiherr v. Firmian, bez. 1733. – **Nr. 2: Edmundsburg,** erb. 1696 von Abt Edmund Sinnhuber von St. Peter, bis 1834 im Besitz des Stiftes, seit 1853 Knabenerziehungsanstalt. Kubischer, 3geschossiger Bau mit Pyramidendach und 8eckiger Laterne, Sockelgeschoß gequadert, Portal an der N-Seite bez. 1695, Hauptportal an der O-Seite mit Sprenggiebel bez. 1696, Fassadendekor mit abwechselnd Flach- und Segmentgiebel der Fenster. – **Nr. 2a:** Erb. 1902/03, zusammen mit Nr. 2 seit 1961 Internationales Forschungszentrum; an verbindender, südl. Stützmauer monumentales Steinwappen Eb. Andreas Rohracher, 1961. – **Nr. 4:** Wohnhaus, erb. von *Alfred Diener* 1931, mit typischen Merkmalen der Erbauungszeit, Balkonpfeiler mit figuralen Zementreliefs. – **Nr. 6:** Ehem. Meierhaus, erneuert 1681; 3 Geschosse, Krüppelwalmdach, an der nördl. Gartenmauer Inschrifttafeln: 1. Hofuhrmacher Jeremias Sauter, bez. 1696; 2. Bruchstück Paris Lodron bez. 1635. – **Nr. 5, 7, 8, 10, 11:** Alle Objekte am ehem. Übergang über den Mönchsberg gelegen, durchwegs eher dörflicher Charakter, erb. großteils im 14./15. Jh.; am Oskar-Kokoschka-Weg 2 Objekte 19. Jh., davon bmkw. Nr. 31, „Schwarz-Villa", erb. 1874, historistisch. – **Nr. 9:** Abtsturm, als Wehrturm zum

Schutz der Scharte erb., 14. Jh., 4 Geschosse mit schmalem südl. Risalit, Schopfwalmdach, oftmals umgebaut.
Nr. 15: Freyschlößl, erb. im 14. Jh., genannt roter Turm, Wehrturm seitl. der Scharte, Besitz des Stiftes St. Peter bis 1822, diente als Meierei, 1862/63 romantisch umgestaltet und erweitert, gegen S Verbindungsbogen über die Straße zu Gartenhaus. 5geschossiger Turm zinnenbekrönt, gegen W und N angebaute 3geschossige Flügel, im Giebelfeld gegen W Fresken mit Wappen Frey und Inschrift bez. 1863. – **Nr. 17: Konstantinsturm,** erb. wohl M. 14. Jh., um 1400 Domherrenturm genannt, 1642 für Fortifikationszwecke einbezogen, seit 1822 Privatbesitz, 1830 eingestürzt, 1863 dazugehörige Meierei abgetragen und neuer Turm erb., seit 1912 „Kuppelwieser-Schlößl", Anbauten gegen S; Hauptturm 4 Geschosse, Zinnenkranz, abgestufte Anbauten gegen N und S, SO-Ecke runder Treppenturm. In der Erdgeschoßhalle Fresko von *Markus Valazza,* 1978. An der Straße Torhaus mit Tordurchfahrt, Substanz des 19. Jhs., umgebaut. Nördl. im Garten 2 Plastiken, „Due Forme" von *Pino Castagna* 1973 und „Figur" von *Werner Würtinger* 1965. – **Nr. 18: Grasmayr-Villa,** kleines Herrenhaus mit Meierei; erste Bauten 17. Jh., nach Brand 1831 dann 1868 Umbau in englischem Villenstil, seit 1915 Familie Grasmayr, um 1930 mehrere Umbauten, vor allem Neubau eines Aussichtsturmes mit bekrönender Eisenkonstruktion „Weltkugel" oberhalb überdachter Plattform. Gegen S langgestreckte Gartenterrasse mit Stützmauer, an doppelarmiger Freitreppe Wappen Paris Lodron bez. 1640 (aus Bereich Mönchsberg Nr. 8 stammend). – **Nr. 19:** Barbaraturm, erb. 1733 als Pulverturm, abgerundete Grundrißform, mit enger, hoher Mauer umgeben, dient heute Wohnzwecken. – **Nr. 21: Marketenderschlößl,** heute Schülerinternat; erb. um 1560 von Stephan Frankmann von Oxenfeld, Stadtrichter und Mautner; 1589 an Eb. Wolf Dietrich verkauft, Vergrößerung des Schlößls; 1604 durch Tausch an Domkapitel, ab 1677 Soldatenunterkunft mit Marketenderei, unter Eb. Max Gandolf von Kuenburg umgebaut, E. 18. Jh. Gastwirtschaft und Invalidenunterkunft, seit 1926 Besitz der Missionskongregation Pallottiner. Hoher, 4geschossiger Bau mit östl. vorspringendem überhöhtem Türmchen, Walmdach als Ersatz der Zinnen des 19. Jhs.; oberhalb vom Eingang Wappentafel Max Gandolf; gegenüber vom Eingang Zisterne, auf Steinrandung 2 kleine Wappenschilde (Frankmann?), bez. 1560. – **Nr. 22:** Ehem. Hintermeiergütl, nach Brand 1970 barockisierender Neubau, ebenfalls Internatszwecke, an der Fassade Wappen Max Gandolf, vom Altbau übernommen. – **Nr. 23:** Restauration Hubertus, Kern 1. H. 17. Jh., ehem. Gußhütte; 2 Geschosse, hohes Walmdach.
Nr. 24: Johannesschlößl. Erb. A. 16. Jh., im Besitz der Familie Thenn; M. 16. Jh. Ludwig Alt, von den Erben 1590 an Eb. Wolf Dietrich als Sommersitz, 1594 Nutzung durch das Domkapitel, 1603 Bau einer Kapelle, 1678 Soldatenunterkunft, dann Spital für Invalide, Versteigerung 1858, Zündholzfabrik Ludwig Achleitner, dazu Gastwirtschaft, 1884/86 Instandsetzung, 1892 Kauf durch russischen Oberst Basilius v. Paschkoff, historisierende Restaurierung unter *Karl Demel,* seit 1926 Missionshaus der Pallottiner. Um mit Mauer eingefaßtem Hof gruppiert: Hauptgebäude an der W-Seite, 4 Geschosse, hohes Mansarddach, gegen W vorgesetzt runder Treppenhausturm, an den Fassaden reicher Dekor E. 19. Jh., ebenso 2geschossiger nördl. Anbau mit nördl. Terrasse auf Bogenstellung, S-Flügel 1944 bombenzerstört, 1953/54 Wiederaufbau zu Exerzitienhaus. An der S-Seite des Hofes neben Eingangstor Kapelle, Neubau

1963/64 nach Plänen von Stadtbaumeister *Franz Wagner,* quergerichteter Innenraum mit rechteckiger Altarapside gegen S, Altarzierde überlebensgroße Kreuzigungsgruppe, 1964 (Kruzifix Kopie nach Original von ca. 1930); Glasfenster von 1965 von *Glasmalerei Schlierbach;* an der O-Fassade Wappen Eb. Max Gandolf von Kuenburg, bez. 1684; neben dem Kapelleneingang Inschrifttafel mit Rollwerkrahmen bez. 1603, darüber Wappenaufsatz des Domherrn Kraft von Weittingen, von der alten Kapelle stammend. An der Umfassungsmauer weitere Nebengebäude, an der SO-Ecke schmaler Rundturm mit spitzem Dach, nördl. davon Verwalterstöckl, schlößchenartiger kleiner Bau mit Rundtürmchen, erb. um 1900. – **Nr. 25:** Oslmayrgut, frühbar. weitgehend original erhaltenes Bauernhaus mit Satteldach, gemauertes Erdgeschoß, im Mittelflur offener Herd.

Nr. 26, 27: Hotel Mönchstein, Kern 14. Jh. Mönchsteinturm, Besitzer Familien Tetelheimer, Fröschlmoser, Windisch, Gewerke Jocher, Kloster Mülln, Guetrater usw., 1654 an die Universität Salzburg für Professorenwohnungen, 1813 Versteigerung, 1834 an Josef Hagenauer, er übertrug Statuenreste vom abgebrannten Schloß Mirabell hierher; 1887 Karl Leitner, Bankier, Gründer des elektrischen Aufzuges (heute Café Winkler), finanzierte die Fahrstraße auf den Mönchsberg von Mülln; 1918 an Generaldirektor Bela Veith, wesentliche Umgestaltung nach Plänen von *Wunibald Deininger;* heute nach nochmaligen Umbauten Hotelbetrieb. – **Nr. 35:** Ehem. Aussichtsturm und Café Winkler, 1892/93 von *Karl Demel* erb. in Form einer historisierenden Burg mit angesetztem Rundturm; an Fassaden 2 Wappensteine sowie Grabstein von 1591, alle Stücke aus Oberösterreich zugekauft. Café Winkler und Casino 1975/76 nach Plänen von *Gert Cziharz* und *Koloman Lenk* neu erb.; in der Lift-Zugangshalle Panorama-Rundgemälde der Stadt Salzburg von *Johann Michael Sattler,* Öl auf Leinwand, Durchmesser ca. 5 m, um 1825, letzte Restaurierung 1975/76.

MOZARTPLATZ. An Residenzplatz und Waagplatz östl. anschließender, annähernd rechteckiger Platz mit rechtwinkeligem Fortsatz nach N zum Stadtmauerdurchbruch beim ehem. Michaelertor. Entstanden nach dem Abbruch mehrerer Häuser durch Eb. Wolf Dietrich (1588, urspr. Erweiterungsbau des Neubaus nach N geplant), gegen 1620 die Gründe im O Santino Solari, die im N dem hochfürstlichen Rat Friedrich von Rehlingen überlassen. Isolierte Häuserfronten, zwischen den weiten Öffnungen zum Residenzplatz und Waagplatz die Silhouette der Michaelskirche, im S das Neugebäude, im O einheitlich zusammengefaßte Front ehemaliger Kanonikalhöfe und im N das langgestreckte 2geschossige Imhofstöckl.

Nr. 1: Siehe Residenz-Neugebäude. – **Nr. 4:** Ehem. Rehlingen-Stadtpalais oder Andretter-Haus, mit Waagplatzverbauung verbunden, 16.–18. Jh., mit mehreren Hintertrakten um 2 Höfe angelegt. Fassaden 3. V. 18. Jh. Ehem. Bürgerhaus 1588 bis 1765 im Besitz der Familie von Rehlingen, 1765 von Johann Ernst von Andretter erworben. Vorderhaus im Kern 16. Jh., 4geschossige 7achsige bar. Fassade, gekurvte Fensterumrahmungen mit Eckvoluten und Kompositgiebelverdachung, reich gegliedertes Korbbogenportal mit rundbogig hochgezogenem Gesims zwischen gesprengtem Volutengiebel, Eisenplattentür mit Rokokobeschlägen. Im 1. Obergeschoß Rotmarmorportale mit Reliefs in Rundmedaillons (Löwenköpfe, Porträtköpfe, Engelköpfe, Cäsarenkopf und als

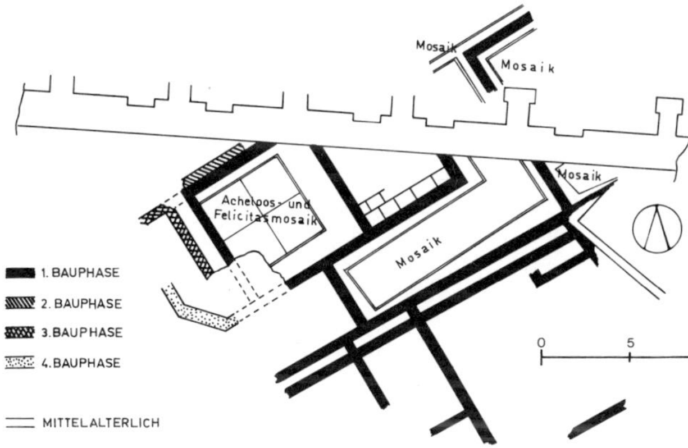

Mozartplatz,
Lageplan der 1842 bei Aufstellung des Mozart-Denkmals ergrabenen Römischen Bauten – die Mosaiken heute im SMCA

zentrales Motiv Storch, Pelikan und Phönix), M. 16. Jh., eingemauertes skulptiertes Wappen Eberl von Strasenegg, bez. 1656. Im 1. Hof über Kragsteinen im Obergeschoß 4achsige Hofflügelarkaden mit Balustersäulchen auf Postamenten, 3. V. 16. Jh., an der Nordseite eingemauerte Lünette mit skulptierten Wappenschilden, Christoph Weiss und Felicitas Underholzerin 1582. Im 2. Hof, an der Nordseite, als Kapellenfassade vorgeblendete 3achsige, 2geschossige Barockfassade, mit reichen Fensterumrahmungen, Attika, Dreieckgiebel und Dachreiter mit Zwiebelhelm; Korbbogenportal mit Volutenaufsatz und Relief, Maria mit Kind und Johannesknaben. Neben dem der Fassade zum Rudolfskai vorgelagerten, im Kern mittelalterlichen Turm, im 1. Obergeschoß spätgot., reich gegliederte Fenstergewände.
Nr. 5: Imhofstöckl, 1620 als neuerbautes Haus genannt. Langgestreckter, 2geschossiger Bau mit seitl. Flügel zur ehem. Stadtmauer hin. Schlichte Korbbogenportale mit Kämpfern und Keilstein, Hauptportal mit toskanischen Pilastern, verkröpftem Gebälk und Lünettengitter, um 1620. – **Nr. 7:** Siehe Rudolfskai Nr. 36. – **Nr. 8, 9, 10:** Ehem. 3 Kanonikalhöfe, 17. Jh., eine zusammenhängende Fassade bildend, 4geschossig, mit flachem, 5achsigem übergiebeltem Mittelrisalit und mit genutetem Erdgeschoß. Korbbogenportale, Hauptportal mit flachbogiger Verdachung und Wappen Eb. Sigismund Schrattenbach; über dem nördl. Seitenportal Wappen Eb. Max Gandolf Kuenburg und Inschr. von 1670.

Mozart-Denkmal, in der Mitte des Platzes, aufgestellt 1842. Statue W. A. Mozarts auf hohem Sockel, modelliert von *Ludwig Schwanthaler,* gegossen von *Johann Stiglmaier.*

MOZARTSTEG. Brücke über die Salzach, erb. 1903 als Fußgängersteg, 3 Felder auf 2 Pfeilern, Eisenteile der Geländer mit Jugendstilelementen.

MUSEUMSPLATZ **Nr. 1: Salzburger Museum Carolino Augusteum.** 1834 gegründet, das Gebäude im 2. Weltkrieg zerstört; nach Wiederaufbau 1967 eröffnet. Bedeutende Sammlungen von prähistorischen und römerzeitlichen Fundstücken; kultur- und kunsthistorische Sammlung mit bedeutenden Beständen von Werken der Spätgotik, des österreichischen Barock und der Malerei des 19. Jhs.; reiche Musikinstrumentensammlung.

NONNBERGGASSE. **Nr. 1** bis **Nr. 6** und **Nr. 8,** siehe Benediktinerinnenabtei Nonnberg. – **Nr. 7: Nonnbergtor;** Torbau am südl. Rand des Nonnberges; erb. mit 1. Stadtmauer um 1280, erneuert 1640 unter Eb. Paris Lodron; bergseitig M. 19. Jh. Verbreiterung um 1 Fensterachse für Stiegenhaus; Torbau samt tonnengewölbter, steiler Durchfahrt, 5 Geschosse, einfache Fassaden mit Ecklisenen und Hohlkehle.

PFEIFERGASSE. Schmale Gasse vom Mozartplatz in mehreren Krümmungen zum Kajetanerplatz führend, an der Kreuzung mit der Sebastian-Stief-Gasse und vor dem Chiemseehof zu kleinen Plätzen erweitert. Altbestand an Häusern durch Bombenschäden weitgehend dezimiert. Im Kern mittelalterlich und 16./17. Jh.: **Nr. 2, 4, 6, 8, 11, 13.**
Nr. 4: Bürgerhaus 16./17. Jh. Fassade 5achsig, 5geschossig mit Dachgeschoß; Mittelflur flankiert von kreuzgratgewölbten Ladenräumen. Rundbogenportal, rechteckig gerahmt, mit facettierten Zwickeln und Verdachung mit gesprengtem Giebel; Rotmarmorrelief, Kreuzigung mit Maria und Johannes, um 1530. – **Nr. 6:** Breit abgeschrägtes Kielbogenportal. – **Nr. 11:** Kumpfmühle, an der mittelalterlichen Stadtmauer gelegen, der hier auch die Lodronsche Befestigung folgt. Kern mittelalterlich, 16. Jh., 5geschossig, 4achsige Fassade zum Platz vor dem Chiemseehof und langgestreckte geknickte Seitenfront, Dachspeicheröffnung, bemalte Hohlkehle mit Inschr. sowie Darstellung des hl. Joseph und des Gnadenbildes von Maria Plain. – **Nr. 18:** 5geschossig, 2achsig, 16. Jh. (?), mit Breiterker im 1. Obergeschoß auf Volutenkonsolen 17. Jh.; Wohnhaus Paul Hofhaymers (1459–1537).

RATHAUSPLATZ. Kleiner trichterförmiger Platz zwischen Getreidegasse und Kranzlmarkt, mit Öffnung zur Salzach. Die Platzwände gebildet von der Seitenfassade des Rathauses und hohen Bürgerhäusern.
Nr. 1: Rathaus, siehe Kranzlmarkt. – **Nr. 2:** In der Häuserflucht der Getreidegasse, Ecke Sigmund-Haffner-Gasse; im Kern 16. Jh., an der Fassade im 1. Obergeschoß Sgraffito von *Karl Reisenbichler,* darüber Fensterumrahmungen M. 19. Jh., Erdgeschoß entkernt, innen weitgehend umgebaut. – **Nr. 3** = Getreidegasse Nr. 2. – **Nr. 4:** Im Kern 16. Jh., Fassade E. 18. Jh., 5geschossig, Fensterumrahmungen mit Plattenstildekor, vertikal zusammengefaßt. Im die Nordseite des Platzes bildenden 3achsigen Flügel **Rathausbogen;** seit E. 16. Jh. als Tor zur Hauptbrücke, vielfach umgebaut, heute schlichte, tonnengewölbte Hausdurchfahrt.

RESIDENZPLATZ. Aus den Planungen Eb. Wolf Dietrichs hervorgegangen. Weiter, durch bar. Brunnenanlage zentrierter, annähernd rechteckiger Platz. An der Nordseite des Domes gelegen, dessen monumentaler Baukörper mit dem vorgewölbten Querarm, mit Kuppel und Türmen die rahmenden Palastbauten an den Schmalseiten, Residenz und Residenz-Neugebäude überragt; wobei die Paläste jedoch, auf der einen Seite mit der eleganten Barockfassade und auf der

anderen Seite mit dem zierlichen Turmaufsatz des Glockenspiels, dem Platz zusätzliche Akzente verleihen ebenso wie die im O mit der Michaelskirche verbundene, die nördl. Platzwand bildende Bürgerhauszeile. Die Bürgerhäuser im Kern mittelalterlich, in der Bausubstanz großteils 16./17. Jh., mit gleich hohen, 5geschossigen, 4- bis 5achsigen, gerade abgeschlossenen Fassaden.
Nr. 1: Siehe Residenz. – **Nr. 2** = Alter Markt Nr. 8. – **Nr. 3:** Fassade in den Obergeschossen von Lisenen gerahmt und von profiliertem Gesims abgeschlossen, Fensterumrahmungen 2. V. 19. Jh., in der Seitenachse Marmorportal um 1740, korbbogig, gerahmt von Pilastern auf hohen Sockeln, mit aufgestellten Voluten als Kapitelle und Deckplatten mit Vasenbekrönung, Giebelfeld mit Volutenbändern und Segmentbogenverdachung, darin eingelassenes Bild, Anbetung des Kindes; auf dem Keilstein eingraviert Wappen Zezi; Lünettengitter um 1740. – **Nr. 4:** Ecke Goldgasse, Fensterumrahmungen mit Ohren, Hohlkehlenabschluß mit Inschr. und Chronogramm 1745; schmales Rundbogenportal in der Seitenachse. – **Nr. 5:** Fassade mit Hohlkehlenabschluß, Fensterumrahmungen E. 18. Jh., über dem Portal zur Goldgasse eingelassenes Bild Flucht nach Ägypten, am Rahmen bez. 1745. – **Nr. 6:** Fensterumrahmungen 3. V. 19. Jh. – **Nr. 7:** Im Kern mittelalterlich, mit vorspringendem Torbau in der östl. Seitenachse, Fassade und Inneres seit dem 19. Jh. mehrmals verändert.

Residenzbrunnen. Monumentale bar. Brunnenanlage, zwischen 1656 und 1661 unter Eb. Guidobald Thun errichtet, von *Tommaso di Garona* (?). 4seitig symmetrisch ausgebogener und geknickter Beckenrand, in der Mitte Felsaufbau, davor 4 wasserspeiende Meeresrosse, auf dem Fels Gruppe von nackten Männern, die eine flache Schale tragen, in der drei Delphine abermals eine Schale tragen; darin ein Triton, der aus einer Muschel Wasser in die Luft stößt.

RUDOLFSKAI. Am li. Ufer der Salzach zwischen Staatsbrücke und Nonntaler Brücke, durch die Flußregulierung in der 2. H. des 19. Jhs. entstanden. Im westl. Teil geschlossene, nur durch die schmale Klampferergasse unterbrochene Häuserzeile, vorwiegend aus den im Kern spätmittelalterlichen, vor die Stadtmauer gesetzten Hinterhäusern des Kranzlmarktes, der Judengasse und des Waagplatzes gebildet; die bis 6 Geschosse hohen Fassaden mitbestimmend für die Ansicht der linksufrigen Altstadt, z. T. mit schlichten Fensterumrahmungen, z. T. 19. bzw. A. 20. Jh. Im mittleren Abschnitt, zu beiden Seiten der Öffnung zum Mozartplatz, Teile der unter Eb. Paris Lodron errichteten Befestigung erhalten. – Im östl. Teil, ab Nr. 38, späthistoristische Verbauung, 1897 bis 1900, das monumentale Gebäude der Staatsgewerbeschule flankiert von 3- bis 4geschossigen zur **Sebastian-Stief-Gasse** und zur **Landhausgasse** weitergeführten Wohnhausblöcken: mit Neobarock- und Neorenaissancefassaden **Nr. 38, 40, 44, 46, 48.**
Nr. 2: Rathaus, siehe Kranzlmarkt Nr. 1. – **Nr. 32:** Geburtshaus Georg Trakls, siehe Waagplatz Nr. 2. – **Nr. 34:** Siehe Mozartplatz Nr. 4. – **Nr. 36:** Gut erhaltene Teile der **Befestigungsmauer** aus der Zeit Eb. Paris Lodrons, Mauerfuß durch Salzachregulierung eingeschüttet, unterer Teil leichter Anzug, abgeschlossen durch kräftigen Rundwulst, darauf breitrechteckige Luken, darüber schmale, stehende Rechteckschlitze, innen angedeutete Zinnenabsätze, gesamte Mauer aus Konglomeratquadern gefügt; im Teil salzachaufwärts Wappentafel mit Inschr. Eb. Paris Lodron, bez. 1620. Am Straßendurchbruch zum Mozartplatz ehem. Standort des 1867 abgetragenen Michaelertores,

daneben sogen. Zeugwartstöckl (Mozartplatz Nr. 7), zur Gänze aus Konglomeratquadern als Teil der Stadtmauer und des Tores erb. 1628, an der Eckfassade zum Kai in Erd- und 1. Obergeschoß breite, abgetreppte Schießluken, darüber im Dachgeschoß auf Kragsteinen vorspringendes Auslugtürmchen mit Zeltdach; Südfassade verputzt, nur Portalrahmung, Fensterfaschen und Ortquaderung in Konglomerat, im oberen Fassadenteil bar. Sonnenuhr mit Darstellung Madonna mit Kind, schräg darunter kleine Inschrifttafel mit Rollwerkrahmen, Eb. Paris Lodron, bez. 1628. An der Anschlußfläche moderne Marmortafel zur Erinnerung an das ehem. Michaelertor, um ca. 1955.
Nr. 42: Ehem. Staatsgewerbeschule (jetzt HTL), erb. 1897–1900, nach Plänen von *Franz Drobny*. 5seitiger Baukomplex mit 3geschossigem Mitteltrakt und 2geschossigen, an der Hauptfront seitl. vorgezogenen Flügeln. Genutete Fassaden, in den Obergeschossen Rundbogenfenster. – **Nr. 50, 52, 54:** Gruppe von 3 Villen, erb. um 1900 von *Jacob Ceconi*, mit secessionistischem Dekor (Nr. 50) bzw. mit neobar. Fassaden (Nr. 54).

SCHANZLGASSE. An den Kajetanerplatz anschließender, 1908 durch den Bau des Justizgebäudes entstandener kleiner Rechteckplatz und Durchgang zum Nonntal. Südseitig am Fuß des Nonnberges, 4- bis 5geschossige Bürgerhäuser (Nr. 2, 4, 6, 8, 10, 12), in der Bausubstanz großteils 16. und 17. Jh. Fassaden 3- bis 5achsig, z. T. 4. V. 18. Jh. (Nr. 2 rekonstruiert, Nr. 8).
Nr. 6: Aus der Straßenflucht zurückgesetzt, mit jüngerem ebenerdigem Vorbau, Schopfwalmgiebel, Speicheröffnung und Fenster mit spätgot. Gewände. – **Nr. 14:** Fensterumrahmungen 3. V. 18. Jh. Im Kellergeschoß des Hauses ehem. Nonntaler Tor; tonnengewölbte Tordurchfahrt mit gegen N angesetztem, im unteren Teil erhaltenem Rundturm, Bau von 1280, verändert E. 15. Jh., unter Eb. Paris Lodron um 1620 durch 2., vorgesetzten Torbau verstärkt, schon 1644 durch Änderung des Stadtmauerverlaufes als Torbau aufgelassen; durch bar. Bürgerhaus überbaut. – Gegen SO anschließend kleine **Bastei** Paris Lodrons als östl. letzter Sporn des Nonnberges.

SIGMUND-HAFFNER-GASSE. Axial zum Rathausturm stehende gerade Verbindung zwischen Kranzlmarkt und Franziskanerkirche, nach Einmündung der Churfürststraße durch den Umbau der Residenz im späten 18. Jh. trichterförmig erweitert. Die Bürgerhäuser im Kern mittelalterlich, in der Bausubstanz großteils 16. Jh., leicht undulierende Straßenfronten bildend; die Fassaden 4- bis 5geschossig, 5- bis 7achsig (Nr. 3, 4achsig), mit Fensterumrahmungen um 1800 bis 3. V. 19. Jh. oder mit schlichten Putzfaschen und mit Hohlkehlenabschluß, in den Erdgeschossen in jüngster Zeit verändert.
Nr. 1 = Kranzlmarkt Nr. 2. – **Nr. 2** = Rathausplatz Nr. 2. – **Nr. 3** = Alter Markt Nr. 12. – **Nr. 4:** Breit abgeschrägtes Rundbogenportal mit polychromiertem Löwenkopf im Scheitel. Eingemauertes Relief mit Darstellung des Gnadenbildes von Maria Taferl, bez. 1711. Schmiedeeiserner Ausleger 3. V. 18. Jh. – **Nr. 5** = Alter Markt Nr. 11. – **Nr. 6:** Korbbogiges Marmorportal bez. 1741, mit abgeschrägter Leibung, Pilastern und Volutenaufsatz mit Bildmedaillon Maria mit Kind und rundbogige hochgezogene Verdachung; Lünettengitter bez. 1741. Hoftor mit Schmiedeeisengitter und Stiegengitter um 1800. – **Nr. 7/9:** Schlichte Fensterumrahmungen in Formen des 18. Jhs., spätgot. Portal mit Segmentbogenabschluß und 2fach gekehltem Gewände; in ovalem Stuckrahmen Bild Maria mit Kind 1. H. 18. Jh., von *Johann Michael Rottmayr* (?). – **Nr. 8** =

Universitätsplatz Nr. 17: In der 1. H. 18. Jh. umgebaut (urk. 1713 Besitz von Max Josef Graf Lamberg); Fassade mit Fensterumrahmungen um 1860. Tonnengewölbter Flur im Mauerwerk 13. Jh., repräsentatives Stiegenhaus 18. Jh.; im 2. Obergeschoß Räume mit Stuckdecken um 1730/40 und Stuckrelief Achilles und Penthesilea. Hofflügel und Hinterhaus mit 3geschossigen Arkaden auf toskanischen Säulen 2. H. 16. Jh., Fassade zum Universitätsplatz 18. Jh. – **Nr. 10** = Universitätsplatz 18: Schlichte 7achsige Fassade; die re. Seite mit hohem tonnengewölbtem Durchgang zum Universitätsplatz (Ritzerbogen, seit 1626 bestehend). Im Durchgang Rotmarmorportal M. 16. Jh.; im Hof 2seitige Arkaden in 2 Obergeschossen auf Säulchen mit Würfelkapitellen M. 16. Jh. und Wendeltreppenturm. Marmorportale im Stiegenhaus bez. 1555. – **Nr. 11:** Siehe Residenz. – **Nr. 12** = Universitätsplatz Nr. 19: Fensterumrahmungen 1. H. 19. Jh. Hofarkaden mit Würfelkapitellen in den Obergeschossen ins Innere einbezogen. Bierstube nach Plänen von *Otto Strohmayer* 1929. – **Nr. 14** = Wiener-Philharmoniker-Gasse Nr. 1: Bis 1. H. 19. Jh. Adelssitz, erb. um 1600 (?). Fassade um 1800, 6achsig, 4geschossig und mit quadrat. Dachbodenfenstern, genutetes Erdgeschoß, in den Obergeschossen durch 3teilige Lisenengliederung und klassizistische Fensterumrahmungen vertikal zusammengefaßt (entsprechende Gliederung zur Wiener-Philharmoniker-Gasse). Segmentbogenportal mit abgeschrägtem Gewände, Oberlichtgitter M. 18. Jh. Regelmäßiger 4seitiger Arkadenhof (2 : 4 Achsen), Erdgeschoßarkaden auf Achteckpfeilern, Arkaden in 2 Obergeschossen auf Balustersäulchen, um 1600 (?); Kruzifix auf Astkreuz mit Blechverdachung um 1800.

Nr. 16 = Wiener-Philharmonikergasse Nr. 3: **Langenhof,** ehem. Graf Kuenburgischer Palast. Erb. um 1670 für die Familie Eb. Max Gandolf Kuenburgs an der Stelle eines Hofes von Eb. Matthäus Lang und zweier Häuser, um 1800 von *Johann Georg Laschensky* neu fassadiert. 4seitige Anlage um Rechteckhof, in der Bauhöhe von den Nachbarhäusern nicht abgehoben, gegen die Wiener-Philharmonikergasse leicht vorspringend. Langgestreckte 4geschossige Fassaden mit flachen Risaliten (in der Sigmund-Haffner-Gasse nur durch die Gliederung und Verkröpfung angedeutet); Erdgeschoß genutet (z. T. verändert), in den Obergeschossen Lisenengliederung und Plattenstildekor, geohrte Fensterfaschen, das 2. Obergeschoß durch Verdachungen mit Segmentbogengiebel betont. Rundbogenportale zwischen gebänderten Pilastern, im Scheitel Wappen Kuenburg. Türen mit Beschlägen und Oberlichtgitter um 1670. Schlichte Hoffassaden. In der südl. Durchfahrt rom. Löwe aufgestellt, M. 12. Jh., in seinen Pranken Inschrifttafel bez. haec celatura f(ratris) bertrami cura est expressa satis deus con(i)uge beatis, aus dem rom. Dom stammend. Gegenüber Wandbrunnen um 1670. – **Nr. 18:** Ehem. Hofbeamtenhaus, 16. Jh., umgebaut um 1670 (?). Schlichte Fassade, Korbbogenportal mit profiliertem Gewände, geschweifter Verdachung und Eisenplattentüren; an der Fassade Doppelwappen mit Inschr. August Fried. Freyherr von Hegi, Mar. Kat. Barb. geborene von Nitzshwitz Freyin etc., bez. 1677. Am Hofflügel in 3 Geschossen Arkaden auf 4kantigen Pfeilern, M. 16. Jh. An einer Schmalseite des Hofes Stuckrelief Golgatha mit Holzkruzifix M. 18. Jh. – **Nr. 20:** Kapellhaus, ehem. Haus der Kapellknaben, lt. Inschr. und Wappen unter Eb. Max Gandolf 1677 umgebaut. Schlichte 2achsige, 5geschossige Fassade, Rundbogenportal mit Kämpfersteinen und Keilstein.

Nr. 22: Rupertinum, Collegium, gestiftet von Eb. Paris Lodron 1653, im gleichen Jahr unter Einbeziehung eines Vorgängerbaus errichtet (Studentenheim bis 1974). 1976 vom Land Salzburg erworben. 1979 bis 1982 nach Plänen von *Gerhard Garstenauer* saniert und für Museumszwecke adaptiert. Dient der Sammlung moderner Kunst und Wechselausstellungen. – 4achsiger Bau mit schmalem, langgestrecktem Flügel zum Max-Reinhardt-Platz (Seitenfassade zur Franziskanergasse), 3geschossig mit hohen Stirnmauern und querovalen, z. T. auch rechteckigen Dachbodenfenstern. Putzfassade, Gliederung dem Bestand vor der Rest. entsprechend, mit Eckquaderung, umlaufenden Sohlbankgesimsen und Fensterfaschen. Rechtecktür mit Oberlicht, im Flügel Rundbogenportal und freigelegte Pfeilerarkaden zum Gartenhof. An O- und W-Fassade je ein Steinwappen Eb. Paris Lodron. Kleiner glasüberdachter Innenhof mit 4seitigen Arkadengängen (Arkaden urspr. an 3 Seiten teilweise vorhanden).

SIEGMUNDSPLATZ. In der Verlängerung des Universitätsplatzes zu der bar. Brunnenanlage der Hofmarstallschwemme und zum Mönchsberg mit dem Neutordurchbruch hin geöffneter Dreieckplatz. Die Platzwände gebildet von geschlossener leicht geknickter Zeile von Bürgerhäusern und einem Bürgerspitalstrakt an der Nordseite und von der Seitenfassade der Alten Universität sowie der Fassade des ehem. Hofmarstalles (siehe Festspielhaus) an der Südwestseite. Die Bürgerhäuser **Nr. 1** bis **Nr. 7,** im Kern mittelalterliche Hinterhäuser der Getreidegasse in der Bausubstanz 16./17. Jh., 4- bis 5geschossige, 3- bis 6achsig, Fassaden mit Fensterfaschen und z. T. mit geraden Fensterverdachungen (siehe auch Getreidegasse Nr. 35 bis Nr. 47).

Neutor oder **Siegmundstor:** Durchbruch durch den Mönchsberg als Verbindung zum Stadtteil Riedenburg 1764 bis 1767 unter der Aufsicht des Ingenieurs *Elias von Geyer,* architektonische Gestaltung durch *Wolfgang Hagenauer,* Bildhauerarbeiten von *Johann Bapt. Hagenauer.* Rundbogige Toröffnungen, von gebänderten Pilastern flankiert, stadtseitig am Gebälk Porträtrelief Eb. Sigismund Schrattenbach, das Portal in gebänderte Nische mit aufgesetzter Brüstung eingefügt. Gegen Riedenburg am Gebälk Inschrifttafel, darüber Aufsatz mit Wappen Schrattenbach, Kriegstrophäen und Statue hl. Sigismund, das Portal flankiert von ruinösen Obelisken. – **Nr. 11:** Hinter der Hofmarstallschwemme gelegen, urspr. zum Komplex der Stallungen gehöriges Wirtschaftsgebäude (Getreidespeicher?). Erb. 17. Jh., später verändert. Schlichter 3geschossiger Bau mit Walmdach. An der Fassade Wappen Eb. Johann Ernst Thun bez. 1693. Im Inneren Saal mit Rundbogennischen und Balustersäulchen als Wandvorlagen.

Hofmarstallschwemme. In Zusammenhang mit der Fassadengestaltung des ehem. Hofmarstalles durch *Johann Bernhard Fischer von Erlach* (siehe Festspielhaus) 1695 entstanden. Eine Schauwand oder ein Gebäude (?) als Platzabschluß errichtet, davor Becken mit Figurengruppe, Rossebändiger, bez. *M. B. Mandl 1695,* wahrsch. nach Entwurf *Joh. B. Fischers von Erlach,* urspr. auf das Portal des Hofmarstalls ausgerichtet. 1732 Umgestaltung, die Schauwand in die bestehende Form gebracht, mit Pilastergliederung, Attika, durch Ädikula überhöhter Mittelachse und seitl. Portalen mit Volutenaufsatz (südseitig Portal und 2 Wandfelder um 1860 abgetragen); auf den Giebelschenkeln der Ädikula 2 Figuren (Minerva, Apollo?), im Giebelfeld Wappen Eb. Leopold Anton Firmian; Fresken mit Pferdedarstellungen in den Wandfeldern, von *Franz Anton*

Ebner, mehrfach, zuletzt 1960 übermalt. Die Figurengruppe 1732 um 90° gedreht und auf neuen Sockel gestellt (Inschr. mit Chronogramm), das Becken, mit eingezogenen ausgebogenen Ecken von Volutengeflechtbalustrade eingefaßt.

UNIVERSITÄTSPLATZ. Langgestreckter Platz, von der Öffnung zum Siegmundsplatz im W in sanfter Krümmung sich verbreiternd, im O vor der Fassade der Kollegienkirche zu einem Rechteckplatz erweitert und von der Häuserzeile der Sigmund-Haffner-Gasse, mit der er durch den Ritzerbogen verbunden ist, abgeschlossen. Entstanden auf dem Areal des ehem. Frauengartens durch die Errichtung des Universitätsgebäudes ab 1618, dessen Front zusammen mit der in den Platz vorgezogenen Schauseite der Kollegienkirche die südl. Platzwand bildet. An der Nordseite geschlossene Zeile stattlicher Bürgerhäuser, Hinterhäuser der Getreidegasse bzw. aus diesen hervorgegangen, mit hohen in der Regel 5geschossigen Fronten und größtenteils durch Passagen mit der Getreidegasse verbunden. (Siehe Getreidegasse Nr. 5 bis Nr. 33.)

URSULINENPLATZ. Zur Salzach hin offener Dreieckplatz vor der Fassade der Ursulinenkirche. An der Westseite Fortsetzung der Häuserzeile der Gstättengasse bis zum Klausentor (Nr. 2 bis Nr. 8); die Häuser im Kern 16./17. Jh. mit hohen 5geschossigen Fronten (Nr. 3, urspr. 3geschossig, um 1970 aufgestockt; Nr. 4, 1802 durch Umbau der 1679 wiederaufgebauten Kirche U. L. Frau am Bergl und eines Nachbarhauses entstanden).
Nr. 2: Erb. zwischen 1669 und 1687, 11achsiger Bau, 5geschossig und Dachspeichergeschoß mit querrechteckigen Fenstern; schlichte Fassade, 3 Rundbogenportale des 17. Jhs. – **Nr. 6:** Mit rundbogigen Speicheröffnungen über mehrere Geschosse, 17. Jh. – **Nr. 10: Klausentor,** einst Sperre der Engstelle zwischen Salzach und Mönchsberg. Erster Bau um 1280, nach Brand 1612 erneuert durch Eb. Markus Sittikus, unter Eb. Paris Lodron mit der Stadtmauer entlang dem Ufer verbunden, 3geschossiger Torbau, Durchfahrt tonnengewölbt, südl. Portal mit rundbogiger Quaderung, seitl. am Felsen gerade Freitreppe zum 1. Stock, Brüstung mit Marmorbalustern; Nordportal mit geradem Sturz, gerahmt von gebänderten Halbsäulen und Gebälk mit weitausladendem Gesims, darüber zwischen 2 ehem. Schießluken Relieftafel, Wappen Eb. Markus Sittikus und Salzburger Stadtwappen mit Inschr., bez. 1612. 2 Wohngeschosse, durch Sohlbank- und Kordongesimsbänder gegliedert.

WAAGPLATZ. Kleiner unregelmäßiger, an der Ostseite zum Mozartplatz hin geöffneter Platz. Aus dem ältesten Marktplatz der Stadt hervorgegangen. Neben dem freistehenden Haus Nr. 1, an dessen Stelle nach 1328 das Gerichtshaus errichtet wurde (später Stadttrinkstube und Niederlage), stattliche 5geschossige, im Kern mittelalterliche Häuser, an die Mozartplatzverbauung anschließend (Nr. 2) der Michaelskirche vorgesetzt (Nr. 3) und in der Fortsetzung der Häuserzeile der Judengasse (Nr. 4, 5, 6).
Nr. 1: Nach Brand 1635 wiederaufgebaut. Mächtiger Bau zwischen Döllerergäßchen und Judengasse, 5geschossig mit querovalen Bodenluken. Fassaden von 1928. An derjenigen zum Waagplatz monumentales Wandbild; Aussaat und Ernte, bez. *Karl Reisenbichler 1928.* Im Inneren interessante Baudetails des 17. Jhs. – **Nr. 2** (bildet einen Komplex mit Waagplatz Nr. 1a und Döllerergäßchen Nr. 4): Bürgerhaus mit 2 Hofflügeln und Hinterhaus zur

Salzach, großteils aus dem 16. Jh.; Fassade um 1860 (?) mit genutetem Erdgeschoß, geraden Fensterverdachungen und Sturzfeldern im 1. und 2. Obergeschoß. Breit abgeschrägtes Rundbogenportal. Eisenplattenläden mit bar. Beschlägen 3. V. 18. Jh. Im Inneren gewölbte Flure in 4 Geschossen, profilierte Türgewände und Säulen mit Würfelkapitellen, M. 16. Jh. An den Hofflügeln 3geschossige Arkaden westseitig im 1. Obergeschoß mit Balustersäulchen und Wappen Wolf Alt, um 1560; ostseitig mit toskanischen Säulen im Erdgeschoß, Rundsäulchen mit Würfelkapitellen im 1. Obergeschoß und abgefaste Vierkantpfeiler im 2. Obergeschoß. – Hinterhaus **Nr. 1a** (=Rudolfskai Nr. 32): In der hofseitigen Mauer Relief, von Greifen gehaltene Kartusche, bez. GMT 1594. Geburtshaus Georg Trakls, Gedenkstätte im 1. Obergeschoß.
Nr. 3: Vom 17. Jh. bis A. 18. Jh. Waaghaus. Fassaden, um 1800 (um 1972 etwas verändert), in den beiden unteren Geschossen genutet, Fensterumrahmungen mit geraden Verdachungen und im 3. Geschoß mit Plattendekor über dem Sturz. 2 Korbbogenportale mit Volutenaufsatz über geradem Gesims, um 1800. Im Erdgeschoß Halle mit Gewölbe auf abgefasten Pfeilern 16. Jh. – **Nr. 4.** Erb. 1967/69, Fassade rekonstruiert. Im Keller rom. Halle erhalten, tonnengewölbter Raum gestützt von 2 kräftigen Säulen mit Würfelkapitellen, Rest der Kaiserpfalz des 12. Jhs. (?). – **Nr. 5:** Bürgerhaus, 1. H. 16. Jh., im Kern mittelalterlich, E. 18. Jh. mit Lisenengliederung und Plattendekor in den Fensterumrahmungen. – **Nr. 6:** Bürgerhaus, 1. H. 16. Jh. im Kern mittelalterlich, schlichte Fassade.

WIENER-PHILHARMONIKERGASSE, siehe Sigmund-Haffner-Gasse Nr. 14, Nr. 16.

BRUNNEN UND DENKMÄLER

FISCHBRUNNEN, Max-Reinhardt-Platz. Err. um 1610/20 am Gries, 1937 hierher versetzt. Quadrat. Becken mit Spiralgitter, auf Säule Bronzestatue Wilder Mann mit Stadtwappen.

KAJETANERBRUNNEN, Schanzlgasse. Err. nach 1945, Bronzeputto und Fische 1957 von *Trude Diener.*

PAPAGENOBRUNNEN, Papagenoplatz. Err. 1960 mit Bronzefigur von *Hilde Heger.*

WANDBRUNNEN, Kaigasse, am Residenz-Neugebäude. Klassizistischer Brunnen mit mehrteiligem Aufbau, Wappen der Stadt und Inschrift Memorabili 1806.

Sonstige BRUNNEN siehe unter Profanbauten, nach Standort.

DENKMÄLER im Wilhelm-Furtwängler-Garten, gegenüber dem Festspielhaus. **Schiller-Denkmal,** Statue 1859 modelliert von *Johann Meixner,* gegossen von *Anton Fernkorn.* 1867 im Garten des Carl von Schwarz aufgestellt, seit 1941 an dieser Stelle. – **Figur** „Sitzende“, von *Fritz Wotruba,* 1944. – **Figur** „Liegende“, von *Emilio Creco,* 1953. – **Figur** „Tanzschritt“, von *Giacomo Manzu,* 1973. – **Engelskopf,** um 1600.

GEDENKTAFEL für Franz Rehrl, Landeshauptmann 1922–1938 (Max-Reinhardt-Platz). Mit Büste von *Hans Pacher* 1958 und Reliefs von *Jakob Adlhart* 1922.

ALTSTADT RECHTS DER SALZACH – ÄUSSERER STEIN – KAPUZINERBERG

Der am re. Ufer der Salzach am Fuß des Kapuzinerberges gelegene Stadtteil ist im O gegen Parsch durch den Hügel des Bürglstein begrenzt, im N und W gegen die Neustadt durch Wolf-Dietrich-Straße, Paris-Lodron-Straße, Mirabellgarten und Schwarzstraße. Er umfaßt drei durch ihre Bebauungsstruktur deutlich voneinander geschiedene Teile: den aus einer Brückenkopfsiedlung und aus zwei von dichten Häuserzeilen begleiteten Straßenzügen gebildeten mittelalterlichen Stadtteil, den daran nördl. anschließenden im späten 15. Jh. in die Stadt einbezogenen, jedoch im wesentlichen erst ab der Zeit Eb. Paris Lodrons verbauten Teil, in dem abseits, von Häusern umschlossen, der unter Eb. Wolf Dietrich errichtete Sebastiansfriedhof liegt und in dem die Dreifaltigkeitskirche mit dem Priesterhaus den architektonischen Hauptakzent bildet; drittens den nach der Flußregulierung ab dem späten 19. Jh. bebauten östl. Uferbereich der Salzach (Giselakai, Imbergstraße).
Die mittelalterliche Siedlung, deren Bebauung wie die der Bürgerstadt am li. Ufer weitgehend dem Bestand des 16. Jhs. entspricht, ist in ihrer Struktur durch den eng an die Salzach herantretenden Kapuzinerberg bestimmt, um dessen Sporn ihr Kernbereich liegt. Dieser um 1280 ummauerte Bereich umschließt mit stattlichen hohen Bürgerhäusern die Gabelung der beiden am Fuß des Berges hinziehenden, dem Verlauf der römischen Reichsstraßen folgenden, ehem. wichtigen Verkehrswege nach SO (Steingasse) und NO (Linzer Gasse) und umschließt neben dem mittelalterlichen Brückenkopf (zwischen Steingasse Nr. 10 und Nr. 12) auch die gegenwärtige Öffnung zur Salzachbrücke (das Platzl). Außerhalb der Ummauerung des 13. Jhs., in der Steingasse durch ein Stadttor, das Innere Steintor, und in der Linzer Gasse durch die Einmündung der Priesterhausgasse markiert, wurden die beiden Ausfallstraßen wohl bereits ab dem 14. und 15. Jh. verbaut und von äußeren Stadttoren abgeschlossen (Linzer Tor urk. 1373, 1894 abgetragen; Äußeres Steintor urk. 1477, 1832 abgetragen).

KIRCHEN, KLÖSTER UND KAPELLEN

DREIFALTIGKEITSKIRCHE und PRIESTERHAUS, Makartplatz. Bar. Zentralbau als Dominante in der Mittelachse einer palastartigen Anlage, bildet mit seiner Doppelturmfassade und Tambourkuppel an der Schmalseite des zur Kirche hin ansteigenden Platzes einen Akzent von starker räumlicher Ausstrahlung. Urk. 1694 Priesterhaus, Knabenkolleg (Collegium Virgilianum) und Kirche von Eb. Johann Ernst Thun gestiftet. Erb. 1694 bis 1702 nach Plänen und unter der Leitung von *Johann Bernhard Fischer von Erlach* (dessen erster Kirchenbau). Beteiligt die Bildhauer und Steinmetze *Wolf Weissenkirchner d. J.*, *Matthias Wilhelm Weissenkirchner*, *Johann Schwäbl*, *Michael Bernhard Mandl*, *Andreas Götzinger*, *Sebastian Stumpfegger* und *Lorenz Dräxl*. Türme 1757 erhöht und nach Brand 1818 nochmals verändert. Rest. 1955, Fassadenrest. des Priesterhauses 1978.
Kirche. Mit den flankierenden Flügeln des Priesterhauses eine einheitlich komponierte Fassade bildend; die Kirchenfront mit drei Achsen zwischen vorgezogenen Türmen konkav einschwingend, 2geschossig, das Erdgeschoß als Sockel mit zarter Quaderung ausgebildet, Obergeschoß mit Doppelpilastern an

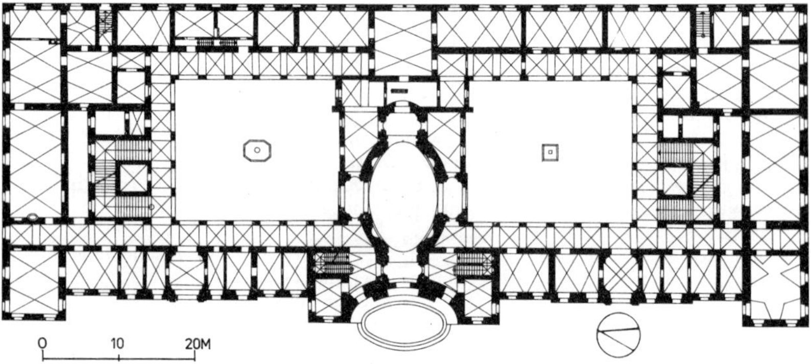

Dreifaltigkeitskirche und Priesterhaus

den Turmfronten und mit vorgestellten gekuppelten Doppelsäulen beiderseits der Mittelachse. An der Kuppel die vertikale Gliederung durch Schichtung der Tambourwand und des Daches weitergeführt. Seitl. über dem Kranzgesims, anstelle von urspr. niedrigen Aufsätzen, Glockengeschosse von 1757 mit gekuppelten Rokokopilastern und Uhrengiebel, Abschluß durch Aufsatz mit Haube nach 1818. Fenster der Fassade rechteckig, mit profilierter Umrahmung, im Hauptgeschoß mit gestufter Verdachung und reichem Spiralrankengitter bzw. in der Mittelachse rundbogig überhöht. Querovale Treppenanlage dem Mittelteil vorgelegt. Auf der Attika über den Säulenpaaren allegorische Figuren der drei theologischen Tugenden und der Göttlichen Weisheit sowie Wappen Eb. Johann Ernst Thun, urk. von *Michael Bernhard Mandl*, 1699.

Inneres. Längsovaler, von Tambourkuppel überwölbter Hauptraum mit vier tonnengewölbten Kreuzarmen; in den Diagonalachsen, zwischen den im Gebälk gekuppelten großen Pilastern Nischen und hochrechteckige Felder, in den Seitenwänden der Kreuzarme ebenfalls Nischen, jeweils mit Marmorportalen und darüberliegenden Emporen. Tambour, durch Sockel und zarte Pilaster gegliedert, mit acht Rechteckfenstern. Marmorfußboden mit einer das Oval des Raumes betonenden und auf dessen Gliederung bezogenen Musterung; in der Mitte Inschriftplatte. – Stukkaturen von *Andrea Sallari* und *Johann Bapt. Redi* E. 17. Jh., im Hauptraum auf die Kapitelle beschränkt, in den Kreuzarmen Bogenleibungen mit zartem Akanthus, Kartuschen und Stuckfelder.

Kuppelfresko von *Johann Michael Rottmayr,* um 1700 (1697), im 19. Jh. übermalt, rest. 1947; Krönung Mariae unter der Assistenz von Heiligen, Engeln, Propheten und Patriarchen; in der Laterne Hl.-Geist-Taube.

Hochaltar, urspr. nach Entwurf *J. B. Fischers von Erlach,* 1841 verändert, 1947 und 1955 wiederhergestellt, Marmorädikula mit Pilastern und flachem Segmentbogengiebel, plastische Gruppe Hl. Dreifaltigkeit und zwei adorierende Engel um 1700 (mit Ergänzungen); Tabernakel von *Otto Prossinger* und *L. Wildner-Eltz* 1955; Leuchter um 1725. – 2 Seitenaltäre, Aufbau aus Rotmarmor nach Entwurf *J. B. Fischers von Erlach* mit jeweils zwei einen hochovalen Rahmen haltenden Engelfiguren, urk. von *Michael Bernhard Mandl*

1700 und 1702, darin li. Kruzifix in Glorie, re. Mariengnadenbild (Typus Maria vom Berge Karmel) 16. Jh. (?), in bar. Rahmen von 1716; Putten auf dem Gebälk von *Sebastian Stumpfegger* 1748, auf dem li. Altar Tabernakel um 1730, auf dem re. Altar Reliquienschrein hl. Ernestus, von 1959.
Kanzel in Wandnische eingefügt, A. 18. Jh., mit Predigerkreuz 19. Jh. – Kirchenbänke an den vier Diagonalwänden und Altarschranken mit Akanthusschnitzwerk, um 1700. – Orgelempore gestützt von Gußeisensäulen des 19. Jhs. von *Georg Pezolt;* Orgel bez. 1927, Entwurf *Richard Platzer* (seither verändert). – Vorhallengitter um 1700 mit Wappen Eb. Johann Ernst Thun. – Sakristeischränke E. 17. Jh.
Grabsteine im li. Querarm (Gruft des Ruperti-Ritterordens), Inschriftplatten mit gravierten Wappen oder Emblemen; Josef Maria Graf Lodron, 1745; Johann Nep. Dükher von Haslau, 1798; Leopold Maria Reichsgraf Lodron, 1784; Andre Gottlieb von Prank, 1793; Ferdinand von Dükher, 1814; Joseph Anton Reichsgraf Plaz, 1767. In der Gruft Sarkophag für das Herz des Eb. Johann Ernst Thun, nach Entwurf von *J. B. Fischer von Erlach* (Zuschreibung).

Priesterhaus. Rechteckiger Gebäudeblock um zwei durch die Kirche getrennte Höfe. Die Flügel der Hauptfassade 3geschossig, mit 5achsigem Mittelteil zwischen 2achsigen Rücklagen und mit 2achsigen, den Vorsprung der Türme aufnehmenden Eckrisaliten. Erdgeschoßquaderung wie an der Kirchenfront, im Obergeschoß Doppelpilaster und im Attikageschoß entsprechende Lisenengliederung, Rechteckfenster. An den Seitenfassaden die Gliederung fortgeführt, die Rückfront glatt mit Kordongesimsband. – Portale der Flügel in den Mittelachsen mit profiliertem Rundbogen über genuteten Pfeilern und von stehenden Voluten getragenem Architrav; darüber Inschriftkartusche mit Fruchtbuketts und dem Thunschen Wappentier. Lünettengitter mit Wappen, um 1700.
Die Höfe jeweils rechteckig, mit Pfeilerarkaden im Erdgeschoß (z. T. vermauert). Im nördl. Priesterseminarhof Brunnen mit Statue des hl. Petrus von *Josef Anton Pfaffinger,* bez. 1741, und bronzenen Tierköpfen als Auslauf. – Im südl. ehem. Kolleghof schlichter Brunnen, bez. 1857. In Verwahrung Leinwandbilder aus dem *Umkreis Paul Trogers;* vier anstelle von Wandbildern *J. M. Rottmayrs* 1865 in der Kirche angebrachte Leinwandbilder von *Franz Dobiaschofsky* und vier Apostelbüsten, um 1725. – (In der Priesterhauskapelle Madonna 2. V. 15. Jh., Kruzifix A. 16. Jh.?)

KAPUZINERKIRCHE hl. Bonaventura, Bettelordenskirche am westl. Steilabhang des Kapuzinerberges, nach W gerichtet; im S das Kloster. Erb. 1599–1602 unter Mitverwendung des Trompeterschlößchens (Befestigungsanlage, siehe S. 625).
Schlichter Außenbau, hohes Langhaus mit Walmdach; im W einspringender niedrigerer Chor, Dachreiter mit Zeltdach. Im N entlang des Langhauses eingeschossiger pultdachgedeckter Gang, nördl. der Apsis verbreitert als Winterchor, darunter Gruft. – Im O hohes Marmorportal, im bekrönenden Segmentgiebel Wappen Eb. Wolf Dietrich. Das innere Portal, 2flügelige Holztür bez. 1450, bestehend aus 12 querrechteckigen Reliefs Maria mit Kind, Johannes d. T. und 10 Apostel, aus dem mittelalterlichen Dom, urspr. Aufstellung unbekannt.
Langhaus 4½jochig, mit Stichkappentonne, Pilastergliederung mit abschließendem Kranzgesims; 2jochige stichkappentonnengewölbte Apsis, das westl. Joch

Kapuzinerkirche

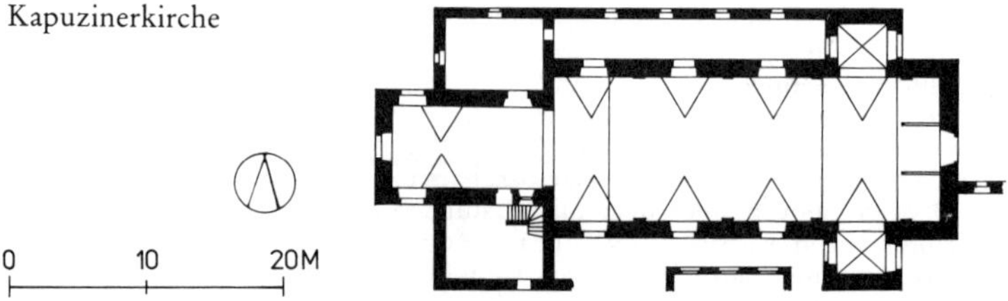

(Konventchor) durch den Hochaltar abgetrennt. Im 1. Langhausjoch Seitenkapellenanbauten, kreuzgratgewölbt, mit Rundbogenöffnungen zum Schiff (im S seit dem späten 19. Jh. teilweise vermauert – Lourdesgrotte). Eingeschossige Empore im O.
Hochaltaraufbau 1. H. 18. Jh., mittleres Altarblatt Anbetung der Hirten von 1602, seitl. Bilder Hll. Bonaventura im Gebet und Ludwig von Toulouse vor Maria, 1. H. 18. Jh.; Tabernakel mit seitl., drehbaren Reliquienkästen und Opfergangsportalen, von *Wenzel Schnitzer* um 1880. – Seitenaltaraufbauten 1. H. 18. Jh.; li. Altarblatt Maria mit Kind Hll. Antonius und Klara, um 1620; Oberbild hl. Fidelis, 18. Jh., auf der Mensa Bild Maria mit Kind bez. *Sebastian Stief* 1855 in biedermeierlichem Rahmen; re. Altarblatt Maria mit hl. Felix von Cantalice vor Maria, um 1620, Oberbild hl. Franziskus, 18. Jh., auf der Mensa Bild hl. Josef von *Franz Xaver Hornöck*, frühes 19. Jh., mit zeitgleichem Rahmen.
Re. Seitenkapelle, Altaraufbau 2. H. 17. Jh., mit Altarblatt Stigmatisation des hl. Franziskus. – Kanzel und Beichtstühle 2. H. 19. Jh. – Im Dommuseum zu Salzburg: Holzkruzifix 2. V. 14. Jh. Über dem Triumphbogen Holzkruzifix und ausgeschnittene Tafelmalerei Maria, Magdalena und Johannes, spätes 17. Jh. – Bilder: Ölberg, Christus vor Kaiphas, Geißelung. Dornenkrönung, Kreuztragung, Kreuzannagelung, 2. H. 18. Jh. – In Verwahrung Krippenfiguren von 1810, Altarblatt der re. Seitenkapelle hl. Sippe, 2. H. 17. Jh., Votivbild von 1701. – Weihwasserbecken 18. Jh.
Im Konventchor Hochaltarrückseite als Altarwand mit Holzkruzifix und ausgeschnittener Tafelmalerei Maria und Johannes, 1. H. 18. Jh. – Winterchor mit Freskenfragment betende Mönche M. 17. Jh.; Bilder Mater dolorosa und Ecce-Homo 18. Jh.

Kloster, Generalsanierung 1980/81. Südl. der Kirche um einen geteilten Innenhof angelegtes 2geschossiges Hauptgebäude, im Hof eingeschossiger pultdachgedeckter Umgang. Entlang des Ganges 1981 Freilegung eines abgefasten Rundbogenportales des 16. Jh. zum Refektorium im W-Trakt sowie weiterer Rundbogenportale im S-Trakt. Dachgeschoßausbau und Freilegung der ehem. Zisterne 1981. Glocke 1768 von *Karl Wolfgang Gugg.*

LORETOKIRCHE, siehe S. 632

ST. JOHANN am Imberg, im W des Kapuzinerberges, auf einer Plattform unterhalb des Kapuzinerklosters. Kleiner einschiffiger Bau mit Dachreiter, im Kern rom., 1681 erweitert. – Urk. 1319, 1594–1599 dem Kapuzinerorden

zugewiesen; 1681 unter Eb. Max Gandolf erweitert und barockisiert. Rest. seit 1970.
Schlichter Außenbau, Langhauswände rom., Satteldach, im SO Dachreiter mit Laterne und aufgesetztem Zwiebelhelm. Im N und S bar. Kapellenanbauten: östl. der nördl. Kapelle rechteckiger eingeschossiger Sakristeianbau; an die südl. Kapelle anschließend eingeschossige Sakristei mit unregelmäßigem Grundriß. Im O Schwibbogen über dem Stiegenaufgang zum Kapuzinerberg. Im O Gedenktafel von 1756. – Im westl. Teil des Langhauses befindet sich im S Marmorportal mit Inschr. und Wappen Eb. Max Gandolf bez. 1681. Das ehem. gegenüberliegende nördl. Portal sowie der ehem. überdachte Treppenaufgang, ausgehend von Linzer Gasse Nr. 4, vermauert.
Tonnengewölbtes Langhaus, Chor leicht eingezogen, mit flacher Decke und Segmentbogenschluß. Rundbogenöffnungen zu den seitl. Kapellen, letztere kreuzgratgewölbt, im W in Tonne übergehend. Östl. der Kapelle 2 seitl. Eingänge zu den Sakristeien. – Hölzerne W-Empore.
Deckenmalerei von *Andrä Langwieder* 1772; im Langhaus perspektivisch gemalte Kuppel, darin Engelgruppe mit Haupt Johannes d. T.
Marmorhochaltar um 1775; Altarblatt Taufe Christi, spätes 17. Jh., im 18. Jh. vergrößert um den oberen Teil mit Gottvater; Oberbild hl. Johannes d. T., 18. Jh.; seitl. Konsolfiguren Hll. Florian und Rosalia, im Aufsatz Hll. Antonius und Johannes Nepomuk von *Johann Georg Hitzl.* Tabernakel um 1775. – Marmorierte Seitenaltäre und marmorierte Kanzel um 1775. Die Altarblätter der Seitenaltäre von *Franz Nikolaus Streicher,* die Figuren von *Johann Georg Hitzl;* die Tabernakel um 1775. Li. Altarblatt Kreuzigung Christi, seitl. Figuren Hll. Franziskus und Helena. Re. Bruderschaftsaltar bez. 1778, Altarblatt Tod des hl. Josef, seitl. Figuren Hll. Johannes d. T. und Ev.
Kruzifix 2. H. 17. Jh. – Bilder, derzeit in Verwahrung: Gastmahl des Herodes, um 1620; Ursprungslegende der Kirche mit Hll. Johannes d. T. und Ev., 2. H. 17. Jh.; Hll. Johannes d. T., Elisabeth und Zacharias, um 1700; Maria mit Jesus und hl. Johannes – Pendant Joachim und Anna mit Maria, 14 Nothelfer – Pendant Letztes Abendmahl, hl. Franz Xaver, Wetterheilige, hl. Rupertus, alle 2. H. 18. Jh. – Kleines Bild hl. Johannes d. T. von *Peter Paul Perwanger* 1746 über dem Weihwasserbecken. – Orgelpositiv 1802 von *Johann Schmidt;* Türflügel mit Malerei Maria mit Kind, hl. Sebastian. – Im W des Langhauses bis zum Gewölbe reichendes schmiedeeisernes Gitter 18. Jh. (von 1728?). – Bänke mit bar. Wangen des 18. Jhs. – 2 Grabsteine M. 17. Jh.

SEBASTIANSKIRCHE und SEBASTIANSFRIEDHOF, Linzergasse Nr. 41. Spätbar. Saalbau, die südöstl. Langseite mit Fassadenturm in der Straßenflucht der Linzergasse, nordwestl. anschließend regelmäßige Friedhofsanlage aus der Zeit Eb. Wolf Dietrichs. Erste Kirche erbaut 1505–1512; urk. neu erbaut 1749–1753 von *Kassian Singer* (?), Weihe 1754; 1818 durch Brand stark beschädigt, 1821 wiederhergestellt. Filiale der Pfarre St. Andrä. Innenrest. 1963/64, Außenrest. 1972 abgeschlossen.
Langhaus über Rechteckgrundriß und eingezogene von eingeschossigen Anbauten flankierte Rundapsis, die Langseiten 4achsig, über hohem Sockel durch Pilaster mit ionisierenden Kapitellen gegliedert. Fensterumrahmungen mit Volutenanlauf und Rundbogenverdachung. Turm in der südl. Achse, leicht vorgezogen, Glockengeschoß über verkröpftem Kranzgesims mit Eckpilastern,

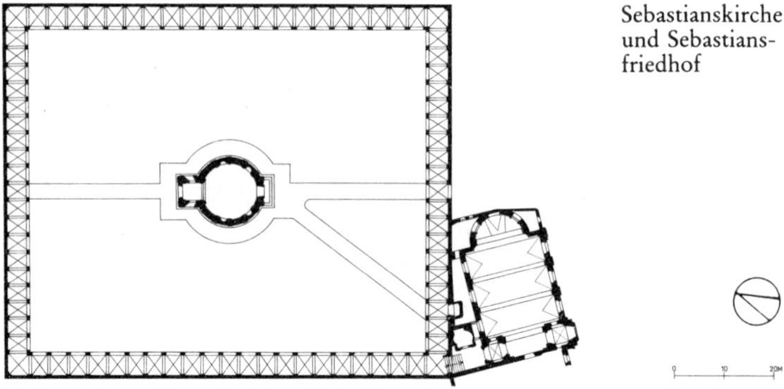

Sebastianskirche und Sebastiansfriedhof

rundbogigen Schallfenstern und Uhrengiebel; Zwiebelhelm mit Laterne. Portal im Turmerdgeschoß, nach 1750 bez. Entwurf von *Franz Anton Danreiter*, rundbogig, flankiert von Pilastern mit Engelhermen; über Gebälkstücken Volutenaufsatz mit hochovaler Nische, darin Büste hl. Sebastian, *Josef Anton Pfaffinger* zugeschrieben; Inschriftkartusche von 1754; Türflügel um 1820, Lünettengitter M. 18. Jh. von *Philipp Hinterseer*. Portal an der Friedhofseite, rundbogig, flankiert von Pilastern, flacher eine Ovalnische rahmender Volutenaufsatz, in der Nische Engelfigur A. 18. Jh., Türflügel mit Rokokoschnitzwerk, reiches Lünettengitter M. 18. Jh. von *Ph. Hinterseer*.

Inneres. 3jochiger Saalraum mit eingezogenem von Vorräumen flankiertem Emporenjoch; abgeschrägten Triumphbogenpfeilern angesetzte, leicht eingezogene Apsis. Gliederung durch Pilaster auf hohen Postamenten mit Rocaille-Kapitellen, umlaufendes Gebälk; Tonnengewölbe mit kurzen Stichkappen und Gurtbogen. Im Scheitel der Rundbogenfenster sparsamer Rokokostuck (1820 erneuert), über dem Gebälk Kreisfenster. Deckenstuck in den einjochigen kreuzgratgewölbten Vorräumen M. 18. Jh. Seitl. Portale im Altarraum mit profilierter Marmorumrahmung und Volutenaufsatz, nach Entwurf von *F. A. Danreiter*.

Hochaltar, M. 18. Jh., um 1820 überarbeitet, 1964 neuerlich verändert; leicht konkaver Marmoraufbau mit Pilasterbündeln, vorgestelltem Säulenpaar, geradem verkröpftem Gebälk und Volutenaufsatz; in der M. Statue Maria mit Kind, um 1610, Umkreis *Hans Waldburger;* im Auszug Relief hl. Sebastian, von *Konrad Dorn* 1964. – Je 3 Seitenaltäre in flachen Wandnischen des Langhauses, M. 18. Jh. Altarblätter: vorne li. Hl. Familie, bez. *J. Mich. Sattler 1821,* re. Maria Immaculata, von *Franz N. Streicher* um 1800; M. li. hl. Donatus, 2. H. 18. Jh., re. hl. Barbara bez. *Seb. Stief 1848;* hinten li. hl. Rochus, re. hl. Florian, beide bez. *J. Mich(ael) Sattler 1821.*

Kanzel mit Figur Moses auf dem Schalldeckel, um 1820. Orgelgehäuse 18. Jh. – An den Triumphbogenpfeilern 2 ovale Leinwandbilder, Hll. Aloysius und Theresia um 1760, darüber 2 Schnitzfiguren auf Wolkenkonsolen Fides und Religio (?). Konsolfigur im Langhaus, hl. Andreas, M. 18. Jh. Statuen in Wandnischen beiderseits der Empore, Hll. Petrus und Paulus, um 1820. In der

Vorhalle Kruzifix und Figur Schmerzhafte Muttergottes, von *Franz Seraphikus Nissl,* um 1820. Bar. Gnadenbild, Klagenfurter Heiliges Haupt. Schmiedeeisengitter unter der Empore und in den Durchgängen der Vorräume zum Langhaus M. 18. Jh. von *Ph. Hinterseer.* Eisenplattentür zum südl. anschließenden Bruderhaus mit Beschlägen M. 18. Jh. – Orgel 1828 von *Karl Mauracher.* Grabsteine. In der Apsis 2 Grabsteine mit figuralen Reliefs, A. 17. Jh. und Grabstein mit Relief Priesterfigur bez. 1552. Im Langhaus, li. 3 Inschriftsteine mit Wappen, Familie Lodron 1779 bzw. E. 18. Jh.; re. 2 Wappengrabsteine Maria Rosa Gräfin Seeau, 1763, und Ferdinand Friedrich Graf Seeau, 1768. Unter der Empore 3 Inschriftgrabsteine mit Wappen, Georg Augustin Paulus, 1777; Anna von Schidenhofer, 1687; Georg Ulrich von Schidenhofer, 1719.
Im Durchgang zum Friedhof, Grabmal des Theophrastus Bombastus von Hohenheim, genannt Paracelsus, gest. 1541, Obelisk von 1752 mit Inschr. und in den Sockel eingefügter urspr. Inschriftplatte des 16. Jhs., Porträtrelief von *L. Moos* 1941. – Grabstein Leonhardus Fröschlmoser, 1520, mit Relief Halbfigur und Wappen.

Kapelle hl. Philippus Neri, parallel zur Kirche, an den Durchgang zum Friedhof anschließend. Erb. 1684, um 1760 Inneres umgestaltet. Eigene, von toskanischen Pilastern und Gebälk eingefaßte Fassade; Portal mit profilierter Umrahmung und geschweifter Verdachung, Gitter M. 18. Jh.
Rechteckraum mit konkav ausschwingenden Längsseiten, von längsovaler durch Gesimse abgesetzter Kuppel überwölbt. Stukkaturen und Stuckrahmen für das Altarbild um 1760. Kuppelfresko bez. *W(olfram) Köberl 1956.* Altarbild hl. Philippus Neri 19. Jh., von *Sebastian Stief.* Inschrifttafel mit Stiftungsinschr. von 1684.

Sebastiansfriedhof. 1595–1600 im Auftrag von Eb. Wolf Dietrich anstelle eines seit A. 16. Jh. bestehenden Friedhofs nach dem Vorbild italienischer Campi Santi errichtet, Baumeister *Andrea Berteleto (Bertoletti?);* 1888 aufgelassen. Annähernd quadrat. Anlage, allseits von Pfeilerarkaden umgeben (19 zu 23 Achsen); die Arkadengänge mit Kreuzgratgewölben zwischen korbbogigen Gurten (nach 1818 neu eingewölbt.) – Portal von der Linzer Gasse, beim Chor der Kirche, eingefaßt von Pilastern, Gebälk und Aufsatz mit gesprengtem Giebel; Bauinschr. von 1600 und Wappen Eb. Wolf Dietrich.
Grabdenkmäler. Bedeutender Bestand in den Arkadengängen von A. 17. Jh. bis um die M. 19. Jh. Die Nischen zwischen den Wandpfeilern beginnend in der Südecke numeriert, z. T. von Gittern des 17. und 18. Jhs. (Nr. 4, 7, 11, 13, 17 bis 20, 24, 41, 57, 59, 60, 81, 83, 87) sowie der Zeit um 1800 und des 19. Jhs. (Nr. 26, 29 bis 31, 35, 37, 44, 48, 51 bis 55, 58, 63 bis 66, 71, 73, 74, 76, 77) umschlossen. Rundgang. 1. Wandgrab, Aufbau um 1684 mit seitl. Statuen Hll. Johannes d. T. und Elisabeth von Thüringen; Bild Beweinung Christi, um 1730/35, von *Jakob Zanusi* (?). Li. Trauernder Putto mit Inschriftkartusche, Franz Enkh von der Burg, 1776, auf Sockel mit Doppelwappen. Re. Pendant mit Inschr. Franziska Beck, 1854. Am Pilaster der Arkade Gedenkstein Josef Axmann, gest. 1873, mit Porträtrelief bez. AS 1898. – 2. Wandgrab A. 18. Jh., Bild Beweinung Christi von *Leopold Krieger* 1839 (ehem. bez.) und seitl. Obelisken um 1820; 2 Putten mit Inschriftkartuschen 2. H. 18. Jh., 2 Putten 19. Jh. – 3. Wandgrab mit Sockelplatte um 1620 und klassizistischem Holzrahmenaufbau 1. H. 19. Jh. Bild Jüngstes Gericht von *Sebastian Stief* nach *Peter Cornelius* 1843 (übermalt, ehem. bez.);

darunter Ovalbilder Hll. Georg, Anna und 2 Bildnisse. Abschlußgitter um 1700. Am gegenüberliegenden Pfeiler Grabstein A. 18. Jh., mit Relief Kniender vor Kruzifix. – 4. Wandgrab M. 17. Jh., mit Hochrelief Pietà und geflügelten Totenköpfen im Sockel; um 1800 nach Entwurf von *Johann Doppler,* durch seitl. Obelisken ergänzt. Davor 2 Säulchen 17. Jh. mit Weihwasserschalen. – 5. Wandgrab M. 17. Jh., mit Inschriftplatte und Relief Kruzifix zwischen Stifterfamilie, am Sockel Relief Todesemblem mit Spruchband Aeternitas, flankiert von Wappenschildern; seitl. Obelisken 1. H. 19. Jh. Davor Postament mit Weihwasserschale haltendem Putto, 1. H. 18. Jh. – 6. Wandgrab M. 18. Jh., für Franz Dietrich Popp von Rhain, gest. 1771, mit skulptiertem Wappen im Scheitel, Sockel mit Inschr. und Todesemblem, Bild Beweinung Christi. – 7. Über Marmorsockel Bild hl. Nikolaus, A. 19. Jh. – 8. Wandgrab 17. Jh.; Bild hl. Jungfrau, von *Franz N. Streicher,* E. 18. Jh. – 9. Wandgrab 18. Jh. – 10. Grabmal des Elia Castello, gest. 1602, urk. 1602 errichtet. Ädikulaaufbau aus rotem und weißem Marmor mit geschichteten Pilastern und Dreieckgiebel; Inschrifttafel, darüber Ovalnische mit Büste des Elia Castello. – 11. Wandgrab 1. V. 18. Jh.; Bild hl. Sigmund bez. *(Sebastian) Stief 1857.* Seitl. Obelisken spätes 18. Jh., mit Wappen Robinig v. Rottenfeld.

12. Wandgrab A. 17. Jh., reich gegliederter und ornamental reliefierter Marmorsockel, Bildrahmenaufbau mit bemalter Predella, Stifterfiguren, Wunderbare Brotvermehrung. Erlösung der Armen Seelen durch die Eucharistie, Mannaregen; Leinwandbild Christus predigt am See Genezareth, A. 17. Jh. – 13. Epitaph Johann Khizmägl, bez. 1633. – 15. Wandgrab, um 1730, mit Bild Heilung des Blindgeborenen, von *Sebastian Stief,* M. 19. Jh. – 17. Wandgrab Johann Kherschpamer, gest. 1775; Bild Auferweckung des Lazarus, bez. *Pet. Ant. Lorenzoni* 1773; Abschlußgitter bez. 1751. – 18. Wandgrab 1. H. 17. Jh., hoher Sockel mit Inschr. und seitl. Wappenschildern, als Aufsatz profilierter Rundbogenrahmen mit Knospenranken; davor 2 Obelisken A. 19. Jh. – 19. Wandgrab um 1620, Marmorsockel mit breitovaler von Voluten und Engelhermen gerahmter Inschrifttafel, seitl. Pilaster mit Wappenschilden; Rahmenaufbau aus Holz mit flachen Pilastern, ionischen Kapitellen über Muschelkonsolen, Gebälkstücken und rundbogigem reich geziertem Abschluß, seitl. Statuen hl. Rupert und weibliche Heilige (Kopien von 1964); Bild männlicher Heiliger mit Gefolge vor Kapellennische mit Kruzifix. – 20. Wandgrab um 1720, mit Bild Tod des hl. Josef. – 22. Wandgrab 1. H. 17. Jh., mit Bild Kreuzigung Christi. – 23. Grabmal der Magdalena Alt, um 1610, Wandaufbau mit geschichteten Doppelpilastern, Gebälk mit Rankenfries und von Rechteckaufsatz durchbrochenem Giebel; auf vorgezogenem Sockel Marmorsarkophag mit freistehender großer Engelfigur, auf den Giebelschenkeln Engel mit Schweißtuch Christi. – Am Pfeiler gegenüber, Epitaph Sebastian von Zillerberg, gest. 1712, mit Wappenschild und trauernden Putten. Grabstein Georg Khollmayr, gest. 1710, mit Relief Marienkrönung. Wappengrabstein Sebastian Selcham, gest. 1605.

24. Marmoraltar M. 18. Jh., über der Mensa Aufbau aus pilastergegliederter, von Säulchen mit Gebälkstücken flankierter Konche, von angeschnittener Kuppel mit seitl. Voluten bekrönt. In der Nische Relief Fußwaschung (Gipsabguß nach Original von *Hans Konrad Asper* im SMCA). – In der Wand daneben, Nische mit Figur Christus im Spottmantel, E. 18. Jh. – 25. Epitaph Felicitas Weickhlin, bez. 1626, Relief Hl.-Geist-Taube mit knienden Stiftern; Grabstein Hanns

Schönperger, gest. 1635, Relief, Kruzifix mit kniendem Stifter. Am Pfeiler gegenüber Epitaph Christof Schneider, gest. 1586, Relief Kruzifix mit knienden Stiftern. – 26. Marmorsarkophag 2. H. 17. Jh., darüber 3 Wappengrabsteine, Ursula Gutrathin, 1668; Rosina Guettrathin, 1660, mit Wappen haltender Engelfigur; Adam Lorenz Gutrath, 1683. Im Boden Grabstein Virgil Hueber, 1606, mit knienden Stifterfiguren; Wappengrabstein Martin Ettenauer, 1656, Maria Minsinger, 1662. Am li. Pilaster Grabstein Franz Xaver von Prank, gest. 1777, mit gravierten Wappen. – 27. Vase und Kreuz um 1830, wohl von *Johann Doppler* mit Wappenschild Lasser von Zollheim.

37. Klassizistisches Wandgrab Gregor und Johanna Gansl, bez. 1815. – 38. Wandgrab um 1630, mit Relief Maria mit Kind in Wolkenkranz und darunter kniend Hll. Johannes d. T. und Katharina. – 39. Wandgrab um 1625, 3geschossiger, mehrschichtiger Aufbau, Sockel und Hauptteil, außen von flachen Steilvoluten gerahmt, in der M. hochrechteckiges Relief flankiert von Säulchen mit Kompositkapitellen und Gebälkstücken, über verkröpftem Gesims Aufsatz mit Rundmedaillon zwischen von Engelköpfen und Fruchtschnur geschmückten Pfeilern, seitl. Voluten mit Pyramidenaufsätzen und gesprengtem Giebel; Hochrelief, lebensgroße Figur des Todes im Triumph über die Stände von *Hans Konrad Asper*, 1625, darüber im Medaillon Büste Gottvaters. – 43. Klassizistisches Wandgrab, D. Ambrosius de Plazaola, gest. 1838, von *F. Hitzl* 1839.

44. Fragmentierter Wappengrabstein, bez. 1615. – 47. Wandgrab, Sockel 1674, Rahmenaufbau (aus rotem und weißem Marmor) mit seitl. Voluten und eingezogenem, gekehltem Rundbogen, 2. H. 18. Jh. – 49. Relief Taufe Christi 1. H. 17. Jh., Marmorrahmen 19. Jh. – 52. Wandgrab M. 18. Jh., mit trauernden Putten und hochovalem Bild hl. Antonius als Einsiedler. Davor klassizistischer Sarkophag flankiert von Grabsteinen 1830/40. – 53. Zwei klassizistische Grabsteine Carl von Prevenhueber, gest. 1845, und Johanna Prevenhueber, gest. 1843, bez. *Joh(ann) und Anna Doppler*, jeweils mit Reliefs Trauernder Genius und Wappen. – 54. Künstliche Felsengrotte urk. errichtet 1666, urspr. mit 11 Holzfiguren (z. T. gestohlen, z. T. in Verwahrung). – 55. Klassizistisches Gußeisengrabmal, Familie Wührer, 1. H. 19. Jh. – 57. Bild Auferweckung des Lazarus (stark übermalt) und Stuckumrahmung mit üppigen Akanthusranken E. 17. Jh. – 58. Grabmal Franz Graf Wolkenstein Trostburg, gest. 1805, Obelisk mit Urne und skulptiertem Wappen. Daneben Grabmal Carl Freiherr von Seuffertitz, gest. 1831, Obelisk mit kleinem Wappenrelief. – 63. Klassizistisches Grabmal um 1790, mit 2 Ovalbildern Grablegung und Auferstehung Christi 2. V. 19. Jh. – 68. Breitrechteckiges spätgot. Marmorepitaph (wahrsch. aus der im 19. Jh. abgetragenen Andreaskirche) mit unvollendeter Inschr. und Relief Kreuzigung mit Maria und Johannes, kniender Stifterfigur und Wappenschild mit Helmzier, um 1490. – 69. Marmoraltar mit Ädikulaaufbau, gestiftet von Abraham Getzner 1684 (bez.); Altarbild Glorie des hl. Sebastian mit Stadtansicht von Salzburg 1821; bemaltes Antependium Arme Seelen E. 17. Jh. – Re. daneben Grabmal Anna Hartenkeil, gest. 1820.

70. Grabstein Katharina Koltin, 1631, mit Doppelwappen. – 78. Grabstein Michael Pohl, 1581, Relief Kruzifix und kniender Stifter. – 79. Wandgrab um 1630, mit skulptiertem Marmorwappen in gesprengtem Giebel und Relief Pietà. Am li. Pilaster spätgot. Relief hl. Sebastian mit kniender Stifterfigur und Wappen, A. 16. Jh. – 80. Grabmal Grafendorfer-Elixhauser, errichtet 1793, auf

Sockel gestellter Sarkophag mit Pyramidenaufsatz flankiert von bar. Putten. – 81. Grabmal Joachim Ferdinand von Schidenhofen, gest. 1823, klassizistischer Sarkophag mit Urne. – 82. Aufbau mit Sockel und Säulen 17. Jh., Grabplatte 1. H. 19. Jh. – 83. Grabmal Egger, klassizistisches Wandgrab um 1828 mit breitem, abgekapptem Pyramidenaufsatz.

84. Beinhauskapelle, erb. 1671. Tiefe Rundbogennische mit Abschlußgitter. Seit 1968 darin aufgestellter Tumbadeckel aus weißem Marmor mit Darstellung eines verwesenden Leichnams, bez. *H. C. Asper* (1624). An der Wand geflügelte Totenköpfe. Zu seiten der Nische zahlreiche Inschriftgrabsteine, darunter Grabstein Maria Maximiliana Firmian, gest. 1793, mit kleinem Wappenrelief. – 85. Wandgrab gestiftet 1680 von Georg Payrhamer. Ädikulaaufbau, im Sockel von Blattranken umrahmte Inschrifttafel und seitl. skulptierte Wappen, Säulen mit Kompositkapitellen und gesprengter Segmentgiebel; Hochrelief hl. Familie, außen auf Konsolen Figuren Hll. Johannes d. T. und Johannes Ev., von *Christoph Lusime* 1671. – 86. Wandgrab, flacher Ädikulaaufbau mit kannelierten Pilastern, Kompositkapitellen und gesprengtem Giebel 17. Jh.; Aufsatz und Bild Kruzifix mit Maria Magdalena, von *Franz N. Streicher* 1793. – 87. Wandgrab 1. H. 17. Jh., hoher Sockel, Rahmenaufbau mit rundbogigem durch Fruchtschnüre und Cherubskopf geschmücktem Abschluß; den Pilastern klassizistische Obelisken mit ovalen Inschriftplatten vorgelegt, um 1810. Bar. Bild Barmherziger Samariter und Predellenbild mit Stifterdarstellungen.

Mehrere schlichte klassizistische und neugot. Grabmäler des 19. Jhs. (Nr. 14, 16, 21, 28, 41, 42, 45, 51, 56, 66, 73). – Im Friedhofsfeld die Gräber von Konstanze und Leopold Mozart.

Gabrielskapelle, in der Mitte des Friedhofes. Als Mausoleum für Eb. Wolf Dietrich zwischen 1597 und 1603 nach Plänen von *Elia Castello* erb. und dekoriert. Rest. 1980. – Kreisrunder Zentralbau mit Rechteckapsis, durch toskanische Pilaster gegliedert, über dem Gebälk ausladendes Abschlußgesims und leicht geschweiftes Kuppeldach mit Gaupen (bez. 1693). Portal mit profilierter Umrahmung, Gebälk und Dreieckgiebel; im Giebel skulptiertes Wappen Eb. Wolf Dietrich. – Grabsteine am Außenbau. Matheus Janischitz, gest. 1605, gestiftet von Wolf Dietrich für seinen Kammerdiener, mit Relief Kruzifix zwischen Maria und Johannes, E. 17. Jh.; Johann Bögginger, 1655, mit Wappen; Georg Hagenpüch(ler), 1643, mit Wappen und Relief hl. Georg.

Inneres. Zylindrischer Hauptraum mit durch Gebälk abgesetzter, durch Stuckrippen aus fleischigem Akanthus gegliederter und durch 4 Ochsenaugen belichteter Kuppel. Die Wand durch bunte quadrat., die Kuppel durch rhombische Fliesen verkleidet. Hoher Triumphbogen mit geschichteten Pilastern und stuckierter Archivolte; im Scheitel Wappen Eb. Wolf Dietrich. Quadrat. Altarraum tonnengewölbt, mit seitl. Rechteckfenstern und Fliesen mit Blattrankenornament. Über dem stuckverzierten Gebälk Gewölbe mit Stuckkassetten und farbigen Reliefs wohl von *Elia Castello,* 4 Kardinaltugenden, 4 Kirchenväter und in der M. Wappen Eb. Wolf Dietrich. – Im Hauptraum Fenster über dem Portal und 4 Nischen in den Diagonalachsen, jeweils von Ädikula mit Hermenkaryatiden und Dreieck- oder Segmentbogengiebel gerahmt, in den Nischen überlebensgroße Stuckfiguren der 4 Evangelisten.

Altar, Marmorädikula mit Pilastern, vorgestellten gedrehten Säulen, geschweiftem gesprengtem Giebel und Wappen Wolf Dietrich; Altarbild auf Kupfer,

Fußwaschung, bez. *J. Zanusi 1740;* seitl. Statuen Hll. Christophorus und Georg, M. 18. Jh., *Josef Anton Pfaffinger* zugeschrieben. 2 bronzene Gedenktafeln beiderseits des Triumphbogens, 1605 und 1607, von *Christof Herold* (Nürnberg), mit Inschr. über den Bau und Anweisungen für das Begräbnis Wolf Dietrichs. Gruft mit 1967 neu errichtetem Sarkophag. Schmiedeeisernes Eingangsgitter A. 17. Jh.

KREUZWEGKAPELLEN an der Fahrstraße auf den Kapuzinerberg. Straße unter Eb. Wolf Dietrich erb., Anlage der Stiege in der 1. H. des 18. Jhs., die Kapellen zwischen 1736 und 1744 errichtet.
Acht freistehende Kapellen mit quadrat. Grundriß, Nischen mit Figurengruppen, Segmentbogenöffnungen verschlossen durch bar. Gitter, vorgezogenes Dach mit bar. Hohlkehle und Zeltdach. Dargestellt: Abschied Christi von Maria, Ölberg, Christus vor Kaiphas, Geißelung, Dornenkrönung, Kreuztragung, Beweinung und Christus als Guter Hirte.
Rundbogennische bergseitig in der Durchfahrt der Felixpforte, mit Figur Christus an der Geißelsäule.
Kreuzigungsgruppe in offener Kapelle, von 4 Pfeilern getragenes Walmdach, über einer Treppenanlage. Holzfiguren Christus und die beiden Schächer M. 18. Jh., darunter Steinfiguren Maria, Magdalena und Johannes, letztere bez. *Franz (de Paula) Hitzl 1780.*
Unmittelbar an der Umfriedungsmauer des Kapuzinerklosters 3 Kapellen mit Figuren Christus im Grab liegend, Hll. Franziskus und Petrus. Figuren, einige urk. von *Lorenz Hörmbler,* die übrigen von *J. Bergler d. Ä., Josef Anton Pfaffinger* und *Johann Georg Hitzl* (?).

PROFANBAUTEN

ARENBERGSTRASSE. Am Fuße des Kapuzinerberges, ehem. Ausfallstraße in Fortsetzung der Steingasse (Äußerer Stein). Vorwiegend offene Verbauung, an der Bergseite einzelne Bürgerhäuser im Kern 16./17. Jh. und späthistoristische Wohnhäuser; am Ostende die ehem. Ansitze Bürglstein (Schloß Arenberg) und Elsenheim.
Nr. 1: 4geschossiges Bürgerhaus, im Kern 16. Jh. (?), schlichte 6achsige Fassade mit Ecklisenen, Fensterfaschen und Hohlkehlenabschluß. – **Nr. 2:** Ehem. Lederfabrik Zezi, klassizistischer Bau, erb. 1787 von *Johann Georg Laschensky.* Langgestreckt, die Hauptfassade zur Imbergstraße ausgerichtet, 4geschossiger Mitteltrakt mit übergiebeltem Mittelrisalit, genuteten Ecklisenen und Plattendekor, 2geschossige Flügel. – **Nr. 9, 11:** Gruppe von 3- und 5achsigen, 3- bis 4geschossigen Bürgerhäusern, im Kern 16./17. Jh., Nr. 9, mit Grabendach und abgefastem Rechteckportal.
Nr. 8/10: Schloß Arenberg (Bürglstein). Urk. im 14. Jh. Herren von Keutzl, 1527 von Pirglstein. Im 17. Jh. von Eb. Johann Ernst Thun erworben, im 18. Jh. Besitz des Priesterhauses, ab 1791 privat, nach einem Brand (1814) wieder aufgebaut. Seit 1968 Sitz der Max-Reinhardt-Forschungs- und Gedenkstätte mit Max-Reinhardt-Archiv und Fotoarchiv zur Geschichte der Salzburger Festspiele. Spätbiedermeierliches Schloß, Hauptfassade, zu dem als englischer Garten angelegten Park ausgerichtet, 4geschossig, mit 6achsigem, stark durchfenstertem, übergiebeltem Mittelrisalit; seitl. zarte Wandquaderung und profilierte Fenster-

umrahmungen, im Hauptgeschoß mit Parapetfeldern. Hoher, gußeiserner Altan mit frühhistoristischem Gitter. – Innen. Saal im Obergeschoß, Kassettendecke des 16. Jhs. (aus Schloß Tandalier, z. T. ergänzt) mit 2 eingelegten Wappenschilden und 3 Portalumrahmungen mit Intarsien; in den Supraporten Wappen und Inschriften: Christoff Graf zu Schermperg 1569, Catrina Gräfin geborene Paumgarden zum Traunstein 1569, Fürstin Sophie von Arenberg geb. Prinzessin von Auersperg 1861.

Nr. 13/15: Bürgerhaus im Kern 16. Jh. mit historistischem Anbau und Gartenhaus mit gotisierender Front. – **Nr. 23, 25, 27:** Gruppe von späthistoristischen Wohnhäusern (Villen) mit turmbehelmten Erkern, E. 19. Jh. – **Nr. 29:** 4geschossiges, 4achsiges Bürgerhaus mit Grabendach, Rieselputzfassade und Fensterfaschen, im Kern 16./17. Jh. – **Nr. 29a:** Haus Deininger, Villa erbaut 1927/28 nach Plan von *Wunibald Deininger;* Gartenplastik von *Hans Pontiller.* – **Nr. 35:** Ehem. Wirtschaftsgebäude zu Schloß Elsenheim (im Mittelteil frühere Wagenremise), Rundbogenportal mit Stuckrahmung, Fassade mit Quader- und Lisenengliederung 2. H. 18. Jh., Umbau zu Wohnzwecken 1976.

Nr. 37: Schloß Elsenheim. 1449 von Hans Elsenheimer, später Bürgermeister von Salzburg, neu erbaut, 1662 Freiherren von Ritz, ab 1681 Freiherren von Rehlingen, 1862 Fürstin Sophie von Arenberg, heute Privatbesitz. – Kern M. 15. Jh., bestehende Gestalt und Fassaden 2. H. 18. Jh. Turmartiger Bau mit flachem Walmdach, an der Nord- und Südseite je ein quadrat. Türmchen angesetzt; Erdgeschoß gewölbt, im 2. und 3. Obergeschoß Stuckdecken E. 18. Jh. Am nördl. Treppenturm Marmorwappen der Freiherren von Rehlingen; südl. Turm auf Pfeilern mit Rundbogen ruhend, von hier doppelläufige Freitreppe aus Konglomerat zu mit Mauer umgebenem Gartenparterre, unter der Stiege leere Tuffsteinnische. Im 4. Geschoß ehem. Atelier des Malers Franz von Pausinger.

BERGSTRASSE. In zweifacher Windung von der Linzer Gasse zur Dreifaltigkeitsgasse führend; mittelalterlicher Straßenzug. Trotz einiger nach Bombenschäden wiedererrichteter Häuser ist durch mehrere 4- bis 5geschossige Altbauten, durch Fassadenanpassungen und durch den Straßenverlauf der Charakter einer altstädtischen Straße vorherrschend. Die Altbauten, meist auf kleinen Parzellen errichtet, im Kern 16./17. Jh., schlichte, z. T. nach dem Stadtbrand 1818 entstandene Fassaden mit Hohlkehlenabschluß: **Nr. 4, 6, 8, 16; Nr. 18** mit 6achsiger Fassade, Fensterumrahmungen 1. V. 19. Jh., Rundbogenportal mit seitl. Pilastern und Gebälk; **Nr. 11,** durch Fassade aus dem 2. V. des 19. Jhs. 2 Bürgerhäuser zusammengefaßt; **Nr. 15** mit 4achsiger geknickter Front, Fassade 2. V. 19. Jh., **Nr. 17** und **19,** beide 2achsig, 4geschossig mit Bodenluken und breiter Hohlkehle; **Nr. 21,** Fensterumrahmungen 2. V. 19. Jh. Daneben Haus **Nr. 10,** 2. H. 19. Jh., mit schlichter Fassade, **Nr. 12** mit „altstädtischer Fassade" von 1937 nach Entwurf von *Josef Holzinger* und *Paul Geppert d. J.*

DREIFALTIGKEITSGASSE. Vom Platzl zum Mirabellplatz führend, bis zum Sauterbogen, einem von Wohnhaus (Nr. 6) überbauten, tonnengewölbten Durchlaß in der Stadtmauer des 13. Jhs., kurze schmale Altstadtgasse, danach breiter gerader Straßenzug, dominiert von Priesterhaus mit der Dreifaltigkeitskirche und dem monumentalen ehem. Lodronschen Primogeniturpalast.

Nr. 1 = Platzl Nr. 2. – **Nr. 2** = Linzergasse Nr. 1. – **Nr. 3, 4, 5:** 5- bis 6geschossige Bürgerhäuser, im Kern mittelalterlich, Nr. 3, im Inneren 1928 umgebaut, im Vestibül und Stiegenhaus Holzvertäfelung mit ornamentalem Dekor und Holzbalustraden. – **Nr. 6:** Im Gewölbe des Torbaus Wappen Eb. Paris Lodrons, bez. 1645. – **Nr. 7** = Lederergasse Nr. 5. – **Nr. 10:** Außerhalb der Stadtmauer gelegen, mit dieser durch Hofflügel verbunden, im Kern 17. Jh. (?), 3geschossig, 3achsig, mit langgestreckter Seitenfassade zur Richard-Mayr-Straße, Fensterumrahmungen 2. H. 19. Jh. – **Nr. 15** bis **19:** Ehem. Lodronscher Primogeniturpalast. Erb. 1631 für die Familie Eb. Paris Lodrons. Mit Ausnahme der Fassade 1972 weitgehend abgetragen und Neubau für die Hochschule Mozarteum errichtet. Langgestreckte Fassade des 17. Jhs. (z. T. erneuert) mit hohem genutetem Sockel, 2 Obergeschossen und Attikageschoß; strenge horizontale Gliederung durch Sohlbank und Gurtgesimsbänder, Fensterumrahmungen mit ausgestellten Ecken. 2 Portale, jeweils mit Wappen Lodron. Im Mozart-Saal Fresko von *Anton Faistauer* 1929, Dianas Heimkehr von der Jagd (aus dem abgetragenen Lederer-Schlößl in Wien, 1976 übertragen).

DR.-FRANZ-REHRL-PLATZ, siehe Giselakai

GISELAKAI. Von der Staatsbrücke bis östl. der Nonntaler Brücke, das re. Salzachufer begleitend durch die Salzachregulierung um 1887 entstanden. Im westl. Abschnitt geschlossene Zeile von urspr. unmittelbar am Fluß stehenden im Kern mittelalterlichen Häusern und Hinterhäusern der Steingasse (siehe dort Nr. 4 bis Nr. 20); der östl. Abschnitt als Uferpromenade weitergeführt, hier planmäßige offene Verbauung zwischen 1890 und 1911 mit 3- bis 4geschossigen Villen und freistehenden Wohnhäusern (Nr. 19 – Nr. 53), zu der auch die Villenverbauung des Dr.-Franz-Rehrl-Platzes (Nr. 2, 7), der Imbergstraße (Nr. 22, 24, 26) und der Bürglsteinstraße (Nr. 2, 4, 6) gehört. Insgesamt ein bedeutendes spätgründerzeitliches Ensemble, das zusammen mit der Verbauung des Elisabeth-Kais die rechtsufrige Altstadt rahmt. Die Häuser großteils von *Jacob Ceconi* erbaut, mit Neorenaissance- und Neobarockfassaden, z. T. auch mit gotisierendem und secessionistischem Dekor; einzelne durch Umbau verändert, einige Fassaden abgeschlagen.

IMBERGSTRASSE. Vom Giselakai abzweigend zwischen den Gärten der Häuser der Steingasse, deren der Salzach zugewandte Seiten z. T. in Obergeschoßarkaden geöffnet sind, und der offenen historistischen Verbauung des Giselakais verlaufend (siehe Steingasse ab Nr. 22 und Giselakai).

KAPUZINERBERG. Befestigung. Im Mittelalter nur durch Trompeterschlößl sowie Anschlüsse an die Stadtmauer, unter Eb. Paris Lodron 1629–1632 der gesamte Berg in das Verteidigungskonzept der Stadt miteinbezogen.

Felixpforte, Kapuzinerberg **Nr. 4.** Auf halber Höhe des Weges zum Kloster, Nordwesteckpunkt der Wehranlage Eb. Paris Lodrons; 2geschossiges Gebäude über abgewinkeltem Grundriß, im Dachgeschoß ehem. breitrechteckige Schießluken unter auskragendem Walmdach. Tonnengewölbte Durchfahrt, beidseits Konglomeratportale, gedrückte Segmentbogen mit Rechteckumrahmung, über talseitigem Tor Inschrifttafel Eb. Paris Lodron, bez. 1632.

Trompeterschlößl, Vorgängerbau des Kapuzinerklosters. Erb. wohl um 1280/90 als Eckpfeiler der ersten Stadtbefestigung, mit dieser durch Anschlußmauern zu innerem Steintor und Ostertor verbunden. Hauptbau ein rom. Wohnturm mit Erker und Zinnenkranz, 1406 Umbauten, unter Eb. Wolf Dietrich

1594–1599 für Kapuzinerkloster grundlegend umgebaut; im Mauerwerk der Klosterkirche Zinnenformen unter Verputz erhalten.

Kapuzinerbergmauer, von Felixpforte ausgehend, das Kapuzinerkloster umfassend, dadurch Eindruck einer Doppelmauer in diesem Bereich. Oftmals abgewinkelter, dem Gelände folgender Mauerzug um gesamten westl., südl. und östl. Bergabsturz verlaufend, an wesentl., vorspringenden Ecken durch kleine Auslugtürmchen mit geschweiften Zeltdächern verstärkt, Seitenwände auf Kragsteinen großteils aus stehenden Steinplatten, darunter an Felskanten z. T. große Steinwappen Eb. Paris Lodron, so z. B. oberhalb Äußerer Stein. Im Verlauf der östl. Mauer kleine Geschützbastei mit Schießluken, nördl. davon Ausfallpforte; gesamte Anlage unter Eb. Paris Lodron 1629–1632 erbaut.

Franziski-Schlößl, Kapuzinerberg **Nr. 9.** Nördl. Endpunkt des Mauerzuges am höchsten Punkt des steilen, abfallenden Grates gegen O. Erb. 1629 unter Eb. Paris Lodron, dient seit dem 19. Jh. als Ausflugsgasthaus; Zugang über ehem. Zugbrücke über künstlichem, tiefem Graben von W in den Mittelbau, beidseits gegen W spitz zulaufende Flügelbauten mit kleinen Schießerkern an spitzen westl. Gebäudekanten im 1. Obergeschoß. Gewölbtes Sockelgeschoß und 1. Obergeschoß mit Schießluken und -scharten, verputzter Mauerbau mit mächtiger Ortsteinquaderung, Walmdächer; gegen O einhüftige Freitreppe aus Konglomerat, Schmiedeeisengeländer um 1630. Östl. vorgelagert kleine Bastei mit 2 kleinen Aussichtstürmchen, heute Gastgarten. Über westl. Hauptportal, schmucklos, Marmorreliefplatte, kniender hl. Franziskus, darunter Wappen Eb. Paris Lodron und Bauinschr., bez. 1629.

Befestigungsmauer an der Nordseite des Berges, oberhalb Linzergasse–Wolf-Dietrich-Straße, als Flügelmauer oberhalb des ehem. Linzer Tores, im 15. Jh. errichtet, verstärkt und durch kleine Bastei erweitert, um 1630, unter Eb. Paris Lodron.

Paschinger-Schlößl, Kapuzinerberg **Nr. 5.** Urk. 1639 Grundkauf durch Peter Ettinger. In der 1. H. 18. Jh. häufiger Besitzerwechsel, 1766–1793 Anna Helena Hermes, 1793–1823 Anton Paschinger, 1824–1867 Matthias Gschnitzer, 1867–1905 Wilhelm Pletsch, 1919–1937 Stefan Zweig, seit 1937 Familie Gollhofer. – Unmittelbar an die Stadtmauer angebautes langgestrecktes Gebäude aus mehreren Bauphasen. Im Kern 2. H. 17. Jh.; 3geschossig mit Walmdach, im 1. Obergeschoß Erker 2. H. 19. Jh.; seitl. 2geschossige Anbauten mit Satteldach, im S abschließend Mansarddach – aus dem späten 18. Jh. bzw. aus dem 19. Jh., in der Folge mehrmals umgebaut. Einheitliche Fenstergliederung des späten 19. Jhs. – Im Inneren im 2. Obergeschoß Türen des frühen 19. Jhs.

KÖNIGSGÄSSCHEN. Enge Hintergasse der Linzergasse, zwischen den Häusern Nr. 7 und Nr. 9 und in einer Krümmung dem Verlauf der Stadtmauer folgend zur Dreifaltigkeitsgasse führend. Hohe 5geschossige Straßenfronten, **Nr. 1** und **Nr. 3** mit Grabendach; die nördl. Zeile **Nr. 2, 4, 6** an die Stadtmauer des 13. Jhs. gebaut.

LEDERERGASSE. An der Schwarzstraße rundbogig überbaut (1884), von hier zur Dreifaltigkeitsgasse ansteigend. Enge, 2fach geknickte Gasse, zwischen 5geschossigen, ehem. Seitenfronten mächtiger Bürgerhäuser des 16./17. Jhs. **Nr. 1, 3, 4** und **6,** die Fassaden bis zu 8achsig, von Hohlkehlen abgeschlossen, Nr. 1 und 3 mit der nördl. Längsseite auf der Stadtmauer des 13. Jhs. errichtet.

Nr. 5: Ebenfalls an der Stadtmauer gelegen, mit der 3achsigen Stirnseite zur Gasse, im Kern 16./17. Jh.

LINZERGASSE. Hauptstraßenzug der rechtsufrigen Altstadt, als Ausfallstraße nach NO entstanden. Langgezogene Gasse, vom Platzl ansteigend, im äußeren Bereich leicht gekrümmt. Von **Nr. 2** bis **Nr. 68** und von **Nr. 3** bis **Nr. 49** abgesehen von 2 nach Bombenschäden errichteten Neubauten (Nr. 17/19 und Nr. 22/24) geschlossener Bestand an im Baukern mittelalterlichen oder auf das 16. Jh. zurückgehenden Bürgerhäusern, mit wenigen Ausnahmen von sehr einheitlichem Typus, 4- bis 5geschossig, 3 bis 4achsig und (jedoch meist von Geschäftseinbauten gestört) mit seitlichem, tonnengewölbtem Flur sowie schmalem Rundbogenportal, teils auf tiefen Parzellen errichtet, an der re. Seite z. T. mit kleinen Höfen und mit an die Felswand des Kapuzinerberges gebauten Hinterhäusern; die Fassaden mit Hohlkehlenabschluß, meist mit einfachen Fensterfaschen oder Fensterumrahmungen des 19. Jhs., z. T. biedermeierlich (Nr. 35, 58, 62), und des frühen 20. Jhs.; einige Speicheröffnungen (Nr. 25, 26, 42, 62, 68) und einige Grabendächer erhalten. Außerhalb des ehem. Linzer Tores (abgetragen 1894) Verbauung 4. V. 19. Jh. mit späthistoristischen Fassaden (Nr. 55, 70, 72, 74, 76, 78).

Nr. 1: Wohn- und Geschäftshaus, an der Stelle der 1861 abgetragenen Andräkirche erb., 2. und 3. Obergeschoß mit historistischer Fassade, im 1. Obergeschoß Sgraffito von *Karl Reisenbichler* 1927. – **Nr. 2:** Fassade und Marmorverkleidung im Erdgeschoß um 1910. – **Nr. 3:** Im Kern mittelalterlich, 10achsig, Rieselputzfassade mit Fensterumrahmungen 19. Jh., renov. 1909. – **Nr. 7:** Eingemauerter Engelkopf A. 17. Jh. – **Nr. 9:** Aus 3 Bürgerhäusern hervorgegangener Komplex, im Kern mittelalterlich, 2. H. 19. Jh. und 1950 umgebaut; Ostseite auf der Stadtmauer des 13. Jhs., Teile im Inneren. – **Nr. 12:** Bürgerhaus mit Grabendach und 2geschossigen Hofarkaden. Im 1. und 2. Obergeschoß profilierte Fenstergewände 16. Jh., nordseitig an die Stadtmauer des 13. Jhs. gebaut: Mauerwerk aus grob behauenen Quadern, im oberen Teil Bruchsteinmauer mit Zinnenabschluß. – **Nr. 14:** Im Kern 16. Jh., um 1617 umgebaut, 4geschossig, 4achsig; mit hohem, 2geschossigem Durchgang zum Kapuzinerberg, Torbogen mit Rustikabänderung, im Scheitel skulptierte Wappenkartusche mit Wappen Eb. Markus Sittikus, darüber, in Umrahmung mit gesprengtem Giebel, Relief Stigmatisation des hl. Franziskus bez. 1617; im Durchgang Portal bez. 1800. – **Nr. 16:** Im Inneren Treppe mit Balustersäulchen 16. Jh. – **Nr. 20:** Fassade 4geschossig, mit hoher Stirnmauer und Hohlkehlenabschluß, abgefaste Fenstergewände 16. Jh.; im Erdgeschoß Portal- und Fensterumrahmungen 1. V. 20. Jh. – **Nr. 21:** Im Kern 16. Jh., nach dem Brand von 1818 umgebaut, biedermeierliche Fassade, renov. 1947.

Nr. 41: St.-Sebastian-Bruderhaus, gestiftet 1496, erb. 1532 (?). 1951 Wiederaufbau nach Bombenschäden. Im breiten tonnengewölbten Flur abgefaste Rundbogenportale, Rechteckportal mit Gewände 3. V. 16. Jh., Schmiedeeisengitter bez. 1617. – **Nr. 43/45:** Ehem. Badehaus, im Kern 16. Jh., Fassade 7achsig mit barockisierenden Fensterumrahmungen. – **Nr. 46:** 5achsig, im 4. Geschoß niedrige Segmentbogenarkaden auf Rundsäulchen. – **Nr. 47/49:** Gasthof, im Kern 16. Jh.; Fassade 4geschossig, 10achsig, mit querovalen Bodenluken und Hohlkehlenabschluß, barockisierende Fensterumrahmungen. – **Nr. 48:** Schmiedeeiserner Ausleger um 1920/30. – **Nr. 52:** Fassade 6achsig mit Fensterumrahmungen 2. V. 19. Jh., Rundbogenportal bez. 1895. – **Nr. 68:** 16. Jh., 6achsig, 3geschossig und hohes Dachbodengeschoß mit Speicheröffnung.

MAKARTPLATZ. Ansteigender, in der Längsachse zur Dreifaltigkeitskirche ausgerichteter, kleiner Rechteckplatz.
Nr. 1: Erb. E. 18. Jh., freistehendes, 3geschossiges Wohnhaus mit Lisenengliederung in den Obergeschossen und Fensterumrahmungen mit Plattenstildekor, die 3 Mittelachsen der Längsseiten übergiebelt. Erdgeschoß verändert. Geburtshaus des Physikers Christian Doppler (1803–1853). – **Nr. 2:** Landestheater, siehe Schwarzstraße Nr. 22. – **Nr. 4:** Hotel Bristol. Erb. nach Plan von *Rudolf Kmunke* 1893. Breite, die Westseite des Platzes bestimmende, 5geschossige Fassade, durch Risalite und Erker gegliedert, mit neobar. Dekor und Balkongittern. – **Nr. 6** mit Dreifaltigkeitsgasse Nr. 9/11: Umbau 1912, durch *Bruno Grüner.* 3geschossige Fassade mit genutetem Erdgeschoß und neobar. Fensterumrahmungen; Portal 18. Jh. – **Nr. 8: Mozarts Wohnhaus,** urk. 1617, im 18. Jh. bis 1767 Tanzmeisterhaus, 1773 von der Familie Leopold Mozart eine Wohnung bezogen. Der urspr. langgestreckte 2- bis 3geschossige schlichte Bau 1944 durch Bombeneinwirkung zu zwei Dritteln zerstört. In dem erhalten gebliebenen Teil der Tanzmeistersaal 1956/57 unter Restaurierung der Stuckdekoration des späten 18. Jhs. wiederhergestellt und zu einer Mozart-Gedächtnisstätte ausgestaltet. Sammlung von Instrumenten und von Dokumenten, die zu W. A. Mozarts Aufenthalt in diesem Haus zwischen 1773 und 1780 in Beziehung stehen.

PAUSINGERSTRASSE. Von der Arenbergstraße gegen N abzweigend.
Nr. 6: Schloß Blumenstein, im ehem. Gartenteil des Schlosses Fürberg 1635 von Hans Kellenberger, salzburgischer Ratsherr und Handelsmann, neu erb.; 1717 Familie Freysauff, 1741 Grafen Kuenburg, Schloß erhält neue Innenausstattung, 1888 Familie Favarger. Um 1890 mit neugot. Aufsatztürmchen versehen, ab 1956 Instandhaltungsmaßnahmen mit Fassaden- und Dachrückführung auf früheren Zustand.
Langgestreckter Bau, 3geschossig mit 2fach geknickter Fassade, im 1. Obergeschoß Fensterumrahmung gerade Sprenggiebel mit Kugel dazwischen, Erdgeschoß gewölbt, im Obergeschoß an der Salondecke freigelegtes, gemaltes Allianzwappen Kuenburg-Rollingen, dasselbe Wappen auch an Türbeschlägen; Walmdachform mit abgeflachtem First, an der NW-Ecke angesetzter runder Stiegenhausturm, gegen O eingeschossiger Anbau von 1968. – An der Straße Torhaus mit gewölbter Durchfahrt, Dachform mit Firstgraben und abgewalmten Firsten von 1758; Tor am Schlußstein bez. 1635.

PLATZL. Kleiner unregelmäßiger Platz, ab 1598 Brückenkopf der rechtsufrigen Altstadt an der Gabelung der Linzergasse und der Steingasse, jetzt zur breiten Schwarzstraße hin geöffnet. Von hohen z. T. im 20. Jh. weitgehend um- oder neugebauten ehem. Bürgerhäusern des 16./17. Jhs. umgeben.
Nr. 1: Kern 17. Jh. (?). **Nr. 2:** Fassade mit Breiterker und Polygonalerker, um 1910. – **Nr. 3:** 5geschossige Fassade mit Hohlkehlenabschluß und rundbogiger Dachspeicheröffnung. Über dem Portal Rundmedaillon mit Bild Mariahilf; im Flur 5 kleine Reliefs mit Passionsszenen 2. H. 18. Jh.; Wohnhaus des Theophrastus Paracelsus (Gedenktafel mit Bildnis). – **Nr. 4:** 3achsige Fassade mit Hohlkehlenabschluß, Fensterumrahmungen 2. V. 19. Jh., Ovalbild Maria

Immaculata. – **Nr. 5:** Mit Ausnahme von Kellergewölben Neubau von 1979/80, dem Altbestand angeglichen.

PRIESTERHAUSGASSE. Öffnung der Linzergasse unmittelbar außerhalb der Stadtmauer des 13. Jhs., die Straße durch den Bau des Priesterhauses (von *Johann Bernhard Fischer von Erlach*), dessen Hintertrakt die westl. Straßenfront bildet, entstanden. An der Ostseite unregelmäßige Verbauung großteils aus jüngster Zeit, urspr. teils Hinterhäuser der Berggasse.
Nr. 8: Im Kern 16. Jh./A. 17. Jh., 4geschossig mit Hohlkehlenabschluß; Erdgeschoßgewölbe auf toskanischen Säulen. – **Nr. 16:** Freistehendes giebelständiges Wohnhaus, 2geschossig, 3achsig, mit einachsigem Vorbau, 18. Jh.

STEINGASSE. Vom Platzl nach O. Langgezogene, enge und mehrfach gewundene Gasse. Ehem. Hauptverkehrsweg und Ausfallstraße nach S, auf schmalem an- und absteigendem Terrain zwischen Kapuzinerberg und Salzachufer angelegt. Im ersten Abschnitt blockhaft geschlossene Verbauung, die schluchtartige Enge der Gasse nur durch kleine platzartige Ausweitungen bei den Durchgängen zur Salzach und vor dem Stadttor aufgelockert. Von **Nr. 1** bis **Nr. 45** und **Nr. 4** bis **Nr. 42** fast ausschließlich mittelalterlicher Hausbestand, in der Bausubstanz überwiegend 15. und 16. Jh., Handwerker- und Bürgerhäuser, meist mit schmalen gewölbten Fluren, bergseitig die Stiegen z. T. in den Fels geschlagen. Bis zum Inneren Steintor (Nr. 23), das die Stadtgrenze um 1280/90 markiert, 5- bis 6geschossige Fronten (an der Südseite auch 4geschossig) z. T. nur 2- und 3achsig, mit hohen Stirnmauern, Hohlkehlen- oder geradem Abschluß meist schmucklos, z. T. Fenster mit Faschenumrahmung, mit Umrahmungen des 19. Jhs. oder mit freigelegten Steingewänden. Außerhalb des Steintores südseitige Verbauung z. T. 3geschossig, ehem. Weißgerberhäuser, darunter einige Häuser mit gegen den Giselakai bzw. gegen die Imbergstraße (urspr. das Ufer des Gersbaches) hoch aufragenden, in Arkaden geöffneten Hinterseiten und mit ehem. offenen Trockenböden; zur Steingasse wiederum schlichte Fassaden. Im östl. Abschnitt der Straße (**Nr. 47** bis **Nr. 71** und **Nr. 44** bis **Nr. 54**) – abgesehen von der Zeile **Nr. 57** bis **Nr. 67**, mit 4- bis 5geschossigen Handwerkerhäusern des 16./17. Jhs. (Nr. 63 und Nr. 67 im 16. Jh. als Hafnerhäuser genannt) – unregelmäßige z. T. lockere Verbauung zwischen an die Straße herantretender Felswand und hoher Gartenmauer.
Nr. 1: Breit abgeschrägtes Segmentbogenportal, Erdgeschoßgewölbe auf toskanischen Säulen 2. H. 16. Jh. – **Nr. 5** und **Nr. 7:** Mit Dachspeicheröffnung und Grabendach, durch Nr. 7 Aufgang zum Kapuzinerkloster, seitl. Kruzifix A. 18. Jh. – **Nr. 9:** Fensterumrahmungen 2. H. 19. Jh. – **Nr. 13:** Spätgot. 2achsiges Haus mit gerader Stirnmauer, abgefastem und profiliertem Fenstergewände. – **Nr. 14** = Giselakai Nr. 11: Obergeschoßfassaden zur Quergasse und zum Giselakai 4. V. 19. Jh. – **Nr. 17:** Spätgot. 3achsiges Haus mit Dachspeicheröffnung. – **Nr. 18** = Giselakai Nr. 15: Flachbogiges Portal gerahmt von Pilastern und Gebälk, darüber Rotmarmorlünette mit Wappen. Rankenrelief und Inschr., bez. 1568; Eisenplattentür. Am westl. Hausteil salzachseitig über Substruktionen 4achsiger Arkadengang mit toskanischen Säulchen, 2. H. 16. Jh., und vorkragende Dachstuhlkonstruktion (im 18. Jh. Färberhaus); der östl. Hausteil mit Grabendach. – **Nr. 19:** 3achsig, mit schmalem abgefastem Rundbogenportal, spätgot. Fenstergewänden und Dachspeicheröffnung; Haustor mit eingeritztem Hauszeichen, 1. H. 16. Jh. (?). – **Nr. 20** =

Giselakai 17: An das Steintor angebaut, schlichte profilierte Portalumrahmung 17. Jh.; bez. 1892. Salzachseitig Wandmalereien von *G. Poosch* 1928. – **Nr. 21:** Mit dem Steintor verbunden, schlichte Putzfassade, schmale abgefaste Rundbogenportale, im 1. Obergeschoß Fenstergewände des 16. Jhs., Dachkehle bez. 1776.

Steintor (Nr. 23): Ehem. inneres Steintor; sperrte die Hauptzufahrt von Hallein; Teil des 1. Stadtmauerringes von 1280/90, 1634 unter Eb. Paris Lodron erneuert. 4geschossiger Bau aus Konglomeratquadern mit tonnengewölbter Durchfahrt, darüber an der Außenseite unter geradem Sturzbalken Inschrifttafel bez. 1634, oberhalb zwischen ehem. Schießluken Wappen Paris Lodron, Dachgeschoß mit breiten Luken gegen S und O; beidseits des Torbaues kurze flankierende Mauerteile. – **Nr. 22** = Imbergstraße Nr. 1: Zur Steingasse 2geschossig mit Dachspeichergeschoß, querrechteckige Luken mit abgefastem Gewände; zum Giselakai über hohen Rundbogennischen im Erdgeschoß 4- bzw. 5achsige Arkadengänge in den Obergeschossen, mit Balustersäulchen und mit abgefasten Pfeilern, 16. Jh., offenes Grabendach. – **Nr. 24** = Imbergstraße Nr. 3: 2achsig, zur Steingasse 3geschossig, im Kern 15. Jh. Fassade 19. Jh., Dachspeicheröffnung mit Aufzugsbalken. – **Nr. 25:** Erb. 1688, zurückgesetzt auf dem Fels, über hoher Futtermauer, 3geschossig und mit Hohlkehle. – **Nr. 26** = Imbergstraße Nr. 5: Unregelmäßige Achsenverteilung, 2geschossig, Speichergeschoß ausgebaut, Hohlkehle; zur Imbergstraße Erdgeschoß mit breiten Segmentbogennischen, im 1. und 2. Obergeschoß 4achsige Arkaden auf Säulchen mit Würfelkapitellen 16. Jh., im 3. Geschoß Loggia mit abgefasten Holzstützen; offenes Grabendach.

Nr. 28 = Imbergstraße Nr. 7: 3geschossig und ausgebautes Dachgeschoß, Hohlkehle, gekehltes Rundbogenportal; zum Giselakai in 2 Obergeschossen 3achsige Arkaden auf abgefasten Pfeilern, gekehltes Segmentbogenportal. – **Nr. 29:** 5geschossige, 5achsige Fassade mit Plattendekor, Portal bez. 1803. – **Nr. 30:** Mit bar. Mariahilf-Bild in hochovalem Rahmen. – **Nr. 31:** Historisierender Neubau von 1964, Holztür bemalt mit Wappen des Administrators Ernst von Bayern, bez. 1554. – **Nr. 32:** Unregelmäßige Achsen, 2 Geschosse und Dachspeichergeschoß, Hohlkehle mit Inschr. 1763. – **Nr. 37:** Gestufte Front, Rundbogenportal mit abgefastem Gewände. – **Nr. 43:** 4geschossig, Grabendach ohne Blendmauer, im 1. und 2. Obergeschoß z. T. spätgot. Fenstergewände. – **Nr. 46** = Imbergstraße Nr. 25: Zur Steingasse 6achsiges, 3geschossiges Haus, in der Bausubstanz 16. Jh.; Rechteckportal in Rotmarmorumrahmung mit vertieften Feldern und Rundmedaillons mit Wappenschilden, am Sturzbalken Hauszeichen und Jahreszahl 1568, über dem Gesimsabschluß Marmorlünette mit Wappenrelief, Spruchband und Inschr. Zur Imbergstraße historistische Fassade 4. V. 19. Jh. Im 1. Obergeschoß Holzkassettendecke, 17. Jh.

ENGELWIRTBRUNNEN, zwischen Steingasse und Arenbergstraße. Errichtet 1696 unter Eb. Johann Ernst Thun bei der Andräkirche, 1751 in der Steingasse aufgestellt, 1890 mit rahmender Rückwand versehen hier an den Kapuzinerberg angebaut. Rechteckiges, in der Mitte rund vorspringendes Steinbecken mit Spiralgitter. Dahinter Aufbau in flacher Nische, zwischen geschweiften Voluten die Wappentiere Salzburgs und Thun Löwe und Einhorn in Umarmung; als Aufsatz Wappen Eb. Johann Ernst Thun.

NEUSTADT (ANDRÄ-VIERTEL)

Planmäßiges, gründerzeitliches Stadterweiterungsgebiet zwischen Salzachufer und Schallmoos, nördl. der rechtsufrigen Altstadt, Schloß Mirabell umschließend. Grenze: Schwarzstraße, Paris-Lodron-Straße und Wolf-Dietrich-Straße, gegen Schallmoos Gabelsbergerstraße und Bayerhamerstraße; gegen die Elisabeth-Vorstadt durch Bahndamm gegeben.
Das von Eb. Wolf Dietrich errichtete Lustschloß Altenau (später Mirabell) bereits durch die Neubefestigung der Stadt unter Eb. Paris Lodron in den Stadtbereich einbezogen, von mächtigen Basteien umgeben. 1854 im Zuge des Bahnbaues eine Hinausverlegung des Festungsgürtels angestrebt, im gleichen Jahr Beginn der Salzachregulierung zwischen der Stadtbrücke und der geplanten Eisenbahnbrücke bei Mülln. Im Jänner 1860 von Kaiser Franz Joseph I. die Auflassung des fortifikatorischen Rayons bewilligt. Erste Bebauungspläne 1861 von *Rudolf Bayer* und von dem Kaufmann *Carl Schwarz*. Nach Abschluß der Salzachregulierung 1862 Beginn der Bebauung am Elisabethkai. 1866 das Areal der Befestigungsanlagen vom Kaiser der Stadtgemeinde geschenkt. Mit einem 1872/73 ausgearbeiteten, einzelne Ideen des Carl-Schwarz-Planes übernehmenden Parzellierungsplan das bestehende Straßennetz weitgehend festgelegt: Hauptverkehrsachse Mirabellplatz–Rainerstraße an der Ostseite von Schloß Mirabell und davon ausgehend ein durch zwei dem Bogen der abgetragenen Befestigungsanlagen folgende, mehrfach geknickte Straßenzüge aufgelockertes Rastersystem. Westl. des Schlosses und der mit diesem verbundenen Parkanlagen ein langgestreckter, der Krümmung der Salzach folgender Straßenzug und Uferpromenade. Der Charakter eines gründerzeitlichen Wohnviertels trotz zahlreicher nach 1945 errichteter Bauten und trotz Fassadenglättungen (teils durch Bombenschäden bedingt) in einzelnen Bereichen noch vorherrschend; neben Blockverbauung auch freistehende Mietwohnhäuser und Villen (lockere Zeilenverbauung). Nur wenige Häuser aus der ersten Bebauungsphase um 1870, der Großteil E. 19. Jh. bis 1914 entstanden.

KIRCHEN

ANDRÄ-KIRCHE, Mirabellplatz. 1892/98 von *Josef Wessiken* als Stadtpfarrkirche erb., Bombenschäden 1944/45, Wiederaufbau nach Plänen von *Michael Kurz* 1948 bis 1952, Umgestaltung durch *Franz Windhager* um 1961 und 1969/70. Eine 1418 erb. Kirche hl. Andreas, an der Linzergasse, 1861 abgetragen. Urspr. neugot. Backsteinbau mit Doppelturmfassade, nun vereinfacht, Außenbau verputzt, die Turmhelme gekürzt. 3schiffige Staffelhalle mit Emporenjoch zwischen den Türmen und 7 Langhausjochen, durch abgeschrägte Wandpfeiler gegliedert; hohe Spitzbogenarkaden zu den Seitenschiffen. Das Mittelschiff von Holztonne überwölbt, in den Seitenschiffen Flachdecken. Spitzbogiger Triumphbogen. Im einjochigen Altarraum mit 5/8-Schluß Kreuzgratgewölbe auf Runddiensten.
Wandmalerei an der Westwand, hl. Christophorus, von *Franz Xaver Fuchs* 1944; in der Kriegsopferkapelle Auferstandener Christus, von *Leopold Stemeseder*. – Chorfenster mit Glasmalerei von *Karl Weiser*, 1958, Darstellung der Hl. Dreifaltigkeit und Heilige.
Hochaltarbild, Kruzifix mit Hll. Petrus, Andreas und Evangelistensymbolen

von *K. Weiser,* 1960. Li. Seitenaltar, Schnitzgruppe Maria mit Kind und musizierende Engel von *Josef Bachlechner* E. 19. Jh. Re. Seitenaltar mit Skulptur, Gnadenstuhl, von *Jakob Adlhart* 1979. Kanzel von *Max Rieder* 1962. Relief hl. Elisabeth von Ungarn E. 19. Jh., 2 Leinwandbilder, Ecce-Homo, hl. Josef, 18. Jh.

EVANG. CHRISTUSKIRCHE, Elisabeth-Kai Nr. 24. Erb. 1863/67 von *Jacob Götz.* Freistehender historistischer Backsteinbau mit vorgesetztem Fassadenturm, zwischen Sakristeien eingezogenem Altarraum und abgesetzter polygonaler Apsis. Fassade 3achsig, der Turm reich gegliedert, mit hohem 8eckigem Glockengeschoß und Zeltdach; die Langseiten 7achsig, mit flachen, von übereck gestellten Pfeilern flankierten Seitenrisaliten. 2geschossige Gliederung, gekuppelte romanisierende Rundbogenfenster und, über umlaufendem Sohlbankgesims zart prolifilierte, rundbogige Maßwerkfenster; Dachgesims mit Rundbogen-, Maßwerk- und Zahnschnittfries. Romanisierende Portale.
Langhaus mit offenem Dachstuhl, an 3 Seiten umlaufende Holzempore und Kanzel aus der Bauzeit. Altarraum gotisierend, kreuzrippengewölbt. Fenster im Langhaus mit ornamentaler Grisaillemalerei 19. Jh.; Apsisfenster von *Albert Birkle,* um 1950, Christus als Guter Hirte, Hll. Petrus und Johannes Ev. – 2 Leinwandbilder, Treueschwur und Auszug der Protestanten aus Salzburg, bez. *F.(riedrich) Martersteig 1868.* – **Evang. Pfarrhof** und Kindergarten (Schwarzstraße Nr. 23 und 25). Erb. 1868/69 von *J. Götz,* mit romanisierenden Fassaden.

LORETOKIRCHE, Paris-Lodron-Straße. Mit dem anschließenden Kloster 1633–1648 errichtet, nach Brand 1818 Wiederaufbau, 1944 durch Bombeneinwirkung stark beschädigt, 1947–1949 wiederhergestellt. Schlichter Saalbau mit 3 Kapellenanbauten. Einfache glatte Fassade, über dem Marmorportal Wappen Eb. Paris Lodron. – Rechtecksaal mit Holzkassettendecke, durch schmalen tonnengewölbten Durchgang mit Chorkapelle verbunden. Diese 8eckig mit Klostergewölbe und Wandnischen.
Hauptaltar aus Figuren und Teilen des 17. Jhs. mit Wurzel Jesse und Dreifaltigkeitsgruppe; in Nische Gnadenbild Maria von Altötting; Tabernakel um 1820. Nischenfiguren aus der Zeit der Wiederherstellung. – Li. Seitenkapelle mit Gnadenbild Maria Einsiedeln. Re. Seitenkapelle, klassizistische Altarwand mit Gnadenbild Maria Loreto und seitl. Leinwandbildern Hll. Joachim und Anna, über dem Gebälk Engel mit dem Haus von Loreto. An der Seitenwand Leinwandbild Verkündigung M. 18. Jh. – Im Schiff 2 Altäre von 1949, barockisierend, über dem Triumphbogen Schnitzgruppe Gnadenstuhl 17. Jh. (?). Schmiedeeisengitter von 1735. – Im Kloster, Holzrelief Beweinung Christi, 1. V. 17. Jh., von *Hans Waldburger.*

PROFANBAUTEN

SCHLOSS MIRABELL, Mirabellplatz. Bar. Gartenschloß mit 4 Flügeln um annähernd quadrat. Hof. Erster Bau „Altenau" unter Eb. Wolf Dietrich 1606 für Salome Alt errichtet, von Markus Sittikus Mirabell genannt. Durch die Befestigungen Eb. Paris Lodrons in die Stadt einbezogen. Vollständiger Umbau unter Eb. Franz Anton Harrach 1710 und 1721 bis 1727 nach Plänen von *Johann Lukas von Hildebrandt.* Beim Stadtbrand 1818 schwer beschädigt, nach Plan von *Peter Nobile* wiederhergestellt, dabei mächtiger Turm in der Mitte des Osttraktes abgetragen, Dach und Fassaden im Sinne des Klassizismus

vereinfacht. Seit 1866 das Schloß der Stadt gehörig, ab 1947 Amtssitz der Stadtverwaltung.
Die 4 Trakte 3geschossig; Fassade zum Mirabellplatz 18achsig, die Mitte akzentuiert durch flachen, 3achsigen, übergiebelten Mittelrisalit mit Riesenpilasterordnung in den Obergeschossen und durch triumphbogenartige Portalgruppe mit vorgestellten, einen Altan tragenden Säulen. Die 4 Außenachsen, urspr. durch Höhe und Mansarddach vom übrigen Baukörper abgesetzt, nur noch durch Riesenpilaster betont. Im Hof die Westfassade am reichsten gestaltet, die 3 Mittelachsen um eine Fensterachse vorgezogen mit Riesenpilasterordnung, rustiziertem Erdgeschoß und in hohen Rundbogenarkaden sich öffnendem Vestibül, darüber Rundbogenfenster und hochovale Ochsenaugen mit reicher Stuckumrahmung.

Schloß Mirabell

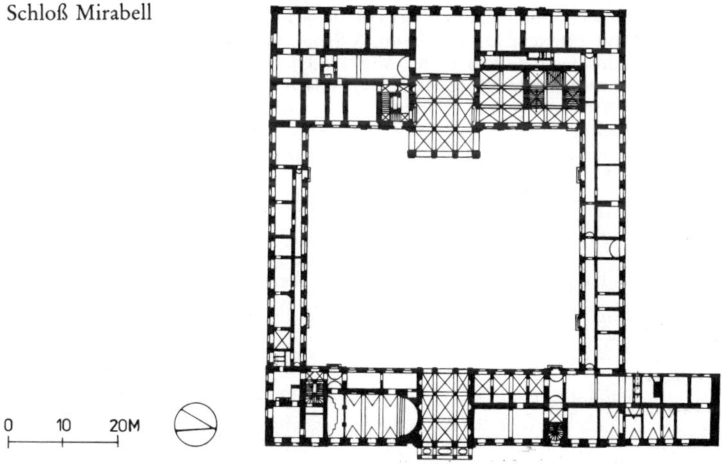

Durchfahrt im Osttrakt und das Vestibül in der Mitte des Westtraktes 3achsig, 3jochig, mit Kreuzgratgewölben auf Pfeilern und reichem Bandlwerkstuck, urk. von *Jakob Gall* (1722); im Vestibül Rotmarmorportal mit eingezogenem Rundbogenabschluß, darin auf Volutenkonsole Kriegerbüste, weiters 2 Nischen mit Statuen Knabe und Mädchen mit Früchten und Kränzen. Prunkstiege in der Nordecke des Westtraktes; quadrat. Stiegenhaus über 3 Geschosse mit 3armiger, 3läufiger Treppe, marmorierten Pfeilern und marmorierten Pilastern. Reich verschlungene Balustrade, auf der Putten in verschiedenen Stellungen sitzen und spielen, in den Wänden der Podeste Nischen mit mythologischen Figuren und über den Türen antikisierende Büsten; der Skulpturenschmuck urk. von *Georg Raphael Donner* und Gehilfen 1726, Statue Paris eigenhändig, bez. *G. R. Donner 1726.* Bandlwerkstuck im Gewölbe von *J. Gall.*
Marmorsaal in der Mitte des Westtraktes. Rechtecksaal über 2 Geschosse, die Wände durch marmorierten und vergoldeten Stuck verkleidet, durch Hermenpilaster 3achsig gegliedert, dazwischen Stuckfelder mit dekorativem Bandlwerk

und Kartuschen mit Reliefs spielender Putti. Über verkröpftem Gesims Spiegelgewölbe. Südl. anschließend in mehreren Räumen Stukkaturen um 1750/1760.
Kapelle im südl. Teil des Osttraktes. Nach dem Brand von 1818 verändert. 4jochiger Saal mit Rundapsis, durch kannelierte Pilaster gegliedert, mit umlaufendem Gebälk und Tonnengewölbe mit Stichkappen zwischen Gurten. Dekorative Grisaillemalerei um 1830. – Altar von 1722 der Apsisrundung eingefügt, mit seitl. Säulen zwischen Pilastern, konkav einschwingenden Gebälkstücken und kuppeligem Aufsatz; Altarblatt hl. Johannes Nepomuk bez. *Michael Hess 1830,* seitl. bar. Statuen Hll. Augustinus, Rupert, Virgil und Martin. – Gitter von 1722 und 1751.

Schloßgarten, südl. und westl. des Schlosses, im W von der Lodron'schen Stadtbefestigung begrenzt, die in den Park einbezogen ist, im S das langgestreckte Parterre mit auf Dom und Festung ausgerichteter Hauptachse (und mit Zugang vom Makartplatz). Der Garten unter Eb. Johann Ernst Thun ab 1689 neu gestaltet, nach Plänen *Joh. Bernhard Fischers von Erlach* (?), um 1730 von *Franz Anton Danreiter* verändert. Den Bestand reduzierende Veränderungen im 19. Jh., wie Abbruch einer Sala terrena an der Nordwestecke des Schlosses, der Arkaden gegen den Makartplatz oder Zerstörung des Zwerglgartens.
Vogelhaus, auf der Basteimauer westl. des Schlosses, um 1730. Eingeschossiger Bau, durch genutete Lisenen gegliedert und mit Attikabalustrade. Darauf skulptierte Adler (urspr. auf Schloß Klesheim?). Daneben Treppe zum kleinen Parterre von 1894, gleichzeitig aufgestellt 2 Einhörner und die beiden Löwen am Aufgang zum Basteigarten, wahrsch. von *Michael Bernhard Mandl* um 1706/07 für Schloß Klesheim geschaffen, um 1732 für die Mirabellschwemme verwendet. Im Brunnen vor dem Schloßportal, Pegasus (in Kupfer getrieben), von *Kaspar Gras* 1661, urspr. Kapitelschwemme, später Mirabellschwemme, 1913 hier aufgestellt.
Im großen Parterre Marmorvasen auf dem Geländer, z. T. nach Entwürfen *Joh. Bernhard Fischers von Erlach.* Um das Springbrunnenbecken 4 Figurengruppen von *Ottavio Mosto* 1690, die 4 Elemente symbolisierend: Raub der Proserpina, Raub der Helena, Aeneas und Anchises, Herkules und Antäus. Ausgänge im S mit innerer und äußerer Abschlußbalustrade, flankiert von Kopien des Borghesischen Fechters, E. 17. Jh.; das innere Paar von *Andreas Götzinger,* das äußere *Michael Bernhard Mandl* zugeschrieben, an den Postamenten Wappen Eb. Joh. Ernst Thun. Auf den Balustraden, auf hohen Postamenten Statuen antiker Gottheiten von 1689. Innere Balustrade (1965 neu aufgestellt): Diana, Flora, Minerva, Ceres, Pomona, Venus, Vesta, Juno. Äußere Balustrade: Chronos, Bacchus, bez. *B. v. Opstal,* Jupiter von *Bartholomäus van Opstal,* Mars, Herkules bez. *B. v. Opstal,* Vulkan, Hermes bez. *B. v. Opstal,* Apollo von *Johann Fröhlich.*
An der Ostseite des Parterres verbunden durch ein vasenbekröntes Portal (um 1820), Orangerie, Hof zwischen zwei 2geschossigen mit 2achsigen Schmalseiten zum Garten stehenden und durch Mauer verbundenen Gebäuden, um 1725, im nördl. Palmenhaus mit pylonenartigen Eckrisaliten und leicht geneigter Glaswand, im südl. das Salzburger Barockmuseum untergebracht (siehe unten); im Hof Bronzefigur Flötenspieler von *Lois Lidauer,* 1962. – Im Park westl.

Susannabrunnen mit Statue von *Hans Waldburger,* um 1610 und Heckentheater, zwischen 1704 und 1718 angelegt.
Als westl. Abschluß des Gartens, gegen Gärten entlang der Schwarzstraße, im unteren Teil eingeschüttete Befestigungsmauer aus der Zeit Eb. Paris Lodrons, gegen W vorspringend freistehende, nur mit Brücke verbundene Bastei, heute „Zwerglgarten" mit grotesken Marmorzwergen, um 1715; am westl. Rundabschluß, ehem. direkt am Salzachufer, großes Marmorwappen Eb. Paris Lodron, bez. 1641.

Salzburger Barockmuseum in der Orangerie. Durch eine Stiftung der Privatsammlung Kurt Rossacher entstanden; eröffnet 1973. Bedeutende Sammlung von Ölskizzen, Bozzetti und Handzeichnungen des 17. und 18. Jhs.

AUERSPERGSTRASSE. Verbindung zwischen Schwarzstraße und Schallmooser Hauptstraße, in einem Bogen parallel zur Franz-Josef-Straße geführt. Unregelmäßige Verbauung, vorwiegend E. 19. Jh. und nach 1945. Im ersten Abschnitt die 1953/57 errichtete Kur- und Kongreßanlage (Hotel 1982 demoliert und neu erbaut). Charakteristisch für diesen Straßenzug der Neustadt die teilweise offene Verbauung mit repräsentativen 3- bis 4geschossigen historistischen Wohnhäusern, davon bilden im Bereich der Stelzhamerstraße die Häuser **Nr. 36** (von *Carl Rehrl,* 1896), **Nr. 38, 40, 42; 57, 59** (von *Jacob Ceconi,* 1890–1897) zusammen mit einer geschlossenen Wohnhauszeile, **Nr. 47** bis **55** (von *J. Ceconi,* 1897–1905) ein späthistoristisches Ensemble.
Nr. 7: Erb. von *Jacob Götz* 1875; urspr. freistehendes Wohnhaus, mit Veranda und Terrassenvorbau zur Schwarzstraße, Neorenaissancefassaden. – **Nr. 16:** Siehe Faberstraße Nr. 17. – **Nr. 25:** Erb. von *Gebr. Wagner* 1911/12. Doppelzinshaus mit schlichter Heimatstilfassade, durch 2geschossigen Breiterker gegliedert. – **Nr. 27/29:** Siehe Faberstraße Nr. 20. – **Nr. 20:** Erb. 1889/90, freistehend, Neorenaissancefassade mit Seitenrisaliten und seitl. Balkonen. – **Nr. 28:** Erb. 1895, freistehend, neobar. Fassade mit flachem Mittelrisalit, Balkon und Attikaaufsatz.

ELISABETH-KAI. Uferpromenade an der Salzach, von der Staatsbrücke flußabwärts. Im Anschluß an die 1861/62 erfolgte Flußregulierung entstanden. Verbauung der Parzellen zur Schwarzstraße ab 1863 in offener Bauweise. Neben der Evang. Christuskirche (erb. 1863/67) und dem Hotel Österreichischer Hof (seit 1873 mehrmals umgebaut) einige 3- bis 4geschossige Wohnhäuser und Villen, deren repräsentative historistische Fassaden die Schauseite des re. Salzachufers wesentlich mitbestimmen: **Nr. 2, 8, 10, 12, 16, 22, 24** (siehe auch Schwarzstraße).

FABERSTRASSE. Gerader Straßenzug zwischen Paris-Lodron-Straße und Humboldtstraße. Späthistoristische Verbauung im Bereich Hubert-Sattler-Gasse, Franz-Josef-Straße.
Nr. 8: Andrä-Schule, siehe Hubert-Sattler-Gasse Nr. 4. – **Nr. 10** bis **14**: Erb. 1902/03 von *Josef Hofschweiger,* 4geschossige neobar. Fassaden, z. T. mit Rokokoornamentik, Nr. 10 mit Eckturm, von Attikamauer und geschweiftem Giebel bekrönt. – **Nr. 17:** Erb. 1889/90 von *Eduard Loidold,* Neorenaissancefassade. – **Nr. 19:** Bürohaus der Gebietskrankenkasse, erb. 1950/54 nach Plänen von *Josef Hawranek.* – **Nr. 20:** Büro- und Wohnhaus, erb. 1924/25 nach Plänen von *Richard Berndl.* 4geschossige Hauptfassade mit historisierenden Gliede-

rungselementen und mit durch monumentale Portal-Fenstergruppe betonter Mittelachse, an den Wohnhausflügeln (Auerspergstraße) Heimatstilcharakter durch Erker-Loggien-Kombination und Runderker vorherrschend.

FRANZ-JOSEF-STRASSE. Als Hauptachse des Stadterweiterungsviertels angelegte breite Allee, durch mehrfache, stumpfwinkelige Knickung in einem Bogen von der Rainerstraße zum Kapuzinerberg geführt. Gründerzeitliche Wohnhausverbauung ab 1873, vorwiegend jedoch um 1900, durch Kriegseinwirkung und durch Neubauten nach 1945 z. T. zerstört. Der urspr. Charakter mit repräsentativem Auftakt und anschließender einfacherer Wohnhausverbauung im 1. Abschnitt durch die Flügel der Faberhäuser und durch späthistoristische Fassadenreihen an der re. Seite bis zur Haydnstraße, teilweise bewahrt. Kurze geschlossene Zeilen mit späthistoristischen bzw. secessionistischen Fassaden bilden die Häuser **Nr. 21** bis **25a,** erb. 1889 bis 1896, und **Nr. 28** bis **32,** erb. 1902 bis 1905 von *Jacob Ceconi.*
Nr. 1/3: Siehe Rainerstraße Nr. 4. – **Nr. 2/4:** Siehe Rainerstraße Nr. 2. – **Nr. 6** und **10:** Siehe Hubert-Sattler-Gasse Nr. 5. – **Nr. 11:** Urspr. 2geschossige Villa, erb. 1876 durch *Philipp Janski* (Umbau 1911, Aufstockung 1965), mit Neorenaissancefassaden. – **Nr. 12:** Erb. 1902/03 von *Josef Hofschweiger,* repräsentative neobar. Fassade, Portal mit Atlantenhermen. – **Nr. 14:** Erb. um 1900, durch Erker akzentuierte Neorenaissancefassade. – **Nr. 18:** Siehe Haydnstraße Nr. 5. – **Nr. 20:** Erb. 1893 von *Carl Demel,* mit neobar. Fassade, durch Fenstergruppen rhythmisiert.

GABELSBERGERSTRASSE. Zwischen Weiserstraße und Bayerhamerstraße. Im westl. Abschnitt geschlossene 4geschossige Wohnhausverbauung vom A. des 20. Jhs. Die li. Häuserreihe, **Nr. 15** bis **Nr. 27,** erb. zwischen 1905 und 1914, mit Erkern und mit Heimatstil- oder neobar. Fassadendekor, die re. Häuserreihe, **Nr. 18** (freistehend, mit feingliedriger secessionistischer Fassade) bis **Nr. 28,** erb. zwischen 1902 und 1908, mit späthistoristisch-secessionistischem Fassadendekor (Baumeister *Fa. Crozzoli, J. Schachermayr, Fa. Wagner, Jos. Hofschweiger, Jacob Ceconi, Ludwig Hillinger*).

HAYDNSTRASSE. **Nr. 5:** Erb. 1901 von *Jacob Ceconi.* 4geschossiges Wohnhaus mit Eckrisaliten und mit secessionistischem Fassadendekor. Portal von geschweiften Pfeilern mit Frauenbüsten flankiert. – **Nr. 18:** Sanatoriumsbau von *Wunibald Deininger* 1926, 1967 erweitert und verändert.

HUBERT-SATTLER-GASSE. Vom Mirabellplatz zur Franz-Josef-Straße führend. Bis zur Haydnstraße 3- und 4geschossige historistische Verbauung mit die nördl. Platzwand bildendem Baublock der Faber- und Hellerhäuser (Nr. 1 bis 9), der Andrä-Schule (Nr. 4) und einer Wohnhausreihe (Nr. 11 bis 15).
Nr. 1/3: Siehe Rainerstraße Nr. 2. – **Nr. 4:** Städtisches Schulgebäude (Andrä-Schule), erb. 1891/93, mit Flügeln zur Faberstraße und Haydnstraße (1906/07 erweitert). 3geschossige späthistoristische Fassaden, Gliederung mit flachen Risaliten durch Riesenpilaster, Attikaaufsatz bzw. Dreieckgiebel betont. – **Nr. 5, 7, 9:** Teil eines späthistoristischen 3seitigen Wohnhausblocks, zugehörig Faberstraße Nr. 9, 11 und Franz-Josef-Straße Nr. 6, 10. Erb. 1888/89 nach Plänen von *Eduard Loidold* für Josef Heller, 4geschossig, mit 3geschossigen überkuppelten Eckerkern und einheitlichen neobar. Fassaden. – **Nr. 11:** Siehe Faberstraße Nr. 10 – **Nr. 13:** Erb. 1897 von *Jacob Ceconi,* neobar.-

secessionistische Fensterumrahmungen in den Obergeschossen. – **Nr. 15:** Siehe Haydnstraße Nr. 5.

LASSERSTRASSE. Von der Bayerhamerstraße bis zur Paracelsusstraße führend. Charakter einer spätgründerzeitlichen Wohnstraße trotz einiger abgeschlagener Fassaden und Geschäftseinbauten vorherrschend. Gebildet durch 3geschossige, geschlossene Wohnhausverbauung zwischen 1897 und 1902, mit einfachem späthistoristischem Fassadenschema, neorenaissance und neobar., z. T. mit schmiedeeisernem Balkon im Hauptgeschoß: **Nr. 1, 2a, 4, 5, 6, 7, 11, 16, 18, 20/22/24, 21** (secessionistisch), **23, 27/29, 28** (= Paracelsusstraße Nr. 10/12), (großteils erb. von *Jacob Ceconi,* daneben *Fa. Wagner, Grüner* und *Crozzoli*). – Im östl. Abschnitt der Straße Gruppe von 4geschossigen Wohnhäusern mit Heimatstilfassaden, erb. 1910: **Nr. 43, 45, 47.** – **Nr. 8: Synagoge,** erb. 1893, 1938 von SS geplündert und in Brand gesteckt, Wiederaufbau 1968. Schlichter eingeschossiger Bau mit hohen Rundbogenfenstern und Pilastergliederung.

MAKARTPLATZ. Siehe S. 628

MIRABELL-PLATZ. Langgestreckter Rechteckplatz in der Achse Dreifaltigkeitsgasse–Rainerstraße; mit der Längsseite Schloß Mirabell und dem von einer Mauer abgeschlossenen Mirabellgarten vorgelagert, gegenüber zwischen gründerzeitlicher Verbauung zu der freistehenden Kirche St. Andrä hin geöffnet. **Nr. 3:** Erb. um 1870, strenghistoristische, 2geschossige Villa, mit 1983 übergiebeltem Mittelrisalit; Hinterfassade zum Mirabellgarten. – **Nr. 5:** Erb. 1900 nach Plan von *Josef Wessiken* als Pfarrhof der Andräkirche, späthistoristische Fassaden mit flachen Seitenrisaliten und übergiebeltem Breiterker in der Mittelachse. – **Nr. 8:** Im Kern 17. Jh. (ehem. Lodronscher Sekundogeniturpalast), Umbau von *Paul Geppert d. Ä.* 1908, mit Heimatstilfassade, Rundbogenportal des 17. Jhs. mit Wappen Lodron. – **Schrannenweiberlbrunnen** bei der Andräkirche, von *Herbert Trapp,* 1960.

PARACELSUSSTRASSE. **Nr. 10/12:** Erb. von *Jacob Ceconi,* 1897, 4geschossiges späthistoristisches Doppelmietwohnhaus mit flachem Mittelrisalit und Portal-Fenstergruppe mit Balkon.

PARIS-LODRON-STRASSE. Gerader Straßenzug, vom Mirabellplatz bis zur Wolf-Dietrich-Straße dem Verlauf der Stadtmauer des 15. Jhs. folgend, diese zwischen Haus Nr. 2 und Loretokloster als Gartenmauer teilweise erhalten. – Unregelmäßige Verbauung, durch einige vor der Stadterweiterung errichtete Gebäude mitbestimmt, im äußeren Abschnitt Wohnhausverbauung, z. T. mit späthistoristischen Fassaden (**Nr. 26, 28, 30,** erb. 1892/94 von *Jacob Ceconi*). **Nr. 1:** Siehe Mirabellplatz Nr. 8. – **Nr. 3:** Im Kern 17. Jh., eingemauerte Inschrifttafel bez. 1818. – **Nr. 3a:** Ehem. Österr.-Ungarische Bank, erb. 1914. Freistehender 3geschossiger Bau mit Walmdach und palastartiger Fassade, barockisierend, mit secessionistischen Elementen. – **Nr. 4** bis **8:** Siehe Loretokirche. – **Nr. 8a:** Ehem. Salzburger Rettungsgesellschaft (jetzt Rotes Kreuz), erb. 1927/28 und 1931 von *Wunibald Deininger.* Glatte Straßenfront mit Rundbogenfenstern und Balkon im 1. Obergeschoß sowie 2 allegorischen Statuen „Helfen“ von *Hans Pontiller* 1928. Die Gartenfront mit Motiven der Salzburger Altstadtarchitektur, Hoftrakt von 1931, mit geschweiftem Grundriß. – **Nr. 9:** Ehem. Franz-Josefs-Kaserne, erb. 1849. Langgestreckter, 4geschossiger

Bau mit Erdgeschoßquaderung und 5achsigem übergiebeltem Mittelrisalit; Giebelrelief Doppeladler zwischen Waffentrophäen. – **Nr. 10:** Schulgebäude, erb. 1914.

RAINERSTRASSE. Vom Mirabellplatz zuerst den Kurpark tangierend zum Südtiroler Platz, wichtigste Verbindung zwischen Stadtzentrum und Hauptbahnhof (Elisabeth-Vorstadt). Der Verlauf mit 5strahligem Straßenknoten (Max-Ott-Platz) bereits in der Planung von *Carl Schwarz* 1861 festgelegt. Verbauung bis in die dreißiger Jahre des 20 Jhs., durch Kriegsschäden nach 1945 z. T. verändert. Gegenüber dem Kurpark, mit den monumentalen Fronten der Blockverbauung beiderseits der Franz-Josef-Straße bedeutende Beispiele der hochgründerzeitlichen Architektur der Wiener Ringstraße in Salzburg vertreten. – Nach Bahnunterführung, großteils nach 1945 verbaut, ältere Verbauung im Bereich der Einmündungen Lessingstraße und Elisabethstraße mit dem einen wichtigen städtebaulichen Akzent bildenden Druckereigebäude Kiesel.
Nr. 2: Repräsentatives strenghistoristisches Wohn- und Geschäftshaus mit Seitenflügeln zur Hubert-Sattler-Gasse und zur Franz-Josef-Straße. Erb. 1873/75 von *Franz Sommleitner,* nach Plänen von *Heinrich Claus* und *Josef Gross* (?), für Moritz Faber. 4geschossige Fassaden, Erdgeschoß und Mezzanin mit Diamantquaderung, Hauptgeschoß durch Fensterädikulen mit Dreieckgiebeln betont. Hauptfassade zwischen runden Ecktürmen, 5achsiger Mittelrisalit, in den Obergeschossen als vorgeblendete Loggia mit Säulen in Riesenordnung ausgebildet, von Attika bekrönt. – **Nr. 4:** Repräsentatives strenghistoristisches Wohn- und Geschäftshaus mit Seitenflügeln zur Franz-Josef-Straße und zur Auerspergstraße (hier Fassade verändert). Erb. 1873/75 von *F. Sommleitner,* nach Plänen von *H. Claus* und *J. Gross* (?), für Moritz Faber. 4geschossige Fassaden mit rustiziertem Erdgeschoß und Mezzanin, Hauptgeschoß über kräftigem Kordongesims, Fensterverdachungen auf Konsolen mit Dreieck- oder Segmentbogengiebeln und mit Masken in den Sturzfeldern. Hauptfassade mit flachen Eckrisaliten und 5achsigem, in den Obergeschossen durch geschichtete Pilaster in Riesenordnung gegliedertem Mittelrisalit mit Attikaaufsatz. 3achsige Portalanlage mit gebänderten Säulen und Balkon. – **Nr. 5:** Späthistoristisches Mietwohnhaus mit neobar. Fassadendekor. – **Nr. 10** (= Max-Ott-Platz Nr. 3): Bürogebäude, erb. 1932/33 nach Plan von *Paul Geppert d. Ä.*, später verändert. – **Nr. 15, 17** und **Elisabethstraße Nr. 1:** 4geschossige Wohn- und Geschäftshäuser mit Heimatstilfassaden, nach Plan von *Karl Pirich* und *Jacob Ceconi,* um 1912. **Nr. 19** bis **21** (= Elisabethstraße Nr. 2): Druckerei und Verlagsgebäude Kiesel. Erb. 1926 nach Plänen von *Wunibald Deininger.* Urspr. langgestreckter Baukörper, gegliedert in 5geschossigen Büro- und Wohntrakt mit konkav einschwingender Fassade zur Straßengabelung und Druckereitrakt, letzterer 1985 abgetragen. Die Fassade 3achsig, symmetrisch, durch vorgezogenes Vestibül und Fenstergruppe im obersten Geschoß akzentuiert. An den Längsseiten abschließende Erker mit Stuckreliefs, Tierkreiszeichen, von *Hans Pontiller,* Spielende Kinder, von *Roland Bohr,* 1926.

SCHRANNENGASSE. Zwischen Mirabellplatz und Franz-Josef-Straße. Vorwiegend Neubebauung nach 1945. Von der Wohnhausverbauung des späten 19. Jhs. einige späthistoristische Fassaden im westl. Abschnitt: **Nr. 9** bis **15, Nr. 10e.** – **Nr. 7:** Dorotheum, erb. 1948/49 von *Josef Hawranek.*

SCHWARZSTRASSE. Von der Staatsbrücke parallel zur Salzach nach N, 1863 angelegt. Im ersten Abschnitt (Nr. 2 bis 14) den Kern der rechtsufrigen Altstadt tangierend, deren Bürgerhäuser hier einen bis zu 6 Geschosse hohen Baublock mit schlichten Fassaden bilden. An der gegenüberliegenden Seite und im weiteren Verlauf unregelmäßige vorwiegend offene Verbauung, gründerzeitlich, mit einigen repräsentativen Wohnhäusern, Villen und öffentlichen Bauten, sowie nach 1945.

Nr. 1/3 = Elisabeth-Kai Nr. 2: Geschäftshaus, erb. ab 1881 von *Valentin* und *Jacob Ceconi,* Ausbau durch *Karl Pirich* 1905/06. Langgestreckter, durch neobar. Gliederung aufgelockerter Baukörper, 2geschossig, mit Mansarddach, Eckpavillons und Mittelrisalit mit kuppeligen Dachaufbauten. Erdgeschoß z. T. verändert. – **Nr. 2** = Platzl Nr. 1. – **Nr. 4:** Im Kern mittelalterlich, Bausubstanz 16. Jh.; Marmorportal um 1600 (von dem E. 18. Jh. abgetragenen Teil der Residenz) und Eisenplattentür mit Rosetten. Im 1. Obergeschoß breiter tonnengewölbter Flur mit Stichkappen. 3geschossige, 2achsige Arkadengänge 2. H. 16. Jh. und mehrere interessante Bau- und Ausstattungsdetails.

Nr. 5/7: Hotel Österreichischer Hof, als Hotel erb. 1873, Umbau E. 19 Jh., neuerlicher Umbau, Aufstockung und Neuausstattung 1957/58 durch *Otto Prossinger* und *Felix Cevela.* – **Nr. 6:** Im Kern mittelalterlich, Umbau E. 19. Jh., historistische Fassade im 20. Jh. abgeschlagen. – **Nr. 8:** Im Kern mittelalterlich, 4geschossige, 4achsige Fassade, weit ausladende Dachkehle mit Bodenluken. – **Nr. 9** = Elisabeth-Kai Nr. 8: Freistehender, strenghistoristischer 4geschossiger Bau. Neorenaissancefassade mit Kolossalordnung in den Rücklagen der Hauptgeschosse (an der Schwarzstraße jüngerer eingeschossiger Geschäftsvorbau). – **Nr. 10–14:** Siehe Lederergasse. – **Nr. 11** = Elisabeth-Kai Nr. 10: Freistehender 3geschossiger Bau mit Neorenaissancefassade zum Elisabeth-Kai. – **Nr. 13** = Elisabethkai Nr. 12: Erb. 1872/73 von *Valentin Ceconi,* 1980 entkernt. Ehem. freistehender, strenghistoristischer, 4geschossiger Bau mit schrägen Ecktürmen. Neorenaissancefassaden durch Risalite und kräftige Gesimse gegliedert, Mittelrisalite der Hauptfassaden in Loggien geöffnet.

Nr. 16: Breitgelagertes 3geschossiges Haus des 18. Jhs. (anschließend an die ehem. Stadtmauer des 13. Jhs.). Fensterumrahmungen mit einfachen Putzfaschen, das Erdgeschoß verändert. – **Nr. 17** = Elisabeth-Kai 16: Frühhistoristischer 3geschossiger Bau mit sparsamem Fassadendekor. – **Nr. 20:** Siehe Makartplatz Nr. 1. – **Nr. 22: Landestheater.** Erb. 1892/93 von *Ferdinand Fellner* und *Hermann Helmer,* an der Stelle eines 1775 als Theater errichteten Gebäudes. Der gründerzeitliche Bau 1938 umgebaut und mit Ausnahme des Zuschauerraumes seines neobar. Dekors entkleidet. Zuschauerraum, Logenschauraum mit Logenrang und offenem Balkonrang. Gewölbte, gegen das Proszenium abfallende Decke mit Stuckdekor und Gemälde bez. *A. D. Goltz.* – **Nr. 24:** Späthistoristischer Bau mit polygonalem Mittelrisalit und neobar. Fassadendekor, E. 19. Jh. – **Nr. 23** und **25:** Siehe Evangelische Kirche, S. 632.

Nr. 26/28: Mozarteum. Erb. 1910/14 nach Plänen von *Richard Berndl.* Aus 2 Trakten, dem monumentalen Konzertsaaltrakt und dem aus der Straßenflucht zurückversetzten Schultrakt bestehend. Reich gegliederter Baukörper, Fassade des Konzertsaaltraktes mit kannelierten Pilastern und Dreieckgiebel betont neoklassizistisch, Schultraktfassade barockisierend; secessionistische Details. In den Fassadennischen des Schultraktes allegorische Figuren, geistliche und weltliche Musik, auf der Attika Putten, die vier Tempi der Tonkunst darstellend.

Im Konzertsaalfoyer Bronzeplastik, Mozart als Apollon Musagètes, von *Edmund Hellmer.* – **Nr. 27:** Erb. 1883 nach Plan von *Georg Haussmann.* 2geschossige, 3achsige Villa mit Mittelrisalit und wuchtigem Mittelerker; neobar. Fassadendekor. – **Nr. 30:** Villa erb. vor 1873, 2geschossig mit Ehrenhof und schlichter Fassadengliederung. – **Nr. 32:** Villa Eleonora, bez. 1898. Freistehender 3geschossiger Bau mit flachem Mittelrisalit, strenge neobar. Fassadengliederung.

VIERTHALERSTRASSE. Zwischen Wolf-Dietrich-Straße und Franz-Josef-Straße geschlossener 4geschossiger Baublock von Mietwohnhäusern: **Nr. 2, 4, 6, 8,** erb. um 1903/06 von *Jacob Ceconi,* mit secessionistischen bzw. secessionistisch-späthistoristischen Fassaden.

WOLF-DIETRICH-STRASSE. Von der Linzergasse zur Franz-Josef-Straße. Vorwiegend 4geschossige Mietwohnhäuser um 1900. Der bis zur Paris-Lodron-Straße dem Verlauf der Stadtmauer des 15. Jhs. folgende Abschnitt nach Demolierung des Linzer Tores (1894) verbaut. Hier geschlossene Reihen von Häusern mit späthistoristischen und secessionistischen Fassaden (Erdgeschosse z. T. verändert): **Nr. 3, 5; Nr. 7** (1898/99), **Nr. 9/11** (1900/01), **Nr. 13/15** (1901/02, von *Jacob Ceconi.* **Nr. 6, 6a** (1904/05), von *J. Ceconi.* Im weiteren Verlauf nur einzelne Fassaden der urspr. späthistoristischen Verbauung erhalten.

DENKMÄLER

MUSIZIERENDE JUGEND, im Kurpark, Bronzefiguren bez. *(Max) Rieder 1957.*

PARACELSUS-DENKMAL, im Kurpark, Marmorfigur von *Josef Thorak,* aufgestellt 1950.

CARL-SCHWARZ-DENKMAL, Carl-Schwarz-Park, mit Bronzebüste, A. 20. Jh.

TÄNZERIN, im Kurpark, Bronzefigur, von *Giacomo Manzu,* aufgestellt 1976.

TURNVATER-JAHN-DENKMAL, im Kurpark, bez. *Leo von Moos,* errichtet 1905.

DENKMAL für Carl Wurmb, an der Schwarzstraße, mit Statue C. Wurmb, Erbauer der Alpenbahnen, von *Hans Rathausky* 1912.

MÜLLN

Stadtteil am li. Ufer der Salzach, nördl. der Altstadt, von dieser durch den eng an die Salzach herantretenden Mönchsberg getrennt; gegen Lehen durch Bahntrasse begrenzt, im W mit der Aiglhofstraße an Maxglan grenzend. In der Anlage mittelalterliche Vorstadt und nordwestl. anschließend das weitläufige Areal der Landeskrankenanstalten. Die ehem. Vorstadt, mit Hauptstraße und kurzen Nebengäßchen auf einem Ausläufer des Mönchsberges (Müllner Hügel) gelegen, bildet von der Pfarrkirche überragt, den nördl. Eckpfeiler im historischen Stadtgefüge.

Aus Mühlensiedlung an der Ausfallstraße nach W hervorgegangen, urk. erstmals um 780 erwähnt. Im Mittelalter noch ungeschützt, um 1600 als Vorposten durch Errichtung niedriger Mauern und Tore anstelle von Zäunen und Palisaden verstärkt; davon erhalten Müllegger-Tor und Reste von Mauerteilen entlang der heutigen Bahntrasse; Bogen am Beginn der Gaswerkgasse, als Straßenüberbauung torartig nachempfunden dem ehem. Laufener Tor (keine Altsubstanz). Die Landeskrankenanstalten entstanden durch Erweiterungen des 1699 von Eb. Johann Ernst Thun gestifteten Johannesspitals seit dem späten 19. Jh.

Müllegger-Tor, an der Südwestecke des Johannesspitales stehend; Rest des spätmittelalterlichen Schlosses der Freiherren von Grimming (siehe Johannesspitalkirche). 3geschossiger, fensterarmer Torbau mit an den Ecken gegen O vorgesetzten, eckigen Treppentürmen, je um ein Geschoß das Walmdach überragend; mittig breite, tonnengewölbte Durchfahrt, gegen W Portal von 1607 vorgeblendet, Umrahmung mit kannelierten Pilastern und verkröpftem Gebälk, Pilaster und Torrandung tief gebändert; über Volutenschlußstein reiche Wappenkartusche, Eb. Wolf Dietrich, auf Widderkopf; an der Ostseite zwischen den Fenstern 2 Heiligenbilder auf Blech gemalt in einfachem Stuckrahmen.

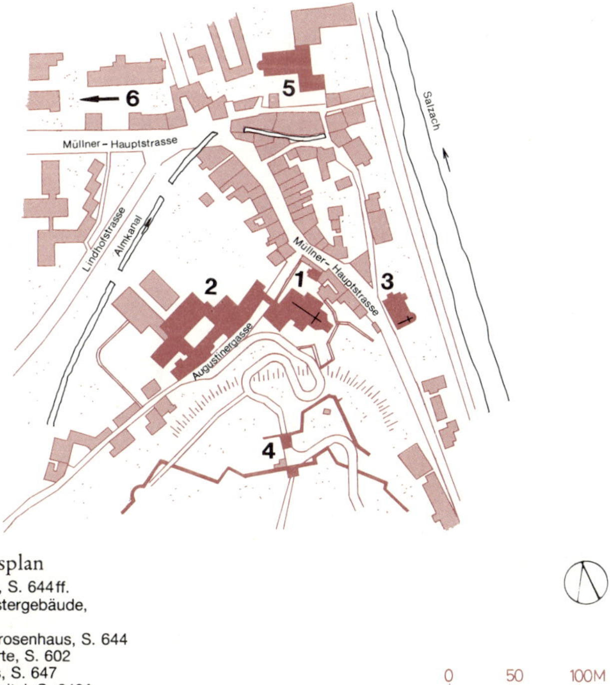

Mülln, Ortsplan

1 Pfarrkirche, S. 644 ff.
2 Ehem. Klostergebäude, S. 647
3 Ehem. Leprosenhaus, S. 644
4 Monikapforte, S. 602
5 Mutterhaus, S. 647
6 Johannesspital, S. 642 f.

KIRCHEN UND KLÖSTER

JOHANNESSPITALKIRCHE und JOHANNESSPITAL, im Areal des Landeskrankenhauses. Regelmäßige bar. Spitalsanlage mit Kirche in der Mittelachse. Von Eb. Johann Ernst Graf Thun gestiftet und auf den Gründen des 1688 erworbenen und abgetragenen Schlosses der Herren von Grimming-Müllegg, nach Plänen *Johann Bernhard Fischers von Erlach* errichtet. Westflügel 1695 vollendet, Ostflügel und Kirche erb. 1699 bis 1703.

Pfarrkirche hl. Johannes. Weihe 1704. Pfarre 1891. Innenrest. 1963–1967. – Saalbau, nach S gerichtete Fassade mit 2geschossiger, 3achsiger Vorhalle in der Flucht der flankierenden Spitalstrakte, gegliedert durch eng gestellte Riesenpilaster mit ionischen Kapitellen, hohe Rechtecktore mit Steilvoluten im Gewände und Rechteckfenster, das mittlere rundbogig überhöht; über dem Gebälk Marmorbalustrade und bar. Statue hl. Johannes d. T. Zurückgesetzt der Baukörper der Kirche mit lisenengegliedertem Obergeschoß, Ovalfenstern, Dreieckgiebel und seitl. aufgesetzten schlanken Glockentürmen mit Laterne. – Der im Spitalhof freistehende nördl. Teil der Kirche mehrfach gestuft, mit flacher Rundapsis im Erdgeschoß und mit kräftigem Kordongesims; durch niedrige Sakristei und Paramentenkammer rechteckig umbaut.

Die Durchgänge zur Vorhalle mit Schmiedeeisengitter, das mittlere bez. 1704; darüber skulptiertes Wappen Eb. Johann Ernst Thun. In der Vorhalle Portale und Nischen mit Stuckumrahmung; geschnitzte Nischenfiguren Hll. Katharina und Barbara, 1. H. 18. Jh.

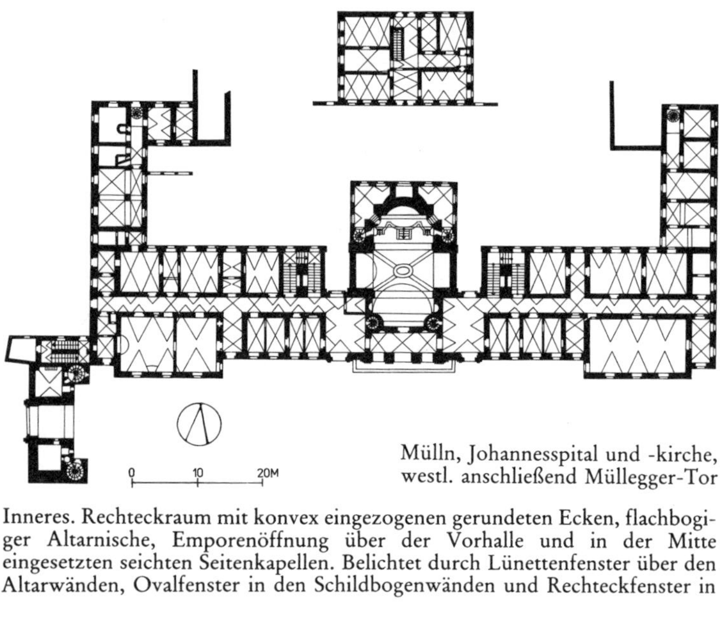

Mülln, Johannesspital und -kirche, westl. anschließend Müllegger-Tor

Inneres. Rechteckraum mit konvex eingezogenen gerundeten Ecken, flachbogiger Altarnische, Emporenöffnung über der Vorhalle und in der Mitte eingesetzten seichten Seitenkapellen. Belichtet durch Lünettenfenster über den Altarwänden, Ovalfenster in den Schildbogenwänden und Rechteckfenster in

den Ecken. Triumphbogenartig gegliederte Längswände, Rundbogenöffnung zwischen Pilastern und schmale Wandfelder mit Rundbogennischen und darüber liegenden Ovalnischen mit Vasen. Umlaufendes Kranzgesims, Kreuzgratgewölbe zwischen Gurtbogen und kurzen Tonnengewölben. Über dem Hauptportal Inschr. mit Chronogramm 1705. Stukkaturen von *Diego Francesco Carlone* (?) und Ausstattung nach Entwürfen *J. B. Fischers von Erlach*. Im Gewölbe zarte Stuckrahmen und Blattstäbe, Stuckkartuschen in den Bogenzwickeln der Wände und Puttengruppen an den Bogenscheiteln; in den nördl. Wandnischen stuckierter Kanzelkorb und Oratoriumsbrüstung; Portale in den konvexen Wandfeldern von Inschriftkartuschen mit Blattgirlanden bekrönt.
Altar auf ovalem Podest mit zweiarmiger Treppe und von Putten besetzter Balustrade. Tabernakelaufbau mit kleiner Kreuzigungsgruppe und Engelfiguren mit Arma Christi, an der Wand darüber Stuckglorie, Gottvater, Hl. Geist-Taube und adorierende Engel. Altartisch auf der Balustrade von *Heinz Tesar* 1975. Seitenaltäre, flacher Rahmenaufbau mit Putten und Engelhermen; Altarblätter, li. Predigt Johannes d. T., re. Enthauptung der hl. Barbara, beide bez. *Jo(hann) Mi(chael) Rottmayr von Rosenbrun*, 1709; auf der Empore Interimsbilder für diese Altäre in Grisaille, nach Entwürfen *Rottmayers, Johann Martin Schaumberger* zugeschrieben. Orgel von 1964. Zwei Nischenfiguren hl. Josef und hl. Anna mit Maria, A. 18. Jh. Beichtstühle, Kirchenbänke mit geschnitzten Wangen und Balustraden vor den Seitenkapellen, A. 18. Jh. Glocke 1746. Im Fußboden Gruftplatte für Eb. Johann Ernst Thun (für seine Eingeweide).
Krypta, unter dem Altarpodest. Querovaler flachgewölbter Raum und rechteckiger Altarraum; Grottenausstattung (eingelegte Kieselsteine, grob behauene Quader) und Stukkaturen mit Todesemblemen. Gewölbe- und Wandmalereien, Putten mit Arma Christi. Altarraumgitter A. 18. Jh. Auf dem Altar Schnitzgruppe Pietà flankiert von Hll. Petrus und Maria Magdalena, 18. Jh. In Verwahrung, Leinwandbild, Christus am Ölberg; Kopie nach *Paul Troger*, 18. Jh.

Spitalsgebäude. Beiderseits der Kirche 3geschossige, 10achsige Trakte mit 3achsigen Seitenrisaliten und mit schmalen Hofflügeln; schlichte Fassaden. Portale in den innersten Achsen, mit Rundbogen auf genuteten Pfeilern, vorgelegten Pilastern mit Steilvoluten, gerade Verdachung. Im östl. Hof, in die Erde versenkt, ehem. Baderaum mit Wendeltreppe, *Joh. Bernh. Fischer von Erlach* zugeschrieben. – In der Achse der Kirche Verwalterstöckl, freistehender 2geschossiger Baukörper mit Walmdach, A. 18. Jh., seitl. je 1 angesetzte Türöffnung mit geradem Sturz auf genuteten Pfeilern, Reste der früheren Hofabschlußmauer.

LEPROSENHAUSKIRCHE und EHEM. LEPROSENHAUS, Müllner Hauptstraße Nr. 6. Schlichter bar. Saalbau, die nördl. Langseite mit dem Spitalsgebäude verbunden. Urk. ein Leprosenhaus (Sundersiechenhaus) in Mülln seit dem 13. Jh., der bestehende Bau A. 18. Jh., heute Landespflegeanstalt. Fassade rest. 1975.

Kirche Hll. Hieronymus und Antonius Eremit. Gew. 1714. Rest. 1970/71. Rechteckbau mit Rundapsis, schmaler von Ecklisenen eingefaßter Fassade, durch Gesims abgesetztem Schopfwalmgiebel und Dachreiter. Fenster an der Fassade, an der Südseite und Apsis mit eingezogenem Rundbogenabschluß, darüber Ovalfenster.

Langhaus 3jochig, mit Kreuzgratgewölben zwischen Gurtbogen auf toskanischen Pilastern. Apsis leicht eingezogen. 2geschossige Empore.
Hochaltar 1. V. 18. Jh., mit seitl. Opfergangsportalen, darüber Ädikulen mit Statuen Hll. Hieronymus und Antonius Eremit und Aufsatzfiguren Hll. Sebastian und Rochus; in der M. Bild mit Darstellung des Gnadenbildes Maria Dorfen (urspr. am Seitenaltar), im Auszug Rundbild Gottvater. – Konsolstatuen Hll. Joachim und Anna, 1723. An der Langhauswand Kruzifix 2. H. 14. Jh. mit bar. Figur Mater dolorosa. Zwei Leinwandbilder mit Halbfiguren Hll. Virgil und Rupert, 1. H. 18. Jh. Leinwandbild Mondsichelmadonna zwischen Engeln mit Symbolen aus der Lauretanischen Litanei, E. 17. Jh. – In der Sakristei Schnitzgruppe Kruzifix mit Maria und Johannes 18. Jh.
Ehem. Leprosenhaus. 4geschossiger Baukörper über annähernd quadrat. Grundriß mit 7achsiger Straßenfront. Schlichte Fensterumrahmungen.

MÜLLNER PFARRKIRCHE und EHEM. AUGUSTINER-EREMITEN-KLOSTER, Augustinergasse Nr. 4–6. Spätgot. Wandpfeilerkirche mit Südturm, erhöht auf einer Terrasse gelegen, von ehem. Friedhof umgeben; durch Schwibbogen des 17. Jhs. mit jenseits der Gasse gelegenem ehem. Klostergebäude verbunden.
Pfarrkirche U. L. Frau Mariae Himmelfahrt. Urk. 1148, 1439 *Ulrich Dankl* und *Heinrich Murauer* als Baumeister der Kirche genannt. Weihe 1453. 1465 Pfarre und Kollegiatstift, 1605 von Eb. Wolf Dietrich den Augustiner-Eremiten übergeben; bis 1810 Augustiner-Eremiten-Kloster, 1835 bis 1942 und wieder seit 1945 vom Kloster Michaelbeuern verwaltet. Innenrest. 1948–1952.
4jochiger Saalbau mit 3/8-Schluß, hohem Satteldach, 2geschossigem Anbau im O und mit Kapellenanbauten an den Längsseiten von 1605/10. 3stufige Strebepfeiler, im Mittelteil abgeschrägt, umlaufender Sockel und gekehltes Dachgesims, die Fenster bar. ausgerundet. Der mächtige spätgot. (?) Südturm am 3. Joch, ungegliedert, 2geschossige, 3- und 4teilige, rund- und kielbogige romanisierende Schallarkaden, darüber an der Ost- und Westseite Wappen Max Gandolf Kuenburg, bez. 1674 (um diese Zeit Umgestaltung des Turmes); Haube mit 8eckiger Doppellaterne.

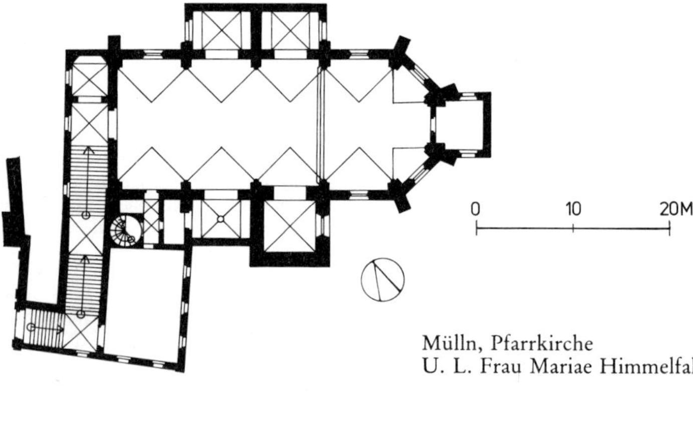

Mülln, Pfarrkirche
U. L. Frau Mariae Himmelfahrt

Der Westfassade 1605–1609 Vorhalle und Stiegenhaus vorgebaut, 1614 durch 3geschossig überbauten Schwibbogen mit dem gegenüberliegenden Klostergebäude verbunden. Südl. 2achsige Stiegenhausfassade, urk. 1707/08, von *Sebastian Stumpfegger* (Baumeister und Mitarbeiter Johann Bernhard Fischers von Erlach), mit Dreieckgiebel und durch Riesenpilaster gegliedert, 2 Rundbogenportale bekrönt von Stuckaufsatz mit Segmentbogenverdachung und Ovalnischen, darin Büsten des hl. Augustinus und Theresia von Avila. – An den südl. Stiegenhausflügel gegen O anschließend Sakristei, erb. urk. 1708/09, 1747 erhöht (?). – An der Langhaussüdseite Epitaph Christophorus Romanus Stirius, bez. 1538, mit Relief, Kruzifix und Stifter. Bar. Grabsteine von 1705, 1633, 1727. An der Ostwand Kruzifix um 1700.

Inneres. Der 4jochige Saalraum mit 3/8-Schluß um 1735/38 barockisiert, die Wandpfeiler und Runddienste verkleidet und durch Stuckkapitelle und Gebälkstücke abgeschlossen; bar. Tonnengewölbe mit Stichkappen, darüber spätgot. Netzrippengewölbe erhalten. Im W doppelgeschossige geschwungene Empore auf schlanken Säulen, um 1740. Stuck am Gewölbe, an der Empore und an der Westwand, urk. 1738 von *Christof Fenninger* (Bandlwerk und Rosettengitter), im Gewölbescheitel Felder mit Christus-, Marien- und Johannesmonogramm und Hl. Geist-Taube, seitl. Medaillons mit Darstellung der 4 Kirchenväter und der Verkündigung an Maria.

Hochaltar urk. nach Entwurf von *Vinzenz Fischer,* 1758/60; hoher Sockel und von 3facher Säulenstellung flankierte Konche mit Volutenaufsatz, in der Mitte von bar. Putten umgeben, als Gnadenbild Figur einer spätgot. Madonna, um 1450; seitl. Statuen Hll. Alexius, Katharina, Barbara, Wilhelm von Maleval und im Auszug Schnitzgruppe Hl. Dreifaltigkeit sowie allegorische Figuren Fides und Spes und als Bekrönung hl. Augustinus (Caritas), urk. von *Lorenz Wieser* 1760; Rokokotabernakel um 1760. An den Wänden des Altarraumes, in Stuckrahmen eingelassen, Leinwandbilder: Almosenspende des hl. Thomas von Villanova, von *Peter Anton Lorenzoni,* 1751; Anbetung der Hirten, Anbetung der 3 Könige; Maria Immaculata mit den Hll. Thomas von Aquin, Johannes Ev., Augustinus und Bernhard von Clairvaux, 1. H. 18. Jh. – Kanzel mit reichem Schnitzwerk, urk. 1738, von *Johann Georg Hitzl;* an der Konsole 4 Evangelistensymbole, ornamental geschmückter Korb, auf dem Schalldeckel Figuren der 4 Kirchenväter und als Bekrönung Figurengruppe Sieg des Glaubens. Konsolstatuen an den Langhauspfeilern, 2. V. 18. Jh., Hll. Anna, Joachim, Josef Johannes Nepomuk und Agnes. 4 Leinwandbilder an den Langhauswänden über den Kapelleneingängen von *Vinzenz Fischer* (eines bez.) 1759, Vermählung Mariae, Verkündigung, Heimsuchung und Himmelfahrt Mariae; im Westjoch 2 Bilder, li. hl. Rita von Cassia und re. hl. Clara von Montefalco, A. 18. Jh. Kreuzwegstationsbilder 18. Jh.

Seitenkapellen, einjochige, rechteckige kreuzgratgewölbte Räume mit reichem Gewölbestuck; in Rundbogen zum Langhaus geöffnet.

1. Nordwestl. Kapelle. Stuckausstattung um 1690, Abschlußgitter um 1610 mit Wappen Raitenau. Marmoraltar 1768, Altarblatt, Johannes a. S. Facundo umfängt Christus mit dem Kreuz, E. 17. Jh., *Johann Friedrich Pereth* zugeschrieben; seitl. Statuen Hll. Johannes d. T. und Georg um 1768. An der Wand, Bild Geburt Christi, 17. Jh., nach *Otto van Veen,* in reich geschnitztem Akanthusrahmen, urk. 1698, Werkstatt *Meinrad Guggenbichler.*

2. Nordöstl. Kapelle. Stuckausstattung um 1610, Abschlußgitter um 1610 mit

Wappen Raitenau, Altar 1768, Altarblatt, hl. Nikolaus von Tolentinos Vision des Christkindes, von *Johann Michael Rottmayr,* 1690; seitl. Statuen Hll. Paulus Eremit und Antonius Abbas um 1768, Tabernakel mit Rokokoschnitzwerk 3. V. 18. Jh. Leinwandbild, Tod des hl. Nikolaus von Tolentino, um 1690, von Akanthusstuck gerahmt.

3. Südöstl. Kapelle im Turmerdgeschoß. Stuckausstattung um 1670, Abschlußgitter 2. H. 17. Jh. Marmoraltar urk. von *Wolfgang* und *Johann Bapt. Hagenauer,* 1765/66, mit seitl. vorgezogenem und als Diadembogen ausgebildetem Gebälk auf Säulen; in der Mitte Gnadenbild Maria vom Guten Rat von Genazzano; Statuen hl. Johannes Ev. und Prophet Isaias. An der Wand Bild, Kreuzigung von *Theophil Pollak* 1623 (bez.) Deckenbild Marienkrönung 2. H. 17. Jh.

4. Südwestl. Kapelle. Stuckausstattung um 1610 (Stuck am Eingangsbogen um 1690 ergänzt), im Gewölbe Reliefs mit Darstellung der 4 Evangelisten und Gottvater; Gitter um 1610 mit Wappen Raitenau. Altar um 1768, Altarblatt, Madonna verehrt von Hll. Augustinus, Monika und Nikolaus von Tolentino, bez. 1698; seitl. Statuen hl. Papst (Gelasius?) und Bischof (Thomas von Villanova?). An der Wand Mariengnadenbild, umrahmt von 15 Reliefs mit Darstellung der Geheimnisse des Rosenkranzes, um 1700. Darunter Nische mit Marmoreinfassung und gekleideter Marienfigur. 4 Beichtstühle in den Seitenkapellen, um 1724.

Orgel in Gehäuse von ca. 1679, Werk renov. 1731–1779; 1868 von *Matthäus Mauracher* neu gebaut. Schmiedeeisengitter an der Orgelempore, um 1740. Kirchenbankwangen um 1740. Kommunionbank 1. H. 18. Jh. Mehrere Inschriftgrabsteine des 17. und 18. Jhs. Im Altarraum Inschrifttafel zur Kirchenerneuerung unter Eb. Wolf Dietrich; im Schiff ehem. Suproporte, bez. 1644 mit Wappen Salzburg, Weißpriach und Raitenau. Taufstein, 12eckig, 16. Jh.; Weihwasserbecken 16. Jh. – Bemalte Sakristeitüre mit Darstellung zweier Augustinerheiliger. In der Sakristei Wandstuck urk. von *Diego Francesco Carlone* 1709 (Türumrahmung mit Relief hl. Bernhard), Deckenstuck von 1736. Sakristeialtar mit Altarblatt Tempelgang Mariae, A. 18. Jh. Rom. Kruzifix, 1. H. 13. Jh., Fassung bez. 1669, in Verwahrung; Sakristeischränke von 1708 und A. 17. Jh.

Stiegenhaus. Zarte Gesimse und Tonnengewölbe, über den Absätzen Kreuzgratgewölbe. Im Stiegenaufgang in die Wände eingelassene Bilder auf Leinwand und z. T. auf Kupfer: Christus fällt unter dem Kreuz, um 1600 (?); Geißelung Christi, um 1600 (?). Martyrium der hl. Ursula und der 11.000 Jungfrauen umgeben von Szenen der Ursulalegende, *Johann Bocksberger d. J.* zugeschrieben, um 1580; Lünettenbild, Vision des hl. Augustinus in der Wüste, 1. V. 17. Jh.; Geißelung, E. 17. Jh.; Martyrium des hl. Sebastian, A. 17. Jh.; Kreuzabnahme 17. Jh.; Pietà um 1720, Umkreis *Paul Troger.* Kapelle bei erstem Absatz, Altar um 1660, mit Schnitzgruppe Pietà. Dreifaltigkeitskapelle, am oberen Absatz, Altar von 1769, mit Altarblatt Hl. Dreifaltigkeit von *Martin Johann Schmidt.* Oberbild, Schutzengel; seitl. Engelfiguren mit Weihrauchfaß. An der Wand Allerheiligenbild 1. V. 17. Jh., von *Theophil Pollack* (?). Abschlußgitter 3. V. 18. Jh. Über der Bogenöffnung der Kapelle Kruzifix, M. 17. Jh., und 4 Putten mit Leidenswerkzeugen A. 17. Jh. – Glocke 15. Jh.

Friedhofskapelle, am Nordrand des Friedhofes, urk. 1709 erb. Saalbau mit Walmdach und vorgestelltem Westturm. Der Turm im Obergeschoß 8eckig mit kleinen Baßgeigenfenstern und Zwiebelhaube. Rechteckiger Raum mit Spiegelgewölbe über umlaufendem Gesims. Deckenstuck von *Josef Schmidt* und 4 stuckgerahmte Bildfelder mit Malereien von *Fr. Teod. Wagner* (?), 1709. Bar. Altar mit Bild Kruzifix, urk. von *Johann Michael Greiter* 1780, 2 Bilder von *J. M. Greiter*, 1784, Rosenkranzspende und hl. Nikolaus von Tolentino (zur Zeit verwahrt).

Ehem. Klostergebäude, jetzt Pfarrhof und seit 1890 Braugasthof. Aus mehreren an der Augustinergasse aneinandergereihten Trakten des frühen 17. Jhs. bestehend, 4geschossiger Mitteltrakt mit Zeltdach, im Kern 15. Jh. (?), und 3geschossiger Nordtrakt, die südl. anschließenden Gebäude seit dem 19. Jh. z. T. umgebaut, Saaleinbau und Anbauten gegen W, 1907, 1913/14 und 1927; 1944 Bombenschaden, 1949/50 wiederaufgebaut nach Plänen von *Franz Zell*.

Schlichte Fassade, durch Hohlkehle abgeschlossen, glatte Fensterfaschen mit Ohren. Im Nordtrakt Portal von 1707, mit seitl. Pilastern von Steilvoluten getragenen Gebälkstücken und hohem Ädikulaaufsatz zwischen Voluten, darin Relief hl. Augustinus und Kartusche mit Wappen Eb. Wolf Dietrich und des Bistums, um 1605. Im Mitteltrakt spätgot. Kielbogenportal, Erdgeschoßraum mit Gewölbestuck, A. 17. Jh. Im Bräustübltrakt Portal mit Stuckumrahmung um 1710, wohl von *Diego Francesco Carlone*. 2 Statuen Hll. Augustinus und Benedikt A. 18. Jh. Am Schwibbogen Reliefs mit Wappen Eb. Wolf Dietrich zwischen Heiligen.

MUTTERHAUS der Barmherzigen Schwestern. Salzachgäßchen Nr. 1 bis Nr. 3. Erb. 1862/63, Kirche 1885 geweiht, Kriegsschäden, nach 1945 wieder aufgebaut. Kirchenumbau 1958–1960 nach Plänen von *Inge Kromp-Schmidt*. Glasmalereien mit Darstellung der 14 Kreuzwegstationen von *Max Spielmann*. Figur Maria Immaculata und Relief hl. Joseph, von *Josef Staud*, um 1960. 2 Nebenkapellen mit Tabernakel, Kruzifix und Bronzerelief, Hll. Vinzenz und Luise, von *Toni Schneider-Manzell*. 2 spätgot. Reliefs mit Darstellung von je 2 Aposteln, Hll. Jakobus und Judas Thaddäus und Hll. Paulus und Bartholomäus, um 1515. – Im Garten Statuen: hl. Michael vor 1720, urspr. am Brunnen vor der Michaelskirche; hl. Andreas A. 18. Jh. vom Kirchenportal der abgetragenen Andräkirche; hl. Johannes Nepomuk, 1736 von *Josef Anton Pfaffinger*, urspr. an der Haupt-(Staats-)Brücke.

PROFANBAUTEN

AUGUSTINERGASSE. Von der Müllner Hauptstraße zum ehem. Augustinerkloster ansteigend, im weiteren Verlauf am Fuß des Mönchsberges in den Stadtteil Riedenburg führend. Offene 2- bis 3geschossige Wohnhausverbauung, großteils 2. H. 19. Jh., im Bereich des Klosters z. T. 17. Jh. **(Nr. 3, 5, 8, 10).** **Nr. 16:** Volksschule, erb. 1895/96; freistehender 2geschossiger Bau mit neobar. Fassaden und Säulenportikus. – **Nr. 28:** Freistehender 2geschossiger Bau mit Schopfwalmdach; Fenster und Portalumrahmungen sowie Fensterkörbe E. 18. Jh.

BÄRENGÄSSCHEN und SALZACHGÄSSCHEN. Schmale Gassen östl. der Müllner Hauptstraße. Gruppe **ehem. Mühlen** (Salzachgäßchen **Nr. 4 bis Nr. 6** noch als Mühle betrieben), im Kern 16.–18. Jh., mehrfach umgebaut.

GASWERKGASSE. Von der Müllner Hauptstraße nach Lehen abzweigend. **Nr. 2** und **Nr. 4:** Von Eb. Sigismund Schrattenbach 1759 und 1769 als Waisenhäuser gestiftet, jetzt als Schwesternheime Teil des Landeskrankenhauses. – **Nr. 2:** Hauptfront zur Müllner Hauptstraße, weitgehend umgebaut, Stiftungsinschrift von 1769. **Nr. 4:** Schlichter 3geschossiger Bau mit gebändertem Sockelgeschoß; an der Gartenfront klassizistisches Portal, auf dem Gebälk Wappen Sigismund Graf Schrattenbach, Türflügel mit Rokokoornamenten und Lünettengitter. Kapelle in der Seitenachse des Gebäudes profaniert. – Gartenpavillon, 8eckig mit glockenförmigem Dach und Ecklisenen, profilierte Fensterumrahmungen mit Ohren; im Inneren über den Fenstern Laub-Bandelwerkstuck. Im Garten **Brunnen** mit Zementgußfiguren, Junge Frau mit Kind, von *Karl Hittmann;* Bronzefigur von *Hilde Heger* (um 1970).

MÜLLNER HAUPTSTRASSE. In der Verlängerung der Gstättengasse (Ursulinenplatz) vom Klausentor nach Mülln, in mehreren Windungen über den Müllner Hügel verlaufend, von dort nach W umbiegend, durch das Areal des Landeskrankenhauses geführt. Auf dem Müllner Hügel dichte, in der Anlage mittelalterliche Verbauung. – Neben einigen jüngeren Bauten (Nr. 8a um 1930, Nr. 10, 12 2. H. 19. Jh. umgebaut, Nr. 20/22 von 1909, Nr. 24 und 26 umgebaut) geschlossene Zeilen von Bürgerhäusern, im Kern E. 15./16. Jh., 3geschossig (und mit Dachspeichergeschoß) bis 5geschossig, z. T. auf schmalen tiefen Parzellen. **Nr. 6:** Siehe Leprosenhauskirche. – **Nr. 8:** An der Gabelung zum Bärengäßchen charakteristische mittelalterliche Hausanlage an Straßengabelung, Gasthof, 15./16. Jh., 3- bis 4geschossig, 7achsig und mit einachsiger Eckfront, Portal- und Fenstergewände abgefast. – **Nr. 11** und **Nr. 13:** Traufständige Wohn- und Handwerkerhäuser, 17. Jh., 3geschossig, 9achsig, mit rundbogigen bzw. segmentbogigen Erdgeschoßfenstern und Ladentüren. Nr. 13, eingemauerter Stein mit Hauszeichen bez. 1651. – **Nr. 14, 16, 18:** Gruppe von schmalen 3achsigen Bürgerhäusern, 4- bis 5geschossig, Stirnmauern mit Hohlkehlenabschluß, Nr. 14 mit spätgot. Rechteckportal und Nr. 16 mit Dachspeichergeschoß. – **Nr. 17, 19, 21, 23, 25, 27:** Im Kern 16. Jh., Fassaden mit Fensterfaschen und Hohlkehlenabschluß, 3- bis 6achsig, 3- bis 4geschossig, meist mit Dachspeichergeschoß. Nr. 17, bar. Korbbogenportal zwischen Pilastern mit geschweiftem Aufsatz und eingelassenem Bild, Pietà; Lünettengitter bez. 1765; Tür spätgot., 16. Jh. (?). Nr. 23 und Nr. 25, mit Rundbogenportalen, Nr. 27, abgefastes Portal mit Kielbogenabschluß. – **Nr. 20/22:** Erb. 1909, Heimatstilfassade, Erker. – **Nr. 24:** Mit Kielbogenportal. **Nr. 28:** Im Kern 16. Jh., 4achsig, 4geschossig. – **Nr. 29:** Breit gelagertes 8achsiges Haus, im Kern 16./17. Jh., 3geschossig mit Hohlkehlenabschluß, abgefastes Rundbogenportal; kreuzgratgewölbter Flur. – **Nr. 30:** Im Kern 16. Jh., 2achsig, 5geschossig. – **Nr. 31:** Auf tiefer Parzelle, im Kern 16./17. Jh., 3geschossige, 5achsige Front mit hoher Stirnmauer (Dachspeichergeschoß) und Hohlkehlenabschluß, Grabendach; breites abgefastes Rundbogenportal, Mittelflur. An der Hofseite Inschriftkartusche bez. Hanuß, Anna Prambsteindl 1642, mit Hauszeichen. Im Garten groteske Zwergenfigur, um 1715. – **Nr. 32, 34, 36, 38:** In Stufen vorspringend, den Abschluß der Bebauung des Müllner Hügels bildend, im Kern 16. und 17. Jh., Nr. 32, mit gekrümmter 8achsiger Front, Kielbogenportal. – **Nr. 48:** Kinderspital, Erweiterungsbau nach Entwurf von *Josef Wojtek* 1929/31.

Brunnen (bei Haus Nr. 26): Errichtet 1727 von *Sebastian Stumpfegger,* 8eckiges Becken, die Brüstung mit vertieften Feldern und skulptierten Rosetten und mit Spiralgitter. In der Mitte Felsen mit 2 Delphinen und Putto.

NONNTAL

Stadtteil am li. Ufer der Salzach, zwischen den südl. Abhängen des Festungsberges und der ehem. selbständigen Gemeinde Morzg, im W an Leopoldskron grenzend. Das innere Nonntal am Fuß des Berges, unterhalb der Nonnbergterrasse, als unbefestigter Vorort spätestens seit E. 14. Jh. zum Stadtgebiet gehörig. Es bildet, von der Nonntaler Hauptstraße durchzogen, durch Nonnberggasse und Erhardgäßchen mit dem Frauenkloster verbunden, mit Häusern des 16./17. Jhs. und der bar. Erhardkirche einen kleinen, von einigen Wohnhäusern des späten 19. Jhs. und des frühen 20. Jhs. umgebenen, städtischen Siedlungskern. Im O anschließend Schul- und Universitätsbezirk des 20. Jhs. und gegen S, zwischen Grünflächen, ein breites größtenteils erst nach 1950 entstandenes Siedlungsband.

KIRCHEN, KAPELLEN UND BILDSTÖCKE

PFARRKIRCHE hl. Erhard, Nonntaler Hauptstraße Nr. 12. Bar. Zentralbau mit Tambourkuppel und Doppelturmfassade; aus der Straßenflucht mit Turmrisaliten und Portikus vortretend. Ehem. Spitalskirche, ein Siechenhaus St. Erhard der Abtei Nonnberg um 1310 errichtet. 1603 von Eb. Wolf Dietrich für das Domkapitel als Ersatz für das Kapitelspital im Kaiviertel erworben. Kirche urk. 1404; Neubau durch das Domkapitel ab 1685 von *Giovanni Gaspare Zuccali,* Weihe 1689. Pfarre seit 1853. Außenrest. 1977.
Breite Fassade zwischen den ehem. Spitalsgebäuden, 3achsiger Mittelteil mit vorgelegtem Portikus, von Kuppel überragt; die seitl. Türme abgesetzt, mit Riesenpilastern, Gebälk und gesprengten Giebeln und mit die Kuppel flankierenden, gleich hohen 8eckigen Glockengeschossen mit Eckpilastern und kuppeligen Hauben (letztere 1711 verändert). Säulenportikus auf hohen Postamenten, mit ionischen Kapitellen, Gebälk und flachem Dreieckgiebel, und mit 2flügeliger Treppe zu dem erhöht gelegenen Portal. Im Giebel Wappen des Domkapitels; in der Mitte des Portikussockels Wandbrunnen um 1688 von *Andreas Götzinger.*
Inneres. Trikonchosförmige Anlage mit zentraler Pendentifkuppel mit hohem Tambour über den abgeschrägten Eckpfeilern eines griechischen Kreuzes. Südöstl. Kreuzarm als Vorhallenjoch ausgebildet, an den 3 übrigen Seiten enden die seichten tonnenüberwölbten Kreuzarme in Halbkreisapsiden, durch profilierte Gurtbögen über kräftigen Wandpfeilern abgesetzt. Konche mit Hauptaltar tiefer als die seitlichen: längsaxiale Ausrichtung der Anlage trotz trikonchaler Entfaltung des Raumes in einheitlicher Wandrhythmik. Die Wandstruktur gekennzeichnet durch Wechsel von kräftigen Pfeilern und in große Rundbogenfenster aufgelöste Abschnitte dazwischen (entsprechend der durchlichtete Kuppeltambour) und durch die Gliederung mittels einer korinthischen Ordnung zart geschichteter Pilaster mit umlaufendem Gebälk und reich profiliertem vorkragendem Hauptgesims.

Nonntal,
Pfarrkirche hl. Erhard

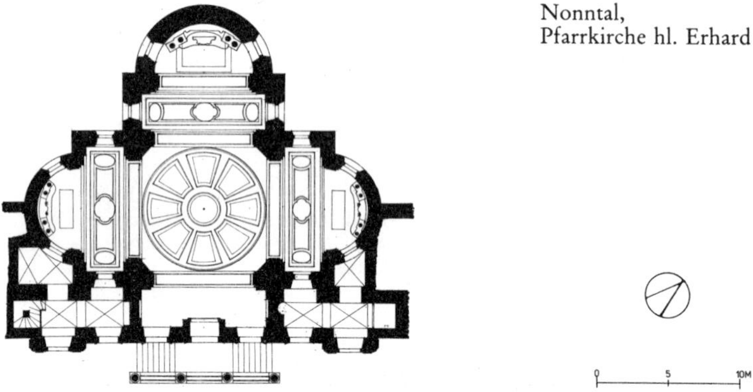

Darüber reiche, in der Färbung z. T. Terrakotta imitierende Stukkaturen aus der Bauzeit, von *Francesco* und *Carlo Antonio Brenno* und *Ottavio Mosto:* an den Pendentifs in Hochrelief die Figuren der Hll. Rupert, Virgil, Martin und Vitalis; darunter in Medaillons die 4 Kardinaltugenden; im Tambour Hermen und in der Kuppel 8 Rundmedaillons mit Szenen aus dem Leben des hl. Erhard; Stuck in den Konchen von den Altarbekrönungen ausgehend und im Zusammenhang mit den Altarpatrozinien (Szenen aus dem Leben des hl. Erhard, des hl. Karl Borromäus und des hl. Franz Xaver).
Hochaltar von *Andreas Götzinger,* Ädikulaaufbau mit gedrehten Doppelsäulen auf hohem Sockel, gesprengter Segmentbogengiebel mit Figurengruppe (in Stuck) Hl. Dreifaltigkeit; Altarblatt hl. Erhard tauft die hl. Ottilie, von *Johann Michael Rottmayer* 1692 (bez.); am Gebälk von Putten getragene Stuckkartusche mit Wappen Johann Ernst Thun, bez. 1692. – Ähnliche Seitenaltäre, mit glatten Säulen. Li. Altarblatt hl. Karl Borromäus bei den Pestkranken in Mailand, um 1690, *Frans de Neve* zugeschrieben; im Giebel Stuckfiguren, Glorie des hl. Karl Borromäus; auf dem Gebälk Wappen des Dompropstes Carl Graf Castelbarco. Neben dem Altar Herzurne des Dompropstes mit Inschrifttafel. Re. Altarblatt hl. Franz Xaver segnet die Heiden, um 1690, *Frans de Neve* zugeschrieben; im Giebel Stuckfiguren, Glorie des hl. Franz Xaver; auf dem Gebälk Wappen des Domdechanten Wilhelm Freiherr von Fürstenberg. Tabernakel mit reichen ornamentalen Beschlägen, Wappen Eb. Jac. Ernst Liechtenstein, um 1747/49. Kanzel urk. von 1724. Orgel 1688 von *Christoph Egedacher,* mehrmals umgebaut, 1982/84 renov., neues Werk von *Helmut Allgäuer.* 2 Weihwasserbekken um 1688 von *Andreas Götzinger.* Vortragekreuz um 1700, Holztabernakel A. 18. Jh.; Vorhallengitter und Emporengitter von 1688, mit Spiralranken und gemaltem Wappen des Domkapitels. Glocke von *Benedikt Eisenberger* 1686.
Pfarrhof, nordöstl. mit der Kirche verbunden. Erb. 1678 als Männerspital des Domkapitels, bis 1898 Spital. 4geschossig mit Dachspeichergeschoß, querovalen Dachspeicherluken und Hohlkehle. 5achsige Fassade von Lisenen eingefaßt, Fensterumrahmungen mit ausgestellten Ecken; seitl. Rundbogenportal mit Rustikaumrahmung, darüber Inschriftkartusche mit Bauinschr. des Domkapitels (1677 erkauft, 1678 erbaut).

KAPELLE hl. Josef, beim Kasererhof, Hellbrunnerstraße. Erb. 1677. Schlichter Rechteckbau mit Walmdach und Dachreiter. Rundbogenportal mit Kämpfern und Keilstein; am Keilstein Wappen der Zillner von Zillerberg. Im Inneren 3jochiges Tonnengewölbe mit Stichkappen und reiche Gewölbe- und Wandstukkaturen von 1677.
Altar um 1677 mit Säulenädikula, Altarblatt hl. Josef mit Ansicht der Stadt Salzburg, Oberbild Gottvater und Hl. Geist-Taube. Statue Maria mit Kind, *Matthias Wilhelm Weissenkirchner* zugeschrieben, um 1720. – Gegenüber der Kapelle ein symmetrisch entsprechender Bau von 1712, dazwischen Toreinfahrt.

BILDSÄULE, bei Nonntaler Hauptstraße Nr. 36. – Toskanische Säule mit Steinplastik Pietà, am Sockel bez. Me erexit 1735 P. A. (renov. 1867); an der Stelle des ehem. Weichbildkreuzes errichtet.

BILDSTOCK, am Freisaalweg. Abgefaster Rechteckpfeiler mit auskragendem Tabernakelaufsatz, Rundbogennische und geschweiftem Dach, 19. Jh.

PROFANBAUTEN

SCHLOSS FREISAAL. Freisaalweg **Nr. 31.** Wasserschloß des 16. Jhs., später z. T. verändert. Erstmals erwähnt 1392, 1549 unter Administrator Ernst von Bayern neu gebaut, 1907 renov. und verändert. Rest. 1970.
Allseits von Wasser umgebener Gebäudekomplex; hoher 3geschossiger Wohntrakt, der mit einem 2geschossigen hakenförmigen Nebentrakt und einem niedrigen Wirtschaftstrakt einen kleinen Hof umschließt. Fensterumrahmungen und Erker von 1907. Im Obergeschoß annähernd quadrat. Saal mit Balkendecke und vollständig bemalten Wänden. Die Wandmalereien von *Hans Bocksberger d. Ä.* (?), bez. 1558: über zwei Wände Sockel mit figuralen Grisaillemalereien und darüber Bildstreifen mit figurenreicher Darstellung des festlichen Einzuges Michael Kuenburgs in Salzburg. An den Fensterwänden illusionistische Nischen mit allegorischen Figuren der theologischen Tugenden und der Kardinaltugenden, in weiteren Nischen Diana und Vanitasdarstellung; in Grisaillemedaillons über den Fenstern und unterhalb des Festzuges Szenen aus der römischen Geschichte und Mythologie.

BRUNNHAUSGASSE. Am südl. Fuß des Festungs- und des Mönchsberges, unregelmäßige, lockere Verbauung zwischen Gärten und Grünland mit einzelnen urspr. z. T. Wirtschaftszwecken dienenden, im Kern auf das 17. Jh. zurückgehenden Altbauten und einigen seit A. 20. Jh. errichteten Villen und Wohnhäusern. Nach Nr. 18 Durchstich des Hauptarmes des Almkanals, siehe S. 584.
Nr. 5: Ehem. Brunnhaus, errichtet 1644 zur Wasserversorgung des Residenzbrunnens (betrieben bis 1962). 3geschossiger Bau mit Schopfwalmdach, Rundbogenportal des 17. Jhs. und rundbogiger Speicheröffnung. – **Nr. 14a:** Villa, erb. 1962 von *Clemens Holzmeister.*

HELLBRUNNERSTRASSE. **Nr. 3:** Künstlerhaus. Erb. 1884. Freistehender Bau mit weit vorspringendem Mittelrisalit, Eckrisalit und neobar. Fassaden. Hauptgeschoß über Rustikasockel mit Pilastergliederung und Fenstern mit Dreieckgiebel. – **Nr. 28:** Städtisches Pensionistenheim. 1898 als Kaserne erb.; 5geschossig, mit übergiebeltem Mittelrisalit und Eckrisaliten. Streng gegliederte

Fassade mit gebändertem Sockel und genuteten Obergeschossen, flache, nach Stockwerken alternierende Fensterumrahmungen.

KARL-HÖLLER-STRASSE. **Nr. 4: Städtisches Altenheim.** Erb. 1896–1898 von *Franz Drobny.* Späthistoristischer Baukomplex in der Art einer bar. Schloßanlage, 3geschossig mit neobar. Fassadengliederung. Im Haupttrakt als kräftiger Mittelrisalit vorspringende Kapelle mit turmartigem Dachreiter als Bekrönung. **Kapelle,** innen. Neobar. Zentralbau mit 2geschossigen seitl. Emporen, Empore über der Vorhalle und kurzem Altarraum. Quadrat. Mittelraum von Flachkuppel überwölbt, Stukkaturen im Stil des 18. Jhs. (Bandlwerk). Kuppelgemälde bez. *K. Forster 1900,* Lamm Gottes und Evangelistensymbole, in den Pendentifs Hll. Sebastian, Corona, Blasius und Erhard. Über dem Altar. Bild, Beweinung Christi, bez. *J. Gold 1899;* im Giebelfeld hl. Josef. Neobar. Tabernakel. Bar. Vortragekreuz.

NONNTALER HAUPTSTRASSE. Vom Rudolfsplatz in einer Krümmung um den Sporn des Festungsberges, durch den Siedlungskern des Nonntales und (ab Nr. 37) als Ausfallstraße nach S verlaufend. Nur um die Erhardkirche geschlossene Häuserzeilen; die Straße der monumentalen Front der Kirche gegenüber, an der Stelle des 1878 aufgehobenen Friedhofs, zu einem Rechteckplatz erweitert; z. T. stattliche 4- bis 5geschossige Bürgerhäuser; von Nr. 19 bis Nr. 31 und bergseitig von Nr. 12 bis Nr. 32 im Kern großteils 16./17. Jh. (Nr. 25, 28 und 30: 19. Jh.).
Nr. 1: An der Gabelung Hellbrunnerstraße, erb. 1914/16 von *Hans Naaff,* mit Portal-Loggiengruppe an der abgeschrägten Ecke. – **Nr. 3:** Volksschulgebäude, erb. 1905, mit neobar. Fassade. – **Nr. 9:** Erb. 1934, Schmiedeeisengitter mit Motiven des Art Deco. **Nr. 11:** Im 2. Obergeschoß profilierte Fenstergewände 17. Jh. – **Nr. 12:** Ehem. Erhardspital, siehe Erhardkirche. – **Nr. 14:** Ehem. Frauentrakt des Erhardspitals, südseitig an die Kirche anschließend, im Kern E. 15./16. Jh.; 3achsig, 4geschossig, mit hohem Dachspeichergeschoß und rundbogiger Speicheröffnung; Fassade 17. Jh., von Lisenen eingefaßt, Hohlkehlenabschluß; Fensterumrahmungen mit ausgestellten Ecken, Segmentbogenportal mit kielbogig schließendem Gewände. Im breiten Flur Stichkappentonnengewölbe. – **Nr. 16:** Kern 16. Jh., 3achsig, 3geschossig, mit Dachspeichergeschoß; Fassade durch Sohlbankgesimse gegliedert, Hohlkehlengesimse. – **Nr. 18:** Kern 16. Jh., 4achsig, 4geschossig, gegenüber Nr. 16 mit 3 Achsen vorspringend, bar. Fassade mit geschweiften Fensterumrahmungen im 2. und 3. Obergeschoß (renov. 1964), Hohlkehle mit Inschr. bez. FE 1757; in Figurennische Gnadenbild von Altötting. – **Nr. 19** = Erhardplatz Nr. 2: Kern 16. Jh., 4geschossig mit 2geschossigem Vorbau und neobar. Fassade zum Erhardplatz.
Nr. 20: Kern 16. Jh., 5achsig, 4geschossig und Dachspeichergeschoß; Fassade E. 18. Jh., von Lisenen gerahmt, Fensterumrahmungen der Obergeschosse mit Plattenstildekor (renov. 1957); Korbbogenportal bez. 1799, Fensterkörbe E. 18. Jh. – **Nr. 21:** Kern 17. Jh., freistehend, 4geschossig, Fassade zur Nonntaler Hauptstraße 5achsig, Fensterfaschen mit Ohren; flachbogiges Portal, darüber Relief mit Darstellung des Gnadenbildes von Maria Plain, 3. V. 17. Jh. – **Nr. 22:** Kern 16./17. Jh., 3achsig, 3geschossig und Dachspeichergeschoß; im Erdgeschoß Raum mit Stuckdecke, um 1740. – **Nr. 23:** Kern 18. Jh. (?), 4geschossig, profilierte Fensterumrahmungen, im 3. Geschoß mit geraden Verdachungen. – **Nr. 24:** Kern 16./17. Jh., 5achsig, 4geschossig, mit Schopfwalmdach. Fassade um

1800, genutetes Erdgeschoß und Fensterumrahmungen mit Plattendekor. – **Nr. 27:** Kern 16. Jh., über dem Portal Bauinschr. der Äbtissin Anna Pawmanin 1557 mit Wappen Stift Nonnberg (Waschhof des Stiftes). – **Nr. 29:** 1948 wiederaufgebaut, über dem Portal Reliefplatte, Kreuzigung mit Maria und Johannes, mit Wappen der Alt, bez. 1571. – **Nr. 37:** 2geschossig mit Zeltdach und späthistoristischer Fassade. – **Nr. 37a:** Wohnhaus um 1920/30. – **Nr. 38:** Späthistoristisches Wohnhaus, um 1900. – **Nr. 40:** Wohnhaus im Heimatstil, mit Erkertürmchen, bez. 1913. – **Nr. 42: Nonnberghof,** ehem. Meierei des Klosters Nonnberg, von Mauer umfriedet. Mächtiger Gutshof, wohl 18. Jh., mit Schopfwalmdach, breitem Mittelflur und mit Quertenne; 2 Nebengebäude. – **Nr. 46:** Ehem. fürsterzbischöfliches Jägerhaus, 3geschossiger, 5achsiger Bau mit Schopfwalmdach, im Kern 17. Jh., Fassade 19. Jh., über dem Portal Wappen Eb. Paris Lodron und Inschrifttafel bez. 1643. – **Nr. 48:** Villa mit reichem neobar. Fassadendekor, um 1900. – **Nr. 49c: Landesstudio** des ORF, erb. nach Plänen *Gustav Peichls* von 1968–1972.

Nr. 51–53: Schloß Neudegg; auf der ehem. Klosterbleiche des Stiftes Nonnberg erb. barockisierter spätgot. Ansitz. Wichtigste Besitzer Niklas Venediger 2. H. 15. Jh., Jakob Strasser ab 1556, 1648 Christoph Freisauff, 1775 Hofkanzler Franz Anton Kürsinger, 1849 von Wolfstein, ab 1935 Grafen Meran. Schloßbereich begrenzt durch westl. Einfahrt, im N Kapelle, im O Schloßbau, gegen S Nebenstöckl; Hofbereich einfache Gartengestaltung, gegen S Reste eines bar. Lustgartens erkennbar.

Schloß. Im Kern spätgot. Ansitz 1. H. 16. Jh. (urspr. mit 4 Aufsatztürmchen an den Ecken), durchgreifende Barockisierung A. 17. Jh. Annähernd quadrat. Grundriß mit gegen O angebautem Turm, niedriges Sockelgeschoß mit rechteckiger Eingangstür, darüber 3 Wohngeschosse und Dachgeschoß mit bar. Mansarddach. Fassaden mit einfachen glatten Fenster- und Eckfaschen E. 19. Jh., im Dachgeschoß teils vermauerte ovale Luken. Sockelgeschoß durchgehend gewölbt, Tonnen mit Stichkappen, im Flur an Stiegenwange Wappentafel der Äbtissin Veronika von Waltprun bez. 1548, darunter kleines Steinwappen Familie Wolfstein. Stiegenbereich auch in den Obergeschossen gewölbt. Im 3. Obergeschoß Festsaal mit reicher Ausstattung an Stuck und Malerei an Flachdecke und Wänden; Decke mit Mittelfeld (Ölbild fehlt) und 4 seitl. Medaillons mit Stuckreliefs, Veduten, darunter alte Ansicht des Schlosses Neudegg 1. H. 17. Jh.; Wände z. T. Stuck, reich bemalt, Nymphen, Pflanzen- und Rankenmotive, Vasen; Wandgestaltung ebenfalls 1. H. 17. Jh., durch Malerei um 1900 überlagert.

Kapelle. Freistehender kleiner Rechteckbau mit geradem Chorabschluß, Satteldach mit Dachreiter über der südl. Eingangsseite, über der Tür mit Gebälk Vierpaßfenster, breite Eckfaschen. Altar um 1660, schwarz-gold gefaßt, Ädikulaaufbau mit Sprenggiebel, in der Mitte Mariensymbol; Altarbild Marienbild von Engeln umgeben, darunter großfigurig Hll. Christophorus und Katharina. Auf Säulenpostamenten Wappen des Stifterehepaars Christoph Freisauff und Gattin Katharina. – Nebenstöckl, 2geschossiger, langgestreckter Bau gegenüber der Kapelle, historistische Fassade um 1900 mit Bänderung im Erdgeschoß, Fenster im Obergeschoß mit Bogengiebel; bar. Kern im östl. Teil bei vermauerter Loggia mit Rundbögen noch erkennbar.

Nr. 58: Ehem. fürsterzbischöflicher **Gestüthof,** Gestütmeisterhaus. Freistehender 3geschossiger Bau mit 7achsiger Straßenfront, mit Ecklisenen, Hohlkehlengesims und Mansarddach; Rechteckportal bez. 1815. Kern um 1600. Im Hof = Fürstenallee Nr. 21, ehem. Stallgebäude, erb. 16. Jh. (?), unter Eb. Leopold Anton Firmian im 2. V. des 18. Jhs. umgebaut (?). 2schiffige, 11jochige gewölbte Halle auf mächtigen Säulen mit romanisierenden (?) Kelchblattkapitellen. Am Außenbau Wappen des Eb. Johann Jakob Kuen-Belasy, bez. 1579.

PETERSBRUNNSTRASSE. Am Ostrand der Vorstadt Nonntal Petersbrunnhof. Ehem. Wirtschaftsgebäude, errichtet 1794 nach Plan von *Wolfgang Hagenauer* an der Stelle des 1635 vom Stift St. Peter erworbenen und ausgebauten, 1788 abgetragenen ehem. Lustschlosses Petersbrunn. 1869 hakenförmig erweitert, 1968 z. T. abgebrannt und wiederhergestellt. Dient kulturellen Veranstaltungen. 2geschossiger klassizistischer Nutzbau mit genuteten Fassaden. Über der nördl. Einfahrt Bauinschr. von 1794. Im Inneren 3schiffige, 7jochige Halle mit Platzlgewölben auf Marmorsäulen.

RUDOLFSPLATZ. Brückenkopf der Nonntaler Brücke, zwischen Rudolfskai und Hellbrunner Straße.
Nr. 2: Justizgebäude, erb. 1909 von *Matthäus Schlager*. 5seitiger, 4geschossiger Baublock mit neobar. Fassaden. An der der Brücke gegenüberliegenden Hauptfront 5achsiger, in der Mittelachse plastisch akzentuierter und von Mansarddächern überkuppelter Mittelrisalit.

RIEDENBURG – MAXGLAN

Stadtteile westl. des Mönchsberges, im N gegen Lehen und Liefering durch die Trasse der Bahnlinie nach München deutlich abgegrenzt; im O bei der Aiglhofstraße an Mülln grenzend, im S mit dem Glanbach und nördl. des Leopoldskroner Weihers an Leopoldskron-Moos. Die Vorstadt Riedenburg, am Fuß des Mönchsbergs, 1766 durch das Neutor mit der Stadt verbunden; Maxglan urk. um 800, 1935 eingemeindet. Das Gebiet bis zum späten 19. Jh. fast ausschließlich landwirtschaftlich genutzt, mit dem Haufendorf Maxglan am li. Ufer des Glanbaches, dem Weiler Glanhofen, wenigen Einzelhöfen und Gutshöfen, heute abgesehen von dem Areal des Flughafens großflächig, meist offen und unregelmäßig verbaut. Neben einigen dörflichen Bauten um die Pfarrkirche Maxglan zusammenhängende ältere Verbauung zwischen Mönchsberg und Rainberg in der Riedenburg mit wenigen kurzen Zeilen von Villen und freistehenden Wohnhäusern, errichtet im letzten Viertel des 19. Jhs. bis um 1910, und dem ab 1872 errichteten Pflegehaus der Barmherzigen Schwestern (Herz-Jesu-Asyl). Größere planmäßige Verbauung durch die an Mülln anschließende Wohnhausanlage Aiglhofsiedlung aus den vierziger Jahren des 20. Jhs. und eine ab 1953 errichtete Großwohnsiedlung am Stadtrand (Taxham).

KIRCHEN

HERZ-JESU-ASYLKIRCHE und Asyl Riedenburg, Hübnergasse Nr. 5/7. Neugot. Kirche erb. 1877/78 nach Plänen von *Friedrich Schmidt*. Rest. 1974. Unverputzter Steinquaderbau, Fassade flankiert von den Straßentrakten des Altersheimes, durch leicht zurückgesetzte Seitenachsen mit diesen verbunden, im Mittelteil 2geschossig mit gekehltem Spitzbogenportal und drei 2bahnigen Maßwerkfenstern, Dreieckgiebel und Glockenturm.

Einschiffiges Langhaus mit flacher Holzdecke und eingezogenem kreuzrippengewölbtem 5/8-Chor, spitzbogiger Triumphbogen, Chorfenster mit Maßwerknasen; im Langhaus 2bahnige Maßwerkfenster zu seitl. Oratorien in 2 Geschossen. – Wandmalerei an der Triumphbogenwand hl. Vinzenz von Paul, Lamm Gottes und hl. Johannes Gabriel Perboyre von *Josef Gold* 1891. – Glasmalereien im Chor von *Karl Weiser* 1963.
Neugot. Ausstattung. Hochaltar mit Figur Herz Jesu zwischen Hll. Margareta von Alacoque und Theresia von Avila; im Gesprenge Hll. Michael, Franz von Sales und Vinzenz Paul, alle von *Johannes Piger*. Li. Seitenaltar, Figuren Maria Immaculata, Hll. Luise von Marillac und Katharina Labouré; im Gesprenge hl. Anna und Engel. Re. Seitenaltar Hll. Josef, Franziskus, Antonius Abbas; im Gesprenge hl. Johannes zwischen Petrus und Paulus. Auf dem Schalldeckel der neugot. Kanzel Figur hl. Paulus. Relief Geburt Christi in neugot. Umrahmungen bez. *I. E.* Neugot. Kreuzwegreliefs, Kirchenbänke und Beichtstühle. Im Chor bar. Kruzifix mit Figur Schmerzhafte Maria.

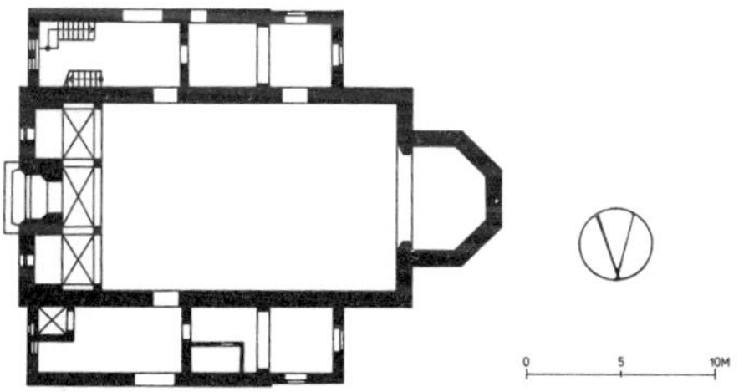

Riedenburg,
Herz-Jesu-Asylkirche

Im Südflügel der nach 1872 errichteten Asylgebäude Teile eines E. 18. Jh. erbauten Lustschlosses des Domherrn Anton Willibald Wolfegg erhalten. In 9 Achsen des Erdgeschosses Fensterumrahmungen mit Plattenstildekor bzw. mit Lunettenbekrönung; in den Lunetten Stuckmedaillons mit Köpfen in Flachrelief E. 18. Jh. und eine Cäsarenbüste. Die Konsolen der Fensterbänke mit Engelköpfen, um 1600, von dem 1787 abgetragenen Teil der Residenz, von Anton Willibald Wolfegg hier wiederverwendet. – Im Garten Statue Maria Immaculata, um 1700.

MAXGLANER PFARRKIRCHE hl. Maximilian, Ecke Siezenheimer Straße – Maximiliangasse. Spätgot. Bau mit Westturm und großem Erweiterungsbau an der Nordseite, von Friedhof umgeben. Urk. 1323 als Filiale der Dompfarre, 1461 zu Mülln, Pfarre 1907. Eine Weihe urk. 1519. Erweiterungsbau 1952–1956 nach modifizierten, 1939 bis 1942 verfaßten Plänen von *Otto Linder,* Bauführung *Franz Windhager.* Rest. 1975–1977.
Der spätgot. Bau um 1500 (im Kern älter?) mit schlichtem Langhaus, steilem Satteldach und eingezogener polygonaler Apsis. Turm urk. 1690 umgebaut, 3geschossig gegliedert, mit rundbogigen Schallfenstern und Giebelspitzhelm. An der Südostecke Grabstein mit Relief Kruxifix, 1670. An der Südseite römisches Relief mit Rest einer Wagendarstellung eingemauert, unterhalb der Rest eines Grabsteines mit Inschr.; an der Nordostecke die Randleiste eines römischen Grabbaues mit zwei Eroten. Weitere römische Steindenkmäler an der Apsis und an der Friedhofmauer neben dem Eingang.

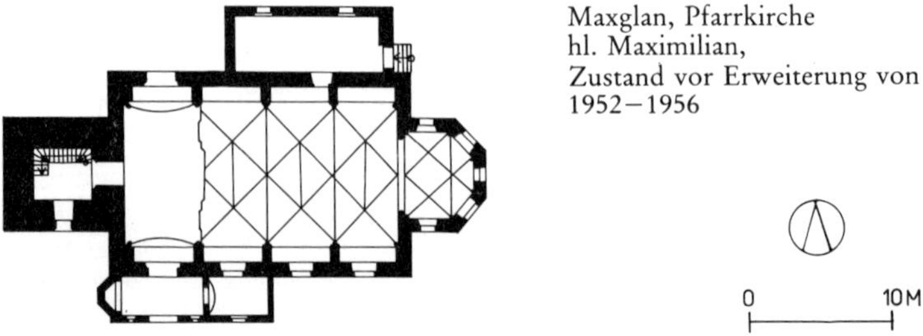

Maxglan, Pfarrkirche hl. Maximilian, Zustand vor Erweiterung von 1952–1956

Innen. 4jochiges Netzrippengewölbe auf eingezogenen Strebepfeilern, die Rippen von Konsolen aufsteigend. Eingezogener, spitzbogiger Triumphbogen, ⅝-Chor mit Netzrippengewölbe. Fenster M. 18. Jh. ausgerundet; die Nordwand des Langhauses zum Erweiterungsbau hin geöffnet. Glasmalereien von *Karl Rieder* 1939/40, Darstellungen von Engeln.
Marmoraltar, urk. von *Jakob Mösl* 1774; Bilderrahmenaufbau, flankiert von Säulen, mit geschweiftem Giebel und Auszug zwischen Voluten; Altarblatt, Himmelfahrt Mariae, von *Josef Ramsperger,* Oberbild hl. Maximilian; seitl. Statuen Hll. Augustinus und Monika, von *Johann Georg Hitzl.* Tabernakel mit Relief Abendmahl, von *Johann Georg Itzlfeldner* 1762. An der Westwand Kruzifix, 2. H. 17. Jh., und Figuren Hll. Petrus und Paulus 18. Jh. Im Turmerdgeschoß, seit 1955 Taufkapelle, geschnitzte Marienfigur von *Jakob Adlhart.* Auf der li. Seite des Triumphbogens Bruchstück eines römischen Aschenkistendeckels mit Familienporträt. In der Sakristei Figur hl. Anna M. 18. Jh., Halbfigur des hl. Maximilian und Statuette Christus Salvator, 18. Jh. Sakristeischrank von 1762. – Glocke von 1542.
Neubau an die Nordseite der got. Kirche anschließend. Monumentalistischer Saalbau, durch Pfarrsaal im Untergeschoß (erb. 1948) auf das Niveau des umgebenden Friedhofs gehoben. Über dem Hauptportal Betongroßfiguren Hll. Benedikt, Ulrich, Maximilian und Rupert, von *Karl Bachmayr.* Innen an den Langseiten rundbogige Wandnischen und Holzbalkendecke. Eingezogener erhöhter Chor mit seitl. Emporen. Ausstattung nach Entwürfen von *Otto Linder,* z. T. vor 1945 fertiggestellt; Kruzifix von *Emil Sutor,* um 1939. – Glasmalereien von *Karl Rieder,* im Chor die theologischen Tugenden, im Langhaus, Darstellungen zum Credo, im Nordwandfenster hl. Benedikt mit Stift Michaelbeuern. – Kreuzwegmosaike von *K. Rieder,* 1957 vollendet. Got. Madonna M. 15. Jh. (?), bar. überarbeitet.
Im Pfarrzentrum (Maximiliangasse Nr. 1) römische Steindenkmäler angebracht, zwei Reliefs, das eine mit Palmettenfries, das zweite einen Amor bei der Weinlese darstellend, sowie ein Gesimsblock und zwei Aschenkisten, alles aus Untersberger Marmor. Weiters ein Kelchkapitell des 13. Jhs.
Bildstock in der Friedhofsmauer mit bar. Schmiedeeisengitter.

EVANG. KIRCHE in T a x h a m. Erb. 1967/68 von *Eugen Salpius* und *Hans Laimer.* Weihe 1969.

PFARRKIRCHE U. L. Frau Herz Mariae in T a x h a m, Kleßheimer Allee Nr. 93. Erb. 1963–1968 nach Plänen von *Franz Windhager.* Quadrat. Bau mit

Zeltdach, anschließendem Pfarrzentrum und freistehendem Glockenturm. Betonglasfenster, Pfingstfest und Auferstehung von *Karl Weiser.*

PFARRZENTRUM St. Paul, Eduard-Herget-Straße Nr. 5. Erb. 1969–1971 nach Entwurf von *Klaus Franzmair.*

PFARRZENTRUM St. Vitalis, Kendlerstraße Nr. 148. Erb. 1970–1972 nach Plänen von *Wilhelm Holzbauer.*

KAPELLEN UND BILDSTÖCKE

DAGHOFER KAPELLE, Ecke Rudolf-Bibl-Straße–Innsbrucker Bundesstraße. Kapellenbildstock des 17. Jhs., 1973 abgetragen und wiederaufgebaut. Eingemauerter Wappenstein bez. 1628 (?) und Relief mit Kruzifix und Wappen bez. I. E. 1777. Daneben Peter-Pfenninger-Marterl, abgefaster Pfeiler mit flachem Nischenaufsatz.

DEGGENDORFISCHE KAPELLE, Villagasse Nr. 3. Wegkapelle von 1741, mit von toskanischen Säulen getragenem Vordach und Rundnische, Gewölbemalerei Hl. Dreifaltigkeit; Abschlußgitter bez. 1741.

KAPELLE hl. Rochus, siehe Kendlerstraße Nr. 1

KAPELLENBILDSTOCK, Maxglaner Hauptstraße Nr. 1, Nische mit Gitter um 1800. Bild Hll. Joachim und Anna, 2. H. 18. Jh.

BILDSTOCK, Innsbrucker Bundesstraße Nr. 26. Säule über ovalem Grundriß, bez. 1709; Nische mit Bild Ungläubiger Thomas (erneuert).

KAPELLENNISCHE, Kendlerstraße. In der Umfassungsmauer der Brauerei, mit Schmiedeeisenkreuz, gestiftet 1913 zur Erinnerung an den Pestfriedhof von 1613.

STATUE Johannes Nepomuk, an der Glanbrücke, östl. der Pfarrkirche. Um 1780, von der Nonntaler Brücke 1879 hierher übertragen.

WEGKREUZ, in der Seeauergasse, 18. Jh.

PROFANBAUTEN

ADOLF-BEKK-STRASSE: **Nr. 1, 4:** Wohnhäuser der Stadtgemeinde Salzburg, um 1924.

AIGLHOFSTRASSE. Wichtige Verbindung zwischen Riedenburg und Lehen an der Grenze zwischen Maxglan und Mülln verlaufend, 1787 angelegt. – **Nr. 28: Aiglhof.** Urk. 1604 für Stift St. Peter erworben und umgebaut, weitere Umbauten 1628 und 1795. Schlichter 4geschossiger Bau über Rechteckgrundriß. Rundbogiges Gartentor bez. 1787, mit klassizistischem Dekor. Ehem. Hauskapelle mit klassizistischem Altar von 1796 nach Entwurf von *Wolfgang Hagenauer,* Altarblatt Ungläubiger Thomas von *Martin Johann Schmidt,* in Verwahrung. Wirtschaftsgebäude (nördl.) 1796–1799 umgebaut. 2geschossig mit steilem Satteldach. – **Aiglhofsiedlung,** Wohnhausanlage auf den Gründen des Aiglhofes, Planungen ab 1927; die bestehende Anlage 1940 bis 1950 erb., Reihen von 2geschossigen Vierfamilienwohnhäusern, in offener Verbauung und 2- bis 3geschossig geschlossen umbaute Höfe.

ANTON-HALL-STRASSE. **Nr. 2:** Haus der gemeinnützigen Bau-, Wohn- und Siedlungsgenossenschaft, nach Plan von *Andreas Pilz* 1936.

BUCKLREUTHSTRASSE. Zwischen Mönchsberg und Rainberg, vom Neutor nach S. Offene 2- bis 3geschossige Wohnhausverbauung, um 1890, mit schlichten späthistoristischen Fassaden: **Nr. 2, 3, 5, 7, 8, 10, 11, 12, 14, 15, 16.**

EDUARD-BAUMGARTNER-STRASSE. **Nr. 3, 5, 7, 9:** 4 freistehende Mehrfamilienwohnhäuser, nach Plänen von *Otto Ponholzer* 1938/39.

EICHETSTRASSE. **Nr. 10:** Gutshof, Klostermeierhof, erb. 1918/20 von *Karl Pirich,* im Typus dem Flachgauer Einhof mit T-förmigem Grundriß folgend.

ERNST-SOMPEK-STRASSE. Offene Verbauung, im südl. Teil 2- bis 3geschossige Wohnhäuser und Villen, um 1890 bis um 1900, mit einfachen späthistoristischen Fassaden **Nr. 5, Nr. 8** (neobar.), **Nr. 11,** und mit Heimatstilelementen **Nr. 6, Nr. 9.**

FRANZ-BERGER-STRASSE. Geplante U-förmige Wohnstraße, bebaut ab 1938 mit Reihe von 2geschossigen freistehenden Mehrfamilienwohnhäusern nach Plänen von *Richard Bandian* und *Otto Ponholzer.*

GÄRTNERSTRASSE. **Nr. 2:** Mölkhof, Landsitz des 18. Jhs., 1887 umgebaut, mit Turm und neobar. Fassade. Im Inneren Rokoko-Stuckdecke um 1760.

HILDMANN-PLATZ. **Nr. 2:** An der Seitenfassade bar. Relief Marienkrönung. – Neutor, siehe Siegmundsplatz, S. 610

JOHANN-WOLF-STRASSE. **Nr. 1:** Heimatstilvilla, erb. 1906 von *Josef Schubauer;* unregelmäßiger Baukörper mit Fachwerkgiebel und Erker. – **Nr. 4:** Villa, erb. 1925 nach Plänen von *Prankl* und *Rothböck* 1923. 2geschossig mit geschweiftem Walmdach, barockisierenden zarten Fensterbekrönungen und kleinteiliger Fensterversprossung.

KENDLERSTRASSE. **Nr. 1:** Ehem. Pestspital hl. Rochus, unter Eb. Paris Lodron um 1626 gegründet, 1754 von Eb. Sigmund Schrattenbach zu Zucht- und Arbeitshaus umgebaut, Teil der Stiegl-Brauerei. – **Kapelle** hl. Rochus, in der Mitte der einen Rechteckhof umschließenden Anlage. Erb. 1649 (?). Kleiner 8eckiger Zentralbau mit schindelgedecktem Zeltdach und Dachreiter. 8teiliges Klostergewölbe. – Altar von 1781, nach Entwurf von *Wolfgang Hagenauer,* Säulenädikula mit flachbogigem, gesprengtem Giebel, Altarblatt hl. Rochus bez. *Fran(s) de Neve,* 3. V. 17. Jh. Oberbild hl. Sebastian. Tabernakel um 1700. Seitl. in Nischen, Figuren Hll. Joachim und Anna, 1. H. 18. Jh. Bar. Weihwasserbecken auf Säulchen. Türgitter 17. Jh. (?).

LEOPOLDSKRONSTRASSE. **Sporthalle** bei der ehem. Artillerie-Kaserne. Erb. um 1910, Betonskelettbau mit interessanter Fassade.

MAXGLANER HAUPTSTRASSE. Verlängerung der Neutorstraße, in einer Krümmung nach NW führend. Offene Verbauung, vorherrschend um 1900 errichtete, 3geschossige, im weiteren Verlauf 2geschossige Mehrfamilienhäuser, zumeist mit Zwerchgiebel und z. T. mit schlichten späthistoristischen Fassaden **(Nr. 2a, 4, 6, 8, 12, 14, 30; Nr. 13, 15/17, 19, 31, 29).**

MAXIMILIANGASSE. Im Dorfkern von Maxglan, nördl. der Pfarrkirche. Durch lockere Verbauung und einige im Kern auf das 17. Jh. zurückgehende Bauernhäuser mit Schopfwalmdach (**Nr. 4, 5, 8, 10**) dörflicher Charakter bewahrt.

NEUTORSTRASSE. Vom Neutor (Hildmannplatz) nach Maxglan. Offene Verbauung, großteils nach 1945, daneben einige Mietwohnhäuser des späten 19. Jhs. und um 1900 mit späthistoristischen Fassaden: **Nr. 10,** 1888; **Nr. 11,** 1882 von *Franz Kaudela;* **Nr. 14, 16; Nr. 17,** 1901 von *Paul Gstür;* **Nr. 19, 20; Nr. 22, 24, 26, 28,** 1895 bis 1900 von *Jacob Ceconi;* **Nr. 31, 34.**

RAINBERGSTRASSE. **Nr. 5:** Ehem. Getränkekeller, im Erdgeschoß frühbar. gewölbte Halle. – **Nr. 16:** 2geschossiger Biedermeierbau mit Mansarddach, über dem Portal Gußeisenplatte mit Relief Kruzifix mit Maria und Johannes, bez. 1755.

REICHENHALLER STRASSE. Vom Neutor, am Fuß des Mönchsberges nach NW, um 1767 angelegt, unregelmäßige lockere Verbauung. – **Nr. 10:** Um 1800 erb. 2geschossiges Wohnhaus mit flachem Mittelrisalit und Mansarddach, Fensterbekrönungen mit klassizistischem Dekor. – **Nr. 9:** Villa, erb. 1893 (Maurermeister *Paul Gstür),* 2geschossig, mit Neorenaissancefassaden. – **Nr. 11** und **Nr. 13:** Erb. 1894–1896 von *Jacob Ceconi,* 3geschossige Wohnhäuser mit schlichten späthistoristischen Fassaden. – **Nr. 12:** Erb. 1873/74 von *Franz Inhart,* strenghistoristisches 3geschossiges Wohnhaus mit Neorenaissancefassaden. – **Nr. 15, 17, 19:** Symmetrische Anlage mit 3geschossigen Mehrfamilienwohnhäusern, Pläne von *Richard Bandian* 1938. – **Nr. 16:** Neben dem Gartenportal 2 groteske Zwerge, um 1715.

ROCHUSGASSE. **Nr. 6:** Gutshof und Kapelle der Stieglbrauerei, erb. 1911–1913 von *Karl Pirich.*

SIEZENHEIMER STRASSE. Vom Dorfkern Maxglan ausgehend, heute zur Siedlung Taxham führend und ein Industriegelände erschließend. Östl. der Pfarrkirche einige an den ehem. dörflichen Charakter erinnernde Häuser (**Nr. 3, 5, 7**). – **Nr. 7:** Ehem. Mesnerhaus, 2geschossiges Mittelflurhaus des 17. Jhs. mit schindelgedecktem Schopfwalmdach und abgefastem Rundbogenportal, über dem Portal bez. 1652.

STEINBRUCHSTRASSE. Am Fuß des Rainbergs. **Nr. 1–3:** Ehem. Sternbräu, 1957 geschlossen. Brauereigebäude mit hohem 3achsigem Sudhaus, Gärkeller, Verwalterhaus und Arbeiterwohnhaus, großteils spätes 19. Jh. (zugehörig Rainbergstraße Nr. 1, mit ehem. Stallgebäude).

WIDMANNSTRASSE. **Nr. 2:** Einfamilienhaus von *Karl Eduard Jahl,* 1931/32.

LEHEN – LIEFERING

Stadtteile zwischen Salzach, der Trasse der nach München führenden Bahnlinie und der die Staatsgrenze bildenden Saalach, in der Längsachse durchzogen von der Ausfallstraße nach Bayern. Lehen, bis E. 19. Jh. spärlich besiedeltes ehem. Überschwemmungsgebiet der Salzach und des Glanbaches, nördl. an Mülln anschließend und durch die erstmals 1902 errichtete Lehenerbrücke mit der

Elisabethvorstadt verbunden, ist heute wie der angrenzende südlichste Teil der ehem. selbständigen Gemeinde Liefering durch die nach 1945 (besonders ab 1955) errichteten Wohnhausanlagen und Siedlungen dicht verbaut. Teilweise ältere Verbauung beiderseits der 1902 angelegten Ignaz-Harrer-Straße und im salzachnahen Bereich gegen Mülln durch die vor dem Ersten Weltkrieg und in der Zwischenkriegszeit errichteten Wohn- und Geschäftshäuser; abseits davon einzelne Wohnhausanlagen der Stadt (Nikolaus-von-Lenau-Straße Nr. 1–5, von *Paul Geppert d. Ä.* 1925/26; Scherzhauserfeldstraße, 1930) und der NS-Verwaltung (Kuenburgstraße Nr. 1–5, 1939; Liliengasse/Tulpenstraße, 1941). – Das Gebiet von Liefering (1939 eingemeindet) durch den Bau der Autobahn 1938 durchschnitten, der nördl. Teil mit aus Kirchsiedlung (urk. seit dem 8. Jh.) hervorgegangenem, auf einer Uferterrasse der Salzach gelegenem Haufendorf und dem ehem. Weiler Rott z. T. noch landwirtschaftlich genutzt.

KIRCHEN UND KAPELLEN

LIEFERINGER PFARRKIRCHE Hll. Petrus und Paulus, Lieferinger Hauptstraße, am Südrand des Dorfkerns. Spätgot., im Kern rom. Saalbau mit Westturm, von Friedhof umgeben. Urk. 790, eine Weihe 1516. Filiale von Siezenheim, seit 1940 Pfarre. Rest. 1979/81. Eine Grabung innerhalb der Kirche 1979 ließ als Vorgängerbauten erkennen: einen wahrsch. auf das 8. Jh. zurückgehenden kleinen Rechtecksaal mit leicht gekrümmter Ostwand, annähernd in der Mitte der bestehenden Kirche gelegen, und einen rom. Saalbau, wahrsch. aus der 1. H. des 12. Jhs., mit Westturm und eingezogener leicht längsrechteckiger Apsis, dessen Mauerwerk im Westteil des bestehenden Baues erhalten.

Außen. Schlichter Bau mit polygonalem Schluß und steilem Satteldach. An der Nordseite Anbau von 1980/81. Vorgestellter Westturm, 1691 umgebaut und erhöht, mit hohen rundbogigen Schallöffnungen, über weit vorkragendem Gesimse, bar. Achteckaufbau mit Eckpilastern, Rundbogenfenstern und Haube mit Laterne. An der Langhaussüdseite Portalvorhalle, um 1691, auf toskanischen Säulen und mit Stuckrippengewölbe; re. daneben got. Weihwasserbecken, bez. Oswald H. Nördl. neben dem Turm spätgot. Rechteckportal mit Verstäbung. – Innen. 4jochiger Saalraum mit 3/8-Schluß, Netzrippengewölbe über gekehlten Wandpfeilern mit Runddiensten. Fenster leicht spitzbogig (Renov. 1980). Im 1. und 2. Joch der Nordwand rom. Fenster mit bemaltem Gewände (13. Jh.) freigelegt.

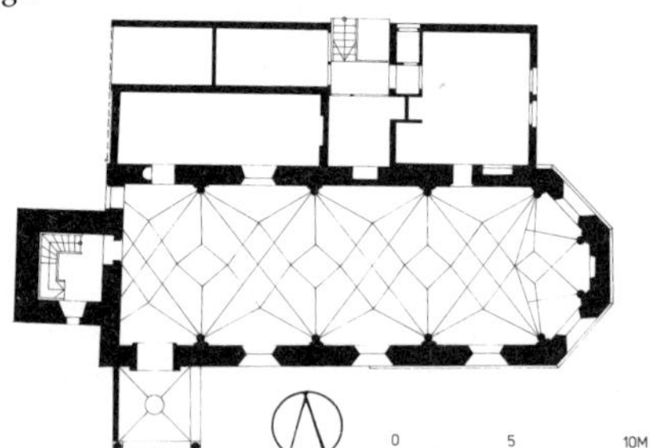

Liefering, Pfarrkirche Hll. Petrus und Paulus

Schlichter Volksaltar, dahinter, in der Ostwand, vermauerte Fensternische mit Kruzifix M. 19. Jh.; Tabernakel, Ambo und Leuchter von *Pier Eckhoff* 1980. – An der Chornordwand 2 Konsolstatuen Hll. Petrus und Paulus, vom ehem. Hochalter, um 1791; an der Südwand Ecce-Homo und Mater Dolorosa, 18. Jh. – An der Langhausnordwand 8 Tafelbilder vom spätgot. Hochaltar, um 1465, *Meister von Liefering,* Verkündigung, Geburt Christi, Kreuzigung des hl. Petrus, Enthauptung des hl. Paulus, Maria mit Kind und hl. Katharina, Hll. Barbara und Margareta, Hll. Petrus und Paulus, Hll. Ulrich und Nikolaus. – Kreuzwegstationen von *Hans Rabitsch* 1955.
Grabsteine. An der Langhausnordwand Inschriftgrabstein Franz Georg Grembs, 1706, mit graviertem Wappen; an der Westwand Martin S(.)gmann, 1649, Relief Kruzifix mit Stifter und Wappenkartusche; an der Südwand Eva Küppers, 1596, mit Porträtrelief und Wappen. – Emporenbrüstung mit neugot. Füllbrettern (E. 19. Jh.), darunter schmiedeeisernes Abschlußgitter E. 17. Jh. Orgel bez. 1938 (von *Mertel*), 1968 von *Fa. Mertel* erweitert.
In der Seitenkapelle Statue, Madonna auf Wolken, 2. H. 18. Jh. In Verwahrung: 2 Vortragekreuze, 17. u. 18. Jh., Statue Schmerzensmann, 18. Jh., Leinwandbild hl. Wendelin, M. 18. Jh., Darstellung des Gnadenbildes von Maria Plain, 1. H. 18. Jh., sowie liturgisches Gerät, A. 16. Jh. bis M. 19. Jh. – Glocke von 1543.

PFARRZENTRUM hl. Martin, Triebenbachstraße Nr. 26. Erb. nach Plänen von *Rüdiger Stelzer* und *Walter Hutter* 1970–1973. Pfarrhof mit Pfarrsaal, integrierter Kirche und freistehendem Glockenturm. Bronzekreuz und Bronzetabernakel von *Friedrich Koller* 1980.

PFARRKIRCHE hl. Vinzenz-Pallotti, Vinzenz-Pallotti-Platz Nr. 2. Erb. 1962–64 nach Entwurf von *Alfred Brandstätter,* Weihe 1965. Betonstahlkonstruktion mit Zeltdach und freistehendem Glockenturm. Glasmalereien von *Josef Mikl;* Bronzearbeiten von *Josef Zenzmaier;* Statue hl. Josef von *Karl Hittmann.*

KIRCHE hl. Salvator, in der Landesnervenklinik, Ignaz-Harrer-Straße Nr. 79. Erb. zusammen mit der nach Plänen von *Adolf Lasch* und *August Wallner* im Pavillon-System, mit nord-südl. Symmetrieachse, 1896–1898 errichteten Krankenhausanlage. Die Spitalstrakte durch Um- und Zubau großteils verändert. Kirche 1971 rest.
Kleiner neorom. Saalbau mit Ecklisenen und betonter, von 8eckigem Giebeltürmchen bekrönter Portal-Fenstergruppe. Innen Pilastergliederung, offener Dachstuhl, Satteldach mit kassettierter Decke; eingezogener Altarraum. Historistischer Altar mit Bild Herz Jesu. Wandmalerei Kreuzweg.

KAPELLE hl. Philomena, neben der Lieferinger Hauptstraße. Erb. um 1830, 1837 erweitert. – Schlichter Bau mit Rundapsis, Satteldach und Giebelreiter. Flachbogiges Tonnengewölbe, Schmiedeeisengitter aus der Bauzeit.

PROFANBAUTEN

SCHLOSSBAUERNGUT mit Annenkapelle. Freistehender Ansitz südl. des Dorfkernes von Liefering. Urk. 1463 im Besitz des Leonhard Kurz, 1509 Sebastian Klaner, um 1600 Leonhard Ehrgott, 1758 Johann Lürzer von Zehendtal, 1763 Lorenz Hierl. Wahrsch. A. 17. Jh. errichteter massiger

3geschossiger Bau mit Schopfwalmdach. Die Hauptfassade im S mit geknicktem Giebel und 5 regelmäßigen Fensterachsen.

Kapelle hl. Anna. Urk. geweiht 1606 unter Leonhart Ehrgott. Neuweihe nach Rest. 1975. – Mit der Ostseite des Ansitzes verbundener hoher Saalbau mit polygonaler Apsis und Dachreiter mit Zwiebelhelm. Fassade im S mit geschweiftem Volutengiebel. Innen 2jochig mit 3/8-Schluß, Tonnengewölbe mit Stichkappen, flache Pilaster mit ionischen Kapitellen. Über dem Eingang gemauerte Empore. Im Gewölbe Rokokostuck 3. V. 18. Jh. mit Reliefs der 4 Evangelisten. Reste von Wandmalerei (ornamentale Tür- und Fensterumrahmung, Apostelkreuze und Halbfiguren) A. 17. Jh., stark erneuert.

Altar, 3. V. 18. Jh., mit Kruzifix; Tabernakelkreuz, E. 18. Jh., 4 Rokokoleuchter.

FISCHERGASSE, im Ortskern von Liefering. **Nr. 1:** Marxengut, hakenförmiger Einhof, 1. H. 18. Jh. (?), Erd- und Obergeschoß gemauert; Dachgeschoß mit Balkon; flachgeneigtes Satteldach mit Katzenfirst. – **Nr. 3:** T-förmiger Einhof, bez. 1727 (über der Haustür) sowie 1930 (Pfette), Erdgeschoß gemauert, kleine Fenstergewände vergittert: Obergeschoß Blockbau, teilweise verputzt; Dachgeschoß verschalt, mit Balkon, Schopfwalmdach.

GASWERKGASSE. Verbindung von Mülln zur I.-Harrer-Straße. Unregelmäßige Verbauung. **Nr. 6a** von *Richard Bandian,* 1936, und **Nr. 8** von *Zöttl* und *Sperl,* 1934: 4geschossiger Wohnhausblock mit schlichter sachlicher Gliederung. – **Nr. 22:** Erb. von *Paul Geppert d. Ä.* 1914, Genossenschaftswohnanlage mit originellen Fensterumrahmungen.

IGNAZ-HARRER-STRASSE. Hauptverkehrsachse in Lehen, von der Lehener Brücke zur Münchner Bundesstraße. Seit Beginn des 20. Jhs. verbaut, Fassaden der wenigen bestehenden Wohn- und Geschäftshäuser der Spätgründerzeit durchwegs schlicht und meist verändert. Daneben einige Wohn- und Geschäftshäuser der späten zwanziger Jahre: **Nr. 16,** von *Fa. Walter, Zöttl* und *Sperl* 1927; **Nr. 20,** von *Franz Wagner* und *Rudolf Kastner* 1927; **Nr. 40, 40a,** Salzburger Baugesellschaft 1925–1927.

KIRCHENGASSE, im Ortskern Liefering. **Nr. 7:** Legschmied, Wohnhaus eines Einhofes, Erdgeschoß gemauert, Rundbogenportal; Obergeschoß Blockbau, Hirnschrot; alte Fensteröffnungen z. T. sichtbar, ebenso alte Türöffnung erkennbar.

LEHENERSTRASSE. **Nr. 1** bis **3:** Ehem. Gutshof (Lürzerhof), seit 1898 Landestaubstummenanstalt. 3geschossiger kubischer Bau, im Kern 17. Jh., mit Mansarddach und schlankem, der Mittelachse der 5achsigen Ostfassade vorgesetztem Turm. Der Turm, mit Loggia im 3. Geschoß (schmiedeeisernes Brüstungsgitter 17. Jh.), von Haube mit Laterne bekrönt. Im 1. Obergeschoß zwei gangartige Räume mit kassettierten Stuckdecken 1. H. 17. Jh. Im 2. Obergeschoß Räume mit gemalten Rundmedaillons in Stuckumrahmung, Herrenporträts, 2. H. 17. Jh., Eb. Johann Ernst Thun u. a. – **Kapelle** mit dekorativen, secessionistisch beeinflußten Malereien, A. 20. Jh. Bar. Altar mit Altarblatt Schmerzhafte Muttergottes und Oberbild hl. Thiemo M. 18. Jh.

LIEFERINGER HAUPTSTRASSE, im Ortskern von Liefering, östl. und nördl. des Kirchhügels in mehreren Krümmungen verlaufend; lockere Verbauung. Bauernhöfe, Flachgauer Einhöfe, meist in jüngster Zeit umgebaut oder in Teilen verändert. **Nr. 44:** Wohnteil gemauert, mit Schopfwalmdach, Schlackenputzverzierung, 19. Jh., über dem Eingang Relief Maria mit Kind. – **Nr. 46:** Wohnhaus eines Einhofes, Erdgeschoß gemauert, Obergeschoß Blockbau verputzt; Giebel senkrecht verschalt; Balkon, 6pfettiges, flach geneigtes Satteldach. – **Nr. 61:** Maierhaus, Erd- und Obergeschoß Blockbau, unverputzt, Mittelflur gemauert; Giebel mit Balkon senkrecht verschalt, flach geneigtes Satteldach. – **Nr. 76:** Erd- und Obergeschoß verputzter Blockbau; Giebel senkrecht verschalt, Schopfwalmdach. – **Nr. 82:** Wirtschneider, kleiner Einhof, Erd- und Obergeschoß Blockbau, verputzt; Giebelfeld senkrecht verschalt, mittelsteiles Satteldach. – **Nr. 86:** Siehe Schloßbauerngut, S. 661.

REISCHELGASSE, im Ortskern von Liefering. **Nr. 4:** Reischlgütl, hakenförmiger Einhof, Wohnteil völlig gemauert, 16. Jh. (?), z. T. abgefaste Fenstergewände und steinerne Sohlbänke. Giebel mit Bretterschalung und Balkon; Schopfwalmdach, innen alte Herdanlage z. T. erhalten.

SCHÖNLEITENSTRASSE (Liefering). **Nr. 1:** Provinzhaus der Herz-Jesu-Missionare. Ehem. Landsitz des 17. Jhs. Seit 1889 Missionshaus, in der Folge Um- und Zubauten. Am Turm des urspr. Schönleitenhofes Inschriftkartusche des Bauherrn Johann Dietrich Graf Muggenthall, 1655; Fassade von 1914. – **Kapelle** U. L. Frau z. hl. Herz Jesu, erb. 1966/67 nach Plänen von *Ingeborg Kromp-Schmidt*. Kruzifix an der Altarwand und Kreuzwegreliefs von *Josef Staud*.

SIEBENSTÄDTERSTRASSE. Von der I.-Harrer-Straße abzweigend, bis Nr. 12 und 13 geschlossen verbaute Wohnstraße mit 3- und 4geschossigen Häusern der Spätgründerzeit (**Nr. 7, 10, 11, 12, 13**) und der späten zwanziger Jahre (**Nr. 4/6/8** von *Walter, Zöttl* und *Sperl* 1929; **Nr. 5**).

STRUBERGASSE (Lehen), parallel zur Bahnlinie verlaufend. Unregelmäßige lockere Verbauung. **Nr. 4a:** Wohn- und Bürohaus, erb. von *Fa. Walter, Zöttl* und *Sperl* 1929. – **Nr. 16:** Erb. um 1750 als Landsitz des Landschaftsphysikus Dr. Franz Niederl von Aichegg, Freund der Familie Mozart; 2geschossiger Bau mit Walmdach, Fassadengliederung vereinfacht. – **Nr. 23:** Eitzenbergerhof. Ansitzartiger 3geschossiger Bau über hakenförmigem Grundriß, im Kern um 1600. Breit abgeschrägtes Rundbogenportal, kreuzgratgewölbte Flure. Räume in den Obergeschossen mit Holzkassettendecken. Brunnen im Garten von *Hilde Heger* 1954.

TÖRRINGSTRASSE. **Nr. 2,** neben dem Haus der Peter-Pfenninger-Schenkung Abguß eines römischen Grabreliefs aus dem 3. Jh. n. Chr. mit Eroten bei der Weinlese (Original im SMCA), in der Pfarrkirche gefunden.

ELISABETHVORSTADT – ITZLING – SCHALLMOOS – GNIGL

Stadtteile am re. Ufer der Salzach, nördl. von Kapuzinerberg und Kühberg, gegen Südwesten an die Neustadt grenzend. Bis zum Alterbach im N unregelmäßige konglomeratartige Verbauung mit großteils nach 1945 entstandenen Wohnsiedlungen, Lagerhäusern, Werkstätten- und Industriebauten. In weiten Bereichen bestimmt durch die um 1860 errichteten Bahnanlagen, die das Gebiet in einer Schlinge durchziehen, und durch wichtige Ausfallstraßen. Der Weiler Itzling, ehem. an einer parallel zur Salzach nach N führenden Straße,

abgekommen. In Gnigl, eingemeindet 1935, der Kirchweiler am Fuß des Kühberges mit Mühlensiedlung am Alterbach und eine offen verbaute Ackerbürgersiedlung um die Gabelung der Grazer und Linzer Bundesstraße, durch älteren, wenn auch großteils veränderten Baubestand aus dem 16. bis 18. Jh. erkennbar. Von den Gutshöfen und Landsitzen auf dem 1631 bis 1647 unter Eb. Paris Lodron trockengelegten Schallmoos und Itzlinger Moos sind der Robinighof und der Rauchenbichlerhof erhalten.
Froschheim, anschließend an die Neustadt, zwischen Bahn und Salzach, ab dem späten 19. Jh. für Rasterverbauung parzelliert, mit der Errichtung des Kaiserin-Elisabeth-Denkmals 1901 (heute im Park Hellbrunn) in Elisabethvorstadt umbenannt; hier kleines Villenviertel vom A. des 20. Jhs. westl. des Bahnhofes und einige bedeutende Wohnhausanlagen der Stadt, Genossenschaftswohnhäuser, Reihenhäuser und Betriebsgebäude aus der Zeit erster intensiverer Verbauung in den zwanziger Jahren des 20. Jhs. und um 1930.

KIRCHEN

PFARRKIRCHE hl. Elisabeth, Plainstraße. Pfarre seit 1939. Erb. 1953–1955 nach Plänen von *Bruno Apolonj-Ghetti.* Emporenbasilika. Monumentaler Innenraum mit schmalen Seitenschiffen und in hohen Rundbogenarkaden geöffneten Emporen, Balkendecke. Erhöhter ausgeschiedener Altarraum und eingezogene Rundapsis. Glasmalereien, Paternoster, von *Charlotte Klima* 1954. Taufstein und Weihwasserbecken von *Alexander Silveri.*
Pfarrhof, östl. der Kirche, Elisabethstraße Nr. 39. Ehem. Ansitz Schöneck. Bau des 17. Jhs. über Rechteckgrundriß, 2geschossig mit kleinerem Aufsatzgeschoß. Über vermauertem Rundbogenportal Wappen der Zillner von Zillerberg E. 17. Jh. Stuckierter Saal, um 1680.

PFARRKIRCHE hl. Antonius von Padua in Itzling, Kirchenstraße. Erb. 1903, Pfarre 1912. Nach Bombenschäden 1945–1947 wiederhergestellt und rest. Neurom. Basilika mit eingezogenem Chor, Rundapsis und Nordturm. Westfassade mit Stufenportal. 3schiffiges Langhaus; Mittelschiff mit kassettierter Balkendecke, in 5 Rundbogenarkaden auf Pfeilern mit vorgelegten Halbsäulen und Würfelkapitellen zu den kreuzgratgewölbten Seitenschiffen geöffnet. Im Obergaden Säulchen auf Konsolen und verkröpftes Gesims. Hölzerne Westempore auf Marmorsäulen mit reich dekorierten Kapitellen. Rundbogiger, gekehlter Triumphbogen.
Wandmalerei in den Seitenschiffen, Ölberg, Auferstehung und 14 Kreuzwegstationen, bez. *Elfriede Müller* 1930/31. Glasmalereien in den beiden östl. Fenstern, Credo, um 1950.
Hochaltar um 1903, neurom. Stipes und Marmorretabel; Kruzifix an der Apsiswand. Li. Seitenaltar mit Bild Hl. Familie, bez. *J. Gold 1904;* re. Seitenaltar mit Bild Gnadenstuhl bez. 1904, von *Josef Gold,* beide in neurom. Rahmen. Neurom. Kanzel, Einrichtung und Konsolfiguren, 12 Apostel aus der Bauzeit. Chororgel in späthistoristischem Gehäuse.

GNIGLER PFARRKIRCHE hl. Michael, Eichstraße, in Obergnigl. Bar. Saalbau mit vorgestelltem Fassadenturm, nach NW ausgerichtet und von Friedhof umgeben. Urk. 1585, ein Kirchenbau 1696, Neubau nach Plänen von

Tobias Kendler ab 1732, Weihe 1738. Kuratie Aigen-Gnigl 1699, 1852 selbständige Pfarre. Rest. ab 1984.
Langhaus mit kurzen Querarmen vor dem leicht eingezogenen, flachrund schließenden Chor; an den Chor anschließend niedrigere 2geschossige Sakristei. Außenbau mit abgerundeten Ecken und durch breite Putzbänder horizontal und vertikal gerahmten Wandfeldern sowie breitem Abschlußgesims; Fenster mit eingezogenem Rundbogenabschluß. Turm 3geschossig gegliedert, rundbogige Schallfenster mit Stuckumrahmung und segmentbogiger Verdachung, Uhrengiebel, Zwiebelhelm bez. 1732, 1833, 1885 und 1934. Portalumrahmung mit toskanischen Pilastern und gesprengtem Giebel, darüber Wappen Eb. Johann Ernst Thun bez. 1696; darüber Wandmalerei mit Sonnenuhr und Maria mit Kind auf Wolken thronend, Inschr. mit Chronogramm (urspr. 1854). Schlichte Seitenportale. – In der Vorhalle Marmortafel mit Weiheinschr. 1738.

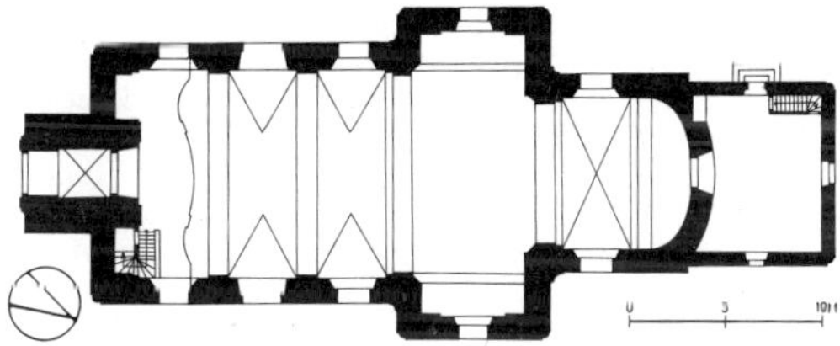

Gnigl,
Pfarrkirche hl. Michael

Inneres. Langhaus in 3 Jochen von korbbogiger durch Gurtbogen gegliederter Stichkappentonne überwölbt, im 4. querschiffartig verbreiterten Joch flaches von Chorbogen aufsteigendes und von einer Quertonne verschnittenes Platzlgewölbe. Eingezogener, einjochiger Altarraum mit flachrundem Schluß zwischen konvex eingezogenen Ecken; Kreuzgratgewölbe, Wandgliederung durch Pilaster mit ionisierenden Stuckkapitellen, weit vorkragendes, umlaufendes, verkröpftes Doppelgesims. Auf Konsolen ruhende Orgelempore mit geschwungener Brüstung. – Laub-Bandlwerkstuck um 1733 von *Johann Kleber*, an den Gurtbogen, im Chorgewölbe und an der Empore. – Wandmalerei an der Langhausrückwand (über der Orgel) Hll. Rupert und Virgil, bez. *Toni Kirchmeyr* 1938; im 4. Joch Deckenbild Maria Himmelfahrt (stark übermalt). Hochaltar von *Sebastian Stumpfegger* 1738; triumphbogenartiger, 3achsiger Aufbau, in den Chorschluß eingefügt, mit hohem Sockel, Säulenstellung, zwischen Gebälk rundbogig hochgezogenem Mittelteil und Auszug zwischen Voluten; Altarblatt Engelsturz und Oberbild Hl. Dreifaltigkeit von *Jacob Zanusi* um 1735–1738, seitl. Statuen Hll. Petrus und Paulus und Engelsfiguren im Auszug von *Josef Anton Pfaffinger*. Marmortabernakel von 1913 mit bar. Schnitzgruppe einer 3figurigen Kreuzigung, darüber Gnadenbild Maria Pötsch. – Seitenaltäre um 1735, Ädikulatypus mit Pilastern und geschweiftem Auszug; li. Altarblatt 7 Zufluchten (sign. und dat.) und Oberbild hl. Josef von *J. Zanusi* 1735, seitl. Statuen Hll. Georg und Florian von *J. A. Pfaffinger;* re. Altarblatt hl. Johannes Nepomuk (sign. und dat.) und Oberbild hl. Antonius von Padua von *J. Zanusi* 1734, seitl. Statuen Hll. Karl Borromäus und Ignatius. – Kanzel von 1733, Korb mit halbfigurigen Reliefdarstellungen der 4 Evangelisten und Predigerkreuz, auf dem Schalldeckel Fanfarenengel und Putten mit den Symbolen der theologischen Tugenden.

Triumphbogenkreuz und Konsolstatuen an den Triumphbogenpfeilern, trauernde Maria und hl. Johannes um 1735. Konsolstatuen im Langhaus: Hll. Franziskus, Leonhard, Maria Immaculata, Johannes Nepomuk und Antonius von Padua, um 1735. Bar. Chorgestühl mit Intarsien, Kommunionbank, Fußbodenplatten, Türbeschläge aus der Bauzeit. Orgel von 1960. – In der Sakristei Marmorlavabo um 1737.

Friedhofkapelle, in der Südecke. Schlichter niedriger Bau. Altar mit kulissenartig zusammengestellten Bildern, Arme Seelen im Fegefeuer, seitl. allegorische Figuren der Hoffnung und des Glaubens; die Liebe durch plastisches Kruzifix dargestellt, 18. Jh. (?) übermalt.

KAPELLE Unsere Liebe Frau am Schnoderbach (Luggaukapelle), am östl. Stadtrand, unterhalb der Grazer Bundesstraße. Erb. urk. um 1700. Kleiner Rechteckbau mit halbrundem Schluß und Dachreiter. Farbige Fenster 2. H. 19. Jh. – Im Altarraum, in stuckiertem Rahmen, Leinwandbild Gottvater und Hl. Geist, A. 18. Jh. Altarbildrahmen um 1730–1740, darin Gnadenbild Maria Luggau bez. 1690. Bemaltes Antependium, Christus im Grab A. 18. Jh. Figur Christus an der Geißelsäule 18. Jh.; Bild mit Darstellung des Gnadenbildes von Luggau, seiner wundertätigen Wirkung und kniendem Kaiserpaar (Ferdinand III.), bez. *August Erich pinxit 1702.* Bild Schmerzhafte Maria mit Schutzmantel, um 1700, Kopie eines römischen Mariengnadenbildes 18. Jh. (?). Votivbilder 18. Jh., A. 19. Jh. und 1918. Zunftkreuz der Bäcker 2. V. 18. Jh.

PROFANBAUTEN

SCHLOSS NEUHAUS, Kühbergstraße Nr. 1, auf einem Geländesporn am westl. Ausläufer des Kühberges oberhalb von Gnigl gelegen. Urk. 1219 Konrad von Neuhaus; seit A. 14. Jh. Burg in eb. Besitz, 1424 durch Eb. Eberhard III. von Neuhaus erweitert und verstärkt; seit 1508 Sitz des Pfleggerichtes (früher Radeck); um 1600 baufällig, ab 2. H. 17. Jh. wieder für Pfleggericht benützbar, 1695 Brand durch Blitzschlag, das Gericht wird nach Gnigl verlegt, das Schloß vermietet, u. a. 1793 an Graf Lehrbach (Veränderungen), 1795 Franz Graf von Lodron, der es 1811 ersteigert; ab 1820 rascher Besitzerwechsel, 1851 Graf Oswald Thun, welcher der Anlage durch Wiederaufbau die heutige, weitgehend neugot. Gestalt gibt; im Erbwege an Familie Dubsky, seit 1963 Familie Topic-Mimara.

Zugang von S durch zinnenbekrönte (19. Jh.) Wehrmauer, Tor 1976 von Spitzbogen auf Segmentbogen abgeändert, früher darüber Wappentafel des Eb. Johann Ernst von Thun, bez. 1696, heute im Schloß in Verwahrung, Wappen in Unterseite eines Deckels einer röm. Aschenkiste eingemeißelt. Im äußeren Hof beidseits der steilen Toreinfahrt 2geschossige, zinnenbekrönte Nebengebäude, östl. anschließend moderner Neubau nach Bombenschaden; durch Rundbogentor mit Resten der Vorrichtung eines Fallgitters in den inneren Hof, Tor überbaut durch Gangtrakt. Östl. anschließend steht der 5geschossige, mittelalterliche Wohnturm, in den unteren Geschossen wohl noch 13. Jh., Erhöhung 1. H. 15. Jh., Zinnenkranz und Dachform neugotisch. Innen in beiden unteren Geschossen gewölbt, Kreuzgewölbe sowie Tonnen mit Stichkappen, darüber flache Decken, im 3. Obergeschoß mit neugot. Felderteilung durch Zierleisten. Westl. Hofabschluß durch 2geschossigen Bau, ehem. Stallungen und Wirtschaftsgebäude, in der 2. H. 19. Jh. für Wohnzwecke adaptiert, im S neben innerem Burgtor angesetzt halbrunder Treppenturm, gegen Hof Verbindungsgang mit nördl. Stiegenhaus, Türrahmen im Obergeschoß mit hölzerner Zinnenbekrönung; gegen W vorgelagerte Terrasse, Erdgeschoß gewölbt 15./16. Jh. (?), im N durch turmähnlichen Bau überdeckt; sämtliche Objekte gegen Schloßaußenseite zinnenbekrönt, 2. H. 19. Jh. Oberhalb der Türe zum Stiegenhaus im Hof Marmorrelief, Engel mit Wappen Thun, bez. 1589. Im nördl. Hofabschluß moderner Garagenbau in Fels eingetieft, dahinter polygonal gegen N ausgebauchte Ringmauer.

ROBINIGHOF, Robinigstraße Nr. 1. Landsitz mit Rokokofassade, in der Art eines Flachgauer Einhofes Wohn- und Wirtschaftsgebäude unter einem Dach. Urk. 1648 im Besitz des Domkapitels, 1744 von Joseph Robinig erworben. Umbau um 1750 nach Plänen *Franz Anton Danreiters* (?). Fassadenrest. 1985. 2geschossig, Fassade des Wohntraktes 7achsig mit schwach vorspringendem 3achsigem Mittelrisalit und durch kräftiges Hohlkehlgesims abgesetztem hohem, im Risalit 2geschossigem Giebel mit Volutenanlauf und Kompositbogenabschluß. Haupt- und Balkonportal in der Mittelachse mit Marmorumrahmung, darüber Reliefmedaillon hl. Josef und Stuckkartusche mit Wappen Robinig-Aniser. Fenster im Obergeschoß mit reicher Rokokostuckumrahmung, in den Bekrönungen Halbfiguren, 4 Jahreszeiten, und 2 Kriegerköpfe.
Innen. Obergeschoßhalle über dem Mittelflur mit vollständiger Ausmalung, um 1790 (Brunnen mit Statue der Diana, Wasserfall, Tempel mit Statue der Polyhymnia, Obelisken, Säulenstümpfen usw.). Eckzimmer mit Rokokostuckdecke M. 18. Jh. Rauchküche im Erdgeschoß.
Im Garten Gedächtnisobelisk für Sigismund Robinig, bez. 1844. Vor dem Hof Brunnen, bez. 1848.

ANDRÄ-BLÜML-STRASSE. **Nr. 30** und **Nr. 31:** Ehem. hochfürstlicher Meierhof, südwestl. der Gnigler Pfarrkirche. Ehem. Wirtschaftsgebäude (Nr. 31), mächtiger 2geschossiger Bau mit 2 Dachgeschossen und Schopfwalmgiebel, über dem Portal an der Stirnseite Wappen Eb. Franz Anton Harrach mit Inschr. und Chronogramm 1712. Meierhof (Nr. 30), 2geschossig mit Schopfwalmdach und Wappen Eb. Johann Ernst Thun 1697.

ELISABETHSTRASSE **Nr. 1** und **2:** Siehe Rainerstraße, S. 638

FANNY-VON-LEHNERT-STRASSE, **Nr. 4:** Lebensmittelwerke Union, erb. nach Plan von *Hubert Geßner* 1923/24. Repräsentative spätsecessionistische 3geschossige Fassade mit klassizistischen Elementen.

GRAZER BUNDESSTRASSE. **Nr. 6:** Ehem. St.-Anna-Spital. 1697 als Pflegehaus erb., im 19. Jh. erweitert. Schlichter 3geschossiger langgestreckter Bau mit Schopfwalmgiebel; an der westl. Langseite Quergiebel mit Dachreiter 19. Jh.; kreuzgratgewölbter Flur. Über dem Portal Wappen Eb. Johann Ernst Thun, bez. 1697.

HAUNSPERGSTRASSE. Süd-Nord-Achse der Elisabethvorstadt mit späthistoristischer Villenverbauung A. 20. Jh. (Fassaden großteils verändert) und einigen Reihenhäusern, um 1930 bis um 1940, im äußeren Abschnitt. – **Nr. 33:** Villa Oberberger, von *Paul Geppert d. Ä.*, 1907. – **Nr. 45:** Reihenhaus, von

Richard Bandian, 1929/30. – **Nr. 44** bis **48:** Siehe Sylvester-Oberberger-Straße Nr. 7 bis 15.

IGNAZ-VON-HEFFTER-STRASSE. **Nr. 4/6:** Erb. nach Entwurf von *Wunibald Deininger* 1924. Freistehendes 3geschossiges Doppelwohnhaus mit Heimatstilcharakter und expressionistischen Details; teilweise verändert.

JAHNSTRASSE. **Nr. 3:** Einfamilienwohnhaus, erb. von *Fritz Medicus* und *Adalbert Klaar* 1930.

JOSEF-MAYBURGER-KAI. Von der Lehener Brücke flußabwärts führend. Bis Nr. 66 Verbauung durch Reihenhäuser um 1930, die urspr. Fassaden bzw. die für die Zeit charakteristischen Fensterversprossungen z. T. verändert. **Nr. 12** bis **Nr. 20:** Erb. nach Entwurf von *Richard Bandian,* 1928 bis 1932, **Nr. 14** und **Nr. 16** mit urspr. Balkongitter.

LESSINGSTRASSE. **Nr. 5:** Erb. von *Jacob Ceconi* 1914, mit Heimatstilfassade.

LINZER BUNDESSTRASSE, **Nr. 1: Rauchenbichlerhof.** Urk. 1741 von Franz Anton Rauchenbichler erworben und neu errichtet. 2geschossiger Bau mit Walmdach. Hauptfassade 6achsig mit quadrat. Erdgeschoßfenstern und 2achsiger Mansarde zwischen Voluten. Obergeschoßraum mit Stuckdecke um 1740. Im Garten Pavillon über ovalem Grundriß.

MERTENSSTRASSE. **Nr. 10/12/14/16:** Wohnhaus der Allgemeinen Pensionsanstalt der Privatbeamten, erb. nach Entwurf von *Paul Geppert d. Ä.* 1912/13. Vorläufer des sozialen Wohnbaus; reich gegliederter 3- bis 4geschossiger Baukörper, der Kern mit Walmdach, Mittelrisalit und kurze seitl. Flügel mit Schopfwalmdächern (Heimatstil).

PLAINSTRASSE. Süd-Nord-Achse der Elisabethvorstadt mit Villenverbauung vom A. des 20. Jhs. im mittleren Abschnitt und mehreren ab 1921 errichteten Wohnhausanlagen im südl. Abschnitt sowie im Bereich um die Kirche St. Elisabeth im N, darunter früheste Beispiele des sozialen Wohnbaus in Salzburg.
Nr. 2 bis **6:** Wohnhausanlage der Stadt Salzburg, erb. 1924/25. – **Nr. 5** bis **17:** Wohnhausanlage der Stadt Salzburg, erb. nach Entwurf von *Eduard Wiedemann* 1926; Loggien und Balkone 1929 geschlossen. – **Nr. 8** bis **12:** Wohnhausanlage der Stadt Salzburg, erb. 1921 nach Entwurf von *Wunibald Deininger* (1919/20). 4- bis 5geschossige U-förmige Anlage; kubisch-blockhafter, sparsam gegliederter Bau (Eckabtreppung, Erker, Sohlbankgesims), auf traditionelle lokale Bauformen Bezug nehmend. Loggienarkaden 1929 verglast. – **Nr. 18:** Mietwohnhaus erb. 1928. – **Nr. 18 A** bis **20:** Mietwohnhaus, erb. nach Entwurf von *Hanns Böhm* 1929. – **Nr. 20 A:** Beamtenwohnhaus, Reichsbauamt München 1927. – **Nr. 23:** Beamtenwohnhaus, Reichsbauamt München 1923/24. – **Nr. 25/27:** Siehe Mertensstraße Nr. 10 bis 16. – **Nr. 29:** Villa, erb. 1909 von *Paul Geppert d. Ä.* – **Nr. 46** bis **58:** Wohnhausanlage der Stadt Salzburg, Stadtbauamt 1927. 3geschossige Zeilenverbauung, die Häuser jeweils mit 2 Doppelfensterachsen und betontem Portal. – **Nr. 55** bis **57:** Siehe Sylvester-Oberberger-Straße Nr. 7 bis 15. – **Nr. 59:** Genossenschaftswohnhaus, erb. nach Entwurf von *Wunibald Deininger* 1922/24. – **Nr. 61** bis **67** (= V.-M.-Süß-Straße Nr. 11): Wohnhausanlage der Stadt Salzburg, erb. nach Entwurf von *Eduard Wiedemann* 1927/28.

PURTSCHELLERGASSE. Kurze Straße mit 2- bis 3geschossiger Villenverbauung um 1910: Nr. 6 bis 12 und Nr. 9 bis 15. – **Nr. 10:** Erb. von *Jacob Ceconi,* bez. 1916. – **Nr. 13:** Erb. von *Paul Geppert d. Ä.*, bez. 1909.

RAINERSTRASSE. Siehe Neustadt, S. 638

SAINT-JULIEN-STRASSE. Wichtige Verbindung zwischen Bahnhofviertel (Rainerstraße) und Lehener Brücke. Im mittleren Abschnitt beiderseits großstädtische Verbauung mit 4geschossigen Wohn- und Geschäftshäusern um 1910: **Nr. 9** bis **15,** und um 1925: **Nr. 4** bis **10:,** im übrigen von Verbauung nach 1945 geprägt. Nr. 4, von *Karl Pirich* 1926–1929, Nr. 6, von *Franz Spindler* und *Hermann Rehrl* 1925, Nr. 8 und 10, von *Paul Geppert d. Ä.* 1924/25, zeigen verschiedene Möglichkeiten der Architektur der zwanziger Jahre. – Nr. 9 bis 15, von *Jacob Ceconi* 1910–1912, differenzierte Fassaden von überwiegend neoklassizistischem Charakter mit Heimatstilelementen.

STAUFFENSTRASSE. **Nr. 8a:** Villa, erb. von *Paul Geppert d. Ä.* 1905, mit Klinkerdekor (Eckbänderung, Fensterumrahmungen) und Jugendstilverglasung in den Fenstern der Straßenfront.

SÜDTIROLERPLATZ. Bahnhofsvorplatz.
Hauptbahnhofgebäude. Erb. 1860, Umbau 1906, nach Bombenschäden 1945 bis 1950 wiederhergestellt. Renov. 1977. Aufnahmegebäude und Bahnsteigbereich mit frühhistoristischen und secessionistischen Baudetails.
Fußgängersteg, zur Lastenstraße. Erb. 1886 von der Prager Maschinbau-Actiengesellschaft.

SYLVESTER-OBERBERGER-STRASSE. **Nr. 7** bis **15:** Wohnhausanlage der Stadt Salzburg, erb. nach Entwurf von *Eduard Wiedemann.* Aus 3 zwischen Plainstraße (Nr. 13/15) und Haunspergstraße (Nr. 44/46) um einen offenen Hof gruppierten, 3geschossigen Trakten bestehend.

KLEINDENKMÄLER

BILDSTOCK bei Elisabethstraße Nr. 1; erste Station des Wallfahrtsweges nach Maria Plain; von 1705, mit Sockel, Bildnische und Volutenaufsatz.

BILDSTOCK, Ecke Mühlgasse–Guggenthalstraße; gemauerter quadrat. Bildstock des 18. Jhs., mit tiefer Nische und Vordach.

4 JAHRESZEITEN, im Minnesheim-Park; 4 Pfeiler mit weiblichen Halbfiguren, E. 18. Jh.

BRÜCKENFIGUR hl. Johannes Nepomuk, auf der Plainbrücke (Itzlinger Hauptstraße), bez. *Josef A. Pfaffinger 1733.* Postament mit Wappen Eb. Leopold Anton Firmian. Die Brüstung der Brücke ebenfalls aus dem 18. Jh.

BILDSTOCK, daneben; gebänderter Konglomeratpfeiler mit Nischenaufsatz, zu den Wallfahrtsstationen von Maria Plain gehörig (siehe dort).

3 KREUZE, bei Schallmooser Hauptstraße Nr. 32. Ehem. Richtstätte, urk. 1459. Doppelkruzifix, der östl. Korpus A. 16. Jh., der westl. etwas jünger, die Schächer von 1666.

AIGEN – PARSCH – ABFALTER – GLAS

Stadtteil zwischen Gaisberg und Salzach, südl. vom Kapuzinerberg an den Äußeren Stein anschließend, gegen Gnigl durch die Enge zwischen Kapuzinerberg und Kühberg abgegrenzt. Eingemeindet 1935 und 1939. – Neben dem wichtigen, am re. Ufer der Salzach nach S führenden Verkehrsweg (Aigner Straße) bis M. 20. Jh. überwiegend landwirtschaftlich genutzte Fläche, mit Haufendorf Glas (im Bereich der heutigen Glaser Straße) und mit Einzelhöfen, darunter stattliche, teils auf das 16. Jh. zurückgehende Gutshöfe. – In Parsch und Aigen ab E. 19. Jh. einige Villenbauten entstanden; durch Einfamilienhaussiedlungen und Wohnhausanlagen ab 1950–1960, insbesondere in Stadtnähe großflächige Verbauung.

KIRCHEN, KAPELLEN UND BILDSTÖCKE

AIGNER PFARRKIRCHE hl. Johannes d. T., Graf-Revertera-Allee, abseits des Siedlungsgebietes, neben Schloß Aigen, von niedriger Mauer des ehem. Friedhofs umgeben. Urk. 1411. Um- oder Neubau 1689, 1909–1911 nach Plänen von *Franz Wagner* erweitert. Kuratie 1699, Pfarre 1852. Rest. 1969.

Bar. Saalbau des späten 17. Jhs. von gleich hohem und gleich breitem Erweiterungsbau um 1910 kreuzförmig durchschnitten; beide Baukörper mit Rundapsis. Westturm von 1689 in die urspr. Fassade teilweise eingezogen, durch Kaffgesims 3geschossig gegliedert, mit kräftigem Kranzgesims und Zwiebelhelm; rundbogige Schallfenster mit abgefastem Gewände und gebänderten Kämpfer- und Keilsteinen. Turmportal mit Volutenkeilstein. – Hauptfassade im N mit Säulenportikus. An der Ostapsis Wandbild hl. Christophorus, bez. *KW 1971.* Kruzifix an der Westseite 1. H. 18. Jh.

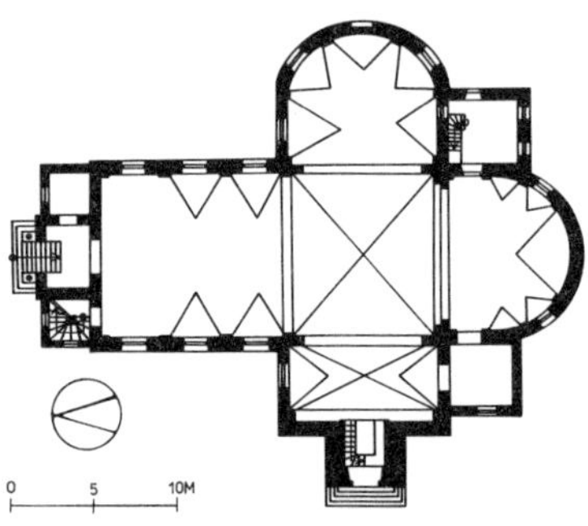

Aigen, Pfarrkirche hl. Johannes d. T.

Grabsteine. An der Langhausostwand 2 große spätgot. Wappengrabsteine für Conrad (gest. 1447) und Hanns Noppinger (gest. 1461) sowie für Seybold (gest. 1437) und Christoff Noppinger (gest. 1459); dazwischen Grabstein Elisabeth Schillerin, gest. 1605, mit Doppelwappen Schiller-Mühlhauser. – Beiderseits des Turmes Grabstein Anndre Aman von Hundtsdorff, gest. 1599, mit Doppelwappen Aman-Wilpenhofer; Inschriftstein mit Kelch Johann Pindter, gest. 1656; Wappengrabsteine Barbara Niedermaierin von Hameraw, gest. 1626, und Esaias

Cristollnigg, gest. 1591. An dem östl. an den Friedhof anschließenden Gebäude 4 Reliefs, geflügelte Totenköpfe, 17. Jh., eingemauert. An der Friedhofsmauer Grabmal Alexander Julius Schindler (Julius von der Traun) 1818–1885.
Innen. Tonnengewölbtes Langhaus mit vom bar. Bau gebildeten Querarmen vor dem Altarraum. Deckenbilder Heimsuchung, Verkündigung an Zacharias, Johannes d. T., um 1910 (?). Glasmalereien hl. Maria und Joseph 1909. – Einfache Holzemporen, die Brüstungen mit Empiredekor.
Neobar. Altäre, um 1910, nach Entwürfen von *Karl Pirich*. Hochaltar mit Relief Taufe Christi und seitl. Figuren Hll. Petrus und Paulus von *Joseph Bachlechner;* li. Seitenaltarfiguren Herz Jesu sowie Hll. Laurentius und Stephanus; am re. Seitenaltar Relief hl. Dominikus von *Joseph Bachlechner.* – Neobar. Kanzel. Konsolfiguren Hll. Hildegard von Bingen (?), Karl Borromäus, Sebastian. Neugot. Taufstein, Deckel mit bar. Figur hl. Johannes d. T., 18. Jh. – Chorgestühl aus der Bauzeit. Orgel von *Dreher und Reinisch* 1956.

PFARRKIRCHE zum Hl. Blut in P a r s c h, Weichselbaumsiedlung. Pfarre errichtet 1948. Kirche mit Pfarrsaal und Pfarrhof 1955/56 durch Umbau des Weichselbaumhofes entstanden, nach Entwurf der Arbeitsgruppe 4 *(Wilhelm Holzbauer, Friedrich Kurrent* und *Johann Spalt).* Aus der Auseinandersetzung mit der gegebenen Substanz, einem T-förmigen Einhof mit überdimensionalem Wirtschaftsgebäude, entwickelt; die Außenmauern beibehalten. Die Kirche an der Stelle des Wirtschaftsgebäudes mit niedriger 3schiffiger 3jochiger platzelgewölbter Halle (der ehem. Stall von 1781), darüberliegendem Pfarrsaal und Altarbezirk im Quertrakt. Dessen Dach als steiles Pultdach mit nach außen offenem Dachstuhl hochgezogen und so durch Höhe, Volumen und Licht die Bedeutung des Altarbezirks betont.
Über dem Nordportal Betonguß, Kruzifix, von *Fritz Wotruba;* am Südportal, in Beton geritzt, Sündenfall und Taufe Christi, von *Oskar Kokoschka.* Betonglasfenster von *Josef Mikl.* Über dem Altar Kruzifix von *Jakob Adlhart.* Seitl. im Altarraum spätgot. Figur, Madonna, um 1520.

KOLLEG St. Joseph, Gyllenstormstraße Nr. 8. Erb. 1961–1964 nach Entwurf der Architektengruppe 4 *(Wilh. Holzbauer, Friedr. Kurrent* und *Joh. Spalt).*

BILDUNGSHAUS St. Virgil, Ernst-Grein-Straße. Erb. 1965 und 1968–1976 nach Entwurf von *Wilhelm Holzbauer.* Im Vestibül Bronzefigur hl. Virgil von *Josef Zenzmaier.* In der Kapelle Wandbild Jünger von Emmaus von *Josef Mikl.*

HAUSKAPELLE zu Aigner Straße Nr. 25, im Park freistehend. Erb. unter Georg von Aichinger, geweiht 1890. Neugot. Kapellenbau, 2jochig, mit $^3/_8$-Schluß und Kreuzrippengewölbe auf Runddiensten. 2bahnige Maßwerkfenster. – Altarretabel, um 1890, mit Relief Himmelfahrt Mariae.

BILDSTOCK in der G ä n s b r u n n s t r a ß e. Gemauerter quadrat. Bildstock mit Vordach und tiefer Bildnische, um 1800.

WALDKAPELLE, östl. von P a r s c h auf einem Hügel. Gemauerter Bildstock mit tiefer Nische und Schmiedeeisengitter. Figur Schmerzhafte Maria A. 18. Jh. Hohes, die Kapelle überragendes Kruzifix 19. Jh.

PROFANBAUTEN

AIGNER SCHLOSS. Herrensitz, urk. 1402 im Besitz des Domkapitels, rascher Besitzerwechsel; 1673 Grafen Kuenburg, 1727 Franz Josef Waldherr, dessen Nachfolger Basil von Aman; der Park um 1780 im Besitz des Domherrn Anton Willibald Wolfegg, wahrsch. durch ihn nach freimaurerischem Konzept zu einem englischen Garten ausgestaltet, Treffpunkt der Illuminatenloge Apollo. 1788 Schloß und Park an Hieronymus Graf Lodron. Von den in der 2. H. des 18. Jhs. im Park errichteten Bauwerken und Denkmälern nichts erhalten. 4flügelige Schloßanlage um trapezförmigen Hof, Hauptgeschoß über Rechteckgrundriß, 4geschossig, mit Walmdach und 5geschossigem Turm an der Hoffassade; schlichte 2geschossige Nebentrakte (ehem. Wirtschaftsgebäude). Fassaden des Hauptgebäudes von Lisenen eingefaßt, Fenster mit Plattenstilumrahmung E. 18. Jh. Über dem Hauptportal und dem Turmtor (2. V. 18. Jh., mit Lünettengitter) Wappen Schwarzenberg. Auf den Torpfeilern zum Vorplatz klassizistische Vasen, E. 18. Jh. – Gegenüber dem Schloß Wirtschaftsgebäude mit schlichter Fassade, 2. H. 19. Jh., über der Mittelachse Aufsatz mit Wappen Schwarzenberg.

FÜRBERGSTRASSE. **Nr. 65** (Ecke Gaisbergstraße): Voglsangschlößl; Kern 17. Jh. (?), heutige Form mit aufgesetzten kleinen polygonalen Ecktürmchen, 2. H. 19. Jh.

GAISBERGSTRASSE. **Nr. 6:** Ehem. Fabriksgebäude, 2. H. 19. Jh., 1977/78 westl. Trakt abgebrochen, das übrige renov. und in Auseinandersetzung mit dem Altbestand nach Plänen von *Wilhelm Holzbauer* erweitert und zum Verlagsgebäude adaptiert. – **Nr. 44:** Heffterhof, oberhalb der Haustüre bez. 1747. – **Nr. 46:** Fondachhof, 1792 erb., 1949 Umbau zu heutiger Form; steiles Walmdach über breitrechteckigem Grundriß, über Balkon Wappen Revertera von Salandra. Im Garten Marmorbrunnen von *Franz de Paula Hitzl,* 1772/73, über 2 kreisrunden Becken zentrale Vase mit wasserspeienden Tierfratzen, dahinter Wandaufbau bekrönt durch Puttengruppe. – **Nr. 50–52:** Siehe Kreuzbergpromenade Nr. 4.

GERSBERGWEG. **Nr. 23:** Einfamilienhaus mit Atelier, erb. nach Entwurf von *Otto Prossinger* 1933.

GLASERSTRASSE. **Nr. 7:** Doktorschlößl, ehem. Schloß Radaun. Als Hof zu Glas urk. 1116 im Besitz des Stiftes Nonnberg, 1412 Hans Perwein, 1451 Friesenegger, dann großteils bäuerliche Besitzer; 1670 Franz Mayr, hochfürstlicher Medicus, mit Ehefrau Johanna Solari, Tochter des Dombaumeisters Santino Solari; rascher Besitzerwechsel, heute Pensionsbetrieb. Ab 1879 Umbau mit gleichzeitigem Aufsetzen von vier 6eckigen, das Dach durchstoßenden Ecktürmchen auf den Gebäudekanten. 3geschossiger kubischer Bau mit Schopfwalmdach, Erdgeschoß durch mehrere schräge Strebepfeiler verstärkt, an der Ostseite im Erd- und 1. Obergeschoß 3 Bogenfelder einer Arkadenfront auf gedrungenen Steinsäulchen, Erd- und 1. Obergeschoß teils gewölbt.

IGNAZ-RIEDER-KAI. Umspannwerk der Salzburger Stadtwerke, erb. 1910.

KALTNERGASSE. **Nr. 1:** Villa Pittner, erb. nach Entwurf von *August Schachermayr* 1933/34.

KREUZBERGPROMENADE. **Nr. 4:** Villa Schmederer; späthistoristischer Bau, nach 1887, mit Neorenaissancefassaden und Fassadenturm, 2geschossiges Nebengebäude mit Kapelle im Obergeschoß. – **Nr. 5:** Ehem. Apothekerhof, 1978 völlig umgebaut, über dem Portal Wappen Rotmayer um 1600.

NESSELTHALERGASSE. **Nr. 17:** Villa Reif, erb. nach Entwurf von *Martin Knoll* 1934/36.

DR.-PETTER-STRASSE. **Nr. 9:** Abfalterhof (Villa Preuschen); im Park 2geschossiges Hauptgebäude mit Walmdach, an 3 Seiten Holzloggien um 1880/90 angebaut. Daneben Stallgebäude mit Rundbogenportal, im Obergeschoß Ochsenaugen; an den Fassaden Madonnenstatue, Pferdekopf und Engel, E. 19. Jh.

PRÄLAT-WINKLER-STRASSE. **Nr. 2:** Haus Weidlich, erb. nach Entwurf von *Hans Kronberger* 1932, erweitert 1964.

RETTENPACHERSTRASSE. **Nr. 8: Schloß Flederbach.** Urk. 1360 Gut Flederbach, erb. um 1550 (?) durch den Gasteiner Gewerken Martin Strasser, oftmaliger Besitzerwechsel, Privatbesitz. – Typischer spätgot. Ansitz, über rechteckigem Grundriß turmartig 4 Geschosse, steiles Walmdach, an den 4 Gebäudeecken je ein 6eckiges Aufsatztürmchen mit Pyramidendach. Erd- und 1. Obergeschoß weitgehend gewölbt, Tonnen mit Stichkappen, Flachdecken in Obergeschossen z. T. mit einfachen Stuckrahmen.

MORZG – GNEIS – KLEINGMAIN

Stadtteil in der Ebene südl. von Nonntal, zwischen Salzach und Leopoldskroner Moor, seit 1939 durch die Eingemeindung von Morzg zur Stadt gehörig. In seiner Bebauungsstruktur zerfällt das Gebiet deutlich in 2 Abschnitte, den östl. Abschnitt, auf z. T. durch die Salzachregulierung im 19. Jh. gewonnenem Land, 1935 durch den Bau der Alpenstraße erschlossen und seither, insbesondere nach 1945, durch Wohnsiedlungen und Industriegebäude dicht verbaut, im südlichsten Teil in Auwald übergehend, und den westl. Abschnitt, bis zum späten 19. Jh. aus Einzelhöfen, wenigen Weilern und der Kirchsiedlung Morzg bestehend, auch heute noch überwiegend Grünland, mit locker verbauten Siedlungsinseln. Zwischen diesen beiden Abschnitten liegt der schmale von jüngerer Verbauung freigehaltene Bereich der aus der Stadt zum fürsterzbischöflichen Lustschloß führenden Hellbrunner Allee; A. 17. Jh. von Eb. Markus Sittikus angelegt, sind beiderseits dieser Straße einige noch im selben Jahrhundert entstandene stattliche Landsitze aufgereiht.
Das Haufendorf Morzg hat trotz Erweiterung durch einzelne Villenbauten seit dem späten 19. Jh., durch Familienwohnhäuser seit dem frühen 20. Jh. und Ausbau der Bauernhöfe seinen dörflichen Charakter bewahrt. Flachgauer Einhöfe, im Kern 17. Jh., die Obergeschosse z. T. in Blockbau, meist mit Schopfwalmdächern.
Die Felshöhe des Hellbrunner Berges zählt zu den bedeutendsten vorgeschichtlichen Siedlungsplätzen des Landes Salzburg. Die Anhöhe war von der Jungsteinzeit bis an den Beginn der römischen Zeit bewohnt. Die Blütezeit der Siedlung fällt in die späte Hallstattperiode (ca. 600–470 v. Chr.), in diesem Zeitabschnitt hat man den Berg zu einem Fürsten- oder Adelssitz ausgebaut. Auf

der Hochfläche des Hellbrunner Berges sind noch zahlreiche künstlich angelegte Wohnpodien zu erkennen. Auch die Halbhöhlen am Westfuß des Berges im Bereich des Tierparkes beherbergten urzeitliche Bewohner.

KIRCHEN UND BILDSTÖCKE

GOTTESSIEDLUNG zur hl. Erentrudis in Herrenau, Erentrudisstraße Nr. 5. Erb. 1957 bis 1961 nach Plänen von *Robert Kramreiter,* als kirchliches Zentrum für nach 1945 errichtete Wohnhausanlagen. Bestehend aus Pfarrkirche, Pfarrhof, Kindergarten und Eucharistinnenkloster mit Kapelle.
Kirche hl. Erentrudis, mit Vorplatz zwischen Taufkapelle und freistehendem Glockenturm. Das Kirchengebäude im Grundriß aus Kreissegment entwickelt, mit ansteigender Deckenkonstruktion aus sphärischen Elementen und von mächtiger Glasbetonwand abgeschlossenem Altarraum. Glasmalerei von *Margaret Bilger,* Fries unter der Decke mit Engelzyklus; in der Altarwand Abendmahl, apokalyptisches Lamm, Gekreuzigter, li. Abrahams Opfer, Elias wird von Engeln genährt, re. Hochzeit zu Kanaa und wunderbare Brotvermehrung. – 4 Beichtkapellenfenster von *Otto Beckmann.*
Ausstattung nach Entwürfen von *R. Kramreiter.* Amborelief und Kruzifix über der Sakristeitür von *Max Rieder,* Seitenaltarkreuz Bronzeplastik Pietà (1981) und Bronzetore von *Walter Ritter.* Haupttor mit Email von *O. Beckmann.* Orgel von 1964, *Orgelbauanstalt St. Florian.*
In der Marienkapelle Glasmalerei von *Otto Beckmann* und Wandrelief von *W. Ritter.* – In der Unterkirche Wandmalerei von *Joaquin Vacquero-Turcios,* Kreuzweg, 1962. – In der Taufkapelle Glasmalerei von *Karl Weiser,* 7 Sakramente und Bischofsweihe.
Kapelle der Eucharistinnen, an das Klostergebäude angebaut. Über einem Sockelgeschoß auskragender, zylinderförmiger Bau mit ovalem Grundriß. Altarwand mit Glasbetonfenster von *Max Weiler,* Ausstattung nach Entwürfen von *R. Kramreiter.* Tabernakelkreuz von *S. C. Polac.*

PFARRKIRCHE hl. Johannes Capistran, in Gneis, Eduard-Macheiner-Straße. Erb. 1964/66 von *Erich Gerlich.* Weihe 1967. Einfacher rechteckiger Betonskelettbau mit Satteldach und seitl. angestelltem Glockenturm (mit Pfarrzentrum und Kindergarten verbunden). Tauf- und Beichtkapelle mit Betonglasfenstern von *Erwin Dattendorfer* 1966/67. Altar, Ambo, Taufstein und Sedilien nach Entwurf von *Erich Gerlich.* Kruzifix über dem Altar 17. Jh. (?) Bronzereliefs, Kreuzweg, von *Pier Eckhoff* 1981.

MORZGER PFARRKIRCHE hl. Vitus, leicht erhöht über der Dorfmitte, von Friedhofmauer umgeben. Bar. Staffelkirche mit im Kern got. Westturm. – Urk. 1139, Umbau 1683, Weihe 1699, Turmumbau urk. 1764; Rest. 1922, 1963/64. Pfarre seit 1911.
Schlichtes, ungegliedertes Langhaus und eingezogener, polygonal geschlossener Chor mit Rundbogenfenstern. Gemeinsames Satteldach, im O und W abgewalmt. Sakristei an der Chornordseite in der Höhe des Langhauses, 17. Jh., niedriger Anbau an der Chorsüdseite (ehem. Beinhaus?). Turm im W z. T. eingestellt, 3geschossig gegliedert, rundbogige Schallfenster, über Uhrengiebel mehrgliedriger Zwiebelhelm. An der Turmsüdseite Marmortafel mit Bauinschr. der Domherren Barthlme von Blangkenfels und Caspar von Rusenbach,

1515–1520. An der Langhaussüdseite ein römischer Grabaltar eingemauert, dessen sichtbare re. Seitenfläche einen Delphin zeigt (2.–3. Jh. n. Chr., 1963 freigelegt). Nordportal mit geradem Sturz und profiliertem Steingewände, vermauert. Südportal mit Vordach von 1963. Über dem Westportal ehem. Schalldeckel der Kanzel, um 1680. An der Südseite Kruzifix 18. Jh.

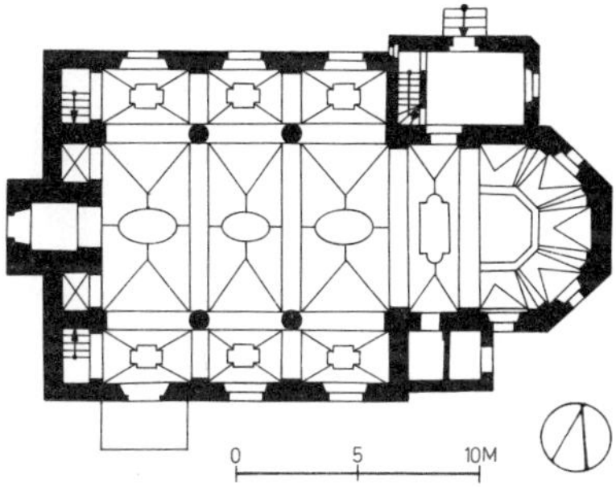

Morzg, Pfarrkirche hl. Vitus

Innen. Langhaus 3schiffig, 3jochig, mit queroblongen Mittelschiffjochen und längsoblongen Seitenschiffjochen. Mittelschiff leicht überhöht, in Rundbogenarkaden auf toskanischen Säulen zu den Seitenschiffen geöffnet. Chor einschiffig, einjochig, mit 5/8-Schluß, nur durch kräftigen Gurtbogen vom Mittelschiff abgesetzt. Tonnengewölbe mit Stichkappen, in den Seitenschiffen und im Chor auf toskanischen Pilastern, im Mittelschiff über Gebälkstücken anlaufend, durch Gurtbogen und Stuckstäbe gegliedert. Triumphbogenscheitel bez. 1683. – Westempore, E. 17. Jh., aus Holz, kassettierte Unterdecke und durch geschuppte Pilaster gegliederte Brüstung mit 9 Bildfeldern, Darstellung der 4 Letzten Dinge und der Marienkrönung (M.). der 4 Evangelisten (li.), der 4 Kirchenväter (re.).
Malereien in den Gewölbefeldern des Mittelschiffes und Chores von *Anton Faistauer*, 1922/23, Szenen aus dem Marienleben sowie Hll. Margareta, Barbara, Katharina, Maria, Notburga, Agnes und Cäcilia. – Ornamentale Fensterverglasung E. 19. Jh.
Hochaltar, spätgot. Flügelaltar um 1480, 1960/61 rest. und neugot. Ergänzungen entfernt; im Schrein Figuren Hll. Georg, Veit und Leonhard; Flügelinnenseiten mit 4 Reliefs, hl. Veit verweigert das Götzenopfer, Versuchung des Heiligen, Erblindung des Vaters, hl. Veit mit Hll. Modestus und Kreszentia im Ölkessel; Flügelaußenseiten mit 4 Tafelbildern, Erhebung Maria Magdalenas, Marter des hl. Sebastian, Marter der hl. Ursula, Marter des hl. Achatius und der 10.000 Märtyrer; Predella mit Tafelbild Christus und die 12 Apostel. Statuen neben dem Tabernakel Hll. Nikolaus und Sebastian, neugot., E. 19. Jh.
Li. Seitenaltar, um 1686, mit Wappen Kuenburg und Harrach, Ädikulaaufbau mit gesprengtem Giebel, Altarblatt, Maria zwischen den fürbittenden Hll. Erasmus und Barbara und Hll. Rupert und Virgil mit Ansicht der Fronburg; rundes Oberbild Hll. Johannes d. T. und Rochus, beide von *Johann Friedrich Pereth* um 1686. Statuetten Hll. Petrus und Paulus 18. Jh., bar. Standkreuz. – Re. Seitenaltar, um 1686, mit Wappen Rehlingen und Sarntheim, Ädikulaaufbau mit

gesprengtem Giebel, Altarblatt Hl. Familie und die Fürbitter Hll. Antonius von Padua und Franz de Paula mit Ansicht von Morzg und Emsburg, von *Johann Friedrich Pereth* 1686 (bez.), Oberbild Hll. Sebastian und Florian, von *J. F. Pereth*. 2 Statuetten Hll. Johannes d. Täufer und Josef, 18. Jh., bar. Standkreuz. Kanzel mit Knorpelwerkdekor, um 1680. Im Chor spätgot. Tafelbild, Bethlehemitischer Kindermord, um 1480. 3 Statuetten, Hll. Jakobus, Rochus, Andreas, 18. Jh.; auf Konsole Statue Maria Immaculata, 1. H. 18. Jh. – Im Chorbogen Schnitzfigur Strahlenkranzmadonna, um 1686. Im nördl. Seitenschiff Statuen auf Konsolen hl. Johannes Nepomuk, um 1730, hl. Veit E. 17. Jh. und Leinwandbild Geißelung Christi (fragmentiert), 17. Jh. (?). An der Westwand Statuen hl. Leonhard 17. Jh., hl. Wolfgang, spätgot. (bar. überschnitzt?). Kreuzwegbilder 19. Jh., Bild hl. Josef, 18. Jh. Oratoriumsfenster mit geschnitzter Knorpelwerkumrahmung, um 1683. Kirchenbänke E. 17. Jh. Bar. gebuckelte Weihwasserschale. Orgelprospekt 1. H. 19. Jh.
Pfarrhof von 1911, 1971 umgebaut und renov.

BILDSTOCK, bei Gneiser Straße Nr. 58. Tabernakelbildstock, wohl 17. Jh. (bez. 1870).

BILDSTOCK, südl. vom Montforter Hof, Nischenbildstock mit Zeltdach, um 1900.

PROFANBAUTEN

SCHLOSS und PARK HELLBRUNN, südl. außerhalb der Stadt, mit dieser durch eine Allee verbunden. Frühestes erhaltenes Beispiel einer „villa suburbana" nördl. der Alpen. – Lt. Inschr. 1613–1615 als Lustschloß für Eb. Markus Sittikus erb., wahrsch. von *Santino Solari;* Garten, Brunnen und Grotten spätestens 1619 vollendet. 1660 Hofgebäude nach Brand wiederhergestellt. Um 1730 Gartenparterre nach Plänen *Franz Anton Danreiters* (?) umgestaltet; nördl. davon E. 18. Jh. englischer Garten angelegt. Ab 1816 habsburgisch, seit 1922 im Besitz der Stadt. Dient als Schauobjekt und kulturellen Veranstaltungen.
Die Gesamtanlage, die den Hellbrunner Berg und einen weitläufigen Naturpark miteinschließt, großteils von Mauer umgeben. Schloß und Nebengebäude in der Nordwestecke, am Fuß des Berges, um Ehrenhof, mit langgestreckter Zufahrt in der Verlängerung einer von der Salzach her führenden Allee symmetrisch angelegt. Torbau aus hohen, pilastergegliederten Mauerpfeilern mit Ortsteinen und je 2 aufgesetzten Obelisken sowie Wappen des Eb. Markus Sittikus, zwischen 2geschossigen, urspr. der Trabantenleibgarde und dem Torwärter dienenden Gebäuden. Schmiedeeisernes Torgitter, 3. V. 18. Jh. – Zufahrt durch Mauern vom Garten abgeschirmt, im südwestl. Teil von eingeschossigen ehem. Stall- und Wirtschaftsgebäuden flankiert, lt. Inschr. mit Wappen unter Eb. Guidobald Thun 1660 wiederhergestellt.
Ehrenhof, sich im Halbkreis öffnend, annähernd quadratisch. Die beiden Eckgebäude 2geschossig, mit konkaven Fassaden und Walmdach; im nördl. 2 Erdgeschoßräume mit Stuckdecken, bez. 1692, und Marmorbrunnen, bez. 1745. Seitl. Flügel, dem Hauptgebäude subordiniert und nur optisch mit diesem verbunden, eingeschossig, die Mittelachsen akzentuiert durch 2geschossigen Quertrakt mit Eckpilastern, je einem gekuppelten Fenster im Obergeschoß und durch Gesimse abgesetztem Knickgiebel. – **Schloßkapelle,** urspr. im nördl.

Schloß Hellbrunn, Erdgeschoß und 1. Obergeschoß

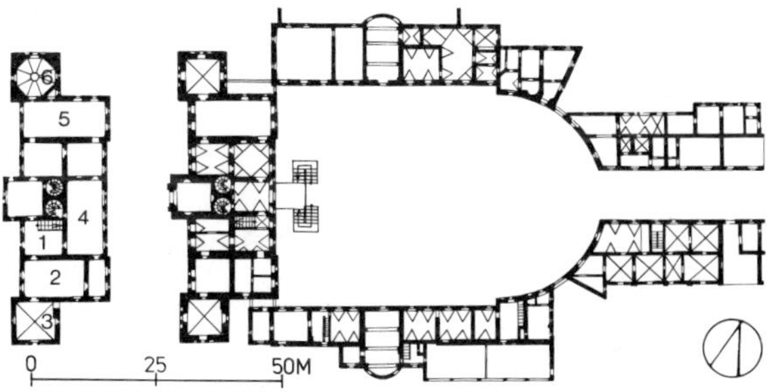

Seitenflügel, um 1955 in den südl. verlegt. Schlichter tonnengewölbter Raum mit zarter Pilaster- und Gurtbogengliederung, umlaufendes Gesims. Altarbild Maria Immaculata, 18. Jh., in polychromiertem frühbar. Rahmen, A. 17. Jh.

Schloßgebäude, von 1613/15. Baukörper über Rechteckgrundriß mit Walmdach und zur Gartenfront risalitartig vorgeschobenen Eckpavillons mit laternenbekrönten Zeltdächern, Sockelgeschoß und 2 Obergeschosse, durch flache umlaufende Sohlbank- und Kordongesimse gegliedert; gerade Fensterverdachungen, im Hauptgeschoß mit Dreieckgiebel. Fassade zum Ehrenhof 11achsig, mit 2achsigen Seitenrisaliten, die Mitte betont durch Portal über 2armiger gegenläufiger Freitreppe, gekuppeltem Fenster und Zwerchgiebel. Unter der Treppe Brunnengrotte mit Relief Bacchus (?) mit 2 Steinböcken von *Santino Solari* (?). An der Gartenfassade 3geschossiger übergiebelter Mittelrisalit, der mit seinem rustizierten Grottenportal im Erdgeschoß ebenso wie die Eckpavillons durch ihre Gestaltung (von Hermenatlanten getragene Balkons, Imperatorenbüsten in den gesprengten Dreieckgiebeln) die Verbindung zum Lustgarten herstellt.
I n n e r e s. In der Mittelachse des 1. Geschosses Vestibül, 2 Treppenhäuser mit Wendeltreppen und die vom Sockelgeschoß hochgezogene Neptungrotte. Die Räume zu beiden Seiten weitgehend schmucklos, z. T. gewölbt, z. T. mit Flachdecken. Türen mit profilierten Marmorumrahmungen. Nördl. Karabinierisaal mit Holzdecke. Südl. neben dem Vestibül gerade Treppe in das 2. Geschoß mit den Fürstenzimmern.
Fürstenzimmer, durchwegs mit Spiegelgewölben, verbunden durch Türen mit Rotmarmorumrahmung und gerader Verdachung. Vorraum (1), Postamente mit Wappentieren des Erzstiftes und Markus Sittikus sowie schmiedeeisernes Gitter, um 1615. – Antecamera (2), in den Tür- und Fensterleibungen und als Supraporten ornamentale Wandmalereien, um 1700. – Tapetenzimmer (3), bemalte chinesische Tapeten, 2. V. 18. Jh., urspr. in Schloß Urstein, rest. 1952–1963. – Speisezimmer (4), Kachelofen, bez. 1608 und *F. St. (Friedrich Strobl),* bunt glasiert und mit figuralen Darstellungen, Szenen aus dem Leben Johannes d. T., mythologische Figuren und Jagdszenen. Daneben Leinwandbild, ganzfiguriges Porträt des Eb. Markus Sittikus mit Ansicht von Hellbrunn und des in Bau befindlichen Domes, von *Arsenio Mascagni,* bez. 1618; Leinwandbild Ansicht von Schloß und Ort Hohenems, A. 17. Jh.

Festsaal (5), Rechtecksaal an der nördl. Flanke des Schlosses, mit je 2 Fensterachsen an den Schmalseiten und durch Malerei 5achsig gegliederten Längsseiten, Spiegelgewölbe. Marmorfußboden aus roten und gelben Platten. Wände und Gewölbe vollständig bemalt von *Arsenio Mascagni* (Zuschreibung) um 1615, Rest. ab 1958; illusionistische Architekturmalerei, Gliederung der Wände durch Pfeiler und Säulen, vor den Pfeilernischen 12 Cäsarenstatuen auf Postamenten, von Julius Cäsar bis Domitian, in der Mitte der Schmalseiten Trophäen, über den Türen und Fenstern Darstellung der Wappentiere des Erzstiftes und des Eb. Markus Sittikus. An den Längsseiten Durchblicke zwischen den Säulen auf Architekturprospekte mit zeitgenössischen, höfischen Figuren, an der Nordseite mit Darstellung von San Marco in Venedig. Die Gliederung der Längsseiten setzt sich im Gewölbe mit einer Säulenarchitektur fort, die sich in einen von Vögeln belebten Himmel öffnet; auf der Galerie über dem Hauptgesims 12 allegorische Figuren der Tugenden Justitia, Caritas divina, Constantia, Providentia, Prudentia, Frau mit Wanderstab (?); Temperantia, Fortitudo, Fides, Spes, Caritas proximi, Industria (?); an den Schmalseiten die Figuren von Chronos und Amor virtutis (?), in der Deckenmitte ein Genius. Oktogon (6), im nördl. Eckpavillon. 8eckiger Raum mit Klostergewölbe und ornamentalem Fußbodenmosaik. Wände und Kuppel vollständig bemalt von *Arsenio Mascagni*, um 1615. Illusionistische Architekturmalerei, die Wände in Säulenhallen mit weinlaubumrankten Säulen geöffnet, mit tiefen Durchblicken und Darstellungen von zeitgenössischen Gesellschaftsszenen; über dem Gebälk reich bewegte phantastische Dekoration, Darstellungen von Löwe und Steinbock sowie 8 weiblichen allegorischen Figuren. – Zur Sammlung des Schlosses gehörig, auf mehrere Räume verteilt, eine Reihe von Jagd- und Tierbildern, großteils 17. Jh., einzelne 18. Jh., daneben Schausammlung aus dem SMCA.

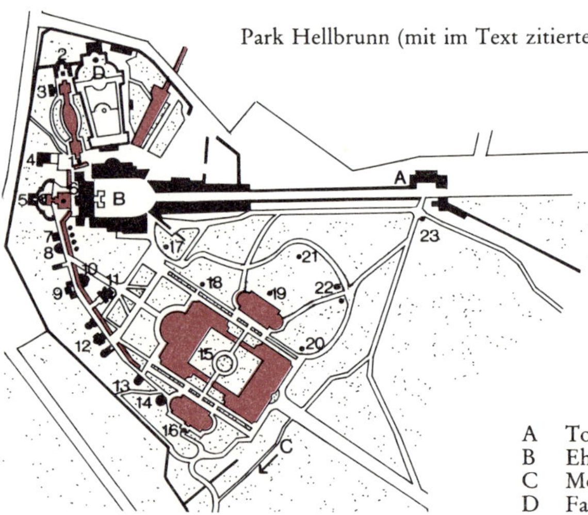

Park Hellbrunn (mit im Text zitierter Numerierung)

A Torwärterhaus
B Ehrenhof
C Monatsschlößchen
D Fasanerie

Lustgarten, westl. und beiderseits des Schlosses; manieristische Gartenanlage mit dekorativen Architekturen, Teichen, Brunnen, Grotten und Skulpturen; weitgehend im urspr. Zustand des frühen 17. Jhs. erhalten. Der Skulpturenschmuck möglicherweise von italienischen und salzburgischen Bildhauern unter Beteiligung von *Santino Solari.* Rundgang (Plan siehe S. 678). Langgestreckte Teichanlage (1) mit den Figuren von 4 Tritonen, einer Wassergöttin von *Hans Waldburger* (?) und einem Flußgott; südl. Bacchusstatue auf hohem Sockel. Theatrum (2), sogen. Römisches Theater. Kleiner Platz durch Exedra abgeschlossen und von 2 durch Balustraden eingefaßten Terrassen flankiert. Die Wand der Exedra, oberhalb von Sitzstufen, durch Felder mit ornamentalen Kieselsteinmosaiken und Figurennischen gegliedert; in der Mitte Giebelaufsatz mit Wappen des Eb. Markus Sittikus und Figur einer thronenden Roma victrix, *Hans Waldburger* zugeschrieben. Nischenfiguren Kaiser Marc Aurel und 2 gefangene Barbarenfürsten, letztere *H. Waldburger* zugeschrieben; beiderseits der Stufen sitzende Figuren, Frauen der Barbarenfürsten. In der Platzmitte Marmortisch mit den Wappentieren sowie mit Löwe, Steinbock und Fruchtschnüren geschmückt.

Orpheusgrotte (3). Steinbau aus Nagelfluh über T-förmigem Grundriß. Fassade durch Lisenen und Gesimse zart gegliedert. Attika mit Steinbockkopf über dem Portal. Im Inneren durch Tuff und Tropfsteine zu einer Grotte ausgestaltet. Figurengruppe Orpheus und die schlafende Eurydike zwischen Steinbock und Löwen.

Weinkeller (4). Errichtet 1659 unter Eb. Guidobald Thun, Wappen und Inschr. am Kellervorbau. Tor mit Schmiedeeisengitter bez. GD; neben der Treppe die Figuren zweier liegender Hunde.

Sternweiher und Brunnen Altembs (5), axial auf das Schloß ausgerichtet; Brunnen und Teichanlage auf gestuften Terrassen. Durch eine von konkav einschwingenden Mauern flankierte Exedra abgeschlossen, in deren Mitte Torbau mit breiter korbbogiger Öffnung, rustizierten Pfeilern und Balustrade als Attika, Aufsatz mit Inschrifttafel, bez. 1613; im Inneren Nische mit Statue eines jugendlichen Helden auf reliefiertem Sockel. – Außen, auf den Postamenten der Abschlußmauern, allegorische Figuren der 4 Jahreszeiten. Im Teich Figurengruppe ringender Tritonen, am Beckenrand 2 Steinböcke mit Wappen und Löwen. Seitl. 2 Hügel mit allerlei Tieren.

Neptungrotte (6), im Mittelrisalit des Schlosses. Rechteckraum mit Brunnennische und Tonnengewölbe. Wand- und Gewölbefelder z. T. stuckiert, z. T. mit ornamentalen Einlagen aus Tuffstein, Muscheln und Kieselsteinen, in der Gewölbemitte gemalter Genius. Brunnen mit Statue des Neptun und Meeresrossen sowie einem Wasserautomaten, dem „Germaul". In den seitl. Wandnischen zwei weibliche Figuren, Nereiden (?), südl. Amphitrite (?). Beiderseits der Neptungrotte je 2 als Grotten ausgestattete Räume. Nördl. Grotte mit farbigen Stukkaturen und Gewölbemalereien (stark zerstört) sowie Ruinengrotte mit durch Stuck hergestelltem illusionistischem Effekt des Verfalls. Südl. Spiegelgrotte, 1951/52 vollständig erneuert mit farbigen Stukkaturen und rekonstruierten Gewölbemalereien (*Arthur Sühs*), sowie mit Tuffstein verkleidete Vogelsanggrotte.

Venusgrotte (7). Gegliederte Nagelfluhmauer mit aufgesetzten Obelisken und Grottennische. Brunnenfigur Venus, *Hans Waldburger* zugeschrieben. Gegen-

über kleine Tuffsteingrotten mit Wasserautomaten: Scherenschleifer, Apollo und Marsyas, Müller, Perseus und Andromeda, Töpferei.
Statuen von drei Grimassen schneidenden Narren (8) und abseits des Weges Wildschwein mit zwei Frischlingen.
Steinbockgrotte und Dianabrunnen (9). Kleine Tuffsteingrotte mit wasserspeiendem Steinbock und ein geometrisches Muster bildendem Gerinne. Daneben gegliederte Nagelfluhmauer mit Dreieckgiebel, Grottennische und rechtwinkelig vorgezogenen Wangen. Nischenfigur Diana mit Jagdhund.
Mechanisches Theater (10). 1749–1752 unter Eb. Andreas Jakob Dietrichstein errichtet. Schauwand mit mehrfach geschweiftem Volutengiebel und rundbogiger Bühnenöffnung zwischen genuteten Doppelpilastern. Im Giebel Wappen des Eb. und Kartusche mit Inschr., bez. 1750. In der Bühnennische durch Wasserkraft betriebenes Spielwerk von *Lorenz Rosenegger,* unter Beteiligung der Bildhauer *Bartlmä Pföll, Josef Georg Frieß, Johann Georg Roß* und *Josef Strasser,* mit 138 beweglichen und 107 unbeweglichen Figuren, Tätigkeiten der verschiedensten Berufe und Stände darstellend. Wassergetriebenes Orgelwerk von *L. Rosenegger,* renoviert 1770 von *Rochus Egedacher* und 1850 von *Ludwig Moser.*
Mydasgrotte–Kronengrotte (11). Eingeschossiger rechteckiger Bau mit Walmdach, flankiert von nischenbesetzten Eckpavillons mit Pyramidendächern. Der Hauptfassade Wand aus unbehauenem Nagelfluh vorgelegt. Innen Tuffsteingrotte mit Springbrunnen. Auf einem Felsen Schlange, Schildkröte und Frosch. Dreiseitiger Umgang mit Kieselsteinmosaikboden und kassettierten Wänden und Decken. Wandfelder von stuckiertem Eierstab gerahmt, mit gelb-blauem Fliesenmosaik (1759 und 1894 renov.). Deckenfelder von Kiesel- und Tuffsteineinlagen gerahmt, mit Malereien, Himmel und Vögel (renov.). Wandnische mit Marmorgruppe Schindung des Marsyas.
Reihe von Statuen und Brunnen südl. des Weges (12). Statue der Minerva; Steinbockkopf; Perseusbrunnen, kleeblattförmiges Brunnenbecken mit Figurengruppe Aktäon, im Hintergrund Statue des Perseus auf hohem Sockel. Eurydikebrunnen, um 1700 errichtet (?), herzförmiges Brunnenbecken, an drei Seiten von Nagelfluhmauer umfangen. Abschlußwand 3teilig mit Nischen, in der Mittelnische Statue der Eurydike, frühes 17. Jh., auf hohem Sockel, Umkreis *Hans Waldburger,* seitl. 2 Delphine. Auf Postamenten im Vordergrund 2 Löwen mit Kartuschen. – Forstteufel, Figur eines legendären Monstrums auf Sockel mit Inschr., um 1700.
Neptunbrunnen (13), von Nagelfluhmauer eingefaßt, Sitzfigur des Neptun, *Hans Conrad Asper* zugeschrieben, und groteske Maske, frühes 17. Jh.
Brunnenstube (14), oktogonaler dachloser Bau, ein Brunnenbecken einfassend; außen durch vertiefte Wandfelder gegliedert, Rechteckportal mit gerader Verdachung. Im Inneren drei rundbogige Wandnischen, frühes 17. Jh.

Ziergarten. Regelmäßige Anlage um eine auf Schloß Goldenstein ausgerichtete, um 1730 durch Pflanzung einer Allee verlängerte Achse. Der Kern aus dem frühen 17. Jh., ein durch eine Rechteckinsel unterteilter Hauptweiher, der von zwei kleinen Weihern flankiert wird. Beete um 1730 im Sinne des Hochbarock neu gegliedert und gestaltet, seither mehrmals verändert. Noch original die beiden Obelisken am Westende der Anlage. Einzelne Statuen aus dem Lustgarten hierher übertragen. – Am Hauptweiher (15) 2 Einhörner, um 1700

(?), an den Ecken der Insel 4 Figuren von Muschelhorn blasenden Putten bzw. Gnomen. – Statue der Diana (16) auf hohem Sockel und Figuren zweier Jagdhunde, frühes 17. Jh. – 4 Statuen Diana, Flora, sogen. Moosgöttin, Hermes (17–20), frühes 17. Jh.

Englischer Garten, um 1790 unter Eb. Hieronymus Colloredo anstelle eines Obstgartens angelegt. Kaiserin-Elisabeth-Denkmal (21), bez. *Edmund Hellmer 1900,* urspr. auf dem Bahnhofsplatz, seit 1925 in Hellbrunn. – Zwei Zwergenpaare (22), 18. Jh., und Putto (23), bez. *C. Bachmayr.*

Monatsschlößchen oder Schloß Waldems, auf dem Hellbrunner Berg. Erb. 1615, wahrsch. unter der Leitung von *Santino Solari.* Villenartiger Bau über Rechteckgrundriß, mit Walmdach und eingeschossigem Vorbau an der Südseite. Fassaden 3achsig, 3geschossig, durch umlaufende Parapetgesimse gegliedert; die Hauptfassaden mit flachen Seitenrisaliten und durch Kompositionen mehrteiliger Fenster, Türen, Nischen und Balkone betonten Mittelachsen, jeweils mit Wappen des Eb. Markus Sittikus; über den Risaliten der Nordfassade geschweifte Treppengiebel mit Pyramidenaufsätzen. – Innenräume schmucklos. Seit 1923 Volkskundemuseum mit Beständen aus dem SMCA.

Felsentheater (Steintheater), am Ostabhang des Hellbrunner Berges. Unter Eb. Markus Sittikus unter Ausnützung von Höhlen und durch Bearbeitung der Felsen geschaffenes Freilichttheater. Urspr. wahrsch. Steinbruch zum Schloßbau.

Fasanerie. Nördl. neben dem Schloßgebäude ehem. Fasangarten. Abgeschlossen durch 2geschossiges ehem. Jägerhaus mit konkav einschwingender Fassade, Walmdach und hoher Nische in der Mittelachse sowie an den Ecken aufgesetzten Obelisken. Teile der ehem. Umfassungsmauer mit urspr. freskierten Nischen.

Tenlstall. Stallgebäude des 17./18. Jhs., südseitig z. T. gemauerter verschalter Ständerbau mit Schopfwalmdach.

MONTFORTERHOF, nordwestl. von Schloß Hellbrunn gelegen. Urk. 1334 ein Golserhof, 1509 ein Gut Lüftenegg. Beide 1699 bzw. 1709 von Maria Anna Gräfin von Montfort erworben. Montforterhof 1791 an Graf Hieronymus Lodron und 1792 an Eb. Hieronymus Colloredo. Privatbesitz.
2geschossiger Bau mit Mansarddach über hakenförmigem Grundriß, der westl. Trakt 18. Jh., der östl. im Kern 16. Jh.; E. 18. Jh. als Jagdschloß neu fassadiert, Fensterbekrönungen mit zartem Plattendekor. – Daneben Wirtschaftsgebäude mit gewölbtem 3schiffigem, 7jochigem Stall, Platzelgewölbe auf vierkantigen Pfeilern.

BERCHTESGADENERSTRASSE. **Nr. 200:** Eichethof, Einhof mit Schopfwalmdach, Erd- und Obergeschoß gemauert, verputzt; Dachgeschoß giebelseitig verputzt, mit Bodenluken.

BIBERNGASSE. Im Kernbereich des ehem. Weilers Gneis. **Nr. 29:** Ehem. Austraghaus zum Weiherhof; 1980/82 historisierender Umbau, an der Nordfassade (urspr. an der Westseite) marmorne Wappen- und Inschrifttafel des Ägidius Rem, Bischof von Chiemsee, um 1530. – **Nr. 31: Weiherhof,** urk. A. 17. Jh. als Schlößl am unteren Weiher, Besitz der Salzburger Domherren; heutiger Bestand 1. H. 19. Jh. Breitgelagerter Bauernhaustyp mit Schopfdach über Wohn- und Stallteil, Stall mit 4 Jochen, 4schiffig, flache Platzelgewölbe auf 9 Marmorsäulen, ehem. Stall heute Kunstgalerie.

DOSSENWEG. **Nr. 2:** Turnhalle, erb. von *Martin Knoll*, 1923. Schlichter Bau mit expressionistisch wirkender Zimmermannskonstruktion im Inneren. – **Nr. 4:** Villa, erb. 1914/15 nach Entwurf von *Franz Pfanzelter*, plastisch akzentuierte Front mit Rundgiebel und Mansarddach. – **Nr. 59:** Oberdossengut; Einhof, Wohnhaus gemauert, Tür- und Fenstergewände Marmor, vergittert; Schopfwalmdach. Pfetten z. T. als Tierköpfe ausgebildet.

ESCHENBACHGASSE. **Nr. 21:** Siehe Hellbrunner Allee

GNEISERSTRASSE. **Nr. 63:** Einhof, Obergeschoß Blockbau; aufgedoppelte Rautenhaustür; Dachgeschoß senkrecht verschalt mit Balkon, Schopfwalmdach. – **Nr. 65:** Wohnhaus eines Einhofes, Obergeschoß Blockbau; Dachgeschoß senkrecht verschalt mit Balkon, Schopfwalmdach.

HELLBRUNNERALLEE. Langgezogene gerade Verbindung zwischen Schloß Freisaal (siehe Nonntal S. 651) und Schloß Hellbrunn. Unter Eb. Markus Sittikus angelegt. Beiderseits der Straße einige stattliche Landschlösser des 17. Jhs.

Schloß Herrenau (Eschenbachgasse Nr. 21): Erb. nach 1631 vom eb. Kammerdiener Philip Vermeulen; 1685 an Kammerdiener Johann Jakob Perger, 1741/44 durch Hofkanzler Freiherrn Hieronymus Nikolaus Anton Christani von Rall in die heutige Gestalt gebracht, 1805 an Kurfürst Ferdinand, ab 1846 Adelsfamilien Kuenburg, Hohenlohe-Langenburg, Lippe-Weißenfeld, Clary-Aldringen; Privatbesitz. – Typisches Sbg. Landschlößchen, 3 Geschosse mit hohem Walmdach, gegen W risalitartiger Erkeranbau mit geschweiftem Dach, im S quadrat. Treppenturm; Sockelgeschoß mit Putzquadern, darüber einfache Faschen und Lisenen M. 18. Jh.; an Treppenturm Marmorwappen Christani von Rall, darüber aufgesetzt Kuenburg, von Löwen flankiert; oberhalb ebenfalls Wappen Kuenburg, später bez. 1892.

Kaiserburg (Nr. 48): Erb. 1. H. 17. Jh. durch hochfürstlichen Hauptmann Hans Kayser; rasch wechselnde, meist adelige Besitzer, 1706 Thun-Hohenstein, 1830 Freiherren von Rehlingen, 1854 Grafen von Kuenburg, 1904 Freiherr Max von Imhof, 1929 Familie Graf Ledochowski; Privatbesitz. – 3 Geschosse mit Walmdach, schlichtes Äußeres, Fensterumrahmungen z. T. Konglomerat mit abgesetzten Ohren, nördl. Terrassenanbau mit Steinbalustrade; an der W-Seite Wappentafel Imhof. Gegen S Tormauer mit bedachten Torpfeilern zwischen Objekten Nr. 48 und 50, barockisierendes Schmiedeeisengitter, Achse mit Alleeandeutung führt auf Rupertihof (Morzger Straße Nr. 31) zu.

Rupertihof (Morzger Straße Nr. 31): Heute Schloßhotel St. Rupert, in Park gelegen. Erb. 1. H. 17. Jh. als Lasserhof, dann Besitz Familie Dückher, 1677 Grafen Martinitz, ab 1712 bürgerlich, 1867 Rupert von Imhof, nach Verkauf 1932 Umbau 1952 zu Schloßhotel. – Langgestreckter Bau in Hakenform, älterer westl. Teil etwas höheres Walmdach, Fassadengestaltung barockisierend 19. Jh., Fenster mit stilisierten Palmetten bekrönt; W-Seite unter Balkon Steinwappen Clam-Martinitz, darüber Kuenburg; S-Seite des W-Traktes rundbogiges Steinportal mit Sprenggiebel, Konglomerat 17. Jh. (stammt nicht von hier); über

Mittelachsen der einzelnen Fassaden jeweils geschwungene Ziergiebel, an der W-Front mit zierlichen Steinobelisken, ansonsten Volutenbegrenzung, an der südl. Gartenfront flache Terrasse auf Konglomeratsäulen, oberhalb östl. kleinerer Terrasse ovales Marienbild, stark übermalt.

Nr. 50: Ehem. Wirtschaftsgebäude des Rupertihofes, im 20. Jh. zu Wohnzwekken adaptiert, Schopfdach; teils frühbar. Fensterkörbe und -gitter, oberhalb Eingang von N Steinwappen Erzstift Salzburg, Gitter und Wappen nicht von hier. – **Nr. 51:** Ehem. Bauernhof nordöstl. der Fronburg, 2 Geschosse gemauert, hohe Giebelwand mit ovalen Luken und mittiger Aufzugsöffnung unter Schopfdach, marmorne Fenstergewände, umfunktionierter Stallteil.

Schloß Emsburg (Nr. 52): Erb. 1619/20 von Johann Sigmund von Mabon; 1701 Schloß an Eb. Johann Ernst, der es dem 1701 gegründeten militärischen St.-Ruperti-Ritterorden schenkte, es wurden alle Türen und Fensterläden mit dem Ordenskreuz bemalt: Name Kreuzhof; 1811 Orden aufgehoben, 1816 an Stift St. Peter, 1868 Umbau unter Hugo Graf Lamberg; seit 1948 Mutterhaus der Halleiner Schulschwestern.
Schloß auf hohem Sockel ringsum angelegter Terrassen stehend; an der O-Seite doppelläufige Freitreppe, durch beidseitige Auffahrt umfaßt, Brüstungen mit Konglomeratbalustraden. Eingang durch rechteckige Altane auf 4 Säulen, renaissanceartig, erb. E. 19. Jh., überbaut. Schloß 3geschossig, hohes Walmdach, an Gebäudekanten 4 bekrönende schlanke Obelisken, mittig in W-Fassade quadrat. Treppenhausturm angebaut; von O her Haupteingang, Sturz des Portales bez. 1714, darüber Tafel mit Bauinschrift; Mittelachse leicht vorspringend, in Sprenggiebel der Tür auf Altane im 1. Obergeschoß Wappen Eb. Johann Ernst Graf Thun; im gewölbten Erdgeschoß Mittelhalle, flache Tonne mit Stichkappen, oberhalb Türsturz zu Stiege Inschrifttafel, Bezug Ruperti-Ritterorden, bez. 1701; in Halle 6 große Bilder, Porträtfiguren von Komturen des Ritterordens, davon Bildnisse Kuen, Platz, Dückher von Haslau gemalt von *Franz Xaver König* 1769, Lodron von *Schlanderer* 1798, Dückher von *Andreas Nesselthaler* 1803; im 2. Obergeschoß Holzkassettendecken um 1620, z. T. durch abgehängte Zwischendecken verborgen.
Gegen W Park; gegen O Hof, abgeschlossen gegen Allee durch breite Einfahrt zwischen eingebogener Mauer, flankiert durch 2geschossige Pförtnerhäuser und Nebengebäude, aufgestockt nach 1900. Im N des Hofes ehem. Mühle, 2 Geschosse, bäuerlicher Typus. Gegenüber, östl. der Allee ehem. Wirtschaftshof Thunsfelden zur Schenkung von 1701 gehörig, heute Hellbrunner Allee Nr. 63 (siehe dort).

Schloß Fronburg (Nr. 53): Typisches Salzburger Landschloß in gut erhaltener Gesamtanlage; etwa 1670/80 durch Johann Josef Graf von Kuenburg erb., blieb Familienbesitz bis 1960, dann Hochschule Mozarteum, heute Studentenheim. – Schloßanlage durch hohe Mauer umgeben; von Allee Einfahrtstor aus Schmiedeeisen E. 17. Jh. zwischen gequaderten Pfeilern, von schlanken Obelisken bekrönt; beidseits je ein erdgeschossiges Pförtnerhaus mit hohem Walmdach; Vorhof nahezu quadrat.; O-Seite von Schloßbau eingenommen: 3geschossig mit Walmdach, dieses mit 6 markanten Kaminen mit Gesimsabschluß und kleinen Dächern; beidseits über seichten Mittelrisaliten jeweils Volutengiebel mit Kugelaufsätzen; Eingangsportal von O rundbogig mit

Konglomeratrahmung: flachbogiger Sprenggiebel, darin ovale Wappenkartusche Kuenburg; seitl. des Portales an der Hauswand Marmorbrunnen, Delphin hält Mädchen umschlungen, E. 17. Jh.; Konglomeratfensterumrahmungen mit abgesetzten Ohren, durch horizontale Putzfaschen verbunden, breite geputzte Ecklisenen; an der O-Seite über einfachem Konglomeratportal Terrasse auf Bogenstellung mit 4 Pfeilern und Steinbalustrade, Vorbau E. 19. Jh.; Erdgeschoß gewölbt, breite Mittelhalle mit Stichkappentonne, darüber Saal; östl. des Schlosses Parkanlage, gegen O Allee auf Toranlage in Mauer zuführend; im Verlauf der östl. Parkmauer sogen. Wasserturm, schmaler, 3geschossiger Bau mit horizontalen Konglomeratbändern, über Hohlkehle geschweiftes Zeltdach, an den Ecken Wasserspeier E. 17. Jh.; durch Umlegung des Hellbrunner Baches Wasserturm und einfache Konglomeratbrücke vor Parktor, heute ohne Wasser. An der SO-Ecke der Parkanlage niedrige Schulbauten des Orff-Institutes, Hellbrunner Alle Nr. 55, sich unterordnende, schlichte Neubauten von 1963/64.

Kreuzhof (Nr. 63): Alter Name Thunsfelden; gegenüber der Emsburg liegend. Erb. A. 17. Jh.; als Wirtschaftshof zur Schenkung Emsburg an St.-Ruperti-Ritterorden 1701 zählend, übernahm den Namen Kreuzhof von der Emsburg. Gemauerter Wohnteil mit 3 Geschossen, Schopfdach, gegen W großteils Steingewände. Gesamtumbau 1961, Stallteil großteils abgetragen, Rest für Wohnzwecke adaptiert.

Schloß Emslieb, Nr. 65. Erb. 1618/19 durch Jakob Hannibal Graf von Hohenems, Neffe des Eb. Markus Sittikus. Durch Eb. Paris Lodron um 1620 übernommen und dem eb. Rat Thomas Perger geschenkt, Perger „von Emslieb" bis 1710, Verkauf an Hofadvokaten Matthias Högg; 1713 Familie Freiherr von Grimming, 1778 an Franz Xaver Graf v. Breuner, späterer Bischof von Chiemsee, 1796 Ernestine Gräfin Esterházy, ab 1811 rascher Besitzwechsel; Privatbesitz.
Von Mauer umgebener Schloßbereich; von der Allee her in der Mittelachse Einfahrtstor, bar. Schmiedeeisengitter mit bogenförmigem Aufsatz zwischen Quadersäulen mit Marmorvasen. Schloß 3geschossig über annähernd quadrat. Grundriß, an der Ostseite von risalitartigen Türmchen flankiert; bar. Mansarddach, im W Ziergiebel. Gegen W im 1. Obergeschoß breiter geschwungener Balkon auf 2 runden Säulen gelagert, darunter über rundbogigem Eingang Wappenstein Hohenems, über Balkontür Wappenstein Eb. Markus Sittikus. Hauptfassade 3achsig, Fensterfaschen mit Ohren und Keilstein. Gewölbter Mittelflur zu doppelläufiger Gartentreppe im O. Erdgeschoß und Stiegenlauf gewölbt. Räume mit bar. bis spätbar. Ausstattung. Saal im 2. Obergeschoß mit reichen Stukkaturen E. 18. Jh., flechtbandumrahmte Spiegel, Krüge und Körbe mit Weinlaub, Girlanden und Gärtnerwerkzeugen, oberhalb der Fenster in Medaillons Köpfe römischer Kaiser, über Gesims flache Decke mit Eck- und Mittelrosetten.

MORZGERSTRASSE. Von der Nonntaler Hauptstraße abzweigend, nach Anif führend. Nur teilweise verbaut. Im Ortsbereich von Morzg neben stattlichen Bauernhöfen einige Villenbauten von *Martin Knoll* (**Nr. 75** erb. 1911, **Nr. 90, 92** erb. 1926 bis 1929).
Nr. 31: Rupertihof, siehe Hellbrunner Allee. – **Nr. 40:** Erentrudishof,

Wirtschaftshof der Benediktinerinnen von Nonnberg. Erb. 1909/10 von *Karl Pirich* im Heimatstil.
Nr. 65: Breitgelagerter, Schloß Emsburg zugekehrter Bauernhof des 17. Jhs. mit Schopfwalmdach. Tonnengewölbter Flur mit Stichkappen. – **Nr. 72:** Erb. 1913 nach Entwurf von *Karl Pirich*. Secessionistischer Gasthaus-Saalbau mit offener, versproßter Wandkonstruktion und Walmdach. – **Nr. 78:** Gräf, breitgelagertes Wohnhaus eines Einhofes mit flachem Satteldach, im Kern 17. Jh., Obergeschoß Blockbau, verputzt. Im Erdgeschoß z. T. steinerne Fenstergewände sowie Rundbogentürgewände, aufgedoppelte Haustür mit Rauten- und Sonnenverzierung. – **Nr. 80:** Mörtelbauer, Bauernhof erb. 1909 von *Martin Knoll* in traditioneller Form mit Jugendstildetails.

NEUKOMMGASSE. **Nr. 26:** Martinbauer. Einhof mit T-förmigem Grundriß, bez. 1791; Erd- und Obergeschoß Blockbau.

FRIEDHOF

KOMMUNALFRIEDHOF, zwischen Gneiser Straße und Berchtesgadener Straße. Planmäßiger, gründerzeitlicher Friedhof außerhalb der Stadt. Errichtet 1878 nach Plänen von *Josef Dauscher*, im 20. Jh. mehrmals nach S erweitert. Zu der vom Hauptportal ausgehenden Achse symmetrisch angelegt, von pilastergegliederter Rohziegelmauer eingefaßt. Gruftarkaden beiderseits des Hauptportales und Portalbau, bez. 1879, Neorenaissance. Schmiedeeisernes, neobar. Eingangsgitter nach Entwurf von *Josef Salb* 1881. Obelisk vor dem Portal, Denkmal für das Regiment Erzherzog Rainer, 1882. –
Verwaltungsgebäude, ehem. Leichenhalle, an der Ostseite, von *Franz Drobny* 1893/95. Neobar. eingeschossiger Bau, Mitteltrakt mit 5achsiger Arkadenvorhalle an der Friedhofseite und mit Tambourkuppel, konkav vorschwingende Seitenflügel. Im Kuppelraum neobar. Stukkaturen und ornamentale Ausmalung.
Neue Aussegnungshalle, nach Plan von *Eduard Wiedemann* 1912/13. Eingeschossiger Bau mit neobar. und klassizistischen Elementen. Überhöhter Mitteltrakt, mit eingebautem Glockenturm und Säulenportikus; Giebelrelief Kreuzigung von *Aicher.* Tonnengewölbter Hauptraum mit Lünettenbild, Auferstehung, von *Leo von Reiffenstein.* Fensterverglasung mit Jugendstilornamentik.
Krematorium, im erweiterten Friedhof, Zielpunkt der Hauptachse. Erb. 1930/31 nach Plan von *Eduard Wiedemann.* Geschoßweise gestufter Bau aus kubischen Baukörpern, mit breiter Flächenkannelierung.
Grabdenkmäler in den Gruftarkaden großteils aus der Zeit um 1900, von *Heinrich Kautsch, Robert Pötzelberger, Ferdinand II. Miller, Theodor Charlemount, Fritz Zerritsch, V. Berger* (Salzburg) und *Otto König, L. Schadler, Wilhelm Rümann, Johannes Benk, Johann Piger, Edmund Hellmer, Josef Zangerl.* – Grabmal Ludwig Purtscheller von *Hans Bitterlich,* Wien. – Im Urnenfriedhof Figur, Die Klagende, von *Jakob Adlhart* 1954. – Neben dem Verwaltungsgebäude Figur Sitzender Engel (allegorische Figur des Friedens), von *Franz Melnitzky* 1866, ehem. bei der Aspernbrücke in Wien.

LEOPOLDSKRON – MOOS

Stadtteil in der weiten Ebene des Hochmoores zwischen Rainberg und Untersberg, Glan und Almkanal, südwestl. an Nonntal und Riedenburg anschließend. Das urspr. sumpfige Gebiet bereits unter Eb. Wolf Dietrich entwässert, planmäßig trockengelegt unter Eb. Leopold Anton Firmian um 1740, in der Folge durch Bauern besiedelt. Von Firmian auch das Schloß am stadtnahen Fischweiher (Leopoldskroner Teich) errichtet. Heute noch großteils Grünland, besiedelt an der den Stadtteil in der Längsachse durchziehenden Moosstraße und durch jüngere Wohnsiedlungen am Ostrand.

PFARRKIRCHE Maria Hilf, Moosstraße Nr. 73. Frühhistoristischer Saalbau mit vorgestelltem Westturm und eingezogener polygonaler Apsis. Erb. 1853 bis 1858 von *Otto Laschensky* und *Jacob Götz*. Statisch saniert und rest. 1973 bis 1981. – Wände des Außenbaues von Ecklisenen und Rundbogenfries gerahmt, hohe Rundbogenfenster. Turm mit Giebelspitzhelm, Fresko hl. Maria von *Poldi Wojtek* 1954.
Langhaus tonnengewölbt, durch Gurtbogen und Pilaster 4jochig gegliedert. 2geschossige Westempore auf abgefasten Marmorpfeilern. Altarraum tonnengewölbt, mit 3seitigem Schluß. Fensterversprossung mit Maßwerkformen, ornamentale Verglasung M. 19. Jh. Wandbild in Apsisgewölbe, Marienkrönung, bez. *S(ebastian) Stief* 1856.
Hauptaltar um 1858, frühhistoristisches Retabel mit Relieftondo Maria Hilf, Statuetten Hll. Georg, Leonhard, Sebastian, Florian und seitl. Statuen Hll. Rupert, Virgil, Gregor (?) und Hieronymus. 2 Altarbilder, li. Kruzifix mit Maria, re. Verkündigung E. 18. Jh. bez. *Jos. Lederwasch* (aus Pfarrwerfen). – Kanzel um 1858 mit Reliefs der 4 Evangelisten. Orgel mit neugot. Prospekt von *Franz Weber* 1873 (rest.). Bild Schutzengel bez. *Fr.(ancesco) Viacavi 1680*, in Verwahrung.

Pfarrhof, erb. 1980 nach Plänen von *Heinz Tesar*.

PROFANBAUTEN

SCHLOSS LEOPOLDSKRON, am Nordufer eines langgestreckten Weihers gelegen, von Park umgeben. 1736 bis um 1740 unter Eb. Leopold Anton Firmian für seinen Neffen Laktanz Firmian nach Plänen von *P. Bernhard Stuart* erb., unter Beteiligung der Stukkateure *Johann Kleber, Johann Georg Braun* und *Johann Lindenthaler*. E. 18. Jh. 4. Geschoß ausgebaut. Nach 1828 mehrmaliger Besitzerwechsel, 1918 von Max Reinhardt erworben und in der Folge bis 1930 z. T. neu ausgestattet. Seit 1959 Eigentum des „Salzburg Seminar in American Studies". Rest. 1961/62.

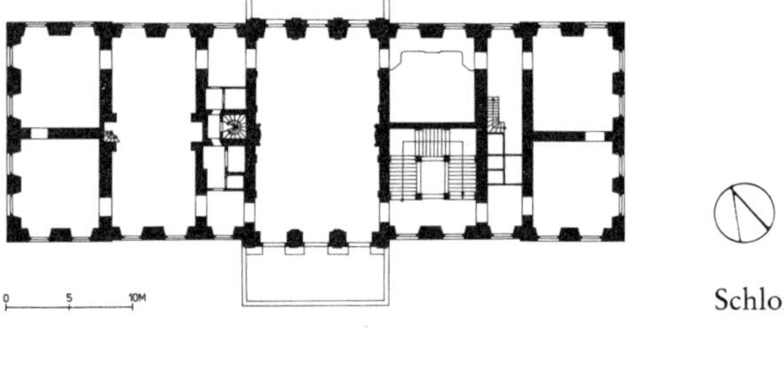

Schloß Leopoldskron

Durch Aufstockung 4geschossiger Bau über Rechteckgrundriß (13 : 4 Achsen), die Hauptfassade im N und S mit 3achsigem Mittelrisalit und vorgelagertem Altan, in den beiden Hauptgeschossen der Risalite Riesenordnung, darüber hohes Giebelgeschoß zwischen Steilvoluten mit Kompositbogenabschluß; dekorative Fensterbekrönungen.

Durchgehende Erdgeschoßhalle mit Flachdecke (1961 Rechteckpfeiler eingezogen). – **Kapelle,** westl. der Halle. Gew. 1744. Quadrat. Raum über 2 Geschosse, Spiegelgewölbe mit Stichkappen und reichem Stuck sowie stuckierte Empore, um 1740. Deckenbild, Religio von Engeln umgeben, und 4 Wandbilder in Stuckumrahmung, halbfigurige Darstellung der Evangelisten, um 1740, von *Andreas Rensi.* – Altar, Marmorrahmenaufbau, Altarblatt Hll. Rupert und Leopold vor Maria mit Kind, bez. *Franc. Anton Ebner 1740;* seitl. Statuen Hll. Donatus und Florian, im Auszug Gottvater auf Wolken thronend. 6 Leinwandbilder, Christus und der Hauptmann von Kapernaum, Christus heilt einen Stummen, Christus heilt einen Blinden, Christus und die Samariterin, Brückensturz des hl. Johannes Nepomuk und hl. Petrus von Alcantara, von *Andreas Rensi* um 1740. Kruzifix, Kirchenbänke und stuckierte Apostelkreuze um 1740. Statue hl. Johannes Nepomuk M. 18. Jh., Tafelbild Pietà, bez. Wundertätiges Gnadenbild im Ellend am Embach 1725. 2 Laternen um 1780. Quadrat. Stiegenhaus mit 3armiger 3läufiger Treppe und reichen Stukkaturen um 1740. **Festsaal,** in der Mittelachse. Über 2 Geschosse reichender Rechtecksaal mit 3 Fensterachsen und Emporen an den Schmalseiten. Prunkvolle Ausstattung aus der Bauzeit. Gliederung durch flache Pilaster, Mittelachse der Längswände betont durch Marmorkamine (mit Delfter Fliesen ausgelegt), große Gemälde in Stuckrahmung und darüber hochgezogenem Gebälk. Im Spiegelgewölbe und in den Wandfeldern Stuckdekor mit allegorischen Darstellungen der 4 Künste Architektur, Musik, Astronomie, Malerei, der 4 Erdteile und der 4 Elemente; über den Türen 4 Ovalbilder, Allegorien der Jahreszeiten, von *Andreas Rensi.* Deckenbild in Stuckrahmung, Vermählung der Atalante, bez. *Fr.[anz] Ant[on] Ebner inv. et pix 1744.* Die Leinwandbilder an den Wänden, Überreichung des Fideikomiß von Leopoldskron durch Eb. Leopold Firmian an seinen Neffen, und Laktanz Firmian mit Frau Maximiliana, beide durch allegorische Darstellungen bereichert, von *A. Rensi.* Als Emporenbrüstung Schmiedeeisengitter um 1740. – In mehreren Zimmern des 1. und 2. Obergeschosses reiche Stuckdecken um 1740, Kachelöfen um 1740 und E. 18. Jh.

Unter Max Reinhardt ausgestattet: Bibliothek, inspiriert von der bar. Klosterbibliothek von St. Gallen; Stuckdecke ergänzt. Chinesisches Zimmer, in der Südostecke; Leinwandtapeten mit Rokokoornamentik und chinesischen Genreszenen, 2. H. 18. Jh. Kabinett mit intarsierter Vertäfelung und Schrank mit bemalten Eisentüren. Kabinett mit Stichen und Gemälden mit zum Theater in Beziehung stehenden Darstellungen aus dem 17. und 18. Jh. Venezianisches Zimmer, in der Nordwestecke. Vertäfelung mit reichem Rokokoschnitzwerk, eingelassenen Bildern mit Darstellungen aus der Commedia dell'arte (z. T. venezianisch 18. Jh.) und Spiegel sowie Landschaften und Seestücke; Vertäfelung und Spiegel von Max Reinhardt in Berlin erworben, von *Anton Widerin* eingebaut 1929/30. Weißes Zimmer, in der Südwestecke. Neobar. Wandstuck mit eingelassenen Leinwandbildern des 18. Jhs. (zum Großteil aus den Beständen des Schlosses).

Im 4. Geschoß des Risalites großer Raum, die Decke mit Stuckbändern und

Rosetten, um 1800. – Die einst berühmte Gemäldesammlung und Malergalerie des Grafen Laktanz Firmian dem oftmaligen Besitzerwechsel im 19. Jh. zum Opfer gefallen, dennoch bedeutender Bestand an Bildern, insbesondere Porträts, die meisten 18. Jh., einzelne 17. Jh.
Im Park einzelne Statuen verschiedenster Herkunft, 18. Jh.: Tanzendes Paar, Leda, Zwergenfiguren, Triton. Schloßparkgitter E. 19. Jh.

Meierhof, westl. neben dem Schloß. Erb. 1763. 2geschossiger Vierkanthof.
Am südl. Ende des Weihers **Statue** hl. Johannes Nepomuk von *Josef Anton Pfaffinger* 1736.

FIRMIANSTRASSE. **Nr. 1:** Seegasthof Leopoldskron, erb. M. 19. Jh., 1875 aufgestockt (?). 2geschossiger kubischer Bau mit Zeltdach und biedermeierlichen Fassaden.

MOOSSTRASSE. Langgezogene gerade Allee von der Riedenburg bis zum Untersberg, 1805 bis 1807 angelegt. Lockere Verbauung; im südl. Abschnitt (Mittermoos und Obermoos) vorwiegend Bauernhöfe des 19. Jhs. und um 1900, Einhöfe z. T. mit hakenförmig angebautem Wirtschaftsteil, zahlreiche Kleinbauernhäuser.
Nr. 59: Hakenförmiger Einhof mit Satteldach und historistischen Putzfassaden. – **Nr. 77:** Hakenförmiger Einhof, Erd- und Obergeschoß gemauert, Bossendekor an den Hauskanten und über den Fenstern; Dachgeschoß-Balkon mit Schalung, Schopfwalmdach. – **Nr. 80:** Einhof, Erd- und Obergeschoß gemauert und verputzt, Schopfwalmdach. – **Nr. 87:** Hakenförmiger Einhof, bez. 1836; Wohnteil traufseitig erschlossen, Erdgeschoß gemauert, Obergeschoß Blockbau, verputzt, Schopfwalmdach. – **Nr. 97:** Einhof, giebelseitig erschlossen, Erd- und Obergeschoß Blockbau, verputzt; Dachgeschoß mit Balkon, senkrecht verschalt, Schopfwalmdach. – **Nr. 107:** Hakenförmiger Einhof, Wohnteil traufseitig erschlossen, bez. 1826, Erdgeschoß gemauert, verputzt; Obergeschoß Blockbau, verschindelt; Dachgeschoß mit senkrechter Schalung, Schopfwalmdach. – **Nr. 138:** Haslauer. T-förmiger Einhof; Wohnteil traufseitig erschlossen, Erdgeschoß Mauerwerk, verputzt; Obergeschoß Blockbau, verputzt, Schopfwalmdach. – **Nr. 176:** Hakenförmiger Einhof, bez. 1903; Wohnteil in Erd- und Obergeschoß gemauert, verputzt, steinernes Türgewände, Fenster mit Putzumrahmung, über der Haustür Medaillon Maria mit Kind; Zierscheiben im Giebel, Satteldach. – **Nr. 178:** Kleinbauernhaus, Einhof mit Wohnteil, Erdgeschoß gemauert, verputzt, Obergeschoß verschindelter Blockbau; Satteldach.

REGISTER

KÜNSTLERVERZEICHNIS

A = Architekt; Bh = Bildhauer; Bm = Baumeister, Werkmeister; G = Gießer; Gl = Glasmaler, Glaser; Go = Goldschmied; Kg = Kunstgewerbler; Ksch = Kunstschmied; M = Maler, Faßmaler; Mm = Maurermeister; Mos = Mosaikkünstler; Org = Orgelbauer; R = Restaurator; Schn = Schnitzer; St = Stukkateur; Stm = Steinmetz; Ti = (Kunst-)Tischler; U = Uhrmacher; V = Vergolder.

Meister mit Notnamen und Monogrammisten sind am Schluß des Künstlerregisters angeführt.

MEISTER MIT NOTNAMEN

MONOGRAMMISTEN

PERSONENVERZEICHNIS

IKONOGRAPHISCHES VERZEICHNIS

Die ikonographischen Stichwörter sind grob nach Epochen aufgeschlüsselt: röm. = römisch, ma. = mittelalterlich (bis 1550), bar. = barock, sowie 19./20. Jh. Darstellungen ohne Datierung stehen vor der Epocheneinteilung.

VERZEICHNIS DER PATROZINIEN

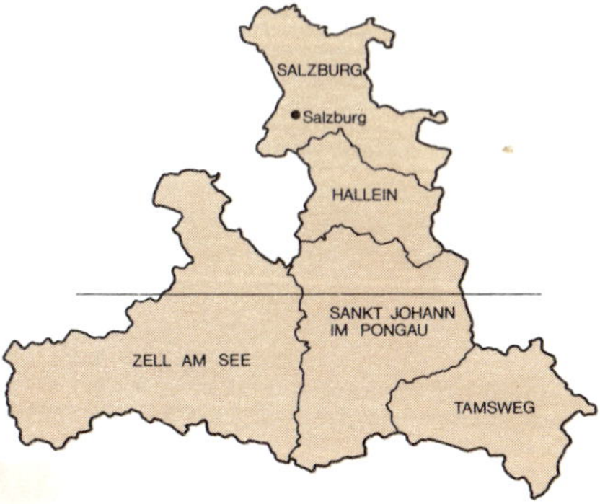
SALZBURG
Salzburg
HALLEIN
SANKT JOHANN IM PONGAU
ZELL AM SEE
TAMSWEG

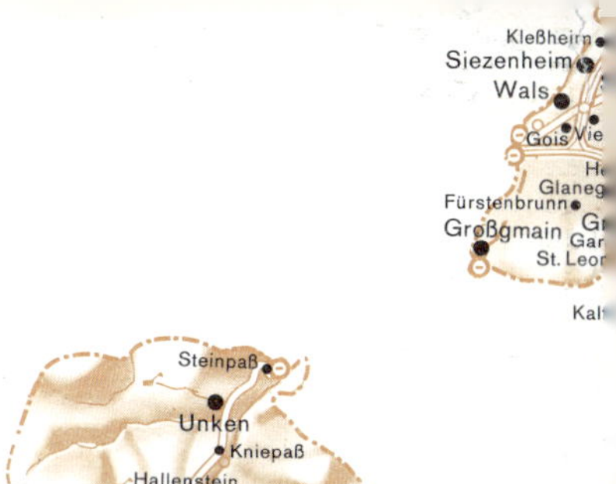

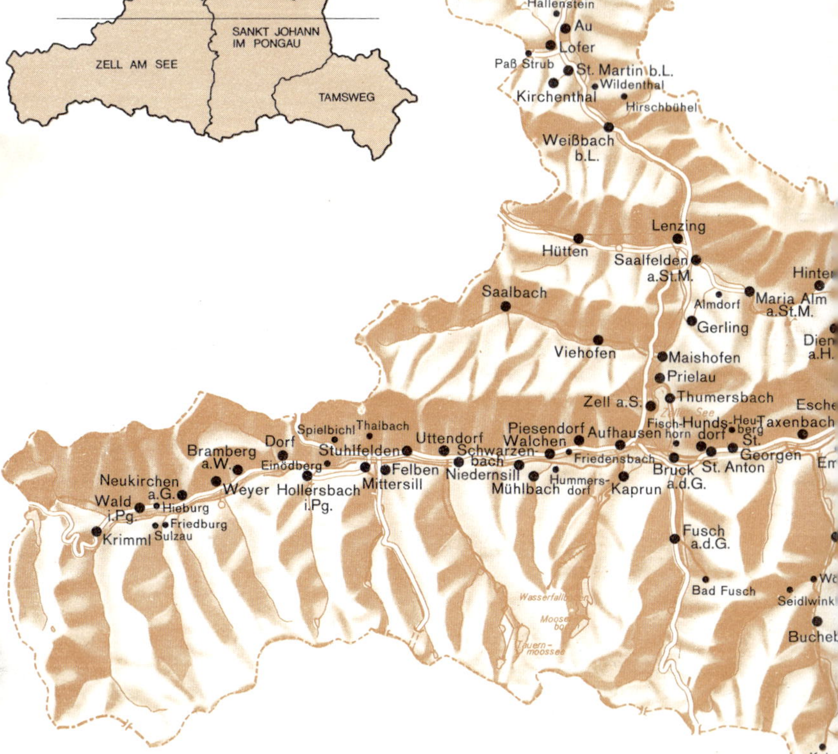
Kleßheim
Siezenheim
Wals
Gois
Glaneg
Fürstenbrunn
Großgmain
St. Leon
Steinpaß
Unken
Kniepaß
Hallenstein
Au
Lofer
Paß Strub
St. Martin b.L.
Wildenthal
Kirchenthal
Hirschbühel
Weißbach b.L.
Lenzing
Hütten
Saalfelden a.St.M.
Hinter
Maria Alm a.St.M.
Almdorf
Saalbach
Gerling
Viehofen
Maishofen
Prielau
Thumersbach
Zell a.S.
Zeller See
Esche
Fisch-horn
Hunds-dorf
Heu-berg
Taxenbach
St. Georgen
St. Anton
Bruck a.d.G.
Spielbichl
Thalbach
Dorf
Bramberg a.W.
Einödberg
Stuhlfelden
Uttendorf
Piesendorf
Walchen
Aufhausen
Schwarzen-bach
Friedensbach
Niedernsill
Felben
Mittersill
Hollersbach i.Pg.
Weyer
Neukirchen a.G.
Wald i.Pg.
Hieburg
Friedburg
Krimml
Sulzau
Mühlbach
Hummers-dorf
Kaprun
Fusch a.d.G.
Bad Fusch
Seidlwinkl
Buchebe
Wasserfallboden
Mooserboden
Tauern-moossee
Kolm